JUBILÄUMSBAND
HEYNE VERLAG

HEYNE BÜCHER

In derselben Reihe
erschienen außerdem als Heyne-Taschenbücher:

Spannung · Band 50/1
Das biologische Gartenbuch · Band 50/2
Fantasy · Band 50/5
Thriller · Band 50/6
Heiteres · Band 50/7
Liebe · Band 50/8
Unheimliches · Band 50/9
Europäische Erzähler des 20. Jahrhunderts · Band 50/10
Keep smiling · Band 50/11
Action · Band 50/13
Erotik · Band 50/15
Deutsche Erzähler des 20. Jahrhunderts · Band 50/17
Agenten · Band 50/18
Klinik · Band 50/19
Witze · Band 50/20
Horror · Band 50/21
Hallo, Liebling · Band 50/22
Crime · Band 50/25
Das endgültige Buch der Sprüche und Graffiti · Band 50/26
Amerikanische Erzähler des 20. Jahrhunderts · Band 50/27
Hochspannung · Band 50/28
Angst · Band 50/29
Schicksal · Band 50/30
Sinnlichkeit · Band 50/31
Ratgeber Recht · Band 50/32
Schocker · Band 50/33
Noch mehr Witze · Band 50/34
Zukunftsabenteuer · Band 50/37
Super-Thriller · Band 50/38
Das Buch der Sprüche und Graffiti · Band 50/39
Lust · Band 50/40
Ratgeber Gesundheit · Band 50/41
Mord · Band 50/42
Englische Erzähler des 20. Jahrhunderts · Band 50/43
Der Versicherungs-Ratgeber · Band 50/45
Top Secret · Band 50/46
Beschwingt & heiter · Band 50/47
Superhorror · Band 50/48
Frauen · Band 50/49
Sex · Band 50/50
Orakel · Band 50/51
Deutsche Erzähler des 19. Jahrhunderts · Band 50/52
Sehnsucht · Band 50/53
Ratgeber Versicherung · Band 50/54
Ratgeber Börse · Band 50/55
Begierde · Band 50/56
Körner, Sprossen, Keime · Band 50/57
Horror Pur · Band 50/58
Glück muß man haben · Band 50/59
Schweizer Erzähler · Band 50/60
Leidenschaft · Band 50/61
Männerwitze · Band 50/62
Super-Spannung · Band 50/63
Russische Erzähler · Band 50/64
Zauber der Leidenschaft · Band 50/65
Ratgeber Geld · Band 50/66
Super-Sex · Band 50/67
Ärzte · Band 50/68

HEYNE
JUBILÄUMS
BAND

Immer fröhlich, immer heiter

Vier ungekürzte heitere Romane

WILHELM HEYNE VERLAG
MÜNCHEN

HEYNE JUBILÄUMSBÄNDE
Nr. 50/69

QUELLENHINWEIS

Printed in Germany 1992
Umschlagillustration: Beate Brömse, München
Umschlaggestaltung: Atelier Ingrid Schütz, München
Satz: IBV Satz- und Datentechnik GmbH, Berlin
Druck und Bindung: Ebner Ulm

ISBN 3-453-05711-2

Inhalt

EVELYN SANDERS
Bitte Einzelzimmer mit Bad

1

Das Telefon klingelte.

Ohne vom Kreuzworträtsel aufzustehen tastete Sabine nach dem Hörer und nahm ihn ab. »Redaktion Tagesblatt, guten Tag.«

Barbara, die am gegenüberliegenden Schreibtisch in einer Illustrierten blätterte, schüttelte den Kopf und deutete auf das blinkende rote Lämpchen. »Ist doch die Hausleitung, du Schlafmütze! Lernst du das nie?«

Prompt tönte Sabine in den Hörer: »Bollmann.« Dann nickte sie, deckte mit der Hand die Sprechmuschel ab. »Der Alte will dich sehen. Bist du noch da?«

Barbara warf einen Blick auf ihre Armbanduhr. »Erst dreiviertel sechs, also muß ich wohl noch da sein.«

»Sie kommt gleich!« Sabine legte den Hörer auf und vertiefte sich wieder in ihr Rätsel.

»Warum muß der seinen schöpferischen Augenblick immer kurz vor Feierabend haben?« Barbara suchte ihren Stenogrammblock, durchwühlte Korrekturfahnen und Manuskripte, fand aber lediglich den Pik-Buben aus Peter Gerlachs Kartenspiel, den dieser seit seiner letzten Vorführung vermißte. Gelegentlich versuchte sich der Gerichtsreporter an Zauberkunststückchen, die ihm aber nur selten gelangen.

»Im Papierkorb ist er auch nicht. Ich müßte wirklich mal aufräumen! Gib mir schnell deinen!«

Wortlos schob ihr Sabine den Stenoblock zu. »Weißt du, wie der griechische Gott des Weines heißt?«

»Bacchus.«

»Quatsch, das ist der römische. Du solltest endlich mal was für deine Bildung tun! Und jetzt trab ab, sonst kreuzt der Sperling noch selber hier auf!«

Barbara griff nach dem Block, blätterte ihn kurz durch und meinte zweifelnd: »Nur noch acht leere Blätter. Hoffentlich reichen die. Das letztemal hat er mir vierzehn Seiten diktiert, und davon sind bestenfalls fünf gedruckt worden. Was is'n heute als Aufmacher dran? Ölkrise, Anarchisten oder Gewerkschaftsbund?«

»Wie kann man als Redaktionssekretärin an tagespolitischen Ereignissen nur so desinteressiert sein?« Mißbilligend betrat Willibald

Dahms, der Ressortleiter für Sport, den Raum. »Heute abend findet das Qualifikationsspiel zur Europameisterschaft statt, und da nach der letzten Meinungsumfrage achtunddreißig Prozent unserer Leser die Zeitung lediglich wegen ihres ausgezeichneten Sportteils abonniert haben, wird sich der heutige Aufmacher natürlich mit Fußball befassen. Fräulein Pabst, ich möchte Ihnen schon vorab die Einleitung diktieren...«

»Kann nicht, muß zum Chef!« Barbara stöckelte zur Tür. »Das gibt sowieso wieder anderthalb Überstunden. Aber dafür gehe ich morgen früh gleich zum Friseur. Offiziell bin ich dann natürlich in der Landesbibliothek, vorbestellte Bücher für Dr. Laritz abholen.«

Sabine nickte. Die Bücherei diente seit jeher als Alibi, wenn eine von ihnen etwas Privates erledigen wollte.

Während Barbara im Zimmer des Chefredakteurs saß und mit gottergebener Miene dessen Meinung zu den desolaten Auswirkungen der neuen Bildungspolitik zu Papier brachte, stieg ein sommersprossiger Jüngling in den Fahrstuhl des Pressehauses, drückte den Knopf zum sechsten Stockwerk und memorierte noch einmal die Rede, die er sich auf dem Weg hierher zurechtgelegt hatte. »Liebes Schwesterchen«, würde er sagen, »auch du bist einmal Schülerin der elften Klasse gewesen, weißt also, daß man am Fünfundzwanzigsten kein Taschengeld mehr hat und...«

Der Fahrstuhl hielt. Karsten stieg aus und steuerte zielsicher die Glastür mit der Aufschrift ›edaktion‹ an. (Das ›R‹ fehlte schon seit über einem Jahr.) Forsch drückte er auf die Klinke und trat ein. »Guten Abend, liebes...«

Verdutzt sah er Barbaras leeren Schreibtisch. »Ist Tinchen denn nicht mehr da?«

»Wer soll das sein?«

»Tinchen? Äh, ich meine natürlich Fräulein Pabst, ich bin nämlich ihr Bruder«, fügte er erklärend hinzu.

»Seit wann heißt Barbara denn Tinchen?« erkundigte sich Sabine mäßig interessiert.

»Seit ihrer Geburt. Barbara ist bloß ihr zweiter Name. Aber das soll keiner wissen.«

»Nun wissen es aber schon eine ganze Menge.« Sabine deutete in den Hintergrund, wo an mehreren Schreibmaschinen Reporter in den verschiedensten Stadien der Auflösung hockten, an Krawattenknoten zerrten, Bleistifte zerkauten und versuchten, ihre während des Tages gesammelten Eindrücke in den vorgeschriebenen zwanzig Zeilen zusammenzufassen. Eine dicke Wolke Zigarettenqualms hing über der Szenerie.

»Barbara hockt beim Chef. Wenn du willst, kannst du ja warten.«

Karsten beschloß, das diskriminierende ›Du‹ zu überhören, das ihm für seine gerade 18 Jahre denkbar unangemessen erschien, und setzte sich auf einen der Hocker.

»Nimm lieber einen anderen! Der da wackelt und ist nur für Leute gedacht, die sich beschweren wollen. Normale Besucher kriegen den grünen Stuhl da hinten. Bei dem wackelt bloß die Lehne.«

Suchend sah sich Karsten um. »Da ist aber kein Stuhl.«

»Dann hat ihn wieder jemand geklaut.« Sie zuckte mit den Schultern. »Setz dich auf den Schreibtisch. Weißt du übrigens, wie der griechische Gott des Weines heißt?«

»Dionysos.«

»Kluges Köpfchen!« Sie trug die Buchstaben ein. »Jetzt fehlt mir noch ein Fluß in Südostasien. Fängt mit M an.«

»Mekong oder Menam.« Interessiert beobachtete Karsten sein Gegenüber. »Gehört das auch zu Ihrer Arbeit?«

»Nicht unbedingt, ist mehr eine Art Beschäftigungstherapie. Bei einer Tageszeitung geht der Rummel erst abends los, trotzdem muß jemand Telefonwache schieben, Kaffee kochen, Rasierapparat und Aspirin für übernächtigte Reporter bereithalten, Manuskripte suchen und Blitzableiter spielen. Ein sehr vielseitiger Job, aber ein miserabel bezahlter!«

»Tinchen macht er Spaß.«

»Kunststück, die darf ja auch manchmal schöpferisch tätig sein, Filmkritiken schreiben und sogar selbständig die Post für unseren Kulturpapst erledigen. Dr. Laritz behauptet sogar, sie könne das besser als er selber. Der Mekong stimmt übrigens nicht. Gibt es noch einen anderen Fluß mit M?«

»Ja, den Mississippi!« Karsten vertiefte sich in eine der herumliegenden Zeitungen.

»Fließt denn der in Asien?«

Eine Zeitlang hörte man nur das Klappern der Schreibmaschinen, gelegentlich unterbrochen von einem unterdrückten Fluch oder dem Klirren einer Kaffeetasse. Dann tauchte Waldemar auf, der rothaarige Redaktionsbote, der eine Druckerlehre anstrebte und gemäß den Gepflogenheiten des Hauses zunächst einmal als

Laufbursche tätig war. Zielsicher durchpflügte er die Rauchschwaden und steuerte den hintersten Schreibtisch an.

»Herr Müller-Menkert braucht den Bericht über die Karnevalsfeier bei den Monheimer Mostertköppen, Herr Flox, und warum der noch nicht in der Setzerei ist!«

»Herr Müller-Menkert kann mich mal!« Florian Bender drückte seine Zigarette in dem überdimensionalen Deckel aus, der einst einen Eimer mit Delikateßgurken verschlossen hatte und nunmehr seine Funktion als Aschenbecher erfüllte.

»Soll ich ihm das wörtlich bestellen?« feixte Waldemar.

»Du kriegst das glatt fertig! Sag deinem Herrn und Meister, daß meine aufopferungsvolle Tätigkeit im Dienste der Zeitung nicht nur das Ressort Lokales umfaßt, sondern daß ich darüber hinaus auch gelegentlich den Musen huldige und derzeit eine Eloge über die Neuinszenierung der ›Minna von Barnhelm‹ verfasse. Was kümmert mich profanes Narrentreiben, wenn hehre Dichtkunst mich bewegt?«

»Was?«

»Hau ab, du Kulturbanause! Der Artikel über die Helau-Brüder ist frühestens in einer Stunde fertig. Mehr als fünfzehn Zeilen springen sowieso nicht heraus. Die waren genauso besoffen wie im vergangenen Jahr und in den Jahren davor. Der einzige Unterschied besteht darin, daß sie jetzt arriviert sind und Sekt trinken statt Bier. Und dann merk dir endlich, Knabe, daß ich nicht Flox heiße, sondern Bender! Flox ist nur mein Künstlername.«

»Klingt eigentlich mehr nach Hundefutter«, bemerkte Waldemar respektlos.

»Quatsch! Ich heiße Florian und mit zweitem Namen Xylander. Mein alter Herr ist Archäologe und hat's mit den ollen Griechen. Wenn es nach ihm gegangen wäre, hätte ich auch studieren und später irgendwelche Fossilien ausgraben müssen, aber in den geschichtsträchtigen Ländern ist es mir einfach zu heiß. Außerdem ist mein Bruder in seine Fußstapfen getreten! Der hat sich ja auch bereitwillig durchs humanistische Gymnasium prügeln lassen und später mit summa cum laude promoviert, während es bei mir nur zu einem Dreier-Abitur gelangt hat.«

»Und jetzt buddelt er Mumien aus?«

»Nee, er sortiert Scherben und klebt sie zusammen. Das schaffe ich auch ohne Studium. Der Deckel meiner Kaffeekanne hält schon seit zwei Jahren. – Und jetzt verschwinde endlich, ich muß arbeiten!« Florian hämmerte erneut in die Tasten.

»Eine Frage habe ich noch!« Waldemar ließ sich von dem vorgetäuschten Arbeitseifer nicht beeindrucken. »Hat Ihr Bruder auch so 'n komischen Namen?«

»Der heißt so, wie er ist, nämlich FaDe – Fabian Demosthenes. Stell dir bloß vor, der müßte seine Artikel auch mit den Initialen abzeichnen. Kein Mensch würde die lesen!«

»Glauben Sie denn, Ihre liest jemand?« fragte Waldemar, bevor er im Eilschritt den Rückzug antrat. Vor der Tür stieß er mit Barbara zusammen, die maulend ihren Stenoblock durchblätterte. »Elf Seiten lang hat der Alte über Bildungsnotstand und Schulreform gefaselt, und zum Schluß wollte er von mir wissen, ob ich Ovid im Originaltext gelesen hätte. Als ob ich in der Schule Griechisch gelernt hätte...«

»Ovid war Römer und sprach Latein!« bemerkte Karsten vorwurfsvoll.

Barbaras Kopf flog herum. »Was machst *du* denn hier?«

»Och, ich war gerade in der Nähe, und da habe ich gedacht, ich könnte dich doch nach Hause bringen.«

»Kannst du deine Karre nicht alleine schieben?« Barbara setzte sich an ihren Schreibtisch, fischte Manuskriptpapier aus der Schublade und versuchte stirnrunzelnd, ihr Stenogramm zu entziffern.

»Seitdem ich eine neue Zündkerze drin habe, läuft der Roller wieder tadellos«, entrüstete sich Karsten. »Bloß der linke Blinker funktioniert noch nicht; aber wir müssen ja sowieso nur rechts abbiegen.«

»Vielen Dank, ich nehme lieber den Bus. Außerdem muß ich erst die geistigen Höhenflüge unseres Ayatollahs abtippen, und das dauert noch eine Weile. Fahr lieber nach Hause und pauke Latein! Das schiebst du schon seit drei Tagen vor dir her.«

»Die Arbeit schreiben wir erst übermorgen, und eigentlich wollte ich dich ja auch nur anpumpen. Mein Taschengeld liegt doch weit unter dem Durchschnittseinkommen meiner Kumpel, bloß Vati will das nicht einsehen. Nun gibt es im Roxy den tollen Science-fiction-Film, da wollen wir heute rein. Ich bin aber total pleite. Hab' gestern sogar meine letzte Zigarette geraucht!«

»Deine vielleicht, aber an *meinen* hast du kräftig drangesessen.« Barbara schob ihrem Bruder eine halbvolle Packung über den Tisch. »Nimm sie und verschwinde! Ich habe zu tun!«

»Und das Kinogeld?«

Sie schüttelte den Kopf. »Gibt es nicht!«

»Nun sei nicht so geizig, Tinchen, schließlich warst du doch auch mal jung!«

»Wirst du wohl sofort den Mund halten!« zischte Barbara leise, »diesen albernen Namen kennt doch hier niemand.«

»Entweder rückst du jetzt zehn Mark raus, Tinchen, oder...«

»Oder was ist mit Tinchen?« Unbemerkt war Florian an den Schreibtisch getreten. Sichtlich erheitert musterte er den schlaksigen Jüngling. »Wenn *ich* dir jetzt die zehn Mark nicht nur pumpe, sondern sogar schenke, verrätst du mir dann, was es mit dem geheimnisvollen Tinchen auf sich hat?«

Entsetzt sah Barbara von ihrer Maschine hoch. »Wehe, wenn du den Mund aufmachst!«

Karsten schielte sehnsüchtig auf den Geldschein, mit dem Florian so verlockend vor seinem Gesicht wedelte. Schließlich griff er danach und meinte entschuldigend: »Jeder ist sich selbst der Nächste, und Egoismus ist ja auch bei dir eine sehr ausgeprägte Tugend! Also: Meine Schwester, die vor siebenundzwanzig Jahren als Tochter des Uhrmachermeisters Ernst Pabst geboren wurde, sollte ein Junge werden und die Dynastie der Päbste als Ernst der Vierte fortsetzen. Entgegen der Familientradition wurde sie bloß ein Mädchen, worauf ihr Vater seinen Kummer in Schwarzwälder Kirschwasser ersäufte. Als er wieder nüchtern war, beschloß er – wohl aus Rache! –, seine Tochter auf den wohlklingenden Namen Ernestine taufen zu lassen. Später nannte er sie dann Tinchen. Da mein Erscheinen damals weder voraussehbar noch geplant gewesen war, kam ich in den Genuß eines neuzeitlicheren Namens, wofür ich meiner Schwester zu lebenslangem Dank verpflichtet bin.«

»Du bist ein ekelhaftes Waschweib!« giftete Barbara, griff nach dem erstbesten Gegenstand, der ihr in die Hände kam, und schleuderte ihn in Karstens Richtung. Leider handelte es sich dabei um eine Kaffeetasse, und leider verfehlte sie ihr Ziel. Sie schoß vielmehr haarscharf an Florians Kopf vorbei und landete im redaktionseigenen Gummibaum, der an solche Behandlung nicht gewöhnt war und zwei Blätter abwarf. Nun waren es nur noch acht, was bei einer Stammlänge von 1,37 m nicht eben viel ist.

»Volltreffer!« rief Florian. »Morgen veranstaltet Frau Fischer wieder ein Staatsbegräbnis.«

Frau Fischer gehörte zum Ressort ›Reise und Erholung‹, das keine eigene Schreibmaschine besaß und deshalb regelmäßig im Sekretariat nassauerte. Als Entgelt wurde der herrenlose Gummibaum zweimal wöchentlich von Frau Fischer bewässert und von vorschriftswidrigen Düngergaben wie Zigarettenkippen, Streichhölzern und zerknülltem Kohlepapier befreit. Dafür produzierte das Gewächs jeden Monat ein neues Blatt und verlor zwei alte.

Bevor seine Schwester zu noch massiveren Wurfgeschossen übergehen würde, von denen vielleicht doch mal eins treffen könnte, hatte sich Karsten verkrümelt. Verbissen hämmerte Barbara auf ihrer Maschine herum und bemühte sich vergeblich, alle Anzüglichkeiten zu überhören.

»Liebe Ernestine alias Barbara Pabst«, dozierte Florian, »einem bedauerlichen Irrtum zufolge reden wir dich seit zweieinhalb Jahren mit einem Namen an, der kraft deutscher Gesetzgebung lediglich für Standesbeamte und Sachbearbeiter behördlicher Fragebogen Gültigkeit hat. Mit sofortiger Wirkung wird der Name Barbara aus den Annalen der Redaktion gestrichen und durch den gesetzlich verbrieften Taufnamen Ernestine ersetzt!« Er winkte seinem gummikauenden Kollegen zu: »Gerlach, eine Taufe geht bekanntlich niemals trocken über die Bühne. Rück mal deine Wodkapulle raus, die du in der Ablage versteckt hast!«

Der so Angesprochene sah nicht einmal auf. »Erstens ist das Gin, und zweitens gehört mir die Flasche gar nicht.«

»Woher weißt du dann, was drin ist?«

»Die hat der Uhu dort versteckt!« Sabine zog einen Ordner aus dem Regal.

»L gleich Labsal, wie passend!« bemerkte Florian. »Wenn der Uhu heute noch aufkreuzen sollte, dann sagt ihr, ich hätte sein proletarisches Gesöff für eine rituelle Handlung gebraucht. Im übrigen schuldet er mir schon seit Pfingsten zwanzig Mark. Jetzt sind es bloß noch zehn.«

Edwin Kautz, genannt Uhu, war freier Mitarbeiter und erschien nur gelegentlich in den Redaktionsräumen. Nur im Sommer sah man ihn häufiger, weil er die Sparte ›Unser Kleingarten‹ betreute und berechtigte Zweifel hegte, daß man in der Setzerei seine handgeschriebenen Manuskripte auch richtig entziffern würde. Den empörten Leserbrief eines Gärtnermeisters im Ruhestand, der sich drei Seiten lang darüber aufgeregt hatte, daß die Pulchella Pallida den Herbstblühern zugeordnet worden war, wo es sich doch einwandfrei um eine Tulpe und somit um eine Frühjahrspflanze handelte, hatte der Uhu wochenlang mit sich herumgetragen und jedem Interessierten oder auch nicht Interessierten als Beweis für die Unfähigkeit der Setzer vorgewiesen. »Jeder normale Mensch kann sich doch denken, daß man im Frühling nichts über Blumen schreibt, die im Herbst blühen«, hatte er sich beim Chefredakteur beschwert und für die Zukunft einen Korrektor gefordert, der Fachkenntnisse besäße oder zumindest Hobbygärtner sei. Leider gab es nur einen, und der züchtete Kakteen. Deshalb zog es Edwin Kautz vor, die Korrekturabzüge seiner Abhandlungen nunmehr eigenhändig zu redigieren.

»Wo sind die Gläser?« fragte Florian, während er die Flasche aufschraubte.

»Die beiden letzten sind vorgestern kaputtgegangen, als Gerlach uns die Methoden des Bombenlegers vom Hindenburgplatz demonstrieren wollte«, sagte Sabine, »aber wir haben noch genügend Kaffeetassen!«

»Ich hab' zwar schon mal Cointreau aus Biergläsern getrunken, aber Gin aus Kaffeetassen ist eine neue Variante.« Florian goß großzügig bemessene Portionen in die Keramiktöpfe, die ihm hilfsbereit entgegengehalten wurden. Dann stieg er auf einen Stuhl und tröpfelte direkt aus der Flasche etwas Gin auf Barbaras Kopf.

»Hiermit taufe ich dich auf den Namen Ernestine, genannt Tinchen, jetzt und immerdar!« Auffordernd blickte er in die Runde. »Erhebt eure Gefäße und stoßt mit mir ins Horn: Lange lebe unser Tinchen, der gute Geist der Redaktion! Hoch, hoch hoch!«

»Du bist ein ganz widerwärtiges Individuum!« heulte Barbara, nunmehr endgültig als Tinchen enttarnt, und warf ihren Topf in Florians Richtung. Der duckte sich, und so segelte das Blümchengeschoß durch die sich öffnende Tür und zerschellte zu Füßen des Chefredakteurs. Entgeistert sah Tinchen ihn an. Dr. Viktor Vogel, hausintern Sperling genannt, ignorierte die Scherben.

»Haben Sie die Abschrift meines Artikels schon fertig, Fräulein Pabst?«

Tinchen schüttelte den Kopf. »Solange die Herren Redakteure ihre Manuskripte hier im Sekretariat schreiben und ihre Meinungsverschiedenheiten ebenfalls hier austragen müssen, ist ein konzentriertes Arbeiten nahezu unmöglich. Könnte man für diese zwar notwendigen, aber äußerst lästigen Mitglieder des Redaktionsteams nicht irgendwo eine Besenkammer frei machen?«

Sichtlich bekümmert nickte Dr. Vogel. »Ich habe die beklagenswerte Raumknappheit schon mehrmals an höherer Stelle zur Sprache gebracht, nur im Augenblick läßt sich offenbar nichts daran ändern. Aber vielleicht könnten die Herren ihren Umtrunk in der Kantine fortsetzen. Übrigens, Herr Bender, ich würde gern einmal Ihren Bericht über die gestrige Theaterpremiere lesen.«

»Der ist schon in der Setzerei«, erwiderte Florian prompt. »Aber ich bringe Ihnen nachher gleich den Fahnenabzug.«

»Ich bitte darum!« Milde lächelnd verschwand Dr. Vogel.

»Das mit der Besenkammer war gemein von dir!« stellte Florian fest, bevor er sich seufzend wieder an seine Maschine setzte. »Was interessiert mich denn jetzt die Minna, wo ich doch ein Tinchen vor mir habe!«

Noch einmal schepperte es, aber diesmal hatte das Feuerzeug sein Ziel erreicht. Florian rieb sich die Stirn, auf der sich eine verdächtige Wölbung zu bilden begann, und Tinchen widmete sich befriedigt den bildungspolitischen Maßnahmen des derzeitigen Kultusministers beziehungsweise den sehr frei interpretierten Erläuterungen des Herrn Dr. Viktor Vogel.

Es war schon nach acht, als sie endlich die Tür zu dem kleinen Reihenhaus aufschloß, in dem sie zusammen mit ihren Eltern und ihrem Bruder wohnte. Oberkassel stand zwar in dem Ruf, zu den besten Wohngegenden Düsseldorfs zu gehören, aber weil man offenbar davon ausging, daß jeder Bewohner dieses Stadtteils über mindestens ein Auto verfügte, wurde das Nobelviertel von den öffentlichen Verkehrsmitteln stiefmütterlich behandelt. Florian hatte sich zwar erboten, wieder einmal Taxi zu spielen und Tinchen nach Hause zu fahren, aber sie hatte ihn nur verachtungsvoll angesehen (zumindest hoffte sie, daß ihr herablassender Blick so gewirkt hatte) und war hinausgestöckelt.

»Tag, Paps!«

Herr Pabst hockte mitten im Wohnzimmer auf einem Standfahrrad, strampelte wie ein Sechstagefahrer beim Zwischenspurt und verfolgte im Fernseher die Tagesschau.

»Tag, Tinchen. Schade, daß du nicht ein bißchen früher gekommen bist. Weißt du, was die Kultusminister der Länder heute beschlossen haben? Sie wollen ...«

»Hör auf, Papa! Man sollte sie alle auf den Mond schießen, die Schulpflicht aufheben und das Analphabetentum wieder einführen. Dann brauchte man auch keine Zeitungen mehr.«

»Ich sehe ohnehin die Zeit kommen, wo wir das Alphabet abschaffen und wieder so etwas wie die ägyptischen Hieroglyphen verwenden, damit wir der nächsten Generation entgegenkommen, die nur noch Bilder versteht.«

Tinchen lachte. »Wo ist Mutsch?«

Herr Pabst wischte sich die Schweißtropfen von der Stirn, kontrollierte den Tachostand und stellte befriedigt fest: »Schon sieben Kilometer! Bis zur Wetterkarte werden es mindestens zehn sein. Mutti ist nebenan bei Frau Freitag, einen neuen Diätplan holen!«

»O nein, nicht schon wieder! Jetzt kriegen wir garantiert wochenlang Variationen in Quark vorgesetzt. Ich habe noch von der Salatkur die Nase voll. Ein paarmal hatte ich sogar Alpträume und bin muhend aufgewacht.«

»Diesmal soll's was mit Eiern sein!«

»Bin ich ein Huhn?« Tinchen schlüpfte aus ihren hochhackigen Schuhen, klemmte sie unter die Arme und stieg die zwei Treppen zu ihrer Mansarde hinauf. Sie öffnete die Zimmertür, griff automatisch nach dem Lichtschalter, der seit zwei Wochen kaputt war, tastete sich zur Stehlampe durch, stieß – wie jeden Abend – gegen den Couchtisch, umrundete ihn vorsichtig und landete mit dem Kopf programmgemäß an der abgeschrägten Decke. Direkt daneben stand die Lampe. Das Licht flammte auf, und Tinchen betrachtete zufrieden die zurückgelegte Slalomstrecke. »War heute schon viel besser! Zum erstenmal bin ich nicht mit dem Schreibtisch zusammengestoßen!«

Sie betrat das neben ihrem Zimmer liegende kleine Bad, wusch sich die Hände und entfernte den schwarzen Tupfer von der Nasenspitze. Der stammte sicherlich vom Farbband. Offenbar würde sie es nie lernen, ein Farbband zu wechseln, ohne hinterher auszusehen, als habe sie zentnerweise Kohlen geschleppt. Überhaupt würde sie niemals lernen, eine perfekte Sekretärin zu werden, die alles wußte, nichts vergaß und sogar ein Kursbuch lesen konnte. Dr. Laritz hatte ihr bis heute nicht verziehen, daß er einmal in Hamburg vier Stunden auf dem Bahnhof festgesessen hatte, weil der vermeintliche Zug nach Bremen das Fährschiff nach Helgoland gewesen war. Und Dr. Mahlmann, der in seiner Eigenschaft als politischer Redakteur einen Minister auf der Durchreise hatte interviewen wollen, hatte vergebens in der VIP-Lounge des Flughafens auf seinen Gesprächspartner gewartet. Der war erst am nächsten Tag gekommen! Und dann die Sache mit dem Nobelpreis-verdächtigen Schriftsteller, der im Breidenbacher Hof einen Whisky nach dem anderen gekippt hatte, während Dr. Laritz im Hilton literweise Eistee getrunken und erst mit Hilfe des Portiers herausgefunden hatte, daß Tinchen mal wieder irgend etwas verwechselt haben mußte.

»Tinchen, aus dir wird nie etwas!« hatte schon Onkel Anton gesagt, als sie in der sechsten Klasse sitzengeblieben war. Onkel Anton war der Bruder des Herrn Pabst und hatte es als Konrektor der Hauptschule Niederaulenheim zu angemessenem Wohlstand gebracht.

»Tinchen, was soll aus dir werden?« hatte Oma Marlowitz geseufzt, als Ernestine ein Jahr nach dem Abitur noch immer nicht gewußt hatte, ob sie nun Innenarchitektin, Tierärztin oder Fotografin werden wollte. Vorsichtshalber hatte sie ein Studium der Kunstgeschichte begonnen.

»Tinchen, wann wird endlich etwas aus dir?« hatte Antonie Pabst geborene Marlowitz mißbilligend ihre Tochter gefragt, als diese nach drei Semestern das Studium hingeworfen und sich beim Tageblatt als Redaktionsvolontärin beworben hatte. Und das auch nur, weil just zu jener Zeit durch die Klatschspalten der Illustrierten diese rührselige Geschichte gegeistert war, in der eine junge amerikanische Reporterin einen Millionär interviewt und vier Wochen später geheiratet hatte.

Tinchen interviewte aber keine Millionäre, nicht einmal einen Filmstar auf Durchreise, sie wurde vielmehr ins Archiv verbannt, wo man weniger an ihrem Studium interessiert war und mehr Wert auf eine schöne Handschrift legte. Sie mußte nur leserlich und orthographisch korrekt die Worte ›Außenminister-Konferenz‹ oder ›Olympisches Komitee‹ auf ein Etikett schreiben, den Rest besorgte Adolar Amreimer. Der verwaltete nämlich das Archiv, und zwar so gründlich, daß er immer erst nach längerem planlosem Suchen das Gewünschte fand.

Vermutlich hätte man Tinchen in den Kellerräumen des Pressehauses genauso verstauben lassen wie die dort gesammelten Zeitungsausschnitte, wenn sie nicht eines Tages in der Kantine ein Buch über Barockbauten vergessen hätte. Es war Dr. Laritz in die Hände gefallen, der daraufhin höchstselbst in den Keller gestiegen und nach einer Unterhaltung mit Tinchen in der Gewißheit wieder ans Tageslicht gekommen war, daß die Personalabteilung mit lauter Idioten besetzt sein müsse. Aber das habe er ja schon immer gewußt!

Tinchen wurde also aus der Unterwelt geholt und gleich bis fast auf den Olymp gehievt; denn über den Redaktionsräumen im 6. Stock residierte nur noch der Herr Verleger persönlich, vorwiegend nachmittags von 15 bis 19 Uhr. Tagsüber vertrat ihn Herr Jerschke, seines Zeichens Verlagsleiter, der mangelnde Körpergröße durch forsches Auftreten zu kompensieren suchte und allgemein Rumpelstilz genannt wurde. Rumpelstilz ignorierte wohlweislich

Dr. Laritz' personalpolitische Eigenmächtigkeit, gegen die er doch nicht ankommen würde, hörte sich zähneknirschend Amreimers Klagerufe an, dessen Handschrift mehr Hieroglyphen als lateinischen Buchstaben glich, und der begreiflicherweise seiner Schreibkraft nachtrauerte, und versprach Abhilfe. Er fand sie in Gestalt einer Angehörigen der Leichtlohngruppe, die begeistert Scheuereimer und Bohnerbesen in die Ecke stellte und sich künftig ›Archivarin‹ nannte. Die Lücke im Putzfrauengeschwader konnte mangels geeigneter Bewerberinnen nicht wieder geschlossen werden, und seitdem begoß Frau Fischer von ›Reise und Erholung‹ nicht nur den Gummibaum, sondern auch die Kakteen in der Sportredaktion und den Philodendron im Flur.

Tinchen lernte Kaffee kochen, Korrekturfahren sortieren, Kugelschreiberminen auswechseln und Briefe schreiben, die größtenteils mit dem Satz begannen: ›Zu unserem Bedauern sehen wir uns leider nicht in der Lage...‹

Sie war nicht gerade unglücklich, aber glücklich auch nicht. Und Antonie Pabsts Ermahnungen, doch auch mal an die Zukunft zu denken – worunter sie in erster Linie Mann und Kinder verstand – waren keineswegs dazu angetan, Tinchens seelisches Gleichgewicht in der Balance zu halten.

Energisch drehte sie den Heißwasserhahn zu, der das kleine Bad inzwischen in eine Sauna verwandelt hatte, suchte ihre Handtasche, fand sie an der Stehlampe hängend und kippte ihren Inhalt kurzentschlossen auf dem Couchtisch aus. Zwischen Lippenstift, Geldbeutel, Monatskarte, abgerissenem Jackenknopf, Kopfschmerztabletten und einer Anleitung zur Aufzucht von Igeln fand sie endlich das Gesuchte: Einen schon reichlich zerknitterten Zeitungsausschnitt, der sich mit den Belangen der Berufsfeuerwehr befaßte. Tinchen interessierte sich allerdings mehr für die Rückseite, und die bestand aus einer Anzeige mit folgendem Text:

TOURISTIK-UNTERNEHMEN
sucht unabhängige Damen und Herren für
interessante Reisetätigkeit. 25–35 Jahre,
ansprechendes Äußeres, sicheres Auftreten, Organisationstalent. Gute Sprachkenntnisse
in Italienisch bzw. Spanisch Bedingung.
Zuschriften erbeten unter...

Seit zwei Tagen schon trug Tinchen dieses Inserat mit sich herum, und genausolange überlegte sie, ob sie die verlangten Voraussetzungen erfüllen würde. 25–35 Jahre stimmte, mit 27 lag sie genau richtig, auch wenn sie angeblich jünger aussah. Aber dem konnte man vielleicht mit ein paar hellgrauen Strähnen im dunklen Wuschelkopf abhelfen, die würden sie sicher seriöser machen. Dazu eventuell eine leicht getönte Brille mit Fensterglas? Eine ganz elegante natürlich, so eine, wie die Klinger aus der Moderedaktion sie trug.

Zweiter Punkt: ansprechendes Äußere. Tinchen öffnete die Schranktür und betrachtete sich kritisch im Innenspiegel. Die Figur war ganz ordentlich geraten, ein bißchen klein vielleicht, aber mit hohen Absätzen erreichte sie spielend 167 Zentimeter. Und daß sie schaumstoffgepolsterte Büstenhalter trug, konnte man schließlich nicht sehen. Dafür war sie fein heraus, wenn die Mode mal wieder Twiggy-Figuren vorschrieb.

Das Gesicht? Guter Durchschnitt, fand sie. Vielleicht ein wenig blaß, aber dadurch kamen die dunklen Augen besser zur Geltung. Und außerdem wurde sie regelmäßig schon im Frühling von den ersten Sonnenstrahlen braun. Nach dem Urlaub sah sie dann immer aus wie eines der Eingeborenenmädchen auf den Bildern von Gauguin. »Genau wie 'ne Knackwurst, bloß nicht so saftig«, pflegte ihr Bruder die mühelos erworbene Bräune zu kommentieren, aber daraus sprach natürlich nur der blanke Neid. Karsten wurde lediglich krebsrot und pellte sich nach drei Tagen wie eine Salatkartoffel.

Nein, also an ihrem Äußeren fand Tinchen nichts auszusetzen. Besonders stolz war sie auf ihre langen Beine, die erst in Shorts so richtig zur Geltung kamen. In südlichen Breiten sind diese Kleidungsstücke bei Touristen ja überaus beliebt. Auch Tinchen besaß fünf Stück in verschiedenen Farben.

Sicheres Auftreten? Sie stellte sich auf die Zehenspitzen und versuchte, energisch und zielbewußt auszusehen. Sie sah aber bloß aus wie Mary Poppins – nur der Regenschirm fehlte noch. Quatsch! Imponiergehabe kann man lernen!

Organisationstalent? Und ob sie das hatte! Wer in einer Zeitungsredaktion nicht über Organisationstalent verfügte, hatte bald keinen Stuhl mehr unter dem Hintern und keine Kaffeetasse mehr im Schreibtischfach.

Sprachkenntnisse! Das war der Angelpunkt, um den sich alles drehte. Tinten bereute bitter, seinerzeit als Au-pair-Mädchen nach London gegangen zu sein und nicht nach Mailand oder Madrid.

Was nützte es jetzt, daß sie nahezu fließend Englisch sprach, auf spanisch aber nur den Satz »Dónde está el lavabo de señoras?« zusammenbrachte, was so viel bedeutete wie »Wo ist die Damentoilette?«

Mit dem Italienischen ging es ein bißchen besser, denn nicht umsonst hatte Tinchen schon seit Jahren regelmäßig ihren Urlaub in Italien verbracht und die ganze Adria-Küste von Rimini bis Bari abgeklappert. Sie war durchaus in der Lage, sich ein komplettes Mittagessen zu bestellen, aufdringliche Papagalli zu beschimpfen und auf Wochenmärkten wie ein orientalischer Teppichhändler zu feilschen. Ob diese Kenntnisse aber ausreichen würden, eine Herde Touristen durch das Landesinnere zu führen und vor Schaden zu bewahren, bezweifelte sie denn doch. Andererseits kann man Sprachen lernen, und am besten lernt man sie vor Ort. Und überhaupt kommt man mit Englisch überall durch! Weshalb sonst hätte man es als Verkehrssprache bei der UNO, der EG und bei den Fluglotsen eingeführt?

Bliebe da noch die letzte Bedingung der Anzeige zu erfüllen, nämlich ›unabhängig‹. Paps würde Tinchens Reisepläne großartig finden, denn er war schon immer der Meinung gewesen, daß sich junge Menschen »mal ordentlich den Wind um die Nase wehen« lassen müssen. Mutsch würde entschieden dagegen sein und ein Verlassen des Elternhauses nur akzeptieren, wenn Tinchen ein paar Straßen weiter ein eigenes Heim nebst dazugehörigem Ehemann vorweisen könnte. Was Karsten sagen würde, war uninteressant. Vermutlich würde er sowieso nichts sagen, lediglich Anspruch auf Tinchens Mansarde erheben und bei dieser Gelegenheit endlich den Lichtschalter reparieren.

Sonst gab es niemanden, der etwas sagen würde. Seit jener Affäre mit dem Literaturstudenten Jochen, der in Tinchen abwechselnd das anbetungswürdige Gretchen oder die romantisch-verklärte Julia gesehen hatte und die von ihren Schöpfern nur schamhaft angedeuteten Verführungsszenen in freier Interpretation nachempfinden wollte, bis schließlich eine theaterbegeisterte Kellnerin den von Tinchen abgelehnten weiblichen Part übernommen hatte, war sie auf Studenten im allgemeinen und Literaturstudenten im besonderen nicht sonderlich gut zu sprechen. Eine Zeitlang hatte es noch den Flugzeugkonstrukteur gegeben, aber der wollte immer auf zugigen Bergkuppen das aerodynamische Verhalten zylindrischer Röhren studieren und benötigte Tinchen vorwiegend zum Festhalten verschiedener Drähte. Nach dem dritten Schnupfen innerhalb eines Vierteljahres hatte sie es vorgezogen, sonntags doch lieber mit ihrem Bruder ins Kino zu gehen. Da war es wenigstens warm.

Abgesehen von ihrem Dauerflirt Florian Bender gab es weit und breit nichts Männliches, an das Tinchen sich in irgendeiner Weise gebunden fühlte. Rein äußerlich glich Florian durchaus ihrem früheren Leinwandidol Rock Hudson, nur war er weder ähnlich begabt noch ähnlich begütert, und es bestand wenig Aussicht, daß sich dieser Zustand in absehbarer Zeit ändern würde. Mutsch hatte zwar des öfteren angedeutet, daß auch ein kleiner Lokalreporter nicht zu verachten sei und es bei entsprechender Zielstrebigkeit durchaus zu etwas bringen könne, ganz besonders dann, wenn die Frau in den ersten Jahren noch mitarbeiten würde, zumindest so lange, bis die Möbel und das erste Kind da wären. Und weshalb wohl würde der Herr Bender das Tinchen so oft ins Kino einladen und manchmal sogar ins Theater, wenn er nicht ernstere Absichten hätte? Nach Hause gebracht hatte er das Kind auch schon oft genug, sich jedoch leider immer geweigert, hereinzukommen und ein Gläschen zu trinken. Frau Pabst hatte ihn ja auch schon sonntags zum Essen bitten wollen, aber »der ernährt sich doch bloß an der Frittenbude!« hatte Tinchen abgewinkt. Außerdem hatte sie ihrer Mutter verschwiegen, daß Pressekarten immer für zwei Personen gelten und darüber hinaus mit einer entsprechenden Kritik im Tageblatt verbunden waren. Und gestern zu Minna von Barnhelm hatte Flox sie nicht einmal mitgenommen. Statt dessen hatte er die vertrocknete alte Schachtel aus der Buchhaltung eingeladen – lediglich aus Geschäftsgründen, wie er Tinchen versichert hatte. Na ja, wer ewig auf Vorschuß lebt, muß natürlich einen heißen Draht zu maßgeblichen Stellen haben.

Florian war ja ganz nett, hatte Charme (viel zuviel, wie sich auf dem letzten Betriebsfest herausgestellt hatte, als er dauernd um die kleine Blonde vom Vertrieb herumscharwenzelt war!), aber wer mit dreißig Jahren noch immer Lokalreporter ist, der würde wohl nie nach Höherem streben. Und außerdem würde er dafür sorgen, daß in spätestens drei Tagen die gesamte Redaktion wußte, weshalb aus Barbara ein Tinchen geworden war.

Sie schloß die Schranktür, klappte ihre Reiseschreibmaschine auf, spannte einen Bogen ein und begann zu tippen:

Sehr geehrte Herren,
unter Bezugnahme auf Ihr Inserat ...

2

»Da ist Post für dich!« sagte Herr Pabst, als Tinchen das Zimmer betrat. »Irgend so ein Insektenforscher hat geschrieben. Wird vermutlich Reklame sein oder ein Spendenaufruf zur Rettung der vom Aussterben bedrohten Kakerlaken. Ich wollte den Kram schon in den Papierkorb werfen, aber Karsten ist scharf auf die Marke. Die hat er nämlich noch nicht.«

»Wo ist denn der Brief?«

Herr Pabst sah sich suchend um. »Vorhin hat er noch auf dem Tisch gelegen, aber inzwischen hat deine Mutter aufgeräumt. Sie bezeichnete das geordnete Nebeneinander von zwei Rechnungen, einer Bananenschale und einem Bierglas als polnische Wirtschaft und sorgte mit gewohnter Zielstrebigkeit wieder für den makellosen Zustand des Zimmers. Den Brief wird sie wohl mitgenommen haben.«

Tinchen begab sich in die Küche. Frau Pabst stand vor dem Kühlschrank und pellte Eier ab.

»Guten Abend, Mutsch. Hast du meinen Brief weggelegt?«

»Tag, mein Kind. Du bist heute aber wieder reichlich spät dran. Nun wasch dir schnell die Hände, das Essen ist gleich fertig. Es gibt Eier nach Art der Gärtnerin mit frischer Kresse und Diät-Mayonnaise. Ohne Fett natürlich, aber dafür hat sie auch kaum Kalorien.« Frau Pabst knüllte das Papier mit den Eierschalen zusammen und warf alles in den Mülleimer.

»Für mich bitte nicht, Mutsch, ich habe schon gegessen«, winkte Tinchen ab und dachte schaudernd an den undefinierbaren Kantinenfraß, von dem Sabine behauptet hatte, es müsse sich um etwas Ähnliches wie panierte Bisamratte gehandelt haben. Nach dieser Diagnose hatte Tinchen zwar keinen Bissen mehr heruntergebracht und war entsprechend hungrig, aber schon wieder Eier? Sie hatte ohnehin die Befürchtung, sich bald nur noch gackernd unterhalten zu können.

»Wo ist denn nun dieser Brief?«

»Welcher Brief?« Frau Pabst drapierte mit einigem Kunstverstand die Kresseblättchen auf die Eierschalen und versah das Ganze mit einem Klecks rosaroter Paste, in der Tinchen mit Recht die erwähnte Diät-Mayonnaise vermutete. »Meinst du etwa das Reklameschreiben? Darauf habe ich eben die Eier abgeschält!«

»Also, Mutsch!« Tinchen öffnete den Mülleimer, fischte mit spitzen Fingern den Umschlag heraus, schüttelte die Eierschalen ab und glättete ihn. Den Absender zierte ein rostrotes Pfauenauge, darunter stand in Wellenlinien ›Schmetterlings-Reisen‹.

»Seit wann machen denn Schmetterlinge Urlaub?« Mit dem Zeigefinger schlitzte sie das Kuvert auf und entfaltete einen leicht angefetteten Briefbogen. In der rechten oberen Ecke tummelten sich gleich zwei Schmetterlinge, diesmal in Kornblumenblau.

›Sehr geehrtes Fräulein Pabst‹, las Tinchen. ›Ihre Bewerbung vom 25. 1. d. J. interessiert uns, und wir würden uns freuen, wenn Sie im Laufe der nächsten Tage zu einer persönlichen Rücksprache nach Frankfurt kommen könnten. Für eine vorherige Terminabsprache wären wir Ihnen dankbar. Mit freundlichen Grüßen.‹ Die Unterschrift war, wie üblich, unleserlich und sehr markant.

»War wirklich bloß Reklame.« Tinchen zerriß nachdrücklich den Umschlag, bevor sie ihn wieder in den Mülleimer warf. Den Brief schob sie heimlich unter ihren Pullover.

»Wenn die das ganze Geld, was sie in die Briefmarken stecken, gleich zu den Spenden packen würden, brauchten die Leute vom Naturschutz erst gar keine Bettelbriefe zu schreiben«, bemerkte Frau Pabst mit bezwingender Logik und betrachtete zufrieden ihr Eier-Stilleben.

»Sieht hübsch aus, nicht wahr?«

»Sehr hübsch«, lobte Tinchen. »Genau wie die Nationalflagge von Ungarn. Ich habe aber trotzdem keinen Hunger.«

»Aber Kind, du mußt doch ein bißchen was essen!«

»Warum denn? Nulldiät hat noch weniger Kalorien als deine sogenannte Mayonnaise. Woraus besteht die eigentlich? Aus Fassadenfarbe?«

Die Antwort wartete sie nicht mehr ab. Sie stürmte die 22 Stufen zu ihrem Zimmer hinauf, eckte vor lauter Aufregung nicht nur wieder am Schreibtisch an, sondern auch am Kleiderschrank und fand erst nach längerem Herumtasten den Knopf der Stehlampe. Dann holte sie den Brief aus dem Pullover, breitete ihn auf dem Tisch aus und las noch einmal die inhaltsschweren Zeilen. Am liebsten hätte sie sich sofort ans Telefon gehängt und einen Besprechungstermin mit den Schmetterlingen vereinbart, aber auch der betriebsamste Nachtfalter würde wohl kaum um halb neun Uhr abends in seinem Büro sitzen.

Ob der Oberschmetterling wohl Flügel in Gestalt eines Umhangs hatte? Vielleicht trug er auch nur einen artgemäßen Schwalbenschwanz. Tinchen kicherte leise vor sich hin und studierte noch einmal die energische Unterschrift. Nein, also ›Pfauenauge‹ hieß das bestimmt nicht, eher schon Degenhard oder Degenbach.

In dieser Nacht träumte Tinchen, sie sei ein Schmetterling, der in einem kornblumenblauen Kleid mit rosaroten Mayonnaisetupfern über die Dächer von Marbella flog und verzweifelt rief: »Dónde está el lavabo de señoras?«

»Herr Dr. Vogel, kann ich wohl am Donnerstag einen Tag Urlaub bekommen? Ich muß wegen einer Erbschaftssache nach Frankfurt.« Tinchen schwindelte mit einer Geläufigkeit, die auf längere Übung schließen ließ.

»Erbschaft? So, so!« sagte dann auch der Sperling und strich bedächtig seinen gepflegten Schnurrbart, der ihm mehr das Aussehen eines Seehundes als eines Vogels verlieh. »Wen wollen Sie denn beerben?«

»Meine Großtante«, erwiderte Tinchen prompt. »Sie war schon zweiundachtzig und lebte seit Jahren im Altersheim. Ich glaube also nicht, daß es da viel zu erben gibt. Trotzdem muß ich hin, schon aus Gründen der Pietät.«

»Natürlich, natürlich!« Dr. Vogel zeigte sich durchaus verständnisvoll. »Aber muß es denn gerade am Donnerstag sein? Sie wissen doch, daß wir am Freitag die große Sonderbeilage über Kleintierhaltung bringen, und da fällt am Tag vorher immer noch ein Haufen Schreiberei an. Geht es nicht am Mittwoch?«

»Leider nein. Der Rechtsanwalt kann nur am Donnerstag ein bißchen Zeit erübrigen, an den anderen Tagen hat er dauernd Termine. Eigentlich ist er ja Strafverteidiger. Die Erbschaftssache hat er nur meiner Großtante zuliebe übernommen, weil er sie schon seit seiner Jugend kannte. Die beiden haben zusammen im Sandkasten gespielt.«

»Dann muß der gute Mann ja auch schon ein biblisches Alter erreicht haben«, wunderte sich Dr. Vogel. »Und er übernimmt immer noch Strafprozesse? Einfach unglaublich!«

»Na ja, nur, wenn es um etwas Besonderes geht, Mord und Totschlag oder so was«, stotterte Tinchen und verwünschte ihre Vorliebe zum Detail. Es war doch völlig gleichgültig, mit wieviel Jahren die nicht existente Großtante angeblich gestorben war.

»Wenn Sie regelmäßig Zeitung lesen würden, dann wüßten Sie, daß Mord und Totschlag keineswegs etwas Besonderes ist«, sagte Dr. Vogel. »Erst unlängst ist mir eine Statistik des Bundeskriminalamtes in die Hände gefallen, wonach...«

»Kann ich nun am Donnerstag frei haben?« unterbrach ihn Tinchen.

»Wie bitte? Ach so, ja, wenn es also gar nicht anders geht, dann müssen wir eben ohne Sie auskommen. Hoffentlich ist Fräulein Bollmann wenigstens da.«

»Natürlich, die hat ja keine tote Tante«, versicherte Tinchen und zog sich aus dem Allerheiligsten zurück.

»Hat's geklappt?« fragte Sabine, sah das zustimmende Nicken und wandte sich wieder ihrem Stenogramm zu. »Kannst du entziffern, was das hier heißen könnte?« Sie deutete mit dem Zeigefinger auf eine Anhäufung von Bleistiftkringeln. »Ich kriege das einfach nicht mehr zusammen.«

Tinchen beugte sich über den Block. »Sieht aus wie ›Polygamie‹.«

»Blödsinn, das ist doch ein Beitrag für den Wirtschaftsteil.«

»Ach so! Dann laß das Wort ruhig aus. Der Schmitz ist schon daran gewöhnt, daß außer ihm selbst kein Mensch sein Fachchinesisch versteht. Die Leser übrigens eingeschlossen.«

»Na schön, wenn du meinst, dann lasse ich hier einfach eine Lücke. Sehr viel sinnloser wird der Text dadurch auch nicht. Was ist denn ein Systemanalytiker?«

»Weiß ich nicht. Ist mir auch völlig Wurscht, ich habe gleich Feierabend. Liegt sonst noch etwas vor?« Tinchen kramte Puderdose und Lippenstift aus ihrer Handtasche und begann mit dem, was Karsten so prosaisch als Fassaden-Renovierung zu bezeichnen pflegte.

»Das Feuilleton braucht noch ein paar Füller. Du sollst mal nachsehen, was wir noch an Stehsatz haben. Laritz meint, Buchbesprechungen wären am besten. Hier in diesem Laden ist er bestimmt der einzige, der sogar die Bücher liest, bevor er sie rezensiert. Von den Neuerscheinungen, die im Herbst herausgekommen sind, müßte noch was da sein, behauptet er.«

»Jetzt haben wir Februar. Seit wann berichten wir denn über Antiquitäten?« Tinchen klappte die Puderdose zu, verstaute sie wieder zwischen Monatskarte und Schlüsselbund und machte sich auf den Weg in die Setzerei.

Als sie aus dem Fahrstuhl trat, dröhnte das dumpfe Röhren der großen Rotationsmaschine in ihren Ohren. Obwohl die Druckerei zwei Stockwerke tief unter der Erde lag, spürte Tinchen immer noch das leichte Vibrieren des Fußbodens.

In der Setzerei herrschte die übliche Betriebsamkeit. Niemand hatte Zeit, keiner hörte zu, als sie ihr Anliegen vorbrachte, und nur ein Jüngling mit Nickelbrille, der sechs Bierflaschen auszubalancieren suchte, murmelte etwas von »Da drüben am hintersten Tisch!«

Nachdem nun wenigstens die Richtung festgelegt war, in der sie suchen mußte, schöpfte sie neuen Mut. »Ich brauche fürs Feuilleton einen Abzug vom Stehsatz!« Energisch zupfte sie an einem blauen Overall.

»Und ich brauche eine Unterschrift«, sagte der Mann, der in dem blauen Overall steckte. »Bei mir sind Sie falsch, ich gehöre nicht zu diesem Verein hier. Ich liefere bloß Seife aus.«

Tinchen versuchte es andersherum. Zielstrebig stellte sie sich einem Setzer in den Weg. »Herr Dr. Laritz braucht sofort einen Abzug vom Stehsatz!«

»Aber klar, Frollein, soll er kriegen. Wo is' denn det Zeuch?«

»Keine Ahnung, ich denke, das wissen *Sie*?«

»Seh' ick aus wie'n Archiv? Am besten jehn Se zu Herrn Sauerbier. Als Setzereileiter muß er ja wissen, wo in dem Laden hier wat zu finden is'.«

Tinchen warf einen Blick auf die große Uhr, die an der Stirnseite des Raumes hing. Schon wieder zwanzig nach sechs. Ob sie wohl jemals pünktlich Schluß machen könnte?

Herr Sauerbier, der im Gegensatz zu seinem Namen ausnehmend freundlich war, hörte sich geduldig Tinchens Gejammer an und versicherte ihr, die Sache selbst in die Hand nehmen zu wollen. Fünf Minuten später war er zurück und drückte ihr zwei Fahnenabzüge in die Hand. Die Überschrift auf dem ersten lautete: Beckenbauer bald Amerikaner?

Tinchen wandte sich zum Gehen. »Wer ist denn das?«

»Haben Sie wirklich noch nie etwas von Kaiser Franz gehört?« Herr Sauerbier konnte diese offensichtliche Unkenntnis nicht begreifen.

»Nee, aber wahrscheinlich ist Franz Kaiser bloß sein Pseudonym. Was für Bücher schreibt er denn?«

»Bücher??? Der spielt Fußball!!«

Tinchen überflog die ersten Zeilen des Fahnenabzugs und ließ die Türklinke wieder los. »Heiliger Himmel! Das hier ist doch Stehsatz vom Sport! Ich brauche den vom Feuilleton!«

»Warum sagen Sie das nicht gleich?«

»Habe ich ja! Dr. Laritz will...«

»Dr. Laritz fordert alle drei Tage Abzüge an. Inzwischen könnte er schon sein Zimmer damit tapezieren. Was macht er eigentlich mit dem ganzen Kram? Hat er kein eigenes Klopapier?«

Endlich bekam Tinchen das Gewünschte, lieferte es ab und sah mit Erbitterung, wie Dr. Laritz die so mühsam erkämpften Abzüge nach flüchtiger Prüfung in den Papierkorb warf. »Das ist doch alles Schnee von gestern«, murmelte er und wühlte auf seinem Schreibtisch herum. »Ich weiß gar nicht, weshalb man mir immer wieder diese alten Kamellen raufschickt. Wer will denn das jetzt noch lesen?«

Erleichtert fischte er aus dem Papierwust einen stark zerknitterten Zettel heraus. »Na also, auf einem gut geordneten Schreibtisch findet sich nach längerem Suchen alles wieder. Wir nehmen als Füller die Sache mit den Jupiter-Monden. Die Politik will's nicht haben. Außerdem war Jupiter ein Gott, hat also im Feuilleton eine gewisse Existenzberechtigung.«

Dr. Laritz kritzelte ein paar Anweisungen an den Rand des Manuskripts und drückte es Tinchen in die Hand. »Würden Sie das auf dem Nachhauseweg noch in der Setzerei abgeben? Am besten gleich dem Sauerbier, es ist nämlich eilig. In einer halben Stunde habe ich Umbruch.«

»Gern«, sagte Tinchen folgsam und fest entschlossen, Herrn Saubier auf keinen Fall mehr unter die Augen zu treten. Zum Glück kreuzte Waldemar ihren Weg. Mit gewohntem Gleichmut nahm er das Manuskript in Empfang und betrachtete weit weniger gleichmütig das Markstück, das Tinchen ihm gab. »Die Kantine hat schon zu!«

»Dann wirf es in dein Sparschwein«, sagte Tinchen und zog so eilig ihren Mantel an, daß Waldemar nicht einmal mehr hilfreich zuspringen konnte. Sie griff nach ihrer Tasche und rannte förmlich zur Tür hinaus.

»Nicht mal auf Wiedersehen hat sie gesagt«, wunderte er sich und steckte das Geldstück in die Hosentasche. »Was hat sie bloß?«

»Vermutlich Schmetterlinge im Kopf«, sagte Sabine, worauf Waldemar erleichtert feststellte, daß seine Zeit als Redaktionsbote in Kürze beendet sein würde – gerade noch früh genug, um von dem in diesem Stockwerk grassierenden Irrsinn nicht mehr angesteckt zu werden.

»Am Donnerstag werde ich wahrscheinlich erst spät nach Hause kommen«, sagte Tinchen beim Abendessen. Es wurde montags immer in der Küche eingenommen, weil Herr Pabst an diesem Tag seinen Kegelabend und Karsten sein Judotraining hatte. Also lohnte es sich nach Frau Pabsts Ansicht gar nicht, im viel zu großen Eßzimmer zu decken.

»Gehst du wieder mit Herrn Bender ins Kino?« erkundigte sie sich, um sogleich mahnend fortzufahren: »Diesmal ziehst du aber das Weinrote an. Es steht dir wirklich gut, und du hast es noch nie getragen. Wenn das Oma wüßte!«

»Oma weiß es aber nicht. Leider! Sonst würde sie vielleicht endlich einsehen, daß ihr Geschmack nicht auch unbedingt meiner ist. Rüschen am Ausschnitt und auf der Schulter ein Pailettenpapagei. Das Kleid sieht aus wie ein Kaffeewärmer. Übrigens gehe ich nicht ins Theater, ich fahre nach Frankfurt.«

»Mußt du da ein Interview machen?« Frau Pabst hatte noch immer nicht die Hoffnung aufgegeben, eines Tages Tinchens Foto in der Zeitung zu finden und darunter die Überschrift: Unsere Chefreporterin berichtet. Auch Frau Freitag, ihre Busenfreundin aus dem Nebenhaus, hatte schon vor längerer Zeit prophezeit, daß das Tinchen noch einmal Karriere machen würde. Die Karten lügen bekanntlich nicht, und der dunkle Herr hatte direkt über der Herzdame gelegen, gleich neben der Geldkarte.

»Nein, Mutsch, ich bin bloß so eine Art Botenjunge. Ich soll in Frankfurt etwas abholen.« Stur blickte Tinchen auf ihren Teller.

Zu Hause schwindelte sie gar nicht gern, aber solange die Angelegenheit mit den Schmetterlingen noch in der Luft hing, wollte sie lieber nichts davon erzählen. Schon gar nicht ihrer Mutter. Dazu war später immer noch Zeit genug.

Frau Pabst sah sich unvermutet wieder in die profane Wirklichkeit versetzt und dachte sofort an das Nächstliegende. »Dann werde ich dir am besten ein paar Eier kochen und ein Schüsselchen Kartoffelsalat fertigmachen. Ein bißchen Obst solltest du auch mitnehmen, aber keine Bananen, die zerdrücken so leicht.«

»Also Mutsch, ich mache doch keine Pilgerreise durchs Sauerland. Ich fahre mit dem D-Zug nach Frankfurt!«

»Und wenn schon. In der Bahn kriegt man doch immer Hunger!«

»Dafür gibt es einen Speisewagen.«

»Warum willst du unnütz Geld ausgeben?« protestierte Frau Pabst, aber als sie das Gesicht ihrer Tochter sah, zog sie es doch vor, weitere Menüvorschläge für sich zu behalten. »Dann nimm wenigstens eine Thermoskanne Tee mit!« Aber auch diese Anregung wurde mit einem beredten Schweigen quittiert.

Antonie Pabst geborene Marlowitz verstand ihre Tochter nicht. Dankbar sollte das Mädel sein, weil sich jemand um den Reiseproviant kümmerte. Früher war man froh gewesen, wenn man überhaupt etwas Eßbares mitnehmen konnte. Speisewagen! Da konnte sie ja nur lachen!

Vielleicht sollte man erwähnen, daß Frau Antonies Erfahrungen mit der Deutschen Bundesbahn, die damals noch Reichsbahn geheißen hatte, aus der Kriegs- sowie der unmittelbaren Nachkriegszeit stammten und alles andere als erfreulich waren.

Ursprünglich in Posen beheimatet, war sie 1945 zusammen mit ihrer verwitweten Mutter ›ins Reich‹ geflohen. Als Beförderungsmittel hatten überwiegend Güterwagen gedient, und die Verpflegung hatte man sich auf irgendeine Art selbst beschaffen müssen. Rohe Karotten sind zwar gesund, als Hauptnahrung aber nicht eben befriedigend.

Was hätte Antonie damals nicht für ein saftiges Schnitzel gegeben... (Heute dagegen raspelte sie wieder Mohrrüben, weil sie in späteren Jahren entschieden zu viele Schnitzel gegessen hatte.)

Den nicht propagierten Endsieg der Alliierten hatte sie jedenfalls in Berlin erlebt, wo es eine entfernte Kusine zweiten Grades gegeben hatte, die in irgendwelche höheren Kreise eingeheiratet und standesgemäß am Wannsee gewohnt hatte. Den Wannsee hatte Frau Marlowitz gefunden, schließlich auch das Haus, oder besser das, was davon übriggeblieben war. Die Kusine hatte es noch rechtzeitig vorgezogen, das Familiensilber und sich selbst in Sicherheit zu bringen. Sie war ins Allgäu getürmt.

In Ermangelung eines geeigneteren Quartiers bezog Frau Marlowitz den noch halbwegs intakten Keller des ehemals herrschaftlichen Hauses und erlebte hier nun doch den Einmarsch der Russen, vor dem sie ja eigentlich geflohen war. Tochter Antonie, die außer Klavierspielen und französischer Konversation nichts von dem gelernt hatte, was in der gegenwärtigen Situation einigermaßen nützlich gewesen wäre, sah sich trotz ihrer zweiundzwanzig Jahre außerstande, sich und ihre Mutter irgendwie durchzubringen. Normalerweise wäre sie als Kanzleiratswitwentochter ja schon längst mit einem Beamten in gehobener Position verheiratet gewesen – nicht umsonst hatte es bereits zwei akzeptable Bewerber gegeben, aber man hatte deren berufliche Karriere rücksichtslos unterbrochen und sie in Uniformen gesteckt. Der Himmel mochte wissen, wo sie abgeblieben waren.

Bevor die letzten Karotten aufgegessen und die beiden noch verbliebenen Abkömmlinge derer von Marlowitz verhungert waren, entsann sich die verwitwete Frau Kanzleirat jener Pensionatsfreundin, die einen in Düsseldorf ansässigen Uhrmacher namens Gfreiner geheiratet hatte. Wieder ein Ziel vor Augen, erwachten in Frau Marlowitz verborgene Kräfte. Sie wagte sich mit den Resten ihres geretteten Schmucks (der größte Teil war während der Flucht auf rätselhafte Weise abhanden gekommen) in die Abgründe des schwarzen Marktes, wo sie zwar gründlich übers Ohr gehauen wurde, aber dennoch genügend Geld erzielte, um Reiseproviant – ebenfalls auf dem schwarzen Markt und ebenfalls mit Verlust – kaufen zu können. Das restliche Geld ging für Fahrkarten und eine Deutschlandkarte im Maßstab 1:300000 drauf.

Solchermaßen gerüstet bestiegen – vielmehr enterten – Frau Marlowitz nebst Tochter einen der wenigen Züge, die in Richtung Westen fuhren. Daß sie den ersten Teil der Reise auf einer zugigen Plattform verbringen mußten, erschien Antonie noch erträglich.

Es war Sommer und darüber hinaus außergewöhnlich warm. Auch der damals obligatorische Fußmarsch über die Zonengrenze – illegal natürlich, der ortskundige Führer hatte sich mit Frau Marlowitz' Armbanduhr als Lohn zufriedengeben müssen – war nicht sonderlich anstrengend gewesen.

Die nächsten zweihundert Kilometer Bahnfahrt, eingepfercht in der ohnedies nicht sehr geräumigen Toilette, hatten Antonie das Eisenbahnfahren nun endgültig verleidet. Zu allem Überfluß war man in der französischen Besatzungszone gelandet, obwohl man eigentlich in die britische gewollt hatte. Vermutlich war die bewußte Landkarte daran schuld gewesen, die den veränderten politischen Verhältnissen in keiner Weise Rechnung getragen hatte und immer noch in den Grenzen des Großdeutschen Reiches markiert gewesen war.

Aber nun hatte Antonie helfend einspringen können. Wenn ihr auch die einschlägigen Vokabeln für ›Besatzungszone‹ und ›grüne Grenze‹ nicht geläufig waren, so reichten ihre französischen Sprachkenntnisse immerhin aus, um bürokratische und militärpolizeiliche Hürden zu nehmen. Ausgerüstet mit den erforderlichen Papieren und einer Notverpflegung vom Roten Kreuz bestiegen die Damen Marlowitz erneut einen Zug. Er war nicht ganz so voll, dafür aber erheblich langsamer. Außerdem fuhr er nicht weit. Ein Armeelastwagen, beladen mit Wollsocken und Thunfischdosen, diente als nächstes Transportmittel. Thunfische sind nahrhaft und dank ihres konservierenden Behältnisses nicht so leicht verderblich. Frau Marlowitz ignorierte das siebente Gebot und forderte ihre Tochter auf, ein Gleiches zu tun. Trotz glühender Hitze wickelten sie sich in Mäntel, deren Taschen sich bald verdächtig nach außen wölbten. Auch der Koffer war viel schwerer geworden, was sich nachteilig bemerkbar machte, als die beiden Reisenden den Lastwagen verlassen hatten und zu Fuß zur nächsten Bahnstation pilgerten. Noch nachteiliger wirkte sich das Fehlen eines Büchsenöffners aus. Aber wenigstens hatte der Bahnhofsvorsteher einen an seinem Taschenmesser. Darüber hinaus war er bereit, ein paar Thunfischdosen anzunehmen und dafür zu sorgen, daß die Damen Marlowitz einen Platz im nächsten Zug bekommen würden. Sie bekamen ihn auch, diesmal auf dem Dach, was den Beförderungsvorschriften zwar widersprach, damals aber notgedrungen geduldet wurde.

Irgendwann war die Odyssee zu Ende. Der Bahnhof von Düsseldorf kam in Sicht, wenn auch kaum noch als solcher zu erkennen. Die Pensionatsfreundin gab es auch noch, ebenfalls kaum zu erkennen, weil ergraut und merklich gealtert. Aber sie nahm die Vertriebenen samt den Thunfischdosen auf und beschaffte dank einiger Beziehungen Unterkunft und Erwerbsmöglichkeit für Tochter Antonie. Letzteres übrigens in ihrer Werkstatt.

Der Uhrmachermeister Gfreiner hatte das Kriegsende nicht überlebt. Der Gerechtigkeit halber muß erwähnt werden, daß sein frühzeitiges Ableben nicht auf Bombenangriffe, Straßenkämpfe oder ähnliche Begleiterscheinungen eines Krieges zurückzuführen war, sondern einzig und allein auf seine Vorliebe für Moselweine. Um seinen reich gefüllten Weinkeller nicht in Feindeshand fallen zu lassen, hatte sich Herr Gfreiner gezwungen gesehen, die vorhandenen Bestände möglichst schnell und möglichst restlos zu verbrauchen. Um dieses Ziel zu erreichen, hatte er sich angewöhnt, schon sein Frühstück in flüssiger Form zu sich zu nehmen und auch im Laufe des Tages auf feste Nahrung weitgehend zu verzichten. Immerhin entging er einem langsamen Hungertod, indem er ziemlich schnell die Kellertreppe hinunterfiel und sich das Genick brach. Die noch übriggebliebenen Weinflaschen leerten später die zahlreichen Trauergäste und erfüllten somit den letzten Wunsch des nunmehr Verblichenen.

Frau Gfreiner, die von Uhren lediglich wußte, daß sie meistens falsch gingen, überließ die Fortführung des Geschäfts dem bisherigen Mitarbeiter ihres Mannes, einem gewissen Ernst Pabst, der bei Herrn Gfreiner selig als Lehrling angefangen hatte. Herr Pabst verstand entschieden mehr von Uhren als seine derzeitige Chefin; vor allen Dingen wußte er, daß man sie zweckmäßigerweise vor den kommenden Siegern in Sicherheit bringen sollte – wer immer das letzten Endes auch sein würde. Also beschaffte er stabile Behälter, darunter auch mehrere leere Munitionskisten, und stopfte sie voll mit Uhren jeglicher Größe, einschließlich einer auseinandergenommenen Standuhr mit Westminsterschlag. Dann versteckte er die Schatztruhen im Keller unter den Resten der letzten Kohlenzuteilung. Das nun leere Schaufenster dekorierte er mit Fieberthermometern sowie einem leicht verbogenen und daher unbrauchbaren Mikroskop.

Fortan reparierte er nur noch Uhren, und als die Ersatzteile alle waren, tat er gar nichts mehr, lebte die letzten paar Wochen vom Ersparten und wartete auf den Endsieg. In Reichweite lagen immer die beiden Krücken, die er zwar nicht brauchte, weil er trotz seines verkürzten Beines ausgezeichnet laufen konnte, die ihn aber davor bewahrten, in letzter Minute noch von den Rollkommandos zum Volkssturm geholt zu werden.

Etwa zwei Monate nach dem Zusammenbruch hielt Ernst Pabst es für angebracht, das Geschäft des Herrn Gfreiner selig wieder zu eröffnen, vorerst allerdings nur als Reparaturwerkstatt. Aber schon wenig später grub er einen Teil der versteckten Schätze aus und verkaufte sie gegen Naturalien. Seine Kunden waren überwiegend Besatzungssoldaten, die bereitwillig in der allgemein üblichen Zigarettenwährung zahlten und immer noch ein gutes Geschäft dabei machten.

Frau Gfreiner, die dank alliierter Hilfe bereits Bohnenkaffee trinken konnte, als die meisten anderen Deutschen nicht mal Muckefuck hatten, bot ihrem talentierten Geschäftsführer die Teilhaberschaft an und überließ es künftig ihm, für ihr leibliches Wohl zu sorgen. Zum Dank durfte er sich aus dem Kleiderschrank ihres verstorbenen Mannes bedienen. Wenn die Anzüge auch nicht unbedingt dem Geschmack eines Zweiunddreißigjährigen entsprachen, so waren sie doch noch sehr gut erhalten und überdies von erster Qualität. Ernst Pabst kannte einen Schneider, der am liebsten Virginiatabak rauchte, und so war auch die Garderobenfrage fürs erste gelöst.

In dieses sichtbar aufblühende Geschäft platzte nun die verwitwete Frau Kanzleirat Marlowitz nebst Tochter Antonie, letztere durchaus ansehnlich und – wie sich bald herausstellte – auch recht geschickt. Aus den anfänglichen Handlangerdiensten wurde schnell produktive Mitarbeit, und bald konnte Ernst Pabst auf seine ›Gesellin‹ gar nicht mehr verzichten. Außerdem sprach sie besser

Englisch als er selber, was die manchmal komplizierten Verkaufsverhandlungen mit den Besatzern wesentlich abkürzte.

Antonie wiederum bewunderte ihren Brötchengeber, der alles das hatte, was ihr selbst fehlte: Unternehmungsgeist, Tatkraft, Humor und eine jungenhafte Unbekümmertheit. Auch die verwitwete Frau Kanzleirat betrachtete den jungen Mann wohlwollend, zumal er ihr nicht nur regelmäßig Bohnenkaffee brachte, sondern hin und wieder auch einen Blumenstrauß. Wer in dieser materialistischen Zeit an solche Artigkeiten dachte, verdiente ein gewisses Entgegenkommen. Und im übrigen war ja nun wirklich nichts dabei, wenn dieser nette Herr Pabst das Fräulein Antonie ins Kino einlud.

Natürlich blieb es nicht beim Kinobesuch. Antonie lernte Boogie-Woogie, bekam von Ernst Nylonstrümpfe und Hershey-Schokolade geschenkt und zum Geburtstag ein Paar Schuhe mit Kreppsohlen – made in USA. Kurz vor der Währungsreform machte Ernst Pabst dem Fräulein Antonie Marlowitz einen Heiratsantrag, und kurz nach der Währungsreform fand die zeitgemäß bescheidene Hochzeit statt. Eine Hochzeitsreise gab es nicht, oder vielmehr doch, nur endete sie schon in den Außenbezirken Düsseldorfs, wo das junge Paar eine nicht übermäßig komfortable, jedoch gründlich renovierte Zweizimmerwohnung mit Küche, Bad und Ofenheizung bezog. Hier wurde im Herbst 1949 auch Tochter Tinchen geboren.

Frau Kanzleirat Marlowitz übersiedelte aus ihrem Untermietzimmer in die nun freie Kleinstwohnung ihres Schwiegersohnes. Als sie im Zuge des Lastenausgleichs endlich ihre Entschädigung erhielt, kaufte sie sich im Vorort Ratingen eine Eigentumswohnung und bemühte sich seitdem, ihre keineswegs magere Pension angemessen zu verleben. Zwei gleichgesinnte Damen, mit denen sie regelmäßig Canasta spielte, halfen ihr dabei.

Antonie Pabst geborene Marlowitz hatte in den ersten Ehejahren noch im Geschäft mitgeholfen, aber als sie feststellte, daß ihr Ernst das auch allein schaffen würde beziehungsweise im Bedarfsfall festbesoldete Fachkräfte einstellen konnte, zog sie sich aus dem Berufsleben zurück und widmete sich nur noch ihren eigenen Neigungen, nämlich dem Haushalt und dem Kochen. Als Tinchen geboren wurde, hatte Antonie den Kampf mit der Waage bereits aufgegeben. Sie war nun mal kein junges Mädchen mehr, sie war eine verheiratete Frau und Mutter. Außerdem aß der Ernst gerne gut, und daß sie eine ausgezeichnete Köchin war, wußte sie selber. Aber wer hatte schon jemals einen dünnen Koch gesehen? Daß Tinchen nicht auch schon im Schulalter zu einer kleinen Tonne herausgefüttert worden war, hatte sie in erster Linie dem unerwarteten und reichlich verspäteten Erscheinen ihres Bruders Karsten zu verdanken. Die mütterliche Fürsorge wandte sich jetzt vorwiegend dem Nachkömmling zu, und niemandem fiel es auf, wenn Tinchen ihren Teller nicht mehr leer aß, sondern die Reste im Abfalleimer verschwinden ließ. Karsten dagegen schien ein Faß ohne Boden zu sein. Gleichgültig, was seine Mutter (und später er selbst) hineinstopfte, er blieb dünn und schlaksig – genau wie sein Vater.

So war Frau Antonie die einzige in der Familie, die ihre Garderobe lediglich nach dem Angebot und nicht nach den persönlichen Wünschen zusammenstellen mußte, weil es die erwählten Modelle selten in den Größen 46 oder 48 gab. War sie wieder einmal mit einer mausgrauen Bluse statt der erträumten roséfarbenen nach Hause gekommen, beschloß sie eine rigorose Änderung des Speisezettels, die jedoch nur bei den übrigen Familienmitgliedern zu dem erwünschten Gewichtsverlust führte. Antonie konnte sich jedenfalls nicht mehr erinnern, wann die Waage bei ihr zum letzten Mal unterhalb der Achtzig-Kilo-Marke stehengeblieben war. Seitdem gab es für sie auch keine aufregendere Beschäftigung mehr als die, andere Frauen zu entdecken, die noch dicker waren.

»Du solltest regelmäßig Radfahren!« hatte Herr Pabst empfohlen und seiner Frau zum Hochzeitstag einen Hometrainer gekauft. Jetzt benutzte er ihn selber.

»Du solltest jeden Tag spazierengehen!« hatte Tinchen angeregt und ihrer Mutter zum Geburtstag ein reich bebildertes Pilzbuch geschenkt. »Häufiges Bücken ist die beste Gymnastik!«

Frau Pabst fuhr lieber Straßenbahn.

»Vielleicht solltest du mal eine mehrwöchige Schlafkur in einem Sanatorium machen«, hatte Karsten vorgeschlagen, »so eine, bei der man unter ärztlicher Aufsicht steht und gar nichts ißt. Ich habe dir ein paar Prospekte mitgebracht.«

Frau Pabst wollte nicht. »Soll ich vielleicht einen Haufen Geld ausgeben, nur um zu schlafen und nichts zu essen? Das kann ich auch hier zu Hause haben. Sogar viel billiger. Überhaupt ist es unmoralisch, Geld für gar nichts zu verlangen.« Mißvergnügt blätterte sie im Prospekt. »Was nützt mir wohl ein Einzelzimmer mit Balkon und Blick in den parkähnlichen Garten, wenn ich immer die Augen zu habe? Außerdem ist es ganz ungesund, so rapide abzunehmen. Frau Freitag sagt das auch.«

Frau Freitag wog noch etwas mehr als Antonie, aber da sie alleinstehend, phlegmatisch und darüber hinaus finanziell unabhängig war, kümmerte sie sich weder um die herrschende Mode noch um irgendwelche sonstigen Schönheitsideale. »Ich versuche zwar ständig, Gewicht zu verlieren, aber es findet mich immer wieder! Nun habe ich es aufgegeben.«

Schließlich hatte Karsten ein Trostwort gefunden, an das sich Frau Pabst im Notfall klammern konnte: »Du hast schon das ideale Gewicht, Mutti! Du bist bloß ein paar Zentimeter zu klein dafür!« –

»Mutsch, könntest du wohl morgen mein Jackenkleid aus der Reinigung holen?«

Antonie schreckte auf. Was um Himmels willen hatte sie bloß veranlaßt, plötzlich in weit zurückliegenden Erinnerungen zu kramen?

Ach ja, die Eisenbahn. Tinchens Fahrt nach Frankfurt. Vielleicht hatten sich die Verhältnisse bei der Bundesbahn in der Zwischenzeit wirklich geändert. Die Züge sahen zumindest sehr viel schicker und moderner aus als damals. Allerdings hatte Antonie seit Jahren keinen mehr betreten. Heutzutage fuhr man ja nur noch Auto. Oder man reiste mit dem Flugzeug, was in der Praxis bedeutete, daß man von immer mehr immer weniger zu sehen bekam.

Antonie gab sich einen Ruck und stand auf. »Ja, natürlich, Kind, ich gehe gleich morgen früh bei der Reinigung vorbei.«

3

Beklommen blickte Tinchen an dem Betonklotz empor und musterte die eintönige Fassade. Der Neubau schien gerade erst fertig geworden zu sein und wirkte noch irgendwie unbewohnt. Das Messingschild mit dem eingeprägten Schmetterling glänzte auch ganz neu und verlor sich auf der großen Hinweistafel. Schaudernd dachte sie an Schlagzeilen wie ›Überfall im Hochhaus‹ oder ›Mörder kam mit dem Fahrstuhl‹ und sah sich schon als Balkenüberschrift im Tageblatt: ›Sekretärin mit Schal erdrosselt! Wir trauern um unsere Mitarbeiterin!‹ Quatsch! Erstens habe ich gar keinen Schal um, und zweitens ist es elf Uhr vormittags. Hochhausmörder kommen bloß bei Dunkelheit!

Sie betrat den Lift und ließ sich in den achten Stock baggern. Der lange Flur war menschenleer und roch nach Farbe. In einer Ecke lag ein Haufen Sägespäne, in einer anderen welkte ein flüchtig ausgewickelter Alpenveilchentopf vor sich hin. ›Blumenhaus Kusentzer‹ stand auf dem Papier. Grabesstille herrschte – abgesehen natürlich von Tinchens Herzklopfen. Außerdem war es lausig kalt.

Auf Zehenspitzen schlich sie vorwärts, sah geöffnete Türen, dahinter leere Zimmer, mittendrin eine geschlossene Tür mit der Aufschrift ›Personal-Toilette‹. Dann machte der Gang einen Knick, und dann kamen neue Türen. Hinter einer hörte man gedämpftes Husten.

Gott sei Dank, dachte Tinchen, außer dem Blumentopf scheint es hier doch noch etwas Lebendiges zu geben.

An der Tür prangte das nun schon hinlänglich bekannte Pfauenauge. Sie klopfte leise.

»Wir sind keine Beamten, hier hat jeder sofort Zutritt!« klang es von drinnen.

Erleichtert öffnete sie und sah sich einer jungen Dame gegenüber, die selbst unter Berücksichtigung der winterlichen Jahreszeit etwas merkwürdig gekleidet war. Ihre dicke Cordhose hatte sie in Pelzstiefel gestopft, dazu trug sie einen Rollkragenpullover, eine dreiviertellange Strickjacke und einen Schal. Schmetterling in Kokon, schoß es Tinchen durch den Kopf.

»Sehen Sie mich nicht so entgeistert an«, lachte der Schmetterling, »in spätestens zehn Minuten werden Sie bereuen, daß Sie sich so elegant angezogen haben!«

Flüchtig musterte sie Tinchens erdbeerfarbenes Jackenkleid, die dünnbestrumpften Beine und die hochhackigen Pumps. »Irrtum, schon nach *fünf* Minuten!«

Aber auch das stimmte nicht, denn Tinchen fror bereits jetzt ganz erbärmlich.

»Nun setzen Sie sich erst einmal«, sagte die Dame und wies auf ein Möbel aus Plexiglas, das auch in einer etwas wärmeren Umgebung nicht gerade anheimelnd gewirkt hätte. »Ich nehme an, Sie sind Fräulein Pabst. Herr Dennhardt telefoniert gerade, Sie müssen also noch ein paar Minuten warten. Inzwischen bekommen Sie erst einmal etwas Heißes.«

Während sie aus einer Isolierkanne Tee in eine Tasse goß, plauderte sie munter weiter: »Den Architekten dieses Bauwerks sollte man hier lebendig einmauern! Der Kerl muß sein Diplom im Lotto gewonnen haben. Selbst ich als blutiger Laie weiß, daß warme Luft nach oben steigt und nicht nach unten, aber dieser neunmalkluge Mensch hat die Heizung in die Decke einbauen lassen! Zu allem Überfluß funktioniert sie nicht einmal. Seit drei Tagen suchen die

Handwerker den Fehler. Wahrscheinlich sind sie schon längst erfroren!«

Dankbar nahm Tinchen die Tasse entgegen.

»Halt! Noch nicht trinken! Da muß erst Rum rein. Der ist in diesem Fall kein Genuß, sondern ein lebensnotwendiges Übel, aber ich habe heute früh bloß Verschnitt auftreiben können. Gestern haben wir uns mit Himbeergeist warmgehalten. Allerdings mußte der Laden schon mittags wegen Volltrunkenheit des Personals geschlossen werden. – Übrigens habe ich ganz vergessen, mich vorzustellen. Ich heiße Sibylle Mair, mit a-i-r.«

»Ernestine Pabst«, sagte Tinchen höflich und hätte sich am liebsten sofort auf die Zunge gebissen. Sie hatte sich doch extra vorgenommen, Barbara zu sagen, und nun war ihr doch wieder diese verflixte Ernestine herausgerutscht. Hastig versuchte sie eine Ablenkung: »Wie lange hausen Sie denn schon in diesem Eiskeller?«

»Seit einer Woche erst, aber mir kommt es vor wie eine Ewigkeit.«

»Sind Sie hier ganz allein?« Eigentlich hatte Tinchen in einem Reisebüro etwas mehr Betriebsamkeit erwartet.

»Im Augenblick ja«, sagte Sibylle, »das heißt so ganz stimmt das auch wieder nicht. Normalerweise sitzt hier noch eine Kollegin von mir, aber wir haben es vorgezogen, in Raten zu frieren. Eine hält die Stellung, die andere wärmt sich auf. Zum Glück haben wir gleich um die Ecke eine Cafeteria. Scheußlich ungemütlich, aber wenigstens geheizt. Möchten Sie noch einen Tee?« Aufmunternd winkte sie mit der Kanne.

»Ja, gerne, aber diesmal ohne Rum. Immerhin habe ich noch ein wichtiges Gespräch vor mir.«

»Dann bringen Sie es am besten gleich hinter sich.« Sibylle sah flüchtig zum Telefon. »Herr Dennhardt hat gerade aufgelegt. Nehmen Sie die Tasse ruhig mit, etwas Wärmeres werden Sie drüben auch nicht finden.« Sie öffnete die Tür zum Nebenzimmer und schob Tinchen vor sich her. »Herr Dennhardt, hier ist Fräulein Pabst aus Düsseldorf. Ich habe sie schon ein bißchen aufgetaut, aber machen Sie es trotzdem nicht allzu lange, sie ist nämlich absolut nicht winterfest angezogen.«

Die Tür schloß sich hinter Tinchen. Neugierig sah sie zu dem Herrn auf, der hinter seinem Schreibtisch hervortrat. Etwa vierzig Jahre alt, Manchesterhosen, Skipullover, dicke Lederjacke, Stiefel. Er stellte Tinchens Tasse auf einen kleinen runden Tisch und reichte ihr die Hand.

»Guten Tag, Fräulein Pabst. Ich freue mich, daß endlich mal jemand kommt, der wirklich so aussieht wie auf dem Foto. Die meisten Bewerberinnen haben Bilder geschickt, die mindestens zehn Jahre alt sind.«

Mitleidig sah er Tinchen an, die vergeblich das Zähneklappern zu unterdrücken suchte. »Ist Ihnen sehr kalt? Möchten Sie einen Kognak zum Aufwärmen?«

»Nein, danke, mir ist schon der Rum in den Kopf gestiegen.«

»Macht nichts, ich habe mich inzwischen daran gewöhnt, von alkoholisierten Mitarbeitern umgeben zu sein. Wenn die Heizung nicht bald funktioniert, werden wir alle im Delirium tremens enden. Hoffentlich kriegt der Architekt die Beerdigungskosten aufgebrummt.« Er trat wieder hinter seinen Schreibtisch und nickte Tinchen zu.

»Warum setzen Sie sich nicht?«

Diesmal war es ein Ledersessel, in dem sie Platz nahm. Dennhardt schlug einen Aktendeckel auf. »Also, Fräulein Ernestine Pabst, nun verraten Sie mir mal, was Sie sich unter Ihrer künftigen Tätigkeit vorstellen!«

Ach, du liebe Zeit! Unruhig rutschte Tinchen auf ihrem Sessel hin und her. Auf alle möglichen Fragen war sie vorbereitet, nur auf diese nicht. Sie hatte doch gar keine Ahnung, was von ihr erwartet wurde. »Ja, ich dachte... ich nehme an, daß... in erster Linie...« Dann sagte sie entschlossen: »Eigentlich habe ich mir überhaupt nichts Konkretes gedacht. Vermutlich suchen Sie Leute, die Omnibusfahren vertragen, Geschichtszahlen herunterbeten und Karten lesen können, damit man abends auch am richtigen Etappenziel ankommt. Diese Bedingungen kann ich erfüllen. Was sonst noch gebraucht wird, weiß ich nicht.«

Dennhardt brach in schallendes Gelächter aus. »Aus welchem Märchenbuch haben Sie denn diese Weisheiten her? Wir sind ein ganz kleines bescheidenes Reiseunternehmen, das noch aus Idealisten besteht und seine Kunden individuell betreuen möchte. Die wollen sich nämlich gar nicht bilden, sondern erholen, und das ohne Bevormundung, aber nach Möglichkeit auch ohne Ärger. Wir haben nicht den Ehrgeiz, sie von einer geschichtsträchtigen Ruine zur anderen zu karren, sondern wir möchten ihnen helfen, ihre spärlichen Urlaubstage so unbeschwert wie möglich zu verbringen. Also keine Auseinandersetzungen mit Hoteliers wegen knarrender Betten, keine Kämpfe um Liegestuhl und Sonnenschirm, keinen Ärger mit geklauten Fotoapparaten und so weiter. Deshalb werden wir in jedem unserer ohnehin noch nicht sehr zahlreichen Ferienorte einen Reiseleiter installieren, der sich um den ganzen Kram kümmert, der auch mal seelischer Mülleimer spielt, und der ein bißchen Eigeninitiative entwickelt, falls sich irgendwo doch mal Begräbnisstimmung ausbreitet. Und weil die meisten unserer Kunden jüngere Leute sind, möchten wir ihnen als Kindermädchen natürlich keine in Ehren ergraute Matronen vorsetzen. Würden Sie sich diesen Job zutrauen?«

»Ja, ohne weiteres!« sagte Tinchen prompt. »Eine Redaktion besteht zu sechzig Prozent aus Verrückten, und der Rest ist auch nicht ganz normal, sonst hätte er einen vernünftigen Beruf gewählt. Darüber hinaus habe ich einen Bruder im Teenageralter und eine Mutter, die Diätrezepte sammelt. Bisher bin ich mit allem mühelos fertig geworden. Was sind dagegen schon Hotelbesitzer oder schlechtgelaunte Touristen?« Dann erkundigte sie sich noch vorsichtig: »Gehört Buchhaltung auch in mein eventuelles Ressort?«

»Nein, ganz bestimmt nicht«, versicherte Dennhardt, dem es sichtbar schwerfiel, ernst zu bleiben. »Die Abrechnungen werden von hier aus erledigt. Sie bekommen nur jede Woche die Buchungsunterlagen, also wie viele Personen insgesamt wie viele Zimmer brauchen, und die müssen Sie dann in unseren Vertragshotels reservieren. Praktisch ist das reine Routinearbeit, die bloß ein paar Telefongespräche erfordert. Sie haben natürlich ein eigenes Büro, in dem Sie zu bestimmten Zeiten erreichbar sein sollten. Zwei bis drei Stunden pro Tag genügen. Ab und zu müßten Sie sich auch in den einzelnen Hotels sehen lassen, damit Sie eventuelle Beschwerden entgegennehmen und möglichst sofort ausbügeln können. Am besten machen Sie die Besuchsrunden zu den Fütterungszeiten, weil die meisten Gäste dann im Speisesaal zu finden sind. Das hat auch noch einen weiteren Vorteil, denn ein satter Gast ist fast immer auch ein zufriedener Gast – mit leerem Magen meckert es sich viel leichter.«

Tinchen nickte. »Das klingt einleuchtend. Aber nun möchte ich doch noch gern wissen, wo der Pferdefuß bei der ganzen Sache steckt?«

Dennhardt sah sie fragend an. »Welcher Pferdefuß? Was meinen Sie damit?«

»Weil das, was Sie als mein künftiges Aufgabengebiet umrissen haben, höchstens ein paar Stunden täglich in Anspruch nimmt. Was mache ich nachmittags?«

»Sie werden sich wundern, wieviel Zeit Sie mit Kleinkram vertrödeln müssen. Es passiert immer mal etwas Unvorhersehbares, und deshalb brauchen wir ja auch Mitarbeiter, die flexibel genug sind, auch mit außergewöhnlichen Situationen fertig zu werden.«

»Aha«, sagte Tinchen, »also doch ein Pferdefuß. Mit welchen Situationen wäre denn beispielsweise zu rechnen?«

»Du lieber Himmel, was erwarten Sie eigentlich? Wir vermitteln doch keine Callgirls! Was ich meine sind Streiks, Erdbeben, Trauerfall oder weiß der Kuckuck, was sonst noch eintreten kann. Überschwemmung habe ich noch vergessen!«

»Ich habe den Freischwimmer!«

»Im übrigen, liebes, verehrtes Fräulein Ernestine Pabst, möchten wir unseren Mitarbeitern auch ein bißchen Freizeit gönnen, denn überarbeitete Reiseleiter mit blassen Gesichtern sind eine miserable Reklame. Eine geregelte Arbeitszeit mit ausnahmslos freiem Wochenende haben Sie sowieso nicht, das ist bei dieser Art Job nicht drin. Wir sind keine Beamten.«

»Das habe ich heute schon einmal gehört!«

»Um so besser. Dann wissen Sie auch, daß Sie bei uns weder Pensionsansprüche noch turnusmäßige Beförderungen zu erwarten haben. Wir würden Sie zunächst für eine Saison verpflichten, also vom 1. April bis zum 30. September. Bei beiderseitiger Zufriedenheit läßt sich später auch über den Einsatz in einem Wintersportort reden. Können Sie skilaufen?«

»Nein, nur rodeln.«

»Ist auch ungefährlicher. – Also, was ist, Fräulein Pabst, haben Sie Lust, ein Schmetterling zu werden?«

»Wenn ich nicht auch noch Fliegen lernen muß...« Tinchen sah ihr Gegenüber mit einem fröhlichen Lachen an. Dann gab sie sich einen Ruck. »Eigentlich würde ich noch ganz gern wissen, ob man bei Ihnen auch etwas verdienen kann.«

Scheinbar betrübt schüttelte Dennhardt den Kopf. »Da biete ich Ihnen nun Sonne, Meer, Strand und ein ganz kleines bißchen Arbeit, und Sie reden von Geld.« Ein Blick in Tinchens Gesicht ließ ihn aber schnell fortfahren: »Wir zahlen Ihnen für den Anfang zwölfhundert Mark netto bei freier Verpflegung und Unterkunft in einem unserer besten Hotels. Das ist zwar kein fürstliches Gehalt, aber es dürfte als Taschengeld ausreichen.«

»Einverstanden!« sagte Tinchen. »Nun müßten Sie mir nur noch verraten, wohin Sie mich schicken wollen.«

»In Anbetracht Ihrer offensichtlichen Vorliebe für Italien und nicht zuletzt Ihrer perfekten italienischen Sprachkenntnisse wegen« – er blätterte noch einmal in den Unterlagen – »würde ich sagen, wir beordern Sie in die germanische Hochburg.«

Ich habe es ja geahnt, dachte Tinchen, nie ist ein Mensch so vollkommen wie in seinen Bewerbungsschreiben. Wenn der jetzt auf die Idee kommt, meine sogenannten Sprachkenntnisse unter die Lupe zu nehmen...?

Im Augenblick schien das nicht der Fall zu sein. Dennhardt erhob sich vielmehr und meinte abschließend: »Dann wäre ja soweit alles klar zwischen uns. Ich muß Sie jetzt nämlich rauswerfen, weil ich gleich noch eine Aspirantin erwarte, die mir als Foto ein Baby auf dem Eisbärfell geschickt und als Fremdsprache Jodeln angegeben hat. Jetzt möchte ich gern wissen, ob sie inzwischen wenigstens schon zur Schule geht.«

Mit einem kräftigen Händedruck verabschiedete er sich. »Sie gehen jetzt erst einmal mit Fräulein Mair irgendwohin zum Auftauen. Mit ihr können Sie auch die ganzen Formalitäten erledigen, und wenn Sie noch Fragen haben, dann sind Sie bei ihr in den besten Händen.«

Er öffnete die Tür. »Fräulein Sibylle, bringen Sie diesen Eisklotz möglichst schnell ins Warme und trichtern Sie ihm einen Grog oder Glühwein oder sonst irgend etwas Belebendes ein! Und kümmern Sie sich bitte um den Papierkram! Fräulein Ernestine ist engagiert!«

Tinchen drehte sich noch einmal um. »Weshalb betonen Sie eigentlich fortwährend meinen Vornamen, Herr Dennhardt? Gefällt er Ihnen so gut?«

»Und wie!« versicherte er grinsend. »Wer heißt denn heutzutage noch so? Werden Sie zu Hause wirklich Ernestine genannt? Tinchen würde viel besser zu Ihnen passen.«

»Eigentlich heiße ich doch Barbara!« Sie heulte beinahe vor Zorn.

»Eine Barbara haben wir schon«, lehnte Dennhardt ab, »das gibt nur Verwechslungen. Und Tinchen ist auch viel hübscher, nicht wahr, Sibylle?«

»Ja, fast so schön wie Gottlieb Maria«, sagte Sibylle und schloß nachdrücklich die Tür. Dann zwinkerte sie Tinchen zu. »Er heißt tatsächlich so, ist aber gegen diese Namen ausgesprochen allergisch. Jedenfalls wissen Sie nun, wie Sie ihm den Wind aus den Segeln nehmen können. Jetzt wollen wir aber machen, daß wir aus diesem Gefrierschrank rauskommen. Soll Gottlieb ruhig mal Stallwache schieben. Der muß unter seinen Vorfahren einen Eisbären gehabt haben, weil ihm die Kälte überhaupt nichts ausmacht.«

Sie griff nach der Pelzjacke, die über einer Stuhllehne hing, und wickelte sich frierend hinein. »Meine Kollegin muß auch jeden Augenblick zurückkommen. Sie ist schon überfällig. Hoffentlich hängt sie nicht wieder im Fahrstuhl fest, der funktioniert nämlich auch nicht immer.«

Entschlossen schob sie Tinchen zur Tür hinaus. »Gehen wir zur Tränke. Dabei weiß ich schon gar nicht mehr, wie ich die ganzen Alkoholika zum Auftauen eigentlich verbuchen soll.«

»Am besten als Streusalz«, schlug Tinchen vor.

Eine Stunde später rührte sie versonnen an ihrem Glühwein – es war bereits der dritte –, fischte mit dem Löffel die Zitronenscheibe heraus und versuchte sich zu erinnern, ob sie in Italien jemals Zitronenbäume gesehen hatte. Auf jeden Fall gab es Palmen. Wuchs an denen auch was? Datteln oder so? Oder gab es die nur in Afrika? Egal, irgend etwas würde es schon geben, was man dort von den Bäumen pflücken und essen konnte. Natürlich nicht so etwas Profanes wie Kirschen oder Pflaumen. Etwas Exotisches mußte es schon sein. Richtig – Olivenbäume gab es ja massenweise. Olio Dante. Leider machte sich Tinchen nichts aus Oliven.

»Stimmt was nicht mit deinem Wein?«

»Meeresrauschen«, flüsterte Tinchen, »Wellenkämme und salzige Brise.«

»Ist das Zeug nicht süß genug?« Sibylle winkte dem Kellner. »Angelo, noch eine Portion Zucker!«

»Sei nicht so entsetzlich prosaisch, ich habe doch nur ein bißchen geträumt.« Langsam kam Tinchen in die Wirklichkeit zurück. Die bestand überwiegend aus rotem Plastikmobiliar und nannte sich ›Café Napoli‹.

»Träumen kannst du heute nacht. Mich interessiert im Augenblick viel mehr, ob du noch irgendwelche Fragen hast.« Sibylle hatte Tinchen schon beim ersten Glühwein das Du angeboten, »weil wir uns in unserem Laden eigentlich alle duzen. Mit Ausnahme des Chefs natürlich. Es klingt entschieden netter, wenn man ›du Idiot‹ sagt statt ›Sie Idiot‹.«

Das hatte Tinchen eingeleuchtet. Im übrigen hatte sie keine Fragen mehr. Sie war von Sibylle über alles informiert worden, was ihr wichtig erschienen und Tinchen ziemlich gleichgültig gewesen war. Mit dem Papierkram würde sie schon fertig werden, und dann sollte ihr ja in den ersten zwei Wochen noch ein Herr Harbrecht zur Seite stehen. Der war ein ganz alter Hase im Touristikgewerbe, hatte aber nach fast zwanzig Jahren Reiseleitertätigkeit im Dienste nahezu aller Branchenriesen nun endgültig die Nase voll und gedachte, sein ferneres Leben im Schwarzwald zu verbringen. Vorher würde er Tinchen aber noch über die Anfangsschwierigkeiten hinweghelfen.

»Hast du dir schon überlegt, an welchem Stiefelteil du dich etablieren möchtest? Riviera oder Adria? Noch kannst du es dir aussuchen.« Tinchen überlegte nicht lange. »Die Adriaküste kenne ich rauf und runter, also sehe ich mir lieber mal die andere Seite an.«

»Wie du willst. Da kämen drei Orte in Frage, nämlich Cardicagno, Verenzi und San Giorgio. Cardicagno würde ich dir nicht empfehlen. Das ist ein ziemlich ödes Kaff in der Nähe von Rapallo. Im übrigen ist dort auch unsere holländische Konkurrenz vertreten und überschwemmt den ganzen Ort mit dicken Frauen in geblümten Sommerkleidern. Das ist nichts für dich!«

Sibylle bestellte zwei Espresso. »Es wird Zeit, daß wir wieder nüchtern werden! Wo waren wir stehengeblieben? Ach ja, Cardicagno. Das haken wir also gleich ab. Bleiben noch Verenzi und San Giorgio. Beide Orte liegen nur sieben Kilometer auseinander und ziemlich genau in der Mitte zwischen Genua und San Remo.«

Tinchen schüttele den Kopf. »Ich kenne keines von den Nestern. Also ist es mir Wurscht, wohin ich komme. Wozu würdest du mir denn raten?«

Sibylle überlegte nicht lange. »Verenzi. Da gibt es einen erstklassigen Friseur. Außerdem können wir dich im Hotel Lido einquartieren, das ist eine unserer Nobelherbergen. Der Besitzer ist übrigens Deutscher. Mit dem kannst du wenigstens quasseln, wie dir der Schnabel gewachsen ist. Aber bei deinen perfekten Sprachkenntnissen bist du darauf sicher nicht angewiesen.«

Tinchen schluckte. »So furchtbar weit her ist es damit ja gar nicht. Wenn Herr Dennhardt mich auf die Probe gestellt hätte, wäre ich fürchterlich auf die Nase gefallen. Ich habe die ganze Zeit Blut und Wasser geschwitzt.«

»Und das auch noch völlig umsonst. Gottlieb spricht zwar fließend Spanisch, aber auf italienisch kann er bloß fluchen.« Mißtrauisch beäugte Sibylle ihren Kaffee und äußerte die Befürchtung, man habe die Ingredienzen aus dem Reformhaus bezogen. »Schmeckt wie aufgebrühte Sonnenblumenkerne!«

Tinchen kicherte.

»Mach dir wegen der eventuellen Sprachschwierigkeiten keine Sorgen. Seit fünfundzwanzig Jahren ist die Riviera fest in deutscher Hand. Inzwischen versteht dort beinahe jeder Schuster Deutsch.«

»Trotzdem werde ich mich gleich morgen in der Berlitz-School anmelden«, versprach Tinchen.

»Das lohnt sich doch gar nicht mehr! Kümmere dich lieber ein bißchen um das, was da unten wächst, kriecht und krabbelt. Es kann durchaus passieren, daß dir jemand ein halbverwelktes Blatt unter die Nase hält und von dir wissen will, von welchem Gestrüpp es stammt und ob es auch bei ihm in Wuppertal auf dem Balkon anwächst.«

»Auch das noch! In Biologie hatte ich immer eine Vier.«

»Du brauchst ja nicht die ganze südliche Flora zu kennen. Es genügt schon, wenn du eine Pinie von einer Agave unterscheiden kannst. Trichtere dir sicherheitshalber ein paar lateinische Pflanzennamen ein, und dann bete, daß dir nicht gerade ein engagierter Botaniker über den Weg läuft.«

Sibylle stand auf. Dem herbeieilenden Kellner erklärte sie, daß die Rechnung ›wie üblich‹ abzufassen sei und ohnehin erst später bezahlt werden würde. »Vielleicht kann ich dem Knaben doch eines Tages begreiflich machen, daß er diese Wartezimmerstühle rausschmeißen und ein paar anständige Sessel hinstellen muß, wenn er noch ein paar Gäste mehr haben will. Nächste Woche zieht unsere übrige Belegschaft um, und dann könnte diese Pinte durchaus unser Stammlokal werden. Schmetterlinge sind bekanntlich gefräßige Tiere. Aber mach das mal diesem Neapolitaner klar! Der hält sein Plastik-Interieur für das Nonplusultra in der Eisdielenbranche.«

Auf der Straße sah sich Sibylle suchend um. »Wo steht denn dein Wagen?« Tinchen lachte. »Als treuer Bürger dieses Staates halte ich mich an das Energiesparprogramm und fahre Bundesbahn. Von wegen Auto! Ich hab' nicht mal einen Führerschein!«

»Was hast du nicht?« Sibylle blieb mitten auf dem Fahrdamm stehen und zwang den heranrasenden Mercedesfahrer zu einem waghalsigen Ausweichmanöver, untermalt von Kommentaren, die auf einen bedauerlichen Mangel an Kinderstube schließen ließen. Mit zwei Sprüngen rettete sie sich zurück auf den Gehsteig. »Sag das noch mal ganz deutlich! Du hast wirklich keinen Führerschein?«

»Ganz bestimmt nicht«, bestätigte Tinchen. »Ist das etwa eine Bildungslücke?«

»Nein, eine Katastrophe! Wir können dir doch nicht auch noch einen Chauffeur stellen.«

»Was soll ich mit einem Chauffeur? Ich habe Beine bis zum Boden und eine gute Kondition.«

»Die wirst du auch brauchen, wenn die Karre mal wieder nicht anspringt. Ansonsten meldest du dich morgen in einer Fahrschule an, paukst keine italienischen Vokabeln mehr, sondern Verkehrsregeln und hast spätestens am 30. März deinen Führerschein.«

»Das klappt nie!« Entsetzt wehrte Tinchen ab. »In acht Wochen ist das überhaupt nicht zu schaffen.«

»Ich habe meine Fahrprüfung sogar nach sechs Wochen gemacht«, sagte Sibylle, »und auf Anhieb bestanden. Allerdings mit privater Nachhilfe. Hast du nicht jemanden, der dir ein paar Privatstunden gibt? Vater, Bruder, Freund oder einen anderen Mitmenschen mit pädagogischen Fähigkeiten und einem schrottreifen Wagen?«

»Nein!« versicherte Tinchen im Brustton der Überzeugung, und damit hatte sie zweifellos recht. Immerhin hatte Florian schon einmal versucht, sie in die Geheimnisse des Autofahrens einzuweihen. Die dabei entstandene Beule im rechten Kotflügel seines Käfers hatte ihn kaltgelassen. »Sie stellt lediglich die optische Symmetrie des Wagens wieder her«, hatte er Tinchen beruhigt, »im linken ist ja auch schon eine.« Auch die verbogene Stoßstange hatte er noch hingenommen. Aber dann hatte Tinchen den falschen Gang erwischt, war in zügigem Tempo rückwärts die Bordsteinkante sowie zwei Treppenstufen raufgefahren und hatte den Auspuff demoliert. »Wenn überhaupt, dann lerne Panzer fahren! Da hast du noch Überlebenschancen!« hatte Florian erklärt und sie auf den Beifahrersitz verdammt.

Sibylle hatte sich milde lächelnd die blumenreiche Schilderung angehört. »Autofahren kann jeder Trottel lernen. Da ich dich nunmehr für einen solchen halte, wirst du es auch lernen. In Verenzi steht ein kleiner Fiat, der zum Inventar gehört und steuerlich absetzbar ist. Du wirst ihn gefälligst benutzen, und sei es auch nur aus dem Grund, daß die Mühle demnächst wieder im Freien parkt. Der Mietvertrag für die Garage läuft im März ab. Wenn der Wagen dann nicht regelmäßig benutzt wird, rosten auch noch die Stellen, die jetzt noch halbwegs intakt sind.«

»Glaubst du wirklich, ich setze mich freiwillig in solch einen Schrotthaufen? Lieber laufe ich!«

»Nur wer das Kopfsteinpflaster von Verenzi kennt, weiß, wie die Füße leiden«, rezitierte Sibylle in freier Interpretation den Geheimen Rat aus Weimar. »Und vergiß nicht, fünfundzwanzig Grad im Schatten gelten als durchaus gemäßigte Temperatur!«

»Dagegen hätte ich jetzt auch nichts einzuwenden.« Tinchen trat von einem Fuß auf den anderen, aber wärmer wurde ihr trotzdem nicht.

»Dann verschwinde, bevor du festfrierst! Alles andere kriegst du schriftlich! Tschüß und gute Heimfahrt!« Ein kurzes Winken, dann war Sibylle hinter der gläsernen Eingangstür verschwunden.

Im Zug ließ Tinchen sich alles noch einmal durch den Kopf gehen. Sie war rundherum glücklich und hätte sich liebend gern mit einem ihrer Mitreisenden unterhalten, aber die anderen Fahrgäste hatten ihre Gesichter in Leerlaufstellung. So zog sie lustlos das umfangreiche Buch aus der Tasche, für das sie vorhin 38 Mark auf den Ladentisch geblättert hatte, und schlug es auf. ›Die Blütezeit italienischen Kunstschaffens begann in der Frührenaissance. Als herausragendster Vertreter der Baukunst gilt bis heute…‹

Und das 531 Seiten lang! dachte Tinchen leicht erschüttert, klappte ihre Neuerwerbung wieder zu und machte sich auf die Suche nach dem Speisewagen.

4

Die Neuigkeit schlug wie eine Bombe ein! Karsten starrte seine Schwester mit weit aufgerissenen Augen an, haute sich auf die Schenkel und wieherte los: »*Was* willst du werden? Reiseleiterin? Heiliger Christophorus, steh den Touristen bei! Stellt euch doch bloß mal unser Tinchen vor, wie sie mit Flüstertüte vorm Schnabel und Spickzettel in der Hand zwischen den Ruinen von Pompeji steht und den Leuten die Badesitten der ollen Römer erklärt. Ich könnte mich totlachen!«

»Blöder Affe!« war alles, was Tinchen dazu zu sagen hatte. Aber auch Herr Pabst meldete Bedenken an. »Glaubst du wirklich, daß du so etwas kannst? Normalerweise benimmst du dich in fremder Umgebung doch immer wie ein herrenloser Hund, und jetzt willst du die Verantwortung für eine ganze Reisegruppe übernehmen?«

»Ihr habt ja gar keine Ahnung«, protestierte Tinchen, »laßt mich doch erst einmal alles erzählen!«

Dann erzählte sie, und je mehr sie erzählte, desto länger wurde Antonie Pabsts Gesicht. Schließlich platzte sie heraus: »Das ist ja alles schön und gut, mein Kind, und ich verstehe auch, daß du gerne mal an die Riviera möchtest, aber dahin kannst du doch im Urlaub fahren. Die andere Sache klingt mir dagegen reichlich unseriös. Für so etwas Unsicheres willst du deinen schönen Posten bei der Zeitung aufgeben? Du mußt doch auch an die Zukunft denken!«

»Das tu ich ja, Mutsch, und deshalb will ich endlich mal raus! So einen Job wie beim Tageblatt finde ich jederzeit wieder, aber wann bekomme ich noch einmal die Chance, im Ausland zu arbeiten?«

»Da hat Tinchen vollkommen recht.« Herr Pabst lächelte seiner Tochter aufmunternd zu. »Soll sie doch ruhig ein paar Erfahrungen sammeln. Und nebenher lernt sie Italienisch. Fremdsprachen kann man heutzutage immer gebrauchen. Und was du mit unseriös meinst, Toni, das verstehe ich nicht. In der Touristikbranche arbeiten doch Tausende von Menschen. Glaubst du denn, das sind alles verkrachte Existenzen?«

»Na, ich weiß nicht, Ernst, Reisebegleiterin klingt doch wirklich etwas komisch – irgendwie zweideutig.«

»Mutsch, ich bin Reise*leiterin* und nicht Begleiterin. Das ist ein himmelweiter Unterschied. So, und jetzt gehe ich ins Bett. Der Tag war doch ein bißchen anstrengend.«

»Gute Nacht, mein Kind«, sagte Antonie. »Es ist wohl besser, wenn du alles erst noch einmal überschläfst.«

Aber Tinchen hatte nichts zu überschlafen. Sie hoffte lediglich auf eine Erleuchtung, wie sie an diesen verflixten Führerschein herankommen könnte.

»Paps, kennst du einen besonders talentierten Fahrlehrer?« Tinchen ließ Honig auf das Brötchen tropfen, biß hinein und schrie auf. Dann murmelte sie vor sich hin: »Zum Zahnarzt muß ich vorher auch noch.«

Paps faltete die Zeitung zusammen. »Wozu brauchst du einen Fahrlehrer? Mußt du deine Gäste persönlich nach Verenzi kutschieren?«

»Natürlich nicht.« In kurzen Worten erzählte sie alles Notwendige, unterließ aber nähere Angaben über den offenbar reichlich desolaten Zustand des Wagens, der in Verenzi auf sie wartete.

Herr Pabst schüttelte den Kopf. »Ich habe meinen Führerschein zwar innerhalb von zehn Tagen gemacht, aber damals haben sich die Leute auf den Straßen auch noch nach jedem Auto umgedreht. Vier Päckchen Chesterfield hat mich der ganze Spaß gekostet, und das Benzin mußte ich selber mitbringen. Dagegen erwartet ja die heutige Generation, daß man ihr diesen Freibrief für Fußgängermord zum achtzehnten Geburtstag auf den Gabentisch legt. – Du nicht, Tinchen, du warst eine rühmliche Ausnahme! Deshalb tut es mir auch leid, daß ich dir nicht helfen kann, aber ich kenne keinen Fahrlehrer, der Wunder vollbringt.«

»Frag doch mal Herrn Krotoschwil«, schlug Karsten vor.

»Wer ist das?«

»Na, dieser alte Knacker, der bei Oma im Haus wohnt. Du hast den bestimmt schon gesehen! Das ist so ein kleiner Dicker mit Glatze, der immer aussieht, als ob ihm die Petersilie verhagelt wäre. Soviel ich weiß, hat er irgendwo am Graf-Adolf-Platz eine Fahrschule. Am besten meldest du mich gleich mit an, vielleicht kriegen wir Mengenrabatt.«

»Erst machst du dein Abitur, Karsten, und dann können wir meinethalben über den Führerschein reden!« Herr Pabst warf seinem maulenden Sproß einen warnenden Blick zu und wandte sich wieder an Tinchen: »Das wäre wirklich eine Möglichkeit. An Herrn Krotoschwil habe ich gar nicht gedacht. Ruf ihn nachher mal an, fragen kostet ja nichts.«

»Ach, der nimmt dich bestimmt, Tinchen, das ist so ein netter Mann.« Frau Antonie goß sich die dritte Tasse Kaffee ein. »Als ich neulich das ganze Eingemachte zu Oma gebracht habe und mich mit den schweren Taschen abschleppen mußte, da hat er doch tatsächlich mitten auf der Straße umgedreht und mich bis vor die Tür gefahren. Sogar die Taschen hat er mir noch raufgebracht.«

»Ob diese gewiß anerkennenswerte Hilfsbereitschaft Aufschluß über seine Fähigkeiten als Fahrlehrer gibt, bleibt dahingestellt«, sagte Herr Pabst und schob seinen Stuhl zurück. »Seid ihr fertig, Kinder? Wenn ihr mitfahren wollt, müßt ihr euch beeilen!«

»Nicht einmal in Ruhe frühstücken kann man!« Karsten stopfte sich zwei Brötchen in die Hosentasche und suchte den Tisch nach weiteren Nahrungsmitteln ab. »Jeden Morgen die gleiche Hektik! Dabei fangen die in der Schule auch ohne mich an!«

Herr Krotoschwil teilte denn auch in keiner Weise Antonie Pabsts Optimismus. Er erklärte Tinchen rundheraus, daß es erstens völlig unmöglich sei, in derartig kurzer Zeit den Führerschein zu bekommen, daß sie zweitens nahezu jeden Tag eine Fahrstunde brauche und drittens noch am selben Abend zum theoretischen Unterricht zu erscheinen habe.

»Eigentlich mache ich das allens gar nich' mehr selber, bloß noch die Theorie, weil da hat sich ja nu nich' so sehr viel geändert, und mit die Fragebogen ist das auch viel einfacher. Aber bei Ihnen werde ich mich ausnahmsweise noch mal neben Ihnen setzen und

Sie das Fahren beibringen. Das mache ich aber bloß, weil Ihre Oma so eine hochfeine Dame ist. Immer, wenn ich in Kur bin, nimmt sie meinen Hansi zu sich und füttert ihn, und denn hat sie mir neulich zum Geburtstag doch richtig so einen schönen Napfkuchen gebakken, ganz so, wie früher meine Frau. Nee, also für die Frau Marlowitz ihre Enkelin muß ich ja nu wohl auch mal was tun.«

Fortan stand Herr Krotoschwil pünktlich zu Beginn der Mittagspause vor dem Pressehaus, und ebenso pünktlich hingen alle abkömmlichen Redaktionsmitglieder aus den Fenstern. Immerhin gelang es Tinchen bereits nach vier Tagen, das Auto beim ersten Versuch zu starten.

Nach weiteren vier Tagen konnte sie schon rechtwinklig in eine Seitenstraße einbiegen und den Wagen bis zwanzig Meter vor oder hinter dem bezeichneten Ziel zum Halten bringen. Sie fürchtete sich nicht mehr vor jeder Straßenlaterne und wich vor entgegenkommenden Lastwagen immer seltener auf den Gehsteig aus. Sie konnte die Scheinwerfer einschalten, ohne daß das Fenster von der Waschanlage berieselt wurde, und nur noch manchmal blinkte sie links, wenn sie rechts einbiegen wollte.

Unbegreiflicherweise war Herr Krotoschwil noch immer nicht zufrieden. »Wenn Sie nu noch 'n bißchen auf die Verkehrsschilder achten tun und etwas schneller fahren wie 'n Traktor, denn können wir uns das nächstemal schon in die Innenstadt wagen.«

Abends hockte Tinchen in ihrem Zimmer und büffelte Vorfahrtsregeln, die nach ihrer Ansicht in einem einzigen Satz zusammengefaßt werden konnten: Vorfahrt ist nichts, was man hat; es ist etwas, das einem jemand läßt. Tut er's nicht, hat man sie nicht.

Bei dem vorsichtigen Versuch, ihrem Fahrlehrer auch einige Kenntnisse über das Innenleben eines Autos zu entlocken, hatte der nur abgewinkt. »Nee, Frollein Pabst, das is nu allens so kompliziert geworden, daß einer, wo selber was reparieren will, bloß noch mehr kaputtmachen tut. Das Wichtigste, wo Sie bei einer Panne brauchen, is' Kleingeld und die Telefonnummer von die nächste Werkstatt.«

Von den Schmetterlingen flatterten regelmäßig Briefe ins Haus, die sehr förmlich mit ›Sehr geehrtes Fräulein Pabst‹ begannen und Prospekte, Buchungsformulare und andere komplizierte Unterlagen enthielten. Zum Einarbeiten, wie Herr Dennhardt Tinchen wissen ließ. Manchmal lag auch ein weniger förmlicher Brief bei, und der interessierte sie viel mehr.

›Die Heizung funktioniert wieder‹, schrieb Sibylle. ›Manchmal erreichen wir schon eine Innentemperatur von 17 Grad und kommen uns vor wie im Hochofen. Alkohol darf nicht mehr auf Geschäftskosten gekauft werden, dabei hatten wir uns alle schon sehr daran gewöhnt und eine bemerkenswerte Aufnahmekapazität erreicht.‹

Ein andermal teilte sie Tinchen mit, daß man in Verenzi ein neues Hotel unter Vertrag genommen habe. ›Die Besitzerin soll Haare auf den Zähnen und eine besondere Vorliebe für gutaussehende Männer haben. Vielleicht sollte man zwecks günstigerer Zahlungsbedingungen unseren Gottlieb für ein paar Tage hinschicken.‹

Aber dann kam ein Brief, von dem Tinchen alles andere als begeistert war. ›Gestern nacht ist unser Büro in San Giorgio abgebrannt. (Ich hätte zwar eher damit gerechnet, daß es eines Tages einstürzen würde, aber dem ist ein explodierender Gasbehälter zuvorgekommen.) An materiellen Verlusten beklagen wir lediglich das schon reichlich antike Mobiliar sowie drei Flaschen Grappa, die übrigens nicht im Inventarverzeichnis enthalten gewesen waren. Viel schlimmer ist die Tatsache, daß wir so kurz vor Saisonbeginn keine neuen Büroräume mehr kriegen. Nach Rücksprache mit Herrn Harbrecht hat Gottlieb deshalb beschlossen, daß San Giorgio von Verenzi aus betreut wird. Deine Kollegin wird also nicht sieben Kilometer, sondern höchstens sieben Meter von dir entfernt im selben Raum sitzen. Ich habe dir die netteste aus unserer Damenriege rausgesucht, und ich glaube, ihr werdet ganz gut harmonieren. Jedenfalls könnt ihr gegenseitig auf euch aufpassen (Honi soit qui mal y pense!). PS. Was macht der Führerschein??‹

Daran mochte Tinchen nun überhaupt nicht denken. Herr Krotoschwil bescheinigte ihr zwar eine außergewöhnliche Rücksicht gegenüber Fußgängern, weil sie beim Anblick von Passanten automatisch auf die Bremse trat, meinte aber, daß auch Hunden ein gewisses Entgegenkommen zustehe (den Dackel hatte er sofort zum Tierarzt gefahren). Und wenn sie nicht bald lernen würde, rückwärts einzuparken, ohne sich nach dem Gehör zu orientieren, dann würde es mit dem Führerschein wohl nichts werden.

Tinchen nickte, versuchte es zum fünften Mal und streifte ganz leicht das Halteverbotsschild.

›Noch zwölf Tage bis zur Prüfung und vierzehn Tage bis zur Abreise! Und übermorgen die Abschiedsfeier im Büro!

In der Redaktion hatte man Tinchens Kündigung mit der gleichen Gelassenheit hingenommen, wie man ein Lawinenunglück oder einen Regierungswechsel hinzunehmen pflegte – bedauerlich, aber nicht zu ändern. Nur Florian war sichtbar erschüttert gewesen.

»Tinchen, du kannst doch nicht so einfach von der Bildfläche verschwinden«, hatte er gejammert. »Wer kühlt denn jetzt mein schweres Haupt, wenn ich mich nach durchwachter Nacht mit letzter Kraft in diese heiligen Hallen schleppe? Ich habe immer geglaubt, Eisbeutel, Kaffee und tröstender Zuspruch seien im Zeilenhonorar enthalten?«

»Eis und Kaffee kriegst du in der Kantine, und den Zuspruch kannst du dir künftig beim Sperling holen. Der ist sowieso schon sauer, weil du dich jeden Vormittag in Laritz' Büro rasierst.«

»Wie kann man bloß so kleinlich sein. Das bißchen Strom...«

Tinchen mußte lachen. Ob aus diesem flapsigen großen Jungen wohl jemals ein richtiger Mann werden würde? »Du solltest heiraten, Flox«, empfahl sie, »keine Frau ist so schlecht, daß sie nicht die bessere Hälfte eines Mannes werden könnte.«

»Bist du wahnsinnig? Oder kennst du nicht den Werdegang einer Familie: Einzimmerwohnung, Häuschen, Haus, Häuschen, Einzimmerwohnung.« Er schüttelte sich. »Die Ehe ist ein Vertrag, bei dem man als Mann auf die eine Hälfte der Lebensmittel verzichtet, damit man ihm die andere Hälfte kocht!«

»Aber willst du denn ewig deine Hemden aus der Wäscherei und deine Verpflegung von der Würstchenbude beziehen?«

»Hast du eine Ahnung, Tinchen! Vorige Woche habe ich mir eine Waschmaschine angeschafft und einen supermodernen Herd mit eingebautem Heißluftgrill. Für Fleisch habe ich jetzt allerdings kein Geld mehr. Warum kann man die Raten eigentlich in Raten zahlen?«

Tinchen nickte verständnisvoll. Sie hatte sich auch ziemlich verausgabt, aber was hätte sie machen sollen? Ihre Garderobe entsprach nun mal nur den hier gängigen sommerlich-arktischen Temperaturen. Was sollte sie wohl am Strand von Verenzi mit einem dunkelblauen Hosenanzug aus reiner Schurwolle anfangen?

Der letzte Arbeitstag. Tinchen betrat etwas wehmütig die große Eingangshalle, stieg in den Lift, der sie programmwidrig erst einmal in das Untergeschoß beförderte, wo eine Putzfrau nebst Bohnerbesen und Scheuereimer zustieg, dann hielt er wieder im Erdgeschoß, um Putzfrau samt Utensilien zu entlassen, und schwebte endlich in den sechsten Stock empor.

Dort herrschte ungewohnte Stille. Nicht mal das Radiogeplärre, mit dem sich die Sportredaktion sonst ständig berieseln ließ, war zu hören. Tinchen sah auf die Uhr. Fünf nach neun, also hatten zumindest die subalternen Mitglieder des Tageblatts anwesend zu sein, auch wenn sie die erste Stunde ihres Arbeitstages in der Regel mit Kaffeekochen, Schönheitspflege und der Vorbereitung hausinterner Neuigkeiten zu verbringen pflegten. Von den Herren Redakteuren ließ sich ohnehin keiner vor elf Uhr blicken.

Aber diesmal waren sie alle da! Als Tinchen die Tür zur Redaktion öffnete, sah sie sich einer Phalanx meist würdiger älterer Herren gegenüber, wie sie in dieser Massierung eigentlich nur beim alljährlichen Betriebsfest anzutreffen waren. Herr Dr. Vogel trat einen Schritt vor, korrigierte den Sitz seiner Krawatte, räusperte sich und begann:

»Mein liebes Fräulein Pabst! In dem Bewußtsein, eine traurige Pflicht erfüllen zu müssen, nehmen wir heute von Ihnen Abschied.« Dann schien ihm aufzugehen, daß es sich diesmal nicht um eine Beerdigung handelte, und so ergänzte er schnell: »Abschied nicht für immer, sondern nur von einer Mitarbeiterin, die uns jetzt verlassen will, weil sie uns verlassen muß beziehungsweise möchte...«

»Nun hat er endgültig den Faden verloren«, flüsterte Sabine. Die war auch schon da, obwohl ihr Dienst erst mittags begann.

Eine hilfreiche Hand schob dem Redner ein eingewickeltes Päckchen zu. Dr. Vogel griff danach wie nach einem rettenden Strohhalm, drückte es an die Brust und fuhr fort: »Damit Sie Ihre bisherige Wirkungsstätte nicht völlig vergessen, haben Ihre Kolleginnen und Kollegen und natürlich auch wir« – damit blickte er gönnerhaft lächelnd zu seinen Redakteuren – »ein kleines Abschiedsgeschenk vorbereitet. Möge es Sie an die arbeitsreichen, manchmal jedoch auch mußevollen Stunden in diesen Räumen erinnern!«

Unter dem höflichen Beifall der Anwesenden überreichte er Tinchen das Päckchen.

»Die Blumen!« soufflierte eine Stimme.

»Ach ja, die Blumen.« Dr. Vogel sah sich irritiert um. »Wo sind die denn überhaupt?«

Sabine griff nach einem voluminösen Nelkenstrauß, der noch im Waschbecken schwamm, und drückte ihn dem Sperling in die Hand. Mit einer gemessenen Verbeugung reichte er ihn an Tinchen weiter.

Sie war so überrascht, daß sie nicht wußte, was sie sagen sollte. Schon die Tatsache, nahezu die gesamte Redaktion vor sich aufgereiht zu sehen, verschlug ihr die Sprache. Sie versteckte ihr feuerrotes Gesicht hinter den Blumen und fing hilflos zu stottern an:

»Es ist ... ich meine ... ich wollte sagen ... ich bin so überwältigt, daß ich nicht weiß, was ich sagen soll. Mir fällt das Weggehen sowieso nicht leicht, und nun auch noch dieser feierliche Abschied – das ist einfach zu viel auf einmal!«

Schluchzend drückte sie Sabine die Nelken in die Hand und lief zur Tür hinaus Richtung Damentoilette. Sabine warf die Blumen auf den Schreibtisch und rannte hinterher.

»Meine Güte, Tinchen, seit wann hast du denn so dicht am Wasser gebaut? Dabei war es doch urkomisch, wie der Sperling mit seiner Leichenrede anfing. Die hat er zum letztenmal gehalten, als der alte Nickelmann gestorben war.« Hilfreich gab sie Tinchen ein Papiertaschentuch. »Nun beruhige dich wieder, der Auftrieb ist ja jetzt zu Ende. Von elf bis zwölf findet in der Kantine das große Gelage statt. Vogel hat fünf Flaschen Sekt kaltstellen lassen. Wenn alle kommen, kriegt jeder ein halbes Glas voll. Nur gut, daß wir noch etwas Gehaltvolleres in Reserve haben!«

Tinchen hatte sich wieder etwas restauriert und war nunmehr bereit, allem Kommenden gefaßt ins Auge zu sehen. Viel zu sehen gab es allerdings nicht. Das vorhin beinahe überquellende Zimmer war fast leer, nur Florian lümmelte auf einer Schreibtischkante herum und betrachtete versonnen den großen Blumenstrauß. Irgend jemand hatte ihn in einen leeren Farbeimer gestellt.

»Wenn man bedenkt, daß eine Nelke ungefähr einsfuffzig kostet, dann kannst du dir ausrechnen, wieviel du denen wert bist – nämlich genau dreißig Mark. Ich habe mich an der Sammlung für dieses Gemüse übrigens nicht beteiligt.«

»Hier zählt nicht der materielle Wert, sondern der ideelle«, sagte Tinchen. »Außerdem sind Nelken meine Lieblingsblumen. Was ist eigentlich in dem Päckchen?«

»Mach es doch auf! Die Idee zu diesem Angebinde stammt von mir, sonst hättest du doch wieder die übliche Bowlenschüssel oder eine andere Scheußlichkeit bekommen!«

Vorsichtig entfernte sie das Seidenpapier. Zum Vorschein kam ein Fotoalbum aus rotem Leder. Sie schlug es auf und entdeckte auf der ersten Seite den Kopf des Tageblatts. Neugierig blätterte sie weiter. Da waren sie alle, die würdevollen Herren des Hauses und ihre weniger würdevollen, weil noch nicht arrivierten Mitarbeiter.

Auf jeder Seite blickte Tinchen ein anderer Repräsentant der Zeitung an, umgeben von gezeichneten oder eingeklebten Attributen seines Ressorts. Da stapelte sich ein Bücherberg, auf den Dr. Laritz mit ernster Miene herabsah; da gab es Kinoanzeigen, Brieftauben und flüchtig skizzierte Biergläser, womit das Arbeitsgebiet von Herrn Müller-Menkert genügend aufgezeigt wurde. Auf einem riesigen Fußball thronte Herr Dahms, und auf dem Gipfel des Matterhorns stand ein jodelnder Herr Winterfeld, zuständig für ›Reise und Erholung‹. Ihm zu Füßen begoß Frau Fischer einen gemalten Gummibaum. Der Uhu posierte mit einem Blumenkohl in der Hand, und sogar Herr Amreimer war nicht vergessen worden. Er blickte anklagend in die Kamera inmitten eines unbeschreiblichen Durcheinanders von Zeitungen und Papieren, und oben drüber stand: Computer für Archiv gesucht.

Als Tinchen die letzte Seite des Albums aufschlug, sah sie ein Foto ihres eigenen Schreibtisches. Die Maschine war zugedeckt, in der leeren Kaffeetasse welkte eine gelbe Rose, und über ihrem ebenfalls leeren Stuhl prangte ein großes rotes Fragezeichen.

In ihren Augen glitzerte es verdächtig. »Weißt du, Flox, manchmal hast du mich ja bis zur Weißglut gereizt, und ein widerwärtiges Individuum bleibst du trotz allem, aber dieses Geschenk hier vergesse ich dir nicht! Von wem stammen denn die ganzen Aufnahmen?«

»Die sind von Rudi Wallner.« Florian grinste. »Der war direkt selig, daß mal einer Bilder von ihm haben wollte. Seine Fußballfotos ist er doch bei uns nie losgeworden!«

Noch einmal blätterte Tinchen die Seiten durch. Jede einzelne Aufnahme war mit dem dazugehörigen Autogramm versehen, besonders Korrekte hatten sogar das Datum an den Rand geschrieben.

»Es ist das originellste Geschenk, das ich jemals bekommen habe. Tausend Dank, Flox!«

»Na ja, ich dachte mir, wenn du von Heimweh zerfressen und fern des tröstenden Zuspruchs auf den Klippen am Meeresrand sitzt, dann hast du doch wenigstens etwas, woran du dich festhalten kannst.«

»Und wenn du dann die dämlichen Visagen aller Zurückgebliebenen siehst, wird dein Heimweh sofort wieder vergehen!« unterbrach Sabine betont burschikos. »Hör mit diesem elegischen Geschwafel auf. Nach meiner Ansicht hat sich Tinchen genau den richtigen Zeitpunkt zum Absprung ausgesucht. Nächsten Monat fangen die doch schon an, uns zu verkabeln, und dann dauert es auch nicht mehr lange, bis aus unserem gemütlich-vergammelten

Redaktionszimmer ein steriles Großraumbüro wird, in dem jeder vor seinem Bildschirm klebt und bloß noch Knöpfchen drückt! *Ich* würde jedenfalls liebend gern mit Tinchen tauschen!«

»Ich auch«, sagte Florian, »aber das braucht sie ja nicht zu wissen!«

Aus der Arbeit wurde an diesem Tag nicht mehr viel. Es hatte sich schnell herumgesprochen, daß im Sekretariat ein illegaler Getränkeausschank installiert war, und so fanden auch diejenigen dorthin, die sich normalerweise niemals blicken ließen. Sogar Herr Winterfeld tauchte auf, nahm dankend einen bis zur Unkenntnis verdünnten Whisky an und ermunterte Tinchen, gelegentlich ihre Reiseeindrücke zu Papier zu bringen.

»Die Leute lesen gern mal etwas Natürliches, Unverbildetes. Vielleicht eine kleine Plauderei über die einheimische Küche, angereichert mit ein paar Rezepten – so was kommt immer an!«

»Nachzulesen in jedem Kochbuch«, ergänzte Sabine, nachdem Herr Winterfeld sich mit vielen guten Wünschen für Tinchens Wohlergehen verabschiedet hatte.

Auch Herr Dahms hatte seine eigenen Vorstellungen von ihrer künftigen Freizeitgestaltung. »Wenn Sie in Italien sind, finden doch dort unten gerade die Europameisterschaften statt. Wie wär's denn mit einem kleinen Stimmungsbericht? Nichts Sportliches natürlich, vom Fußball haben Sie ja doch keine Ahnung. Aber Sie könnten doch mal dem Volk aufs Maul schauen! Meinungsäußerungen und so weiter! Muß natürlich etwas Heiteres sein, für das Gegenteil sorgt schon unsere Nationalmannschaft!«

»Ob die alle glauben, ich fahre zu meinem Privatvergnügen nach Verenzi?« fragte Tinchen, während sie ihren Schreibtisch ausräumte und ihre Habseligkeiten in einem Pappkarton mit der Aufschrift ›20 Dosen Pfälzer Leberwurst‹ verstaute. »Willst du übrigens die Erbsensuppe haben?« Auffordernd hielt sie drei Packungen Fertigsuppen in die Höhe. »Die hat der Gerlach mal in einer Tombola gewonnen und in einem Anflug von Großmut dem Redaktionsfonds gestiftet. Angeblich mag er keine Erbsen.«

Sabine winkte ab. »Gib sie Flox! Der da sammelt das Zeug. Ich habe ihn neulich im Supermarkt getroffen, als er das halbe Regal abgeräumt hat.«

»Was habe ich abgeräumt?« Unbemerkt war Florian wieder ins Zimmer getreten.

»Tütensuppen! Du mußt doch schon ein ganzes Lager davon haben?«

»Aber doch nicht zum Essen!« Entsetzt wehrte der so Verdächtigte ab. »Ich klebe die Dinger an die Wand, damit die Küche nicht so kahl aussieht!« Er griff sich den Karton und eilte wieder zur Tür. »Ich warte lieber im Wagen auf dich. Abschiedsszenen machen mich immer so melancholisch, und wenn ich melancholisch bin, muß ich saufen. Andererseits kann ich nicht schon besoffen bei dieser Vernissage im Kunstverein aufkreuzen. Die Leute sind lediglich daran gewöhnt, daß man besoffen *geht.*«

Die Tür klappte hinter ihm zu.

»Laß es uns kurz machen, Tinchen.« Sabine wischte sich verstohlen eine Träne aus dem Gesicht und schneuzte nachdrücklich in ihr Taschentuch. »Ich weiß gar nicht, was ich eigentlich habe. Schließlich wanderst du ja nicht nach Lappland aus. Schreib also mal und ruf an, wenn du wieder im Lande bist!«

»Darauf kannst du dich verlassen!« Noch einmal ließ Tinchen ihren Blick durchs Zimmer schweifen. Dann reichte sie ihrer Kollegin die Hand. »Tschüß, Sabine, halte die Stellung! Wenn ich erst gründlich auf die Nase gefallen bin, kann ich ja wieder zurückkommen!«

»Im Archiv wird wohl immer ein Platz für dich frei sein«, grinste Sabine, »aber so weit kommt es ja doch nicht. Und wenn du einen Millionär an der Angel hast, dann sieh dich mal in seinem Bekanntenkreis um. Ich könnte auch einen gebrauchen.«

Florian warf seine Zigarette weg, als er Tinchen kommen sah, und öffnete zuvorkommend die Wagentür.

»Nanu? So höflich heute? Wenn ein Herr einer Dame die Autotür öffnet, ist entweder der Wagen neu oder die Dame. Beides trifft nicht zu. Du bist doch nicht etwa krank?«

Er brummte Unverständliches und drehte den Zündschlüssel. Schweigend reihte er sich in den Verkehr ein. Schweigend starrte er auf die Autoschlange vor ihm, die nur schrittweise vorankam. Erst als er den Verkehrsschutzmann sah, der auf seinem Podest stand und hilflos mit den Armen ruderte, knurrte er grimmig: »Ich glaube, wir befürchten zu Unrecht, die Automation könnte uns brotlos machen. Bei jeder größeren Verkehrsstauung schalten sie die Ampeln aus und holen einen Polizisten!«

Der Wagen hielt vor dem Reihenhaus. Florian stellte den Motor ab. Dann sah er Tinchen an.

»Eigentlich wollte ich dir noch eine ganze Menge sagen, aber ich schreib's dir lieber bei Gelegenheit. Im Mündlichen war ich nie sehr gut.« Er versuchte ein Lachen, aber es klang reichlich gequält. »Es tut mir wirklich leid, daß du gehst, Tinchen, ich hab' dich nämlich verdammt gern. Und manchmal hatte ich sogar schon gedacht, ob ich...«

Sie verschloß mit der Hand seinen Mund. »Nicht sentimental werden, Flox, das paßt nicht zu dir. Du hast selbst gesagt, daß dich Abschiednehmen immer melancholisch macht.«

Mühsam versuchte sie, den Kloß hinunterzuschlucken, der ihr plötzlich in der Kehle steckte. »Ich werde bei so was auch immer tränenklüterig. Aber wenn es dich beruhigt: Ich mag dich auch ganz gern, du... du... du widerwärtiges Individuum.«

Schnell stieg sie aus dem Wagen. »Jetzt gib mir mein Leberwurstpaket und das Grünzeug, und dann verschwinde endlich!« Sie griff nach dem Blumenstrauß, klemmte sich den Karton unter den Arm und lief zur Haustür. Ohne sich noch einmal umzusehen, angelte sie die Schlüssel aus der Manteltasche, schloß auf und verschwand im Haus.

Florian sah ihr lange nach. Bevor er wieder losfuhr, faßte er seine Gefühle in einem einzigen Wort zusammen: »Scheiße!«

Ein nachdrückliches Hupen schreckte Tinchen auf. Sie stellte die Kaffeetasse hin, lief zum Fenster und öffnete es. »Bin gleich soweit, nur noch zwei Minuten!«

»Hat ja keine Eile nich'«, beruhigte sie Herr Krotoschwil, zündete eine Zigarette an und schlug die Zeitung auf, bereit, die Wartezeit nutzbringend zu überbrücken. Er kannte seine Pappenheimer! Je älter die Damen waren, desto länger dauerten ihre zwei Minuten.

Bei Tinchen dauerten sie fünf. Sie öffnete die Wagentür und plumpste hinter das Steuer. »Mir ist ganz flau im Magen, und geschlafen habe ich auch miserabel. Glauben Sie wirklich, ich könnte es schaffen?«

Herr Krotoschwil faltete die Zeitung zusammen. »Mit 'm bißchen Glück wird es schon schiefgehen. Immerhin haben Sie doch die theoretische Prüfung prima bestanden, so was sehen die Herren von die Kommission immer gern, da drücken sie beim praktischen Teil schon mal 'n Auge zu. Ich werde dafür sorgen, daß Sie gleich als erste drankommen, weil denn is' der Prüfer noch nich' so mit die Nerven runter. Und nu woll'n wir noch mal eine Runde drehn über'n Bahnhof und dann die Graf-Adolf-Straße hoch, weil die Strecke wird fast immer gefahren. Und immer schön in den Rückspiegel gucken, auch wenn Se eigentlich gar nich' müssen!«

Solchermaßen aufgerüstet setzte Tinchen den Wagen in Gang

und bewältigte die vorgegebene Route ohne ernsthafte Zwischenfälle. Letzten Endes kann es jedem mal passieren, daß er falsch in eine Einbahnstraße einbiegt, und wenn alle Leute fahren könnten, die einen Führerschein haben, gäbe es nicht so viele Unfälle.

»So was dürfen Se aber nachher nich' machen, Frollein Ernestine, weil das haben die Prüfer nich' so gern.«

Tinchen sah das ein.

Der Ingenieur Papenberg war ein netter älterer Herr mit vielen Fachkenntnissen und schwachen Nerven. Nur so ließ es sich wohl erklären, daß er die Außenbezirke der Stadt bevorzugte, wo es relativ wenig Verkehr und noch weniger Verkehrsschilder gab. Dafür fanden sich Parklücken, die sogar einem Möbelwagen Platz geboten hätten. Er ließ sich auch nicht lange spazierenfahren, sondern dirigierte Tinchen in eine ruhige Seitenstraße, kritzelte seine Unterschrift auf ein graues Stück Papier und händigte es ihr aus.

»Und nun lassen Sie mal lieber den Herrn Krotoschwil zurückfahren«, forderte er die frischgebackene Führerscheinbesitzerin auf, lehnte sich in die Polster zurück und schloß die Augen. »Wenn Sie vielleicht an der nächsten Apotheke kurz anhalten könnten... mit meinen Magenschmerzen ist es heute wieder besonders schlimm.«

Tinchen schwankte zwischen Mitleid und Verblüffung. Magenschmerzen? Soso. Dann waren also nicht ihre brillanten Fahrkünste, sondern ein respektables Zwölffingerdarmgeschwür der Grund für die bestandene Prüfung?

Später kam Herr Krotoschwil zu dem gleichen Schluß. »Nu glauben Se bloß nich', daß ich Se gerne auf die Menschheit loslasse, Frollein Ernestine, aber für Italien wird's schon reichen. Die können da ja alle nich' fahren. Fuß auf'm Gas, Finger auf der Hupe, Augen zu und denn los. Jedenfalls wünsche ich Sie viel Glück, weil Sie können's brauchen!«

Als nächstes suchte sie eine Telefonzelle. Herr Pabst war selbst am Apparat. Er nahm die frohe Botschaft mit unverständlichem Gleichmut entgegen, behauptete, gar nichts anderes erwartet zu haben, und lehnte es ab, sich von seiner Tochter abends nach Hause fahren zu lassen. »Heute wird es später, Tinchen, ich muß mit Herrn Schmeisser noch die Rechnungen durchgehen.«

Herr Schmeisser war Goldschmied und hatte mit Abrechnungen nicht das geringste zu tun.

Tinchen steckte zwei weitere Groschen in den Apparat und wählte die Nummer des Tageblatts. Mit irgend jemandem mußte sie jetzt reden! Sabine beglückwünschte sie zwar, erklärte aber, im Augenblick gar keine Zeit zu haben. »Der Laritz schreit schon seit einer halben Stunde nach mir; wenn er noch länger warten muß, kriegt er eine Herzattacke. Willst du mal mit Florian sprechen? Der kommt gerade zur Tür herein und macht ein Gesicht, als habe er seinen Goldfisch verschluckt. Wiedersehn, Tinchen, mach's gut!«

Im Hintergrund hörte sie Gelächter, Schritte näherten sich, dann wurde der Hörer wieder aufgenommen.

»Tach, Tinchen, treibt dich die Sehnsucht an den Apparat, oder willst du bloß dein Abonnement kündigen? Wieso bist du überhaupt noch hier? Ich denke, du jagst Schmetterlinge?«

»Ja, ab übermorgen. Erst mußte ich doch noch meinen Führerschein machen. Eben habe ich ihn gekriegt.«

»O Gott!« sagte Florian und legte auf.

Enttäuscht verließ Tinchen die Telefonzelle. Er hätte mir wenigstens gratulieren können, aber vermutlich interessiert ihn das alles gar nicht mehr. Sicher scharwenzelt er schon fleißig um die Neue herum. Die kann einem eigentlich leid tun. Bestimmt fällt sie auch auf sein Süßholzgeraspel herein, ohne zu ahnen, daß er bloß Kaffee und Zigaretten schnorren will. So macht er es doch mit allen. Hat er mit mir ja auch gemacht. Aber ich bin nicht auf ihn hereingefallen. *Ich* nicht! Und überhaupt ist es mir völlig egal, wen er jetzt wieder um den Finger wickelt! Wenn ich erst in Verenzi bin, schicke ich ihm eine extra große Ansichtskarte, damit er sich gründlich ärgert! So, und jetzt gehe ich in die nächste Kneipe und trinke einen Doppelten!

Tinchen packte Koffer. Die zwei großen waren schon auf dem Weg nach Italien, die beiden kleinen lagen mit aufgeklappten Deckeln auf der Couch. Frau Antonie saß daneben und nähte einen abgerissenen Knopf an die Wolljacke. »Hast du Nähzeug eingepackt?«

»Natürlich, Mutti, auch Schuhcreme und Aspirintabletten. Im übrigen fahre ich nicht in die Wüste. In Verenzi gibt es ebenfalls Geschäfte, die haben sogar abends auf.«

»Müssen sie wohl. Tagsüber liegen die Italiener doch alle auf der faulen Haut!«

Tinchen seufzte leise. Sie hatte es aufgegeben, ihre Mutter von dem unbestreitbaren Fleiß auch anderer Europäer zu überzeugen. Die ließ allenfalls noch Österreicher gelten, weil »das ja auch mal Deutsche gewesen sind, und da muß doch irgend etwas hängengeblieben sein«.

»Ihr könntet doch in diesem Jahr ausnahmsweise mal nicht ins Zillertal fahren, sondern Urlaub in Verenzi machen«, schlug Tinchen vor. »Ich besorge euch ein hübsches Quartier, und du siehst endlich mal etwas anderes als Berge und Kühe.«

Antonie schüttelte den Kopf. »Das ist ja gut gemeint von dir, aber nach Mayrhofen fahren wir nun schon seit sieben Jahren, da fühlen wir uns beinahe wie zu Hause. Die Frau Janda weiß, wie der Papa seine Kalbshaxe haben will und daß er kein fettes Schweinefleisch verträgt. Und dann kommen ja auch wieder die Ferbers aus Schwäbisch Hall, mit denen ist es jedesmal sehr nett gewesen. Was soll ich in Italien, da müßte ich ja sogar eigene Bettwäsche mitnehmen. Ich habe nun wirklich keine Vorurteile, aber man weiß doch, daß da nicht alles so proper ist wie bei uns.«

Sie biß den Faden ab, faltete die Jacke und legte sie in den Koffer. »Bist du jetzt fertig? Du weißt doch, Oma muß gleich kommen.«

Frau Marlowitz schälte sich mit Karstens Hilfe gerade aus ihrem Persianer, als Tinchen die Treppe herunterkam. Sie wurde von Kopf bis Fuß gemustert, dann nickte Oma beifällig. »Endlich mal im Rock! Das sieht doch gleich viel damenhafter aus, findest du das nicht selbst?«

»Ich habe meine Hosen schon alle eingepackt«, sagte Tinchen, drückte ihrer Großmutter einen Kuß auf die Wange und nahm etwas mißtrauisch die karierte Tüte in Empfang. Sie trug den Aufdruck eines bekannten Modegeschäftes.

»Ich hoffe, es wird dir gefallen. Du mußt ja auch etwas haben, wenn du abends mal ausgehst.«

Das Mitbringsel entpuppte sich als grüne Organdybluse mit Bubikragen und sehr viel Rüschen vorne.

»Ach, ist die hübsch!« Antonie hielt ihrer Tochter das durchsichtige Etwas unter das Kinn und zupfte daran herum. »Zu deinem schwarzen Samtrock muß das ganz exquisit aussehen. Zieh sie doch schnell mal an!«

»Grün steht mir doch gar nicht«, wagte Tinchen einen schüchternen Protest, aber Frau Marlowitz schnitt ihr das Wort ab. »Das ist ja auch kein einfaches Grün, das ist Meergrün. Nun zieh die Bluse über!«

»Du siehst aus wie eine Wasserleiche!« kommentierte Karsten denn auch den Aufzug seiner Schwester. »Ich dachte immer, so was mit Volants hängt man vors Küchenfenster?« (Ein taktvoller Mensch ist jemand, der ausspricht, was die anderen denken!)

Tinchen schwieg. Folgsam drehte sie sich langsam um und ließ sich begutachten.

»Die Bluse steht dir ganz ausgezeichnet«, sagte Oma, womit sie das Thema als abgeschlossen betrachtete. Tinchen nickte ergeben, bedankte sich lauwarm und machte, daß sie wieder in ihr Zimmer kam. Wütend zerrte sie das Kleidungsstück vom Körper.

»Meergrün! Daß ich nicht lache! Und dann diese Rüschen! Bin ich ein Zirkuspferd? Ich möchte nicht wissen, was dieser Fetzen gekostet hat! Dafür hätte ich glatt den schicken weißen Bademantel gekriegt, aber nein, eine Rüschenbluse mußte es sein. In Meergrün! Am besten schmeiße ich sie da auch rein!«

Karsten steckte den Kopf durch die Tür. »Na, kleine Seejungfrau, haste wieder abgetakelt?« Er hob die verschmähte Bluse vom Boden auf und stopfte sie in den Koffer. »Nun nimm das Ding schon mit, vielleicht kannst du dein Zimmermädchen damit glücklich machen. Das zahlt sich bestimmt aus. Kleine Geschenke erhalten bekanntlich die Freundschaft!«

Sehnsüchtig betrachtete er die Koffer. »Du hast es gut, Tine. Wir schreiben morgen Mathe, und du fährst in den Süden. Es gibt keine Gerechtigkeit auf der Welt.«

»Du kannst mich ja in den Ferien besuchen«, sagte sie großmütig, wohl wissend, daß ihr Bruder zusammen mit zwei Freunden einen Angelurlaub in Schweden plante.

Sie war froh, als Oma Marlowitz sich gegen zehn Uhr verabschiedete. Deren Kenntnisse vom Mittelmeer beschränkten sich auf die nähere Umgebung von Palma de Mallorca, wo sie im vergangenen Jahr die Wintermonate verbracht hatte. Die Tatsache, daß sie auf eine Wiederholung dieser vorübergehenden Emigration verzichtet hatte, ließ nur einen Schluß zu: Es hatte ihr nicht gefallen! Folglich hatte es auch anderen nicht zu gefallen, und sie gab sich redliche Mühe, Tinchen davon zu überzeugen.

»Und denke daran, mein Kind, immer einen warmen Schlafanzug anziehen! Die Nächte am Meer sind sehr kühl. Wo habe ich denn jetzt wieder meine Handschuhe?« Hastig durchwühlte sie ihre große Tasche. »Ich weiß doch genau, daß ich... ach, da sind sie ja! Und hier ist noch etwas, das hätte ich beinahe vergessen.« Sie zog ein kleines verschnürtes Päckchen heraus und gab es ihrer Enkelin.

»Das nimmst du auch noch mit! Aber versprich mir, daß du es erst in Italien aufmachst!«

Tinchen gelobte, ihre ohnehin nicht sehr große Neugier zu bezähmen. Wenigstens war das Paket klein. Ein weiteres Kleidungsstück würde es kaum enthalten. Vermutlich Briefpapier, dachte sie, und so versprach sie auch noch bereitwillig, regelmäßig zu schreiben und gelegentlich Fotos zu schicken.

Oma zog ab, gefolgt von Karsten, der den Korb mit Äpfeln trug (Sonderangebot, das Kilo nur einsneunundsiebzig), und von Ernst Pabst, der seine Schwiegermutter nach Hause fahren durfte. An der Tür drehte er sich noch einmal um.

»Wir sehen uns ja noch beim Frühstück, Tinchen, aber zum Bahnhof kann ich dich leider nicht bringen. Um neun Uhr hat sich ein Vertreter angesagt.«

»Macht nichts, Paps, ich nehme mir ein Taxi.«

»Ach, das ist aber wirklich zu dumm«, klagte Frau Antonie, »da wirst du ganz allein fahren müssen. Ausgerechnet morgen früh will endlich der Installateur kommen, auf den ich schon seit Tagen warte. Da muß doch jemand zu Hause sein!«

»Dann bringe *ich* sie eben zum Zug.« Karsten war ganz brüderliche Hilfsbereitschaft.

»*Du* schreibst Mathe! Mit den Koffern werde ich alleine fertig.«

Als Tinchen endlich im Bett lag und langsam ins Reich der Träume hinüberglitt, glaubte sie zu hören, wie Meereswellen an den Strand spülten und sich sanft an den Klippen brachen...

Nebenan im Bad tropfte der Wasserhahn.

Der Abschied war kurz, hektisch und tränenreich. Antonie schluchzte abwechselnd ins Taschentuch und in die Kaffeetasse, Herr Pabst suchte verzweifelt seine Autoschlüssel, die er gestern abend irgendwo hingelegt und bis jetzt noch nicht wiedergefunden hatte, und Karsten bemühte sich, seine Aufmerksamkeit zwischen dem Mathebuch und seiner Schwester zu teilen. Schließlich klappte er das Buch zu. »Den Quatsch habe ich bis heute nicht kapiert, also werde ich ihn jetzt auch nicht mehr begreifen. Das gibt sowieso 'ne glatte Fünf, deshalb kann ich dich ruhig zum Bahnhof bringen!«

»Du gehst zur Schule, mein Sohn! Toni, sieh doch mal in der Manteltasche nach, vielleicht sind sie da.« Herr Pabst warf einen Blick auf die Uhr. »Verflixt, ich müßte längst weg sein. Karsten, bist du fertig?« Hastig trank er seine Tasse leer. »Toni, hast du die Schlüssel? Nein? Ja, Himmeldonnerwetter, wo soll ich denn noch suchen? Was meinst du? Am Schlüsselbrett? Wer hängt denn da...«

Er stürzte in den Flur und kam triumphierend zurück. »Da waren sie tatsächlich! Möchte bloß wissen, wer sie dort hingehängt hat!«

»Ich«, sagte Antonie, »ich hatte es bloß vergessen.«

Herr Pabst umarmte seine Tochter. »Mach's gut, Tinchen. Laß dich nicht unterkriegen und lerne aus den Fehlern anderer, denn kein Mensch hat so viel Zeit, sie alle selbst zu machen.«

Aus der Tasche zog er ein zusammengefaltetes Stück Papier. »Hier ist übrigens noch etwas für dich, quasi als erste Hilfe bei Unglücksfällen!«

Es war ein Scheck über fünfhundert Mark.

Tinchen schniefte. »Danke, Paps. Wenn ich ihn nicht brauche, bekommst du ihn zurück.«

»Würde ich nicht tun«, bemerkte Karsten. »Kauf dir lieber Ersatz für Omas meergrüne Wolkengardine!« Dann drückte er seiner Schwester die Hand. »Ciao, Tinchen, bleib brav und denk mal an mich, wenn du in der Sonne schmorst, während ich mich zu Tode schufte. Gymnasiasten der Oberstufe haben nachweislich einen längeren Arbeitstag als ihre Väter – ohne Martini zur Entspannung!«

Weg war er.

Tinchen öffnete das Fenster und winkte. Karsten winkte zurück. Dann beugte er sich noch einmal aus dem Auto. »Schreib mal 'n Paket! In Italien gibt es schicke Herrenpullover.«

Der Wagen verschwand um die Ecke.

»Hast du schon ein Taxi bestellt?« Antonie räumte den Frühstückstisch ab, was diesmal erheblich länger dauerte, denn sie mußte sich fortwährend die Tränen aus dem Gesicht wischen. Liebevoll nahm Tinchen ihre Mutter in den Arm.

»Du tust gerade so, als ob ich auswandere. Was sind schon tausend Kilometer?«

»Ach Kind«, schluchzte Antonie, »wenn ich mir so vorstelle, was dir alles passieren kann... Die Welt wird doch immer schlechter, man liest das ja jeden Tag in der Zeitung.«

»Unsinn, Mutsch, die Welt ist gar nicht schlechter geworden, nur der Nachrichtendienst ist heutzutage besser!«

Frau Pabst eilte in die Küche und kam mit einer Plastiktüte zurück. »Hier, Kind, ich habe dir ein bißchen was für unterwegs eingepackt. Du hast doch kaum was gegessen.«

»Das reicht ja bis Italien! Ich fahre doch jetzt nur nach Frankfurt. Abends geht es erst weiter. Irgendwann dazwischen werde ich bestimmt Zeit zum Mittagessen finden.«

»Spar dir man das Geld, Kind. So guten Geflügelsalat, wie ich ihn dir zurechtgemacht habe, kriegst du in keinem Restaurant.«

Die Tüte verschwand in der Reisetasche, genau wie die Thermosflasche mit Tee und die Pfefferminzbonbons. »Hier hast du auch noch eine Serviette und ein Obstmesser für die Orangen!«

Es klingelte.

»Das wird mein Taxi sein!« Tinchen lief zur Tür. »Nehmen Sie bitte die beiden Kof…«

Es war der Klempner. Seinem lautstarken Tun, das natürlich von Frau Antonie beaufsichtigt werden mußte, war es zu verdanken, daß der endgültige Abschied doch nicht ganz so tränenreich ausfiel. Antonies Aufmerksamkeit wurde zunehmend von dem Handwerker und seiner Rohrzange beansprucht, und als er dann auch noch einen leeren Eimer nebst Scheuerlappen anforderte, war es mit ihrer Ruhe vorbei.

»Nun fahr man los, Tinchen, ich muß schnell wieder ins Haus, sonst setzt mir der Mann noch das ganze Bad unter Wasser.«

So winkte nicht einmal jemand hinterher, als das Taxi endlich abfuhr. Ist ja auch Blödsinn, dachte Tinchen, in sechs Monaten bin ich wieder zu Hause.

Der Zug war schon eingelaufen. Sie fand ein fast leeres Abteil und bat eine mitreisende Dame, einen Moment auf ihre Koffer zu achten.

»Ich hole mir nur schnell etwas zum Lesen.«

Auf dem Bahnsteig lief sie Florian in die Arme. Ganz außer Atem stammelte er: »Ich dachte schon, ich schaff's nicht mehr. Dafür stehe ich aber auch im Halteverbot, und diesmal wird's teuer. Wenn ich heute wieder eine Verwarnung kriege, ist es die sechste, und jedesmal, wenn das halbe Dutzend voll ist, bezahle ich. Das habe ich mir ein für allemal zur Regel gemacht!«

»Woher weißt du denn, wann ich fahre?«

»Ich habe meine angeborene Schüchternheit überwunden und deinen Vater angerufen. War gar nicht so schlimm.«

Suchend klopfte er seine Jackentaschen ab und förderte aus einer davon ein kleines Etui zutage. »Hier, Tinchen, für 'n ganzes Auto hat es nicht gereicht, aber es ist wenigstens ein Anfang.«

Überrascht blickte Tinchen auf den goldenen Schlüsselanhänger. »Du bist verrückt, Flox, der hat doch ein Vermögen gekostet!«

»Ganz so schlimm war es nun auch wieder nicht, und im Notfall kann ich ja meine Küchendekoration auffressen!« Verlegen wehrte er Tinchens Dank ab. »Nun steig schon ein, sonst hast du wirklich Grund zum Heulen. Wenn nämlich der Zug ohne dich abfährt!«

Verstohlen wischte sie sich eine Träne aus dem Gesicht, stellte sich auf die Zehenspitzen und gab dem verdutzten Florian einen Kuß. Dann drehte sie sich um und kletterte in den Zug. Langsam setzte er sich in Bewegung.

Florian signalisierte durch Handzeichen, daß er noch etwas mitzuteilen wünschte. Tinchen öffnete das Abteilfenster.

»Hättest du damit nicht früher anfangen können?«

»Womit?«

»Mit dem Küssen! Ich dachte, du kannst das gar nicht!«

»Was weißt denn du schon, du... du widerwärtiges Individuum!« sagte Tinchen, und dann noch ganz leise: »Vergiß mich nicht ganz...«

Aber das hatte Florian bestimmt nicht mehr gehört.

5

Diesmal wimmelte es in dem Hochhaus von Betriebsamkeit. Im achten Stock klebten jetzt an vielen Türen Schmetterlinge, dahinter hörte man Telefongebimmel und Maschinenklappern. Es war angenehm warm, so daß Tinchen schon im Gehen ihren Mantel aufknöpfte. Tee mit Rum würde heute keinesfalls zu erwarten sein.

Weniger zaghaft als beim erstenmal öffnete sie die Tür, an der neben dem Pfauenauge ein neues Schild prangte: Vorzimmer G. Dennhardt. Sibylle grüßte mit erhobener Kaffeetasse.

»Da bist du ja endlich! Wir hatten schon Angst, du hättest es dir in letzter Minute noch anders überlegt.«

Neben ihrem Schreibtisch stand eine sehr gutaussehende junge Dame, von der Tinchen ungeniert gemustert wurde.

»Darf ich dich mit deiner künftigen Leidensgefährtin bekannt machen?«

Sibylle war aufgestanden und hatte Tinchen kameradschaftlich untergehakt. »Das hier ist Lieselotte Küppers, einunddreißig Jahre alt, aufgewachsen in Berlin, wofür sie aber nichts kann, wohnhaft in Hamburg, und in der Branche genauso ein unbeschriebenes Blatt wie du. Italienisch kann sie auch nicht. Ihr werdet euch also prima ergänzen!«

Tinchen warf einen abschätzenden Blick auf ihre neue Kollegin und wunderte sich. Warum war die eigentlich nicht Mannequin geworden oder Fotomodell? Groß, schlank, blond, apartes Gesicht mit hohen Wangenknochen und leicht schräggestellten Augen – also genau der Typ, nach dem sich die Männer umdrehen. Zögernd reichte Tinchen ihr die Hand.

»Ich freue mich«, murmelte sie nicht ganz wahrheitsgemäß und fügte tapfer hinzu: »Wir werden bestimmt gut miteinander auskommen.«

Ein ironisches Lächeln spielte um die Mundwinkel der anderen. »Ich weiß genau, was Sie jetzt denken! Was hat diese Pin-up-Type hier verloren? Die sucht doch bloß einen betuchten Mann, und wenn sie den gefunden hat, verschwindet sie. Stimmt's?«

Tinchen wurde flammend rot. »Nein, gar nicht, das heißt, ich habe nur...« Dann erklärte sie mit entwaffnender Ehrlichkeit: »Sie haben recht! Genau *das* habe ich gedacht!«

Wie auf Kommando brachen alle drei in lautes Gelächter aus. Das Eis war gebrochen.

»Dank Sibylles Geschwätzigkeit weiß ich von Ihnen schon eine ganze Menge. Es ist also nur fair, wenn ich Ihnen auch ein paar Einzelheiten über mich verrate.« Lieselotte setzte sich aufs Fensterbrett und dozierte: »1945 in einem Berliner Keller geboren, aufgewachsen zwischen Trümmern, später nach Hamburg übersiedelt, zwei Jahre Internat, Abitur erst im zweiten Anlauf geschafft, von Beruf Schmalspurjuristin ohne nennenswerte praktische Erfahrungen, geschieden, aber sonst nicht vorbestraft.«

Sibylle nickte beifällig: »Das hast du sehr schön aufgesagt. Wenn ihr den Rest eurer Lebensbeichte bis nachher verschieben könnt, dann bringe ich euch jetzt zu Gottlieb. Seine Stimmung ist heute nicht die beste. Verströmt also nach Möglichkeit Optimismus und gute Laune, meckern könnt ihr später bei mir.« Sie schob die beiden jungen Damen ins Allerheiligste.

Zwei Stunden später waren sie wieder entlassen, vollgestopft mit guten Ratschlägen, Verhaltensmaßregeln, Anweisungen, und verabschiedet mit einem nicht gerade sehr aufmunternd klingenden »Nun machen Sie das Beste daraus!«

»Uff!« sagte Tinchen, als sich die Tür endlich hinter ihnen geschlossen hatte. »Ich bin mir vorgekommen wie eine Sechsjährige, die zum erstenmal allein Straßenbahn fahren soll.«

»Jedenfalls wissen wir jetzt, was uns erwartet, und irgendwie habe ich die fürchterliche Ahnung, als ob der blaue Himmel das einzige ist, was von meinen himmelblauen Träumen übrigbleiben wird.« Lieselotte kramte in ihrer Handtasche. »Hat jemand eine Zigarette für mich?«

Tinchen schob ihr eine angebrochene Packung zu. »Was ich jetzt dringender brauche, ist ein Kognak.«

»Großartige Idee! Gibt es hier in der Nähe eine Kneipe?«

Sibylle nickte. »Tinchen weiß Bescheid. Mich müßt ihr leider entschuldigen, ich habe noch eine kleine Nebenbeschäftigung.«

Das Café Napoli strahlte noch immer die Gemütlichkeit eines Bahnhofswartesaals aus, erfreute sich aber trotzdem regen Zuspruchs. Tinchen steuerte den einzigen noch freien Tisch an.

»Due espressi e due cognác, per favore.«

»Nu, Gott sei Dank, daß wenigstens eine von uns richtig palavern kann!« Aufatmend ließ sich Lieselotte in den Stuhl fallen. »Ich spreche nämlich bloß Akzent ohne eine Spur Italienisch.«

Tinchen verschluckte sich beinahe. »Sie auch nicht???«

»Was heißt auch? Ich denke, *Sie* können...« Endlich schien Lieselotte zu begreifen. »Heißt das etwa, Sie haben auch keine Ahnung?«

Tinchen nickte.

»Mahlzeit!« Lieselotte hob ihr Glas und prostete ihrem Gegenüber zu.

»Nun gibt es wirklich gar nichts mehr, was jetzt noch schiefgehen könnte.« Sie trank ihren Kognak und schüttelte sich. »Ein widerliches Gebräu, aber es hilft meistens. Und nun mal ganz ehrlich: Sprechen Sie wirklich nicht Italienisch?«

»Von Sprechen kann keine Rede sein, allenfalls von Verständigen.«

»Jedenfalls ist das mehr, als ich von mir behaupten kann. Bevor ich zur persönlichen Rücksprache antraben mußte, hatte ich mir am Bahnhofskiosk ein Exemplar des ›Corriere della sera‹ gekauft und schön sichtbar in die Manteltasche gesteckt. Damit wollte ich einer etwas intensiveren Nachprüfung meiner angeblich perfekten Sprachkenntnisse entgehen. War wohl doch keine so gute Idee! Was wollen wir denn jetzt machen?«

»Alles an uns herankommen lassen!« Entschlossen kippte Tinchen den Kognak hinunter. »Ich besitze ein dickes italienisches Lexikon, und zwei Sprachführer habe ich mir noch zusätzlich gekauft.«

»So ein Ding habe ich auch! Da steht alles drin von ›Herr Doktor, mir geht es nicht gut‹ bis ›Schicken Sie die Leiche per Flugzeug heim‹.«

Die beiden sahen sich an und prusteten los. »Kann man auch mit Kaffee Brüderschaft trinken?« fragte Lieselotte. »Ich glaube, es wird höchste Zeit.« Feierlich hob sie ihre Tasse. »Laut Geburtsurkunde heiße ich Lieselotte Angelika Elfriede, aber im Zeitalter der allgemeinen Rationalisierung ist Lilo die passendere Variante.«

»Einverstanden. Ich heiße übrigens...«

»Ernestine genannt Tinchen. Weiß ich schon längst.« Sie winkte dem Kellner. »Am besten bringen wir jetzt das Abschiedszeremoniell hinter uns, und dann machen wir uns dünne. Soviel ich weiß, fährt unser Zug erst nach einundzwanzig Uhr. Wollen wir nicht vorher noch einen kleinen Stadtbummel machen?«

Tinchen war einverstanden. Wohlversehen mit Spesenvorschuß, Fahrkarten und Sibylles privater Telefonnummer – »Wenn's mal außerhalb der Bürostunden brennt!« – standen die beiden kurz darauf wieder vor dem Eingang des Hochhauses.

»Bella Italia, wir kommen!« frohlockte Lilo. »Aber vorher brauche ich noch einen schicken Badeanzug!«

»Mir hängt der Magen schon in den Kniekehlen!« Mit einem anklagenden Blick deutete Tinchen auf die große Normaluhr, deren Zeiger beide auf der Sieben standen. »Seit dem Frühstück habe ich nichts mehr gegessen.«

»Ich auch nicht. Deshalb werden wir uns jetzt auch ein ganz opulentes Mahl gönnen!« Lilo steuerte ein Restaurant an, das nicht so aussah, als ob es zur unteren Preisklasse gehörte.

»Müssen wir das selber bezahlen, oder können wir bestellen, was wir wollen?«

»Natürlich geht das auf Spesen. Der Mensch lebt schließlich nicht von Brot allein!«

»Wenn du meinst...« Bereitwillig marschierte Tinchen im Kielwasser ihrer Begleiterin durch die Tür. Ein Kellner in grüner Smokingjacke nahm ihnen die Mäntel ab, ein Kellner in Weinrot führte sie zu einem Tisch, ein dritter rückte die Stühle zurecht, ein vierter brachte die Speisekarte. Sie waren die einzigen Gäste.

»Ist ja auch noch ein bißchen früh«, beruhigte sich Tinchen und studierte die Karte. »Ich hätte Appetit auf ein riesengroßes Steak.«

»Dann guck mal nach rechts! Bei den Preisen überziehen wir unser Spesenkonto gleich für den nächsten halben Monat. Schade, daß es keine Dinosaurier mehr gibt. Nach den Bildern von den Biestern zu urteilen, würden wir mit ihnen sicher billiger zu unseren Steaks kommen.«

Sie entschieden sich für Zürcher Geschnetzeltes. »Angesichts der Tatsache, daß wir uns in den nächsten sechs Monaten von Reis und Nudeln ernähren müssen, sollten wir unsere letzte kultivierte Mahlzeit ausgiebig genießen.«

»Viel Ahnung scheinst du von der italienischen Küche nicht zu haben«, lachte Tinchen. »Wie oft bist du eigentlich schon in Italien gewesen?«

»Einmal. Das war vor drei Jahren in Canazei. Damals war ich noch verheiratet, und zwar mit einem Wintersport-Enthusiasten, dem die Skihalter auf dem Autodach als Statussymbol galten. Ich bin aber nun mal keine Kaltluftfanatikerin und nehme mein Eis lieber im Whisky. Außerdem kommt eine gute Figur viel besser im Bikini an einem sonnigen Strand zur Geltung als eingemummelt in langen Unterhosen und pelzgefüttertem Anorak. Deshalb zieht es mich ja auch an die Riviera und nicht in die Dolomiten.«

Tinchen wurde aus Lieselotte nicht recht klug. War sie wirklich so naiv, wie sie tat? War die betonte Schnoddrigkeit ein Panzer, hinter dem sie sich versteckte, oder gab sie sich nur so, wie es offenbar ihrem Naturell entsprach: unbekümmert, lässig und ausgestattet mit dem Gemüt eines Kindes, das jemanden hinter sich weiß, der ihm alle Verantwortung abnimmt?

Jedenfalls ist sie ein netter Kerl, und langweilig wird es mit ihr bestimmt nicht werden, dachte Tinchen und sah mit etwas schlechtem Gewissen zu, wie Lilo die Rechnung bezahlte. Zweiundvierzig Mark ohne Trinkgeld! Ob man die wirklich auf die Spesenabrechnung setzen konnte? Florian mußte mit Herrn Schröder von der Buchhaltung um jedes Glas Bier kämpfen, das er hin und wieder mal springen ließ, und einmal hatte er seine monatliche Spesenrechnung sogar mit einem handschriftlichen Vermerk des Sperlings zurückbekommen: ›Die Abrechnung kann ich leider nicht anerkennen, aber ich würde gern das Urheberrecht daran erwerben.‹

»Schläfst du schon?« Lilo war aufgestanden und suchte ihre diversen Einkaufstüten zusammen. »Dazu hast du noch genügend Zeit, vorausgesetzt, daß man in diesen Liegewagen überhaupt schlafen kann. Die hätten uns ruhig ein Schlafwagenabteil spendieren können!«

»Ich glaube eher, wir sollen aus eigener Erfahrung wissen, in welchem Stadium des Zusammenbruchs unsere künftigen Gäste am Ziel ankommen.«

»So ein Quatsch! Ein Arzt läßt sich bestimmt nicht freiwillig den

Magen auspumpen, nur um zu wissen, wie man sich hinterher fühlt. Aber Liegewagen ist natürlich billiger.«

Der Zug stand schon abfahrbereit. Bewaffnet mit ihrem Handgepäck machten die beiden sich auf die Suche nach dem Kurswagen Hamburg-Ventimiglia.

»Natürlich der allerletzte Waggon!« stöhnte Lilo.

»Und der Speisewagen ist ganz vorne«, moserte Tinchen.

»Hör bloß auf, mir wird schon schlecht, wenn ich nur an Essen denke!«

»Wenn du immer so viel frißt, könnte es eventuell später mal Schwierigkeiten geben. Laut Vertrag sind die Schmetterlinge verpflichtet, für Unterkunft und Verpflegung zu sorgen, nicht aber für einen Zinksarg, um die Rückführung deiner irdischen Reste zu ermöglichen.«

Das Abteil war schon von zwei älteren Damen belegt, die sich allem Anschein nach auf eine mehrtägige Reise vorbereiteten. Sie hantierten mit Kopfkissen, Thermosflaschen und Hausschuhen, suchten Haken für Morgenrock und Handtuch und fühlten sich in ihrer häuslichen Zweisamkeit sichtlich gestört.

»Hier ist besetzt!« erklärte dann auch eine, während die andere sekundierte: »Nebenan ist auch noch was frei!«

Erst dem herbeigerufenen Schaffner gelang es, die streitbaren Amazonen zum Rückzug zu bewegen. Mürrisch räumten sie ihre Toilettensachen zur Seite und machten die beiden reservierten Plätze frei. Dann nahmen sie das unterbrochene Gespräch wieder auf.

»Und was soll ich dir sagen, Elsbeth, als ich nach einer Woche wieder an dem Geschäft vorbeikam, lag das Kleid immer noch im Schaufenster. Da habe ich mir gedacht, wenn es sonst niemand haben will, will ich es auch nicht. *Deshalb* habe ich es nicht gekauft.«

Lilo stellte ihre Koffer ab und warf Tinchen einen beschwörenden Blick zu. Die nickte verstehend. »Machen Sie sich nur in aller Ruhe für die Nacht fertig«, sagte sie zuvorkommend, »wir gehen solange in den Speisewagen.«

Der Zug hatte schon die Außenbezirke Frankfurts hinter sich gelassen, als Lilo und Tinchen sich endlich zum vordersten Wagen durchgekämpft hatten.

»Es gibt nur zwei Möglichkeiten, diese Nacht zu überstehen«, sagte Lilo, »Schlaftabletten oder Schnaps. Tabletten haben wir nicht, also besaufen wir uns.«

Daraus wurde dann doch nichts. Eine Flasche Gewürztraminer

genügte völlig, den beiden zur nötigen Bettschwere zu verhelfen, und kaum hatten sie sich auf den ungewohnt schmalen Liegen ausgestreckt, da waren sie auch schon eingeschlafen. Nicht einmal der Platzregen konnte sie aufwecken.

Als Tinchen erwachte, war es halb acht und ziemlich dunkel. Lilo schlief noch, und die anderen beiden Mitreisenden hatten das Abteil unter Hinterlassung von Butterbrotpapier und Bananenschalen geräumt. Vorsichtig turnte sie aus ihrer Koje abwärts, wechselte ihre Trainingshosen gegen Jeans, zog einen Pullover über und machte sich auf die Suche nach dem Waschraum.

Das Wasser tröpfelte nur noch und reichte gerade zum Zähneputzen. Dann eben nicht, dachte sie, riß eine Packung Erfrischungstücher auf und rieb sich damit Gesicht und Hände ab. »Unter chemischer Reinigung habe ich mir auch immer etwas anderes vorgestellt«, murmelte sie, klemmte ihren Kulturbeutel unter den Arm und schlingerte im Rhythmus des Zuges zurück ins Abteil.

Lilo stand am Fenster und starrte in den feinen Nadelstreifenregen. »Das Wetter im Süden ist auch nicht mehr das, was es mal war! Sind wir eigentlich schon hinter'm Gotthardt?«

»Du hast vielleicht eine Ahnung von Geographie! Wir müssen bald in Mailand sein! Und jetzt beeil dich ein bißchen, ich habe Hunger!«

Die Stunden dehnten sich. Die eintönige Landschaft der Po-Ebene schien kein Ende zu nehmen. Der Regen auch nicht, und erst als sich der Zug der Küste näherte, riß der bleigraue Himmel auf.

Die ersten Sonnenstrahlen brachen durch, Wolken treidelten ihre schweren Schatten über die Hügel, und als sie durch die Vororte von Genua fuhren, war der Himmel blau.

»Na also«, frohlockte Tinchen und steckte den Kopf aus dem Fenster, »die Luft ist wie Seide.«

»Und wo ist das Meer?«

»Das kommt noch!«

Es kam auch wirklich, nur präsentierte es sich nicht gerade von seiner reiseprospektfreundlichsten Seite. In riesigen Öllachen schwammen rostige Konservendosen, verschimmeltes Holz trieb am Ufer entlang, dazwischen tote Fische und ein altes Teerfaß. Schiffe in allen Stadien des Verrottens dümpelten in der trüben Brühe.

»Im Hamburger Hafen sieht es bestimmt auch nicht anders aus, und trotzdem wird in der Nordsee gebadet«, tröstete Tinchen die völlig verstörte Lilo. »Letzten Endes ist Genua eine Großstadt.«

»Aber hier sehen ja sogar die Palmen aus wie zerfledderte Staubwedel. Irgendwie hatte ich von der Riviera eine andere Vorstellung.«

Erst allmählich änderte sich das Landschaftsbild. Die Küste wurde felsiger, kleine Buchten tauchten auf, der erste Sandstrand, ein Pinienwäldchen, und immer wieder das Meer, das sich wie eine riesige Katze an den Felswänden rieb.

»Herrlich!« jubelte Lilo, »beinahe so schön wie im Prospekt! Ob man schon baden kann?«

»Natürlich! Du mußt dich nur warm anziehen.«

Wieder hielt der Zug auf einem der kleinen Bahnhöfe. »Finale Ligure«, las Tinchen. »Ich glaube, wir sind bald da. Allmählich sollten wir unsere Sachen zusammensuchen. Hast du übrigens Appetit auf Geflügelsalat?« Unschlüssig betrachtete sie das Schraubglas. »Wenn ich bedenke, daß ich das Zeug seit gestern mit mir herumschleppe... Ach was, die Fische wollen auch leben!« Schwungvoll warf sie den mütterlichen Reiseproviant aus dem Fenster.

»Du hättest zweckmäßigerweise vorher den Deckel abschrauben müssen«, bemerkte Lilo, »oder wirfst du jetzt noch einen Büchsenöffner hinterher?«

Der Zug verschwand in einem der zahlreichen Tunnel. Dann verlangsamte er seine Fahrt, kroch ans Tageslicht und blieb stehen.

»Ich hab's ja geahnt«, sagte Tinchen mit einem flüchtigen Blick auf das Stationsschild, »jetzt aber nichts wie raus!«

In Windeseile rafften sie Koffer, Taschen und Mäntel zusammen und stürzten zur Tür. Die wurde bereits von einem Herrn geöffnet, dessen Lächeln sofort einer schmerzlichen Miene wich. Er hatte Lilos Koffer ans Schienbein gekriegt.

»Verzeihung, äh... scusi vielmals«, stotterte sie etwas verwirrt und bemühte sich vergeblich, den zweiten Koffer abzubremsen. Nunmehr hatte der Herr den Verlust eines Jackenknopfes zu beklagen.

»Wie viele kommen denn noch?« Vorsichtshalber ging er hinter einem Blumenkübel in Deckung.

»Beschuß eingestellt!« Tinchen hob den letzten Koffer aus dem Wagen und stellte ihn auf den Bahnsteig. Dann drehte sie sich um. »Wieso sprechen Sie eigentlich Deutsch?«

»Wieso nicht?« Langsam näherte sich der Herr und lüftete seinen

Strohhut. »Mein Name ist Theo Harbrecht, und wenn ich mich nicht irre, habe ich es mit zwei angriffslustigen Exemplaren der Gattung Lepidopteren zu tun.«

»Wie bitte?«

»Ich rede von Schmetterlingen!«

»Ach so!« Erleichtert streckte Tinchen ihm die Hand entgegen. »Ich heiße Ernestine Pabst, und das hier ist Lilo Küppers.«

Die war mit schuldbewußter Miene herangekommen. »Es tut mir wirklich leid, aber...«

»Jedenfalls haben Sie einen bleibenden Eindruck bei mir hinterlassen!« Harbrecht streifte sein Hosenbein etwas hoch und betrachtete die dicke Schramme. »Ein Glück, daß Sie nicht mit Schrankkoffern reisen.«

Aus dem Hintergrund näherte sich ein untersetzter Mann mit Seehundsbart und baute sich vor Lilo auf. »Buon giorno, signora. Dove sono gli scontrini del bagáglio?«

»Si. Grazie«, sagte Lilo, die kein Wort verstanden hatte und wenigstens höflich sein wollte.

Harbrecht schmunzelte. »Sehr weit her scheint es mit Ihrem Italienisch aber nicht zu sein. Luigi möchte Ihre Gepäckscheine haben. Oder ist das hier alles?« Er wies auf die herumstehenden Handkoffer.

»Nein, natürlich nicht.« Bereitwillig zog Lilo einen zusammengefalteten Zettel aus ihrer Tasche. Luigi nahm ihn grinsend in Empfang.

»Makt nix, ich sprechen Deutsch.«

Harbrecht bewaffnete sich mit zwei Koffern und marschierte zum Ausgang. »Ich bringe Sie erst einmal in Ihre Hotels. Beim Abendessen werden wir alles Notwendige durchsprechen, und dann müssen Sie sehen, wie Sie klarkommen. Morgen abend muß ich in Sizilien sein.«

Er stellte das Gepäck neben einem Taxi ab und blickte belustigt in die entsetzten Gesichter seiner Begleiterinnen.

»Aber ich denke, Sie bleiben noch mindestens eine Woche hier?« Tinchen schnappte hörbar nach Luft.

»Impossibile. Unser Kollege in Taormina ist von irgendeinem Vieh gebissen worden, das es laut Prospekt dort gar nicht geben dürfte. Jedenfalls war es giftig, und nun liegt er im Krankenhaus. Kein Mensch ist da, der den Laden schmeißt. Dabei hat die Saison dort unten schon angefangen.«

»Aber wir können doch nicht...«

»Ihr könnt schon! Bekanntlich wächst der Mensch mit seinen Aufgaben!«

»Und was ist, wenn jemand Wachstumsstörungen hat?« fragte Lilo.

Luigi tauchte auf, begleitet von einem dienstbaren Geist, der die vorausgeschickten Koffer schleppte. »Gutt, daß ich habe großes Auto. Ist auch deutsch.«

Ein Teil des Gepäcks verschwand im Kofferraum, der Rest auf dem Vordersitz.

»Prima a Hotel Lido, Luigi, e poi a Buona Vista!«

»Si, Signor!« Luigi klemmte sich hinters Steuer und trat das Gaspedal durch. Die Reifen quietschten, zwei Tauben ergriffen panisch die Flucht, ein entgegenkommender Wagen wich in ein Blumenbeet aus, ein zweiter schaffte es nicht mehr, und Luigi trat voll auf die Bremse. Die drei Insassen flogen halb über die vorderen Sitze.

»Makt nix«, sagte Luigi, »Bremsen sind gutt!« Dann setzte er seine Fahrt in etwas gemäßigterem Tempo fort. Trotzdem konnte Tinchen nur einen flüchtigen Blick auf die palmenbestandene Promenade werfen, auf der reger Betrieb herrschte. Spaziergänger schlenderten zwischen Blumenrabatten, Kinder fütterten Tauben, bewacht von strickenden Großmüttern; vor den kleinen Bars saßen Müßiggänger, löffelten Eis und ließen sich von den letzten Strahlen der untergehenden Sonne bescheinen. Wenn Luigi mal nicht den Finger auf der Hupe hatte, konnte man sogar das Meer rauschen hören.

Die Promenade verjüngte sich zu einer schmalen Straße, die seitlich von einer niedrigen Steinmauer begrenzt wurde. Dahinter lag das Meer. Von Strand war nichts zu sehen. Faustgroße Steine, die bis zum Fuß der Mauer reichten, bedeckten den Boden.

»Ist das hier die Badestelle für Fakire?« erkundigte sich Lilo.

»Die Strandbäder liegen überwiegend hinter der Promenade. Dort gibt es auch Sand. Oder besser gesagt, die Steine sind mit Sand vermischt. Da vorne ist übrigens das Hotel Lido!« Harbrecht wies auf einen quadratischen Kasten, der etwas abseits der Straße stand. »War mal das erste Haus am Platze, aber inzwischen ist es von den modernen Betonburgen etwas in den Hintergrund gedrängt worden. Man wohnt hier sehr ruhig. Die Verpflegung ist erstklassig, und außerdem hat Fritz immer ein anständiges Bier im Kühlschrank. Trinken Sie Bier?«

»Selten.« Tinchen beäugte etwas zweifelnd das Gemäuer, in dem sie während des nächsten halben Jahres zu Hause sein würde. Der ehemals weiße Anstrich war bestenfalls dunkelweiß zu nennen und blätterte an einigen Stellen schon ab. Dagegen waren die steinernen Blumenkästen neben dem Eingang frisch bepflanzt und leuchteten trotz der frühen Jahreszeit in allen Farben. An der Seitenfront rankte ein dekoratives Grüngewächs.

Luigi kurvte schwungvoll in die Einfahrt, preßte den Finger auf die Hupe und den Fuß auf die Bremse. Kieselsteine spritzten zur Seite, aber der Wagen hielt genau vor dem Eingang.

»Dieser verrückte Hund ruiniert mir noch den ganzen Weg!« Aus der Tür trat ein Riese, der in karierten Hosen steckte, ein gestreiftes Hemd trug und dazu eine Fliege mit gelben Punkten. Die fehlenden Kopfhaare wurden durch einen gewaltigen grauen Vollbart kompensiert.

Harbrecht war ausgestiegen und half seinen Begleiterinnen aus dem Wagen.

»Welche kriege ich denn?« Der Riese trat näher und streckte beide Hände aus. »Willkommen in Verenzi! Ich bin Fritz Schumann, und ich freue mich wirklich, daß Herr Dennhardt endlich vernünftig geworden ist. Junge Damen sind ein erfreulicherer Anblick als alte Männer. Oder solltest du anderer Meinung sein, Theo?«

»Guck doch in den Spiegel, Rübezahl!«

Luigi sortierte das Gepäck. »Sind Sie Signora Er-ne-sti-na?« buchstabierte er vom Kofferschild und sah Tinchen fragend an.

»Signorina«, verbesserte sie.

»Makt nix, ich bin geheiratet.«

Harbrecht hatte es eilig. »Kümmere dich bitte um die Päbstin, Fritz. Ich liefere jetzt Fräulein Küppers ab, mache noch einen Sprung ins Büro und komme so gegen acht mit ihr zum Essen. Wir haben noch eine ganze Menge zu besprechen. Morgen früh bleibt ja kaum Zeit. Bis nachher, Heiligkeit! Und haben Sie keine Angst vor diesem Neandertaler, der ist ganz harmlos.«

Das Taxi fuhr mit einem Kavaliersstart davon. »Wenn man bedenkt, daß Luigi in dreißig Jahren noch nicht einen einzigen Unfall gebaut hat, könnte man direkt an Wunder glauben.« Schumann bemächtigte sich der beiden großen Koffer. »Kommen Sie, Fräulein Pabst, ich bringe Sie erst einmal auf Ihr Zimmer.«

Das Innere des Hauses stach von seinem Äußeren in erfreulicher Weise ab. Zwar sah alles ein bißchen altmodisch aus, und wenn die dunkelgrünen Plüschsessel in der Halle auch leicht verschossen waren, so wirkten sie ausgesprochen gemütlich. Diesen Eindruck machte auch der Speisesaal, in den Tinchen einen Blick werfen konnte, bevor sie in den reichlich antiquierten Aufzug stieg. Es war ein regelrechter Drahtkäfig, der sich quietschend in Bewegung setzte und im zweiten Stock wieder anhielt.

»Ich habe Sie in Harbrechts Zimmer einquartiert. Der hat sämtliche Räume des Hauses durchprobiert und ist hier hängengeblieben. Diese Nacht schläft er natürlich woanders.« Schumann öffnete die letzte Tür des Ganges und ließ Tinchen eintreten.

»Ach, ist das hübsch!« rief sie spontan und lief sofort zum Fenster. Die gelben Vorhänge ließen den ganzen Raum sonnig erscheinen und gaben den Blick aufs Meer frei. Nur ein schmaler Sandstreifen trennte das Hotel vom Ufer.

»Fantastisch!« Sie drehte sich um und nahm das Zimmer in Augenschein: Doppelbett, zwei Nachttische, Kleiderschrank, Schreibtisch, eine kleine Sesselgarnitur mit rundem Tisch, eine Stehlampe, an den Wänden Farbdrucke französischer Impressionisten, auf dem Tisch ein Nelkenstrauß, ein gefüllter Obstkorb und eine Flasche Chianti.

»Ich lasse Ihnen noch einen kleinen Frisiertisch hineinstellen«, versprach Schumann und wies auf den freien Platz neben dem Fenster. »Theo hatte dort immer seine Bierkisten stehen, aber die brauchen Sie ja wohl nicht.«

»Das ist aber wirklich nicht nötig.«

»Nötig vielleicht nicht, aber nützlich.« Schumann öffnete eine Tapetentür, die Tinchen noch gar nicht bemerkt hatte. »Hier ist das Bad. Für eine Wanne hat der Platz nicht gereicht, aber angeblich ist Duschen ja heutzutage moderner. Außerdem haben wir die Riesenbadewanne direkt vor der Tür. – So, und jetzt lasse ich Sie erst einmal in Ruhe, damit Sie sich ein bißchen erholen können. Nachher schicke ich Ihnen Franca hinauf. Sie kann Ihnen beim Auspakken helfen. Sie hat zwei Jahre in Stuttgart gearbeitet und ist immer froh, wenn sie Deutsch sprechen kann. Wenn Sie sonst noch etwas brauchen, klingeln Sie einfach.«

Dankbar streckte Tinchen ihm die Hand entgegen. »Ich bin so froh, Herr Schumann, daß man mich hier bei Ihnen einquartiert hat. Besser hätte ich es bestimmt nicht treffen können.«

Schumann lächelte geschmeichelt. »Wir sehen uns später beim Abendessen. Mögen Sie übrigens calamaio?«

»Natürlich«, versicherte Tinchen und nahm sich vor, ihre Wissenslücke via Lexikon zu füllen. Ohnedies würde es etwas mit Nudeln sein.

Das erste, was ihr beim Auspacken in die Hände fiel, war das Päckchen von Oma Marlowitz. Zum Vorschein kam ein Tagebuch mit Ledereinband und vergoldetem Schloß. Auf das Deckblatt hatte Oma geschrieben:

›Liebes Tinchen, gerade in der Fremde braucht man manchmal einen Freund, dem man alles anvertrauen kann. Dieser hier hat noch den Vorteil, verschwiegen zu sein.‹

Klingt ja ein bißchen sehr nach Mädchenpensionat! Tinchen stopfte den verschwiegenen Freund erst einmal in die Schreibtischlade, wo schon Florians Schlüsselanhänger lag.

Dank Francas Hilfe, einem quecksilbrigen Irrwisch mit deutlich sichtbarem Hang zur heimischen Teigwarenproduktion, waren die Koffer bald leer und alle verfügbaren Abstellplätze voll. Zuletzt stellte Tinchen das Foto ihrer Eltern – vergrößerter Schnappschuß aus dem Zillertal – und das Paßbild von Karsten auf den Nachttisch. Franca begutachtete das Arrangement. »Deine Eltern?«

Tinchen nickte.

»Dein... mi scusi, *Ihr* Freund?«

Tinchen schüttelte den Kopf. »Das ist mein Bruder – mio fratello.«

»Che bello ragazzo! Wie alt ist ihm?«

»Er ist achtzehn. Diciotto.«

»Sehr schade. Ist zu jung für mir.«

Es klopfte. Lilo steckte vorsichtig den Kopf durch die Tür, dann trat sie ein. »Diesmal ist es Gott sei Dank richtig. Ich habe bereits einen betagten Herrn in Unterhosen und eine Dame in Lockenwicklern besichtigt. Weitere Einblicke in die Intimsphäre meiner Mitmenschen hätte ich vor dem Essen auch nicht mehr verkraftet.« Anerkennend sah sie sich um. »Hübsch hast du es hier. Und sogar den obligatorischen Blick zum Meer. Den habe *ich* nur in Form eines goldgerahmten Ölschinkens an der Wand. Sag mal, bedeutet buona vista nicht so etwas Ähnliches wie ›Schöne Aussicht‹? Mein Hotel heißt nämlich so, aber der schöne Blick beschränkt sich auf die Ansicht einer Unkrautplantage, veredelt durch ein rostiges Autowrack und diverse Blecheimer. Mitten drin steht ein ausgetrockneter Brunnen. Wenn das nicht eine Brutstätte für Mücken ist, dann weiß ich nicht, wo die Viecher sonst noch gedeihen sollen. Ob man hier Moskitonetze kriegt?«

»Mucken wir nicht haben viele hier«, korrigierte Franca, »nur tàfani. Ich weiß nicht, wie heißen in Deutsch.«

»Ich auch nicht«, sagte Tinchen.

Während des Abendessens lernten sie die übrigen Hotelbewohner kennen.

Sowohl die zahlenden als auch die bezahlten. Letztere waren noch in der Überzahl.

»Noch ist Schonzeit, der Betrieb geht erst zu Ostern richtig los«, erläuterte Harbrecht. »Aber die ersten siebzehn Schmetterlinge rollen am Mittwoch an. Alle Unterlagen sind im Büro, die gebe ich Ihnen morgen. Soviel ich weiß, beherrschen Sie den ganzen Papierkrieg ja schon in der Theorie. Die Praxis ist viel unkomplizierter.

Im Verhältnis zu den Giganten der Branche sind wir nur ein ganz kleines Unternehmen, das gesteigerten Wert legt auf Individualität, was immer man darunter auch verstehen will. Als Reiseleiter ist man jedenfalls Mädchen für alles. Ich habe schon mal beim deutschen Konsulat in Genua eine Hochzeit organisiert, habe für einen Kölner Kegelclub zwanzig Dosen Sauerkraut aufgetrieben und für einen der deutschen Sprache nur mangelhaft Mächtigen Liebesbriefe übersetzt. Ich habe mich als Fremdenführer betätigt und als Quizmaster, als Babysitter vierjähriger Zwillinge und als Aufpasser einer Nymphomanin. Bloß Hebamme bin ich noch nicht gewesen. Aber da hat Luigi Erfahrung. Der hatte seine Patientin nämlich nicht mehr rechtzeitig nach Savona in die Klinik bringen können. Die Behörden waren sich lange nicht einig, was denn nun als Geburtsort einzutragen wäre. Kilometerstein 119 erschien ihnen zu ungenau.«

Harbrecht köpfte eine weitere Bierflasche. »Prost, ihr beiden, auf daß unsere Kinder lange Hälse kriegen!«

»Haben Sie denn welche?« erkundigte sich Lilo neugierig.

»Meines Wissens nicht. Ich bin seit neunundfünfzig Jahren überzeugter Junggeselle.«

Tinchen gähnte. »Eigentlich wollte ich ja noch einen kleinen Spaziergang machen, aber den werde ich wohl auf morgen verschieben. Wann müssen Sie denn weg?«

»Mit dem Zehn-Uhr-Zug nach Mailand. Um siebzehn Uhr startet meine Maschine. Können Sie um sieben zum Frühstück unten sein? Bevor wir ins Büro fahren, holen wir Fräulein Küppers ab und machen eine Rundfahrt durch Verenzi. Dann kann ich Ihnen auch gleich unsere Vertragshotels zeigen.«

»Einverstanden. Und wie kommt Lilo jetzt nach Hause?«

»Ich fahre sie schnell hoch.« Er trank sein Bier aus und stand auf.

»Kommen Sie, Lilo, jetzt lernen Sie auch gleich den feurigen Elias kennen.«

»Wer ist denn das nun schon wieder?«

»Das betriebseigene Automobil. Wenn's bergab geht, hat es sogar südländisches Temperament.«

»Und bergauf?«

»Es empfiehlt sich, derartige Strecken zu meiden.«

Als Tinchen ihr Zimmer betrat, fiel ihr sofort die kleine Frisierkommode ins Auge, ein zierliches Schleiflackmöbel mit winzigen Schubkästen und einem ebenso winzigen Stühlchen. Auf der Glasplatte lag das Wörterbuch.

Daß calamaio Tintenfisch hieß, war ihr inzwischen wieder eingefallen, aber sie hatte doch noch etwas anderes nachschlagen wollen? Ach ja, tàfani sollten die Viecher heißen, von denen Franca gesprochen hatte.

Tinchen blätterte. »Taccone, tàcito... hier ist es: Tàfano heißt Pferdebremse!«

6

Als Tinchen die Augen aufschlug, blinzelte sie genau in die Sonnenstrahlen, die durch das weit geöffnete Fenster fielen. Vorschriftsmäßig rauschte das Meer, ein leichter Wind blähte die Vorhänge, streifte über den Frisiertisch und raschelte mit den Seiten des aufgeschlagenen Wörterbuchs.

Pferdebremsen! dachte sie erschrocken, sprang aus dem Bett und schloß das Fenster. Wer weiß, ob die Viecher nicht schon im Anmarsch waren! Sie warf einen Blick auf den Reisewecker. Kurz nach halb sieben, also höchste Eisenbahn, wenn sie pünktlich sein wollte.

Die Dusche röhrte und gluckerte, spendete aber nach unangemessen langer Zeit doch noch lauwarme Tröpfchen. Wenn es hier unten erst mal richtig warm ist, braucht man sowieso kein heißes Wasser, tröstete sich Tinchen, und überhaupt soll man am besten kalt duschen, das ist viel gesünder. Zähneklappernd trocknete sie sich ab, schlüpfte in den Bademantel und öffnete den Kleiderschrank. Was sollte sie an ihrem ersten Arbeitstag bloß anziehen? Gäste wurden noch nicht erwartet, also mußte es nicht unbedingt etwas Seriöses sein. Den Hosenanzug? Entschieden zu elegant für die geplante Runde bei den einzelnen Hoteliers. Waren Hosen überhaupt angebracht? Später vielleicht, nicht gleich beim erstenmal! Sie entschied sich für ein hellblaues Sommerkleid, auch wenn sie darin ein bißchen fröstelte. Quatsch, Ernestine, du bist im Süden, und hier fängt der Sommer schon im Frühling an. Du mußt bloß daran glauben!

Im Speisesaal hockten drei Frühaufsteher wie eingerollte Farnwedel über ihren Kaffeetassen. Harbrecht war noch nicht da. Tinchen wählte einen Tisch neben einem der drei großen Fenster und setzte sich. Nach fünf Minuten wurde sie ungeduldig. Kam denn hier niemand? Die anderen Gäste hatten doch auch schon gefrühstückt. Oder war etwa Selbstbedienung üblich, und wenn ja, wo denn nur? Ein entsprechend bestücktes Buffet war jedenfalls nirgends aufgebaut. Ob sie mal den Herrn am Nebentisch fragen sollte? Lieber nicht, der las in einer italienischen Zeitung und sah nicht so aus, als ob er so früh am Morgen an einer vermutlich sehr anstrengenden, zweisprachigen Konversation interessiert wäre. Mehr denn je zweifelte Tinchen an ihren Sprachkenntnissen; hatte sie doch noch gestern abend einen Wortwechsel zwischen Franca und einem anderen Zimmermädchen mitgehört, ohne auch nur den Grund dieser temperamentvollen Auseinandersetzung zu erraten.

Endlich kam Harbrecht, offensichtlich schon im Reiseanzug, denn er trug Strümpfe und eine Krawatte, Dinge also, die er noch vor zwölf Stunden als entbehrlich bezeichnet hatte.

»Guten Morgen, Tina. Hat Sie der Arbeitseifer aus dem Bett getrieben oder das gräßliche Weib, das seit dem Morgengrauen im zweiten Stock herumräsoniert?«

»Ich habe nichts gehört.«

»Dann seien Sie froh. Das ist eine von denen, die die Redefreiheit nicht als Recht ansehen, sondern als ständige Verpflichtung!« Er ließ sich in einen Stuhl fallen und warf einen erstaunten Blick auf den leeren Tisch. »Haben Sie bereits gefrühstückt?«

»Schön wär's!«

»Ja, um Himmels willen, wie lange sitzen Sie denn schon hier?«

»Seit zehn Minuten.«

»Verdammte Schlamperei! Jedesmal, wenn Giovanna Frühdienst hat, gibt's Ärger! Am besten kommen Sie gleich mal mit!«

Er stand auf und zog Tinchen an der Hand hinter sich her. Sie durchquerten den Speisesaal und betraten die dahinterliegende Küche. Bis auf ein paar Fliegen, die um einen Marmeladeneimer kreisten, war sie leer. Auf dem Herd stand ein großer Aluminiumtopf, in dem eine undefinierbare dunkle Flüssigkeit brodelte.

»Was ist denn *das*?«

»Ihr Kaffee!« sagte Harbrecht trocken.

»Meinen Sie das im Ernst?«

»Selbstverständlich! Der ausgelaugte Extrakt von der Espressomaschine wird gesammelt, mit entsprechend viel Wasser aufgefüllt und am nächsten Morgen gründlich durchgekocht. Anschließend gießt man das Zeug durchs Sieb und serviert es. Das ist eben die italienische Variante von deutschem Kaffee. Nennenswerte Beschwerden hat es noch nicht gegeben, aber manche Gäste lassen sich zusätzlich heißes Wasser bringen, weil ihnen das Gebräu angeblich zu stark ist.«

Tinchen schüttelte sich. »Ihr Glück, sonst hätten Sie doch laufend Todesfälle wegen akuter Coffeinvergiftung! Was sagt denn Herr Schumann dazu? Ich denke, er ist Deutscher?«

»Ist er ja auch, aber er trinkt keinen Kaffee.«

»Durchaus begreiflich. Muß ich diese Brühe auch nehmen, oder kann ich Tee haben?«

»Da er auf ähnliche Weise hergestellt wird wie der sogenannte Kaffee, rate ich Ihnen davon ab. Machen Sie es wie ich: Kaufen Sie sich Pulverkaffee und lassen sich heißes Wasser bringen, das ist noch am ungefährlichsten. Oder trinken Sie Cappuccino?«

Durch eine Tür im Hintergrund, die auf einen kleinen Hof führte, kam ein auffallend hübsches Mädchen gehuscht und hielt erschrocken inne, als es die beiden Besucher entdeckte. »Buon giorno, Signor Theo.«

»Buon giorno, Giovanna. Hast wohl wieder mit Amadeo geflirtet, was? Und in der Zwischenzeit verhungern deine Gäste!«

»Ich kommen subito, Signor Theo.« Dann nickte sie Tinchen schüchtern zu. »Buon giorno, Signora.«

»Das ist Signorina Pabst, Giovanna. Sie wird ab heute die Schmetterlinge betreuen, und ich kann nur hoffen, daß sie hier ein bißchen energischer durchgreift als ich! Sie wird sich wohl kaum von deinen schönen schwarzen Augen beeindrucken lassen. Ich bin eben doch bloß ein Mann!« In seinem Seufzer lag ein ganzer Roman. Leise flüsterte er Tinchen zu: »So was wie Giovanna würde ich mir gern für meine alten Tage aufheben!«

Lachend ging Tinchen auf das Mädchen zu. »Vor mir brauchen Sie keine Angst zu haben. Wer im Urlaub so früh aufsteht, ist selber schuld, wenn er auf sein Frühstück warten muß.«

Giovanna lächelte verlegen. »Ich nix schuld. Ich gebracht Colazione in Zimmer 29 zu dickes Frau England.«

»Wenn die im Bett frühstücken will, dann soll sie bis acht Uhr warten! Für den Zimmerservice ist Fernando zuständig«, sagte Harbrecht entschieden. »Und jetzt bring uns endlich was zu essen, wir müssen gleich weg! Aber wehe, du wagst es, uns diese Tinte anzubieten!«

Er warf einen beziehungsreichen Blick auf den Aluminiumtopf, in dem es immer noch blubberte.

»No, Signor Theo, ich machen Cappuccino, va bene?«

Eine Viertelstunde später schob Harbrecht seine Reisetasche in das winzig kleine Auto und klemmte sich hinters Lenkrad. »Nun steigen Sie schon ein, es wächst doch nicht mehr!« ermunterte er Tinchen, die noch immer in den Anblick dieses Vehikels versunken war. Es hatte einen himmelblauen Anstrich, war über und über mit bunten Schmetterlingen bemalt und zeigte ober- und unterhalb der Scheinwerfer aufgepinselte schwarze Wimpern.

»Wer hat denn *das* verbrochen?«

»Meinen Sie die Dekoration? Die stammt von Sergio, den werden Sie auch noch kennenlernen. Ist unser Mädchen für alles. Germanistikstudent aus Turin. Verdient sich sein Studium während der Semesterferien. Netter Kerl, aber ein fürchterlicher Schürzenjäger. Ich kann's ihm nicht mal übelnehmen, schließlich sitzt er hier ja an der Quelle. Nun kommen Sie aber endlich, sonst schaffen wir unser Pensum nicht!«

Lachend quetschte sich Tinchen in den kleinen Fiat. »Hat der Bambino einen Namen?«

»Und ob! Ich nenne ihn ›Sole mio‹, weil er nur bei schönem Wetter anspringt. Wenn er im Regen eine Nacht draußen gestanden hat, kriegen Sie den Karren weder durch Zureden noch mit Gewalt in Gang. Heute nacht war's trocken, also wird er wohl keine Mätzchen machen!«

›Sole mio‹ zeigte sich von seiner besten Seite und tuckerte los. Geschickt fädelte sich Harbrecht in den schon sehr lebhaften Verkehr ein und kurvte in halsbrecherischem Tempo durch die engen Straßen. Tinchen hielt sich krampfhaft am Türgriff fest.

»Haben Sie den Film ›Ben Hur‹ gesehen?«

Sie nickte. Sprechen konnte sie nicht.

»Dann sollten Sie doch wissen, wie man in Italien Auto fährt!« Endlich trat er auf die Bremse. Sie standen vor einem jener Betonkästen, die sich weniger durch Schönheit als durch Zweckmäßigkeit auszeichnen und in den Reisekatalogen in der Regel als Hotels der ersten Kategorie angepriesen werden. Lilo wartete schon. Schick sieht sie aus, dachte Tinchen ein bißchen neidisch, aber mit ihrer Figur kann sie sich die knallengen Hosen ja leisten. Ich könnte auch ruhig ein paar Pfund abnehmen, das würde gar nichts schaden. Vati hat schon immer behauptet, daß die meisten Diätkuren ihren Ursprung bei der Schneiderin haben und nicht beim Arzt.

»Guten Morgen, ihr Langschläfer! Seit zwanzig Minuten stehe ich mir die Beine in den Bauch. Ich hab' schon da drüben in der Kaffeebar gewartet, aber in so einer Umgebung ist es für eine Frau schwierig, nicht so auszusehen, als ob sie Angst hätte, versetzt zu werden.«

Sie zwängte sich auf den Rücksitz. »Von mir aus kann's losgehen.«

Harbrecht sah auf seine Armbanduhr. »Es tut mir leid, Kinder, aber die Hotels können wir nicht mehr abklappern. Dazu reicht die Zeit einfach nicht. Dann geht ihr eben nachher allein auf Besuchstour! Sehen wir lieber zu, daß wir ins Büro kommen, damit ich euch wenigstens noch das Nötigste erklären kann.«

Das Schmetterlingsnest lag in der Parallelstraße zur Strandpromenade und nahm das Parterre eines schmalbrüstigen Hauses ein. Harbrecht schloß die Tür auf und überreichte Tinchen feierlich den Schlüssel. »Nicht verlieren, es ist der letzte!«

»Kriege ich denn keinen?« fragte Lilo.

»Selbst ist die Frau! Für Schlüssel, Wasserrohrbrüche, kaputte Autos, amerikanische Zigaretten und erstklassigen Landwein ist Bobo zuständig, der meccanico von der Tankstelle an der Ecke. Er sieht zwar aus wie ein schlafender Säugling, hat es aber faustdick hinter den Ohren. Es gibt so gut wie nichts, was der nicht irgendwo auf Lager hat. Und wenn er's wirklich nicht hat, kann er's besorgen. – So, nun kommt mal rein in die gute Stube!«

Das Büro war ein langer schmaler Schlauch und ziemlich dunkel. Licht fiel nur durch das verhältnismäßig kleine Fenster, das auch noch von einem müde vor sich hinstaubenden Geranientopf halb verdeckt wurde, und durch das verglaste obere Drittel der Eingangstür.

»Vielleicht wird es heller, wenn wir mal die Patina von den Scheiben schrubben!« hoffte Tinchen und malte ein Herz auf das schmutzige Fenster.

»Wo geht es denn hier hin?« Lilo hatte sich an den beiden nebeneinanderstehenden Schreibtischen vorbeigeschlängelt, ein paar

Stühle aus dem Weg geräumt und zeigte nun auf die dem Eingang gegenüberliegende Tür. Gelbes Riffelglas verwehrte den Blick nach draußen.

»Machen Sie doch auf! Der Schlüssel steckt!«

Neugierig öffnete Lilo die Tür und prallte zurück. Direkt vor ihrer Nase fuhr laut hupend ein Lastwagen vorbei. Nur ein handtuchbreiter Gehsteig trennte sie von der Straße. Erschrocken knallte sie die Tür wieder zu. »Ich komme mir vor wie auf einem Güterbahnhof!«

»Halb so schlimm!« beruhigte sie Harbrecht. »Der Krach hält sich in Grenzen und hat manchmal sogar seine Vorteile, wenn sich Gäste beschweren wollen. Hinterher kann man immer behaupten, man habe sie nicht richtig verstanden.«

»Wie ich sehe, kann man dieses Büro also von zwei Seiten betreten, und wen man vorne rausschmeißt, der kommt hinten wieder rein!« stellte das praktische Tinchen fest.

»Sie müssen das anders interpretieren!« lachte Harbrecht. »Die hintere Tür ist immer abgeschlossen, dient aber als Fluchtmöglichkeit. Vorausgesetzt, Sie sind spurtschnell. Von Ihrem Schreibtisch – das ist der vordere – sind es genau neuneinhalb Meter bis zur Tür. Wenn Sie bei den ersten Anzeichen einer bevorstehenden Invasion lossprinten, schaffen Sie es noch!«

»Verstehe ich nicht!«

»Ist aber ganz einfach! Leute, die meckern wollen, kommen selten allein, weil sie moralische Unterstützung brauchen. Unverkennbare Warnsignale sind lautes, meist empörtes Reden, kurzes Anhalten vor der Tür zwecks Überprüfung der Garderobe, sodann energisches Klopfen... aber wenn Sie Glück haben, hören Sie das schon nicht mehr!«

»Mal angenommen, die Flucht ist geglückt! Was mache ich dann?«

»Dann trinken Sie nebenan in der Bar einen café, rauchen eine Zigarette und kommen durch den vorderen Eingang wieder zurück. Jeder Mensch hat das Recht, gewisse Örtlichkeiten aufzusuchen, und eine eigene Toilette haben wir hier nämlich nicht. In der Zwischenzeit sind Ihre Besucher entweder verschwunden, was oft der Fall ist, oder das Warten hat sie ein bißchen abgekühlt. Manchmal geschieht natürlich das Gegenteil, und für diese akuten Notfälle steht eine Spesenflasche im Schreibtisch!«

»Haben denn alle Häuser zwei Eingänge?«

»Nicht alle, aber die meisten. In diesen engen Gassen ist das sowohl für die Geschäftsleute als auch für die Kunden äußerst praktisch. Lange Wege zum Einkaufen gibt es hier nicht!«

Harbrecht knipste die Deckenlampe an. Eine getönte Neonröhre tauchte das Büro in süßliches rosa Licht.

»Scheußlich!« sagte Tinchen.

»Weiß ich selber, ist aber noch ein Überbleibsel von dem Juwelierladen, der früher mal hier drin gewesen ist. Wahrscheinlich haben die falschen Brillanten dann nicht ganz so falsch ausgesehen. – Jetzt kommt mal her, ihr beiden Hübschen! Ich hab' noch genau fünfundzwanzig Minuten Zeit, euch das Wichtigste zu erklären!«

Die drei vertieften sich in Ordner, die säuberlich aufgereiht in mehreren Regalen standen, verglichen die Zimmerreservierungen mit der Liste jener Gäste, die in vier Tagen ankommen sollten, und während Lilo den an der Wand hängenden Stadtplan studierte und alle Vertragshotels einzeichnete, notierte Tinchen in Stichworten alles das, was Harbrecht noch so ganz nebenbei erwähnte.

»Die Fahrten nach Nizza und Portofino teilt ihr euch am besten. Einer fährt nach Osten, der andere nach Westen. Dann braucht jeder nur einmal den ganzen Quatsch zu lernen. Auf die Dauer wird das zwar ziemlich langweilig, aber es ist bequemer.«

»Welche Fahrten?«

»Die Busausflüge natürlich! Einmal pro Woche werden die Vergnügungssüchtigen eingesammelt und durch die Landschaft gekarrt. Nach längstens fünf Tagen kennen sie in Verenzi jede Palme und wollen auch mal etwas anderes sehen. Also tun wir ihnen den Gefallen. San Remo, Ventimiglia, Monte Carlo mit Abstecher ins Spielkasino, dann Nizza, wo sich alle auf den Blumenmarkt stürzen und den Bus in ein rollendes Treibhaus verwandeln... es ist jedesmal das gleiche.«

»Aber davon hat uns kein Mensch etwas gesagt!« Im Geiste sah sich Tinchen schon mit einem Bus voll schimpfender Touristen auf einer verlassenen Landstraße stehen, vom rechten Wege abgekommen und ohne die geringste Hoffnung, ihn jemals wiederzufinden.

Harbrecht schien ihre Gedanken zu erraten. »Sie brauchen keine Angst zu haben! Luigi fährt die Strecke schon seit Jahren, kennt jeden Kilometerstein und natürlich auch den ganzen Sermon, den ich jedesmal herunterbeten mußte. Notfalls könnte er die Touren sogar allein machen. Eigentlich müssen Sie bei diesen Fahrten nur zwei Grundregeln beachten: Erstens: Sehen Sie zu, daß mindestens ein ungebildeter Mensch dabei ist, der all die dummen Fragen stellt, die die anderen auch gern stellen würden, es aber nicht tun, weil man sie sonst für ungebildet halten könnte. Und zweitens: Auf Exkursionen müssen Sie der Herde immer ein Stück voraus sein, damit Sie alle Pflanzen zertreten können, die Sie nicht kennen!«

»Das ist ein schwacher Trost«, stöhnte Tinchen. »Ich kann doch nicht die ganze Botanik ausrotten! Außerdem bin ich noch niemals in Frankreich gewesen, habe keine Ahnung, wie man da hinkommt, und weiß nicht das geringste über etwaige Sehenswürdigkeiten.«

»Die Fahrerei überlassen Sie ruhig Luigi, und alles andere können Sie sich zusammenlesen! Hier muß noch ein ganzer Haufen liegen« – Harbrecht kramte in der untersten Schreibtischschublade und förderte einen Schwung Prospekte zutage –, »das reicht für den Anfang. Und was Sie nicht wissen, erfinden Sie. Kirchen werden meist nach irgendwelchen Heiligen benannt, die sich sowieso kein Mensch merken kann, was Sie an Bergen sehen, gehört grundsätzlich zum italienischen Apennin und jenseits der Grenze zum französischen, und wenn in Monaco die obligatorische Frage kommt – und die kommt immer! –, ob denn wohl die Jacht von Arndt Krupp oder Christina Onassis im Hafen liegt, dann suchen Sie sich den größten Kahn heraus und behaupten, das sei sie. Kein Mensch kontrolliert das nach, aber alle freuen sich, daß sie einen Blick auf das Ambiente der internationalen Prominenz werfen konnten!«

»Ist das alles nicht ein bißchen unfair?« fragte Lilo zögernd.

»Der Himmel erhalte euch euer Gewissen! Spätestens nach der sechsten Tour seid ihr so abgestumpft, daß euch alles Wurscht ist. Mich hat mal jemand vor ein paar zusammengefallenen Mauersteinen gefragt, was das gewesen sei. Darauf hab' ich gesagt, da habe eine der ersten christlichen Kirchen gestanden, die Nero erbaut habe. Der Kerl hat andächtig die Trümmer beguckt und gemeint: ›Dann liegen die ja schon seit unvordenklichen Zeiten hier, und ich hatte geglaubt, die sind noch viel älter!‹«

Tinchen prustete los. »Ihr Glück, daß das kein Historiker gewesen ist.«

»Die buchen keine Schmetterlings-Reise, die nehmen Neckermanns Studienfahrten!« Harbrecht sah auf die Uhr. »Kinder, es wird Zeit. Bringt ihr mich noch zum Bahnhof?«

»Das ist doch Ehrensache!« versicherte Lilo. »Nachdem Sie uns auch noch das letzte bißchen Selbstbewußtsein geraubt haben, können Sie uns ja ruhig unserem Schicksal überlassen.«

»Wer fährt?« Fragend hielt er den Autoschlüssel hoch.

»Sie!« kam es unisono zurück.

Wieder ging es in mörderischem Tempo und unter Mißachtung einschlägiger Verkehrsregeln durch die Straßen.

»Können Sie denn nicht mal auf *einer* Seite bleiben?« jammerte Tinchen, als Harbrecht ein paar gewagte Überholmanöver beendet hatte.

»In manchen Ländern fährt man rechts, in anderen links«, erklärte er nachsichtig. »Hier fährt man eben im Schatten!« Wie zum Beweis drehte er das Steuer ein wenig und brauste mitten auf der Straße geradeaus, ohne sich um das empörte Hupen entgegenkommender Fahrzeuge zu kümmern.

»Die meisten Unfälle passieren, weil der Fahrer im vierten Gang fährt, während sein Geist auf Leerlauf geschaltet ist!« murmelte Tinchen.

Harbrecht grinste nur, nahm aber doch den Fuß vom Gas. Trotzdem war sie froh, als er endlich auf dem Bahnhofsvorplatz anhielt. Er stieg aus und zerrte seine Tasche vom Rücksitz.

»Ist das Ihr ganzes Gepäck?« wunderte sich Lilo.

»Nein, meine Dame. Selbst Junggesellen brauchen gelegentlich eine Hose zum Wechseln. Die Koffer sind schon weg und werden hoffentlich vor Ablauf dieses Monats in Taormina eintreffen. Wenn nicht, kommen sie im nächsten. Hier dauert alles ein bißchen länger als woanders.«

Dann gab er sich einen Ruck: »Bringen wir's hinter uns, ich hasse Abschiedsszenen.« Er gab beiden die Hand. »Kopf hoch, Mädchen, ihr schafft das schon!« Und als er die zweifelnden Gesichter sah, fügte er tröstend hinzu: »Ihr braucht bloß zu beten, daß jeden Donnerstag die Sonne scheint!«

»Wozu soll das gut sein?«

»Mittwochs kommen die Gäste an und sind nach der langen Fahrt froh, wenn sie endlich ihr Hotel und ein Bett sehen. Zum Meckern sind sie viel zu müde. Das heben sie sich für den nächsten Tag auf. Wenn dann aber die Sonne scheint, wollen sie an den Strand und kümmern sich einen Schmarrn um den quietschenden Fahrstuhl oder den klappernden Fensterladen, über den sie sich noch am Abend vorher so maßlos aufgeregt haben. Am dritten Tag haben sie sich sowieso daran gewöhnt. Nur wenn es regnet, wird es fürchterlich! Also betet um ein Azorenhoch, das vom Mai bis zum September anhält! Und immer optimistisch bleiben, selbst wenn es Strippen gießt. Hier ändert sich das Wetter schnell. Das ist sogar die Wahrheit!«

Er nahm seine Tasche, winkte den beiden noch einmal zu und verschwand im Bahnhof. Kurz darauf sahen sie den Zug davonfahren.

»Und nun?« fragte Tinchen zaghaft.

»Trinken wir uns erst mal Mut an!« bestimmte Lilo und klapperte unternehmungslustig mit den Autoschlüsseln.

AUS TINCHENS TAGEBUCH

6. April

Habe eben die Tomatenflecken aus der Bluse geschrubbt und muß warten, bis sie trocken ist. Alle anderen sind in der Wäscherei. Werde vorläufig keine pasta asciutta mehr essen, machen sowieso zu dick.

Heute die ersten Schmetterlinge in Empfang genommen. Sahen alle aus wie Trauermäntel. Muß das nächstemal die Namensliste mitnehmen zum Bahnhof. Waren zwei Meiers dabei. Sahen beide gleich alt aus. Waren empört, als ich sie nach ihrem Geburtsdatum fragte. Älterer Herr wollte wissen, wo man hier etwas erleben kann. Habe ihn in die Splendid-Bar geschickt; da trinkt der Pfarrer jeden Abend seinen Apéritif.

›Sole mio‹ hat einen heimtückischen Charakter. Bleibt am liebsten auf Kreuzungen stehen. Weiß inzwischen, daß man vor dem Anschieben die Handbremse lösen muß. Habe mir bequeme Schuhe gekauft, weil die bei längeren Fußmärschen praktischer sind.

8. April

Keine Reklamationen. Mußte die künstliche Blondine aus Bottrop enttäuschen. Verenzi hat keinen FKK-Strand. Älterem Herrn hat es in der Splendid-Bar nicht gefallen. Wollte mich zum Essen einladen. Behauptete, er sei in den besten Jahren. Kann sein, aber seine guten sind vorbei.

Heute Bekanntschaft mit Bobo gemacht. Wirklich ein heller Junge! Hat mir erklärt, daß ein Auto auch Öl braucht. Hofft, daß er die Reparatur in drei Tagen schafft. Habe mir noch ein Paar Schuhe mit flachen Absätzen gekauft.

11. April

Habe Schwierigkeiten mit dem hiesigen Dialekt. Schwer verständlich. Leute alle nett und freundlich, behaupten, ich spräche sehr gut Italienisch. Wo ich es gelernt hätte? Vermuten in Kalabrien. Rat von Fritz Schumann befolgt und Deutsch geredet. Klappte großartig. Carabinieri sehr zuvorkommend. Helfen sogar schieben. Haben mir empfohlen, Reservekanister zu kaufen.

13. April

Bin seit heute wieder abergläubisch. Mit dem Dreizehnten muß es *doch* was auf sich haben! Mittags angefangen zu regnen. Zug hatte Verspätung, Gäste deshalb sehr ungemütlich. Hatten außerdem Regenschirme zu Hause gelassen. Transport mit Bus in die einzelnen Hotels verzögerte sich. Luigi hatte Nagel im Fuß. Will den Schuster verklagen. Hatte Gäste endlich abgeliefert und kam zurück, um Gepäck zu holen. Kofferschilder nicht mehr zu entziffern, weil Schrift vom Regen zerlaufen. Haben zusammen alle Hotels abgeklappert und Gäste aufgefordert, Kollektion im Bus zu besichtigen und Eigentum herauszusuchen. Hat beinahe bis Mitternacht gedauert.

Ein Koffer ist übriggeblieben, steht jetzt im Büro. Hoffe, Besitzer ist verständnisvoller junger Mann und nicht alte Dame, die Flanellnachthemd braucht.

Wolken reißen auf. Schumann sagt, morgen scheint wieder die Sonne.

14. April

Koffer ist abgeholt worden, rothaarige Besitzerin hatte ihn gestern noch gar nicht vermißt. Sie nächtigte angeblich im Zimmer ihrer Nachbarin, die auf der Herfahrt eine Gallenkolik gehabt haben soll.

Anhand der Ankunftsliste festgestellt, daß nur noch zwei *Herren* für die Pension Bellevue gebucht haben.

17. April

Große Aufregung! Dame von Strandhotel vermißte wertvollen Ring. Beschuldigte Zimmermädchen. Zimmermädchen beschuldigte Putzfrau. Putzfrau beschuldigte Etagenkellner. Ich mußte Risotto und interessanten Mann stehenlassen und zum Tatort fahren. Ring immer noch weg. Alle Verdächtigten hochgradig empört. Übersetzte ihr »stupido cretino« mit »Wir sind unschuldig«. Dame zum Glück der italienischen Sprache nicht mächtig. Sonntags Carabinieri eingeladen. Will Ring trotzdem wiederhaben. Muß mich morgen drum kümmern.

Interessanter Mann in der Zwischenzeit natürlich verschwunden.

18. April

Ring ist wieder aufgetaucht. Dame hatte ihn bei abendlicher Schönheitspflege im Cremetopf entdeckt, wo sie ihn aus Angst vor Dieben eingegraben hatte. Beklagte ihr mangelndes Erinnerungsvermögen. Verdächtigte Angestellte weniger an Entschuldigung interessiert als an Trinkgeld. Bekamen beides.

Interessanten Mann wiedergesehen. Saß mit Lilo im Strandcafé. Und mir hatte sie erzählt, daß sie nach San Giorgio fährt!

20. April

Heute erstes Sonnenbad genommen. Wasser zum Baden noch zu kalt. Leider. Muß dringend abnehmen, damit ich in den neuen Badeanzug passe. Wasser zehrt! Andererseits: Wenn Schwimmen so gut für die schlanke Linie ist, wie soll man sich dann den Wal erklären? Diesmal schon 32 Schmetterlinge angekommen. Habe einigen erklären müssen, daß Hotels Vorder- und Rückseite haben und nicht alle Zimmer Ausblick zum Meer bieten. Besonders Verdrossenen empfohlen, den nächsten Urlaub auf einer kleinen Insel zu verbringen.

Vorhin heftiges Gewitter. Nach dem dritten Donnerschlag gingen überall die Lichter aus. Schumann sagt, das sei hier unten üblich. Warum, weiß er nicht. Habe festgestellt, daß es nur dann romantisch ist, bei Kerzenlicht zu essen, wenn man es nicht muß.

Will morgen mit Lilo die Route nach Nizza abfahren. Müssen ja wissen, was da auf uns zukommt. Habe schon fleißig Schularbeiten gemacht. In San Remo gibt es eine romanische Kirche aus dem 13. Jahrhundert, in Nizza ein Chagall-Matisse-Museum sowie eine ganze Menge Trümmer aus der Römerzeit. Hoffe sehr, daß die Schmetterlinge, wie es sich letztlich gehört, mehr Interesse für den Blumenmarkt zeigen. Hätte im Geschichtsunterricht eben doch besser aufpassen müssen!

7

Tinchen saß in ihrer ›Röhre‹, wie sie das schmale Büro insgeheim nannte, und blätterte in den Prospekten. In jedem Nest, das sie gestern auf ihrer Fahrt entlang der Küste durchquert hatten, war als erstes die Kurverwaltung angesteuert und alles eingesammelt worden, was an Gedrucktem herumgelegen hatte – einschließlich des Eisenbahnfahrplans und der Impfvorschrift für reisende Haustiere.

Auf dem Fußboden hatte sie eine große Straßenkarte ausgebreitet, anhand derer sie nun ihre Unterlagen sortierte. »Albenga kommt vor Alássio, Laiguéglia liegt dahinter, dann kommt San Remo... nee, dazwischen liegt noch Diano Marina, das war doch der Ort mit dem künstlich aufgeworfenen Sandstrand... dann San Remo, Bordighera... zum Donnerwetter noch mal, wer soll sich denn das alles merken?«

Wütend feuerte sie die Prospekte in die Ecke und griff nach einer Zigarette. Warum hatte ausgerechnet *sie* die Frankreich-Tour übernehmen wollen? Zur anderen Seite hin nach Genua und Portofino gab es bestimmt nicht so viele Badeorte, und die Sehenswürdigkeiten hielten sich auch in Grenzen. Aber nein, sie mußte sich ja Frankreich aussuchen! Das hatte sie jetzt davon! Allein in ihrem Reiseführer wurde San Remo auf fünf Seiten abgehandelt! Welche Kaiser und Könige wann in welchen Hotels residiert hatten, wo der Fürst XY und der Erbprinz von Sowieso abgestiegen waren... Ob das die Touristen von heute wirklich noch interessierte? Schumann sagte ja. Blödsinn, ich kann doch nicht den ganzen Gotha auswendig lernen! Überhaupt war es eine Schnapsidee, am Sonntag ins Büro zu kommen und arbeiten zu wollen. Lilo hatte sich ja auch nicht blicken lassen. Angeblich wollte sie nach San Giorgio, weil es irgendwelche Beschwerden gegeben hatte. War sicher bloß eine Ausrede!

Tinchen stopfte die Prospekte wieder in den Schreibtisch. Die konnten warten! Vor Mitte Mai würden sowieso noch nicht genug Gäste da sein, um einen ganzen Ausflugsbus zu füllen, denn es gab ja auch genügend Individualisten, die auf organisierte Freizeitgestaltung verzichteten und lieber auf eigene Faust loszogen.

Sorgfältig drehte sie den Schlüssel zweimal herum, obwohl ein fester Schlag mit dem Handballen genügt hätte, das altersschwache Schloß der Bürotür zu sprengen, und machte sich auf den Weg zu Signora Ravanelli – zu deutsch: Radieschen. Diese eben nicht schlank zu nennende Dame unbestimmbaren Alters war Inhaberin eines kleinen Obst- und Gemüseladens, in dem Tinchen ihren täglichen Vitaminbedarf zu decken pflegte. Die Konversation verlief in der Regel sehr einseitig und wurde überwiegend von Frau Radieschen bestritten.

Sie grinste erfreut, als Tinchen den etwas schmuddeligen Laden betrat, und begrüßte sie mit einem Wortschwall, der ihr jede Hoffnung nahm, jemals die Landessprache zu erlernen. Sie begriff kein Wort.

»Vorrei, per favore, due arangio«, verlangte sie schüchtern.

»Si, Signorina!« Frau Radieschen grub unter einem Berg von Petersilie zwei Orangen aus und reichte sie über den Ladentisch. »Fa un tempo splendido!« setzte sie die Unterhaltung fort.

»Si«, nickte Tinchen glücklich, denn diesmal hatte sie verstanden, und daß das Wetter herrlich war, ließ sich nicht bestreiten.

»Ma ieri sera å piovuto!«

»Si«, erwiderte Tinchen; gestern abend hatte es wirklich geregnet.

Nun kam wieder eine Frage, deren Sinn im dunkeln blieb. »Si, si«, antwortete Tinchen bereitwillig, was sie aber Sekunden später bereute, denn es schien sich um ein Verkaufsangebot gehandelt zu haben. Signora Ravanelli drückte ihr ein Bund Zwiebeln in die Hand und fing an, Tomaten in eine Tüte zu füllen.

»No, grazie, Signora, e Arrivederci«, stammelte Tinchen entsetzt, legte ein paar Münzen auf den Tisch und ergriff die Flucht, bevor Frau Radieschen das nahrhafte Stilleben durch Lauchstengel oder Blumenkohl ergänzen würde. Immerhin war es schon ein paarmal vorgekommen, daß sie einen Armvoll Gemüse in der Hotelküche abliefern mußte. Offenbar war Signora Ravanelli davon überzeugt, daß Tinchen zu jener Gruppe jugendlicher Camper gehörte, die vor Verenzis Toren ihre Zelte aufgeschlagen hatte und sich überwiegend von mitgebrachten Konserven und Chianti ernährte. Es war ihr noch nicht gelungen, Signora Radieschen von ihrem durchaus seriösen Beruf zu überzeugen, was natürlich in erster Linie daran lag, daß die gute Frau vermutlich aus den unteren Schichten der Bevölkerung stammte, nur den einheimischen Dialekt beherrschte und von dem klassischen Italienisch, wie Tinchen es sprach, wenig oder gar nichts verstand.

Langsam schlenderte sie die Strandpromenade hinauf, als neben ihr ein wohlbekanntes Auto bremste. »Steig ein!« rief Lilo, während sie mit einem wohlgezielten Fußtritt von innen die Beifahrertür öffnete. »Die klemmt mal wieder!«

Tinchen quetschte sich in den Fiat und zog die Tür heran. Prompt sprang sie wieder auf. »Jetzt mußt du sie schon zuhalten!« Lilo trat aufs Gas. »Vorhin habe ich fünf Minuten gebraucht, um sie mit zwei Papiertüchern festzustopfen.«

»Was war denn drüben los? Oder warst du nicht in San Giorgio?«

»Natürlich, ich komme ja gerade zurück. Nach dem Geschrei, das diese Frau Malinowski am Telefon angestimmt hatte, glaubte ich schon, es handele sich um einen mittelschweren Wasserrohrbruch. Dabei war's bloß das übliche. Die Dusche tropfte, und deshalb konnte die gute Frau nachts nicht schlafen. Inzwischen hatte der Hausknecht längst Abhilfe geschaffen.«

»Dann ist doch alles in Ordnung!«

»Eben nicht! Die Dame legt Wert auf deutsche Gründlichkeit und nicht auf landesübliche Improvisation. Weißt du, welche geniale Idee der Kerl gehabt hat? Anstatt den Duschkopf auszuwechseln, hat er bloß einen langen Bindfaden rangebunden. An dem sind die Wassertropfen lautlos in den Abfluß gelaufen.«

»Das gibt's doch nicht!«

»Doch, das gibt es! Und es funktioniert prima! Ich werde mir diese Methode für künftige Notfälle merken!«

Sie hatten das Lido erreicht. »Hast du heute etwas Besonderes vor?«

»Nein, warum?« Erleichtert ließ Tinchen die Wagentür los und schälte sich aus dem Auto.

»Wir könnten doch nach Portofino fahren! Schließlich muß ich meine Busroute auch mal kennenlernen!«

»Bist du wahnsinnig? Ich habe noch von der gestrigen Tour die Nase voll und Blasen an den Füßen. Außerdem ist es viel zu spät! Und dann glaubst du doch wohl nicht, daß ich stundenlang die Tür festhalte?«

»Da ist bloß eine Schraube locker. Wenn ich einen Schraubenzieher gehabt hätte, dann hätte ich die Kleinigkeit schon selbst repariert.«

Tinchen wunderte sich. »Irgendwo muß doch Bordwerkzeug sein?«

»Ist ja auch! Eine verbogene Schere, drei Rollen Isolierband, eine Maurerkelle und Fahrradflickzeug.«

»Ist wenigstens ein Reservereifen da?«

»Ja, aber der ist platt!«

»Dann können wir sowieso nicht fahren!«

»Warum nicht? Oder kannst du im Notfall den Reifen wechseln?«

»Natürlich nicht!«

»Na also! Weshalb brauchen wir dann einen?« stellte Lilo mit bezwingender Logik fest. »Mach dich fertig, in einer halben Stunde hole ich dich ab!«

Es dauerte zwar ein bißchen länger, aber dafür war die Autotür in Ordnung und der Reservereifen aufgepumpt.

»Bobo hat gesagt, wir sollen auf keinen Fall über achtzig fahren«, lachte Lilo. »Der hat vielleicht Humor! Fünfundsechzig ist das Äußerste, was die Karre noch bringt, sonst fällt sie auseinander.«

»Nehmen wir die Autostrada?« Mißtrauisch überprüfte Tinchen die Tür.

»Vielleicht sollten wir sie doch lieber festbinden!«

Routiniert fädelte sich Lilo in den sonntäglichen Ausflugsverkehr ein. »Den langweiligen Teil heben wir uns für den Rückweg auf. Jetzt fahren wir die Via Aurelia entlang. Das dauert zwar länger, ist aber landschaftlich viel schöner.«

»Und gefährlicher!« ergänzte Tinchen. Trotzdem genoß sie die Fahrt entlang der Küste, hauptsächlich deshalb, weil sie nicht selbst hinter dem Steuer saß. In stillschweigender Übereinkunft übernahm Lilo die Rolle des Chauffeurs, wenn sie beide zusammen im Wagen saßen, denn Tinchens Fahrkünste hatten ihr nur ein Kopfschütteln entlockt.

»Wenn du so vorsichtig herumgurkst, wirst du zum Verkehrshindernis. Hast du denn die italienische Mentalität noch immer nicht begriffen? Für die bedeutet Rot an der Ampel nicht Stopp, sondern bloß eine Art Hinweis, der nichts anderes heißt als: Es ist Rot, also mach, was du willst. Wenn du durchfahren möchtest, bitte sehr, dann paß wenigstens auf. Willst du lieber anhalten, dann tu es, aber sei in diesem Fall besonders vorsichtig, weil die hinter dir nicht damit rechnen, daß du stoppst und womöglich auf dich draufbrettern. Na ja, und Grün heißt nichts anderes, als daß du jetzt Vorfahrt hast, aber darauf kannst du dich nicht verlassen, denn die Querstraße hat Rot, und du weißt ja, was sich dann tut. Am besten fährst du bis zur Mitte, guckst nach links und rechts, und wenn du niemanden siehst, gib Gas!«

»Und wenn Gelb ist?«

»Gar nicht drum kümmern! Das gelbe Licht wird nur beibehalten, weil die Ampeln alle importiert sind!«

Nach diesem Schnellkurs in italienischer Fahrpraxis hatte Tinchen es vorgezogen, überwiegend zu Fuß zu gehen, obwohl auch das keine hundertprozentige Überlebenschance bot. Die einzig sichere Methode, hierorts eine Straße zu überqueren, ist, eine Kuh mitzunehmen. Dieser relativ seltene Anblick veranlaßt offenbar jeden Autofahrer, abrupt auf die Bremse zu treten. Tinchen hatte das staunend beobachtet.

Anhand ihres Reiseführers kommentierte sie jeden Ort, durch den sie fuhren. »Varazze weist Reste der römischen Stadtmauern auf und die Stiftskirche Sant' Ambrogio. Pegli bietet als Sehenswürdigkeiten die Villa Doria sowie die Parkanlagen von...«

»Hör auf mit dem Quatsch! Du bist jetzt nicht im Dienst! Oder glaubst du, daß ich diesen Quark jedesmal herunterbete? Die meisten hören ja doch nicht zu. Harbrecht hat recht! Einfach warten, bis die Leute fragen, und dann kann ich mir immer noch etwas einfallen lassen. Hinter der nächsten Kurve haben sie sowieso alles wieder vergessen!«

Ein bißchen bezweifelte Tinchen ja doch die Kurzlebigkeit gespeicherter Informationen in teutonischen Gehirnen, aber wenn sie an ihr eigenes dachte, in dem sich nicht einmal drei Telefonnummern speichern ließen, dann könnte Lilo mit ihrer Ansicht vielleicht doch richtig liegen.

»Such lieber mal den Stadtplan von Genua heraus, der muß in der Seitentasche stecken. Wir sind nämlich gleich da.«

Die Häuser wurden zahlreicher, die Autos ebenfalls, und bevor Tinchen die ohnehin nur spärlich vorhandenen Straßennamen auf der Karte gefunden hatte, war Lilo längst wieder irgendwo abgebogen, und die Suche begann von neuem.

»So hat das keinen Zweck! Halt mal da drüben an der Piazza!« Tinchen kurbelte das Fenster herunter und schrie in eine Gruppe feierlich gekleideter Spaziergänger: »In quale direzione si trova il Campo Santo?«

Mehrstimmig tönte es zurück: »Al sinistra la seconda strada traversale!«

»Was ist los?« fragte Lilo verblüfft.

»Ich habe gefragt, wo es zum Friedhof geht, und die haben gesagt, zweite Querstraße links.«

Respektvoll murmelte sie: »Mensch, du kannst ja wirklich Italienisch!« Und nach einem Weilchen: »Was sollen wir denn auf dem Friedhof?«

»Der Campo Santo von Genua ist berühmt und folglich sehenswert.«

»Warum?«

»Keine Ahnung. Laß uns erst mal hinfahren. Vielleicht finden wir es heraus.«

Wenig später kurvte Lilo völlig entnervt zum drittenmal durch dasselbe Gäßchen, das sich von den anderen nur dadurch unterschied, daß es noch ein bißchen schmaler war. »Ich finde hier nicht mehr raus!« jammerte sie. Schließlich öffnete sie das Fenster und fragte einen herumlungernden Müßiggänger: »Ist das hier die zweite Querstraße links?«

»Non capisco!«

»Du mich auch!« knurrte sie und zuckelte weiter.

Mehr dem Zufall als der verzweifelten Suche war es zu verdanken, daß ›Sole mio‹ doch noch vor dem großen Tor des Campo Santo ausrollte und genau neben einem unübersehbaren Schild zum Stehen kam. »Parken nur für Anlieger gestattet!« buchstabierte Tinchen mit Hilfe des Wörterbuchs. »Klingt ein bißchen sehr makaber, nicht wahr?«

Der Friedhof erwies sich als eine Ansammlung monumentaler Scheußlichkeiten in Gips, Stuck und Marmor. »Hier scheinen die himmlischen Heerscharen komplett versammelt zu sein«, sagte Lilo kopfschüttelnd und zeigte auf eine Gruppe riesiger Marmorengel, die am Kopfende eines verwilderten Grabes standen. »Die müssen ja ein Vermögen gekostet haben!«

»Angeblich gibt es Leute, die ihr ganzes Leben lang sparen, um später einen würdigen Grabstein zu bekommen. Da drüben die

Brezelfrau soll es auch so gemacht haben.« Tinchen zeigte auf eine große Bronzefigur, zu deren Füßen ein Korb mit ehernen Brezeln stand. »Sie hat Lira auf Lira gelegt, damit sie nach ihrem Tod genauso ein schönes Denkmal kriegen konnte wie die reichen Leute.«

»Schön blöd! Was hat sie denn jetzt davon?« Lilo betrachtete die Statue und warf einen beziehungsreichen Blick auf die Brezeln.

»Langsam bekomme ich Hunger! Oder müssen wir vorher noch ein paar andere Sehenswürdigkeiten abhaken?«

»Die würden wir ja doch nicht finden. Oder weißt du vielleicht, wo das Geburtshaus von Columbus steht?«

»Ich hatte gar keine Ahnung, daß er hier geboren ist.«

»Ignorantin!« tadelte Tinchen. »Du solltest dich wirklich ein bißchen mehr um italienische Geschichte kümmern und weniger um italienische Männer!«

»Wenn du den von gestern abend meinst, dann irrst du dich. Der war aus Österreich. Und über Columbus haben wir gar nicht gesprochen.«

In der Nähe des Hafens entdeckten sie eine kleine Trattoria, die als Spezialität des Hauses ›Frutti di mare‹ verhieß. Lilo war mißtrauisch. »Wer weiß, was die darunter verstehen. Am Ende setzen sie uns Entengrütze vor, garniert mit Seetang.«

»Blödsinn! Früchte des Meeres sind Fische, Krabben, Muscheln – eben alles, was im Meer lebt.«

»Wächst Seetang vielleicht nicht im Meer?«

Das Innere des Restaurants schien Lilos Befürchtungen zu bestätigen. Zwar waren die Fliegen weniger zahlreich als die Flecken auf den Tischtüchern, aber bekanntlich soll man sich von solchen Äußerlichkeiten nicht abschrecken lassen. Das Etablissement war gut besucht, und daraus folgerte Tinchen, daß zumindest die Küche mehr hielt, als der Speisesaal versprach.

»Bestell du!« forderte Lilo, als sie endlich einen leeren Tisch gefunden hatten, »ich kann das doch nicht übersetzen.«

Tinchen vertiefte sich in die Speisekarte. »Wie mögen hier die Schnecken sein?«

»Die sind als Kellner verkleidet!« klang es entmutigt vom Nebentisch. »Sollten Sie heute noch etwas anderes vorhaben, dann wechseln Sie lieber das Lokal! Ich will auch gerade wieder gehen.«

Ein junger Mann erhob sich und trat zu ihnen. »Das Essen soll gut sein, aber bis ich es ausprobieren kann, bin ich verhungert. Seit einer geschlagenen halben Stunde warte ich, und als ich mich beschweren wollte, wurde dieser cameriere auch noch patzig. Weshalb schimpfen Sie über die schlechte Bedienung, hat er geraunzt, Sie haben doch noch gar keine gehabt!«

Lachend erkundigte sich Tinchen: »Kennen Sie denn hier in der Nähe ein anderes Restaurant?«

»Nö, aber wir werden schon eins finden!«

Gemeinsam verließen sie das Lokal, und wie selbstverständlich hakte sich der junge Mann bei den Mädchen unter, während er munter drauflos schwatzte. »Das nenne ich Glück haben! Um diese Jahreszeit findet man relativ selten Landsleute, und zwei so hübsche schon gar nicht!«

»Sparen Sie sich Ihr Süßholzgeraspel für den Strand auf!« Tinchen schüttelte den Arm ihres Begleiters ab. »Manche Menschen nehmen alles mögliche mit in den Urlaub, nur ihre Manieren nicht!«

»Touché!« parierte er lächelnd. »Holen wir also die Formalitäten nach!«

Er hieß Klaus Brandt, war 32 Jahre alt, stammte aus Hannover und lebte schon seit zwei Monaten bei seiner Tante in Loano, eine Behauptung, die Tinchen sofort anzweifelte. »Früher nannte man diese Damen ›Kusinen‹, heute bezeichnet man sie als Tanten. Warum hat bloß jeder Mann Hemmungen, ›meine Freundin‹ zu sagen?«

»Weil Tante Josi vierundsiebzig und wirklich meine liebe Tante ist!«

»Wir sind auch nicht zum Vergnügen hier!« Lilo hielt es für angebracht, den gutaussehenden jungen Mann dezent darauf hinzuweisen, daß er es hier nicht mit Urlauberinnen zu tun hatte, die nach drei Wochen wieder abreisten.

»Reiseleiterinnen?« fragte er denn auch verdutzt, »die hatte ich mir eigentlich immer als spätes Mittelalter mit Dutt und Brille vorgestellt, vollgestopft mit Geschichtszahlen und einem Grundkurs in Erster Hilfe. Anscheinend habe ich mich geirrt! Übrigens nicht zum erstenmal! Das Dumme an euren Ferienparadiesen ist nämlich die Tatsache, daß man die bildschönen Mädchen aus den Katalogen am Strand meist vergeblich sucht.«

»Demnach ist Ihr Urlaubsideal ein paar sonnige Tage im Schatten einer hübschen Blondine«, konterte Tinchen.

»Sind Sie immer so bissig?«

»Nur, wenn ich Hunger habe!«

»Dann müssen wir schleunigst etwas dagegen tun!«

Bald saßen sie in einem gemütlichen kleinen Restaurant, das sich sowohl durch internationale Küche als auch durch ebensolche Preise auszeichnete. Brandt bestellte für alle Risotto con carciofi. »Früher habe ich mir nie etwas aus Artischocken gemacht, bis ich anfing, in den Blattschuppen Unterröcke zu sehen!«

Während des Essens beteiligte sich Tinchen kaum an der Unterhaltung, gab nur einsilbige Antworten und verwünschte ihr Schicksal, das sie ausgerechnet an eine so blendend aussehende Erscheinung wie Lilo gefesselt hatte. Neben der hatte sie ja nie eine Chance! Dabei gefiel ihr dieser Klaus Brandt wirklich ausnehmend gut. Leider hatte sie auch von Computern nicht die geringste Ahnung, ein Gebiet, auf dem sich Brandt bestens auskannte. Beiläufig hatte er erwähnt, daß er Informatik studiert habe und jetzt über seiner Dissertation brüte.

»Verstehen Sie etwas von Computern?«

»Nein!« erwiderte Tinchen knapp, »aber ich finde sie trotzdem sympathisch. Sie sind wenigstens unbestechlich, und man erreicht gar nichts bei ihnen, wenn man sie mit ›Liebling‹ anredet oder ihnen erzählt, daß man ihre Großeltern gut gekannt hat! – So, und jetzt müssen wir gehen, sonst kommen wir heute bestimmt nicht mehr nach Portofino.«

Brandt erbot sich, seine ›charmanten Begleiterinnen‹ selbst an ihr Ziel zu bringen, denn er habe zweifellos die bessere Ortskenntnis und ohnehin nichts anderes vor.

»Herrlich! Ein Kabrio!« schrie Lilo begeistert, als sie seinen Wagen sah, und beschlagnahmte sofort den Beifahrersitz. »Ich kann den Wind nicht besonders gut vertragen. Dir macht es doch nichts aus, hinten zu sitzen, nicht wahr, Tinchen?«

Die knirschte nur mit den Zähnen. »Und was wird mit dem Fiat?«

»Den lassen wir hier stehen und holen ihn auf dem Rückweg wieder ab«, sagte Brandt, öffnete ihr höflich die Tür und legte ihr eine Decke über die Beine.

»Danke!« Er muß mich für ausgesprochen gebrechlich halten! Ist ja auch kein Wunder, wenn ich immer im Schatten von diesem Glamourgirl stehe! Bloß Fassade mit nichts dahinter! Wütend nahm Tinchen sich vor, Lilo ab sofort ihrem Schicksal zu überlassen. Sollte die sich doch künftig mal selbst mit den Hoteliers auseinandersetzen. Jedesmal, wenn irgend etwas schiefgelaufen war, mußte Tinchen einspringen, weil Lilo ihre mangelnden Sprachkenntnisse vorschob. Dabei war sie nur zu faul, ihre Nase auch mal in ein Lehrbuch zu stecken statt nur ins Campariglas! Und überhaupt wimmelte sie die meiste Arbeit auf Tinchen ab und fuhr lieber mit ›Sole mio‹ durch die Gegend. Gästebetreuung nannte sie das! Was gab es da schon zu betreuen? Die Beschwerden halste sie Tinchen auf, während sie selbst den meist gutaussehenden Männern und notgedrungen auch deren Begleitung die Sehenswürdigkeiten der Umgebung zeigte.

»Du bist doch den Bürokram gewöhnt«, pflegte sie zu sagen. »Ich übernehme lieber den Außendienst. Dazu braucht man Fingerspitzengefühl und Menschenkenntnis! Beides hast du nicht!«

Aber das würde sich jetzt ändern! schwor Tinchen. Sie würde nicht mehr stundenlang in der ›Röhre‹ sitzen und Zimmerreservierungen zählen, während Lilo als Dolmetscherin (haha!) und Sachverständige mit souvenirwütigen Gästen herumzog und sich dabei gründlich übers Ohr hauen ließ!

Von dem Gespräch auf den Vordersitzen bekam sie nichts mit, aber es schien eine recht lustige Unterhaltung zu sein. Lilo kicherte in einer Tour, und Brandt bemühte sich redlich, seine Aufmerksamkeit zwischen der Straße und seiner Nachbarin zu teilen. Tinchen schwante Fürchterliches. »Unfälle entstehen häufig nur deshalb, weil die Leute ihr Auto mit ebensoviel Selbstbewußtsein wie Benzin fahren!« bemerkte sie sarkastisch, als Brandt haarscharf an einem entgegenkommenden Bus vorbeimanövriert war.

»Wollen wir die Plätze tauschen?« fragte er hinterhältig.

Sie gab keine Antwort. Es fehlte gerade noch, daß sie sich mit ihren jämmerlichen Fahrkünsten blamierte. Außerdem war der Lancia fast doppelt so lang wie ›Sole mio‹, und wenn es sich auch nicht gerade um das allerletzte Modell handelte, so war der Wagen sehr gepflegt, und eine Beule hätte sein gediegenes Aussehen doch erheblich beeinträchtigt.

»Ist das eigentlich Ihr Auto?« wollte Lilo wissen.

»Nein, es gehört meiner Tante, aber sie fährt nicht mehr selbst, und deshalb kann ich es benutzen. Auch dann, wenn ich nicht gerade Chauffeur für sie spiele.«

Aha, so war das also! kombinierte Tinchen. Die Tante hatte ihrem Untermieter sogar einen offiziellen Status gegeben. Wie alt mochte sie tatsächlich sein? An die 74 Jahre glaubte sie natürlich nicht, schließlich war man hier ja nicht in Florida, wo sich bekanntlich reiche ältere Damen jugendliche Liebhaber hielten, aber vielleicht um die Vierzig herum? Oder noch älter? Ist auch völlig egal, jedenfalls war dieser Klaus Brandt ein Hallodri, ein Windhund, ein Gigolo, und wenn sie's recht bedachte, auch gar nicht ihr Typ. Sie hatte doch noch nie für blonde Männer geschwärmt.

Das Ortsschild von Rapallo tauchte auf, und wenig später parkte Brandt auf einer großen, von riesigen Blumenrabatten umsäumten Piazza. Ganze Regimenter strammstehender Tulpen leuchteten in allen Farben, während das dahinterliegende Meer schamlos in der Sonne blinzelte. Tinchen war so in diesen Anblick versunken, daß sie Lilos Entsetzensschrei überhörte und erst aufmerksam wurde, als die sie energisch am Arm zog. »Gib mir mal schnell meine Wolljacke her!«

Suchend sah sich Tinchen um. »Hier ist keine! Die wirst du wohl im Fiat gelassen haben.«

»Dann gib mir deine! Ich muß mir irgend etwas über den Po hängen, mir ist eben meine Hose geplatzt!«

»Das schadet dir gar nichts!« Schadenfroh inspizierte sie die aufgerissene Naht, zog ihre Jacke von den Schultern und reichte sie aus dem Wagen. »Weshalb kaufst du dir ewig diese engen Dinger? Für dich scheint es nur drei Größen zu geben: Klein, mittel und nicht bücken!«

»Quatsch! Die müssen in der Reinigung eingegangen sein.« Lilo knotete die Jackenärmel in Taillenhöhe zusammen und drapierte den Rest so geschickt, daß der fragliche Bereich notdürftig bedeckt war. »Was mache ich denn jetzt bloß? Ich kann doch nicht den ganzen Tag mit diesem rosa Fetzen um den Bauch herumlaufen?«

Brandt nahm die Hiobsbotschaft mit einem Melonenscheibengrinsen entgegen und empfahl den Ankauf einer neuen Hose, schließlich sei man in einem Seebad, und da gebe es genügend Geschäfte, die auch sonntags geöffnet hätten. Man müsse nur eins finden.

In einer kleinen Gasse fanden sie eine Art Boutique, in der es neben neckischen Kopfbedeckungen, venezianischen Plastikgondeln und stapelweise Ansichtskarten nahezu alles zu kaufen gab, was ein Touristenherz begehrt. Lilo verschwand hinter der Tür, war aber gleich wieder da.

»Tinchen, wieviel Geld hast du dabei? Meins reicht nicht!«

»Knapp 5000 Lire.« Sie zog ein paar Scheine aus ihrer Handtasche und zählte nach. »Sind bloß 4700, dafür kriegst du nicht mal Bermuda-Shorts!«

»Wenn ich vielleicht aushelfen dürfte...« Brandt zückte schon die Brieftasche.

»Sie dürfen nicht!« bestimmte Tinchen. »Notfalls kann sie sich ja einen Rock kaufen, der ist billiger. Und ihre Beine sehen endlich mal die Sonne!«

Maulend zog Lilo ab.

»Wie ich Ihre Freundin einschätze, wird dieses Unternehmen einige Zeit dauern. Wollen wir so lange in der Cafeteria warten?« Brandt deutete auf eine Gruppe spinnenbeiniger Tische und Stühle, die an der gegenüberliegenden Straßenecke aufgereiht standen. »Mich gelüstet es nach etwas Trinkbarem.«

Tinchen hatte nichts dagegen. Sie wollte der Tante auf den Grund gehen, und jetzt war die Gelegenheit günstig. Allerdings blockte Brandt ihre Fangfragen geschickt ab, versteckte sich hinter nichtssagenden Erklärungen und wurde erst ein bißchen gesprächiger, als Tinchen auf seinen Beruf zu sprechen kam.

»Nach meinem Studium habe ich ein paar Jahre bei IBM gearbeitet, und nun will ich endlich meine Doktorarbeit zu Ende bringen. Tante Josi meinte, in Hannover käme ich ja doch nicht dazu, und deshalb hat sie mich eingeladen, nach Loano zu kommen und das Angenehme mit dem Nützlichen zu verbinden.«

»Also Beruf mit Blondinen? Arbeiten Sie eigentlich am Strand oder unter der Höhensonne?«

»Wieso?«

»Doktoranden pflegen in der Regel eine durchgeistigte Blässe aufzuweisen. Sie unterscheiden sich aber in keiner Weise von den männlichen Strandhyänen.«

»Das ist bestimmt nur äußerlich«, entschuldigte er sich lachend, »und lediglich der Tatsache zu verdanken, daß ich meistens auf der Terrasse sitze. Sie können mich gern einmal besuchen und sich von meinem Arbeitseifer überzeugen.«

»Das werde ich bestimmt nicht tun!« versprach Tinchen. »Zu Tanten habe ich seit jeher ein gestörtes Verhältnis.« Mißtrauisch rührte sie in ihrer Tasse, die ein offenbar kranker Kellner mit vorwurfsvoller Miene vor sie hingestellt hatte. »Warum bekommt man nirgends einen trinkbaren Kaffee? Das Zeug hier schmeckt nach gar nichts!«

»Am Kaffee sollten Sie niemals Kritik üben! Auch Sie werden mal alt und schwach!« Brandt sah auf seine Uhr. »Weshalb könnt ihr Frauen euch eigentlich nie etwas schneller entscheiden? Ich möchte zu gerne wissen, wie viele Feigenblätter Eva anprobiert hat, bis sie sagte: ›Ich nehme dieses!‹«

»Wahrscheinlich hat Adam danebengestanden und auf die Preise geschielt.«

Endlich öffnete sich die Ladentür und entließ eine strahlende Lilo, eingewickelt in kanariengelbe Hosen, die sie bis zur Wade aufgekrempelt hatte. »Die waren zu lang«, behauptete sie. Vorsichtig setzte sie sich. »Aber so geht's doch zur Not, nicht wahr?«

»Bist du da ohne Schuhanzieher überhaupt reingekommen?«

»Natürlich! Bei *meiner* Figur!«

»Können wir jetzt gehen?« Brandt legte einen Geldschein auf den Tisch und stand auf. Langsam schlenderten sie zurück zum Wagen, vorbei an Spitzenklöpplerinnen, die vor ihren Türen saßen und ungeachtet der neugierigen Passanten die hölzernen Klöppel durcheinanderwarfen, vorbei an parkenden Ausflugsbussen, die wie riesige Staubsauger Touristen in sich hineinsaugten, vorbei an dem bunten Gewimmel herumschlendernder Spaziergänger und gestikulierender Straßenhändler. Tinchen hätte noch stundenlang so weiterbummeln können, aber Lilo klagte über schmerzende Füße – kein Wunder, bei diesem Nichts von Riemchen und Absatz, dachte Tinchen erbittert – und steuerte auf kürzestem Weg den Parkplatz an.

Brandt öffnete Lilo zuvorkommend die Wagentür, und zwar die hintere, wie Tinchen belustigt feststellte. Dann setzte er sich auf den Beifahrersitz, streckte die Beine von sich und reichte Tinchen den Schlüssel. »Links ist die Kupplung, in der Mitte die Bremse, und das lange Pedal rechts ist fürs Gas. Fahren Sie vorläufig immer geradeaus, ich sage Ihnen früh genug, wo Sie abbiegen müssen!«

Noch Tage später dachte Tinchen mit Schrecken an diese Fahrt zurück, obwohl sie das Auto überhaupt nicht beschädigt und sich auch nur zweimal verfahren hatte. Was konnte sie denn dafür, daß der Wegweiser von einer riesigen Reklametafel verdeckt gewesen war? Brandt hätte ja auch aufpassen können, statt pausenlos mit Lilo zu flirten! Natürlich war es für ihn unangenehm gewesen, mit nassen Hosenbeinen im Bach zu stehen und den Wagen aus dem glitschigen Schlamm schieben zu müssen, aber es war ja nichts Ernsthaftes passiert. Und welcher einigermaßen mitdenkende Mensch legte seine Jacke so dicht ans Ufer, daß sie schon von einer kleinen Welle weggespült wird? Die Tante konnte ihm ja eine neue kaufen!

Zugegeben, nach Portofino waren sie nicht mehr gekommen, aber sie hatten es aus der Ferne bewundert. Hübsch hatte es ausgesehen mit den an die Berge geklebten Lichtern, die im Wasser widerspiegelten, und deren Schein sich mit den bunten Lampen des Jachthafens vermischte. Zwischen dahinjagenden Wolken hatten Sterne bläuliche Morsezeichen geblinkt, und die von der leichten Brandung genoppte Felsenküste hatte in der Dunkelheit sogar ein bißchen bedrohlich gewirkt.

»Am Tage sieht es richtig malerisch aus«, hatte Brandt behauptet, und Tinchen hatte das ohne weiteres geglaubt. Irgendwann würde sie bestimmt noch mal nach Portofino kommen. Heute hätte die ganze romantische Kulisse sowieso nichts genützt. Bei dreien ist eben immer einer zuviel!

8

»Einzelzimmer mit Bad, Einzelzimmer mit Bad, Balkon und Seeblick, Einzelzimmer mit Bad... wo um Himmels willen soll ich die denn bloß alle herkriegen?« Ratlos blickte Tinchen auf den großen Papierstapel zu ihrer Linken, während rechts neben ihr lediglich ein kleines Häufchen lag, das sie nun schon zum drittenmal durchzählte. »Nur sieben Doppelzimmer, dafür dreiundzwanzig Einzelzimmer, zwei Drittel davon mit Blick aufs Meer! Sind die in Frankfurt wahnsinnig geworden? Die kennen unser Bettenkontingent doch bis zur letzten Badewanne und sollten langsam wissen, daß sie nicht mehr Einzelzimmer verkaufen können als tatsächlich vorhanden sind. Was soll ich denn jetzt machen?«

»Laß deinen Charme spielen!« empfahl Lilo. »Dieser Signor Sowieso vom Hotel Garibaldi hat's doch schon lange auf dich abgesehen! Wenn du ihm ein bißchen um den Bart gehst, tritt er dir vielleicht noch zwei Einzelzimmer ab.«

»Denkste! Der zeigt mir höchstens ein Doppelzimmer und erwartet, daß ich es zusammen mit ihm benutze. So weit geht mein Engagement für unsere Gäste nun doch nicht!«

»Die Zeiten haben sich geändert! Als ich mit meinem damaligen Verlobten in so einem friesischen Kaff ein Doppelzimmer haben wollte, kriegten wir keins, weil wir nicht verheiratet waren. Jetzt bietet man den Pärchen welche an, und sie wollen sie nicht! Verstehst du das?«

»Nein! Ich hab' hier sogar ein Ehepaar, das getrennte Zimmer wünscht!« Tinchen wühlte in den Papieren »Hier. Wolfgang Schmitz, neunundzwanzig, wohnhaft in Köln-Ehrenfeld, und Undine Schmitz, ebenfalls Köln-Ehrenfeld. Beide haben je ein Einzelzimmer im Paradiso gebucht.«

»Heißt die wirklich Undine?«

»Vielleicht ist ihr Vater Opernsänger und ihre Mutter ein Goldfisch, aber das interessiert mich herzlich wenig. Viel schlimmer ist ihr Drang zur Einsamkeit!« Sie krauste die Stirn und nuckelte grübelnd am Kugelschreiber. »Ob ich die beiden einfach in ein Doppelzimmer stecke? Kann ja sein, daß sie sich verkracht haben, also muß man ihnen die Möglichkeit geben, sich wieder zu versöhnen.«

»Und wenn der Mann bloß schnarcht?«

»Daran wird sie sich im Laufe der Ehe gewöhnt haben!« Entschlossen packte Tinchen die Anmeldungen auf die rechte Seite. »Die kommen in *ein* Zimmer, ob es ihnen nun paßt oder nicht! Trotzdem fehlen mir immer noch neun Einzelzimmer. Ich muß mich also wieder auf den wöchentlichen Rundgang machen und zusehen, wie viele Doppelzimmer ich diesen Hyänen als Einzelzimmer aus dem Kreuz leiern kann. Dabei würden die Hoteliers aus lauter Raffgier am liebsten in jede Besenkammer noch ein Bett schieben und vermieten.«

»Viel Spaß!« wünschte Lilo schadenfroh.

Das anfangs gute Verhältnis zwischen den beiden hatte sich seit jener Fahrt nach Portofino merklich abgekühlt. Ihre Drohung hatte Tinchen wahrgemacht und sich strikt geweigert, ihrer Kollegin auch weiterhin einen Teil der Arbeit abzunehmen. »Inzwischen hast du genügend Zeit gehabt, dich in den ganzen Kram reinzufinden, also kümmere dich gefälligst selbst um alles. Ich bin nicht dein BEN!«

»Mein was?«

»Dein Betriebs-Eigener-Nigger!«

Lilo hatte mit beleidigtem Achselzucken reagiert, und ein paar Tage lang hatten sich die beiden mit giftigen Blicken angeschwiegen, aber auf die Dauer hatten sich ihre pantomimischen Fähigkeiten erschöpft, und sie waren zu einem normalen Umgangston zurückgekehrt.

»Hast du heute abend etwas Besonderes vor?«

»Nein, wieso?«

»Dann besteht ja wohl Hoffnung, daß du mal pünktlich im Büro sein kannst! Ich bin es leid, ständig Stallwache zu schieben, während du noch im Bett liegst. Schade, daß der Kater immer erst dann kommt, wenn der Rausch längst verflogen ist, nicht wahr?«

Sie knallte die Tür hinter sich zu und bemerkte erst draußen, daß sie die Autoschlüssel auf dem Schreibtisch liegengelassen hatte. Noch mal zurück? Nein, auf keinen Fall! Nach diesem eindrucksvollen Abgang konnte sie unmöglich umkehren. Damit hätte sie die ganze Wirkung verdorben! Andererseits bedeutete ihr Entschluß mindestens vier Kilometer Fußmarsch quer durch Verenzi, und das auf hohen Absätzen! Warum mußten die einzelnen Vertragshotels auch alle so weit auseinanderliegen?

Nach dem fünften vergeblichen Bittgang – »Mi dispiace tanto, Signorina, aber wir haben keine zusätzlichen Einzelzimmer mehr frei!« – resignierte Tinchen. Sie brauchte jetzt entweder eine Pause oder andere Schuhe. Die Cafeteria ist billiger, entschied sie, suchte sich eine leere Hollywoodschaukel vor einem der zahlreichen Promenadencafés, bestellte einen doppelten Espresso und streifte erleichtert ihre Sandaletten ab. Die Dinger waren sowieso zu eng, aber sie hatten Tinchen so gut gefallen, und eine Nummer größer waren sie nicht mehr am Lager gewesen. Ich bin eben noch nicht alt genug, um mehr auf die Paßform von Schuhen zu achten als auf ihre Eleganz, dachte sie und rieb die schmerzenden Füße. Und wenn ich nicht die blöden Schlüssel vergessen hätte...

»Ich habe mir entschieden den falschen Beruf ausgesucht«, klang eine fröhliche Stimme neben ihr. »Reiseleiter hätte ich werden sollen! Welcher andere Arbeitnehmer kann es sich schon leisten, am hellen Vormittag tatenlos in der Sonne zu sitzen?«

Empört sah Tinchen hoch. Was bildete sich dieser Klaus Brandt eigentlich ein? Ausgerechnet der hatte nun wirklich keinen Grund, sich über sie lustig zu machen. Tut gar nichts, wird von einer Pseudo-Tante ausgehalten und spielt in seiner Freizeit den Papagallo! Was kann man von so einem schon erwarten? Wenn er jedem hübschen Mädchen nachstarrt, liegt es bloß daran, daß sein Auge besser entwickelt ist als sein Verstand. Zweimal hatte er schon mit Lilo telefoniert, und wer weiß, wie oft er sie angerufen hatte, wenn sie, Tinchen, nicht im Büro gewesen war? Soll er sich doch weiterhin mit dem Blondchen die Zeit vertreiben!

»Schweigen Sie immer in Fortsetzungen?«

»Sollte ich Selbstgespräche führen?«

»Wie wäre es, wenn Sie sich mit mir unterhielten?« Ungeniert setzte er sich in die Schaukel und strahlte Tinchen an. »Ich bin sehr vielseitig interessiert, müssen Sie wissen! Wir können übers Wetter reden, über Kaninchenzucht oder gemeinsam überlegen, wie wir den heutigen Abend verbringen werden.«

»Im Bett!« sagte Tinchen sofort. Erst als sie Brandts ironisches Lächeln sah, verbesserte sie sich hastig: »Ich meine natürlich, daß ich früh schlafen gehen werde.«

»Sehr vernünftig«, lobte er. »Leider bin ich nicht solch ein Arbeitstier wie Sie, das um acht Uhr vor Erschöpfung in die Federn fällt. Als anpassungsfähiger Mensch habe ich mich sehr schnell an die südländischen Sitten gewöhnt. Oder sollte Ihnen entgangen sein, daß man hier erst am Abend anfängt zu leben?«

»Wie schön für Sie! Dann brauchen Sie ja Ihre Tante nicht zu fürchten. Oder ist sie trotz ihres fortgeschrittenen Alters noch sehr vergnügungssüchtig?«

Der belustigte Blick, mit dem Brandt sie musterte, entging Tinchen. Sie kramte in ihrer Handtasche nach Kleingeld. Als sie wieder aufsah, hatte er schon eine gleichgültige Miene aufgesetzt.

»Tante Josephine geht nicht mehr so häufig aus, zwei- oder dreimal die Woche. Montags allerdings nie, da spielt sie Bridge. Deshalb habe ich heute ja auch meinen freien Tag! Also, wie ist es nun mit uns beiden? Gehen wir nachher ein bißchen bummeln?«

Ihre schlanke Gestalt erstarrte zu einem mißbilligenden Fragezeichen. »Wir?«

»Wenn Sie natürlich zu müde sind, können wir es auf ein anderes Mal verschieben. Vielleicht hat Ihre Freundin Lust? Wissen Sie, wo ich sie erreichen kann? Am Telefon meldet sie sich nämlich nicht.«

»Wahrscheinlich in irgendeiner Hotelbar!« sagte Tinchen patzig. »Sie wird von Ihrem Vorschlag sicher begeistert sein! – Cameriere, il conto per favore!«

»Wenn man lediglich einen Kaffee getrunken hat, sagt man besser: Quanto ho da pagare? Eine Rechnung verlangt man nur im Restaurant!« korrigierte Brandt.

»Ich verzichte auf Ihre Belehrung!« Wütend knallte Tinchen ein 500-Lire-Stück auf den Tisch und rannte los.

»Wollen Sie Ihre Schuhe nicht mitnehmen?«

Sie drehte sich wieder um, riß dem spöttisch grinsenden Brandt die Sandaletten aus der Hand und nickte hoheitsvoll. »Danke. Ich wünsche Ihnen viel Vergnügen heute abend. Und empfehlen Sie mich Ihrer Frau Tante!«

Wie sie in ihr Hotelzimmer gekommen war, konnte sie später nicht mehr sagen. Sie wußte nur noch, daß sie blindlings drauflosgestapft war, nicht auf den Weg geachtet hatte und prompt mit dem Absatz in einem Gully hängengeblieben war. Jetzt waren die teuren Schuhe hinüber, außerdem tat ihr Knöchel weh, und die helle Hose war nach dem Sturz auch reif für die Reinigung. Alles bloß wegen dieses eingebildeten, arroganten Gigolos, der doch tatsächlich glaubte, daß jede Frau auf ihn fliegt! Sie aber nicht! Sie hatte ja schon immer gewußt, daß richtig unangenehm nur die

Halbstarken zwischen Dreißig und Vierzig sind! Sollte er doch mit Lilo herumziehen! Die paßte großartig zu ihm! Bei der war der geistige Horizont auch bloß der Abstand zwischen Gehirn und Brett!

Tinchen suchte ein Taschentuch. Warum heulte sie überhaupt? Na ja, der Knöchel tat wirklich scheußlich weh. Ob sie es mal mit einem kalten Umschlag versuchte? Schniefend humpelte sie ins Bad. Während sie das nasse Handtuch um ihren Fuß klatschte, entdeckte sie den Brief. Schon hundertmal hatte sie Franca gesagt, daß sie die Post unten im Schlüsselfach liegenlassen sollte.

Warum mußte Mutsch bloß jeden Briefumschlag zusätzlich mit Tesafilm verkleben? Hatte sie Angst, die italienischen Postbeamten würden ihre seitenlangen Episteln mitlesen? Tinchen kramte nach der Schere, fand sie nicht und versuchte, das Kuvert mit dem Finger aufzuschlitzen. »Autsch!« So, jetzt war wenigstens der Nagel auch hin! Heute ging wirklich alles schief!

Sie ließ sich auf das Bett fallen und begann, Antonie Pabsts gestochen scharfe Sütterlinschrift zu entziffern:

10. Mai 1976

Mein liebes Tinchen,
nun bist Du schon über sechs Wochen weg und hast Dich erst zweimal gemeldet. Natürlich begreife ich, daß Du viel zu tun hast, das sage ich auch immer zu Oma, die ebenfalls auf Post von Dir wartet, aber ein bißchen Zeit solltest Du doch für Deine Lieben daheim erübrigen können.

Wie schön, daß Du Dich mit Deiner Kollegin so gut verstehst,

(meinen Brief nach Hause muß ich wirklich schon vor einer ganzen Weile geschrieben haben, dachte Tinchen)

denn auch schwierigste Aufgaben lassen sich leichter bewältigen, wenn man sich aufeinander verlassen kann.

(Haha, lachte Tinchen erbittert, wer verläßt sich denn hier auf wen?)

Bei Euch wird es sicher schon viel wärmer sein als hier, wo es überhaupt nicht Frühling werden will. Die Tulpen im Garten fangen gerade erst an zu blühen, und das Mandelbäumchen will auch nicht so richtig kommen. Gestern habe ich Petersilie gesät und die Salatpflanzen in die Erde gebracht. Hoffentlich gibt es keinen Nachtfrost mehr.

Ziehst Du Dich auch immer schön warm an? Frau Beinholz von vis-à-

vis, die über Ostern in Spanien gewesen ist, hat mir erzählt, daß es nur in der Sonne richtig warm ist, während man im Schatten leicht zu frösteln anfängt. Ich schicke Dir mit gleicher Post ein paar Mako-Schlüpfer. Du hast bestimmt keine mitgenommen, und da unten im Süden wirst Du wohl keine bekommen. Du weißt ja, wie lange Du vor drei Jahren mit Deiner Nierenbeckenentzündung herumgedoktert hast!

Oma läßt schön grüßen. Sie hat bei einem ihrer Canasta-Abende den Bruder von Frau Sanitätsrat Kreipel kennengelernt – das ist die mit dem Pekinesen –, und vorigen Donnerstag waren sie zusammen in der Oper. Am Wochenende wollen sie gemeinsam eine Dampferfahrt auf dem Rhein machen. Ich weiß nicht, ob man da einfach tatenlos zusehen kann. Wir kennen diesen Menschen doch gar nicht! Vielleicht ist er ein Heiratsschwindler? Man liest jetzt so viel darüber. Papa lacht nur und meint, ich soll Oma doch ruhig das bißchen Abwechslung gönnen. Das Krampfadern-Geschwader, mit dem sie sonst ihre Freizeit verbringt, sei ohnehin schon restlos verkalkt. (Er hat wirklich ›Krampfadern-Geschwader‹ gesagt, dabei können sich die Damen durchaus noch sehen lassen.)

Vielen Dank für die beiden Fotos. Auf dem einen bist Du ja recht gut getroffen, aber das andere gefällt mir ganz und gar nicht! Findest du nicht auch, daß der Mann neben Dir ein bißchen zu alt für Dich ist? Außerdem sieht er sehr bohemienhaft aus, irgendwie unsolide und gar nicht nach einer akzeptablen Herkunft. Bestimmt verdient er auch nicht viel. Frau Freitag hat nämlich die Karten für Dich gelegt und prophezeit, daß Du dort unten Dein Glück machen wirst. Der Herzbube hat direkt neben Dir gelegen, auch die Geldkarte. Aber darauf solltest Du nicht so sehr achten, ein ordentlicher Charakter und eine solide Grundlage reichen aus. Auf dieser Basis läßt sich viel aufbauen!

Tinchen kugelte sich vor Lachen. Das war mal wieder typisch Mutsch! Da hatte Luigi seine neue Sofortbildkamera ausprobiert, ein paar Schnappschüsse gemacht, und gleich zog Mutti feinsinnige Schlüsse! Nein, solide sah Fritz Schumann auf dem Foto wirklich nicht aus, aber er hatte gerade eigenhändig ein Spalier an die Hauswand genagelt und nur höchst widerwillig als Modell posiert. Sein Overall war drei Nummern zu groß, und ein Hemd hatte er auch nicht angehabt. Tinchen konnte also Frau Antonies Entsetzen nachfühlen. Der Jammer war nur, daß sie in jedem männlichen Wesen einen potentiellen Schwiegersohn sah.

Amüsiert las Tinchen weiter:

Da fällt mir noch etwas ein: In der vorigen Woche hat der nette Herr Bender bei Papa im Geschäft angerufen. Er wollte Deine Adresse haben, aber Papa wußte sie natürlich nicht. Jetzt habe ich sie ihm mitgegeben für den Fall, daß sich Herr B. noch einmal meldet. Du könntest ihm ruhig einen kurzen Gruß schicken, damit vergibst Du Dir nichts.

So, mein liebes Kind, für heute lassen wir es gut sein. Wenn ich gleich die Schlüpfer zur Post bringe, nehme ich diesen Brief hier mit.

Er wird bestimmt eher da sein als das Päckchen.

Viele herzliche Grüße, auch von Papa und Karsten,

Deine Mutti Antonie Pabst

Ihr Bruder hatte selbst noch ein paar Zeilen daruntergekritzelt:

Liebe Tine,
ich hätte Dich doch lieber zum Bahnhof bringen sollen! Die Mathe-Arbeit habe ich restlos in den Sand gesetzt, und von der verhauenen Latein-Klausur ahnt Paps noch gar nichts. Du fehlst mir sehr, weil Du seine Unterschrift viel besser nachmachen kannst als ich.

Die Fotos sind prima. Der Waldschrat neben Dir sieht aus wie Bud Spencer, und das andere Bild, auf dem Du so elegisch in die räudige Palme stierst, benutze ich immer zum Eierabschrecken!

Gruß, Karsten

Sieh mal an, dachte Tinchen, während sie den Brief zusammenfaltete und in das Kuvert steckte, der Florian erinnert sich also doch noch an mich! Ich werde ihm nachher eine Karte schicken, eine ganz große mit viel Meer und Palmen drauf. Den Absender werde ich natürlich vergessen. Wenn er mir antworten will, dann weiß er ja, wo er meine Adresse erfahren kann. Man soll es den Männern nicht zu leicht machen!

Natürlich war Lilo am nächsten Tag doch wieder nicht pünktlich im Büro, und natürlich war gerade der erste Besucher ein Gast aus San Giorgio, der sich über das Essen beschwerte.

»Jeden Tag Nudeln vorweg, Pastaschuta heißt das Zeug, danach...«

»Sie brauchen die Vorspeise ja nicht zu nehmen«, unterbrach ihn Tinchen.

»Wovon soll ich denn sonst satt werden?«

»Vom Hauptgericht!«

»Da kann ich ja nur lachen!« Sein Bauch zitterte mit dem empörten Mann um die Wette. »Ein mageres Schnitzel, nicht mal paniert, keine Kartoffeln und Gemüse nach Wahl. Als ich den Kellner fragte, was denn zur Wahl stehe, sagte er Blumenkohl. Was anderes sei nicht da. Da hab' ich ihn gefragt, wieso ich denn die Wahl hätte, und da sagte er, ich könnte wählen, ob ich den Blumenkohl will oder nicht. Das ist doch eine glatte Unverschämtheit! Ich bin zum erstenmal im Ausland, weil ich mal was anderes sehen wollte, man kann im Verein ja schon gar nicht mehr mitreden, wenn man immer nur in Deutschland Urlaub macht, unser Kassenwart war sogar schon in Kanada, aber das nächstemal fahre ich wieder in den Bayerischen Wald! Da gibt es ein anständiges Kotelett, richtiges Bier und nicht so eine abgestandene Plärre wie hier, und die Betten sind auch besser. Kann man denn nicht ein richtiges Federbett kriegen statt dieser Decken? Bezüge kennen die hier ja auch nicht! Entweder rutscht die Decke runter, dann wacht man nachts auf, weil man unter dem dünnen Laken friert, oder man strampelt sich den Lappen ab, und dann kratzt die Decke. So was bin ich nicht gewöhnt! Können Sie da nicht mal Abhilfe schaffen, Fräulein?«

Mühsam verbiß sich Tinchen das Lachen. »Erstens betreut meine Kollegin die Gäste in San Giorgio, aber die ist im Augenblick nicht hier, und zweitens sind Sie doch ins Ausland gefahren, um Dinge zu sehen, die anders sind als bei Ihnen daheim. Weshalb beklagen Sie sich dann, wenn es hier nicht genauso ist wie zu Hause?«

»Weil ich dafür bezahle, daß ich mich erhole. Aber wenn ich mich den ganzen Tag ärgern muß, erhole ich mich ja nicht.«

»Das ist ein Argument!« Tinchen notierte Namen und Hotel des ungehaltenen Gastes, versprach Abhilfe (Wie denn?) und komplimentierte ihren Besucher zur Tür hinaus.

Solche notorischen Meckerer erbitterten sie immer wieder. Das Essen taugt nichts, weil es keine Salzkartoffeln und keinen Sauerbraten gibt, auch keine Konditorei mit Schwarzwälder Kirschtorte und Mohrenköpfen! Das Bier schmeckt nicht, das Brot ist zu hell und der Kaffee zu dunkel! Sollen sie doch allesamt zu Hause bleiben, sich mit Eisbein vollstopfen und denen die Einzelzimmer überlassen, die weniger Wert aufs Essen legen und mehr an anderen Dingen interessiert sind! Frisches Weißbrot, ein Stück Gorgonzola und ein Glas Landwein ersetzen jede Mahlzeit. Aber dazu muß man wohl verliebt sein! Sehnsüchtig dachte sie an den Urlaub vor zwei Jahren. Mark hatte er geheißen, der braungebrannte Soziologe aus Bremen, den sie am Strand kennengelernt hatte. Vier Tage lang waren sie gemeinsam herumgezogen, dann hatte er abreisen müssen. Viel zuwenig, um sich näherzukommen. Seine Adresse hatte Tinchen verbummelt, und er hatte sich nie wieder gemeldet. Eigentlich schade, es hätte sich ja etwas mehr daraus entwickeln können...

Um die Mittagszeit erschien Lilo. »Entschuldige, Tinchen, aber mein Wecker hat nicht geklingelt. Ich hatte gestern abend Kopfschmerzen und habe eine Schlaftablette genommen. Wahrscheinlich war sie zu stark, jedenfalls bin ich erst vor einer halben Stunde aufgewacht.«

»Allein?«

»Dumme Frage, selbstverständlich allein!«

»Erstens ist das nicht selbstverständlich, und zweitens bist du im Kielwasser von Klaus Brandt durch alle einschlägigen Vergnügungsschuppen gezogen!«

Tinchen hatte diesen Pfeil aufs Geratewohl abgeschossen, aber er traf!

»Ich wußte nicht, daß du mir nachspionierst!«

»Als ob ich nichts Besseres zu tun hätte! Aber der Brandt hat dich ja erst aufgelesen, nachdem ich ihm einen Korb gegeben hatte. Für so einen Hallodrio bin ich mir zu schade!«

»Ich weiß gar nicht, was du gegen ihn hast.« Lilo trat vor den kleinen Spiegel und überprüfte ihr makelloses Make-up.

»Hat er dich schon mit seiner Tante bekannt gemacht?«

»Nein, zum Glück nicht. Alten Damen gegenüber habe ich immer Hemmungen.«

»Keine Angst, du wirst sie auch nicht kennenlernen. Die alte Dame dürfte vermutlich ein bißchen zu jung für ihren angeblichen Status sein.«

»Ich glaube, du bist ganz einfach eifersüchtig! Dir gefällt er nämlich auch!« trumpfte Lilo auf.

»Phhh!« machte Tinchen und wurde rot.

»Übrigens waren wir gar nicht zum Tanzen, sondern im Kino.«

»Ach nee! Zeigen die hier denn noch Stummfilme?«

»Du brauchst gar nicht ironisch zu werden! Verstanden habe ich natürlich kaum ein Wort, aber gesehen habe ich leider auch nichts. Im Kino brauche ich eine Brille, und die habe ich nicht über die künstlichen Wimpern gekriegt.«

Schallendes Gelächter kam aus Tinchens Ecke. »Was ich an dir rückhaltlos bewundere, ist deine Ehrlichkeit. Wieso habe ich dich noch nie mit Brille gesehen?«

»Wenn man die Dreißig überschritten hat, verlangt die Selbstachtung den Verzicht auf eine solche! Aber den Zettel hier kann ich noch entziffern. Wer ist Herr Plümmlich, und was will er?«

»Das übliche! Meckert über das Essen, braucht aber Hosenträger, weil kein Gürtel um seinen Bauch paßt. Als er sich endlich aus dem Stahlrohrsessel befreit hatte, mußte ich hinterher die Lehnen geradebiegen.«

Lilo betrachtete das lädierte Möbelstück. »Jetzt sieht er aus wie ein Produkt der modern art.« Sie kam zurück und setzte sich auf Tinchens Schreibtisch. »Aber nun mal was anderes: Hast du die fehlenden Zimmer noch bekommen?«

»Den halben Vormittag habe ich herumtelefoniert, aber es sind immer noch zwei zu wenig.«

»Im Mirabell hätte ich noch zwei. Vielleicht sind deine Gäste bereit, statt nach Verenzi lieber nach San Giorgio zu gehen?«

»Was heißt da vielleicht?« atmete Tinchen auf, »die müssen! Entweder Einzelzimmer in San Giorgio oder halbes Doppelzimmer hier. Kann ja auch sein, daß wir wieder mal Glück haben und ein Paar dabei ist, das sich schon während der Reise entschlossen hat, den Urlaub gemeinsam zu verbringen. So eine Nachtfahrt scheint den Drang zur Zweisamkeit erfreulicherweise zu fördern.«

»Ist mir unbegreiflich. Nach diesen Ölsardinenbüchsen, die sich Liegewagen nennen, müßte *ich* Bewegungsfreiheit haben. Einen möglichen Zimmergenossen würde ich vermutlich bei der ersten Gelegenheit erdrosseln.«

Tinchen staunte. »Hast du den Brandt etwa umgebracht?«

»Fängst du schon wieder an?«

»Nein, aber das wäre eine Erklärung für dein Zuspätkommen. Eine Leiche im Zimmer ist auf die Dauer reichlich unbequem. Wohin hast du sie denn gebracht?«

»Ich lache nachher darüber, ja? Jetzt gehe ich erst mal einen Kaffee trinken.« Lilo fuhr sich mit der Puderquaste übers Gesicht, schüttelte die blonde Mähne in Form und stöckelte zur Tür. »Kommst du mit?« Sie sah auf ihre Uhr. »Den Laden können wir ruhig dichtmachen, jetzt sitzen alle vor der Futterkrippe.«

Tinchen raffte ebenfalls ihre Utensilien zusammen. »Keine Zeit, ich will mir bei Lorenzo noch schnell die Bluse holen, die ich mir habe zurücklegen lassen. Gestern hatte ich nicht genug Geld dabei.«

»Wie du willst! Sehen wir uns heute noch?«

»Ich glaube nicht«, sagte Tinchen schnell, »heute bin ich verabredet.«

»Also deshalb der neue Fummel! Mein geschiedener Mann ist Werbefachmann. Er sagte auch immer, daß die Verpackung wichtiger sei als der Inhalt! Tschüs!« Weg war sie.

Vor Zorn hätte Tinchen heulen mögen! Immer war ihr Lilo einen Schritt voraus! Immer hatte sie eine bissige Bemerkung parat, während ihr, Tinchen, im passenden Augenblick nie etwas Gescheites einfiel. Mit einer treffenden Antwort ist es eben wie mit einer Fliegenklatsche. Wenn man sie endlich hat, ist der richtige Moment schon weg! Außerdem stimmte ja gar nicht, was sie Lilo erzählt hatte. Natürlich hatte sie keine Verabredung – mit wem wohl? –, aber sie wollte nicht zugeben, daß sie jeden Abend in ihrem Hotelzimmer saß, Kreuzworträtsel löste oder Strumpfhosen wusch und bestenfalls in der Küche mit Fritz Schumann klönte.

Sie schloß die Tür ab und machte sich auf den Weg zu Lorenzo. Dessen Boutique lag in einem schmalen Seitengäßchen und war nur Eingeweihten bekannt. Touristen verirrten sich selten in diesen abgeschiedenen Winkel, weil es hier nichts zu fotografieren gab. Aber heute hatten doch zwei Urlauber von dem Lädchen Besitz ergriffen. Ein beleibter Mann wühlte in einem Stapel fantasievoll gemusterter Hemden, während seine nicht minder beleibte Frau Hosen probierte.

»Haben Sie die hier nicht eine Nummer größer – äh, una numero molto grande?«

Hilflos zuckte die Verkäuferin mit den Schultern. »Non capisco niente, nix spreken deutsch. Do you speak English?«

»Will *ich* was verkaufen oder Sie?« moserte die Dame im geblümten Strandanzug. »Ich dachte, hier sprechen inzwischen alle Deutsch.«

Höflich fragte Tinchen: »Kann ich Ihnen helfen?«

»Ach, Fräulein, Sie schickt der Himmel! Können Sie Italienisch?«

Sie nickte selbstbewußt.

»Sind Sie von Neckermann?«

»Nein, ich bin Reiseleiterin bei Schmetterlings-Reisen.«

»Siehste, Paul, ich hab' ja gleich gesagt, wir sollten ruhig mal mit einer anderen Firma fahren!«

»Was hat denn das mit deiner Hose zu tun?« knurrte der so Angesprochene und hielt sich ein mit Palmen bemaltes Hemd vor seine Brust. »Steht mir das?«

»Dafür bist du zwanzig Jahre zu alt!« stellte seine Gattin gnadenlos fest. »Dieses nette Fräulein wird mir sicher helfen, das Richtige zu finden.«

»Wird auch langsam Zeit! Ich verstehe nicht, Trudi, daß ihr Frauen heute genauso lange zum Anziehen braucht wie früher, als ihr wirklich noch was anhattet!«

Inzwischen hatte Tinchen der hilflosen Verkäuferin ein paar Anweisungen gegeben, und nun verschwand sie mit ihrer geblümten Kundin sowie einem Stapel Hosen in der Kabine.

Nunmehr versuchte sich Paul in Konversation: »Machen Sie diesen Job schon lange?«

»Wie man's nimmt«, entgegnete Tinchen vage. Auf keinen Fall wollte sie ihre Kompetenz in Frage gestellt sehen, andererseits fühlte sie sich noch nicht sattelfest genug, um sich auf längere Diskussionen über den Beruf eines Reiseleiters einzulassen. Angestrengt suchte sie nach einem unverfänglicheren Gesprächsthema. »Wie gefällt es Ihnen denn in Verenzi?«

»Och, soweit ganz gut«, meinte Paul, »is' bloß zuviel Wasser da und zuwenig Gegend. Letztes Jahr waren wir in Venedig. War sehr schön, bloß von den Gondolieri war ich enttäuscht. Bei denen is' endgültig der Gesang ausgestorben. Jeder hatte ein Transistorradio dabei. Aber wir haben viel gesehen. Sogar in Florenz waren wir, weil man ja auch mal was für die Bildung tun muß. Hier gibt's wohl nichts zum Besichtigen? Ich muß noch was für meinen Dia-Abend zu Hause haben. Wenn da nicht ein paar Bilder mit Kultur darunter sind, hält man uns ja für richtige Banausen!«

Tinchen überlegte. »Waren Sie schon im Karmeliter-Kloster? Das liegt bei Loano. Auch die Grotte von Toirano ist sehenswert.«

»Nee, Fräulein, Tropfsteinfotos habe ich schon. Mit dem Kegelklub waren wir dieses Jahr auf der Schwäbischen Alb in der Bärenhöhle. Is' aber nicht viel bei rausgekommen, weil es zum Fotografieren zu dunkel war.«

»Paul, zieh mir mal den Reißverschluß zu, ich komm' hinten so schlecht ran!« Die Kabinentür hatte sich geöffnet, und Tinchen fielen fast die Augen aus dem Kopf. Ungefähr 170 Lebendgewicht steckten in hautengen Slacks, die mindestens zwei Nummern zu klein waren.

»Die Konfektionsgrößen sind auch nicht mehr das, was sie mal waren«, behauptete Trudi und betrachtete zweifelnd ihr Spiegelbild, »vierundvierzig hat mir immer gepaßt!«

Taktvoll bemerkte Tinchen: »Die italienischen Maße stimmen mit den deutschen nicht überein. Hier muß man immer zwei Nummern größer nehmen.«

»Dann bin ich ja beruhigt«, strahlte Trudi.

Ihr Mann sah die Sache anders. »Zieh diese albernen Dinger aus! Capri-Hosen sind nichts für dich, Trudi. Capri ist eine Insel, kein Erdteil!«

»Scusi, Signora, aber Sie müssen wählen andere Farbe! Diese Rot paßt nicht zu Ihre schöne blonde Haar!« Lorenzo war mit Tinchens Bluse aus einem der hinteren Räume gekommen und überblickte sofort die Situation. Er griff zu einer dunkelblauen Popelinehose, die abseits auf einem Bügel vor sich hinstaubte und ganz offensichtlich ein Ladenhüter war. »Probieren diese, Signora! Werden sehen, sitzt exzellent!«

Das tat sie nun ganz und gar nicht, aber Trudi verließ sich mehr auf Lorenzos Urteil als auf den Spiegel, und als Lorenzo nach längerem Feilschen einen Preisnachlaß gewährte, war auch der Dicke ausgesöhnt. Schließlich schied man in der gegenseitigen Überzeugung, ein gutes Geschäft gemacht zu haben.

»Den Rabatt verjubeln wir«, bestimmte Paul. »Darf ich Sie einladen, Fräulein… wie heißen Sie eigentlich?«

»Tina Pabst«, sagte Tinchen, inzwischen daran gewöhnt, von allen Italienern mit ›Signorina Tina‹ angesprochen zu werden.

»Angenehm. Ich bin Paul Stresewitz aus Pirmasens, und das ist meine Gattin Gertrud. Und nu sagen Sie uns mal, wo man anständig Kaffee trinken kann! Wir haben nämlich bloß Halbpension und essen immer erst abends.«

Dafür aber die dreifache Menge, dachte Tinchen mit einem Blick auf die beiden rundlichen Gestalten, die sie jetzt in die Mitte genommen hatten und darauf warteten, welche Richtung Tinchen einschlagen würde. Sie entschied sich für Anselmos Café-Bar. »Dort gibt es die größte Auswahl an Kuchen.«

Trudi winkte ab. »Da waren wir schon. Der Kuchen schmeckt nicht. Wir nehmen uns von unterwegs welchen mit.«

Bevor Tinchen protestieren konnte, war Trudi in der nächsten Pasticceria verschwunden und kam kurz darauf mit einem umfangreichen Paket wieder heraus. »Halten Sie mal! Was heißt Schlagsahne auf italienisch?« – »Panna montata.«

»Das kann ich mir wenigstens merken.« Wieder trabte sie in die Konditorei. Paul sah ihr kopfschüttelnd nach. »Können Sie ihr nicht mal klarmachen, Fräulein Tina, daß sie zu fett ist? Mir glaubt sie es nämlich nicht.«

»Seien Sie nicht so ungalant. Von einem bestimmten Alter an darf man ruhig etwas mollig sein. Ihrer Frau steht das sogar sehr gut«, schwindelte Tinchen. Immer höflich zu den Gästen sein, auch wenn Sie sich deshalb auf die Zunge beißen müssen, hatte Dennhardt ihr seinerzeit als Grundregel eingebleut.

»Neben Ihnen sieht sie aus wie eine trächtige Kuh!«

Die Kuh gesellte sich wieder zu ihnen, in einer Hand einen Pappbecher mit Sahne, in der anderen eine Schachtel Pralinen. »Die sind für abends im Bett«, erklärte sie. »Wenn mein Mann seine Zeitung liest, braucht er immer was zu knabbern.«

»Und wieso ist die Packung jedesmal leer, wenn ich wirklich mal ein Stück essen will?«

Mit einem beziehungsreichen Blick auf das Paket, dessen Reklameaufdruck keinen Zweifel über seinen Inhalt zuließ, nahm der Kellner Pauls Bestellung entgegen: »Due Kaffee tedesco mit Latte, und was die Signorina will, soll sie Ihnen selbst sagen!«

Die Signorina bestellte einen Eiskaffee, lehnte den angebotenen Kuchen dankend ab und fragte sich im stillen, ob diese beiden verfressenen Germanen nun die Regel oder bloß die Ausnahme waren. Sie hatte schon längst bemerkt, daß deutsche Touristen in Italien nicht sonderlich beliebt waren – ausgenommen ihre Freude am Geldausgeben –, hatte diese heimliche Aversion aber auf die gelegentlichen Taktlosigkeiten geschoben, die ihren Landsleuten so gerne unterliefen. Keine Italienerin würde den Kölner Dom in Shorts betreten, während es ihren deutschen Geschlechtsgenossinnen gar nichts ausmachte, die hiesige Kirche im Bikini zu besichtigen. Kein italienischer Mann würde sich mittags im Speisesaal nur mit einer Badehose bekleidet zeigen; deutsche Männer finden das völlig natürlich, und wenn sie dazu noch ein Handtuch um den Hals geknotet haben, fühlen sie sich ausreichend angezogen. Kein Italiener käme auf die Idee, während einer Moselfahrt sein bella napoli zu besingen, aber die ohnehin als sehr sangesfreudig gefürchteten Deutschen scheuen sich nicht, in einer Trattoria vom Münchner Hofbräuhaus zu johlen und dann beim Kellner »Noch 'ne Pulle von dem labbrigen Zeug da, dem Schianti« zu bestellen. Manchmal schämte sich Tinchen direkt, auch eine Deutsche zu sein! So wie jetzt, als Trudi ungeniert das Kuchenpaket auswickelte, die Kaffeetasse kurzerhand auf den Tisch stellte und die Untertasse als Kuchenteller benutzte.

»Gucken Sie nicht so entsetzt, Fräulein Tina, das machen wir immer so!«

»Auch in Deutschland?«

Trudi stutzte einen Moment, dann lachte sie. »Natürlich nicht. Da würde uns der Ober sofort an die frische Luft setzen.«

»Das würde er hier sicher auch am liebsten tun, nur ist er zu höflich dazu.«

»Recht haben Sie, Fräulein Tina!« bestätigte Paul. »Dafür kriegt er nachher auch ein extra großes Trinkgeld!«

Als ob man sich mit Geld die Achtung seiner Mitmenschen kaufen könnte! Tinchen gab ihre Bekehrungsversuche auf. Bei Herrn Stresewitz waren sie verschwendet. Er mochte ja ein herzensguter Mensch sein, aber er hatte das Feingefühl eines Nilpferds.

»Wenn Sie hier reiseleiten, Fräulein Tina, dann müßten Sie doch am besten wissen, wo ein bißchen was los ist. Keine Bumslokale oder so, aber gibt's denn hier keine Ausflüge, Safaris – na, Sie wissen schon, was ich meine.«

Das wußte Tinchen eben nicht. »Es gibt doch regelmäßig Busfahrten nach Genua und nach Frankreich...«

»Haben wir ja schon hinter uns«, winkte Stresewitz ab. »Meiner Frau ist schlecht geworden, und ich hab' mich in Cannes verlaufen und hätte beinahe die Rückfahrt verpaßt. Nee, ich denke da an so etwas Ähnliches wie die Kamelritte zu den ollen Pyramiden. Ein Freund von mir war nämlich in Ägypten und hat dolle Fotos mitgebracht.«

»Kamele gibt es hier aber nicht«, wandte Tinchen ein.

»Pyramiden ja ooch nich'!« witzelte Stresewitz. »Müssen ja keine Kamele sein. Esel sind doch auch zum Reiten da. Und die Viecher rennen hier rum wie anderswo die Hunde. Also auf so 'n Muli 'ne Tour ins Hinterland, dafür würde ich schon was springen lassen, nicht wahr, Trudi?«

Trudi vertilgte das dritte Stück Kuchen. »Ich hätte Mitleid mit dem Tier«, sagte sie kauend, »unter deinem Gewicht würde es zusammenbrechen!«

»Sitzt im Glashaus und schmeißt mit Steinen!« räsonierte Paul. »Aber im Ernst, Fräulein Tina, kennen Sie nicht einen Mulitreiber, der sich ein paar Mark nebenbei verdienen will?«

Tinchen kannte keinen, versprach aber, sich umzuhören und gegebenenfalls Bescheid zu sagen. Dann stand sie auf.

»Stresewitz, Villa Flora, unten am Porto. Nicht vergessen!« Mit einem Nußknackerhändedruck verabschiedete er sich von Tinchen. »War nett, Sie kennengelernt zu haben. Und wenn wir wieder mal 'n Dolmetscher brauchen, kommen wir zu Ihnen!«

Bloß nicht! Sie murmelte ein paar Dankesworte, griff nach ihrer Einkaufstüte und machte, daß sie wegkam. Was jetzt? Die Uhr an der Ecke zeigte Viertel vor eins. Zurück ins Büro? Um diese Zeit kam eigentlich nie jemand. Wer seine Siesta nicht im Bett hielt, der brutzelte am Strand. Weshalb sollte sie also in der muffigen ›Röhre‹ hocken? Lilo war ja auch noch da! Sollte die ruhig mal Blitzableiter spielen.

Außerdem hatte sie, Tinchen, ohnehin behauptet, eine Verabredung zu haben, also würde Lilo gar nicht mit ihr rechnen.

Tinchen beschloß, aus der Notlüge Wahrheit zu machen. Sie war einfach mit dem Fahrer verabredet, der sie mit dem Linienbus nach Loano bringen würde. Man kann als Reiseleiter keine Sehenswürdigkeiten empfehlen, die man selber gar nicht kennt! Und das Karmeliterkloster kannte sie noch nicht.

9

Loano gefiel Tinchen auf Anhieb. Zwar war sie schon des öfteren durchgefahren und hatte sich jedesmal über die Wohnsilos geärgert, die auf der Piazza gleich neben dem Bahnhof in die Höhe ragten und wohl die Bestrebungen der Stadtväter dokumentieren sollten, daß man keineswegs hinter dem Mond lebe und auch etwas von moderner Architektur verstünde – aber nun schlenderte sie staunend durch die malerischen Gassen mit ihren jahrhundertealten Torbögen und war ganz enttäuscht, wenn sie dahinter statt einer Kesselschmiede oder eines Spezereienhändlers nur eine ganz prosaische chemische Reinigung entdeckte. Auch der Doria-Palast – in jedem Reiseführer an erster Stelle abgehandelt – diente nicht mehr als Residenz des alten genuesischen Fürstengeschlechts. Waren die stolzen Herrscher in früheren Zeiten hoch zu Roß die breite Treppe hinaufgesprengt (mit viel Fantasie lassen sich sogar noch Hufabdrücke ausmachen), so müssen sich die heutigen Bewohner des Palazzo zu Fuß in ihre Büros bemühen. Es war zum Rathaus degradiert worden.

In einem Schaufenster auf der Palmenpromenade entdeckte Tinchen eine Korallenkette. Sie wollte schon lange eine haben, aber die jeweiligen Preise hatten immer in krassem Gegensatz zu ihrem Budget gestanden. Die hier war aber gar nicht so entsetzlich teuer! Dafür war sie vermutlich auch nicht echt. Mit Schaudern dachte

Tinchen an die kleine Elfenbein-Eule, die sie unlängst auf dem Markt für Mutsch gekauft hatte. Die sammelte ja diese Viecher und hatte mindestens drei Dutzend zu Hause in der Vitrine stehen, aus Holz, aus Porzellan, aus Keramik, aus Bast – nur ein elfenbeinerner Uhu war noch nicht darunter.

Als sie Fritz Schumann ihre Neuerwerbung gezeigt hatte, hatte der nur gegrinst. »Das ist billiger Plastikkram mit einem Eisenkern in der Mitte, damit das Ding schwerer wird. So etwas dürfen Sie nie auf dem Markt kaufen, Tina! Diese fliegenden Händler bleiben immer nur ein paar Stunden am selben Ort, damit man nicht mehr reklamieren kann. Wenn sie die ganze Küste abgegrast haben, fangen sie wieder von vorne an. Alle Gäste, die sie übers Ohr gehauen haben, sind in der Zwischenzeit abgereist, und die neuen haben meistens keine Ahnung!«

Jetzt stand die elfenbeinerne Plastikeule auf Tinchens Nachttisch als tägliche Warnung vor preisgünstigen Gelegenheitskäufen. ›Occasione‹, hatte der Vogelhändler gesagt! Was ist überhaupt eine Okkasion? Alles, was nicht ganz so sündhaft teuer ist, wie man befürchtet hat!

Immer noch liebäugelte Tinchen mit der Kette. Das Geschäft machte eigentlich einen ganz soliden Eindruck. Soweit sie sehen konnte, gab es hier nicht den üblichen Andenkentisch, und die Seidentücher, die neben der Tür an einem Haken flatterten, waren nicht nur wirklich aus Seide, sondern darüber hinaus sogar recht geschmackvoll. Fragen kostet nichts! Entschlossen betrat Tinchen den Laden.

Er war leer. Dafür gab es Korallenketten in jeder Länge. Sie lagen in einem Kästchen offen auf dem Ladentisch. Ein bißchen mißtrauisch nahm sie eine davon in die Hand. Sie fühlte sich echt an, aber das hatte die Eule auch getan.

»Kann ich Ihnen helfen?«

Hinter ihr betrat eine schlanke Dame mit einem markanten Ahnengesicht den kleinen Verkaufsraum.

»Sie sprechen Deutsch?« fragte Tinchen verblüfft.

»Ich bin Deutsche.«

»Da bin ich aber froh!« Ihr fiel ein Stein vom Herzen. Um die landesübliche Feilscherei, bei der sie schon rein theoretisch noch immer den kürzeren zog, würde sie diesmal wohl herumkommen. Und schon sprudelte sie die Eulengeschichte heraus.

»Sie können zufrieden sein, daß Sie nicht mehr Lehrgeld bezahlt haben! Was glauben Sie, wie viele Touristen hier schon goldene

Uhren gekauft und erst zu Hause festgestellt haben, daß es bloß Doublé war? Aber Sie können ganz unbesorgt sein, meine Korallen sind wirklich echt. Wieviel möchten Sie denn ausgeben?«

Vergeblich schielte Tinchen auf die Preisschilder. Sie konnte keins entziffern. Als Frau von Welt hatte man zu wissen, was so etwas kostet, als Tinchen Pabst hatte sie aber herzlich wenig Ahnung. »Ich weiß nicht recht, vielleicht fünfzig Mark...?«

»Viel zu teuer!« tönte eine Stimme aus dem Hintergrund. »Dafür kriegen Sie ja schon fast einen Trauring!«

»Sollte ich wirklich mal einen brauchen, dann werde ich ihn hoffentlich geschenkt bekommen! Oder müssen sich Ihre Bräute die Ringe immer selbst kaufen?« Tinchen war empört! Wo kam dieser Klaus Brandt schon wieder her? Spionierte der ihr nach? Sein impertinentes Lächeln machte sie noch zorniger. »Haben Sie heute schon wieder Ausgang?«

»Habe ich Ausgang, Tante Josi?«

Die Verkäuferin blickte ratlos zwischen den beiden hin und her. »Ich verstehe überhaupt nichts. Kennst du die junge Dame, Klaus?«

»Kennen ist maßlos übertrieben! Wir sind uns erst zweimal begegnet, nur scheine ich keinen so nachhaltigen Eindruck hinterlassen zu haben wie umgekehrt. Aber wenigstens kann ich Sie bei dieser Gelegenheit mit meiner Tante Josephine bekannt machen! Tante Josi, das ist Tina Pabst, zur Zeit Leithammel bei Neckermann-Reisen oder einem ähnlichen Touristenbagger. Was sie macht, wenn sie richtig arbeitet, weiß ich noch nicht! Würdest du ihr bitte bestätigen, daß wir Blutsverwandte ersten Grades sind? Sie glaubt mir das nämlich nicht.«

Die Verkäuferin schmunzelte. »Seit wann legst du so großen Wert auf unsere verwandtschaftlichen Beziehungen? Im allgemeinen pflegt man mit alten Tanten nicht zu renommieren.«

»Erstens bist du nicht alt, Tante Josi, was ist schon ein Dreivierteljahrhundert in der Menschheitsgeschichte, und zweitens hält mich Tina für einen Playboy, der sich auf betuchte Frauen der gehobeneren Jahrgänge spezialisiert hat. Du wirst sehen, daß dieser Verdacht meinem Image sehr unzuträglich ist!«

»Welchem Image?«

»Dem eines fleißigen Doktoranden, der Tag und Nacht schuftet, um mit seiner Dissertation der staunenden Fachwelt völlig neue Erkenntnisse auf dem Gebiet der Computertechnik vermitteln zu können.«

»Vorausgesetzt, die Fachwelt kann noch ein paar Jahre darauf warten!« konterte Tinchen. Plötzlich hatte sie glänzende Laune, fand alte Tanten reizend, dachte nicht mehr an Korallenketten und Karmeliterkloster, wartete.

»Wir gehen schwimmen!« beschloß Brandt. »Ich hole nur schnell meine Sachen. Paß auf, Tante Josi, daß sie in der Zwischenzeit nicht türmt! Am besten schließt du die Tür ab!«

»Ich hab' doch gar nichts dabei!« protestierte Tinchen, aber Brandt hörte sie nicht mehr.

»Wir werden schon was Passendes finden!« Tante Josi ging zu einem gut bestückten Ständer, auf dem Badeanzüge und Bikinis in allen Farbschattierungen hingen. »Größe vierzig, stimmt's?«

Tinchen nickte. Ein Glück, daß sie die Kette noch nicht gekauft hatte! Hoffentlich würde noch genug Geld für ein Stück Pizza übrigbleiben. Seit dem Frühstück hatte sie nichts mehr gegessen, und ihr Magen knurrte wie ein Hofhund.

Gerade als sie sich für einen weißen Bikini entschieden hatte, kam Brandt zurück. »Nicht den, Tina, dafür sind Sie noch nicht braun genug! So was können Sie in zwei Monaten anziehen!« Fachmännisch prüfte er die Auswahl und zog schließlich ein winziges blaues Etwas mit Lurexfäden heraus. »Das ist er!«

»Sieht aus wie Geschenkpapier!« Tinchen verschwand in der Umkleidekabine. Geschmack hat er ja, dachte sie, während sie sich vor dem Spiegel drehte, aber er hat auch den kleinsten Bikini erwischt, der da war. Direkt unanständig! Ein Glück, daß Mutsch sie so nicht sehen konnte. Die hatte sich ihren letzten Badeanzug kurz nach der Währungsreform gekauft und ihn nur drei- oder viermal getragen, weil er keine angeschnittenen Beine gehabt hatte. »Der ist mir einfach zu genierlich«, hatte sie behauptet und darauf bestanden, daß man die Ferien künftig nur noch im Gebirge verbrachte, wo ein Badeanzug nicht unbedingt zum Urlaubsgepäck gehörte. Die Bergseen waren zum Baden ohnehin zu kalt, außerdem konnte Frau Antonie nicht schwimmen. »Wenn der liebe Herrgott das gewollt hätte, dann hätte er mir Flossen gegeben!« pflegte sie zu sagen.

»Soll ich helfen?«

»Das könnte Ihnen so passen!« Erschrocken streifte Tinchen das Kleid über den Bikini, stopfte Slip und BH in ihre Umhängetasche, die sich daraufhin nicht mehr schließen ließ, und öffnete die Tür. »Ich hab' ihn gleich anbehalten! Was kostet er?«

Ratlos sah sie auf die Tasche. Wie sollte sie jetzt bloß das Portemonnaie herauskriegen? »Ach, hätten Sie vielleicht doch eine Tüte?« Tante Josi holte eine durchsichtige Cellophanhülle unter dem Ladentisch hervor. Tinchen wurde rot. »Ich hatte eigentlich mehr an etwas Solideres gedacht...« Verstohlen hielt sie Tante Josi die halbgeöffnete Tasche entgegen. Die nickte verstehend und reichte eine rote Plastiktüte herüber.

»Was bin ich Ihnen schuldig?«

»Gar nichts«, versicherte Brandt. »Tante Josi zieht mir den Betrag vom Taschengeld ab!«

Warum muß er alles gleich wieder kaputtmachen, dachte Tinchen enttäuscht.

»Ich berechne Ihnen nur den Einkaufspreis, einverstanden?« Sie nickte dankbar. Offenbar arbeitete Tante Josi gar nicht als Verkäuferin, vielmehr schien ihr das Geschäft zu gehören. Ob sie wirklich Brandts Tante war? Aber hätte sie sonst anstandslos geduldet, daß er mit ihr schwimmen ging? Sei nicht immer so mißtrauisch, Ernestine, glaube an das Gute im Menschen! Sie *ist* seine Tante! Nimm es als Tatsache hin und geh ihr nicht weiter auf den Grund!

Brandt übernahm die Führung. Er steuerte Tinchen schräg über die Promenade, vorbei an den vor Anker liegenden Fischerbooten, die in dem leicht bewegten Wasser einander freundschaftlich zunickten, vorbei an den überfüllten Stränden, wo schon ein verirrter Wasserball bei den Sonnenanbetern eine Kettenreaktion auslöste, vorbei an Musikboxen und schwitzenden Kellnern, die mit Tabletts voller Eisbecher durch das Menschengewimmel pflügten, bis er endlich auf eine ins Meer ragende Klippe deutete. »Mein Stammplatz! Nicht gerade komfortabel, dafür kostet er keinen Eintritt, und deshalb kommt auch selten jemand hin.«

Wenig später turnte Tinchen über die Klippen. Die hilfreich ausgestreckte Hand ihres Cicerone übersah sie geflissentlich. Sie war nicht Tante Josi!

»Seien Sie nicht albern, Tina, die Steine sind glatt, und wenn...«

»Au!« Die Warnung kam zu spät! Tinchen war von einem algenbewachsenen Stein abgerutscht und hielt sich jetzt mit schmerzverzerrtem Gesicht den rechten Fuß. »Ich kann nicht mehr weiter! Der ist mindestens gebrochen!«

»Nicht bewegen! Ich hole Sie!« Brandt balancierte zurück. »Stützen Sie sich fest auf mich, und dann treten Sie mal ganz vorsichtig auf!« Tinchen tat es. »Ist wohl noch mal gutgegangen, aber es tut höllisch weh!«

»Soll ich Sie tragen?«

»Bloß nicht!« Seinen stützenden Arm nahm sie aber gerne. Mit zusammengebissenen Zähnen humpelte sie die restlichen Meter bis zu einer großen Felsplatte, die fast waagerecht über dem Wasser hing. »Bricht die auch nicht ab?« Dann verfolgte sie schweigend, wie Brandt die mitgebrachten Luftmatratzen aufblies. Kräftige Lungen hatte er! Sicherlich Nichtraucher! Sie wollte sich auch schon längst die Qualmerei abgewöhnen, aber es hieß ja immer, dann würde man sofort zunehmen, und das wiederum bedeutete den Verzicht auf kleine Bikinis mit Silberfäden.

Sie hatte ihr Kleid ausgezogen und sah zufrieden an sich herab. Brandt hatte recht gehabt, für einen weißen Badeanzug war sie wirklich noch zu blaß, aber der blaue hob sich schon wunderbar von ihrer leicht gebräunten Haut ab. Brandt trug natürlich Weiß. Konnte der sich ja auch leisten! Angeber!

Der Angeber hatte sein atemberaubendes Werk beendet. Er legte die Luftmatratzen dicht nebeneinander, deckte zwei Frotteehandtücher darüber und machte eine einladende Handbewegung: »Weiter auseinander geht's nicht, sonst fallen Sie ins Meer!«

»Wieso ich? Sie liegen doch an der Außenkante!« Sie plumpste auf die Matratze und streckte sich wohlig aus.

»Erst einschmieren!« Er förderte eine Flasche Sonnenöl zutage und begann, Tinchens Arme einzureiben. Einen Augenblick lang ließ sie es sich gefallen, dann nahm sie ihm die Flasche aus der Hand. »Das kann ich selber!«

»Auch auf dem Rücken?«

Widerwillig drehte sie sich um. Dabei empfand sie seine kräftigen Hände doch als so angenehm! Dumme Gans! Man verliebt sich nicht in jemanden, den man erst zweimal gesehen hat! Dazu ist es viel zu früh! Auch wenn man jetzt in Italien lebt, wo die Sonne scheint und die Wellen glucksen und überhaupt alles ganz anders und viel, viel schöner ist.

Brandt schraubte die Flasche zu. »Es wird ja immer behauptet, daß die Liebe vom Wandel der Zeit unberührt bleibt. Ich stelle mir aber gerade vor, wie Hero und Leander am Strand sitzen und sich gegenseitig mit Lichtschutzfaktor sechs einreiben!«

»Hatten die ja noch gar nicht«, murmelte Tinchen und war auch schon eingeschlafen.

Eiskalte Wasserspritzer weckten sie wieder auf. Neben ihr stand ein triefender Brandt und schüttelte sich wie ein nasser Hund. »Los, Tina, kommen Sie mit! Das Wasser ist ganz warm!«

»Will nicht. Wenn die Sonne wirklich so viel Energie abstrahlt, weshalb macht dann ein Sonnenbad so faul?« Sie blinzelte zu ihm hoch.

»Außerdem bin ich keine Sardine!«

»Was soll das heißen?«

»Sehen Sie sich doch mal an!« Sie deutete auf die klebrigen schwarzen Flecken, mit denen Brandts Beine bedeckt waren. Abfallprodukte der Zivilisation. »Das ist doch Teer, oder?«

»Wahrscheinlich. Dagegen hilft nur Petroleum.« Er wühlte in seiner Tasche und brachte ein kleines Fläschchen zum Vorschein. »Der kluge Mann baut vor! Angeblich soll ja das Meer die große Energiequelle der Zukunft sein. Mir wäre fürs erste schon damit gedient, wenn wir das hineingelaufene Öl wieder herausholen könnten!«

Die Teerflecken waren notdürftig beseitigt. »Wie wäre es mit einer kleinen Erfrischung? Nicht der Durst macht uns zu schaffen, sondern daß man nichts zu trinken kriegt!« Bäuchlings robbte er zum Rand der Klippe und zog an einer dort befestigten Schnur. »Ich weiß, daß Rotwein Zimmertemperatur haben soll, aber der hier stand schon kurz vor dem Siedepunkt!«

Er entkorkte die tropfende Flasche und reichte sie Tinchen »Sie können ihn ruhig trinken! Ist ein ganz leichter Landwein. Gläser müssen auch irgendwo sein.« Wieder kramte er in seiner unergründlichen Tasche.

»Geht auch Pappe?«

Der zerbeulte Becher war offenbar schon häufiger benutzt worden. Tinchen winkte dankbar ab. »Sie verwöhnen mich zu sehr!« Sie setzte die Flasche an, nahm einen kräftigen Schluck und hustete los. »Was ist denn das?« keuchte sie, »Rostschutzfarbe?« An ihrer Hand zeigten sich rötliche Spuren.

»Um Himmels willen, jetzt habe ich den Metaxa erwischt!« Brandt riß ihr die Flasche aus der Hand. »Den hat mir mal ein Freund aus Griechenland mitgebracht, und neulich habe ich das Zeug in eine Korbflasche umgefüllt, weil ich die Originalpulle als Blumenvase brauchte. Sie hat einen so schönen langen Hals.«

»Den habe ich auch!« kicherte Tinchen. Der scharfe Schnaps war ihr zu Kopf gestiegen und hatte dort einiges Unheil angerichtet. Das kommt davon, wenn man mit nichts im Magen griechisch trinkt! Wieso überhaupt griechisch? War sie nicht in bella Italia? Und wieso hatte der Adonis da drüben einen Bruder bekommen? Zwei Adonisse? Oder war einer davon Apoll? Römischer Liebesgott mit vier Buchstaben, kam in jedem Kreuzworträtsel vor. Quatsch, der heißt doch Eros! Alles, was mit -os oder -is endet, ist griechisch! Bloß, wie kam der griechische Eros hierher? Sie gab es auf, die Geheimnisse des Olymps zu enträtseln, rollte sich zusammen und schlief kurzerhand wieder ein.

Laute Stimmen schreckten sie auf. »Kiek mal, Bruno, 'ne Robinsine!«

»Laß ma mit deine ewije Fische in Ruhe, ick hab' ja doch keene Ahnung, wie die Biester alle heeßen!«

Auf dem Wasser schaukelte ein Tretboot, besetzt mit zwei Männern, von denen der eine die Küste mit einem Feldstecher abgraste.

»Ick rede nich' von Fische, ick meene den weiblichen Robinson da oben uff'n Felsen. Oder sollte ick besser Loreley sagen?«

»Jib ma die Kieke!«

Das Glas wechselte den Besitzer. »Nee, Loreley is det nich', die war blond.«

»Woher weeßte det?«

»Weil Joethe von det joldene Haar jeschwärmt hat.«

»Det war aba nich' Joethe, det war 'n andrer!«

»Na, denn war et Schiller, eener von beeden isset ja imma!« Er schwenkte seinen Strohhut. »Soll'n wa ruffkommen, Kleene?«

»Nein, ich will gerade gehen!« Eilends zog Tinchen ihr Kleid über den Kopf und rollte das Handtuch zusammen. Zwischendurch warf sie einen vorsichtigen Blick zum Boot hinunter. Aber das hatte sich schon wieder in Bewegung gesetzt. »Na, vielleicht een andret Mal!« winkte Bruno.

Erleichtert setzte sich Tinchen wieder hin. Das hätte ihr gerade noch gefehlt! Ein Glück, daß sie rechtzeitig aufgewacht war. Nicht auszudenken, wenn diese unternehmungslustigen Berliner tatsächlich gelandet wären und sie im Schlaf überrascht hätten. Weit und breit kein Mensch! Und sie selbst gehbehindert und schutzlos den lüsternen Knaben ausgeliefert! Das hatte man nun davon, wenn man sich dazu überreden ließ, mit einem wildfremden Mann in die Einöde zu ziehen! Erst macht er einen betrunken, und dann verschwindet er einfach! Seine Sachen waren zwar alle noch da, aber die könnte er später immer noch holen! Er wußte ja, daß sie mit ihrem lädierten Fuß kaum selbst die Klippen hochkäme und nicht imstande wäre, auch noch eine Tasche mitzunehmen. Tasche? Du liebe Zeit, er hatte doch wohl nicht ihr Handtäschchen geklaut? Viel Geld war ja nicht mehr drin, und dem Busfahrer würde sie notfalls ihren Ring als Pfand dalassen, aber Ausweis, Führerschein... Tinchen suchte hektisch. Nichts! Sie kippte Brandts Badetasche aus, durchwühlte ihren Inhalt, fand aber außer schon Bekanntem nur das leicht zerknitterte Foto einer langmähnigen Schönheit. Wahrscheinlich ein früheres Opfer dieses hinterhältigen Handtaschenräubers! Sie zerriß das Bild und warf die Schnipsel ins Meer. Alles andere sollte man auch reinschmeißen! Der würde ziemlich dumm dastehen, wenn er bei seiner Rückkehr nichts mehr fände! Wütend gab sie der Luftmatratze einen Tritt. Und was lag darunter?

»Na schön, ein Dieb ist er nicht, aber ein verantwortungsloser und gemeiner Abenteurer bleibt er trotzdem! Und auf so was muß ausgerechnet ich reinfallen!« Schniefend kramte sie nach einem Taschentuch. Wie üblich fand sie keins. Dieser geschniegelte Angeber hatte bestimmt eins dabei! Man durchsucht zwar keine fremden Hosentaschen, aber das war Tinchen egal. Erleichtert schnaubte sie in das hellblaue Tuch. Lackaffe, blöder! Wählt seine Taschentücher passend zum T-Shirt! Und dann diese messerscharfen Bügelfalten! Warum trug er nicht Jeans wie andere Studenten auch? Paßte wohl Tantchen nicht? Na, die würde sich wundern!

Einen Augenblick zögerte Tinchen noch, dann warf sie kurzentschlossen die Hosen über die Klippen und spähte hinterher. Schade, ganz würden sie wohl nicht versinken, der Gürtel war an einer Felsspitze hängengeblieben, aber die Hosenbeine klatschten im Rhythmus der Wellen auf die glibbrigen Steine, und die Bügelfalten waren draußen!

So, das wäre geschafft! Und jetzt der Rückmarsch! Leicht würde er nicht werden, denn mit dem rechten Fuß konnte sie nur ganz vorsichtig auftreten, und selbst dann tat er scheußlich weh. Zu allem Überfluß hatte sie sich auch noch einen Sonnenbrand geholt. Jedesmal, wenn das Kleid ihre Oberschenkel berührte, brannte es wie Feuer. »Nicht in der Sonne einschlafen!« pflegte sie regelmäßig ihren Gästen zu predigen, und was tat sie? Egal, heute war sowieso alles schiefgegangen, und der Sonnenbrand war bloß das I-Tüpfelchen.

Sie hängte sich die Tasche um den Hals und begann den Aufstieg. Die ersten paar Meter gingen ganz gut, aber dann kam ein hoher abgeschliffener Stein, auf dem sie mit ihren glatten Sohlen keinen Halt fand. Dann eben barfuß! Eine kleine Pause konnte sie ohnehin gebrauchen.

Sie schlüpfte aus den Schuhen und stand vor einem neuen Problem: Wohin damit? Die Hände brauchte sie zum Festhalten, die

Tasche war zu klein – was machte man bloß in solchen Fällen? Tinchen rekapitulierte sämtliche Bergsteigerfilme, die sie im Fernsehen über sich hatte ergehen lassen, fand aber keine Situation, die ihrer jetzigen entsprochen hätte. Die jeweiligen Alpinistinnen waren entweder per Hubschrauber oder von wettergegerbten Naturburschen gerettet worden, die ihnen erst in einer einsamen Schutzhütte mit Schnee die halberfrorenen Füße abgerieben und sie anschließend auf ihren Armen ins Tal getragen hatten. Tinchen wollte nicht ins Tal, sie wollte die Klippen hoch, und ein Retter war auch nicht in Sicht. Weit draußen tauchte ab und zu der Kopf eines einsamen Schwimmers aus den Wellen, aber ihr Rufen und Winken bemerkte er nicht.

Ratlos schlenkerte sie die Schuhe hin und her. Natürlich hätte sie sie zwischen den Steinen verstecken und an einem der nächsten Tage holen können, aber barfuß durch den halben Ort und dann noch in den Bus? Schließlich knotete sie die Riemchen zusammen, hängte sich die Sandalen über den Arm und machte sich wieder an die Kletterei. Na also, ohne Schuhe ging es viel besser! Die Hälfte hatte sie schon geschafft.

»Halt!! Nein!!« schrie sie plötzlich, griff nach den Sandalen und kriegte noch einen zu fassen. Der andere schoß in Purzelbäumen abwärts und blieb auf der Felsplatte liegen – direkt neben Brandts Badetasche.

Tinchen heulte hemmungslos. Jetzt war sie schon oben gewesen, und nun das! Wenn sie sich nicht beeilte, schaffte sie es überhaupt nicht mehr. Die Dämmerung brach herein, und die dauerte hier unten nie sehr lange. Vorsichtig kletterte Tinchen wieder zurück. Es ging besser, als sie erwartet hatte. Bis zu den Riß im Saum, aber das Kleid war ja sowieso zu lang gewesen. Man soll doch zeigen, was man hat! Endlich hatte sie wieder die Plattform erreicht, hinkte zu ihrem Schuh und bekam Kulleraugen. Er war in der Mitte durchgebrochen und nur noch als Fischfutter zu gebrauchen, vorausgesetzt, die Viecher fraßen Schlangenleder. In hohem Bogen warf sie den Schuh ins Meer. Dafür nun die ganze halsbrecherische Kraxelei! Die hätte sie sich weiß Gott sparen können! Im Bus könnte sie jetzt schon sitzen, in einem schönen weichen Lederpolster... statt dessen hockte sie auf diesem dämlichen Felsen und hatte die ganze Ochsentour noch einmal vor sich! Sie tastete nach einem Handtuch und wischte sich über das tränenverschmierte Gesicht. Und alles bloß wegen dieses geschniegelten Affen, dieses Gigolos, dieses gewissenlosen... ihr fiel nichts Passendes mehr ein, mit dem sich die negativen Charakterzüge des betreffenden Herrn ausreichend definieren ließen, und so heulte sie erst mal wieder ein bißchen vor sich hin.

»Das Tinchen saß auf einem Stein, einem Stein...«, klang es mehr laut als melodisch, aber Tinchen erschien es wie eine Opernarie.

»Entschuldigen Sie, daß es so lange gedauert hat, aber da draußen hatte sich jemand zuviel zugemutet und schlappgemacht. Den mußte ich erst an Land bringen!« Brandt zog sich über die Klippe und griff nach seinem Handtuch.

»Wie heroisch! Und wie passend, daß gerade heute ein geeignetes Objekt für Ihre humanitären Anwandlungen in greifbarer Nähe war! Kriegen Sie jetzt die Rettungsmedaille?«

»Wofür denn? Ich war doch bloß so eine Art moralische Unterstützung. Als der Mann merkte, daß er nicht mehr allein war, konnte er wieder schwimmen. Ich bin lediglich neben ihm hergepaddelt, bis er Boden unter den Füßen hatte. Für eine Medaille reicht das nicht.«

»Ihr Pech!«

»Nö, gar nicht. So ein Ding muß man bloß regelmäßig putzen und auf Verlangen vorzeigen, wobei dann immer eine ausführliche Schilderung der Heldentat erwartet wird.«

»Diese Aussicht müßte Ihrem Hang zur Selbstdarstellung doch sehr entgegenkommen!«

»Warum sind Sie plötzlich so kratzbürstig, Tina? Ich gebe ja zu, daß ich Sie eine ganze Weile alleingelassen habe, aber Sie haben fest geschlafen, zusammengerollt wie ein Embryo. Ich bin kein Maler, der stundenlang ein schönes Gesicht anstarren kann, und einseitige Unterhaltungen sind auf die Dauer so unergiebig. Also bin ich schwimmen gegangen. Sind Sie mir deshalb böse?« Prüfend sah er sie an. »Haben Sie etwa geweint?«

»Weshalb sollte ich?« Tinchen war gar nicht wohl in ihrer Haut. Das alles hörte sich so logisch an, aber sie hatte gleich wieder das Schlimmste vermutet. »Mir ist vorhin eine Mücke ins Auge geflogen, die ging so schwer raus.«

»Wahrscheinlich ist sie ertrunken! Sie müssen ja wahre Tränenbäche vergossen haben!« Er fing an, den herumliegenden Inhalt seiner Tasche zusammenzusuchen. »Wir sollten uns ein bißchen beeilen, es wird langsam kühl.« Suchend sah er sich um. »Wo ist eigentlich meine Hose?«

»Im Wasser!« sagte Tinchen.

»Verflixt!« Jetzt war es mit seinem Gleichmut vorbei. »Wie ist sie denn da hingekommen?«

»Runtergefallen!«

»Einfach so?«

»Wie denn sonst?«

»Das frage ich *Sie* ja!« Brandt beugte sich über die Klippe. »Nichts zu sehen.«

»Vorhin war sie aber noch da!« Auf allen vieren kroch Tinchen über das Plateau und kniete sich neben ihn. »Verstehe ich nicht! Ich hatte nicht weit genug geworfen, und da war sie mit dem Gürtel an dem Stein da vorne hängenge...« Erschrocken hielt sie sich den Mund zu.

Brandt stand auf und blickte finster auf sie herab. »Tina, beichte!«

Das Du überhörte sie erst einmal. Jetzt sah sie sich in die Defensive gedrängt, und es wäre albern gewesen, auf Förmlichkeiten herumzureiten. »Als ich aufwachte, saß ich hier ganz alleine, meine Handtasche war weg, und dann kamen auch noch die beiden Männer...«

»Welche Männer?«

»Die mit der Loreley. Sie ist auch gar nicht von Goethe oder Schiller, sondern von Heinrich Heine. Dann hab' ich ein Taschentuch gesucht, und weil Sie überhaupt nicht mehr wiederkamen, habe ich die Hose ins Wasser geworfen!«

»Du hättest lieber den Metaxa nehmen sollen! Den hast du offenbar nicht vertragen!«

»Der hatte keine so schönen Bügelfalten!«

Er half ihr wieder auf die Beine und sah sie besorgt an. »Mädchen, du hast einen Sonnenstich bekommen! Laß mal sehen, ob du Fieber hast!«

Schön kühl war seine Hand und sehr zärtlich. »Ich hab' keinen Sonnenstich! Mir ist nur reichlich flau im Magen, weil ich seit heute früh nichts gegessen habe. Als dann noch diese beiden Freizeitkapitäne auftauchten und die Klippen entern wollten, muß wohl bei mir irgendwas ausgehakt haben. Dabei waren sie eigentlich ganz ulkig!«

Während Brandt den Felsen entrümpelte, erzählte Tinchen – diesmal jedoch etwas zusammenhängender – ihre ganze Leidensgeschichte.

Allerdings unterschlug sie den Taschendieb und das zerrissene Foto. Vielleicht würde er es gar nicht vermissen. Sicher war es nur eins von vielen. »Meine Schuhe sind auch hin!« beendete sie ihr

Klagelied, »oder wenigstens einer davon. Der andere hängt oben zwischen den Steinen.«

»Armes Aschenbrödel! Wie gut, daß es gleich vorn an der Promenade einen Prinzen gibt, der calzolaio heißt und wunderhübsche Schuhe hat.«

»Aschenbrödel hat aber kein Geld mehr. Es hat schon alles für ein Ballkleid mit Lurexfäden ausgegeben.«

Sie wehrte sich nicht, als er sie in seine Arme nahm. Seine Lippen waren weich und zärtlich, aber ›er sollte sich lieber zweimal am Tag rasieren‹, dachte sie, bevor sie glücklich die Augen schloß.

Langsam schraubte sich der Wagen über die Serpentinen aufwärts. Seine Scheinwerfer pieksten Lücken in die Dunkelheit und beleuchteten abwechselnd Olivenbäume, Kakteen und Petersilienbeete. Nach Tinchens Ansicht eine viel zu prosaische Kulisse; zu diesem märchenhaften Abend hätten Orchideen oder wenigstens Rosen gehört, die man pflücken und sich an sein klopfendes Herz drücken könnte. Jedenfalls taten das die Damen in den einschlägigen Romanen aus Schumanns Hotelbibliothek, die überwiegend aus den zurückgelassenen Taschenbüchern abgereister Gäste bestand.

Tinchen hatte wirklich Herzklopfen und weiche Knie bis zu den Augen. Vergessen war der verkorkste Nachmittag, vergessen die peinliche Situation im Schuhgeschäft, als Tinchen nur noch zwei zerfranste Tausend-Lire-Lappen im Portemonnaie gefunden hatte und warten mußte, bis Brandt sie auslöste. Den Schuldschein hatte er abgelehnt, aber sie würde ihm das Geld gleich heute noch zurückgeben! Oder morgen! Der Abend hatte ja noch gar nicht richtig angefangen...

»Wohin bringen Sie mich eigentlich? Auf Ihr Schloß?«

»Abwarten!«

Immer weiter ging es aufwärts, immer schmaler wurde die Straße. Weit unten verschmolz Loano zu einem Mosaik bunter Lichter, und dicht über dem Meer stand der Mond, dünn wie eine Oblate und in einem so leuchtenden Orange, wie Tinchen ihn nie gesehen hatte. Glühwürmchen hatten ihre Heckleuchten eingeschaltet und geisterten durch die Abendluft wie Flitter.

Plötzlich hörte die Straße auf, Straße zu sein, und verwandelte sich in eine Art Maultierpfad. Brandt lenkte den Wagen auf eine notdürftig mit Schotter befestigte Wiese und zog den Zündschlüssel ab.

»Den Rest müssen wir zu Fuß gehen!«

Mit leisem Bedauern stieg Tinchen aus. Sie hätte noch stundenlang so weiterfahren können, aber allem Anschein nach war hier die Welt zu Ende. Oder vielleicht doch nicht? Erstaunt bemerkte sie erst jetzt die vielen Autos, die auf diesem Parkplatz standen. Mindestens ein Dutzend waren es, und alles Exemplare der oberen Preisklasse.

»Komm, Aschenbrödel, jetzt zeige ich dir mein Schloß!« Brandt ergriff ihren Arm und steuerte sie vorsichtig durch die Dunkelheit. Gehorsam hinkte Tinchen nebenher und fragte sich, wo dieser Ausflug wohl enden würde.

»Achtung, hier wird's eng!« Ein halbverfallener Torbogen tauchte auf, von einer müden Laterne nur spärlich beleuchtet, dahinter machte der Weg eine scharfe Kurve, und plötzlich war alles in strahlende Helligkeit getaucht. Ein Kastell mußte das sein. Oder wenigstens etwas Ähnliches. Schmiedeeiserne Ampeln flankierten ein wahrhaft königliches Portal und warfen ihren Schein auf die riesigen Agaven, die sich neben der Treppe ausbreiteten.

»Das ist ja wirklich ein Schloß!« flüsterte Tinchen andächtig. Brandt lächelte spöttisch. »Märchengläubige kleine Mädchen soll man nicht enttäuschen!« Er öffnete die Tür und ließ sie eintreten.

»Du solltest aber vorsichtshalber keine livrierten Diener erwarten, die dich zu einem baldachingekrönten Prunkbett führen! Der Torre vecchio ist ein ganz simples Speiserestaurant, allerdings ein sehr gutes!«

Von einer Halle führten Türen in mehrere kleine Speisesäle. Fast jeder Tisch war besetzt, und zwar überwiegend von Italienern, wie Tinchen mit einem kurzen Blick feststellte.

»Eisbein und Sauerkraut gibt's hier ebensowenig wie fish and chips!« erklärte Brandt die fehlende Invasion hungriger Touristen. »Setzen wir uns auf die Terrasse?«

Am dienernden Maître vorbei führte er sie ins Freie. Eine halbhohe Mauer aus uralten Steinen begrenzte einen kleinen Platz, auf dem nur vier Tische Platz gefunden hatten. Einer war noch frei. Brandt rückte Tinchen den Stuhl zurecht und vertiefte sich zusammen mit dem herbeigeeilten Kellner in die Speisekarte, deren Lektüre längere Zeit in Anspruch nahm. Von der in schnellem Italienisch geführten Unterhaltung verstand Tinchen kaum die Hälfte, aber es schien sich um das schwerwiegende Problem zu handeln, ob der prosciutto di parma auch wirklich von dort stammte, und wann man die piccioni hereinbekommen habe.

»Mögen Sie Langusten?«

Nein, wollte Tinchen sagen, die diese nur aus Fühlern und Beinen bestehenden Schalentiere lediglich im Aquarium gesehen hatte und sich nicht vorstellen konnte, daß so etwas überhaupt eßbar sei, aber sie wußte natürlich, daß sie als Delikatesse galten und bei Feinschmeckern sehr beliebt waren.

»Die esse ich sogar leidenschaftlich gern!« versicherte sie im Brustton der Überzeugung, nicht gewillt, sich mit ihrem eher der soliden Hausmannskost zugeneigten Geschmack zu blamieren. Und was, um alles in der Welt, waren piccioni? Klang irgendwie nach Gemüse! Na, sie würde sich einfach überraschen lassen! Vorsichtshalber angelte sie eine Scheibe Weißbrot aus dem bereitgestellten Körbchen, bestrich sie dick mit Butter und biß hinein. Wer weiß, ob sie von dem, was sie erwartete, überhaupt satt werden würde.

Der Kellner zog ab und kehrte gleich darauf zurück. In seinen Armen trug er ein Bastkörbchen, das er wie ein Baby an die Brust gedrückt hielt und dann andachtsvoll präsentierte.

»Va bene«, sagte Brandt, nachdem er probiert hatte, und nickte. In einem leuchtenden Rot floß der Wein in die Gläser.

»Die Farbe suche ich schon lange«, murmelte Tinchen.

»Wofür denn?«

»Für meinen Nagellack!«

Einen Augenblick lang hatte es Brandt die Sprache verschlagen, dann lachte er schallend los. »Dein Hang zum Prosaischen ist wirklich entsetzlich, Tina! Da führe ich dich in eins der besten Restaurants an der ganzen Küste, lasse dir einen Port zelebrieren, nach dem sich alle rotnasigen Weinkenner die Finger lecken würden, und du denkst an Nagellack!« Er hob sein Glas. »Prosit, Aschenbrödel, trinken wir auf den verlorenen Schuh, dem ich diesen Abend zu verdanken habe.«

Das stimmte sogar. Ursprünglich hatte sich Tinchen nur nach Verenzi zurückbringen lassen wollen, vor allem deshalb, weil sie Brandt das verauslagte Geld wiedergeben wollte. Aber dann war ihr in dem Schuhgeschäft regelrecht schlecht geworden, und Brandt hatte angeordnet, daß sie erst einmal etwas essen müsse. Richtig diktatorisch war er geworden! Nun saß sie hier in diesem Luxusschuppen mit 325 Lire in der Tasche und dem Gefühl, wirklich ein Aschenbrödel zu sein, zu dem ein leibhaftiger Prinz herabgestiegen war und sie in eine ganz andere Welt geführt hatte. Bei Florian hatte es immer nur zu McDonald's gereicht!

Tinchen gab sich einen Ruck. Wie kam sie nur ausgerechnet jetzt auf Florian?

»Wo sind wir hier eigentlich?« fragte sie um einiges zu munter, denn Brandt machte keinerlei Anstalten, die versickerte Unterhaltung wieder in Gang zu bringen.

»In Corsenna. Es wird behauptet, vor Jahrhunderten sei es ein Schlupfwinkel von Seeräubern gewesen. Daran muß was Wahres sein. Ihre Nachkommen haben ein Restaurant daraus gemacht und plündern ahnungslose Besucher genauso schamlos aus wie ihre Altvorderen. Nicht umsonst gelten die Italiener als sehr traditionsbewußt.«

Eine Prozession von Kellnern nahte, beladen mit Beistelltischen und furchterregenden Gerätschaften. Vor Tinchen wurde ein Arsenal von Bestecken aufgebaut, deren Zweck ihr völlig unklar war. Eine große Platte kam auf den Tisch, die Kupferhaube wurde abgenommen, und da lagen sie, die gräßlichen Viecher mit den großen schwarzen Knopfaugen und den endlos langen Fühlern. Schön sahen sie nicht aus in ihrem Bett aus Dekorationsgemüse, aber wenigstens friedlich! Wie rückte man den Biestern jetzt zu Leibe?

Ihr Gegenüber beobachtete sie schmunzelnd und wartete. Tinchen wartete ebenfalls. Desgleichen die Langusten.

»Nun fang doch endlich an! Ich denke, du ißt sie so gern?«

Tinchen wurde kleinlaut. »Aber bloß in entkleidetem Zustand. Ich dachte immer, das Ausziehen sei euch Männern vorbehalten!«

»Aschenbrödel, du wirst frivol!« Geschickt zerteilte er eine Languste und legte die eßbaren Teile auf Tinchens Teller.

»Im Schweiße deines Angesichts sollst du dein Brot essen!« rezitierte sie und hantierte noch etwas unbeholfen mit der zweizinkigen Gabel. »Ich wußte gar nicht, daß das so wörtlich gemeint war!«

Die Teller wurden abgeräumt, neue kamen, und Tinchen futterte sich zufrieden durch das Menü. Der Parmaschinken war exzellent, die piccioni entpuppten sich als ganz ordinäre Tauben, schmeckten aber trotzdem, das Kalbsschnitzel war zart und der Käse unbekannt und rosarot, worauf Tinchen beschloß, endlich satt zu sein.

Belustigt hatte Brandt verfolgt, wie seine Begleiterin eine Platte nach der anderen leerte. »Allmählich begreife ich, weshalb Pauschalreisen immer teurer werden!«

»Sie vergessen meinen Nachholbedarf!«

»Willst du nicht endlich mit diesem albernen Sie aufhören, Aschenbrödel? Oder kennst du ein Märchen, in dem der Prinz seine Prinzessin siezt?«

Bisher hatte Tinchen eine direkte Anrede nach Möglichkeit vermieden, aber nun war ihr das Sie doch wieder herausgerutscht. Weshalb nur konnte sie nicht zu dem burschikos-kameradschaftlichen Umgangston finden, der ihr doch in der Redaktion nie schwergefallen war?

Gleich am ersten Tag hatte sie Florian geduzt, und zwar nicht nur, weil ›das hier so üblich‹ ist, wie er ihr versichert hatte. Schon wieder Florian!

Brandt goß neuen Wein in die Gläser und stieß mit ihr an. »Ich heiße Klaus und bei den Eingeborenen Claudio. Du kannst dir also das Passende heraussuchen.«

Tinchen schwieg und wartete auf den obligatorischen Kuß. Sie wurde enttäuscht. Brandt rückte lediglich seinen Stuhl neben den ihren und legte seinen Arm um ihre Schultern. »Siehst du, Aschenbrödel, ich habe dir die ganze Welt zu Füßen gelegt.« Er deutete auf die Lichterpünktchen, die aus der Tiefe heraufschimmerten. In der Ferne jammerte der Neun-Uhr-Zug durch das Tal, verschwand in einem der zahllosen Tunnel, tauchte leuchtend wie eine Bernsteinkette auf und wurde vom nächsten Tunnel wieder verschluckt.

Wie zufällig lehnte sie den Kopf an seine Schulter. »Danke.«

Er rührte sich nicht, und sie wagte kaum zu atmen aus Angst, die schweigende Vertrautheit zu stören.

Plötzlich stand er auf. »Entschuldige mich bitte einen Moment, bin gleich wieder da.«

Wie lange ist gleich? Nach zehn Minuten wurde Tinchen unruhig. Ein Mann, der bekanntlich weder frischen Lidschatten auftragen noch sich die Nase pudern muß, kann doch keine Ewigkeit auf der Toilette verbringen! Selbst wenn er, hm, an Verdauungsbeschwerden leiden sollte! Was, wenn er nun doch einen zweifelhaften Charakter hatte und sie einfach hier sitzenließ? Mit der unbezahlten Rechnung und 325 Lire. Damit wäre in diesem feudalen Kasten ja nicht einmal die Klofrau zufrieden! Nervös schielte sie zur Tür. Der dort postierte Kellner guckte schon reichlich komisch. Na also, nun kam er auch noch geradewegs auf sie zu. So etwas Ähnliches hatte sie erwartet.

»Posso versar Le ancora un bicchiere?«

»Wie bitte? Ach so, ja, si, grazie.« Nun war schon alles egal! Wenn sie sowieso als Zechprellerin verhaftet werden würde, konnte sie wenigstens den Wein austrinken. In einem Zug leerte sie das Glas. Hoppla, warum schaukelte der Mond jetzt wie eine Papierlaterne? Sie kniff die Augen zusammen und machte sie ganz langsam wieder auf. Na bitte, nun stand er wieder still. Statt dessen bewegte sich das Windlicht auf dem Tisch. Immer näher kam es, und hinter ihm ragte ein bedrohlicher Schatten auf...

»Wir müssen gehen, Tina, da hinten zieht ein Gewitter auf. Vorsichtshalber habe ich schon den Wagen zugemacht. Mit offenem Verdeck dürfte es gleich sehr ungemütlich werden!«

Wolken, dick wie Klöße, ballten sich über den Bergen zusammen. Tinchen ließ sich fröstelnd in Tante Josis Wolljacke wickeln, die der vorausschauende Brandt mitgebracht hatte. »Hat es im Paradies eigentlich auch geregnet? Oder fliegen wir jetzt bloß gewaltsam da raus?«

»Keine Ahnung! Aber eins weiß ich sicher: Wenn wir nicht gleich verschwinden, kommen wir heute nicht mehr nach Hause. Ein Gewitterregen verwandelt diese jämmerliche Zufahrtsstraße in eine Schlammwüste.«

Die ersten Regentropfen klatschten auf die Steine, als sie den Wagen erreicht hatten. Es war der letzte, die anderen Autos waren schon alle weg.

»Statt nach unten hätten wir lieber mal nach oben sehen sollen!« schimpfte Brandt und deutete auf den pechschwarzen Himmel, aus dem jetzt eine wahre Sturzflut herunterkam. »Mein Steuermannspatent kriege ich nämlich erst im nächsten Jahr.«

Später hatte Tinchen nicht sagen können, wie sie den Berg heruntergekommen waren. Sie hatte die Augen fest geschlossen gehalten und sich krampfhaft am Sitz festgeklammert, während Brandt im Schneckentempo die Serpentinen heruntergerollt war. Zweimal hatte er hörbar die Luft eingesogen, weil der Wagen seitlich wegrutschte, und Tinchen hatte sich überlegt, daß ihr Leben zwar kurz und nicht besonders ereignisreich, aber zumindest in den letzten Stunden doch sehr schön gewesen war.

Unten an der Küste tobte sich das Gewitter erst richtig aus. Peitschenknallende Blitze schossen durch die Luft, unmittelbar darauf krachten Donnerschläge, und der Wagen wischte unermüdlich den Regen aus den Augen. Die Straßen waren menschenleer. Auf der Promenade trieften ein paar vergessene Sonnenschirme; auf einem hing sogar ein hinaufgewehtes Tischtuch. Das Meer war beinahe schwarz. Schwere Brecher wälzten sich gischtsprühend über den Strand und klatschten an die Mauer.

Wie es jetzt wohl auf unserer Klippe aussieht? Die Hosen dürften endgültig weg sein, selbst wenn sie sich vorher doch noch irgendwo verklemmt hatten. »Aber das Taschentuch habe ich noch!«

sagte Tinchen laut, zog ein zerknülltes Stück Stoff aus der Tasche und hielt es Brandt entgegen. Dann steckte sie es doch schnell wieder ein. »Ich werde es wohl besser erst waschen.«

»Du kannst es ruhig behalten«, sagte er gleichgültig.

Im Lido brannte kein Licht. Paolo, der Nachtportier, steckte den Kopf aus der Tür, beäugte im Schein eines Kerzenstummels die Ankömmlinge und murmelte ein unwilliges »Buona sera«, als er Tinchen erkannte. Anschließend verkroch er sich wieder. Genau wie eine Schildkröte, ging es Tinchen durch den Kopf.

»Willst du nicht aussteigen?«

Sie zuckte zusammen. »Doch, natürlich.« Zögernd angelte sie ihre Tüte vom Rücksitz. War das nun alles? Kein zärtliches »Auf Wiedersehen, Aschenbrödel«, kein Abschiedskuß, kein »Es war schön mit dir?« Sie war maßlos enttäuscht. Er hatte ja nicht einmal so viel Anstand, auszusteigen und ihr aus dem Wagen zu helfen. Allerdings mußte ihr Gerechtigkeitssinn zugeben, daß Höflichkeit auch ihre Grenzen haben konnte – zumindest bei einem Platzregen.

»Das Geld! Ich habe ja das Geld vergessen!« Ein Glück, daß ihr das noch rechtzeitig genug eingefallen war! Immerhin eine kleine Galgenfrist. »Warte einen Moment, ich hole es schnell. Oder möchtest du nicht lieber für einen Augenblick hereinkommen?«

»Weder noch! Das eilt nun wirklich nicht so! Ich rufe dich an, Tina. Und jetzt mach, daß du ins Haus kommst, sonst holst du dir noch nasse Füße!«

Er zog die Wagentür ins Schloß und brauste ab.

Dumme Tine, was hast du dir eigentlich eingebildet? Liebe auf den ersten, oder nein, auf den dritten Blick? Das hast du nun davon! Der Prinz ist weg, das Märchen aus! Vorzeitig beendet von einem simplen Gewitterregen. Hatschi!

Langsam schlurfte sie zur Tür. Sie hätte doch lieber das Karmeliterkloster besichtigen sollen!

10

Auch der Bahnhof von Verenzi wies jene architektonische Absonderlichkeit auf, die fast allen Bahnhöfen vorbehalten ist: Wo immer man sich außerhalb des Stationsgebäudes aufhielt, zog es! Ob vor oder neben dem Eingang, ob auf den beiden Bänken oder im Windschatten des Kaugummiautomaten, ob hinter den Blumenkübeln oder an der Telefonzelle, war egal – es zog! Selbst im Hochsommer, wenn kaum ein Lüftchen wehte und man jeden Windhauch als willkommene Kühlung begrüßte, rieb jeder fröstelnd die Arme und wickelte sich in eine Jacke, sobald er den Bahnsteig betrat. Den besten Schutz boten noch die beiden Briefkästen, die etwas schief an der Mauer hingen. Ein Schild in vier Sprachen besagte, daß der linke Kasten für Post Richtung Genua bestimmt war, während der rechte seinen Inhalt auf die entgegengesetzte Route schicken würde. Bemerkenswert war nur die Tatsache, daß beide Briefkästen zur selben Zeit in denselben Sack geleert wurden. Der Postmensch hatte Tinchen allerdings versichert, man würde die Briefe später wieder auseinandersortieren. Eine längere Diskussion über die Sinnlosigkeit der Briefkasten-Zwillinge war an der Sprachbarriere gescheitert. In ihrem systematischen Vokabelstudium (›Italienisch in 30 Tagen‹) war sie erst bis zum Buchstaben M gekommen, also Margarine, Meineid, Mondfinsternis; alles, was mit dem Postversand zu tun hatte und über den Kauf von Briefmarken hinausging, stellte Tinchen noch vor sprachliche Schwierigkeiten.

Bibbernd stand sie zwischen den beiden Kästen und verfolgte die Zeiger der Bahnhofsuhr. Die ging zwar nie ganz genau, aber darauf kam es auch nicht an. Der Sonderzug war noch niemals pünktlich angekommen, und heute bestand sogar die Aussicht, daß er noch später eintrudeln würde als sonst. »Mi dispiace molto, signorina«, hatte Signor Poltano, seines Zeichens Stationsvorsteher, mit tiefbekümmerter Miene versichert, »aber Zug steht noch in Savona. Muß erst Rapido durchlassen, und Rapido hat Verspätung.«

Tinchen nickte ergeben. Wieso auch nicht? Deshalb heißt er ja Eilzug.

Sie trat von einem Bein aufs andere, aber wärmer wurde ihr nicht. Das Wetter hatte umgeschlagen, es war empfindlich kalt geworden, und die dicken Wolkenbänke hatten den ganzen Tag keinen Sonnenstrahl durchgelassen. Schumann hatte zwar behauptet, spätestens morgen früh sei der azurblaue Reiseprospekt-Himmel wieder da, aber vorsichtshalber hatte er doch das Barometer in der Halle ein bißchen manipuliert. »Wenigstens die Hoffnung muß den Gästen bleiben«, hatte er gesagt und den Zeiger mit Tesafilm auf ›Schönwetter‹ fixiert.

»Und wenn's nun weiterregnet?«

»Dann ist das Ding eben keine deutsche Wertarbeit und folglich kaputt! So was hebt das germanische Selbstwertgefühl!«

Schon vierzig Minuten Verspätung! Tinchen fluchte leise vor sich hin. Der ganze Zeitplan würde wieder durcheinanderkommen! Koffer nicht im Hotel, lauwarmes Essen für die Gäste, schlecht gelaunte Kellner und dazu dieses Mistwetter! Das würde morgen Beschwerden hageln!

Als der Zug endlich aus dem Tunnel tauchte, stöckelte Lilo auf den Bahnsteig. Die mußte entweder einen sechsten Sinn haben oder ein Verhältnis mit dem Stationsvorsteher. »Ciao, Tinchen!«

»Du kannst wohl nie ein bißchen früher da sein?«

»Wozu denn? Wenn ich hier rumstehe, kommt der Zug auch nicht eher!«

Weil sie dieser unwiderlegbaren Logik nichts entgegensetzen konnte, trabte Tinchen wütend zur Lautsprecheranlage. Heute war sie an der Reihe. Sie griff nach dem Mikrofon, räusperte sich kurz und versuchte, das Zischen der Lokomotive und den Lärm der schlagenden Türen zu übertönen:

»Herzlich willkommen in Verenzi! Alle Schmetterlinge, die nun endlich am Ziel sind, wollen bitte aussteigen und ihr Gepäck nicht vergessen. Die Koffer bleiben auf dem Bahnsteig stehen und werden Ihnen später gebracht. Vor dem Bahnhofsgebäude wartet ein Bus, der Sie sofort in Ihre Hotels fährt. Schmetterlings-Reisen wünscht Ihnen allen einen schönen, erholsamen Urlaub!«

Dämliches Geschwafel! Tinchen hängte das Mikrofon in die Halterung zurück. Gleich fallt ihr wie die Heuschrecken über mich her, weil keiner zugehört hat oder jeder alles noch einmal ganz genau wissen will. Individuelle Betreuung! Von wegen!

»Ach, Fräulein, hat mein Zimmer denn nun wirklich einen Balkon nach Süden?«

»Selbstverständlich!« Sie nickte der betulichen alten Dame freundlich zu und betete insgeheim, es möge sich nicht um jene Amelie von Sowieso handeln, die kategorisch ein sehr ruhiges Eckzimmer, Südlage, mit Blick zum Meer verlangt hatte. Vorsichtshalber hatte Tinchen sie in die weit entfernt liegende Pension Margarita einquartiert, wo es garantiert keinen Straßenlärm, aber ebenso garantiert keinen Meeresblick gab.

»Sind Sie die Reiseleiterin? Wir möchten nämlich die Zimmer tauschen!«

Zwei Jünglinge, einer davon mit Nickelbrille auf der pickeligen Nase, bauten sich vor Tinchen auf. »Mein Freund und ich... nein, meine Freundin und ich... also die Gudrun und die Heike wohnen in einem anderen Hotel, und da haben wir gedacht...«

»Heute abend läßt sich das nicht mehr arrangieren, aber kommen Sie morgen ins Büro, ich werde sehen, was sich machen läßt.« Vielleicht wurden dadurch Einzelzimmer frei.

»Fräulein, mein Handkoffer ist nicht da. Können Sie nicht mal...«

»Sagen Sie, verehrte Dame, ist die blonde Sängerin vom letzten Jahr noch immer in der Splendid-Bar?«

»Frau Reiseleiterin, wie weit muß ich von der Villa Flora bis zum Strand gehen? Sind das auch wirklich nur hundert Meter?«

Eingekeilt zwischen aufgeregten, mürrischen und jovialen Gästen blickte Tinchen hilfesuchend zu Lilo hinüber, die ihren Trupp schon zusammengesammelt hatte und zum Ausgang dirigierte. Wie machte die das bloß?

»Wie geht's denn nu weiter, Fräulein Schmetterling?« Ein Herr in grauen Nadelstreifen drängte sich zu Tinchen durch. »Laut Fahrplan sitzen wir schon längst im Hotel beim Abendessen.«

Endlich kam Bewegung in die Menge, und bald saß Tinchen vorn im Bus auf ihrem Klappsitz und spulte den sich allwöchentlich wiederholenden Text herunter. »Wir fahren zuerst zum Hotel Miramare, dann zum Bellavista, danach...« Es war jedesmal die gleiche Route, die gleiche Prozedur: Klappsitz hoch, Tür auf, aussteigen, Gäste abzählen, »Auf Wiedersehen und viel Vergnügen!«, einsteigen, Tür zu, Klappsitz runter, weiterfahren...

Um sieben hatte sie endlich alle Schäfchen abgeladen und ließ sich zum Lido bringen. Den Koffertransport erledigte Luigi immer allein, weil das nach seiner Ansicht schneller ging, als wenn Tinchen seine nie zu ergründende Methode des Einsortierens störte.

Sie fand Schumann in der Küche, wo er, umgeben von dem sichtbar verzweifelten Küchenpersonal, in einer großen Schüssel rührte.

»Was hat mich bloß auf den Gedanken gebracht, diesen Nudelfetischisten die Herstellung von Kartoffelsalat beibringen zu wollen? Probieren Sie mal, Tina!«

Gehorsam griff sie nach dem Löffel. »Warum sieht der denn so grün aus?«

»Weil diese Idioten die ganze Petersilie, die als Dekoration bestimmt war, durch den Fleischwolf gedreht und druntergemischt haben!«

Vorsichtig kostete sie. »Schmeckt irgendwie ein bißchen nach Butterkrem!«

»Kein Wunder! Piero hat statt Mayonnaise einen ganzen Liter

süße Sahne reingekippt. Auf diese Weise hat er zwar ein völlig neues Gericht kreiert, aber eigentlich wollte ich bloß simplen Kartoffelsalat haben!«

»Nennen Sie ihn Insalata italiano und setzen ihn als Spezialität des Hauses auf die Speisekarte!«

»Geht nicht! Am Ende macht der noch Furore. Ich rühre aber schon seit einer Stunde in dem Zeug herum und versuche, Geschmack reinzubringen. Was da jetzt alles drin ist, weiß ich nicht mehr, auf keinen Fall würde ich ihn wieder so hinkriegen!«

Angewidert schob er die Schüssel zur Seite und ordnete für morgen als Vorspeise die doppelte Portion Ravioli an. »Von irgendwas müssen die Leute ja satt werden!«

Verlegen druckste Tinchen herum. »Hat – hat vielleicht jemand für mich angerufen?«

Schumann schlug sich mit der Hand vor die Stirn. »Natürlich! Dreimal schon! Sie sollen gleich zurückrufen!«

»Mach ich sofort!« versicherte sie eifrig. »Haben Sie zufällig die Nummer notiert?« Sie hatte keine Ahnung, wie Tante Josi mit Nachnamen hieß, und ein Klaus Brandt würde wohl kaum im Telefonbuch zu finden sein.

»Hotel Marittimo, die Nummer liegt irgendwo im Büro! Mit Rotstift auf 'm Zeitungsrand!«

Enttäuscht drehte Tinchen um. Ihre Hochstimmung war verflogen. Sie hatte fest mit einem Anruf von Brandt gerechnet, nachdem er sich den ganzen Tag über nicht gemeldet hatte. Sogar mittags war sie im Büro geblieben, und als das Telefon nicht ein einziges Mal geläutet hatte, war sie davon überzeugt gewesen, daß im Hotel eine Nachricht von ihm liegen würde. Warum schwieg er sich aus? Er hatte doch gestern beim Abschied gesagt, daß er anrufen werde!

Im Hotel Marittimo hatte bereits der Nachtportier seinen Dienst angetreten, der kaum Deutsch und ein sehr sizilianisch gefärbtes Italienisch sprach, von dem Tinchen nur die Worte camera und autorimessa verstand. Allerdings konnte sie sich keinen Reim darauf haben, was das Zimmer mit einer Garage zu tun haben sollte, denn das Marittimo war erst vor zwei Jahren erbaut worden und relativ großzügig ausgestattet.

»Fritz!« schrie sie entnervt, als der italienische Wortschwall kein Ende nehmen wollte, »können Sie nicht mal kommen?«

Schumann trabte an, nahm grinsend den Hörer entgegen und flüsterte mit zugehaltener Sprechmuschel: »Was hat Sie bloß bewogen, ausgerechnet in Italien Reiseleiterin spielen zu wollen?«

»Das Meer, was denn sonst? Wenn man untergeht, zieht einen vielleicht ein hübscher junger Mann aus dem Wasser, aber wer rettet mich in den Schweizer Bergen aus der Lawine? Ein Bernhardiner!«

Noch immer lachend ließ Schumann geduldig das Palaver seines unsichtbaren Gesprächspartners über sich ergehen und legte schließlich auf. Dann prustete er erst richtig los. »Ich glaube, Sie haben sich heute Ihr Meisterstück geleistet! Offenbar haben Sie zwei Leute gleichen Namens, die sich überhaupt nicht kennen, in ein Doppelzimmer verfrachtet!«

»Die Schmitzens!« stöhnte Tinchen. »Ich hab' ja gleich geahnt, daß das schiefgeht! Aber ich hatte damit gerechnet, daß die beiden wenigstens verheiratet sind!«

»Was nicht ist, kann ja noch werden«, tröstete Schumann, »nur im Augenblick droht der weibliche Teil, lieber in der Garage oder im Bügelzimmer zu schlafen, als noch eine Minute länger mit diesem rheinischen Flegel unter demselben Dach zu verbringen.«

Tinchen griff nach ihrer Handtasche. »Da bleibt mir wohl nichts anderes übrig, als die Sache sofort in Ordnung zu bringen! Ich weiß bloß nicht, wie! Wo kriege ich heute noch ein Einzelzimmer her? Wenn alle Stricke reißen, muß der weibliche Schmitz diese Nacht bei mir schlafen. Notfalls gehe ich zu Lilo. Oder haben Sie zufällig eine leere Badewanne?«

»Die auch, aber für zwei Nächte kann ich Ihnen sogar ein Zimmer geben. Die Schwedin aus dem dritten Stock ist heute früh überraschend abgereist. Hatte wohl was Passendes gefunden! Jedenfalls wurde sie von einem Franzosen mit Silberlocke und Sportwagen abgeholt und hat als Nachsendeadresse ein Hotel in Saint-Tropez angegeben.«

»Bei der hatte ich schon immer den Eindruck, daß sie sehr tierlieb ist. Es gibt bestimmt nichts, was die nicht für einen Nerz täte!« Tinchen drücke Schumann einen Kuß auf die Wange. »Vielen Dank, was würde ich bloß ohne Sie anfangen?«

»Ein Heiratsbüro eröffnen!«

Im Marittimo hatten sich die Gemüter schon wieder beruhigt. Das unfreiwillige Ehepaar hockte an der Hotelbar, trank Sekt – selbstverständlich auf Kosten der Schmetterlinge, wie Direktor Corti Tinchen erklärte – und erging sich in Vermutungen über die Komplikationen beim Standesamt, wenn ein Fräulein Schmitz aus Köln-Ehrenfeld einen Herrn Schmitz, ebenfalls Köln-Ehrenfeld, zu ehelichen gedächte.

»Schmitz mol Schmitz jitt Schmitz hoch zwei, dat is en mathematisches Problemsche un kein familljerechtlichet«, stellte Fräulein Schmitz fest und kämpfte mit dem Gleichgewicht, das ihr auf dem hohen Stühlchen immer mehr verlorenging.

»Dat is' doch ejal!« Der männliche Schmitz orderte eine neue Flasche.

»De Schmitzens sin joode rheinische Adel, und dä bliev am beste unger sich!« Er rutschte vom Hocker und schwankte auf Tinchen zu.

»Schad, dat et he keen lecker Bierche jit. De Schlabberbröh do kann me net suffe, de jeht su in dr Fös!« Mit verpliertem Blick musterte er Tinchen. »Ich han Üch äver och ens jesinn. Sin Se ouch us Kölle?«

Tinchen dankte dem Himmel, daß sie als gebürtige Düsseldorferin an die rheinische Mundart gewöhnt war; Lilo hätte diesen munteren Knaben bestimmt nicht verstanden. »Nein, ich bin nicht aus Köln, und gesehen haben Sie mich vorhin auf dem Bahnhof. Ich bin Ihre Reiseleiterin.«

»Dann han *Sie* us verkuppelt? Dat wor en joode Idee von Üch! Könne me dat Doppelzimmer behale, uch wenn me nit verhierot sin?«

»Wenn Fräulein Schmitz damit einverstanden ist...«

»Dat is se bestimmb! Die kritt jetzt noch e Piccolöche, und dann jeht dat schon in Ordnung, nit wohr, Undinsche?«

Undine nickte bestätigend. »Mer han uns jefunne! Un de Wolfgang is' ene nette Kääl, mit dem kann me uskomme. Ich glöv, dat wit ene schöne Urlaub. Wenn bloß en ander Wedder wär. Is' dat imme so feucht he?«

»Nur wenn's regnet«, versicherte Tinchen ernsthaft und versprach für den nächsten Tag blauen Himmel sowie angemessene Badetemperaturen.

Und was, wenn das nicht stimmt? dachte sie auf dem Heimweg. Dann bin ich morgen eben krank oder tot, bleibe im Bett und überlasse es Lilo, mit den aufgebrachten Schmetterlingen fertig zu werden.

Als ob die mit ihrer Buchung auch gleich die Garantie für Sonnenschein und fünfundzwanzig Grad über Null eingekauft hätten! Und überhaupt sollten sie sich nicht ständig über das Wetter beklagen. Würde es sich nicht immer wieder ändern, könnten die meisten von ihnen gar kein Gespräch anknüpfen!

23. Mai

Pfingstmontag. Kennt man hier nicht. Es wird geniggert wie an einem ganz normalen Wochentag. Bin trotzdem zum Baden gegangen. War aber langweilig, so ganz allein. Von Klaus keine Spur. Wahrscheinlich hat die Tante was gegen mich!

26. Mai

Horror-Trip nach Nizza. Keine Ahnung, was den Gottlieb Maria in Frankfurt auf die Idee gebracht hat, bei den Schmetterlingen würden überwiegend jüngere Leute buchen. Heute war die Jüngste 43 und magenkrank. Ausgerechnet in Monte Carlo! Hätte sie ihre Gastritis nicht vor der Grenze kriegen können? Zum Glück sprach Apotheker leidlich gut Italienisch. Meinte, die Tabletten würden zwar nicht viel helfen, aber sie hätten wenigstens keine Nebenwirkungen. Bin mir da nicht so sicher. Erstaunlich schnell regenerierte Patientin verspielte fast 300 Mark im Kasino.

28. Mai

Bin heute nach Loano gefahren. Wollte endlich meine Schulden bei Klaus bezahlen. Tante und Neffen nicht gesichtet, aufreizend attraktive Verkäuferin bewachte Laden nebst Inhalt. Vermutlich Kusine von Klaus. Ist zwar Italienerin, aber seine Verwandtschaft bewegt sich ja ohnehin auf internationaler Ebene. Habe Geld mit ein paar Dankesworten im Umschlag hinterlegt. Gegen Quittung. Telefonnummer vom Büro dann doch wieder durchgestrichen. Kann man aber immer noch lesen.

29. Mai

Lilo ist krank. Behauptet sie wenigstens. Wollte Autoschlüssel holen und fand ein viktorianisches Ritual, bestehend aus Chaiselongue, darauf bleiche Gestalt in bodenlangem Rüschengewand, drumherum nach Lavendel duftende Spitzentücher sowie unberührte Speisen. Morgen ist sie auch noch krank, hat sie gesagt. Was ihr fehlt, weiß sie nicht. Vielleicht kann sie das Alleinsein nicht ertragen. Ihr letzter ständiger Begleiter ist am Donnerstag wieder abgereist. Trug plötzlich Ehering am Finger und eine Zelluloidente unterm Arm – zu groß für die heimische Badewanne. Wird wohl Mitbringsel für den Nachwuchs gewesen sein!

Bin heute nachmittag mit ›Sole mio‹ nach Loano gefahren. Wollte endlich Karmeliterkloster besichtigen. Statt dessen auf dem Golfplatz gelandet. Anschließend über Promenade gebummelt und drei Martinis getrunken. Erst nach einer Stunde Auto wiedergefunden, hatte immer in der falschen Richtung gesucht. Zufällig an Tante Josis Laden vorbeigekommen. War geschlossen.

30. Mai

Der Mai ist ein so schöner Monat, verstehe nicht, daß er auch Montage hat. Miserable Nacht verbracht. Konnte nicht einschlafen. Rauchte zwei Zigaretten und nahm schließlich Tablette. Umsonst. Die Brandung rauschte so laut, der Wind jaulte ums Haus, nebenan kläffte ein Köter – hatte mir immer eingebildet, am Meer herrsche das große Schweigen! Versuchte es mit Schäfchenzählen. Kam bis 634. Sämtliche Schäfchen schlürften Martinis und rauchten Zigaretten.

3. Juni

Habe Sammelbrief vom Klassentreffen bekommen. Große Jubiläumsfeier. Sind wirklich schon zehn Jahre seit dem Abitur vergangen? Die meisten sind verheiratet und ein paar wieder geschieden. Die haben wenigstens schon was von ihrem Leben gehabt!

7. Juni

Muß mir unbedingt etwas einfallen lassen, um gelangweilte Gäste aufzumöbeln. Heute erschien Abordnung aus dem Paradiso – da wohnen zur Zeit 37 Schmetterlinge – und beschwerte sich über mangelnde Freizeitgestaltung. Neckermann macht Bingo-Abende, Touropa veranstaltet Folklorefeste, bei Scharnow wird um die

Wette geangelt – bloß wir hätten nichts Gleichwertiges zu bieten. Also ein Fall für Eigeninitiative! Ob man den Italienern Schuhplattln beibringen kann? Oder vielleicht sollte ich es doch mal mit den Eseln versuchen?

»Buon giorno, ich bin Sergio!«

Etwas irritiert sah Tinchen hoch. Vor ihrem Schreibtisch stand ein hochgewachsener Italiener mit dunklen Haaren, dunklen Augen, einem ebenmäßig geschnittenen Gesicht und garantiert echten schneeweißen Zähnen. Seine hellen Hosen paßten farblich genau zu dem dunkelblauen Hemd, und die weiße Jacke, die er lässig über die Schulter geworfen hatte, diente bestimmt nur als Dekoration. Draußen war es brüllend heiß.

»Ich bin Sergio Perelli«, wiederholte dieses personifizierte Fotomodell noch einmal nachdrücklich.

»Ein schöner Name«, sagte Tinchen bereitwillig, »und so melodisch. Sind Sie Schauspieler?«

»Nein, Signora. Aber darf ich fragen, was Sie hier tun?«

Das wurde ja immer besser! »Ich warte auf die Straßenbahn!« knurrte Tinchen bissig. »Im übrigen war ich zuerst hier. Wenn also jemand Fragen stellt, dann ich! Was wollen Sie?«

»Ich möchte zu Herrn Harbrecht!« Er sprach ein nahezu akzentfreies Deutsch.

»Wenn Sie sich beeilen, können Sie noch die 17-Uhr-Maschine nach Catania erreichen. Wie lange Sie dann bis Taormina brauchen, weiß ich allerdings nicht. Sonst noch was?« Sie beugte sich wieder über ihre Listen.

Jetzt kam Bewegung in den Kleiderständer. Er klappte zusammen und ließ sich auf einen Stuhl fallen. »Herr Harbrecht ist nicht mehr hier?«

»Das sagte ich doch gerade!«

»Maledetta porcheria!«

»Meinethalben können Sie ruhig auf deutsch fluchen!«

»Entschuldigung, Signorina, aber das ist wirklich zu ärgerlich. Jetzt komme ich extra aus Turin herunter, nur um zu erfahren, daß ich nicht gebraucht werde.« Er deutete auf Lilos Schreibtisch. »Wie ich sehe, haben Sie schon eine Hilfe.«

Plötzlich klickerte es bei Tinchen. Hatte Harbrecht nicht beiläufig einen Germanistikstudenten erwähnt, der während seiner Semesterferien als Mädchen für alles zur Verfügung stehen würde? Wenn das stimmte und dieser gutaussehende Mensch da wirklich jener Sergio war, dann hatte sie sich mal wieder gründlich in die Nesseln gesetzt! Falls überhaupt, so hatte sie mehr an ein bebrilltes unterernährtes Knäblein gedacht, das Geschichtszahlen herunterleiern und alle heimischen Gewächse mit den botanischen Namen belegen konnte und bestenfalls als wissenschaftliche Autorität auf den Sightseeing-Touren zu verwenden sein würde. Aber dieser Reiseprospekt-Adonis sah nicht so aus, als ob ihm viel an der Betreuung wissensdurstiger älterer Damen gelegen sei. Wenigstens sprach er fließend Italienisch und war somit prädestiniert, die Verhandlungen mit hartnäckigen Hoteliers zu führen. Je weiter die Saison voranschritt, desto mehr Zimmer schienen plötzlich renovierungsbedürftig zu sein. Auch eine unerklärliche Epidemie hatte offenbar den Ort befallen, weil erstaunlich viele Gäste krank geworden waren und nun gezwungenermaßen ihre Abreise verschieben mußten. Allerdings war noch kein Schmetterling von dieser rätselhaften Krankheit heimgesucht worden; vielmehr handelte es sich bei den Bedauernswerten ausschließlich um jene Touristen, die auf eigene Faust angereist waren, in der Regel erheblich mehr zahlten und sich natürlich bei ihren Gastgebern größerer Sympathie erfreuten. Tinchen hatte schon erbitterte Kämpfe ausgefochten und sich auf das vereinbarte Zimmerkontingent berufen, war aber gerade in den letzten Tagen mehrmals mit einem Schulterzucken abgefertigt worden. Man kann doch einen Fiebernden nicht einfach aus dem Hotel werfen, nicht wahr? Dafür mußte die Signorina doch Verständnis haben! Selbstverständlich war es unangenehm, daß gerade dieses Zimmer ab morgen für zwei Schmetterlinge reserviert gewesen war, aber Krankheit sei schließlich höhere Gewalt, und bei höherer Gewalt sei man nicht mehr zuständig, das stehe im Vertrag!

»Scusi, Signora, aber könnten Sie mir wohl die genaue Anschrift von Herrn Harbrecht geben?«

Tinchen schreckte hoch. Wo, zum Kuckuck, war sie bloß wieder mit ihren Gedanken gewesen? Vor ihr saß dieser rettende Engel, der sich in dem Laden hier auskannte, viel mehr Charme und bestimmt auch mehr Durchsetzungsvermögen hatte als sie, der Italienisch sprach, Auto fahren konnte und wahrscheinlich auch ein Patentrezept für berufsmäßige Querulanten wußte, und sie, Tinchen, fertigte ihn ab wie einen Reisenden in Hosenträgern.

Sie stand auf, umrundete den Schreibtisch und streckte mit zerknirschter Miene ihrem Besucher die Hand entgegen. »Seien Sie bitte nicht böse, weil ich Sie nicht gleich richtig eingeordnet habe.

Natürlich weiß ich, wer Sie sind! Herr Harbrecht hatte Sie ja angekündigt. Und ich bin heilfroh, daß Sie da sind! Uns wächst der Kram hier langsam über den Kopf. Ich kriege einfach die notwendigen Zimmer nicht zusammen!«

»Die alljährliche Grippe-Epidemie, nicht wahr?«

»Woher wissen Sie...?« fragte sie verblüfft.

»Sie machen diesen Job wohl zum erstenmal?«

Sie nickte.

»Herr Harbrecht hätte Ihnen wirklich die branchenüblichen Rettungsmaßnahmen für Notfälle erklären müssen! Im Falle strikter Verweigerung droht man den renitenten Hoteliers zunächst mit dem Direktor des Fremdenverkehrsamtes, dann mit der Steuer, und wenn das immer noch nichts nützt, kündigt man erst einmal – natürlich nur mündlich! – ab sofort den laufenden Vertrag, was in der Praxis ganz oder halb leere Häuser in der Nachsaison bedeutet. Spätestens bei dieser Aussicht werden die armen Kranken über Nacht gesund und die belegten Zimmer wieder frei!«

So also lief die Sache ab! Tinchen bezweifelte aber, daß ihre Vorstöße bei den maßgeblichen Institutionen erfolgreicher sein würden als die Bittgänge zu den einzelnen Hotelbesitzern, aber jetzt hatte sie ja einen Fachmann zur Seite, der offenbar mit allen Wassern gewaschen war.

»Können Sie morgen schon anfangen?« fragte sie hoffnungsvoll. Er konnte! Nein, er wohne nicht in einem Hotel, er habe ein Zimmer in der Casa blanca, einer kleinen Familienpension am Ortsende, schon beinahe in den Bergen gelegen, mit italienischer Küche und selbstgekeltertem Wein. Dort wohne er schon seit Jahren, und ob man sein monatliches Gehalt nicht etwas aufstocken könne, schließlich sei alles teurer geworden, sogar die Musikbox und die Sonnenschirme am Strand.

Tinchen sicherte zu. Mit Frankfurt würde sie schon klarkommen, und notfalls war immer noch die Spesenkasse da. Sie diente zwar in erster Linie der Finanzierung von Bestechungsgeldern, ohne die hier unten so gut wie gar nichts lief, aber dann würde man in Zukunft eben etwas sparsamer sein müssen.

»Bis morgen früh, Signora... Wie heißen Sie eigentlich?«

»Pabst, Tina Pabst, aber verheiratet bin ich noch nicht!«

»Die deutschen Männer müssen nicht nur blind, sondern auch dumm sein!« behauptete Sergio, schenkte Tinchen ein strahlendes Lächeln und wandte sich zur Tür.

»Halt! Einen Moment noch! Können Sie Esel besorgen???«

Sergio erwies sich als Glückstreffer. Innerhalb weniger Tage hatte er nicht nur die fehlenden Zimmer requiriert, er hatte es sogar geschafft, der völlig unzulänglichen Signora Gonzarello vom Hotel Palm Beach zwei zusätzliche Einzelzimmer abzuschwatzen. »Keine Frau kann widerstehen, wenn man sie als Juwel der Schöpfung bezeichnet«, hatte Sergio gegrinst und Tinchen eine Quittung über eine Flasche Asti spumante präsentiert. »Ich hab' sie dann ja auch eine Stunde lang mit Fassung ertragen.«

Sergio wußte, wo man rheinisches Schwarzbrot kaufen konnte und die silberne Girlande für ein Jubelpaar, das seinen 25. Hochzeitstag feierte. Sergio verbreitete Optimismus auch an Regentagen, stellte Wanderrouten für Sportfanatiker zusammen, organisierte Taxifahrten ins Spielkasino nach San Remo, kümmerte sich um verlorengegangene Handschuhe, Koffer und Kinder – kurz, er arbeitete mit vollem Einsatz. Am liebsten abends, wenn er mit jungen und meist blonden Schmetterlingen über die Promenade zog bis hinten zur Mole, wo es einsam, dunkel und offenbar sehr romantisch war.

In seiner Brieftasche vermehrten sich zusehends die Fotos weiblicher Schönheiten, versehen mit herzerweichenden Aufschriften und Heimatadresse, aber Tinchen hatte den Eindruck, als ob es sich hierbei mehr um eine Trophäensammlung handelte als um eine Dokumentation investierter Gefühle.

Hatte Sergio seine jeweilige Favoritin am Vormittag zum Zug gebracht und den meist tränenreichen Abschiedsschmerz mit dem üblichen Nelkenstrauß gemildert, so peilte er am Nachmittag unter den Neuankömmlingen bereits sein nächstes Opfer an und hatte oftmals Mühe, sich seine Konkurrenten vom Leibe zu halten. Mit schöner Regelmäßigkeit fanden sich alle stadtbekannten Strandcasanovas ein, sobald der Sonderzug in den Bahnhof rollte. Allerdings hatte Sergio den unübersehbaren Vorteil, quasi dienstlich seine Hilfe anbieten zu können, während die übrigen Belagerer erheblich mehr Fantasie aufbringen mußten, um einen Anknüpfungspunkt zu finden.

Anfangs hatte Tinchen sich noch verpflichtet gefühlt, ihre Schutzbefohlenen vor diesen Papagalli zu warnen, aber dann hatte sie kapituliert.

In den seltensten Fällen jedoch konnten ihre theoretischen Beispiele der braungebrannten Realität mit den dunklen Augen standhalten.

Sogar Lilo hatte es aufgegeben, das spezielle Prachtexemplar personifizierter Männlichkeit für sich zu interessieren. »Sergio ist einfach zu jung für mich!« hatte sie Tinchen erklärt. »Außerdem widerstrebt es mir, mit einem Mann auszugehen, der besser frisiert ist als ich!«

Als Tinchen eines Abends mit Schumann in der Hotelhalle saß und ihn davon zu überzeugen suchte, daß der von ihr als Raubtierkäfig bezeichnete Fahrstuhl dringend überholungsbedürftig sei – »Vorige Woche bin ich mit dieser Antiquität schon wieder steckengeblieben!« –, kam Sergio durch die Tür gestürmt.

»Tina, wie viele Esel brauchst du?«

»In der Öffentlichkeit solltest du etwas respektvoller von den Gästen reden!« mahnte Schumann.

»Dich meine ich ja gar nicht! Aber Tina will Esel haben, und die kann sie kriegen!«

»Wo?«

Sergio ließ sich in einen Plüschsessel fallen und orderte Bier. »Deinen Wein kann man leider nicht trinken!«

»Banause! Meine Weine kommen fast alle aus Frankreich!« verteidigte sich Schumann empört.

»Ich will sie ja zum Trinken haben und nicht zur Unterhaltung!« konterte Sergio. Dann wandte er sich an Tinchen: »Der Besitzer von meiner Pension hat einen Bruder, der irgendwo oben in den Bergen lebt und so eine Art Altersheim für Esel betreibt. Warum, weiß ich nicht, muß wohl ein Hobby von ihm sein. Manchmal verleiht er sie, hauptsächlich zur Obst- und Olivenernte, aber viel springt dabei bestimmt nicht heraus. Gegen einen regelmäßigen Nebenverdienst hätte er sicher nichts einzuwenden.«

»Klingt ja ganz vielversprechend. Aber wie kriegen wir Roß und Reiter zusammen? Wir können die Gäste doch nicht kilometerweit durch die Wildnis karren?«

»Und warum nicht? Wir nennen das ganze Unternehmen Safari, verlangen einen Haufen Geld dafür, denn bloß was teuer ist, ist exklusiv, und dann fahren wir die Leute zu dieser Mulifarm. Sie bekommt einen schönen Namen, Hazienda Asino oder so ähnlich, und du wirst sehen, das wird *die* Sensation der Saison!«

Kopfschüttelnd hatte Schumann zugehört. »Bist du überhaupt schon mal auf einem Esel geritten?« Und als Sergio verneinte, »dann versuch's erst gar nicht!«

»Wer redet denn von mir? Ich bin ja nicht so vergnügungssüchtig!«

Jetzt schaltete sich Tinchen ein: »Mich hat mal einer auf den Drachenfels geschleppt, deshalb spreche ich aus Erfahrung! Das Tier ist ganz friedlich gewesen und hat aufs Wort pariert.«

»Dann muß es sich um eine degenerierte Abart gehandelt haben. Italienische Esel sind störrisch, verfressen und launenhaft.«

»Also ähneln sie in wesentlichen Charakterzügen ihren künftigen Reitern«, lachte Sergio und stand auf. »Morgen früh werde ich mal diesem Mulitreiber auf die Bude rücken und mir die ganze Sache ansehen. Willst du mitkommen?«

Sie schüttelte den Kopf. »Morgen ist Donnerstag, und ich habe einundfünfzig Anmeldungen für Nizza. Es werden jetzt so viele Ausflügler, daß sie sich an den üblichen Aussichtspunkten gegenseitig in die Schnappschüsse geraten!«

In dieser Nacht träumte Tinchen von einer Maultierkarawane, die sich auf den Weg nach Nizza machte, beladen mit Säcken voller Roulettekugeln und angeführt von einem zerlumpten Treiber, der genauso aussah wie Klaus Brandt.

Eine Woche später hielt sie den Probeabzug des Plakates in der Hand, das künftig im Büro, am Bahnhof und selbstverständlich in jedem Hotel hängen würde. Auf gelbem Grund prangte ein melancholisch dreinblickender Esel mit viel zu langen Beinen, und darunter stand in dicker schwarzer Schrift:

Jeden Freitag
ESEL-SAFARI ZUR LODGE ASINO
Ein Abenteuer-Ausflug in die Ursprünglichkeit der Berge
Preis pro Person: 10000 Lire
Grillparty und Landwein inklusive

»Wie sich die Grillparty mit der Ursprünglichkeit der Berge vereinbaren läßt, weiß ich zwar nicht, aber Sergio meinte, Essen zieht immer!« sagte Tinchen und reichte das Plakat an Lilo weiter.

»Womit er vollkommen recht hat. Noch dazu, wenn es nichts zusätzlich kostet.« Sie fing an zu lachen. »Weißt du übrigens, daß bei mir im Hotel seit ein paar Tagen keine Obstkörbe mehr auf die Tische kommen?«

»Warum denn nicht? Zur Zeit ist doch Obst preiswerter als jedes andere Dessert.«

»Aber nicht, wenn die Gäste jedesmal alles ratzekahl abräumen. Was sie nicht schaffen, wickeln sie in Servietten und nehmen es mit aufs Zimmer, nach der Devise: Wir haben das bezahlt, also gehört es uns! Jetzt kriegen sie bloß noch kleine Tellerchen mit abgezählten Früchten, also vier Erdbeeren und einen Pfirsich oder so.«

»Wir sind eben ein Volk von Gourmands und nicht von Gourmets«, stellte Tinchen gleichmütig fest. »Die meisten Deutschen sind ohnehin mehr an Ernährung als an Essen interessiert.«

»Wer soll diesen wöchentlichen Mulitrip eigentlich anführen? Wenn du glaubst, daß ich...«

»Sergio natürlich!« sagte Tinchen schnell. »Aber beim erstenmal werden wir wohl oder übel mitmachen müssen.«

»Ich nicht!« erklärte Lilo kategorisch.

»Du auch! Und wehe dir, wenn du am Freitag wieder irgendwelche undefinierbare Leiden hast. Du bist ein typischer Hypochonder! Dir geht's bloß gut, wenn's dir schlecht geht!«

»Quatsch! Was kann ich denn dafür, daß ich so wetterfühlig bin und dauernd Kopfschmerzen habe?«

»Versuch's doch mal mit Akupunktur!« empfahl Tinchen, »irgendwas wird da wohl dran sein. Oder hast du schon mal einen Igel mit Migräne gesehen?«

Pünktlich um halb neun stand Tinchen auf der Piazza direkt neben dem Bahnhof. Vereinzelte Sonnenanbeter, beladen mit Gummiflößen, Strohhüten und den unvermeidlichen Transistorradios, pilgerten zum Strand. Der weitaus größere Teil aller Touristen wanderte allerdings in die entgegengesetzte Richtung, dorthin nämlich, wo der allwöchentliche Markt stattfand. Wir hätten doch lieber einen anderen Tag wählen sollen, überlegte Tinchen. Kaum anzunehmen, daß unsere Esel mit dem Kitsch, Kram und Krempel konkurrieren können. Nur elf Abenteuerlustige hatten sich für die Safari angemeldet, entschlossen, den Gefahren der Wildnis zu trotzen.

Der erste trudelte gerade ein. Er trug Kniebundhosen, rote Wollstrümpfe, eine Schirmmütze und einen Rucksack. Nach Tinchens Ansicht hätte er besser zu einem oberbayerischen Wanderverein gepaßt.

»Zwei Esel sind schon da!« witzelte er, nachdem er sie begrüßt hatte. »Und wo bleiben die anderen?«

»Die haben noch zwanzig Minuten Zeit.«

So lange dauerte es auch, bis der Trupp vollzählig versammelt war. Als letzte erschien Lilo, frisch onduliert, mit hellrosa Shorts, einem gleichfarbigen Blüschen und – Tinchen wollte es beinahe nicht glauben – hochhackigen Sandaletten.

»Wir wandern ja nicht, wir reiten!« meinte sie schnippisch, als sie Tinchens beziehungsreichen Blick sah.

»Aber doch nicht auf einem Schaukelpferd!«

Eine auf jugendlich getrimmte Dame ganz in Rot kam auf Tinchen zugeschossen. »Ach, Fräulein Pabst, mein Mann konnte leider nicht mitkommen, er hat einen entzündeten Fußnagel. Dafür ist Herr Lerse, unser Tischnachbar, für ihn eingesprungen. Das macht doch nichts, oder?«

Tinchen beteuerte, daß das gar nichts mache, wünschte dem Fußkranken gute Besserung und dirigierte ihre Herde zu dem Stiefmütterchenbeet hinüber, neben dem gerade ein sehr abenteuerliches Gefährt geparkt hatte. Genaugenommen handelte es sich um einen Pritschenwagen unbekannter Herkunft. Die offene Ladefläche war mit alten, aber doch noch verhältnismäßig sauberen Säkken gepolstert, und an den Seitenwänden hingen aufgeblasene Autoschläuche. Auf der Kühlerhaube prangte ein zähnefletschender Tigerkopf, während die Seitenflächen mit dunkelgrauen Schäferhunden bemalt waren.

»Schmetterlinge lassen sich leichter zeichnen!« Grinsend kletterte Sergio aus dem Vehikel. »Aber mit ein bißchen gutem Willen kann man doch erkennen, daß das Esel sein sollen, nicht wahr?«

»Der größte bist du!« fauchte Tinchen wütend. »Ich denke, wir bringen unsere Gäste mit Taxis zum Startplatz? Du kannst doch niemandem zumuten, in diesen Viehtransporter einzusteigen!«

»Tina, du verstehst das nicht! Die haben alle schon den Grzimek gesehen und die Serengeti und den Kilimandscharo – im Fernsehen natürlich –, und die wissen auch, daß man zu einer Safari nicht im Cadillac fährt. Das muß alles ein bißchen primitiv sein, ein bißchen unbequem – na, eben abenteuerlich!«

»Ich weiß nicht, wieso blaue Flecken auf dem Rücken und drekkige Hosen abenteuerlich sein sollen«, maulte Lilo, »kann ich auf den Beifahrersitz?«

»Nein!« winkte Sergio ab, »der ist für Tina. Die wird so schnell seekrank!«

Inzwischen hatten die Safari-Teilnehmer mit Hallo das Fahrzeug geentert und machten es sich auf den Kartoffelsäcken bequem.

»Ist ja richtig gemütlich!« stellte der Dicke mit den Kniebundhosen fest, »und die Rettungsringe hier sind eine prima Idee. Mein Stuhl zu Hause im Finanzamt ist nicht so gut gepolstert.«

»Sind alle drin?« Sergio sicherte die Ladeklappe, klemmte sich hinter das Steuer, legte den Gang ein und trat aufs Gas. »Akuna matata!«

»Seit wann stotterst du?«

»Das ist Kisuaheli und heißt ›Alles okay‹.«

Die Fahrt durch Verenzi glich einem Spießrutenlaufen. Erstaunte Blicke, Gelächter sowie unmißverständliche Handbewegungen begleiteten den Wagen, und Tinchen atmete auf, als sie die letzten Häuser und damit leider auch die asphaltierte Straße hinter sich ließen.

»Die werden sich alle schon an unseren Landrover gewöhnen«, versicherte Sergio, »paß mal auf, bald brauchen wir einen zweiten.«

»Wo hast du diese Karre bloß aufgetrieben?«

»Bei Bobo, wo denn sonst? Der braucht sie vorläufig nicht, hat er gesagt. Für 5000 Lire pro Fahrt können wir sie jeden Freitag kriegen. Taxi ist viel teurer und längst nicht so schön! Immerhin habe ich mir zwei halbe Nächte um die Ohren geschlagen, damit ich den Wagen bemalen konnte.«

»Aber weshalb denn bloß mit einem Tiger? Wir gehen doch nicht auf Großwildjagd!«

»Die graue Farbe war alle, ich hatte bloß noch Orange.«

Die Straße schlängelte sich aufwärts, war steinig und staubig, und Tinchen klammerte sich an der Sonnenblende fest, um nicht dauernd gegen die Tür geworfen zu werden.

»Laß los, die bricht sonst... hab' ich's nicht gesagt?« Sergio nahm ihr die schwarze Plastikklappe aus der Hand und warf sie unter seinen Sitz. »Die ist sowieso immer runtergefallen.«

»Wie weit ist es denn noch?« Stöhnend rieb sich Tinchen den Arm, mit dem sie an den Türgriff geknallt war. »Die da hinten müssen sich doch vorkommen wie im Vorwaschgang.«

»Wir sind gleich da.« Schwungvoll bog er in einen kaum sichtbaren Feldweg ein. Auf der Ladefläche quietschte und polterte es, ein Beweis dafür, daß der Richtungswechsel die zweibeinige Fracht etwas unverhofft getroffen hatte, ihre gute Laune aber nicht zu beeinträchtigen vermochte. Jemand klopfte an die Scheibe. »Det nächstemal aba mit Vorwarnung! Ick hab' ma in die falsche Richtung orientiert und an die Hosenträjer von mein' Nachbarn festjehalten. Dabei hab' ick uff der andern Seite wat janz Schnuckelijet sitzen!«

»Da vorne ist es!« Sergio deutete auf einen Ziehbrunnen, um den mehrere weißgekalkte Gebäude gruppiert waren, teilweise überschattet von Pinien und dekoriert mit Heiligenfiguren jeglicher Form und Farbe.

»Da hat wohl jeder Esel seinen eigenen?« vermutete Tinchen.

»Ich glaube, für Viecher ist der heilige Franziskus zuständig, das ist der mit dem Schaf auf dem Arm. Die anderen schützen vor Blitz, Donner, Krankheit, Wassermangel, Säuferwahn und wahrscheinlich Touristen!«

Sergio bremste, sprang aus dem Wagen und öffnete die Ladeklappe. Leicht derangiert kletterten die Gäste von der Pritsche. Der Dicke mit den Kniebundhosen wischte sich mit einem Taschentuch über das bemehlte Gesicht. »Ist der Staub hier wenigstens sauber? Ich habe mindestens einen halben Kubikmeter geschluckt.«

»Gleich gibt es etwas zu trinken«, tröstete Sergio, während er einer schmächtigen Blondine vom Wagen half, dic sich dann auch bereitwillig in seine Arme fallen ließ. »Auf dem Rückweg kommen Sie zu mir nach vorn.«

»Ach ja«, hauchte sie.

Lilo schimpfte wie ein Rohrspatz. »Dieser Kerl fährt wie ein Müllkutscher! Ich spüre jeden Knochen im Leib! Warum haben wir denn keine Taxis genommen, das war doch abgesprochen? Keine zehn Pferde kriegen mich mehr in diesen Schrotthaufen!«

»Aba Frollein, nu ham Se sich nich' so! Mit so 'ne Autos bin ick fast bis nach Moskau jefahrn! Hätt ick ooch janz jern für'n Rückweg benutzt, aba da mußten wa loofen. War doch janz ulkig, die Tour. Jetzt könn' ma wenigstens ooch die Esel nich' mehr erschüttern.«

»Buon giorno, Signore e Signori!« Aus dem größeren der vier Gebäude, offensichtlich dem Wohnhaus, trat ein hochgewachsener Italiener. Tinchen schätzte ihn auf etwa fünfzig Jahre. Er umarmte Sergio, schüttelte allen die Hand und deutete mit einer einladenden Geste an, daß man ihm folgen solle. Gehorsam setzte sich der Trupp in Bewegung.

»Ach, ist das hübsch!« entfuhr es Tinchen, als sie um die Hausecke gebogen war. Unter einem großen Dach aus Bambusstäben, das offensichtlich ganz neu war und noch glänzte, standen Tische und grob zusammengezimmerte Bänke; auf jedem Tisch prangte ein Feldblumenstrauß, drumherum stapelten sich Gläser, und die aufgereihten Weinkrüge ließen sie das Schlimmste ahnen. Der aus soliden Backsteinen errichtete Grill hatte die Aufnahmekapazität eines mittelgroßen Ochsen und berechtigte zu den schönsten Erwartungen. ›Alles inklusive‹ wurde hier anscheinend sehr großzügig ausgelegt.

Sergio übernahm die Rolle des Cicerone. »Unser Gastgeber heißt Ercole. Leider spricht er kein Deutsch – die Esel übrigens auch nicht! –, aber er freut sich, Sie alle begrüßen zu können, und hofft, daß Sie einen schönen Tag verleben werden. Nach unserer kleinen Rast hier werden wir gegen zehn Uhr aufbrechen, um halb eins machen wir eine Pause, damit Sie Ihre Lunchpakete leerfuttern können, und dann geht es wieder hierher zurück. Etwa um vier Uhr werden wir da sein, und dann wird gegrillt! Begleiten werden uns Renato, der mit den Eseln bestens vertraut ist, sowie Tonio. Der ist zwölf Jahre alt und Juniorchef. Und jetzt schlage ich vor, daß Sie den wirklich hervorragenden Wein probieren! Ercole keltert ihn selbst und, was noch viel wichtiger ist, trinkt ihn auch selber!«

Sergios Ansprache wurde mit Beifall quittiert. Dann erhob sich der dünne Berliner und klopfte mit einem Kieselstein ans Glas. »Wo wa doch nu wenigstens für heute eene jroße Famillje sind, schlage ick vor, det wa uns duzen. Is' doch ville einfacher, oda nich'? Ick heeße Erwin.«

Bloß nicht, dachte Tinchen entsetzt, aber Erwin umrundete bereits mit seinem Weinglas den Tisch und stieß mit jedem an. »Erwin, anjenehm, und wie heißen Jnädigste?«

»Roswitha«, sagte die Dame in Rot, »und der neben mir ist Wolf-Dieter.«

Genauso sieht er aus! Tinchen betrachtete Herrn Lerse von den leicht staubgepuderten Wildlederslippern bis zum tadellos gebundenen Seidenschal. Der stellte ja sogar noch Brandt in den Schatten!

Das fade blonde Wesen hieß Corinna, der kniebundbehoste Dicke hörte auf den schönen Namen Konrad, und die ältere Dame, deren graue Löckchen ihr Gesicht wie eine Geschenkverpackung umhüllten, hatte sich als Annemarie vorgestellt. Sie war, wie sie Tinchen verraten hatte, Studienrätin für Englisch und Biologie und hatte diese Safari lediglich aus fachlichen Gründen gebucht, weil sie Esel bisher nur im Zoo gesehen hatte und sich eine Erweiterung ihrer rein theoretischen Kenntnisse versprach.

Die übrigen vier Teilnehmer bestanden aus zwei Pärchen in den Zwanzigern, von denen Frank und Sabine zusammengehörten und Monika mit Heiko. Letztere erwogen sogar, gemeinsam einen Esel zu benutzen, denn sie seien ja beide nicht so schwer, darüber hinaus im Reiten völlig ungeübt und auf gegenseitige Hilfe angewiesen.

»Wo sind denn die Viecher überhaupt?« Konrad schenkte sich bereits das dritte Glas ein.

»Ich glaube, wir sollten uns langsam auf den Weg machen!« Entschlossen stand Tinchen auf. Wenn die hier noch länger herumhockten, würden manche bald nicht mehr in der Lage sein, ihre Esel zu besteigen, geschweige denn, stundenlang darauf zu reiten.

»Muß ick überhaupt mit? Det is hier so jemütlich, heiß isset ooch, ick kann ja warten, bis ihr wiedakommt.« Erwin peilte sehnsüchtig die noch halbvollen Krüge an. »Wäre ooch schade um den schönen Wein. Der wird ja janz schal.«

Sergio hievte den Unentschlossenen von der Bank hoch. »Nachher schmeckt er noch viel besser!« Er winkte den unschlüssig Herumstehenden. »Der Corral ist dort drüben hinter dem letzten Stallgebäude. Gehen Sie bitte schon hinüber, ich komme gleich nach.«

In einem umzäunten Geviert standen vierzehn Esel und blickten ergeben auf die Ankömmlinge. Auf ihren Rücken trugen sie mit Seegras ausgestopfte, vorn und hinten nach oben gebotene Säcke, die so gar keine Ähnlichkeit mit den glänzenden Ledersätteln hatten, wie Tinchen sie kannte. Allerdings hatte sie diese Prachtstücke bisher nur auf Pferden gesehen, aber sie hatte geglaubt, eine etwas kleinere Ausführung würde man auch für Esel verwenden.

»Ich fürchte, dafür habe ich die falsche Anatomie!« flüsterte sie Lilo zu.

»Dafür gibt es überhaupt keine!« Nach kurzer Prüfung ging sie auf das kleinste Tier zu. »Den nehme ich! Da fällt man wenigstens nicht allzu tief.«

»Ich will den da drüben haben, der guckt so traurig.« Tinchen deutete auf ein fast schwarzes, struppiges Tier, das gelangweilt auf dem Seil herumkaute, mit dem es festgebunden war.

»Wie kommt man denn auf diese Viecher rauf?« Roswitha stand mit einem Bein auf dem Zaun, mit dem anderen versuchte sie, in den Sattel zu kommen, was aber etwas erschwert wurde, weil ihr das Tier unter Mißachtung aller Höflichkeitsformen permanent sein Hinterteil entgegenstreckte.

»Warten Sie einen Moment, Renato hilft Ihnen!« Sergio hatte seinen Esel bereits erklommen und verbiß sich mühsam das Lachen, als er Roswithas vergeblichen Kampf beobachtete. Nun schritt Wolf-Dieter ein. Heroisch packte er den Esel an der Wäscheleine, die ihm als Zügel diente, und drehte ihn in die entgegengesetzte Richtung. Das Tier schnaubte kurz und drehte sich nochmals. Roswithas Knie landete in der Schwanzgegend. »Der kann mich nicht leiden!«

»Ich kann's ihm nachfühlen«, murmelte Tinchen.

»Uno momento, Signora!« Auf kleinen krummen Beinen schoß ein bärtiges Individuum quer durch den Corral, bot der hilflos auf dem Zaun hängenden Roswitha seine verschränkten Hände als Steigbügel und hob sie mit Schwung in den Sattel. Prompt rutschte sie auf der anderen Seite wieder herunter. Erst nachdem Wolf-Dieter Position bezogen hatte und seiner fülligen Amazone stützend zur Seite stehen konnte, wurde die Prozedur wiederholt. Endlich saß Roswitha fest im Sattel.

Mit Renatos Hilfe hatten bald auch die anderen mehr oder weniger graziös ihre vierbeinigen Transportmittel bestiegen, und die Karawane setzte sich in Bewegung. Vorneweg Tonio, ein munteres Bürschlein mit pfiffigem Gesicht, das barfuß durch den dunklen Staub trottete, dann die Esel, einer hinter dem anderen, und zum Schluß Renato, der auf einer kurzen Stummelpfeife herumkaute und mit dem Knaster, der darin qualmte, sowohl die Fliegen weg- als auch die Esel vorantrieb. Auch er ging zu Fuß, und schon nach einer halben Stunde wußte Tinchen, warum.

Hatten ihr anfangs der gemächliche Zockeltrab und das sanfte Gerüttel noch Spaß gemacht, so rutschte sie bereits nach kurzer Zeit auf ihrem Seegrassattel hin und her, krampfhaft bemüht, eine halbwegs bequeme Sitzposition zu finden. Außer der zerfransten Wäscheleine gab es auch nichts zum Festhalten, und als sie sich versuchsweise an die langen Eselsohren klammerte, nahm der das übel. Unwillig schüttelte er den Kopf und preschte los. In flottem Eselsgalopp stockerte er an der Karawane vorbei, während Tinchen haltsuchend seinen Hals umklammerte und immer mehr zur Seite rutschte, begleitet von dem brüllenden Gelächter der anderen Reiter. Sogar Tonio bog sich vor Lachen, bevor er schließlich in die Zügel griff und den rasanten Ritt beendete.

»Maledetto cretino!« schimpfte Tinchen, eingedenk der Mahnung, daß Esel keine Fremdsprachen beherrschten.

»Du mußt det Vieh bestechen, Tina«, empfahl Erwin und reichte ihr zwei Stück Würfelzucker hinüber, »ick hab meins vorhin erst mal jefüttert, und nu isset janz friedlich.«

»Wie komme ich denn da vorne ran?«

»Jib mal her, ick mach det schon!« Erwin manövrierte seinen Esel an Tinchens Seite und hielt dem kleinen Schwarzen den Zucker vors Maul. Der mümmelte genußvoll vor sich hin und machte keine Anstalten mehr, auch nur noch einen Schritt vom Weg abzuweichen.

»Na siehste, ick hab's doch jesagt. Hier sind sojar die Viecher korrupt!« Er hielt seinen Esel zurück, um sich wieder in die Schlange einzureihen. Prompt blieb auch Tinchens Esel stehen.

»Nun los, weiter! Avanti! Marsch!«

Das Tier rührte sich nicht von der Stelle. »Wie setzt man den wieder in Gang? Sergio, hilf doch mal!«

Der hörte nicht. Er war vollauf damit beschäftigt, seiner blonden Begleitung die Schönheit der Olivenbäume zu erklären. Die sahen zwar auch nicht anders aus als unten im Tal, aber sie waren außer dem staubigen Trampelpfad und den Steinen rechts und links des Weges das einzig Abwechslungsreiche in dieser Gegend.

Plötzlich trabte der Esel wieder los, aber nur, um neben Erwin erneut stehenzubleiben.

»Mistvieh, elendes!«

Endlich nahte Hilfe. Renato hatte sich aus einem Olivenzweig eine Gerte geschnitten und zog dem renitenten Grautier eins über. Erschrocken keilte es nach hinten aus, und Tinchen landete sehr unsanft auf der Erde.

»Keine zehn Pferde bringen mich da noch einmal rauf!« Sie heulte vor Wut und Selbstmitleid, verwünschte ihre Idee, den Gästen unbedingt etwas ganz Originelles bieten zu wollen, noch dazu, wenn sie selbst die Ursache der allgemeinen Belustigung war, und überhaupt würde sie das ganze Unternehmen wieder abblasen, vorausgesetzt, sie bekäme noch einmal die Gelegenheit dazu.

Inzwischen hatte die Karawane angehalten. Die gutgemeinten Ratschläge reichten von »Am besten obendrauf anbinden!« bis zu »Mal andersrum raufsetzen und dann am Schwanz festhalten!«, aber sie war so stocksauer, daß ihr nicht einmal eine schlagfertige Antwort einfiel.

Dann gehe ich eben auch zu Fuß! Was dieser alte Tattergreis mit seiner stinkenden Pfeife da hinten kann, kann ich schon lange! Ist auch viel gesünder! Ich habe in letzter Zeit sowieso viel zuwenig Bewegung gehabt, und für die Bandscheibe ist so ein Eselrücken bestimmt ganz verkehrt, man hört doch überall so viel von Frühinvalidität, alles wegen der Bandscheibe... Wenn ich mir bloß heute früh Söckchen angezogen hätte, der rechte Schuh fängt an zu scheuern, aber barfuß traue ich mich nicht, die vielen Steine...

»Das kann man ja nicht mit ansehen!« Rote Kniestrümpfe tauchten vor ihr auf, dann eine Lederhose, und dann hatte sich Konrad endlich von seinem Esel befreit und reckte stöhnend sein Kreuz. »Komm, Tina, nimm meinen! Bequem ist er nicht, aber er hat einen sanftmütigen Charakter.«

Ehe sie richtig begriffen hatte, hatte Konrad sie auf den Esel gesetzt und sich mit Renatos Unterstützung auf Tinchens widerborstiges Vieh geschwungen.

Weiter ging es. Querfeldein durch Geröll, Disteln, Hitze, Staub und Fliegen. Allmählich verstummten die Gespräche, wurden von unterdrückten Schmerzenslauten und verhaltenem Stöhnen abgelöst. Irgendwo knatterte ein Motorroller – unsichtbares Zeichen ferner Zivilisation.

»Eine knappe Viertelstunde noch, dann rasten wir!« rief Sergio, der die Karawane anführte, aber nicht einmal diese erfreuliche Aussicht konnte die lethargischen Gestalten etwas aufmuntern. Sie erwachten erst zu neuem Leben, als Roswitha warnend schrie: »Achtung, Fotograf an Steuerbord!«

Tinchen schreckte hoch und blickte genau in die Linse von Marios Kamera. Er gehörte zu jenen Strandhyänen, die mit schußbereiten Fotoapparaten über die Promenade oder direkt am Meer herumliefen und in jedem Touristen ein potentielles Opfer sahen. Zwei Tage später präsentierten sie die fertigen Bilder, und dann gab es kaum eine ›Bellissima Bionda‹, die nicht ihr Portemonnaie zog und den überhöhten Preis für einen Abzug in Postkartengröße zahlte. Aber wie, um alles in der Welt, kam denn Mario hier in diese Einöde? Irgend jemand mußte ihm doch etwas gesteckt haben!

»Sergio, hast du etwa...?«

»Bestimmt nicht! Das kann nur Bobo gewesen sein. Der Kerl wittert doch überall ein Geschäft. Wetten, daß er von jedem Foto seine Prozente kriegt?«

Nachdem Mario gewissenhaft jeden einzelnen Esel nebst dem dazugehörigen Reiter abgelichtet hatte, packte er seine Kamera wieder ein und versprach: »Bilder Montag fertig! Können gesehen werden in Geschäft von Via Garibaldi. Schönes Souvenir an Esel. Ganz billig!« Dann bestieg er seine Vespa und tuckerte fröhlich winkend davon. Neidisch sah Tinchen hinterher. Was hätte sie nicht dafür gegeben, wenn sie ihren Esel gegen den Roller hätte tauschen können. Sämtliche Knochen taten ihr weh, sitzen konnte sie nicht mehr, Kopfschmerzen hatte sie auch und überhaupt und für alle Zeiten die Nase voll!

Wie lange zottelten sie eigentlich schon durch diese Pampa? Zwei Stunden, drei – oder noch länger? Die Orientierung hatte sie längst verloren, kein Wunder bei diesem ewigen Richtungswechsel, wahrscheinlich waren sie ständig im Kreis gelaufen, in der Wüste kommt so etwas ja auch dauernd vor, vermutlich wußte nicht einmal mehr Tonio, wo sie waren, Renato schon gar nicht, der schlief ja bereits im Stehen...

»Na endlich! Det is' Labsal für meine jeplagten Oogen!« dröhnte Erwin, der von allen noch am muntersten war und deshalb die Spitzenposition übernommen hatte. »Ick hab' jar nich' jewußt, det Jrün so 'ne schöne Farbe is'.«

Vor ihnen lag eine große Wiese, gesprenkelt mit Feldblumen, und mitten drin gluckerte ein Bächlein.

»Det is' also die unberührte Natur! Nischt jejen Quellwasser, aba so 'n schönet kühlet Bier wär ma jetzt lieba!«

Wie aufs Stichwort schob sich ein Jeep auf die Wiese. Während Ercole Bier- und Sprudelflaschen auslud, hinkten die leidgeprüften Reiter zum Bach.

»Wenn ich mir vorstelle, daß ich jetzt gemütlich in meinem Liegestuhl am Strand sitzen könnte...« Roswitha tauchte ihre nackten Füße ins Wasser und ließ sich von Wolf-Dieter den Rücken massieren.

»Sie hätten mich vorher warnen müssen, Fräulein Tina«, bemerkte die Frau Studienrätin spitz, »für eine ältere Dame ist diese Art Ausflug nun wirklich nichts.« Sie war aber sofort wieder versöhnt, als Sergio ihr freundlich zunickte. »Natürlich haben Sie recht, gnädige Frau, aber wo ist denn hier die ältere Dame?«

An den Rückweg dachte Tinchen mit Grausen. Lustlos kaute sie auf dem Hühnerbein herum, das offenbar so unerläßlich zu jedem Lunchpaket gehörte wie das pappige Brötchen und der halbzermatschte Pfirsich, tupfte zwischendurch Spucke auf die Mückenstiche und beobachtete ihre Leidensgenossen, die in sämtlichen Stadien der Erschöpfung im Gras hockten.

»Wie kriegen wir die bloß wieder nach Hause?«

»Notfalls zu Fuß, aber eine halbe Stunde lang werden sie schon noch durchhalten!« Mit einem spitzbübischen Lachen beugte sich Sergio über Tinchens Ohr. »Jetzt nehmen wir besser den direkten Weg!«

»Soll das heißen...«

»Was hast du denn gedacht? Wir sind keine zwanzig Minuten von der Lodge entfernt.« Als er Tinchens entgeistertes Gesicht sah, fügte er entschuldigend hinzu: »Natürlich haben wir einen kleinen Umweg gemacht, aber schließlich mußten wir den Leuten doch etwas bieten für ihr Geld!«

»Das ist dir auch großartig gelungen! Wenn du dir die traurigen Gestalten ansiehst, wirst du feststellen, daß ihre Begeisterung schon gar keine Grenzen mehr kennt!«

»Das ist nur äußerlich! Paß mal auf, wie schnell ich die wieder auf die Beine stelle!«

Es gelang ihm hervorragend. Das anfangs ungläubige Staunen wechselte zu befreiendem Gelächter und endete in einem Bombardement von Hühnerknochen, Kronenkorken und überreifem Obst. Sergio konnte nur mit Mühe den zahlreichen Geschossen ausweichen und rettete sich zwischen die Esel.

Wenig später befand sich die Kalvalkade auf dem Rückweg. Ob es nun an der berechtigten Aussicht lag, die Tortur bald hinter sich zu haben, oder an dem lauwarmen Bier, das Ercole verteilt hatte, ließ sich später nicht mehr ergründen – jedenfalls zuckelte die Karawane lauthals singend durchs Gelände und war gerade beim schönen Westerwald angekommen, als hinter einer Wegbiegung die ersehnten weißen Häuser auftauchten. Die Esel setzten zum Endspurt an, und in einer undurchdringlichen Staubwolke kam der Troß schließlich zum Stehen.

»Endstation! Allet aussteigen!« Schwerfällig plumpste Erwin auf den Boden. »Also wenn ick so bedenke, wat ick für mein Jeld allet jekriegt habe, denn kann ick mir wirklich nich beklagen: Schwielen am Hintern, 'n lahmet Kreuz, Reibeisen an die Oberschenkel, und loofen kann ick ooch nich' mehr!«

An den ›gemütlichen Ausklang‹ dieser Safari dachte Tinchen später nur noch ungern zurück, obwohl die meisten anderen Beteiligten ihn als Höhepunkt bezeichnet hatten. Die Schweinesteaks, von Ercole mit mehr Enthusiasmus als Sachkenntnis gegrillt, waren zwar ein bißchen zäh gewesen, hatten sich aber mit dem reichlich ausgeschenkten Wein ohne weiteres hinunterspülen lassen. Nach dem dritten Glas war die Frau Studienrätin sanft entschlummert, nach dem fünften war Corinna von der Bank gefallen, nach dem sechsten hatte Roswitha schluchzend ihren armen kranken Mann bedauert, nach dem achten hatte Erwin unter dem Tisch gelegen, und dann hatte Tinchen zum Aufbruch gemahnt.

»Wenn ich die bloß schon auf dem Wagen hätte!« Sergio hatte sich ratlos am Kopf gekratzt und festgestellt, daß man bei den künftigen Safaris wohl doch noch einiges werde ändern müssen. »Nicht mehr als drei Gläser Wein pro Person, statt der Steaks lieber Würste, und von dem eingesparten Geld heuern wir einen Folkloresänger an, so mit Gitarre und möglichst deutschem Repertoire.« Dank Ercoles Hilfe war es ihm dann doch gelungen, die mehr oder weniger alkoholisierten, zum Teil singenden Eselbändiger auf die Pritsche zu verfrachten, aber er hatte sich geweigert, mit dieser nicht gerade repräsentablen Ladung durch Verenzi zu fahren. Vielmehr hatte er von der ersten Telefonzelle aus Luigi angerufen, der auch sofort mit seinem Taxi gekommen war und die restliche Beförderung übernommen hatte. In drei Etappen hatte er die weinseligen Eselritter in ihre Hotels gebracht und war anschließend noch einmal zum Kassieren erschienen. Daß man Lilo vergessen oder verloren hatte, war bis dahin auch noch niemandem aufgefallen. Später war sie von Ercole schlafend im Heuschober gefunden und zu mitternächtlicher Stunde von ihm nach Hause gebracht worden.

»Heute war's vermutlich noch ein Verlustgeschäft, aber schon beim nächstenmal wird Ercole ein Plus machen!« hatte Sergio prophezeit, eine Behauptung, der Tinchen energisch widersprochen hatte. »Ein nächstes Mal wird es gar nicht geben!«

Drei Tage später, als sie endlich wieder halbwegs aufrecht auf einem Stuhl sitzen konnte, waren die nächsten beiden Safaris ausgebucht!

11

Während Tinchen in ihrem Bett herumrollte und schließlich auf dem Bauch einschlief, weil sie dort noch die wenigsten blauen Flecke hatte, machte rund tausend Kilometer weiter nördlich ein junger Man sein Auto reisefertig. Er hatte es vollgetankt, Öl und Reifendruck geprüft, mit einem roten Filzstift die Stelle markiert, auf die man drücken mußte, damit die Hupe noch funktionierte, hatte die Waschanlage kontrolliert und sicherheitshalber ein Abschleppseil gekauft. Einem Käfer wurde zwar eine hohe Lebenserwartung nachgesagt, aber auf eine genauere Angabe hatte sich der Verkäufer dann doch nicht einlassen wollen; er hatte jedoch behauptet, mit 80000 auf dem Tacho sei der Wagen gerade erst aus dem Säuglingsalter heraus. Bedauerlicherweise hatte sich auch das genaue Herstellungsjahr nicht mehr feststellen lassen, aber Peter Gerlach hatte gemeint, es müsse Baujahr 1958–61 gewesen sein. Die Hinterachse sei nämlich älter als die vordere, der Reservereifen stamme noch aus der Gründerzeit, und lediglich das Lenkrad sei höchstens vier Jahre alt. Er hatte allerdings zugeben müssen, daß zumindest die Lackierung ganz neu war. »Die haben bestimmt zweimal gespritzt! Beim erstenmal haben sie die Rostlöcher ja gar nicht zugekriegt!«

Trotzdem hatte sich Florian seine Neuerwerbung nicht vermiesen lassen. Der Gerlach war ja bloß neidisch! Niemand sonst aus der Redaktion fuhr ein Kabriolett, er, Florian, war der einzige! Die vier Fahrradflicken, mit denen er die kleinen Löcher im Verdeck provisorisch zugeklebt hatte, hätten vielleicht auch noch von einem Fachmann ausgewechselt werden müssen, andererseits hätte das wieder einen Tag Verzögerung bedeutet, und überhaupt ging die Reise ja in den Süden, wo es im Juli bekanntlich sehr warm ist.

Fröhlich pfeifend trug Florian sein Gepäck zum Wagen und sah sich vor eine Schwierigkeit gestellt, die er vorher gar nicht einkalkuliert hatte: Wie bringt man einen großen Koffer, einen kleinen Koffer, ein Schlauchboot nebst Paddel, eine Reiseschreibmaschine und eine Tasche mit neun Einmachgläsern und zwei selbstgebackenen Kuchen unter? Der Dachträger, einziges Überbleibsel von Kabrios inzwischen verschrottetem Vorgänger, fristete jetzt im Keller ein nutzloses Dasein, hatte aber früher vom Einmannzelt bis zur kompletten Küchenspüle alle Transportprobleme mühelos bewältigt. Ein Auto oben ohne hat eben auch einige Nachteile!

Im Schein der Straßenlaterne skizzierte Florian einen Lageplan. Wenn er den Reservekanister zu Hause lassen und die Weckgläser einzeln verstauen würde, brauchte er die Reisetasche nicht und könnte den kleinen Koffer unter die Haube legen. Den großen Koffer hochkant auf die Rückbank, das zusammengefaltete Schlauchboot daneben, Schreibmaschine und Paddel auf den Boden – also *doch* kein Problem!

Kurz vor Mitternacht stand er noch immer inmitten seiner Gepäckstücke, die sich inzwischen um eine halbgeleerte Flasche Wodka und den vergessenen Schlafsack vermehrt hatten. Der kleine Koffer war vier Zentimeter zu breit oder sechs Zentimeter zu lang, jedenfalls paßte er nicht unter die Haube, der große Koffer ging hinten nicht rein, die Paddel waren auch zu sperrig, weil die Gewinde in der Mitte verrostet waren und sich nicht mehr auseinanderschrauben ließen...

»Hat Ihre Frau Sie an die frische Luft gesetzt?« Ein Passant, der seinen Pudel von Platane zu Platane führte, schenkte Florian einen mitleidigen Blick und empfahl ihm seinen Anwalt. »Das is' nich' so einer, bei dem die Frauen immer Recht kriegen! Ganz billig is' er aber nich'!«

Florian knurrte Unverständliches und stopfte seine Habseligkeiten schnell in den Wagen. Nur mit Mühe ließ sich die Tür zudrükken.

»Ja, und wie wollen Sie jetzt fahren?«

»Gar nicht. Ich schiebe!«

Nach einem Moment sprachlosen Erstaunens pfiff der seinem Hund und entfernte sich eilig. Mit einem Verrückten so ganz allein auf nächtlicher Straße wollte er nichts zu tun haben.

Auch Florian trat den Rückzug an. Er würde sich morgen früh noch einmal mit dem Gepäck befassen. Eigentlich hatte er ja schon im Morgengrauen starten wollen oder wenigstens zwischen sechs und sieben, spätestens um halb acht, aber daraus würde wohl nichts werden! War auch besser so, der Berufsverkehr und der Wodka... und überhaupt würde er an seinem ersten Urlaubstag zunächst mal richtig ausschlafen! Gestern war es ja auch wieder spät geworden! Als Herr Pabst die zweite Flasche Wein aufgemacht und Frau Antonie den Muschelsalat auf den Tisch gestellt hatte, wäre es unhöflich gewesen, sich zu verabschieden. Also war Florian geblieben. Und gar nicht mal so ungern. Nur als Antonie mit dem Eingemachten erschienen war, hatte Florians Laune einen Dämpfer bekommen.

»Tinchen ißt doch die Birnen so gerne«, hatte sie gesagt und ihm die Tasche in die Hand gedrückt. »Einen Streuselkuchen habe ich auch noch gebacken und einen Frankfurter Kranz. Seien Sie bitte ein bißchen vorsichtig, er zerdrückt so leicht.«

Dabei hatte Florian sich nur mit Tinchens Eltern in Verbindung gesetzt, weil er nicht gewußt hatte, in welchem Hotel sie wohnte. Auf der Ansichtskarte hatte natürlich nichts draufgestanden. Als Antonie dann erfahren hatte, daß der nette Herr Bender seinen Urlaub in Verenzi verbringen würde, hatte sie sofort eine Möglichkeit gesehen, ihrer Tochter ein paar Produkte der heimischen Küche mitzuschicken. Das arme Kind ernährte sich seit Monaten sicher bloß von Nudeln. Man kannte das ja!

Die Hotelreservierung hatte zum Glück reibungslos geklappt. Na ja, wann wurde in so einem italienischen Provinznest schon mal ein Zimmer per Fernschreiber bestellt? Überhaupt ein Wunder, daß die Kurverwaltung technisch so auf der Höhe war. Die Bestätigung von einem Herrn Schumann, offenbar dem Besitzer des Lido, war dann auch postwendend gekommen. Also hatte sich die Theaterkarte für die kleine Kesse aus der Fernschreibzentrale doch ausgezahlt! –

Bevor er ins Bad ging, schaltete Florian den Fernseher ein. Vielleicht würde er noch den Wetterbericht von den Spätnachrichten mitbekommen. Herr Köpcke berichtete über Benzinpreiserhöhungen. Florian gurgelte. Er hatte die Brieftasche voller Gutscheine und fühlte sich nicht unmittelbar betroffen. Herr Köpcke sprach von Wassermangel in spanischen Ferienorten. Florian freute sich, daß Tinchen in Italien reiseleitete. Herr Köpcke redete vom Wetter. Florian rannte zurück ins Zimmer. Bewölkt sollte es morgen sein, im Norden eventuell einzelne Schauer, Temperaturen um 18 Grad.

Na also! Ideales Reisewetter! Befriedigt kroch Florian ins Bett und hatte ganz vergessen, daß sich der Koffer nur dann transportieren ließ, wenn man ihn hochkant auf den Rücksitz stellte. Was wiederum voraussetzte, daß das Verdeck nicht geschlossen werden mußte.

Das widerlichste Geräusch ist ein Staubsauger am frühen Morgen! Florians stülpte sich ein Kissen über den Kopf, dann ein zweites, dann räumte er sie wieder weg und plierte zum Weckerradio. Die Mühlbauer mußte verrückt sein, schon morgens um neun anzutanzen und solch einen infernalischen Lärm zu machen! Wieso war sie überhaupt da? Samstags kam sie doch nie!

Er richtete sich stöhnend auf, angelte nach seinen Hausschuhen und schlurfte zur Tür. »Was um alles in der Welt machen Sie denn hier?«

»Sie sind noch da? Ich denke, um diese Zeit wollten Sie schon in Frankfurt sein?« Witwe Mühlbauer, Florians Putzfrau und gelegentlich auch seelischer Mülleimer, schaltete den Staubsauger aus. »Nu machen Sie bloß, daß Sie verschwinden, ich will endlich mal gründlich saubermachen! Nächste Woche kommt meine Schwester zu Besuch, die aus der Zone, Sie wissen ja, und dann habe ich keine Zeit.«

»Das heißt DDR, und Zeit haben Sie noch genug, ich bleibe ja vier Wochen weg!« Er schlappte ins Bad. »Können Sie mir einen

Kaffee machen mit zwei Aspirintabletten? Ich hab' scheußliche Kopfschmerzen.«

»Bei Kater is' Kaffee mit Zitrone aber besser!«

»Bleiben Sie mir mit Ihren selbstkomponierten Rezepten vom Leib! Damit haben Sie bestimmt auch Ihren Mann umgebracht. Was haben wir eigentlich für Wetter?«

»Sonne, blauen Himmel und einundzwanzig Grad.«

»Dann kann ich ja doch offen fahren! Diese Fernsehmeteorologen sollten nicht dauernd in die Kameras gucken, sondern zwischendurch auch mal aus dem Fernseher!« Er verschwand endgültig im Bad.

Ob es nun Frau Mühlbauers Katerelixier zu verdanken war oder den Tabletten, die er vorsichtshalber auch noch geschluckt hatte, war ihm egal, jedenfalls saß er eine halbe Stunde später schmerzfrei, frisch gewaschen und von Kopf bis Fuß in ladenneuer Freizeitkleidung am Frühstückstisch und studierte die Reiseroute.

Autobahn bis Stuttgart, dann Richtung Bodensee, Konstanz, Rheinfall von Schaffhausen, den mußte man ja auch mal gesehen haben, irgendwo da in der Gegend übernachten, am nächsten Morgen durch die Schweiz, Mittagessen in Como, dann Mailand, Genua und gegen Abend in Verenzi. Gar nicht so schlimm!

Florian goß sich noch einen Kaffee ein und versuchte, die Karte wieder zusammenzulegen. Unbegreiflicherweise ging das nicht. Nach dem fünften Versuch gab er auf. »Straßenkarten sagen einem alles, was man wissen will, bloß nicht, wie man sie wieder zusammenfaltet.«

»Mein Mann hat immer gesagt, die einfachste Art, eine Straßenkarte wieder zusammenzufalten, ist die, sie anders zusammenzufalten«, sagte Frau Mühlbauer, was Florian dann auch tat. Nun war sie doppelt so groß wie vorher und paßte nicht mehr ins Handschuhfach.

Wenigstens die Transportfrage ließ sich jetzt spielend lösen. Verdeck auf, die Koffer auf die Rückbank, Schlauchboot unter die Haube, Tasche auf den Beifahrersitz, Paddel senkrecht aufgestellt, Radiorecorder auf volle Lautstärke: »Wenn bei Capri die rote Sonne...« Florian war auf dem Weg nach Italien.

Bereits am Frankfurter Kreuz verfranzte er sich zum erstenmal. Das gleiche passierte ihm in Höhe Karlsruhe, als er sich plötzlich auf dem Weg nach Saarbrücken befand. In Stuttgart-Vaihingen war das Benzin alle und der Stau etliche Kilometer lang, bis Florian seinen Wagen endlich aus dem Verkehr gezogen hatte. Die Schweizer

Grenze passierte er gegen Mitternacht, der Rheinfall wurde auch einer, weil in der Dunkelheit genausowenig zu sehen wie eidgenössische Gasthäuser, die ausnahmslos ihre Lichter gelöscht und ihre Türen verschlossen hatten. Notgedrungen entrümpelte Florian sein Auto und nächtigte auf den Rücksitzen.

Während Tinchen im Speisesaal des Lido nichtsahnend an einem aufgebackenen Brötchen herumkaute, frühstückte Florian Frankfurter Kranz. Er hatte sich morgens am Rand einer Wiese wiedergefunden und berechtigte Zweifel, ob er sich in seinem zerknautschten Zustand dem bestimmt sonntäglich aufgeräumten Dorf nähern könnte, dessen Kirchturmspitze über einen kleinen Hügel ragte. Dann zog er es aber doch vor, sein Gepäck wieder zu verladen und eine Straße zu suchen, die etwas breiter war als der Feldweg, auf dem er parkte, und die ihn in etwas belebtere Gegenden führen würde.

Mehr dem Zufall zu verdanken als der detaillierten Beschreibung eines Spaziergängers, von dessen in flüssigem Schwyzerdütsch vorgebrachten Erklärungen Florian ohnehin kaum etwas verstanden hatte, daß er schließlich den Luganer See erreichte. Am Abend war er in Mailand, hundemüde, aber trotzdem wild entschlossen, auch noch die restliche Strecke herunterzuspulen. Er hatte bereits sein gesamtes Repertoire an Volks- und Wanderliedern heruntergesungen, alle Wirtinnenverse und siebenundzwanzig Strophen von Herrn Pastor sin Kau, als seine Marathonfahrt ein abruptes Ende fand. Pffffhhh machte es, erst ganz leise, dann lauter, und dann war der linke Vorderreifen platt. Florian ließ den Wagen ausrollen und wunderte sich nicht einmal, daß er genau vor dem Eingang eines Motels zum Stehen kam. Er ahnte nur ein Bett, eine Dusche und vielleicht sogar noch etwas Eßbares, das nicht nach Frankfurter Kranz schmeckte.

Ein Motel kann noch so viele Zimmer haben – der Mann, der um fünf Uhr früh losfährt, parkt garantiert unter Ihrem Fenster! Diese Erfahrung machte auch Florian, als er von einem nagelneuen Dieselmotor geweckt wurde. Er stand auf und schloß nachdrücklich die Fensterflügel. Nun dieselte es zwar etwas leiser, dafür setzte auf der Straße der Fernverkehr ein. Das Schicksal war eindeutig gegen ihn!

Er beschloß, daß fünf Stunden Nachtruhe ausreichten und ein handfestes Frühstück jetzt genau das Richtige sei. In dieser Hoffnung sah er sich allerdings getäuscht. Ein verschlafenes Individuum, das ein Mittelding zwischen Nachtportier und Putzfrau zu sein schien, schüttelte bedauernd den Kopf und wies auf die gegenüberliegende Tankstelle. Dabei redete er unermüdlich auf seinen Gast ein.

»Langsam, Mann! Io parlo italiano bloß per Schallplatte!« Endlich hatte Florian begriffen. Frühstück gab es erst ab sieben Uhr, weil die Köchin dieser Herberge gleichzeitig die Frau des Nachtportiers war, der wiederum als Patron dem ganzen Unternehmen vorstand, und als Gattin hatte sie zuerst ihre Mutterpflichten zu erfüllen. Eilige Gäste wurden in die Imbißstube der Tankstelle geschickt.

Florian entschied sich, das Angenehme mit dem Nützlichen zu verbinden. Der Reifen mußte gewechselt werden, und wenn er das nicht selbst zu tun brauchte, sollte es ihm nur recht sein.

Die Zapfsäule war auf Selbstbedienung eingestellt und außerdem kaputt. Im Innern einer Wellblechbaracke, die gleichzeitig Büro und Cafeteria darstellte, spülte eine zahnlose alte Frau Kaffeetassen. Florian vermutete verwandtschaftliche Beziehungen zum Motelbesitzer und tippte auf Großmutter. Im übrigen sah sie nicht danach aus, als ob sie einen Autoreifen von einem Rettungsring unterscheiden konnte. Sie schob ihm einen Cappuccino hin. »Con zucchero o senza questo?«

Er winkte ab. Zucker wollte er nicht.

»Allora non rimescolare!« (Dann nicht umrühren!) befahl sie und wies auf den Teller, der mitten auf der Theke stand. Unter einem Glassturz lagen altbackene Törtchen, die alle ein bißchen nach Frankfurter Kranz aussahen.

»Nie wieder werde ich mich über das deutsche Hotelfrühstück aufregen!« Florian trank seinen Milchkaffee aus, legte eine Münze auf den Tresen und verließ den gastlichen Raum. Es half nichts, er mußte sich allein mit dem Reifen herumschlagen. Je früher, desto besser, irgendwo in dieser lausigen Gegend würde es doch wohl ein Restaurant geben, das etwas mehr zu bieten hatte als lauwarmen Kaffee und drei Tage alte Cremetörtchen.

Als er die Reisetasche vom Rücksitz holte, weil irgendwo dahinter der Wagenheber liegen mußte, tropfte es. Die Birnen! Eine oberflächliche Prüfung ergab, daß ein Glas zerbrochen war und ein anderes einen Sprung hatte. Lange würde es bestimmt nicht mehr halten, und Birnen zum Frühstück sind allemal besser als gar nichts.

Solchermaßen gestärkt, machte er sich an die Arbeit. Der Reifen war schnell gewechselt und hätte von Rechts wegen sofort geflickt werden müssen, aber Florian vertraute auf sein fast neues Reserverad, das die restlichen 250 Kilometer bestimmt durchhalten würde. Wie war bloß dieser riesige Nagel in den Schlauch gekommen?

Als er eine halbe Stunde später auf der kleinen Mauer hockte und dem plötzlich von irgendwoher auftauchenden Mechaniker zusah, wie er schnell und geschickt den Reifen flickte, wunderte er sich gar nicht mehr. Achtzehn Nägel hatte er im Umkreis von Motel und Tankstelle gefunden, und einer davon war dann auch prompt seinem Hinterrad zum Verhängnis geworden. Es sah ja beinahe so aus, als ob die jemand mit Absicht... Florian konnte diesem Jemand die unorthodoxe Art der Arbeitsbeschaffung nicht einmal verdenken. Dieses Provinznest, sofern man die paar Häuser überhaupt als Ort bezeichnen konnte, lag nur wenige Kilometer von Mailand entfernt, und freiwillig würde hier bestimmt niemand übernachten. Weshalb sollte man da nicht ein bißchen nachhelfen? Die steckten sicher alle unter einer Decke!

»Na, du Winzling? Seit wann frißt ein Hund denn Birnen? Gehörst du auch zu den Alternativen, die sich bloß noch von Kuhfutter und Körnern ernähren?« Florian schlenderte zu dem kleinen Dackel hinüber, der sich gierig auf Frau Antonies Eingemachtes gestürzt hatte. »Nun warte doch mal, du kannst doch nicht auch noch die Scherben fressen!«

Vorsichtig fischte er die Birnenhälften aus dem Straßengraben und hielt sie dem Tier vor die Schnauze. »Du hast wohl noch länger nichts Vernünftiges zu fressen bekommen als ich? Magst du Frankfurter Kranz?«

Er mochte, und Florian sah mit Entsetzen, daß für Tinchen bestenfalls noch eine Kostprobe übrigbleiben würde. »Na, wenn schon, dann ist das eben ihr Beitrag zur Entwicklungshilfe! Du mußt dich ja erst zu einem Hund entwickeln! Fragt sich nur, zu was für einem!«

Nach eingehender Prüfung stellte Florian fest, daß es sich bei diesem gefräßigen Gast vorwiegend um einen Dackel handeln mußte, dessen Ohren von einem Cockerspaniel stammten, während der Schwanz möglicherweise zu einem Pudel gehörte, jedenfalls baumelte an seinem Ende eine kleine Quaste. Das Tier war sicher kaum älter als drei Monate.

»Wo gehörst du überhaupt hin?« Eine Frage, die ebenso dämlich wie zwecklos war, denn der Hund verstand natürlich kein Deutsch. Es gelang Florian nicht, die Besitzverhältnisse zu klären. Der Meccanico zuckte nur mit den Schultern, und der Moteldirektor, nunmehr als Gärtner tätig und damit beschäftigt, drei total verstaubte Sonnenblumen zu bewässern, knurrte etwas von ›Vagabondo‹, was Florian mit Hilfe des Wörterbuchs als Streuner übersetzte.

»Was soll ich denn jetzt mit dir machen? Ich kann dich doch nicht mitnehmen!«

Der Hund allerdings war anderer Meinung. Sobald Florians Käfer wieder auf seinen vier Beinen stand, hüpfte er in das Auto, rollte sich auf dem Schlafsack zusammen und enthob seinen adoptierten Herrn damit aller gegenteiligen Entscheidungen.

»Moment mal, Bürschchen, ich nehme grundsätzlich nie Anhalter mit!« Der Dackel-Pudel-Cocker kläffte zustimmend, sprang auf den Beifahrersitz und deponierte seinen Kopf auf Florians Knie.

»Das ist glatte Erpressung!« Florian legte den Gang ein. Dann sah er lachend in die bittenden Hundeaugen. »Weißt du, was? Wir kaufen dir unterwegs eine hübsche große Schleife, und dann bringe ich dich Tinchen als Geschenk mit!«

»Lilo hat mir ja gar nicht gesagt, daß sie heute hier ißt.« Tinchen setzte sich auf ihren Platz und zeigte fragend auf das zweite Gedeck.

»Ein Gast hatte gebeten, ausnahmsweise mit Ihnen essen zu dürfen.«

»Sie wissen doch genau, Fritz, daß diese Tour bei mir nicht zieht! Sagen Sie dem Herrn, daß ich nicht gekommen bin. Ich esse in der Küche!«

»Zu spät! Da ist er schon!«

Tinchen fielen fast die Augen aus dem Kopf. In der Tür stand Florian, und neben ihm dackelte ein kleines braunes Etwas, das vor rosa Taft kaum zu sehen war. Es hatte einen Zipfel der Schleife zu fassen gekriegt und zerrte unwillig daran herum.

»Man packt keine fremden Geschenke aus!« Florian hob den Hund hoch und legte ihn Tinchen in den Arm. »Das ist deiner! Habe ich dir mitgebracht, statt Blumen!«

»Das sieht dir ähnlich!« war alles, was sie herausbrachte. Dann leuchteten ihre Augen auf, sie fiel Florian um den Hals und jubelte: »Ich freue mich so, Flox!«

Der Hund hatte für Tinchens Gefühlsausbruch nichts übrig. Er jaulte los und verlangte zappelnd, wieder zu Boden unter die Dackelbeine zu kommen.

»Ich glaube, der hat in seinem ganzen Hundeleben noch gar nicht erfahren, was Liebe ist«, sagte Florian.

»Armer Kerl.« Sie drückte ihn sanft an sich und kraulte seinen kleinen Kopf.

»Warum bin ich kein Hund?«

Vorsichtshalber überhörte sie die Frage und setzte sich wieder hin. Der Hund rollte sich auf ihrem Schoß zusammen.

»Kommst du direkt von zu Hause, Flox?«

»Ja, und ich habe dir auch noch sieben Gläser eingemachte Birnen mitgebracht und einen Streuselkuchen. Den Frankfurter Kranz hat Helene gefressen.«

»Wer ist Helene?«

»Das Vieh da! Aber ich glaube, ich erzähle besser von Anfang an.«

Während Florian sich mit größtem Appetit über die Lasagne hermachte, berichtete er. »Na ja, und weil unsere Bekanntschaft letzten Endes den Birnen zu verdanken ist und ich Birnen immer mit ›Birne Hélène‹ in Verbindung bringe, seitdem ich mir daran mal den Magen verdorben habe, habe ich das Tier eben Helene getauft.« Er schob seinen Dessertteller zur Seite und zündete eine Zigarette an. »Irgendwie mußte ich das Viech doch anreden.«

»Aber nicht Helene«, protestierte Tinchen, »das ist nämlich ein ER!«

»Für so was hast du eben einen besseren Blick!«

Tinchen wurde rot und wechselte schnell das Thema. »Wie lange bleibst du denn, und wo wohnst du überhaupt?«

»Na, hier! Wo denn sonst? Und ich gedenke, den mir gesetzlich zustehenden Jahresurlaub in deiner Nähe zu verbringen.«

»Die ganzen vier Wochen hintereinander? Ist das nicht ein bißchen riskant? Nach meiner Erfahrung ist Urlaub die Freizeit, die man den Mitarbeitern gewährt, um sie daran zu erinnern, daß der Betrieb auch ohne sie auskommt.«

»Quatsch! Man darf niemals unersetzlich sein! Wer unersetzlich ist, kann nicht befördert werden!« behauptete Florian überzeugt.

»Erzähl mal ein bißchen von der Redaktion!« bat Tinchen. »Wie geht es Sabine? Und wie macht sich meine Nachfolgerin?«

»Großartig! Sie sieht aus wie Marilyn Monroe, tippt verheerend, kann kaum Stenographie, aber sie ist ein unerschöpfliches Gesprächsthema. Wenn man berücksichtigt, daß sie auch mit der

Orthographie auf dem Kriegsfuß steht, ist es eigentlich ein Segen, daß sie nicht maschineschreiben kann. Kopfschmerztabletten hat sie auch nie dabei.«

Schumann trat an ihren Tisch. »Wie ich sehe, Tina, haben Sie gegen Ihren Tischgast ja doch nichts einzuwenden.«

Sie funkelte ihn an. »Weshalb haben Sie mir denn nicht gesagt, daß Flox... daß Herr Bender kommt?«

»Seit wann interessieren Sie sich für meine Privatgäste? Ich konnte doch nicht wissen, daß Sie sich kennen. Herr Bender hat schriftlich ein Zimmer bei mir reserviert und logischerweise gar nichts mit Ihrem Verein zu tun. Aber daß er einen Hund mitbringt, hat er vorher nicht geschrieben.«

»Da habe ich auch noch nichts von ihm gewußt«, verteidigte sich Florian. »Das ist ein heimatloser Asylant. Ich bezahle natürlich für ihn.«

Schumann winkte ab. »Geschenkt! Was der frißt, fällt sowieso in der Küche ab. Außerdem sind mir vierbeinige Gäste manchmal lieber als die anderen. Sie wischen sich nämlich ihre Schuhe nie an der Gardine ab, brennen keine Zigarettenlöcher in die Teppiche und kommen selten betrunken nach Hause.«

Florian schob seinen Stuhl zurück und stand auf. »Ich werde jetzt erst mal auspacken, und dann muß ich dringend eine Hundeleine kaufen. Schließlich kann ich Helene nicht dauernd mit dem Abschleppseil Gassi führen.«

»Bist du verrückt? Damit erwürgst du ihn ja!« Tinchen zerrte den Gürtel aus ihrer Hose. »Hier, nimm den so lange!«

»Hellblau mit weißen Punkten! Helene, du wirst vornehm!« Ungeschickt fummelte Florian dem Tier das improvisierte Halsband über den Kopf.

»Wie kann man bloß so dämlich sein?« Mit zwei Handgriffen hatte Tinchen Hund und Halsband zusammengebracht. »Und sag nicht immer Helene zu ihm! So heißt meine Großmutter, und mit der hat er nun wirklich keine Ähnlichkeit! Er ist viel hübscher!«

»Aber irgendeinen Namen muß er doch haben!«

»Laß mich überlegen!« Sie streichelte sein struppiges Fell und spielte gedankenverloren mit der kleinen Schwanzquaste. Plötzlich lachte sie auf: »Ich hab's! Wir nennen ihn Bommel!«

Bommel erklärte sein Einverständnis, indem er seiner Taufpatin auf die Schuhe pinkelte.

»Wo geht's hier eigentlich zum Strand?«

»Der liegt direkt vorm Meer, gar nicht zu verfehlen!« Auf eine dumme Frage gehörte auch eine dumme Antwort! Außerdem war sie überflüssig, denn Tinchen hatte gestern zusammen mit Florian und Bommel noch einen langen Spaziergang gemacht und den beiden alles gezeigt, was ihr wichtig erschienen war, einschließlich der Palme, die von den meisten einheimischen Hunden bevorzugt wurde und Bommels uneingeschränktes Interesse gefunden hatte. Sogar Signora Ravanelli hatten sie besucht, und Florian hatte erstaunt die in flüssigem Italienisch geführte Unterhaltung verfolgt.

»Donnerwetter, Tinchen, du hast ja wirklich was gelernt! Hast du noch Schwierigkeiten mit deinem Italienisch?«

»Nein, ich nicht, aber die Italiener!« hatte sie lakonisch geantwortet.

Nun saß er zusammen mit ihr im Speisesaal und frühstückte. Unter dem Tisch schnarchte Bommel. Ihm war es zu verdanken gewesen, daß sein Herr zu ungewohnt früher Stunde hatte aufstehen und Gassi gehen müssen. Zielpunkt: die Palme. Der Versuch, dem Hund das Duschbecken als Ersatzrinnstein anzubieten, war fehlgeschlagen. Bommel hatte den Papierkorb zu seinem Stammbaum erkoren, und Florian hatte dem Zimmermädchen ein angemessenes Trinkgeld in die Hände drücken müssen, damit es die Suppe wieder beseitigte.

»Mal ganz im Ernst, Tinchen, du willst doch nicht behaupten, daß diese Ansammlung von Steinen, Kies und grauem Sand der berühmte Riviera-Strand ist? Ein Strand hat weiß zu sein, sollte wenigstens zu 98 Prozent aus feinkörnigem Sand bestehen und ohne Schuhe betreten werden können.«

»Du bist hier am Mittelmeer und nicht auf den Malediven! Dann hättest du eben an die Ostsee fahren müssen!«

»Da gibt's kein Tinchen!«

»Bildest du dir ein, ich gehöre zum Hotelinventar, auf das du jederzeit zurückgreifen kannst? In einer Viertelstunde muß ich im Büro sein. Heute ist Dienstag, da bin ich allein, weil Lilo mit ihrer Herde nach Portofino ...«

»Wer ist Lilo?«

»Meine Kollegin.«

»Ist sie hübsch?«

»Wahrscheinlich. Aber mach dir keine Hoffnungen! Sie ist auf der Suche nach einem Mann, der alles hat – sich aber auch mal von was trennen kann.«

»Warum so bissig? Kannst du sie nicht leiden?«

»Anfangs schon, jetzt nicht mehr! Wer die zur Freundin hat, braucht keine Feinde mehr!«

»Sie muß dir ja ganz schön in die Quere gekommen sein.«

»Blödsinn! Ich hab' nur was gegen Mitarbeiterinnen, die mangelnde Fähigkeiten durch künstliche Wimpern kompensieren wollen! – So, und jetzt muß ich weg! Wenn Du Lust hast, kannst du mich ja nachher mal besuchen.«

»Kann ich nicht gleich mitkommen?« Florian kippte den Rest seines Kaffees hinunter und stand auf.

»Du bleibst schön hier und erholst dich!«

»Wo denn?«

Tinchen wurde ungeduldig. »Sei nicht albern, Flox! Das Lido hat einen hoteleigenen Strand, da gehst du jetzt hin, meldest dich bei Umberto – das ist der Bademeister –, läßt dir einen Liegestuhl geben und einen Schirm, und bis zum Mittagessen hast du garantiert schon den ersten Sonnenbrand weg. Damit bist du dann für den Rest des Tages beschäftigt. Die Apotheke ist übrigens gleich vorne an der Promenade.«

Auf dem Weg zur ›Röhre‹ kaufte Tinchen einen Blumenstrauß. Einen so. Sie hätte die ganze Welt umarmen mögen, beschränkte sich dann aber doch auf einen barfüßigen Jungen, dem sie erst durch den Lockenkopf fuhr und dann eine Eistüte spendierte. Mit Sahne obendrauf.

Florians Ankunft, der abendliche Bummel gestern, Arm in Arm wie die vielen anderen Paare auch, der harmonische Ausklang in der kleinen Kneipe – sie hatte schon beinahe vergessen, daß es noch etwas anderes gab als Namenslisten, fehlgeleitete Koffer und einsame Abende im Hotelzimmer. Natürlich war sie nicht verliebt in Florian, dazu kannte sie ihn viel zu gut, und ernst nehmen konnte sie ihn auch nicht. Er war nichts als ein guter Kamerad, jemand, mit dem man Pferde stehlen und bei dem man sich notfalls ausheulen konnte. Zur Liebe gehörte mehr! Man mußte seinen Partner respektieren können, zu ihm aufsehen – bei meiner Größe passiert das ja zwangsläufig, dachte sie –, ihn vielleicht sogar bewundern können, klug mußte er sein und natürlich Humor haben. Den hatte Florian wirklich, aber das allein war ein bißchen wenig. Egal, in den kommenden Wochen würde sie abends jedenfalls nicht mehr Kreuzworträtsel lösen müssen.

Als sie die Tür aufschloß, klingelte das Telefon. Fünf vor neun, da mußte es aber jemand eilig haben! Sie griff nach dem Hörer: »Schmetterlings-Reisen, guten Tag.«

»Guten Morgen, Aschenbrödel.«

Der Schreck verschlug ihr die Sprache. Sie schluckte, die Knie fingen an zu zittern, sie tastete blind nach dem Stuhl, setzte sich, umklammerte krampfhaft den Hörer und – schwieg.

»Hallo, Aschenbrödel, bist du noch da?«

»Ja.«

»Ich weiß, was du jetzt sagen willst, und du hast ja auch recht, aber sag lieber nichts. Wenn du willst, kannst du mich im nachhinein noch bedauern. Ich hatte nämlich Mumps.«

»Was hattest du?«

»Mumps. Ziegenpeter, oder wie diese alberne Krankheit sonst noch heißt! Ich habe ausgesehen wie ein Hamster und mich aus diesem Grunde selbst aus dem Verkehr gezogen.«

»Sechs Wochen lang?«

»Und einen Tag! Als mein Kürbiskopf endlich auf eine normale Dimension abgeschwollen war und meine Stimme sich nicht mehr anhörte, als hätte ich mit Reißnägeln gegurgelt, kriegte ich die Masern.«

»Und das soll ich glauben? Normale Menschen bekommen Kinderkrankheiten, wenn sie noch zur Schule gehen. Dann sind sie wenigstens nützlich.«

»Ich bin eben ein Spätentwickler.«

Tinchen wußte nicht, was sie sagen sollte. Wochenlang hatte sie auf diesen Anruf gewartet, hatte abwechselnd gehofft und resigniert, hatte Brandt nach einem Verkehrsunfall mit Gedächtnisverlust im Krankenhaus gesehen oder auch mal als unbekannten Toten, zerschellt an irgendwelchen Klippen – aber ganz bestimmt nicht rotgesprenkelt in Tante Josis Bett.

»Kann man mit Masern nicht telefonieren?«

»Doch, man kann! Aber wie ich dich einschätze, wärst du doch sofort mit Blümchen und Pralinen an mein Schmerzenslager geeilt, und das wollte ich nicht. Ich esse nämlich keine Pralinen.«

Jetzt mußte sie doch lachen. »Setzt du nicht ein bißchen zu viel Mitgefühl bei mir voraus?«

Seine Stimme klang ernst: »Nein, Tina, das glaube ich nicht. Aber mir ging es wirklich miserabel, und ich wollte keinen Menschen sehen. Nicht einmal dich.«

»Ein Kompliment ist das gerade nicht.«

»Doch, Aschenbrödel, das ist eins. Alle anderen in meiner Umgebung habe ich vergrätzt, mit dir sollte mir das nicht passieren. Verstehst du das?«

Sie verstand es nicht, aber sie glaubte ihm.

»Der Arzt hat die Quarantäne aufgehoben. Sehen wir uns heute?«

Tinchen zögerte. »Ich weiß nicht recht... Lilo ist mit dem Bus unterwegs, und ich habe Stallwache.«

»Auch abends?«

Sie wollte schon zusagen, als ihr Florian einfiel. Sie hatte doch versprochen, mit ihm nach Noli zu fahren, in das kleine Fischerdorf mit den Spezialitätenrestaurants; Muscheln wollten sie essen oder Krabben, je nachdem, was gerade frisch angelandet worden war. Nein, das konnte sie unmöglich absagen! Brandt hatte so lange nichts von sich hören lassen, jetzt konnte er auch nicht erwarten, daß sie auf Abruf bereitstand.

»Es tut mir leid, Klaus, aber heute abend habe ich keine Zeit.«

»Dann morgen?«

»Da geht's erst recht nicht. Mittwoch ist An- und Abreisetag. Ich weiß vorher nie, wann ich fertig bin.«

Eine ganze Weile schwieg er, dann sagte er in gleichmütigem Ton: »Du willst also nicht?«

»Doch, ich will!« antwortete sie schnell, »ganz bestimmt will ich, nur nicht heute und morgen. Versteh das doch! Wenn ich die letzten Gäste in ihrem Hotel abgeliefert habe, ist es meistens schon nach acht, und ich gehe auf dem Zahnfleisch. Bis ich mich dann halbwegs erholt und restauriert habe, ist Mitternacht.«

»Okay, Tina. Das Argument lasse ich gelten«, lachte er, »dann hole ich dich übermorgen um sechs im Lido ab!«

»Lieber um halb acht, ich komme erst gegen sieben aus Nizza zurück. Hammelherden-Trip nach Frankreich.«

»Armes Aschenbrödel. Nach Frankreich fährt man entweder nur zu zweit oder gar nicht! Ciao bis übermorgen!«

Noch lange starrte Tinchen auf den Hörer in ihrer Hand, ehe sie auflegte. Sie freute sich auf das Wiedersehen, aber sie hatte auch Angst. Jener Abend in Corsenna lag so weit zurück und schien ihr heute so unwirklich, daß sie sich nicht vorstellen konnte, den Faden dort wieder anzuknüpfen, wo er damals so abrupt zerrissen war. Sie schmunzelte in sich hinein. Wochenlang interessierte sich überhaupt kein Mann für sie, und jetzt umbalzten sie gleich zwei, wobei Florian natürlich nicht zählte. Für den gehörten Flirts genauso zum täglichen Leben wie Hot dogs und Aspirin.

Der Vormittag verging quälend langsam. Tinchen arbeitete unkonzentriert, verrechnet sich ständig und hatte zum Schluß zwei Einzelzimmer übrig, was noch nie vorgekommen war und sowieso nicht stimmen konnte. Endlich erschien Sergio. »Scusi, Tina, aber ich bin noch einmal oben bei Ercole gewesen und habe die künftigen Safaris mit ihm durchgesprochen. Er wollte gar nicht begreifen, weshalb wir einiges ändern müssen. Angeblich ist er trotz der Weinschwemme auf seine Kosten gekommen, und den Gästen habe es doch auch gefallen. Er freut sich schon auf die nächsten. Kannst du das verstehen?«

»Frag ihn in sechs Wochen noch mal!« Sie schob Sergio die Listen hinüber. »Zähl *du* mal nach, ich kriege immer was anderes raus.«

»Gleich. Ich habe dir doch noch etwas mitgebrcht.« Er zog einen großen Briefumschlag unter seinem Hemd hervor und gab ihn Tinchen. Neugierig öffnete sie. Zum Vorschein kam ein Steckbrief. »Wanted!« stand oben drauf, und in der Mitte prangte ihr Foto. Wie ein Klammeraffe hing sie auf dem Esel, griente dümmlich vor sich hin und entsprach so gar nicht der Warnung, die auf dem Steckbrief zum Ausdruck kam. Gefährlich sollte sie sein, rücksichtslos von der Schußwaffe Gebrauch machen und scharfe Zähne haben. Zehn Millionen Lire waren auf ihren Kopf ausgesetzt.

»Was soll denn dieser Blödsinn?«

»Einer Idee von Mario. Der hat das mal irgendwo gesehen und sofort nachdrucken lassen. Jetzt bildet er sich ein, daß er auf diese Weise seine Safari-Schnappschüsse schneller los wird.«

»Der Kerl spinnt doch! Wieviel verlangt er denn dafür?«

»Dreitausend Lire.« Sergio nahm Tinchen das Plakat aus der Hand und nagelte es ans Schwarze Brett, direkt neben die Esel-Reklame.

»Bist du verrückt? Nimm das sofort wieder runter! Häng dich doch selber auf!«

»Ich bin längst nicht so fotogen wie du«, behauptete Sergio und malte liebevoll einen dicken roten Rand um den Steckbrief. »Was glaubst du wohl, wie werbewirksam dieses Foto ist! Jeder, der diese jämmerliche Gestalt sieht, ist doch davon überzeugt, daß er selbst eine viel elegantere Figur abgeben wird. Und weil er das beweisen muß, wird er eine Safari buchen!« Dann machte er sich über die Listen her. »47 Abreisen, 79 Ankünfte, stimmt bis zum letzten Bett!« erklärte er nach einer Weile.

»Noch!« sagte Tinchen. »In der nächsten Woche beginnen in Deutschland die Schulferien, und dann wird's lustig.«

»Ich weiß. Es geht schon das Gerücht um, daß man an den Stränden Lautsprecher anbringen will. Alle dreißig Minuten ertönt das Kommando ›Bitte wenden!‹ damit sich die Sonnenhungrigen auf die andere Seite drehen können.«

Noch vor dem Essen hatte Tinchen beschlossen, den Nachmittag freizunehmen. Hatte nicht Gottlieb Maria behauptet, blasse und überarbeitete Reiseleiter seien eine schlechte Reklame für das Unternehmen? Wo sollte denn die Bräune herkommen, wenn nicht vom Strand? Außerdem hatte sich im Laufe der Zeit herausgestellt, daß sich nachmittags nur selten Besucher im Büro einfanden; die kamen überwiegend morgens, bevor sie zum Strand gingen, oder allenfalls gegen zwölf, wenn sie auf dem Weg zur Futterkrippe waren. Danach waren sie in der Regel müde und hatten keine Lust mehr, sich mit ihrer auch nicht viel muntereren Reiseleiterin herumzustreiten. Wofür Tinchen ihnen dankbar war.

Florian freute sich. Bommel auch. Er trug jetzt grünes Leder und benahm sich sehr gesittet.

»Kein Wunder, der ist vollgefressen bis obenhin. Kalbsbrühe mit Haferflocken, und zum Nachtisch eine Vitaminpille. Herr Schumann hat gesagt, ich soll trotzdem mit ihm zum Tierarzt. Wahrscheinlich hätte Helen Flöhe, Würmer und artfremde Vorfahren. Er jedenfalls hätte noch nie einen Hund gesehen, der saure Gurken frißt.«

Tinchen warf ihren Bademantel ab und präsentierte sich nicht ohne Stolz in dem blauen Badeanzug, den Brandt damals für sie ausgesucht hatte. Anerkennend pfiff Florian durch die Zähne. »Weißt du, Tinchen, ich hab' ja schon immer gewisse Schwierigkeiten gehabt, dir in die Augen zu sehen, und der Bikini macht mir das keineswegs leichter!« Dann erkundigte er sich höflich: »Darf ich dir meinen Liegestuhl anbieten?«

»Nachher vielleicht. Ich geh' erst mal ins Wasser.« Sie rannte los, Florian hinterher, und in gebührendem Abstand folgte Bommel. Widerwillig tapste er mit den Pfoten ins Meer, zog sich aber gleich wieder zurück und rettete sich rückwärts kriechend aufs Trockne. Dort blieb er platt liegen und beobachtete ängstlich die beiden einzigen Menschen, die gut zu ihm waren, die er liebte, und die ihn jetzt doch wieder allein ließen. Er richtete sich auf, seine Ohren gingen auf halbmast, und dann setzte er zu einem so jammervollen Geheul an, daß Florian gleich wieder kehrtmachte.

»Mit dir habe ich mir vielleicht was eingehandelt. Stell sofort die

Sirene ab!« Bommel war selig. Vorn leckte er seinem Herrchen die Füße, und hinten machte er sie vor lauter Freude wieder naß. Fluchend rannte Florian zurück ins Wasser. »Wo hast du bloß deine Manieren her?«

Fünf Minuten später hatte er sein Schlauchboot klargemacht, Bommel hineingesetzt, und nun paddelte er wie ein Wilder der blauen Badekappe hinterher, die schon ziemlich weit draußen auf den Wellen tanzte. Endlich hatte er sie erreicht.

»Nimmst du immer ein Boot mit, wenn du schwimmen gehst?« fragte Tinchen hinterhältig.

»Der Köter ist wasserscheu!«

»Genau wie sein Herr! Oder weshalb sonst hast du dich heute nicht rasiert?«

Florian befühlte seine Stoppeln. »Eines rechten Mannes Kinn ist im natürlichen Zustand bewaldet. Aber wenn dir mein angehender Vollbart nicht paßt, kann ich ihn ja wieder abnehmen.«

»Du siehst aus wie ein Seeigel!«

Lange trieb das Boot steuerlos auf dem wenig bewegten Wasser. Florian war eingeschlafen, und Tinchen mochte ihn nicht wecken. Bommel hatte es sich auf seinem Bauch bequem gemacht, und sie hatte den Kopf an seine Schulter gelehnt – ganz vorsichtig, damit er nicht wach wurde, aber er hatte es doch gemerkt. Im Halbschlaf war er zärtlich durch ihre Haare gefahren und hatte ihren Kopf an sein Kaktuskinn gedrückt. So war sie liegengeblieben. Nicht sehr bequem, denn das Paddel drückte gegen die Kniekehle, und Bommels Schwanz fuhr gelegentlich durch ihr Gesicht. Ganz still war es hier draußen, nur ein paar Möwen übten kreischend Zielanflug.

»Kann man die Viecher eigentlich auch essen?«

Florian rappelte sich auf und blinzelte in die tiefstehende Sonne. »Ich hab' nämlich Hunger!«

»Du kannst ja mal so einen Vogel zusammen mit einem Ziegelstein in die Bratröhre stecken, und du wirst sehen, daß der Stein eher gar ist als die Möwe. Wahrscheinlich schmeckt er sogar besser!«

»So lange kann ich nicht warten. Komm, rudern wir zurück und machen uns landfein!«

Aber dann hatte der Abend doch noch mit einem Riesenknall geendet! Warum hatte Florian unbedingt noch in die Beach-Bar gehen müssen? Ausgerechnet in diesen Schuppen, in dem man vor lauter Radau sein eigenes Wort nicht verstand und jede Unterhaltung im

Dröhnen der Lautsprecherboxen unterging! Krachend voll war es außerdem gewesen. Tinchen hatte sofort wieder umkehren wollen, aber Florian hatte abgewinkt. »Warum denn? Was man in der Straßenbahn Überfüllung nennt, heißt in Nachtlokalen Atmosphäre.«

Und wem war er beim ersten Tanz mit Tinchen auf die Füße getreten? Lilo! Da hatte es sich natürlich nicht mehr umgehen lassen, daß man sich zusammensetzte, und ebenso natürlich hatte Lilo sofort mit Florian zu flirten angefangen. Um ihren Begleiter, einen sehr schweigsamen Engländer mit Glubschaugen und Haaren, die genauso farblos gewesen waren wie der ganze Mensch, hatte sie sich kaum noch gekümmert. Brüderschaft hatte sie mit Florian getrunken und ihm Letkiss beigebracht, diesen albernen Tanz, bei dem man dauernd in die Hände klatschen muß. Dann hatten sie Mona-Lisa-Cocktails bestellt und nach dem dritten ›La Paloma‹ gesungen.

Als Tinchen in den Waschraum ging, war Lilo hinterhergekommen. »Wo hast du denn diesen blendend aussehenden Mann aufgerissen?«

»Der ist mir hinterhergefahren, aber du kannst ihn gerne haben!« hatte Tinchen wütend geantwortet.

»Ist das dein Ernst?«

Doch Tinchen hatte sich schon umgedreht und war hinausgelaufen. Zum Tisch war sie auch nicht mehr zurückgegangen, sondern schnurstracks ins Hotel, wo sie Bommel gesucht und beim Nachtportier gefunden hatte. Beide hatten geschlafen. Sie hatte sich den Hund geschnappt und mit auf ihr Zimmer genommen. Das arme Tier konnte doch nun wirklich nichts dafür, wenn sein Herr sich nächtelang herumtrieb, statt sich um das kleine, hilflose Baby zu kümmern. Sollte er Bommel doch suchen! Aber wahrscheinlich würde er ihn gar nicht erst vermissen! Der hatte anderes im Kopf!

Bommel hatte ihr die Tränen abgeleckt, und an sein weiches Fell gekuschelt, war sie endlich eingeschlafen.

12

Hinter der Zeitung, die er als Barrikade aufgebaut hatte, tauchte Florians Gesicht hoch. »Guten Morgen, Tinchen. Ausgeschlafen?«

Sie würdigte ihn keines Blickes, entfaltete die Serviette, goß Kaffee in die Tasse, suchte aus dem Brotkorb das noch am wenigsten pappige Brötchen, bestrich es mit Marmelade – schwieg.

»Schlechte Laune?«

»Warum sollte ich?«

»Eben!«

Die Minuten dehnten sich, zertröpfelten in lange Sekunden.

»Möchtest du vielleicht von der Zeitung was abhaben?«

»Nein.«

Schweigen.

»Himmeldonnerwetter, Tinchen, jetzt spiel nicht die beleidigte Leberwurst! Ich gebe ja zu, daß ich gestern ein bißchen über die Stränge geschlagen bin und zu viel getrunken habe, aber das ist noch lange kein Grund...«

»Mona-Lisa-Cocktails!! Deshalb bist du auch den ganzen Abend das dämliche Grinsen nicht mehr losgeworden!« Mit betont desinteressierter Miene stand sie auf. »Im übrigen ist mir dein Privatleben völlig egal!«

Der majestätische Abgang, den sie oben vor dem Spiegel geübt hatte, wurde durch den hereinstürmenden Bommel beeinträchtigt. Er kugelte laut kläffend in den Speisesaal, wieselte um Tinchens Beine und gab nicht eher Ruhe, bis sie sich hinabgebeugt und ausgiebig gestreichelt hatte.

»Der hat heute nacht bei mir geschlafen«, berichtigte Tinchen.

Florian seufzte sehnsüchtig:« Warum kann ich nicht auch so ein Hundeleben führen?«

AUS TINCHENS TAGEBUCH

6. Juli

Lilo ist ein Miststück! Fragte heute früh ganz harmlos, ob ich wirklich keine Besitzansprüche auf Flox hätte. Sie hätte den Eindruck, daß er sich mir gegenüber verpflichtet fühle. Habe ihr erklärt, daß Kleinkinder zu starker Mutterbindung neigen. Darauf meinte sie, es sei Sache der Mutter, ihre Kinder frühzeitig genug abzunabeln. Im übrigen sei sie heute abend mit ihm verabredet.

Und wenn schon! Ich muß sowieso Strümpfe waschen.

8. Juli

Männer, die gut mit Frauen zurechtkommen, sind meist solche, die auch ohne sie fertig werden. Klaus gehört dazu. Blieb den ganzen Abend über reserviert. Schwärmte von Tante Josis Krankenkost und seiner Schwester Tanja, die sich jeden zweiten Tag telefonisch nach seinem Befinden erkundigt habe. Bekam ganze Krankengeschichte zu hören und zum Abschied väterlichen Kuß auf die Stirn. Wenn man wirklich so alt ist, wie man sich fühlt, dann bin ich 120.

Florian heute nur kurz gesehen. Buchte für Dienstag Busfahrt nach Portofino. Bot ihm ein paar Prospekte an, um sich über Wissenswertes informieren zu können, da er von seiner Reiseleiterin in dieser Hinsicht nichts zu erwarten habe. Lehnte ab mit der Begründung, er sei nicht an Sehenswürdigkeiten interessiert, sondern an netter Gesellschaft.

10. Juli

Gestern ganzen Nachmittag am Strand gelegen. Allein mit Bommel. Florian lag zwanzig Meter weiter links. Mit Lilo. Trug neuen rosa Badeanzug mit passender Sonnenbrille und machte auf Dame. Sollte ihn eigentlich warnen. Würde aber nichts nützen, er hat einen schalldichten Kopf.

Morgens um zwei heftiges Gewitter. Bommel noch mehr Angst als ich. Hunde wären viel nützlichere Haustiere, wenn sie bei Gewitter die Fenster schließen würden, statt sich wimmernd im Bett zu verkriechen.

11. Juli

War gestern offiziell bei Tante Josi zum Tee eingeladen. Allein. Mußte Sandkuchen essen und Fotoalben betrachten. Klaus sehr fotogen. Hat schon als Schulkind immer adrett (und langweilig) ausgesehen. War Klassenbester, Schulsprecher und Studentenmeister im Kraulen (oder so ähnlich). Mußte Tante Josi Autobiographie liefern. Schien befriedigt, daß ich ›auch Akademikerin‹ sei (die zwei Semester!!). Musterknabe später dazugekommen. Trug hellgrauen Flanell und tat sehr beschäftigt. Brachte mich zurück ins Hotel. Bin dezentem Abschiedskuß durch leidenschaftliche Umarmung zuvorgekommen. Florian saß in der Halle. Hat alles mitgekriegt.

12. *Juli*

Zufällig auf der Piazza gewesen, als Bus aus Portofino zurückkam. Florian als Letzter ausgestiegen. Konnte sich wohl nicht trennen! Lilo sehr elegant in weißem Hosenanzug (wie kommt sie bloß an die vielen Klamotten? Sie kriegt doch auch nicht mehr Geld als ich?). Hoffe, daß Flor –

Es klopfte. Tinchen klappte das Tagebuch zu und stopfte es schnell ins Schubfach. »Pronto!«

Durch den Türspalt schob sich ein Plüschkamel. Am Halsband trug es eine Rose, die mit Sicherheit aus dem großen Strauß in der Halle stammte, und einen Zettel. »Ich bin auch eins! Flox.« las Tinchen. Und was für ein großes!, dachte sie, während sie das Kamel aufhob und aufs Bett setzte. Ein Mann hat im Durchschnitt dreißig Kilogramm Muskulatur und etwa anderthalb Kilo Hirnsubstanz. Das erklärt manches!

»Da draußen steht ein Hippietyp mit Handgepäck auf dem Rükken und behauptet, er will zu dir!«

»Gib ihm zweihundert Lire und schick ihn zum Campingplatz!« Tinchen schob Lilo die Spesenkasse über den Schreibtisch. »Die Jungs müssen uns mit dem deutschen Konsulat verwechseln. Ich weiß schon gar nicht mehr, wie ich die ganzen Almosen verbuchen soll.«

Lilo öffnete die Tür und winkte. Ein schlaksiger Jüngling mit Zweitagebart sowie einer soliden Dreckschicht auf Gesicht und Händen schlappte langsam näher. Vorsichtig linste er um die Ecke. »Morgen, Tinchen.«

»Karsten!!! Wo um alles in der Welt kommst *du* denn hier? Ich denke, du angelst Lachse? Ist zu Hause etwas passiert?«

»Nö, da ist alles in Ordnung.« Er druckste herum, zog mit dem Fuß einen Stuhl heran, setzte sich, klimperte mit den Büroklammern, räusperte sich und sah schließlich treuherzig zu seiner Schwester auf.

»Weißte, Tine, das mit Schweden ist in die Hose... wollte sagen, ist schiefgegangen. Der Bernd hat vorige Woche seinen Wagen an eine Straßenbahnhaltestelle gebrettert, und für die Reparatur ist sein ganzes Reisegeld draufgegangen. Die Haltestelle muß er auch noch bezahlen. Nun ist es mit unserer Fahrt natürlich Essig gewesen.« Er zögerte einen Augenblick. »Außerdem glaube ich nicht, daß Papa mir überhaupt noch einen Urlaub bewilligt hätte.«

»Verstehe ich nicht. Wie bist du denn hier runtergekommen?«

»Per Anhalter.«

»Und das hat Paps erlaubt?« Langsam hatte sich Tinchen von ihrer Überraschung erholt. »Irgend etwas stimmt doch da nicht!«

»Die Eltern wissen ja gar nicht, daß ich hier bin!«

So, jetzt war es endlich heraus! Karsten atmete auf. Den Rest würde er seiner Schwester erst allmählich beichten, alles auf einmal wäre wohl doch zuviel.

Die griff schon nach dem Telefon, aber Karsten schüttelte den Kopf. »Noch nicht anrufen. Das dicke Ende kommt ja erst! Ich wollte dir die ganze Sache doch in Raten verklickern!«

Sie ließ den Hörer wieder los. »Raus mit der Sprache! Was hast du angestellt?«

»Ich gar nichts! Du mußt das andersherum sehen! Man hat mit mir was angestellt! Man hat mich nämlich nicht versetzt!«

Sie holte tief Luft. »Ein Jahr vor dem Abi! Das ist ja eine reizende Überraschung!«

»Für mich nicht«, sagte Karsten, »aber für die Eltern wird es eine werden.«

»Das wissen sie *auch* noch nicht?«

»Woher denn? Ich bin doch gleich am letzten Schultag abgehauen! Hab' bloß meine Sachen zusammengesucht und bin getürmt. Zum Glück war Mutti bei Oma, einkochen helfen, und da habe ich bloß einen Zettel auf mein Bett gelegt und bin stiftengegangen.«

»Daß Mutsch jetzt halb verrückt ist vor Angst, hast du wohl nicht einkalkuliert?«

»Ich hab' doch geschrieben, daß ich trampen gehe«, verteidigte er sich, »und hinterher sind sie bestimmt froh, wenn ich heil zurückkomme. Bis dahin hat sich dann auch die Aufregung wegen der miesen Zensuren gelegt. Man muß ja nicht freiwillig in das

Zentrum eines Hurrikans laufen, die Nachwirkungen sind auch noch schlimm genug.«

»Karsten, du bist ein Idiot!«

Er nickte bestätigend. »Das hat mein Lateinpauker auch gesagt.« Dann etwas kleinlauter: »Rufste jetzt mal zu Hause an? Ich gehe solange auf die Toilette, muß mich sowieso ein bißchen frisch machen.«

»Hiergeblieben!!« donnerte Tinchen.

Bisher hatte Lilo dem Dialog schweigend zugehört, aber nun ergriff sie Karstens Partei. »Dein Bruder hat recht. Am besten sagst du jetzt nur, daß er gesund und dreckig hier angekommen ist und heute abend selbst noch einmal anrufen wird. Dann ist es auch billiger!«

Sie nickte Karsten zu. »Komm mit, du Held! Die Toilette ist nebenan in der Bar. Hast du überhaupt schon etwas gegessen?«

»Ja, zwei Pfirsiche und 'ne Cola, aber das war heute früh um sechs.«

Als Tinchen nach zehn Minuten in die Bar kam, vertilgte ihr Bruder gerade das vierte Hörnchen.

»Am Buffet schließen sie schon Wetten ab, wie viele er noch schafft«, lachte Lilo und orderte das fünfte.

»Seit dem Mittagessen gestern habe ich ja auch nichts Vernünftiges mehr in den Magen gekriegt, und dieses ostpreußische Mißgeschick hätte ich auch nicht gegessen, wenn ich nicht solchen Kohldampf gehabt hätte.«

»Was war denn das?«

»Ich glaube, es sollten Königsberger Klopse sein, aber die Tante auf dem Campingplatz in Como hatte vom Kochen noch weniger Ahnung als Tinchen.« Er spülte den letzten Bissen mit einem Schluck Cappuccino hinunter. »Sag mal, haben die hier auch Pizza?«

»Wieviel Geld hast du eigentlich dabei?« wollte Tinchen wissen. »Bei deinem Appetit hast du in drei Tagen meine gesamten Ersparnisse verfressen!«

»Hast du mit Papa telefoniert?« Karsten hielt es für besser, die Geldfrage nicht näher zu erörtern, hauptsächlich deshalb, weil es nichts zu erörtern gab. Er besaß etwas mehr als 7000 Lire und den Fünfzigmarkschein, den ihm seine Großmutter zum Ankauf des roten Judogürtels geschenkt hatte. Na ja, der konnte warten.

»Ich habe im Geschäft angerufen und Papa vorbereitet. Jetzt kannst *du* dich vorbereiten! In einer halben Stunde ruft er zurück.«

»Dann reicht es ja noch für ein Hörnchen«, sagte Karten erleichtert. Die Aussicht auf das väterliche Donnerwetter erschütterte ihn nicht mehr; tausend Kilometer Telefonkabel waren eine beruhigende Distanz.

Diesen Eindruck schien auch Herr Pabst zu haben. Er verbiß sich alle Vorwürfe, zeigte sogar Verständnis für seinen geflüchteten Sohn, bedauerte aber dessen Vertrauensmangel im Hinblick auf die schulische Katastrophe. »Wieso habe ich davon nie etwas erfahren?« – »Den blauen Brief hatte ich abgefangen, und seitdem ich achtzehn bin, kann ich die Klassenarbeiten selbst unterschreiben!« erwiderte sein Sprößling. Darauf sagte Herr Pabst gar nichts mehr, bewilligte seinem Stammhalter zwei Wochen Ferien unter der schwesterlichen Obhut, sicherte die telegraphische Überweisung der mutmaßlichen Spesen zu sowie eine intensive Nachhilfe in Mathe und Latein, sobald der Nestflüchter wieder zu Hause sei.

»Den letzten Satz hätte er sich wirklich sparen können«, maulte Karsten, nachdem er das Telefongespräch so knapp wie möglich wiedergegeben hatte. »Jetzt macht der ganze Urlaub keinen Spaß mehr.«

»Von mir aus könntest du heute schon zurückfahren«, sagte seine Schwester ungnädig. »Oder willst du mir mal verraten, wo ich dich unterbringen soll? Wir haben nämlich Hauptsaison und in ganz Verenzi kein freies Zimmer.«

»Brauch' ich ja gar nicht«, versicherte Karsten sofort. »Ich habe einen Schlafsack mit und knacke bei dir auf dem Fußboden.«

»Hemmungen hast du wohl gar nicht?«

»Ich denke nur rationell! Ein Zimmer kostet normalerweise einen Haufen Geld. Da du mietfrei wohnst, kann man das doch sparen und lieber anders verwenden. Ich habe auch gar nicht viel zum Anziehen mit« – er zeigte auf eine Art Seesack, der mit einem komplizierten Röhrensystem verbunden war und mit einem herkömmlichen Rucksack herzlich wenig Ähnlichkeit hatte –, »und wenn ich dich nicht blamieren will, muß ich mir noch ein paar Sachen kaufen.«

»Aber nicht auf Kosten meines ungestörten Privatlebens!« protestierte Tinchen. »Jetzt komm erst mal mit ins Hotel. Vielleicht weiß Fritz noch eine andere Möglichkeit.«

Nachdem Tinchen ihren Bruder vorgestellt und die Vorgeschichte seines plötzlichen Auftauchens erzählt hatte, betrachtete Schumann den Zuwachs gründlich von Kopf bis Fuß. »Wenn der gewaschen ist, möchte ich ihm eine gewisse Familienähnlichkeit nicht absprechen. Stellen Sie ihn erst mal unter die Dusche, Tina, er ruiniert das Renommee meines Hauses!« Karsten bekam Tinchens Zimmerschlüssel ausgehändigt und trabte ab. Schumann kratzte sich am Kopf. »Ein Zimmer habe ich beim besten Willen nicht mehr, und daß der Bengel bei Ihnen wohnt, halte ich für unklug. Sie wissen doch, wie die Leute sind! Und wenn er zehnmal Ihr Bruder ist – getratscht wird trotzdem! Wollen Sie nicht mal mit Herrn Bender reden? Ich könnte eine Notliege in sein Zimmer stellen lassen, groß genug ist es ja.«

Unter normalen Umständen hätte Tinchen sofort nach diesem Strohhalm gegriffen, aber die Umstände waren eben alles andere als normal. Florians Versöhnungsgeschenk hatte sie zwar angenommen, und sie bemühte sich auch um einen unverbindlichen Umgangston, aber das alte kameradschaftliche Verhältnis war noch längst nicht wiederhergestellt. Auf keinen Fall wollte sie sich Florian gegenüber verpflichten, was unweigerlich der Fall wäre, wenn er mit dem armen Obdachlosen Zimmer und Bett teilte.

»Vielleicht fällt mir noch etwas anderes ein«, tröstete sie sich, obwohl sie ganz genau wußte, daß ihr bestimmt nichts einfallen würde.

Auf der Suche nach dem richtigen Zimmer war Karsten zunächst in die entgegengesetzte Richtung gelaufen und im Halbdunkel auf einen Hund getreten, der an solche Behandlung nicht gewöhnt war und sein Mißfallen laut und deutlich kundtat. Sofort öffnete sich eine Tür, und es erschien Florian, bewaffnet mit Scheuerlappen sowie einer Flasche Superblitz, dem Universalreinigungsmittel für Polster und Teppiche, vorgestern erst im deutschen Supermarkt gekauft und heute schon halbleer. Fluchend ging er in die Knie, bereit, die Spuren von Bommels Freßlust zu beseitigen. Er hatte einsehen müssen, daß sich Francas Tierliebe auf Gassigehen und gelegentliche Leckerbissen beschränkte und sie nicht gewillt war, auch noch die Folgen dieser nahrhaften Zuwendung zu entfernen.

Die Überraschung war beiderseitig! Während Karsten freudestrahlend auf Florian zuging, zeigte dessen Gesicht blankes Entsetzen. »Jetzt bist du mitten reingetreten!«

»Wo rein?«

»Frag nicht so lange, zieh deine Treter aus und gib sie her!« Fünf Minuten später weichten die Turnschuhe im Waschbecken und Karsten in der Badewanne. Erstaunlich schnell hatte Florian die Zusammenhänge und die sich daraus ergebenden Schwierigkeiten erfaßt, und noch schneller hatte er die Möglichkeit gesehen, sich bei Tinchen einen Stein ins Brett zu setzen.

»Bei deiner Schwester darfst du nicht wohnen, das ist aus moralischen Gründen nicht drin. Aber wenn es dir nichts ausmacht, kannst du bei mir bleiben. Im Wagen habe ich einen Schlafsack, den können wir...«

»Hab' selber 'ne Penntüte mit!« winkte Karsten ab, »aber Ihre könnte ich drunterlegen, damit es nicht so hart ist.«

Als Karsten krebsrot und bis auf einer schwärzlichen Rand in der Halsgegend auch gründlich gesäubert aus der Wanne stieg, war er davon überzeugt, in Florian einen wahrhaften Freund gefunden zu haben. Der hatte ihm sofort das Du angeboten und ihn aufgefordert, sich aus seinem Kleiderschrank zu bedienen. Dann hatte er ihm eine Handvoll Lirescheine in die Hand gedrückt, »damit du deine Schwester nicht für jede Zigarettenpackung anpumpen muß, so lange das Geld von deinem Vater noch nicht da ist«.

Daß er in Zukunft den Liebeswerber spielen und Florians Hoheslied singen wollte, ahnte er allerdings nicht. Er hatte sich lediglich gewundert, daß Florian auf seine gezielten Fragen so ausweichend geantwortet hatte. Eigentlich ging ihn die ganze Geschichte ja auch gar nichts an, nur konnte er sich keinen besseren Schwager vorstellen als diesen sympathischen und so überaus hilfsbereiten Florian Bender. »Ich verstehe nicht, weshalb du bei Tinchen noch nicht gelandet bist. Die ist doch sonst nicht so dämlich! Oder bist du nur zu schüchtern?«

»Wenn ich das nicht wäre, dann wärst du wahrscheinlich schon Onkel!« knurrte Florian grimmig, während er die Schuhe zum Trocknen über die Bettpfosten stülpte.

Die ersten Auswirkungen des Familienzuwachses bekam Tinchen bereits im Speisesaal zu spüren. Ihr kleiner Tisch, hinter einem Pfeiler verborgen und durch ein dickblättriges Grüngewächs zusätzlich getarnt, reichte für drei Personen nicht mehr aus; jetzt fand sie sich gleich neben der Tür wieder, wo jeder Schmetterling sie freudig begrüßte und bei dieser Gelegenheit Wünsche und Beschwerden ablud. Letztere waren in der Überzahl.

»Fräulein Tina, ich kriege jeden Tag einen anderen Liegestuhl. Der von heute ist ganz durchgesessen. Können Sie nicht mal dafür sorgen, daß...«

»Ich habe gestern ein Tuch gekauft, aber nun paßt es in der Farbe nicht zu meinem Kleid. Was heißt ›umtauschen‹ auf italienisch?«

»Im Nebenzimmer bellt dauernd ein Hund! Muß ich mir das gefallen lassen? Einen Socken hat er mir auch schon geklaut.«

»Wenn das so weitergeht, esse ich künftig in der Küche«, schimpfte sie. »Vorhin hat mich einer gefragt, warum wir nicht mal einen bunten Abend veranstalten mit Gesangswettbewerb oder einem Tanzturnier. Dann gäbe es wenigstens mal richtig was zum Lachen. Ich bin doch hier nicht als Kindergartentante angestellt, der dauernd irgendwelche Spiele einfallen müssen. Jetzt habe ich erst die Esel-Safari angeleiert, und nun soll ich schon wieder...«

»Wo hast du denn die anderen Esel alle her, Tine?«

»Einer fehlt uns noch!« giftete sie zurück. Sie war gereizt und nicht in der Stimmung, sich auch noch von ihrem Bruder anfrotzeln zu lassen.

Zwar war der Sonderzug heute ausnahmsweise einmal pünktlich gewesen, aber dafür hatte es Ärger gegeben mit zwei reiferen Damen, die gemeinsam ein Doppelzimmer gebucht und sich während der Reise so gründlich zerstritten hatten, daß sie bereits im Bus die entferntesten Plätze belegt und angekündigt hatten, für den Rest ihres Lebens kein einziges Wort mehr miteinander zu wechseln.

»Das brauchen Sie ja auch nicht, wenn Sie nicht wollen«, hatte Tinchen gesagt und krampfhaft nach einer Lösung gesucht, »tun Sie doch einfach so, als ob die andere nicht da sei.«

»Das ist unmöglich«, hatte die eine Doppelzimmerhälfte geantwortet, »Luise schnarcht.«

»Ich schnarche überhaupt nicht«, hatte die andere Hälfte protestiert, »und selbst wenn, dann nur nachts, während Käte vierundzwanzig Stunden lang hustet. Kaum achthundert Mark Rente, aber dreißig Zigaretten pro Tag! Als ihre Mutter noch lebte, hat sie sogar...«

»Wären Sie eventuell bereit, in den Nachbarort zu gehen?« Tinchen wußte, daß bei Lilo nicht alle Zimmer belegt waren. »San Giorgio ist nur fünf Kilometer entfernt.«

»Je weiter, desto besser!« hatte Luise behauptet und sogar auf eigene Kosten ein Taxi genommen, »damit ich keine Minute länger als notwendig mit dieser... dieser Lebedame dieselbe Luft atmen muß!«

Die Lebedame hatte nur »Phhh« gemacht und während der Fahrt den ganzen Bus mit Einzelheiten aus dem ohnehin nicht sehr ergiebigen Liebesleben ihrer ehemaligen Busenfreundin Luise unterhalten.

Tinchen hatte jedenfalls wieder einmal restlos genug von Touristen im allgemeinen und weiblichen Schmetterlingen im besonderen. Und trotzdem würde sie morgen wieder einen ganzen Käfig voll nach Nizza transportieren müssen – zum elften Mal!

13

Der Bus tappte vorsichtig über die Bahngleise. Noch eine Kurve, dann hatten sie Verenzi endlich hinter sich gelassen und damit hoffentlich auch das Gedränge an den Fenstern, verbunden mit Ausrufen wie: »Da hinten das rote Dach gehört zu meinem Hotel«, oder »Zwanzig Meter Luftlinie links von der großen Palme kann man genau in mein Zimmer sehen. Das Gelbe am Fenster ist mein Badeanzug!«

Mit dem Rücken zur Tür stand Tinchen und überblickte ihre Herde. Bunte Mischung diesmal, überwiegend Jüngere, nur vier Ehepaare dabei, eins davon mit einem zweipfündigen Reiseführer bewaffnet, da würde es Schwierigkeiten geben. Ganz hinten eine kichernde Clique, bei der bereits eine Zweiliterflasche kreiste, und vorne in der ersten Bank ein strahlend gelaunter Florian. Neben ihm saß Karsten und hatte Zahnschmerzen. Krampfhaft hielt er ein Tuch an seine leicht geschwollene Wange gepreßt.

»Du hättest nicht mitfahren sollen! Tut's sehr weh?«

Florian grinste. »Sein verletzter Stolz tut ihm weh, nicht die Ohrfeige! Der Casanova hat sich nämlich heute früh an die kleine Italienerin herangemacht, die seit gestern im Nebenzimmer wohnt. Als Mann von Welt begrüßte er sie mit ›Pronto‹, weil er das von dir am Telefon gehört hatte, und kriegte prompt eine gescherbelt.«

»Ich weiß noch immer nicht, warum«, jammerte Karsten. »Weil ›Pronto‹ nicht ›Hallo‹ heißt, sondern ›bereit‹, du Trottel!«

»Woher soll ich das denn wissen?«

»Italienisch gehört zu den romanischen Sprachen und hat ihren Ursprung im Lateinischen«, dozierte seine Schwester, »und nach acht Jahren Gymna...«

»Halt die Klappe!« empfahl Karsten. Er wickelte sich noch enger in seine Windjacke und schloß die Augen. Sollten sie ihn doch endlich in Ruhe lassen.

»Ist das nicht meine?« Florian prüfte mißtrauisch den hellgrauen Popelineärmel.

»Natürlich ist das deine! Du willst doch sicher nicht, daß dein weißer Pullover dreckig wird!«

»Könnt ihr nicht endlich mal den Mund halten!« zischte Tinchen leise, »gelegentlich möchte ich auch mal etwas sagen!«

Die Begrüßungsrede konnte sie inzwischen rückwärts, die üblichen Witzchen, zehnmal erprobt und immer wieder Heiterkeitserfolge, kamen ebenfalls an, und nach dem Hinweis, daß man in San Remo eine Kaffeepause einlegen werde, schaltete sie das Mikrofon wieder ab.

»Jetzt gucken sie noch zehn Minuten lang in die Gegend, dann fangen sie an zu essen, und danach schläft die Hälfte.«

»Fräulein, wissen Sie, wie der Berg da drüben heißt?« Der Herr mit dem Baedeker war aufgestanden und zeigte nach rechts. »Ich meine den da hinten mit dem Turm obendrauf.«

Tinchen suchte Hilfe bei Luigi, aber der zuckte nur mit den Schultern. »Das ist der Monte Gallo«, behauptete sie entschlossen, wobei sie den Fahrer entschuldigend anlächelte. Luigi grinste zurück. Er hätte sich nie träumen lassen, daß sein Familienname, der ganz prosaisch ›Hahn‹ lautete, einmal zu topographischen Ehren kommen würde.

»Wieviel mag so ein Berg wohl wiegen?«

Florian sah Tinchens entgeistertes Gesicht und wandte sich höflich nach rückwärts: »Meinen Sie mit Turm oder ohne?«

»Nun sei doch mal still, Karlheinz! Wir können die Angaben ja doch nicht auf ihre Richtigkeit prüfen!« Die Baedeker-Gattin zog ihren Mann wieder auf den Sitz zurück.

»Man wird ja wohl noch fragen dürfen«, knurrte der und vertiefste sich wieder in seinen Wälzer.

»Fünfunddreißig Mark pro Person, und du liest ein Buch! Warum bist du überhaupt mitgekommen?«

»Weil ich wissen will, ob auch alles stimmt, was hier drinsteht!«

Endlich San Remo. Zuerst drängten diejenigen aus dem Bus, die schon seit einiger Zeit unruhig auf ihren Sitzen herumgerutscht waren und nun eilig in die nächste Bar stürzten. Der Inhaber, an derartige Invasionen gewöhnt und bemüht, zur vermutlichen Ankunftszeit die Toilette freizuhalten, brühte deutschen Kaffee auf. Tinchen bekam ihren umsonst, dazu ein frisches Croissant und eine Packung Nazionali grün, die billigste Zigarettensorte und ungenießbar. Sogar Karsten lehnte sie ab.

Die Herde bestellte Kaffee und wollte wissen, wie es nun weitergehe. »Sie haben eine Stunde zur freien Verfügung«, verkündete

Tinchen. »Ich empfehle Ihnen einen kleinen Bummel durch die Pigna, also die Altstadt, und vielleicht einen Blick in die orthodoxe Kirche. Allerdings möchte ich betonen, daß Sie dort keine Gelegenheit zum Schwimmen haben. Es ist daher unnötig, die Kirche in Strandkleidung zu betreten. Und seien Sie bitte pünktlich um zehn Uhr wieder am Bus!«

Florian hakte Tinchen unter und zog sie ins Freie. »Jetzt zeigst du mir, wo die ollen Kaiser und Könige immer ihr Zipperlein kuriert haben!« Und zum hinterhertrottenden Karsten: »Du störst! Hier hast du tausend Lire, geh so lange ins Kino!«

Violette Blütenkaskaden fielen von der Mauer bis fast auf den Weg, vermischten sich mit den raschelnden Gräsern und ließen Tinchen vergessen, daß ein paar hundert Meter weiter der Verkehr brodelte und eine Schar Touristen auf sie und den Weitertransport wartete. Schön war dieser Spaziergang gewesen, erst am Meer entlang und dann oben durch die halbverwilderten Gärten. Aprikosen hatte Florian geklaut und Petersilie, weil die in Deutschland immer so teuer ist. »Hier wächst das Zeug wie Unkraut, nicht zu fassen!« hatte er gesagt und sich ein paar Stengel ins Knopfloch gesteckt. Dann hatte er Tinchen geküßt und ihr Margeriten ins Haar geflochten. In einer davon hatte eine Spinne gesessen, und mit der Romantik war es wieder einmal vorbei gewesen. Spinnen an der Wand waren schon schlimm genug, krabbelnd im Halsausschnitt beinahe ein Grund zum Herzinfarkt! Schreiend war Tinchen aufgesprungen und hatte das Tier abgeschüttelt.

Jetzt stapfte sie verbissen schweigend den holprigen Weg entlang. Was war nur mit ihr los? Einen Augenblick lang hatte sie Florians Umarmung an jenen Nachmittag in Loano erinnert, und sie hatte sich gewünscht, daß nicht er, sondern Klaus Brandt ihr die Blumen ins Haar steckte, aber dann war ihr wieder die letzte Begegnung eingefallen, der korrekte Herr im grauen Flanell mit den untadeligen Manieren, und sie hatte ganz schnell die Augen aufgemacht. Prinzen gehörten eben in Märchen, und Märchen erlebt man nur einmal! Punktum, Ernestine!

Vor der Bar wimmelte die Herde durcheinander und vermischte sich mit einer Omnibusfracht reisender Amerikanerinnen. Tinchen kämpfte sich zu dem dösenden Luigi durch. »Drücken Sie mal auf die Hupe!«

Die gehorsamen Schafe versammelten sich. »Sind alle da?« Vergebens reckte sie den Hals, um ihre Mannschaft zu überblicken. Sie war einfach ein paar Zentimeter zu klein.

»Warum zählst du nicht die Beine und dividierst durch zwei?« schlug Karsten vor, aber Florian hatte bereits die Initiative ergriffen.

»Erst mal alles einsteigen! Dann kontrolliert jeder, ob sein Nebenmann da ist! Wenn keiner fehlt, können wir abfahren!«

Niemand fehlte, es war im Gegenteil einer zu viel an Bord.

»Das ist Jürgen!« stellte Karsten vor. »Der will nach Frankreich trampen. Da hab' ich gesagt, daß er mit uns fahren kann, wir haben doch noch zwei Plätze frei.«

Um den neuen Passagier kümmerte sich niemand. Alle waren damit beschäftigt, die soeben erworbenen Souvenirs auszupacken und Preisvergleiche anzustellen. Herr Baedeker hatte eine Wanderkarte gekauft und suchte jetzt den Monte Gallo. Seine Gattin häkelte Grünes. Tinchen erläuterte die bevorstehenden Grenzformalitäten, gab den Wechselkurs bekannt und das Porto für Ansichtskarten nach Deutschland, merkte aber bald, daß kaum jemand zuhörte, und sparte sich den Rest. Erst jenseits der Grenze wurden die Insassen wieder munterer. Herr Baedeker knippste Felsen. Tinchen griff wieder zum Mikrofon und kündigte eine kurze Fotopause an. Man nähere sich einem bekannten Aussichtspunkt, von dem aus man einen herrlichen Blick über Monaco habe. Neue Filme wurden in die Kameras gelegt.

»Rechts sehen Sie die Grande Corniche, während es auf der linken Seite rund siebzig Meter in die Tiefe geht. Wer nicht runtergukken will, sollte die Augen schließen«, empfahl Tinchen, der schon auf einer gewöhnlichen Haushaltsleiter schwindlig wurde.

Hoffentlich ist dieser Viehtrieb bald zu Ende! Florian hatte sich in den Schatten einer Agave gesetzt und beobachtete Tinchen, die mit fremden Fotoapparaten hantierte und wunschgemäß Mama, Papa und Tochter Heidelinde vor der Skyline von Monte Carlo knipste oder Herrn und Frau Kruse, eine Palme stützend.

Dann war auch dieser Programmpunkt abgehakt, und die Herde trottete willig zurück zum Bus.

Nächste Station: Spielkasino. Viel Stuck und Plüsch, verstaubtes Relikt der einstigen mondänen Welt, müde herabhängende Palmwedel, ein goldstrotzender Portier, am Billettschalter eine verblühte Schönheit mit Schal und Strickjacke. Zwei Roulette-Tische waren besetzt, die anderen, mit weißen Tüchern abgedeckt, erinnerten an ein Leichenschauhaus. Florian wechselte zwanzig Mark in Chips und drückte sie Tinchen in die Hand.

»Setz du für mich! Bei so was habe ich niemals Glück. Wenn ich mir bei einer Tombola zehn Lose kaufe, gewinne ich höchstens einen Kugelschreiber oder zwei Eintrittskarten für ein Billardturnier, das schon vor vier Wochen stattgefunden hat.«

»Laßt mich doch mal ran!« bat Karsten. »Ich habe noch nie Roulette gespielt. Neulinge sollen doch immer Glück haben, und vom Gewinn lade ich euch zum Essen ein!« Siegessicher plazierte er die Chips auf Manque und Impair. Es kam die Achtundzwanzig, worauf er beschloß, auf das bekannte Sprichwort zu vertrauen und es lieber noch einmal mit der kleinen Italienerin zu versuchen.

»Reisen bildet«, tröstete Tinchen. »Man lernt, wie schnell man sein Geld loswerden kann!«

»Habt ihr euch mal das Publikum angeguckt? Fast nur Frauen, und alle irgendwo zwischen fünfundsiebzig und scheintot. Verspielen die hier ihre Rente?«

»Das sind die Zeichen der Zeit, Karsten. Wenn heutzutage Großmütter am schnurrenden Rade sitzen, dann höchstwahrscheinlich im Spielkasino«, sagte Florian. »Können wir jetzt wieder gehen? Oder muß noch etwas besichtigt werden?«

»Aquarium, Botanischer Garten, Schloß mit Wachtparade...«

»Der Himmel bewahre mich vor diesem Kasperltheater! Diese Pseudosoldaten erinnern mich immer an den Nußknacker, der bei meiner Oma auf'm Vertiko stand.« Florian schüttelte den Kopf. »Mein Bildungshunger ist erst mal gestillt. Ich suche mir jetzt 'ne Bockwurstbude!«

Am liebsten wäre Tinchen mitgegangen, aber sie sah sich schon wieder umringt von ihrer Herde, die das Fürstenpaar sehen wollte und das Penthouse von Björn Borg, den Laden mit den Torerohüten, die Jacht von Tina Onassis und die Stelle am Strand, wo Hans Albers damals ›Das ist die Liebe der Matrosen‹ gesungen hatte.

Herr Baedeker hielt Tinchen zwei bizarr geformte Steine vor die Nase.

»Da hinten liegen noch viel mehr« – er deutete irgendwo in die Gegend –, »zum Teil tonnenschwere Brocken. Woher kommen die?«

»Sie sind vermutlich in früher Zeit von Gletschern mitgebracht worden.«

»Interessant. Und wo sind die Gletscher jetzt?«

»Unterwegs. Neue Steine holen!« knurrte Karsten halblaut. »Sag mal, Tinchen, stellen die immer so dusselige Fragen?«

»Noch dusseligere!«

Die Herde hatte sich in alle Windrichtungen zerstreut, bereit, es mit den Sehenswürdigkeiten aufzunehmen. Auch Karsten wollte sich verkrümeln. Unter dem Vorwand, mal etwas für seine Biologienote tun zu müssen, peilte er das Aquarium an. »Kommste mit, Tine« fragte er anstandshalber.

»Nein, danke. Gebratene Fische sind mir lieber.«

Sie bummelte durch die Straßen in der Hoffnung, irgendwo auf Florian zu stoßen, sah aber nur Baedekers und flüchtete in den nächsten Laden. Es handelte sich um ein Spezialgeschäft für Umstandsmoden, das sie mangels für sie geeigneter Angebote schließlich mit einer Quetschente wieder verließ. Bommel würde sich bestimmt freuen. Sein Herrchen auch.

Um zwei Uhr startete der Bus zur letzten Etappe. Tramper Jürgen verabschiedete sich. Er hätte da ›so 'n paar Typen‹ kennengelernt, die auf dem Weg nach Paris seien. Das kenne er auch noch nicht und wolle mit. Nach Marseille könne er ja später immer noch gehen. Und schönen Dank noch fürs Mitnehmen.

Tinchen steckte ihm ihr Punchpaket zu (kaltes Huhn und Pfirsiche!) und die grünen Nazionali. Karsten spendete ein Päckchen Kaugummi und Florian Hustenbonbons. Jürgen revanchierte sich mit einer zerknitterten Visitenkarte sowie der Einladung, ihn in Darmstadt zu besuchen. »Aber erst ab Mitte September, vorher bin ich doch nicht zu Hause.«

Müdigkeit machte sich breit. Man hatte, je nach Veranlagung, Kaffee und Kuchen oder Wein und Pizza zu sich genommen und verdaute. Fürstens hatte man leider nicht gesehen, aber man nahm sie in Form von handbemalten Porzellantellern Made in Hongkong oder wenigstens als Ansichtskarte im DIN-A5-Format mit in die monarchenlose Heimat.

Nizza. Palmenpromenade mit Großstadtverkehr, dahinter stuckverzierte Luxushotels – Kulisse von Simmel-Romanen und Fernsehfilmen, den Businsassen also bestens vertraut. Protest kam auf, als Luigi in das Straßengewirr der Altstadt tauchte. »Was sollen wir hier? Mietshäuser gibt es auch in Wanne-Eickel!«

Tinchen versicherte, daß man lediglich den Busparkplatz aufsuche, und von dort sei man in fünf Minuten wieder am Meer. Rechts um die Ecke befinde sich der weltberühmte Blumenmarkt, genau gegenüber ein Restaurant mit deutscher Küche, ansonsten fahre man um siebzehn Uhr zurück, und nun viel Vergnügen!

»Und was machen wir, Tinchen?«

»Essen gehen!« Schon bei ihrem ersten Besuch in Nizza hatte sie ein kleines, typisch französisches Restaurant entdeckt, unscheinbar von außen, innen jedoch sehr stilvoll eingerichtet und von Touristen bisher übersehen. »Ich lade dich ein, Flox!« Und als sie seine abwehrende Handbewegung sah: »Das geht auf Spesen.«

»Hättest du das nicht früher sagen können? Jetzt habe ich mir schon in Monte Carlo zwei Tüten Pommes reingeschoben!«

Trotzdem ging er mit. Er wäre überall mitgegangen, sogar auf den Blumenmarkt, wenn Tinchen das gewollt hätte, obwohl er von Blumen nur soviel wußte, daß sie bei offiziellen Besuchen obligatorisch und vermutlich deshalb so unverschämt teuer waren. Dann gab es noch Blumen in Töpfen, aber die wurden immer nach einer Woche welk, was hauptsächlich daran lag, daß sie regelmäßig begossen werden mußten, und zwar mit Wasser. Da Florian diese Flüssigkeit nur zum Kaffeekochen und Zähneputzen verwendete, konnte er sich nicht vorstellen, daß es Lebewesen geben sollte, die so etwas trinken. Er hatte es schon mit Bier versucht und mit verdünntem Wodka, aber die Zimmerlinde hatte allergisch reagiert und kurzerhand ihren Geist aufgegeben. Seitdem bestanden Florians Zimmerpflanzen aus zwei Schnittlauchtöpfen, denen gar keine Zeit zum Welkwerden blieb, weil er sie immer schon vorher aberntete.

Den Blumenmarkt kannte Tinchen schon. Sie fand ihn langweilig und die Aussicht, dort mindestens die halbe Busbesatzung zu treffen, schlichtweg entsetzlich. Sie wollte ins Museum.

»Schon wieder Bildung!« stöhnte Florian. »Warum können wir nicht hier sitzen bleiben, noch ein Glas Wein trinken und uns ganz einfach unterhalten?«

Sie hatten vorzüglich gegessen, zuerst gefüllte Auberginen, dann ein Kalbsbries und zum Schluß flambierte Kirschen, von denen Florian behauptet hatte, sie seien nicht mit Grand Marnier übergossen worden, wie es die Speisekarte versprochen hatte, sondern mit einem namenlosen Fusel. Auf diesem Gebiet könne er sich durchaus als Fachmann bezeichnen.

Der herbeizitierte Kellner hatte Florians Verdacht wortreich bestritten und war Sieger geblieben. Schon aus rhetorischen Gründen, denn Florian hatte seinerzeit nur Englisch und Latein gelernt. »Drei Sorten Menschen gibt es, mit denen jede Diskussion unmöglich ist«, hatte er schließlich festgestellt, »amerikanische Psychiater, englische Zollbeamte und französische Kellner.«

Nun tigerte er schimpfend hinter Tinchen her, deren Vorliebe für französische Malerei in krassem Gegensatz zu seinen schmerzenden Füßen stand. »Ich habe heute schon mein halbes Monatssoll an

Laufarbeit geleistet. Kannst du dir den Rest nicht das nächstemal ansehen?«

Aber Tinchen wollte nicht. Sie hatte sich vorgenommen, die Chagalls zu besichtigen, und davon ließ sie sich nicht abbringen. Irgend mußte sie der Wärter mißverstanden haben, oder er war nicht geneigt gewesen, ihnen auch die Betrachtung der übrigen Schätze des Museums zu schenken, jedenfalls hatten sie sich schon an einer Reihe moderner Plastiken vorbeiführen lassen und die wortreichen Erklärungen des Mannes anhören müssen, die sie im einzelnen zwar nicht verstanden hatten, denen sie jedoch entnehmen konnten, daß dies alles sehr schön und kostbar sei.

»Ich verstehe nicht viel von modernen Skulpturen, aber ich weiß genau, was meine Frau Mühlbauer nie abstauben würde«, bemerkte Florian vor einem Gebilde, das große Ähnlichkeit mit einem Schweizer Käse hatte.

»Ich möchte gar nicht erst fragen, wie lange der Meister daran herumgehämmert hat. Und was ist dabei herausgekommen? Nichts als Löcher!«

Die Chagalls fanden sie dann doch noch, aber Florian interessierte sich mehr für die Bank mitten im Saal, die ihm weitaus besser gefiel als alles, was an den Wänden hing.

»Was weißt du über Chagall?«

Er überlegte. »Ich glaube, das ist ein französischer Pole oder meinethalben auch ein polnischer Franzose, und er malt immer das, was ich träume, wenn ich besoffen bin!«

Tinchen zuckte zusammen. »Ist das alles?«

»Was willst du denn von mir hören, zum Donnerwetter? Katalog-Weisheiten? Wiedergekäute Kunstkritiken? Wer vor solchen Bildern steht und Tiefsinniges vor sich hinschwafelt, benutzt doch selten eigene Gedanken. Die meisten denken per Anhalter. Außerdem kommt es nicht darauf an, was man weiß, sondern auf das, was einem im richtigen Moment einfällt. Mir fällt aber im Augenblick nichts anderes ein als die Tatsache, daß ich ein Loch im Strumpf und darunter eine Blase habe. Laß uns endlich gehen, damit ich mich irgendwo hinsetzen kann!«

»Wir müssen sowieso zurück! In einer Viertelstunde geht der Bus.«

Mit einem Blick auf den jämmerlich humpelnden Florian spendierte sie ein Taxi. Dankbar ließ er sich in die Polster sinken. »Merci, Madame.« – »Mademoiselle«, korrigierte Tinchen, »oder solltest du nicht einmal den Unterschied kennen zwischen Madame und Mademoiselle?«

»Doch«, grinste Florian, »Monsieur!«

Auf dem Parkplatz war die Herde fast vollzählig versammelt. Der Bus war verschlossen, Luigi nirgends zu sehen. Baedekers fehlten noch und Karsten, der sich gleich nach ihrer Ankunft verdrückt hatte. Auch die weinselige Vierergruppe von der Rückbank war noch nicht aufgetaucht. Also würden sie wieder einmal nicht pünktlich wegkommen.

Dafür kam Luigi. Er hatte die vergangenen Stunden im Kreise von Leidensgenossen verbracht, Unmengen von Mineralwasser getrunken und dabei ausgerechnet, um wieviel tausend Lire ihn Pasquale, der krumme Hund, heute wohl wieder betrügen würde. Dienstags und Donnerstags, wenn Luigi mit dem Touristenbus unterwegs war, übernahm Pasquale sein Taxi, aber nach seiner Ansicht konnte er weder richtig fahren noch richtig rechnen. Dafür war er billig, und das hatte letztlich den Ausschlag gegeben.

Kaum hatte Florian den Bus betreten, als er auch schon wieder kehrtmachte. »Muß ich da wirklich rein? Ich habe keine Lust, noch vor meiner Beerdigung in einem rollenden Krematorium herumzufahren!«

Für Tinchen war der Anblick von mindestens fünfzig Nelkensträußen, über sämtliche Ablageplätze verteilt, nichts Ungewöhnliches mehr. Sie konnte hundertmal erklären, daß die Blumen auf dem Wochenmarkt in Verenzi um einiges billiger waren als hier, niemand glaubte das, und so bogen sich jedesmal die Gepäcknetze unter der Last von langstieligen Nelken, die später im Hotelzimmer um drei Viertel gekürzt in Zahnputzbechern landeten. Betäubender Duft zog durch den Wagen und würde sich erst nach einigen Kilometern etwas verflüchtigen, wenn Luigi ungeachtet des allgemeinen Protests die Ventilatoren einschaltete.

Frau Baedeker schnaufte über den Platz. »Ist mein Mann schon da? Nein? Dann müssen wir ihn suchen!«

Es stellte sich heraus, daß der Gatte vor dem vierten Souvenirladen kapituliert und sich allein auf den Rückweg gemacht hatte. »Weit kann er nicht sein, ich bin ja auch bloß um zwei Ecken gegangen und stand plötzlich hier.«

Die Herde schwärmte aus und kam kurz darauf im Triumphzug zurück. Vorneweg Karsten, der drei Weinflaschen schleppte, dahinter im Zickzackkurs ein selig vor sich hinbrabbelnder Herr Baedeker, dann der Troß.

»Man kann – hicks – nicht immer nur Gero... Georgra... also nicht immer – hicks – Erdkunde studie... studieren, man m-muß auch mal prak-praktische Studien b-betreiben. Ich b-bin mit den – hicks – W-weinproben noch gar nicht f-fertig. Die anderen habe ich m-mitgebracht. W-willst du auch – hicks m-mal kosten, H-Helene?«

Die war zu einem mißbilligenden Fragezeichen erstarrt. »Karlheinz!!!«

Karlheinz hörte nicht. Er überwachte das Verstauen seiner hochprozentigen Mitbringsel und sank befriedigt auf seinen Sitz. »Das w-war mal ein schö-schöner Ausf-flug!«

Endlich trudelte das Rückbank-Quartett ein. Es hatte den Nachmittag am Strand verbracht und knirschte, nach allen Seiten Entschuldigungen murmelnd, durch den Bus. Der Duft von Nelken mischte sich mit dem Geruch von Sonnenöl und Haute Sauternes.

»Mußte jetzt wieder quasseln?«

Tinchen mußte nicht. Sie ließ sich vielmehr von Karsten erzählen, wie er bei seinem ersten Versuch der deutsch-französischen Kommunikation gescheitert war.

»Ich bin da hinter so 'ner tollen Blondine hergestapft, erstklassige Figur, ganz enge Jeans, und als ich sie gerade ankeilen wollte, habe ich erst gemerkt, daß das 'n Kerl war. Vorher waren mir die hohen Absätze an den Stiefeln gar nicht aufgefallen!« In seinem Seufzer lag die ganze Enttäuschung. »Heutzutage kann man die Geschlechter wirklich bloß noch im Kinderwagen unterscheiden!«

»Wer dich von hinten sieht, könnte auch auf falsche Gedanken kommen«, bemerkte Florian, »du solltest endlich mal zum Friseur gehen!«

»Kommt gar nicht in Frage!«

»Denk nicht so sehr an die Haare, die du verlierst, freu dich lieber, daß du mehr Gesicht bekommst!«

»Im Gegensatz zu dir hätte ich wenigstens eins zum Vorzeigen!«

»Wie lange noch? Jugend und Schönheit sind vergänglich.«

»Stimmt, aber Häßlichkeit vergeht nie!«

Amüsiert hatte Tinchen dem Schlagabtausch zugehört und gleichzeitig überlegt, wie wohl Klaus ihren Bruder behandeln würde. Sicher ein bißchen von oben herab mit väterlich-wohlwollender Überheblichkeit, immer bemüht, Haltung zu wahren. Auf keinen Fall würde er Karsten an das Steuer seines Wagens setzen und ihn sechs Runden um den Golfplatz drehen lassen, wie Florian es getan hatte. Er würde auch keine Aprikosen von fremden Bäumen pflücken und Blumen mit Spinnen drin verschenken. Statt dessen war er mit Tante Josi nach Mailand gefahren – Schmuck einkaufen!

Es war schon fast dunkel, als der Bus wieder auf der Piazza von Verenzi hielt. Schweigsam war es während der letzten beiden Stunden gewesen, fast alle hatten geschlafen, Herr Baedeker mit einer Flasche im Arm und Frau Baedeker mit einer Porzellanvase – Bonjour de Nice.

Tinchen verabschiedete ihre Herde, nahm Dankesworte in Empfang und Trinkgelder, an die sie sich noch immer nicht gewöhnt hatte, und die jedesmal wie Feuer in ihrer Hand brannten, murmelte Unverbindliches und atmete auf, als der letzte endlich den Bus verlassen hatte. Die gesammelten Scheine reichte sie an Luigi weiter, der sie unbesehen einsteckte. »Grazie. Heute mal alles gutt gegangen. Nix Person vergessen, nix Kontrolle an Grenze, und Auspuff hat auch gehalten! Habe ich angebunden heute früh noch schnell mit Draht! Buona sera, Signorita.«

In der Halle des Lido wartete Brandt. Er hatte bereits sämtliche Illustrierte durchgeblättert, die Tageszeitungen der vergangenen Woche und La Cuccina Romagna, obwohl er sich im allgemeinen für Kochrezepte nicht interessierte, aber diese Lektüre war immer noch besser, als den neugierigen Blicken standzuhalten, mit denen ihn die Prozession hungriger Gäste auf dem Weg zum Speisesaal durchlöcherte. Alle paar Minuten sah er auf die Uhr. Diese Frankreich-Touren dehnten sich auch von Mal zu Mal länger aus, und wahrscheinlich würde Tina wieder viel zu müde sein, um mit ihm noch irgendwohin zu gehen. In letzter Zeit war sie überhaupt etwas zurückhaltend geworden, gar nicht mehr das entzückend naive Aschenbrödel, das weinend auf der Klippe gesessen und zum erstenmal Langusten gegessen hatte. Übrigens recht geschickt, wie er festgestellt hatte, also kam sie doch aus einem guten Stall. Aber das hatte ihm ja schon Tante Josi bestätigt, gleich nach der Teestunde. Ein Edelstein sei Tina, hatte sie gesagt, vielleicht noch ein bißchen ungeschliffen, aber das würde sich bestimmt verlieren. Jedenfalls habe sie gegen die Wahl ihres Neffen nichts einzuwenden, zumal es an der Zeit sei, daß er endlich heirate. Schließlich sei er beinahe schon Doktor, und in leitender Position brauche er nun mal eine Frau, das sei so üblich. Schon aus gesellschaftlichen Gründen. Seine Schwester Tanja habe das auch gesagt, und die müsse es ja wissen. Nicht umsonst habe ihr Mann innerhalb von fünf Jahren diese Karriere gemacht. Tanja habe wesentlich dazu beigetragen und ihre repräsentativen Pflichten untadelig erfüllt. Aber Tanja war langweilig, Tina nicht. Und das hatte bei Brandt den Ausschlag gegeben. Beinahe wäre er ja auf diese attraktive und selbstsichere Lilo hereingefallen, aber dann hatte sie ihm erzählt, daß sie schon einmal verheiratet gewesen war, und eine geschiedene Frau hätte Tante Josi niemals akzeptiert. In dieser Hinsicht hatte die italienische Mentalität auf sie abgefärbt. Mit einer Geschiedenen amüsierte man sich höchstens eine Zeitlang, aber so etwas heiratete man nicht!

Als Tinchen endlich auf der Bildfläche erschien, war Brandt gerade bei der Überlegung angekommen, daß man es bei zwei Kindern belassen sollte, die tunlichst in einem Abstand von höchstens drei Jahren geboren werden müßten, denn ein noch größerer Altersunterschied würde sich bestimmt nachteilig auswirken. Seine Schwester war fünf Jahre älter als er und ihr Verhältnis auch heute noch alles andere als innig.

Er ignorierte die beiden traurigen Gestalten neben Tina und überreichte ihr mit strahlendem Lächeln den Rosenstrauß. Absichtlich hatte er blaßrosa Blüten gewählt, rote wären zu eindeutig gewesen.

»Du bist schon zurück?« Achtlos griff Tinchen nach den Blumen, während Brandt etwas irritiert die beiden Männer musterte, die so gar keine Anstalten machten, endlich zu verschwinden.

»Willste uns nicht mal bekannt machen?« forderte Karsten.

»Ach so, ja, natürlich. Das ist mein Bruder Karsten, und das ist sein Freund Florian Bender. Herr Brandt aus Hannover.«

»Sehr erfreut«, murmelte Brandt und war gar nicht erfreut. »Ich dachte... ich wußte nicht... Sind Sie hier auf Urlaub?«

»Ja, noch vierzehn Tage«, sagte Karsten.

»Höchstens noch eine Woche«, verbesserte Florian und wandte sich zum Fahrstuhl. »Komm mit, Knabe, merkst du nicht, daß wir stören?«

»Nö, wieso denn?«

Unschlüssig wanderte Tinchens Blick zwischen den beiden Kontrahenten hin und her. Vor ihr der wie aus dem Ei gepellte Brandt, hinten am Lift ein zerknautschter Florian mit Ziehharmonikahosen und verwelkter Petersilie im Knopfloch.

»Sei nicht böse, Klaus, aber ich bin hundemüde. Die Fahrt und die Hitze... Können wir uns nicht morgen sehen?«

»Aber natürlich, Tina. An sich bin ich auch nur vorbeigekommen, weil ich in Verenzi etwas zu erledigen hatte und dir bei dieser

Gelegenheit mein Mitbringsel geben wollte.« Er zog ein Päckchen aus der Tasche. »Nur eine Kleinigkeit. Du sollst wenigstens wissen, daß ich an dich gedacht und nichts vergessen habe.«

»Aber...«

»Ciao, Tina, schlaf gut! Ich rufe dich morgen an.« Schon war er verschwunden.

Wegen dieses Florian Bender ließ er sich keine grauen Haare wachsen. Der war nun wirklich kein Konkurrent für ihn!

Ursprünglich hatte Tinchen vorgehabt, das Geschenk ungeöffnet zurückzugeben, aber dann siegte doch die Neugierde. Sie entfernte das Seidenpapier und öffnete das schmale Etui. Vor ihr lag eine Korallenkette.

»Die nehme ich auf keinen Fall an!« sagte sie laut zu ihrem Spiegelbild. »Von Männern lasse ich mir keinen Schmuck schenken, selbst dann nicht, wenn sie ihn mit Rabatt kriegen!« Dabei fiel ihr Blick auf die Autoschlüssel, an denen der goldene Anhänger baumelte. Der war ja auch ganz etwas anderes! Man konnte ihn nicht um den Hals hängen, also war er kein Schmuckstück. In weitestem Sinn konnte man ihn als technisches Zubehörteil einstufen. Außerdem hatte sie Florian heute zum Essen eingeladen, das Taxi bezahlt, und die Omnibusfahrt hatte er auch umsonst gehabt. Also waren sie quitt.

Sie stellte sich unter die Dusche und kroch sofort ins Bett. Keinen Menschen wollte sie heute mehr sehen! Müde war sie und ein bißchen unglücklich, obwohl es doch eigentlich gar keinen Grund gab. Zwei Männer bemühten sich um sie, und sie brauchte nur zu wählen. Weshalb fiel ihr das nur so schwer? Und warum mußte sie überhaupt? Schließlich konnte sie doch mit beiden befreundet sein. Lilo zog ja auch jeden dritten Tag mit einem anderen herum und war nicht die Spur unglücklich.

Schlaf endlich, Tine, morgen sieht alles anders aus!

Aber sie konnte nicht schlafen. Sie hörte Franca kichern und Herrn Überall, ihren Zimmernachbarn, der schnarchend einen halben Pinienwald abholzte. Sie hörte die Kirchturmuhr Mitternacht schlagen und das Moped von Raffaelo, dem Barkeeper, der nach Hause fuhr. Sie hörte leise Schritte über den Flur tappen und vor ihrer Tür anhalten. Es klopfte.

»Tinchen?« klang es leise und sehr zärtlich.

»Ich – ich schlafe schon!«

»Schade. Bommel wollte dir noch gute Nacht sagen.«

Sie krabbelte aus dem Bett und drehte den Schlüssel herum. Vorsichtig ging die Tür auf. Bommel wehrte sich energisch gegen die zugehaltene Schnauze und zappelte wie ein Verrückter, bis Florian ihn auf den Boden setzte. »Ich hatte Angst, der kläfft das ganze Haus zusammen.«

»Warum hast du ihn überhaupt mitgebracht?«

»Als Alibi. Es könnte ja sein, daß Karsten doch mal mitten in der Nacht wach wird!«

14

Florian las BILD. Zu seinem Kummer ließ sich das Düsseldorfer Tageblatt in keinem Laden auftreiben, wofür selbstverständlich die mangelnde Flexibilität der Vertriebsabteilung verantwortlich zu machen war. Sie mußte doch wissen, daß zu den Grundbedürfnissen eines deutschen Touristen neben Sonne und Sahnetorte die Zeitung gehört, die aufzutreiben ihm kein Weg zu weit ist. Am Strand hatten sich schon Fahrgemeinschaften gebildet, weil es in Loano eine größere Auswahl an Boulevardblättern gab als in Verenzi. Aber das Tageblatt hatte Florian auch dort nirgends entdeckt, und er hatte beschlossen, mal ein ernstes Wort mit dem Sperling zu reden. Schließlich mußte der in erster Linie daran interessiert sein, daß seine Leitartikel auch während der Urlaubssaison gelesen und nicht nur zum Einwickeln von Salatköpfen verwendet wurden.

»Nackte Frau stand zitternd vor der Haustür«, las Florian laut.

»Vor Kälte oder vor Angst?« fragte Tinchen.

»So was Dämliches! Warum ist sie nicht zur Nachbarin gegangen statt zu warten, bis ein Reporter sie entdeckt?«

Tinchen rollte sich vom Rücken auf den Bauch und blinzelte ihren Bruder an. »Du bist ein Idiot!«

Da sie diese Feststellung mindestens dreimal pro Tag traf und mindestens zweimal damit recht hatte, überhörte Karsten diese Beleidigung und widmete sich weiter dem aussichtslosen Versuch, Bommel die verordneten Tabletten einzutrichtern. Der Tierarzt hatte Würmer diagnostiziert und kleine blaue Pillen verschrieben. »Schnauze auf, Tabletten möglichst tief in den Rachen stecken, und dann Schnauze zuhalten, bis der Hund geschluckt hat!« hatten die Anweisungen des Arztes gelautet.

»Wer weiß, ob du das überhaupt richtig verstanden hast.« Schon zum vierten Mal klaubte Karsten die Pillen aus dem Sand und spülte sie unter der Süßwasserdusche ab. »Bommel spuckt das Zeug immer wieder aus.«

»Laß mich mal!« Zärtlich nahm Tinchen das Tier auf den Arm, öffnete ihm vorsichtig die Schnauze und schob die Tabletten hinein. Dann drückte sie die Schnauze wieder zu. Bommel schluckte gehorsam, sah Tinchen fest in die Augen, die ließ los, und Bommel spie die Tabletten auf den Bademantel. Nach seiner Ansicht war das ein ziemlich blödes Spiel, aber den Großen schien es Spaß zu machen. Wütend warf Tinchen die Pillen in den Sand. »Soll er doch seine Würmer behalten!«

Bommel sah sein Frauchen verachtungsvoll an, sprang von ihrem Arm, schlenderte gemächlich zu den Tabletten und fraß sie auf. »Das nächstemal kriegt er sie als Leckerbissen. Statt Hundekuchen!«

Die Sonne knallte vom wolkenlos blauen Himmel, verteilte gleichmäßig Wärme und Faulheit und wirkte besänftigend auf alle Schmetterlinge, die schon seit Tagen keinen Grund zu Beschwerden gefunden und ihre Reiseleiterin weitgehend in Ruhe gelassen hatten. Endlich konnte auch sie nachmittags an den Strand gehen, sich braun brennen lassen und...

»Tine, hier steht, daß in der nächsten Woche die Eisenbahner streiken!«

»Laß sie doch! Irgendwer streikt hier immer! Letzten Monat waren es die Briefträger, davor die Metzger, weil ihnen die amtlichen Hygienevorschriften nicht in den Kram gepaßt haben, dann mal wieder die Krankenschwestern, und nun sind es eben die Bahnbeamten. Wahrscheinlich sind sie in diesem Jahr noch nicht drangewesen.« Merkwürdig, daß sich hier niemand aufregte, wenn man tagelang keine Post oder kein Fleisch bekam. Das müßte mal in Deutschland passie...

»Wer will streiken?« Mit einem Ruck war Tinchen hoch und riß Florian die Zeitung aus der Hand. »Von wann ist denn die?«

»Von vorgestern.«

»Und wo ist die von heute?«

»Die kommt doch erst morgen.«

»O Gott!« Sie griff nach ihrem Bademantel und rannte los. »Ich muß sofort rauskriegen, für welchen Tag der Streik angesetzt ist.«

»Warum denn? Wir fahren doch sowieso mit dem Auto zurück.«

Florian warf Karsten einen mitleidigen Blick zu. »Du denkst

auch bloß von der Wand bis zur Tapete! Übermorgen kommen doch wieder neue Gäste an.« Dann spurtete er hinterher.

Er fand Tinchen an der Rezeption. Schumann blätterte im Telefonbuch, und Tinchen wählte: »...Zwei-Neun-Sieben. Hoffentlich geht Signor Poltano überhaupt ran! Um diese Zeit fährt kein Zug, und wenn keine Güterwagen kommen, pennt er gewöhnlich. Wie? Oh, Scusi, Signora, äh – falsch verbunden!« Sie drückte auf die Gabel und wählte noch einmal. »Warum sind falsche Nummern nie besetzt?«

Diesmal hatte sie Glück. Der Stationsvorsteher teilte ihr mit, daß er von dem angekündigten Streik auch erst aus der Zeitung gehört habe, offiziell noch gar nichts wisse und auch keine Ahnung habe, wo man Genaueres erfahren könne. Vielleicht bei der Kurverwaltung oder bei der polizia, am sichersten bei der Regierung in Rom. Aber um diese Zeit sei da bestimmt niemand mehr zu erreichen.

Schumann hatte sich inzwischen an den zweiten Apparat gehängt und seine geheimen Informanten angerufen. Die hatte hier jeder. Irgend jemand kannte immer irgendwen, der an einer Schaltstelle saß und je nach Bekanntschaftsgrad seine Kenntnisse gegen ein mehr oder weniger großes »mancia« weitergab. Diese Trinkgelder fielen in der Regel unter die Rubrik ›Laufende Geschäftskosten‹ und waren steuerlich absetzbar. Nach mehreren Telefonaten, die eigentlich nur die Zuverlässigkeit des ersten Informanten bestätigen sollten, schob Schumann den Apparat zur Seite.

»Ich habe eine gute und eine schlechte Nachricht für Sie, Tina. Zuerst die gute: Der Streik ist vorläufig nur für vierundzwanzig Stunden angesetzt. Und jetzt die schlechte: Er beginnt am Mittwoch um Mitternacht.«

»Das heißt also, der Sonderzug sitzt am Mittwochvormittag in Chiasso fest!«

»Kann man den denn nicht einen Tag lang zurückhalten?« Florian zündete zwei Zigaretten an und schob Tinchen eine zwischen die Lippen.

»Oder ganz einfach später in Marsch setzen?«

»Unmöglich! Was soll aus denen werden, die übermorgen abreisen? Außerdem besteht der Zug ja nicht nur aus Schmetterlings-Touristen, von unserem Verein sind höchstens zwei Wagen dabei, und einer davon geht von Genua aus in die entgegengesetzte Richtung.«

»Wie viele Gäste sollen denn diesmal kommen?«

»Das weiß ich nicht genau. So um die siebzig. Die Listen liegen im Büro.«

»Einfach zwei Busse zur Grenze schicken«, sagte Schumann.

»Prima Idee! Und wo kriege ich die her?« Tinchen drückte die Zigarette im Aschenbecher aus und griff nach einer neuen. »Wahrscheinlich bin ich die letzte, die von diesem Streik erfahren hat, und ich gehe jede Wette ein, daß es an der ganzen Küste keinen einzigen Bus mehr zu chartern gibt.«

»Du hast es ja noch gar nicht versucht«, besänftigte Florian. »Zieh dir erst mal etwas an und komm zum Büro. Ich versuche inzwischen, euren komischen Luigi aufzutreiben. Steht er mit seinem Taxi nicht meistens auf der Piazza?«

Tinchen nickte. Ein Glück, daß Florian da war. Er verlor in brenzligen Situationen nie den Kopf.

Vom Büro aus rief sie sofort in Frankfurt an. Sogar Herr Dennhardt war noch erreichbar, drückte wortreiches Bedauern aus und versicherte gleichzeitig, daß man von dort aus leider nicht das geringste tun könne. Der Zug fahre planmäßig ab und würde wohl, wenn die italienische Gewerkschaft nicht noch in letzter Minute ein Einsehen habe, unplanmäßig an der Grenze stehenbleiben. Ob man die Schmetterlinge nicht für einen Tag in den umliegenden Hotels unterbringen könne, wollte Tinchen wissen. Das säße etatmäßig nicht drin, behauptete Dennhardt, und außerdem gebe es im Umkreis von dreißig Kilometern kein freies Zimmer mehr. Das habe man bereits erkundet. »Sehen Sie, Fräulein Pabst, genau *das* fällt unter den Sammelbegriff Unvorhersehbares, und soweit ich mich erinnere, hatten Sie doch seinerzeit behauptet, mit allen Schwierigkeiten fertigzuwerden. Ich gebe zu, daß das diesmal ein ziemlich harter Brocken wird, aber notfalls können Sie ja Ihre Esel in Marsch setzen.«

Das wußte er also auch schon! Absichtlich hatte sie noch keinen Bericht nach Frankfurt geschickt, weil sie erst abwarten wollte, ob diese Safari nur eine Eintagsfliege oder doch eine dauernde Einrichtung werden würde. Diesem Dennhardt schien aber auch nichts zu entgehen, und ganz bestimmt würde er genau verfolgen, wie sie mit dem jetzigen Problem fertig wurde. Vorläufig wußte sie es selbst noch nicht. Vielleicht hatte Florian Glück.

Als sie seine unheilverkündende Miene sah, wußte sie Bescheid.

»Wenn ich Luigi richtig verstanden habe, dann kann er einen kleinen Bus kriegen, der momentan noch bei irgendeinem Bobo repariert wird. Den großen, mit dem ihr immer durch die Gegend gurkt, hat sich schon Neckermann gekrallt. Und sonst ist weit und breit kein Fahrzeug mehr aufzutreiben. Luigi hat sich schon gewundert, daß du dich noch um gar nichts gekümmert hast.«

»Wenn mir doch auch niemand was sagt!«

Florian sah das ein. Er hätte allerdings entgegnen können, daß man wenigstens einmal täglich Zeitung lesen oder Radio hören sollte, aber er bezweifelte, daß dieses berechtigte Argument zum jetzigen Zeitpunkt angebracht war. Sein Tinchen saß in der Patsche, und er, Florian, mußte ihm da heraushelfen.

»Ich brauche erst mal ganz genaue Zahlen! Wie viele Gäste kommen beziehungsweise wie viele reisen ab?«

»Neunundvierzig Gäste fahren weg, dreiundsiebzig kommen.«

»Der Bus faßt fünfunddreißig, hat Luigi gesagt.«

»Dann reicht er gerade fürs Gepäck.«

»Die Koffer lassen wir erst mal beiseite. Wenn alle Stricke reißen, bleiben sie an der Grenze und werden mit dem ersten Zug, der wieder fährt, nachgeschickt.«

»Das klappt nie!« Nicht umsonst hatte Tinchen ihre Erfahrungen mit verlorengegangenem Gepäck. Einmal war ein in Dortmund vergessener und nachgesandter Koffer in Florenz gelandet, weil irgendwo ein beamteter Analphabet statt Verenzi ›Firenze‹ gelesen hatte, sofern er überhaupt hatte lesen können.

»Und was ist mit den Abreisenden? Du glaubst doch nicht, daß die so ohne weiteres ihre Koffer hierlassen? Bei denen drehen sich doch schon im Geiste die Waschmaschinen!« Sie dachte an ihre Mutter, die sofort bei ihrer Heimkehr die schon in Österreich unter dem Aspekt von Schon-, Bunt- und Kochwäsche gepackten Koffer auszukippen pflegte, um – meistens noch in Hut und Mantel – die erste Ladung von unzähligen noch folgenden in die Maschine zu stopfen. »Ich bin erst froh, wenn alles wieder sauber im Schrank liegt«, lautete die immer gleichbleibende Entschuldigung für diesen übertriebenen Arbeitseifer, »zum Teil sind die Sachen schon seit bald drei Wochen schmutzig, man kriegt das ja gar nicht mehr raus!«

»Wenn wir ein paar Stühle in den Gang stellen, bekommen wir vierzig Leute in den kleinen Bus«, überlegte Florian.

»Erstens ist das verboten, und zweitens rutschen die Ärmsten in jeder Kurve durch die Gegend wie Brötchen auf dem Backblech.«

»Aber sie kommen ans Ziel! Die Frage ist nur, wie wir die restlichen dreiunddreißig runterholen.«

»Vierunddreißig«, korrigierte Tinchen. »Ich muß ja auch mit. Das heißt, zunächst mal muß ich rauf.«

»Ich bringe dich natürlich mit dem Wagen nach Chiasso, da haben auch noch zwei Leute Platz, aber es bleiben immer noch zu viele übrig.«

»Und wenn wir Taxis nehmen?«

Er legte tröstend den Arm um ihre Schulter. »Ich weiß ja, daß du nicht besonders gut rechnen kannst, Tinchen, aber zwei und zwei solltest du wenigstens zusammenzählen können! Wer übermorgen ein Taxi benutzen muß, zahlt dreifachen Tarif, dafür garantiere ich.«

Die Tür ging auf und wedelte einen freudig erregten Karsten herein.

»Herr Schumann läßt fragen, ob dir mit zwei Kleinbussen geholfen sei. Damit werden normalerweise Gleisbauarbeiter nach ich weiß nicht wohin transportiert, aber die müssen am Mittwoch auch streiken, weil niemand da ist, der irgend etwas Wichtiges hin- und herfährt. Kranwagen auf Schienen oder so ähnlich.«

»Ab heute werde ich Fritz in mein tägliches Nachtgebet einschließen«, gelobte Tinchen, fiel ihrem Bruder um den Hals und gab ihm einen Kuß. Der wehrte entsetzt ab. »Womit habe ich das verdient? Ich dachte, du wärst mir dankbar.«

Der praktische Florian telefonierte bereits mit Schumann und erfuhr, daß die offerierten Kleinbusse nicht eben bequem, aber mit jeweils vier Sitzbänken ausgestattet und der behördlichen Requirierung aus nicht geklärten Gründen entgangen seien. Die Verhandlungen über den Mietpreis seien allerdings noch nicht abgeschlossen, er hoffe aber, im Laufe der nächsten halben Stunde zu einem konkreten Ergebnis zu kommen. Amadeo entkorkte gerade die zweite Flasche Black Label. »Ich könnte jetzt auch einen gebrauchen«, meinte Florian, nachdem er den Hörer aufgelegt hatte. »Den rein organisatorischen Teil knobeln wir im Hotel aus.«

Plötzlich wurde Tinchen leichenblaß und sank auf ihrem Stuhl zusammen. »Ich habe einen Denkfehler gemacht!«

»Wieso?«

»Weil ich Lilos Gäste aus San Giorgio vergessen habe!«

Hektische Betriebsamkeit setzte ein. Tinchen hing an der Strippe und telefonierte sich durch alle einschlägigen Hotels und Bars, in denen sich Lilo aufhalten könnte, während Florian sämtliche Diskotheken abklapperte und Sergio suchte. Ihm war nämlich eingefallen, daß man den Safari-Wagen zum Gepäcktransporter umfunktionieren könnte, aber für die notwendigen Verhandlungen mit Bobo fühlte er sich nicht kompetent genug.

Auch Karsten bot seine Hilfe an. »Ich könnte ja mal durch die Straßen fahren und sehen, ob deine Lilo irgendwo draußen sitzt. Wer hockt denn bei diesem herrlichen Wetter in einer muffigen Kneipe?«

»Sagtest du fahren?«

»Na ja«, druckste er, »ich habe zwar noch keinen Führerschein, aber den würde ich auf Anhieb kriegen, sagt Florian. Auf jeden Fall fahre ich besser als du!« trumpfte er auf.

»Dazu gehört auch nicht viel.« Sie schob ihm die Schlüssel über den Tisch. »Aber sei um Himmels willen vorsichtig. Und wenn du doch erwischt wirst, sagst du einfach, du hättest den Wagen heimlich genommen!« Viel konnte ohnehin nicht passieren. Das schmetterlingsverzierte Auto war stadtbekannt, Tinchens mitunter recht eigenwillige Lenkradartistik ebenfalls, und die Carabinieri hatten es inzwischen aufgegeben, sich mit dieser verrückten Tedesca herumzustreiten. Irgendwann würde sie sich sowieso den Hals brechen, und bis dahin sollte sie ruhig Narrenfreiheit genießen.

Florian kam zurück und mit ihm Sergio. »Wir können den Lkw kriegen, aber Bobo will keine Garantie übernehmen, daß der Wagen die ganze Strecke schafft. Auf jeden Fall sollen wir ihn in Chiasso in eine Werkstatt bringen und durchchecken lassen. Natürlich auf unsere Kosten.«

»Das hat er sich aber fein ausgedacht! Wir lassen die Karre reparieren, und er kassiert auch noch die Leihgebühr!«

»Weißt du eine bessere Lösung?«

Tinchen schwieg. Langsam war ihr alles egal. Sie sah Berge von Rechnungen auf sich zukommen, Ärger, Beschwerden und nicht zuletzt ihre sofortige Kündigung. Immerhin war sie gerade dabei, das Unternehmen Schmetterlings-Reisen in den sicheren Ruin zu führen.

Das Telefon läutete. Karsten teilte mit, daß er Lilo noch nicht gefunden habe, und ob Tinchen einen Reserveschlüssel besäße.

»Der liegt im Hotel. Was ist denn passiert?«

Nichts Schlimmes. Er habe nur den Wagen zugemacht und den Schlüssel innen steckenlassen, und ob Florian nicht...

Doch, Florian werde kommen. Nur müsse Karsten sich ein bißchen gedulden. Sie wisse nicht mehr genau, wo der Ersatzschlüssel liegt, und es könne eine Weile dauern, bis Florian ihn gefunden habe. »Wo bist du denn jetzt?«

»Ganz am Ende der... warte mal!« Der Hörer wurde abgelegt,

Schritte entfernten sich und kamen gleich wieder zurück. »Via Vittorio Emanuele. Hier stehen lauter Apfelbäume.«

»Kannst du mir mal erklären, weshalb du Lilo ausgerechnet in einer Obstplantage suchst? Sie bevorzugt Früchte ausschließlich in flüssiger Form.«

»Ich hab' mich ein bißchen verfahren.«

»Ein bißchen absichtlich, nicht wahr?« Die Antwort wartete sie gar nicht mehr ab, sondern knallte wütend den Hörer auf die Gabel.

Kaum war Florian in seinen Wagen gestiegen und abgefahren, als das Telefon erneut klingelte. »Ist Florian schon weg?«

»Ja, aber er kommt auch nicht schneller, wenn du alle fünf Minuten hier anrufst.«

»Eigentlich braucht er gar nicht mehr zu kommen. Ich habe nämlich eben gemerkt, daß die Beifahrertür offen ist.«

»Du...«

»...Idiot, ich weiß, aber das sagst du heute schon zum fünftenmal!«

»Wie willst du dem Florian klarmachen, daß du ihn völlig umsonst durch die Gegend gehetzt hast?«

»Überhaupt nicht. Ich verriegle die Tür jetzt von innen und schlage sie zu. Und wehe dir, wenn du petzt!«

Klick machte es, und die Leitung war tot.

Lilo blieb den ganzen Abend unauffindbar, und als sie am nächsten Vormittag frisch onduliert im Büro erschien, begriff sie die Aufregung gar nicht.

»Für meine Leute ist gesorgt. Sie werden mit einem Bus zur Grenze gebracht beziehungsweise von dort abgeholt. Ich weiß gar nicht, warum ihr hier alle verrücktspielt.«

»Weil ich kaum damit rechnen konnte, daß du nicht nur mal nachdenkst, sondern sogar handelst. Wo zum Kuckuck hast du überhaupt den Bus her?«

»Von einem Bekannten.«

Tinchen hütete sich, der Sache auf den Grund zu gehen. Wer immer dieser Bekannte auch sein mochte – und die Auswahl war groß –, er verdiente Anerkennung und Provision.

»Wieviel?«

»Was meinst du mit wieviel? Der Bus hat vierzig Sitze.«

»Ich will wissen, was er kostet«, sagte Tinchen ungeduldig.

»Nur das Benzin.«

»Ist dein Bekannter bei der Heilsarmee?«

»Er ist Fabrikant und stellt mir eines seiner Betriebsfahrzeuge zur Verfügung. Natürlich umsonst, er will mir ja einen persönlichen Gefallen tun.« Lilo strahlte Tinchen an und meinte beziehungsreich: »Man muß sich eben die richtigen Leute aussuchen!«

Nachdem nun das Transportproblem gelöst war, erschöpfte sich der Rest im rein Organisatorischen. Die Gäste würden sich morgen früh um sieben Uhr auf der Piazza sammeln und in die bereitgestellten Busse steigen, während Florian zusammen mit Sergio das in den Hotels verbliebene Gepäck abholen würde. Spätestens um halb acht sollte der Konvoi starten, wobei Tinchen hoffte, daß Florians Käfer genug Temperament entwickelte, um wenigstens eine Stunde vor dem ganzen Troß an der Grenze sein zu können. Sie ahnte Fürchterliches und sollte recht behalten.

»Wie kommst du denn nach Chiasso?« erkundigte sie sich. »Wenn du willst, kannst du bei uns mitfahren.«

»Nein, danke«, winkte Lilo ab, »ich ziehe eine etwas komfortablere Beförderung vor. Selbstverständlich bringt mich Enrico zur Grenze.«

Inzwischen hatte Tinchen erfahren, daß der menschenfreundliche Enrico Besitzer einer kleinen Fabrik zur Herstellung von Schuhsohlen war und als solcher über ein angemessenes Einkommen sowie erstaunlich viel Freizeit verfügte, was zur Folge hatte, daß Tinchen ihre Kollegin nur noch selten sah und die Gäste sie überhaupt nicht mehr zu Gesicht bekamen.

»Ich muß schließlich an meine Zukunft denken«, hatte Lilo gesagt, »und so, wie es aussieht, scheint Enrico mich heiraten zu wollen.«

»Herzlichen Glückwunsch, obwohl ich der Meinung bin, daß er mit seinen siebenundvierzig Jahren ein bißchen zu alt ist für dich.«

»Ältere Männer sind mir lieber. Denen braucht man wenigstens nicht mehr das Studium zu finanzieren.«

»Lange genug hast du ja auch gesucht! Es war bestimmt schwer, sich durch all die Ehemänner, die so gern wieder Junggesellen wären, bis zu dem Junggesellen durchzufinden, der gern Ehemann wäre.«

»Du brauchst gar nicht ironisch zu werden. Immerhin habe ich schon eine verkorkste Ehe hinter mir, und wenn ich ein zweites Mal heirate, dann muß sich das wenigstens lohnen.«

»Sobald man in der Liebe zu rechnen anfängt, kommt meistens ein Bruch heraus«, philosophierte Tinchen.

»Und wenn schon, mir reicht es ja, wenn unter dem Bruchstrich eine entsprechende Summe übrigbleibt. Arm und unglücklich kenne ich bereits, jetzt versuche ich es mal halbwegs zufrieden und nicht ganz unbemittelt. Und glaub ja nicht, daß ich nur aus materiellen Gründen heirate. Enrico sieht blendend aus und könnte bestimmt jede Frau haben, die er will. Du wirst ihn ja morgen kennenlernen!«

Tinchen lernte ihn kennen und konnte Lilo verstehen. Zwar war er ein bißchen klein geraten, so daß sie ihre Vorliebe für hohe Absätze würde dämpfen müssen, um das optische Gleichgewicht einigermaßen herzustellen, aber der silberne Skalp des Dottore Enrico Verucci paßte ausgezeichnet sowohl zu dem gebräunten Gesicht als auch zu dem dunkelblauen Sportwagen. Lilo trug wieder Rosa und ergänzte die farbliche Harmonie. Neben ihr kam sich Tinchen in ihren Jeans und der verwaschenen Bluse wie ein Aschenputtel vor. Der dazugehörige Prinz sah auch nicht besser aus. Mit seiner Latzhose und dem rotkarierten Hemd wirkte er wie ein Transportarbeiter, und genauso fühlte er sich auch.

»Ich weiß nicht, was die Leute alles mit in den Urlaub schleppen«, stöhnte Florian, während er die Koffer möglichst platzsparend auf dem Lkw stapelte, »hier muß einer seinen dreiviertel Kleiderschrank mitgenommen haben!«

»Das ist bestimmt meine Frau gewesen«, vermutete einer der herumstehenden Zuschauer, »wenn die Koffer packt, dann immer nach der Methode Noah: Alles in doppelter Auflage.«

Entgegen Tinchens Vermutung hatten sich alle Betroffenen ohne Protest in das Unvermeidliche gefügt und sahen in der unkonventionellen Fahrt zur Grenze offenbar eine Art krönenden Abschluß ihres Urlaubs. Sie hatten es hingenommen, zu ungewohnt früher Stunde aufstehen und noch vor dem Frühstück ihr Gepäck an den Rezeptionen deponieren zu müssen. Sie waren auch alle pünktlich auf der Piazza gewesen, und Tinchen glaubte in einigen Gesichtern sogar ein bißchen Enttäuschung gesehen zu haben, weil sich die angekündigten Befehlsfahrzeuge dann doch nur als ganz normale Busse entpuppt hatten – kleiner als gewohnt und auch nicht ganz so bequem, aber keineswegs abenteuerlich und deshalb wohl auch ziemlich langweilig. Nur der Safariwagen sah verwegen aus. Nachdem Sergio zusammen mit Florian das ganze Gepäck eingesammelt und wahllos auf die Pritsche gelegt hatte, war ihm bei den letzten Koffern klargeworden, daß er diese Ladung niemals auch nur bis nach Genua, geschweige denn bis nach Chiasso bringen würde. Spätestens in Mailand wäre von seiner Fracht bestenfalls noch die Hälfte da. Es gab nur eine Lösung: alles noch einmal abladen und von vorne anfangen. Aus seinem unerschöpflichen Reservoir antiker Gebrauchsartikel hatte Bobo fünfundvierzig Meter leicht geteerte Segelschnur zur Verfügung gestellt, unter deren Verwendung der schwankende Aufbau von Koffern, Taschen und Schachteln einigermaßen rutschfest verankert worden war. Als Beifahrer hatte Sergio Karsten angeheuert, der ihm zwar in keiner Weise nützen würde, ihn aber auch nicht störte. Er konnte ja ab und zu einen Blick in den Rückspiegel werfen und Alarm schlagen, sobald die ersten Koffer auf der Straße lagen.

Mit nur fünf Minuten Verspätung setzte sich der Konvoi in Bewegung. Zu Lilos heimlichem Groll übernahm nicht der schöne Sportwagen die Führung, vielmehr war Enrico dazu verdonnert worden, hinter den vier Bussen, aber wenigstens noch vor dem Safariauto zu fahren, das ohnehin bald den Anschluß verlor und erst am frühen Abend in Chiasso eintrudelte, als die verstörten Besitzer des ganzen Gepäcks schon wieder deutschen Boden unter ihren Eisenbahnrädern hatten. Immerhin war unterwegs kein Stück verlorengegangen, und abgesehen von zwei Reifenpannen und dem blokkierten Anlasser, den Sergio immer mit jeweils drei gezielten Hammerschlägen wieder hatte in Gang bringen müssen, war die Fahrt ohne größere Komplikationen verlaufen.

Nachdem sich Florian ein paar Kilometer lang davon überzeugt hatte, daß der Konvoi in relativ zügigem Tempo über die Autostrada donnerte, trat er aufs Gas. »Je schneller wir an der Grenze sind, desto besser! Ich kann mir lebhaft vorstellen, was für ein Chaos jetzt schon dort herrscht. Ist dir eigentlich klar, daß euer Zug ungefähr der zwanzigste oder fünfundzwanzigste ist, der da oben steckenbleibt? Heute abend stauen sich die Waggons bis zum Luganer See!«

»Du spinnst!« sagte Tinchen, aber ganz wohl war ihr doch nicht in ihrer Haut.

Endlos dehnten sich die Felder rechts und links der Autobahn, endlos schienen auch die Autobuskolonnen, die sich über die Straßen schoben, ganz zu schweigen von den Lastwagen und Ferntransportern, die überhaupt kein Ende nehmen wollten.

»Es dauert nicht mehr lange, und wir hängen im schönsten Stau. Am besten schlagen wir uns seitwärts in die Büsche. Gib mal die Straßenkarte her!« Florian kurvte auf einen Parkplatz und beugte sich über den zerknitterten Wegweiser. »Wir sind jetzt ungefähr hier« – er deutete auf ein winziges rotes Pünktchen – »und müssen da hin!« Das andere rote Pünktchen war noch ziemlich weit entfernt.

»Wenn wir bei der nächsten Abfahrt runtergehen und Mailand in großem Bogen umfahren, sparen wir bestimmt eine Menge Zeit und Kilometer. Kannst du Karten lesen?«

Tinchen behauptete, sie könne, und bald befanden sie sich auf dem direkten Weg nach Turin.

»Nimm's mir nicht übel, Tine, aber manchmal bist du wirklich selten dämlich!« konstatierte Florian, als er die Abzweigung nach Genua entdeckte. Ärgerlich umrundete er den Dorfbrunnen eines ärmlichen Provinznestes und fuhr dieselbe kurvenreiche Straße zurück, die er eben erst fluchend entlanggeprescht war.

»Ich dachte... ich habe gemeint...«, stotterte Tinchen eingeschüchtert.

»Leider haben wir gesetzlich verbriefte Redefreiheit. Jeder kann sagen, was er denkt, auch wenn er nicht denken kann!« unterbrach Florian ihre Entschuldigungsrede. »Mach lieber die Augen zu, dann richtest du noch am wenigsten Unheil an!«

Sie wurde wieder wach, als er abrupt auf die Bremse trat. Eine Schar Enten wackelte schnatternd über die staubige Straße und ließ sich auch durch die quietschenden Reifen nicht vom Weg abbringen.

»Drück mal auf die Hupe!« verlangte Tinchen ungeduldig.

»Nützt doch nichts. Die Viecher laufen ja schon so schnell, wie sie können.« Plötzlich lachte er. »Weshalb rege ich mich eigentlich so auf, anstatt diese Spritztour mit dir zu genießen? Sonst haben wir doch immer einen Aufpasser dabei, entweder deinen Bruder oder deinen Hund, meistens alle beide. Jetzt sind wir endlich mal allein!« Er stellte den Motor ab und zeigte auf die Enten. »Guck mal, die verschwinden auch schon diskret.«

Die Straße war leer, und niemand sah zu, als Florian sein Tinchen lange und leidenschaftlich küßte.

Das erste, was ihr ins Auge fiel, war der blaue Sportwagen. Ungeachtet des Halteverbots parkte er vor dem Bahnhof, und daneben stand eine sehr gelangweilte Lilo, die das Getümmel ringsherum überhaupt nicht beeindruckte. Sie winkte Tinchen heran. »Hier geht alles drunter und drüber, und kein Mensch weiß, wo unser Zug geblieben ist.«

»Das muß doch rauszukriegen sein!«

»Enrico versucht es ja, aber niemand fühlt sich zuständig. Man kommt an kein Telefon ran, jeder sagt etwas anderes, aber keiner was Richtiges, und wie wir jemals unsere Gäste finden sollen, ist mir langsam schleierhaft. Wahrscheinlich hängen sie auf der Schweizer Seite fest. Wo habt ihr denn die Busse geparkt?« Tinchen wurde blaß. »Wieso wir? Es war doch ausgemacht, daß *ihr* die Karawane begleitet!«

»Du glaubst doch wohl nicht ernsthaft, wir seien die ganze Zeit hinterhergeschlichen? Gleich hinter Genua haben wir uns abgesetzt. Irgend jemand mußte schließlich rechtzeitig an der Grenze sein.«

»Eine geniale Idee! Jetzt haben wir die Busse wenigstens auch noch verloren!«

»Die werden schon allein herfinden«, behauptete Lilo gleichmütig, »mich interessiert viel mehr, wo Enrico abgeblieben ist. Seit einer halben Stunde warte ich!«

»Hoffentlich schlägst du Wurzeln!« wünschte Tinchen aufrichtig, denn im Augenblick erschien ihr Lilo denkbar überflüssig. Wo nur Florian steckte? Er wollte versuchen, irgendwo in der Nähe den Wagen zu parken, aber angesichts des Ameisenhaufens, der hier durcheinanderwimmelte, würde das wohl so gut wie unmöglich sein. Die Zeiten hatten sich eben geändert. Früher suchte man ein Häuschen auf dem Land, heute sucht man einen Parkplatz in der Stadt.

Nachdem Florian dreimal den Bahnhof umrundet und jede zweite Einbahnstraße in entgegengesetzter Richtung durchquert hatte, durfte er sich zwar als ortskundig bezeichnen, aber einen Abstellplatz für seinen Käfer hatte er trotzdem nicht gefunden. Es half alles nichts, er mußte Tinchen wieder aufsammeln und es etwas weiter außerhalb noch einmal versuchen. Vielleicht hatte sie in der Zwischenzeit ja auch schon alles Notwendige erfahren.

»Der Zug ist verschwunden oder hat sich in Luft aufgelöst«, berichtete sie atemlos, nachdem sie neben Florian Platz genommen hatte. Allerdings verschwieg sie, daß sie diese Information lediglich von Lilo bezogen und selbst keinen Versuch unternommen hatte, auf eigene Faust Erkundigungen einzuholen. Im übrigen wäre das zwecklos gewesen. Sie hatte ja nicht mal einen Carabinieri stoppen können, der rücksichtslos auf ihren Fuß getreten war. Nicht einmal entschuldigt hatte sich dieser Flegel. »No competento!« hatte er auf ihre schüchtern vorgebrachte Frage geantwortet. Offenbar war hier niemand für irgend etwas zuständig.

»Wir fahren jetzt ganz einfach zu den Schweizern hinüber!« entschied Florian. »Da sitzen zwar auch lauter Italiener, die wahrscheinlich aus Sympathie mitstreiken, aber wenigstens dürfen sie das nicht offiziell tun.«

Die Schweizer Beamten zeigten sich entgegenkommend und hilfsbereit, aber wo nun genau der Zug stehengeblieben war, wußten sie auch nicht. Die Vermutungen reichten von ›Abstellgleis‹ bis ›möglicherweise noch in Zürich‹, vielleicht auch irgendwo dazwischen, man müsse schließlich die Strecke für den inländischen Verkehr freihalten, und die Herrschaften brauchten sich auch keine Sorgen zu machen, es käme schon alles in Ordnung, man habe die Sache bestens organisiert. Florian fragte sich skeptisch, worin diese Organisation wohl bestehen mochte, wahrscheinlich in der kostenlosen Verteilung von Tee und Suppe, wie bei allen größeren Katastrophen üblich – dank der hochsommerlichen Temperaturen erübrigte sich wenigstens die Spende von Wolldecken –, aber die Schweizer schienen mehr auf Lawinen- oder Seilbahnunglücke spezialisiert zu sein als auf Streiks. Soweit er informiert war, kannten sie dieses Wort ohnehin nur aus Zeitungen.

Während er noch überlegte, ob überhaupt, und wenn ja, wo die Suche nach den verschwundenen Schmetterlingen fortgesetzt werden sollte, tippte ihm jemand auf die Schulter. »Suchen Sie auch den Sonderzug?«

Tinchen nickte eifrig. »Wissen Sie etwas?« Sie hatte den blonden Mann mit dem Adlerprofil schon früher ein paarmal gesehen, meist auf dem Busparkplatz in Nizza, wo er genau wie sie als Leithammel einer Touristenherde eingesetzt war, aber sie hatte keine Ahnung, zu welcher Firma er gehörte.

»Van Lommel«, stellte er sich vor, »Reiseleiter aus Amsterdam.« Er sprach ausgezeichnet Deutsch, hatte bessere Beziehungen als Tinchen und folglich auch bessere Informationen, aber er hatte kein Auto. Nach den Auskünften, die er aus nicht näher erläuterten Quellen bezogen hatte, sollte der Sonderzug sechs Kilometer landeinwärts auf einer Nebenstrecke stehen. »Würden Sie so freundlich sein und mich mitnehmen?«

Florian war so freundlich. Er bot dem rettenden Engel sogar seine letzte Zigarette an und war heilfroh, als dieser ablehnte. »Das Rauchen habe ich mir vor zwei Jahren abgewöhnt.«

»Hab' ich auch schon versucht, aber es ging nicht. In einer Redaktion gilt Rauchen nicht als Laster, es gehört vielmehr zum Selbsterhaltungstrieb. Ohne blauen Dunst läuft da nichts.« Nachdenklich betrachtete er den Glimmstengel. »Normalerweise verfolgt die Natur ja mit allem einen bestimmten Zweck, aber was, zum Teufel, hatte sie bloß mit dem Tabak vor?«

Abseits der überfüllten Durchgangsstraße wurde der Suchtrupp endlich fündig. Auf einem schon seit Jahren stillgelegten Bahnhof stand der Zug und wirkte in dieser ländlichen Umgebung sehr artfremd. Er war umringt von nahezu allen Bewohnern dieses Ortes, die den hilflos Gestrandeten kuhwarme Milch anboten, Selbstgebackenes und Würste aus dem eigenen Rauchfang. Daß man sich diese Hilfsbereitschaft angemessen bezahlen ließ, war nur natürlich. Bekanntlich beziehen die Eidgenossen den größten Teil ihrer Einkünfte aus ihren lila Kühen und dem Fremdenverkehr, so daß man es niemandem verdenken konnte, wenn er die unerwartete Touristeninvasion als Geschenk des Himmels betrachtete und eine spontane Sympathie für die italienischen Bahnbeamten empfand.

Rund um die abgestellten Waggons sah es aus wie auf einem Open-air-Festival der Beatles. Mehr oder weniger bekleidet lagerten Pärchen auf Decken oder schnell aufgeblasenen Luftmatratzen mitten zwischen Butterblumen, gleichermaßen bestaunt von Dorfkindern wie von glotzenden Kühen. Über einem Lagerfeuer brodelte Teewasser, an einem zweiten versuchte jemand, auf Aluminiumfolie Spiegeleier zu braten. Ein Jüngling mit Knopf im Ohr malträtierte seine Gitarre, ein anderer spielte Mundharmonika. Zusammen klang das wie mißlungene Kompositionsversuche von Stockhausen. Die Stimmung schien jedenfalls prächtig zu sein.

»Die sehen gar nicht so aus, als ob sie sich über ihre Befreiung freuen würden«, warnte Florian, aber er täuschte sich, daß die Berufsnörgler unter den Fahrgästen bereits fleißig Zweckpessimismus verbreitet hatten, obwohl die Zugbegleiter immer wieder versicherten, daß man sie bald hier abholen und zur Grenze bringen werde.

Herr van Lommel hatte seine Reisegruppe schnell gefunden und befand sich schon mit Florian auf der Rückfahrt nach Chiasso, als Tinchen noch über die Wiesen stolperte und ihre Schmetterlinge suchte. Im vorletzten Waggon entdeckte sie endlich Kofferschilder mit dem wohlbekannten Pfauenauge, aber es dauerte noch eine ganze Weile, bis sie die dazugehörigen Besitzer aufgetrieben hatte.

»In Kürze werden drei Busse hier eintreffen«, verkündete sie ihrem staunenden Auditorium. »Sie werden also mit nur wenigen

Stunden Verspätung in Verenzi sein, was man in der gegenwärtigen Situation beinahe als kleines Wunder bezeichnen darf.«

Der erwartete Beifall setzte auch sofort ein, und Tinchen nahm ihn mit einem dankbaren Lächeln entgegen. Ihr Selbstbewußtsein hatte sich in den letzten Minuten beträchtlich gehoben, denn offenbar war sie bisher die einzige, deren Rettungsmaßnahmen für die unfreiwillig Internierten von Erfolg gekrönt waren. Das schlechte Gewissen meldete sich zwar, wenn sie an Florian und seinen tatkräftigen Beistand dachte, aber der hatte letztlich keine offizielle Funktion und würde mit dem zu erwartenden Ruhm gar nichts anfangen können.

Vor dem verfallenen Bahnhofsgebäude tauchte der erste Bus auf; die zwei kleineren folgten in längeren Abständen, weil sich die beiden Fahrer nicht über den Weg hatten einigen können, verschiedene Richtungen eingeschlagen hatten und erst am Ortsausgang wieder zusammengetroffen waren, wo sie sich für die dritte Möglichkeit entschieden hatten, die dann auch noch falsch gewesen war. Entschlossen, sich lieber weiterhin zu verfahren statt einen Schweizer nach dem Weg zu fragen, waren sie noch eine Zeitlang herumgeirrt, bis sie rein zufällig ein Nudistenpärchen und damit die Vorhut der Urlauber entdeckt hatten.

»Wieviel Geld hast du bei dir?« brüllte Florian schon von weitem, kaum daß er seinen Wagen zum Halten gebracht hatte.

»Für ein Mittagessen reicht es!« Selbst unter Berücksichtigung von Florians unstillbarem Appetit würde die Spesenkasse diese Belastung noch ertragen.

»Wer redet von Pfennigen! Wir brauchen Fahrkarten! Ich habe die abreisenden Gäste erst mal fünf Kilometer vor Chiasso in einer Dorfkneipe deponiert, wo sie vermutlich alles kahlfressen werden, weil es nicht ihr Geld kostet, aber sie müssen mit einem regulären Zug weiterfahren, und dazu brauchen sie Fahrkarten. So viel Geld hat keiner mehr in der Tasche, und die wenigsten haben Euroschecks mit.«

»Sehe ich aus wie ein wandelnder Tresor?«

Eine berechtigte Frage, die Florian denn auch sofort verneinte.

»Die Schmetterlinge haben ihren Urlaub einschließlich Rückfahrt bezahlt und somit keine Veranlassung, noch ein zweites Mal Geld hinzublättern«, entschied Tinchen.

»Dann sitzen sie morgen noch hier! Euer Sonderzug fährt doch erst zurück, wenn alle Fahrgäste da sind, und der Himmel mag wissen, wann die letzten kommen. Alle Zufahrtsstraßen zur Grenze sind verstopft! Du kannst deine Leute nur mit einem normalen Zug nach Hause befördern, aber ohne gültige Fahrkarten keine Weiterfahrt, und ohne Geld keine Fahrkarten. Darin sind sich alle Bahnbeamten gleich. Kannst du nicht mal deine vorgesetzte Behörde anrufen?«

Nach längeren Verhandlungen mit einer Dorfschönen, die gleichzeitig Vorsteherin der örtlichen Postfiliale, beamtete Telefonistin und Saaltöchterli des einzigen Gasthauses war, kam die Verbindung mit Frankfurt zustande. Doch, man werde sich sofort mit den zuständigen Beamten in Verbindung setzen, notfalls auch mit übergeordneten Instanzen, eine Regelung werde man auf jeden Fall finden, und Tinchen solle unbesorgt nach Chiasso zurückfahren. Sie habe alles großartig gemacht, man sei überaus zufrieden und habe sie schon für die Wintersaison in den Bayerischen Alpen vorgesehen. Jodelkenntnisse seien nicht erforderlich, und Skifahren könne man lernen.

Tinchen bedankte sich lauwarm und wünschte Herrn Dennhardt im stillen die Pest an den Hals. Im Augenblick interessierte sie sich weder für Bayern noch für eine Verlängerung ihres Vertrags, sie wollte nichts anderes sehen als die Schlußlichter des Zuges, der die 43 Schmetterlinge endlich Richtung Heimat befördern würde.

Der blaue Sportwagen holperte über die Wiese, gefolgt von einem chromblitzenden Autobus, auf dem unübersehbar in silberner Schnörkelschrift der Name Verucci prangte.

»Wie haben die denn hierhergefunden?« wunderte sich Tinchen.

»Weil ich deiner Lilo gesagt habe, wo sie ihre Gäste aufsammeln kann. Nur aus Egoismus! Der Bus ist nämlich groß genug, um noch ein paar von deinen Leuten aufzunehmen. Dann kommen sich die anderen wenigstens nicht wie Heringe in der Dose vor.«

Als professioneller Manager übernahm Enrico sofort die Leitung des ganzen Unternehmens, und bald schaukelten die vier Busse unter Luigis Führung Richtung Verenzi. Nur ungern hatten sich die Reisenden von ihrem Gepäck getrennt und sich erst dann zufriedengegeben, als der Zugreiseleiter heilige Eide geschworen hatte, jeden einzelnen Koffer wie Englands Kronjuwelen zu bewachen, wobei ihm noch völlig rätselhaft war, wie er das in der Praxis bewerkstelligen sollte. Andererseits sind alle guten Deutschen gegen nahezu alle Eventualitäten versichert, und ein möglicherweise doch verschwundener Koffer würde den Besitzer sicher nicht an den Bettelstab bringen.

»Ich glaube, wir können uns jetzt auch verkrümeln«, meinte Florian zufrieden, »wenn ich bloß wüßte, wo Sergio mit seinem Eselskarren hängt.«

»Um den ist mir nicht bange. Wir werden auf dem Bahnhof in Chiasso eine Nachricht für ihn hinterlassen, und dann wird er sich schon irgendwie durchwursteln. Clever genug ist er ja.«

»Steig ein, damit wir endlich Land gewinnen!« Angewidert überblickte Florian noch einmal die Wiesen, auf denen immer noch reges Campingtreiben herrschte. »Ich glaube kaum, daß die Bauern uns in guter Erinnerung behalten werden. Hier sieht es schon jetzt aus wie auf einer Mülldeponie! – Na ja, die Menschheit hat sich aus der Steinzeit hochgearbeitet, also wird sie sich auch aus dem Altpapierzeitalter wieder hochrappeln.«

»Sei nicht so optimistisch! Heutzutage ergibt eine Tüte Lebensmittel zwei Tüten Müll!«

Quer durch die Gänseblümchen kam Lilo auf sie zu. »Können wir jetzt endlich nach Hause fahren?«

»Wo denkst du hin! Erst müssen wir noch die Abreisenden Richtung Heimat in Marsch setzen.«

»Die sind doch längst weg!«

Sehr intelligent sah Tinchen nicht aus. »Ich denke, die sitzen auf Warteposition in irgendeiner ländlichen Pinte und lauern auf ihre Fahrkarten?«

»Ach wo, das ist doch schon lange erledigt. Enrico hat einen Scheck ausgeschrieben. Irgendwann wird er das Geld wohl zurückbekommen, nicht wahr?«

»Natürlich«, versicherte Tinchen sofort. Ihr war ein Stein vom Herzen gefallen. »Ich werde mich gleich morgen darum kümmern.«

»So eilig ist es nun auch wieder nicht.«

»Sag deinem Dottore herzlichen Dank. Bei nächster Gelegenheit hole ich es persönlich nach, dann kriegt er auch einen Orden. Jetzt muß ich erst einmal ein Telefon auftreiben und die Frankfurter verständigen, daß sämtliche Schmetterlinge auf dem Rückflug sind.« Spontan umarmte sie ihre Kollegin. »Heute hast du so ziemlich alles ausgebügelt, was du in den letzten Wochen verbockt hast!«

»Weißt du, Tinchen«, lachte Lilo, »Probleme lassen sich immer am besten mit anderer Leute Geld lösen.«

Hundemüde waren sie, als sie kurz vor Einbruch der Dunkelheit wieder im Lido eintrafen. Zweimal schon hatte Sergio angerufen – das erste Mal, um die glückliche Ankunft in Chiasso zu vermelden, das zweite Mal, als er endlich das bahnpolizeilich sichergestellte Gepäck gefunden und nach langen Debatten ausgehändigt bekommen hatte. Im übrigen sei der Sonderzug schon auf der Rückfahrt. Man habe die an- und abreisenden Passagiere mit Schweizer Bussen im Pendelverkehr über die Grenze gebracht, und abgesehen von der unvermeidlichen Verspätung sei alles komplikationslos verlaufen.

Fassungslos starrte Tinchen auf den Notizblock, den Schumann ihr zusammen mit einem doppelstöckigen Kognak über den Tisch geschoben hatte. »Ich glaube, den können Sie jetzt brauchen!«

»Florian, was sind wir für Idioten! Wenn wir ein bißchen weniger tüchtig und ein bißchen weniger schnell gewesen wären, hätten wir uns eine Menge Zeit und Aufregung sparen können!«

»Ganz zu schweigen von den doppelt bezahlten Fahrkarten!« Mit einem schmerzlichen Grinsen nahm er Tinchen das Glas aus der Hand und leerte es auf einen Zug. »Weißt du, was Selbstkritik ist? Wenn man den Nagel auf den Daumen trifft!«

15

Schon seit zwei Tagen hatten Florian, Karsten und Fritz Schumann die Köpfe zusammengesteckt, geheimnisvoll gewispert und sofort das Thema gewechselt, sobald Tinchen in der Nähe erschienen war. »Abwarten!« lautete die immer gleichbleibende Entschuldigung, »die Geschichte ist noch nicht ganz spruchreif.«

Dann war sie es endlich! Am Montagabend bauten sich die drei Verschwörer vor Tinchen auf und verkündeten: »Wir veranstalten ein Schmetterlingsfest!«

»Ein was?«

»Ein Sommerfest! Und als Höhepunkt krönen wir eine Miß Butterfly!« Florian sah Tinchen beifallheischend an. »Und wo soll dieses gesellschaftliche Ereignis stattfinden?«

»Hier natürlich!« sagte Karsten sofort. »Ich habe mir neulich mal diesen komischen Glaskasten angesehen. Der ist doch bestens geeignet!«

Wenn man davon absah, daß dieser große verglaste Anbau mit seiner Jugendstilfassade seit Jahren als Abstellraum für Liegestühle, reparaturbedürftige Möbel, verbeulte Kochtöpfe und ins Überdimensionale gewachsene Topfpflanzen diente und außer

Spinnen nur noch diverse Fledermäuse beherbergte, so konnte man den Pavillon durchaus als repräsentabel bezeichnen. Allerdings müßte er zunächst einmal entrümpelt und von der Patina zweier Jahrzehnte befreit werden. Tinchen sah sich im Geist schon Fenster putzen und ging sofort in Abwehrposition. »Ihr spinnt ja!«

»Genau *die* Reaktion haben wir erwartet!« trumpfte Karsten auf. »Du gehörst auch zu denen, die sich nie spontan für etwas Außergewöhnliches entscheiden können – so nach der Devise: Das haben wir noch nie so gemacht! Das haben wir schon immer so gemacht! Da könnte ja jeder kommen!«

»Im Ernst, Tina, wir haben das genau durchkalkuliert«, behauptete Schumann, der von dieser Idee ganz begeistert war. »Den Pavillon bringen wir in spätestens drei Tagen auf Hochglanz, dafür müßte ich nur genügend Leute ansetzen. Im Speisesaal bauen wir ein kaltes Buffet auf, im Festsaal improvisieren wir eine zweite Bar, vielleicht kann ich bis dahin noch deutsches Faßbier auftreiben, dann engagieren wir eine Kapelle, die auch noch ein paar Walzer in ihrem Repertoire hat, und damit wären die Grundvoraussetzungen für einen gelungenen Abend geschaffen.«

»Für wann habt ihr denn das ganze Spektakel geplant?«

»Für kommenden Samstag«, sagte Florian kleinlaut.

»Jetzt seid ihr total verrückt! Erstens ist das in fünf Tagen nie hinzukriegen, und zweitens müßte dieser Auftrieb irgendwie publik gemacht werden, damit überhaupt ein paar Leute kommen. Drittens ist das Ganze eine Schnapsidee, die wohl auch genau da ihren Ursprung hat!«

»Wegen der Reklame brauchst du dir keine Sorgen zu machen«, versicherte Karsten, »das Plakat habe ich schon fertig, und wenn du willst, geht es morgen in die Druckerei und kann am Nachmittag abgeholt werden. Abends hängt es bereits in allen Hotels. Das erledige ich!«

Allmählich begann Tinchen sich für den Plan zu erwärmen. »Die Idee ist ja gar nicht so schlecht, ich verstehe nur nicht, weshalb ihr die Sache so Hals über Kopf durchziehen wollt. Nächste Woche ist doch auch noch früh genug.«

»Eben nicht«, widersprach Schumann. »Die ganze Geschichte war doch Florians Einfall, und es ist klar, daß er den Spaß noch mitmachen möchte. Am Montag fährt er doch wieder nach Hause.«

Tinchen erschrak. »Sind die vier Wochen schon herum?« Sie hatte jedes Gefühl für Daten verloren und lebte nur noch nach Wochentagen: Dienstag Portofino, Mittwoch An- und Abreise, Donnerstag Nizza-Tour, Freitag Eselkarawane... und die deutschen Zeitungen, die als Antiquitäten in der Halle lagen, waren meistens vom vergangenen Monat. Aber wenn der Juli schon fast vorbei war, dann blieben ihr ja auch nur noch acht Wochen, bis für sie die Abschiedsstunde schlug. Vielleicht sollte sie sich doch langsam an den Gedanken gewöhnen, daß alles Schöne mal ein Ende hatte. Dabei dachte sie gar nicht so sehr an Florians Abreise, den würde sie ja in zwei Monaten wiedersehen, nur alles andere mußte sie zurücklassen: das Meer, die Sonne, die südländische Lebensfreude, die Nachmittage am Strand und die lauen Nächte, die so viele Sehnsüchte weckten und manche sogar erfüllten.

Energisch schüttelte Tinchen die trübseligen Gedanken ab. Andere freuten sich ein ganzes Jahr lang auf drei Wochen Urlaub, und sie hatte immerhin noch zwei Monate vor sich. Weshalb also jetzt schon Trübsal blasen?

Die erwartungsvollen Gesichter der zweieinhalb Mannsbilder brachten sie in die Gegenwart zurück. »Wenn ihr alles schon bis ins kleinste organisiert habt, dann weiß ich gar nicht, weshalb ich überhaupt noch gefragt werde. Macht doch, was ihr wollt!«

»Geht aber nicht«, bohrte Florian weiter. »Du bist quasi Schirmherrin der Veranstaltung. Irgend jemand muß doch die Begrüßungsrede halten und später der Miß Butterfly die Krone aufs Haupt drücken!«

»Ganz bestimmt nicht ich!« protestierte Tinchen. »Habt ihr denn überhaupt eine?«

»Was? Eine Krone? Kleinigkeit, die machen wir selber«, versprach Karsten. »Man muß bloß improvisieren können. Nicht umsonst bin ich in der Theater-AG unserer Penne schon seit drei Jahren als Requisiteur angeheuert. Für das letzte Stück brauchten wir einen Raubtierkäfig, und sogar den habe ich organisiert.«

»Wo denn?«

»In der Turnhalle. Allerdings fielen eine Zeitlang sämtliche Ballspiele aus, weil ich die Netze demontiert hatte.«

»Also tut, was ihr nicht lassen könnt«, entschied Tinchen, »mir ist das egal. Es darf bloß kein Geld kosten.«

»So ganz ohne geht es aber doch nicht.« Florian zählte auf, was an unvermeidbaren Ausgaben berücksichtigt werden mußte. »Die Plakate müssen bezahlt werden, drei Blumensträuße für die Siegerinnen und natürlich drei Präsente – klein, kleiner, am kleinsten. Nun denk mal nicht ans Geld, sondern an die Reklame, die wir für deinen Verein machen. Läßt sich alles unter Werbungskosten absetzen.«

»Dafür ist meine Spesenkasse nicht vorgesehen.«

»Laß man, Tine, mir wird schon irgend etwas einfallen«, tröstete Karsten und gab damit zu verstehen, daß man alles getrost in seine bewährten Hände legen sollte.

Zunächst fiel ihm ein, daß er unbedingt etwas zum Anziehen brauchte, denn als Bruder der Schirmherrin konnte er unmöglich in ausgeleierten Jeans kommen,und Florians Hosen waren alle zehn Zentimeter zu lang. Da half auch keine Sicherheitsnadel, und Tesafilm war gänzlich ungeeignet; das hatte er vor ein paar Abenden feststellen müssen, als er von einer Minute zur anderen ständig über seine Hosenbeine gestolpert war.

Seine Schwester bewilligte den Ankauf einer weißen Leinenhose, und weil sie nun schon einmal bei Lorenzo waren, konnte sie sich eigentlich auch etwas Passendes aussuchen. Die meergrüne Bluse von Oma hatte sie gleich in den ersten Tagen an Lilo verschenkt – verfrühte Konzession an eine gar nicht existente Freundschaft.

Mit Kennermiene durchwühlte Karsten den Kleiderständer und entschied sich für ein mattgelbes Cocktailkleid mit einem ziemlich gewagten Ausschnitt. »Hier, zieh das mal an!«

»Sieh erst nach, ob ein Name drinsteht. Steht einer drin, ist es sowieso zu teuer!«

Es war keiner zu finden, und Tinchen verschwand mit dem Kleid in der Kabine. Es paßte auf Anhieb und stand ihr ausgezeichnet. Der straßbestickte Gürtel betonte ihre schlanke Taille, der weite Rock wippte bei jeder Bewegung, dazu noch die hochhackigen Sandaletten, die sie sich einmal aus lauter Übermut gekauft und noch nie getragen hatte... doch, sie würde bestimmt eine gute Figur machen. Wenn bloß dieser unanständig tiefe Ausschnitt nicht wäre!

»Biste noch nicht rein- oder schon rausgewachsen, Tine?« Durch den Türspalt linste Karsten. Anerkennend pfiff er durch die Zähne. »Steht dir prima, aber bücken darfste dich nicht!«

»Ich weiß, das Dekolleté ist einfach polizeiwidrig!« Sie wollte das Kleid gerade ausziehen, als Lorenzo an die Tür klopfte. »Scusi, Signorina, aber Sie haben vergessen die Jacke.« Er reichte ein glitzerndes Bolerojäckchen in die Kabine. »Für den Fall, daß Sie verlieren die Courage!«

Moralisch gestärkt durch das kleine Stückchen Stoff zahlte Tinchen den unverschämt hohen Preis, drückte Karsten die Tüte in die Hand und ging auf schnellstem Weg ins Büro. »Ich bin schon viel zu spät dran.«

Zu ihrer Überraschung saß Lilo am Schreibtisch und manikürte ihre Fingernägel.

»Hast du dich in der Adresse geirrt?«

»Nein, aber ich habe um halb zehn Anprobe. Enrico läßt mir für den Ball ein phantastisches Abendkleid anfertigen.«

»Für welchen Ball?«

Irritiert sah Lilo hoch. »Du willst mir doch nicht erzählen, daß du noch nichts von dem Schmetterlingsball weißt?«

»Ach, du meinst diesen Tanzabend? Natürlich weiß ich davon, ich kann mir nur nicht vorstellen, daß unsere Gäste große Abendgarderobe im Koffer haben. Du wirst also ganz schön aus dem Rahmen fallen.«

Diese Aussicht beeindruckte Lilo nicht im geringsten. Enrico würde selbstverständlich einen Smoking tragen, und es war nur zu begreiflich, daß auch sie entsprechend angezogen sein mußte. Leider besaß sie keinen passenden Schmuck, aber vielleicht konnte sie Enrico noch davon überzeugen, daß die Perlenkette, die sie in einem Geschäft auf der Promenade entdeckt hatte, das richtige Accessoire zu dem roséfarbenen Chiffonkleid wäre. Mattschimmernde Perlen auf gebräunter Haut – das klang direkt nach Klatschspalte und High-Society, denn dazu durfte sich Enrico durchaus zählen. Zumindest hier in Verenzi und der unmittelbaren Umgebung, wo die Auswahl an Prominenz nicht sehr groß war und im wesentlichen aus dem örtlichen Kommunistenführer, zwei Bischöfen und der geschiedenen Gattin eines Perückenfabrikanten bestand. Zu deren fünfzigstem Geburtstag war sogar ein offizieller Glückwunsch der italienischen Regierung gekommen, vermutlich der Fürsprache des kommunistischen Abgeordneten zu verdanken, aber solche Beziehungen mußte man ja auch erst einmal haben! Jedenfalls würde sie, Lilo, schon dafür sorgen, daß die Feste in der Villa Cerucci in Zukunft auch zu den gesellschaftlichen Höhepunkten der Saison zählten.

»Hast du eine Ahnung, wo wir möglichst billig drei dekorative Geschenke herkriegen?« Auf Karstens Einfälle wollte Tinchen sich nicht unbedingt verlassen. »Florian besteht darauf, daß wir eine Miß Schmetterling küren, und da ist es obligatorisch, der betreffenden Dame etwas zur bleibenden Erinnerung zu überreichen, wobei ich einen aufgespießten Zitronenfalter für angebracht hielte. Ich glaube nur nicht, daß ich mit diesem Vorschlag durchkomme.«

»Vielleicht gibt es Schmetterlinge als Modeschmuck. Das wäre doch dekorativ genug.«

»Manchmal hast du direkt einen Geistesblitz! Wenn er bloß nicht so teuer wäre.«

»Laß doch auch mal deine Beziehungen spielen«, riet Lilo. »Warum fragst du nicht Klaus Brandt? Bei dem bekommst du das Zeug doch zum Einkaufspreis. Oder ist es aus zwischen euch?«

Tinchen wurde rot. »Da ist nie etwas gewesen. Wir sind nur gute Bekannte.«

»Platonische Freundschaft also?« nickte Lilo verstehend. »Halb Loano behauptet allerdings, es sei keine.«

»Woher willst ausgerechnet du das wissen? Du weißt ja nicht mal, was Freundschaft auf italienisch heißt!« entgegnete Tinchen Patzig.

»Relazione.«

»Irrtum, das heißt Verhältnis!« korrigierte Tinchen, »aber bei dir ist das vermutlich ein und dasselbe!«

Lilo zog es vor, keine Antwort zu geben. Es wurde ohnedies höchste Zeit für die Anprobe, und sie war froh, die ›Röhre‹ verlassen zu können. Tinchens angeblicher Humor wurde beißend wie ein Laserstrahl.

Einen Augenblick zögerte Tinchen, bevor sie zum Telefon griff, aber dann fiel ihr ein, daß sie Brandt offiziell zu dem Sommerfest einladen und so ganz nebenbei fragen konnte, ob er ihr bei der Auswahl der Geschenke helfen würde.

Er war selbst am Apparat. Selbstverständlich habe er am Nachmittag Zeit, für sie immer, und ob es nicht etwas früher gehe, dann könnten sie doch zusammen essen, das hätten sie schon so lange nicht mehr getan. Ach so, sie habe noch in der Druckerei zu tun wegen der Plakate, das verstehe er natürlich, dann werde man eben abends essen gehen. Aha, den Abend habe sie ihrem Bruder versprochen. Minigolf? Danke für die Einladung, aber dafür habe er nun gar nichts übrig. So so, Karsten reise am Montag wieder ab. Herr Bender auch? Fahren zusammen? Nun ja, das sei zweifellos auch bequemer. Dann bleibe es also bei vierzehn Uhr? Vor dem Lido? Sehr schön, er werde pünktlich sein. Bis dann also. Ciao.

Nachdenklich legte sie den Hörer wieder auf. Eigenartig, daß es überhaupt nicht mehr kribbelte, wenn sie mit Brandt telefonierte. Dabei mochte sie ihn nach wie vor, bewunderte seine Selbstsicherheit, seine Intelligenz, seinen Humor – aber irgend etwas fehlte, das schon einmal dagewesen war. Damals, auf der Klippe, und erst recht in Corsenna. Verliebt? Nein, Tinchen war nicht verliebt, oder wenn doch, dann nur ein ganz kleines bißchen, und zwar in Florian. Für mehr reichte es nicht, und für Klaus reichte es *noch* nicht. Es wurde wirklich Zeit, daß Florian endlich zurückfuhr. Wenn man fortwährend Gelegenheit hat, zwei Männer miteinander zu vergleichen, bleibt von keinem genug übrig, um den anderen auszustechen. Das Leben war entsetzlich kompliziert!

Im Lido lief der Betrieb auf vollen Touren. Eine ganze Besenbrigade war angerückt, die unter Schumanns Kommando den verstaubten Glaspavillon in einen Ballsaal verwandelte. Schon blitzten die Fensterscheiben, das Parkett wurde gewachst, damit die Gäste gepflegt darauf ausrutschen konnten, ein Podium wurde aufgeschlagen, gleichermaßen als Tribüne für das Orchester beziehungsweise als Empore für die künftige Miß Schmetterling gedacht, die ersten Lampions baumelten über der Tanzfläche – es sah alles sehr vielversprechend und ein bißchen kitschig aus. Zum Glück hatte Tinchen Schumann wenigstens das künstliche Weinlaub ausreden können, mit dem er die beiden Marmorpfeiler rechts und links vom Eingang umwickeln wollte.

Auch die Küchenbelegschaft rotierte. Schumann hatte in Alassio den ganzen Bestand an Sauerkrautkonserven aufgekauft – offenbar gab es entlang der Küste nur ein einziges Geschäft, das diese teutonische Delikatesse führte – und beschlossen, das kalte Buffet mit Sauerkohl und Würstchen anzureichern. Da diese als ›Wiener‹ deklarierten rosa Plastikschläuche ebenfalls aus der Dose stammten, versuchte er, eine Marinade zu komponieren, in der die Würstchen 24 Stunden lang ruhen und ihren Geschmack verbessern sollten. Das taten sie auch. Nach ihrem Bad schmeckten sie leicht säuerlich und kompensierten dadurch das etwas süßlich geratene Sauerkraut, wurden dennoch ein Erfolg und künftig auf der Speisekarte unter der Rubrik ›Kalte Speisen‹ und dort wiederum als ›Spezialist des Hauses‹ geführt.

Das Problem, mit welchem Geschenk die erste Miß Butterfly geehrt und gleichzeitig dauerhaft an den Initiator dieser Wahl, nämlich das Unternehmen Schmetterlings-Reisen, erinnert werden sollte, war in der Zwischenzeit auch gelöst worden. Zu einem gar nicht angemessenen Preis, hinter dem Tinchen ein erhebliches Entgegenkommen seitens Tante Josis vermutete, hatte sie eine kleine, mit Saphirsplittern besetzte Anstecknadel in Schmetterlingsform gekauft. Die zweite Preisträgerin sollte einen silbernen Armreif bekommen, und für die dritte hatte Tante Josi einen Seidenschal gestiftet unter der Bedingung, daß er mit dem noch extra angebrachten Firmenschild überreicht wurde. Edel sei der Mensch, hilfreich und nicht ganz selbstlos!

Karsten bastelte an der Krone. Nach dem vierten mißlungenen Versuch kapitulierte er und beschloß, seine Niederlage nur insofern einzugestehen, als er das unerläßliche Attribut königlicher Würde von seinem eigenen Geld kaufen würde. Zu seinem Erstaunen gab es in ganz Verenzi kein Geschäft für Faschingsartikel, was ihn in seinem Urteil bestärkte, daß Italien in mancher Hinsicht doch ein ziemlich rückständiges Land sei. Trotzdem gab er nicht auf. In einem Laden, der neben Nachthemden und Unterwäsche auch drei Brautkleider auf Lager hatte und zwischen Weihnachten und Ostern sogar eine bescheidene Auswahl an Kommunionskleidern führte – wer es sich leisten konnte, kleidete seine Kinder ja doch in Mailand oder zumindest in Genua ein –, wurde er schließlich fündig. Mit Händen und Füßen erklärte er seinen Wunsch, worauf ihm die Verkäuferin zunächst einen Tüllschleier und auf seinen verzweifelten Ruf: »Etwas mit fiori dran!« ein Gesteck aus imitierten Orangenblüten auf den Ladentisch legte. Erst als er mimisch um Papier und Bleistift bat, weil er sich von seiner künstlerischen Ausdruckskraft mehr versprach als von seiner rhetorischen, kam man einer Verständigung etwas näher. Mit ein paar Strichen skizzierte er eine Art Diadem. Die Signorina nickte erfreut, verschwand durch einen Vorhang und erschien nach längerer Zeit wieder mit einer Schachtel. Zwischen vergilbtem Seidenpapier lag das Gesuchte: Kopfschmuck für Kommunikantinnen.

Karsten wählte eine Kreation, die nach dem Entfernen der störenden Dekoration aus künstlicher Myrthe und gelackten Gänseblümchen zumindest die äußere Form eines königlichen Diadems hatte und mit Hilfe von Goldfolie auch den majestätischen Glanz erhalten könnte. Widerspruchslos zahlte er den verlangten Preis in der Absicht, ihn von Tinchen zurückzufordern. Schließlich braucht jeder Künstler Material, um seine Werke zu schaffen. Auch ein Leonardo da Vinci ist nicht ohne Leinwand ausgekommen!

»Er hat aber bestimmt nicht seine Verwandtschaft beklaut!« wetterte Tinchen, als sie später an der goldpapierumwickelten Krone ihre Straßkette wiederfand.

»Das Ding hast du doch nie getragen!« entschuldigte sich Karsten. »Seit wann behängst du dich mit solchen Woolworth-Klunkern?«

»Modeschmuck ist nie echt!«

»Deshalb braucht er aber nicht auszusehen wie ein Hundehalsband für Pekinesen. Kauf dir lieber was Geschmackvolles!« Einen Moment zögerte er, dann fragte er neugierig: »Hast du eigentlich noch Papas Notgroschen?«

»Meinst du den Scheck? Selbstverständlich habe ich ihn noch.«

»Du bist schön blöd! Papa hat den längst abgeschrieben, aber du knauserst mit jedem Pfennig. Warum haust du ihn nicht endlich auf den Kopf? Wenn du das nicht allein schaffst... ich könnte zu der neuen Hose noch ein schickes Hemd gebrauchen!«

»Raus!!!«

Murrend trollte er sich. »Alter Geizkragen! Bloß weil du sparen willst, muß ich auf alles Lebensnotwendige verzichten!«

16

Große Ereignisse warfen ihre Schatten voraus! Bereits morgens um sieben stand Karsten vor dem Spiegel und rasierte sich.

»So ein Blödsinn«, gähnte Florian, »warum machst du das nicht heute abend?«

»Bis dahin soll mein Gesicht ja wieder abgeheilt sein.«

»Die paar Haare kannst du doch noch mit einer Nagelschere kappen!« Er fuhr mißmutig über sein borstiges Kinn. »Jeden Tag die gleiche überflüssige Prozedur! Angeblich sollen den meisten Männern ihre geistigen Heldentaten beim Rasieren eingefallen sein, die Formel für die Atomspaltung zum Beispiel, oder wie man Champignons züchtet, aber die einzige gute Idee, die mir jemals beim Abschaben gekommen ist, war die, mir einen Bart stehenzulassen. Bloß Tinchen hatte was dagegen!«

»Verstehe ich nicht! Viele große Männer haben doch Bärte getragen! Einstein, Lenin, Che Guevara, Clark Gable...«

»Idiot! Wer sagt denn, daß ich ein großer Mann sein will? Es ist schon eine respektable Leistung, überhaupt ein Mann zu sein!« Florian kroch aus dem Bett und trat vor den Spiegel. Eingehend musterte er sein Gesicht, um dann resignierend festzustellen: »Ich glaube kaum, daß ich jemals in die Annalen der Geschichte eingehen werde. Dabei würde ich mich so gern mal als 9 waagerecht oder 34 senkrecht in einem Kreuzworträtsel verewigt sehen! – Haben wir noch ein Paar saubere Socken?«

Fünf Türen weiter betrachtete Tinchen ebenfalls ihr Spiegelbild. Besonders gut ausgeschlafen sah sie nicht aus, aber gestern war es doch wieder ziemlich spät geworden. Hauptsächlich deshalb, weil Florian die obligatorische Schärpe reklamiert hatte, ohne die eine richtige Miß nicht denkbar wäre.

»Heiliger Himmel, daran habe ich überhaupt nicht gedacht!« hatte Karsten entsetzt gerufen, denn als selbsternannter Requisitenbeschaffer wäre er dafür zuständig gewesen. Aber dann hatte er sofort einen Ausweg gefunden. »Drei Meter Taft und einen Topf Goldbronze, mehr brauche ich nicht. Den Lappen pinsele ich selber!«

»Und wer näht dir die drei Meter Stoff zusammen?« hatte Tinchen gefragt. Darauf hatte Karsten geschwiegen und gleich darauf behauptet, so eine Schärpe sei ohnedies sehr hinderlich und würde jedes Kleid verschandeln, das könne man doch immer im Fernsehen feststellen bei diesen Staatsempfängen mit Lieschen Windsor oder anderen gekrönten Häuptern. Florian hatte allerdings auf dieser Schärpe bestanden und sogar die rettende Idee gehabt: »Hier gibt es doch eine Friedhofsgärtnerei, oder?«

Tinchen hatte nur genickt und nichts begriffen.

»Und was binden die an ihre Kränze? – Eben!!«

Schumann hatte versprochen, sich der Sache gleich am nächsten Morgen anzunehmen, und als Tinchen im Speisesaal erschien, bekam sie zusammen mit dem Kaffee die Vollzugsmeldung.

»Dreimal habe ich die beiden Wörter buchstabiert und viermal erklärt, wozu wir die Bauchbinde brauchen, schon wegen des außergewöhnlichen Formats«, erzählte er lachend, »um fünf Uhr können wir sie abholen. Wenn Sie mit dem Frühstück fertig sind, Tina, kommen Sie doch bitte mal in den Pavillon rüber! Florian und Sergio liegen sich seit einer halben Stunde in den Haaren, weil sie sich nicht über den Standort der Bierbar einigen können.«

Es war Schumann tatsächlich gelungen, drei Fässer Starkbier aufzutreiben, deren fachgemäßes Anstechen Florian übernehmen wollte. Schließlich sei er ein halber Bayer, da ihm seine Mutter als gebürtige Rosenheimerin die Liebe zum Bier und die entsprechende Sachkenntnis quasi mit der Muttermilch eingeflößt habe. Im übrigen habe der Ausschank gleich links neben der Tür zu sein und nicht am entgegengesetzten Ende, weil da die Kapelle säße und Musiker traditionsgemäß Anrecht auf Freibier hätten. »Wenn die so dicht an der Quelle hocken, saufen sie ein Faß alleine leer.«

Dem hielt Sergio entgegen, daß eine italienische Combo, und eine solche habe man ja wohl engagiert, weit über dem Niveau einer deutschen Blaskapelle stehe und allenfalls mal ein Glas Wein trinke.

»Was bleibt den armen Schweinen auch anderes übrig? Wer säuft schon gerne Abwaschwasser?« sagte Florian.

Bevor die Diskussion über die Qualität heimischer Nationalgetränke in eine handgreifliche Auseinandersetzung übergehen konnte, fällte Tinchen ein salomonisches Urteil:

»Die Bar kommt an die Längsseite, sonst müßten die Kellner jedesmal quer über die Tanzfläche pilgern.«

»Von mir aus, ich bin ja tolerant«, knurrte Florian, womit er einräumte, daß Tinchen vielleicht doch recht haben könnte.

Kaum hatten sich die Gemüter beruhigt, da kam Schumann mit allen Anzeichen eines bevorstehenden Herzinfarkts gelaufen. »Den Alfredo schmeiße ich raus! Sofort! Koch will der Kerl sein und verhunzt mir meinen schönen Geflügelsalat! Knoblauch hat er druntergerührt und Parmesan! Und dann behauptet dieser Ignorant auch noch, das Rezept stamme von seiner sizilianischen Großmutter! Als ob der jemals eine gehabt hätte! Der ist doch eine Mutation von Esel und Kamel!«

Sofort bot Florian seine Hilfe an. »Ich bin Hobbykoch und habe festgestellt, daß man so ziemlich jedes Gericht mit Salbei und Kognak retten kann. Den Salbei schüttet man ins Essen, den Kognak trinkt man selber. Spätestens nach dem dritten ist alles wieder in Ordnung!«

Die beiden verschwanden Richtung Küche, und Tinchen warf noch einen Blick auf den Blumenschmuck, von Franca mit viel Geschick arrangiert, bevor sie ins Büro ging. Mit Besuchern rechnete sie zwar nicht, die saßen entweder am Strand oder beim Friseur, aber sie wollte noch einmal in Ruhe alles durchgehen und nachprüfen, ob sie auch nichts vergessen hatte.

Die drei Buketts für die Preisträgerinnen waren bereits am Morgen geliefert worden und schwammen cellophanumhüllt in leeren Marmeladeeimern. Die Nummernschilder 1–20 für die Kandidatinnen, von Karsten unter Verwendung von Tinchens Lippenstift beschriftet, lagen im Hotel auf ihrem Schreibtisch, zusammen mit einem Stapel zurechtgeschnittener Zettel für die Stimmabgabe. Es hatte lange gedauert, bis sie sich auf einen Wahlmodus geeinigt hatten. Schumann hatte für zwei Durchgänge plädiert, von denen einer im Badeanzug stattfinden sollte, weil er so wenig Gelegenheit habe, Bikini-Schönheiten zu besichtigen. »Im Hotel sind sie ja meistens angezogen!« Zu seinem Bedauern wurde er überstimmt, was nicht zuletzt auf den Mangel an geeigneten Umkleideräumen zurückzuführen war.

»Wer soll überhaupt die Kandidatinnen aussuchen?« hatte Tinchen gefragt, aber nur mitleidige Blicke geerntet.

»Die melden sich von selber. Wir werden ein Überangebot haben«, hatte Florian versichert, für den gegenteiligen Fall jedoch angeregt, daß die anwesenden Herren eine Vorentscheidung treffen und den nach ihrer Meinung aussichtsreichsten Damen einfach eine Nummer in die Hand drücken sollten.

»Außerdem finde ich, daß nur wir Männer stimmberechtigt sein müßten«, hatte Karsten gefordert. »Ihr Frauen zählt ja doch bloß die falschen Wimpern und seid neidisch, weil ihr nicht so gut ausseht. Wir Männer beurteilen die Schönheit einer Frau nach andern Kriterien!«

»Besonders du! Ich kann mich noch gut an deine letzte Tussie erinnern! Sie hatte Füße wie Donald Duck, eine Knubbelnase und hundertvierzig Pfund Nettogewicht.«

»Dazu kamen aber eine Eins in Latein und sämtliche Platten von Alexis Korner. Wenn man erst siebzehn ist, legt man eben andere Maßstäbe an. Inzwischen bin ich reifer geworden.«

»Um ganze sieben Monate«, hatte Tinchen gesagt, dann aber eingeräumt, Karstens Vorschlag sei gar nicht so schlecht. Wenn nur die Männer abstimmten, seien Fehlentscheidungen aufgrund von Neid oder verletzter Eitelkeit nahezu ausgeschlossen. »Siegen wird vermutlich ein blondes Puppengesicht mit Wespentaille und langen Beinen, aber Intelligenz ist morgen abend ja doch nicht gefragt. Sie ließe sich in Ermangelung einer kompetenten Jury auch gar nicht ermitteln!«

Um zwölf Uhr schloß Tinchen die Bürotür ab und machte sich auf den Heimweg. Weshalb sollte sie noch länger in der ›Röhre‹ herumhängen? Viel besser wäre es, sich nach dem Essen ein bißchen hinzulegen, vorausgesetzt, man ließe sie in Ruhe.

Kaum hatte sie die Halle betreten, als Florian schon auf sie zustürzte.

»Dein Bruder behauptet, ich müsse mal zum Friseur. Stimmt das?«

Sie warf einen flüchtigen Blick auf seine wallende Haarpracht.

»Zu einem schulterfreien Kleid würde die Schnittlauchfrisur bestimmt gut aussehen, bei einem Oberhemd kaschiert sie bestenfalls den dreckigen Kragen!«

»Also doch Friseur!« resignierte er. »Welchen kannst du mir empfehlen? Ich habe schon Schumann gefragt, aber der braucht ja keinen mehr. Das Beste an einer Glatze ist, daß man damit immer adrett aussieht.«

»Bei mir bist du auch an der falschen Adresse, weil ich nie zum Friseur gehe.« Zum Beweis fuhr sie sich mit beiden Händen durch die kurzen Haare. »Die schneide ich mir immer selber.«

»Meine aber nicht!« wehrte er ab. »Also sag schon, welcher von euren Figaros ist am billigsten?«

»Der neben Bobos Tankstelle. Wenn ich zu dem nicht gehe, spare ich fünfundzwanzig Mark, bei dem auf der Promenade fünfunddreißig. Meistens entscheide ich mich für den letzteren.«

»Recht hast du, Tine! Ich werde mir an dir ein Beispiel nehmen und heute abend Mozartzopf tragen. Könntest du mir vielleicht mit einer passenden Schleife aushelfen?«

Wütend ließ sie ihn stehen und lief die Treppen hinauf zu ihrem Zimmer. Auf dem Tisch stand ein Wasserglas mit einer blaßvioletten Orchidee. Überrascht öffnete sie den beiliegenden Umschlag. ›Sie müßte zu Deinem gelben Kleid passen. Lila: Bekanntlich der letzte Versuch! Ich freue mich auf heute abend. K. B.‹

Wie beim Tanzstundenball, dachte sie flüchtig, aber dann war sie doch gerührt. Auf solch eine Idee würde Florian niemals kommen, der verschenkte allenfalls Suppengrün. Deshalb also hatte Klaus sich so dafür interessiert, was sie nachher anziehen würde. Aber was meinte er mit ›Letzter Versuch‹? So alt war sie ja nun doch noch nicht, auch wenn sie in knapp drei Monaten achtundzwanzig wurde.

Als Mittagessen ließ Schumann Minestrone servieren und Salatplatten. Das Küchenpersonal habe keine Zeit zum Kochen, es sei mit den Vorbereitungen für den Abend beschäftigt, wofür die geschätzten Herrschaften doch sicher Verständnis hätten.

Sie hatten es und beschlossen, sich später am kalten Buffet schadlos zu halten, für das sie als Hausgäste nicht zu bezahlen brauchten. Wie er die vermutlich zahlreichen Nassauer von seinen eigenen Gästen unterscheiden sollte, wußte Schumann noch nicht, auf jeden Fall würde er höllisch aufpassen müssen. Wer weiß, wie viele Mädchen Sergio ohne Eintritt ins Hotel ließ. Bei dem genügte doch schon ein verheißungsvolles Lächeln, und er vergaß sämtliche Geschäftsinteressen. Er war es auch gewesen, der dafür plädiert hatte, daß man den italienischen Strandcasanovas Zutritt gewähren sollte, obwohl er dann mit einer erheblichen Konkurrenz rechnen mußte.

»Es gibt aber zu viele weibliche Touristen und zu wenig Männer. Die Mädchen wollen tanzen, und mit wem sollten sie, wenn nicht mit uns Eingeborenen?«

»Sergio, du weißt doch selbst, daß die Jungs kaum ein paar Lire in der Tasche haben«, hatte Tinchen eingeworfen.

»Die nicht, aber die Frauen! Ihr Deutschen propagiert doch ständig die Emanzipation. Weshalb soll also nicht derjenige die Rechnung bezahlen, der das meiste Geld hat?«

»Jawohl!« hatte Florian bekräftigt, »mir macht es auch nichts aus, mich von einer Frau zum Essen einladen zu lassen.« Dabei hatte er Tinchen zugeblinzelt, und die hatte schleunigst ihren Mund wieder zugeklappt.

Nun stand sie unter der Dusche, ließ das lauwarme Wasser an sich herabrieseln und memorierte ihre Begrüßungsrede. Kurz sollte sie sein, humorvoll und trotzdem Wesentliches aussagen. Wesentliches fiel ihr nicht ein, ihr Repertoire an humoristischen Allgemeinplätzen spulte sie jede Woche einmal auf der Fahrt nach Nizza ab, so daß es keinen Anspruch mehr auf Originalität erheben konnte, und wozu überhaupt eine Ansprache? Reden sollten gefälligst die Leute halten, die Spaß daran hatten: Politiker, Wirtschaftsbosse, Brautväter...

Mit einem Knall flog die Zimmertür auf. »Tine, wo bist du?«

Sie griff nach dem Badetuch und versuchte, es möglichst dekorativ und vor allem rutschfest um ihren Körper zu drapieren. Gelungen war ihr das noch nie. Wie machten die das bloß immer im Film? Da stiegen die Frauen aus der Wanne, hüllten sich flüchtig ins Handtuch, klemmten links oben einen Zipfel fest und bewegten sich die nächste halbe Stunde so sicher, als hätten sie einen bequemen Trainingsanzug an. Tinchen dagegen stand nach längstens drei Schritten wieder oben ohne da. »Kannst du nicht anklopfen?« fauchte sie. »Gib mir wenigstens den Bademantel rüber!«

»Hab dich nicht so! Guck dir lieber an, was du deiner Miß Butterfly nachher über den Busen hängen sollst!« Aus einer Plastiktüte zog Florian die Schärpe und entfaltete sie zu voller Länge.

»Soll das ein Witz sein?« Vor Tinchen lagen dreieinhalb Meter schwarzer Taft, an beiden Enden mit Silberfransen verziert, und mitten drin stand in großen silbernen Buchstaben: Miß Butterfly.

Ein paar Sekunden lang starrte sie fassungslos auf die Trauerschleife, dann brach sie in schallendes Gelächter aus. »Wir müssen umdisponieren! Statt der schönsten Frau werden wir ganz einfach die älteste prämiieren.«

»Und ihr mit diesem Trauerflor taktvoll klarmachen, daß sie bereits kurz vor dem Ableben steht. Bist du verrückt geworden, Tine?«

»Nein, das geht auch nicht«, räumte sie ein, »wer will schon wahrhaben, daß er älter ist als alle anderen?« Sie bückte sich und legte die Schärpe aufs Bett. »Was sagt denn Schumann dazu?«

»Der tobt! Allerdings mußte er zugeben, daß er am Telefon nichts von der Farbe gesagt hatte. Er war der Meinung gewesen, Begräbnisschleifen seien grundsätzlich weiß.«

»Das muß er mit den Lorbeerkränzen verwechselt haben, die immer an Kriegerdenkmälern abgelegt werden«, lachte Tinchen. »Jedenfalls können wir das Ding hier vergessen!«

»Nimm es auf alle Fälle mit rüber«, empfahl Florian und stopfte den Stein des Anstoßes in die Tüte zurück, »es könnte doch sein, daß es wenigstens zum Kleid unserer künftigen Queen paßt. Und solltest du noch einmal eine Miß-Wahl inszenieren, dann such dir einen anderen Lieferanten. Friedhofsgärtner leben schon von Berufs wegen alle halb im Jenseits! – Jetzt schmeiß dich endlich in Gala, die ersten Ballschönen trudeln bereits ein.«

Kaum hatte sie mit dem Make-up begonnen, als Karsten im Türrahmen erschien. »Hast du Nähgarn? Der Manschettenknopf ist ab, und mit Uhu hält er nicht.«

»Im Nachttischkästchen müßte welches sein.«

Während Karsten mit doppeltem Zwirn den Knopf annähte, beobachtete er interessiert die kosmetischen Anstrengungen seiner Schwester.

»Warum machste das überhaupt?«

»Ein bißchen Lidschatten macht die Augen schöner.«

Er sah sie prüfend an. »Und wann wirkt es?«

Erbost warf sie die Haarbürste in seine Richtung. »Verschwinde! Ich habe keine Lust, mir die unqualifizierten Kommentare eines Halbwüchsigen anzuhören!«

Das hatte gesessen! »Verstehst du denn überhaupt keinen Spaß mehr? Ich wollte doch nur sagen, daß du dich gar nicht anzumalen brauchst, weil du auch ohne diesen ganzen Quatsch prima aussiehst.«

Sie strich ihm versöhnlich über die Haare. »Ist ja gut. Deine Getränke heute abend hätte ich sowieso bezahlt.«

Als sie gegen zwanzig Uhr den Pavillon betrat, war sie überrascht, daß fast jeder Tisch schon besetzt und die Tanzerei in vollem Gang war. Gleich neben der Tür stand Schumann. Er hatte einen Frack angezogen und wirkte sehr historisch. »Der Abend wird ein Bombenerfolg, Tina, so etwas hätten wir schon viel öfter machen sollen.«

Suchend blickte sie in die Menge. Auf der Tanzfläche entdeckte sie Karsten, der mit einem nickelbebrillten Teenager vom Typ Klassenbeste herumhopste, und gleich neben der Bierbar – wo auch sonst? – unterhielt sich Florian mit einem rothaarigen Vollblutweib. Beinahe hätte Tinchen ihn gar nicht erkannt. Er trug einen nagelneuen weißen Anzug. Dazu ein dunkelblaues Hemd mit Schlips, und der schicke Haarschnitt war ihm ganz bestimmt nicht im Laden neben der Tankstelle verpaßt worden. Der sah nach mindestens dreißig Mark aus.

Jetzt hatte Florian sie gesehen. Lässig winkte er mit der Hand und wandte sich wieder seiner Gesprächspartnerin zu. Vierzig war die bestimmt und aufgetakelt wie ein Zirkuspferd, registrierte Tinchen wütend. Die hatte bestimmt den halben Nachmittag vor dem Spiegel verbracht, damit sie für fünf Stunden zehn Jahre jünger aussah! Was fand er bloß an der? Nun führte er sie sogar zur Tanzfläche! Ausgerechnet Florian, der im ganzen Pressehaus als Tanzmuffel verschrieen und auf dem Betriebsfest nur mit Mühe zu bewegen gewesen war, die üblichen Pflichtrunden mit Frau Sperling und der Chefsekretärin zu drehen. Tinchen hatte er noch nie aufgefordert, aber für diesen wandelnden Farbkasten da hinten brach er mit sämtlichen Prinzipien! Wahrscheinlich hatte sie Geld! Und Florian hatte ganz sicher seine letzten Kröten in den neuen Habitus gesteckt, um jetzt eine lohnende Quelle anzuzapfen. Nun hatte er sie offenbar gefunden. Auch wenn sie viel zu alt für ihn war und gefärbte Haare hatte. Außerdem war sie mehr als nur vollschlank. Dafür trug sie allein am Hals ein halbes Einfamilienhaus mit sich herum! Die andere Hälfte steckte an den rotlackierten Fingern! Und für so einen charakterlosen Schuft hatte sie, Tinchen, Sympathie und sogar noch ein bißchen mehr empfunden! Ein Glück, daß ihr noch rechtzeitig genug die Augen aufgegangen waren!

Trotzdem konnte sie die aufsteigenden Tränen nicht verhindern. Ein Schluchzen saß in ihrer Kehle, das sie mühsam zu unterdrükken suchte, weil die Wimperntusche nicht wasserfest war. Aber dann tropfte es doch dunkelgrau auf ihren Handrücken, und sie trat eilends den Rückzug an. Auf ihr Zimmer wollte sie, am liebsten gleich ins Bett, niemanden mehr sehen, schon gar nicht Florian – jetzt tropfte das schwarze Zeug bereits aufs Kleid –, sollte er doch seine Miß Karottenkopf krönen, zu der paßte sogar die Trauerschärpe, weil sie ohnehin in schwarzen Brillantsamt gewickelt war...

»Schon wieder eine Fliege im Auge?« Tinchen fühlte sich von zwei kräftigen Armen gepackt, die sie vom Eingang weg in die Dunkelheit zogen. »Du siehst bezaubernd aus, Tina, und solltest wirklich keinen Grund zum Weinen haben.«

»Ich weine ja gar nicht«, schluchzte sie.

»Auf Freudentränen hatte ich allerdings nicht zu hoffen gewagt.«

Brandt reichte ihr sein Taschentuch. »Napoleon hat mal gesagt, daß Frauen zwei Waffen haben: Kosmetik und Tränen. Damit hatte er zweifellos recht, nur solltet ihr nicht beide gleichzeitig anwenden!«

Sie schnaubte herzhaft in das Tuch und steckte es ein. »Jetzt habe ich schon zwei.« Und mit einem zaghaften Lächeln: »Ich freue mich, daß du endlich da bist. Wir sitzen dort drüben unter dem grünen Lampion. Wartest du einen Moment? Ich glaube, ich muß mich doch erst ein bißchen restaurieren.«

Florian würde hoffentlich nicht die Unverfrorenheit besitzen, seine neue Eroberung an ihren Tisch zu bringen. Der war für Lilo und ihren Dottore reserviert, für Karsten natürlich, für Sergio und für sie, gezwungenermaßen auch für Florian, aber keinesfalls für brillantenbehängte Matronen!

Als sie kurze Zeit später zurückkam, hatte Tinchen Lilos großen Auftritt verpaßt. Mit genau einkalkulierter Verspätung war sie just in dem Augenblick am Eingang erschienen, als die Kapelle eine Pause gemacht hatte und die Anwesenden nicht mehr von der Freizeitakrobatik auf der Tanzfläche abgelenkt worden waren.

»Die ist reingerauscht wie eine Primadonna«, flüsterte Karsten seiner Schwester zu, »und ihr Macker ist hinterhergewieselt wie der Impresario.«

Genauso benahm er sich auch. Er bestellte Champagner für den ganzen Tisch, ließ ein Sortiment Zigaretten bringen und sorgte dafür, daß ständig mindestens ein Kellner für ihn durch die Gegend trabte und die kleine Gesellschaft in den Mittelpunkt der Aufmerksamkeit rückte. Im Gegensatz zu Tinchen schien Lilo dieses allgemeine Interesse zu genießen. Scheinbar zufällig spielte sie mit ihrer neuen Perlenkette. An der linken Hand blitzte ein Halbkaräter.

»Na, hast du ihn doch herumgekriegt?«

»Die Perlen sind mein Verlobungsgeschenk. Enrico wird das nachher offiziell bekanntgeben.«

»Bravo! Dann hast du es ja endlich geschafft! Gratuliere!« Neidisch war Tinchen nicht, aber einen kleinen Stich verspürte sie doch. Man hätte ihr diesen Enrico zwar platinumwickelt auf einem Tablett servieren können, ohne daß sie ihm mehr als zwei Blicke geschickt hätte, aber Lilo schien sich diesen Goldfisch nicht nur aus materiellen Erwägungen geangelt zu haben. Es sah fast so aus, als ob sie sogar Gefühle investierte.

»Stammt der Ring auch von ihm?«

»Nein, der ist schon alt. Mein erster Mann hatte ihn mir zur Hochzeit geschenkt.«

»Und du hast ihn nach der Scheidung nicht zurückgegeben?« staunte Tinchen, »ich denke, das tut man?«

»Weshalb denn? Meine Gefühle für den Ring hatten sich doch nicht verändert!«

Entgegen Sergios Behauptung hatte die Kapelle das deutsche Faßbier dem einheimischen Wein vorgezogen und ging frisch gestärkt wieder an die Arbeit. Sie spielte einen Walzer.

»Darf ich bitten?«

In dem weißen Dinnerjackett machte Brandt eine tadellose Figur, und daß er dazu auch noch hervorragend tanzen konnte, überraschte Tinchen gar nicht. Wer so aussah, mußte das einfach können! Sie selbst tanzte auch nicht schlecht, und so dauerte es nicht lange, bis sich die anderen Paare von dem Rondell zurückzogen und den beiden das Parkett allein überließen.

»Genau wie im Märchen, als der Prinz mit Aschenbrödel den Ball eröffnete«, flüsterte Brandt, bevor er Tinchen unter dem Beifall der übrigen Gäste wieder zum Tisch brachte. Dort lümmelte Florian einsam und verlassen auf seinem Stuhl. Mit scheelen Blicken begrüßte er seinen Nebenbuhler. »Der nächste Tanz gehört aber mir, Tine!«

Sie wollte empört ablehnen, besann sich dann aber doch eines Besseren. Ganz nüchtern war Florian bestimmt nicht mehr, und einen Korb würde er kaum widerspruchslos hinnehmen. Eine lautstarke Auseinandersetzung wollte sie aber nicht riskieren, deshalb stand sie gehorsam auf, als die Kapelle wieder spielte.

»Warum tanzt du nicht mit deinem Zirkuspferd?«

»Mit wem?« Florians Erstaunen war echt.

»Ich meine dieses rothaarige Tier mit seinen goldbeschlagenen Hufen!«

Vor lauter Überlegen kam er aus dem Takt und trat ihr auf die Füße.

»Autsch!«

»'tschuldigung, aber ich kann mich beim besten Willen an kein Pferd erinnern.«

»Vorhin an der Bierbar konntest du es noch ganz gut.«

Endlich hatte Florian begriffen. »Du meinst doch nicht etwa Frau Leibowitz? Die habe ich schon gekannt, als sie noch in meinem Alter war. Sie ist Moderedakteurin bei einer Illustrierten und hauptberuflich Gattin eines Badewannenfabrikanten. Zur Zeit macht sie Urlaub. Warum ausgerechnet hier, weiß ich nicht. Wahrscheinlich war Hawaii schon ausgebucht. Ich hab' sie ganz zufällig getroffen.«

Tinchen biß sich auf die Lippen. Nur nicht weich werden! Florian konnte ihr viel erzählen! Seine Fantasie schlug manchmal Purzelbäume. Das hatte schon Dr. Vogel festgestellt – damals, als Flox den detaillierten Bericht in die Setzerei gegeben hatte über einen Liederabend, der wegen Erkrankung des Künstlers kurzfristig abgesagt worden war. Erst am nächsten Tag war herausgekommen, daß Florian überhaupt nicht hingegangen war, sondern seinen Artikel aus Archivmaterial zusammengeschmiert hatte. Die Blamage hatte ihm der Sperling lange nicht verziehen.

»Wann soll die Schlacht eigentlich beginnen?« Ein Themawechsel schien Tinchen jetzt dringend angebracht.

»Soviel ich weiß, wird das Buffet um zehn Uhr freigegeben.«

»Kannst du nur ans Essen denken?«

»Wenn's nichts kostet, immer!«

Sie seufzte – weniger wegen Florians Vorliebe für Eiersalat, von dem er bereits am Nachmittag zwei Teller verdrückt hatte, sondern weil er schon wieder auf ihrem Fuß stand. »Du tanzt wie ein Nilpferd!«

»Ich weiß, aber Tango war noch nie meine Stärke.«

»Das ist ein Foxtrott!«

»Den kann ich auch nicht!«

Sie löste sich aus seinen Armen und ließ ihn einfach stehen. Es wurde sowieso höchste Zeit, die Anwesenden mit den Präliminarien zur Schönheitskonkurrenz bekannt zu machen. Die Kellnerbrigade, aufgefüllt durch mehrere Aushilfskräfte, die nach Schumanns Ansicht ihr Metier in einer Hafenkneipe gelernt hatten, verteilte die Stimmzettel, während Tinchen auf den verabredeten Tusch wartete, der größeren Ereignissen immer vorauszugehen pflegt, Brandt half ihr zuvorkommend aufs Podium, stellte das Mikrofon niedriger, vor dem ein ellenlanger Schmalztenor in allen Variationen sein ›Bella Italia‹ besungen hatte, drückte Tinchen beruhigend die Hand und überließ sie ihrem Schicksal.

»Sehr geehrte Damen und Herren, liebe Schmetterlinge«, begann sie und hätte sich am liebsten gleich auf die Zunge gebissen. So ähnlich hatte Lübke auch immer angefangen, wenn er in einem Negerkral die Stammesältesten begrüßen mußte. Sie fuhr fort: »In der ganzen zivilisierten Welt wird immer irgendwo irgend etwas gewählt: Das Europaparlament, der Sportler des Jahres, die deutsche Weinkönigin, der billigste Kleinwagen oder die erfolgreichste Fernsehsendung. Und dann gibt es noch die Schönheitsköniginnen, die von der Miß Airport bis zur Miß Strumpfhose so ungefähr alle Bereiche umfassen, die ein publikumswirksames Aushängeschild brauchen. Nur die Tierwelt ist bisher verschont geblieben. Dieses Versäumnis wollen wir heute nachholen. Wir werden eine Miß Schmetterling wählen, oder – um es auf gut deutsch zu sagen – eine Miß Butterfly.«

Bravorufe ertönten, es wurde Beifall geklatscht, und eine sonore Männerstimme rief: »Denn bleiben Se man jleich da oben stehn, Frollein! Eenen schön'ren Schmettaling wer'n wa wohl janich' finden!«

Sie überhörte das Kompliment und fuhr fort: »Da bekanntlich die Herren der Schöpfung seit Jahren um ihre Gleichberechtigung kämpfen, sollen sie heute das alleinige Stimmrecht bekommen. Die Mutigen unter Ihnen können sich bei mir eine Nummer abholen, die Sie dann bitte an die Dame weitergeben wollen, der Sie eine berechtigte Chance einräumen. Wenn das Defilee der Kandidatinnen vorüber ist, werden auch alle Ehemänner Gelegenheit haben, ihrer Favoritin zum Sieg zu verhelfen. Die Wahl ist selbstverständlich geheim und nur den Männern vorbehalten. Und jetzt darf ich um die Nominierung der Kandidatinnen bitten.«

Im Handumdrehen war Tinchen ihre Lippenstiftnummern los. Amüsiert verfolgte sie, wie sich die Männer an den Tischen vorbei zu ihren Auserwählten schlängelten und den zum Teil Zögernden die Nummernschilder in die Hand drückten. Besonderes Gedränge herrschte bei Lilo, die offenbar schon jetzt als heimliche Siegerin galt. Geschmeichelt überlegte sie, mit welcher der drei angebotenen Nummern sie in die Konkurrenz gehen sollte. Sie hatte sich gerade für die Sieben entschieden, als Florian dazwischenfuhr.

»Du bist wohl total plemplem, Mädchen! Als Angestellte dieses Vereins kannst du bei dem Zirkus doch nicht mitmachen! Ja, ich weiß, du würdest mit Längen gewinnen, aber was willst du mit einer Pappmachékrone, wenn dir dein Schuhsohlenfritze bald eine aus diesem grünen Stachelzeug aufs Haupt drückt. Oder heiratet man beim zweiten Mal nicht mehr in Weiß?«

Verärgert setzte sich Lilo wieder hin. So ungern sie Florian recht gab, mußte sie doch einsehen, daß sie wirklich nicht an der Wahl teilnehmen konnte.

»Gib mir mal so 'n Ding!« Er klemmte sich die Zwölf unter den Arm und verschwand im Gedränge.

Die ersten Kandidatinnen sammelten sich auf der Tanzfläche. Hellblauer Tüll mischte sich mit Großgeblümtem, hochhackige Sandaletten trippelten neben ausgetretenen Slippern Größe 42, toupiertes Blond musterte abschätzend dunklen Pagenkopf. Die jüngste Teilnehmerin mochte gerade sechzehn sein, die älteste bereits im Rentenalter – eine zierliche Dame mit schneeweißen Haaren und lustigen braunen Augen. Sie wurde von ihrem Enkel begleitet.

»Drei Stimmen kriegst du garantiert, Oma! Meine, die von Onkel Albrecht und die von dem Herrn am Nebentisch, der schon den ganzen Abend mit dir flirtet. Für mich bist du sowieso die Schönste!« Mit einem Kuß verabschiedete er sich.

Recht hat er, dachte Tinchen. Neben diesen ausdruckslosen Schaufensterpuppen wirkte die alte Dame mit dem faltigen Gesicht als einzige lebendig. Bewundernswert ihr Humor, der sie diesen Blödsinn hier mitmachen ließ.

Tinchen zählte die Damenriege durch. Neunzehn – also fehlte noch eine. »Wir vermissen unsere letzte Kandidatin!« tönte sie ins Mikro, und prompt klang es von ganz hinten: »Die kommt schon!«

Tinchen fielen fast die Augen aus dem Kopf. Auf der Tanzfläche erschien schwarzer Samt, darauf ein Brillantkollier – das Zirkuspferd! Nur Florian konnte diese Walküre in die Arena geschickt haben! Und dann behauptete der verlogene Kerl auch noch, er würde sie nur flüchtig kennen! Rein beruflich natürlich! Wer sich selbst zum Gespött der Leute macht und als Beinahe-Greisin mit gutgewachsenen jungen Mädchen in Konkurrenz tritt, der mußte entweder blind oder verliebt sein. Blind war sie bestimmt nicht, sonst hätte sie eine Sonnenbrille getragen statt der angeklebten Fliegenbeine. Mancher Mensch braucht eben eine ganze Menge Zubehör – um halbwegs menschlich auszusehen.

Zu den Klängen des River-Kwai-Marsches zogen die zwanzig Auserwählten unter den teils wohlwollenden, teils spöttischen Blicken der Zuschauer ihre Kreise. Fünfmal rechts herum, dann Kehrtwendung, und noch einmal das gleiche in entgegengesetzter Richtung. Man konnte ja nicht wissen, wer wo seine Schokoladenseite hatte, und schließlich sollte die Wahl einigermaßen gerecht ablaufen.

Die Kapelle verstummte, und Tinchen griff wieder zum Mikrofon. »Jetzt sind Sie dran, meine Herren! Notieren Sie bitte die Nummer Ihrer Favoritin, und falten Sie die Zettel zusammen. Die Kellner werden sie gleich einsammeln und genau darauf achten, daß nicht gemogelt wird. Jeder hat nur *eine* Stimme!«

Erleichtert kehrte Tinchen auf ihren Platz zurück. Das Schlimmste war überstanden.

»Haste ganz prima gemacht, Tine«, lobte Karsten, »besser hätte ich das auch nicht hingekriegt. Was glaubst du denn, wer Sieger wird?«

»Wenn es nach mir ginge, das Muttchen. Für wen hast du gestimmt?«

»Geht dich gar nichts an, die Wahl ist geheim!«

»Ich habe von meinem demokratischen Recht Gebrauch gemacht und mich der Stimme enthalten«, sagte Brandt. Leise fügte er hinzu: »Meine Königin siegt außer Konkurrenz.«

Gott, dachte Tinchen, ein bißchen viel Schmalz auf einmal, Warum rutschen die meisten Männer bloß immer ins Banale ab, sobald sie ein Kompliment machen wollen?

Die erste ›Wahlurne‹ wurde vor ihr abgeladen. Karsten kippte den Sektkühler um und machte sich ans Zählen.

»Wo ist Lilo?«

»Die hat sich verdrückt. Als Florian ihr verklickert hatte, daß sie bei dieser Fleischbeschau nicht mitmachen könnte, ist sie beleidigt abgezogen. Ihren Heini hat sie mitgenommen. Wahrscheinlich hatte sie Angst, der würde angesichts dieser geballten Masse Schönheit auf falsche Gedanken kommen. – Sagen Sie mal, Herr Brandt, haben Sie von Ihren Computern schon genug gelernt, um eine Hochrechnung aufstellen zu können? Nein? Dann bin ich Ihnen überlegen. Ich tippe auf die Nummer elf.«

Eine knappe halbe Stunde dauerte es, dann stand die Siegerin fest. Es war tatsächlich die Elf. »Weißt du noch, was sie anhat?«

»Irgendwas in Grün mit was Schwarzem am Hals«, lautete die präzise Auskunft, wobei man Karsten zugestehen mußte, daß er sich mehr für die Gesichter interessiert hatte als für die Garderobe und darüber hinaus eine ganz andere Aspirantin gewählt hatte, die weit abgeschlagen auf dem siebzehnten Platz gelandet war.

»Dann können wir die Schärpe ja doch benutzen!« Tinchen holte die Trauerschleife aus der Tüte, vergewisserte sich, daß die Blumensträuße ohne Marmeladeneimer griffbereit neben dem Schlagzeug lagen, und bestieg erneut das Podium. Sofort wurde es still im Saal.

»Darf ich die Nummern vier, sechs und elf herbitten?«

Hälse wurden gereckt, Stimmengemurmel setzte ein, und unter dem Beifall des Publikums bauten sich die drei Siegerinnen vor Tinchen auf, darunter die alte Dame mit dem weißen Haar. Vor Aufregung hatte sie richtige rote Bäckchen bekommen.

»Gewinnerin und damit Miß Butterfly wurde die Nummer elf!« verkündete Tinchen und drapierte dem Brigitte-Bardot-Verschnitt das Taftungetüm über die Schulter. Das Kleid entpuppte sich übrigens als türkisfarben und das Schwarze am Hals als gehäkelte Stola – eine etwas merkwürdige Kombination, die durch den schwarzen Brustwickel nun auch nicht eleganter wirkte. Mit einer artigen Verbeugung überreichte Schumann die Blumen, aber irgend etwas fehlte doch noch? Richtig, die Krone. Verflixt noch eins, wo war das Ding denn abgeblieben? Hilfesuchend sah Tinchen zu Karsten hinunter. WO IST DIE KRONE? artikulierte sie stumm.

»An der Rezeption!« brüllte der und entwetzte. An eine Fortsetzung der Inthronisation war im Augenblick nicht zu denken. Mit hochrotem Gesicht überreichte Tinchen den beiden Plazierten – Oma war Dritte geworden – Blumen nebst Angebinde, sicherte ihnen aus lauter Verlegenheit noch eine Freifahrt nach Nizza zu (Nummer vier hatte die Tour schon hinter sich und wollte lieber nach Portofino) und schickte sie mit ein paar Floskeln wieder auf ihre Plätze. Endlich kam Karsten angestürmt, reichte die Krone aufs Podium, wobei er ein gezischtes »Du kannst nachher noch was erleben!« kassierte, und nun konnte Tinchen die Zeremonie beenden. Lauter Beifall ertönte, als sie der strahlenden Miß Butterfly das glitzernde Diadem auf die blonden Dauerwellen drückte. Nachdem sie die Brosche überreicht hatte, sagte sie einladend: »Vielleicht möchten Sie ein paar Worte sagen?«

»O yes.« Fräulein Schmetterling trippelte zum Mikrofon und hauchte mit Piepsstimme: »I'm so very happy! Thanks to all!«

Ausgerechnet eine Janet Carter aus Birmingham war deutsche Schmetterlingskönigin geworden!

Tinchen stand neben Brandt an der Hotelbar und spielte mit dem Campariglas. Es war schon der dritte, trotzdem zeigte er überhaupt keine Wirkung. Dabei reichten normalerweise zwei, um sie in Hochstimmung zu versetzen. Diesmal trat das Gegenteil ein. Sie hatte einen Moralischen und fühlte sich zum Heulen.

Durch die geöffnete Tür beobachtete Brandt die Schlacht am kalten Buffet. »Leute, die vor einer Bevölkerungsexplosion warnen, meinen eine Welt mit zu vielen Menschen und zu wenig Nahrung – also genau das, was sich da drüben gerade abspielt.«

»Laß sie doch. Was heute nicht alle wird, kriegen die Angestellten sonst morgen als Personalessen.«

Aufmerksam sah er sie an. »Tina, was ist los mit dir? Du hast doch allen Grund, froh zu sein. Diese alberne Wahl hast du sehr souverän über die Bühne gebracht, die Party ist ein voller Erfolg, alle amüsieren sich, nur du läßt die Flügel hängen und machst auf Weltschmerz. Laß uns tanzen! Vielleicht kommst du dann auf andere Gedanken.«

Kam sie auch! Das erste, was sie sah, war der schwarze Brillantsamt und neben ihm ein schwafelnder Florian. Jetzt verhakten sie auch noch ihre Arme, führten die Sektgläser zum Mund und... Also für einen harmlosen Brüderschaftskuß dauerte der aber entschieden zu lange! Die ließ ihn ja gar nicht mehr los! Und dann diese unverhohlene Leidenschaft hier vor allen Leuten! Außer Tinchen kümmerte sich allerdings niemand um das vergnügte Paar, so daß sie ihre Empörung nicht einmal laut hinausschreien konnte.

»Wollen wir nicht einen kleinen Spaziergang machen?« schlug Brandt nach einer Weile vor. Er hatte Tango getanzt und Rumba, sogar Charleston, obwohl er dafür nun gar nichts übrig hatte, nur weil Tinchen plötzlich eingefallen war, daß die Tanzfläche jetzt nicht mehr so voll sei und man sich endlich richtig bewegen könne. Dabei hatte sie sich gar nicht bewegt. Sie war mehr oder weniger auf der Stelle getreten und hatte sich kaum einmal herumgedreht. Ständig hatte sie die Bierfässer im Auge behalten, obwohl die inzwischen geleert und schon deshalb völlig uninteressant waren.

»Kann ich nicht endlich mal ein paar Minuten mit dir allein sein?« bohrte Brandt von neuem, »ich möchte dich nämlich etwas fragen.«

»Was denn?«

»Etwas Wichtiges.«

Für Tinchen gab es im Augenblick nichts Wichtigeres als den

Tisch, an dem sich Florian mit dem Brillantsamt amüsierte. Seit der Miß-Wahl, die für seine Favoritin zu einem grandiosen Miß-Erfolg geworden war (auf den sechzehnten Platz war sie gekommen!), hatte er kein Wort mehr mit Tinchen gewechselt. Viel Spaß hatte er ihr nur gewünscht und dafür plädiert, daß man Gesellschaftstanz als Pflichtfach in allen Schulen einführen sollte, da es offenbar zur Allgemeinbildung gehöre und für manche Leute entscheidender sei als ein liebend Herz, das man trotz aller medizinischen Fortschritte noch immer nicht sichtbar vor sich hertragen könne. Im übrigen sei sie kalt wie eine Hundeschnauze, war blinder als ein Maulwurf und so feinfühlig wie ein Panzernashorn. Womit seine Kenntnisse der Mentalität einzelner Tierarten erschöpft seien, aber mehr Vergleiche brauche er sowieso nicht. Dann hatte er sie stehenlassen und den ganzen Abend nicht mehr angesehen.

»Willst du nicht wenigstens eine Kleinigkeit essen?« Manchen Menschen schlägt ein leerer Magen aufs Gemüt, und nach Brandts Ansicht mußte Tina auch dazu gehören. Wenn sie ihm bloß nicht wieder aus den Pantinen kippte!

»Ich hab' keinen Hunger.«

»Der Appetit kommt beim Essen!« dozierte er Großmütterweisheit, ohne zu ahnen, daß Antonie Pabst mit diesem Spruch ihre kalorienarmen Mahlzeiten anzupreisen pflegte und fast immer das Gegenteil erlebte.

Wie zum Beweis für Brandts Theorie erschien ein vergnügter Karsten am Tisch. In der linken Hand balancierte er einen vollgehäuften Teller, mit der anderen schaufelte er Muschelsalat in sich hinein. »Schmeckt prima, Tine, willste mal probieren?«

»Nein danke, du frißt ohnehin für zwei! Das ist doch mindestens der vierte Teller, den du jetzt verdrückst! Schämst du dich eigentlich nicht?«

»Nö, warum denn?« fragte er kauend, »die letzten drei Mal habe ich Schumann gesagt, es sei für dich. Spendierst du mir noch 'n Gin-Fizz? Dann rutscht es besser.«

An der Bar hockten Lilo und ihr Dottore, erstere ein bißchen pikiert, weil sich noch immer keine Gelegenheit ergeben hatte, die Verlobung offiziell zu verkünden. Enrico unterhielt sich sehr angeregt mit dem Stadtpfarrer, einem noch sehr jugendlichen Herrn, von dem behauptet wurde, er habe seiner inoffiziellen Freundin einen Parfümeriesalon eingerichtet. Das Gerücht hielt sich hartnäkkig, obwohl Don Emilio in dem eleganten Geschäft nicht häufiger gesichtet wurde als in der Splendid-Bar und im Waisenhaus. Oder ebenso selten – je nachdem, wie herum man die Sache sehen wollte.

Wie fast überall in Italien tolerierte man das Privatleben des parrocco und erwartete als Gegenleistung, daß er von der Kanzel nicht ewige Verdammnis predigte, sondern ein Hintertürchen offenließ, und mit den Sündern im Beichtstuhl gnädig umging. Zehn Ave Maria nebst einem Scherflein für den Opferstock erschienen selbst dem ärgsten Geizkragen nicht zu viel. Man würde ja auch dafür Sorge tragen, daß sich jener peinliche Vorfall nicht wiederholte, als ein paar Halbwüchsige ihrem Seelenhirten zu nächtlicher Stunde aufgelauert und ihn in die Gartenlaube seiner – nun ja, mütterlichen Freundin gesperrt hatten. Erst am Morgen hatte man die Tür entriegelt, und es hatte wohl vieler weiser Worte bedurft, um später dem Bischof dieses für einen geistlichen Herrn doch etwas unübliche Nachtquartier zu erklären.

Tinchen langweilte sich. Außerdem begannen die vielen Camparis zu wirken und machten sie müde. Eigentlich könnte sie jetzt ruhig schlafen gehen. Niemandem würde auffallen, wenn sie jetzt verschwände, nicht einmal Klaus, der offenbar vergessen hatte, was er ihr Wichtiges sagen wollte. Er stand neben Schumann und sah ungläubig auf das Dekolleté der schwarzhaarigen Frau, die gerade mühsam einen Hocker erkletterte.

»Unfaßbar!« murmelte er.

Schumann nickte zustimmend »Leider!«

Die Dame war nicht allein. In ihrem Kielwasser schwamm ein angeheiterter Florian, der zuerst stutzte, als er Tinchen sah, dann schnurstracks auf die Theke zusteuerte und Whisky bestellte. In einem Zug kippte er ihn hinunter und orderte sofort den nächsten. »Bei deinen Preisen, Fritz, kann man sich erst dann zu dem zweiten entschließen, wenn man den ersten intus hat.« Versonnen stierte er ins Glas. »Den ganzen Abend schon will ich meine Sorgen ertränken, aber die können alle so prima schwimmen.«

»Was haste denn für Sorgen?« Mitfühlend legte Karsten seinen Arm um Florians Schultern, »Du kannst doch Schumann ruhig anpumpen, er hat es dir ja angeboten.«

»Quatsch! Notfalls kann ich noch meine Benzingutscheine verscherbeln. Aber dieser gelackte Affe da drüben« – ein finsterer Blick streifte Brandt – »macht mir deine Schwester abspenstig. Kannst du mir vielleicht mal verraten, was der hat und ich nicht habe?«

»'ne weiße Jacke!«

»Habe ich auch!« Florian strich über sein Revers und korrigierte sich: »Jedenfalls war sie weiß, bis mir jemand Pfefferminzlikör drübergekippt hat. Außerdem ist das nur äußerlich. Arroganz ist aber angeboren. Und dieser Knilch da ist widerwärtig arrogant!«

Der so Beschuldigte nahm die Anklage mit hochgezogenen Augenbrauen entgegen, sagte aber nichts.

»Er hält mich ja nicht mal einer Antwort für würdig!« Es war offensichtlich, daß Florian Streit suchte.

»Läßt du dir das gefallen?« stichelte Tinchen. Sie hatte ihren Kopf demonstrativ an Brandts Schulter gelegt und mimte junges Glück.

»Nein!« sagte Brandt entschieden und baute sich vor Florian auf.

»Darf ich Ihnen jetzt mal in aller Freundschaft meine Meinung sagen?«

»Nur zu!« ermunterte ihn Florian, während er nun seinerseits aufstand. »Das ist die zivilisierte Form, Beleidigungen anzubringen!« Er kochte vor Wut und Eifersucht, sah aber ein, daß er jetzt und hier auf jeden Fall den kürzeren ziehen würde. Dieser Brandt schien stocknüchtern zu ein, während er, Florian, entschieden zuviel getrunken hatte. Seit jenem Abend in der Disco, wo er so intensiv mit Lilo geflirtet und sich Tinchens Zorn eingehandelt hatte, war ihm das nicht mehr passiert. Aber heute hatte er einfach nicht anders gekonnt. Stundenlang zusehen zu müssen, wie sein Tinchen in den Armen dieses Schnösels lag, war einfach mehr gewesen, als er in nüchternem Zustand ertragen konnte. Man muß ja nicht unbedingt Wange an Wange tanzen, wenn man nicht will! Aber Tinchen hatte ja gewollt, das hatte er ganz deutlich gesehen. Daraufhin hatte ihn der Hafer gestochen, und er hatte angefangen, mit dieser verblühten Schönheit aus Neuss herumzualbern. Eine ganze Flasche Asti spumante hatte es ihn gekostet, bis sie endlich bereit gewesen war, an dieser Schönheitskonkurrenz teilzunehmen. Aber der Einsatz hatte sich wenigstens gelohnt! Für Tinchen war es ein Schock gewesen, als Inge Leibowitz plötzlich mit der Nummer in der Hand auftauchte. Und später, als Tinchen mit diesem personifizierten Kleiderständer so hingebungsvoll getanzt hatte und gar nicht mehr aufhören wollte, da hatte er sich sogar überwunden und mit der Badewannentante Brüderschaft getrunken. Jetzt bereute er diesen Einfall bitter. Vielleicht war er doch zu weit gegangen. Der eisige Blick, den Tinchen ihm zugeworfen hatte, hätte sogar die Sahara in eine Kältesteppe verwandelt! Seitdem hatte sie durch ihn hindurchgesehen, als ob er Luft wäre. Warum war er nicht ganz einfach hingegangen und hatte diesem Klaus Brandt eine heruntergehauen? Das ist zwar nicht die feine englische Art, manchmal aber sehr wirkungsvoll, und das Überraschungsmoment wäre auch auf seiner Seite gewesen. Jetzt war es zu spät. Brandt stand vor ihm, lächelte spöttisch und – wartete.

Florian zog die Konsequenzen. Er stellte das leere Glas auf die Theke, und mit einem verachtungsvollen Blick auf seinen Widersacher wandte er sich zum Ausgang. »Ich überlasse Ihnen kampflos das Feld! Mich sehen Sie hier nicht wieder!« Sprach's und wankte hinaus.

Tinchen erinnerte sich, etwas ähnlich Monumentales bei Schiller gelesen zu haben, aber es war doch wohl kaum anzunehmen, daß er die Absicht hatte, als Räuber in die böhmischen Wälder zu gehen.

»Das war 'n Abgang!« sagte Karsten ehrfurchtsvoll.

»Das war kindisch!« sagte Tinchen.

»Das war gemein!« sagte die Schwarzhaarige auf dem Barhocker. »Er hatte doch versprochen, heute nacht noch mit mir Boot zu fahren.«

In jeder Lage hilft Salzwasser – Schweiß, Tränen oder das Meer. Nachdem Tinchen die erste und die letzte Möglichkeit verworfen hatte, entschied sie sich für die Alternative. Sie heulte.

Nur mit Mühe hatte sie in leidlich gefaßter Haltung die Bar verlassen und in ihr Zimmer laufen können, aber dann hatte es einen wahren Sturzbach gegeben. Der ganze Ärger und vor allem die Enttäuschung über diesen verpatzten Abend hatten sich in einem minutenlangen Schluchzen Luft gemacht, aber erleichtert hatte es sie nicht. Sie trat ans Fenster und schob die Vorhänge zur Seite. Das Meer glitzerte, wie es eben bei Mondschein zu glitzern hat, Gelächter war zu hören und ein Plattenspieler, der jaulend einem verlorengegangenen Motorrad nachtrauerte. In der Ferne flackerte ein Feuer. Strandparty.

So jung müßte man noch einmal sein, dachte sie sehnsüchtig, jung und unbeschwert, nicht von Enttäuschungen verbittert und von Erfahrungen gereift!

Das Kapitel Florian war jedenfalls abgeschlossen! Gleich morgen früh würde sie mit ›sole mio‹ wegfahren, in die Berge oder nach Mailand, endlich mal den Dom und die Scala wenigstens von außen angucken, und erst spät abends würde sie zurückkommen, wenn Florian auf seinem Zimmer Koffer packte. Sie wollte ihn vor der Abreise nicht mehr sehen. Überhaupt nie mehr! Statt dessen würde sie sich bei Klaus entschuldigen, weil sie vorhin ganz einfach weggelaufen war. Er würde das schon verstehen. Auch ohne viel Worte. Hatte er nicht vorhin erst gesagt, daß man die gar nicht brauche? Ein Händedruck genüge schon oder eine Blume, zum Beispiel eine violette Orchidee. Nein, mit ihrem Alter habe die Farbe gar nichts zu tun, vielmehr habe er einen letzten Versuch machen wollen, mit Tinchen ins reine zu kommen, aber dazu sei dieser Abend wohl doch nicht geeignet. Zu viele Menschen und nicht immer die angenehmsten!

Sie schloß die Vorhänge und zog sich aus. Schon im Halbschlaf überlegte sie, ob Lilo nun doch noch ihre Verlobung hatte bekanntgeben können. Dieser Enrico war eigentlich ein Trottel! Wer zum zweitenmal heiraten will, hat es wirklich nicht verdient, daß ihm die erste Frau weggelaufen ist.

17

AUS TINCHENS TAGEBUCH

3. August

Bommel fehlt mir. Wenn ich in mieser Stimmung war, hat er wenigstens nicht dauernd wissen wollen, was ich habe.

Karsten hat ihn mitgenommen. Behauptete, ich hätte weder Zeit noch Verständnis für Lebewesen, Touristen ausgenommen. Hat sich mit Florian solidarisiert und nicht mal auf Wiedersehen gesagt. Meinte, es sei ganz allein meine Schuld, wenn Florian nichts mehr von mir wissen will. Dabei wird erst umgekehrt ein Schuh daraus! Man muß die Tatsachen schon sehr genau kennen, bevor man sie verdrehen will!

6. August

Schumann behandelt mich wie ein krankes Kind. Ich bin nicht krank, ich bin auch nicht unglücklich, und heiraten will ich schon gar nicht! Die Ehe ist vielleicht gut für Männer, als Frau bleibt man besser ledig!

11. August

Klaus ist rührend. Jeden Abend holt er mich ab und schleppt mich in irgendwelche Feinschmeckerlokale. Ich habe schon drei Pfund zugenommen. Schumann sagt, das sei Kummerspeck, und ich solle endlich mal an was anderes denken. Blöder Hund! Gute Ratschläge sollte man weitergeben. Einem selbst nützen sie ja doch nichts.

19. August

Heute früh große Aufregung. Kurz nach sechs scheuchte mich Franca aus dem Bett. Einem Gast sei offenbar schlecht geworden, entsetzliches Stöhnen käme aus seinem Zimmer, und was sie tun solle. Die Tür könne sie nicht öffnen, weil innen der Schlüssel stecke. Auf Klopfen käme keine Antwort. Ob sie einen Arzt holen müsse? Schickte sie zu Schumann. Der diagnostizierte durch geschlossene Tür Herzinfarkt und telefonierte nach Dottore Marineo. Stöhnen ging in Erstickungsanfälle über. Schumann ließ Tür aufbrechen.

Todkranker saß äußerst lebendig auf Toilettenbrille. Hielt Opernpartitur in der Hand und sah reichlich verdattert aus. Glaubte an Raubüberfall oder Terroristen.

Des Rätsels Lösung: Gast ist Opernsänger und probte für seine neue Rolle. Soll in ›Lulu‹ den Schigolch spielen, einen asthmatischen Greis, der trotzdem singt. Behauptete, die überzeugende Darstellung solch eines medizinischen Phänomens erfordere wochenlanges Probieren. Sehr zerknirscht, weil er unwissentlich Ursache dieses Volksauftriebs gewesen. Versprach Dottore Marineo Freikarten.

22. August

Nun ist es amtlich! Am Samstag Lilos Verlobungsanzeige in der Zeitung entdeckt. Hochzeit soll im November sein. Meinen Segen hat sie, legt aber wohl keinen Wert darauf. Wurde richtig giftig, als ich ihr sagte, daß Verlobungszeit wie ein süßer Traum sei und die Hochzeit der Wecker. Fragte mich, wie ich zu dieser Weisheit käme, dabei müßte sie das doch selbst am besten wissen. Anscheinend gehört sie aber zu jenen ausgeglichenen Menschen, die denselben Fehler zweimal machen können, ohne dabei nervös zu werden.

27. August

Sergio hat heute den Dienst quittiert. Behauptet, er müsse mal wieder an ernsthafte Arbeit denken. Weiß aber noch nicht, ob er weiter Germanistik oder nicht doch besser asiatische Religionswissenschaft studieren soll. Letzteres reize ihn wegen der damit verbundenen Meditationsübungen, denn sie machten das Nichtstun endlich gesellschaftsfähig.

Großer Bahnhof am Bahnhof. Blondinen wie die Orgelpfeifen, dazwischen zwei einheimische Gewächse (vermutlich stille Reserve), sogar Ercole war aus seiner Einöde gekommen. Ohne Esel. Die werden sich auch wundern. Nicht ohne Grund hat Sergio in jedem Hotel immer die Zuckertütchen geklaut.

Seine ewig gute Laune und sein loses Mundwerk werden mir fehlen.

31. August

Die Reisewelle ebbt langsam ab. Heute 84 Gäste abgereist und nur 30 angekommen. Alles ältere Ehepaare ohne Anhang. Die Ferien gehen zu Ende. Schumann deshalb ganz froh. Stellte fest, daß Kinder tatsächlich jedes Haus erhellen – sie lassen überall das Licht brennen.

Als Tinchen mittags vom Büro kam, lief ihr Franca über den Weg. Sie schluchzte zum Steinerweichen, schimpfte zwischendurch in allen ihr geläufigen Sprachen, darunter auch in Englisch, und Tinchen entnahm ihrem wütenden »Go to hell, you stupid silly woman!«, daß es mal wieder Ärger mit einem weiblichen Gast gegeben hatte.

»Was ist denn los, Franca? Sie sollten doch inzwischen wissen, daß die Engländer noch mehr Marotten haben als andere Touristen. Weshalb regen Sie sich also auf?«

»Ist nicht englisch Frau, ist Deutsche. Sagt, ich nicht bin sauber genug und will alles machen selber. Putzt Boden und macht Bett.«

»Dann lassen Sie sie doch! Um so weniger Arbeit haben Sie.«

»Aber wenn Chef erfährt, er ist böse.«

»Unsinn! Herr Schumann weiß ganz genau, daß Sie sein bestes Pferd im Stall sind. Ich werde mir diesen Putzteufel mal vorknöpfen. In welchem Zimmer wohnt die Dame?«

»Nummer siebenunddreißig in dritten Stock.«

»Wissen Sie, ob sie jetzt da ist?«

Franca nickte heftig. »Ist da. Macht gerade Bett mit eigene Wäsche.«

Tinchen wurde neugierig. Es war tatsächlich schon vorgekommen, daß ein Gast gelegentlich Scheuerpulver gekauft und sein Waschbecken selbst geschrubbt hatte, Aber hauptsächlich dann, wenn er dort Seesterne eingeweicht oder seine Haare gefärbt hatte. Ein Tourist, der mit eigener Bettwäsche anreiste, war allerdings neu. Tinchen klopfte an die Tür.

»Komme Se nur roi, dann kenne Se glei d'Wäsch uffräume!«

Vor Tinchen stand eine Frau von etwa fünfzig Jahren, eingewikkelt in Kittelschürze nebst Kopftuch, die mit einem Lederlappen das Fenster bearbeitete. »De isch au schon seit mindeschdens fäzeh Tag nimmi geputzt worre!«

»Das könnte stimmen«, sagte Tinchen belustigt, »soviel ich weiß, werden hier alle drei Wochen die Fenster geputzt.«

»Awa net bei mir! De g'hört jede Woch g'macht!«

Auch ohne den unverkennbaren Dialekt hätte Tinchen sofort gewußt, daß sie es mit einem typischen Exemplar der Gattung ›Schwäbische Hausfrau‹ zu tun hatte; bekanntlich ist ja die Elite dieses Berufszweiges in dem süddeutschen Musterländle beheimatet. Das Zimmer war makellos aufgeräumt, zwei Koffer lagen – rechtwinklig ausgerichtet – auf dem Schrank, ein dritter stand geöffnet auf dem Boden. Neben einem Sortiment von Handtüchern enthielt er auch mehrere Staublappen, Scheuertücher, zwei oder drei Schürzen, eine Hohlsaumdecke (die zweite, röschenbestickt, zierte bereits den runden Tisch), eine Wurzelbürste sowie eine respektable Auswahl an Putzmitteln. Neben dem Doppelbett lag ein säuberlich zusammengefalteter Stapel Hotelwäsche. Die Schlafdecken steckten in himmelblauem Damast, die für hiesige Verhältnisse ungewöhnlich großen Kopfkissen in ebensolchen Bezügen mit Spitzenumrandung. Die Laken waren eine Schattierung dunkler und faltenfrei glattgezogen.

»Do gucke Se, Freilein, gelle? I nemm immä mei eigene Wäsch mit, wenn i fortgeh. Weiß ma denn, wer in denne annere Sach scho alles gschlofe hat? Un so richtich gründlich mit Vorwäsch un Stärke hinnerhä wird do b'schimmt net g'wäsche. Mei Kisse bring i au immä mit, die do sin mir zu kloi un zu hart. Bloß mit de Teppich isch es ä bissel umschtändlich. Die Größ paßt net in mei Üwwerzüg. Wie wir vorigs Johr in Mallorca ware, hewwe sich die Teppich immä zusammengerollt. Diesmol hab' i Sicherheitsnadle mitg'nomme.«

»Welche Teppiche?« Nach Tinchens Ansicht gehörte ein Teppich auf den Boden und nicht ins Bett.

»Sie sage jo Decke da dazu, bei uns im Schwäbische heißt des Debbich. Daheim hewwe mir nur Daune, awa die kennt ma ja do net. Die wäre au ä bissel zu warm. Ha, und daß i mei Zimmer selwa putz, isch au klar, des mecht mir nämlich koiner sauber g'nug. I bring mir au immä mei eigens Zeug mit, do bin i dran g'wöhnt, un do weiß i, was i hab. Bloß die Bürscht für d'Heizung hab i diesmol dahoam g'lasse. In Mallorca hab i sie nämlich net brauche könne, weil die do gar koi Heizung hewwe.«

»Weshalb verreisen Sie überhaupt?« fragte Tinchen verwundert.

»Ha, man will doch au mol was anneres sehe!«

Italienische Spinnweben und spanische Staubflocken, dachte Tinchen, für mehr interessierst du dich ja doch nicht! Trotzdem fragte sie höflich: »Gefällt es Ihnen denn hier?«

»Des kann i noch net sage. Mir sinn erscht geschtern okumme, un do hab' i glei auspackt un als allererschtes des Bad putzt. Nachher, wenn's Zimmer fertich isch, geh' i eikaufe. En anschtändig's G'sells zum Frühstock un frische Eier, wo mir uns dann koche losse, und für mei Mann ebbes Richtig's zum Veschpern. Wisse Se, wo do da de beschte Metzger wohnt?«

Was auch immer das geheimnisvolle ›G'sells‹ sein mochte, Tinchen war davon überzeugt, daß Frau Wölfle es nirgends bekommen würde. Vermutlich handelte es sich um eine Spezialität aus Epfenbach, jenem Ort, in dem die Familie Wölfle beheimatet war, und der dicht bei Waibstadt liegen sollte. Tinchen hatte noch nie etwas von Waibstadt oder Epfenbach gehört, hütete sich aber, diese offensichtliche Bildungslücke zuzugeben. So ließ sie sich geduldig die geographischen Vorzüge von Epfenbach schildern, die wohl im wesentlichen darin bestehen, daß es irgendwo im Schwäbischen liegt, und beneidete Herrn Wölfle, der vor dem Reinlichkeitsdrang seiner Gattin geflohen und höchstwahrscheinlich in einer Kneipe gelandet war.

Endlich konnte sich auch Tinchen verdrücken. Unter dem Vorwand, wieder ins Büro zu müssen, hatte sie den Redefluß der mitteilungsbedürftigen Dame stoppen können. Zustimmend nickte die. »Ganget Se nur, wenn d'Pflicht ruft, Freilein. I kenn' des, mei Mann isch au Beamter.«

Das sind bestimmt die besten Ehemänner, sinnierte Tinchen, während sie den langen Flur entlangstapfte, abends sind sie niemals müde, und die Zeitung haben sie auch schon gelesen. Ob Herr Wölfle wohl statt dessen Geschirr spülte?

Während der nächsten Tage intensivierte sich der Kontakt zwischen Tinchen und Frau Wölfle – hauptsächlich deshalb, weil Tinchen jedesmal als Dolmetscher bemüht wurde, sobald es Schwierigkeiten gab. Und die gab es häufig.

»Sage Se mol dem Mädle, daß es net immä de Nachthemde wegräume soll. Die g'höre bis middags an d'frisch Luft!«

Fortan baumelten die röschenverzierten Barchenthemden am Fensterkreuz.

»Der Kellner soll uns e Holzbredd bringe. Die Zwiebele für de Salat müsse kloig'schnitte sei und net in so große Ring. Awa des mach i scho selwer.«

Amadeo schleppte grinsend ein Brett von Toilettendeckelgröße an.

»Was soll'n des sei? Schpinat? Bin i denn e Kuh, wo ganze Blätter frißt? Schpinat g'hört g'hackt, des hab' i schon als Kind g'lernt.«

Herrn Wölfle waren die diktatorischen Äußerungen seiner Frau sichtbar unangenehm. Ihm schmeckte die italienische Küche, aber als er sich einmal lobend über die verschiedenen Nudelvariationen ausließ, funkte seine Frau dazwischen: »Mir sind mei handgschabte Schpätzle lieber. Oder die g'schmälzte Maultasche. Für die ellelonge Schpaghetti zum Esse hab' i net g'nug Händ.« Worauf sie dem italienischen Nationalgericht mit Messer und Gabel zu Leibe rückte.

Das Personal ertrug Frau Wölfle mit dem gleichen Fatalismus, mit dem es auch gelegentlichen Stromausfall oder den Streik der Bäckerinnung hinnahm: Unangenehm, aber nicht zu ändern! Außerdem pflegte Herr Wölfle etwaige Anzeichen einer Rebellion im Keim zu ersticken. Nach dem Gießkannenprinzip verteilte er Trinkgelder, von denen seine Frau nichts wissen durfte, denn die Höhe entsprach sogar nicht der schwäbischen Sparsamkeit. Als plötzlich das Wetter umschlug und von einem Tag zum anderen ein Kälteeinbruch kam, befahl Frau Wölfle ihrem fröstelnden Ehemann: »Denk an die Nachsaisonpreis, Häbbel, dann frierscht au nimmer!«

Herbert fror weiter, holte sich eine Erkältung, fuhr trotzdem mit nach Nizza, wo es auch nicht viel wärmer war, bekam eine Angina und verbrachte den Rest seines Urlaubs im Bett. Darauf verkündete seine Frau, daß man im nächsten Jahr ganz bestimmt nicht verreisen werde. »Was hot er jetzt von seine fünfäfuchzich Mark pro Tach inklusiv Vollpangsion? Tee un Penicillin! Des kann er dahoim billicher hawe!«

Als das Ehepaar Wölfle nach drei Wochen ins heimische Epfenbach zurückfuhr, hatte Tinchen noch immer nicht herausgebracht, was ein nördlich der Mainlinie geborener Deutscher unter ›G'sells‹ zu verstehen hatte. Erst aus dem geöffneten Abteilfenster kam die Aufklärung: »Ha no, des isch Mus. Mar-me-la-de! Selbscht eikocht isch se am beschte. I nemm immä Obscht aus'm eigene Garte. Johonnisbäre und Kirsche und vor allem Breschtling. Do brauch man net so viel...«

Das Wort ›Zucker‹ verstand Tinchen nicht mehr, doch das interessierte sie auch nicht, denn was, um alles in der Welt, waren Breschtling?

Portofino blinzelte ins Sonnenlicht. Träge lag es in der Mittagshitze und schien nahezu ausgestorben. Am Randstein der Uferpromenade dösten zwei Taxis vor sich hin. Neben seinem Wagen hielt der Eisverkäufer Siesta. Sogar die Musikbox gab nur halblaute Töne von sich.

Tinchen löffelte ihre Cassata. Brandt trank Mineralwasser. Beide schwiegen. Sie waren die einzigen Gäste in der kleinen Bar und darüber hinaus, wie es Tinchen schien, auch unerwünschte, denn der Kellner polierte nun schon zum drittenmal die Espressomaschine und gab damit deutlich zu verstehen, daß er sich in seinem Dolce far niente gestört fühlte, das jedem standesbewußten Italiener zwischen dreizehn und sechzehn Uhr zusteht.

Der Ausflug war überraschend gekommen. Brandt hatte ganz einfach vor dem Hotel gestanden und erklärt, der heutige Sonntag sei ja wohl die letzte Gelegenheit für Tinchen, Portofino kennenzulernen, es gehe doch nicht an, daß sie die Perle der italienischen Riviera nicht gesehen habe, und überhaupt müsse er mal ein paar ernste Worte mit ihr reden. So eine Spritztour sei gerade die richtige Gelegenheit dafür.

Bevor sie protestieren konnte, hatte sich Tinchen im Lancia wiedergefunden – diesmal auf der rechten Seite –, und neben ihr hatte ein schweigender Brandt gesessen. Bis Rapallo hatte er belangloses

Zeug geredet, aber dann war er plötzlich zur Sache gekommen. Er hatte den Wagen wieder auf der großen Piazza geparkt und war mit ihr genau denselben Weg entlanggebummelt, den sie damals auf der Suche nach einer Boutique genommen hatten. Sogar das kleine Café hatte er nicht ausgespart, sondern bei demselben fußkranken Kellner den gleichen miesen Kaffee bestellt.

Tinchen hatte sich über diesen nostalgischen Spaziergang gewundert. So etwas taten doch sonst nur alte Leute, wenn sie nach Jahrzehnten mal wieder in ihren Geburtsort zurückkehrten oder an die Stätte ihrer ersten Liebe, und in der Vergangenheit das suchten, was ihnen die Gegenwart vorenthielt. Plötzlich hatte sie lauthals lachen müssen und sich ausgemalt, wie sie als würdige Greisin in das Brombeergestrüpp kriechen würde, hinter dem sie damals ihren ersten Kuß bekommen hatte. Vierzehn war sie gewesen und Peter fünfzehn, ein Junge aus der Nachbarschaft, dessen Vater zwei Bäkkerläden besaß und von Antonie Pabst schon aus diesem Grund wohlwollend betrachtet worden war. Sogar zu Tinchens fünfzehntem Geburtstag hatte sie ihn eingeladen, wo er sich zwischen den ganzen Mädchen etwas unbehaglich gefühlt hatte. Heute war er Tanzlehrer und absolut keine gute Partie, obwohl Frau Antonie noch eine Zeitlang darauf hingewiesen hatte, daß ihm dermaleinst ein respektables Erbe zufallen würde. Schließlich sei nicht jeder zum Bäcker geboren, schon allein das frühe Aufstehen sei äußerst lästig, und gut eingeführte Geschäfte könne man ja auch gewinnbringend verpachten. Tinchen hätten allenfalls die Torten interessiert, nicht aber der potentielle Erbe.

»Hast du etwas Bestimmtes vor, oder weshalb sonst schleppst du mich ausgerechnet durch die Straßen, die ich schon alle kenne?« hatte sie gefragt, und Brandt hatte erwidert, daß es ihn erstaune, wenn sie nicht ähnliche Gedanken habe wie er. »Hier haben wir uns näher kennengelernt, und schon hier habe ich gemerkt, daß du ein liebenswerter, entzückender Kerl bist, den man nicht mehr von seiner Seite lassen sollte.«

Der entzückende Kerl war feuerrot geworden. »Aber warum hast du dann damals den ganzen Tag so unverschämt mit Lilo geflirtet?«

»Weil ich wissen wollte, ob du eifersüchtig wirst«, hatte er lächelnd geantwortet. »Das bist du ja auch prompt geworden.«

Lauthals hatte sie protestiert: »Blödsinn! Ich war überhaupt nicht eifersüchtig. Ich fand es bloß unfair, daß du mit zwei Frauen herumziehst und dich nur um eine kümmerst.«

»Also doch eifersüchtig?«

»Nicht im geringsten! Damals habe ich dich für einen eingebildeten Affen gehalten und für einen Gigolo.«

»Und heute?«

»Nehme ich den Gigolo zurück!« hatte sie lachend gesagt.

Der nostalgische Trip war weitergegangen. Kurz vor Portofino hatte Brandt wieder an derselben Stelle angehalten, von der aus sie an jenem Tag auf den Ort geblickt und sich vorgenommen hatten, irgendwann einmal wiederzukommen. Nur war es diesmal gar nicht romantisch gewesen. Der kleine Parkplatz war fast aus den Nähten geplatzt, hupende Autos hatten sich gegenseitig den Weg versperrt, und Tinchen hatte belustigt festgestellt: »Jeder will zurück zur Natur, aber keiner zu Fuß.«

Nun hockten sie hier in diesem trübseligen kleinen Café und wußten nicht, was sie sagen sollten. Tinchen litt schon ein bißchen unter Abschiedsschmerz, und Brandt sah auch nicht gerade aus, als ob er sonderlich glücklich sei. Dabei hatte er sich fest vorgenommen, heute endlich die Entscheidung herbeizuführen. Nur – wie sollte er am besten anfangen?

»Weißt du schon, was du in Zukunft machen wirst, Tina?«

Das hatte sie sich auch schon überlegt. »Keine Ahnung. Zunächst mal ein bißchen ausspannen. Ich muß mich ja erst wieder akklimatisieren. Meine Mutter hat geschrieben, daß beim letzten Herbststurm die halbe Regenrinne heruntergekommen ist. In Düsseldorf heizen sie schon fleißig, und ich renne hier im Sommerfähnchen herum.« Sie schmunzelte. »Kein Wunder, daß am Mittwoch noch einmal ein beachtlicher Schwung Gäste eingetrudelt ist. Die glauben sicher, daß sich Herbstlaub bei dreiundzwanzig Grad im Schatten hübscher verfärbt als zu Hause im Garten.«

»Willst du wieder in deine Zeitungsredaktion zurückgehen?«

»Ich glaube kaum, daß die dort auf mich warten. Irgendwie habe ich auch keine rechte Lust mehr. Acht Stunden täglich eingesperrt zu sein, stumpfsinnige Briefe zu schreiben und literweise Kaffee zu kochen... das kann ich mir einfach nicht mehr vorstellen. Vielleicht komme ich doch auf Dennhardts Angebot zurück und lasse mich für die kommende Saison anheuern. Die dauert nur vier Monate, und im Winter bin ich sowieso noch nie verreist.«

Brandt richtete sich auf. Mit einem beinahe hypnotischen Blick, der Tinchen ein bißchen an die Kuhaugen von Rumpelstilz erinnerte, zwang er sie, ihn anzusehen. »Tina, willst du mich heiraten?«

»Warum denn?« fragte sie automatisch, denn in ihrem zugegebenermaßen nicht sehr großen Bekanntenkreis wurde immer erst dann geheiratet, wenn ein Kind unterwegs war. Lilo mal ausgenommen, aber hier in Italien legte man eben noch Wert auf korrekte Formen.

Ein einfaches Nein hätte Brandt akzeptiert, obwohl er ein verschämtes Ja lieber gehört hätte, aber auf dieses unerwartete Warum war er nicht vorbereitet.

»Weil... weil du mir gefällst, weil ich gern mit dir zusammen bin, weil du Humor hast, weil... weil ich dich liebe!« Das war ja wohl der Hauptgrund und bei Frauen ohnehin der entscheidende! Seine persönlichen Verhältnisse kannte Tinchen sowieso, die waren gesichert und karriereverdächtig. Er würde jetzt sogar daran denken können, ein eigenes Haus zu bauen.

»Du sagst ja gar nichts?«

»Ich bin viel zu überrascht«, murmelte Tinchen. Natürlich hatte sie damit gerechnet, daß er ihr einen Antrag machen würde, allerdings nicht einen so seriösen. Weshalb sonst hätte sie wohl Schumann darauf vorbereitet, daß sie heute nacht wahrscheinlich nicht nach Hause kommen, sondern irgendwo außerhalb übernachten würde? Vielleicht sogar hier in Portofino. Abendessen bei Kerzenlicht, ein Spaziergang unter Sternen, von irgendwoher Mandolinenklänge – einfach bloß Gitarre wäre zu profan –, unter dem schützenden Dach einer Palme ein zärtlicher Kuß, Mondschein, betäubender Duft von exotischen Blumen (die wuchsen hier gar nicht, aber das war ja auch egal), Glühwürmchen... kurzum, die ganze Romantik einer südlichen Nacht, wie Tinchen sie aus Büchern kannte und selbst noch nie erlebt hatte. Und was kam stattdessen? Ein Heiratsantrag! Bei Eis und aqua minerale. Keine Rosen und kein »Ich kann ohne dich nicht mehr leben!«, einfach bloß »Willst du mich heiraten?«

»Nein!« sagte sie laut. »Ich heirate nicht! Weder dich noch einen anderen! Ich heirate überhaupt nie!«

»Ist das endgültig?« wollte Brandt wissen.

»Vorläufig endgültig!«

»Hm«, überlegte er, »wir müssen ja auch nicht gleich heiraten. So eine Ehe auf Probe wäre eigentlich nicht schlecht. Es könnte ja sein, daß wir gar nicht zusammenpassen. Schraubst du immer die Zahnpastatube zu?«

Verdutzt sah sie ihn an. »Ich glaube, ja. Aber was hat das mit Heiraten zu tun?«

»An Zahnpastatuben sind schon viele Ehen kaputtgegangen.«

»Schraubst du sie denn zu?«

»Immer!« sagte er überzeugt.

»Wie beruhigend?«, spöttelte sie, »dann gibt es einen Scheidungsgrund weniger.«

Brandt konnte sich des Eindrucks nicht erwehren, als ob das Gespräch in die falsche Richtung lief. »Ich erwarte ja gar nicht, daß du dich sofort entscheidest. Einen so schwerwiegenden Entschluß kann man nicht Hals über Kopf fassen. Überleg' ihn dir in aller Ruhe. In spätestens sechs Wochen bin ich wieder in Hannover, und bis nach Düsseldorf sind es nur ein paar Autostunden. Dann werde ich mir deine Antwort selbst abholen.«

Also doch Kintopp! dachte Tinchen. Bedenkzeit, Antrittsbesuch bei den Eltern, Jawort, vorsorglich gekühlte Sektflasche, Freudentränen, Happy-End. Mutsch würde mit dem akademisch gebildeten Schwiegersohn renommieren, Vati würde die Achseln zucken und »Es ist schließlich *dein* Leben, Tinchen« sagen, und Karsten würde seinen Schwager mit Florian vergleichen, wobei das Resultat schon jetzt feststand.

Entschlossen stand sie auf. »Laß uns bitte heimfahren, Klaus.« Er war sofort dazu bereit. »Habe ich dir etwa die Stimmung verdorben?«

»Ich hab' erst gar keine gehabt! So ein zauberhaftes Fleckchen Erde sollte man nicht besuchen, wenn man in fünf Tagen wegfahren muß und nicht weiß, ob man jemals zurückkommt. Wer hierherfährt, sollte glücklich sein.«

»Du bist nicht glücklich?«

»Nicht besonders«, sagte sie leise.

Zu ihren Mandolinenklängen kam sie aber doch noch. Spätabends stand am hinteren Ausgang des Hotels der Kellner Fernando und sah schmachtend zu Franca hinauf, die drei Stockwerke über ihm aus dem Fenster hing. Die Mandoline in seinem Arm glänzte verdächtig neu, aber bekanntlich ist den Italienern die Musikalität ja angeboren. Fernando war der lebende Beweis dafür. Virtuos entlockte er dem Instrument schmeichelnde Töne, und nur Tinchen sah den geschickten im Gebüsch verborgenen Kassettenrecorder.

18

Die Summe der Teile kann sehr wohl größer sein als das Ganze – besonders wenn man nach dem Urlaub seine Koffer packt. Diesen mathematischen Widerspruch bekam Tinchen zu spüren, als sie in fünf Koffern nicht das unterbringen konnte, was sie vor einem halben Jahr in vier Koffern hergeschleppt hatte. Es waren zwar ein paar Sachen dazugekommen, andererseits hatte sie einen Teil ihrer Garderobe ausrangiert und den Zimmermädchen geschenkt – somit hätte die Relation eigentlich stimmen müssen. Trotzdem gingen die Koffer nicht zu. Ob das an den ganzen Mitbringseln lag? Besonders der Keramikkrug für Oma Marlowitz war so sperrig. Einfach zurücklassen? Kommt nicht in Frage, das Ding ist viel zu teuer gewesen!

Vorsichtshalber hatte Tinchen die Verwandtschaft in zwei Gruppen eingeteilt – solche unter zwanzig Mark und solche darüber. Oma gehörte zur zweiten Kategorie, also mußte der Topf unter allen Umständen mit.

Wieder fing sie von vorne an, und wieder blieb ein Haufen übrig. Sie hätte eben doch Florians Angebot annehmen und ein paar entbehrliche Dinge im Wagen mit nach Hause schicken sollen, aber um nichts in der Welt wäre sie diesem widerwärtigen Individuum freiwillig noch einmal unter die Augen getreten. Im Zimmer hatte sie sich eingeschlossen, als er sich hatte verabschieden wollen, mucksmäuschenstill war sie gewesen, hatte Nichtdasein vorgetäuscht und auf dem Bettrand vor sich hingeheult.

Jetzt war sie allerdings darüber hinweg. Florian existierte nicht mehr! Abgeschrieben, ausgelöscht, vergessen! Was hätte sie auch mit solch einem Windhund anfangen sollen? Ewig pleite (wer weiß, wie lange er für seinen Urlaub gespart und wen er nicht alles vorher angepumpt hatte), völlig ohne Ehrgeiz (in dreißig Jahren noch würde er sich als Lokalreporter die Schuhsohlen durchwetzen!), einer, der in den Tag hineinlebte und sich einen Teufel darum scherte, wovon er am nächsten Mittag seine Tütensuppe bezahlen würde. Der ewige Junggeselle! Lieber zwei Ringe unter den Augen als einen an der Hand!

Da war Klaus doch ein ganz anderer Typ: strebsam, zielbewußt, finanziell abgesichert, eine attraktive Erscheinung mit erstklassigen Manieren, einer ebensolchen Familie und – manchmal wenigstens – einer gehörigen Portion Humor. Warum also nicht? An die himmelhochjauchzende Liebe glaubte Tinchen sowieso nicht mehr. So etwas passierte einem allenfalls in ganz jungen Jahren, und zu dieser Zeit mußte sie wohl gerade in England gewesen sein, wo Love eine Lippenstiftmarke und vielleicht noch eine Vokabel im Wörterbuch gewesen war.

Weshalb also sollte sie Klaus nicht heiraten? Die stürmische Leidenschaft ging ohnedies irgendwann einmal vorüber und war schon deshalb nicht als alleinige Grundlage einer Ehe empfehlenswert. Viel wichtiger waren Verständnis, Vertrauen, Kameradschaft – alles das würde sie bei Klaus finden.

Langsam begann sie sich mit dem Gedanken anzufreunden. Eine eigene Familie zu haben, Kinder, ein schönes Zuhause... Früher hatte man doch auch häufig nur aus Vernunftgründen geheiratet, und trotzdem waren die Ehen sehr glücklich geworden. Kaiser Franz Joseph zum Beispiel mit Sissi – na ja, die war ja wohl doch nicht so unbedingt glücklich gewesen! – oder der letzte Zar von Rußland – auch kein so gutes Beispiel! –, aber Urgroßtante Melanie und Onkel Oskar! Die hatten wirklich bloß geheiratet, damit aus der Tischlerei und dem Sarggeschäft endlich ein gemeinsamer Betrieb werden konnte. Und was war dabei herausgekommen? Acht Kinder und zu guter Letzt ein Doppelgrab, nachdem die Luftmine das Haus getroffen hatte.

»Bis zur letzten Minute haben die beiden Hand in Hand im Luftschutzkeller gesessen, getreu ihrem Gelöbnis ›Bis daß der Tod euch scheidet‹«, hatte Oma oft genug erzählt, eine Behauptung, die begreiflicherweise nie bewiesen, aber auch ebensowenig widerlegt werden konnte. Jedenfalls wurden die 32 Jahre Eheglück von Melanie und Oskar Marlowitz immer als lobenswertes Beispiel angeführt, wenn irgendwo im Bekanntenkreis von Scheidung die Rede war. »Obwohl sie nicht aus Liebe geheiratet haben«, wie Oma quasi als I-Punkt anzufügen pflegte.

Die werden zu Hause Augen machen, wenn ich als Braut zurückkomme! Oder vielleicht wäre es besser, doch noch nichts zu verraten und zu warten, bis sie Klaus in voller Lebensgröße präsentieren konnte. Nächsten Monat schon werde er nach Deutschland zurückfahren, hatte er noch gestern gesagt. Seine Arbeit sei nahezu abgeschlossen, und wenn Tina erst weg sei, würde ihn auch nichts mehr in Loano halten. Keine Minute länger als unbedingt nötig wolle er hier unten bleiben, vielleicht fahre er sogar noch früher ab.

Verlobung unterm Weihnachtsbaum, Hochzeit im Mai – alles sehr stilvoll und bestimmt nach Muttis Geschmack. Ihre eigene

Hochzeit war ja wohl ziemlich kläglich gewesen, damals so kurz nach der Währungsreform, um so mehr würde sie jetzt dafür sorgen, daß alles so ablief, wie eine richtige Hochzeit abzulaufen hatte. Mutsch im weinroten Knöchellangen, das sie sich zum fünfzigjährigen Firmenjubiläum hatte machen lassen, Vati im Smoking, der ihm wahrscheinlich gar nicht mehr paßte, Karsten fluchend im korrekten Anzug, Oma in ihrem silbergrauen Opernkleid, Onkel Anton im Bratenrock und Tante Sophie großgeblümt – und sie selbst ganz in Weiß mit viel Tüll auf dem Kopf und Maiglöckchenstrauß. Klaus natürlich im Frack. Die Figur dazu hatte er ja. Und eine richtige Kutsche wollte sie haben mit vier Pferden und…

Mitten in ihre Backfischträume hinein klopfte es.

»Luigi steht mit dem Taxi unten und will das Gepäck holen. Sind Sie fertig, Tina?«

»Sofort! Ich muß bloß noch einen Koffer kaufen!«

Das große Türenschlagen lief am Zug entlang. Tinchen lehnte aus dem Abteilfenster und überblickte noch einmal das zahlreich erschienene Abschiedskomitee. Lilo stand da und Enrico, Bobo war gekommen und hatte ihr den vergessenen Schlüsselanhänger gebracht. ›Sole mio‹ würde den Winter über bei ihm bleiben, vorausgesetzt, er würde ihn noch einmal in Gang bringen können. Als Tinchen gestern ihre Abschiedsrunde gedreht hatte, war er genau vor Signora Ravanellis Laden stehengeblieben und hatte keinen Ton mehr von sich gegeben. Aber sie hatte ja schon immer gewußt, daß ›Sole mio‹ kein gewöhnliches Auto war. Es hatte Charakter! Und eine Seele! Es mußte wohl geahnt haben, daß es vorläufig nicht mehr gebraucht wurde.

Sogar Lorenzo hatte sich eingefunden und Tinchen eine Tüte zugesteckt. »Kleine Souvenir!« hatte er gesagt. Ganz verlegen war er geworden, als sie sich überschwenglich für das Seidentuch bedanken wollte. Geliebäugelt hatte sie schon lange damit, aber es war so sündhaft teuer gewesen.

Zum dritten Mal schüttelte Luigi ihre Hand. »Nächstes Jahr ick komme auch nach Deutschland, muß kaufen neues Taxi. Wenn genug Zeit, ick komme auch nach Dusseldorf«, versprach er. »Düsseldorf, nicht Dussel!« verbesserte Tinchen.

»Makt nix, ick finde beides!«

Signor Poltano blickte mahnend zu Tinchen und zeigte auf die Uhr. Schon zwei Minuten Verspätung. Eine würde er noch zugeben, aber dann war Schluß!

»Du kommst doch zur Hochzeit, nicht wahr, Tinchen?« forderte Lilo zum siebenundzwanzigsten Mal, »du sollst doch meine Brautjungfer sein. Natürlich bist du eingeladen. Enrico schickt dir die Flugkarte, und in Mailand holen wir dich ab.« Enrico nickte bestätigend. Wenn seine Lilo unbedingt eine deutsche Brautjungfer brauchte, obwohl es in seiner Verwandtschaft nun wirklich genügend junges Gemüse für diesen Zweck gab, dann sollte sie sie haben.

Herr Poltano hob die Kelle. Der Zug ruckte an.

»Im nächsten Frühjahr kommen Sie doch bestimmt wieder? Ihr Zimmer halte ich frei, da kommt mir kein anderer rein!« versprach Schumann. Er durchwühlte seine Hosen nach einem Taschentuch. »Nur zum Winken«, wie er versicherte. Dabei fiel die Tüte, die er bis jetzt krampfhaft festgehalten hatte, zu Boden. Schnell hob er sie auf und trabte neben dem anfahrenden Zug her. »Die ist für Sie, Tina. Ein bißchen was für unterwegs. Kaltes Huhn und ein paar Pfirsiche.«

Tinchen winkte, obwohl sie gar nichts mehr sehen konnte. Ein Tränenschleier hing vor ihren Augen. Dann kam endlich der Tunnel, und sie konnte sich ausgiebig ihrer derzeitigen Lieblingsbeschäftigung widmen: sie heulte.

Als der Zug in Loano einlief, tropften die Tränen zwar immer noch, aber Tinchen wischte sie schnell ab und öffnete das Fenster. Klaus würde für ihr verschmiertes Gesicht bestimmt Verständnis haben, vielleicht glaubte er sogar, daß sie seinetwegen in Abschiedsschmerz versunken war. Wo steckte er bloß? Sie konnte ihn nirgends entdecken, obwohl er doch versprochen hatte...

»Hallo, Aschenbrödel! Eigentlich hatte ich fest damit gerechnet, daß du den Zug verpaßt. Du bist doch noch nie irgendwo pünktlich gewesen!«

Beinahe hätte sie ihn nicht erkannt. Der sonst so konservativ gekleidete Doktorand hatte sich wieder in den Prinzen zurückverwandelt, als den Tinchen ihn kennengelernt und in den sie sich damals verliebt hatte: Ausgeblichene Hosen, ein zerknittertes T-Shirt, an den Füßen Tennisschuhe und in der Hand einen Rosenstrauß.

»So gefällst du mir viel besser!« sagte sie überzeugt.

Ein wenig schuldbewußt sah er an sich herab. »Ich hab' ein bißchen im Garten herumgewurstelt und gar nicht gemerkt, daß es schon so spät geworden war. Da hatte ich keine Zeit mehr zum Umziehen.«

Er reichte ihr die Blumen ins Abteil. »Diesmal sind es rote! Da ich mich trotz deiner Kaugummitaktik seit fünf Tagen als dein Verlobter betrachte, habe ich auch das Recht, dir rote Rosen zu schenken. Oder hast du etwa schon welche?« Mit den Augen durchstöberte er das Abteil.

»Das sind alles bloß Nelken«, versicherte Tinchen sofort. »Die roten stammen von Lilo, die gelben sind von Schumann, desgleichen der Gurkeneimer zum Frischhalten, und den bunten Strauß hat mir Franca geschenkt. Der verwelkt bestimmt nicht, weil sie ausgiebig hineingeheult hat.«

»Und was ist das Gelbe da in der Tüte?« forschte er weiter.

»Ein Zitronenzweig mit Früchten dran. Den will ich meiner Mutter mitnehmen. Sie glaubt nämlich immer noch, die Dinger buddelt man wie Kartoffeln aus der Erde.«

Türen knallten, ein Pfiff ertönte, der Zug rollte wieder. Brandt lief nebenher und hielt Tinchens Hand fest. »Warte auf mich, Tina«, sagte er plötzlich sehr ernst, »ich bin bald in Düsseldorf. Sogar eher als du denkst. Ich liebe dich nämlich.«

»Ich glaube, ich dich auch«, hörte sie sich zu ihrer Überraschung sagen, aber das hatte er wahrscheinlich gar nicht mehr verstanden. Bevor sie wußte, was sie eigentlich tat, hatte sie einen Schuh ausgezogen und aus dem Fenster geworfen. »Den mußt du aber wieder mitbringen!« rief sie hinterher. Wenn schon Aschenbrödel, dann wenigstens konsequent bis zum Grimmschen Ende. Und wenn sie nicht gestorben sind...

Lange Zeit saß sie auf ihrem Platz und starrte nachdenklich auf ihren nackten Fuß. Blödsinnige Idee, einfach die Sandalette rauszuschmeißen. Fast hätte Klaus sie noch an den Kopf gekriegt! Er hatte ja auch reichlich blöd geguckt, als er den Schuh aufhob. Ob er den tieferen Sinn überhaupt verstanden hatte? Vermutlich hielt er sie für verrückt, aber daran mußte er sich ohnehin gewöhnen. Sogar Karsten hatte sich schon des öfteren anerkennend über den Einfallsreichtum seiner Schwester geäußert, obwohl er selbst auch nicht gerade an Phantasiemangel litt. Und Florian erst! Aber der hatte ja immer mit gleicher Münze heimgezahlt. Der Regenwurm in der Schreibtischschublade als Quittung für den mit zwei Teelöffeln Salz getränkten Kaffee, oder die Sache mit der angeblichen Opernpremiere, als sie im langen Abendkleid aus dem Taxi gestiegen war und sich zwischen lauter Teenagern wiedergefunden hatte. Und dann hatte Florian auch noch mit todernster Miene behauptet, er müsse wohl den Tag verwechselt und sie statt dessen zu einem Konzert der Bay-City-Rollers eingeladen haben.

Sie schüttelte energisch den Kopf. Das alles war jetzt vorbei! Mit Klaus würde sie richtige Opern besuchen, in klassische Konzerte gehen und überhaupt kulturell viel aufgeschlossener werden. Er schien eine ganze Menge Ahnung zu haben. Wagner liebte er besonders und hatte ihr auch schon angedroht – nein, natürlich versprochen! –, daß er mit ihr zu den Festspielen nach Bayreuth fahren werde.

Sie stand auf und holte die Reisetasche aus dem Gepäcknetz. Die grünen Slipper würden zwar nicht zu den hellblauen Hosen passen, aber darauf kam es jetzt auch nicht an. In Kürze würde es sowieso dunkel werden. Plötzlich schoß es ihr siedendheiß durch den Kopf: Sie hatte die Schuhe ja noch nie in letzter Minute in den großen Koffer gestopft, der zusammen mit dem anderen Gepäck aufgegeben worden und bestimmt schon in Düsseldorf war. Was nun? Fieberhaft durchwühlte sie die Tasche in der Hoffnung, doch noch ein Paar Treter zu finden, obwohl sie genau wußte, daß sie vergeblich suchte. Nur dunkelrote Socken von Florian kamen zum Vorschein. Handgestrickte, die Bommel mal angeschleppt hatte. Immer noch besser als gar nichts an den Füßen! Sie zog die Strümpfe an und stellte fest, daß sie nicht nur mindestens drei Nummern zu groß waren, sondern auch noch Löcher hatten. Nicht mal anständige Socken kann er sich leisten! Aber wozu auch? Meistens lief er ja ohne herum!

Tinchen zog ihre Entenbeine auf den Sitz und legte die Wolljacke darüber. Hoffentlich blieb sie möglichst lange allein im Abteil oder wenigstens bis zur Schlafenszeit, wenn die Pritschen heruntergeklappt wurden und sich sowieso kein Mensch mehr darum kümmerte, in welcher Aufmachung man in seine Koje kroch. Oma ging ja auch immer mit Socken ins Bett. Jedenfalls im Winter. Wegen der Arthritis. Dumm war nur, daß sie sich nicht in den Speisewagen setzen konnte. Dabei hatte sie Hunger, aber nicht den geringsten Appetit auf kaltes Huhn. Schumann hätte sich wirklich mal etwas anderes einfallen lassen können. Ein Wunder, daß es in Italien überhaupt noch Hühner gab. Eigentlich müßten die schon längst ausgerottet und in den Lunchpaketen verschwunden sein!

»Bis Weihnachten kann ich jedenfalls kein Huhn mehr sehen!« sagte Tinchen laut, »und ab morgen werde ich mich an Muttis Diätkur beteiligen. Die drei Kilo zuviel müssen wieder runter! Am Ende glauben noch alle, daß ich heiraten *muß!*«

Beim Anblick der Schrebergartenkolonien, die die Vororte von Düsseldorf signalisierten, wurde Tinchen aufgeregt. Nicht zuletzt wegen des Problems, barfuß durch den ganzen Bahnhof und über den belebten Vorplatz laufen zu müssen. Wer weiß, wo Vati den Wagen hatte parken können. Vielleicht holte sie ja auch Mutsch ab. Dann würden sie ein Taxi nehmen müssen, und das bedeute noch einmal erstaunte Blicke und spöttisches Lächeln. Der Zollbeamte an der Grenze hatte ja auch gefragt, ob sie vielleicht ausgeraubt worden sei, und ob er mit grauen Strümpfen aushelfen dürfe, die seien unauffälliger. Seitdem lief sie barfuß herum, was man ihren Füßen auch ansehen konnte. Außerdem waren sie eiskalt. Kein Wunder bei diesen arktischen Temperaturen. Zehn Grad über Null und nackte Beine!

Als der Zug in den Hauptbahnhof einlief, steckten ihre Füße wieder in den roten Handgestrickten. Das zu erwartende Spießrutenlaufen würde schlimmstenfalls fünf Minuten dauern, eine Lungenentzündung ebenso viele Wochen! Und wenn sie als Letzte aus dem Wagen stieg und wartete, bis sich die meisten Reisenden verlaufen hatten, würde es schon nicht so furchtbar werden. Zum Glück hatte sie ja nicht viel Gepäck, wenn man einmal von den Blumen absah. Und hinter denen konnte sie sich ganz gut verstecken. Immerhin war es ja möglich, daß ihr jemand Bekanntes über den Weg lief.

Halb verborgen von der geöffneten Tür wartete sie. Vorn am Ausgang drängten sich die Reisenden, aber der größte Teil des Bahnsteigs war schon leer. Sie griff nach der Tasche, klemmte sich die Blumen unter den Arm und stieg vorsichtig aus dem Zug. Ein verlassen herumstehender Kofferkuli kam ihr gerade recht. Wenn sie den vor sich herschob, fielen die Entenfüße vielleicht gar nicht so auf. Inzwischen war es auch an der Sperre leerer geworden, und so marschierte sie zielstrebig dem Ausgang zu.

Plötzlich löste sich ein winziges Pünktchen aus der Menge und jachterte kläffend den Bahnsteig entlang. Bommel! Und wer kam hinter ihm herspaziert? So, als ob nichts, aber auch rein gar nichts gewesen wäre?

»Tach, Tinchen«, sagte Florian, »schön, daß du wieder da bist. Wurde auch höchste Zeit! Ich wollte mit Bommel schon zum Psychiater, weil er ganz offensichtlich verhaltensgestört ist, aber dann hätte mich der Seelenklempner auch gleich dabehalten. Und für zwei wird's zu teuer.«

Vor lauter Freude wußte Bommel gar nicht, wo er sein endlich wieder aufgetauchtes Frauchen zuerst belecken sollte. Also fing er unten an und entdeckte auch gleich die Löcher, durch die er wenigstens ein kleines Stück Fuß erwischen konnte.

»Ach, *da* sind meine Socken«, staunte Florian und wunderte sich sonst überhaupt nicht, »die suche ich schon seit Wochen. Aber wenn sie dir gefallen, darfst du sie behalten. Du solltest sie bloß mal stopfen!«

Tinchen saß auf dem Kofferkarren, hielt den zappelnden Bommel im Arm und wußte nicht, ob sie lachen oder empört sein sollte. Schließlich dachte sie an das Nächstliegende. »Hat denn niemand von meiner Familie Zeit gehabt, mich abzuholen?«

»Doch, natürlich. Es hat lange genug gedauert, bis ich sie davon abbringen konnte. Dein Vater wollte sein Geschäft wegen des freudigen Ereignisses heute schließen, deine Mutter hat um halb sieben mit dem Kochen angefangen, damit das Essen fertig und sie am Bahnhof sein konnte, deine Oma war gestern extra noch beim Friseur, und Karsten hatte sich schon vor Tagen für heute beurlauben lassen. Wegen einer Familienfeier. Jetzt sitzt er draußen im Auto und fährt immer ums Karree. Wir hatten nämlich keinen Groschen für die Parkuhr.«

Er warf einen scheelen Blick auf die Blumensträuße. »Mit diesen Edelgewächsen kann ich natürlich nicht konkurrieren, aber du mußt dich sowieso wieder an normale Verhältnisse gewöhnen. Hierzulande kauft man Nelken nämlich stückweise und nicht nach Gewicht! Aber so ganz ohne was wollte ich doch nicht kommen.«

Mit einem spitzbübischen Grinsen überreichte er sein Bukett: Die von einer Spitzenmanschette umhüllten und mit ein paar Margeriten aufgemotzten Petersilienstengel. »Diesmal garantiert ohne Spinne!« wie er ernsthaft versicherte.

Ob sie wollte oder nicht, sie mußte ganz einfach lachen. Es hatte Florian bestimmt eine Menge Mühe gekostet, eine Floristin zu finden, die diesen aber schon sehr eigenwilligen Biedermeierstrauß binden wollte.

»Eine richtige Ansprache hatte ich mir auch schon zurechtgelegt, weil man so was ja immer feierlich vortragen soll, aber nun habe ich doch wieder die Hälfte vergessen. Ich hab' nämlich so gar keine Übung. Immerhin ist das mein erster Versuch in dieser Richtung.«

Vorsichtshalber machte er eine Pause, aber als der erwartete Einspruch nicht kam, fuhr er mutig fort: »Der Müller-Menkert hat sich aufs Altenteil zurückgezogen, und ich bin sein Nachfolger geworden. Du siehst also, wenn man getreulich jeden Tag acht Stunden arbeitet, kann man schließlich Chef werden und zwölf Stunden arbeiten. Jetzt bin ich Lokalredakteur beim Tageblatt mit festem Gehalt, Lohnsteuerkarte I und keinerlei Abzugsposten. Mit Ehefrau käme ich in Klasse III. Außerdem braucht Bommel dringend eine Mutter, und daß ich keine Strümpfe stopfen kann, hast du ja selbst gemerkt. – Tinchen, willst du mich heiraten?«

»Ja!« sagte Tinchen sofort und hatte alles andere vergessen. »Ich will's wenigstens mal mit dir versuchen!«

»Na, Gott sei Dank!« Florian seufzte erleichtert. »Ich hab' mich bei deinen Eltern nämlich schon als künftiger Schwiegersohn eingeführt.« Er angelte die Reisetasche vom Karren und drückte Tinchen die Nelken in die Hand. »Willst du die Rosen auch mitnehmen?«

Sie zögerte. »Lieber nicht, aber zum Wegwerfen sind sie eigentlich zu schade.«

»Gib mal her!«

Die Putzfrau machte ein sehr komisches Gesicht, als Florian ihr die Blumen in den Scheuereimer steckte. »Die brauchen wir nicht mehr, weil wir uns gerade verlobt haben!«

Lachend hakte er Tinchen unter. »Jetzt aber nichts wie nach Hause, sonst wird das Mittagessen kalt. Es gibt übrigens Hühnerfrikassee!«

HORST BIERNATH
Die drei Hellwang-Kinder

DAS HAUS

Das alte Dorf Greiffing, ursprünglich wohl eine keltische Gründung, denn die Bauern fanden beim Pflügen zuweilen jene seltsam geformten kleinen Goldmünzen, die man Regenbogenschüsselchen nennt, lag jenseits der Würm an der kurvenreichen, dem Flußlauf folgenden Landstraße, auf der an Sonn- und Feiertagen die Kette der zum Starnberger See drängenden Autos nicht abriß. Das neue Greiffing, einer der beliebtesten Vororte Münchens, breitete sich im Windschutz der Greiffinger Lohe, eines langgestreckten Waldstreifens, um die Bahnstrecke herum aus.

Die ersten Villen stammten aus der Zeit der Jahrhundertwende. Es waren hochherrschaftliche Kommerzienratsvillen mit Erkern, Türmchen mit patinierten Kupferhauben, schattigen Loggien und geräumigen Stallungen, die längst zu Wohnungen und Garagen umgebaut worden waren und bei denen nichts mehr an ihre ursprüngliche Bestimmung erinnerte. Von den Bomben des Krieges verschont, waren viele dieser pompösen Villen dennoch der Spitzhacke zum Opfer gefallen. Die Enkel und Urenkel hatten – soweit das Familienvermögen über zwei Weltkriege hinübergerettet worden war – an ihrer Stelle flache Bungalows gesetzt, deren Glasfronten an riesige Volieren erinnerten. Die weniger glücklichen Nachkommen der Gründer aber hatten längst damit begonnen, die parkähnlichen, aus Personalmangel verwilderten Gärten wie Streuselkuchen zu zerschneiden und die kleinen Parzellen zu Preisen zu verkaufen, die jene um das Tausendfache übertrafen, die ihre Vorfahren dafür bezahlt hatten.

Der Himmel allein weiß, was jene wohlhabenden Gründer des neuen Greiffing bewogen haben mag, ihren Gelüsten nach Stille und Landluft gerade hier zu frönen. Wald und Landschaft waren weiter westlich zum Mühltal hin bedeutend schöner und abwechslungsreicher als in Greiffing, wo eine jämmerlich dünne Humusschicht in der Kiesmoräne ständig zu versickern drohte. Der einzige Vorteil war die Nähe der Stadt, die man damals wie heute in zwanzig Minuten Bahnfahrt erreichen konnte. Mit dem Auto brauchte man auf der hoffnungslos verstopften Straße oft genug eine gute Stunde, so daß selbst gut betuchte Geschäftsleute, die sich einen Chauffeur leisten konnten, für Stadtfahrten die Bahn bevorzugten.

Es war jedenfalls eine kühne Behauptung der Siedlungsgesellschaft, die das letzte Stück freien Landes in Greiffing erschlossen hatte, ihre 800- bis 1000-Quadratmeter-Parzellen als ideale Bau- und Gartengrundstücke zu empfehlen. Kein Wort gegen die vorzügliche Eignung der Gründe als Baugelände! Man konnte den Kies, sobald man die vermorschten Fichtenstumpen entfernt und den Humus abgestochen und auf ein Häufchen zur Seite geschaufelt hatte, sofort für den Beton der Kellerwände und Tragdecken hernehmen, einen sauberen, scharfen Kies mit dicken Schichten erstklassigen Schweißsandes dazwischen. Aber von Gartengrundstücken zu sprechen – das war blanker Hohn.

Alljährlich im Frühjahr und Herbst wurden hier ganze Waggonladungen Torfmull eingestreut, und wer in Greiffings Umgebung einen Misthaufen sein eigen nannte, wurde von den Gartenbesitzern hofiert und umworben, als bekäme man bei ihm pures Gold. Denn es gab wahrhaftig einen Gartenverein Greiffing, und seine Mitglieder veranstalteten sogar Ausstellungen ihrer Erzeugnisse und verteilten Ehrenpreise und Diplome. Da waren auf langen Tischen Birnen, Äpfel, Melonen, Pfirsiche, Trauben und Gemüse zur Schau gestellt, die nicht Greiffings kargem Boden, sondern südlichen Fruchtparadiesen zu entstammen schienen. Borsdorfer, von Saft und Süße strotzend, Butterbirnen und Williams Christ, deren zartes Fruchtfleisch auf der Zunge zerschmolz, Pfirsiche, so samten und rosig wie die Wangen oder Hinterbäckchen von Säuglingen.

Man darf behaupten, daß Greiffings Früchte auf dem Schweiß ihrer Erzeuger wuchsen. Und das waren zumeist alte Ehepaare, lauter a. D.s, pensionierte Offiziere, Staatsanwälte, Reichsbahnräte, Gymnasialprofessoren, Superintendenten und Bankdirektoren, die hier in ihren hübschen Häusern für ihre Gärten lebten. Die alten Damen und Herren werkelten von Sonnenaufgang bis zum Einbruch der Dunkelheit, verteilten ungeheure Mengen von humusbildenden Stoffen und Düngemitteln auf Baumscheiben und Beete, spritzten Kupferkalk und Katakilla, Fusibar und Vitriol, E 605 und Kopranol gegen Blattläuse, Baumwanzen, Rosenstecher und sonstiges Ungeziefer, harkten die Kieswege, putzten die Steinplatten der Liegeterrassen, schoren die Rasenflächen, sprengten Wasser, fleißig, zäh und unermüdlich, als müßten sie jetzt, nachdem das Alter ihrem beruflichen Ehrgeiz den Spielraum geraubt hatte, erst recht beweisen, daß sie auf der Welt noch zu etwas nütze waren. Und bei Gott, in Greiffing Trauben zu ziehen und Pfirsiche zu ernten, war kein Kinderspiel!

Als sich die Hellwangs vor zwölf Jahren in Greiffing ansiedelten und in der Mozartstraße ihr Haus bauten, hatten auch sie selbstverständlich die lobenswerte Absicht bekundet, in Zukunft Äpfel und Birnen vom eigenen Baum zu pflücken und das Gemüse für den Tisch aus dem eigenen Garten zu holen, bodenfrische, knusprige Rettiche und Radieschen, knackende Zuckererbsen, vitaminreiche Karotten, herzhafte Kohlrabi und vielleicht sogar leckeren Stangenspargel... na, gewiß doch, weshalb nicht auch Spargel?

Oberst a. D. Habedanck, der linke Nachbar, und der pensionierte Direktor Beyerlein von der Hypotheken- und Wechselbank, der Nachbar zur Rechten, hatten beifällig interessiert über den Zaun geguckt und Hellwang das Versprechen abgenommen, den Spargel ganz bestimmt auf der nächsten Gemüseschau des Greiffinger Gartenvereins Flora (e. V.) auszustellen. Im nächsten Jahr hatte Konrad Hellwang von der Baumschule Pröbstl in Seeshaupt eintausend kniehohe Thuja bestellt und mit Luisa diese Stämmchen im Kreuzverband rings um das ganze Grundstück gepflanzt. Fünf Jahre später hätten die alten Herren und die lieben Nachbarn schon auf ihre Trittleitern steigen müssen, um sich über Hellwangs ›Spargelkulturen‹ hinweg zublinzeln zu können.

Jetzt stand das Haus mit seinem gänzlich unbajuwarischen Namensschild ›Gode Wind‹, das eine dunkelrote Ramblerrose schamhaft verdeckte, und mit seinem breiten hellroten Satteldach hinter rauschenden, undurchdringlichen Mauern. Nur das Einfahrtstor gab einen schmalen Durchblick auf ein Stück der holzverschalten Westfront und auf die Garage frei. Das andere alles barg sich im Sichtschutz der nie gestutzten, üppig wuchernden Hecke. Und das andere war kein Garten im Sinne der pensionierten Bankdirektoren und Reichsbahnräte, eher hätte man es eine Grünanlage nennen können. Da war einmal der Rasen, Gott, kein empfindlicher englischer Teppich wie drüben bei Beyerleins, wo der alte Herr zusammenzuckte und mit merkwürdigen Verrenkungen gleichsam gewichtslos hinüberschwebte, wenn den Kindern einmal der Ball ins Nachbargrundstück flog. Nein, Hellwangs Rasen war ein ehrliches Stück Kuhweide, auf der die Kinder nach Herzenslust herumtoben durften. Goldener Löwenzahn, wilde Maßliebchen und zahllose Gänseblümchen wuchsen darin um die Wette, und die Mädels wanden sich daraus bunte Kränze.

Den Einfahrtsweg säumten Stachel- und Johannisbeeren, anspruchslose Sorten, die aber genug trugen, um in der Reifezeit täglich eine Schüssel für den Nachtisch zu liefern. Die beiden Goldparmänen verdankten ihr Dasein nur den Bitten der Kinder; Das Beil schwebte sozusagen ständig über ihren unfruchtbaren Kronen. Britta, die älteste, besann sich deutlich darauf, daß die Büsche einmal ein paar rotwangige Äpfel getragen hatten. Jetzt waren ihre Wurzeln in den Kies gestoßen, sie brachten es nur noch zu einer kläglichen Blüte, aber nie mehr zur Frucht. Ab und zu ernteten die Kinder Bananen von den Zweigen, die Konrad Hellwang dort mit Zwirn befestigt hatte, die Kinder vergalten es ihm, indem sie ihn zuweilen Zigarren pflücken ließen, die aus seinem Rauchtisch stammten. Obst gab es in diesem Garten also nicht. Dafür gab es Blumen, Bauernblumen, die überall wucherten und sich selbst aussäten, wo ein Stück Erde frei war. Akelei und Rittersporn, lodernde Helianthusstauden, flammende Goldruten und ›tränende Herzen‹. Im Frühjahr schüttete der Goldregen seine leuchtenden Rispen aus, und wenig später läuteten die Veigelein den Sommer ein. Der gelbrote Islandmohn eröffnete den Blumenreigen, kaum, daß der Schnee die zartgrünen Federblätter freigab, und zu Allerseelen trotzten noch immer die weißen und rostroten Chrysanthemen den vorwinterlichen Hagelschauern.

Das Hauptstück aber und der Stolz der Hellwang-Kinder, mit dem sie vor ihren Freunden prunkten, war ›der Teich‹, Konrads eigenhändiges Meisterwerk, ein Betonbassin mit einem stattlichen Durchmesser von mehr als sechs Metern. In der Mitte reichte das Wasser den Kindern bis zur Brust, man konnte darin schon ein paar Stöße schwimmen. Eine üppige Trauerweide tunkte ihre Zweige melancholisch in den Wasserspiegel, und ihr Schatten hielt die Temperatur des Wassers auch an heißen Tagen in erträglichen Grenzen. Hier herrschte im Sommer und zumal in den großen Ferien ein heiteres Badeleben, zu dem sich die Greiffinger Jugend aus weitem Umkreis einfand, denn das Baden in der Würm war aus hygienischen Gründen verboten, und die wachsame Landpolizei sorgte dafür, daß das Verbot auch eingehalten wurde. Die Wasserrechnungen, die der Gemeindebote Pranftl an jedem Ersten kassierte, brachten zwischen Mai und September Luisas ausgeklügelten Haushaltsplan ins Wanken.

Luisa... Sie war nicht mehr. Und in diesem Augenblick grub ein Steinmetz ihren Namen und die zwei Daten ihres nur vierunddreißig Jahre währenden Lebens in einen rötlichen Granitblock ein. –

Konrad Hellwang starrte aus dem Wohnzimmer des Hauses in

den Garten hinaus. Der Märzwind zupfte an den Zweigen der Weide. Noch verriet kein hellerer Schimmer in dem fahlgelben Astwerk des Baumes das Nahen des Frühlings. Der Rasen war filzig und braun, sein lehmiger Untergrund hielt noch den Winterfrost fest und ließ das Schmelzwasser nicht versickern. Der Boden quatschte unter den Gummistiefeln der Kinder.

Lydia und Söhnchen spielten um den Teich herum Fangermandl. Britta saß neben ihrer Großmama, Luisas Mutter, im Zimmer und lernte englische Vokabeln. Sie murmelte Quetschlaute vor sich her und reichte der alten Dame schließlich das Buch zum Abhören hin. Es war auf den Tag genau sechs Wochen her, daß sie Luisa auf dem Waldfriedhof zur letzten Ruhe gebettet hatten.

Hellwangs Eltern waren auf der Flucht aus Ostpreußen ums Leben gekommen, sein einziger älterer Bruder als Oberleutnant vor Stalingrad gefallen. Die zu der Trauerfeier für Luisa erschienenen Verwandten gehörten ausschließlich der Bendigschen Seite an. Hellwangs Schwiegervater Robert Bendig, Ordinarius für Mittelalterliche Geschichte an der Universität Kiel, bei dem er noch Vorlesungen gehört hatte, lebte seit seiner Emeritierung in seinem Haus im Sachsenwald. Die jüngere Schwester Luisas, Beatrice Bendig, kurz Trix genannt, die zur Zeit ihre fachärztliche Ausbildung zur Röntgenologin in der Würzburger Universitätsklinik absolvierte, hatte den alten Herrn, der den Tod seiner geliebten ältesten Tochter nicht überwinden konnte, eine Woche nach der Beisetzung Luisas nach Hamburg begleitet, wo ihn eine Frau, die den Schwiegereltern sonst halbtags die Wirtschaft führte, schlecht und recht versorgte; aber der Fünfundsiebzigjährige brauchte seine vertraute Umgebung und lebte in ihr wieder auf. Die Kinder hatten den Großvater leichteren Herzens ziehen lassen als ihre Tante Trix, an der sie alle drei, auch das Söhnchen, während ihres sechstägigen Aufenthaltes in Greiffing wie die Kletten hingen. Es gab einen sehr tränenfeuchten Abschied, und Trix mußte ihnen ›in die Hand und auf Ehr' und Seligkeit‹ versprechen, bald wiederzukommen. Geblieben war Luisas Mutter Dorothea Bendig, um den verwaisten Haushalt in Gang zu halten und sich um die Zukunft zu kümmern, denn nach ihrer Meinung knarrte das Getriebe bedenklich.

Konrad Hellwang verschloß sich gegen das Her und Hin von Frage und Antwort: »Das Messer?« – »The knife...« – »Die Gabel?« – »The fork...« – »Der Löffel?« – »Sakrasakrasakra...« »Ich bitte dich, Britta! Denk einmal nach! Sakrasakra heißt es bestimmt nicht!« »Ich weiß schon, Omi – The spoon!« – »Ja, the spoon – warum nicht gleich so?«

Draußen stieß Söhnchen spitze, gellende Schreie aus, wenn es ihm gelang, Lydia den Weg abzuschneiden und sie zu greifen. Aus alter Gewohnheit verhielten die beiden dann für einen Augenblick und kehrten die hellen Gesichter zum Hause hin; aber dort flog kein Fenster auf, und die Stimme Luisas, die sonst warnend und dämpfend dazwischengefahren war, wenn das Geschrei im Garten zu arg wurde, blieb stumm. – Britta packte ihre Bücher und Hefte in den Schulranzen.

»Ich geh' noch ein wenig nach draußen, Omi, darf ich?«

»Ja, geh nur, Kind, geh nur – aber zieh die Gummistiefel an, damit du keine nassen Füße bekommst und vergiß auch die wollenen Strümpfe nicht!«

Britta lief davon, und Konrad Hellwang stieß sich vom Fenster ab. Die alte Dame setzte in einem Wollstrumpf von Lydia eine neue Ferse ein. Bei der Bewegung ihres Schwiegersohnes ließ sie das Strickzeug sinken und schaute über die Brillengläser hinweg zu ihm empor.

»Ich habe übrigens heute einen Brief von Vater bekommen«, sagte sie mit einem kleinen Zögern in der Stimme, »den dritten Brief innerhalb von acht Tagen...«

»Wird er schon ungeduldig, daß du so lange fortbleibst?«

»Er spricht es nicht direkt aus, aber ich spüre es aus jedem Wort, daß er mich zurückwünscht und daß ihm die gewohnte Ordnung fehlt. Er klagt über Appetitlosigkeit – nun, du weißt ja, wie verwöhnt er ist...«

Hellwang nickte, er kämmte sich die Schläfenhaare mit den Fingern zurück: »Ja, ja, Mutter, ich verstehe – du kannst natürlich nicht ewig hier bei uns bleiben. Vater ist schließlich nicht mehr der Jüngste...«

»Auch Trix hat mir geschrieben...«

»So? fragte Hellwang nicht übermäßig interessiert.

»Sie läßt dich natürlich herzlich grüßen. Augenblick ist sie mit ihrem Chef auf einem Röntgenologen-Kongreß in Wien. Sie will versuchen, auf dem Rückweg für ein paar Stunden bei euch Station zu machen...«

»Nett von ihr«, murmelte er, »jedenfalls werden die Kinder sich freuen. Erzähl ihnen aber nichts von dem Besuch, damit es keine enttäuschten Gesichter gibt, wenn Trix etwa dazwischenkommt.«

Die alte Dame nickte ihm zu, sie schob die Nadeln tiefer in die

Maschen, legte die Brille ab und verwahrte sie mit dem Strickzeug zusammen in Luisas Handarbeitskorb.

»Und wie soll das hier bei euch weitergehen, Konrad, wenn ich fort bin?« fragte sie schließlich mit einem blanken Vorstoß in alle jene Fragen, die seit Wochen wie unerlöste Gestalten zwischen ihnen standen und nur auf das Stichwort warteten, um sie zu bedrängen und Antwort zu fordern.

»Irgend wird es schon weitergehen«, murmelte er und ließ die Schultern resigniert hängen.

»Hast du denn keine bestimmten Pläne?«

»Eigentlich nicht, oder wenn ich mir Gedanken gemacht habe, so habe ich höchstens daran gedacht, die Dinge wenigstens vorläufig laufen zu lassen. Geht es weiter, dann ist es gut, und geht es nicht, nun, dann muß man sich halt um eine neue Lösung bemühen...«

»Du willst die Kinder also hierbehalten?«

»Was hast du denn gedacht?« fragte er fast bestürzt.

»Ich habe mit Vater und auch mit Trix darüber gesprochen. Wir dachten an ein Landschulheim – natürlich nur für Britta und Lydia. Marquartstein und Stein an der Traun haben einen ausgezeichneten Ruf...« Die alte Dame schien schon sehr eingehende Erkundigungen eingezogen zu haben. »Die Kinder werden dort mit netten Kameraden von sehr guten Lehrern erzogen...«

»Nein, nein«, fiel er ein, »das kommt nicht in Frage! Auf gar keinen Fall! Ich trenne mich von den Kindern nicht. Und überhaupt habe ich etwas gegen diese Landschulheime.«

»Ich dachte ja auch nur an eine Trennung für ein halbes oder für ein Jahr.« Sie wollte fortfahren: ›bis sich hier eine neue Ordnung ergeben hat‹, aber sie ließ den Satz unausgesprochen, da er ihr zu viele Andeutungen zu enthalten schien, die Konrad Hellwang mißverstehen und falsch deuten konnte. Er ließ sie jedoch gar nicht weitersprechen.

»Kathi ist tüchtig und zuverlässig, ich bin davon überzeugt, daß sie den Haushalt und die Kinder in Ordnung halten wird.«

»Gewiß, gewiß«, meinte die alte Dame hüstelnd, »Kathi ist in ihrer Art recht tüchtig. Aber die Kinder brauchen mehr als ein paar Mahlzeiten täglich und saubere Sachen und gestopfte Strümpfe. Sie brauchen Erziehung...«

»Schließlich bin ich ja auch noch da!« rief er mit einer kleinen Verbeugung.

Die alte Dame drehte den dünn gewetzten Goldreif an ihrem Ringfinger. Sie sah nicht sehr überzeugt aus.

»Du hast natürlich die besten Absichten, Konrad«, sagte sie nach einer kleinen Weile, »daran zweifle ich nicht eine Sekunde. Aber nimm es mir bitte nicht übel, wenn ich trotzdem mißtrauisch bin. – Kinder brauchen ein gleichmäßiges Klima, nicht zu viel Sonnenschein und nicht zu viel Regen und Gewitter. Sie brauchen eine Frauenhand. – Männer toben mit ihnen herum, und wenn sie dann müde sind – und sie werden immer schneller müde als die Kinder –, dann reißen sie die Türen oder Fenster auf und brüllen um Ruhe. So war mein Vater, Gott hab ihn selig, so war mein Robert – und so bist du auch. So sind eben nun einmal alle Männer...«

Hellwang lächelte flüchtig: »Was soll ich also deiner Meinung nach tun? Wozu rätst du mir, Mutter? Ich sehe dir doch an, daß du dir über diese Fragen schon seit langer Zeit Gedanken gemacht hast. Also bitte, ich warte auf deine Vorschläge.«

»Nun – ich würde mir an deiner Stelle einen Menschen ins Haus nehmen, der die Wirtschaft in Ordnung hält und der die Kinder erzieht. Eine Hausdame...«

Hellwang prallte bei diesem Wort ein wenig zurück, es betonte das Haus zu stark und die Kinder zu wenig. Aber das waren wohl nebensächliche Erwägungen. Hausdame oder Erzieherin, es ging darauf hinaus, daß man einen fremden Menschen in die Familie und Hausgemeinschaft aufnehmen sollte, und dieser Gedanke war ihm gar nicht angenehm.

»Kennst du denn jemanden, der für diese Aufgabe geeignet wäre?« fragte er schließlich und ließ deutlich erkennen, wie wenig ihm die Sache behagte.

Die alte Dame schüttelte den Kopf: »Nein, leider nicht – man müßte ein Zeitungsinserat aufgeben.«

Konrad Hellwang verzog das Gesicht: »Ein Zeitungsinserat«, murmelte er, auch dieser Gedanke schien ihm äußerst zuwider zu sein.

»Unter einer Chiffre natürlich«, warf die alte Dame ein, als würden mit der Anonymität der Anzeige alle Bedenken aus der Welt geschafft, »laß mich nur machen, ich erledige das schon.«

Hellwang nickte ihr mehr düster als dankbar zu: »Wirst du wenigstens noch so lange hierbleiben, bis wir jemanden gefunden haben?«

»Aber selbstverständlich, lieber Junge! Die paar Tage wird Vater wohl noch warten können. Ich werde ihm sogleich von unseren Absichten schreiben, und er wird sich, wenn auch brummend, damit abfinden.« Sie erhob sich, um in ihr Zimmer zu gehen und Brief und Anzeige sofort aufzusetzen, als fürchte sie, Konrad Hellwang könne in seinem Entschluß wankend werden. Er griff nach ihrer Hand und drückte einen Kuß auf die zerknitterte, kühle Haut.

»Vielen Dank, Mutter«, murmelte er, »du warst mir in diesen Wochen eine große Hilfe. Ja, ich weiß wirklich nicht, was ich ohne dich angefangen hätte. Ich bin noch immer wie betäubt...«

»Warte nur«, sagte sie munter, »es wird sich schon alles einrenken, und du wirst mich gar nicht mehr vermissen, wenn wir erst einen netten, anständigen Menschen gefunden haben. Sieh einmal, noch will dir die Geschichte nicht recht in den Kopf, aber du wirst es nicht zu bereuen haben. Ganz im Gegenteil – denn du brauchst ja unbedingt jemanden, der aufs Haus und auf die Kinder achtet, schon wegen deiner Arbeit. Jetzt poltern die Kinder über die Treppen und stören dich mit jedem Quark und lassen dir keine ruhige Minute. Und du mußt arbeiten, Konrad, es ist das einzige Heilmittel für dich, um wenigstens für ein paar Stunden am Tage Ablenkung zu finden und nicht mehr daran zu denken...« Sie vollendete den Satz nicht. Hellwang blieb allein und lauschte ihren entschwindenden, leichten Schritten.

Ach, wie sollte er seine Erinnerungen und Gedanken bannen? Er preßte die Hände vor die Augen und krümmte den Rücken.

Nie mehr würde Luisa im verströmenden Lichtkreis seiner Schreibtischlampe in dem kleinen braunen Sessel kauern und ihm zuhören, wenn er ihr neue Sätze eines werdenden Buches vorlas und ihre Kritik herausforderte...

Nie mehr wird sie bei fröhlichen Fahrten an die Seen und in die Berge an seiner Seite sitzen, nie mehr ihn ermahnen, langsamer und vorsichtiger zu fahren...

Und die vertraulichen Gespräche, wenn die Kinder schliefen und der Sommerregen aufs Dach plätscherte...

Und die langen Spaziergänge durch die nahe Lohe bis nach Maria-Eich hinauf, wo wächserne Herzen fromm im goldenen Kerzenschimmer unter altersdunklen Gnadenbildern hingen...

Und die süßen Umarmungen und die beglückenden Zärtlichkeiten ihrer großen Liebe zueinander, die von Jahr zu Jahr nur gewachsen und inniger geworden war...

Es war, als würde die dunkle Wolke von Trauer und Mutlosigkeit, die ihn umhüllte, noch schwerer und schwärzer.

Draußen prasselte aus trübem, jagendem Himmel ein kurzer Hagelschauer hernieder. Die Kinder rannten jauchzend in den Schutz des überspringenden Daches und warteten dort, mit den kleinen

Absätzen gegen das Haus pumpernd, den Wetterschwall ab. Hellwang unterschied ihre Stimmen. Söhnchens krähendes Bubengeschrei, Lydias spitzes Gelächter und dann Brittas warnenden Zuruf: »Seid's stad! Ihr wißt doch...!« – Lydia verstummte augenblicklich, nur der kleine Mann keckerte lustig und unbekümmert weiter. Mochten sie lärmen, mochten sie toben, was wußten sie schon, was ihnen widerfahren war?

Söhnchen mit seinen vier Jahren fand die Geschichte fabelhaft aufregend, daß da vor einiger Zeit ein neues, kleines Brüderchen angekommen war, ein so braver und herziger kleiner Bub, daß der liebe Gott ihn einfach nicht hergegeben, sondern gleich zu einem Engelchen gemacht hatte. Und das Engelchen hatte die Mama bei der Hand genommen, weil natürlich auch die kleinen Engel eine Mama haben müssen, verstehst du, und war mit ihr zusammen zum lieben Gott geflogen, ganz einfach in den Himmel geflogen... Und wenn man mehr wissen wollte und weiter fragte, dann bekam man von der Kathi oder von der Oma ein Gutti oder ein Stückchen Schokolade in den Mund gesteckt, und das war fast noch das Allerschönste an der rührenden Geschichte.

Für die achtjährige Lydia und für Brigitta mit ihren elf Jahren war der Tod ein tränenreiches, dunkles Geheimnis, aber doch mehr schaurig als erschütternd. Sie wußten natürlich, daß ihre Mutter nie mehr in das Leben und in das Haus, das sie verlassen hatte, um in die Klinik zu fahren, zurückkehren würde, aber dieses absolute ›Nie mehr‹ überstieg ihre Vorstellungskraft. Ohne an ein Wunder zu glauben, lebten sie insgeheim doch in der Erwartung, eines Tages von der Schule heimkehrend die Tür zu öffnen und Luisa mit der Teigschüssel zwischen den Knien in der Küche bei Kathi oder im Wohnzimmer an der Nähmaschine zu finden. Die Sommerdirndl, die sie zu nähen angefangen hatte, lagen noch halbfertig im Schrank...

In der Schule richteten die Lehrer Worte des Beileids an sie, die sie aus der Menge der anderen Kinder heraushoben. Sie bekamen fast täglich Einladungen von den Müttern ihrer Freundinnen und Klassenkameraden und wurden, was sie natürlich spürten, von allen Seiten verwöhnt und besonders nett behandelt. Das alles gab ihnen ein Gefühl der Wichtigkeit, das sie treuherzig auskosteten. Sie standen plötzlich im Mittelpunkt und entdeckten, daß sie von ihren Freunden bewundert und fast beneidet wurden, genau wie damals, als sie wegen Söhnchens Masern vierzehn Tage lang die Schule versäumen durften.

Lydia, die von jeher eine Freude an bizarren Worten und neunmalklugen Redensarten hatte, verlangte eines Tages beim Mittagessen »noch einmal Pudding für die armen Halbwaisenkinder...«

»Wo hast du das blödsinnige Wort aufgeschnappt?« fragte Hellwang mit gesträubten Augenbrauen.

Es kam heraus, daß Frau Rosina Stangl, die Frau des Krämers in der Beethovenstraße – denn sie lebten im sogenannten Komponistenviertel Greiffings –, dem Lehrmädel befohlen hatte, statt der üblichen Zugabe von einem einzigen klebrigen Gutti aus der Bruchbüchse tiefer in das Bonbonglas zu langen und ›den armen Halbwaisenkindern‹ eine ordentliche Tüte voll mitzugeben. –

Nein, die Kinder begriffen das Geschehen nicht; selbst Britta erfaßte nicht die Endgültigkeit des Verlustes. Aber begriff Hellwang ihn denn selber? Teilte nicht auch er mit den Kindern die gleichen, törichten Erwartungen, eines Tages werde Luisa wieder bei ihm sein? Regte sich nicht in einem Winkel seines Herzens noch immer die tolle Hoffnung, obwohl er nur zu gut wußte, daß er wach war und unbarmherzige Wirklichkeit erlebte, die Ereignisse dieser letzten Wochen seien nur ein Traum, und es bedürfe nur einer starken Willensanstrengung und eines gewaltsamen Aufreißens aus langem, betäubendem Schlaf, um den Alpdruck von der Brust zu wälzen? Um sich aufzurichten, zu lauschen und in dem dunklen Zimmer Luisas ruhige Atemzüge zu hören und mit der tastenden Hand über den pulsenden Bogen ihrer zarten Kehle und über die warmen, dunkelblonden Flechten ihres Haares zu gleiten...

Der Hagelschauer war vorübergeklirrt. Die Kinder spielten mit den kleinen Eisschussern, die der Himmel ihnen unverhofft beschert hatte. Söhnchen versuchte natürlich, ein paar Körner zu fressen, aber Britta fegte sie ihm energisch aus der Hand und befahl ihm streng, unverzüglich auszuspucken, was er schon im Munde hatte.

»Willst vielleicht Keuchhusten oder – was weiß ich – kriegen und ins Bett müssen, du Depp?!« schimpfte sie mit Luisas Stimme und mit Kathis Wortschatz.

Oh, Britta war ruhig und vernünftig, man konnte ihr die Geschwister und das Haus ruhig für ein paar Stunden überlassen und durfte sicher sein, alles in bester Ordnung wiederzufinden. Britta besaß von klein auf ausgesprochen mütterliche Eigenschaften. Ihre Puppen lebten ewig und waren stets sauber gekämmt und hübsch angezogen. Lydia war von ganz anderem Schlage. Sie ließ ihre Puppenkinder verkommen, vergaß sie bei Regenwetter ins Haus zu nehmen, so daß sich ihre Perücken lösten, und es gab nicht eine, die nicht irgendwo invalid, blind, nasenlos oder krüppelig gewesen wäre.

Britta war genau das Kind, von dessen Art sich junge Frauen im ersten Ehejahr ein volles Dutzend wünschen. Britta fremdelte nicht, sie war nicht weinerlich, Britta aß jede Mahlzeit bis zum letzten Löffel, sie aß sogar Spinat. Sie schrie nicht beim Baden, und sie wusch sich später wahrhaftig ohne besondere Aufforderung den Hals. Sie war mit einem Jahr sauber und fürchtete sich weder vor frischbezogenen Betten noch vor neuer, kühler Wäsche. Ihre Tugenden wären fast beängstigend gewesen, wenn ihnen nicht zwei Ausgleichsgewichte gegenübergestanden hätten, ihre Verträumtheit, die manchmal die Form einer leichten Schlafkrankheit annahm – und ihr Maltalent. Wahrscheinlich hätten andere Eltern ihre erstaunliche Begabung, zu zeichnen und zu aquarellieren, freudig begrüßt und diese talentierte Tochter als eine Art Wunderkind stolz herumgereicht. Im Hause ›Gode Wind‹ wurde ihre Gabe beinahe als Unglück betrachtet, und die Aussicht, Britta könne eines Tages mit dem Wunsch herausrücken, sie wolle Malerin werden, konnte Hellwang nur sorgenvolle Seufzer entlocken. Ihm genügte es, daß einer in der Familie einen freien Beruf ausübte. Seinen Kindern wünschte er sichere Existenzen.

Nun, Luisa hatte den Wunsch nach dem vollen Dutzend noch im zweiten Jahr ihrer Ehe nicht aufgegeben. Bis dann Lydia auf die Welt kam. Da nahm sie sich für das Söhnchen eine Bedenkzeit von vier Jahren. Denn Lydia war ein kleiner Teufel, und das war sie vom ersten Augenblick ihres Daseins an. Ihre Taten führten Hellwang, der Luisa und sich selber frei von jeder Schuld fühlte, zu einem intensiven Studium der Ahnenforschung nach der Hellwangschen und Bendigschen Seite hin. Und er entdeckte tatsächlich einen Hellwang, Jörg mit Rufnamen, der zu Lübeck im siebzehnten Jahrhundert mit dem Richtschwert ins Jenseits befördert worden war, wegen Umsturzplänen und der Vorbereitung eines Pulveranschlages gegen den Hohen Senat der Freien und Hansestadt. Ein Tröpfchen von dessen unruhigem Blut rumorte also in Lydia und flüsterte ihr die Stichworte zu ihren Lügen ein, kitzelte ihre naschsüchtige Zunge, zwackte ihre Finger so lange, bis sie die Doppelschlüssel von Anrichte und Speisekammer ergatterten – oder die Zehnerl aus Luisas Börse –, und dieser Aufrührer Jörg war es wohl auch, der ihr die kühnen Ausreden und Antworten in den Mund legte, um die sie nie verlegen war.

Britta war blond und rosig. Wenn sie schlief oder lächelte, schimmerte noch immer etwas von dem strahlenden Säugling durch ihre Züge hindurch, der einmal das Entzücken der ganzen weiblichen Verwandtschaft gewesen war. Ältere Damen stießen bei ihrem Anblick kleine Schreie der Bewunderung aus und sprachen unfehlbar von Raffael und seinen himmlischen Engelsköpfchen. Bei Lydias Anblick schrie niemand vor Entzücken auf. Sie hatte eine bräunliche Haut und dunkle Haare, die sich allnächtlich zu undurchkämmbaren Knoten verzottelten. Zwischen unwahrscheinlich langen Wimpern, die sich wie die seidigen Flügel von schwarzen Faltern senkten und lange Schatten warfen, leuchteten zwei Augen, deren Farbe die Skala von märchenhaftem Veilchenblau bis zu tiefster Samtschwärze durchlaufen konnte, und man schaute in unergründliche Tiefen. Es waren bezaubernde Augen, und Lydia wußte, daß sie ihre Umwelt bezaubern konnte. Zu Zeiten ihres Ahnherrn Jörg wäre sie unfehlbar auf dem Scheiterhaufen als Hexe verbrannt worden. Sie war faul und verspielt und traf beim Einmaleins nur selten die richtigen Ergebnisse, aber wunderbarerweise brachte sie immer gute Zeugnisse nach Hause, und ihre Lehrer lobten sie über den Schellenkönig. Sie war langaufgeschossen, aber ihr Köpfchen saß über dem Stengelhälschen auf einem fast erschrekkend zarten und mageren Körper, an den ständig ungeheure Mengen von Lebertran, Malzextrakt und Eisenpräparaten gänzlich nutzlos verschwendet wurden. Sie bekam keinen Pfennig Geld in die Hand, und die Schränke, in denen Luisa Süßigkeiten verwahrte, wurden siebenmal gesichert. Dennoch kam Lydia zu jeder Mahlzeit bonbongesättigt an den Tisch, und wenn Hellwang eine der geheimnisvollen Quellen, die Lydia mit Himbeerbonbons, Schokoladeneis, gefüllten Waffeln und Lakritzenstangen speisten, entdeckte und rigoros zuschüttete, erschloß sie sich fünf neue. Dagegen halfen weder Verbote noch Strafen.

Da stapfte sie nun, während die Beine wie Hölzchen in den weiten Schäften der Gummistiefel staken, in dem Hagelmatsch herum. Das lehmige Pfützenwasser spritzte nach allen Seiten auseinander und sprenkelte Söhnchens dunkelblaue Wollgarnitur mit gelben Tupfen.

Hellwang erhob sich, um nach oben zu gehen. Das Erdgeschoß des Hauses gehörte der Familie, das obere Stockwerk mit den abgeschrägten Wänden war bis auf zwei Zimmer sein Bereich. Hier oben lag sein Arbeitsraum, seine Sicht erstreckte sich über die Nachbargärten und über die Wipfel der Greiffinger Lohe bis zu der blauen Kette des Gebirges hin, dessen Zinnen sich an Föhntagen greifbar nahe heranschoben. Neben dem Arbeitszimmer, das über die ganze Breite des Hauses reichte, befand sich die Bibliothek, eine etwas anspruchsvolle und hochtrabende Bezeichnung für einen Raum von knapp zwanzig Quadratmetern, in dem auf mehreren doppelseitigen Regalen seine Bücher standen. Die Handbücherei und die wertvollen, zumeist von befreundeten Autoren signierten Bände füllten zwei lange Borde unter den beiden Dachschrägen seines Arbeitszimmers und gaben dem Raum durch die bunten Einbandrücken eine lebendige Wirkung. Der große Schreibtisch mit der blankgewetzten Eichenplatte stand zwischen den beiden Fenstern. Holbeins Falkner schaute auf den Schreibenden nieder. Aus einer Nische im Hintergrund leuchteten die Trompetenfarben eines van Gogh in eine gemütliche Plauderecke mit Rauchtisch, Diwan und ein paar bequemen Sesseln. Alljährlich focht Hellwang mit dem Finanzamt harte Kämpfe aus, ob dieses behagliche Zimmer als Büro im Sinne einer gewerblichen Betriebsstätte anzusehen sei oder nicht. Bis jetzt hatte er immer den Sieg davongetragen.

Auf der Treppe begegnete er seiner Schwiegermutter, die ihn bereits oben gesucht zu haben schien. Die alte Dame bewohnte einen der beiden Nebenräume, der andere gehörte Kathi, die den großen und kleinen Hellwangs nun seit elf Jahren diente. Sie war bald nach ihrer Schulentlassung ins Haus gekommen und den Hellwangs seither treu geblieben. Ihrer großen Namensträgerin, der Zarin aller Reussen, war sie nicht nur körperlich ähnlich, sie neigte auch, wie jene Katharina, zum Despotismus und war genauso gewaltig in ihrem Konsum an Männern, die sie insgeheim verachtete und nach dem Fasching kaltblütig hätte enthaupten lassen, wenn das in ihrer Macht gestanden hätte. Gott sei Dank besaß sie diese Macht nicht – das Morden wäre zu groß gewesen. Da sie eine treue Seele war und von den Kindern heiß geliebt wurde, trug die Familie dieses Joch ohne Murren. Kathi war der einzige Mensch im Hause, der eine Tür so zuknallen durfte, daß der Kalk von der Decke rieselte, ohne daß Konrad Hellwang den geringsten Einspruch erhob. Allerdings war Kathi auch zartfühlend genug, ihre heftigen Gemütsbewegungen an den unschuldigen Türen nur dann auszulassen, wenn Hellwang nicht bei der Arbeit saß. Vor dieser Arbeit, die sie lange Zeit nicht für voll genommen hatte, bekam sie im Laufe der Jahre einen mächtigen Respekt.

»Ich habe dich schon in deinem Zimmer gesucht, Konrad...«

»Nun, was gibt's, Mutter?«

»Ich habe da eine Anzeige entworfen...« die alte Dame schwenkte einen Zettel in der Hand. Hellwang öffnete die Tür seines Zimmers und ließ ihr mit einem leisen Seufzer den Vortritt. Ihr Tempo war ein wenig beängstigend.

»Lies dir das doch einmal durch«, bat sie und reichte ihm den Zettel hin. Der Tag senkte sich schon, und die pastosen Farben des van-Gogh-Druckes glommen aus den Gespinsten der Dämmerung, die die Leseecke füllte. Hellwang trat mit dem Blatt ans Fenster und las halblaut: »Für frauenlosen Haushalt wird eine Dame gesucht, die bei vorhandener Hausgehilfin die Wirtschaft führen und drei Kinder von vier, acht und elf Jahren mütterlich erziehen kann. Persönliche Vorstellung erbeten.«

»Nun?« fragte die alte Dame nach einer Weile, »wie findest du das?« Sie machte dabei ein Gesicht wie der liebe Gott am Abend des sechsten Schöpfungstages und schien mit ihrer Leistung sehr zufrieden zu sein. Hellwang kaute an seiner Lippe...

»Kathi ist sehr selbständig – und leicht gekränkt«, antwortete er schließlich etwas düster, als blicke er gegen einen von Wetterwolken verhangenen Horizont.

»Der ewige Eiertanz um Kathi!« murmelte die alte Dame und runzelte die schmalen, immer noch dunklen Augenbrauen, »Sie wird sich eben daran gewöhnen müssen, daß hier eine neue Ordnung einzieht.«

»Gewiß, gewiß...«, sagte Hellwang schwach und ohne rechte Überzeugung.

Die alte Dame nahm seine lahmen Bedenken als Zustimmung: »Also bist du mit dem Text für die Anzeige einverstanden – und auch damit, daß ich sie noch heute aufgebe?«

Hellwang überflog die Zeilen noch einmal, er nickte sparsam: »Ja, es bleibt mir ja auch nichts anderes übrig; nur wäre es mir lieb, wenn du das Wort ›mütterlich‹ streichen würdest. Es stört mich irgendwie und läßt sich mündlich vielleicht besser anbringen als auf einer Anzeigenseite...« Er zog seinen Kugelschreiber aus der Brusttasche und machte das Wort mit kräftigen Strichen unleserlich. Seine Schwiegermutter schickte sich an, das Zimmer zu verlassen.

»Soll Kathi dir den Kaffee aufs Zimmer bringen?«

»Nein, danke, sie soll die Kanne unter die Haube stellen, ich gehe nachher hinunter.«

Hellwang wanderte zwischen den Bücherborden durch die Breite seines geräumigen Zimmers. Unten stürmten die Kinder, von Kathi zum Kaffee gerufen, ins Haus. Wenn es Streuselkuchen gab, trödelte nicht einmal Lydia.

Jede Runde führte Hellwang zweimal an seinen Schreibtisch vorüber. Ein hoher Stapel braun marmorierter Bände aus der Staatsbibliothek mit vielen Lesezeichen zwischen den Seiten war rechts an die Kante geschoben. Unter dem gelben Pergamentschirm der Lampe lag ein Schnitzelregen kleiner Zettel mit Stichworten, Auszügen und stilistischen Notizen. In der Mitte der dunkelgebeizten Platte schimmerte ein halb beschriebener Kanzleibogen. Hellwang schrieb seine Arbeiten mit der Hand, und er benutzte das altmodische Papierformat, weil er einmal in der schlechten Zeit, als Schreibpapier, wie alles andere, Mangelware war, tausend Bogen ergattert und sich seitdem an sie gewöhnt hatte. Es war der sechzehnte seiner Arbeit über Friedrich Wilhelm von Steuben, den Organisator der nordamerikanischen Armee, Washingtons Generalstabschef, einer von den vielen Deutschen, die unter fremden Fahnen gekämpft hatten. Und ›Lorbeer für fremde Fahnen‹ sollte auch der Titel des entstehenden Buches sein – falls dieser die Zustimmung seines Verlegers und Freundes Vollterthun fand.

Luisas Tod hatte die Arbeit unterbrochen und Hellwang den Schwung und Auftrieb zu neuem Beginnen genommen. Fast täglich versuchte er, das Lebensbild und Schicksal seines Helden weiter zu formen. Aber sein Gestaltungswille zerbrach vor dem Anblick des leeren Sessels in der Plauderecke vor der bunten Bücherwand. Er hatte die Arbeit mit Gewalt weiterzutreiben versucht. Ein paar neue Sätze waren entstanden, aber die Worte schienen ihm alt und klanglos und die Gedanken, die er entwickelt hatte, blaß und ohne Saft zu sein. Seine Neigung zur Selbstkritik wurde lähmend und zerstörerisch. Luisas Zuspruch fehlte ihm, der Klang ihrer dunklen Stimme aus der dämmerigen Ecke, wenn er ihr einen neu entstandenen Absatz vorgelesen hatte: »Das ist gut, Konni, das ist dir ausgezeichnet gelungen… Lies mir den letzten Satz doch noch einmal vor… ach, findest du nicht, daß er ein wenig arg verschachtelt ist? Könntest du nicht zwei oder drei Sätze daraus machen, kurze, straffe Sätze? Weißt du, es klänge soldatischer…«

»Himmelherrgottsakrament, wer schreibt das Buch, du oder ich?! Weshalb sagst du nicht gleich, daß das Ganze ein Riesenmist ist und daß ich das Manuskript in den Ofen schmeißen soll!!«

Dann wurde es still. Luisa verschwand, ohne eine Spur gekränkt zu sein, wie ein Schatten. Nach einer halben Stunde dröhnte seine Stimme durchs Haus: »Luisa! Hallo, Luisa, wo steckst du eigentlich? Nie bist du da, wenn ich dich brauche!«

»Ich komme ja schon – sei nicht so laut, Konni, die Kinder schlafen!« – Sie drückte sich in den kleinen braunen Sessel, dessen Rückenkissen noch den Abdruck ihres Körpers und ein wenig von seiner Wärme hielt, und war voller Erwartung: »Also – nun lies schon...«

»Du, Luis', ich habe da ein paar Sätze geändert... Hm, weißt du, das war alles zu langatmig, zu verschachtelt – man kommt einfach von dem verdammten humanistischen Gymnasium nicht los –, es war nicht knapp, nicht soldatisch genug. Schließlich geht es bei diesem Buch um Steuben, verstehst du...?«

Ach Luisa, nie mehr würde auf seinen Ruf ihre heitere Antwort ertönen. – Hellwang ließ sich auf dem Schreibtischstuhl nieder und vergrub das Gesicht in den Armen. Die Zukunft war plötzlich so dunkel und unsicher geworden. Er fühlte sich einsam, alt und ausgeschrieben. Wohin trieb das Schiff mit der kleinen Besatzung?

Sie hatten von seinen Einnahmen gut, aber nie allzu üppig gelebt. Hellwang hätte erfolgreicher sein können, was die pekuniäre Seite seines Berufes betraf, wenn er sich dazu verstanden hätte, mehr zu veröffentlichen, denn seine zumeist historischen Arbeiten und Romane kamen beim Publikum ausgezeichnet an und erzielten auch hohe Auslandsauflagen. Aber er war zu gründlich in den Vorstudien zu seinen Arbeiten, zu kritisch gegen das Wort, zu gewissenhaft gegen die Geschichte. Sein Verleger Vollerthun mußte ihm die Manuskripte durch Luisa aus den Händen reißen lassen oder dieses gewaltsame Geschäft bei seinen Besuchen im Hause ›Gode Wind‹ selber besorgen. Seiner eigenen Meinung nach hatte Hellwang nur unreife, roh behauene Bücher veröffentlicht. Wie sollte er jetzt jemals fertig werden?

Es klopfte. Er richtete sich auf und strählte sich das verwühlte Haar aus der Stirn. Es war Kathi. Sie brachte ihm den Kaffee.

»Sie sollten ihn doch warmstellen, Kathi!« rief er ungehalten und trommelte mit den Fingerspitzen einen Wirbel auf die Schreibtischplatte.

»Ha«, sagte sie ungerührt und nicht im mindesten beeindruckt, »damit er nach drei Stunden noch dasteht, und Sie haben ihn nicht angerührt!« Sie stellte das Tablett auf den Schreibtisch, schob ihm den Teller mit drei Schnitten goldgelbem, knusprigem

Streuselkuchen hin und schenkte in die bauchige weiße Tasse ein. Hellwang ergab sich wortlos in die Vergewaltigung.

»So, aber nun essen Sie auch, Herr Doktor! Daß mir da nichts zurückbleibt!« befahl Kathi energisch. Sie sprach mit Konrad Hellwang nur Schriftdeutsch, was in ihrem Munde eine komische Verfärbung der Vokale und Diphthonge ergab. Es war für Hellwang, der seit seinem ersten Semester in München lebte und Bayern seine Wahlheimat nannte, geradezu aufreizend, so hartnäckig als Preuße angesehen und behandelt zu werden. Mit den Kindern sprach Kathi unverfälscht und – was die Kraftausdrücke anbetraf – fast zu unverfälscht bayerisch. Auch zu Luisa, die als gebürtige Kielerin für Kathi doch nun gewiß aus dem nördlichsten Norden stammte, hatte sie seltsamerweise in der Mundart gesprochen.

Kathi wollte mit dem Tablett wieder verschwinden, aber Hellwang hielt sie durch eine Kopfbewegung zurück. »Ach, Kathi«, murmelte er und spülte den Bissen, den er im Munde hatte, mit einem Schluck Kaffee hinunter, »da ist noch etwas, was ich gern mit Ihnen besprechen wollte... Es handelt sich um eine Sache, die ich gerade mit Frau Professor Bendig verabredet habe...«

Kathi stemmte das Tablett in die Hüfte und blieb vor der Tür stehen, blau-weiß gewürfelt, gewaltig vor dem weißen Hintergrund der Tür und in ihren weißen Rahmen gespannt, ihre fraulichen Rundungen gingen überall weit über irdische Maße hinaus...

»Bütte...?« fragte sie mißtrauisch, als könne von der Frau Professor nicht allzuviel Gutes kommen, und gleichzeitig mit einem Ausdruck in ihrem runden Gesicht, als hätte sie auf diesen Anfang schon lange gewartet. Der König war tot, aha, nun stürzte also auch sein Minister...

»Nein, Kathi«, rief Hellwang und schüttelte den Kopf, als läse er ihr die Gedanken von der Stirn ab, »es ist wegen der Kinder, hm, ja...«

»Und was ist nachher mit den Kindern?« fragte Kathi kühl abwartend, »laufen sie vielleicht schlampig herum, oder kriegen sie nicht genug zu essen, ha?«

»Aber nicht doch, Kathi, darum geht es ja gar nicht! Es geht um ihre Erziehung...« (Um Gottes willen, jetzt keine Silbe von der Hausdame!) »Wissen Sie, Kathi, ich habe nämlich beschlossen, da wir ja jemand haben müssen, der die Kinder beaufsichtigt und ihre Schularbeiten überwacht – Britta lernt ja schon Englisch, nicht wahr –, nun, da habe ich mich also dazu entschlossen, eine Dame ins Haus zu nehmen, die die Erziehung der Kinder übernimmt und die nebenbei auch Sie, liebe Kathi, ein wenig entlastet...«

Er stotterte furchtbar, und das ›liebe Kathi‹ hätte er besser weglassen sollen, denn Kathis schon halb eingeschläfertes Mißtrauen flackerte bei diesen Schmeicheltönen wieder auf: »Z'wegen meiner hätten Sie sich nicht bemühen brauchen, Herr Doktor«, sagte sie abweisend, und mit einem verkniffenen Zug um die Mundwinkel fragte sie : »Und überhaupts, seit wann sagt man auf ein Kinderfräulein Dame?«

»Nun«, antwortete Hellwang gewunden und rutschte unruhig auf der ledernen Sitzfläche seines Armstuhles herum, »ich dachte weniger an ein Kinderfräulein als vielmehr an eine ältere, reife Person, vor der die Kinder Respekt haben – sagen wir mal, eine Erzieherin. Und im übrigen habe ich erst heute ein Inserat aufgegeben und will mich nur nach persönlicher Rücksprache endgültig entscheiden. Jedenfalls kommt für diesen Posten nur ein vertrauenswürdiger Mensch in Frage, der mit Kindern gut umzugehen versteht – wie gesagt, eine Dame mit Erfahrungen auf diesem Gebiet.«

Kathi ließ das Tablett von der Hüfte sinken. Der Metallspiegel warf einen Blitz durchs Zimmer.

»Na, wir werden ja sehen!« sagte sie und sog Luft am oberen Eckzahn vorbei. Es war ein schauerliches Geräusch, es ging auf die Nerven wie Fingerknacken oder kreischende Griffel auf Schiefertafeln – und es klang unheilverkündend.

FRÄULEIN ZÖGLING

Sie hieß Sieglinda Zögling und war vorher nur in erstklassigen Häusern gewesen, nachdem sie die pädagogische Ausbildung abgeschlossen hatte und noch ein Jahr am Fröbel-Institut Hospitantin gewesen war. Zuletzt hatte sie drei Jahre als ›Erste Hausdame‹ auf dem Schloß des verwitweten Grafen Mortimer Idell-Idell gewirkt. Konrad Hellwang juckte es, nach der ›Zweiten Hausdame‹ zu fragen, aber er unterließ es aus ungeklärten Gründen, obwohl er im allgemeinen interessanten Problemen nie aus dem Wege ging. Aus Fräulein Zöglings peinlich geordneten Papieren ging hervor, daß sie das Licht der Welt vor dreiunddreißig Jahren zu Bremen erblickt hatte, als Tochter des Hauptzollamtsobersekretärs Jubilatus Zögling und seiner Ehefrau Jakobine, geborene Kastenbein.

Es hatten sich auf das Inserat sechs Damen gemeldet und in dem Hause in der Mozartstraße vorgestellt. Zwei von ihnen waren sofort ausgefallen, da ihre allzu kühne Garderobe und Haarfarbe, der allzu deutliche Auftrag von Lippenrot und Nagellack und nicht zuletzt die flüchtigen Blicke, die sie an die Kinder verwendet, und die feurigen, die sie an den Herrn des Hauses verschwendet hatten, sie für den in Frage kommenden Posten ungeeignet hatten erscheinen lassen. Ja, die alte Dame war nahe daran gewesen, die ganze Aktion abzublasen, die ihr plötzlich in einem neuen und sehr gefährlichen Licht erschien. Zwei andere Bewerberinnen waren von ihr abschlägig beschieden worden, weil sie vielleicht tüchtige Kinderfrauen waren, nicht aber als Hausdamen fungieren konnten. Hellwang selber wäre mit einer von diesen beiden Frauen eigentlich ganz zufrieden gewesen. Sie sahen beide freundlich und gemütlich aus, wären Kathi nie ins Gehege gedrungen und verstanden es gewiß, die Kinder zu betreuen und ihnen hübsche Geschichten zu erzählen – aber die alte Dame hatte sich die ›Hausdame‹ fest in den Kopf gesetzt. Wenn er sie danach fragte, was sie sich unter diesem pompösen Titel eigentlich vorstellte, so antwortete sie ausweichend oder murmelte Fremdworte vor sich hin, etwa ›seriös‹ oder ›repräsentativ‹ oder gar ›spektabel‹... Er wußte wahrhaftig nicht, was er sich unter einer spektablen Person vorstellen sollte. Soweit er sich erinnerte, war Spektabilität ein veraltetes Ehrenprädikat für Fakultätsdekane an deutschen Universitäten. Möglich, daß sein Schwiegervater einmal vor Zeiten diese würdige Bezeichnung geführt hatte. Wahrscheinlich trug aber seine verehrte, gute Schwiegermutter nur ein sehr undeutliches und verschwommenes Wunschbild mit sich herum.

Aber als dann Fräulein Sieglinda Zögling auftauchte, tauschte sie mit Konrad Hellwang einen Blick, der etwa heißen sollte: »So habe ich sie mir vorgestellt, die Hausdame – genau so!«

Es war etwas Fräuleinhaftes, Strenges in Sieglinda Zöglings Wesen, ein hochmütig abweisender Zug von vornehmer Weltverachtung und auch von jener Keuschheit, der man bei Stiftsdamen begegnet. Konrad Hellwang kannte Stiftsdamen allerdings nur aus den Romanen seines geliebten Fontane, aber nach dem Gespräch mit Fräulein Zögling wußte er ganz genau, wie er sich Tante Adelheid aus dem ›Stechlin‹ in ihren jüngeren Jahren vorzustellen hatte. Der alten Dame blickte Fräulein Zögling voll ins Auge, aber wenn sie mit Hellwange sprach, irrte ihr Blick an seinem linken Ohr vorbei und heftete sich aufmerksam an einen unsichtbaren Punkt im leeren Raum hinter seinem Rücken. Hellwang hatte das Gefühl, Fräulein Zögling nehme Anstoß an der Weltordnung, die die Menschheit und die Natur zweigeschlechtlich geschaffen hatte, anstatt die Lebewesen durch Parthenogenese entstehen zu lassen, wie es bei Rädertieren, Würmern, Krebsen und Insekten geschieht – leider nur bei Würmern, Krebsen und Insekten...

Wenn es nach Hellwangs Meinung und Wunsch gegangen wäre, dann hätte er sich wohl für ein Fräulein Lohwasser entschieden, deren Offertbrief gleichzeitig mit dem Schreiben von Fräulein Zögling eingetroffen war und deren Vorstellung am Vormittag erfolgte, während Sieglinda Zögling auf den Nachmittag bestellt worden war. Fräulein Lohwasser war die Tochter eines Münchner Kunstmalers. Sie hatte ein heiteres, offenes Gesicht und sah aus, als ob sie preiswert einzukaufen und gut zu kochen verstände. Wie sie erzählte, hatte sie nach dem frühen Tode ihrer Mutter die drei jüngeren Geschwister großgezogen und darüber versäumt, einen Mann zu finden. Nun näherte sie sich den Vierzigern, die Geschwister waren längst erwachsen und aus dem Hause geflogen, und da war es jetzt ihrem Vater, dem sie die letzten Jahre die Wirtschaft geführt hatte, eingefallen, noch einmal zu heiraten. – Ihre offenherzige Art gefiel Hellwang, und er war der Meinung, daß sie auch den Kindern gefallen würde. Auch die alte Dame hatte zunächst gegen Fräulein Lohwasser keine Einwände vorzubringen, sie änderte ihre Ansicht aber rasch, nachdem sie Fräulein Zögling kennengelernt hatte.

»Es handelt sich nicht um Gefallen oder Nichtgefallen, lieber Konrad, sondern es geht allein um den Respekt! Diesem zweifelsohne braven und recht netten Fräulein Lohwasser würde Lydia nach drei Tagen auf der Nase herumtanzen. – Und dann, wer ist sie eigentlich? Keine Zeugnisse, keine Empfehlungen... Und woher stammt sie schon? Ich habe den Namen Lohwasser noch nie vernommen – du vielleicht, Konrad?«

Er mußte zugeben, dem Namen dieses Meisters ebenfalls noch niemals begegnet zu sein, aber er konnte es auch nicht unterlassen, seine Schwiegermutter mit der Gegenfrage zu überrumpeln, ob ihr zum Beispiel die Namen Mieris, Metsu und ein paar andere geläufig wären, die in der Geschichte der Malerei immerhin mit langen Kapiteln bedacht würden. Aber solche feinen Stöße drangen der alten Dame nicht unter die Haut.

»Die Tochter eines Malers...«, nörgelte sie, als wollte sie sagen: »Was kann aus Schwabing schon Gutes kommen?«

»Vielleicht nicht ungeeignet für die Kinder eines Schriftstellers...«, murmelte er. Die alte Dame wuchs ein wenig in die Höhe, und ihre Stimme wurde scharf und bestimmt.

»Immerhin bist du Akademiker und ein Mann von Bedeutung! Deinen Namen kennt man in der Literatur – und darüber hinaus in der Welt!«

Hellwang zog das Genick ein und sagte kein Wort mehr. Seine gute Schwiegermama war für gewöhnlich eine gescheite und ganz vernünftige Frau, aber sie hatte ein paar Glaubenssätze, an denen sie niemand rütteln ließ. Der erste betraf die Bedeutung Konrad Hellwangs, dem sie ihre Lieblingstochter zur Frau gegeben hatte: Sie glaubte felsenfest daran, daß mit ihm eine neue Epoche der Literaturgeschichte begänne – von Hellwang bis... Und das zweite Dogma war ihre Überzeugung, daß die Akademiker dereinst zu Gottes rechter Hand sitzen würden – mit ihren Frauen natürlich. Dagegen war nichts zu machen, und das war wohl auch nicht mehr zu ändern, denn es saß nun schon über siebzig Jahre in dem weiß übersponnenen, kleinen Schädel fest. Seinen Schwiegervater amüsierte es, aber er hütete sich, sich darüber laut zu mokieren.

Und außerdem fand dieses Gespräch statt, nachdem die alte Dame sich anhand der Zeugnisse und durch ein mehr als einstündiges Gespräch über die fabelhaften Qualitäten von Fräulein Zögling unterrichtet hatte. Ah, der verwitwete Graf Idell-Idell auf Schloß Buchhof über Sterzenbach am See...! So etwas war Nektar für ihr Herz, denn vor den Akademikern rangierte doch noch der Adel! Wenn sie in einer Illustrierten eine Fürstenhochzeit entdeckte, und es verging ja kaum eine Woche, daß so etwas nicht geschah, begannen ihre Augen zu leuchten, und sie konnte Hellwang stundenlange Vorträge über die Genealogie der Häuser Sachsen-Coburg-Gotha oder Hohenzollern halten. Vielleicht rührte diese Hingezogenheit daher, daß sie als siebzehnjähriges junges Mädchen dazu ausersehen worden war, vor Wilhelm II. anläßlich seines fünfundzwanzigjährigen Regierungsjubiläums ein Huldigungsgedicht zu deklamieren – worauf ihr der Herrscher gnädig in die Wange zwickte und ihr sein Bild mit eigenhändiger Unterschrift überreichen ließ. Es hing in Hamburg heute noch über ihrem kleinen Schreibtisch...

Sie warf Hellwang einen Blick zu, in dem etwas wie ein Dankbarkeitsgefühl gegen die Vorsehung schimmerte, die Fräulein Zögling nach Greiffing geführt hatte, und sagte: »Konrad, ich denke, wir können sehr froh sein, daß unsere Anzeige Fräulein Zögling ins Auge gefallen ist, nicht wahr?« – Hellwang fand ihre Ausdrucksweise merkwürdig geschraubt und verändert, denn für gewöhnlich sprach sie wie ein normaler Mensch. –

»Ich meine«, fuhr die alte Dame fort, »daß wir die Erziehung und Betreuung unserer drei Kinder und die Leitung unseres Haushaltes vertrauensvoll in Fräulein Zöglings bewährte Hände legen dürfen, jawohl!«

Und mit diesem halbmilitärischen ›Jawohl‹ war die Frage auch schon entschieden, denn Hellwang war viel zu müde und apathisch, um nicht froh darüber zu sein, daß ihm solch schwierige Entscheidungen abgenommen wurden. Und außerdem ging es auch nicht recht an, in Fräulein Zöglings Gegenwart unentschlossen um eine Bedenkzeit zu bitten. Es hätte ausgesehen, als traue er ihren fabelhaften Zeugnissen nicht und als hielte er den verwitweten Grafen Mortimer Idell-Idell auf Schloß Buchhof für eine Fantasiegestalt.

Es war gegen die Wahl von Fräulein Zögling auch wahrhaftig nichts Stichhaltiges einzuwenden. Oder sollte er etwa eingestehen, daß seine einzigen Bedenken darin bestanden, daß sie eine gebürtige Bremerin war? – In seinem ganzen Leben war er wissentlich noch nie zu einer Bremerin – oder sagte man Bremenserin? – in nähere Beziehungen getreten. Und ganz gewißlich waren Bremerinnen genauso treu oder flatterhaft, zuverlässig oder leichtfertig wie andere Frauen auch, die aus Mannheim, Würzburg, Hannover oder Breslau stammten. Aber es saß ein Stachel in seiner Haut. Seinem Onkel Heinrich Hellwang war seinerzeit die Frau durchgegangen, und dazu noch mit einem Finanzbeamten. Als das geschah, war Konrad ein Knabe von zwölf Jahren gewesen. Er entsann sich noch deutlich seiner Tante Melitta, ihrer rehbraunen großen Augen, der blitzenden, ein wenig vorstehenden Zähne, ihres eleganten Hutes mit dem zärtlich geheimnisvollen Halbschleier, unter dem die kleine Nasenspitze keck hervorlugte, und des Liedes, das Onkel Heinrich so sehr geliebt hatte, daß Tante Melitta es immer wieder – sich am Klavier selbst begleitend – mit ihrer wohlklingenden Stimme vortragen mußte: Hier hab' ich so manches liehibe Mahl mit meiheiner Laute gesessen...

Tante Melitta, ha! auch ihren honigsüßen Namen fand man später lasterhaft, und von ihr selbst und was aus ihr geworden sein mochte, als der Finanzbeamte sie sitzen ließ, sprach man nur hinter der Hand. Und sie war eine gebürtige Bremerin gewesen! – Doch was hatte das mit Fräulein Zögling zu tun? – Hellwang versuchte, den Stachel abzuschütteln. Aber was hat mehr Widerhaken und sitzt tiefer im Fleisch als ein in Ehren ergrautes Vorurteil? –

Die alte Dame rief die Kinder ins Wohnzimmer. Söhnchen erschien mit einer peinlichen Tropfnase, die die gute Omi rasch mit ihrem eigenen Taschentüchelchen abputzte, denn seines war wieder einmal spurlos verschwunden. »Sie sehen selbst, mein liebes Fräulein Zögling«, sagte sie entschuldigend, »wie not hier eine Frauenhand tut!«

Fräulein Zögling legte Söhnchen ihre Frauenhand auf den strubbeligen Scheitel: »Wie heißt denn du, Bubi?« fragte sie einschmeichelnd.

»Ich bin kein Bubi nicht!« antwortete der kleine Mann empört und flüchtete an Omis Schoß.

»Wir nennen ihn Söhnchen«, legte sich die alte Dame ins Mittel, »aus leicht erklärlichen Gründen, nachdem meiner Tochter erst zwei Töchter geschenkt wurden. Der Kleine heißt Wolfgang...«

»Genau wie der jüngste der gräflichen Söhne!« rief Fräulein Zögling freudig überrascht, »er wurde allerdings Wolf genannt. Der Graf liebte keine Zärtelnamen. Nun, dem gräflichen Hause waren allerdings auch drei Söhne beschert und deshalb wohl...(Sie verhedderte sich unter Hellwangs eigentümlichem Gesichtsausdruck, der entschuldigend vorzubringen schien, er zu seinem Teil habe getan, was in seinen Kräften stand – sie errötete und fuhr rasch fort: »Aber unser Wolferl war genau solch ein herziger Blondkopf wie du!«

Der herzige Blondkopf stampfte mit dem Fuß auf und erklärte barsch, er fände Wolferl fad. Darauf murmelte Fräulein Zögling etwas von dem entzückenden Temperament des Kindes. Dann kam Lydia an die Reihe, Fräulein Zögling die Hand zu reichen. Zufällig war sie fast sauber. Sie knickste brav, sagte in einem Sprüchlein alles auf, wonach sie gefragt wurde, Namen, Alter und Schulklasse, lächelte Fräulein Zögling aus ihren Märchenaugen bestrickend an und schielte unter dem dichten Wimpernvorhang nach der schwarzen Lackledertasche ihrer künftigen Erzieherin, deren Bügelschloß sie mit sachkundigem Blick taxierte.

»Ein reizendes Kind«, bemerkte Fräulein Zögling in Omis Richtung, und mit einer kleinen Drehung zu Hellwang hin fügte sie hinzu: »Irgendwie aristokratisch...«

Er nahm die Äußerung, die wahrscheinlich als höchstes Kompliment gemeint war, das man vergeben konnte, entgegen, als würge er einen allzu großen Brocken altbackenes Brot hinunter und hüstelte sich einen Belag von der Kehle.

»Und das ist unsere Brigitta, kurz Britta genannt«, sagte die alte Dame und gab Britta, die mit einwärtsgedrehten Füßen keine allzu glückliche Figur machte, einen kleinen Ermunterungsklaps auf die Kehrseite.

»Du gehst, wie ich vernommen habe, bereits in die Oberschule«, wandte sich Fräulein Zögling an Britta, »da lernt ihr wohl Französisch, nicht wahr? Parlez vous français?«

»Nein, wir haben Englisch...«

»Nun, dann werden wir ja bald Gelegenheit haben, uns tüchtig im Englischen zu üben. How do you do?«

Britta sandte einen hilfesuchenden Blick in die Runde. Die Perspektiven, die sich ihr eröffneten, schienen sie mächtig zu bedrükken. Sie ließ die linke Schulter wie einen gebrochenen Flügel hängen. »Wir haben erst seit dem Herbst Englisch«, murmelte sie verzagt.

»Britta fing nämlich mit Französisch an«, erläuterte Hellwang, »dann wurde der Lehrplan geändert und Englisch als Erstsprache eingeführt.«

»Die gräflichen Kinder wurden von einem Hauslehrer unterrichtet«, bemerkte Fräulein Zögling. Sie hob dabei die schmalen Augenbrauen ein wenig, und es klang, als ob sie damit sagen wollte: Ein jeder kann sich das natürlich nicht leisten, seine Kinder von einem Hauslehrer unterrichten zu lassen...

»Kommen wir zur Sache«, meinte die alte Dame schließlich resolut, als befürchte sie, Fräulein Zögling könne noch im letzten Augenblick Bedenken bekommen und abspringen. Die pekuniäre Seite der Angelegenheit hatte sie im Einvernehmen mit Konrad Hellwang bereits vor dem Erscheinen der Kinder erledigt. »Wann können Sie Ihren Posten hier im Hause übernehmen, Fräulein Zögling?«

»Jederzeit, gnädige Frau – ich stelle es in Ihr Ermessen, den Tag zu bestimmen.« Und so wurde vereinbart, daß Fräulein Zögling die Stellung am 15. März antreten sollte. Es war eine gute Woche bis dahin, aber man mußte den Einzug der neuen Hausgenossin ja auch vorbereiten.

»Da haben wir wirklich einen Griff in den Glückstopf getan«, frohlockte die alte Dame, als Fräulein Zögling über den Kiesweg zur Gartenpforte ging. Sie beobachtete die Davongehende hinter der Gardine und spitzte die Lippen, als würfe sie ihr ein Küßchen nach. »Nun kann ich beruhigt abfahren, denn bei Fräulein Zögling werden Haus und Kinder in guter Hut stehen.« Sie wandte sich um, als Hellwang beharrlich schwieg: »Oder hast du etwas an ihr auszusetzen?« Ihr Ton veranlaßte ihn, eiligst zu versichern, daß auch er mit der Wahl von Fräulein Zögling durchaus einverstanden sei und unterließ jede Bemerkung darüber, daß er bei der Wahl sehr wenig zu bestimmen gehabt hatte.

»Das einzige wäre vielleicht«, wandte er schließlich ein, »daß sie so furchtbar fein ist und womöglich in Ohnmacht fallen wird, wenn die Kinder erst etwas mehr auftauen.«

»Es wird auch allerhöchste Zeit, daß die Kinder aus der Küche herauskommen und sich benehmen lernen!« sagte die alte Dame nicht ohne Schärfe. »Kathi ist gewiß eine tüchtige Person, dagegen kann man nichts sagen, aber was ihren Umgangston mit den Kindern betrifft, nun, so ist er nach meinem Geschmack denn doch ein wenig zu – bayerisch! Vor einer knappen Stunde hörte ich doch wahrhaftig, wie Söhnchen Lydia eine ›alte Dreckschleuder‹ nannte, hm! – was sagst du dazu? Findest du diesen ordinären Ausdruck im Munde eines vierjährigen Buben etwa angemessen?«

»Hm...«, antwortete Hellwang reichlich unbestimmt und ließ seine Meinung zu dem von der alten Dame angeschnittenen Thema offen.

Sie war von der Wahl geradezu begeistert und kam im Verlaufe des Tages noch mehrmals auf die Begegnung mit Sieglinda Zögling zurück. Die gräfliche Familie Idell-Idell spielte dabei eine große Rolle. Sie schlug in ›Wer ist wer?‹ nach, wo sie alle Angaben von Fräulein Zögling über das alte Grafengeschlecht, von dem es sogar eine gefürstete Linie gab, vollauf bestätigt fand, und suchte das Schloß Buchhof bei Sterzenbach am See auf der Landkarte. Nicht weniger jedoch hatte sie beeindruckt, daß Fräulein Zögling der Name Konrad Hellwang ein ›literarischer Begriff‹ gewesen war.

»Das nenne ich Bildung, lieber Konrad! Und sie versteht mit Kindern umzugehen, das sieht man doch auf den ersten Blick. Nicht zu kalt und nicht zu warm, gerade in der goldenen Mitte. So erzieht man nämlich Kinder! – Und hast du ihren fabelhaften englischen Akzent gehört? Sie muß längere Zeit drüben gewesen sein.«

Hellwang konnte sich nicht erinnern, mehr als eine Phrase aus dem Munde von Fräulein Zögling gehört zu haben, die auch jede Bardame fehlerfrei beherrscht. Unglückseligerweise gab er dieser Meinung auch unverhohlen Ausdruck. Die alte Dame fuhr empört in die Höhe.

»Du vergreifst dich manchmal in deinen Vergleichen, Konrad!« bemerkte sie mit tadelnd gerunzelter Stirn, und Hellwang zog es vor, über seine Gedankenverbindung, die wahrscheinlich wieder einmal über Bremen lief, zu schweigen.

»Jedenfalls«, stellte seine Schwiegermutter abschließend fest, »werden die Kinder gute Manieren lernen, und gute Manieren sind im Leben genauso wichtig und nützlich wie gute Kenntnisse. Das sagt sogar Vater!«

»Entschuldige schon, Mama, aber du tust gerade so, als ob die Kinder bis jetzt wild aufgewachsen wären...«

»Entschuldige schon, lieber Konrad, daß ich es ausspreche, aber auch dein Ton ist manchmal ein wenig – frei. Ich verstehe natürlich durchaus, daß du als Künstler dich nicht dem strengen Zwang unterordnest, hie und da ein Wort zu unterdrücken, das in Gegenwart der Kinder besser unausgesprochen bliebe. Leider schnappen die Kinder gerade solche Ausdrücke mit Vorliebe auf. Fräulein Zögling wird in dieser Hinsicht ein gutes Gegengewicht abgeben.«

Hellwang schluckte die Antwort hinunter, er ›unterwarf sich dem Zwang, Worte zu unterdrücken, die auch in Gegenwart seiner verehrten Schwiegermutter besser unausgesprochen blieben‹ und wurde sich mit wachsendem Unbehagen darüber klar, daß er hinfort manches würde hinunterschlucken müssen. Luisa, sein prachtvoller Kamerad, war nie in Ohnmacht gefallen, wenn er einmal im großen Männerzorn über Verleger, Steuerbehörden, die Regierungspolitik und sonstige Widrigkeiten des Lebens die Überdruckventile geöffnet hatte. Sollte er von nun ab wie ein Gast im eigenen Hause zu Tisch sitzen, mit der Miene heiter verbindlicher Geselligkeit und einer stets festlich gestimmten Plauderharfe in den Händen? Was dann, wenn seine Schweigezeiten über ihn kamen? Wenn die Arbeit stockte, wenn die Gedanken zäh wie Leder wurden, wenn er wie ein gereizter Löwe durchs Haus knurrte, so daß sogar Kathi nur noch auf Zehenspitzen durch die Zimmer schlich, den Staubsauger in der Besenkammer ließ und die Teller beim Abwaschen einzeln in die Spülschüssel tunkte, um jedes störende Geräusch zu vermeiden?

Er wagte nicht, daran zu denken. –

Und nun, da nach Meinung der alten Dame alles so prächtig geordnet war, überfiel sie die Unruhe und der Wunsch, hier ihre Zelte abzubrechen:»Sei mir nicht böse, Konrad, wenn ich euch schon morgen verlasse. Ich mache mir große Sorgen um Vater. Das Rheuma plagt ihn, und seine Briefe werden immer spitzer. Nun, sechsundsiebzig Jahre sind schließlich ein Alter, wo der Mensch seine gewohnte Ordnung braucht. Die gute Frau Danzer ist ja eine zuverlässige Person, und sie kocht auch soweit ganz schmackhaft, aber sie läßt sich vom Fleischer die zähesten Stücke aufschwatzen. Dafür hat sie einfach keinen Blick. Vater hat sich im letzten Brief darüber beklagt, daß sogar die Dämpfkarbonade ungenießbar war. Ich bitte dich, Dämpfkarbonade, die auf der Zunge zergehen müßte. Und wenn etwas mit seiner Verdauung nicht stimmt, wird er genauso ungenießbar wie das Fleisch, das meine Frau Danzer einkauft. Ich will mir jedenfalls keine Vorwürfe machen müssen, wenn ich ihn daheim womöglich krank antreffe. Und für die acht Tage bis zu Fräulein Zöglings Einzug ins Haus kann ich euch wohl der Kathi unbesorgt überlassen, nicht wahr?«

»Selbstverständlich, Mama!«

»Weißt du, ich werde Kathi einen Küchenzettel hinterlassen und ihr das Rezept von dem Hamburger Ochsenschwanzragout noch einmal ganz genau erklären. Sie läßt das Fleisch am Anfang nicht genug bräunen, und sie spart mit dem Rotwein, das ist ihr Fehler, deshalb schmeckt dann natürlich die Soße so leer.«

Er mußte lachen, so sehr ihn die Besorgnis der guten alten Dame auch innerlich rührte. Das war Bendigsche Art. Auch Luisa hatte, wenn sie gelegentlich für ein paar Tage zu ihren Eltern oder zu Trix fuhr, Kathi genaue Rezepte für die Zeit ihrer Abwesenheit hinterlassen.

»Ach, wir werden schon nicht verhungern, Mama. Es wird natürlich nicht ganz so fein abgeschmeckt sein wie bei dir, aber schließlich hat Kathi uns schon oft genug für ein paar Tage selbständig ganz ordentlich versorgt und bekocht.«

Er wußte, daß Kathi hinter der alten Dame drei große Kreuze schlagen würde. Sie waren beide Herrennaturen, und die Küche war ein zu enger Spielraum für Eisenköpfe, um nicht aneinanderzurennen, zumal für Eisenköpfe mit so unterschiedlichen Geschmacksnerven. Die Hellwang-Kinder kannten die norddeutsche Küche nur von den seltenen Ferienbesuchen bei den Großeltern. Konrad Hellwang und Luisa hatten sich in den langen Jahren, da sie in Bayern ansässig waren, ihrer halb entwöhnt. Kathi haßte sie. In ihrer Ausdrucksweise ›grauste‹ es ihr davor; es grauste ihr vor

Königsberger Klopsen und vor mit Rahm angemachtem Gurkensalat, es grauste ihr vor Obstsuppen und Seefischen, vor Fruchtkaltschalen und vor allem von roter Grütze mit Vanillesoße. Die alte Dame ihrerseits fand Semmel- oder Kartoffelknödel schauderhaft, zur Bratente gar eine Entweihung – »es geht doch nichts über eine gute, mehlige Kartoffel!« – sie fand gemischten kalten Salat zu Schweinebraten empörend, und die bajuwarische Völlerei auf dem Oktoberfest nannte sie ›nackten Kannibalismus‹. Der Maßkrug war für sie der beredte Ausdruck trunksüchtiger Maßlosigkeit...

So war es zu verstehen, daß Kathi während ihrer langen Anwesenheit im Hause außerordentlich nervös geworden war und es nur mit äußerster Anstrengung nicht zu einer Explosion der Kräfte kommen ließ, die sich in ihrem Inneren zusammenballten. Geschah es nun als Aufmerksamkeit, oder war es ein sichtbares Zeichen ihrer Erleichterung, die alte Dame verschwinden zu sehen, jedenfalls besorgte sie von der Gärtnerei Empfenzeder drei Sträußchen Primeln, und mit diesem Blütengruß durften sich die Kinder von der weinenden Omi verabschieden. Auch Konrad Hellwang war es schwer ums Herz, als er zwischen seinen kleinen Töchtern dem davonrollenden D-Zug nachwinkte.

Auf der Heimfahrt durfte Lydia im Wagen neben ihm sitzen. Ihre ewig zappelnden Hände entdeckten in dem Spalt zwischen Rükkenpolster und Sitz ein Taschentuch, ein kleines Tüchelchen mit gehäkeltem Rand und Luisas Monogramm in einer Ecke. Wann hatte sie es dort vergessen? Auf einer der vorweihnachtlichen Stadtfahrten, von denen sie hochbepackt und geheimnisvoll, die neugierigen Kinder zu Kathi in die Küche scheuchend, heimgekehrt waren – oder auf der letzten Fahrt in die Klinik, von der er sie nicht mehr abholen durfte? – Er nahm Lydia das Tüchelchen fort und barg es in seiner Brusttasche. Über Wochen oder Monate, die es da in seinem Versteck gelegen hatte, war ihm ein zarter Duft nach Lavendel-Orange haften geblieben, ein Duft, der etwas in Hellwangs Kehle aufquellen ließ. Vielleicht rief der süße Hauch in den Herzen der Kinder ebenfalls eine Erinnerung an Luisa wach. Sie hockten für den Rest der Fahrt, während der Wagen die Stadt verließ und zwischen märzlichen Feldern, ständig wachsenden Siedlungen und neuen Wohnblöcken in Richtung Greiffing fuhr, still in den Polstern und streiften Hellwangs umschattetes Gesicht mit scheuen, zärtlichen Blicken.

Im Zimmer, das Frau Professor Bendig bewohnt hatte, wurden die Betten für die neue Hausgenossin frisch bezogen, die Gardinen gewaschen und neu aufgesteckt und überhaupt Generalreinigung gehalten. Die beiden Mädels halfen, sobald sie aus der Schule kamen, tüchtig mit – wenigstens war das ihre Meinung. Kathi war von dieser Hilfe weniger begeistert, einmal, weil die Kinder ihr dauernd im Wege standen, und dann auch, weil der Eifer, den sie da ›für die Neue‹ entwickelten, ihr irgendwie als Dorn im Auge zu sitzen schien.

»Ha, ihr zwei könnt's euer Fräulein wohl gar nimmer erwarten?« knurrte sie und sog die Luft durch den Eckzahn. Die Kinder, die alles Neue begehrenswert fanden und denen Abwechslungen immer spannend und hochwillkommen waren, woher sie auch kamen, waren arglos genug, Kathi gegenüber nicht zu verhehlen, daß sie auch der Ankunft ihrer Erzieherin Reize abzugewinnen vermochten, während Kathi fraglos der Meinung war und diese Ansicht auch bekundete, daß sie da ahnungslos aus Giftblüten Honig sögen. –

Sie wand den Scheuerlappen so nachdrücklich und energisch aus, als drehe sie einer Gans den Hals ab, sie wickelte ihn um den Schrubber und stützte die roten Fäuste auf den Stiel, während ihr Gesicht den düsteren Ausdruck Kassandras kurz vor dem Untergang von Troja annahm. Sie hatte Fräulein Zögling am Tage der Vorstellung nur die Tür geöffnet und den Mantel und Schirm abgenommen, aber diese flüchtige Begegnung genügte ihr bereits, um ein abschließendes, kaum noch korrekturfähiges Urteil zu fällen.

»Ihr werdet's ja erleben«, murmelte sie in sich hinein und kicherte dumpf durch die Nase, »freut euch nur drauf – auf dees hochmütige, kalte Luder, auf dees kalte!« –

Am Sonntag, gleich nach dem Mittagessen, bat Kathi Hellwang um die Erlaubnis, die Kinder zu ihren Leuten mitnehmen zu dürfen. Obwohl Konrad Hellwang der Gedanke, den Tag in dem stillen Hause allein verbringen zu müssen, nicht sehr angenehm war, gestattete er es, als er sah, wie die Kinder bei Kathis Vorschlag Hurra schrien und mit den Löffeln in die geleerten Puddingteller trommelten. Söhnchen krähte vor Begeisterung, und selbst für Britta waren diese Besuche bei Kathis Eltern noch Höhepunkte des Lebens. Denn Kathis Mutter hielt für sie stets ein paar Schmalznudeln bereit, die lockersten und duftigsten Schmalznudeln weit und breit, und sie durften sie in den Kaffee tunken. Und sie durften das kleine Häusl auf den Kopf stellen, und sie durften mit Kathis Bruder Michl auf dem Sozius seiner 600er BMW Runden um das Wohnviertel drehen. Und zum Schluß ging es immer in den ›Hubertus‹, wo je nach Jahreszeit und Wetterlage im großen Saal oder im Freien die Blasmusik spielte, Schuhplattler tanzten, Komiker auftraten und wo sie die Schweinswürstl vom Rost mit tüchtigen Schlucken aus dem gemeinsamen Maßkrug hinunterspülen durften.

Jedes der Kinder bekam ein Markstück in die Hand gedrückt, Kathi putzte sie heraus, Lydia, die sich bei solchen Gelegenheiten wie ein Pfingstochse mit klirrendem Schmuck aus der Wundertüte behängte, wurde rasch noch um ein paar Armbänder, Ringe und Halsketten erleichtert, und dann zogen sie aufgeregt schwatzend ab, und Hellwang blieb mit seiner Zigarre und mit seinen Gedanken allein zurück.

Aber nach einer Stunde sperrte auch er das Gartentor hinter sich zu. Es litt ihn nicht länger im Hause. Die Wärme war daraus entwichen. Wenn er durch die Zimmer ging, hatte er das Gefühl, es fehlten nur noch weiße Leinenbezüge über den Möbeln, um das Bild der Unwohnlichkeit zu vollenden. In den Zimmern herrschte die beklemmende Sauberkeit von Krankenhäusern oder zur Besichtigung freigegebenen Musterwohnungen. Man suchte unwillkürlich nach den Strohpantoffeln, die zur Schonung der Fußböden auf der Schwelle bereitstanden.

Kathi hatte eine vertrackte Art, die Stühle seitlich zum Tisch auszurichten und die Kissen mit einem Handkantenschlag zu deformieren, so daß zwei Zipfel prall und steif emporragten. Alles stand wie in Kommandostellung, diese gemütlichen Stücke, die Luisa und ihm wie alte Freunde vertraut waren und alle ihre Namen und ihre Geschichten hatten. Der große Ohrensessel Maximilian, der Täbris in Luisas Zimmer, den sie Anna von Cleve genannt hatten, der alte Bauernschrank mit den treuherzigen Heiligenbildern auf den Türen, der York von Wartenberg hieß – alles benannt nach Arbeiten und Aufsätzen Hellwangs, von deren Honoraren immer ein Teil für die Erfüllung eines Wunsches abgezweigt worden war. – Ach, Luisas Atem wehte nicht mehr durch die Räume, ihr warmer Atem, der auch den toten Dingen Leben eingehaucht hatte.

Kathis Ordnungsbegriff war für den, der ihn mit voller Wucht zu spüren bekam, eine furchtbare Geißel. Sie feierte mit dem kombinierten Staubsauger stundenlange Orgien. Einem Versuch Hellwangs, den teuflischen Apparat heimlich außer Gefecht zu setzen, hatte die außergewöhnlich starke Konstruktion widerstanden. Luisa allein hatte das Kunststück fertiggebracht, Kathis Ordnungsdrang mit Samthandschuhen über eisenharten Gelenken zu zügeln. Ob dieses Fräulein Zögling, das in der kommenden Woche den Hausdamenposten antreten sollte, in der Behandlung Kathis die gleiche oder wenigstens eine annähernd gleiche Geschicklichkeit besitzen würde? Er erinnerte sich mit einigem Unbehagen an die Unterredung mit Kathi, an ihre mißtrauisch präzisen Fragen über die Kompetenzen der künftigen Hausgenossin gegenüber ihren eigenen – und an sein nicht gerade mutiges Ausweichen. Aber der Teufel mochte im Angesicht dieser resoluten Frauensperson Mut besitzen! Ihm blieb nichts anderes übrig, als inbrünstig zu wünschen und zu hoffen, daß alles gut ausgehen möge...

Als er von einem zweistündigen Spaziergang, der ihn durch den Wald bis nach Maria-Eich führte, zum Hause zurückkam, stand seine Schwägerin Trix – Dr. med. Beatrice Bendig – mit einem kleinen Köfferchen in der Hand vor dem Gartentor.

»Mein Gott, Trix, warum hast du kein Telegramm geschickt oder mich von München aus angeläutet? Wie lange stehst du hier vor verschlossenen Türen?«

»Seit zehn Minuten«, antwortete sie munter, »ich bekam in München den Zug nach Greiffing so rasch, daß ich zum Telefonieren keine Zeit mehr fand...«

»Und die Kinder sind bei Kathis Eltern...«, er warf einen Blick auf seine Uhr, »und jetzt wahrscheinlich schon im ›Hubertus‹ bei der Musi.« Sein Bayerisch sollte heiter klingen, aber er schielte dabei auf ihr Köfferchen und stellte erleichtert fest, daß sie es auf keinen langen Aufenthalt abgesehen haben konnte. Er sperrte das Gartentor und die Haustür auf.

»Komm herein, Trix, leg ab und sag mir, ob ich dir einen Kaffee brauen soll. Oder traust du meinen Künsten nicht? Dann mach ihn dir selber...«

»Inkommodier dich nicht, Konrad«, sagte sie, denn sie kam ja geradewegs aus Wien, »ich habe im Zug zu Mittag gegessen und auch Kaffee getrunken. Der Chef war sehr spendabel. Meist ist er knickerig. Aber sein Vortrag auf dem Kongreß war ein Erfolg, das schraubte seine Laune hoch...«

»Die Kinder bleiben mindestens noch zwei oder drei Stunden aus«, sagte er nervös und öffnete ihr die Tür zum Wohnzimmer.

»Mein Zug fährt um elf Uhr dreißig, und wir können ihnen ja zum ›Hubertus‹ entgegenfahren, wenn sie zu lang ausbleiben...«

»So – du willst schon heute weiter... Das wird den Kindern aber leid tun. – Eine Zigarette darf ich dir anbieten, nicht wahr?«

»Du wirst es nicht für möglich halten, aber ich rauche nicht mehr.«

»He! Hast du so tiefe Einblicke in Raucherlungen genommen?«
»Das auch, aber das ist nicht der Grund. Ich wollte einfach einmal sehen, ob ich zu der Willensanstrengung fähig bin, mir die Zigaretten abzugewöhnen.«
»Und du hast also gesiegt...«
»Ja, ich habe gesiegt.«
»Respekt«, sagte er und schnitt einer Zigarre die Spitze ab, »ich unterliege in diesem Kampf jedesmal kläglich.«
Weshalb hatte er eigentlich heimlich aufgeatmet, als er hörte, daß sie noch heute weiterreisen würde? Zwischen den Schwestern Luisa und Trix bestand wenig Ähnlichkeit, so wenig Ähnlichkeit wie zwischen Britta und Lydia. Aber eine Ähnlichkeit, die ihn quälte, war vorhanden, der Gleichklang der Stimmen. Wenn er die Augen schloß – aber er hütete sich davor, sie zu schließen – hätte er meinen können, Luisa säße ihm gegenüber.
»Ich werde den Wirt vom ›Hubertus‹ doch lieber anläuten«, sagte er, »Komiker hin – Komiker her, die Kinder und Kathi würden es mir nie verzeihen, sie nicht benachrichtigt zu haben, daß du hier bist...«
»Warte damit noch ein Weilchen«, bat sie, »und wenn ich zwischen Komikern und mir zu entscheiden hätte, zöge ich die Komiker vor...«
»Na-na!« machte er.
»Ich bin ziemlich fertig«, sagte sie, »achtzig Vorträge innerhalb einer kurzen Tagungswoche hält das stärkste Pferd nicht aus – und dazu noch dieser Jahrmarkt der Eitelkeiten!«
»Was meinst du wohl, was du in dieser Hinsicht auf einem Schriftstellerkongreß erlebst...!«
»Ich habe genug Fantansie, um es mir vorstellen zu können.« Sie zog die Beine auf die Sitzcouch und strich den Rock über den Knien glatt. »Mama hat mir eifrig geschrieben...«
»Dann weißt du ja auch, daß wir einen neuen Mann an Bord nehmen«, murmelte er.
Sie grinste amüsiert: »Eine Hausdame, lieber Gott, und aus dem gräflichen Haus Idell-Idell dazu! Mama ist hingerissen und weggeschleppt. Ihre Briefe waren das reine Flötenkonzert in den höchsten Tönen – Sag einmal, mußte das sein?«
»Ich fürchte, es mußte sein – aber ich gebe zu, daß ich mich von deiner guten Mutter ein wenig überfahren ließ. Es lagen ein paar andere Bewerberinnen im Rennen, von denen mir eine eigentlich besser gefiel – das heißt«, fügte er rasch hinzu, um jedes Mißver-

ständnis auszuschließen, »die ich für den Posten und für die Kinder geeigneter gehalten hätte.«

»Ich verstehe«, nickte Trix, »aber vor dem Schloß Buchhof schmolz Mama dahin.«

»Ja, so war es«, sagte er und faltete die Hände: »Hoffentlich geht alles gut. Aber wenn es einen Brocken geben wird, an dem ich zu würgen habe, dann wird es weniger dieses Fräulein Zögling sein als vielmehr unsere gute Kathi.«

»Ich werde sie mir vorknöpfen«, sagte Trix. »Ich habe bei Kathi einen schweren Stein im Brett. Ob es etwas nützen wird, ist natürlich eine andere Sache.«

»Ach ja«, sagte er, »nimm sie ein wenig ins Gebet, es kann auf keinen Fall etwas schaden. – Und jetzt läute ich den ›Hubertus‹ an.« Er erhob sich und ging in die Diele hinüber, wo das Telefon stand. Trix blickte ihm unter Wimpern, die denen von Lydia ähnelten, nach. Armer Konrad, dachte sie, der Tod Luisas hat dich schwer mitgenommen, du siehst müde und um zehn Jahre gealtert aus. Nach seiner Arbeit wagte sie gar nicht zu fragen, denn sie wußte natürlich aus den Briefen ihrer Mutter, wie jämmerlich es um ›Herrn von Steuben‹ stand.

Hellwang ließ sie eine ganze Weile allein. Es dauerte lange, bis er Kathi an den Apparat bekam.

»Ich soll die ganze Bande abholen«, sagte er, als er wieder ins Zimmer kam. »Mach es dir bequem, Trix, ich bin mit der Gesellschaft in einer Viertelstunde wieder hier.«

Trix baute in seiner Abwesenheit aus dem kleinen Koffer die Geschenke auf, die sie den Kindern und Kathi aus Wien mitgebracht hatte. Für die Mädels je eine Puppe, für Söhnchen ein Auto, das von einer Batterie getrieben lief, und für Kathi ein Nähbesteck in einem grünen Faltlederbeutelchen. Und natürlich legte sie den Kindern auch noch ein paar Tafeln Milchschokolade dazu, die sie am liebsten mochten. Sie wanderte langsam durch das Haus, öffnete die Türen zu den einzelnen Räumen, auch zu Luisas kleinem Zimmer, in das sie sich zurückgezogen hatte, wenn sie einmal das Bedürfnis ankam, sich von allzu viel Familienleben zu erholen. Ein paar alte Möbelstücke, die sie aus dem Elternhaus mitgenommen hatte, standen darin, und über der kleinen Nußbaumkommode hing ihr Bild mit einem Trauerflor, der wahrscheinlich Kathis Werk war. Luisa lächelte ihr entgegen. Mein Gott, dachte Trix beklommen, so geht man eines Tages davon und muß alles zurücklassen, woran das Herz hing...

Das Geschrei der Kinder riß sie aus ihren Gedanken. Sie stürmten das Haus, riefen ihren Namen und rannten durch die Flure und über die Treppen, als wären sie beim Versteckspiel. Sie fing Lydia auf und drückte sie an ihre Brust, Britta umklammerte ihre Beine, und ganz unten pumperte Söhnchen mit der Faust gegen ihr Knie und krähte: »Hast uns auch was mitgebracht, Tante Trix?«

»Geh, sei doch stad!« ließ sich oben Lydia vernehmen, »so was fragt man doch nicht!«, aber ihre Augen liefen hurtig überall herum, um die Überraschungen zu entdecken, denn Tante Trix war bestimmt nicht mit leeren Händen nach Greiffing gekommen. Endlich kam auch Kathi dazu, Trix zu begrüßen.

»Na, Kathi«, sagte Trix, nachdem sie sich die Hände geschüttelt hatten, »haben Sie unter dem Regiment meiner Mutter sehr zu leiden gehabt?«

»Mei', Fräulein Doktor«, antwortete Kathi mit einem freimütigen Grinsen, »die Frau Professor ist schon eine sehr eigene Person und hat schon ihre Muck'n g'habt – aber man muß die Leut' halt nehmen, wie's sind. Aber jetzt muß ich schaun, daß ich's Essen auf den Tisch bring. Ich hätt' Schweinswürschtl mit Kraut daheim, mögen Sie die?«

»Gern, Kathi – und...«

»Ich kenn' mich schon aus, ein kellerfrisches Bier dazu.«

»Sie haben es genau erraten, Kathi.«

Kathi verschwand in der Küche, und Trix führte die Kinder ins Wohnzimmer, wo sie sich auf das Spielzeug stürzten und wo Lydia und Söhnchen sich sofort über die Schokolade hermachten. Britta sparte sie sich für später auf, obwohl sie mit dieser Sparsamkeit immer hereinfiel, denn natürlich luchsten ihr die beiden anderen später Bröckchen um Bröckchen ab.

Es war ein allzu kurzes Gastspiel, das Trix im Hause ›Gode Wind‹ gab. Die Kinder belegten sie völlig mit Beschlag, sie kam kaum dazu, mit Hellwang ein paar Sätze zu sprechen, und sie kam auch nicht dazu, sich Kathi ›vorzuknöpfen‹, wie es beabsichtigt gewesen war. Konrad Hellwang wollte seine Schwägerin um zehn mit dem Auto in die Stadt und zur Bahn bringen, aber sie bestand darauf, in Greiffing den Zehn-Uhr-zwanzig-Zug zu nehmen. Söhnchen schlief schon, als Hellwang und die beiden Mädels Trix zur Station begleiteten. Die Kinder schwatzten unentwegt, um so einsilbiger war Hellwang. Trix hatte das Gefühl, ihre Gegenwart belästige ihn.

»Mach's gut, Konrad«, sagte sie, als der Zug einlief.

Die Mädels hingen an ihrem Hals. Er mußte sie ihr abnehmen.

»Ich will's versuchen«, murmelte er.

»Und laß von dir hören, Konrad. Und ihr werdet mir auch schreiben, ihr beiden, gelt?«

»Ganz gewiß, Tante Trix, wo du uns doch zu Weihnachten das schöne Briefpapier geschenkt hast.«

»Bis jetzt habt ihr es aber noch nicht benutzt.«

»Ja mei, d' Schul' – wo wir immer so sakrisch vui aufhaben!« murmelten die Mädels schuldbewußt.

Trix stieg ein, und Konrad Hellwang reichte ihr das Köfferchen zu. Die Fensterscheiben waren angelaufen. Trix verschwand hinter einem Schleier. Sie wischte ihn fort, und ihr Gesicht erschien den Kindern noch einmal. Sie winkte, und der Zug fuhr an. Konrad Hellwang ließ die halb erhobene Hand sinken und atmete tief durch. Er bemerkte, daß Britta ihn von unten herauf aufmerksam ansah...

»Komm schon«, sagte er ungeduldig, »es wird für euch höchste Zeit, in die Federn zu kriechen.«

»Hast du dich mit der Tante Trix zerkriegt, Konni?« fragte Britta.

»Blödsinn!« rief er unwillig, »wie kommst du auf diesen Unsinn?«

»Mei'«, murmelte Britta und zog die linke Schulter hoch, »weil du mit ihr fast nix g'redt hast...«

»Fast überhaupt nix«, bestätigte Lydia.

»Dafür habt ihr sie halb zerrissen«, knurrte er, »und nun gebt endlich Ruhe! Und ich habe mich mit Tante Trix nicht zerkriegt! Wie käme ich auch dazu?«

»Weiß man?« murmelte Britta, aber seine heftige Reaktion schien die Kinder darüber zu beruhigen, daß es zwischen ihm und Trix keine Trübung gegeben habe, und sie trabten neben ihm heimwärts.

Die Monatsmitte näherte sich rasch, und als Kathi morgens um neun den vierzehnten März vom Kalender zupfte, läutete es an der Haustür und Fräulein Zögling stand vor der Schwelle, Kathie ließ das Fräulein stehen und ging nach oben, um Hellwang die Ankunft der Hausdame zu melden. Sie sagte allerdings nur schlicht: »Die Neue ist da, Herr Doktor...«, und ging langsam hinter ihm die Treppe hinunter.

Fräulein Zögling keuchte ein wenig, und auf ihrer Stirn standen trotz der kühlen Außentemperatur kleine Schweißperlen, denn sie brachte zwei große Koffer mit. Sie hatte die schweren Stücke eigenhändig vom Bahnhof Greiffing bis zur Haustür geschleppt, da

Greiffing weder mit Autotaxen noch mit Gepäckträgern auf Verkehr eingestellt war. Und immerhin ging man von der Station bis zur Mozartstraße gut und gern zehn Minuten.

»Oh, das tut mir aber leid«, rief Hellwang bedauernd, »ich rechnete bestimmt damit, daß Sie anläuten würden, ich hätte Sie natürlich von der Bahn abgeholt.« Er wandte sich an Kathi, die kühl und abwartend im Hintergrund stand, und ersuchte sie, das Gepäck aufzunehmen und in Fräulein Züglings Zimmer zu schaffen. Kathi lupfte die beiden braunen Kunstlederkoffer an, murmelte verkniffen: »Schwer g'nug sans«, und ließ es offen zu erraten, im Hinblick worauf ihrer Meinung nach die Koffer schwer genug waren.

Söhnchen lugte aus der Tür des Kinderzimmers, aber er kam nicht hervor, sondern verdrückte sich lautlos nach hinten und zog die Tür hinter sich zu. Die beiden Mädels waren in der Schule und wurden erst zum Mittagessen zurückerwartet. Hellwang führte Fräulein Zögling zu ihrem Zimmer im ersten Stockwerk und blieb, nachdem er ihr sozusagen den Zimmerschlüssel überreicht hatte, vor der Schwelle stehen.

»Sie werden sich nach dem anstrengenden Weg sicherlich erfrischen wollen. Wenn ich Sie später durch das Haus führen und Ihnen das Notwendige erklären soll, so suchen Sie mich bitte in meinem Arbeitszimmer auf«, er deutete mit dem Kopf in die Richtung, »es liegt gerade gegenüber. Bis dahin also...«

»Nun, das Haus ist ja nicht so groß, daß man sich darin verirren könnte«, sagte Fräulein Zögling sanft; es war der erste längere Satz, den sie in der neuen Stellung sprach. Vielleicht sollte ihre Feststellung heiter klingen, vielleicht aber auch andeuten, daß sie sich in größeren Zimmerfluchten zurechtzufinden gewöhnt sei. Hellwang verabschiedete sich mit einer kleinen Verbeugung: »Wenn Ihnen Kathi beim Auspacken behilflich sein soll, so...« Er kam nicht dazu, sein höfliches Angebot zu vollenden, denn Kathi bemerkte kühl und bestimmt, daß sie das Gulasch auf den Herd gestellt habe und daß das Fräulein sich leider werde allein behelfen müssen. Damit hievte sie die Koffer auf zwei Stühle und entschwand ins Treppenhaus.

»Und ich bin es gewöhnt, allein fertig zu werden!« rief Fräulein Zögling tapfer. Daraufhin entschied sich Konrad Hellwang zu einer zweiten, etwas tieferen Verbeugung und zu wortlosem Abgang. Er entfernte sich mit einem Gesicht, als wittere er irgendwo im Haus einen verdächtigen Brandgeruch. In seinem Zimmer ging er ans Fenster, starrte in den Nachbargarten hinüber, wo Direktor Beyerlein die Leimringe um die Apfelbäume untersuchte, und trommelte mit den Fingerspitzen einen Marsch gegen die Scheibe.

Fräulein Zögling brauchte nicht viel Zeit, um sich zu erfrischen. Sie pochte nach einer knappen Viertelstunde an die Tür seines Zimmers. Das Koffertragen schien ihr recht gut bekommen zu sein, denn ihre blassen Wangen waren zart gerötet, ihre Lippen kräftiger durchblutet, und sie verbreitete einen frischen Duft nach Eau de Cologne, als sie Hellwang gegenübertrat. Sie trug ein kapuzinerbraunes Wollkleid von streng geschlossenem Schnitt, es war mit einem schmalen Krägelchen und Ärmelaufschlägen garniert, die aussahen, als wagten sie es nicht recht, rosa zu sein, um nicht leichtfertig zu erscheinen. Hellwang hatte sie bisher nur im Hut gesehen, einem schlichten schwarzen Filz mit dreifingerbreiter Krempe. Jetzt bemerkte er, daß sie blond war und eigentlich recht hübsches, leuchtendes Haar besaß, aber es war glatt aus der Stirn gezogen und im Nacken zu einem schmucklosen, puritanischen Knoten zusammengerollt.

Er deutete auf einen der Sessel in der Plauderecke und bat sie, Platz zu nehmen, jedoch sie blieb für einen Augenblick verweilend neben dem Sessel stehen und sah sich in dem großen, hellen Raum um. Hellwang ahnte fast, was nun kommen würde und spielte nervös mit seinen Fingern.

»Hier entstehen also jene großen Werke, von denen auch Graf Idell-Idell nur in Tönen höchster Anerkennung und Hochachtung sprach«, stellte Fräulein Zögling mit fast andächtiger Stimme fest, und wie zur Entschuldigung und Erklärung ihrer inneren Ergriffenheit fügte sie hinzu: »Ich war nämlich noch niemals in der – wenn dieser Ausdruck gestattet ist – Werkstatt eines Dichters.« – Ihr Blick streifte die langen Bücherborde, Holbeins Falkner, die Totenmasken Friedrichs des Großen und Moltkes und blieb an dem Schreibtisch haften. »Ja«, seufzte sie, »das ist wahrlich ein stimmungsvoller Raum. In dieser Atmosphäre müssen große und erhabene Gedanken wachsen...«

Großer, gütiger Gott im Himmel, dachte Hellwang und faltete die Hände, daß die Knöchel weiß hervortraten, soll das noch lange so weitergehen« – »Ja, es ist ein ganz hübsches, gemütliches Zimmerchen«, murmelte er etwas verstört.

»Oh«, sagte das Fräulein und hob den Blick zur Decke empor, »auch ich hatte einmal den Ehrgeiz, mich sozusagen der Muse der Dichtkunst zu weihen, doch wie es im Leben geht...«

Hellwang schloß für eine halbe Sekunde die Augen. Als er die Lider wieder aufriß, schienen sie noch einmal so hell zu sein wie zuvor. »Nun«, fiel er mit erhobener Stimme ein, »wenn es so ist, dann werden Sie ja am besten wissen, daß die erhabenste Stimmung zum Teufel geht, wenn man nicht in Ruhe arbeiten kann. Bitte, setzen Sie sich jetzt, Fräulein Zögling, damit wir über Ihre Aufgaben in diesem Hause sprechen können.«

Er war im Grunde seines Wesens zart und menschenscheu. Dem glänzenden Schriftsteller Hellwang war es gänzlich unmöglich, vor fremden Gesichtern drei zusammenhängende Sätze frei zu sprechen. Im Verkehr mit der Umwelt verbarg er seine Unsicherheit und seine verletzliche dünne Haut hinter dem Panzer schweigsamer Höflichkeit. Zeit seines Lebens war er Hausierern, Firmenvertretern und Versicherungsagenten hilflos ausgeliefert. Ohne Luisas energisches Dazwischentreten wäre sein Schreibtisch vor Versicherungspolicen aller Art geborsten und das Haus für alle die Staubsauger, Klaviere, Radio- und Fernsehgeräte zu klein geworden. Es mußte Ungewöhnliches vorfallen, daß er sich dazu hinreißen ließ, jemandem glatt das Wort abzuschneiden. Auch jetzt überfiel ihn noch nachträglich über die eigene Kühnheit eine Art von fröstelndem Zittern. Es war wie das erste Freibad im Mai. Einmal mußte man ja ins Wasser. Also hoppla hinein! Schlug das Herz noch? Ja, es schlug wie immer, Gott sei Dank!

Fräulein Zögling knickte zusammen und nahm gehorsam in dem angebotenen Sessel Platz. Hellwang schielte heimlich nach ihrem Gesicht. War sie gekränkt, hatte sein schroffer Ton sie beleidigt? Nein, scheinbar nicht, ihre Gedanken hatten die Muse der Dichtkunst verlassen und waren ganz gegenwärtig. Ihre grauen Augen hingen in beflissener Dienstbereitschaft an einem imaginären Punkt, der drei Finger breit von seinem linken Ohr entfernt in der Luft schwebte.

»Ruhe also«, wiederholte er in einem weit liebenswürdigeren Tonfall, »das ist alles, was ich brauche, um meiner Arbeit nachgehen zu können. Daß diese Arbeit Konzentration erfordert, brauche ich Ihnen nicht erst zu sagen. – Verstehen Sie mich recht, mich stört nicht so sehr das gelegentliche Lärmen der Kinder oder ein Geräusch im Hause, diese Dinge bemerke ich kaum. Wovon ich aber unbedingt verschont zu werden wünsche, das ist der tägliche Kleinkram, das sind Rechnungen, Steuertermine, fällige Versicherungspolicen – und die berühmte Frage, was morgen gekocht werden soll. Auch will ich nicht wissen, daß die Kinder neue Schuhe und neue Leibwäsche brauchen und daß der Wasserhahn in der

Küche oder im Bad tropft...« Er schloß seine Rede mit einer wellenförmigen Handbewegung, die die Aufzählung solcher Dinge bis ins Unendliche fortsetzte und zerbrochenes Geschirr, den Ölvorrat im Kellertank und die Anschaffung des Kartoffelbedarfs für den Winter einschloß.

»Ich verstehe!« sagte Fräulein Zögling kurz und bündig. Hellwang atmete heimlich auf. Man konnte mit ihr also vernünftig reden. Die ›Muse der Dichtkunst‹ hatte ihm einen kleinen Schock versetzt, der nun langsam abklang. Sie einigten sich über die Höhe des Haushaltsgeldes, setzten eine monatliche Abrechnung fest und kamen dann auf die Kinder zu sprechen.

»Britta und Wolfgang, unser ›Söhnchen‹, sind leicht zu lenken«, begann er und unterdrückte das Gelüst, sich eine Zigarre zu holen. »Vielleicht, daß Britta hin und wieder einen kleinen Ermunterungsstoß braucht, um etwas lebendiger zu werden und aus ihren Träumen zu erwachen. Wenn Sie vor ihr einmal Ruhe haben wollen, dann geben Sie ihr ein Blatt Papier und den Tuschkasten oder Buntstifte. Dann versinkt die Welt für sie. – Schwierigkeiten werden Sie mit der Erziehung von Lydia haben. Lassen Sie sich von ihrem frommen und betörenden Augenaufschlag nicht täuschen, sie ist eine große Schauspielerin...«

Er zögerte ein wenig, aber dann hielt er es doch für richtig und angebracht, auf die Eigenheiten des kleinen schwarzen Schafes in der Familie näher einzugehen: »Ja, offen gesagt, hat ihre Erziehung uns schon große Sorgen bereitet, solch große Sorgen, daß wir schon manchmal den Plan erwogen haben, Lydia für einige Zeit in ein Landschulheim zu geben. Jedenfalls haben wir ihr oft genug damit gedroht – und die Drohung hat ihre Wirkung zumeist auch nicht verfehlt, wenigstens für einige Zeit nicht verfehlt...«

»Was Sie nicht sagen...?!« murmelte Fräulein Zögling und machte runde, ein wenig bestürzte Augen.

»Ja«, nickte er bekümmert, »sie nimmt es leider mit der Wahrheit nicht genau – oder, um es rundheraus und ganz deutlich zu sagen, sie lügt das Blaue vom Himmel herunter. Und dann...«, zum erstenmal hatte er das Gefühl, Fräulein Zögling blickte ihn voll an, als frage sie ihn, was sie dann noch zu erwarten habe... »und dann ist sie auch sehr naschhaft.«

»Nun«, meinte Fräulein Zögling erleichtert, die Gott weiß was erwartet zu haben schien, »dagegen gibt es ein sehr einfaches Mittel – ihr die Süßigkeiten zu entziehen und kein Geld in die Hand zu geben.«

Hellwang rieb sich das Kinn. – »Gewiß«, murmelte er und befeuchtete sich die Lippen, als setze er zu einem sehr schweren Geständnis eigener Laster und Verfehlungen an, »gewiß, aber noch sicherer wäre es, wenn Sie nie im Hause Geld offen liegen ließen und auch Ihre Börse stets unter Verschluß hielten...«

»Oh!!« rief Fräulein Zögling erblassend.

»Ja«, sagte er mit einem resignierten Achselzucken und mit einem Ausdruck, als beuge er sich vor einer höheren Gewalt, »so ist das nun einmal, und ich fühle mich verpflichtet, Sie darauf aufmerksam zu machen, damit Sie nicht an Geisterspuk glauben, wenn hier im Hause alle Zehnerl spurlos verschwinden.«

Fräulein Zögling atmete tief durch: »Ich bin Ihnen sehr dankbar, Herr Doktor – diese Aufklärung kann mir meine Aufgabe in Ihrem Hause nur erleichtern.«

»Im allgemeinen werden Sie mit gutem Zureden bei Lydia am meisten ausrichten. Sie hat bei allen ihren Fehlern ein weiches Herz mit einem sehr niedrigen Schmelzpunkt. Wissen Sie, ich habe oft schon gemeint, daß es ihr nicht einmal so sehr ums Schwindeln oder um die Nascherei geht als vielmehr um die Szene, die darauf folgt, wenn man sie erwischt. Und sie legt es fast darauf an, sich erwischen zu lassen. Als ganz kleiner Dreikäsehoch fragte sie mich einmal bei solch einer Gelegenheit: Na, weshalb brüllst du mich nicht an? – Wahrscheinlich verläuft ihr das Leben in diesem Hause so still, daß es sie zuweilen nach dramatischen Schürzungen verlangt, selbst auf Kosten einer kleinen Tracht auf den Allerwertesten. – Ich wollte ihnen das nur sagen, damit Sie Lydia, falls es erforderlich werden sollte, gelassen und ohne sichtbare Spuren eigener Erregung strafen. Wir haben diese Methode erprobt und damit die besten Ergebnisse erzielt.«

»Ein merkwürdiges Kind...«, meinte Fräulein Zögling kopfschüttelnd; in ihrem Tonfall klang die etwas ängstliche Frage durch, ob hier nicht unheilvolle Erbanlagen, auf Trunksucht oder anderen Lastern eines Vorfahren beruhend, über Generationen hinweg Schuld an Lydias Charakter trügen. Hellwang rieb sich verlegen die Hände, aber er hielt es für verfrüht, Fräulein Zögling in die Geheimnisse der Familiengeschichte einzuführen. Wahrscheinlich war kein Ahn des Grafen Idell-Idell hingerichtet worden, und außerdem schien Fräulein Zögling eine zarte Natur zu besitzen, der solch blutrünstige Geschichten ein Greuel waren.

Es wäre nun eigentlich an der Zeit gewesen, die Hausdame in ihren Pflichtenkreis einzuführen und sie mit den Räumen, Vorratskammern, Schränken und Schlüsseln vertraut zu machen. Aber Hellwang ließ sich noch einmal in den Sessel zurücksinken und bat Fräulein Zögling durch eine Handbewegung, seinem Beispiel zu folgen.

»Da ist nämlich noch ein Punkt«, begann er zögernd, »über den ich mit Ihnen sprechen möchte, Fräulein Zögling.« – Die Vorbereitung klang, als ob es sich um eine sehr dunkle und besonders behutsam zu berührende Angelegenheit handle. Fräulein Zögling neigte den Kopf ein wenig über die Schulter. Mein Gott, was mochte es nach diesen peinlichen Eröffnungen über Lydia nun noch geben? Hellwang gab sich einen raschen Ruck und legte eine heiter-beschwingte Färbung in seine Stimme, als ob die Sache nun doch nicht ganz so bedeutungsvoll sei, wie es sein anfängliches Zögern vermuten lassen konnte: »Es handelt sich nämlich um unsere wackere Kathi.« –

Er beglückwünschte sich innerlich zu seiner Formulierung. Wakkere Kathi – das hatte er gut gesagt, das klang fröhlich und leicht. »Sie ist nun seit elf Jahren in unserem Hause, die gute Seele, und immer treu und zuverlässig gewesen. Ja, ich wäre wahrhaftig in Verlegenheit, was ich ihr ins Zeugnis schreiben sollte – ganz abgesehen davon, daß man Zeugnisse ja nur dann ausstellt, wenn ein Dienstverhältnis endet. Und das wolle Gott verhüten! Wirklich, kein Superlativ wäre hoch genug, um den Grad unserer Schätzung auszudrücken.« –

Er griff nun doch nach dem Zigarrenkasten aus Buchsbaumholz und öffnete ihn; er wedelte sich mit der Hand den Duft zu und begnügte sich damit, als käme ihm aus dem heranwehenden Aroma des Tabaks bereits die Erleuchtung für die Fortsetzung.

»Meine Frau liebte Kathis gerade, manchmal vielleicht allzu gerade anmutende Art, hm – die Kinder hängen an ihr, hm – und deshalb haben wir auch Kathis Eigenheiten – und die hat sie, das kann man wohl sagen – stets in Kauf genommen.«

Fräulein Zögling hörte sehr aufmerksam zu, mit einer wachen Aufmerksamkeit, die fast ein wenig verwirrend war. Hellwang spürte einen leichten Schweißausbruch in den Handflächen: »Wissen Sie – meine Frau hat Kathi immer und seit jeher, zum mindesten in den Küchenangelegenheiten, sehr große Selbständigkeit eingeräumt. – Nun, ich meine, wir wollen das Kind nicht mit dem Bade ausschütten und der wackeren Kathi in Anbetracht ihrer vielen guten Eigenschaften ihre Eigenheiten lassen. Sie ist der friedlichste Mensch von der Welt, wenn man mit ihr umzugehen versteht. – Vielleicht tyrannisiert sie uns alle ein wenig, aber sie meint es damit gut, und ihre Tyrannis ist ein sanftes Joch...«

Er schloß sozusagen in der Luft, mit gehobener Stimme, ohne Komma und Punkt, und fühlte den Blick des Fräuleins aus sehr klaren Augen auf seinem linken Ohr ruhen: »Sie meinen also, Herr Doktor, daß ich mit Kathi Schwierigkeiten bekommen werde?« Die Frage klang kühl und klirrend, als verberge Fräulein Zögling unter ihrem glatt anliegenden braunen Gewand ein stählernes Kettenhemd und eine blanke Wehr. –

»Nein, o nein!« rief er hastig, »das wollte ich damit keinesfalls sagen! Nur, wissen Sie, es ist nun einmal so, daß man eine Katze streicheln muß, wenn man wünscht, daß sie schnurrt...«

Eine kleine, unangenehme Pause entstand. Es ging bei diesem Schweigen kein Engel durchs Zimmer. Im Gegenteil, wenn jemand ging, dann schleifte dieser Jemand deutlich einen hufähnlich deformierten Fuß nach.

»Wo liegt also mein Aufgabenkreis?« fragte Fräulein Zögling knapp und sachlich, und es ließ sich nicht überhören, daß sie eine klare und deutliche Antwort zu hören wünschte.

»Bitte, bitte«, murmelte er beschwichtigend und hob die Hand, als hielte er etwas auf, was ihn zu überfahren drohte. »Sie sind als Hausdame hier eingezogen, und damit ist Ihre Stellung im Haus ja auch klar genug umrissen. Wenn ich Sie bat, der guten Kathi ihren geliebten Küchenbezirk zu überlassen, so tat ich das mehr in der Absicht, Sie, mein liebes Fräulein Zögling, dadurch zu entlasten, damit Sie sich mit ungeteilten Kräften der Erziehung und Beaufsichtigung der Kinder widmen können, an der mir persönlich am meisten gelegen ist.«

Er wartete eine kleine Weile. Hatte Fräulein Zögling noch etwas zu bemerken? Sie schwieg mit schmalen Lippen. Eine neue Stille entstand, eine vertrackte Stille, durch die Spannungsfunken knisterten. Dann erhob Fräulein Zögling sich. Sie stand sehr gerade und schmal neben ihrem Sessel. Ihre Haltung erinnerte Hellwang an einen Erzengel, der, auf den Schwertknauf gestützt, vor der Pforte des Paradieses Wache hält. Das Bild aus der alten großen Bilderbibel daheim stand deutlich in seinem Gedächtnis.

»Dann darf ich Sie wohl bitten, Herr Doktor, mich mit meinem neuen Aufgabenbereich vertraut zu machen!«

»Ja, natürlich.« Hellwang erhob sich ebenfalls und ging Fräulein Zögling voran. In seine Mundwinkel kerbte sich eine leise Enttäuschung. Er hatte doch die Fäden so schön in der Hand gehalten.

Nun spürte er, wie sie ihm aus den Fingern glitten. Der Kopfsprung in das Freibad hatte nichts genützt. Das Wasser war doch zu kalt. Er hielt das Schwimmen nicht durch und spürte einen Krampf in den Waden. –

STURMZEICHEN

Nach dem Mittagessen wurde Söhnchen wie gewöhnlich von Kathi im Kinderzimmer ins Bett gesteckt. Es gab jedesmal Geschrei, Entrüstung und Kampf und jedesmal die Frage, wann er denn nun eigentlich so groß sei, daß er wie die Mädels aufbleiben dürfe. Fünf Minuten lang, je nach Tageslaune und Gesundheitszustand, brüllte, sang oder rumorte er im Bett, um Kathi zu beweisen, daß er pumperlmunter und daß es eine riesengroße Gemeinheit sei, ihm täglich den gleichen Schmarrn zu erzählen, nichts sei kleinen Buben nötiger und gesünder als der Mittagsschlaf. Dann wurde es plötzlich still, man hörte noch ein kleines Nuckelgeräusch, und für die nächsten zwei Stunden hätte selbst ein Weltuntergang Söhnchen nicht aufwecken können.

Hellwang fuhr mit dem Wagen in die Stadt, um sich von der Staatsbibliothek einige Bücher zu holen. Wenn der Faden der eigenen Produktivität auch abgerissen war, so wollte er die leeren Stunden wenigstens mit neuen Studien ausfüllen, um gerüstet zu sein, wenn ihn ein neuer Auftrieb wieder an den Schreibtisch drängte.

Britta und Lydia durften Fräulein Zögling beim Einrichten ihres Zimmers helfen. Es war ein hübsches Zimmerchen mit dem Blick auf die Nachbargärten, auf die mit Fruchtholz reich besteckten Obstbäume, von denen heute auch Oberst a. D. Habedanck die Leimringe entfernte, weil die Frostspannergefahr nunmehr gottlob vorüber war, und drüben auf die Rosenkulturen, die der alte Direktor Beyerlein behutsam aus der Strohumhüllung schälte, um blasse, winzige Spitzen nicht zu verletzen, die bereits zaghaft aus den kräftig zurückgeschnittenen Stöcken trieben. Es war ein Zimmerchen mit hochbeinigen Biedermeiermöbeln, rosa geblümten Gardinen, drei Tulpentöpfen auf dem breiten Fensterbrett und zwei gemütlichen, kretonnebezogenen Sesseln in der Ecke, wo der Nähtisch stand.

Die beiden braunen Koffer, mit denen Fräulein Zögling ihren Einzug gehalten hatte und auf deren Inhalt die Kinder so neugierig waren, enthielten neben soliden Wäschegarnituren und einem halben Dutzend Kleidern den wertvollen und zärtlich behandelten Erinnerungsschatz des Fräuleins. Es waren Dinge, die sie von Stellung zu Stellung begleiteten, und an jedem Stück hing die Geschichte von einem braven, ungemein fleißigen Kinde, das sich unter Fräulein Zöglings Obhut zu einem prächtigen Menschen entwickelt hatte. Da waren Prozellanfigürchen, Stickereien, Bilder, Bücher und Sammeltassen, vieles mit sorgfältig gemalten Widmungen wie ›Meinem lieben Fräulein Linda‹ oder ›Zum Andenken an Bimbo‹; das Hauptstück aber, dem Fräulein Zögling den Ehrenplatz auf der kleinen Wäschekommode bestimmte, war ein vierteiliges Teeservice. Auf der silbernen Platte stand in zierlichen Buchstaben eingraviert: ›Fräulein Zögling in Dank und Anerkennung ihrer großen Verdienste um mein Haus! Idell-Idell.‹

»Das Abschiedsgeschenk des Grafen Idell-Idell!« sagte Fräulein Zögling mit feierlicher Stimme, und es war dabei etwas wie ein überirdischer Glanz um sie, der sie erhöhte.

»Waren da die Kinder auch Grafen und Gräfinnen?« fragte Britta interessiert.

»Die Knaben waren Grafen, die Töchter des Hauses waren Komtessen«, antwortete Fräulein Zögling mit einer Stimme, die hoch von der Decke zu kommen schien.

»Auch die ganz kleinen Kinder?« forschte Britta unentwegt weiter, während Lydia sich in dem Tablett spiegelte und Fratzen schnitt. Fräulein Zögling hob die Brauen ein wenig empor, sie lächelte mild: »Mein Kind, Adel ist etwas, was man mit der Geburt mitbekommt. Man kann ihn nicht kaufen oder erwerben.«

»Ich kenn' auch einen Graf, den Graf Franzl aus der Gluckstraße, aber dem sein Vater ist Postschaffner.«

»Ach, Kind...!« lächelte das Fräulein.

Lydia untersuchte derweil die Teekanne, die Zuckerdose und das Sahnekännchen: »Is dees alles auch echt, Fräulein!«

»Erstens, liebe Lydia, heißt es: Fräulein Zögling, verstanden? Ein gebildeter Mensch spricht eine Dame niemals mit ›Fräulein‹ an, sondern sagt Fräulein und nennt den Namen dazu! Fräulein Zögling also, merk es dir. Fräulein allein sagt man allenfalls zu Dienstmädchen und Kellnerinnen. Und diesen wollen wir auch den Dialekt überlassen – es heißt das und nicht dees oder dös. – Und nun zu deiner Frage, mein Kind, sie ist wirklich köstlich. Ein Graf Idell-Idell schenkt keinen Tand!«

»Wir haben aber auch silberne Löffel«, sagte Lydia hartnäckig,

»und da ist ein Stempel drauf – 800 –, und der Konni hat gesagt, alles, was Silber ist, muß mit 800 gestempelt sein, sonst ist es nicht echtes Silber. Und auf der Kanne ist keine Zahl nicht oben, sondern bloß Buchstaben, und auf den anderen Sachen auch!«

Fräulein Zögling griff mit einer ungeduldigen Bewegung nach dem Sahnekännchen und trat damit näher ans Fenster heran. Als sie sich wieder umwandte, war ihr Gesicht dunkler gefärbt und ihre Stimme klang schrill: »Der Graf hat das Service aus Afrika mitgebracht – jawohl, aus Südafrika! Und dort wird alles Silber mit Buchstaben gestempelt, verstanden! – Aber nun Schluß mit der Einräumerei! Wie steht es mit euren Schulaufgaben? Daran habt ihr natürlich noch mit keinem Gedanken gedacht...«

»Wir haben nur ein bißchen Rechnen auf und ein paar Vokabeln«, sagte Britta betroffen. Der plötzliche Stimmungsumschwung von Fräulein Zögling war ihr ein Rätsel. Was hatte sie nur auf einmal, daß sie so spitz aussah?

»Und du, Lydia, was habt ihr auf?«

»Nix«, antwortete Lydia mit einem Schulterzucken.

Fräulein Zögling sah sie ungläubig an: »So, wirklich nichts? Das finde ich aber sehr merkwürdig. Zeige mir doch einmal dein Aufgabenheft.«

»Wir haben keine Aufgabenhefte«, erklärte Lydia seelenruhig und schaute Fräulein Zögling mit einem veilchenblauen Blick treu in die Augen.

»Na klar haben die Aufgabenhefte!« rief Britta empört; weniger, um zu petzen, als um nicht allein an die Bücher geschickt zu werden.

»Deinen Schulranzen, bitte!« befahl Fräulein Zögling scharf und bestimmt. Lydia blieb nichts anderes übrig, als ihren Schulranzen zu öffnen. In ihm fand sich das Aufgabenheft, und in diesem Heft stand verzeichnet: ›1 Fers von o Haupt voll Bluht und Wunden, 1 mal 1 mit 6 for und rückwertz, 1 Seite vom Hasen und vom Igel lesen.‹

»Weshalb hast du mich angelogen, Lydia?« fragte Fräulein Zögling vorwurfsvoll und traurig: »So etwas ist mir noch bei keinem von allen den vielen Kindern begegnet, die ich je unterrichtet habe, nein, wirklich nicht! Schäm dich!«

Lydia schämte sich durchaus nicht, und sie ließ sich auch deutlich anmerken, daß sie an die vielen braven Kinder keineswegs glaubte. »Weil ich alles schon kann«, antwortete sie schließlich auf die direkt an sie gerichtete Frage nach dem Grund ihrer Lüge.

»Soso, du kannst also schon alles«, meinte Fräulein Zögling mit einem Hohnlächeln, »nun, das werden wir ja sofort feststellen können. Also bitte! O Haupt voll Blut und Wunden... Nun, dann sage doch die erste Strophe des Liedes gleich einmal auf!«

Aber das maliziöse Lächeln verging ihr rasch, Lydia vollendete die erste Strophe ohne Stocken. Das Einmaleins mit sechs ging vor- und rückwärts wie am Schnürchen, und es war vorauszusehen, daß die Leseprobe der Geschichte vom Hasen und vom Igel genau so gut ausfallen würde. Lydia grinste triumphierend: »Ha, und was sagen S' nu?«

»Zur Strafe dafür daß du mich zu belügen versucht hast, wirst du die erste Strophe des Liedes dreimal in Schönschrift in dein Heft schreiben.«

Britta kicherte, denn ihrer Meinung nach geschah es Lydia recht, und Lydia ließ die Nase hängen. Ihre Augen glänzten vor Wut schwarz wie Kohlen. Fräulein Zögling schob die Kinder aus dem Zimmer, sie schloß die Tür hinter ihnen ab und lauschte ihnen nach, wie sie die Treppe hinuntersprangen. Minutenlang stand sie regungslos an der Tür und preßte die Stirn gegen das kühle, weiß lackierte Holz. Und langsam ballten sich ihre Finger zu Fäusten. Erzieherin, Hausdame – sie haßte ihren Beruf und sie haßte Kinder. Sie haßte die Unsicherheit und Abhängigkeit ihrer Stellung und den zigeunerhaften Wechsel von Ort zu Ort und von Haus zu Haus. Immer neue Gesichter, neue Räume, neues Sicheinfügen. Und dazu im Herzen die nagende Furcht vor dem Alter. Wo blieb sie nach zehn, nach zwanzig Jahren, wenn sie verbraucht und zermürbt war?

Sie stieß sich von der Tür ab und irrte blind durch den kleinen Raum. Das Teeservice klirrte metallen auf, als sie mit der Hüfte die Kommode streifte. Nicht einmal echt!! Ihre Schultern begannen zu zucken, und sie biß sich, als müsse sie einen Schrei unterdrücken, in den Finger. Am liebsten hätte sie das ganze Zeug und alle Andenken dazu gepackt und durchs Fenster geworfen. Dieser Schuft! Dieser nach Leder und Schweiß stinkende Schuft, der seine Jagdhunde anständiger als seine Kinder behandelt hatte. Von dem Kindermädchen war sie hinausgebissen worden, von diesem frechen, rothaarigen Luder, das nach billiger Seife roch...

Sie ließ sich in einen Sessel fallen und weinte – Tränen der Wut, Tränen der Müdigkeit, Tränen der Verzweiflung.

Unten öffnete Lydia die Tür des Kinderzimmers spaltbreit und lauschte nach oben. Als sich im Hause nichts rührte, schlüpfte sie aus dem Zimmer hinaus, zog die Tür hinter sich lautlos zu und schlich auf Zehenspitzen in die Küche hinüber.

Kathi legte den Geschirrschrank mit neuem Papier aus. Beim Stangl gab es so wunderschöne Papierspitzen für die Stirnseiten der Bretter, mit Sprüchen im rot aufgedruckten Kreuzstichmuster: Reiner Herd – Goldes wert, oder: Im Schranke weißes Linnen, im Herzen reines Sinnen, und alles wohl verwahrt – ist rechter Hausfrauen Art. – Mit der verstorbenen Gnädigen hatte sie sich bei jedem Schrankauslegen deswegen zerkriegt. Luisa war nicht dafür gewesen, wegen des guten Geschmacks... Weiß der Himmel, was die ›bessern Leut‹ allweil mit dem guten Geschmack hatten. Ihr gefiel's! Und jetzt hätte sie den Schrank nun nach Herzenslust und nach ihrem Geschmack mit den buntesten Mustern auslegen können, aber jetzt g'freute es sie nimmer. Vielleicht schaute die Gnädige in diesem Moment von oben herab und dachte: Ha, sieh einmal an, so ein Frauenzimmer! Kaum ist man aus dem Haus, da tanzen auch schon die Mäuse! –

Lydia schnurrte am Büffet entlang, öffnete hier eine Tür, drehte dort am Schlüssel und spitzte schließlich in die Speisekammer hinein, aber es stand leider nichts darin, wonach sie der Gaumen kitzelte.

»Du, Kathi, hast a Gutti für mi?« flötete sie und ließ die rote Zungenspitze über die Lippen spielen.

Kathi tat, als wäre sie plötzlich schwerhörig geworden. Lydia tänzelte ein Weilchen um sie herum und klopfte an, ob sie beim Schrankauslegen helfen dürfe.

»Naa, ich werd alloa fertig!« sagte Kathi kalt und abweisend. Lydia begriff nicht, warum der Wind auch in der Küche so kühl wehte.

»Du, Kathi, ich hab' vorhin gefragt, ob du ein Gutti für mich hast?« Warum sie plötzlich nach der Schrift sprach, wußte sie selber nicht. War das schon der veredelnde Einfluß von Fräulein Zögling?

Kathi drehte sich langsam um, sie maß Lydia von oben bis unten mit einem langen, äußerst unfreundlichen Blick:»Da schau her, du Mistfratz, du mistiger, wegen Gutti findst her zu mir. – Geh doch zu euerm Fräulein, wenn d' was zum Schlecken haben willst. Ihr seid's eh ja schon ganz dick miteinander...« Die Eifersucht glitzerte nur so aus ihren Augen.

»Ach, die...!« sagte Lydia und schnippte geringschätzig mit dem Finger; »und überhaupts sagt man nicht Fräulein, sondern

Fräulein Zögling. Fräulein allein sagt man nur zu Dienstmadln und Kellnerinnen, aber niemals nicht zu Damen!«

Kathi tat einen Schnaufer, der den Brustlatz ihrer Schürze zu sprengen drohte: »Das hat sie gesagt? Zu Dienstmadln und Kellnerinnen? Daß das keine Damen nicht sind – hat sie gesagt?« Und sie schleuderte den Daumen in Richtung der Zimmerdecke, wo sich irgendwo weiter westlich das Zimmer von Fräulein Zögling befand.

»Grad so hat sie's gesagt«, bestätigte Lydia eifrig.

Kathie pfiff durch die Zähne: »Und hat sie vielleicht sonst noch was über mich gesagt?« fragte sie argwöhnisch. »Nur zu! I derpack's scho!«

Lydia ließ sich mit dem Nachdenken eine ganze Weile Zeit: »Nein, sonst hat sie eigentlich nichts weiter gesagt. – Aber hast jetzt ein Gutti für mich, Kathi?«

Kathi griff zerstreut in ihre Schürzentasche und brachte daraus eine klebrige Tüte zum Vorschein. – »Daß ich keine Dame nicht bin...«, murmelte sie grimmig, und »dees haut ja hin!« und nach einer Weile: »Pfüati God, dees geht guet oo, sauber geht dees an, bildsauber...!«

»Krieg' ich alle?« fragte Lydia überrascht, denn so großzügig war Kathi für gewöhnlich nicht.

»Jaja, nimm's nur«, sagte Kathi abwesend; doch dann kehrte sie wieder in die Gegenwart zurück: »Aber wenn sie wieder was über mi sagt, hast g'hört...«

»I versteh' scho«, nickte Lydia, »und ich werd' Obacht geben, dadrauf kannst dich verlassen.«

Kathi griff wieder nach der Schere, sie rollte den rotweiß gewürfelten Bogen aus und teilte mit kraftvoll säbelnden Schnitten die Länge für das nächste Schrankfach ab. Manchmal schnaufte sie grimmig auf oder kicherte böse in sich hinein. Lydia saß auf der Ecke des Küchentisches, ließ die herrlichen roten Himbeerbonbons genießerisch auf der Zunge zergehen, schlürfte mit dem Saft, schlenkerte mit den langen, dünnen Beinen und schaute zu, wie Kathi den Schrank auslegte und das Papier mit Reisstiften befestigte. Auf der Gasflamme begann das Kaffeewasser zu summen.

»Kannst Bohnen mahlen«, brummte Kathi. Lydia hüpfte von ihrem Sitz herab und stelzte zum Büffet hinüber, um die elektrische Kaffeemühle hervorzuholen.

»Aber spar nicht mit den Bohnen!« ordnete Kathi an, »heut brauch' ich schon was Starks, was einen aufmuntert – nach der Geschicht... Keine Dame! Kchchchchch!«

Das Wasser auf dem vierflammigen Herd sprudelte. Kathi ließ es sprudeln. Zunächst mußte der Schrank einmal fertig werden.

»Na, und wie ist sie sonst, die Neue?« fragte sie schief.

Vielleicht, daß Lydia die vielen braven Kinder auf die Nerven gegangen waren, die dem Fräulein so viel Freude bereitet hatten, oder die Strafarbeit – vielleicht aber auch merkte sie, woher der Wind wehte, und daß Kathi nichts Schlimmeres widerfahren konnte, als jetzt etwa ein Loblied auf das Fräulein zu hören.

»A greußliche fade Nockn is' es halt«, erklärte Lydia mit einem überzeugend geringschätzigen und angewiderten Gesichtsausdruck und merkte, daß Kathi von dieser Antwort tief befriedigt war. »Recht spreizen tut sie sich mit ihrem großkopfeten Grafen Idell-Idell...«

»Sag's noch amal«, rief Kathi verblüfft, »wie schreibt der sich?«

»Idell Strich Idell«, wiederholte Lydia überdeutlich und mit Lippenbewegungen, als spräche sie mit einem Taubstummen.

»Sachn gibt's!« murmelte Kathi kopfschüttelnd, »Idell-Idell, da legst di nieder... als ob ein Idell nicht vollauf langen tat! Wird scho so a Graf sein, vorn nix, hinten nix, aber Idell-Idell, ha!«

In diesem Augenblick betrat die ›fade Nock'n‹ die Küche, und es war gar nicht ausgeschlossen, daß sie den letzten Teil von Kathis Monolog noch mitbekommen hatte. Lydia zog es vor zu verschwinden. Sie besann sich, daß die letzte Strophe der Strafarbeit in ihrem Hausheft noch fehlte, und sie tänzelte mit einem Unschuldsblick an Fräulein Zögling vorbei. Die Bonbontüte war auf geheimnisvolle Weise aus ihren Händen verschwunden, sie stak wohlverwahrt über dem Gummizug ihrer Schlupfhose.

Kathi ließ sich durch die Anwesenheit von Fräulein Zögling nicht in ihrer wichtigen Beschäftigung stören. Sie schnitt den letzten Bogen zurecht und legte ihn in das unterste Schubfach. Fräulein Zögling bemerkte den klappernden Kochtopfdeckel und die rot glühende Platte.

»Oh, Sie bereiten wohl gerade den Kaffee...«

»Vorläufig lege ich einmal den Schrank aus«, antwortete Kathi auf hochdeutsch und mit wohllautenden Diphthongen, die ans griechische Lautbild erinnerten. Fräulein Zögling befeuchtete sich die spröden Lippen, ihre Nasenflügel zitterten ein wenig, sie holte tief Luft...

Aber nein! Sie wollte und mußte es mit Güte versuchen – mit beschämender Güte und Sanftmut! Sie trat zum Elektroherd hin und stellte die Kochplatte auf den Sparbrenner ein. Dann schnippte sie mit der Spitze des Mittelfingers ein Stäubchen von ihrem Kleid und hob den Blick freundlich zu Kathi empor. Allerdings senkte sie ihn bald, da sie zwei eiseskühlen Augen begegnete, auf Kathis Busen und von dort, da dessen weiche Fülle und übermenschliches Format sie verwirrten, in tiefere Regionen.

»Ich weiß, Kathi«, sagte sie sanft, »wie sehr Sie an Frau Hellwang gehangen haben und wie schmerzlich auch Sie ihr Verlust berührt. Sie ist nicht mehr. Aber ihre Aufgaben sind geblieben und auf uns gefallen. Nun, ich meine, wir werden unsere Pflichten am besten erfüllen und am meisten im Sinne der Ihnen so teuren Entschlafenen handeln, wenn wir in Eintracht und voller Verständnis füreinander zusammenwirken. Ich bin jederzeit und gern bereit – und ich hoffe von Ihnen das gleiche.«

Sie nickte Kathi zu, drehte sich um und schloß die Tür hinter sich. Kathi atmete auf, als hätte sie während der ganzen Zeit, in der Fräulein Zögling friedfertige Worte auf sie einströmten, das Atmen vergessen. Plötzlich saugte sie die Luft mit jenem enervierenden Geräusch zwischen Schneide- und Eckzahn in sich hinein und murmelte; »Krampfhenne – falsche, vadruckte!« Und das war alles, was sie zu dem Appell von Fräulein Zögling für ein einträchtiges und verständnisvolles Zusammenwirken zu bemerken hatte. Und es klang, weiß Gott, nicht gerade verheißungsvoll für die Hausdame. –

Konrad Hellwang merkte nichts davon, daß in dem Hause eine Lunte schwelte, die von dem Zimmer Fräulein Zöglings über die Treppe zur Küche lief, eine Lunte, die von zwei Seiten gleichzeitig brannte und an ein großes Pulverfaß angeschlossen war. Es fragte sich nur, welches Ende rascher abbrennen und das Faß zur Explosion bringen würde. Nein, es wurde nichts aus dem Frieden und aus der Eintracht im Haus ›Gode Wind‹, wovon Fräulein Zögling so schön und wohlgesetzt gesprochen hatte. Zwar kam es nie zu irgendwelchen lauten Auftritten, aber ständig gab es Reibungen, die Elektrizität von hoher Spannung erzeugten. Es waren im Grunde lächerliche Dinge, die zu diesen Reibungen führten; nur durch die Hartnäckigkeit von Fräulein Zögling, die den Pfad der Güte bald verließ, und durch die Sturheit von Kathi, die auf ihre älteren Rechte pochte und sich von ›der Neuen‹ nichts bieten lassen wollte, wuchsen sie und plusterten sich bösartig auf.

Kathi ging mit dem Strom nicht gerade sparsam um. Es kam mehr als einmal vor, daß sie die Birnen im Keller brennen ließ und sich auf diese Weise den mühseligen Handgriff zum Schalter ersparte, wenn sie am nächsten Tag wieder Kartoffeln oder Bier aus dem Keller holen mußte. Fräulein Zögling hatte den verständlichen Ehrgeiz, die erschreckend hohen Lichtrechnungen herunterzudrücken. Kathi stellte die Schuhe der Kinder zum Trocknen auf die Zentralheizungskörper. Fräulein Zögling nahm sie von dort herunter, weil die trockene Wärme die Sohlen dörrte und das Oberleder brüchig werden ließ. Kathi verbrauchte ungeheure Mengen an Hausputzmitteln, Bohnerwachs, Schuhcreme und Seife. Fräulein Zögling schränkte den Verbrauch ein und wurde bis in die Lippen blaß, als Kathi ihr erklärte, ›daß sie eine solche Sau nicht sei, die wo mit Seife und mit Putzmitteln spare...‹ Vielleicht war das der Grund für den schlimmsten Tort, den Fräulein Zögling Kathi antat. Kathi zerschlug Geschirr, sie zerschlug ziemlich viel Geschirr; für ihre mächtigen Pratzen waren diese dünnen Tassen und Teller einfach zu zerbrechlich. Fräulein Zögling setzte am Monatsersten die Hälfte des Wertes von dem, was Kathi zertrümmert hatte, von Kathis Lohn ab!

Es war zwar streng gesetzlich, oh, Fräulein Zögling wußte in diesen Dingen genau Bescheid, aber es verstieß gegen das Gewohnheitsrecht im Hellwang'schen Hause. Nie wäre es der seligen Gnädigen eingefallen – und einen Augenblick lang war Kathi dicht daran, der Neuen den ganzen Krempel vor die langen, schmalen Füße zu schmeißen. Für einen Augenblick nur, dann verzichtete sie auch auf die rasch erwogene Beschwerde bei Hellwang und schluckte den Lohnabzug und die Kränkung wortlos hinunter. Es ging noch eine ganze Menge in ihren gewaltigen Körper hinein – eine ganze Menge! Vorläufig sammelte sie Sprengstoff, ein Körnchen Pulver nach dem anderen, grimmig und verbissen. Oha, wenn die Neue sich einbildete, sie auf solche Art zu vergrämen und aus dem Haus zu ekeln, dann täuschte sie sich aber ganz gewaltig. Wer hier hinausgeekelt wurde, das sollte mal erst die Zukunft erweisen...

Nein, Hellwang merkte von dem unterirdischen Schwelen und Gären nichts. Er schrieb, nach anfänglich vorsichtigen und zurückhaltenden Urteilen, schon nach einigen Wochen an seine Schwiegereltern nach Hamburg, daß ›Mama mit der Wahl von Fräulein Zögling wirklich einen guten Griff‹ gemacht habe, und daß die neue Hausgenossin sich ausgezeichnet eingelebt habe und mit den Kindern vorzüglich umzugehen verstände. Und das war nicht etwa eine Beruhigungspille für die alte Dame, sondern es entsprach voll und ganz seiner Meinung. Denn das Rad drehte sich wieder, ohne daß er andauernd in die Speichen zu greifen brauchte. Gewiß, die neue Ordnung war nicht Luisas Ordnung, aber sie kam doch nahe an die alte Ordnung heran. Die Kinder sahen adrett und gepflegt aus, und die Mädels hatten zu Ostern gute Vorzensuren heimgebracht, Britta sogar einen Zweier in Englisch und eine Drei im bösen Rechnen; ihrer Versetzung stand also nichts im Wege. Die Großmutter in Hamburg freute sich und war stolz auf ihren Blick für menschliche Qualitäten. Sie hatte nie daran gezweifelt, mit Fräulein Zögling im richtigen Moment die richtige Person auf den richtigen Platz gestellt zu haben. Sie schickte jedem Kind ein Fünfmarkstück für die Sparbüchse – neben den Lübecker Marzipaneiern natürlich – und Lydia ließ sich von Fräulein Zögling beschwatzen, das blanke Geldstück auch wirklich in die Sparbüchse hineinzustecken. Es war eine Banksparbüchse, an der es nichts zu manipulieren gab, weder mit Zündhölzchen noch mit Häkelhaken. Als es erst einmal in den Schlitz gesteckt und silbern heruntergeklingelt war, kam die Reue für Lydia zu spät. Aber die alte Dame schickte auch noch einen Zehnmarkschein mit, und dafür sollten die Kinder Fräulein Zögling zum Osterfest eine Schachtel Konfekt oder Kognakbohnen kaufen. Sie liefen zum Stangl, und Fräulein Zögling war über das Geschenk sehr gerührt und versprach, den schönen, mit einem prachtvollen Blumenbild geschmückten Karton ihrer Sammlung von Erinnerungsstücken an besonders brave Kinder anzureihen. –

Leider vergaß die alte Dame, auch Kathi zu bedenken und das versetzte Kathi, die vermeinte, das Selbstgefühl und die Sicherheit der Neuen förmlich schwellen zu sehen, einen schmerzlichen Stich in die Brust. Nicht etwa, daß sie sich etwas aus Süßigkeiten gemacht hätte – eine abgebräunte Kalbshaxe war ihr bedeutend lieber als das süße Geschlamps – aber es war die entgangene Auszeichnung, die sie kränkte, die Ordensverteilung, bei der sie übersprungen worden war. Den Kindern gegenüber machte sie dunkle Andeutungen in dem Sinne: Laßt nur, laßt nur, wer zuletzt frißt, frißt am besten... Und sie lachte dabei dumpf vor sich hin, wie Schreinermeister Deutelmoser vom Greiffinger Theaterverein ›D' Wildschützen‹, der im ›Hubertus‹ mit großem Erfolg die Heimtücker und Schurken darstellte.

Ja, es war nicht Luisas Ordnung, aber es war eine Ordnung, und Hellwang empfand sie wohltuend und tröstlich. Er versöhnte sich mit Fräulein Zöglings Gegenwart, und nach und nach, es ging schneller als gedacht, schien sie seit undenklichen Zeiten zum

Hause gehört und ihren Platz am Tische eingenommen zu haben, an dem sie Söhnchen in dem schwierigen Geschäft, die Gabel zu gebrauchen, hilfreich beistehen konnte. Sie war anspruchslos, tat ihre Pflicht, störte ihn nicht, überreichte ihm zum Monatsersten saubere und klare Abrechnungen, die bis auf den letzten Pfennig stimmten – und hatte die angenehme Gabe, sich zu gegebener Zeit wie der Geist aus der Flasche in ein nebelhaftes Gebilde aufzulösen, durch das man hindurchschreiten konnte, ohne es recht gewahr zu werden.

Eines Tages kam überraschend Christian Vollerthun, Hellwangs Verleger, für ein paar Stunden zu Besuch in die Mozartstraße. Er war auf der Durchreise nach Salzburg, wo einer seiner Autoren lebte, den er neu entdeckt hatte. Sein Zug fuhr am Abend weiter. Vollerthun, ein blühender Sechziger, lebendig und voller Feuer, Freund eines guten Tropfens und eines klugen Gesprächs, hatte den jungen Hellwang entdeckt, gefördert und war dem Manne Hellwang ein Freund geworden.

»Ich komme nur heran, um Sie ein wenig aufzumuntern, mein Lieber. Oder haben Sie etwa eine Überraschung für mich parat? Wollen Sie mir gar das fertige Manuskript für die langweilige Nachtfahrt in die Hand drücken?«

»Sie werden sich ein anderes Schlafmittel besorgen müssen«, sagte Hellwang bitter und bissig. Sie setzten sich in Hellwangs Arbeitszimmer in die gemütliche Ecke und köpften eine Flasche Rotwein.

»Also, Hellwang, wie steht die Arbeit?«

»Von stehen ist keine Rede, Vollerthun – sie liegt und schläft. Ich komme nicht weiter. Die Zündung fehlt. Der Faden ist gerissen. Ich versuche, ihn immer wieder zu knüpfen, aber er rutscht mir aus den Fingern. Dabei will ich arbeiten, glauben Sie mir! Aber ich scheitere an jenem leeren Sessel dort...« Er hob das Gesicht und deutete mit dem Kinn in die Richtung, wo unter Luisas Bild auf dem Bücherbord der kleine braune Sessel stand, in dem sie ihm so oft gegenübergesessen hatte. Vollerthun nickte stumm. Luisas Schatten schwebte durch das halbdunkle Zimmer.

»Verstehen Sie mich recht«, fuhr Hellwang nach einer kleinen Weile fort, »es war nicht so, daß Luisa mir etwa half, es war nicht einmal so, daß wir über meine Arbeiten lang und breit diskutierten. Ihre Klugheit war von anderer Art. Sie besaß Geduld und sie besaß vor allem die Gabe, zuhören zu können. Sie war die Reibfläche, an der ich mein bißchen Feuer entzündete. Sie lebte für mich. – Jetzt erst, nach ihrem Verlust, kommt es mir zu Bewußtsein, wie tyrannisch ich über Luisa und ihre Zeit verfügte. Ob sie kochte oder bügelte, mit den Kindern spielte oder lernte, dem Kleinen Nase und Podex putzte oder am Nähtisch saß – wenn ich rief, war sie für mich da.«

Vollerthun nickte: »Eure Frauen haben wahrhaftig kein leichtes Los gezogen, ich weiß es...«

»Dann kauerte sie dort in jenem Sessel, mit den Gedanken vielleicht noch ganz woanders, aber immer mit dieser wunderbaren Bereitschaft für mich. Nie ließ sie sich anmerken, daß ich sie mitten aus einer Arbeit herausgerissen hatte, die eine Unterbrechung schlecht oder sogar überhaupt nicht vertrug. Mochte die Milch anbrennen, das war ihr in diesem Augenblick nicht wichtig. ›Nun bin ich aber wirklich gespannt, wie du das gelöst hast‹, sagte sie dann, und ich las ihr den Abschnitt, den ich gerade geschrieben hatte, vor und entwickelte ihr die Fortsetzung der Geschichte. Ich verlangte kein Urteil von ihr zu hören, obwohl es mich tief beruhigte, wenn sie dann sagte, das hätte ich fein gemacht oder das wäre mir gut gelungen. Sie war so gradlinig, so gänzlich unkompliziert, ihr Verstand war so herrlich gesund und unverdorben – ich glaube, sie hätte mit den Grimmschen Märchen jahrelang auf einer einsamen Insel leben können. Ihr lag so sehr das Knappe, Einfache, Klare, daß ihre bloße Gegenwart mich zwang, knapp, einfach und klar zu denken und zu schreiben. Hier lief ich auf und ab, und dort saß sie. Für einen Zuhörer hinter der Tür hielt ich endlose Monologe, und Luisa war stumm. Aber es waren Zwiegespräche, verstehen Sie?«

Natürlich verstand Vollerthun. Er blieb lange schweigsam, drehte den Kelch in seinen Händen und starrte in den dunklen Rubinspiegel des Weines.

»Und trotzdem müssen Sie weiterarbeiten, Hellwang!« sagte er schließlich, »nicht mir zuliebe und auch nicht Ihnen zu Gefallen – ganz abgesehen davon, daß diese alberne Redensart von der Arbeit ›um zu vergessen oder einen Schmerz zu betäuben‹ ein ganz gottverdammter Blödsinn ist, der die Arbeit mit irgendeinem Pillendreck auf eine Stufe stellt. – Nein, Hellwang, Sie müssen arbeiten, weil Sie etwas zu sagen haben!« Er nahm einen Schluck aus dem Glase und ließ den Rotwein über die Zunge rollen. Es war ein milder Burgunder, ein Hochgewächs der Lage Clos Vougeot, von delikatem Aroma und voll Körper. Sein Schwiegervater, der etwas von Weinen verstand, hatte Hellwang zehn Flaschen zu Weihnachten geschickt, und sicherlich hatte er sich schweren Herzens davon losgerissen.

»Was Ihre Frau Ihnen bedeutet hat und welchen Platz sie immer in Ihrer Erinnerung einnehmen wird, weiß ich genau. Beurteilen Sie also den Vorschlag, den ich Ihnen machen will, nicht falsch. Es gibt keinen Ersatz für das, was Sie verloren haben, aber es muß etwas geschehen, was Sie zu Ihrer Arbeit zurückführt. – Sehen Sie, jeder Mensch entwickelt im Laufe der Jahre seine Arbeitsweise. Bei Ihnen besteht sie zum großen Teil darin, im Gespräch zu denken. Haben Sie nicht einen Menschen, der bereit wäre, Ihnen sozusagen als geistiger Punchingball zu dienen?«

Hellwang war erst verblüfft und lachte dann laut auf. Der Vorschlag Vollerthuns kam ihm grotesk vor, so gut er gemeint sein mochte. Hier klaffte der Spalt zwischen Verleger und Schriftsteller, der Spalt zwischen praktischer Vernunft und jenem anderen Geist, der die, die ihn besaßen, zur Verteilung der Erde zu spät kommen ließ.

»Nehmen Sie mir's nicht übel, Vollerthun, aber diesen ›geistigen Punchingball‹ dürfen Sie sich patentieren lassen! Hol's der Teufel, aber wie stellen Sie sich das eigentlich vor? Inseriert man da in den Neuesten Nachrichten: Ruhige, ältere Dame gesucht, die – in geistigen Geburtswehen erfahren – brach liegendem Schriftsteller beim Brutgeschäft behilflich sein kann? Wie? Oder soll ich vielleicht Fräulein Zögling zu meinem Punchingball machen?«

»Warum nicht?« fragte Vollerthun, ohne sich im mindesten aus der Ruhe bringen zu lassen oder sich gar über die Spötterei zu kränken, »warum nicht, wenn's hilft...«

Zum Abendessen gingen sie hinunter. Fräulein Zögling versah die Hausfrauenpflichten mit großem Geschick. Sie hatte den Tisch hübsch gedeckt und die Platte mit kaltem Aufschnitt so appetitlich angerichtet und garniert, daß sogar Hellwang tüchtig zugriff. Vollerthun, immer ein bißchen Schwerenöter, hofierte Fräulein Zögling und schien sie anziehend zu finden. Jedenfalls führte er das Gespräch in bester Laune, ein Zeichen dafür, daß er angeregt war. Auch Britta und Lydia durften mit bei Tische sitzen, während Söhnchen schon längst zu Bett gebracht worden war. Die Kinder liebten Onkel Vollerthun, hauptsächlich wohl deshalb, weil er nie vergaß, ihnen zu allen Festtagen hübsch beklebte Büchsen mit Nürnberger Lebkuchen und prächtige Bonbonnieren zu schicken. Als alter Junggeselle fand er zu Kindern keine rechte Einstellung. Er kam über eine Art von Säuglingston im Umgang mit ihnen nicht recht hinaus, und seine Fragen nach ihren Leistungen in der Schule wurden zuweilen peinlich, aber die Pralinen entschädigten sie reichlich für seine mangelnden Unterhaltungstalente.

Später, als die Zigarren brannten und die Herren sich bei der zweiten Flasche Clos Vougeot wieder in Hellwangs Arbeitszimmer zurückgezogen hatten, überredete Vollerthun Hellwang, etwas aus dem entstehenden Buche vorzulesen, von dem er vorläufig nur den Titel und einige Stichworte über den Rohstoff kannte. Der Abschnitt, den er hörte, versetzte ihn in helle Begeisterung, und den Rest des Abends füllte ein Gespräch über das entstehende Werk, das eigentlich erst beendet wurde, als der Signalstab des Fahrdienstleiters Vollerthuns Zug aus der Halle des Münchener Hauptbahnhofs auf die Reise schickte.

Einen knappen halben Tag nur hatte dieser Besuch gedauert, aber die wenigen Stunden in Vollerthuns Gesellschaft waren Hellwang ungewöhnlich gut bekommen. Die ehrliche Freude Vollerthuns an dem neuen Buch und das angeregte Gespräch, über dem sie fast die Abfahrtszeit vergessen hätten, spornten Hellwangs Schaffensdrang mächtig an und schufen zwischen ihm und der stillgelegten Arbeit neue Beziehungen. Der Schreibtisch zog ihn wieder an, und die verblaßte Gestalt seines Helden Friedrich von Steuben begann sich wieder mit Blut und Leben zu füllen.

Ja, er arbeitete wieder. Die Kinder mußten auf den Spielpartner bei Quartett und ›Mensch-ärgere-dich-nicht‹ verzichten. In dem großen gelben Aschenbecher auf dem Schreibtisch wuchsen allabendlich die Zigarrenreste wieder zu ansehnlichen Bergen auf, und Kathi mußte sich wieder daran gewöhnen, abends um neun das kleine, genau zwei Tassen fassende Kännchen Kaffee aufzubrühen und unter der dick wattierten Haube auf die Schwelle seines Arbeitszimmers zu stellen. Dort brannte die Lampe bis tief in die Nacht hinein, und die Falter pumperten gegen die matt erhellten Rechtecke der Fenster. Und der alte Direktor Beyerlein, in dessen Bibliothek auch ein paar Hellwangs standen, fragte bei einem gelegentlichen Grußwechsel, wann es wieder etwas Neues aus Hellwangs Feder zu lesen gäbe.

Aber der Schwung hielt nicht sehr lange an. »Sie fehlen mir als Punchingball, lieber Vollerthun«, schrieb Hellwang an den Freund und Verleger, »Ich komme mir wie ein Huhn vor, das die schönsten Eier legt, ohne daß jemand sein stolzes Gegacker zur Kenntnis nimmt.« –

Es war inzwischen Sommer geworden, nach einem Winter, der

ungewöhnlich streng gewesen war und ungewöhnlich lange angehalten hatte. Noch bis in die letzten Apriltage hinein hatte der Himmel aus grauen Wolken Schnee auf die Erde geschüttet. Fräulein Zögling war nun schon fast vier Monate im Hause. Der Sommer schien sie verjüngt zu haben. Sie trug ärmellose helle Kleider, und die Pflege der Blumenrabatten im Garten unter der prickelnden Junisonne hatte ihr Haar erstaunlich gebleicht und ihrer Hautfarbe einen rosigbräunlichen Schimmer verliehen. Die alten Herren in der Nachbarschaft guckten ihr nach, wenn sie mit den Kindern in den Wald oder zum Kaufmann Stangl ging. Und Oberst Habedanck hatte ihr einen Strauß von dem weißen gefüllten Flieder übers Gartentor gereicht, von dem üppigen Ausstellungsflieder, dem sich seine Gattin nur auf fünf Schritte Entfernung nähern durfte, wenn sie ein Messer in der Hand trug. –

An dem Verhältnis zwischen Fräulein Zögling und Kathi hatte sich nichts geändert. Sie wichen einander nach Möglichkeit aus, sonst standen sie sich sozusagen Gewehr bei Fuß in abwartender Haltung gegenüber, wie zwei feindliche Heere während eines Waffenstillstandes, wo ein unglücklicher Zufall jedoch jeden Augenblick ein erneutes Losschlagen herbeiführen konnte.

Kathi erlebte zur Zeit übrigens gerade einen neuen Liebesfrühling. Er hieß Xaver Simmetsreiter und war Gehilfe bei Spenglermeister Freutsmiedl. Während eines besonders strengen Nachtfrostes war im Hause ein Wasserrohr eingefroren gewesen. Xaverl hatte es mit der Lötlampe ›aufgeleint‹, und so war die Bekanntschaft zustande gekommen. Außerdem aber besaß Herr Simmetsreiter einen VW älterer Bauart, der nun öfter in der Nähe des Hellwangschen Hauses parkte und auf dessen lockende Hornsignale – lang, kurz, kurz – das ganze Haus, mit Ausnahme von Fräulein Zögling natürlich, eingespielt war. Erscholl das Zeichen, so pflanzte sich der Ruf: »Kathi, der Xaverl wui was von dir!« von dem, der das Signal zuerst vernommen hatte, mit großer Geschwindigkeit bis zu Kathis Standort fort.

Kathi hatte in diesem Jahr auf alle Faschingsfreuden verzichtet, sogar die freien Mittwochnachmittage und Sonntage hatte sie aufgegeben. Nun aber, da der VW und das junge Grün der Buchenwälder lockten, konnte sie dem Drängen ihres Freundes nicht länger widerstehen und nutzte ihre freien Tage wieder aus. Da sie es vermied, mit Fräulein Zögling überflüssige Worte zu wechseln, hinterließ sie ihr auf dem Küchentisch einen Zettel mit der lakonischen Weisung: ›Um neun Ur Kaffe aufbrün, aber *stark* und in der kleinen Kanne dem Herrn Doktor auf die *Schwälle* stellen!‹ ›Stark‹ und ›Schwälle‹ waren dreifach unterstrichen.

Fräulein Zögling fand den Zettel, als sie das Abendessen herrichtete. Sie brühte auch zur angegebenen Zeit den Kaffee auf und sparte nicht mit den Bohnen, aber dem Befehl Kathis zu folgen und die Kanne auf der Schwelle abzusetzen, verbot ihr denn doch ihre Würde. Sie klopfte an, hörte ein aufgestörtes, knurrendes »Herein« und sah Hellwang hinter schichtweise gelagerten Rauchschwaden am Fenster stehen.

»Wo darf ich den Kaffee hinstellen, Herr Doktor?« fragte sie schüchtern und wünschte nun doch, daß sie lieber Kathis Anweisung gefolgt wäre, denn Hellwang machte einen ziemlich gereizten und ungnädigen Eindruck.

»Stellen Sie ihn auf den Schreibtisch«, knurrte er, aus seinen Gedanken aufgestört, die ihn weit über den Atlantik in das Feldlager von New-Windsor getragen hatten, wo Steuben am 4. Juli 1779 seinem Freunde, dem Geheimen Rat von Frank in Hechingen, gerade geschrieben hatte: ›Mein Freund, ich bin nunmehro unter Washington der fünfte General im Rang, und wenn ein Fieber oder ein Lot Blei meinen Lauf nicht unterbricht, so sind die Grenzen weitläufig genug, um meinen Ehrgeiz zu befriedigen...

Der Schreibtisch war mit Papieren, Zetteln und aufgeschlagenen Büchern übersät. Fräulein Zögling stand einem schwierigen Problem gegenüber, die Kanne abzustellen.

»Um Himmels willen, was machen Sie denn da?!« fauchte er sie an, als sie sich anschickte, eine Ecke frei zu machen, indem sie die Bücher schloß und übereinanderstapelte, »auf dem Schreibmaschinendeckel ist doch Platz genug!«

Sie stellte das Tablett gänzlich verschüchtert ab. Hellwang trommelte ungeduldig gegen die Fensterscheibe. »Ach, bitte«, sagte er scharf, »setzen Sie den Kaffee das nächste Mal doch wie gewöhnlich draußen ab!«

»Verzeihung«, stotterte Fräulein Zögling und hob wie Britta, wenn sie gescholten wurde, die rechte Schulter empor, »ich wollte Sie nicht stören, Herr Doktor – ich wollte Sie bei dieser Gelegenheit nur um ein Buch bitten... aber nun, oh, Verzeihung... das Lesbare aus der Greiffinger Leihbibliothek habe ich nämlich schon längst gelesen...« Sie war schon an der Tür und hielt den Drücker bereits in der Hand, um lautlos zu verschwinden. Hellwangs Stimmung schlug plötzlich um, und sein abweisender Ausdruck änderte sich augenblicklich.

»Oh«, rief er bestürzt und ehrlich erschrocken, daß gerade in seinem Hause ein Mensch geistiger Nahrung entbehren mußte, »aber liebes Fräulein Zögling, weshalb haben Sie das nicht schon längst gesagt und weshalb sind Sie nicht längst zu mir gekommen?!« Er schaltete die Deckenbeleuchtung ein und schloß sekundenlang die geblendeten Augen, ehe er ans Bücherregal trat: »Bitte, suchen Sie sich doch etwas aus, oder darf ich Ihnen bei der Wahl behilflich sein? Was lesen Sie denn gern? Drüben stehen Tagebücher und Memoirenwerke, in den unteren Fächern finden Sie historische Romane. Hier habe ich die schöne Literatur untergebracht, moderne, aber auch ältere Autoren, eine Menge Engländer und Amerikaner. Kennen Sie Hamilton Basso, Davis Grubb oder Leon Uris...«

»Ich habe den ›Exodus‹ gelesen. Die anderen Autoren kenne ich nicht...«

»Sie lesen gern, wie?« fragte er freundlich.

»In jeder freien Minute. Gute Bücher waren von jeher meine Leidenschaft. Ich kenne kein größeres Vergnügen...« Sie ging zwei kleine Schritte am Regal entlang und entdeckte die Romane von Joseph Conrad. Es war eine komplette Ausgabe. »Oh, wenn ich um ›Lord Jim‹ bitten dürfte«, rief sie, »Joseph Conrad gehört nämlich zu meinen Lieblingsautoren...«

Hellwang zog den Band heraus und strich mit zwei Fingern über den ledernen Buchrücken.

»Dann will ich Sie auch nicht länger stören...«

»Oh, Sie stören mich gar nicht so sehr«, murmelte er und starrte auf die verblaßten Goldbuchstaben des Einbandes. »Ich sitze augenblicklich mit meiner Arbeit fest, ja, solch ein Werk hat immer seine Untiefen und Sandbänke, verstehen Sie... Manchmal läuft man auf und weiß dann lange nicht, wie man das gestrandete Schiff wieder flott machen soll...« Er blinzelte in das überhelle Deckenlicht, das er fast nie gebrauchte. »Sie gestatten, daß ich die große Lampe ausschalte, das Licht tut meinen Augen weh.«

»Bitte, Herr Doktor, lassen Sie mich das doch tun«, und sie lief zum Schalter und drehte die hundertkerzige Birne ab. Das Zimmer sank in warmes Halbdunkel zurück, nur auf dem Schreibtisch lag ein heller Lichtkreis. Hellwang legte ›Lord Jim‹ auf die Conrad-Ausgabe zurück.

»Darf ich fragen, woran Sie augenblicklich arbeiten, Herr Doktor?« fragte sie zaghaft.

»Das Buch soll ›Lorbeer für fremde Fahnen› heißen...«

»Ein schöner Titel!«

»So, gefällt er Ihnen? Nun ja, ich finde ihn ausnahmsweise auch recht gelungen. Ein glücklicher Einfall einer guten Stunde. Buchtitel zu erfinden ist sonst nicht meine starke Seite. In dieser Hinsicht hat mein Freund Vollerthun eine glücklichere Hand als ich.«

»Und wovon handelt das Werk?«

»Können Sie mit dem Namen von Friedrich Steuben etwas anfangen? Verbinden Sie damit einen Begriff?«

»Ich weiß nur«, antwortete sie zögern, »daß er im Unabhängigkeitskrieg eine bedeutende Rolle spielte und daß es in den Vereinigten Staaten einen Steuben-Bund gibt.«

»Trösten Sie sich«, sagte er heiter, »von hundert Leuten wüßten achtundneunzig wahrscheinlich nicht so viel wie Sie über den guten alten Steuben zu berichten.« -Er bemerkte, daß sie noch immer vor dem Bücherregal standen und rückte ihr einen Sessel in den Plauderecke zurecht: »Bitte, setzen Sie sich doch – das heißt natürlich, falls Sie nichts Wichtigeres zu tun haben, als mit mir über meinen eingefrorenen Steuben zu reden.«

»Oh, es interessiert mich sehr, mehr über ihn und über Ihre Arbeit zu erfahren.«

Als Kathi gegen elf Uhr vom Andechser Volksfest heimkehrte und zu ihrem Zimmer hinaufschlich – die Schuhe in der Hand und am Busen ein gewaltiges Lebkuchenherz in flammend rotem Cellophan und mit der mahnenden Aufschrift ›Bleib mir 3, 4 + 4‹ – hörte sie im Arbeitszimmer Stimmen. War Besuch gekommen? Sie hatte an der Garderobe doch keinen fremden Mantel oder Hut gesehen und auch sonst nichts bemerkt, was auf die Anwesenheit eines Gastes schließen ließ...

Sie blieb sekundenlang auf dem Treppenabsatz stehen, um zu lauschen. Es waren doch zwei Stimmen. Nein, sie täuschte sich nicht... Hellwangs Stimme und – die Stimme der Neuen! Wahrhaftig! Das war nun allerdings eine Überraschung, die es in sich hatte. Pfüad di God! – Das Herz blieb ihr für einen Augenblick stehen und schlug dann plötzlich laut und hart bis zum Halse hinauf. Die Neue im Arbeitszimmer des Doktors! Und das um elf Uhr in der Nacht!! Und sie hörte, die Hand aufs Herz pressend, wie Hellwang in seinem Zimmer auf und nieder ging und sprach, in genau dem gleichen Ton sprach, wie er früher zu der seligen Frau gesprochen hatte...

Eine heiße Welle von Zorn und Empörung flutete in Kathis Gesicht. Das Brathendl, das sie mit zwei Maß Märzenbier hinuntergespült hatte, begann in ihrem Magen zu flattern. Sie schluckte schwer. Oh, sie hatte ja von Anfang an gewußt, daß die Neue es nicht aufs Brot allein abgesehen hatte, als sie damals ins Haus kam. Aber wer konnte ahnen, daß sie es so eilig haben würde, sich an den Doktor heranzumachen – Sakrament no'amal, so ein heimtückisches Luder, so ein heimtückisches! Dafür waren also die Hormoncreme und der Lippenstift, die Gurkenmilch für die Haut und die Wimperntusche berechnet, die sie in der Kommodenschublade verwahrte, ganz hinten in einer harmlosen Seifenschachtel, aber eben doch nicht gut genug versteckt für einen, der seine Untersuchungen gründlich durchführte! Kathi kicherte grimmig in die Dunkelheit hinein. Dafür also hatte sich dieses raffinierte Frauenzimmer die hellen, kurzärmeligen Blusen angeschafft und das Blondiermittel für die Haare! Kathi ballte die Fäuste und schüttelte sie gegen die Tür. Das könnte der so passen, sich ins fertige, warme Nest zu setzen! Na warte, Herzerl – vorläufig ist ja noch jemand da, der ein wachsames Auge besitzt und das zu verhindern wissen wird, was da fein gesponnen werden soll!

Kathi schlich die Treppe genau so geräuschlos hinab, wie sie heraufgekommen war. Auf der untersten Stufe setzte sie sich nieder und zog die Schuhe mit den kräftigen Absätzen wieder an. Und dann stapfte sie die Treppenstufen hinauf, recht laut und vernehmlich, und dazu pfiff sie die Polka von der Zillertaler Blasmusik. Die sollte es nur hören, die Neue, daß sie da war, das sollte sie nur merken, und der Doktor auch!

Hellwang riß die Tür auf; »Hallo, Kathi!« rief er und schaute sie an, als traue er seinen Augen nicht, »sind Sie total verrückt geworden, mitten in der Nacht solch einen Lärm zu machen? Was ist mit Ihnen los?!«

»Verrückt? Nicht daß ich wüßte«, antwortete Kathi in zierlichem Schriftdeutsch! Sie beugte sich vor und ließ das flammende Lebkuchenherz mit seiner mahnenden Inschrift frei in der Luft baumeln, »lustig bin ich halt, mir macht das Leben Freude. Gute Nacht wünsch ich allerseits und gute Unterhaltung!« Sie hob grüßend die Hand, winkte neckisch mit den Fingern und verschwand in ihrem Zimmer. Hellwang schloß kopfschüttelnd und ziemlich bestürzt die Tür.

»Es scheint in der Nähe eine Kirchweih stattgefunden zu haben«, bemerkte er wie zur Entschuldigung für Kathis fidele Heimkehr, »nun, gönnen wir ihr das Vergnügen...« Er seufzte ein wenig, und Fräulein Zögling warf ihm unter gesenkten Lidern einen raschen Blick zu.

»Sie lassen Kathi recht viele Freiheiten und Sie lassen ihr sehr viel durchgehen«, bemerkte sie, aber es kam nicht ganz deutlich heraus, ob sie diese Großzügigkeit angebracht fand oder ob sie sie mißbilligte.

»Nun ja, was soll man machen?« fragte er mit einer verzagten Handbewegung, die komisch wirken sollte, »an Kathi werden wir nichts ändern, die ist ihr eigenes Monument – aus Granit. Ich bin nur herzlich froh«, fuhr er arglos fort, »daß Sie mit Kathi so gut auskommen. Offen gestanden habe ich damals, als ich mit Ihnen zum erstenmal über Kathi sprach, sehr große Sorgen gehabt, Sie würden mit ihr einige Schwierigkeiten zu bestehen haben.«

Fräulein Zögling schob die Lippe empor, ein schmaler weißer Zahnstreifen schimmerte auf, in dem ungewissen Licht sah es aus, als lächle sie; »Nun, Herr Doktor, es geht... aber ich muß ehrlich gestehen, daß ich mir das Zusammenleben mit Kathi trotz Ihrer Worte nicht so schwierig vorgestellt hatte, wie es in Wirklichkeit ist. Manchmal erfordert es schon eine recht große Geduld, Kathis Eigenheiten zu ertragen.«

»Das kann ich mir vorstellen«, murmelte er.

»Aber sie ist ja recht tüchtig – wenn auch ein wenig unmethodisch in ihrer Arbeit.« Fräulein Zögling befeuchtete sich die Lippen mit der Zungenspitze, ihre Stimme bekam einen tastenden Klang, »und ich möchte es unter allen Umständen vermeiden, daß ich mich jemals nach einem Ersatz für Kathi umsehen müßte.«

Hellwang gab einen Laut von sich, als hätte er einen allzu heißen Bissen in den Mund genommen und als versuchte er nun, ihn in einem Luftstrom auf der Zunge zu kühlen: »Ach, wissen Sie, Fräulein Zögling«, murmelte er und wiegte den Kopf unbehaglich zwischen den Schultern, »das wäre mir doch äußerst unangenehm. Kathi ist nun schon so lange im Hause. Britta war gerade auf die Welt gekommen...« Und mit einem Versuch, das peinliche und unbequeme Thema ins Scherzhafte umzubiegen und endgültig zu verlassen, fügte er hinzu: »Außerdem fehlte mir, ehrlich gesagt, der Mut dazu, mich mit Kathi anzulegen. Ich bewundere tatsächlich Ihre Kühnheit, daß Sie mit dem Gedanken zu spielen wagen, Sie könnten diesem gewaltigen Weibsbild vor dem Herrn jemals die Freundschaft aufkündigen.«

»Nun«, meinte Fräulein Zögling mit einem kühlen Lächeln, »es scheint eben Dinge zu geben, in denen wir Frauen mutiger sind als die starken Herrn der Schöpfung. Aber natürlich hoffe ich genau so wie Sie, daß mit Kathi alles in bester Ordnung weitergehen wird.«

Hellwangs Arbeit gedieh, und das Manuskript wuchs zu ansehnlicher Stärke auf, aber mit der Fortsetzung des Werkes erscholl auch immer häufiger der Ruf nach Fräulein Zögling durch das Haus. Das Fräulein legte beiseite, was es gerade in der Hand hielt, knüpfte die Schürze in fliegender Eile ab, fuhr sich mit den Händen übers Haar, ordnete die Frisur im Nacken mit kundigen Fingern und sprang die Treppe zum Arbeitszimmer empor. Es war nicht Luisas Platz, auf den sie sich setzen durfte.

»Ach nein, bitte, nehmen Sie doch den Sessel mit den Armstützen«, sagte Hellwang, als sie sich auf dem braunen Sesselchen niederlassen wollte, der Luisas Schatten vorbehalten blieb. Später lagen immer ein paar Bücher, seine Zigarrenkiste oder die Briefmappe dort, und Fräulein Zögling ahnte nicht, weshalb der Sessel immer belegt war und weshalb sie den Platz auf Hellwangs Wunsch gewechselt hatte.

Wenn sein Ruf nach Fräulein Zögling durch das Haus hallte, ließ auch Kathi den Teller, den sie gerade abtrocknete, oder das Staubtuch, mit dem sie über die Politur eines Möbelstückes fuhr, sinken. Befand sie sich mit Fräulein Zögling im gleichen Zimmer, so tat sie, als bemerkte sie deren eiligen und stets mit einem triumphierenden Blick begleiteten Abgang nicht, einen Blick, der ihr deutlich zu verstehen gab: »Ja, meine liebe Kathi, wir sind zwar noch nicht elf Jahre im Hause, aber wir haben uns in den wenigen Monaten, die wir hier leben, immerhin wichtig und unentbehrlich gemacht, was man von anderen Leuten vielleicht nicht ganz sicher sagen kann!« – War Kathi allein, dann machte sie ihrem Herzen Luft, lauschte dem Geklapper von Fräulein Zöglings hohen Absätzen und begleitete jede Treppenstufe, die jene nahm, mit einem kernigen Wort aus der Sphäre ihres Vaters, der als Polier bei Heilmann & Littmann im Tiefbau beschäftigt war. ›Brich dir den Hals, Luder!‹ war noch der sanfteste Wunsch, den sie Fräulein Zögling nachsandte...

Kathi beobachtete Hellwang und das Verhältnis, in dem er zu Fräulein Zögling stand, sehr aufmerksam und sehr genau. Sie hatte zu diesen Beobachtungen ja genug Gelegenheit, bei Tisch, wenn sie die Speisen auftrug, oder am Nachmittag vom Küchenfenster aus, wenn Hellwang und das Fräulein eine Weile im Garten mit den Kindern spielten. Vorläufig konnte sie auch bei schärfstem und mißtrauischstem Zusehen nichts entdecken, was darauf schließen ließ, daß Hellwang das Fräulein etwa begehrenswert fände. Sie mußte zugeben, daß er ihre braunen Knie und die immer blonder werdenden Dauerwellen so gänzlich übersah und ihren körperlichen Reizen gegenüber so kühl blieb, als breite sich dort eine Holzfigur im Liegestuhl aus. Aber die Mannsbilder waren ja so blöd, daß man sie nie aus den Augen lassen durfte. Besonders nicht, wenn da eine war, die so geduldig und hartnäckig zu warten verstand wie die Neue. Die saß wie eine Spinne am Netz und lauerte nur auf das Zucken des Signalfadens. Und einmal mußte es ja doch dazu kommen, daß er im Netz zappelte, ganz gewiß – oder Kathi kannte die Männer nicht. Und das konnte man ihr nun wahrhaftig nicht nachsagen! Der Oberst Habedanck war über siebzig und leckte sich trotzdem noch die Lippen, wenn er das Fräulein entdeckte, und auch der Direktor Beyerlein starrte ihr über den Zaun nach, daß seine Gattin scharf husten mußte, um ihn an seine Rosenkulturen zu erinnern. Und Hellwang – war ein Mann von achtunddreißig Jahren, und was für ein Mann! Kathi spürte selber ein kleines Zittern im Herzen und eine Schwäche in den Knien, wenn sie an seine breiten Schultern und an sein braunes Gesicht dachte und an seine tiefe Stimme, die so sanft war und einem durch und durch ging...

Sie gab sich nie darüber Rechenschaft, weshalb sie eigentlich das Fäulein mit solch grimmigem Eifer verfolgte und weshalb sie die Neue so inbrünstig zum Teufel wünschte. Hätte Hellwang sie gestellt und gefragt: »Also los, Kathi, nun einmal heraus mit der Sprache! Was paßt Ihnen an Fräulein Zögling nicht?« so wäre ihre Antwort wohl bald in einem undeutlichen Gestotter zusammengebrochen. Sie hatte es eben ›im G'fui‹, und sie verließ sich auf ihr Gefühl so blind wie ein Seemann auf seinen Kompaß. Das Fräulein Zögling konnte noch so harmlos tun, Kathi war felsenfest davon überzeugt, daß sie hier den Platz der verstorbenen Gnädigen einnehmen wollte. Und wenn es etwas gab, was sie ganz sicher wußte, so war es das eine, daß die hier nicht hineinpaßte. Gar nie! – Das hatte wenig oder gar nichts mit Kathis Abneigung gegen alles zu tun, was von jenseits des Weißwurstäquators ins Bayernland kam – mit Ausnahme der Hellwangs natürlich! Und überhaupt, so unangenehm waren die Preußen gar nicht. Mit einem von ihnen, einem flotten Waschmittelvertreter aus Wuppertal, hätte Kathi beinahe einmal angebandelt, wenn der Unglücksmensch nicht versucht hätte, mit ihr Bayerisch zu reden. Aber als er zu ihr ›mein Geschmacherl‹ sagte, da war es natürlich aus.

Doch die Neue – die war eiskalt und berechnend hochmütig und lieblos, auch wenn sie mit den Kindern noch so schön tat. Mein Gott, der Doktor würde sich umschauen, wenn er die zur Frau nähme – und erst die Kinder!

DIE ZÜNDSCHNUR BRENNT

In den Ferien wurde Söhnchens Gitterbett aus dem Elternschlafzimmer herausgenommen und in das Zimmer der Mädels gestellt. Da war schon früher so gewesen, als Luisa noch lebte, und so wurde es auch jetzt gehandhabt, seit Konrad Hellwang das große Schlafzimmer nur noch mit dem kleinen Mann teilte. Für Söhnchen war dieser Umzug immer ein aufregendes Ereignis, fast wie Ostern oder Weihnachten. Seine Frage: »Wann is nu endlich Ferien?« wurde von Tag zu Tag ungeduldiger. Hellwang kam diese Umquartierung seines Sohnes sehr gelegen. Jetzt, da das neue Buch sich einem Ende näherte, kam er selten vor ein oder zwei Uhr ins Bett und schlief dementsprechend bis in den Vormittag hinein, was dem Sohn, der ein ausgesprochener Frühaufsteher war, durchaus nicht paßte. Jeden Morgen, von sechs Uhr an, gab es Bitten, Beschwörungen und schließlich fürchterliche Drohungen, unter deren Druck sich der Kleine aber doch nie länger als eine knappe Stunde ruhig verhielt. Wenn er die Schwestern wispern hörte, die sich um diese Zeit auf den Schulweg machten, war er nicht mehr zu bändigen und knisterte und knitterte so lange herum, bis aus Hellwangs Bett ein gequältes, wütendes ›Raus!‹ ertönte. Dann packte Söhnchen seine Siebensachen zusammen und wurde zumeist schon an der Tür von Kathi in Empfang genommen. Gewöhnlich stellte sich dann heraus, daß er einen Strumpf oder einen Schuh vergessen hatte, worauf der sehr muntere kleine Mann durch emsiges Suchen dem sehr müden großen Mann noch einmal verzweifelte Donnerworte entlockte.

An diesem prächtigen Ferienmorgen erwachte Söhnchen schon in aller Herrgottsfrühe. Ja, wahrhaftig, die Ferien waren da. Er brauchte nur ein wenig den Kopf zu drehen, dann sah er die Betten seiner Schwestern und sogar ein wenig von ihnen selbst, von Lydia einen Fuß, der eine freche, hartnäckige Fliege immer wieder abzuschütteln versuchte, und von Britta einen Arm, der lang und schlaff über den Bettrand hinweg und fast bis zum Vorleger herabhing. Er lag ganz still, genoß den Morgen und freute sich. Die Fenster standen hinter den hölzernen Läden offen, durch die herzförmigen Gucklöcher fielen zwei Strahlenbündel schräg ins Zimmer hinein und malten zwei Lichtherzen an die Wand, die langsam, ganz langsam über die Tapete krochen. Man merkte es kaum, daß sie wanderten, so unmerklich bewegten sie sich weiter. Erst, wenn man die

Augen für eine Weile schloß und dann wieder aufmachte, sah man, daß die Lichtherzen wieder ein Stückchen näher an den Schrank mit dem Spielzeug der Mädels herangerückt waren. Die langsamste Schnecke hätte sie überholt.

Manchmal fuhr es wie ein Blitzstrahl über die Fensterläden hin und zuckte blendend durch das dämmerige Zimmer; das kam von Spiegelscherben in den Erdbeerbeeten und in den Weichselbäumen im Garten vom Oberst Habedanck und sollte die Amseln verscheuchen. Söhnchen lauschte auf das Zwitschern der großen, dicken Vögel. Aber alles blieb stumm. Vielleicht schlich der gelbe Kater Hinz durch die Hecken, oder der Oberst selber lag mit seiner Steinschleuder auf der Lauer. Söhnchen haßte den Kater und den Oberst, den Kater, weil er die armen Vögel fraß, und den Oberst, weil er ihm nie einen Apfel oder eine Birne schenkte, nicht einmal die wurmstichigen, die von selber von den Bäumen fielen. Beim Oberst wurde alles eingeweckt und eingekocht. Soviel Eingemachtes konnten doch die beiden alten Leute allein nicht aufessen! – Allmählich beunruhigte es ihn, daß die Vögel gar so still waren. Wenn nur der Kater auf der Lauer lag und nicht der Oberst, dann konnte man dem Kater vielleicht eins mit einem Stein auf den Pelz brennen. Wenn er das gelbe Biest nur einmal richtig erwischen würde. Seit Monaten lag er seinem Vater in den Ohren, einen Hund anzuschaffen, einen riesengroßen Hund, der mit dem Kater Hinz fertig würde, denn die Zweikämpfe zwischen dem Kater Hinz und dem Foxl vom Herrn Direktor Beyerlein gingen immer schlecht für Foxl aus.

Sein Tatendurst erwachte. Was waren die Mädels nur für Faulpelze! Draußen stand der Teich voll Wasser, und gewiß hingen an den Johannisbeersträuchern schon ein paar reife Beeren, na, und wenn sie auch noch nicht ganz rot und noch ziemlich sauer waren, solange der Konni und das Fräulein schliefen, konnte man sie ja immerhin schon ein wenig versuchen. Was die großen Leute ihm weis zu machen versuchten, daß er von den Johannisbeeren fürchterliche Bauchschmerzen bekäme, war ja ein Schmarrn, da hätte er sich schon seit Tagen vor Bauchschmerzen krümmen müssen.

»He, Lydia – he, Britta!«

Die Mädels blinzelten schlaftrunken und räkelten sich wohlig in den warmen Betten auf die andere Seite.

»He, Ferien san!«

Das Zauberwort spülte sie mit einem Schlag aus der sanften, lauen Flut des Schlafes in die Helligkeit des Morgens. Plötzlich waren sie wach und lustig. Sonst mußte Britta noch am Frühstückstisch von Kathi einen Ermunterungsrenner bekommen, um endgültig aus ihren Träumen zu erwachen. Ferien – fast zwei Monate lang Ferien! Das war grad so gut, als ob die Schule für ewige Zeiten abgebrannt sei.

»Also, wos dean mir jetzt«, fragte Söhnchen unternehmungslustig, »im Teich spritzeln – oder die Johannisbeeren san a scho zeiti...«

»Sei nicht so gscheert«, warnte Britta, »wenn dich die Sieglinda hört, dann sagt sie gleich, daß ihr die Haare zu Berge stehn. Das heißt nicht, ›woos dean mir?‹, sondern dees hoaßt: ›was tun wir jetzt?‹.«

»Ünd überhaupt müssen wir warten, bis Kathi aufsteht«, erklärte Lydia, »sonst gibt's gleich einen Mordskrach. Aber weißt was, Söhnchen – komm zu mir ins Bett, mir spuin wos Scheens!«

»Nein, Söhnchen, komm zu mir!« lockte Britta mit sanften Flötentönen. Söhnchen ließ sich mit der Entscheidung Zeit, das Werben und Schmeicheln der Mädchen um seine Gunst rührte ihn wenig. Er saß mit ernstem Gesicht in seinem Bett und überlegte sich die Angebote gründlich.

»Ich geh' zur Britta«, erklärte er schließlich, und gegen diesen Entschluß gab es keinen Widerruf, »die is' wärmer und hat nich' so spitzige Knochen wie du.« – Er kletterte über die Gitterstäbe hinweg und kroch zu Britta unter die leichte Steppdecke, wo er zärtlich in Empfang genommen wurde. Aber Busseln und sich Knutschenlassen war nicht nach seinem Geschmack.

»Also, wos spuin mir jetzt?« fragte er ungnädig.

»Vatta und Muatta?« schlug Britta vor.

»Geh! Immer das fade Gspui, wo ich owei 's Kind hergeben muß!« sagte Söhnchen empört und schüttelte energisch den Kopf.

»Wißt ihr was«, flüsterte Lydia, »i kimm a z'euch 'nüber und wir spielen, ›Wer hat mein Bein‹, gellja?«

»Au ja, dös is' guat, dös mach' mir!« schrie Söhnchen begeistert. Lydia brachte ihre Steppdecke mit, und aus beiden Decken bauten sie ›Keller‹, in den sie hineinkrochen. So hatte es ihnen Kathi beigebracht. Und dann hockten sie in rabenschwarzer Finsternis eng beieinander, und Britta begann die schaurige Geschichte mit Grabesstimme zu erzählen.

»Ein armes, armes Dienstmädchen, welches weder Vater noch Mutter hatte und sich bei einem alten Feldscher sein bitteres Brot verdiente, mußte eines Tages Kartoffeln aus dem Keller holen. Und wie es so durch die dunklen, düsteren Kellergewölbe ging, hörte es mit einem Mal ein seltsames Geräusch aus großer Ferne auf sich zukommen, das machte immer Bumm – klick – bumm – klick – bumm – klick. – Das arme Mädchen ließ die Unschlittkerze, die es in der Hand trug, vor Schrecken fallen. Das Licht erlosch – und nun stand es mit klopfendem Herzen in der schaurigen Rabenfinsternis. Und immer näher kamen die Schritte – bumm – klick – bumm – klick – und plötzlich hörte es eine tiefe, dumpfe Stimme und die Stimme fragte: ›Wer hat mein Bein – wer hat mein Bein – wer hat mein Bein?‹ Und die Stimme und das Tappen kamen immer näher auf sie zu, und es hörte sich an, als käme da ein Mann mit einem hölzernen Fuß durch das dunkle Gewölbe – bumm – klick – bumm – klick. – Das Mädchen wollte schreien, aber die Kehle war ihm wie zugeschnürt, und immer näher, immer näher kam die grausige Stimme: ›Wer hat mein Bein? Wör hat meun Beun?‹ –« Britta machte eine endlose Pause. Sie hockten alle drei atemlos und mit gesträubten Haaren im Finstern und warteten, heiße Angst im Herzen, was dem armen Dienstmädchen nun wohl geschehen würde. Und plötzlich packte Britta Söhnchens Bein und schrie mit furchtbarer Stimme: »DU HAST MEIN BEIN!«

Lydia kreischte auf, Söhnchen schrie gellend los, die Bettdecken flogen empor, und da saßen sie nun, mit blassen Gesichtern und wildklopfenden Herzen. Es war wirklich eine wunderbare Gruselgeschichte und sogar Britta, die Erzählerin, atmete jedesmal auf, wenn sie damit fertig war.

»Seid's ihr denn ganz narrisch, solch einen Krach zu machen?« Es war Kathis Stimme. Sie trat zum Fenster und stieß die grünen Läden auf. Die Kinder blinzelten in das hereinflutende Sonnenlicht.

»'s san doch Ferien, Kathi!« rief Britta.

»Koa Schui und nix lerna!« frohlockte Lydia.

Kathi legte den Kopf mit dem straffgezurrten Dutt auf die Seite und kniff das linke Auge zu: »Ha, und die Ostervakanz habt's scho ganz vergessen? Wo sie (Kathi schleuderte den Daumen nach oben) euch jeden Tag, den wo der Herrgott werden ließ, mit Rechenaufgaben gezwackt hat und mit Diktatschreiben und Haudujudu, ha?«

Das war eine Erinnerung, die wie eine dunkle Regenwolke über die strahlende Feriensonne flog. »Ja, meinst denn, Kathi, daß sie auch dieses Mal wieder mit dem Krampf daherkommen tut?«

»Und ob i dees moan!« verkündete Kathi düster prophetisch. Sie sah die Kinder dabei mit einem mitleidigen Blick an, als sähe sie sie rettungslos verloren in einem kleinen Boot treiben, auf hoher See, bei Windstärke zwölf und von haushohen Wellen bedroht.

»Dann sag ich ihr ganz einfach«, erklärte Britta mit einem Faustschlag auf die Bettdecke, »daß wir früher in den Ferien niemals lernen mußten und daß die Luisa immer gesagt hat, die Ferien sind für Kinder zum Erholen da und nicht zum Lernen! Das sag' ich ihr.«

»Oder wir gehen zum Konni und beschwören uns!« setzte Lydia nicht weniger energisch hinzu. Aber Kathi schnaufte nur verächtlich.

»Euer Pappa, o mei', da seid's schon angeschmiert – dem, wenn sie erzählen tut, daß ihr's Lernen nötig habts, nachha is' aus mit den Ferien, dös sag' i!«

Die Mädels machten lange und bekümmerte Gesichter. Sie sahen ein, daß Kathi leider recht hatte. Söhnchen war dem Gespräch schweigend, aber sehr interessiert gefolgt. Er wußte, daß auch er sich ruhig verhalten mußte, wenn die Schwestern bei ihren Aufgaben saßen. Aber jetzt wollte auch er etwas zur Unterhaltung beisteuern.

»Gel, Kathi, das Fräulein, das is unsere neue Mama?«

Die Mädels brachen in ein Gelächter aus, aber ehe sie dazu kamen, Söhnchen über seinen Irrtum aufzuklären, fuhr Kathi wie von einer Viper gebissen auf ihn los: »Wer hat das gesagt?« keuchte sie atemlos vor Erregung. Söhnchen erkannte, daß er etwas Fürchterliches angerichtet hatte.

»Der Stangl Toni hat mi g'fragt, ob das Fräulein unsere neue Mamamama is'...«, er stotterte vor Verlegenheit.

»Und was hast du dem Stangl Toni geantwortet?«

»Ich weiß doch nicht, was sie ist«, antwortete Söhnchen weinerlich. Die Mädels wollten wieder erklärend eingreifen, aber Kathi gebot ihnen mit einer großen Geste Schweigen. Sekundenlang stand sie stumm vor den Kindern, mächtig und unheilvoll, und ihr Blick bohrte sich in weite Fernen.

»Habt ihr das gehört?« fragte sie schließlich wie aus einer Betäubung erwachend, »der Rotzbua woaß nimmermehr, wer sei' Muatta is'!«

Die Mädels nickten beklommen, sie spürten Kathis Blick bohrend auf ihre Gesichter gerichtet. Sie sah Britta und Lydia nacheinander an, prüfend, als wolle sie ihnen bis auf den Grund der Seele forschen, ob sie vielleicht auch schon nicht mehr recht wüßten, in welchem Verhältnis sie zum Fräulein standen. Die Kinder ließen die Prüfung verschüchtert über sich ergehen. Sie standen in ihren weißen Nachthemden, die bis zu den Knöcheln reichten, recht unglücklich da, traten von einem Fuß auf den andern und spähten in Kathis dickes, böses Gesicht, was nun kommen würde.

»Na, wäre das denn so schlimm«, fragte Kathi mit scheinheiliger Freundlichkeit, »wenn euer Pappa noch einmal heiraten täte und wenn ihr eine neue Mutter kriegen tätet?« Sie tröpfelte ihre Worte wie aus einer Flasche über die Kinder hin, aber aus einer Flasche mit einem Totenkopf und zwei gekreuzten Knochen auf dem Etikett. Und sie beobachtete die Wirkung der vorsichtigen Dosis auf die Kinder aus schmalen, verkniffenen Augen.

»Aber doch nicht die Sieglinda!« stammelten Britta und Lydia wie aus einem Mund und tief erschrocken. Kathi holte tief Luft und blies den Atem in einem langen, befreiten Stoß wieder aus.

»Die nicht! Darauf könnt's euch verlassen!« sagte sie grimmig. »Aber zu mir müßt ihr halten! Zusammen müssen wir halten wie Pech und Schwefel, das sag' ich euch – sonst geb' ich für nix keine Garantie!« Sie musterte ihre kleine Garde noch einmal, streng und durchbohrend, als nähme sie ihnen ein heiliges Versprechen ab, durchzuhalten. Die Kinder erwiderten den fordernden Blick stumm und ein wenig bedrückt, als wäre ihnen vieles dabei noch unklar, wonach sie sich aber zu fragen nicht getrauten.

»So, und jetzt zieht euch an, derweil ich euern Kakao koch!« befahl Kathi barsch. Immerhin, daß es Kakao statt der einfachen Milch gab, ließ die Kinder erkennen, daß sie bei Kathi kein Kraut ausgeschüttet hatten. Kathi schickte sie ins Badezimmer und versprach Lydia, daß sie nachher genau nachprüfen würde, ob auch der Hals sauber sei.

»Bees is' sie heut, die Kathi, arg bees«, wisperte Söhnchen mit einem geduckten Blick nach der Tür, die Kathi nicht allzu sanft hinter sich geschlossen hatte. Die Mädels suchten ihre Hausschuhe. Brittas waren wie gewöhnlich unauffindbar. Schließlich entdeckte sie einen unterm Spielschrank, der andere blieb verschollen. Lydia saß auf dem Bettrand und rieb vorsichtig mit der angefeuchteten Spitze des Zeigefingers an ihrem Halse herum.

»Heut?« sagte sie achselzuckend und mit einem Seufzer, der sozusagen nach zwei Richtungen gleichzeitig ging und sowohl Söhnchens Feststellung bestätigte, daß die Kathi heut ›arg bees‹ sei, als auch die Tatsache, daß es beim Reiben Röllchen gab und daß das Halswaschen somit nicht länger hinausgeschoben werden konnte. »Ach, allweil is' die jetzt grantig, die Kathi – und weißt auch, warum?« die Frage war an Britta gerichtet, die gerade in ihren Badeanzug schlüpfte.

»Warum? Wegen dem Xaver, weil der nimmer kommt.«

»Ach, Schmarrn! Der Xavi ist doch längst basseh, dem weint sie keine Träne nicht nach, hat sie selber gesagt – und daß sie schon einen in Aussicht hat mit einem Merzedes, weil sie das Geschebber von dem alten VW nicht vertragen tut.«

Lydia servierte den Fall Xaver mit einer lässigen Handbewegung ab und schaute sich nach Söhnchen um, aber den interessierte die Geschichte längst nicht mehr.

»Also, was hat sie dann, die Kathi?« fragte Britta.

»Hast es nicht gespannt«, flüsterte Lydia ihr zu, »daß es ihr wegen der Sieglinda raucht? Weil die ihr anschafft und befiehlt, grad als wenn sie die Luisa wär, verstehst?«

»Ich versteh nur eins nicht«, meinte Britta verzagt, »weshalb sie dann mit uns grantelt, wenn sie einen Rochus auf die Sieglinda hat.«

»Weil die Kathi halt denkt, daß wir zur Sieglinda halten und nicht zu ihr.«

Britta hob ratlos die Schultern. Sie hatte den Badeanzug inzwischen bis zum Nabel hochgezogen und ließ das Nachthemd wieder niederfallen: »Wenn doch die Sieglinda allweil sagt, daß wir nicht so viel in der Küche umeinanderhocken sollen.«

»Ja mei, 's ist halt ein rechtes Kreuz!« seufzte Lydia niedergeschlagen, »die hackln sich – und wir fressen's aus.« Sie tat einen schweren Schnaufer wie ein achtzigjähriges Spitalsweiberl, dem die Last der Erde allgemach zu schwer wird.

Britta hockte sich auf den Bettrand, sie zog die Knie bis ans Kinn empor und strich das lange Hemd über den Beinen glatt. Ihr kleines, blondes Gesicht war seltsam ernst. Wie eine winzige Erwachsene saß sie vor ihren jüngeren Geschwistern. – »Es g'freut mi nimmer…«, sagte sie plötzlich leise, als spräche sie zu sich selbst.

»Was?« fragte Lydia und sah ihre Schwester etwas verwundert an, »was freut dich nimmer?«

Britta zögerte sekundenlang, sie suchte nach dem richtigen Wort. – »Das Leben, weißt –«, murmelte sie schließlich mit einer kleinen, unbestimmten Handbewegung. Sie errötete dabei ein wenig. Wahrscheinlich geschah es zum erstenmal in ihrem elfjährigen Dasein, daß sie solch ein verwunderliches Geständnis aussprach und hinter dem Wort ›Leben‹ all die dunklen Rätsel und Geheimnisse ahnte, die es umschloß. Lydia hob verständnislos die Schultern und starrte sie an. Britta konnte es ihr nicht erklären, was sie spürte. Es war wie ein Schmerz. Manchmal stach er deutlicher, manchmal schwächer, und sie wußte auch nicht zu sagen, wo er saß, und am wenigsten hätte sie sagen können, wo er herrührte. Am lautesten empfand sie ihn manchmal abends. Wenn sie wach im Bett lag und auf den Schlaf wartete, geschah es, daß ihre Augen sich in der Dunkelheit mit Tränen füllten. Es war ein Gefühl der Verlassenheit, aber sie konnte ihm keinen Namen geben.

»Was denkst nach, Britta?«

Britta schrak leicht zusammen. – »Meinst du, daß das stimmen tut, was die Kathi vorhin gesagt hat?«

»Die hat viel gesagt...«, murmelte Lydia.

»Ich mein' – daß der Konni die Sieglinda... na, du weißt schon!«

Lydia kratzte sich nachdenklich mit dem linken Fuß die rechte Wade. Sie erinnerte sich daran, daß der Vater einer Klassenkameradin auch zum zweitenmal geheiratet hatte. Allerdings war deren Mutter nicht gestorben, sondern die Eltern hatten sich scheiden lasen. Ein höchst merkwürdiger Vorgang, zu dem Kathi bissige, aber ziemlich unverständliche Kommentare geliefert hatte. Immerhin gab es also so etwas, daß Leute zweimal heirateten.

»Weißt, der Konni ist halt ein Witwer...«, meinte sie vielsagend und mit jenem Genuß, den ihr seltene Worte stets bereiteten, »ein Witwer, verstehst, und die heiraten immer noch einmal. Da kannst nix machen.«

Britta schloß sekundenlang die Augen und drückte das Kinn gegen ihr Knie. »Wenn der Konni die Sieglinda heiraten tut«, sagte sie nach einer Weile, und es klang wie ein unverbrüchlicher Schwur, »dann reiß' ich aus!«

Lydias Augen flammten auf. »Jessas naa!« stammelte sie atemlos, »und wohin täten wir ausreißen?« Es gab keine Zweifel, mit dem ›wir‹ zeigte sie deutlich, daß sie sich Brittas kühnen Plan in Sekundengeschwindigkeit schon völlig zu eigen gemacht hatte.

»Zur Omi vielleicht.«

Aber Lydia schüttelte entschieden den Kopf: »Das wär nix! Die Omi tät uns am nächsten Tag zurückexpedieren, dees sag' i! Aber ich wüßt' was, ich kennet eine, die zu uns halten würd und uns nicht verraten tät – die Tante Trix in Würzburg, wo sie doch Luisas Schwester ist und so...«

In Brittas Gesicht erlosch der kurze Hoffnungsschimmer. »Ach«, sagte sie niedergeschlagen, »aber wie sollen wir hinaufkommen bis nach Würzburg?«

»Sechs oder sieben Markl hab' ich in dem Sparschwein, wo ich rankommen könnt mit aner Stricknadel.«

Aber Britta schüttelte den Kopf: »Was denkst du, was das kosten tät! An Fuchzigerstutzen zumindest! – O mei', das, wenn die Luisa wüßt, die tät die Sieglinda schon 'naushauen zum Tempel!«

Lydia nickte beipflichtend: »Und ob sie das tät!« – Sie sah Britta abschätzend an, als überlege sie, ob sie es wagen dürfe, ihr ein Geheimnis anzuvertrauen, das sie bis dahin tief verschlossen mit sich herumgetragen hatte. – »Du, sag einmal«, bohrte sie vorsichtig, »betest du eigentlich noch jeden Abend?«

»Freilich!« antwortete Britta fast entsetzt, daß Lydia solch eine Frage zu stellen wagte, aber es war ihr auch anzumerken, daß sie nicht wußte, worauf Lydias Frage überhaupt hinzielte.

»Und tuts was nutzen?« fragte Lydia kühl.

Britta mußte ihr die Antwort schuldig bleiben. Sie stotterte zwar etwas vor sich hin, aber es waren höchst unklare, verworrene Worte. Beten wäre eben eine besondere Sache, und da käme es sehr darauf an, daß man auch richtig bete...

»Ich bet' nicht mehr!« sagte Lydia herausfordernd laut und hell, und sie sah Britta mit ihrem Geständnis gerade und trotzig in die Augen. »Hundertmal hab' ich gebetet, ›Lieber Gott, mach, daß die Luisa zurückkommt und daß dafür die Sieglinda tot umfallt.‹ Und was ist g'schehn? – Nix!« Sie stampfte mit dem Fuß auf. Britta nagte an ihren Fingernägeln, eine Untugend, die ihr auszutreiben Fräulein Zögling vom Tage ihres Einzugs an bemüht war.

»Weißt«, murmelte sie nach einer schweren, nachdenklichen Pause, »ich hab' auch schon manchmal gemeint, daß der liebe Gott hier katholisch is' und von uns Protestanten nix wissen will...«

»Da kannst schon recht haben mit de Brosdanten. Brauchst ja nur nach Maria-Eich gehen, da hängt die ganze Kapelln voll Krücken von de Lahmen und Brillen von de Blinden, denen wo er geholfen hat, aber 's san lauter Katholsche!«

Britta angelte ihren Pantoffel mutlos unter dem Bett hervor und hüpfte auf einem Bein ins Badezimmer voraus. Lydia folgte ihr unlustig nach. Söhnchen durfte noch im Bett bleiben und sich die Zeit bis zum Frühstück mit dem Struwwelpeter vertreiben, von dem er die meisten Geschichten auswendig aufsagen konnte.

Wer hörte, wie Lydia sich wusch, mußte glauben, sie läge in einer randvollen Badewanne und sei ständig in Gefahr zu ertrinken. Es war einfach fabelhaft, wie sie es verstand, sich mit einem knappen Liter Wasser im Waschbecken zu prusten, zu schnauben, zu sprudeln und das Badezimmer zu überschwemmen und dabei selbst bis auf die Fingerspitzen knochentrocken zu bleiben. Dafür entwickelte sie beim Zähneputzen um so größeren Eifer, allerdings kam es dabei sehr auf den Geschmack der Zahnpasta an. Beim Stangl gab es eine Sorte, die Blankodont hieß, sie war rosa gefärbt und schmeckte genau wie die Füllung des Königsberger Randmarzipans sanft nach Rosenwasser. Davon verbrauchte Lydia innerhalb von acht Tagen mit Leichtigkeit eine große Tube.

Als die Mädels endlich ins Speisezimmer gingen, um zu frühstücken, saß dort bereits Fräulein Zögling beim Kaffee. Sie trug das hellgraue Kostüm mit der weißen gerüschten Seidenbluse, das sie sich erst vor wenigen Tagen gekauft hatte. Die große lederne Einkaufstasche stand neben ihrem Stuhl. Sie wollte mit dem nächsten Zug in die Stadt fahren, um dort einige Besorgungen zu machen, die sich in Greiffing nicht erledigen ließen. In der Küche mußten ein paar Teller und Tassen von dem weißen Porzellan ersetzt werden, und Hellwang brauchte ein neues Farbband für die Schreibmaschine, ferner Kohlepapier und neue Briefumschläge.

»Ich bin zum Mittagessen wieder daheim. Was werdet ihr inzwischen tun?«

»Im Teich spritzeln oder Fangermandl spielen«, antwortete Lydi und schenkte sich die Kakaotasse randvoll. Von dem ach so gesunden Bircher-Benner-Müsli nahm sie sich nur ein winziges Portiönchen auf den Frühstücksteller.

»Ach, und dabei einen rechten Skandal machen und euern Vater stören, der gerade jetzt die Ruhe so dringend braucht!« fiel Fräulein Zögling scharf ein. »Das kommt gar nicht in Frage! Für eure Spiele habt ihr am Nachmittag Zeit genug. Es ist nicht nötig, daß ihr die Ferien gänzlich vertrödelt. Es wird euch beiden gar nichts schaden, wenn ihr an jedem Vormittag die Nasen wenigstens für zwei kurze Stündchen in die Schulbücher steckt, damit ihr nicht völlig verdummt!«

Britta schluckte schwer an ihrem Brei. Jede einzelne Haferflocke schien sich in einen harten, stacheligen Kloß zu verwandeln. Lydia starrte wütend in den Teller, ihre Augen waren vor Erbitterung pechschwarz. Jetzt war genau das gekommen, was Kathi ihnen prophezeit hatte.

»Wir haben früher in den Ferien nie lernen brauchen!« stieß sie trotzig hervor.

Fräulein Zögling hob überrascht den Kopf: »Was ist denn das für ein merkwürdiger Ton?« fragte sie und runzelte ungnädig die Augenbrauen.

»Weil's wahr is'!« sagte Lydia störrisch, »Sie können ja unsern

Papa fragen oder die Kathi, wenn Sie's nicht glauben wollen!« Es war etwas von der Wildheit durchgehender Fohlen in ihrem Ausdruck. Und plötzlich flammte auch Britta auf, die sanfte, ängstliche Britta, die sonst den Kopf zwischen die Schultern zog und ein piepsiges Stimmchen bekam, wenn sich auf Fräulein Zöglings Stirn Unmutsfalten zeigten.

»Immer haben wir in den Ferien spielen dürfen und baden und tun, was uns Spaß machte, immer, als unsere Mami noch lebte, und erst, seit Sie da sind, müssen wir lernen und rechnen und haben überhaupt keine Freud' an den Ferien mehr. Und die Kathi hat auch schon gesagt, daß es so kommen wird, und...« Britta empfing von Lydia einen fürchterlichen Stoß gegen das Schienbein und brach plötzlich ab, während über ihre Wangen zornige Tränen ins Müsli tropften.

Fräulein Zögling war blaß geworden.

»Ach, wie interessant!« zischte sie und schien die schmalen Lippen beim Sprechen kaum zu bewegen, »aus der Küche weht also dieser Wind der Rebellion gegen meine Anordnungen! Nun, es wird höchste Zeit, daß ich mit euerm Vater ein ernsthaftes Wort über Kathi rede! Was sie sich herausnimmt, ist ja unerhört!« Sie warf einen Blick auf ihre winzige Armbanduhr und erhob sich plötzlich, sie stützte sich mit den Knöcheln der geballten Faust auf den Tisch.

»Erzogen werdet ihr von mir und von niemandem sonst, habt ihre mich verstanden?! Und über Spielzeit und Arbeitszeit entscheide ich und niemand anders, verstanden! Und am allerwenigsten hat Kathi ein Recht dazu, sich in meine Angelegenheiten zu mischen und euch gegen mich aufzuhetzen. – Kathi – tschi! Es ist ja wirklich unglaublich, was diese Person sich erlaubt!« – Es war so unglaublich, daß Fräulein Zögling das Zimmer mit klirrenden Schritten verließ und schnurstracks in die Küche hinüberrannte, um solch unerhörte Übergriffe in ihre ureigensten Rechte von vornherein für Gegenwart und Zukunft abzustellen.

»Au weh, jetzt schnackelt's«, wisperte Lydia verstört, »jetzt schebbert's im Geschirrschrank! Was mußtest du auch die Kathi 'neinbringen, du saublöde Gans, du.«

»Ich wollt's ja gar nicht, es ist mir halt so rausgerutscht!« schluchzte Britta. Sie saß ganz klein wie ein Häufchen Unglück auf ihrem Stuhl.

»Jetzt heulst Rotz und Wasser«, sagte Lydia erbittert. »Hättest dei' Goschn g'halten, bräuchtst net z'röhrn...«

Kathi war nicht in der Küche. Kathi zog im Kinderzimmer Söhnchen die stolzen Krachledernen an, als Fräulein Zögling heranrauschte. Kathi sah die weiße Nasenspitze und die flackernden Augen des Fräuleins und wußte sofort, daß der Sturmball aufgezogen war. – Beim Anblick der gewaltigen Arme aber, an denen die Hände rot wie glühende Schmiedezangen hingen, und im Angesicht der steinernen Ruhe, mit der Kathi sich zu voller Größe aufrichtete, um den ersten Stoß abzufangen, bekam der Zorn von Fräulein Zögling einen erheblichen Dämpfer. Sie atmete tief auf, sie zwang sich dazu, die Luft dreimal tief und ruhig in die Lungen zu saugen und mit langen Stößen auszuatmen. Dann erst warf sie den Kopf zurück und eröffnete das Gefecht.

»Wie ich soeben den Reden der Kinder entnehmen mußte, haben Sie sich unterstanden, an meinen Erziehungsmaßnahmen vor den Kindern Kritik zu üben. Ich muß mir das ganz energisch verbitten! Für die Erziehung der Kinder und für ihr Fortkommen in der Schule bin ich verantwortlich, ich ganz allein, und ich muß Sie dringend ersuchen, sich nicht in meine Angelegenheiten einzumischen. Diese Dinge gehen Sie nichts an, und davon verstehen Sie auch nichts. Aber ebenso dringend warne ich Sie davor, die Kinder gegen mich aufzuhetzen!« Sie sprach schneller und immer schneller, auf ihren Wangen glühten rote pfenniggroße Flecke und ihre Hände zappelten nervös in der Luft herum. Kathi hielt die Fäuste in die Hüften gestemmt. Sie steckte den Kopf ein wenig vor und musterte das Fräulein von oben bis unten, und von unten kroch dieser unbarmherzig prüfende Blick zollweise wieder nach oben und verhielt genau auf der Nasenspitze von Fräulein Zögling. Söhnchen saß stumm dabei und verfolgte die Szene mit großen, runden Augen. Ihm schien um Kathi nicht im mindesten bange zu sein.

»Ich habe mit Ihnen lange genug Geduld gehabt«, fuhr Fräulein Zögling mit schriller, hoher Stimme fort, »lange genug, hören Sie?! Aber jetzt ist meine Geduld erschöpft, und das sage ich Ihnen in aller Deutlichkeit, wenn Sie es sich noch einmal erlauben sollten, die Kinder gegen mich aufzuwiegeln, dann werde ich nicht eine Sekunde länger zögern, Herrn Doktor Hellwang über Ihr empörendes Benehmen aufzuklären.«

Kathi fuhr sich mit dem Zeigefinger unter der Nase weg. Es geschah mit einem lauten Schnarchgeräusch, das unsägliche Gleichgültigkeit und Verachtung ausdrückte.

»Ja, das tun Sie nur, Fräulein, tun Sie es möglichst bald, am liebsten gleich! Aber vergessen Sie dabei, bittschön, nicht, dem Herrn

Doktor auch zu erklären, warum die Kinder allweil über dem Schulkrampf hocken müssen. Damit Sie nämlich Zeit haben, Romane zu lesen und Wuggerl in die Haare zu dröhnen, und Fingernägel zu feulen, und dem lieben Herrgott den Tag zu stöhlen. Das vergessen Sie ja nicht, dem Herrn Doktor zu sagen. Und weshalb Sie auf einmal« – und Kathi kicherte hämisch – »auf Ihr wertes Äußeres so viel Wert legen – denn wie Sie hergekommen sind, da haben Sie nämlich ausgeschaut wie eine vom Dritten Orden, die wo unterm G'wand ein kratzendes Nesselhemd auf der nackerten Haut tragen. Aber das tragen Sie nicht mehr, sondern Spitzenunterwäsche! Und weshalb Sie die tragen, das können Sie ja dem Herrn Doktor auch gleich erklären. So, und jetzt muß ich an die Arbeit gehen, ich habe nämlich nicht so viel Zeit wie Sie, haben Sie verstanden?«

Und das alles brachte Kathi ganz ruhig, fast heiter vor, und in sauberem, zierlichem Schriftdeutsch, damit dem Fräulein ja auch nicht nur eine einzige Silbe verloren ginge. Und als sie fertig war, ging sie an dem Fräulein vorbei, und es war, als wehe der Luftzug, den sie verursachte, das Fräulein wie ein welkes Blatt zur Seite, und es war ferner, als ließe ihr Abgang ein Vakuum zurück, in dem das Fräulein mühsam nach Atemluft ringen mußte, um nicht elend zu ersticken.

Die Kinder sahen Fräulein Zögling ins Eßzimmer stürzen, nach ihrer Tasche greifen und so eilig verschwinden, als würde sie von den Furien gejagt.

»Du, sie hat vergessen, uns Aufgaben zu geben«, flüsterte Lydia, als könne sie das Wunder noch nicht recht begreifen. Britta kratzte sich die Wange und machte ein unbehagliches Gesicht.

»Hast du sie angeschaut? Ganz schneeweiß ist sie gewesen und gezittert hat sie, als ob sie ein Gespenst gesehen hätt'.«

»Ob die Kathi ihr eine Watschn gegeben hat?« rätselte Lydia, in ihrer Stimme klang eine geheime Hoffnung mit, daß es so gewesen sein möge. Sie schlichen gemeinsam zur Tür und lauschten auf den Flur hinaus. Das Haus war totenstill. Sie tappten durch die Diele und öffneten leise die Küchentür. Und da saß Kathi am Tisch, das Gesicht in die Hände gestützt, und rührte sich nicht und regte sich nicht. Aber sie sah die Kinder aus kalten, bösen Augen an.

»Was hast, Kathi?« fragte Lydia ängstlich.

»Fehlt dir was, Kathi?« fragte Britta bang.

Kathi schaute durch die Kinder hindurch, als wären sie aus Glas. »Mit Ratschn mag i nix zu tun haben!« sagte sie kurz und warf das Kinn mit einem scharfen Ruck empor. »Schmust's euch nur weiter bei euerm feinen Fräulein an und erzählt ihr vielleicht noch etwas, was ich zu euch gesagt hab'.« Und als sie dieses Mal das Kinn vorstreckte, da hatte die Bewegung nur einen Sinn und der hieß: Raus! Raus mit euch, jedes weitere Wort ist überflüssig und reine Zeitverschwendung – für mich seid ihr gestorben!

Die Kinder schlichen mit krummen Rücken davon, wie geprügelte Hunde, stumm und ohne Widerrede und ohne ein Wort zu ihrer Entschuldigung zu sagen. In ihrem Zimmer saß Söhnchen auf dem Fußboden und hatte sich die Sandalen verkehrt angezogen. Er streckte Britta gebieterisch die Füße entgegen, und sie kniete neben ihm nieder und brachte die Sache in Ordnung.

»Hat's was gegeben zwischen der Kathi und der Sieglinda, Söhnchen? Sag's mir schon...!«

»Was meinst?«

»Ob die Kathi und die Sieglinda miteinander gestritten haben, will ich wissen«, flüsterte Britta.

»Das Fräulein hat gestritten – aber die Kathi nich, und dann is das Fräulein 'nausgerannt, und die Kathi is' auch gegangen.« Mehr wußte er nicht zu erzählen.

»Pfüetigod, i weiß schon alles, wie's kimmt, wenn die Kathi an Zorn auf uns hat«, jammerte Lydia, »koa Pudding und keine Mehlspeis, kein Kompott und kein Kuchen...«

Britta fühlte eine leise Verachtung für Lydia, die an nichts anderes als an ihren Bauch dachte.

»Und du allein bist schuld dran«, plärrte Lydia und funkelte Britta wütend an; sie sah den Ferientraum in Nacht und Nebel versinken, denn sie kannte Kathis Hartnäckigkeit und ihren unversöhnlichen Charakter zur Genüge.

Britta ließ die Vorwürfe stumm über sich ergehen. Kein Kompott und kein Kuchen – als ob das schon das schlimmste an dieser Geschichte war! Sie wußte jetzt, worauf es die Sieglinda abgesehen hatte, und weshalb sie sich so wunderbar verwandelte und so honigsüß und liebenswürdig wurde, wenn der Konni ins Zimmer trat. Ach, viel schlimmer als der Verlust von Pudding und gefüllten Pfannkuchen war der Verlust von Kathis Freundschaft und Beistand. Die bekam es glatt fertig und ließ sie aus reiner Rachsucht und Bosheit in ihrer gemeinsamen Front gegen die Sieglinda im Stich. Die bekam es womöglich fertig, auf und davon zu gehen. Und wenn das geschah, dann war alles verloren.

Es mußte etwas geschehen, um Kathis Wohlwollen und ihre Hilfe zurückzugewinnen, und es gab nur einen Weg dorthin, und der erforderte Furchtlosigkeit und ein starkes Herz. Sie gab Lydia einen Wink, ihr zu folgen, und erlaubte Söhnchen großzügig, mit ihrer Puppe Sabine zu spielen. Das war das erste Opfer, das sie der Sache brachte. Denn Sabine war eine wunderschöne Prinzessin mit goldblonden echten Haaren und knisternden Atlaskleidern – und Söhnchen war ein kleiner Barbar und entsetzlich wißbegierig und spürte schon seit langer Zeit dem Geheimnis nach, wie wohl Puppen die Augen bewegen und wie sie sogar ›Mama‹ krähen konnten.

Britta und Lydia schlüpften aus dem Zimmer und durch die Verandatür in den Garten hinaus. Sie schlichen geduckt um das Haus herum. Das Auto in der Garage war der einzige Ort, wo sie vor Späheraugen und Lauscherblicken sicher zu sein glaubten. Sie kletterten in den Wagen und drückten sich auf den Rücksitz. Lydia ließ sogar die Blendjalousie herab.

»Weißt«, flüsterte Britta, »ich mein', der ganze Fehler, der 's Unglück angerichtet hat, war der, daß wir viel zu anständig und folgsam gegen die Sieglinda gewesen sind. Und deshalb denkt die Kathi, wir wollen uns bei der Sieglinda anschmusen. Wenn wir haben wollen, daß die Kathi wieder gut zu uns ist, dann müssen wir ihr zeigen, daß wir die Sieglinda überhaupt nicht ausstehen mögen, und daß uns nichts z'widerer ist als gerade sie. Recht wie der Teufel müssen wir uns zur Sieglinda benehmen und sie tratzen und seckieren, bis sie's nimmer aushält und vor Wut narrisch wird und zum Haus 'nausläuft, verstehst?«

»Du!« sagte Lydia hingerissen, »das ist genau das, was ich mir schon die ganze Zeit überlegt hab', akkurat das gleiche! Und ich hätt' auch gleich was für den Anfang, ganz was Raffiniert's, wo sie fuchsteufelswild wird, die Sieglinda...«

»Los, los, sag's schon!« drängte Britta, die die größere Erfindungsgabe ihrer Schwester von jeher neidlos anerkannte. Die letzte halbe Stunde hatte sie wunderbar verwandelt. Nichts Verträumtes war mehr an ihr. Ihre Augen blitzten vor Unternehmungslust und Kühnheit.

»Also gib amal Obacht, ob das was ist: Die Sieglinda wäscht sich doch jede Woche z'mindest einmal das Haar...«

»Daran siehst schon, daß sie spinnt«, bemerkte Britta.

»...und hinterher, wenn sie's gewaschen hat, gießt sie aus einer kleinen Flasche, wo Blondirol oben steht, etwas in eine Untertasse und verstreicht das Zeug mit einem alten Zahnbürschtl auf den Kopf, überall hin, vorn und hinten, damit's blonder wird.«

»Woher willst das wissen?« fragte Britta erstaunt.

»Weil ich ihr heimlich zug'schaut hab' und die Flasche in ihrer Kommode gesehen hab'«, gab Lydia etwas zögernd zu.

»Und du meinst, da tun wir ihr Tinte 'nein?« fragte Britta atemlos vor Erregung.

»Geh, Schmarrn! Das tät sie doch gleich spannen. – Ganz was anderes! Oben auf dem Speicher, wo der Konni die Farbtöpfe aufhebt, wenn er mal was nachstreichen muß, steht eine Büchse mit farblosem Lack. Damit pinselt der Konni seine Angelruten ein. Der ist so hell und dünn wie Wasser, und riechen tut er überhaupt nicht, und wird über Nacht, wenn man ihn stehenläßt, so hart wie Stein.«

»Und da meinst...«, keuchte Britta und schlug die Hände vor Bewunderung zusammen, auf was für raffinierte Einfälle ihre Schwester kam.

»Ja, grad dees moan i!« nickte Lydia ernst und sachlich, »daß wir das Blondirol ausschütten und dafür Lack hineintun. Du, was glaubst, was das gibt!« Die Sieglinda zerspringt vor Wut. »Und rauskriegen aus dem Haar tut sie den Lack nie! Ich hab' ihn mal an den Fingern gehabt, der pappt unbandig, und mit Wasser ist da überhaupt nix z'machen, nicht einmal mit Seife!«

»Und wann meinst, daß wir's machen?« fragte Britta fiebrig. Ihre Lippen waren so trocken und ganz spröd, daß sie sie belecken mußte.

»Sofort natürlich, ehe sie aus der Stadt zurückkommt! Da dürfen wir nicht lange warten, so eine gute Gelegenheit kommt nicht so bald wieder.«

Sie hatten durchaus nicht die Empfindung, daß das, was sie zu tun sich anschickten, eine Lausbuberei war, ein Streich, der sich würdig in die Geschichten von ›Max und Moritz‹ eingefügt hätte. Sie nahmen den Kampf gegen das verhaßte Fräulein Zögling mit den Mitteln auf, die sie für wirksam hielten, und es war ihnen dabei ungeheuer ernst zumute. Ihre Gesichter glühten vor tapferer Entschlossenheit, den Kampf aufzunehmen und furchtlos bis zum erfolgreichen Ende durchzuführen – oder unterzugehen. Was mußte geschehen sein, wenn sogar Britta alle Ängstlichkeit abwarf und sich kopfüber in die Verschwörung stürzte!

Sie gingen mit Gesichtern, die vor Harmlosigkeit und Biedersinn trieften, ins Haus zurück. Ein Glück, daß sie Kathi nicht begegneten, denn die kannte ihre Pappenheimer genau. Hellwang, der seinen Töchtern in der Diele begegnete, kannte sie weniger gut. Er war auf dem Wege zum Badezimmer und sah zerstrubbelt und zerzaust aus. Er hatte gestern zu viel geraucht und war wieder einmal fest entschlossen, die Zigaretten zu rationieren und sich die erste auf keinen Fall vor dem Mittagessen zu genehmigen.

»Na, ihr Strolche, wohin des Wegs?«

»Auf den Speicher«, entgegnete Lydia mit Unschuldsmiene, »wir wollen mal in der Kramkiste nachschauen, ob die Gummiringe noch drin sind.«

Hellwang gähnte herzhaft und reckte die Arme: »Ach, Kinder, noch vierzehn Tage, dann mache ich auch Ferien. Und dann geht's auf beim Schichtl! Dann fahren wir zum Baden nach Starnberg und nach Hellabrunn in den Tierpark, und ins Kino gehen wir natürlich auch...«

»Pfundig, Konni, pfundig!« Die Kinder vergaßen für einen Augenblick ihre finsteren Pläne und hüpften um ihn herum. Baden war gut, und Tierpark war gut, aber ihre große Leidenschaft war doch das Kino. Wenn es im Greiffinger ›Filmpalast‹ einen Streifen gab, der für Kinder freigegeben war, dann wurden sie lästig wie die Bremsen und gaben nicht eher Ruhe, als bis sie die Erlaubnis erhielten, die Sonntag-Nachmittag-Vorstellung zu besuchen.

»Ist Fräulein Zögling in die Stadt gefahren?«

»Ja, Vati, sie wollte zum Mittagessen zurück sein...«

Hellwang hob verabschiedend die Hand: »Alsdann – schwingt's euch.«

Die Kinder belächelten seinen zaghaften Versuch, bayerisch zu sprechen, nachsichtig und trollten sich davon. Britta ließ ein wenig den Kopf hängen. Es ging ihr irgendwie gegen den Strich, daß der Konni trotz der frühen Morgenstunde so nett zu ihnen gewesen war. Was sie zu tun vorhatten, wäre ihr leichter geworden, wenn er seine gewöhnliche knurrige Morgenlaune gezeigt hätte. Lydia war aus härterem Holz geschnitzt. Sie überzeugte sich durch einen raschen Blick in Fräulein Zöglings Zimmer, daß es schon aufgeräumt war und daß sie eine unliebsame Entdeckung durch Kathi nicht zu befürchten hatten. Mit einer Sicherheit, die darauf schließen ließ, daß sie den Inhalt der kleinen Biedermeierkommode sehr genau kannte, zog sie das mittlere Schubfach auf und holte aus der Tiefe ein halbgefülltes, rot etikettiertes Fläschchen hervor. Auf dem Etikett war eine junge Dame abgebildet, die in einer Art von Nachtgewand aus feinem Schleiergespinst auf einem sehr spitzen und steilen Felsen saß, träumerisch in die Ferne blickte und dabei ihr Haar kämmte. Ihr Haar aber stürzte wie eine umgekippte Fuhre Stroh in die Tiefe hinab. Und dort kniete ein junger Mann in der Uniform eines Forsteleven in einem Nachen, führte eine Strähne der gelben Strohflut an seine Lippen und blickte sehnsüchtig zu den nackten Füßen der jungen Dame empor. Darunter stand in Goldbuchstaben: Schutzmarke Loreley.

Lydia goß den ganzen, etwas öligen Inhalt des Fläschchens kurzentschlossen in das Waschbecken und spülte mit heißem Wasser gründlich nach. Dann verschwanden beide Kinder für kurze Zeit auf dem Speicher. Wenige Minuten später legte Lydia die Flasche, der nichts, aber auch wirklich gar nichts von der Verwandlung des Inhalts anzusehen war, an ihren alten Platz zurück.

»So, i moan, dös langt für den Anfang«, meinte sie kaltblütig. Britta nickte ein wenig beklommen und preßte die Hand gegen ihr wild klopfendes Herz: »An Mordsstunk gibt das, wenn's aufkommt«, murmelte sie.

Lydia sah sich im Zimmer des Fräuleins um: »Man könnt ihr zur Nacht noch eine Schachtel mit Reißzwecken auf den Teppich streuen«, sagte sie sinnend, »was glaubst, was die für einen Tanz aufführt, wenn sie drauftritt.«

Aber Brittas Tatendrang war gestillt, und sie zog Lydia an der Hand aus Fräulein Zöglings Zimmer hinaus. Unten trat Hellwang pfeifend aus dem Badezimmer. Die Kinder erstarrten zu Bildsäulen und atmeten erst wieder, als er in seinem Zimmer verschwunden war.

ZWISCHENSPIEL

Fräulein Zögling ließ sich bei Hellwang durch Britta entschuldigen: Sie fühle sich nicht wohl und bäte darum, zum Mittagessen auf ihrem Zimmer bleiben zu dürfen, um Ruhe und Diät zu halten. Kathi trug gerade die Blumenkohlsuppe auf, als Britta Fräulein Zöglings Auftrag ausrichtete.

»Es wird doch hoffentlich nichts Ernsthaftes sein?« fragte Hellwang einigermaßen beunruhigt. Es geschah zum erstenmal, daß Fräulein Zögling sich entschuldigen ließ und von einer Mahlzeit ausgenommen zu werden wünschte. »Klagte sie über Schmerzen?«

Britta wußte darauf nichts zu erwidern. Sie glaubte an die Unpäßlichkeit nicht recht. Das Fäulein hatte, als sie ihr die Meldung auftrug, keineswegs einen körperlich leidenden Eindruck gemacht, ihr Leiden schien eher seelischer Natur zu sein – etwas mit den Nerven. Und Britta ahnte sehr wohl, weshalb das Fäulein es ›mit den Nerven‹ hatte. Aber sie hütete sich, darüber zu sprechen.

»Ach, bitte, Kathi«, sagte Hellwang arglos, »Klopfen Sie doch nachher einmal bei Fräulein Zögling an und erkundigen Sie sich, ob sie vielleicht irgendwelche Wünsche hat und ob ich den Arzt anläuten soll. Hat Fräulein Zögling Ihnen denn nichts gesagt, als sie aus der Stadt zurückkam?«

»Nein!« Die Antwort kam heraus wie ein Pistolenschuß.

»Also dann laufen Sie doch gleich einmal hinauf und fragen Sie nach, ob man für Fräulein Zögling irgend etwas tun kann. Vielleicht mag sie einen Löffel Suppe.«

Britta und Lydia wagten nicht aufzuschauen. Sie löffelten die Blumenkohlsuppe, die sie sonst nicht ausstehen konnten, mit einer Inbrunst in sich hinein, als könne ihr Eifer das Unheil abwenden, das sie heraufziehen sahen. Kathi stand an der Anrichte. Sie räusperte sich. Es war ein scharfes, nervöses Räuspern, bei dem Hellwang unwillkürlich den Kopf hob und aufmerksam wurde.

»Vielleicht schicken Sie lieber eins von den Mädln zum Fräulein hinauf, Herr Doktor«, sagte Kathi plötzlich mit heller, lauter Stimme; ihre Haltung hatte irgend etwas Strammes, als lägen ihre Hände an einer unsichtbaren Hosennaht.

»Nanu, nanu, nanu!« stieß Hellwang bestürzt und ahnungsvoll hervor, »was ist denn los? Was hat denn das zu bedeuten?« Und mit einem etwas kläglichen Versuch, den Humor nicht gleich zu begraben, fügte er hinzu: »Haben Sie sich etwa mit Fräulein Zögling in der Wolle gehabt, Kathi?« – Er entsann sich plötzlich der vorsichtigen Andeutungen, die Fräulein Zögling ihm neulich über ihr Verhältnis zu Kathi gemacht hatte – und denen er leider nur geringe Bedeutung beigemessen hatte. Die Sache schien tatsächlich faul zu stehen. Ach verdammt, weshalb konnten sich die beiden Frauenzimmer nicht vertragen? Weshalb gaben sie keine Ruhe? Weshalb machten sie ihm solch blödsinnige Scherereien?

Er warf die Serviette auf den Tisch und stand übellaunig auf: »Also los, Kathie, nun stehen Sie nicht da wie ein Stockfisch, sondern reden Sie endlich! Was hat es zwischen Ihnen und Fräulein Zögling gegeben?« – Er sah die ängstlich gespannten Gesichter der Kinder und mochte daran denken, daß diese Dinge wohl besser nicht in ihrer Gegenwart zur Sprache kamen. So forderte er Kathi also auf, ihm ins Nebenzimmer zu folgen, in Luisas hübsches Zimmer mit den schönen Perserbrücken und gemütlichen Polstermöbeln. Und dort baute er sich ärgerlich hinter einem Sessel auf.

»Also heraus damit, Kathi, und nicht lange gefackelt, weshalb vertragen Sie sich mit Fräulein Zögling nicht?«

»Ich...?« rief Kathi gekränkt und erstaunt und bekräftigte ihre maßlose Verwunderung über diese Unterstellung noch dadurch, daß sie den Daumen gegen ihren Busen stieß, »fragen Sie lieber das Fräulein, wer sich hier vertragen tut und wer nicht! Und wer sich hier andauernd beleidigt fühlt und wer nicht. Und wer in die Küche gerannt kam und mit dem ganzen Tratsch angefangen hat! Bitteschön, und dann wird sich ja herausstellen, wer hier Grund hat, sich nicht wohl zu fühlen und einen Diättag einzuschalten, hahaha!« Und dieses Mal lachte Kathi nicht Schreinermeister Deutelmosers dumpfes Schurkenlachen, sondern das zierliche Kichern von der Zistl Fanny, die im Salon Breitinger als Friseuse tätig war und bei den ›Wildschützen‹ die Salondame spielte. Aber Kathi beeindruckte Hellwang damit nicht allzu stark. Er ließ den Sessel auf den Hinterbeinen wippen und warf ihr einen schmalen, mißtrauischen Blick zu, und sein verkniffener Mund schien zu sagen: Kathi, Kathi, wir beide kennen uns nun schon seit langen Jahren, und ich weiß, daß du ein Satan bist, wenn dir jemand nicht paßt.

»Ich werde selber mit Fräulein Zögling sprechen!« verkündete er schließlich und stellte den Sessel mit ziemlicher Vehemenz auf alle vier Beine.

»Das tun Sie nur, Herr Doktor«, nickte Kathi beifällig. Ihre fromme Stimme war dabei reine Niedertracht.

»Und ob ich es tun werde!« schrie Hellwang wütend, »ich werde es sofort tun!« Er ließ Kathi stehen und rannte aus dem Zimmer. Die Kinder zogen die Köpfe ein, als er an ihnen vorüberfegte. Nur Söhnchen blieb gleichmütig. »An Zorn hat er, der Konni, an mächtigen Zorn«, stellte er laut und unbekümmert fest. Sekunden später kam Kathi aus dem Zimmer. Sie marschierte in die Küche hinüber, ohne die Kinder auch nur eines Blickes zu würdigen.

Hellwang verhielt für einen Moment, ehe er die Treppe emporstieg. Stunk im Hause, wo er Ruhe brauchte! Herrgott noch einmal, ausgerechnet jetzt, wo er mit dem letzten Kapitel kämpfte, mußte das kommen... Für einen Augenblick empfand er fast ein Gefühl der Bitterkeit gegen Luisa, als ob sie fahnenflüchtig geworden sei und ihn im Dreck stecken gelassen habe. Und dann richtete sich seine dumpfe Empörung gegen das Schicksal, das sich gerade ihn als Opfer auserkoren hatte. Es war ein kindischer Zornesausbruch, töricht und ein wenig komisch, wenn man die Ursachen bedachte. Aber zum Teufel, hatte er nicht seine Aufgabe, die ihn ganz in Anspruch nahm, die keine Ablenkung vertrug, und vor allem keine so dumme und lästige Ablenkung wie diesen Weiberknatsch! Oder sollte das von nun an etwa ewig so weitergehen, sollte es eine Art Nebenbeschäftigung von ihm werden, zwischen den beiden Weibern den Vermittlungsaugust zu spielen? – Danke!!

Er klopfte an Fräulein Zöglings Tür und meldete sich: »Ich möchte Sie sprechen, wenn es möglich ist.«

»Eine Sekunde bitte, Herr Doktor!«

Er wartete und starrte auf seine Armbanduhr. Aus der Sekunde wurden eineinhalb Minuten, zwei Minuten, innen gab es ein eiliges Hin- und Herhuschen, Wassergeplätscher, Klirren von Glas... Nach zwei Minuten und fünfunddreißig Sekunden öffnete Fräulein Zögling die Tür. Hellwang trat ein wenig geblendet über die Schwelle, die Sonne schien überhell ins Zimmer und der polierte Nickelfuß der kleinen Leselampe, die auf dem Tischchen neben dem Fenster stand, schleuderte ihm Lichtspeere entgegen.

»Bitte, Herr Doktor, nehmen Sie doch Platz.«

Er ging etwas ungeschickt, die rechte Schulter vorschiebend, als fürchte er, in dem kleinen Raum ein Möbelstück umzustoßen, zu dem angebotenen Sessel und wartete, daß Fräulein Zögling ihm gegenüber Platz nahm. Jedoch er wartete vergeblich. Fräulein Zögling trat zum Fenster und blieb dort stehen. In der hell einfallenden Mittagssonne waren nur die Umrisse ihrer Gestalt deutlich gezeichnet; ihr Gesicht, in den schimmernden Rahmen des lichtüberfluteten Haares gefaßt, lag im Schatten. Ihre Hände zerrten an einem zusammengeknüllten weißen Spitzentüchelchen. Unter diesen Umständen verzichtete Hellwang als wohlerzogener Mann darauf, sich in dem angebotenen Sessel niederzulassen. Er trat einen kleinen Schritt zurück und lehnte sich gegen die gelbe Biedermeierkommode, auf der das Abschiedsgeschenk des Grafen Idell-Idell leise auf dem silbernen – oder nicht silbernen – Tablett klirrte.

»Sie können sich gewiß denken, weshalb ich Sie aufgesucht habe, Fräulein Zögling – und da Kathi sich wie gewöhnlich bockbeinig stellte und nichts aus sich herausbringen ließ, möchte ich nun Sie bitten, mir doch zu sagen, was sich da eigentlich für eine Tragödie abgespielt hat.« Er blinzelte ins Licht und wartete auf Antwort, aber er stieß auch hier auf eine Mauer des Schweigens und bemerkte plötzlich, daß Fräulein Zögling den Kopf sinken ließ und den kleinen weißen Spitzenball wie einen Knebel an ihren Mund drückte.

»Oh – Oh!« machte er betroffen und streckte die Hände vor, als beabsichtige er, sie aufzufangen, »was haben Sie denn! Was ist denn geschehen? Um Himmels willen...« er war mit einem raschen Schritt bei ihr und nötigte sie mit sanfter Gewalt, sich zu setzen. Er selber blieb vor dem Sessel stehen, ziemlich ratlos und mit unglücklichem Gesicht und brachte dabei irgendwelche Laute in beruhigendem Bariton hervor, als gelte es, ein verirrtes, weinendes Kind zu trösten.

»Verzeihen Sie«, stammelte Fräulein Zögling mit zitternder, tränenerstickter Stimme, »aber ich kann nicht mehr... ich bin am Ende meiner Kräfte... ich halte das nicht länger aus...«

Er beugte sich über sie: »Nun beruhigen Sie sich doch erst einmal«, bat er und legte seine Hand auf ihre zuckende Schulter – und atmete etwas verwirrt den herben Duft ihres Haares ein und spürte die Wärme ihrer Haut durch die dünne Seide der Bluse.

»Ich versuche ja, mich zu beherrschen«, flüsterte Fräulein Zögling mit einem verschleierten Lächeln, das tapfer wirken sollte und so kläglich anzuschauen war, daß Hellwang eine warme Welle ehrlichen Mitgefühls für Fräulein Zögling und einen tüchtigen Grimm gegen Kathi in sich aufsteigen fühlte.

»Glauben Sie mir bitte, Herr Doktor«, fuhr Fräulein Zögling mit verschnupfter Stimme fort, »Ich wollte mir ja nichts anmerken lassen – und ich wollte Sie gerade jetzt, wo Sie für Ihre Arbeit Ruhe so dringend nötig haben, mit diesen Geschichten wahrhaftig nicht behelligen, aber es ging einfach nicht – meine Nerven versagten.« Ihre Lippen zitterten schon wieder vor verhaltenen Tränen, und Hellwang griff behutsam nach Fräulein Züglings Hand, um sie beruhigend zwischen seinen warmen Händen zu halten und ihr gut zuzusprechen.

»Sie sind wirklich sehr freundlich zu mir, Herr Doktor«, flüsterte Fräulein Zögling beschämt, als verdiene sie soviel Güte und Anteilnahme gar nicht.

»Nun ja«, murmelte er und starrte dabei auf die breiten weißen Nagelköpfe, mit denen die Armlehnen des Sessels beschlagen waren, »dazu sind wir ja schließlich da, um uns das Leben gegenseitig leichter zu machen. Ich revanchiere mich sozusagen nur bei Ihnen.«

Fräulein Zögling schluckte das Kompliment wie Medizin und betupfte sich die Augen: »Ich habe mich in Ihrem Hause sehr wohl gefühlt, Herr Doktor – ich kann es wohl ruhig sagen, so wohl wie nirgends sonst in meinem Leben. Und ich bin doch viel herumgekommen. Die Kinder sind mir richtig ans Herz gewachsen«, ihre

Stimme sank zu einem kaum mehr verständlichen Flüstern herab, »ich habe sie geliebt und mich um sie gesorgt, als ob es meine eigenen wären...« Sie zögerte plötzlich, als ginge das, was sie nun sagen mußte, über ihre schwachen Kräfte. »Trotzdem muß ich Sie jetzt bitten, sich nach einem Ersatz für mich umzusehen. – Ich verstehe vollkommen, daß Sie Kathi nicht entlassen können, da sie nun schon so lange zu Ihrem Hause gehört. Ich bin ja noch kein halbes Jahr hier – und es wird Ihnen gewiß nicht schwerfallen, sich wieder an einen neuen Menschen zu gewöhnen.«

»Um Himmels willen!« fiel Hellwang bestürzt ein, »liebes Fräulein Zögling, was reden Sie da! Nein, das dürfen Sie mir jetzt nicht antun, Sie dürfen mich jetzt nicht im Stich lasen, auf gar keinen Fall! Ich lasse das einfach nicht zu, ich nehme Ihre Kündigung einfach nicht zur Kenntnis! Bitte, denken Sie doch an die Kinder, und bedenken Sie auch, was ich hier ohne Sie anfangen soll!«

»Sie haben ja Kathi...«

»Kathi, Kathi!« polterte er los, »warten Sie nur, diesem verdammten Frauenzimmer werde ich Bescheid sagen! – Aber was war denn eigentlich los? Nun möchte ich es wirklich wissen, was es zwischen Ihnen gegeben hat.«

»Ich weiß ja selbst nicht«, klagte Fräulein Zögling, »womit ich die Behandlung verdient habe, die Kathi mir widerfahren läßt. Ich habe mit allen Mitteln versucht, mich mit ihr gut zu stellen und mich nicht in ihre Kompetenzen hineinzudrängen, aber ich bin bei ihr vom ersten Augenblick an auf eisige Ablehnung und stummen Widerstand gestoßen. Verstehen Sie es bitte recht, nicht auf Beleidigungen, nicht auf offene Kränkungen, sondern auf einen stillen, sturen Haß, der auf die Dauer einfach unerträglich ist und der mich ganz krank macht. Niemals richtet sie ein Wort an mich, und wenn ich ihr etwas sage, wenn ich ihr einen Auftrag von Ihnen ausrichte, dann ist es, als spräche ich zu einem Stein oder gegen die Wand.«

»Aber weshalb haben Sie mir das nicht längst gesagt!? rief Hellwang vorwurfsvoll, »das hätte ich doch längst erfahren müssen!«

»Ich habe von Tag zu Tag und von Woche zu Woche auf eine Änderung gehofft – aber sie ist leider nie eingetreten.«

»Ich verstehe das einfach nicht«, sagte Hellwang hilflos, »oder haben Sie eine Erklärung dafür?«

Fräulein Zögling fuhr sich mit der Zungenspitze über die spröden Lippen, sie blickte errötend in ihren Schoß nieder: »Ich glaube, es ist nichts anderes als Eifersucht.«

»Bitte?« stieß Hellwang überrascht und einigermaßen verlegen hervor.

»Eifersucht auf die Kinder!« beeilte sich Fräulein Zögling zu erklären, um peinlichen Mißverständnissen vorzubeugen, »sie verzeiht es mir einfach nicht, daß die Kinder mich gern haben und sich mir immer mehr anschließen, was natürlich zur Folge hat, daß sie sich mit ihren kleinen Sorgen und Nöten nicht mehr an Kathi wenden, wie sie es früher taten. Ich vermeide natürlich alles, um die Kinder Kathi zu entfremden, aber ich kann es doch nicht mit Gewalt verhindern, daß die Kinder eben gern zu mir kommen.« – Fräulein Zögling hob den Blick so ratlos und so rührend unglücklich zu Hellwang empor, daß sein ritterliches Herz sich von neuem gegen dieses Ungeheuer Kathi empörte.

»Verlassen Sie sich darauf«, versicherte er, »die Dame kriegt heute etwas von mir zu hören, was sie sich bestimmt nicht hinter den Spiegel stecken wird! Ich bin nur froh, daß wir einmal in aller Offenheit über diese Dinge gesprochen haben. Sie müssen entschuldigen, daß ich so ahnungslos war. Da lebt man nun wie blind und taub dahin...«

Fräulein Zögling lächelte schmerzlich: »Oh, Herr Doktor, ich bin fast stolz darauf, daß es mir gelungen ist, diese häßlichen Dinge vor Ihnen so lange verborgen zu halten. In der Rangordnung meiner Pflichten versuche ich vor allem dafür zu sorgen, daß Sie in Ruhe arbeiten können.«

Einen Augenblick lang war Hellwang versucht, sich niederzubeugen und aus einem spontanen Dankbarkeitsgefühl heraus Fräulein Zöglings Hand zu küssen. Es machte ihn geradezu betroffen, daß er erst so spät erkannte, was für ein Glück er mit der Wahl von Fräulein Zögling gehabt hatte, und daß es ein guter Engel gewesen war, der sie in sein Haus geführt hatte. Sie war nicht nur ungeheuer tüchtig – diese Eigenschaft hatte er natürlich längst erkannt und in seinen Briefen an die alte Dame auch gebührend gewürdigt, aber daß sich unter diesem scheinbar so kühlen Wesen so viel und echte Wärme verbargen, sah er wirklich erst in diesem Augenblick.

»Ach, Herr Doktor, wenn es nur das wäre, daß Kathi aus ihren feindlichen Gefühlen gegen mich gar kein Hehl macht, das wäre noch zu ertragen. Was mich aber so tief kränkt und meine Stellung im Hause untergräbt ist, daß Kathi die Kinder gegen mich aufzuhetzen versucht.«

»Was!« rief er entrüstet, »sie intrigiert gegen Sie?«

Fräulein Zögling nickte schwer, es war ihr anzusehen, wie ungern sie über diese Geschichten sprach. »Ja, sie intrigiert gegen mich. Ich vermutete es schon lange, aber es widerstrebte mir, diesen häßlichen Dingen nachzuspüren oder gar die Kinder auszuhorchen. Heute nun kam Britta, die mit besonderer Zuneigung an mir hängt, von selbst zu mir. Ach, die armen Kinder leben ja in einem Zwiespalt, dem ihre kleinen Herzen auf die Dauer nicht gewachsen sind.« Fräulein Zögling führte das Tüchelchen wieder an die umflorten Augen. Hellwang selber war von diesen Enthüllungen aufs tiefste erschüttert. Das waren ja höllische Zustände, in denen seine Kinder neben ihm gelebt hatten!

»Und nun hielt ich den Zeitpunkt doch für gekommen, um mit Kathi einmal ein ernsthaftes Wort zu sprechen. Leider blieb mein Appell an ihr Gewissen völlig erfolglos. Ich hatte ja auch nicht allzu viel Einsicht und Verständnis bei ihr erwartet – aber was ich dann zu hören bekam, was ich mir heute von ihr bieten lassen mußte...« Sie brach mitten im Satz ab und schluchzte trocken auf; es schienen fürchterliche Dinge gewesen zu sein, Dinge, die das Schamgefühl so gröblich verletzten, daß man sie einfach nicht wiederholen konnte. –

Hellwang wanderte erregt und peinlich berührt in dem kleinen Zimmer umher. Er rückte ein Bild gerade, das nicht schief hing und starrte eine Weile auf die Heidelandschaft mit bizarr geformten Wacholdersträuchern und blühendem Erika, die auf dem Bilde dargestellt war.

»Und was machen wir nun mit diesem unglückseligen Weibsbild, dieser Kathi?« fragte er schließlich und ließ die Arme sinken. Unglückselig – zufällig hatte er da mit einer Redensart doch irgendwie den Kern der Sache getroffen. Denn abgesehen von Kathis unentschuldbarem Benehmen Fräulein Zögling gegenüber mußte man ihr bei der ganzen Geschichte doch – wenn man sich einmal in Kathis eifersüchtig primitive Seele hineinversetzte – mildernde Umstände zubilligen. Er sprach das auch aus, in gewundenen, hingeschraubten Sätzen. Fräulein Zögling hüstelte spröde. Gewiß, Kathis Anhänglichkeit an die Kinder, die sie ja nun von klein auf kannte, durfte man vielleicht als Milderungsgrund gelten lassen. Es kam ziemlich gedehnt heraus, jedoch Hellwang ließ es nicht zu weiteren Ausführungen kommen.

»Sehen Sie, mein liebes Fräulein Zögling«, sagte er erfreut und erleichtert, »tout comprendre heißt nicht tout pardonner, aber es wirft doch ein milderes Licht über die Dinge, und deshalb denke ich, wir sollten nicht gleich mit dem allerschwersten Geschütz auffahren. Lassen Sie mich Kathi einmal ordentlich ins Gewissen reden und erst, wenn das nichts helfen sollte, dann freilich...«, er schloß mit einer säbelnden Handbewegung, die seine Absicht, in diesem Falle reinen Tisch zu machen, deutlich zum Ausdruck brachte. Fräulein Zögling schien zu diesem letzten Versuch zwar wenig Vertrauen zu haben, aber dann war es, gäbe sie ihrem Herzen einen Stoß: »Nun gut, Herr Doktor, an mir soll es nicht liegen. Ich fürchte jedoch sehr, daß Kathi versuchen wird, alles abzustreiten und die Schuld an diesen unerquicklichen Dingen mir in die Schuhe zu schieben, wie sie es schon heute vormittag tat. Es ist sehr schwer, mit ihr zu reden.«

»Oh, bitte«, fiel er ein, »ich habe nicht die Absicht, mich auf lange Auseinandersetzungen einzulassen. Was ich Kathi zu sagen habe, ist mit wenigen Sätzen erledigt – was sage ich, Sätze? – mit zwei Worten! Und die lauten Entweder – Oder! Kathi kennt mich sehr genau und weiß, daß ich lange ruhig zuschauen kann, aber sie weiß auch, daß ich kein Freund von halben Lösungen bin, wenn meine Geduld einmal erschöpft ist. Und meine Geduld ist erschöpft und zwar gründlich erschöpft!«

Fräulein Zögling erhob sich, sie schwankte ein wenig und tastete nach der Armlehne des Sessels, um sich darauf zu stützen. Das arme Geschöpf – sie sah wirklich ganz zerbrochen und mitgenommen aus. »Ich muß mich noch einmal entschuldigen, Herr Doktor, daß ich Ihnen diese Ungelegenheiten bereitet habe.«

»Kein Wort weiter, liebes Fräulein Zögling!« unterbrach er sie herzlich und nahm ihre Hand und hielt sie lange und spürte bei der Berührung ein durchaus nicht unangenehmes und eigentlich recht wohltuendes Gefühl freundschaftlicher Zuneigung, das sein Herz nach langer Zeit wieder einmal angenehm erwärmte, »und nun werde ich die Sünderin also ins Gebet nehmen. Vielleicht erleben wir einen Fehlschlag. Aber Sie verstehen, nach allem Vorausgegangenen« – er machte eine kleine Pause und Fräulein Zögling senkte den Blick und nickte zart – »möchte ich mir den Vorwurf ersparen, Kathi nicht noch eine letzte Gelegenheit gegeben zu haben, ihren Starrsinn zu ändern und sich in die gegebenen Verhältnisse im Hause einzufügen.«

Er drückte ihr noch einmal die Hand, verbeugte sich und ging zur Tür. Sie rührte sich nicht von der Stelle, bis er das Zimmer verlassen und die Tür hinter sich zugezogen hatte. Seine Schritte entfernten sich. Ihr Gesicht nahm plötzlich einen neuen, gespannt lauschenden Ausdruck an. Sie hörte, wie er über das Treppengeländer gebeugt mit lauter Stimme nach Kathi rief und ihr befahl, in sein Zimmer hinaufzukommen, da er mit ihr zu reden habe. Fräulein Zögling warf das feuchte, zerknautschte Tüchelchen wie ein Ding, das seinen Zweck erfüllt hatte und nun nicht mehr benötigt wurde, auf den Sessel. Mit ein paar kurzen, geräuschlosen Schritten eilte sie zur Tür und beugte sich zum Schlüsselloch hinab. Drüben stand Hellwang in der geöffneten Tür seines Arbeitszimmers und wartete auf Kathi. Sein Gesicht lag genau im Profil, die Sohle seines rechten Fußes klopfte ungeduldig die Schwelle. Dann schob sich Kathis breiter Rücken ins Bild, Hellwang trat zurück, und dann fiel die Tür wie ein weißer Vorhang über die Szene. Fräulein Zögling richtete sich auf und verharrte eine Weile mit seitlich geneigtem Kopf auf der Stelle, aber es drang kein Laut zu ihr herüber. Sie drehte sich langsam um und begegnete erschreckt zusammenfahrend, als entdeckte sie einen unvermuteten Zuschauer, ihrem eigenen Gesicht in dem großen, rahmenlosen Spiegel, der über dem Waschbecken hing. Sie biß sich auf die Lippen. Für den Bruchteil einer Sekunde flog ein Schatten über ihr Antlitz, der Anflug eines schwachen Schmerzes, der flüchtige Flügelschlag eines Gefühls der Scham! Es war, als verteile sich ein einziger Blutstropfen rasch bis in die kleinsten Aderverästelungen der Haut. Dann hob sie die Augen wieder empor und trat ihrem Spiegelbild einen kleinen Schritt entgegen und noch einen, bis sie dicht vor dem Glase stand; sie sah sich aufmerksam und fast neugierig an, als erblicke sie ihr Gesicht zum erstenmal. Und plötzlich schüttelte sie die lästigen Gedanken ab und warf den Kopf mit einer heftigen Bewegung zurück. Was hieß da krumm und was gerade? Bei diesem Spiel war jede Kriegslist erlaubt, wenn sie nur zum Erfolg führte.

Drüben im Arbeitszimmer öffnete Hellwang die Schleusen seines Zornes über Kathi. Vier Finger in der Jackentasche und die Daumen steil aufwärts gespreizt, wanderte er gereizt und mit bösem Gesicht vor Kathi auf und nieder, als schreite er eine ganze Front von Missetätern ab. Luisa hätte bei seinem Anblick gelächelt. Wenn ihn eine Figur faszinierte, und die Helden seiner Arbeit faszinierten ihn stets, dann geschah es oft, daß er sich mit ihnen in hohem Maße identifizierte. Sie hatten es manchmal nicht ganz leicht gehabt, monatelang mit dem ›alleruntertänigsten Rebellen Yorck von Wartenburg‹, mit Ulrich von Hutten, mit dem Kardinal Richelieu, mit Friedrich List oder mit Heinrich Schliemann, um nur einige Namen zu nennen, zusammenzuleben. Jetzt war es also Friedrich Wilhelm von Steuben, der einen unbotmäßigen Offizier seiner Suite abkanzelte.

Seine Tirade begann mit einer etwas allgemein gehaltenen Betrachtung über das Wesen eines Hausstandes, worin eben der Teufel los sei, wenn der einzelne sich nicht einordnen könne und wenn jeder nur an sich und nicht an das Wohl der Gemeinschaft dächte. – Kathi machte einen ziemlich gelangweilten Eindruck, der Hellwang aufs tiefste verdroß, und so polterte er unverzüglich in den Hauptteil seiner Ausführungen hinein: Was sie sich denn eigentlich in Dreiteufelsnamen einbilde! Ob er ihrer Meinung nach Fräulein Zögling engagiert habe, um Kathi einen Streich zu spielen und um ihr jemanden vor die Nase zu setzen, nur, damit sie einen Grund hätte, sich zu ärgern und die gekränkte Leberwurst zu spielen?! Es sei für ihn, weiß Gott, kein leichter Entschluß gewesen, Haus und Kinder einem fremden Menschen anzuvertrauen. Was für einen Mißgriff hätte man da tun können. Und wie froh könne man sein, solch einen angenehmen und zuverlässigen Menschen wie Fräulein Zögling gefunden zu haben! Die Kinder hingen an ihr und verehrten sie, er selbst sei mit Fräulein Zögling zufrieden, ach was, mehr als zufrieden! Er sei geradezu glücklich darüber, wie gut sie mit den Kindern umzugehen verstände und wie glänzend sie im Hause für Ordnung sorge. Endlich käme er wieder zu seiner Arbeit, endlich sei er wieder ungestört und unbehelligt von allem Kleinkram, der sonst auf ihn eindringen würde... Und da wären also alle froh und zufrieden – und nur dem Fräulein Kathi passe die neue Hausgenossin nicht. Das Fräulein Kathi Zirnmoser stänkere und intrigiere und ließe seinem Eigensinn und seiner üblen Laune freien Lauf, und warum? Danke! Sie brauche kein Wort zu verlieren! Er kenne diese Gründe sehr genau! Aber alles verstehen hieße noch lange nicht, auch alles verzeihen. Im Gegenteil, er billige diese Gründe ganz und gar nicht, und am allerwenigsten werde er dulden, daß Kathi die Kinder gegen Fräulein Zögling aufhetze! Ja, zum Teufel, auf der einen Seite gäbe sie vor, die Kinder gern zu mögen, andererseits aber denke sie nicht daran, welche Schäden sie in den Seelen der Kinder anrichte, wenn sie versuche, in den kleinen Herzen Zwietracht und Mißtrauen zu säen! –

Kathi hörte aufmerksam zu. Sie hielt den Kopf höflich vorgestreckt und lauschte Hellwangs Worten, als dürfe sie kein Wort überhören. Ihr Ausdruck dabei war unergründlich. Am ehesten schien er noch ein tiefes Erstaunen auszudrücken, als höre sie Dinge, die ihr völlig neu waren und von denen sie bisher keine blasse Ahnung gehabt hatte. Hellwang zündete sich, was er ganz selten tat, eine Zigarette an. Und ohne rechten Übergang schlug er plötzlich einen neuen Ton an:

»Hören Sie zu, Kathi, seien Sie doch vernünftig. Machen Sie mir das Leben doch nicht schwerer, als es ohnehin schon ist. Sie werden mit dem Haus und mit den Kindern allein nicht fertig. Das sehen Sie doch ein? Wir brauchen also Fräulein Zögling. Ersparen Sie mir doch Maßnahmen, zu denen ich mich trotz unserer alten Verbundenheit entschließen müßte, wenn dieser Stunk im Hause kein Ende nimmt. Vertragen Sie sich mit Fräulein Zögling und söhnen Sie sich mit ihrer Gegenwart endlich aus. Es gehört nichts dazu als ein wenig guter Wille.«

»Und a schlecht's Gedächtnis...«, murmelte Kathi.

»Was sagten Sie da?«

»Nix«, entgegnete Kathi kühl. Hellwang schien ihre Bemerkung tatsächlich nicht verstanden zu haben. Er zerdrückte die halb gerauchte Zigarette im Aschenbecher und überlegte, ob er noch etwas hinzufügen solle oder ob er am Schluß deutlich genug gewesen sei. Kathi stand abwartend vor der Tür. Sie beobachtete Hellwang mit gespannter Aufmerksamkeit. Er kam ihr merkwürdig verändert vor. Sie wußte nicht zu sagen, worin die Veränderung bestand, aber sie war vorhanden, und sie schnüffelte wie ein windender Hund. Bei seinen ganzen Ausführungen war sie das Gefühl nicht losgeworden, er spräche nicht zu ihr allein, sondern sozusagen noch zu einem unsichtbaren Parkett, das sich jenseits der Tür am anderen Ende des Korridors befand.

»So, Kathi, ich hoffe nun, daß wir uns verstanden haben. Entweder – oder! Sie müssen sich jetzt schon entschließen, wofür Sie sich entscheiden wollen. Wenn Sie der Meinung sind, daß Sie sich mit Fräulein Zögling auch in der Zukunft nicht verstehen können, dann wäre es mir lieb, Sie sagten mir gleich Bescheid und würfen mir den Krempel hin, um mir diese unangenehme Aufgabe zu ersparen. Gern täte ich es nicht, das dürfen Sie mir wahrhaftig glauben.«

Er wartete. Sekunden verstrichen. Sie wurden endlos lang. Für beide. Hellwang warf Kathi einen fragenden Blick zu. Sie schwieg noch immer. Was mochte in ihrem Schädel vorgehen? Er entdeckte Schweißperlen auf ihrer Stirn, und er schämte sich ein wenig seines Polterns und seiner nicht gerade mutigen Haltung, mit der er ihr die Entscheidung zugeschoben hatte. Ein treuer

Mensch – wer wollte Kathi ersetzen? Plötzlich bangte ihm davor, daß sie gehen könnte.

»Nun, Kathi...«, sagte er versöhnlich und in einem Ton, als gäbe er ihr einen freundschaftlichen Rippenstoß, doch keine Dummheiten zu machen und diesen verfluchten Eigensinn fahren zu lassen. Er sah, wie sie die Oberlippe hochzog und die Zunge an die Zähne drückte... Er zog die Schultern an – dieses vertrackte Geräusch – es ging ihm jedes Mal durch Mark und Bein.

»Ich bleibe!« sagte Kathi laut und hell. Es klang unwiderruflich. Wie eine Fanfare. Und wenn die Welt voll Teufel wär! Genau so klang es. Und es war in diesem Klang nichts Versöhnliches und nichts, was darauf hindeutete, daß Kathi den ernsthaften Vorsatz gefaßt habe, ihr Verhalten zu ändern.

Nicht ganz im Sinne des Erfinders, dachte Hellwang etwas bestürzt, aber er brachte es nicht über ein lahmes: »Also schön, Kathi, wir verstehen uns jetzt hoffentlich!« hinaus.

»Und ich kann dann wohl wieder gehen?«

Hellwang nickte wortlos.

Kathi drehte sich kurz um und verschwand.

Wahrscheinlich wartete jetzt Fräulein Zögling darauf, daß er zu ihr käme oder sie riefe, um sie über das Ergebnis der Unterredung mit Kathi zu unterrichten. Ein gutes Ergebnis? Er zögerte mit der Antwort. Aber schließlich entschied er sich doch dazu, diese Gewissensfrage zu bejahen. Er hatte Kathi seine Bedingungen genannt und sie hatte sich zum Bleiben entschieden. Unter seinen Bedingungen – selbstverständlich.

Ihm brummte der Schädel ein wenig. War Föhn im Anzug? Die Berge im Süden versteckten sich hinter Dunstschleiern, und die Luft hatte nichts von der gewaschenen, gläsernen Klarheit jener Tage, an denen das Gebirge greifbar nah heranrückte und die Atmosphäre mit Spannungen aufgeladen wurde, die an seinen Nerven zerrten. Luisa hatte den Föhn nie gespürt.

Föhn oder nicht, es lockte ihn, sich für ein paar Stunden davonzumachen, im offenen Wagen den Schädel zu lüften, aus dem Motor herauszukitzeln, was er hergab, und später irgendwo draußen am See oder im Forsthaus zu rasten und sich eine Renke, blau oder gebraten, zu genehmigen. Warum auch nicht? Was hinderte ihn daran? Die Arbeit war für heute ohnehin ins Hintertreffen geraten. Er steckte die Zigarettentasche ein und verließ das Haus. Die Kinder spielten am Teich. Der Stangl Toni und die Mühlbauer Resi waren auch dabei. Bis auf Söhnchen, der splitternackt herumtobte, steckten sie in bunten Badetrikots und waren alle braun wie die Haselnüsse.

»Hallo, Konni, wo fahrst hin?«

»Stadt...«, brummte er, »Bibliothek...«

»Du, Konni, beim Zucker-Storz, in der Bayerstraße, gleich beim Hauptbahnhof, gibt's solche Gummigutteln, rote und greane und gelbe – bringst uns welche mit?«

»Das wird sich kaum machen lassen, Lydia, da finde ich nie im Leben einen Parkplatz – aber, wenn es Pfefferminzbonbons sein dürfen oder ein Stück Nußtorte, na, wär' das etwas?«

»Au ja, bärig!«

»Und für mi Punschtorte!« schrie Söhnchen. Er war ein ausgesprochener Alkoholiker, leckte jedes Schnapsglas aus, und das Wort ›Bier‹ gehörte zu den ersten, die er nach ›Mama, Kathi‹ und ›Konni‹ aussprechen gelernt hatte.

»Also gut, ich will sehen, was ich für euch tun kann. Aber jetzt lauft geschwind und macht mir das Tor auf.«

Die Kinder stoben über den Rasen davon, ein Wirbel von braunen Beinen unter bunten, kleinen Hintern. Söhnchen mit seinem Suppenbauch wackelte hinterdrein.

Hellwang fuhr den Wagen aus der Garage. Hinter dem Gartentor schlug er das Steuer scharf nach links ein. Britta schaute ihm mit offenem Munde nach: »Du, ich mein', der hat uns beschwindelt. Der fahrt ja gar nicht in die Stadt! Der fahrt nach Starnberg oder an den Ammersee...«

»So ein Schlawuzzi!« stieß Lydia empört hervor, »traun soll er sich und die Torte vergessen!«

Hellwang drückte auf den Gashebel. Der Tank war voll, Öl, Kühlwasser, Reifen, alles in bester Ordnung. Der Motor sang hell, seine sechs Zylinder arbeiteten sauber, Hellwang horchte mit sachverständiger Miene auf ihr exaktes Spiel. Vor wenigen Tagen hatte er einen Satz neuer Zündkerzen eingeschraubt. Man merkte es. Auf der Starnberger Straße ließ er das Cabrio laufen. Der Wind orgelte über die Schutzscheibe und zerrte an seinem Haar. Er war ein guter, reaktionssicherer Fahrer, und er liebte schnelle Wagen. Dieses Cabrio mit seinen 130 PS unter der Kühlerhaube hatte er gegen Luisas energischen Protest gekauft. Sie wäre am liebsten in einem Old-Timer gefahren. Die Spitzengeschwindigkeit von 190 Stundenkilometern ängstigte sie. Er hatte ihr hoch und heilig schwören müssen, nie über 120 hinauszugehen. Und er hielt sein Versprechen. Auch jetzt. –

Fräulein Zögling wartete mit dem Abendessen eine halbe Stunde, dann setzte sie sich mit den Kindern, die von dem langen Herumtollen hungrig waren, zu Tisch. Kathi trug das Essen auf, verteilte Bücklinge mit Bohnengemüse. Lydia und Britta sahen einander mit entsetzten Blicken an. Kathi bemerkte es wohl, aber ihr Gesicht blieb steinern. Bücklinge mit Bohnen... Das war das schlimmste, was ihnen widerfahren konnte. Kathi zeigte ihnen richtig ihre Macht. Gewiß gab es morgen gräßliche Fischkoteletts zum Mittagessen und übermorgen saure Nierndl und Spinat und Salzheringe mit Pellkartoffeln und die scharf gewürzten Rindsrouladen – ach, sie kannten schon den Speisezettel auf eine Woche voraus, wenn Kathi grollte und von ihnen nichts wissen wollte. Lydia stocherte in ihrem Teller herum...

»Man führt die Gabel zum Munde und nicht den Kopf zur Gabel!« rief das Fräulein scharf, »wie oft muß ich dir das noch sagen, Lydia? Iß nur! Bücklinge sind sehr gesund. Und zappele nicht so herum! Sitz gefälligst ruhig!«

»Mir juckt der Kopf«, murmelte Lydia verdrossen. »Vielleicht san's Läus'... Die Sinzinger Theres, die wo die Bank vor mir sitzt, hat nämlich Läuse.«

Britta erstarrte vor soviel Frechheit, sie wußte genau, worauf das hinausging.

»Um Gottes willen!« schrie Fräulein Zögling auf. Sie zerrte Lydia ans Fenster und unterzog ihren Kopf einer gründlichen Untersuchung. »Ich kann auf deinem Kopf außer Schmutz nichts entdekken«, stellte sie mit einem erleichterten Aufatmen fest. »Ich möchte nur wissen wollen, wie ihr das anstellt, in drei Tagen so entsetzlich schmutzig zu werden. Der reine Weichselzopf! Morgen wird jedenfalls Kopf gewaschen!«

Britta ließ vor Schreck ihre Gabel fallen. –

Hellwang kam erst gegen zehn Uhr heim. Die Kinder schliefen schon lange. Es war eigentlich Kathis Aufgabe, bei seinem Signal das Gartentor und die Garagentür zu öffnen, aber dieses Mal kam ihr das Fräulein zuvor. Sie hatte Hellwangs Heimkehr auf der Terrasse erwartet. Sie hielt den linken Torflügel fest, als Hellwang einfuhr, denn er hatte die gefährliche Eigenschaft von selber zuzufallen. Hellwang nickte Fräulein Zögling zu, fuhr den Wagen in die Garage, schaltete die Scheinwerfer ab und zog das Schwingtor herab.

»Gott sei Dank, daß Sie wieder da sind, Herr Doktor!« rief Fräulein Zögling ihm entgegen. »Ich habe mir schon solche Sorgen gemacht. Im Radio wurde wieder ein schwerer Unfall zwischen Laim und Pasing durchgegeben...« Sie schloß das schwere Eichentor und schob den eisernen Riegel in die Krampen. Es war eine klare Sternennacht, die Mondsichel hing tief am Himmel. Hellwang trat aus dem schwarzen Schatten des Hauses heraus. In seiner Hand knisterte ein Päckchen.

»Sie waren in der Bibliothek, Herr Doktor?«

»Nein – das heißt, ich wollte ursprünglich in die Bibliothek fahren und mir einige Bücher holen, aber dann ließ ich mich von dem schönen Wetter verführen und bin um den Starnberger See herumkutschiert. Eine wunderschöne Fahrt, nur zuweilen ein wenig staubig.«

»Haben Sie schon zu Abend gegessen?«

»Ja, ich habe mich in Seeshaupt zu einem Karpfen eingeladen. Ganz hervorragend!«

»Dann darf Kathi also abräumen und schlafen gehen?«

»Selbstverständlich...« Er verhielt plötzlich, als wäre ein Stichwort gefallen. Fräulein Zögling, die einen halben Schritt voranging, blieb ebenfalls stehen. Hellwang warf einen Blick zum Küchenfenster, über dessen Vorhang sich ein gewaltiger Schatten bewegte. Er dämpfte die Stimme: »Übrigens – Kathi – ich bin sozusagen mit der Dampfwalze gegen sie losgefahren und habe ihr zum Schluß meines Sermons klipp und klar die Bedingungen genannt, unter denen ihr Verbleiben im Hause möglich ist...«

»Nun, und?« fragte Fräulein Zögling gespannt.

»Sie hat kapituliert.« – Es kam nicht ganz so sicher heraus, wie er es wahrscheinlich hatte sagen wollen. »Sie hat widerspruchslos kapituliert!« wiederholte er und zerpflückte das Wort ›kapituliert‹ in vier einzeln betonte Silben.

Fräulein Zögling öffnete die Haustür und drückte auf den Hebel des Lichtschalters. Hellwang gab ihr das Päckchen, das er vorsichtig in der flachen Hand trug: »Ich habe den Kindern ein paar Stückchen Torte mitgebracht. Legen Sie das Päckchen bitte ins Kinderzimmer, damit sie es morgen gleich nach dem Erwachen finden. Ich gehe nachher selber noch einmal hinüber.« Er trat vor den Garderobenspiegel, um sich die Krawatte zurechtzuziehen. Auf seinem braunen Gesicht lag eine graue Puderschicht, durch die sich dunkle Fingerspuren zogen. Sein Haar war wie mit Mehl bestäubt. »Haben wir warmes Wasser zum Kopfwaschen da?«

»Ich fürchte, Kathi hat das warme Wasser aus dem Boiler zum

Abspülen verbraucht. Die große Kopfwäsche soll morgen stattfinden.«

»Macht nichts, dann hebe ich's halt für morgen auf.« Hellwang verschwand im Badezimmer, um wenigstens vom Gesicht und von den Händen die Spuren der schmachvollen Niederlage zu beseitigen, die ihm ein Porsche auf einer Bauernstraße zwischen Beuerberg und Wolfratshausen, wo er einen Bekannten besuchen wollte und nicht antraf, bereitet hatte.

»Wollen Sie heute noch arbeiten?« fragte Fräulein Zögling, als Hellwang ins Eßzimmer trat, wo sie mit dem Nähkorb am Tisch saß und einen Triangel zu flicken versuchte, den Lydia in ihr Kleid gerissen hatte. Er hob abwehrend die Hände.

»Nein, nein, man soll einen guten Tag auch gut beschließen. Und außerdem will mein Karpfen schwimmen. Zünden Sie, derweil ich eine Flasche aus dem Keller hole, auf der Terrasse die Windlichter an. Und stellen Sie zwei Gläser auf den Tisch – Moselgläser. Sie werden mich doch nicht im Stich lassen?«

»Nein, Herr Doktor, selbstverständlich nicht...«

Hellwang stieg in den Keller hinab, um den Wein zu holen, ein ›Erdener Treppchen‹ des Jahrgangs 63, von dem ihm sein Schwiegervater zu Weihnachten eine Kiste geschickt hatte. Der alte Herr sammelte Weine guter Jahrgänge und Lage, wie andere Leute Briefmarken sammeln. Fräulein Zögling räumte eiligst das Nähzeug weg, holte zwei Gläser aus der Anrichte, stellte sie draußen auf den Gartentisch und zündete die Lichter an, zwei dicke gelbe Wachskerzen in tulpenförmigen rötlichen Glaskelchen. Die Nacht war mild und still. Die Flammen brannten mit langen Zungen und überhauchten ihre Umgebung mit mattem Glanz. Um den weißen Tisch standen drei Sitzgelegenheiten herum, zwei bequeme Liegen aus Korbgeflecht und ein Korbsessel. Fräulein Zögling schob den Sessel bis ans äußerste Ende der Terrasse. Die beiden Liegen rückte sie näher zusammen, so daß ihr Abstand voneinander nicht mehr als eine knappe Armeslänge betrug. Dann eilte sie, da Hellwang auf sich warten ließ, rasch in ihr Zimmer hinauf. Sie fuhr mit der Puderquaste über Wangen, Stirn und Nase und verrieb einen Tropfen ›Mille fleurs‹ an den Ohrläppchen.

Kathi verließ gerade die Küche und wollte in ihr Zimmer hinaufgehen, als Hellwang mit der Flasche unterm Arm aus dem Keller kam. Sie wünschte ihm eine gute Nacht und wunderte sich ein wenig, da er sonst nicht die Gewohnheit hatte, allein und ohne besonderen Anlaß eine Flasche den Hals zu brechen. Allein? – Ihr Argwohn wurde plötzlich wach. Früher, da hatten sie an solch warmen Sommerabenden oft draußen auf der Terrasse zwei oder auch drei Flaschen geleert und bis in die tiefe Nacht hinein geschwatzt, die selige Frau und er... War es etwa schon so weit gekommen, daß die Neue auch hier an die Stelle der Frau rücken sollte, so wie sie schon den Platz der Verewigten einnahm, wenn er ihr aus seinem neuen Buch vorlas?

Kathi stieg beunruhigt die Treppe empor und klopfte an Fräulein Züglings Tür. Um eine Ausrede wegen der Störung wäre sie nicht verlegen gewesen. Aber sie erhielt keine Antwort. Sekundenlang stand sie wie erstarrt. Ihre Fantasie begann auf hohen Touren zu laufen und gaukelte ihr Bilder vor, die ihren Puls beschleunigten und ihre Handflächen feucht werden ließen. Sie tastete nach dem Lichtschalter. Das Treppenhaus sank in tiefe, undurchdringliche Finsternis. Kathi streifte die Schuhe von den Füßen und schlich auf Strümpfen zu Hellwangs Arbeitszimmer. Langsam und geräuschlos drückte sie die Klinke nieder. Ob wohl die Fenster offen standen? Ah, beide Fenster waren weit geöffnet. Ein scharfer Luftzug strömte ihr entgegen. Irgendwo im Haus stand eine Tür oder ein Fenster offen. Wenn die zuschlugen, gab es einen Krach, der sie verraten mußte. Sie zog die Tür hinter sich rasch ins Schloß. Von einer weit entfernten Straßenlaterne fiel ein schwacher Lichtschein ins Zimmer, der Kathi die Umrisse der Möbel schemenhaft erkennen ließ, aber sie hätte sich in diesem Raum auch blind zurechtgefunden. Kathi blieb atemlos stehen und lauschte. Sie hörte Hellwangs Stimme. Der Tisch, an dem die beiden unten saßen, befand sich genau unterhalb des rechten Fensters. Es war gefährlich, sich hinauszubeugen, das leiseste Kratzen am Fensterbrett, das Klirren eines Münzenknopfes an ihrem Dirndlgewand konnte sie verraten. Und wenn es auch dunkel war, der Mond war längst unter den Horizont getaucht, so finster war es nicht, daß man nicht im Kerzenschimmer oder in dem sichtlich einfallenden Laternenschein ihr Gesicht entdecken konnte. Dennoch schob sie die Nase vorsichtig über die Fensterbrüstung.

Die Neue lag lässig ausgestreckt in der einen Korbliege, Hellwang saß einen halben Schritt von ihr entfernt auf der anderen und schenkte gerade in die Gläser ein...

»Achtunddreißig Jahre...«, hörte Kathi ihn sagen, »das ist mehr als die Hälfte eines Menschenlebens – aber wie viele von diesen achtunddreißig Jahren lebt man denn eigentlich bewußt? Doch höchstens zwanzig Jahre oder zwei oder drei darüber. Nein, das

Leben beginnt nicht mit der Geburt, es beginnt dort, wo uns der Wunsch erfaßt, seine Oberfläche anzukratzen, um zu sehen, was dahinter steckt...«

»Ach...!« sagte die Neue und verdrehte die Augen. Hellwang trank aus seinem Glase und setzte es auf den Tisch ab. Auch er streckte sich auf seiner Liege bequem aus und verschränkte seine Hände unter dem Kopf.

»Achtunddreißig Jahre...«, wiederholte er und blickte zum Himmel empor, über den eine Sternschnuppe ihre feurige Spur zog, »wissen Sie, man müßte weiser und gescheiter sein, wenn man sie voll gelebt hätte. Nein, nein, man darf die ersten zwanzig Jahre abstreichen und demnächst den neunzehnten wirklichen Geburtstag feiern.«

Auch Fräulein Zögling verschränkte die Arme unter dem Kopf. Ihre rohseidene Bluse spannte sich über den Brüsten. Als sie ins Haus kam, waren sie bedeutend flacher gewesen.

»Nach dieser Rechnung wäre ich also gerade vierzehn geworden«, sagte sie mit einem kleinen, gurrenden Lachen.

Kathi schoß die Galle ins Blut. Es zuckte ihr in den Fingern, den schwarzen Marmorwürfel zu packen, den Hellwang als Briefbeschwerer benutzte, und ihn dem koketten Luder aufs Hirnkastl zu schmeißen. Sie hörte nicht hin, was Hellwang weiter an schwermütigen Weisheiten verzapfte, sie sah nur, daß die Neue ein wenig ungeduldig mit den Beinen zappelte, so daß ihre Knie unter dem kurzen Rock zum Vorschein kamen, runde Knie in Nylons, deren Gewebe im Kerzenlicht rötlich aufschimmerte. Wenn Hellwang es nicht bemerkte, so bemerkte es Kathi um so deutlicher – und ihr wurde himmelangst. Vorläufig redete er ja noch sozusagen nur theoretisch darüber, daß er sich so um die zwanzig herum fühle. Aber wie lange noch? Solch sternenklare, laue Sommernächte hatten es in sich! Kathi wußte das aus eigener Erfahrung nur zu gut. Und die Neue sah gerade so aus, als ob sie den Apfel vom Baum der Erkenntnis schon gepflückt hätte und nur noch auf den günstigen Augenblick wartete, wo er Appetit bekam und hineinbiß...

Kathi schob sich lautlos vom Fensterbrett ab. Das reglose Lauschen war beschwerlich und gefährlich, denn wie leicht konnte sie ein Niesreiz ankommen, oder der Grimm konnte sie so sehr übermannen, daß sie bei dem Getändel dort unten die Beherrschung verlor und der Neuen doch noch ein hartes Trumm auf die Reize ihrer Figur warf. Während sie zur Tür schlich, bemerkte sie plötzlich auf dem Bücherbord, wo Hellwangs Reisemitbringsel standen – tunesische beilförmige Fächer, altrömische Öllämpchen und marokkanische Messingkrüge – im mattblinkenden Silberrahmen Luisas Bild. Es lächelte auf sie nieder und – blinzelte ihr zu. Fast hätte sie sich durch einen Aufschrei verraten. Jessas naa! So sah ihr die selige Frau in diesem Augenblick auch gewiß von droben zu. Oder – wollte sie ihr etwa ein Zeichen geben? – Das Blut strömte zu ihrem Herzen zurück. Und einer raschen Eingebung folgend, überwand Kathi ihren Schrecken und ihre Scheu, nahm das Bild vom Bord herab und legte es mitten auf Hellwangs Schreibtisch, auf den halbbeschriebenen Bogen. Das sollte ihm zu denken geben! –

Unten hob Fräulein Zögling plötzlich aufmerksam das Gesicht: »Kam das Geräusch soeben nicht aus Ihrem Zimmer?«

Hellwang schüttelte den Kopf: »Ich habe nichts gehört…«

»Merkwürdig«, murmelte sie, »mir war es so, als sei im Haus eine Tür gegangen…«

»Wahrscheinlich geistert Kathi da oben noch herum«, meinte er, »oder manchmal ist es an solchen warmen Tagen auch das Holz, das im Dachstuhl arbeitet.«

Aber Fräulein Zögling blieb beunruhigt: »Vielleicht ist auch eines von den Kindern aufgewacht. Entschuldigen Sie mich für einen Augenblick, Herr Doktor, aber ich will doch lieber einmal nachschauen.« Sie erhob sich und ging ins Haus. Sie hatte einen ganz bestimmten Verdacht und hielt sich nicht eine Sekunde damit auf, ins Kinderzimmer hineinzuschauen. Sie schaltete das Licht im Treppenhaus an, nahm die Stufen mit ein paar raschen Sprüngen und stieß die Tür zu Hellwangs Arbeitszimmer auf.

Nichts… Sie hob witternd die Nase. Nichts? Ein schwacher, kaum wahrnehmbarer Geruch nach Bittermandelöl hing in der Luft – nach Kathis Mandelseife. Sie schaltete in Hellwangs Zimmer die Deckenbeleuchtung an und sah sich mißtrauisch um.

»Hallo?« rief Hellwang herauf. »Sind Sie in meinem Zimmer?«

»Ja, Herr Doktor, ich bin's – und ich werde bei dieser Gelegenheit gleich die Fenster schließen.« Und plötzlich fiel ihr Blick auf die Fotografie, die dort mitten auf dem Schreibtisch lag. Es gab gar keinen Zweifel, sie war für Hellwang bestimmt und vor wenigen Sekunden von Kathi auf diesen auffallenden Platz gelegt worden! Sie hatte das Geräusch also doch nicht nur in ihrer Einbildung vernommen.

Was aber wäre geschehen, wenn Hellwang sein Arbeitszimmer noch einmal betreten und das Bild gefunden hätte? – Sie grub die spitz zugeschliffenen Nägel in die Ballen. Das war also das Resultat der Unterredung, die Hellwang heute nachmittag mit diesem gemeinen Frauenzimmer gehabt hatte! Sie biß sich in die Faust. Ihre Lippen waren blaß geworden. Was für eine unverzeihliche Dummheit, daß sie nicht darauf gedrungen und darauf bestanden hatte, Kathi müsse hinausgeworfen werden – daß sie Hellwang nicht schärfer vor die Entscheidung gestellt hatte, entweder Kathi zu entlassen oder sich nach einem Ersatz für sie selber umzusehen. Heute wäre die Gelegenheit günstig gewesen, heute war er ja schon fast dazu bereit gewesen, Kathi den Laufpaß zu geben. Das war jetzt versäumt. Und es war auch klar, daß sie nicht etwa versuchen durfte, einen neuen Angriff überstürzt und allzu bald zu wiederholen. Aber was konnte inzwischen nicht alles geschehen? Dieses dicke Frauenzimmer war ein gefährlicher Gegner. Welch ein raffinierter, heimtückischer Einfall von ihr, Hellwang das Bild seiner Frau auf den Schreibtisch zu legen.

»Sie haben sich oben wohl häuslich niedergelassen...?« rief Hellwang herauf, »oder wollen Sie den Mosel warm werden lassen?«

Fräulein Zögling riß sich zusammen: »Oh, ich hebe nur ein paar Blätter auf, die der Luftzug vom Schreibtisch geweht hat.« Sie griff nach dem Foto und stellte es an seinen alten Platz zurück. Dann schloß sie die Fenster und löschte das Licht. Ein Nachtfalter, der von der Helligkeit angelockt in das Zimmer geschwirrt war, trommelte verzweifelt gegen die Fensterscheiben.

DER KRACH

Auch der neue Tag zog strahlend herauf, kein Wölkchen trübte die Bläue des Himmels. Die Spezln der Hellwang-Kinder fanden sich schon am frühen Morgen im Garten ein. Der Stangl Toni, der Lydia heimlich liebte und von ihr ziemlich gnädig behandelt wurde, weil er die Guttibüchsen in seines Vaters Gemischtwarenhandlung plünderte und die Beute Lydia getreulich zu Füßen legte; die Mühlbauer Resi, die ihrerseits den Toni umgirrte und Lydia, leider völlig erfolglos, abspenstig zu machen versuchte; und eine Schulfreundin von Britta, Michaela Nebelschütz mit Namen, deren Vater Ingenieur war und zur Zeit in Karatschi in Pakistan ein Kraftwerk baute. Mit den indischen Briefmarken und den kleinen Ebenholzschnitzereien, die er heimschickte, trieb Michaela einen schwunghaften Tauschhandel.

Die Kinder spielten ›Preußisch Fangermandl‹. Der drollige Name war eine Erfindung von Britta. Sie hatte das Spiel aus den letzten Sommerferien mitgebracht, die sie bei den Großeltern erlebt hatte. Wahrscheinlich fand sie die Bezeichnung, die im Norden üblich war, anstößig. Hellwang entsann sich nämlich, ›Preußisch Fangermandl‹ in seiner Kindheit unter der Bezeichnung ›Dridrigreifchen mit Popoanschlag‹ gespielt zu haben. Kein Sprachgelehrter hatte ihm jemals verbindlich Auskunft darüber geben können, was es mit diesem merkwürdigen ›Popoanschlag‹ für eine Bewandtnis hatte, denn daß das ominöse Wort nichts mit dem rückwärtigen Körperteil zu tun hatte, ging schon daraus hervor, daß der Fänger nicht dem Gejagten auf den Allerwertesten, sondern am Mal gegen die Wand klopfte, und zwar zweimal hintereinander, wobei er den Namen des Entdeckten oder Ergriffenen rief. Der bekannte Romanist Ziemer hatte die Ansicht vertreten, der Popo wäre eine Verballhornung aus dem italienischen Doppo, also Dridrigreifchen mit Doppo-Anschlag, worauf auch der Doppelanschlag des Fängers am Mal hindeute, nun ja...

Jedenfalls war ›Preußisch Fangermandl‹ eine Verbindung zwischen Greif- und Versteckspiel. Es war eine aufregende Angelegenheit, und die Kinder waren für gewöhnlich unermüdlich darin. Aber heute waren weder Britta noch Lydia so recht bei der Sache – allerdings mit einem gewissen Unterschied. Während Lydia erwartungsvoll und gespannt aussah, machte Britta einen mutlosen und fluchtbereiten Eindruck. Kathi hatte nämlich am Morgen auf Wunsch des Fräuleins den großen Warmwasserboiler eingeschaltet, und die Sieglinda hatte beim Frühstück allgemeine Haarwäsche angesagt und den Kindern verboten, den Garten zu verlassen.

Der Stangl Toni war an der Reihe ›einzuluren‹. Er stand am Freimal neben der Haustür, preßte die Fäuste vor die Augen und wartete auf das ›Gilt!‹-Geschrei der Kinder. Söhnchens verantwortungsvolle Aufgabe bestand darin, den Einlurer zu überwachen und ein lautes Geschrei zu erheben, wenn der etwa mogelte oder durch die Finger hindurchzuschielen versuchte. Die Kinder huschten zu ihren Verstecken. Michaela hoffte Tonis Adlerblick hinter der Thuyahecke zu entgehen. Die Mühlbauer Resi schlüpfte in die Garage und deckte ein paar alte Düngelkalksäcke über sich, aus denen weiße Staubwolken emporwirbelten. Britta und Lydia hoben einen Tretrost vom Lichtschacht des Ölkellers ab und krochen hinein.

»Sakra, sakra, dös gibt heut was!« flüsterte Britta ängstlich.

Lydia drückte den verzinnten Tretrost in die Fugen und drückte sich eng in eine Ecke des Schachtes. »Pst, sei stad!« wisperte sie, »der Toni schleicht schon umeinand'.« Tatsächlich knirschten die schleichenden Schritte des Fängers auf dem Kiesweg heran, aber das Versteck war zu raffiniert gewählt, er tappte daran vorbei und näherte sich vorsichtig der Garage, um zuerst einmal dort Umschau zu halten. Britta näherte ihren Mund Lydias Ohr.

»Du, Lydia, ich schenk dir mei' silberne Halsketten mit dem roten Herzlanhänger, wenn du dich ins Zimmer von der Sieglinda 'naufschleichen tust und die Flasche, na du weißt schon, ausgießt.«

Lydias Gesicht drückte eisige Ablehnung aus. Sie schüttelte energisch den Kopf: »I denk' auch nicht mal dran!«

»Ich schenk' dir, was du haben willst, Lydia! Ich schenk' dir das Korallenarmband, das mir der Konni aus Afrika mitgebracht hat – oder die blaue Handtasche mit allem, was drin ist...«

»Feige Spinatwachtel, feige!« zischte Lydia ihr wütend und verächtlich entgegen, »gestern hast's net derwarten kenna, und heit, wo's soweit is', hast Bollen. Geh zu! Was kann schon passiern, als daß wir vom Konni paar geschmiert kriegen?«

Oben tobte die wilde Jagd an ihnen vorüber. Der Toni hatte die Mühlbauer Resi entdeckt und raste zum Freimal zurück, während gleichzeitig Michaela Nebelschütz aus ihrem Versteck in der Hecke herausschoß und langbeinig über den Rasen rannte, um dem Toni zuvorzukommen und sich frei zu schlagen. Der Toni brüllte »dri dri Resi!« und »dri dri Michaela!«, aber gleichzeitig mit ihm schrie Michaela »dri dri frei!« – und schon gab es einen wilden Streit darüber, wer von ihnen früher am Mal gewesen war.

Britta lauschte flüchtig auf den Lärm: »Mir hat heut nacht fürchterlich geträumt«, flüsterte sie kläglich.

»So? Wovon hat dir denn traamt?« fragte Lydia wenig beeindruckt.

»Von der Flasche und von der Sieglinda. Sie hat sich das Haar eingerieben, und plötzlich ist ihr am ganzen Körper ein gelbes Fell gewachsen, und die Zähne haben ihr spitz und weiß aus dem Maul gebleckt, und Krallen hat sie gehabt wie ein Löwe. Und wir beide, du und ich, haben durchs Schlüsselloch geschaut, wie sie sich verwandelt hat. Und da haben wir eine furchtbare Angst bekommen und sind in unser Zimmer gerannt und haben die Tür abgeschlossen und uns in den Betten verkrochen. Und nicht lange danach hat es an der Tür gekratzt, ganz leise, und die Sieglinda hat mit einer

Stimme, die sich angehört hat, als wär's die Stimme von der Luisa, gewispert, wir sollten ihr doch aufmachen und sie einlassen. Von dem Kratzen und von dem Wispern ist auch Söhnchen aufgewacht. Und wir haben geschrien, er soll nicht aufmachen, aber er hat gesagt, es ist doch unsere Mama, und hat den Schlüssel umgedreht. Und da ist die Sieglinda, die Löwen-Sieglinda, verstehst, mit einem Satz hereingesprungen, gerade auf mein Bett – und da hab' ich so laut geschrien, daß ich davon aufgewacht bin. Und gezittert hab' ich...

»Und ich? Was hat der Löwe mit mir gemacht?« fragte Lydia ziemlich kleinlaut. Der schreckliche Traum hatte auf sie doch einen mächtigen Eindruck gemacht, und sie war nicht mehr so kühn und unbekümmert wie vorher. Denn Träume hatten nun einmal was zu bedeuten, das war ganz sicher. In Kathis ›Ägyptischem Traumbuch‹ hätte man die Deutung des Traumes leicht erfahren können, da stand alles drin, schwarz auf weiß und nach dem Alphabet geordnet, von Aalen bis zu Zuckerhüten.

»Was sie mit dir gemacht hat, hab' ich nicht mehr sehen können, weil ich doch schon vorher aufgewacht bin, als sie mir auf die Brust gesprungen ist mit ihren gräuslichen Krallen und spitzigen Zähnen«, bekannte Britta wahrheitsgemäß; »aber eins darfst glauben, der Traum hat nix Gutes zu bedeuten!«

Lydia atmete erleichtert auf: »Das glaub' ich gern, aber wenn du nicht weißt, was sie mit mir angestellt hat, dann mein ich, wird's dich dieses Mal wohl auch nur allein erwischen.« Ihre Feststellung war nicht gerade ein Trost für Britta.

In diesem Augenblick aber erscholl von der Terrasse her laut und gebieterisch Fräulein Zöglings Ruf: »Britta und Lydia, kommt sofort zu mir!«

Britta krümmte sich zusammen und zog den Kopf zwischen die Schultern. Ihr Gesicht war ein inbrünstiges Flehen um das Wunder, jetzt in der Erde versinken zu dürfen oder in einen gnädigen Nebel eingehüllt zu werden. Aber weder öffnete sich der Boden unter ihr, noch zog eine gütige Hand eine Tarnkappe über sie. Im Gegenteil, Lydia stemmte den Gitterrost aus den Falzen und kletterte aus dem Lichtschacht ins Freie.

»Wir kommen schon!« schrie sie zurück und zerrte Britta unbarmherzig aus dem Versteck heraus. Britta folgte ihr schlaff und wie betäubt. Fräulein Zögling erwartete sie auf der Terrasse. Sie hatte die Spezln der Kinder bereits heimgescheucht und rückte die Sessel und Liegen an einen zugfreien Platz in der Sonne.

»Ihr wartet wohl immer erst auf eine schriftliche Einladung, wie?« fragte sie schlecht gelaunt und schlug beim Anblick der Kinder die Hände über dem Kopf zusammen, »und wie ihr wieder ausseht?! Als ob ihr unter Kohlensäcken geschlafen habt und noch nie im Leben mit Wasser in Berührung gekommen seid. In euerm Alter hätte ich mich geschämt, noch Verstecken zu spielen. Da habe ich reizende Deckchen gestickt und meiner Mutter tüchtig im Hause geholfen!«

Die Kinder hörten sich die Nörgeleien finster schweigend an. Lydia setzte eine Miene auf, als ekele es sie innerlich vor soviel Bravheit. Britta wischte sich die feuchten Handflächen an ihrem Badetrikot ab und zitterte plötzlich, als habe sie ein eisiger Windstoß getroffen.

»Ihr legt euch nachher in diese Stühle und rührt euch nicht vom Fleck, bis die Haare trocken sind, verstanden? Ich komme später und setze mich ebenfalls zu euch in die Sonne.«

»Jawohl«, sagte Lydia gehorsam. Ihre Stimme war rauh und schrill. In diesem Augenblick trat Hellwang durch die offene Verandatür auf die Terrasse hinaus. Er war im Bademantel und trug einen Turban auf dem Kopf, den er sich aus einem leuchtend gelben Frottierhandtuch um den Schädel gewunden hatte. Draußen nahm er den Turban ab und schüttelte seine Haare wie ein Hund aus.

»Daß Sie mir aber ja auf der Terrasse bleiben, Herr Doktor«, flötete Fräulein Zögling warnend und besorgt, »hier ist es ganz windstill. Denn nichts ist so gefährlich wie Zugluft, wenn man nasse Haare hat. Und seien Sie auch so freundlich, nachher darauf zu achten, daß die Kinder bei Ihnen bleiben, bis ich komme. Ich möchte mir nämlich anschließend auch gleich das Haar waschen und es im Freien trocknen lassen. Sonne ist für blondes Haar ja so gut...«

Hellwang nickte ihr zu, und Fräulein Zögling winkte den Mädeln, ihr zu folgen. Söhnchen durfte noch eine Weile bei seinem Vater bleiben. Lydia zog Britta an der Hand hinter sich her. In der Diele schnupperten sie beide wie auf Verabredung zur Küche hin, aus deren geöffneter Tür unverkennbar bitter scharfe Seefischdünste heranzogen. Ach, wenn sie insgeheim gehofft hatten, Kathi würde ihren Groll an ihnen nicht bis zum äußersten treiben, so wurden sie leider enttäuscht. Kathi vergaß nicht und Kathi verzieh nicht. Erbarmungslos würden dem Kabeljau morgen thüringische Kartoffelklöße mit Zwiebelsauce folgen, und übermorgen todsicher Spinat, gräßlicher, pampiger, grüner Spinat, und zum Abendessen aufgewärmter Spinat oder, schaurigster Gedanke, Mangoldgemüse.

Lydia preßte Brittas Hand, in ihren dünnen Fingerchen steckte eine erstaunliche Kraft: »Verraten wennst was tust...! zischte sie ihr drohend ins Ohr und funkelte Britta aus ganz schmalen Augenschlitzen wie eine wilde Katze an. Britta schüttelte wortlos den Kopf. Der alte Mut kehrte langsam in ihr Herz zurück, der Mut oder ein taubes Wurstigkeitsgefühl. Mochte wegen der Flaschengeschichte in Gottes Namen auch Blitz, Donner und Hagel über sie hereinbrechen, so schlimm wie Kathis kalte Rache für ihre Schwatzhaftigkeit konnte das übelste Donnerwetter nicht sein, das sie vom Fräulein oder von ihrem Vater her bedrohte. Nein, Kathi mußte versöhnt werden! Das war jedes Opfer, das war sogar ein paar von Konnis zumeist recht linden Hieben mit dem spanischen Röhrl wert.

Fräulein Zögling band die Gummischürze um und ließ warmes Wasser in das Waschbecken laufen. Lydia kam als erste dran. Sie biß die Zähne zusammen und ertrug tapfer und ohne Mucken das Brennen der Seife in den Augen, und auch das schmerzhafte Ziepen an der Kopfhaut, als Fräulein Zögling ihr mit dem Kamm durch die nassen, verzottelten Haare fuhr.

»Du scheinst ja endlich vernünftig zu werden«, meinte Fräulein Zögling, die das übliche Zetermordiogeschrei erwartet zu haben schien. Nach Lydia kam Britta an die Reihe, die die Prozedur stumm über sich ergehen ließ, schließlich kam Söhnchen dran, dem auch kein Strampeln und Schreien half. Bald saßen sie alle drei neben Hellwang in der Sonne. Die Luft kochte über den rotgelben Solnhofener Platten. Die Johannisbeeren reiften zusehends, die Sträucher leuchteten schon ganz rot herüber.

»I moan, de Weichseln werden aa bald zeiti sein«, bemerkte Söhnchen. Hellwang nickte träg. Es bestand keine Veranlassung zu Warnungen und Drohungen. Die Weichselkirschen hingen für Söhnchen zu hoch am Baum.

Die Liegestühle der beiden Mädel standen in der Nähe der Verandatür. Wenn Britta den Kopf ein wenig nach links drehte, konnte sie durch die offenen Türen des Hauses bis in die Diele hineinschauen. Sie hörte Kathi in der Küche mit dem Geschirr klappern und sie hörte auch, wie Fräulein Zögling ihr Zimmer zusperrte. Sie schloß die Augen. In ihrer Vorstellung erlebte sie alles, was jetzt geschah, so deutlich, als hätte das Haus Wände aus Glas. Sie sah, wie Fräulein Zögling die Nadeln aus dem Knoten zog, die ringförmige Unterlage herausnahm, und wie sie das bis auf die Schultern fallende Haar mit einem scharfen Ruck des Kopfes nach vorn schleuderte, wie sie sich über das Waschbecken beugte und die hellen Flechten in die Seifenlösung tauchte, wie sie die Kopfhaut mit den Fingerspitzen massierte, und wie der dicke, sahnige Seifenschaum ihren Kopf in eine weiße Haube hüllte, die in den Spülwassern zerschmolz. Und dann...

Fräulein Zögling goß die Hälfte des Inhaltes der Flasche mit dem bunten Etikett in eine Untertasse. Sie kämmte das nasse Haar aus der Stirn, scheitelte es in der Mitte und begann die Flüssigkeit mit einer Zahnbürste dort zu verteilen, wo das Haar über der Kopfhaut einen dunklen Streifen erkennen ließ. Sie kämmte es wieder in die Stirn und zog fingerbreit daneben einen neuen Scheitel, um die Prozedur zu wiederholen. Sei es nun, daß der farblose Lack sich zu zäh verstreichen oder daß ihn die Verbindung mit dem Wasser rascher erstarren ließ, jedenfalls hielt Fräulein Zögling plötzlich betroffen inne und rührte die Flüssigkeit in der Untertasse mit der Zahnbürste mißtrauisch auf, tunkte die Spitze des Zeigefingers hinein, rieb ihn gegen den Daumen, roch daran und stieß im nächsten Augenblick auch schon, vielleicht in der Meinung, daß hier mit Gift oder Säuren ein Attentat auf ihre Schönheit oder Gesundheit verübt worden war, einen gellenden Schrei aus.

Weiß der Himmel, was die beiden Schuldigen erwartet hatten. Mit solch einem furchtbaren, markerschütternden Schrei und den darauf folgenden hysterischen Hilferufen hatten sie keinesfalls gerechnet. Lydia rollte sich vor Schreck wie ein Igel zusammen, und Britta stopfte sich die Finger in die Ohren. Hellwang sprang, wie von einer Hornisse gestochen, aus seinem Liegestuhl auf und rannte an den Kindern vorbei ins Haus hinein, als erwarte er, daß Badezimmer in Flammen oder Fräulein Zögling unter den Trümmern einer eingestürzten Decke aufzufinden. Von der anderen Seite eilte Kathi herbei, nicht weniger verstört als Hellwang, und mit einem Tranchiermesser in der Hand, als gelte es, Fräulein Zögling aus den Klauen eines Unholdes zu befreien. Wenn es sich auch um die Neue handelte, die sie nun weiß Gott nicht liebte, so schien hier doch ein Fall vorzuliegen, bei dem Christenpflicht vor die persönlichen Gefühle ging. Im Badezimmer rauschte laut das Wasser in die Wanne. Fräulein Zögling hatte nämlich beide Hähne zugleich aufgedreht und versuchte unter Jammerleuten, ›die Säure‹ vom Kopf zu spülen, ehe sie ihre zerstörende Wirkung auf Haut und Haare ausüben konnte. Es war leider eine völlig ungeeignete Maßnahme, denn der Lack begann unter der Einwirkung des Wassers zu verharzen, und die Haarsträhnen, die mit ihm in Berührung gekommen waren, verklebten und verwuzzelten sich zu einer filzigen Masse. Draußen rüttelten Hellwang und Kathi an der versperrten Tür und waren schon dabei, den Riegel mit vereinten Kräften zu sprengen, als Fräulein Zögling über dem Wassergeplätscher den Lärm, den sie vollführten, endlich hörte und den Riegel zurückschob. Beinahe hätte es in diesem Augenblick noch ein richtiges Unglück gegeben, denn Hellwang drückte die Schulter so heftig gegen die Tür, daß er, als sie nun plötzlich nachgab, dem Fräulein auf ein Haar den Schädel eingestoßen hätte. Sie fing den Stoß glücklicherweise mit der Schulter ab, aber er warf sie bis auf die Badewanne zurück.

»Was ist geschehen?« keuchte Hellwang und wischte sich mit dem Ärmel des Bademantels den Schweiß von der Stirn. Er konnte an Fräulein Zögling und auch im Badezimmer nichts entdecken, was diesen schrecklichen Schrei und die Hilferufe gerechtfertigt hätte. »So reden Sie doch!« fuhr er sie an, »Mein Gott, ich dachte, Sie ständen in Flammen...«

»Ich dachte im ersten Augenblick, es wäre eine Säure«, schluchzte Fräulein Zögling mit einer Bewegung, als habe sie die Absicht, sich an Hellwangs Brust zu werfen, »aber es ist nur ein gemeiner, nichtswürdiger Streich!«

Hellwang starrte sie an, er verstand kein Wort und ließ es sich auch deutlich anmerken, daß er kein Wort verstand; und wenn Männer mit gescheiten Gesichtern einmal dumm dreinschauen, dann sehen sie zumeist auch gleich so dumm aus, daß es schon erschreckend ist. Aber ehe er dazu kam, sich zu fassen und weitere Fragen zu stellen, reckte Fräulein Zögling den Arm mit einer anklagenden Gebärde gegen Kathi aus, die hinter Hellwang in das Badezimmer eingedrungen war, und schrie: »Das ist Ihr letzter Streich, Sie gemeines, unverschämtes Frauenzimmer, Sie!« Und es sah ganz so aus, als wolle sie gegen Kathi losgehen.

»Sie ist narrisch geworden...«, stammelt Kathi bestürzt und erschüttert, und es war ihr völlig Ernst damit, daß das Fräulein plötzlich den Verstand verloren haben müsse, »sie ist bestimmt narrisch geworden, Herr Doktor – da hilft nur ein – Gabersee! Gleich Gabersee anläuten!«

Fräulein Zögling zitterte am ganzen Leibe, ihre Stimme überschlug sich: »Wollen Sie es etwa auch noch zu leugnen versuchen, Sie – Sie...«

»Beherrschen Sie sich!« fiel Hellwang ein, ehe die fürchterlichen

Worte ausgesprochen waren, die dem Fräulein auf der Zunge schwebten, »erklären Sie mir lieber, was hier überhaupt geschehen ist!«

»Mein Haar!« jammerte Fräulein Zögling und zerrte an den verklebten Strähnen, die ihr wirr in die Stirn hingen. Hellwang konnte an ihnen nichts Besonderes entdecken, er fand nur, daß Fräulein Zögling nicht gerade vorteilhaft aussah.

»Was ist mit Ihrem Haar?«, Fräulein Zögling deutete mit flatternden Händen auf das Glasbrett unter dem Spiegel, auf dem zwischen den Zahnputzgläsern der Familie die Flasche mit dem Bildnis der blonden Loreley stand, »es ist ein Spezialmittel zur Pflege blonder Haare. Und die unverschämte, niederträchtige Person hat es ausgeschüttet und dafür eine schmierige, klebrige Flüssigkeit in die Flasche getan.«

»Ha?!« rief Kathi empört, »was soll ich getan haben? Das sagen Sie noch einmal, Sie Trutschen, Sie grausige...«

»Maul halten!« brüllte Hellwang sie an.

»Tun Sie nur nicht so, als ob Sie nicht davon wüßten, Sie gemeines Stück!« schrie das Fräulein und fuchtelte mit den Fäusten vor Kathis Gesicht, »dieses Mal hilft Ihnen kein Lügen und Verstellen! Diese Niedertracht wird Ihnen teuer zu stehen kommen. Ich werde Sie bei der Polizei anzeigen! Ich werde gegen Sie Strafantrag stellen! Was Sie mir angetan haben, das ist Körperverletzung! Das ist...«

»Ruhe!!!« donnerte Hellwang dazwischen. Er war gerade dabei, die leicht opalisierende Flüssigkeit in der Untertasse zu untersuchen. »Das ist Lack!« stellte er fest, »das ist ohne Zweifel farbloser Lack, der gleiche Lack, mit dem ich vor wenigen Tagen meine Angelgerten eingelassen habe.« Für einen Augenblick war er nahe daran, in ein Gelächter auszubrechen, das völlig fehl am Platze gewesen wäre. Es gelang ihm, sich zu beherrschen.

»Wie bekommt man das Zeug aus den Haaren?« ächzte Fräulein Zögling und verdrehte die Augen, als wäre sie einer Ohnmacht nahe.

»Mit Spiritus, nur mit Spiritus«, murmelte er durch die Zähne und wagte Fräulein Zögling nicht anzusehen, um nicht zu platzen. Er stellte die Untertasse auf das Glasbrett zurück. Sein Blick fiel auf die Flasche mit der Loreley und dem Forsteleven. »Diese Flasche stand doch nicht immer hier?« fragte er. Kathi kicherte bös durch die Nase.

»Nein«, antwortete Fräulein Zögling, »ich habe sie stets bei meinen Toilettensachen in einem Schubfach der kleinen Kommode verwahrt.«

Kathi kicherte zum zweitenmal. »Toilettensache, hi hi...«

»Und wie kommen Sie zu der Vermutung, Kathi könne Ihnen diesen bösen Streich gespielt haben?« fragte Hellwang.

»Sehr richtig!« fiel Kathi hohntriefend ein, »dees möcht i aa gern wissen, wie sie darauf kimmt! Sowas Ausgschamt's, so was Ausgschamtes!« Sie bemerkte leider nicht, daß Hellwang in einem Ton sprach, der nicht den geringsten Zweifel daran ließ, daß er in der Schuldfrage völlig einer Meinung mit Fräulein Zögling sei und nur noch eine letzte Bestätigung brauchte, um sein Urteil zu fällen.

»Sie räumte doch mein Zimmer auf, und ich habe sie schon mehrmals im Verdacht gehabt, daß sie in meinen Sachen herumschnüffelt. Ich habe mir, um ganz sicher zu gehen, immer Zeichen gemacht...«

»Danke, Fräulein Zögling, das genügt!« Er drehte sich scharf um und starrte Kathi aus schmalen Augen an: »So, Kathi, und jetzt sagen Sie mir doch einmal, wie Sie sich diese Geschichte erklären, und ob Sie vielleicht der Meinung sind, daß hier die Heinzelmännchen am Werk waren?«

Dieses Mal war es Fräulein Zögling, die ein böses Kichern hören ließ.

Kathi kniff die Augen zusammen, als ob sie plötzlich kurzsichtig geworden sei. Sie brauchte ein paar Sekunden, um zu begreifen, daß sie auf verlorenem Posten stand. Links von ihr wartete Hellwang auf ihre Antwort und überlegte wahrscheinlich schon, was er ihr ins Zeugnis schreiben sollte, und rechts sah sie den blanken Haß im Gesicht der Neuen und die helle Genugtuung darüber, daß sie nun sogleich erreicht haben würde, was sie sich vom ersten Tag an gewünscht hatte. Kampflos das Feld räumen? – Kathi war es, als ob ein paar verklemmte Zahnräder in ihrem Innern den Fremdkörper, der das Getriebe zum Stillstand gebracht hatte, knirschend zermalmten und mit einem jähen Ruck weiterliefen. Sie stemmte die Fäuste in die Hüften und pumpte die Lungen voll Luft. Ihr Busen hob sich und schwoll an. Hellwang hatte die Empfindung, die Atmosphäre verdichte sich und er atme plötzlich unter erhöhtem Druck.

»Also ich soll das angestellt haben...« Kathi flüsterte es beinahe. Sie ließ ihren Grimm ganz vorsichtig ab, wie man die Luft aus einem prall aufgepumpten Fahrradschlauch abläßt, wo man ja auch das Ventil zuerst nur ein wenig lockert, ehe man es vollends herauszieht und den Druck zischend entströmen läßt. Sie faßte Fräulein Zögling ins Auge: »Jetzt werd ich Ihnen mal was sagen...« Und dann kam der Ruck und das Ventil flog heraus: »Sie selber haben das Zeug in die Flasche getan! Jawohl, Sie selbst und neamand anders! Und warum ham's dös do, warumma? Damit Sie endlich einen Grund haben, mich aus dem Haus zu beißen! Und warum wollen Sie mich aus dem Haus beißen? Darum, weswegen Sie sich auch die Haare färben und Locken eindrehen und sich pudern und Hormonen in die Haut schmiern und die Lippen färben und die Fingernägel lackieren! Hergekommen, wie sie ist, hats ausgeschaut wie eine vom Patzlwanger Jungfrauenverein und als ob sie nicht bis drei zählen könnt – aber nach vier Wochen ist es schon angegangen mit der Verwandlung! Und jetzt? Schaun's Eahna die Jungfrau nur an, Herr Doktor...«

»Herr Doktor!« stammelte das Fräulein und flatterte mit den Armen, als wolle sie sich in die Luft erheben, um diesen Anschuldigungen zu entgehen.

»Herr Doktor«, höhnte Kathi, »jawohl, Herr Doktor, und vorne Herr Doktor und hinten Herr Doktor und nix als Herr Doktor, das ist alles, was Sie können und worauf Sie's abgesehen haben! Und was Ihnen fehlt, ist nur noch das eine, daß der Herr Doktor's Aufgebot bestellt, Sie Schlampen, Sie gräuslicher!« Sie rückte gegen das Fräulein vor, mit weitgeöffneten Händen, als hätte sie die Absicht, dem Fräulein wie einer Gans den Kragen abzudrehen.

»Herr Doktor!« schrie das Fräulein gellend und klammerte sich an Hellwangs Arm, »schützen Sie mich vor diesen infamen Verdächtigungen!«

»Verdächtigungen – hahahha! Die reine Wahrheit ist es, das wissen Sie ganz genau!«

Hellwang riß sich wie aus einer Betäubung empor. Er sah aus, als hätte er einen Schlag über den Schädel bekommen. Sein Gesicht glühte. »Schluß!!« brüllte er Kathi an, »jetzt ist es aber genug! Noch ein Wort, und ich schmeiße Sie eigenhändig hinaus!«

»Sie werden mir das Reden nicht verbieten!« brüllte Kathi zurück. »Jawohl, ich bin entlassen, das brauchen Sie mir nicht erst zu sagen, das weiß ich schon selber, und weil ich entlassen bin, deshalb red' ich erst recht! Und versuchen Sie ja nicht, mich anzurühren, sonst geb' ich für nix mehr eine Garantie! Ich hab' keine Angst vor Ihnen, Herr Doktor – nämlich, daß Sie sich weiß Gott wie gescheit vorkommen, weil Sie studiert haben und Bücher schreiben und so... Dabei sind Sie in Wirklichkeit genau so blöd wie alle

Mannsbilder, wenn eine Ihnen schöne Augen macht! Genau so blöd und – genau so treulos! Ihre Frau wird a rechte Freud an Ihnen haben, wenn sie jetzt von droben zuschaugn muß, wie diese Krampfrutschn bei Tisch an ihrem Platz sitzt, und Ihnen vorlegt und dabei wie eine Turteltaube gurrt, und droben im Arbeitszimmer bei Ihnen umeinanderhockt, grad wie die selige Frau, und sich abends auf der Terrasse vor Ihnen spreizen tut – wo ich nur sagen kann pfui Teifi, pfui Teifi...«

»Schützen Sie mich!« schrie das Fräulein mit irrer Stimme. Ihre Augäpfel rollten wie bei einem durchgehenden Pferd. Hellwang drang gegen Kathi vor.

»Raus!« keuchte er, sein Schädel glühte und er reckte den Arm gebieterisch zur Tür, »raus mit Ihnen! Packen Sie Ihre Koffer und verlassen Sie mein Haus! Auf der Stelle!« Er schob Kathi unaufhaltsam mit der Kraft einer anfahrenden Lokomotive aus dem Badezimmer hinaus und in den Flur hinein und sah, daß die Kinder mit leichenblassen Gesichtern und tellergroßen, entsetzten Augen auf der Treppe standen, sich am Geländer festklammerten und der turbulenten Wahnsinnsszene als Zuschauer beiwohnten. Und plötzlich stürzte Britta vor und hängte sich an Kathis Rock.

»Nein, nein, die Kathi darf nicht gehen! Du darfst die Kathi nicht wegjagen! Sie hat ja gar nichts getan! Ich bin es ja gewesen! Ich habe den Lack in die Flasche getan!«

Und in der nächsten Sekunde umklammerte auch Lydia Kathis Knie: »Ich auch! Wir beide waren es! Wir haben den Lack in die Flasche hineingeschüttet, wir beide!«

»Von Kathi dazu angestiftet!« gellte das Fräulein Hellwang in die Ohren. Er preßte die Hände gegen die Schläfen. Ein Narrenhaus, dachte er verzweifelt, ein komplettes Narrenhaus!

»Nein, die Kathi hat von nix was g'wußt!« schrie Lydia, »auf Ehr und Seligkeit! Ich bin von ganz allein drauf gekommen! Von ganz allein...«

»Die Kathi ist unschuldig, ich kann's beschwören, die Kathi hat von nichts was gewußt!« beteuerte auch Britta.

Kathi preßte die Kinder an sich. Wie eine gewaltige Glucke war sie anzusehen, die ihre Fittiche über die Küken breitete und sich aufplusterte und bereit war, sie bis zum letzten Blutstropfen zu verteidigen. Eine atemlose Stille entstand. Und dann ließ Hellwang die Arme sinken. Es sah aus, als rutsche er in sich zusammen. Seine Gestalt schien auf einmal nur noch die Hälfte von dem Raum auszufüllen, den sie noch vor wenigen Sekunden eingenommen hatte.

»Um Himmels willen, Kinder«, fragte er kraftlos und wie gebrochen, »warum nur, warum habt ihr das getan?«

Britta lugte zaghaft zwischen Kathis Hüfte und Arm zu ihrem Vater hinauf. Sie faßte Mut, als sie sah, wie vermöbelt er aussah, und daß es von seiner Seite im Augenblick nichts zu befürchten gab.

»Ach Gott, Konni«, flüsterte sie und schluchzte ein bißchen, »weil wir doch gemeint haben, daß die Sieglinda unsere neue Mutter werden soll.«

»Und weil sie uns so arg z'wider is«, ergänzte Lydia und streckte, was aber von niemand bemerkt wurde, dem Fräulein die Zunge heraus.

Hellwang hörte eine Bewegung hinter sich, ein kurzes Rauschen, als träfe ein Windstoß einen halbentlaubten Baum.

»Unter diesen Umständen, Herr Doktor...« Die Stimme von Fräulein Zögling klang zerborsten und schien aus sehr großer Höhe zu kommen. Hellwang wagte nicht, sich umzudrehen. Es war ihm alles scheußlich peinlich. Das Hemd klebte ihm am Rücken. Er nickte in unbestimmte Richtung und hüstelte nervös.

»Unter diesen Umständen, allerdings...«, murmelte er und trat zur Seite, um Fräulein Zögling die Tür und den Weg zu ihrem Zimmer frei zu machen. Er drehte die Handflächen nach außen, es war eine Bewegung, mit der er wohl andeuten wollte, daß er persönlich von dieser Wendung so überrascht und vor den Kopf gestoßen worden sei wie sie selber – und daß er darin so etwas wie das Walten eines höheren Schicksals erblicke, gegen das sich aufzulehnen er weder die Kraft noch den Willen besitze.

Kathis Blick wanderte von den Kindern zu Hellwang, und von ihm zu Fräulein Zögling. Es war kein triumphierender Blick.

»Die Flasche mit dem Brennspiritus stell ich Eahna vor die Tür«, sagte sie zu Fräulein Zögling, und hob die Schultern, als hätte sie diese Wendung der Dinge auch nicht erwartet.

Fräulein Zögling warf den Kopf zurück. Die nassen Haare und die verklebten Strähnen flogen nach hinten. Einen Augenblick lang sah es ganz danach aus, als treffe sie noch Vorbereitungen für eine Schlußansprache – Hellwang duckte sich bereits – dann aber schob sie die Oberlippe empor, daß die blinkende Zahnreihe sichtbar wurde, preßte die Zungenspitze gegen die oberen Schneidezähne und gab einen Laut von sich, der wie der Ansatz zu einem verächtlichen Gelächter klang. Es war ein Zischlaut mit einem kurzen, knallenden T davor. Und in der nächsten Sekunde fegte sie mit starr geradeaus gerichtetem Blick an Hellwang und an Kathi vorüber, an deren Rock sich noch immer die Kinder wie Küken an die Henne drängten. Kurz drauf flog oben die Tür ihres Zimmers zu.

Hellwang hob das Gesicht und stieß einen langen Seufzer aus: »Eine schöne Geschichte, die Sie da angerichtet haben, Kathi«, sagte er matt und hüllte sich enger in seinen blaurot gestreiften Bademantel. Es schien ihn zu frösteln.

Kathi grinste flüchtig, es war ein geschmeicheltes Grinsen, daß er ihr die Urheberschaft an diesem Spitzbubenstreich zutraute; aber ehrlich, wie sie nun einmal war, wollte sie sich nicht mit fremden Federn schmücken, und sie wehrte mit einer Handbewegung ab, die Hellwang an die höfliche Gebärde eines umjubelten Dirigenten erinnerte, der einen Teil des Applauses seinem Orchester zukommen ließ.

»Kinder – Kinder...!« murmelte er kopfschüttelnd. Er sah Britta und Lydia nacheinander mit langen, düsteren Blicken an – und schloß den Mund so fest, daß seine Wangenmuskeln dreieckig heraustraten. Das waren nun seine Töchter, die Luisa ihm geboren hatte... Lieber Gott im Himmel, was für eine heillose Rasselbrut. Vollerthun würde sich krank lachen, wenn er ihm die Geschichte erzählte. Vollerthun schon, der konnte leicht lachen. Und alle, die sie erfuhren, auch. Ihm war alles andere als nach Lachen zumute...

Diese Bälger! Diese verflixten Bälger! – Es war schon ein tolles Stück, das sie da geliefert hatten. Er unterdrückte stirnrunzelnd ein aufkeimendes Gefühl der Bewunderung. Das fehlte ja noch gerade! Und er ärgerte sich über seinen lahmen Abgang. Pädagogisch betrachtet war das ein nie wieder gut zu machender Fehler. Die Kinder mußten ja annehmen, daß er mit ihrem frechen Streich geradezu einverstanden war. Und was sie sich überhaupt gedacht hatten...! Sieglinda Zögling – ihre zukünftige Mutter... Das ging wirklich über die Hutschnur, oder vielmehr, das war wahrhaftig das einzig Lächerliche an dieser peinlichen Geschichte. Wie mochten sie nur auf diese absurde Idee verfallen sein? Ob da nicht doch Kathi dahintersteckte? Unsinn! Wie sollte Kathi auf den wahnsinnigen Gedanken gekommen sein, er könne in Fräulein Zögling jemals etwas anderes gesucht und gesehen haben als eben seine Haushälterin, die Erzieherin seiner Kinder?

Oder? –

Hellwang starrte auf seine Strandschuhe, die er sich im vergangenen Jahr aus Finale Ligure mitgebracht hatte. Er hob die Zehen an und streckte sie wieder. Und langsam färbte sich sein braunes

Gesicht dunkler. Es war eine Welle, die den ganzen Körper zu überfluten schien und vom Halse her über die Wangen zu seiner Stirn stieg.

Sieglinda Zögling? Nein, nein, nein!

Er schluckte trocken und spürte eine gallige Bitterkeit im Mund.

DER BRIEF

Die Kinder hockten bei Kathi in der Küche. Auf der Resopalplatte des Tisches stand eine weiße Emailleschüssel mit blauem Rand, in der Schüssel befand sich Essigwasser, und in diesem sauren Bad schwamm ein Trumm von einem Kabeljau, um den Geruch der langen Reise von der Auktionshalle in Cuxhaven bis nach Greiffing zu verlieren.

»Ja nun sagt's nur amal, wie in aller Welt ihr auf diesen raffinierten Einfall gekommen seid«, sagte Kathi, und mit unverhohlener Bewunderung fügte sie hinzu: »Ich hab' hin und her überlegt, was man ihr antun könnt', aber nie im Leben waar ich auf dees mit dem Blondirol kemma. I muaß scho sagn – Reschbekt vorm Dampfschiff!«

Lydia zuckte geheimnisvoll mit den Schultern. »Ja, mei' . . .!« antwortete sie und senkte den Kopf wie ein Künstler, der von seinem gelungenen Werk nach dem Ursprung der Idee befragt, bescheiden schweigt und den neugierigen Frager Ehrfurcht vor jener Gnade lehrt, deren man entweder teilhaftig ist oder nicht, die man besitzt, die man aber nie zu erwerben vermag.

»Meinst, Kathi, daß wir sie jetzt los sind?« fragte Britta und deutete mit dem Daumen nach oben.

»Für ewige Zeiten!« antwortete Kathi feierlich. Ihre Worte fanden eine akustische Bestätigung, denn die Geräusche, die durch die Decke nach unten drangen, ließen keine andere Deutung zu, als daß dort in eiligem Aufbruch Schubläden ausgeräumt, Schränke geleert und Koffer gepackt wurden.

Lydia strich unruhig um Kathi und um den Küchentisch herum, auf dem Hackbrett und Tranchiermesser schon zum Abteilen der Koteletts bereit lagen. »I hätt' so gar koan Gusto auf Fisch«, druckste sie hervor und rümpfte die Nase, als würde ihr schon beim Geruch des Kabeljaus übel.

»Ja, Forellen, wann's wären!« seufzte auch Britta auf.

»Es ist aber Dorsch!« stellte Lydia rauh fest und warf Kathi einen vorwurfsvollen Blick zu, der zu sagen schien: da hat man's wieder, Undank ist der Welt Lohn...

Kathi kratzte sich die Wange: »Mei' Kinder, mir graust's ja selber davor, aber ich kann doch dees Trumm Fisch net in die Aschentonne schmeißen...«

»Dees grad net«, meinte Britta, »aber zerpflücken könnt man's und einen Fischsalat draus machen, wie ihn der Konni so gern ißt, mit a weng Majonnäs und Lachsbröckerln dazwischen, was moanst, Kathi?«

»Hm, ja, dees gangat scho«, murmelte Kathi halbgeschmolzen, aber noch immer unentschlossen, »das wär was fürs Abendbrot – aber in einer Stund' soll's Mittagessen auf dem Tisch stehen, und ich hab' doch nichts als ein paar Oar im Haus...«

»Eier...?« Lydias Zungenspitze fuhr lüstern heraus, und Britta preßte beide Hände gegen den Bauch. Kathi sah die aufleuchten Gesichter der Mädels, und als käme ihr die Erleuchtung gleichzeitig mit ihnen, rief sie: »Ja, richtig, daß ich nicht gleich drauf gekommen bin – an Spinat kunnt ma machen!«

»Kathi!« schrien die Kinder entsetzt.

»Habt's ihr denn was anderes gmoant?« fragte Kathi scheinheilig, und an ihrem breiten Grinsen begriffen die Kinder, daß sie ihr richtig auf den Leim gegangen waren.

»Schaumomeletts!« schrien sie entzückt und tanzten um Kathi und um den Tisch herum. Kathi prüfte die Bestände der Speisekammer: »Dann muß eins von euch beim Stangl Puderzucker holen, und das andere muß Schnee schlagen, damit wir fertig werden. Ich hol derweil's Kompott aus dem Keller. Mögt ihr Ananaserdbeeren oder Mirabellen dazu?«

»Weißt, Kathi«, schnurrte Lydia lüstern, »wo ich zwei Omeletts auf alle Fälle essen tu, moan i scho, du holst beides aus dem Keller.«

Kathi zog die linke Schulter hoch: »Ich weiß nicht, ob ich das tun derf«, kicherte sie, und in ihren Augen glitzerte es boshaft, »da werdet ihr schon euer Fräulein fragen müssen...« Sie konnte sich diesen kleinen Triumph nicht verkneifen. Aber so war sie nun einmal geschaffen, wen sie haßte, den haßte sie sozusagen übers Grab hinaus. –

Fräulein Zögling verließ das Haus, ohne daß Hellwang, Kathi oder die Mädels etwas davon bemerkten. Söhnchen war der einzige Zeuge ihres Auszuges. Er stand bei den Johannisbeeren und zupfte, da sein kleiner Bauch schon zum Platzen voll war, nur noch die reifsten und süßesten herunter. Seit geraumer Zeit bedrückte ihn ein Bedürfnis, zu dessen Erledigung jedoch ein Entschluß notwendig war, den er immer wieder hinausschob. Beim Anblick von Fräulein Zögling, die so oft die Helferin in seinen kleinen Nöten gewesen war, begann er plötzlich lebhaft auf der Stelle zu treten, eine aufmunternde Frage abwartend; denn wie die meisten seiner Altersgenossen hatte auch Söhnchen die Eigenschaft, verbotene Dinge sehr selbständig, erwünschte und notwendige aber nur sehr selten freiwillig zu erledigen. Sah das Fräulein ihn denn nicht? Bemerkte sie denn nicht seine hohe Not? Er rief vorwurfsvoll und kläglich an, aber das Fräulein hörte ihn nicht. Das Fräulein rauschte an ihm vorüber. Sie schaute dabei weder nach rechts noch nach links, sie ging so schnell, sie rannte fast, als brenne das Haus hinter ihr. Söhnchen schaute ihr betroffen nach. In seinem Herzen quoll eine heftige Bitterkeit auf. So waren sie, die Großen, kein Mensch kümmerte sich um ihn. Passierte aber etwas, dann hieß es hinterher, er solle sich schämen. Er setzte sich langsam in Trab. Die Not wuchs plötzlich ins Unermeßliche. Hoffentlich war die Haustür nicht zugesperrt. War sie zu, dann konnte er für nichts mehr garantieren. Die Haustür war verschlossen. –

Bei dem Verhör, dem er nachher unterzogen wurde, wälzte er die Schuld auf Fräulein Zögling ab, daß sie wortlos und, ohne sich um seine dringenden Hilferufe zu kümmern, an ihm vorübergestoben sei. Seine Nachricht, daß das Fräulein das Haus verlassen habe, war eine so glückliche Ablenkung von der höchst peinlichen Schuldfrage, daß er der einzige war, der sich noch später des Fräuleins dankbar erinnerte. Zunächst wollte ihm niemand Glauben schenken, bis Kathi dann schließlich nach oben ging und nach längerem Horchen an der Tür feststellte, daß Fräulein Zögling ihr Zimmer tatsächlich geräumt hatte. Auch die Spiritusflasche war leer. Die beiden Koffer, mit denen sie eingezogen war, standen neben der Tür, und obwohl das Fräulein das Haus ›Gode Wind‹ ohne Trophäen aus Metall oder Porzellan verließ, hatte sich ihr Gepäck doch um drei Pappkartons vermehrt, die wohlverschnürt auf den Koffern lagen. Auf der Biedermeier-Kommode, dort, wo sonst das Abschiedsgeschenk des Grafen Idell-Idell gestanden hatte, entdeckte Kathi einen an Hellwang gerichteten Brief. Sie trug ihn sogleich zu Hellwang hinüber. Er enthielt in des Fräuleins schöner Handschrift die kurze Mitteilung, daß ihr Gepäck und das ausstehende Monatsgehalt noch heute im Laufe des Nachmittags von einem Beauftragten abgeholt würden.

Tatsächlich erschien denn auch gegen fünf Uhr ein Münchener Dienstmann und wies sich durch ein Handschreiben von Fräulein Zögling, das er aus seiner roten Mütze mit der Nummer 17 hervorholte, als ihr Abgesandter aus. Er schien die Dienstfahrt nach Greiffing mit einem kleinen Sommerausflug verbunden zu haben, denn er befand sich offensichtlich in heiter gehobener Stimmung. Um ihn schwebte ein würziger Duft nach frischen Sommerrettichen und dem hellen Edelstoff des Greiffinger Florian-Bräus. Kathi bekam handfeste Komplimente wegen ihrer ›durchwachsenen Figur‹ zu hören, die Fräulein Zöglings Gesandten ›akkurat an die Bavaria auf der Theresienwies'n‹ erinnerte, und er wollte sich auch durchaus davon überzeugen, ob ›dös ois aa echt‹ wäre. Auch schien er gar nicht abgeneigt, falls Kathi grad heut Ausgang habe, sie später beim Florians-Bräu zu erwarten. Aber Kathi klopfte ihm barsch auf die neugierigen Finger und warf ihn mitsamt dem Gepäck des Fräuleins aus dem Hause.

Als Hellwang nach einem Abendspaziergang durch die Lohe im Wirtsgarten vom Florians-Bräu einkehrte, um den in jeder Weise heißen Tag mit einer Maß Märzen zu beschließen, gewahrte er an einem Tisch unfern der Schenke eine rote Scheibe, die mit kleinen Rucken zur Tischplatte niedersank und, wenn sie ihr Ziel fast erreicht hatte, energisch wieder emporschnellte. Es war eine rote Mütze mit der blanken Messingnummer 17, und das Gesicht, das für Augenblicke unter dem schwarzen Lackschirm sichtbar wurde, ehe Kinn und Haupt wieder schwer auf die Brust sanken, gehörte zweifellos Fräulein Zöglings Sendboten an. Die Koffer? Es überfiel Hellwang heiß, die Koffer waren nirgends zu entdecken. Mit ein paar schnellen Schritten war Hellwang bei dem Unglücksraben und rüttelte ihn an der Schulter. Der Dienstmann hob den Kopf und blickte aus schwermütigen Augen zu Hellwang auf. In seine abwesenden Züge trat das Widerspiel schwerer Gedankenarbeit, dem aber bald der Ausdruck freudiger Überraschung wich: »Da legst di nieda, der Herr Doktor, a Mordstrumm Madl, was Sie ham... aba scho ganz was Stramms...«

»Die Koffer, Mann Gottes!« unterbrach ihn Hellwang, »wo haben Sie die Koffer und wo haben Sie den Brief, den ich Ihnen gegeben habe?«

»Dö Koffa? Ah so, jetzt vasteng i Eahna, dö Koffa – hupp – a guats Bier, das Bier vom Florians-Bräu, da is nix gegen z'sagen – hupp – und z'wegen den Koffan und dem Brief hab ich telifonisch an Kollegn b'stellt. Is' scho alls an Ort und Stelle. Bitte koana Anfragen weiter – hupp – ich bin heit briwat.«

Hellwang konnte beruhigt heimgehen, wenigstens beruhigt, was die Koffer und was die drei Monatsgehälter betraf, die er in den Umschlag getan hatte. Im übrigen stand er nun also wieder auf dem gleichen Punkt wie vor einem halben Jahr, nur daß seine Schwiegermutter fehlte und daß er keinen Menschen hatte, der ihm jetzt einen guten Rat geben oder weiterhelfen konnte. Er erwog den Gedanken, die alte Dame wieder herzubitten und verwarf ihn wieder, als er sich daran erinnerte, daß er erst vor wenigen Tagen einen Brief von ihr erhalten hatte, in dem sie ihm schrieb, daß es ihrem Bendig gar nicht gut ginge und daß ihn noch immer die hartnäckige Bronchitis plage, an der er nun schon seit Monaten herumkurierte.

Hellwang stand ein paar Sekunden zögernd vor der Gartenpforte, bevor er sie aufdrückte. Die Fenster der Straßenfront des Hauses starrten ihn leer an. Ihn beschlich ein Gefühl der Mutlosigkeit. Er hatte dieses Haus einmal geliebt. Luisa, die Kinder, seine Arbeit und das Haus waren in seiner Vorstellung so etwas wie eine untrennbare Viereinigkeit gewesen, seine heilige Vierfaltigkeit, wie Luisa es im Scherz genannt hatte. In der Nähe und in der Ferne, immer hatten magnetische Ströme seine Gedanken wie die Nadel eines Kompasses auf dieses Stückchen Erde in Greiffing ausgerichtet. Und jetzt war diese Vierfaltigkeit zerbrochen. Zuerst war Luisa von ihm gegangen. Und die Kinder wuchsen in ihr eigenes Leben hinein. Die Anziehungskräfte des Hauses waren von Tag zu Tag schwächer geworden. Manchmal hatte er es schon als Bürde empfunden.

Fräulein Zögling... Er konnte es nicht abstreiten, mit ihrem Einzug ins Haus waren die schwindenden Kräfte wieder gewachsen. Die Freude an der Arbeit war ihm zurückgekehrt, und das Haus war wieder Mittelpunkt seines Lebens geworden. Ach, es war nicht an dem gewesen, was Kathi in ihrer überhitzten Fantasie geargwöhnt hatte. Nie war ihm auch nur für einen flüchtigen Augenblick der Gedanke gekommen, das blonde Fräulein Zögling könne jemals Luisas Platz einnehmen. Wenn ihn etwas zu ihr hingezogen hatte, so war es nach langer Einsamkeit wirklich nur das arglose Bedürfnis nach menschlicher Gesellschaft gewesen, nach Ansprache und nach einem Echo für seine Gedanken.

Oft genug waren in diesen vergangenen Monaten Stunden gekommen, in denen er sich nach Zärtlichkeit gesehnt hatte. Aber nicht nach Fräulein Zöglings Zärtlichkeiten, wahrhaftig nicht! So blind hatte er ein halbes Jahr neben ihr gelebt, daß ihm die ungeheure Veränderung von Fräulein Zögling erst nachträglich in dem Moment zum Bewußtsein gekommen war, als Kathi wie eine Rachegöttin und mit Luisas Panier in der Faust ihm die Augen öffnete und dem armen, erstarrten Fräulein ihre Anklagepunkte entgegenschleuderte: Lippenstift und Nagellack, Hormoncreme und Blondirol, elegante Wäsche und nahtlose Nylons – kurzum, die ganzen Werbungskosten, die die Gute so gänzlich umsonst ausgegeben hatte.

Nein, es gab dabei nichts zum Lachen! Etwas hatte Kathi mit ihrer Torheit erreicht: Seine Unbefangenheit war gründlich und für alle Zukunft zerstört. Und er ahnte, was ihn erwartete. Denn dieses Fräulein Zögling war wohl nur die erste einer langen Reihe von Zögling-Fräuleins gewesen, die nun folgen würden. Er sah sie im Geist, wie sie aufzogen, bescheiden, schlicht und gleichsam geschlechtlos, mit flachen Schuhen und glatten Scheiteln, mit hochgeschlossenen Blusen und züchtigen Röcken – und er sah auch, wie sie sich in kurzer Zeit veränderten, wie sie sich gleichsam mauserten, wie die Absätze höher und die Beine schlanker wurden, wie ihnen der Busen wuchs, wie sie lächelten und sich verjüngten, wie sie sich in den Hüften bogen und andachtsvoll an seinen Lippen hingen... Er scheuchte die verflossene und die zukünftigen Zöglings fort und trat in das dunkle Haus. Er fröstelte und sehnte sich nach Luisas Wärme.

Am Anfang hatte er geglaubt, die Zeit werde es ihm leichter machen, Luisas Verlust zu ertragen. Gewiß, es gab Augenblicke, in denen er an Luisa wie an einen fernen Traum dachte, Augenblicke, in denen die Vergangenheit so nebelhaft und weit erschien, daß er sich kaum mehr vorstellen konnte, sie wirklich und wahrhaftig erlebt zu haben. Das waren kurze Momente. Tatsächlich aber hatte die Zeit nichts dazu getan, die Wunde vernarben zu lassen, im Gegenteil, manchmal empfand er den Schmerz um sie jetzt noch tiefer als damals, da er von dem grausamen Schlag wie betäubt gewesen war. Nur der Schmerz hatte sich gewandelt. Er war von der Oberschicht seines Bewußtseins ins Innere gedrungen. Es war nicht mehr die wilde Trauer um den Verlust der Geliebten; er hatte das Gefühl, seit Luisas Tod hätten die Penaten dieses Hauses ihre Gesichter verhüllt und alles Glück wäre daraus gewichen.

Kathi öffnete die Küchentür, als sie ihn kommen hörte. Ob er noch einen Wunsch habe? Ein Rest von dem Fischsalat, den er doch so gern äße, stände noch im Eisschrank, und es wäre auch noch etwas kaltes Huhn da. Er winkte ab und blieb in der Diele stehen.

»Ja, Kathi«, sagte er mit einem kleinen, verzagten Seufzer, »das Fräulein Zögling wären wir nun also los...«

»Wissen S', Herr Doktor«, gestand Kathi tief aufatmend und rumpelte mit ihrem Geständnis aus dem Gleis hinaus, in das Hellwang diese Unterhaltung zu leiten beabsichtigt hatte, »mir ist's noch immer wie ein Traum. I moan allweil, sie müßt jeden Augenblick ihre spitzige Gosch'n zur Tür 'nausstrecken und...«

»Also – das ist jetzt vorbei!« fiel Hellwang ihr rasch ins Wort, denn Kathis Mienenspiel zeigte deutlich, daß sie im Tonfall des Fräuleins ›Herr Doktor‹ flöten wollte, »aber ich frage mich und ich frage Sie, Kathi, wie die Geschichte nun eigentlich weitergehen soll? Nehme ich einen neuen Menschen ins Haus, dann haben wir unter Umständen nach kurzer Zeit womöglich genau den gleichen Salat wie heute...«

»Dees kimmt ganz drauf o!« meinte Kathi verkniffen.

»Das sind ja schöne Aussichten!« knurrte Hellwang erbittert, »ist das alles, was Sie mir vorschlagen können und was Sie mir zu sagen haben?«

Kathi setzte ihr gewinnendes Lächeln auf, und ihre Stimme wurde betörend liebenswürdig: »Ich mein', Herr Doktor, wir probieren's halt mal aus, wie die G'schicht gehen tut, wann ich allein die Wirtschaft übernehm...«

»Die Wirtschaft, Kathi! Es geht ja nicht allein um die Wirtschaft! Das Haus haben Sie ja die ganze Zeit über selbständig geführt...«

»Ja, anschaffen hat sie können«, murmelte Kathi giftig, »aber die Finger sind ihr dabei sauber geblieben.«

Hellwang hüstelte scharf: »Vorbei, verjährt, vergessen... Lassen wir, was war! Mir macht die Zukunft Sorgen, Kathi. Die Kinder! Es muß doch jemand hier sein, der sich um sie kümmert, der sie beaufsichtigt, der sie zu den Schularbeiten anhält.«

»Vorläufig sind einmal Ferien!«

»Ja, gewiß, aber wie lange noch?«

»Beinahe noch einen ganzen Monat! – Und dann, Herr Doktor, blöd, wann de Fratz'n warn, saget i ja aa net, daß sie keine Aufsicht bräuchten. Aber wo's so gescheite, man kunnt direkt sagen, intilleschente Kinder sind, mein' ich, da wird in der Schul schon nix fehl'n. Die gnä Frau hat ja mit ihnen auch net allweil z'ammg'hockt und Obacht gegeb'n, daß sie lernen. Und es ist auch gegangen.

Und Manieren und so? O mei' – des sag ich Eahna: Das Fräulein Zögling hat sich auch in der Nas'n gebohrt, wann's gemeint hat, daß's koaner sieht. Aber ich hab's g'sehn! Mehra als einmal!«

Hellwang biß sich auf die Lippen: »Ich glaube, Kathi, wir reden aneinander vorbei«, murmelte er und unterdrückte mit Mühe ein Grinsen.

»Also, Herr Doktor, probieren wir's halt einmal«, schloß Kathi unerschütterlich, »und wenn's durchaus nicht geht, na gut, dann muaß ma halt no a Roß einspannen. Vorläufig ziag ich amal den Karrn alloa, gell?«

»In Gottes Namen«, seufzte Hellwang und ließ die Hände fallen, »von mir aus...« Es war keine freudige Zustimmung, es war, auch wenn er keine Einwände vorbrachte, eine Einwilligung mit Vorbehalten. Aber gerade diese Vorbehalte wurden in der Zukunft in Kathis Händen zu ihrer stärksten Waffe. Wenn die Kinder nicht parierten, wenn sie glaubten, sich jetzt alle Freiheiten herausnehmen zu dürfen, zu lärmen, unpünktlich zum Essen zu erscheinen oder nicht zu Bett gehen zu wollen, dämpfte Kathi im Handumdrehen alle Aufsässigkeiten und allen Übermut mit der Bemerkung, man werde sich ja nun wohl doch nach einem neuen Fräulein Zögling umsehen müssen. Das wirkte jedesmal wie eine eiskalte Dusche.

An diesem Abend lagen die beiden Mädel in ihren Betten noch lange wach und wisperten miteinander. War es Wirklichkeit geworden, daß die Sieglinda nicht mehr im Hause weilte und daß sie ihre ewigen Nörgeleien nicht mehr hören würden? Sie konnten es noch nicht recht fassen. Und es erschien ihnen vor allem wie ein Wunder, daß ein paar Tropfen farblosen Lacks solch eine ungeheure Wirkung gehabt hatten. Eine Wirkung wie jene Kanonenschläge, die der Konni in der Silvesternacht zur Zündung brachte.

Lydia lag ganz still in ihrem Bett, sie starrte in die Dunkelheit hinein. »Du, Britta«, flüsterte sie, »weißt du noch, was wir vor ein paar Tagen geredet haben?«

»Mei', mir ham vui g'redt.«

»Das schon, aber vom Beten, mein ich.«

»Ja, jetzt weiß ich, was du meinst. Daß du nicht mehr beten tust, hast g'sagt.«

Lydia knisterte ein Weilchen in ihren Kissen: »Du, Britta, ich muß dir was sagen...«

»Ja, was denn? Nun sag's schon.«

Britta rührte sich nicht und blieb stumm.

»Aber ich bet' nicht zum lieben Gott«, fuhr Lydia flüsternd fort,

»der hilft doch nix, da kannst noch so lang bitten und betteln. Soll ich dir sagen, zu wem ich beten tu'?«

»Ha...?« fragte Britta und drehte sich zur Seite, um in der Dunkelheit vielleicht doch einen Schimmer von Lydias Gesicht zu entdecken, »zu wem betest also?«

»Zur Luisa!« wisperte Lydia hinüber, »du, ich sag' dir, die hilft fei' großartig! Gestern vorm Schlafengehen hab' ich zu ihr gebetet: ›Liebe Luisa, ich bitt' dich recht schön, hilf, daß sich die Sieglinda den Lack ins Haar schmiert und daß sie vor Wut stocknarrisch wird und auf und davon geht.‹ – Na, was sagst jetzt? Hat die Luisa geholfen oder hat sie nicht?«

Britta kuschelte sich in die Steppdecke: »Ja mei', die Luisa...«, flüsterte sie schläfrig und zärtlich, »die Luisa, freilich, an die hätten wir längst denken sollen, gleich von Anfang an!« Sie seufzte tief auf und schloß die müden Augen.

Hellwang vergrub sich in den nächsten Tagen in seinem Zimmer. Oft genug kam er nicht einmal mehr zu den Mahlzeiten herunter. Kathis Hauptbeschäftigung bestand darin, Kaffee zu kochen. Sie legte ihm stets ein paar Butterbrötchen, die sie fein mit Salz bestreute, so wie er es gern mochte, aufs Tablett. Manchmal rührte er auch die nicht an. Wenn er an den gemeinsamen Mahlzeiten teilnahm, war er schweigsam und reizbar. Die Mädel kannten diesen Zustand schon von früher her. Wenn Söhnchen ins Schwatzen kam und endlose Fragen stellte, kriegte er von Britta oder Lydia unter dem Tisch einen warnenden Tritt: »Pst, sei stad, der Konni ist doch im Endspurt!« Und Söhnchen hielt gehorsam den Mund und schlich sich aus dem Haus. Weiß Gott, was er sich unter dem ›Endspurt‹ vorstellen mochte. Danach, wie Kathi und die Schwestern Hellwang behandelten, schien Endspurt eine Krankheit zu sein, schlimmer als Masern und Windpocken. Zwei Wochen lang hielt sie das Haus in atemloser Stille. In den letzten Augusttagen endlich setzte Hellwang das Wort FINIS unter sein Buch und schickte das dickleibige Manuskript Vollerthun zu, der postwendend den Empfang bestätigte. Damit löste sich aber die Spannung noch lange nicht, im Gegenteil, sie erklomm einen Gipfelpunkt. Denn nun folgten ein paar Tage, in denen Hellwang stundenlang im Fenster lag oder am Gartentor stand und auf den Briefträger lauerte, Tage, in denen er Vollerthun mit ungeduldigen und vorwurfsvollen Briefen bombardierte, nun endlich etwas von sich hören zu lassen oder ihm die Asche seines Manuskripts zurückzuschicken.

»Wozu haben wir eigentlich das Telefon, Herr Doktor?« fragte

Kathi, als ihr sein Gehabe allmählich auf die Nerven zu gehen begann.

»Davon verstehen Sie nichts, Kathi«, knurrte er sie an, »der Henker kommt nicht per Telefon.«

»Sie haben aber auch schon gar kein Zutrauen zu sich selber«, murmelte sie.

Er sah sie an, als ob er sie fressen wollte.

Und dann traf endlich der sehnlichst erwartete Brief ein, in dem unverkennbaren, leuchtend safrangelben Umschlag des Vollerthun-Verlages. Vollerthun äußerte sich begeistert über die Arbeit, und er war auch voller Zuversicht für den Erfolg des Buches. Er teilte Hellwang mit, daß er sich bereits vor einigen Wochen, bald nach seinem Besuch in Greiffing, mit dem Vertreter eines amerikanischen Verlages in Verbindung gesetzt hätte, und die Antwort an Hellwang nur deshalb so lange hinausgezögert habe, um auch dessen Urteil über die Aussichten einer amerikanischen Ausgabe zu hören. Nun könne er Hellwang die erfreuliche Überraschung bereiten, daß gleichzeitig mit der deutschen Ausgabe des Buches auch eine amerikanische in sehr hoher Auflage herauskommen werde. In Anbetracht der guten Witterung, die man drüben für lohnende Objekte habe, sei nicht anzunehmen, daß der amerikanische Verlag sich mit einem Ladenhüter behängen werde.

Hellwang durfte zufrieden sein, ›Lorbeer für fremde Fahnen‹ schien ein Erfolg zu werden. Ein Erfolg in jeder Hinsicht. Und der materielle Erfolg war sehr nötig, denn das letzte Jahr hatte mächtige Löcher in Hellwangs Konto gerissen. Er atmete auch befreit auf – aber das große Glücksgefühl, das ihn sonst erfüllt hatte, blieb aus.

Die Kinder drückten sich im Eßzimmer die Nasen an den Fensterscheiben platt. Sie beobachteten Hellwang gespannt, wie er den Gartenweg heraufkam.

»Du, ich glaub', es ist nix«, sagte Lydia enttäuscht, »i moan, unser Konni hat a Fahrkartn g'schossn.«

»Grad daherschleichen tut er«, stellte Britta bekümmert fest. Sie wagten ihn nicht anzuschauen, als er ins Zimmer trat. Sie wollten sich still an ihm vorbeidrücken, um Kathi, die von dem Warten ja auch schon ganz ›nervös‹ geworden war, die Hiobsbotschaft zu überbringen.

»Also, Kinder, Onkel Vollerthun schreibt, das neue Buch würde ein großer Erfolg werden«, sagte Hellwang und schwenkte den Brief matt in der Hand.

»Was?!« schrien die Mädel. »Und da macht er ein Gesicht wie die Katz', wenn sie's donnern hört?«

»Du, ich glaub' fast«, sagte Lydia laut und empört, »er hat sich vor der Siegesfeier drücken wollen, der Konni.«

Nein, nein, er drückte sich nicht davor. Die ›Siegesfeier‹ fand selbstverständlich statt. Nach dem Mittagessen putzte Kathi die Kinder heraus. Sie schnitt im Garten Rosen, Phlox, Zinnien und Wicken und legte vier Sträuße in den Wagen, die sollten sie auf Luisas Grab legen, denn auch Luisa sollte an diesem Tag ihre Freude haben. Sie trippelten in einer Reihe neben Hellwang durch die Hügelreihen des Waldfriedhofs und legten die Blumen unter dem rotgrauen Granitblock nieder. Söhnchen benahm sich ganz unfeierlich, er wollte seinen Strauß nicht hergeben. Die Mama war doch im Himmel, wie konnte sie da also unter diesem großen Stein schlafen? Die Mädel taten es Hellwang nach und starrten ernst auf den Hügel, den der Efeu langsam einzuranken begann. Aber zuweilen schauten sie sich heimlich an und blinzelten sich zu, als wüßten sie es besser als ihr Vater. Denn in ihren Herzen leuchtete ein Glanz von der frohen Gewißheit, daß dieser Erdhügel Luisa nicht ganz gefangen hielt, sondern daß etwas von ihr immer bei ihnen stand und immer bei ihnen stehen würde, daheim und überall.

So fuhren sie heiter und vergnügt in die Stadt und stopften sich in der Konditorei am Dom mit Schokolade, Erdbeertörtchen, Schlagrahm und Vanilleeis so voll, daß die nette Bedienung bei Lydias fünfter Bestellung Hellwang ernsthaft auf die möglichen Folgen solcher Gefräßigkeit aufmerksam machte. Später gingen sie noch ins Marionettentheater. Es wurde der ›Kalif Storch‹ gespielt. Während des letzten Bildes fielen Söhnchen die Augen zu; er schlug sie erst wieder auf, als Kathi ihm daheim die Schuhe auszog und ihn ins Bett legte; da lächelte er satt und selig, kuschelte sich ins Kissen und schlief sofort ein. Lydia bekam von Kathi Baldriantropfen auf einem Stück Würfelzucker, denn sie jammerte über Bauchschmerzen.

Oben in seinem Arbeitszimmer wanderte Hellwang rastlos zwischen den Bücherborden hin und her. Durch die offenen Fenster strömte die Nachtluft mild herein. Der Mond glitt über den sommerlichen Himmel und streute sein silbernes Licht über den Rasen. Hellwang löschte die Lampe und trat ans Fenster. Durch das Sternbild des Schwanes zog ein Satellit seine eilige Bahn. Hellwang warf den Rest seiner Zigarre auf den Rasen. Sie traf das Blatt einer vergessenen Kinderschaufel und versprühte einen roten Funkenregen. Auf dem Schreibtisch lag Vollerthuns Brief. Erfolg – Erfolg – Erfolg... Gewiß, es war erfreulich, daß ihn für einige Zeit keine Sorgen brennen würden, daß das Leben wieder einmal gesichert war, daß er Atem schöpfen konnte, Atem für ein neues Werk. Für ein neues Werk? Eine unbekannte Furcht schlich in sein Herz. War Vollerthuns Begeisterung für das kürzlich beendete Buch echt? Spürte er nicht die Bruchlinie darin? Spürte er nicht, daß das Buch in zwei Teile zerfiel, von denen nur der erste warm und lebendig war? Die Bruchlinie hatte ein Datum. Luisas Todestag. Was danach entstanden war, schied sich nach Hellwangs Meinung so deutlich von den ersten Kapiteln, als wären diese als hinterlassenes Fragment von der schwächeren Feder eines Fremden ergänzt und zu Ende geführt worden.

Eine neue Arbeit? An Stoffen fehlte es nicht. Aber was war schon der Stoff allein? Er wartete. Er wartete und hoffte, eines Morgens zu erwachen und wieder jenem quälenden, herrlichen Zustand zu verfallen, der ihn früher an den Schreibtisch gedrängt und dort fiebernd festgehalten hatte, bis in den Gestalten, die er formte, der lebendige Puls lebendiger Geschöpfe schlug. Aber er wartete auf die befeuernde Eingebung vergebens.

›Lorbeer für fremde Fahnen‹ wurde ein Erfolg. Vollerthun behielt recht. Das Buch schlug ein. Auch ›drüben‹. Aber Vollerthuns Briefe schlossen stets mit immer dringlicher werdenden Fragen: Woran arbeiten Sie jetzt? Weshalb melden Sie sich nicht? Wo bleibt der neue Hellwang? Erzählten Sie mir nicht vor einiger Zeit, die Figur von Charles George Gordon interessiere Sie? Oder die venezolanische Kolonie der Welser? – Seine Briefe bekamen immer dickere Fragezeichen.

Hellwang wand sich in Ausflüchten. Je wortreicher seine Briefe wurden, um so weniger enthielten sie. Er schrieb Sätze, die wie mit einem Pfropfenzieher hingedreht waren. Manchmal überfiel ihn eine panische Angst vor der Zukunft. Er glaubte, ausgeschrieben zu sein, ausgeblutet und ausgehöhlt. Gordon Pascha, die Welser, es waren nur noch leere Namen. Er hörte die Trommeln des Mahdiaufstandes nicht mehr dröhnen, und er sah nicht mehr vom Schanzdeck der tanzenden Karavelle über die flimmernde See, und hinter der kochenden Brandung erblickte er nicht mehr den blauen Küstenstreifen des geheimnisvollen Kontinents, der Gold, Gewürze und Reichtum versprach. –

Die Tage vergingen, ohne daß er sich an seine Versprechungen erinnerte, mit den Kindern wegzufahren, Kinos zu besuchen, zu baden, Schwammerl zu suchen oder zu wandern. Seine Angelgerten in den moosgrünen Futteralen standen unangetastet zwischen Schrank und Wand, und unangetastet blieben die kleinen, polierten Kästchen, in denen er seine künstlichen Fliegen und die Blinker und Wobbler aufbewahrte. Kathi holte sie beim Staubwischen vor und ließ sie scheinbar aus Versehen auf dem Tisch stehen. Wenn sie dann nach einer Weile nachschaute, hatte Hellwang sie wieder in den Schrank zurückgestellt. Kathi wurde deutlicher: »Vergangenes Jahr um diese Zeit haben Sie so schöne Aschen heimgebracht, Herr Doktor – und den Hecht, erinnern Sie sich noch auf das Trumm Hecht? Neun Pfund hat er gewogen...«

Hellwang winkte ungeduldig ab. Er verbrachte die Tage in seinem Zimmer, als sei der Funke, auf den er wartete und der das Feuer entzünden sollte, ein Gast, dessen Erscheinen er versäumen könnte, wenn er sich fern vom Haus aufhielt.

Die Mädel gingen wieder zur Schule. Sie atmeten auf, als die Ferien vorbei waren und als sie ihre Schulranzen zum erstenmal wieder packen durften. Das Leben daheim war unerträglich geworden, es ging dort wie in einem Krankenhaus zu. An den schulfreien Nachmittagen schlichen sie fort, in die Nachbargärten zu Spielgefährten, die sich Väter mit vernünftigen Berufen ausgesucht hatten. Söhnchen hing den ganzen Tag an Kathis Kittel.

»Allweil is er jetzt grantig, der Konni«, wisperte er ihr zu. Er hatte sich einen bösartigen Flüsterton angewöhnt und ging seinem Vater nach Möglichkeit aus dem Wege.

»Es ist ein rechtes Kreuz mit euch Mannsbildern!« seufzte Kathi auf. Ihr tapferes Herz war randvoll mit Sorgen beladen. Wenn es sich nur um Hellwangs Launen gehandelt hätte! Sie hatte breite Schultern und wenn es darauf ankam, ein unempfindliches, dickes Fell. Es hatte auch schon früher, zu Zeiten der seligen Frau, bei Hellwang Perioden der Erschöpfung und der ungeduldigen Vorbereitung für eine neue Arbeit gegeben, Zustände, wo er abgeschlossen, in sich gekehrt und ungenießbar gewesen war. Aber dieses Mal saß die Geschichte tiefer. Es sah aus, als sei ihm alles gleichgültig geworden und als verbinde ihn mit dem Leben nur noch ein hauchdünner Faden. Es gab Tage, an denen er vom Morgen bis zum Abend in dem alten grauen Morgenmantel herumlief, an dem sich schon die Motten gütlich getan hatten, ohne Kragen und Krawatte, vernachlässigt und mit dunklen Stoppeln auf Kinn und Wangen, daß man sich schämen mußte, wenn der Installateur kam oder der Briefträger oder der Zählerkontrolleur.

Aber das Allerschlimmste, was Kathi den heißesten Kummer bereitete, war, daß Hellwang den zündenden Rausch, auf den er vergeblich wartete, künstlich herbeizuführen versuchte. In der Anrichte, in der früher die Kognakflasche alt geworden war, wuchsen in kurzer Zeit ansehnliche Batterien leerer Flaschen an, lauter hochprozentige Schnäpse, und Kathi merkte erschreckt, daß Hellwang sich zuweilen schon einen hinter die Binde goß, bevor er noch gefrühstückt hatte. Sie versuchte es mit törichten, kleinen Kniffen, sie versteckte die Flaschen oder taufte die Spirituosen mit Wasser. Es war alles zwecklos.

In den ersten Tagen des Oktobers hatte Britta Geburtstag. Ihr sehnlichster Wunsch war ein Fahrrad, ein Fahrrad mit viel Chrom, einem Kilometerzähler und weißen Reifen. Zwei Tage vor dem Geburtstag stieg Kathi zu Hellwang hinauf. Er saß am Schreibtisch. Ein Konzeptbogen lag vor ihm, auf dem ein paar Zeilen mit dicken, wütenden Strichen zum Teufel gejagt worden waren. Im Zimmer hingen dicke Rauchschwaden. Seit einigen Wochen rauchte er Zigaretten, und im Aschenbecher häufte sich ein Hügel von Korkmundstücken. Er warf den Kopf herum und starrte Kathi feindlich an: »Was wollen Sie denn schon wieder?!« Es hörte sich gerade so an, als würde er vom frühen Morgen bis zum späten Abend von ihr belästigt.

»Britta hat übermorgen Geburtstag, Herr Doktor«, sagte Kathi mit unerschütterlicher Ruhe und Geduld, »ich wollte Sie nur daran erinnern.«

»Und – und – und?« fragte er, und es klang, als würde er im nächsten Augenblick in Tränen der Wut ausbrechen, daß man ihm keine Ruhe zum Arbeiten ließ.

»Sie wünscht sich gar so sehr ein Fahrradl.«

Er riß die Schublade seines Schreibtisches auf, holte aus einer kleinen Stahlkassette drei Fünfzigmarkscheine hervor und warf sie ihr hin: »Da, nehmen Sie, kaufen Sie es ihr! Und lassen Sie mich zufrieden!« Er schlug mit den Knöcheln wütend auf das Papier: »Herrgott, Sie sehen doch, daß ich arbeite!«

Kathi stopfte die Scheine in ihre Schürzentasche und ließ ihn allein. Am liebsten hätte sie ihn an den Schultern gepackt und wie einen ungezogenen, kleinen Buben gebeutelt und zusammengestaucht.

Als Kathi Britta am Geburtstagsmorgen unter einem Vorwand vor die Haustür schickte, lehnte an der Wand ein funkelnagelneues Damenfahrrad mit verchromten Felgen, blauem Rahmengestell, breiten Pedalrückstrahlern, einer hocheleganten Beleuchtungsanlage, Kilometerzähler und Weißwand-Naturgummireifen, kurzum, der Traum von einem Fahrrad. Die Morgensonne blitzte in den Chromteilen, daß man vor lauter Glanz die Augen schließen mußte. Britta ahnte nichts, bis Kathi, die hinter ihr dreingeschlichen war und zur Haustür hinausspitzte, mit einem recht scheinheiligen Unschuldsgesicht fragte, wie ihr denn ›der Karrn‹ gefiele.

»Soll das meins sein?« stammelte Britta atemlos.

Und Kathi nickte strahlend: »Ja, es g'hört dein. Kannst dich bei deinem Papa bedanken, da hat er was Nobliges ausgespuckt – hundertdreißig Markl!«

»Der Konni?« fragte Britta, als könne sie es nicht glauben, daß er wirklich an ihren Geburtstag gedacht habe.

»Ja, meinst denn du, daß ich's dir von meinen Ersparnissen hing'stellt hab'? Mittags wirst dich bei ihm recht schön bedanken, hast g'hört? Denk fei' dran!«

»Und ob ich dran denken werd!« Sie schwang sich selig aufs Rad und probierte eine Ehrenrunde auf der Terrasse. »A rassige Maschin!« schrie sie begeistert, »grad laufen tut's! – Du, Kathi, ich darf doch damit heut in die Schul' fahren, gell?«

»Aber nur heut, weil's ein besonderer Tag ist. Und zum Mittagessen darfst dir auch ein b'sonders Schmankerl wünschen. Na, was magst denn haben?«

»Eine ganze Schüssel Schokoladenpudding mit Vanillesoß' – aber für mich ganz allein!«

»Gut, die sollst haben.«

Britta kam nicht dazu, sich an diesem Tage bei ihrem Vater für das noble Geburtstagsgeschenk zu bedanken. Er verließ das Haus, noch bevor die Kinder aus der Schule kamen und fuhr mit der Bahn in die Stadt. Er kam weder zum Kaffee noch zum Abendbrot zurück, aber die große Geburtstagstorte, auf der zwölf rote Kerzen brannten, schmeckte Kathi und den Kindern auch ohne ihn. In später Nacht rollte eine Taxe vor. Der Taxichauffeur führte Hellwang ins Haus. Oben beugte sich Kathi über das Treppengeländer. Die straff geflochtenen Zöpfe fielen steif über ihre Schultern. Sie wartete, bis der Chauffeur Hellwang in seinem Zimmer verfrachtet hatte und die Haustür hinter sich zuzog. Dann schlich sie in ihr Zimmer zurück, setzte sich aufs Bett und heulte.

Ihre Hoffnung, an die sie sich die ganzen Wochen über geklammert hatte, daß Hellwangs Zustand eine Krankheit sei, von der er eines Tages genesen und sich mit klaren Augen erheben würde, zerbrach. Es war mit ihm von Tag zu Tag bergab gegangen, und sie wußte, daß es immer schlimmer werden würde. Er sauste wie ein fallender Stein in einen Abgrund, die Fahrt wurde immer schneller, und die Tiefe des Sturzes war nicht abzusehen.

In dieser trüben, verzweifelten Stunde, in der Kathi sich einen Menschen herbeiwünschte, um ihr schwer beladenes Herz einmal richtig ausschütten zu können, kam ihr plötzlich ein Gedanke. Er schnellte wie ein Kork aus der schwarzen Flut ihrer Verzweiflung empor, und sie griff mit beiden Händen danach. Unter den Briefen und Karten, die Britta von der Verwandtschaft zu ihrem Geburtstag erhalten hatte, befand sich auch eine mit einem Zehnmarkschein unterstrichene Gratulation ihrer Tante Beatrice, Luisas jüngerer Schwester, die in Würzburg ihren Röntgen-Facharzt machte. Sie schrieb, daß ihre Assistentenzeit in diesen Tagen ablaufe und daß sie wahrscheinlich noch am Ende dieser Woche zu Brittas Großeltern nach Hamburg fahren werde, um dort die Entscheidung abzuwarten, ob sie die Stellung als Röntgenärztin in einem Lungensanatorium im Taunus bekäme, um die sie sich beworben habe.

In früheren Jahren hatte Trix fast jeden Sommer ein paar Wochen im Haus ›Gode Wind‹ verlebt. Und vor vier Jahren, als Hellwang mit Luisa die Mittelmeerreise nach Tunesien, Libyen, Ägypten und zu den griechischen Inseln machte, wobei sie fast vier Wochen in Rhodos blieben, hatte Trix und Kathi das Haus und die kleinen Mädchen betreut, denn Söhnchen war damals noch nicht auf der Welt, ihn hatte Luisa aus Rhodos mitgebracht. Mit Trix hatte sich Kathi immer glänzend verstanden.

Im Morgengrauen schlich Kathi aus dem Hause. Sie hatte nur einen Mantel übergeworfen und die Zöpfe unter ein Kopftuch gestopft. Das Nachthemd schaute handbreit unter dem Mantelsaum hervor, und über den roten Hausschuhen leuchteten ihre strammen, nackten Waden. Greiffing schlief noch. Die Laternen wurden gerade ausgeschaltet. Kathis Ziel war der Briefkasten am Bahnhof, und der Brief, den sie dort einwarf, damit er ganz gewiß noch den Frühzug nach Würzburg erreiche, lautete folgendermaßen:

»Liebes Fräulein Doktor Trix! Hofe dass dieser Brif Sie noch rechtzeitig in die Fingern kommen tut, denn wen nicht, wüste ich nich was und wäre alles abdraht. Ich bin gesund, die Kinder auch, habe sie näulich beim Kartoffelhändler auf die Waage gestellt, wiegen alle miteinand 87, 39, 30, 21 Kielo. Hofe von Ihnen ein gleiches. Leider ist hier aber nicht ales so wie es sein solte. Das ist nähmlich der Herr Doktor, der wo mir grose Sorgen macht, sodass ich die Feder ergreife Ihnen zu schreiben was hier forgeht. Entschuldigen höfl. den Glecks, ist nich von Dinte, sondern eine Trehne, wo soeben auf den Schreibpapier getropft ist. Aus meinen Augen. Ja, soweit ist es. Und kurz for Morgengrauen, damit ich den Brif nachher gleich in den Postkasten einwerfen tu und er noch mitgeht nach Würzburg hinauf, denn es ist gans wichtich und eilt. Nähmlich der Herr Doktor Hellwang gefallt mir garnicht. Ich glaub es ist alles nuhr das ihm die Ansprach fehlt, was er nödig hat, als geistliger Arbeiter sozusagen. Und da dacht ich mir wenn Sie kähmen! Ist ein starker Mann in den besten Jaren, hätte nie glaubt, daß ihn der Tot von sel. Frau so reissen würde. Hat ihn aber grausam zammengepackt und fürcht ich wird immer schlimer. Arbeiten tut er nichts außer fünf zailen for zwei Monaten, wo schon ausgestriechen sind und wo er in einem Fort draufstieren tut. Dafür aber um so mehr Konjack und Ruhm. Kann man schrieftlich nicht so teutlich sagen, hofe, das Sie schon verstehen, wenn ich andeute, dass er saufft. Aber aus Kummer, weil nichts weitergeht, und is zammgerutscht, daß es warraft krass ist, wie ein Rornudl, wo man vergessen hat Häwe dran zu tun, wo er früher doch ein Mannsbild war, dass sich die Weiber nach ihm umidraht haben. Heut glaub ich keine mehr, auch nicht das Fräulein Zögling, die wo wir exbediert haben. Muß ich Ihnen ahles später erzälen. Haben ihr farplosen Lack ins Haarwasser gegossen, nicht ich, sontern die Kinder. Muss noch immer lachen, wenn ich an die Zoddeln denken tu und wie sie Zedermordio geschrien hat, weil sie denkt hat es wär Seure, auch jetzt wo meine Trehnen den Bapier nätzen. War aber doch fileicht ein Fehler, das wir sie ausm Dempel gegraust haben, denn seitdem ist es mit dem Herrn Dr. ganz zudraht, weil er eben eine Ansprach braucht, und gebildet war sie, muss ich selm zugeben, sprach enklisch und frasseh, aber sonst so eine aussen Sammt innen Kralen. Ein Luder! Entschuldigen höfl! War sie aber! Werde Ihnen alls müntlich erzeln. Liebes Fräulein Dr. Trix, ersehe aus ihrem Brif an Britta, das Sie ein paar Wochen Fakanz haben und bitte Sie dringend, doch nicht heimzufahren auf Hamburg sontern hirher zu uns. Ich weis nicht mehr aus noch ein, wie man dem Herrn Dr. helfen soll, aber Sie wissen fileicht. Denn for mir schamt er sich nicht, wenn ich ihn premmsen tu sontern brüllt mich hökstens an was mir einfallt. Hat aber vor Ihnen grose Achtung und Reschbekt. Sie können ihm auch was erzehlen und ins Gwissen reden, was ich nicht kan, er möchte mir sonst kündigen, wenn ich auch nicht geh, sondern drauf feifen tu was er mir sagt. Der Mann ist ja nicht mer normahl. Ist ein Trumm

Brif geworden, bitte höfl. zu entschuldigen! Werde auf Sie warten. Bleibt aber geheim, das ich Ihnen geschriben hab, gell? Möchte sonst einen Mortskrach geben. Hochachtungsvoll grüst Sie vielmals

TRIX

Kathi stand am Küchentisch und drückte zwei Bananen und einen geriebenen Apfel in den Haferflockenbrei, den sie für die Kinder schon am vergangenen Abend mit Milch angesetzt hatte. Drei Tage waren vergangen, seit sie den Brief abgeschickt hatte, drei lange Tage, in denen ihr oft genug schwere Bedenken gekommen waren, ob sie mit ihrer eigenmächtigen Handlungsweise auch recht getan hatte. Wenn man's genau besah, war es ein Vertrauensbruch gegen Hellwang, das wusch kein Regen ab. Und was, wenn der Brief durch einen dummen Zufall in unberufene Hände fiel? Wenn das Fräulein Doktor Würzburg schon verlassen hatte, so daß der Brief ihr nachgesandt werden mußte und womöglich von den Großeltern der Kinder geöffnet wurde? Kathi wagte gar nicht daran zu denken, was daraus entstehen könnte.

Das Telefon in der Diele läutete. Sie setzte die Schüssel mit dem Müsli aufs Tablett und ging an den Apparat. Britta und Lydia kamen gerade aus dem Badezimmer und sahen, wie Kathi plötzlich die linke Hand gegen das Herz preßte: »Fräulein Doktor? – Ja, von wo sprechen Sie überhaupts? Jessas naa, aus München…«

»Wer ist's, Kathi?« fragten beide zugleich. Kathi drückte den Hörer ans Ohr und winkte heftig nach hinten ab. – »Die Kinder stehen nämlich neben mir am Apparat!« rief sie bedeutungsvoll, und dann: »Nein, so was! Solch eine Überraschung! Der Herr Doktor schlaft noch, aber ich werd' ihn sogleich wecken lassen. Warten Sie, bittschön, solang, es wird keine Minuten dauern, bis er da ist, dann können Sie mit ihm selber reden!« Sie deckte das Sprechstück mit der flachen Hand ab: »Eure Tante Trix ist's! Gell, das ist eine Überraschung? Lauft schon! Weckt euern Papa, aber klopft an und rumpelt nicht gleich in sein Schlafzimmer hinein, hört ihr!«

»Kommt sie zu uns auf Besuch?«

»Ja, ich glaub' schon, soviel ich's verstanden hab', will sie für ein paar Tage hierbleiben.«

»Pfundig, pfundig!« Die Mädel hüpften schon vor Freude. Kathi scheuchte sie davon, und sie rannten zum Schlafzimmer, um ihrem Vater die Überraschung zu melden. Kathi hob den Hörer wieder empor: »Der Herr Doktor wird sogleich am Apparat sein, die Kinder wecken ihn schon.« Und dann flüsterte sie: »Mein Gott, was ich mir in diesen vergangenen Tagen für Sorgen gemacht hab, daß mein Brief Sie nicht mehr rechtzeitig erreicht oder womöglich Ihren Leuten droben in Hamburg in die Finger gerät. Ich hab gar nicht mehr schlafen können vor lauter Aufregung...« Sie hörte Hellwang kommen und legte den Hörer rasch neben den Apparat. Er stieß die Arme noch durch die Ärmel seines alten grauen Morgenmantels, als er in die Diele trat. In der Eile hatte er nur einen Hausschuh gefunden, den anderen brachte ihm Britta nach.

»Meine Schwägerin?« fragte er aufgestört und schien alles andere als freudig überrascht zu sein. Die Haare standen ihm wirr um den Schädel, er strählte sie mit den Fingern zurück.

»Ja, das Fräulein Doktor.«

»Und sie läutet aus München an? Ist sie auf der Durchreise? Oder will sie etwa zu uns auf Besuch kommen?«

Kathi hob den Finger an die Lippen und deutete erschrocken auf den offen liegenden Hörer hin. Hellwang nahm ihn auf: »Hallo, Trix, du...?« Seine Stimme klang genau so, als ob er bereit sei, im nächsten Augenblick fortzufahren, daß er hier niemand brauchen könne, daß das Haus auf Besuch nicht eingerichtet sei und daß er ungestört zu bleiben wünsche. Kathi machte eine Bewegung, als sei sie drauf und dran, ihm den Hörer aus der Hand zu reißen.

»Was sagst du dazu, Konrad?« Er hörte ihr Lachen, »das ist eine Überraschung, auf die du nicht vorbereitet warst, wie? Ehrlich gestanden, ich habe mich mit der Fahrt zu euch selber überrascht. In dem Geburtstagsbrief an Britta schrieb ich wohl, daß ich ursprünglich die Absicht hätte, die alten Herrschaften heimzusuchen. Aber dann bekam ich gestern von Mama die Nachricht, daß die Maler und Tapezierer im Hause wären – und da habe ich es denn doch vorgezogen, die entgegengesetzte Richtung einzuschlagen und euch zu überfallen. War das nicht ein glänzender Einfall?«

»Hm – ja...«, knurrte er und umspannte den Hörer wie ein Wurfgeschoß.

»Du scheinst dich aber mächtig zu freuen«, kicherte sie, »bist du bei deinen Begrüßungen immer so herzlich und wortreich? Oder komme ich dir etwa ungelegen?«

»Entschuldige schon«, murmelte er, »natürlich nicht! Aber ich bin noch nicht ganz wach, und du wirst zugeben, daß dein Anruf einigermaßen plötzlich und überraschend kommt. Von wo aus sprichst du überhaupt?«

»Vom Hauptbahnhof, und ich habe gerade nachgesehen, daß der nächste Zug nach Greiffing erst in eineinhalb Stunden geht. Und weil ich ziemlich viel Gepäck mithabe, das du sowieso abholen müßtest, meine ich, daß es am gescheitesten ist, wenn du dich in den Wagen setzt und mich gleich abholst – einverstanden? Ich erwarte dich im Bahnhofsrestaurant. Auf Wiedersehen bis dahin!« Es gab ein leises Knacken in der Leitung. Trix hatte aufgelegt. Und in Greiffing drückte Hellwang den Hörer langsam und mit verkniffenem Gesicht auf den Apparat.

»Holen Sie Ihre Schwägerin ab, Herr Doktor?«

»Ja, was bleibt mir schon übrig!« antwortete er gereizt und fuhr sich mit der flachen Hand über das stoppelige Kinn. »Ich gehe mich jetzt rasieren. Machen Sie mir inzwischen einen anständigen Kaffee.«

»Bleibt Fräulein Trix für längere Zeit bei uns?«

Er hob die Schultern: »Keine Ahnung, aber ich fürchte fast, daß sie sich auf einen längeren Aufenthalt eingerichtet hat.« Er biß die Zähne zusammen, seine Wangenmuskeln traten eckig heraus, es war ihm deutlich anzumerken, daß dieser Besuch ihm äußerst ungelegen kam und daß er vielleicht schon überlegte, unter welchen Vorwänden man ihn auf anständige Art wieder loswerden könnte.

»Dann werde ich oben das Zimmer für Fräulein Trix herrichten«, meinte Kathi. Es handelte sich um das Gastzimmer im ersten Stock, in dem einmal Fräulein Zögling eine Gastrolle gegeben hatte.

»Tun Sie, was Sie nicht lassen können«, knurrte er schlecht gelaunt und verschwand im Badezimmer. Eine halbe Stunde später holte er den Wagen aus der Garage und fuhr in die Stadt. Weder Rasur noch Kaffee hatten seine Laune gebessert. Oben bezog Kathi die Steppdecke und die beiden Kopfkissen. Söhnchen durfte die Knopfleisten einziehen. Später plünderten sie den Garten, schnitten die letzten Rosen, Helianthus und Astern und füllten damit die Vasen im Besuchszimmer und im Eßraum.

Dr. med. Beatrice Bendig erwartete ihren Schwager Hellwang in dem kleinen Speisesaal des Bahnhofsrestaurants. Die offenen Bögen zum Hauptraum waren mit undurchsichtigen Folien verhängt, denn drüben waren Maler und Stukkateure am Werk, die Wände und Decken zu renovieren. Erst bei diesem Anblick war Trix der famose Einfall gekommen, die unerwartete Änderung ihrer Urlaubspläne dem Umstand zuzuschreiben, daß die Maler in ihrem Elternhaus ihr Schreckensregiment errichtet hätten. Sie hatte lange genug vergeblich darüber nachgedacht, wie sie Hellwang ihre überraschende Ankunft stichhaltig erklären sollte. Kathis Brief hatte sie zu einem Zeitpunkt erreicht, als sie die Fahrkarte nach Hamburg tatsächlich schon in der Tasche trug. Die Änderung ihres Entschlusses war im gleichen Augenblick erfolgt, in dem sie Kathis kuriosen Brief erheitert und erschüttert zugleich gelesen hatte. Noch in der gleichen Nacht fuhr sie mit ihren Koffern und der umgewechselten Fahrkarte vom Würzburger Hauptbahnhof in südlicher Richtung ab. Ihre Eltern, die sie am Morgen in Hamburg erwarteten, benachrichtigte sie telegraphisch, daß sie sich in letzter Minute entschlossen habe, einer Einladung Hellwangs nach Greiffing zu folgen. Nun saß sie also hier. Ihr Gepäck war zu einem ansehnlichen Berg neben ihrem Stuhl aufgestapelt. Es bestand aus zwei großen Koffern, zwei Köfferchen und einer Reisetasche, deren Reißverschluß offen stand und freigiebig Einblick in das Innere gewährte, in ein wildes Durcheinander von Orangen, Äpfeln, Zeitschriften, Briefen und Gegenständen aus Metall, Glas und Leder, die mit einer Schaufel von ihrem Toilettentisch hineingekehrt zu sein schienen. Es war ein Chaos, jenem vergleichbar, das stets auf Hellwangs Schreibtisch herrschte, aber so wie er sich dort zurechtfand, so fand sie sich hier mit blinder Sicherheit zurecht.

Sie war jetzt neunundzwanzig Jahre alt. Die durchwachte Nacht in dem überfüllten Abteil zweiter Klasse hatte die frischen Farben ihrer Gesichtshaut nicht zerstören können. Hellwang hatte Luisa gegenüber einmal den Vergleich gebraucht, Trix sähe immer wie ein Hirtenmädchen aus oder wie eine Jägerin, die vom Laufen erhitzt und von Ästen zerzaust von der Pirsch heimkehrend gerade Zeit gefunden hatte, das Jagdgewand mit einem städtischen Kleide zu vertauschen.

Fremde behaupteten oft, zwischen Luisa und Trix beständen große Ähnlichkeiten. Es waren Leute, die nach Hellwangs Meinung Trix oder Luisa nur sehr oberflächlich gekannt hatten. Er konnte zwischen ihnen überhaupt keine Ähnlichkeit entdecken. Selbstverständlich hatten sie beide das gleiche, ungewöhnlich dichte Haar, das die Farbe reifer Haselnüsse besaß und im Sonnenlicht kupfern reflektierte. Und sie hatten auch außerordentlich ähnliche Stimmen, die Bendigsche Familienstimme sozusagen. Aber sonst, im Gesichtsschnitt, in der Haltung und im Wesen unterschieden sie sich wie Artemis von Athene. Auch dieser Vergleich stammte von Hellwang.

Trix sah ihn durch die Drehtür eintreten und erhob sich von ihrem Stuhl, um ihm zuzuwinken. Sie war auf diese erste Begegnung nach Kathis Brief fast ängstlich gespannt und nun, da sie ihn erblickte, erleichtert oder sogar enttäuscht, ihn genauso wiederzufinden, wie sie ihn in der Erinnerung behalten hatte. Er wirbelte das Kettchen mit den Wagenschlüsseln um den Zeigefinger und sah sich suchend nach ihr um. Sein Gesicht war noch immer sonnengebräunt. Vielleicht erschien er ihr ein wenig magerer als früher, die Backenknochen traten schärfer hervor. Sie ging ihm entgegen: »Hallo, Konrad – da bin ich.«

Er reichte ihr die Hand und folgte ihr zu ihrem Tisch.

»Komm, setz dich noch für einen Augenblick zu mir, bis ich meinen Kaffee getrunken habe. Ich habe ihn wirklich nötig.«

Er warf seinen dunkelgrünen Hut mit dem kleinen Eichelhäherstoß auf einen freien Stuhl und nahm Platz. Trix bemerkte, daß sein Haar seit geraumer Zeit mit keiner Schere in Berührung gekommen war. Es lockte sich über den Ohren und schob sich in kleinen Büscheln über den Kragen. Luisa hatte schon früher mit ihm ihre liebe Not gehabt, ihn zum Friseur zu schicken, wenn er in seine Arbeit vertieft war. Aber sonst? Trix konnte keine Veränderung an ihm entdecken und spürte, wie sie ein leises Gefühl der Unsicherheit überkam. Hatte Kathi in ihrem Brief vielleicht doch ein wenig übertrieben? – Die überstürzte Reise nach München kam ihr plötzlich ziemlich töricht vor. Es war, als sei sie einem Ertrinkenden mit vollen Kleidern im Kopfsprung nachgesetzt, um hinterher festzustellen, daß die Hilferufe nicht aus einem See, sondern aus einer knietiefen Pfütze kamen.

»Daß du mir gar keine Nachricht geschickt hast, Trix...«

»Ich sagte dir doch schon, daß mein Entschluß für mich selber überraschend kam, aber die Maler im Haus – ich kann mir weiß Gott was Schöneres vorstellen.«

Er nickte, sein Blick fiel auf ihr Gepäck: »Alles deines?« fragte er. Es klang merkwürdig. Es klang gerade so, als hätte er gefragt: Ja, zum Teufel, wie lange gedenkst du denn eigentlich in Greiffing zu bleiben?

»Oh«, sagte sie einigermaßen verschüchtert, »ich komme doch nicht etwa ungelegen?«

Er schüttelte den Kopf – eigentlich war es weniger ein Schütteln als vielmehr ein Wiegen des Kopfes: »Nein – nein – durchaus nicht, wie kommst du darauf?« Jedoch es steckte ein ›Aber‹ dahinter. Trix spürte es genau und sah ihn fragend an.

»Nun ja«, murmelte er und hüstelte sich einen Belag von der Kehle, »ich meine, ich werde mich leider um dich nicht allzuviel kümmern können...« Er sah sie dabei nicht an und spielte nervös mit den klirrenden Schlüsseln, »ich stecke nämlich bis über die Ohren in der Arbeit, ja...«

»Wie? Du schreibst ein neues Buch? Das ist ja großartig! Worum handelt es sich denn dabei?«

»Ambrosius Dalfinger«, knurrte er.

Trix sah ihn ein wenig erstaunt an.

Er starrte auf seinen Daumen und versuchte, ein Stückchen loser Nagelhaut abzureißen: »Sagt dir natürlich nichts?«

»Nein, wirklich nicht.«

»Nun, er war der Mann, der im Auftrag des Bartholomäus Welser im Jahre 1528 drei Schiffe ausrüstete, um für die Welser ein Stückchen Venezuelas zu erobern. Aber ich bin noch bei den Vorarbeiten. Es ist ein umfangreicher Stoff, und er wird immer größer, je weiter ich mich hineinknie.«

»Du kannst unbesorgt sein, Konrad, ich werde dich nicht stören.« Sie sagte es kühl und leicht gereizt, »und außerdem komme ich ja hauptsächlich, um mich ein wenig nach den Kindern umzuschauen.«

»Bitte, bitte, Trix, versteh mich nicht falsch«, lenkte er eilig ein, »selbstverständlich bist du mir herzlich willkommen! Ich glaube fast, du hast da aus meinen Worten etwas herausgehört, was ich hineinzulegen nie beabsichtigt habe. Du kennst mich ja lange genug. Ich wollte dich nur an meine unangenehme Eigenschaft erinnern, daß ich nicht der bequemste und liebenswürdigste Gesellschafter bin, wenn ich arbeite. Und leider geht die Arbeit nicht so voran, wie ich es mir wünsche.« Er malte Kringel und Kreise auf die Tischplatte.

Der Kellner strich heran, er reckte den Kopf und schielte über Hellwangs Schulter in die Tasse von Trix hinein. Hellwang suchte nach seiner Börse: »Gehen wir?«

»Willst du dir nicht auch etwas bestellen, Konrad?« fragte Trix versöhnt.

»Dunkel oder hell, der Herr?« fragte der Kellner.

Hellwang zögerte, er warf Trix einen raschen Blick zu: »Weiß der Teufel«, murmelte er mit verzogenem Gesicht und massierte mit den Fingerspitzen die Magengegend, »mir ist heute gar nicht besonders extra...«

»Nimm doch einen Kaffee«, riet sie ihm zu. Er schüttelte den

Kopf: »Kaffee? Ach nein, weißt du, ich glaube, mit Kathis Kaffee habe ich mir den Magen verdorben. Ich glaube, das Gescheiteste wäre fast... Herr Ober, geben Sie mir doch mal die Getränkekarte.«

Der Kellner beugte sich vor: »Rum, Weinbrand, Kirsch, Kümmel, Zwetschgenwasser, Steinhäger...«

»Ja, bringen Sie mir einen Steinhäger!« sagte Hellwang plötzlich laut. Es war, als hätte er nach langem Anlauf und mehrfachem Zurückweichen endlich ein Hindernis übersprungen. Und Trix wußte, wo das Hindernis lag: in ihrer Gegenwart. Eine kurze Pause entstand. Hellwang klimperte angelegentlich mit den Wagenschlüsseln. Trix spürte einen scharfen, stechenden Schmerz in ihrem Innern, sie wußte jetzt, warum Kathi sich in ihrer Not und in ihrer Sorge um Konrad Hellwang an sie gewandt hatte. Sie hätte weinen mögen.

Der Kellner schob den Steinhäger auf einem kleinen ovalen Nikkeltablett vor Hellwang hin. Trix beobachtete ihn unauffällig, während sie im Taschenspiegel ihre Frisur ordnete. Er griff hastig nach dem winzigen Steinkrug, in dem der Schnaps serviert wurde, und kippte ihn sich mit einem scharfen Ruck in die Kehle. Und als hätte die Wirkung des Alkohols im gleichen Augenblick eingesetzt, in dem er das Krüglein abstellte, atmete er tiefer auf. Sein Brustkorb hob sich, seine Nervosität ließ nach, er schob die Wagenschlüssel in die Jackentasche, und sein mürrisch verkrampftes Gesicht entspannte sich. Trix behauchte den Spiegel, rieb ihn an dem Ärmel ihrer Kostümjacke blank, warf einen letzten, flüchtigen Blick hinein und legte ihn in ihre Tasche zurück. Sie straffte den Rücken und hob den Kopf empor: »Übrigens warte ich noch immer auf deinen Glückwunsch, mein Lieber«, sagte sie heiter und zündete sich eine Zigarette an.

»Glückwunsch – wozu?« fragte er.

»Du bist ja ein aufmerksamer Briefleser! Ich habe Britta doch geschrieben, daß meine Assistentenzeit vor acht Tagen zu Ende gegangen ist...«

»Verzeih, Trix, ich muß zugeben, daß ich in den letzten Wochen ein wenig auf dem Mond gelebt habe. – Du kannst dich also jetzt als Röntgen-Fachärztin niederlassen, wie?«

»Ich könnte es, aber so weit geht mein Ehrgeiz vorläufig noch nicht. Ich möchte noch einige Jahre an einer größeren Klinik arbeiten – selbständig natürlich. Die Bewerbungen sind unterwegs, und in einem Lungensanatorium im Taunus scheine ich ernsthafte Chancen zu haben.«

»Lungensanatorium...«, murmelte er und verzog das Gesicht, »ist das nicht ein bißchen gefährlich?«

»Jeder Beruf hat sein Risiko.«

»Du hast natürlich recht, Dachdecker leben wahrscheinlich noch gefährlicher – aber muß man denn Dachdecker werden?«

»Als ich mit dem Studium anfing, wollte ich Kinderärztin werden. Und dann bin ich irgendwie in die Röntgenologie hineingestolpert. Wahrscheinlich aus Bequemlichkeit.«

»Das verstehe ich nicht ganz...«

»Ach, weißt du, man kann sich seine Arbeitszeit einteilen – und man braucht nicht zu befürchten, in der Nacht herausgeklingelt zu werden. Ich bin nämlich meiner Natur nach ziemlich faul und brauche jemand, der mir morgens einen Ermunterungstritt ins Kreuz gibt – moralisch natürlich. Bis jetzt hat das mein Chef besorgt...«

»Direkt begeistert scheinst du von deinem Beruf nicht zu sein«, sagte er mit einem leichten Grinsen. Die Vorstellung von dem Tritte austeilenden Chef schien ihn zu erheitern.

»Doch«, sagte sie, ohne daß es sehr überzeugend klang, »aber vorläufig habe ich noch ein wenig Angst vor der Verantwortung, die man im Augenblick der Selbständigkeit auf sich nimmt.«

»Dann bleibe doch bei deinem Chef.«

»Er hat es mir angeboten – aber das paßt mir auch nicht. Er ist nämlich fünfundfünfzig – und Junggeselle.«

Hellwang sah sie überrascht an und runzelte die Stirn. Trix lächelte ein wenig verlegen.

»Das kompliziert die Sache allerdings«, murmelte er.

Trix erhob sich ein wenig abrupt von ihrem Stuhl: »Auf nach Greiffing!« sagte sie munter, und während Hellwang die kleine Rechnung beglich, holte sie einen Gepäckträger, der ihre Koffer zum Wagen bringen sollte. Hellwang hatte einen Parkplatz vor dem Starnberger Bahnhof gefunden, er belud sich mit den kleinen Koffern und ging, als Trix mit einem Dienstmann zurückkehrte, zum Wagen voran. Später, als der Wagen aus der Holzkirchener Unterführung in die Landsberger Straße einbog, nahm Trix das unterbrochene Gespräch wieder auf.

»Ich habe ein halbes Dutzend Bewerbungsschreiben losgelassen, nach Hamburg, nach Wiesbaden, und eines sogar nach Traunstein...«

»Man muß mit Schrot schießen, wenn man einen Treffer landen will«, murmelte er.

»Ich habe Zeit, auf die Entscheidung zu warten.«

»Ich werde dir den Daumen halten«, sagte er. Seine Aufmerksamkeit galt der Straße. Hinter ihnen klingelte eine Trambahn, vor ihnen rollte ein Lastzug mit Anhänger, der nach links abbiegen wollte und den Verkehr blockierte. Hellwang war mit Gangwechseln, Bremsen und Kuppeln voll beschäftigt. Dann gab der Lastzug endlich die Straße frei, und Hellwang konnte kräftiger aufs Gaspedal drücken. Trix stemmte die Füße gegen das Trittbrett: »Fahr langsamer, Konrad«, bat sie, »es ist nicht notwendig, daß du mir zu Ehren jemand auf die Hörner nimmst.« Hellwang glaubte, Luisas Stimme neben sich zu hören. Er nahm den Fuß gehorsam vom Gas und setzte die Fahrt in mäßiger Geschwindigkeit fort. Sie fuhren an den Brauereien vorüber. Es roch nach Malz. Trix schnupperte in den Wind.

»München!« sagte sie, »ich würde es mit verbundenen Augen erkennen. Nur zwei Städte haben so einen spezifischen Geruch – München und Hamburg.«

»Dann warst du noch nicht in Essen«, grinste er.

»Nein, aber ich kann es mir vorstellen. Jedenfalls ist mir Malzgeruch lieber als Ruß.«

»Mir auch. Übrigens habe ich den ganzen Sommer über darauf gewartet, daß einer von eurer Sippe sich einmal in Greiffing sehen lassen würde.«

»Ich habe den ganzen Sommer über nicht einen einzigen freien Tag gehabt. Aber wenn ich mich nicht irre, dann hast du Mutters letztes Anbieten, euch zu besuchen und ein wenig zu helfen, abgelehnt und geschrieben, Kathi mache ihre Sache tadellos. Du schriebst übrigens so merkwürdig unklar, weshalb euch Fräulein Zögling verlassen hat?«

»Die beiden Weiber konnten sich nicht vertragen«, antwortete er lakonisch. »Die Geschichte endete mit einem Kladderadatsch. Ich erzähle dir später mehr davon.«

»Und wie geht es nun – und wie soll es weitergehen?« fragte sie und sah ihn von der Seite an.

Er zuckte mit den Schultern: »Vorläufig rollt der Karren – und wenn er steckenbleibt, muß man halt weiterschauen.«

Als der Wagen in die Mozartstraße einbog, standen Kathi und die drei Kinder zum Empfang von Trix am Gartentor, und die Kinder rannten dem Wagen entgegen und winkten Trix zu. Lydia war ›mit fürchterlichen Bauchschmerzen‹ von der Schule heimgekommen, die aber wundersamerweise schon auf dem Heimweg völlig vergangen waren, und es blieb vorläufig Brittas Geheimnis, wie sie es fertiggebracht hatte, in der Geschichtsstunde solch ein heftiges Nasenbluten zu bekommen, daß sie ebenfalls heimgeschickt werden mußte. Die Wiedersehensfreude war grenzenlos. Die Kinder stürzten sich wie ausgehungerte kleine Raubtiere auf Trix und erstickten sie unter ihren wilden Zärtlichkeiten. Es sah gerade so aus, als hätten sie die Absicht, Trix in drei Stücke zu zerreißen, um sich mit je einem Trix-Drittel knurrend in ihre Winkel zu verziehen. Im Verlauf einer Minute erfuhr Trix alles, was sich seit ihrem kurzen Besuch im Frühjahr in Greiffing ereignet hatte. Daß Söhnchen Windpocken gehabt und Britta zum Geburtstag vom Konni ein ›bäriges Fahrradl‹ bekommen hatte, daß Lydias Sparkonto auf vierundzwanzig Mark und achtundsechzig Pfennig angeschwollen war, daß Kathi dreißig Gläser Stachelbeerkompott eingeweckt hatte, daß Oberst Habedanck und Direktor Beyerlein in Feindschaft lebten, weil der Foxl vom Herrn Direktor den Kater Hinz vom Herrn Oberst totgebissen hatte. Leider hatte der Kampf dem Foxl das linke Auge gekostet. Und heute gäbe es Kalbsbraten zu Mittag, und zum Kaffee frischen Zwetschgendatschi, den Kathi soeben in den Ofen geschoben hätte...

Kathi gelang es nur mit Gewalt, den Belagerungszustand zu sprengen und die Kinder, die wie Kletten an Trix hingen, mit dem kleinen Gepäck ins Haus zu scheuchen. Trix schüttelte ihr die Hand: »Ja, Kathi, da wär' ich also...«, aber sie hob dabei ratlos die Schultern, als ob sie fragen wollte, was ihre Anwesenheit für einen Zweck haben sollte und was Kathi sich davon verspräche.

»Ach, Fräulein Doktor...«

»Sagen Sie doch wie früher Trix zu mir«, schlug Trix vor.

»Ach, Fräulein Trix«, sagte Kathi seltsam bewegt und preßte Trix die Hand, »ich bin ja so froh, daß Sie gekommen sind! Es war schlimm in der letzten Zeit, ganz schlimm – ich hab' schon gefürchtet, daß alles aus den Fugen gehen würde.«

In der Garage hob Hellwang die beiden großen Koffer aus dem Gepäckraum des Wagens und winkte Kathi herbei, ihm zu helfen, die Koffer ins Haus zu tragen. Sie schleppten die schweren Gepäckstücke nach oben.

»So viele Klamotten kann doch ein einzelner Mensch gar nicht haben«, knurrte Hellwang. Kathi fürchtete, er würde beim Anblick der gefüllten Vasen in Zorn geraten. Er duldete es nämlich nicht, daß Blumen geschnitten wurden. Es war der einzige Punkt, dessentwegen er zuweilen mit Luisa in Kriegszustand geraten war. Aber er verlor kein Wort darüber.

»Na, Kathi«, brummte er und wischte sich den Schweiß von der Stirn, »Sie sind ja ganz aufgekratzt und lustig...«

»Ich freu' mich halt, daß wieder a wen'g Leben ins Haus kommt«, antwortete sie, und mit einem kühnen Vorstoß fügte sie hinzu: »Ich mein', daß Fräulein Trix eine große Freud' haben tät, wenn Sie daran dächten, mit ihr auch amal ins Thiater zu gehn oder ins Konzert, Herr Doktor.«

Einen Augenblick lang sah es aus, als ob er sich Belehrungen darüber, wie er seine Gäste zu unterhalten habe, verbitten wolle. Er trommelte in der Hosentasche gegen sein Bein und warf Kathi einen scharfen Blick zu. Theater... warum eigentlich nicht? In der Staatsoper wurde der ›Rosenkavalier‹ in einer Starbesetzung gegeben, und in den Kammerspielen gab es eine sensationelle Aufführung, ›Richard III‹, unter der Regie von Fritz Kortner. Wahrscheinlich waren die Theater stets restlos ausverkauft und es würde nötig sein, Karten eine Woche voraus zu bestellen. Wie lange war es her, seit er zum letztenmal im Parkett gesessen hatte? Ein dreiviertel Jahr? Nein, länger als ein Jahr – und er hatte früher mit Luisa keine Aufführung von Bedeutung versäumt, vor allem in den Kammerspielen nicht, die Oper lag ihm – im Gegensatz zu Luisa – weniger.

»Legen Sie mir nachher die Zeitung auf den Schreibtisch, Kathi«, sagte er und verließ das Zimmer. –

Beim Mittagessen hatte Britta trübe Augen. Sie aß ohne rechten Appetit, sie ließ sogar von den beiden Ananasscheiben, die es zum Nachtisch gab, eine stehen. Das hatte es noch nie gegeben. Sie klagte über Schluckbeschwerden und Kopfschmerzen. Trix ließ sich den Hals zeigen. Er war entzündet und belegt.

»Eine leichte Angina«, murmelte Trix.

»Kein Wunder«, bemerkte Hellwang ärgerlich, »den ganzen lieben langen Tag treiben sich die Bälger draußen herum. Seit Wochen sehe ich sie nur noch bei den Mahlzeiten. Und der Sommer ist eben vorbei. Abends steigen die Nebel, da hat man eine Erkältung im Handumdrehen weg.«

»Willst du nicht ins Bett gehen, Britta?« fragte Trix besorgt. Aber ins Bett wollte Britta auf keinen Fall.

»Wo du grad gekommen bist, Tante Trix!«

»Aber sag es mir, wenn du dich schlechter fühlst.«

»Ja, ja, ich sag's schon.«

Hellwang erhob sich, um sich eine Zigarre anzuzünden: »Na, Trix, ein Schnäpschen nach dem Essen?«

Sie tat ihm den Gefallen: »Ja, gern, aber bitte nur einen winzigen

Schluck.« Sie kippte den Kognak tapfer hinunter. »Willst du nicht doch lieber den Arzt anläuten, Konrad?« sagte sie, »die Sache gefällt mir nicht besonders...«

»Ach, Quatsch, wegen jedem Quark gleich den Arzt holen! Ich besinne mich nicht darauf, daß bei uns daheim jemals der Arzt geholt wurde. Als meine Mutter sich einmal einen Häkelhaken in den Daumenballen jagte, stieß Vater ihn vollends durch und zog ihn auf der anderen Seite wieder heraus, jawohl.«

»Dein Vater scheint aus Gußeisen gewesen zu sein.«

»Das war er wirklich!« knurrte Hellwang und kippte rasch noch den zweiten Kognak hinterher.

Trix legte ihre Hand auf Brittas Stirn: »Aber Britta ist nicht aus Gußeisen, und ich fürchte, sie hat Fieber.«

»Kinder fiebern bei jedem Schnupfen«, sagte er kaltblütig, »glaub es mir. Ich kenne mich doch mit den Kindern aus. Denen fehlt alle Naslang was.«

Trix vertraute seiner größeren Erfahrung. Aber Brittas Zustand verschlechterte sich zusehends. Beim Kaffee saß sie völlig apathisch am Tisch und rührte den frischen Zwetschgendatschi, von dem sie sonst ein halbes Blech vertilgen konnte, nicht an.

»Wenn es Diphtherie wäre...«, sagte Trix beunruhigt.

»Um Himmels willen, mal den Teufel nicht an die Wand!« sagte Hellwang, aber er war lange nicht mehr so sicher wie vorher.

»Ui, fein!« jauchzte Lydia, »da bräucht ich nicht in die Schul z'gehen. Dem Stangl Toni sei' Schwester hat auch Differie, und der Toni derf drei Wochen mindest dahoam bleim!«

»Was erzählst du da?« Hellwang sprang auf, als hätte er sich auf eine glühende Herdplatte gesetzt.

»Bestimmt!« versicherte Lydia, »der Toni hat's doch selber gesagt, daß der Doktor ihm verboten hat, in die Schule zu gehen.«

»Wann seid ihr denn mit dem Toni zusammen gewesen?« fragte Trix einigermaßen verstört.

»Na, gestern und vorgestern und überhaupts allweil.«

»Und hat euch denn niemand gesagt, daß ihr euch dadurch anstecken und selber krank werden könnt?« fragte Hellwang und zerrte an seinen Haaren.

Lydia wurde ziemlich verlegen: »Freilich, die Kathi hat schon gesagt, daß wir mit dem Toni nimmer spuin dürfen und hat ihn auch aus'm Garten g'scheucht – aber der Toni hat gemeint, daß er kein gefährlicher Umgang nicht ist, weil er gleich vom Dr.

Lechner a Spritz'n in die Brust gekriegt hat. Und er hat gesagt, daß er noch stocknarrisch wird, wenn er immer allein sein muß.«

»Also da haben wir die Bescherung!« stieß Hellwang hervor. Er drehte sich einmal halb um die eigene Achse, als beabsichtige er, zehnerlei zu gleicher Zeit zu tun. »Diphtheritis!« keuchte er und zerstampfte die kaum angerauchte Zigarre im Aschenbecher, »womöglich haben es die beiden anderen auch schon! Himmel, Zwirn und Wolkenbruch, das hat mir gerade noch gefehlt!«

»Ruhe!« befahl Trix energisch, »und außerdem kann es auch nur eine Angina sein. Auf jeden Fall stecke ich Britta jetzt ins Bett. Rufe du sofort den Arzt an!«

»Angina...«, knurrte Hellwang erbittert, »es ist Diphtherie, verlaß dich darauf! Ich kenne das doch! Wenn hier im Umkreis von zwanzig Kilometer eine Krankheit ausbricht, dann sind unsere Kinder ganz gewiß die ersten, die es erwischt. Weiß der Teufel, woher sie das haben. Von mir nicht! Ich bin in meinem ganzen Leben noch nicht ernsthaft krank gewesen. Kann ich mir gar nicht leisten.«

»Sie haben es von der Bendigschen Seite, falls dich das beruhigt«, fiel Trix gereizt ein, »und nun geh endlich an den Apparat und ruf den Doktor her!«

»Entschuldige schon«, brummte er, »aber mir bleibt auch nichts erspart!« und er stürzte in die Diele zum Telefon.

Trix schaute ihm kopfschüttelnd nach und sah Kathi aus großen Augen an: »Ich erkenne ihn nicht wieder«, murmelte sie.

»Gell«, sagte Kathi und fuhr sich mit dem Schürzenzipfel über die Augen, »jetzt merken Sie's selber, wie der Mann sich g'wandelt hat. Sich selber bedauern tut er... naa, naa, naa!«

»Muß ich ins Krankenhaus?« schluchzte Britta und klammerte sich an Trix. Sie zitterte vor Furcht, und Trix wußte sofort, woran sie dachte, und daß das Krankenhaus in ihrer Vorstellung seit Luisas Tod mit Nie-wiederkehren gleichbedeutend war.

»Freilich mußt ins Krankenhaus!« versicherte Lydia, »dem Toni sei' Schwester ham de Santöter aa glei abgeholt. Auf einer Tragbahren ham sie's furtg'schafft!« Sie bekam von Trix einen Klaps auf den voreiligen Mund: »Halt du deinen Schnabel!«

»Ich will aber nicht ins Krankenhaus!« bettelte Britta unter Tränen, »bitte, bitte, liebe Tante Trix, erlaub dem Konni nicht, daß er mich fortschaffen läßt!«

»Nun heul doch nicht gleich, Kleines! So beruhige dich doch! Vielleicht ist es gar keine schlimme Krankheit. Wir müssen erst einmal abwarten, was der Doktor Lechner dazu sagt.«

»Nein, nein! Du mußt mir in die Hand versprechen, daß ich nicht ins Krankenhaus komm!«

Kathi führte Lydia und den Kleinen in ihr Zimmer hinauf. Trix legte den Arm zärtlich um Brittas Schultern und brachte sie ins Kinderzimmer. Kathi hatte den beiden anderen mit drei Spinattagen hintereinander gedroht, falls sie sich nicht stad verhielten. Sie richtete das Bett her, Trix entkleidete Britta und deckte sie warm zu. Sie setzte sich zu ihr auf den Bettrand und hielt ihre trockenen, heißen Hände.

»Du brauchst wirklich keine Angst zu haben, mein Kleines«, sagte sie. »Wenn du durchaus nicht ins Krankenhaus gehen willst, dann werde ich dafür sorgen, daß du daheim bleiben darfst.«

»Ehrenwort, Tante Trix?«

»Mein großes Ehrenwort darauf! – Aber nun überlege dir auch einmal folgendes: Diphtheritis ist eine gefährliche Krankheit – nicht für solch große Kinder wie für dich. Von zehn Jahren ab übersteht man sie leicht. Ich selber habe Diphtherie gehabt, als ich zwölf war, schau an, also genau so alt wie du. Es war überhaupt nicht schlimm, nur ein bißchen langweilig, weil man eben im Bett liegen mußte. – Aber sehr bös kann die Geschichte ausgehen, wenn kleine Kinder diese Krankheit erwischen. Und sie ist sehr ansteckend. Weißt du, da braucht Söhnchen zum Beispiel nur einen Türdrücker anzufassen, den du vorher berührt hast – und schwupps, schon hat er sie!«

»Und müßte Söhnchen daran sterben?« fragte Britta ängstlich gespannt.

»Er ist halt noch ein sehr kleiner Bub«, antwortete Trix ausweichend, »bei ihm müßte man sich schon aufs Schlimmste gefaßt machen. – Aber wie gesagt und versprochen, wenn du durchaus daheim bleiben willst, dann werde ich es auch durchsetzen, daß wir dich hier behalten.«

Kathi brachte das Fieberthermometer und steckte es Britta in den Mund: »Aber beiß nicht drauf und schluck's net nunter!« warnte sie.

»I bin doch net blöd!«

»Hat mein Schwager den Arzt erreicht, Kathi?«

»Ja, er hat grad aufgelegt, wie ich durch die Diele ging. Ich glaub', der Herr Dr. Lechner wird gleich hier sein. Ein netter Herr. Kennen Sie ihn, Fräulein Trix?«

»Nein, ich kenne ihn nicht, ich habe nur von ihm gehört. Meine Schwester hielt auf ihn, wie ich weiß, große Stücke. Aber räumen

Sie jetzt den Tisch ab, Kathi, und legen Sie ein frisches Handtuch und ein Stück Seife ins Badezimmer.«

»Is schon g'schehn.«

Hellwang hatte dem Doktor Brittas Zustand geschildert und auch seine Befürchtung ausgesprochen, daß es sich um eine diphtherische Infektion handeln könne, da die Kinder mit dem Stangl-Buben gespielt hätten, dessen Schwester Dr. Lechner ja behandelt hatte. Er wollte ins Eßzimmer zurückgehen, als Kathi die Treppe hinunterkam, um dort das Kaffeegeschirr abzuräumen. Sie ließ ihm den Vortritt.

»Sie haben doch gewußt, Kathi, daß die Schwester von dem verdammten Bengel erkrankt ist«, sagte er vorwurfsvoll, als beschuldigte er Kathi, Brittas Erkrankung durch eine grobe Nachlässigkeit verursacht zu haben.

»Freilich hab' ich's gewußt«, gab Kathi zu, »und ich hab' den Malefizbubn ja auch zehnmal aus dem Garten gejagt und den Kindern streng verboten, mit ihm zu spielen. Aber es hat nix g'nutzt. Sie sind fortgelaufen und haben sich eben mit dem Mistbuben, mit dem mistigen, irgendwo anders getroffen, wo ich sie nicht hab' erwischen können.«

»Verdammt noch mal«, knurrte er, »wenn Sie allein mit den Kindern nicht fertig wurden, dann hätten Sie es eben mir sagen müssen. Ich hätt' ihnen schon den Marsch geblasen!«

Kathi stellte das Tablett mit dem Kaffeegeschirr ab. Sie stieß die Luft kurz und scharf durch die Nase, es klang recht bös: »Ihnen?!« zischte sie ihn an, »dees werden Sie mir net einreden, Herr Doktor, das nicht! Denn mit Ihnen war in der letzten Zeit überhaupt nicht zu reden. Wenn ich Ihnen was g'sagt hätt', dann hätten Sie mich nur angeranzt, daß ich Eahna mit solchenen Sachen z'frieden lassen soll. Oder Sie hätten die Kinder recht z'sammengestaucht, daß ich hinterher mei' liebe Not g'habt hätt', sie wieder zu beruhigen. Denn, wenn Sie's nicht wissen sollten, will und muß ich's Ihnen sagen: Seit Wochen haben Sie mit den Kindern kein freundliches Wörtl mehr gesprochen. Ganz eingeschüchtert sind sie und tun hier umeinanderschleichen, als ob's nicht ihr Elternhaus wär, worin sie leben, sondern 's Stadelheimer Strafgefängnis. Und jetzt möchten Sie die Schuld, daß die Britta krank geworden ist, noch mir aufpacken – dees möchten'S! Ha, aber do san'S bei mir an die falsche Adreß geraten, Herr Doktor! – Ich will Ihnen sagen, wer daran schuld ist: Sie und niemand anders als Sie! Und wenn Sie vielleicht auch noch wissen wollen, woher es kommt?« – Kathi reckte den Arm aus und stach mit dem Zeigefinger wie ein Erzengel mit dem Flammenschwert anklagend in die Richtung des Büfetts: »Daher kommt's! flüsterte sie grimmig, »von dem Saufen kommt's! – Aha, jetza wollen Sie natürlich nichts davon hören, weil Sie Ihnen schamen, daß das Fräulein Trix was davon erfahren könnt', wie Sie es hier getrieben haben in der letzten Zeit. Monatelang! Monatennn!! – Sie brauchen gar nicht den Finger an den Mund zu legen, hier hört uns keiner! Aber das kann Ihnen heute jedes Kind sagen, was bei der verdammten Sauferei herauskommt: Das Familienleben geht dabei zum Teifi, und die Kinder werden krank oder blöd. Dees is nämlich gewissermaßen piologisch! Und mit der Britta haben Sie es jetzt glücklich erreicht!«

Über ihre Wangen rollten dicke Tränen, sie fielen auf ihren gewaltigen Busen und versickerten hinter dem Brustlatz ihrer blauen Trägerschürze.

»Sind Sie jetzt mit Ihrer Gardinenpredigt fertig, Kathi?« fragte Hellwang kleinlaut und mit rotem Kopf.

»Es hat amal 'nausmüssen! Lang genug hat's mich druckt!«

»Das habe ich gemerkt«, sagte er richtig zerknirscht, »der Pfarrer hätte es nicht besser machen können. Aber ich meine, Kathi, jetzt wollen wir uns wieder vertragen, wie?«

Kathi fuhr sich mit dem Handrücken über das nasse Gesicht. »Mei', Herr Doktor«, murmelte sie mit verquollener Stimme und senkte errötend den Blick, »i bin Eahna ja nie bös g'wesen ... Aber die selige Frau hat schon recht gehabt, wenn sie immer gesagt hat, von allen Kindern, die wo sie hat, wär's mit Ihnen am schwersten ...«

Hellwang drehte sich um und trat zum Fenster, er verschränkte die Hände auf dem Rücken und starrte zur Greiffinger Lohe hinüber, deren Wipfel sich herbstlich verfärbt hatten: »Nun machen Sie aber, daß Sie rauskommen«, brummte er, aber es klang nicht beleidigt.

Vor dem Haus hielt Dr. Lechners grauer Opel, und der Doktor, immer geschäftig und in Eile, stapfte mit der braunen Bügeltasche in der Hand über den Kiesweg zum Haus. Er betreute die Hellwang-Kinder seit ihrer Geburt. Hellwang selber hatte ihm noch nie Gelegenheit gegeben, an ihm seine Kunst auszuüben. Trotzdem schätzte er Hellwangs Bücher und hatte oben im Arbeitszimmer manche Stunde mit Hellwang verplaudert. Vielleicht hätte aus dieser Bekanntschaft im Verlauf der Jahre ein freundschaftliches Verhältnis zwischen den beiden Männern entstehen können, wenn der Doktor mehr Zeit für sein Privatleben gehabt hätte. Aber seine Praxis als praktischer Arzt und Geburtshelfer nahm ihn Tag und Nacht in Anspruch. Setzte er sich wirklich einmal bei Hellwang abends zu einem Glas Mosel nieder, so war hundert gegen eins zu wetten, daß er telefonisch abberufen wurde. Dazu kam eine schwere Kriegsverletzung am rechten Kniegelenk, in dem zahllose winzige Granatsplitter steckten, die bösartige Entzündungen hervorriefen. Wie oft er operiert worden war, wußte er selber kaum noch zu sagen. An einer Amputation des Unterschenkels war er bisher vorbeigekommen, aber sie war sein Damoklesschwert, das ständig über ihm schwebte.

Hellwang ging dem Doktor entgegen und führte ihn ins Kinderzimmer. Er machte ihn mit Trix bekannt, die er als seine Schwägerin vorstellte, ohne zu erwähnen, daß sie selber Ärztin war. Trix räumte dem Doktor ihren Platz auf dem Bettrand ein, und er setzte sich zu Britta: »Freu dich nur nicht zu früh«, sagte er und tätschelte ihre Hand, »ob du in die Schule gehen mußt oder nicht, das wird sich erst nach der Untersuchung herausstellen. Und wenn du den Mund nicht so groß aufmachst, daß ich dir bis in den Magen hineinschauen kann, schreib ich dich gesund – da kannst du noch so jämmerlich dreinschauen.«

Britta lächelte matt. Diese Drohung war ihr nicht mehr ganz neu. »Ich gehe aber gern zur Schule«, grinste sie.

»Solchen Kindern verschreibe ich dann Lebertran, aber nicht etwa die süße Emulsion, sondern den unverfälschten, frisch vom Dorsch gezapften!« sagte der Doktor schlagfertig.

»Ich mach den Mund schon auf!« versicherte Britta eiligst. Sie war sehr blaß, der Puls ging schwach und unregelmäßig, das Fieberthermometer zeigte 38,9. Der Hals war stark belegt, und die Schluckbeschwerden steigerten sich immer mehr.

Der Doktor drehte sich zu Hellwang um, der nervös an seinen Lippen kaute: »Ich halte es für Diphtherie. Die Diagnose ist im Anfangsstadium immer schwierig, aber bei einer Angina wäre die Temperatur höher und der Puls kräftiger. Und da sie zudem mit dem Lauser vom Stangl, dem ich die Ohren lang ziehen werde, gespielt haben...«

Hellwang nickte stumm, es sah aus, als unterwerfe er sich dem harten Urteilsspruch eines Gerichtshofes. Doktor Lechner erhob sich und öffnete seine braune Bügeltasche: »Ich werde den beiden anderen Kindern ebenfalls Serum geben, aber ich muß Sie darauf aufmerksam machen, daß es einen absolut sicheren Schutz nicht gibt. Wenn sie sich schon angesteckt haben, dann hilft das Serum auch nichts. Und da sich im Hause eine strenge Isolation nicht durchführen läßt, würde ich dringend dazu raten, Britta ins Haunersche Spital zu legen.«

Hellwang schaute nervös zu Britta hinüber, er erwartete einen neuen Tränenstrom und neuerliche Beschwörungen, sie nicht fortzugeben, aber Britta blieb ganz ruhig, obwohl sie den Vorschlag des Doktors verstanden haben mußte. Trix warf ihm und Dr. Lechner einen warnenden Blick zu: »Oh, unsere Britta ist ein tapferes Mädchen«, sagte sie, als ob sie auf Britta sehr stolz wäre, »als ich ihr erklärt habe, daß Diphtherie für solch kleine Buben wie für Söhnchen sehr ansteckend ist und auch sehr gefährlich werden kann, hat sie nichts mehr dagegen einzuwenden gehabt, in einer Klinik gesund zu werden.«

Der Doktor verstand sofort. »Gefährlich?« rief er, »direkt lebensgefährlich ist die Geschichte für solch kleine Buben!« Er wandte sich an Trix, als mache er ihr Vorwürfe, Britta gänzlich falsch eingeschätzt zu haben: »Sie glauben doch nicht etwa, daß Britta eine von diesen feigen Heulliesen ist, die gleich ein Mordsgetöse machen, wenn sie nur hören, daß sie für ein paar Wochen ins Krankenhaus kommen sollen? Erlauben Sie mal, mein verehrtes gnädiges Fräulein, aber wenn Sie auch zehnmal die Tante von Britta sind, da kenne ich Britta denn doch besser als Sie!«

»Gewiß, Herr Doktor«, murmelte Trix demütig und zerknirscht, »aber es gibt auch andere Kinder...«

»Leider, leider, da haben Sie auch wieder recht.« Der Doktor köpfte eine Ampulle und zog das Serum langsam in die Spritze, »da gibt es doch wahrhaftig Kinder, sogar Buben, man sollte es nicht für möglich halten, die sich vor solch einer lächerlichen, kleinen Spritze fürchten.«

»Jetzt erzählen Sie aber bestimmt Geschichten, Herr Doktor!« rief Trix ungläubig. »Das spürt man doch nicht mehr als einen Mückenstich!«

Der Doktor schlug die Steppdecke zurück und betupfte Brittas Bein mit Alkohol. Britta lag ganz still und rührte sich nicht, nur ihre Augenlider zitterten ein wenig. Der Doktor setzte sich wieder auf den Bettrand. Seine rechte Hand schnellte mit einem kurzen Ruck vor...

»Na, hat das etwa weh getan?« fragte er, als er die Spritze zurückzog. Britta schluckte ein wenig: »I dank recht schön, wann d'Stanzen so stechen taten...!«

»Ach so, freilich«, rief Dr. Lechner, »ich habe ganz vergessen dir zu sagen, daß ich selbstverständlich die afrikanischen Mücken gemeint hab'; weißt, Mordstrümmer Stanz'n sind das, denn was glaubst du wohl, was die für Stechrüssel haben müssen, um den Nilpferden und Elefanten durch die Schwarte hindurchzubohren.«

Bevor er ins Badezimmer ging, um sich die Hände zu waschen, bat er Trix, Söhnchen und Lydia nacheinander ins Eßzimmer zu führen, damit er ihnen dort die Schutzinjektionen machen könne. Söhnchen ertrug die Prozedur standhaft, vielleicht deshalb, weil alles so rasch ging, daß es schon vorbei war, ehe er überhaupt merkte, was mit ihm geschah. Ein um so größeres Theater führte Lydia auf. Sie brüllte entsetzlich und wand sich wie ein Aal, wenn der Doktor die Spritze ansetzen wollte. Auch das gute Zureden von Trix half nichts. Schließlich blieb Hellwang nichts anderes übrig, als mit seiner Tochter für einige Minuten im Nebenzimmer zu verschwinden. Als sie zurückkamen, war die Widerspenstige gezähmt, und der Doktor konnte sein Werk vollenden, ohne in Gefahr zu geraten, die Kanüle abzubrechen.

»Das hast nötig g'habt!« sagte er schweratmend zu Lydia, als er die Spritze in das Metalletui zurücklegte. Lydia maß ihn mit einem Blick tödlichen Hasses und verschwand wie der Blitz aus dem Zimmer. Der Doktor wischte sich die Stirn: »Au weh, jetzt bin ich bei der Dame abgemeldet«, stellte er gebrochen fest, »da wird's unter einem Pfund Himbeerguttln nicht abgehen, daß ich wieder in Gnaden aufgenommen werde, fürcht' ich.«

Trix verließ die beiden Herren und ging ins Kinderzimmer zurück. Der Doktor läutete das Haunersche Kinderspital an und belegte für Britta ein Bett. Dann bestellte er den Krankenwagen.

»Wollen Sie Britta begleiten?« fragte er Hellwang, nachdem er den Hörer aufgelegt hatte, »oder überlassen Sie es Ihrer Schwägerin? Ich habe das Gefühl, daß die Kinder sehr an ihr hängen und daß sie es mit ihnen gut versteht.«

Hellwang bot dem Doktor Zigaretten an und reichte ihm Feuer: »Ich nehme an, daß meine Schwägerin Britta begleiten will. Und ich überlasse es ihr gern. Die Kinder hängen tatsächlich wie die Kletten an ihr, und das Erstaunlichste dabei ist, daß Kathi nicht eifersüchtig wird.«

»Die Kathi . . .!« sagte der Doktor mit einem kleinen Lächeln. Die Geschichte mit Fräulein Zögling schien sich in Greiffing herumgesprochen zu haben. »Wo gibt es so was heute noch? Meine Frau sitzt seit acht Wochen ohne Mädchen und ohne Hilfe da. Es war das vierte Mädel innerhalb der letzten zwei Jahre, das uns die verdammte Handschuhfabrik weggeschnappt hat.«

»Trinken Sie einen Kognak, Doktor?«

»Nein, danke, ich habe noch einen langen Tag vor mir und das persönliche Pech, eine meilenlange Fahne zu haben, wenn ich mir etwas Alkoholisches genehmige.«

Hellwang schlug die halbgeöffnete Büfettür wieder zu: »Ich mache mir um Britta Sorgen. Mit Diphtherie ist nicht zu spaßen. Ein Vetter von mir behielt davon eine Taubheit zurück.«

»Ich glaube, Sie dürfen unbesorgt sein, Hellwang. Soviel ich gehört habe und soweit ich es aus eigener Erfahrung weiß, verlaufen alle Fälle gutartig. Und Britta ist ja in einer guten körperlichen Verfassung. Ich bin davon überzeugt, daß sie die Geschichte bei der guten Pflege im Haunerschen Spital ohne Folgen überstehen wird. Und außerdem hat sie das Serum rechtzeitig bekommen.«

»Ein Glück, daß meine Schwägerin bei uns ist. Ich habe sie erst heute früh von der Bahn abgeholt. Ich hätte die Geschichte womöglich verschleppt. Aber wer denkt auch gleich an Diphtherie, wenn ein Kind über Halsschmerzen klagt?«

»Bleibt Ihre Schwägerin für längere Zeit in Greiffing?«

»Ich fürchte leider, daß sie uns bald verlassen wird. Sie hat sich bei einigen Sanatorien um eine Stelle beworben und will die Entscheidung hier abwarten.«

»Ist sie Pflegerin oder Schwester?« fragte der Doktor interessiert.

»Habe ich es bei der Vorstellung etwa nicht gesagt? Sie ist eine Kollegin von Ihnen, allerdings von einem anderen Fach. Sie hat ihre Assistenzzeit in Würzburg beendet und ist Röntgen-Fachärztin.«

»Ja, Menschenskind, und das sagen Sie mir erst jetzt?! Fachärztin... Darauf habe ich auch einmal geschielt. Aber dann kam man aus dem Krieg heim, das zweite Kind war gerade unterwegs, na ja, und dann nagelte man eben sein Praxisschild an die Tür.« Er zerdrückte den Zigarettenrest im Aschenbecher: »Und wie geht es Ihnen, Hellwang? Sind Sie bei einer neuen Arbeit? Sie haben es mir hoffentlich nicht verübelt, daß ich Ihnen damals nach dem Erscheinen des ›Lorbeer für fremde Fahnen‹ nur ein paar Zeilen schrieb. Ich lag mit dem verdammten Bein mal wieder fest und sah ziemlich düster in die Zukunft. Das Buch war einer der wenigen Lichtblicke in jenen Tagen. Nehmen Sie es als ehrliches Kompliment: Auf Ihre Bücher freu ich mich immer wie ein Bub aufs Christfest. – Also, woran arbeiten Sie jetzt? Wie soll das nächste Buch heißen?«

»Ich habe noch keinen Titel, aber ich beschäftige mich seit längerer Zeit vornehmlich mit den Welsern.«

»Ah, Frühkapitalismus, erster Blick nach Übersee, dieses Mal keine Soldaten, sondern Kaufleute – ein glänzendes Thema für Sie, ich sehe im Augenblick nur zwei Perspektiven, Sie werden ein Dutzend im Auge haben.«

»Ja, es ist ein gutes Thema. Nur leider ist mit mir nichts mehr los.«

»Dafür kann ich Ihnen leider nichts verschreiben.«

»Ja, leider. – Die Zündung fehlt, verstehen Sie? Ich spüre das Knistern der Funken nicht mehr.«

»Zum Teufel mit den Zündfunken!« unterbrach ihn der Doktor verdrossen, »weshalb suchen Sie sich gerade einen Vergleich aus der Autobranche heraus? Sie sind doch kein Rennfahrer! Und Ihr Hirn ist schließlich kein Otto-Motor, der anspringen muß, wenn man auf den Starter drückt!«

»Oha, und jetzt kommt der berühmte Vergleich aus der Dreifelderwirtschaft«, orakelte Hellwang ironisch, »vom Brachacker und von der Fruchtfolge...«

»Gescheiter als Ihr blödsinniger Zündfunke ist er auf jeden Fall. Nein, mein neues Schlagwort ist Bipolarität, wenn Sie verstehen, was ich damit sagen will.«

»Ja, natürlich versteh' ich's.«

»Spannung – Entspannung, Arbeit – Ruhe, und schließlich dürfen Sie sich nach Ihrem letzten Buch wirklich eine Erholungspause gönnen. Sie dürfen nicht nur, Sie müssen!«

»Schon gut, schon gut, aber ich erhole mich jetzt bereits seit einem guten Vierteljahr«, sagte Hellwang ungeduldig, und der Doktor hatte den Eindruck, Hellwang wünsche das Gespräch nicht fortzusetzen. Sie schwiegen eine kleine Weile. Hellwang qualmte nervös.

»Ich mache mir Sorgen um Lydia und den kleinen Jungen.«

»Und ich mache immer wieder die Erfahrung, besonders in kinderreichen Familien, daß sich solche Infektionskrankheiten zumeist nur ein Kind herauspicken, eben das, das im Augenblick der Begegnung mit dem Ansteckungsträger durch irgendeine kleine Unpäßlichkeit anfällig war. Ich glaube also nicht, daß Sie zu Besorgnissen Anlaß zu haben brauchen. Und wenn Britta erst aus dem

Haus ist, fällt die Ansteckungsgefahr für die beiden jüngeren Kinder aus. Ich habe auch mit dem Serum bisher nur gute Erfahrungen gemacht. Wenn ich mich vorsichtig ausdrücke, so geschieht es deshalb, weil ich Ihnen eine Garantie natürlich nicht geben kann. Die beste Devise für Sie in diesem Falle lautet: gefaßt – aber furchtlos.«

»Das ist aber ein verdammt dünner Trost.«

»Ich halte es mit einem gesunden Pessimismus. Wie nennen Sie denn eine halbgefüllte Flasche?«

»Halbvoll natürlich«, antwortete Hellwang nun ein wenig verdutzt.

»Dann sind Sie, auch wenn Sie's nicht wahrhaben wollen, ein Optimist. Für mich ist sie halbleer. Das ist der Unterschied zwischen uns beiden, wahrscheinlich ist er berufsbedingt.«

Hellwang grinste einen Moment lang amüsiert und stand auf, er reckte sich, als sei sein Blutkreislauf ins Stocken geraten, und ging im Zimmer auf und ab. Er setzte dabei die Füße aufmerksam voreinander, als balanciere er auf der Teppichkante wie auf einem schwankenden Balken, der über einen tiefen Abgrund gelegt war.

»Natürlich, man muß mit solchen Geschichten ja immer rechnen. Eigentlich ist es fast erstaunlich, daß diese Erkrankung Brittas seit dem Tode meiner Frau der erste ernsthafte Krankheitsfall im Hause ist. Früher lag ja alle Augenblicke eines der Kinder mit irgend etwas auf der Nase, und manchmal alle drei zu gleicher Zeit, mit Mumps, Masern, Keuchhusten – na, Sie wissen es ja am besten, Doktor.«

Dr. Lechner nickte. Er nahm seine Brille ab und fuhr sich mit Ringfinger und Daumen in die Augenwinkel, in denen sich ein wenig weißes Sekret gebildet hatte. Sekundenlang schaute er blind und mit fremdem Gesicht ins Zimmer. Hellwang blieb stehen, er beugte sich vor und starrte auf das Muster des hellbraunen Teppichs.

»Ja«, murmelte er, »damals lebte meine Frau. Es war nicht so, daß ich mir um das Schicksal meiner Kinder weniger Sorgen machte, weil ich diese Sorgen mit ihr teilen konnte. Aber ich spürte meine Hilflosigkeit nicht so unbarmherzig deutlich wie jetzt. Ich liebe die Kinder gewiß nicht weniger, als meine Frau sie geliebt hat, aber ich sehe es gerade an solchen Tagen wie heute mit aller Deutlichkeit, daß man als Vater doch sozusagen nur an gesunden Tagen zuständig ist. Wenn den Kindern etwas fehlt, dann verlangen sie halt doch nach der Mutter. – Und ich weiß nicht, wie das werden soll. Die Wirtschaft läuft ohne Frau schließlich auch auf drei Rädern weiter. Aber die Kinder ohne Mutter...«

Dr. Lechner behauchte die Brillengläser. Er zog ein ledernes Polierläppchen aus der äußeren Brusttasche und rieb sie sorgfältig blank: »Vielleicht erwarten Sie von mir gar nicht, daß ich dazu etwas sage, Hellwang«, meinte er und prüfte die Gläser gegen das Licht, um auch die letzten Trübungen festzustellen und zu beseitigen, »aber ich habe in Ihren Gedanken Hintergründe entdeckt, die mir gewisse Gefahren zu enthalten scheinen. – Ich kann es mir sehr gut vorstellen, in welcher schwierigen Lage Sie durch den Verlust Ihrer Frau zurückgeblieben sind. Ich habe sie aufrichtig verehrt, und ich besitze genug Fantasie, um mir vorstellen zu können, wie mich solch ein Schicksalsschlag getroffen hätte. Dabei sind meine Kinder bis auf die Jüngste längst aus dem Haus. – Nun, es wäre fast unnatürlich, wenn in Ihnen nicht der Wunsch nach einer neuen Ordnung in Gestalt einer neuen Ehe auftauchen würde.«

Hellwang bewegte die Hand, es sah aus, als wolle er sie protestierend erheben – aber dann ließ er den Arm wieder sinken. Ein Gedanke, der bis dahin ohne Namen und gestaltlos im Dunkeln geschlummert hatte, wurde durch die Worte des Doktors aus ängstlich gehüteter Verborgenheit ans Tageslicht gehoben und ließ sich nicht wieder zurückbeschwören.

»Etwas eilig, meinen Sie...?« murmelte Hellwang verlegen und vermied es, dem Blick des Doktors zu begegnen.

»Reden Sie doch keinen Stuß, Hellwang!« rief Doktor Lechner fast ärgerlich. »Oder glauben Sie etwa, daß ich der Mann bin, der Ihnen die Trauermonate am Kalender vorrechnen will? Wenn ich schon das Wort ›Trauerjahr‹ höre, steigt mir die Galle hoch. Als ob unsere Gefühle oder als ob das Leben mit seinen Anforderungen sich nach dem Kalender richtet! Ich habe angenommen, daß Sie mich besser kennen!«

»Ich hatte wahrhaftig nicht die Absicht, Sie zu kränken. Und außerdem wissen Sie so gut wie ich, daß dieses Gespräch ein theoretisches ist und sich um Möglichkeiten dreht, die ganz gewiß in weiter, weiter Ferne liegen. Aber Sie sehen selbst, Doktor, daß der Zustand, in dem ich augenblicklich lebe, auf die Dauer unhaltbar ist. Allein schon der Kinder wegen wird mir nichts anderes übrig bleiben, als eines Tages...«

Der Doktor warf den Kopf mit einem scharfen Ruck vor und unterbrach Hellwang mitten im Satz: »Der Kinder wegen!« rief er, und es klang, als nagele er jedes einzelne der drei Worte gesondert an die Wand, »jetzt betonen Sie es schon zum zweitenmal, daß Sie sich nur oder hauptsächlich der Kinder wegen mit dem Gedanken an eine neue Ehe vertraut machen würden. Um den Kindern eine neue Mutter zu geben, wie?«

»Ich verstehe wirklich nicht, was Ihnen daran so sonderbar erscheint und weshalb Sie diese Äußerung von mir so prononciert hervorheben?«

»Weil sie als Begründung für eine neue Ehe meiner Meinung nach ein verhängnisvoller Gedanke ist«, antwortete Dr. Lechner freimütig. Er sprang auf und wanderte neben Hellwang im Zimmer auf und nieder. Sein zerschossenes, ein wenig verkürztes Bein schien wie durch ein Wunder geheilt zu sein.

»Hören Sie, Hellwang«, fuhr er eindringlich fort, »ich meine, daß wir uns nun lange genug kennen, um ein freundschaftlich offenes Wort miteinander reden zu können. Lassen Sie sich jetzt von mir etwas sagen: Wenn Sie die Absicht haben, jemals wieder zu heiraten, dann vergessen Sie, daß Sie Kinder haben! – Denn wen, zum Teufel, wollen Sie eigentlich heiraten? Ein Kinderfräulein etwa? Das heiratet man nicht, sondern das engagiert man und man entläßt es, wenn es nicht mehr benötigt wird oder nicht gut tut. Sonst sind Sie nämlich nach ein paar Jahren die Kinder los – es ist unglaublich, wie rasch sie aus dem Hause wachsen! – und haben bis an Ihr Lebensende das Kinderfräulein auf dem Hals, jawohl! Mein lieber Hellwang, wenn Sie jemals wieder heiraten wollen, dann nehmen Sie die Frau, die Sie lieben und von der Sie geliebt werden. Und wenn Sie diese Frau nicht finden, dann lassen Sie die Hände ganz von der Ehe weg! Aber wenn Sie eines Tages das Glück haben sollten, die geliebte Frau in Ihr Haus zu führen, dann löst sich das andere Problem ganz von selbst, dann werden Ihre Kinder in die mütterliche Obhut kommen, die sie brauchen.«

Sie standen am Fenster und schauten in den herbstlichen Garten hinaus. Die Trauerweide hatte ihre Blätter schon verloren, sie schwammen wie kleine Boote auf dem trüben Spiegel des Planschbeckens.

»Wahrscheinlich haben Sie recht, Doktor«, sagte Hellwang nach einer Weile und malte mit der Spitze des Zeigefingers Kringel auf die beschlagene Fensterscheibe, »trotzdem sträubt sich etwas in mir gegen Ihre Gedanken. Sie werden es verstehen, wenn ich Ihnen sage, daß mir die Einsamkeit oft genug schwer zu schaffen macht. Vorläufig aber ist die Erinnerung an meine Frau in mir noch zu lebendig, und ich hänge in dem Netz, daß die Kinder eine Mutter nötiger brauchen als ich eine Frau.«

»Zum Teufel, Sie können das eine doch nicht vom anderen trennen!« fuhr Dr. Lechner ungeduldig auf.

»Richtig, und deshalb wird es auch sehr lange dauern, bis ich mich an den Gedanken an eine neue Ehe gewöhnen kann. Der Wunsch taucht vielleicht dann und wann in mir auf, aber dann kommt der Einwand, den Sie soeben aussprachen – und dann verläßt mich der Mut. Denn ich war zu glücklich verheiratet – und ich fürchte mich vor Enttäuschungen. Ich glaube nicht daran, daß ich jemals die Frau finden werde, die mir das werden kann, was Luisa mir war.«

Der Doktor sah Hellwang über den Brillenrand hinweg fast erschrocken an: »Erwarten Sie etwa eine Fortsetzung oder gar eine Wiederholung Ihrer alten Ehe mit einer anderen Frau? – Mein lieber Hellwang, das wäre allerdings ein verhängnisvoller Wunsch. Das wäre ein Treubruch gegen den Tod und eine Sünde gegen das Leben, und ich fürchte, beide würden sich an Ihnen rächen. Jeder Mensch ist doch eine einmalige Ausgabe. Und jede neue Gemeinschaft ein Zusammenspiel neuer Kräfte. Nein, Hellwang, die Vergangenheit läßt sich nicht wiederholen. Um Gottes willen, vergessen Sie das nie! Eine neue Ehe bringt neue Aufgaben und neue Pflichten, vielleicht auch ein neues Glück, ganz gewiß aber auch eine gehörige Portion an Leid. Ach, mein lieber Freund, wo gäbe es das, daß das Leben uns einen neuen Kredit einräumt, ohne nicht auch gleichzeitig hohe Zinsforderungen zu erheben? Auch Sie werden Opfer bringen und manches aufgeben müssen, woran Sie hingen, Sie werden sich neu einstellen müssen, und es wird Ihnen nicht erspart bleiben, in eine neue Haut zu schlüpfen und die alte zu verbrennen. – Den Altar, den Sie der Toten in Ihrem Herzen errichtet haben, brauchen Sie gewiß nicht zu zerstören. Aber wenn Sie nicht bereit sind, die Vergangenheit ohne Trauer als abgeschlossen, unwiederbringlich und unwiederholbar zu betrachten, dann ersparen Sie sich lieber Enttäuschungen, denn in diesem Falle haben Sie nichts anderes als Enttäuschungen zu erwarten.«

Der Doktor schien noch nicht fertig zu sein, aber er wurde unterbrochen. Der bestellte Krankenwagen gab sein Ankunftssignal, und die ›Santöter‹, wie Lydia diese tüchtigen Männer nannte, hoben bereits die Tragbahre aus dem Innern und zwängten sich mit ihr durch die Gartenpforte. Hellwang eilte ins Kinderzimmer, um Trix von der Ankunft des Wagens zu benachrichtigen. Britta machte ängstliche Augen, als bereue sie nun doch ihren Mut, aber der Abschied fiel ihr etwas leichter, als sie hörte, daß Trix sie begleiten würde. Inzwischen betraten Dr. Lechner und die Krankenträger auch schon das Zimmer. Britta wurde rasch umgebettet. Kathi stand mit verschwollenen roten Lidern in der Tür.

»Sie, Fräulein Baffaria, mit Eahnana Figur müssen S' Eahna scho' a wenig seitli druckn, wann mir vorbeikemma solln«, sagte der Vordermann von den Sanitätern, als sie sich mit ihrer leichten Last zum Wagen in Bewegung setzten.

»Pfüti God, Kathi, und besuch mi fei'«, würgte Britta hervor. Kathi schluchzte laut auf: »Freilich komm ich, so oft's nur geht!« Oben schauten Lydia und Söhnchen mit großen, ängstlichen Augen durch die Sprossen des Treppengeländers. Hellwang ging neben Britta her. Er hielt ihre heiße, trockene Hand, die unter der Decke hervorlugte. Es war ein milder Spätoktobertag. Die Sonne stand noch am Himmel, die Luft war golden getönt, aber die Lohe hüllte sich schon in zarter Schleier. Hellwang nickte Britta zu, er bewegte die Lippen, um ein paar Worte zu sagen, die die Kleine aufheitern sollten, aber seine Kehle war wie zugeschnürt.

Die Sanitäter hoben das Kind in den Wagen. Trix kletterte nach und nahm auf einem Notsitz neben der Trage Platz.

»Du muaßt fei' oft kommen, Konni!« rief Britta.

»Jeden Tag, Kleines!« versprach er und winkte ihr zu.

»Alsdann hätten wir's wohl«, ließ sich der Sanitäter vernehmen und stieg zu seinem Kollegen in die Fahrerkabine. Er nickte Hellwang zu und legte dabei zwei Finger an den Mützenschirm. Sein Ausdruck war teilnahmsvoll ernst und dabei doch irgendwie ermutigend, als wolle er sagen: Nur keine verfrühten Trauerkundgebungen, Herr, hier sind noch die meisten lebendig herausgekommen. Er hatte das ideale Berufsgesicht für einen Mann, zu dessen Aufgaben es gehörte, die Tür eines Krankenwagens zu schließen.

Auch Dr. Lechner ging zu seinem Wagen. Er schüttelte Hellwang durchs Fenster die Hand und rief ihm zu, daß er Trix in seinem Wagen wieder heimbringen werde. Die Autos verschwanden um die Ecke, und Hellwang kehrte mit Kathi ins Haus zurück. Er ging ins Eßzimmer. Kathi schaute ihm mit verkniffenen Lippen nach. Wenn er sich einbildete, im Büfett noch eine Flasche zu finden, dann täuschte er sich.

»Ich mach uns einen Kaffee, Herr Doktor«, rief sie ihm nach, »aber schon ganz was Extrig's. Ich mein', Sie werden ihn auch nötig haben. Mir san de Knie ganz woach.«

Er drehte sich um: »Ja, Kathi, das ist eine gute Idee – bringen Sie mir die kleine Kanne auf mein Zimmer.« Und er ging an ihr vorbei und die Treppe zu seinem Arbeitszimmer empor. Kathi faltete hinter ihm die Hände. Ihr Schutzheiliger war der Bruder Konrad von Parzham. Bis jetzt hatte sie ihn, was Hellwang und den Kognak anbetraf, vergeblich angerufen, so daß sie schon gemeint hatte, er sei für solche Sachen nicht zuständig. Aber nun schien er sich um Hellwang doch bemüht zu haben.

Im Haunerschen Kinderspital wurde Britta zu einem Mädchen ihres Alters gelegt, einer kleinen Pasingerin namens Helga Häfner, die gestern eingeliefert worden war. Daß sie nicht allein zu liegen brauchte, erleichterte sie sichtlich, und der Abschied von Trix, vor dem diese sich ein wenig gefürchtet hatte, ging mit ein paar rasch getrockneten Tränchen ab. Natürlich mußte Trix ihr versprechen, sie täglich zu besuchen. Dr. Lechner ging voran und erwartete sie unten im Wagen.

»Zu dämlich, daß Hellwang mir nicht gleich gesagt hat, daß wir Kollegen sind«, sagte er, als sie zu ihm ins Auto stieg, »sonst hätte ich Ihnen womöglich jetzt noch erzählt, daß Sie sich daheim die Hände waschen und die Kleider wechseln sollen, bevor Sie den beiden Kleinen begegnen.«

»Er war ein bißchen durchgedreht, der gute Konrad.«

»Kein Wunder – ich weiß nicht, wie es mir an seiner Stelle ergangen wäre.«

»Und ich wage nicht, daran zu denken, was im Haus los wäre, wenn er Kathi nicht hätte.«

»Ein Diamant«, grinste der Doktor, »ein Rohdiamant sozusagen.«

»Gott sei Dank! Wahrscheinlich gingen in diesem Falle beim Schliff die besten Eigenschaften verloren.«

»Da können Sie recht haben.« Er blinzelte sie von der Seite an: »Ich kann mir gar nicht vorstellen, daß Sie den Facharzt schon hinter sich haben. Sie sehen unglaublich jung aus.«

»Danke, ich höre es gern, aber im Dezember werde ich dreißig – da beißt keine Maus einen Faden ab.«

»Trotzdem haben Sie es früh geschafft – Respekt!«

»Es lag nur am Geburtsdatum. Ich war noch nicht sechs, als ich in die Schule kam und noch nicht achtzehn, als ich mein Abitur machte.«

»Jetzt haben Sie es mir ganz genau erklärt«, lachte er, »es liegt nur am Geburtsdatum! – Wie kamen Sie übrigens auf die Röntgenologie?«

»Wollen Sie es genau wissen? Ich verliebte mich in meinen klinischen Semestern in den Röntgenologen. Ein eleganter Mann, ein homme aux femmes mit maßgeschneiderten Laborkitteln, grauen Schläfen und einer Stimme wie Haaröl.«

»Brrrrrrr...«, machte der Doktor.

»Leider übersah er mich vollständig.«

»Und da wollten Sie es ihm zeigen, wie?«

»Vielleicht...«

»Haben Sie nun in Ihrem Fach gefunden, was Sie gesucht haben? Ich meine natürlich nicht den fabelhaften Mann mit den grauen Schläfen.«

»Ich weiß es nicht«, antwortete sie mit einem kleinen Achselzukken; »haben Sie in Ihrer Praxis das gefunden, was Sie gesucht haben?«

Er zögerte mit der Antwort: »Teils – teils...«, sagte er schließlich, »es sind zu viel Hustenrezepte dabei, wenn Sie verstehen, was ich damit sagen will.«

»Natürlich verstehe ich Sie. Aber wo ist schon der Beruf, der einen ganz erfüllt und ganz ausfüllt.«

»Vielleicht bei Hellwang«, sagte er und schaltete die Scheinwerfer ein, denn sie fuhren durch eine flache Nebelmulde, »manchmal beneide ich ihn.«

»Um seine Freiheit?«

»Freiheit? Lieber Gott... ich glaube, daß hinter diesen künstlerischen Berufen mehr Zwang steckt, als wir ahnen. Aber er schafft doch etwas Ganzes. Und was tue ich? Ich flicke.«

»Und ich schaue sozusagen in die Röhre«, sagte sie amüsiert.

ENDE UND ANFANG

Trix arbeitete im Garten. Lydia und Söhnchen halfen ihr dabei. Sie schnitt die verwucherten Ananaserdbeeren zurück. Das lange Beet, das den Rasen vom Küchengarten trennte, war völlig verfilzt. Den ganzen Sommer über hatte sich kein Mensch darum gekümmert. Die alten Pflanzen, die jetzt im dritten Fruchtjahr standen, waren von Ausläufern so übersponnen, daß es eine unendliche Geduld erforderte, sie wieder freizulegen. Trix arbeitete mit Messer und Häuel. Lydia und Söhnchen trugen die abgeschnittenen und ausgehackten Ableger in runden Weidenkörben auf den Komposthaufen. Für gewöhnlich erlahmte ihr Eifer bei solchen Beschäftigungen sehr rasch. Aber da Trix für je drei fortgeschaffte Körbe ein Karamellgutti als Belohnung ausgesetzt hatte, war es begreiflich, daß sie im Akkordtempo zwischen Erdbeerbeet und Komposthaufen hin- und hersausten. Es dauerte eine Weile, bis Trix ihnen hinter den Schwindel kam, daß sie die Körbe nur sehr flüchtig füllten und um so mehr schnauften. Söhnchen besaß sogar die Frechheit, einen gänzlich leeren Korb keuchend bis hinter die Hausecke zu schleppen, dort ein wenig zu warten, erschöpft zurückzukommen und von Trix ultimativ eine Lohnerhöhung zu verlangen. Darauf entließ Trix die beiden Faulpelze fristlos und stellte sie erst wieder in ihren Gartenbaubetrieb ein, als sie reumütig unter den alten Lohnbedingungen die Arbeit wieder aufzunehmen versprachen.

Das Wetter hatte sich mit dem Mondwechsel verändert. Kathi stellte es triumphierend fest. Sie hielt etwas auf den Mond und auf die Planeten, von denen es trockene und ›wassrige‹ gab, während Hellwang behauptete, das wäre alles Blödsinn und ob zunehmend oder abnehmend, ob Mars oder Saturn, das Wetter denke nicht daran, sich nach dem Mond zu richten. Dieses Mal hatte Kathi recht, der Himmel war grau bezogen, und der Westwind fegte schwere Wolken heran. Die Bäume waren kahl, die letzten Astern faulten an den Stengeln, und nur die safrangelben und rotbraunen Chrysanthemen blühten nach Allerseelen entgegen. Von der Würm her krochen allnächtlich Nebel feucht und kalt heran, die sich erst gegen Mittag auflösten. Sie hüllten die letzten Blumen in den Gärten noch in ihr wärmendes Kleid. Eine klare Nacht konnte den ersten Frost bringen.

Britta lag jetzt schon über drei Wochen im Spital. Die äußeren Krankheitsmerkmale waren zurückgegangen, sie lag ohne Schmerzen in ihrem Bett, spielte mit Helga Häfner endlose Partien Halma, Mühle und Mensch-ärgere-dich-nicht, und ihre Aufgabe bestand nur noch darin, Geduld zu haben, um den gefährlichen Folgeerkrankungen der Diphtherie zu entgehen. Hellwang besuchte sie täglich, häufig mit Trix oder mit Kathi zusammen, manchmal auch allein. Er durfte mit ihr natürlich nicht sprechen. Wenn er kam, schob Schwester Gertrude Brittas Bett in die Nähe des Fensters, an dem er in dem Besuchsraum der Infektionsabteilung stand. Er lächelte Britta zu und versuchte, sich mit ihr in der kurz bemessenen Besuchszeit durch Zeichen und Gebärden zu verständigen. Stets brachte er ihr etwas mit, was ihr die Langeweile verkürzen sollte, einen neuen Teil zu ihrem Metallbaukasten, ein verzwicktes Geduldspiel oder eine Bildermappe. Aber sie war doch immer ein wenig enttäuscht, wenn er allein kam. Dann hob sie fragend das Gesicht, und in der überdeutlichen, lautlosen Taubstummensprache, in der sie sich zu unterhalten gezwungen waren, preßte sie die Zunge dreimal gegen die Schneidezähne, und er erkannte die drei T der Frage: ›Tante Trix? Wo ist sie? Weshalb hast du sie nicht mitgebracht?‹

Wenn Hellwang Kathi mitnahm, machte er zwischen ihr und Britta den Dolmetscher. Kathi fand Britta spitznasig und abgemagert. Ihre Hauptsorge war, ob Britta auch gut verpflegt würde. Britta mußte stets erzählen, was es in den letzten Tagen zu essen gegeben hatte, und Kathi unterzog das, was sie zu hören bekam, einer vernichtenden Kritik.

»Also mit dem Essen ist's fei nix, Herr Doktor«, stellte sie auf der Heimfahrt fest; »Kruzitürken, dafür is es doch a Kinderspital, daß sie den Kindern auch ihre Schmankerl vorsetzen dürften. Wo unsere Britta für rote Grütze mit Vanillesoße ihr Leben laßt! – Und dann, Herr Doktor, also da wird allweil geredet, daß wir im Zeitalter der Erfindungen leben. Auch so ein Schmarrn! Auf den Mond fliegen, das können sie, und zur Venus wollen sie und wasweißich wohin. Aber da mußt hinterm Fenster stehen und mußt Fratzen schneiden wiara Aff, wenn'st mit'm kranken Kind reden wuist. Was wär schon dabei, wenn sie an jedem Bett a Telefon hinhängen taten und heraußen auch ans, und nachha könnt man sich doch a wen'g unterhalten, und für die Kinder wär's nur halb so fad.«

Und als sie sich Greiffing näherten, nahm Kathi die Unterhaltung noch einmal auf. Sie setzte dabei ihre biedere Miene auf, die den Kindern sofort das Zeichen gewesen wäre, daß sie etwas im Schilde führte. »Und wie die Britta an ihre Tante Trix hängen tut!« sagte sie mit öliger Stimme, »akkurat wie an der seligen Frau. Und die beiden anderen Kinder grad so! Mich kennen's überhaupts nicht mehr. Allweil hoaßt's nur Tante Trix hier und Tante Trix da.« Und als Hellwang schwieg, fügte sie nach einer kleinen Weile sanft lauernd hinzu: »Sie ist abr auch schon a b'sonders liabe Person, unser Fräulein Doktor Trix! I, wann i a Mannsbild waar, oh mei' ...!« Und sie seufzte tief auf.

Hellwang steuerte den Wagen durch einen Blätterwirbel hindurch. Rote Ahornblätter tanzten gegen die Windschutzscheibe und preßten sich gegen sie. Hellwang ließ den Scheibenwischer laufen, der kleine Motor summte eifrig, aber die Blätter blieben kleben. Hellwang bremste, stieg aus und entfernte die Blätter, die seine Sicht behinderten.

»Ja, Kathi«, murmelte er, als er den Wagen wieder in Fahrt brachte, »das wird für Britta ein kummervoller Tag werden, wenn für meine Schwägerin Trix die Abschiedsstunde schlägt. Und ich fürchte, wir müssen uns bald darauf gefaßt machen, wieder allein zu hausen.«

»Warumma?« fragte Kathi mit störrischem Gesicht, »ich mein, warum muß das Fräulein Doktor wieder fort?«

»Warum! Weil sie ihren Beruf hat!« knurrte er gereizt. Kathi verzichtete auf eine Fortsetzung des Gesprächs. Sie lehnte sich tief in die Polster zurück und verschränkte die Arme über der Brust. Hellwang verzog das Gesicht, als sie die Luft zwischen Schneide- und Eckzahn zischend einsog.

Trix öffnete das Tor, als sie den Wagen kommen hörte, und Hellwang fuhr in die Garage ein.

»Wie geht's Britta?« fragte sie. Ihre Hände waren voller Erde. Sie wischte sich die Haare, die unter dem bunten Kopftuch hervorquollen, mit dem Arm aus der Stirn.

»Oiwei verlangt's nach Eahna, Fräulein Doktor«, antwortete Kathi anstelle Hellwangs, an den die Frage eigentlich gerichtet war.

»Ich fahre nachmittags in die Stadt. Sie können das Essen schon aufsetzen, Kathi.« Lydia und Söhnchen hängten sich in Kathis Arme und verschwanden mit ihr im Haus, um in die Kochtöpfe zu gucken.

»Willst du den Wagen nehmen?« fragte Hellwang.

»Nein, der Trubel ist mir zu groß, und das ewige Gefrett mit den Parkplätzen. Nein, ich fahre mit der Bahn.«

Hellwang schloß die Garagentür: »Post gekommen?« fragte er über die Schulter. Trix schüttelte den Kopf. Er schloß das Tor ab: »Auch für dich nichts?«

»Nein, man scheint sich um mich nicht gerade zu reißen...«

Er zündete sich eine Zigarette an und bohrte das abgebrannte Zündholz in die Markröhre eines abgebrochenen Jasminzweiges. »Kathi meinte unterwegs, daß es für Britta ein sehr böser Tag werden wird, wenn sie erfährt, daß du uns verläßt. – Ich getraue mich jedenfalls nicht, es ihr beizubringen. Das mußt du schon selber besorgen, Trix.«

»Mein Gott«, sagte sie etwas bestürzt, »aber schließlich muß Britta es doch einsehen, daß ich nicht ewig hierbleiben kann.«

»Gewiß, gewiß«, murmelte er, »aber mach ihr das lieber selber klar.« Er ging neben Trix über den Rasen. Vor dem Erdbeerbeet blieb sie stehen. Mehr als zwei Drittel der Anlage waren vom Unkraut und von den wuchernden Ausläufern befreit. Hellwang scharrte mit der Spitze seines Schuhes in der schwarzen lockeren Erde: »Was du dir da für eine Arbeit gemacht hast! Sauber ist das Beet geworden, blitzsauber. Ich habe einmal versucht, da Ordnung reinzubringen, aber ich habe den Versuch bald aufgegeben. Nur eine Frau bringt soviel Geduld auf.«

»Ohne uns liefet ihr ja wahrscheinlich heute noch mit Steinbeulen herum«, sagte sie mit einem kleinen Lachen.

»Oder im Paradies«, erwiderte er. »Aber schau, Trix, nun machst du dir diese Arbeit und plagst dich hier ab – und wirst nichts von deiner Mühe haben, es sei denn, daß du uns versprichst, deinen Urlaub im kommenden Jahr zur Erdbeerzeit bei uns zu verbringen.«

»Vorsicht!« warnte sie, »sei mit deinen Einladungen vorsichtig, ich gehöre nämlich nicht zu den Leuten, die sich zweimal nötigen lassen.«

»Ach, Trix, du weißt doch genau, wie willkommen du uns jederzeit bist!«

»Wirklich?« fragte sie blinzelnd.

»Wie kannst du fragen!«

»Nun, vor drei Wochen hatte ich gar nicht das Gefühl, daß dir mein Besuch sehr gelegen kam.« Sie sah ihn von der Seite an, ihre weißen Zähne schimmerten zwischen den Lippen auf: »Na, habe ich recht, Konrad?«

»Aber ich bitte dich, das ist doch Unsinn!« rief er überstürzt. »Selbstverständlich freute ich mich über deinen Besuch! Ich fürchtete nur, du würdest dich hier nicht wohl fühlen. Sieh einmal, du hattest das Haus in Erinnerung, wie es früher einmal war, als du die Schul- und Semesterferien bei uns verbrachtest. Und du hattest wohl auch mich in Erinnerung, wie ich damals gewesen bin – Trübsal blasen war ja nie meine Sache. Aber nun lag über allem der Schatten von Luisas Tod. Und wie du deine Ankunft in München so überraschen meldetest, da war mein erster Gedanke: Arme Trix, viel Freude wirst du bei uns nicht erleben. – Und dann mußte auch noch die Geschichte mit Brittas Erkrankung dazukommen. – Ich bin selbstsüchtig, aber auch ehrlich genug, dem Himmel zu danken, daß er dich gerade zur rechten Zeit schickte. Aber für dich waren diese Wochen leider alles andere als ein Vergnügen.«

»Du scheinst mich für sehr vergnügungssüchtig zu halten.«

»Nun, es müßte ja mit dem Teufel zugehen, wenn dir ein Kinobesuch oder ein Theaterstück oder eine nette Spritztour mit dem Auto nicht lieber wären als Krankenbesuche und das Ausputzen von verwilderten Erdbeerbeeten!«

»Ich habe nichts dagegen, das alles im nächsten Sommer gründlich nachzuholen«, gestand sie lachend.

»An mir soll es nicht liegen! Aber weiß Gott, was bis zum nächsten Jahr alles geschieht...«

»Was soll schon geschehen? Bei dir geht es doch immer ein wenig auf und ab. Ich sprach vorher gerade mit Dr. Lechner darüber, und wir waren uns einig, daß du um deinen Beruf zu beneiden bist. Ich finde ihn jedenfalls großartig und spannend wie ein Abenteuer, und wenn ich deine Begabung hätte...«

»Ach, meine Liebe«, unterbrach er sie, »das Abenteuer hat auch seine Schattenseiten. Zuweilen beneide ich meine ehemaligen Studienfreunde, die jetzt auf ihren sicheren Richter- oder Lehrstühlen sitzen.«

»Ich verstehe das schon, aber trotzdem schaudert es mich manchmal ein wenig, wenn ich an meine Zukunft denke. Ich bin so gar kein Uhrwerksmensch. Und wenn es auch ein tröstlicher Gedanke sein mag, daß am Ersten die Kohlen stimmen, so wenig kann ich mich damit abfinden, daß ich mein Leben lang in den Dienst gespannt sein werde wie ein Schalterbeamter.«

»Nanana!« machte er und wiegte zweifelnd den Kopf.

»Es ist aber so«, sagte sie, »und das Schlimmste ist, daß man mit der Zeit Routine bekommt und sich darauf noch etwas einbildet.«

Hellwang scharrte mit der Sohle ein paar Erdkrumen an den Rand des Beetes und trat sie fest: »Ich wundere mich eigentlich, Trix«, sagte er nach einem kleinen Zögern, »daß du nicht geheiratet hast. Ich kann mir nicht vorstellen, daß es dir an Bewerbern gefehlt hat.«

Sie errötete flüchtig: »Das gerade nicht – aber der Richtige wird wohl nicht dabei gewesen sein...«

»Du mußt doch in der langen Assistentenzeit Dutzende von Kollegen kennengelernt haben«, meinte er hartnäckig.

»Natürlich – aber ich heirate doch nicht, um fachzusimpeln. Das kann ich billiger haben.«

Ein heftiger Windstoß fuhr heran. Er fegte durch die Hecke, bog sie nieder und spritzte ein paar Regentropfen gegen ihre Gesichter. Trix schaute besorgt empor und beobachtete den Flug der Wolken. Der Wind preßte das Kleid gegen ihren Körper und modellierte ihre schlanken Beine. Hellwang sah, wie das Blut in dem gespannten Bogen ihrer Kehle pulste. Sie trug ein Dirndl aus blauem Wollstoff.

Den Spenzer schlossen matt glänzende Münzenknöpfe, auf die der Tiroler Doppeladler geprägt war, sie liefen in einer silbernen Kurve vom Halsschluß unter die Schleife der gelben Schürze.

»Hoffentlich läßt das Wetter mich noch mit dem Beet fertig werden. Was meinst du, Konrad, solange der Wind anhält...«

Hellwang öffnete den Mund, als hätte er sekundenlang vergessen zu atmen. »Solange der Wind anhält, kommt es gewiß nicht zum Regnen«, sagte er etwas abgewürgt und warf einen Blick auf seine Armbanduhr. »Wir haben bis zum Essen noch eine volle Stunde Zeit. Ich werde sie ausnutzen und noch ein paar Seiten lesen.« Er nickte ihr zu, ohne sie dabei anzusehen, und ging über den Rasen zur Haustür.

Trix stand ein paar Sekunden lang reglos da und starrte ihm nach. Die dünnen, niederhängenden Zweige der Weide streiften seine Schulter und fielen wie steife Schnüre nieder. Der Wind erlaubte sich einen Scherz und blies seine Haare von hinten auf. Es sah komisch aus und ähnelte dem Kunststück eines Clowns, den sie einmal mit den Kindern im Zirkus Krone gesehen hatte. Aber sie lächelte nicht. Ihr strömte langsam das Blut ins Gesicht und sie spürte das Aufsteigen einer sanften Wärme, die bis unter ihre Kopfhaut drang, die wohltuend von ihr Besitz ergriff und sie mit einer angenehmen Schwäche füllte, als wäre ein Zauberbann über sie geworfen. Es war süß und erschreckend zugleich. Ihre Gedanken huschten wie ein Nest aufgescheuchter Wiesel durcheinander. – Ich bin drauf und dran, mich in ihn zu verlieben, dachte sie beklommen. Und dann sprach die Stimme ihres gesunden Verstandes auf sie ein: Sei vernünftig! Schlag dir das aus dem Kopf! Nicht, weil er der Mann deiner Schwester war, aber wie willst du an Luisas Stelle treten? Luisa war eine wunderbare Frau. Sie besaß alles, was dir fehlt. Sie war schön und sanft und klug. Sie besaß jene stille Klugheit, deren Wurzeln Erfahrung und Reife sind. Wie soll es dir je gelingen, ihm das zu werden, was Luisa ihm war? Du kannst nie mehr als seine Geliebte werden – und das wäre Verrat an Luisa, und es macht keinen Unterschied, daß sie nicht mehr am Leben ist. Trix griff nach dem Spaten und beugte sich über das Erdbeerbeet. Wenn doch von irgendwoher eine Antwort auf ihre Bewerbungsschreiben käme! Und wenn es das kleine Nest im Chiemgau war, wo das neue Kreiskrankenhaus einen Röntgenologen suchte...

Hellwang nahm in dem Sessel neben dem Bücherbord in der Leseecke seines Arbeitszimmers Platz. Eine ältere Abhandlung von Häbler über die überseeischen Unternehmungen der Welser lag auf seinen Knien, ein Lobgesang auf die königlichen Kaufleute. Zettel mit Notizen staken zwischen den Seiten. Er schlug das Buch auf und begann zu lesen. Vor zwei Wochen war die endgültige Entscheidung zwischen Gordon-Pascha und den Welsern zugunsten der Welser gefallen, er hatte die Arbeit wieder intensiv aufgenommen und war, ohne es selbst recht zu merken, von Tag zu Tag tiefer in das Thema eingedrungen. Der Stoff fesselte ihn und begann Ausblicke zu eröffnen, die ihn erregten, als befände er sich auf einer abenteuerlichen Entdeckungsfahrt in ein unbekanntes Land. Und von Tag zu Tag weitete sich der Stoff aus. Die Geschichte des augsburgischen Patriziergeschlechtes, das durch die heimliche Ehe der Welsertochter Philippine mit Erzherzog Ferdinand – ›wenn auch ein wenig außerhalb der Legalität‹ – mit dem Kaiserhaus verschwägert gewesen war, rückte in den Hintergrund. Die Gestalten der Welser mit ihren kühlen, schmallippigen Gesichtern und herrschsüchtigen Augen traten in einen größeren Rahmen ein, der ein Gemälde von tieferer Bedeutung umspannte. – Mit der Anhäufung des Kapitals in den Niederlassungen der Augsburger und Nürnberger Gewürzkrämer regte sich ihr Machthunger. Und so fanden sie ein besseres Spielfeld für ihren Ehrgeiz als in der Politik. In den Mauern des Heiligen Römischen Reiches Deutscher Nation zeigten sich die ersten Risse. Aber diese ›fürstlichen Kaufherren‹ taten nichts, um den tragischen Zerfall aufzuhalten. Der Blick dafür, daß die stürzenden Trümmer des Reichsbaues auch sie selber erschlagen würden, war ihnen nicht gegeben. Die zunehmende Schwäche des Reiches, das mit der Kaiserkrönung Ottos I. die Nachfolge des Imperium Romanum so glanzvoll begann, war der Nährboden, auf dem ihr unersättlicher Hunger nach Reichtum und Macht hypertrophisch wucherte. In der dünnen Luft ihrer Handelskontore schoben sie mit spitzen Fingern die Figuren über das politische Schachbrett, stürzten oder erhoben die Kaiser, verschuldeten die Ritterschaft, nahmen Länder zum Pfande, ließen die Bauern verbluten, verheirateten ihre Töchter mit Königssöhnen und hoben ihre Söhne auf Kardinalssitze, dämonische Drahtzieher einer egoistischen Hausmachtspolitik, deren unheilige Insignien das Kontobuch und der Zinsbegriff waren, während die Krone der deutschen Kaiser auf unwürdigen Häuptern ihren Glanz verlor und der Reichsapfel aus schwachen Händen in den Staub rollte.

Hellwang überflog seine Notizen, die er gestern gemacht hatte. Er versuchte weiterzulesen, aber er brachte keine rechte Sammlung auf. Und es war zwecklos, die Gedanken mit Gewalt in den Stoff hineinbohren zu wollen. Sie rutschten ihm aus. Er klappte den Häbler zu und trat ans Fenster. Hinter dem Netzwerk des Geästes der entlaubten Kirsche schimmerte Trixens blaues Kleid mit der goldgelben Schürze und darüber der leuchtende Fleck ihres bunten Kopftüchelchens, das sie sich irgendwann aus Italien mitgebracht haben mochte.

»Wenn doch diese verdammten Sanatorien keine Antwort gäben!« sagte Hellwang plötzlich laut. Er fuhr sich über das Gesicht, als nähme er eine Maske ab, und was dahinter zum Vorschein kam, war die blanke Furcht, Trix könnte ihn und das Haus wieder verlassen. Warum sollte er sich nicht eingestehen, daß mit ihrer Ankunft ein guter Geist eingezogen war? Ein Geist der Fröhlichkeit und Jugend, ein befreiendes Aufatmen, ein heiterer Glanz, der sich allen mitteilte, den Kindern, Kathi und nicht zuletzt ihm selber. Verstand er überhaupt noch, daß er vor einem Monat geglaubt hatte, leergebrannt und ausgeschrieben zu sein? Eine neue Aufgabe drängte sich an ihn heran und er spürte, wie sie sich in ihm ausbreitete, von ihm Besitz ergriff und gebieterisch nach Vollendung verlangte.

Und daneben – oder vielmehr darüber – keimte etwas Neues in ihm, etwas Zartes, mehr Geahntes als Bewußtes. War es Liebe? Er wagte nicht soweit zu denken. Gewiß war nur, daß es mit Trix zusammenhing und daß der Gedanke, sie könne wieder aus seinem Haus und aus seinem Leben verschwinden, einen unerträglichen Schmerz verursachen und zurücklassen würde. Er wünschte nichts sehnlicher, als daß sie bleiben möge, aber zugleich fürchtete er nichts mehr, als daß sie diesen seinen Wunsch erraten könne. Denn er war davon überzeugt, daß sie auf und davon laufen würde, wenn sie seine Wünsche auch nur ahnte. Er war inzwischen neununddreißig Jahre alt geworden, und wenn er sich im Spiegel betrachtete, dann fand er an den Schläfen graue Haare, und die Vergangenheit war an ihm nicht vorübergegangen, ohne ihre Spuren in sein Gesicht zu prägen. Trix war zehn Jahre jünger als er. Und sie hatte ihren Beruf! Wie konnte er je von ihr verlangen, den Beruf aufzugeben und ihr Leben und ihre Zukunft ihm anzuvertrauen?

Um Gottes willen, dachte er inbrünstig und preßte die Fäuste gegeneinander, du darfst dich nie verraten! Das Gespräch heute ging schon über die Grenzen der Vertraulichkeit hinaus, die du dir erlauben darfst. Und es wäre unerträglich, wenn du sie in die Verlegenheit brächtest, dich auch nur mit einem Blick zurück- und zurechtweisen zu müssen. Du hast nur eine einzige Chance, und die besteht darin, daß diese verdammten Krankenhäuser und Sanatorien ihre Stellen schon anders besetzt haben, und daß die Kinder Trix hier festhalten und nicht mehr loslassen.

Er hatte kein Glück. Zwei Briefe an Trix waren bereits unterwegs. –

Als Hellwang tags darauf am späten Nachmittag das Haus verließ, um sich bei einem Spaziergang durch die Greiffinger Lohe den Schädel auszulüften, begegnete er Trix. Sie kam vom Bahnhof, denn sie war heute wie gestern nach dem Mittagessen in die Stadt gefahren, um Britta zu besuchen. Sie schloß sich ihm an. Er erzählte ihr, daß er die Absicht gehabt hätte, die Kinder auf seinen Spaziergang mitzunehmen, aber sie hätten sich geweigert, da Kathi beim Kuchenbacken sei, wobei ihre wichtige Hilfe darin bestand, die Schüsseln auszulecken und Kathi im Wege zu stehen.

Er grüßte nach rechts und nach links über die Zäune, wo alte Herren in vorsintflutlichen Anzügen, die sie bei der Gartenarbeit auftrugen, Leimringe um die Obstbäume legten, die Stämme kalkten oder Mist untergruben.

»Du kennst hier aber auch jeden Menschen«, staunte sie.

»Man lebt nicht ungestraft in Greiffing. Ich kenne nicht nur jeden Menschen, sondern ich kenne auch die Geschichte jeder Goldreinette und jedes Rosenstocks, der seinem Besitzer Sorgen macht. Und in Greiffing gibt es in dieser Beziehung viele Sorgenkinder. Wenn ich neugierig wäre, wüßte ich auch über die Familienintimitäten Bescheid, aber ich beschränke mich auf die Botanik. Ich luchse ihnen die Geheimnisse nicht ab, mit denen sie auf der nächsten Greiffinger Gartenschau Triumphe feiern und den blassen Neid ihrer Mitbewerber herausfordern wollen.«

»Ich finde unsere Wildnis wunderbar!« rief Trix.

»Die alten Herren sind da aber anderer Ansicht«, grinste er. »Meine Nachbarn haben mir lange bittere Vorwürfe gemacht, daß ich Löwenzahn und Gänseblümchen nicht energischer ausrotte. Der alte Oberst Habedanck wollte mir sogar einen Sack Kali-Stickstoff-Superphosphat kostenlos über den Zaun reichen. Jetzt haben sie mich als hoffnungslosen Fall aufgegeben. Aber heimlich haben sie die Kinder bestochen. Eine von Lydias Geldquellen – so eine Art Reptilienfonds – ist Herr Direktor Beyerlein. Für hundert abgelieferte Löwenzahnblüten bekommt sie ein Fünferl. Ich bin nur neugierig, was er für Augen machen wird, wenn er dahinter kommt, daß ich Gegenmaßnahmen ergriffen habe. Lydia holt die Butterblumen nämlich von der Schäferwiese.«

Trix lachte hell auf, sie hängte sich für ein paar Schritte impulsiv in Hellwangs Arm ein. Er spürte ihre Wärme und hielt den Arm ganz still, als hätte sich ein Schmetterling darauf niedergelassen. Sie ließ die Hand langsam sinken. Das Gespräch stockte für eine Weile.

Sie hatten inzwischen den Wald erreicht. Der Wind rauschte in den Kronen der Kiefern. Nadeln rieselten herab. Die Wege waren feucht und glitschig. In den schmalen Lichtungen regte sich kaum ein Luftzug. Es roch herbstlich und nach faulendem Laub und modernden Schwämmen. Boviste stäubten unter ihren Sohlen auf und puderten ihre Schuhe ein.

»Wie geht es deiner Arbeit, Konrad?« fragte Trix endlich. Hellwang wischte sich ein Spinnennetz aus dem Gesicht: »Ich habe das Gefühl, endlich mit den Füßen Grund zu erreichen. Wenn ich mich nicht irre, wird das eine gute Sache. Ich möchte mit der Legende von den ›königlichen Kaufleuten‹ aufräumen. Sie waren eine verruchte Bande, die Welser. Mit ihren Kollegen in Augsburg und Nürnberg waren sie die Würmer im Gebälk des Heiligen Römischen Reiches Deutscher Nation. Was sollte daraus werden, wenn in einem Staat, der aus dem Mythos stammte, Bankiers und Industrielle von ihren Kontorschemeln aus Politik und Geschichte machen wollten?«

Trix hörte stumm und aufmerksam zu. Sie vermochte nicht zu unterscheiden, ob die Gedanken, die er entwickelte, richtig oder falsch waren. Es war auch gleichgültig. Sie spürte in ihm die Flamme eines Geistes, der leidenschaftlich um Erkenntnis rang, und es beglückte sie, daß er zu ihr wie zu einem vertrauten Freunde sprach. Hellwang selber sah noch nicht die ganzen Umrisse und den ganzen Umfang seiner Arbeit, aber auf diesem langen Spaziergang bekam der Entwurf schärfere Konturen. Die Spieler schieden sich von den Gegenspielern, und die dramatischen Spannungen auf der düsterbunten mittelalterlichen Bühne ballten sich zusammen.

Sie kehrten bei anbrechender Dämmerung nach Hause zurück. »Arme Trix«, sagte er ehrlich bekümmert, als er das Gartentor öffnete, »jetzt habe ich dich fast zwei geschlagene Stunden lang mit den ollen Welsern und ihren trüben Geschäftspraktiken gelangweilt.«

In ihren Augen erlosch ein Licht. Sie hob ärgerlich die linke Braue. »Red doch keinen Unsinn«, sagte sie verstimmt, »ich verstehe wirklich nicht, weshalb du glaubst, dich entschuldigen zu müssen, wenn du einmal mit mir wie zu einem halbwegs vernünftigen Menschen sprichst!«

Er machte ein unglückliches Gesicht, er konnte es nicht erklären, weshalb sie ihn plötzlich so gereizt anfuhr. Lydia und Söhnchen hüpften ihnen entgegen.

»Der Guglhupf is' der Kathi z'ammg'falln!« schrie Lydia begeistert, »wie a Nudelbrett! Aber pfundig schmecken tut er, akkrat wie Mandelpudding!«

Trix klemmte ihr eine Haarspange fest, die sich zu lösen drohte. Ihr Gesicht war wieder fröhlich, als sie sich zu Hellwang umdrehte: »Schau einmal nach, Konrad, ob wir Baldrian im Hause haben. Ich befürchte das Schlimmste!«

Aber ihre Befürchtungen waren grundlos. Die Kinder hatten eiserne Mägen, die mehr vertrugen als einen klitschigen Topfkuchen.

Als Hellwang am nächsten Morgen die Post aus dem Briefkasten holte, fand er unter den Briefen gleich zwei an Trix gerichtete Schreiben. Im gleichen Augenblick, in dem er die gelben amtlichen Umschläge mit den Pergamentfenstern in die Hand nahm, wußte er, auch ohne einen Blick auf die Poststempel Wiesbaden und Traunstein zu werfen, was die beiden Schreiben enthielten: Trixens Berufung. Sie brauchte sich nur noch für das appetitlicher gebakkene Brötchen zu entscheiden. Für den Bruchteil einer Sekunde durchzuckte ihn der törichte Wunsch, die Briefe einfach zu unterschlagen. Es war ein kindischer Gedanke und er schämte sich dafür. Aber nicht minder töricht wäre es gewesen, die Briefe in den Kasten zurückzuwerfen und es Trix zu überlassen, sich die Schreiben selber herauszufischen. Trotzdem empfand er es als eine besonders boshafte Fügung, daß gerade er ihr diese Antworten auf ihre Bewerbung auch noch übergeben sollte. Und es erforderte eine ordentliche Überwindung, ehe er sich dazu entschließen konnte, Trix zu rufen. Sie kam aus dem Kinderzimmer, wo sie die beiden Schränke mit Spielzeug neu eingeräumt hatte, und nahm die dikken Umschläge aus seiner Hand entgegen.

»Woher?« fragte er mit belegter Stimme.

»Wiesbaden und Traunstein«, antwortete sie nach einem Blick auf die Absenderangaben unterhalb der Stadtwappen. Sie riß zuerst den Wiesbadener Brief auf und entfaltete den Bogen. Er sah, daß sie den Mund verzog, und in seinem Herzen stieg eine Hoffnung auf...

»Nun, was ist?«

»Was wird es schon sein?« murmelte sie, »eine höfliche Absage. Die Stelle ist schon vor einem Monat besetzt worden.«

»Oh, das tut mir aber leid...« Er schaute heimlich über ihre Schultern, als sie den zweiten Umschlag aufschlitzte.

»Na, und was schreibt der Landrat Traunstein?« fragte er. Sie zögerte mit der Antwort, und wieder flammte in ihm die Hoffnung auf, sie könne eine zweite Absage bekommen haben.

»Ich soll mich in den nächsten Tagen vorstellen und die Stellung so bald wie möglich antreten. Es handelt sich um ein neuerbautes Kreiskrankenhaus, dessen Röntgenabteilung noch nicht völlig installiert ist und nach meinen Wünschen eingerichtet werden könnte.« Sie faltete den Bogen zusammen und steckte ihn in den Umschlag zurück. Hellwang streckte die Hand vor, er bekam Trixens Finger zu fassen und drückte sie herzhaft.

»Also, dann kann man ja gratulieren«, rief er munter, »das ist ja ein fabelhaftes Angebot. Und der Chiemgau... wenn ich mich nicht in Greiffing angesiedelt hätte, hätte ich mir dort ein Haus gebaut. Einer meiner Freunde lebt in Rimsting, und ein anderer auf einem uralten Bauernhof in der Nähe von Truchtlaching, direkt an der Alz. Ich habe dort Forellen und Äschen gefangen, und einmal einen dreißigpfündigen Waller. Die Kinder werden natürlich ein Jammergeheul anstimmen, daß du uns nun so bald verlassen willst – und ich finde, man hätte dir ja eine etwas längere Atempause gönnen können...« Er schwatzte drauf los und schwatzte alles herunter, was in ihm an Enttäuschung aufsteigen wollte. »Aber was ist denn das?« fragte er plötzlich betroffen, »du freust dich ja gar nicht, du machst ja ein Gesicht, als ob du eine Trauerbotschaft bekommen hättest... Na höre einmal!«

Trix befeuchtete sich die Lippen: »Doch – ich freue mich«, antwortete sie, »sehr...«

Das letzte Wort klappte merkwürdig spät nach. Sie versuchte den Eindruck, den er bekommen konnte, zu verwischen: »Ach, weißt du, die Überraschung ist zu groß – ich habe es wohl noch nicht recht begriffen.« – »Du hast diesen Brief doch erwartet!«

»Nun ja«, stammelte sie, »aber Traunstein... Vielleicht hatte ich doch mehr erhofft. Immerhin, Salzburg ist nah, und München nicht weit, und die Berge vor der Haustür...«

»Du wirst dich dort sehr wohl fühlen, und ich wünsche dir nochmals alles Gute! Du hast einen Erfolg errungen.«

»Danke, Konrad«, sie versuchte, so auszusehen, als ob sie sich über den Erfolg freue, aber der Versuch gelang nicht ganz.

»Und wann wirst du uns nun verlassen, Trix?«

Sie hob die Schultern, ihre Finger spielten mit dem Brief, das Pergamentfenster knisterte: »Ich denke, daß ich es mir erlauben darf, noch ein paar Tage hierzubleiben.« Sie sah ihn an, als erwarte sie seine Zustimmung, aber er starrte an ihr vorbei.

»Wie du meinst«, murmelte er und es klang durchaus nicht so, als ob er sie dazu ermutigen wolle, den Aufenthalt in Greiffing allzu lange auszudehnen. Und tatsächlich beherrschte ihn nur ein Gedanke:

Wenn du gehst, dann geh bald, geh so bald als möglich! Denn jeder Tag, den du noch hier bleibst, macht mir den Abschied um so schwerer.

»Also, übermorgen...«, sagte sie.

»Wie du meinst«, wiederholte er achselzuckend, »diese Entscheidung mußt du schon selber treffen.«

Eine kleine Pause entstand. Oben summte der Staubsauger. Kathi begleitete das Gesumme mit Gesang, ihre Stimme ähnelte dem Bariton der Zarah Leander, zumindest in der Tiefe, Hellwang hielt das Gespräch für beendet und wollte auf sein Zimmer gehen. Trix hielt ihn noch einmal zurück: »Britta bat mich gestern um einen neuen Zeichenblock und um neue Buntstifte. Besuchst du sie heute vormittag, oder soll ich in die Stadt fahren und ihr die gewünschten Sachen besorgen?«

»Fahr du, bitte, ich habe einen Haufen Briefe zu erledigen. Und außerdem werde ich ja noch oft genug Gelegenheit haben, Britta zu besuchen, während du ja...«, er schloß den Satz mit einer Handbewegung, die andeuten sollte, daß man sich ins Unabänderliche fügen müsse. »Aber nimm den Wagen, du ersparst dir damit doch eine Menge Zeit, und du wirst deine Abreise ja vorbereiten müssen.«

»Danke, ich werde den Wagen nehmen.« Trix nestelte nervös an ihrem Uhrarmband, sie zog die Uhr auf, obwohl sie bereits bis zur letzten Spannung der Feder aufgezogen war: »Ich fürchte mich ein wenig, es Britta zu sagen«, gestand sie leise.

Hellwang schob die Hände in die Hosentaschen: »Britta ist alt genug und hoffentlich auch vernünftig genug, um einzusehen, daß Dienst eben Dienst ist«, sagte er ruhig, »und wenn sie es nicht einsieht, nun, dann ist auch nichts zu machen. Du kannst ihretwegen schließlich nicht den Vertrag zurückschicken. Das ist doch nun einmal klar, nicht wahr? Also mach dir keine Gedanken, was sein muß, muß sein.« Er drehte sich um und stieg die Treppe empor. In seinem Zimmer schaltete er den elektrischen Ofen an und hielt die Hände gegen den warmen Luftstrom. Übermorgen... dachte er, übermorgen... Das Wort lief in seinem Kopf herum wie eine gefangene Maus in einem kleinen, runden Käfig. Er hörte, wie Trix in ihr Zimmer ging, um sich für die Stadtfahrt umzukleiden. Sie verabschiedete sich nicht von ihm, wahrscheinlich meinte sie, ihn in der Arbeit zu stören. Und er stand an der Tür und wartete auf sie. Vielleicht hätte er sie in seine Arme gerissen, wenn sie die Tür geöffnet hätte. Aber sie ging an seinem Zimmer vorüber. Unten sprach sie noch ein paar Worte mit Kathi, die ihr für Britta ein Stück Prinzregententorte mitgab. Lydia und Söhnchen begleiteten sie zur Garage und hängten sich über das einschwingende Zauntor, um ihr nachzuwinken, bis der Wagen um die Ecke verschwand.

Hellwang trat von seinem Platz hinter dem Store ins Zimmer zurück. Er schob sich eine Zigarette zwischen die Lippen, aber er suchte den Schreibtisch und seine Taschen vergeblich nach Feuer ab. Schließlich mußte er sich eine Schachtel Zündhölzer – er benutzte nie ein Feuerzeug – aus der Küche holen. Kathi stand am Tisch und richtete einen Italienischen Salat an. Sie bereitete die Mayonnaise selber zu und quirlte Öl in ein Eigelb. Sie bat ihn, sich die Zündhölzer selber zu nehmen, sie lägen links im oberen Schrankfach.

»Hat Ihnen meine Schwägerin übrigens schon erzählt, daß sie uns übermorgen verläßt?« fragte er.

Kathi stellte die Ölflasche ab, aber sie rührte weiter. »Machen S' Witze?« stieß sie hervor.

»Ich mache keine Witze!« knurrte er sie an.

Kathis rechte Hand rührte die Mayonnaise immer noch mechanisch weiter. Sie starrte Hellwang an und schüttelte den Kopf, als wolle sie sagen: Ich glaub's einfach nicht, und wenn Sie es mir noch zehnmal erzählen, ich glaube es nicht! – Ihre sture Ungläubigkeit erregte seinen Zorn.

»Übermorgen!« schrie er unbeherrscht und knallte die Küchentür hinter sich zu. Kathi starrte verblüfft auf die Stelle, wo er gestanden hatte. Ihre Augen weiteten sich.

»Öha!« murmelte sie, »waht der Wind aus der Richtung?« – Sie seufzte tief auf, so recht aus Herzensgrund, dann gruben sich tiefe Denkfalten in ihre Stirn, sie schnüffelte vernehmlich, und schließlich sog sie die Luft zischend zwischen dem oberen rechten Eck- und Schneidezahn ein. »Dees werma scho sehn!« murmelte sie grimmig.

Trix fuhr langsam zur Stadt, sie fuhr so langsam daß sie fast ein Verkehrshindernis wurde, sogar Mopeds überholten sie. Andere Fahrer, die sie böse hupend überholten, wurden freundlicher, wenn sie entdeckten, daß eine Frau am Steuer saß. Natürlich, die Weiber! Es fiel Trix schwer, sich aufs Fahren zu konzentrieren. Ihre Handtasche lag auf dem Nebensitz. Aus dem Seitenfach lugte ein schmaler Streifen eines gelben Briefumschlages hervor.

Sie hatte doch noch gestern das Eintreffen einer positiven Antwort auf ihre Bewerbungen so sehnlich herbeigewünscht. Weshalb empfand sie keine Befriedigung darüber, daß ihr Wunsch sich so rasch erfüllt hatte? Die Berufung war doch ein Erfolg, denn ganz gewiß war ihre Bewerbung nicht die einzige gewesen. Weshalb also spürte sie keine Freude, keinen Stolz und kein Glücksgefühl? – Einen Augenblick lang versuchte sie sich einzureden, es bedrücke sie, die Nachricht von der bevorstehenden Trennung Britta zu überbringen. Natürlich, auch das sprach mit. Aber weshalb fand sie nicht den Mut, sich einzugestehen, daß sie seit Tagen nichts so sehr gefürchtet hatte, als daß ihre Bewerbungen von einer Stelle positiv beantwortet würden.

Weshalb belüge ich mich? Wenn Konrad nur ein einziges Wort gesagt hätte, wenn er gesagt hätte: bleib! – ich hätte mich nicht eine Sekunde lang besonnen, nein, nicht einmal für den Bruchteil einer Sekunde wäre ich um die Antwort verlegen gewesen. Nun bin ich enttäuscht, daß er geschwiegen hat. Aber was hat mich denn berechtigt, auf dieses Wort von ihm zu warten? Nichts, außer meinem eigenen Wunsch, immer bei ihm bleiben zu dürfen. Nichts, außer einem gelegentlichen, sehr ungewissen Gefühl – bei dem ganz gewiß mein Wunsch der Vater des Gedankens war –, daß ich ihm nicht gleichgültig sei.

Sie fand in der Nähe des Spitals einen Parkplatz, und sie fand auch ein Papiergeschäft, in dem sie die Besorgungen für Britta erledigen konnte. Sie gab den Zeichenblock und die Pastellstifte bei der Stationsschwester ab und erkundigte sich nach Brittas Befinden. Es war unverändert, die Temperatur hielt sich in mäßigen Grenzen, der Belag bildete sich deutlich zurück, und der Appetit begann sich – ein gutes Zeichen! – wieder einzustellen. Die Zimmerschwester schob Brittas Bett nahe ans Fenster heran. Britta richtete sich auf, ihr Kopf schien für den zarten Hals zu schwer geworden zu sein. Sie war erschreckend abgemagert und sehr blaß. Ihre kleinen Hände lagen auf der Decke, als ob sie durchsichtig seien. Sie lächelte Trix entgegen, und in ihrem Lächeln lag ein Ausdruck dankbarer Erlösung, als hätte sie diese Minute mit allen Fasern ihres Herzens herbeigesehnt, und als wäre es für sie jedes Mal eine neue Überraschung, Trix hinter dem Besuchsfenster auftauchen zu sehen. Sie blühte in dieser Viertelstunde richtig auf, ihre Wangen färbten sich rosig, und ihre Augen bekamen den alten, fröhlichen Glanz. Nein, Trix fand nicht den Mut, auch nur eine Andeutung von der bevorstehenden Trennung zu machen.

Als sie gegen Mittag wieder heimkam, erfuhr sie von Kathi, daß Hellwang ›in den Ort‹ gegangen sei, um sich Zigarren zu kaufen. ›Der Ort‹ war das alte Greiffing, wo es die besseren Geschäfte gab, darunter auch einen Spezialladen für Tabakwaren. Die alten Herren waren anspruchsvolle Kunden. Söhnchen habe er mitgenommen, weil der Kleine Langeweile gehabt und ihn gequält hätte. Trix legte die Kostümjacke ab und hängte sie an die Garderobe.

»Kann ich Ihnen helfen, Kathi?«

»Dank schön, is net nötig, der Kartoffelsalat ist angerichtet, und die Schnitzl sind im Nu abgebräunt.« Kathi zerschlug ein Ei in einem Teller und schüttete in einen anderen das Paniermehl.

»Übrigens, wie ham mir's denn da? Der Herr Doktor hat mir, kaum, daß Sie weggefahren waren, erzählt, daß Sie uns verlassen wollen.« Sie deutete mit dem Kopf gewissermaßen verächtlich eine unbestimmte Richtung an, die wahrscheinlich ostwärts weisen sollte: »Auf Traunstoa zua – stimmt dees ebba?«

Sie zog, als sie das Wort Traunstein aussprach, die Mundwinkel herab, als handle es sich um das schlimmste Bauernkaff, das im ganzen Bayerland zu finden sei.

»Ja, Kathi – ich habe heute morgen die Nachricht bekommen, daß ich in den nächsten Tagen in einem neuerbauten Kreiskrankenhaus – übrigens nicht direkt in Traunstein, sondern in einer kleineren Stadt in der Nähe von Traunstein – die Röntgenstation übernehmen soll.«

Kathi zerklopfte das Ei mit einem langen dünngeschliffenen Küchenmesser. Die Klinge zog sämige Fäden aus der schwappenden gelben Gallerte. Kathi schaute dabei zu Trix hinüber, als betrachte sie sie über den Rand einer dicken Hornbrille hinweg. »Gell, da freun'S Eahna recht?« fragte sie mit einem unverkennbar giftigen Unterton.

»Mein Gott«, antwortete Trix mit einem Achselzucken, »ich hätte gegen längere Ferien nichts einzuwenden gehabt. Aber die Freude wird schon mit der Arbeit kommen.«

Kathi stellte die Bratpfanne auf die Kochplatte des elektrischen

Herdes und legte ein Stück Butter hinein. Es lief bald brutzelnd auf der gewaffelten Metallfläche umher, bis es zerschmolz.

»Und was deans, wenn ma fragen derf«, – wieder die verächtliche Bewegung in östlicher Richtung, aber dieses Mal mit dem Kinn, »drent in Traunstoa?«

Trix suchte nach einfachen, verständlichen Worten: »Nun, ich bin Fachärztin für die Behandlung mit Röntgenstrahlen...«

Kathi winkte ab. Sie nahm die Pfanne vom Herd und schwenkte sie ein wenig, da das Fett zu heiß zu werden drohte: »Ich weiß schon, das ist das mit den Strahlen, de wo durch und durch gengan.«

»Ganz recht, Kathi, es sind Strahlen, mit deren Hilfe man zum Beispiel feststellen kann, ob und wo sich etwa ein Fremdkörper im Inneren befindet. Man verwendet diese Strahlen aber auch zu Heilzwecken...«

»Bei Krepps«, sagte Kathi und zog ein Schnitzel durchs Ei und bestäubte es mit Paniermehl, »nur nutzen tut's nix.«

»Oho!« rief Trix, »da bin ich aber anderer Ansicht. Es gibt Fälle, in denen die Strahlenbehandlung Wunder wirkt!«

»Ei-nige we-ni-ge!« widersprach Kathi mit Bestimmtheit. »Den Schandarmeriekommissär Huglfinger ham's ›Rechts der Isar‹ bestrahlt, bis er halb damisch g'worden is. Zwei Monate später war er hin!« Sie legte das Schnitzel in die Pfanne. Das Fett prasselte laut auf. »Aber was ich noch fragen wollt'... zwegen dem Durchleuchten... i moan... siecht man do ois?«

»Ich habe Sie nicht ganz verstanden, Kathi...«

»Oob man da alles sieht?« wiederholte Kathi überdeutlich.

»Ja, gewiß, nachher auf der Platte. Nicht etwa schon, wenn man die Strahlen auf den Körper des Patienten richtet. Die Strahlen selber sind nämlich unsichtbar. Ach, es ist sehr schwer zu erklären.«

»Aber auf der Plattn sieht man alles?« fragte Kathi hartnäckig.

»Bei einiger Übung schon«, antwortete Trix geduldig. »Sie würden, wenn ich Ihnen einmal solch eine Röntgenaufnahme zeigen würde, wahrscheinlich nur den Knochenbau erkennen.«

»Und Sie san geübt?« fragte Kathi unermüdlich.

»Natürlich, es ist schließlich mein Fachgebiet, und ich habe lange genug gelernt, diese Aufnahmen richtig zu betrachten. Das ist nämlich eine Wissenschaft für sich.«

Kathi wendete die Schnitzel und führte ein großes Stück Butter auf der Messerspitze um den Rand der Pfanne herum, bis es zerschmolzen war. »Und was beleuchten Sie da so alles?« forschte sie nach einer kleinen Pause weiter.

»Alle Patienten, bei denen andere Fachärzte, Internisten und Chirurgen zum Beispiel, eine Durchleuchtung für notwendig halten, etwa bei Knochenbrüchen, bei Schußverletzungen oder bei Erkrankungen innerer Organe, der Gallenblase, des Magens, der Lunge...«

»Sie durchleuchten also Frauen und Kinder?«

Trix nickte zustimmend: »Ja, natürlich.«

Kathi schaute sie plötzlich von unten herauf mit einem fast beschwörenden Gesichtsausdruck an, ihr etwas Entsetzliches zu ersparen: »Und Mannsbilder auch?« fragte sie kurz und scharf.

»Selbstverständlich!« antwortete Trix ein wenig gereizt, denn allmählich gingen ihr die sonderbaren Fragen auf die Nerven.

Kathi schloß für eine Sekunde wie betäubt die Augen: »Naa!« stieß sie hervor und sah Trix mit einem flehenden Blick an, als bäte sie inständig darum, Trix möge ihr gestehen, daß sie sich nur einen üblen Scherz erlaubt habe.

»Stellen Sie sich doch nicht so blöd an!« sagte Trix ärgerlich und errötete unwillkürlich über Kathis albernes Getue, »ob Kinder oder Frauen oder Männer, es sind kranke Menschen!«

»Schamen tat ich mi!« keuchte Kathi in aufflammender Entrüstung. »Und das soll eine Beschäftigung für Eahna sein, nackichte Mannsbilder fotografieren? Deswegen wollen Sie auf Traunstein fahren und uns hier sitzen lassen, die Kinder und den Herrn Doktor?«

»Sie sind ja total übergeschnappt, Kathi!« rief Trix zornig und funkelte Kathi aus böse blitzenden Augen an. »Und außerdem kann ich doch nicht ewig hierbleiben. Auch dann nicht, wenn ich mir einen Ihrer Meinung nach anständigeren Beruf ausgesucht hätte.«

»So, Sie können nicht – Sie können nicht!« höhnte Kathi, »und warum können Sie nicht? Weil Sie kein Herz nicht haben! Und da sieht man's wieder, was dabei herauskommt, wenn die Weiber studieren und ihre Händ' in Sachen stecken, wo sie nie und nimmer hingehören. Gefühlloser als die Mannsbilder werden's dabei. Jetza wundert mich überhaupt nix mehr. Jetzt versteh' ich alles! Jetzt versteh' ich auch, warum der Herr Doktor hier kreuzunglücklich umeinanderlauft und droben in seinem Zimmer wie ein Narrischer zu sich selber red't – und jetzt wird die Arbeit zum Teifi gehn, und nächstens wird er womöglich wieder's Saufen anfangen. Und alles nur, weil Sie kein Gefühl und keinen Blick nicht haben, wie's um ihn steht und wie's inwendig in ihm ausschaut, und wie er nach Ihnen schmacht'... Aber fahren's nur zu, wenn Sie meinen, daß Sie nicht leben können ohne Ihren saubernen Beleuchtungsapparat! Fahren Sie nur nach Traunstein, tschi...«

Die Luft in der Küche verfinsterte sich merkwürdig, und plötzlich zog ein scharfer Brandgeruch heran. »Jessas, de Schnitzl!« schrie Kathi auf und riß die Pfanne vom Herd. Für zwei Schnitzel kam die Rettung zu spät. – Kathi drehte sich um. Ihr Gesicht war eine einzige Anklage: »Auch das haben wir Ihnen zu verdanken!« wollte es sagen. Aber Trix war wie durch ein Zauberkunststück verschwunden. Kathi starrte düster in die Pfanne, in der die Butter so schwarz geworden war wie das verbrannte Paniermehl.

»Jetzt gibt's zwoa Möglichkeiten«, sinnierte sie, »entweder sie packt ihre Koffer – oder ich mach für die Kinder rasch noch einen Milchreis.« – Derweil hörte sie aber auch schon die Stimmen von Hellwang und den Kindern, er schien Lydia von der Schule abgeholt oder unterwegs aufgefangen zu haben. Sie öffnete die Küchentür und sah, daß die Kinder die Kostümjacke ihrer Tante Trix an der Garderobe entdeckten und in der Meinung, sie bei Kathi zu finden, in die Küche stürmten.

»Wo ist meine Schwägerin, Kathi?« fragte Hellwang und hängte seinen Hut mit dem kleinen Eichelhäherstoß an die Garderobe.

»Ich weiß es nicht, Herr Doktor, vor einer Minute war sie noch bei mir in der Küche. Wahrscheinlich wird sie oben in ihrem Zimmer sein.« Sie lauschte nach oben, denn sie hörte, daß dort eine Tür geöffnet wurde.

»Hallo, Konrad«, rief Trix herunter, »ich bin in deinem Arbeitszimmer – ich suchte mir gerade ein Buch heraus.«

Hellwang stieg die Treppe empor. Die Kinder wollten ihm nachlaufen. Kathi griff zu, als finge sie zwei Fliegen gleichzeitig in der Luft und wischte Lydia am Rock und Söhnchen am Hosenbund: »Da bleibt's!« zischte sie ihnen zu und zog die Kinder in die Küche.

»Ich will aber zu Tante Trix!« schrie Söhnchen und versuchte sich loszustrampeln.

»Sei stad!« fuhr Kathi ihn an, »oder es hat sich für ewige Zeiten ausgetrixt!« Er verstand sie nicht, aber es war etwas in Kathis Stimme, was den kleinen Mann veranlaßte, den Hals einzuziehen und jeden weiteren Widerstand schleunigst aufzugeben. Lydia sah Kathi aufmerksam an: »Wie meinst du das, Kathi?« fragte sie.

»Ich mein gar nichts«, antwortete Kathi schroff und klaubte das

Portemonnaie aus der Schürzentasche: »Da hast a Markl, damit läufst zu Stangl 'nüber und holst einen Liter Muich. Davon koch' ich euch einen Reispudding.«

»Mit brauner Butter und Zucker und Zimt, gel, Kathi?«

»Dann bringst einen Zimt aa no mit.«

Lydia griff nach der Milchkanne: »Dann bleiben dreißig Pfennig zurück, Kathi!«

»I hör' di scho gehn! Nix da!«

»Ein Zehnerl könntest aber schon spendieren, Kathi...«

»Wennst den Buben mitnimmst, könnt ihr euch jeds einen Stundenlutscher kaufen. Aber schwingts euch!«

Die beiden Kinder rannten davon. Kathi wartete, bis die Haustür ins Schloß geflogen war und schlich in die Diele. Sie lauschte nach oben, aber oben rührte sich nichts.

Hellwang legte zwei Tüten mit Zigarren auf seinen Schreibtisch und öffnete den Zedernholzkasten, um die Zigarren darin zu verwahren. Sein Haar war frisch geschnitten, und er verbreitete einen intensiven Duft nach Friseursalon. Trix schnupperte, als er an ihr vorüberging. »Oh«, murmelte sie, »alle Wohlgerüche des Orients!«

»Ich weiß nicht, was einem diese Kerle immer auf den Schädel schmieren«, brummte er, »ich habe Kölnisch Wasser verlangt. Ist es sehr schlimm?«

»Es geht vorüber«, tröstete sie ihn. Hellwang angelte den Weidenkorb unter dem Schreibtisch mit dem Fuß hervor, zerknüllte die Tüten und warf sie hinein.

»Nun?« fragte er, »was macht Britta?«

»Sie ist fast fieberfrei, und der Belag ist verschwunden.«

Hellwang nickte, er fuhr sich mit zwei Fingern unter den Kragen, wo ihn einige Haare zu kitzeln schienen: »Und wie hat sie die Nachricht von deiner bevorstehenden Abreise aufgenommen?«

Trix verstrickte die Finger, sie rieb die Ballen gegeneinander, es gab ein trockenes, raschelndes Geräusch: »Ich habe mich nicht getraut, es ihr zu sagen«, gestand sie schließlich mit kleiner Stimme.

»Also das nehme ich dir nicht ab, meine Liebe!« rief er heftig, »das wirst du schon selber besorgen müssen. Und da es dir doch nicht erspart bleibt, ist es besser, du bereitest Britta rechtzeitig vor.«

Trix senkte den Kopf. Sie stand auf der Teppichkante wie auf dem Geländer einer Brücke, und es war ihr, als strudelten tief unter ihr die wirbelnden Wasser eines Wildbaches rauschend und brausend um zitternde Pfeiler.

»Ich bin so unentschlossen...«, murmelte sie fast unhörbar.

»Na höre einmal«, sagte er und trat einen kleinen Schritt auf sie zu, »so schlimm ist das ja nun auch wieder nicht. Britta ist doch schon ein ganz vernünftiges Mädel!«

»Ich dachte nicht an Britta.«

»Woran denn sonst?« fragte er überrascht.

»Traunstein...«, murmelte sie.

»Mein Gott, Trix, du bist noch keine dreißig Jahre alt! Was hast du dir denn erwartet? Verlangst du etwa, daß man dir die Röntgenabteilung der Charité oder der Kölner Universitätsklinik anbietet? Natürlich ist Traunstein ein kleines Nest. Aber nimmt es als Sprungbrett.«

»Ach, darum geht es ja nicht.«

Es war etwas in ihrer Haltung und in ihrer Stimme, was Hellwang aufschauen ließ. Er spürte, wie sein Herz plötzlich laut gegen die Brust hämmerte.

»Du machst es mir wirklich sehr schwer...«, flüsterte sie.

Er war mit einem Schritt bei ihr und zog sie sanft in seine Arme: »Mein Gott, Trix«, stammelte er, »seit du hier bist, habe ich keinen anderen Wunsch gehabt, als daß du bei mir bleiben möchtest – aber ich habe es nie zu hoffen gewagt...«

Kathi zog sich Stufe für Stufe am Geländer hoch. Die vierte und die siebente knarrten, aber nicht bei ihr! Im Schlaf hätte sie diese Treppe geräuschlos nehmen können. Aber daß sich droben nichts rührte und nichts regte? Das war nun ein Mann, der auf Doktor studiert hatte und war so dumm und so blind, daß er nichts, aber auch gar nichts merkte. Sie konnte ihm doch die Augen nicht mit Gewalt öffnen!! Oder sollte sie doch etwas unternehmen? Sie schlich über den schmalen Gang und preßte das Ohr gegen die Tür des Arbeitszimmers. Nichts! Kein Laut – keine Stimme – kein Geräusch! Aber die beiden konnten sich doch nicht in Luft aufgelöst haben. Ihre Hand tastete nach der Türklinke. Millimeter um Millimeter drückte sie die Tür nach innen. Mit einem Auge linste sie durch den winzigen Spalt. Und dann stieß sie einen unhörbaren Seufzer aus. Ihr ganzes Gesicht leuchtete auf. Und sie schloß die Tür, so sanft, als decke sie ein Nest junger Schwalben mit einem Wattebausch zu...

ROBERT CLIFFORD
Nicht doch, Herr Doktor!

PROLOG

Das Leben ist eine Tragödie, denn wir alle werden geboren, um eines Tages zu sterben. Und wir erleben unsere Tragödien, indem wir darüber lachen.

›Ein Freund erzählte mir, er hätte während einer Narkose geträumt, daß er die Seiten eines großen Buches umblätterte, und er hätte gewußt, daß er auf der letzten Seite die Bedeutung des Lebens finden würde.

Die Seiten des Buches waren abwechselnd tragisch und komisch, und er blätterte eine Seite nach der anderen um, seine Erregung wuchs – nicht nur, weil er sich der Antwort auf jene große Frage näherte, sondern auch, weil er nicht wissen konnte, auf welchem Blatt sich die letzte Seite befand. Endlich kam er zum Ende: Das Universum eröffnete sich ihm in hundert Wörtern, und die waren zum Schreien komisch.

Er lachte Tränen, als er ins Bewußtsein zurückkehrte, und erinnerte sich an alles, öffnete die Lippen, um zu sprechen. Doch da war die große und komische Antwort seinem Gedächtnis entschwunden.‹

Christopher Fry

1
ICH SUCHE EINE PRAXIS

Ich hatte das Winchcombe Hospital zu hassen begonnen. Gegen das Haus selbst hatte ich nichts einzuwenden. Aber ich hatte dort dreieinhalb Jahre lang gewohnt und gearbeitet und die schlaflosen Nächte, die mangelnde Freizeit und die ewigen geschmacklosen Krankenhausmahlzeiten gründlich satt.

Ich war nach Winchcombe gekommen, weil ich gehofft hatte, daß ich hier eine Praxis als Arzt für Allgemeinmedizin übernehmen könnte. Aber nun sollte ich meinen Dienst im Hospital in einem Monat beenden, und am Horizont zeigte sich noch immer kein Silberstreif. Bei siebenunddreißig Bewerbungen um diverse Praxen hatte ich auf kurzen Listen von höchstens sechs Anwärtern gestanden, aber man hatte jedesmal einen verheirateten Doktor vorgezogen.

Die Tatsache, daß ich nach einer mißglückten Liebesgeschichte nach Winchcombe gekommen war, versüßte den Kelch meiner Bitternis keineswegs.

Aber es gab noch Hoffnung. Man hatte mich gebeten, am Sonntag nach Tadchester zu kommen und mir dort eine Praxis anzusehen. Die drei Ärzte, die noch einen Partner suchten, hatten mir zwar keine genaueren Informationen gegeben, aber ich kannte sie alle flüchtig, da ich hin und wieder einige ihrer Patienten behandelt hatte. Dies war eine vielversprechende Chance – oder würde ich meinen kostbaren freien Sonntag mit einem weiteren ergebnislosen Gespräch verschwenden?

Am Sonntag gab es keine direkte Busverbindung von Winchcombe nach Tadchester, und von dem mageren Gehalt, das mir die Klinik zahlte, konnte ich mir kein Auto leisten. Aber John Bowler, einer unserer fachärztlichen Berater, hatte mir freundlicherweise das Auto seiner Frau geliehen. Ich brach schon zeitig auf, so daß ich nicht befürchten mußte, meinen Termin um drei Uhr zu versäumen.

Die zweite Hälfte der Fahrt führte mich die Küstenstraße entlang, und ich beobachtete die Jachten draußen auf dem Meer.

Meine verträumten Gedanken wurden jäh durch quietschende Bremsen und klirrendes Glas unterbrochen. O Gott! Ich trat meinerseits auf die Bremse, sprang aus dem Auto und erblickte eine Frau von etwa fünfunddreißig Jahren, die wutentbrannt die Seite ihres Autos examinierte. Ich war ein bißchen aus meiner Fahrspur geraten, als sie mich überholen wollte, und hatte die Seite ihres Wagens fast völlig demoliert. Natürlich war sie außer sich.

»Sie verdammter Narr!« schrie sie. »Haben Sie geschlafen? Schauen Sie eigentlich ab und zu auch mal in den Rückspiegel?«

Wir tauschten Namen und Adressen aus. Sie war eine gewisse Mrs. Jean Hart aus Tadchester. Glücklicherweise waren beide Autos noch fahrtüchtig, und ich setzte mich wieder ans Steuer und fragte mich bekümmert, wie ich John Bowler beibringen sollte, daß ein Kotflügel eingedrückt und ein Rücklicht zertrümmert war. Anscheinend war mir das Schicksal an diesem Tag nicht wohlgesinnt.

Um halb drei kam ich in Tadchester an, parkte vor der Praxis der Dres. Maxwell, Johnson und Hart und drückte auf die Türklingel. Niemand rührte sich, und ich setzte mich wieder ins Auto, um zu warten.

Um drei Uhr war noch immer niemand aufgetaucht, und ich stieg wieder aus und ging um das Haus herum zur Rückseite, wo die Privaträume lagen. Dort entdeckte ich eine Klingel für den Hausmeister und läutete. Ohne Erfolg. Ich kehrte zum Auto zurück und nahm den Brief aus dem Handschuhfach, mit dem die drei Ärzte ihren Telefonanruf bestätigt hatten. Die Adresse stimmte – ›Dres. Maxwell, Johnson und Hart, The Surgery, Tadchester‹. Und dann stockte mein Herzschlag. In dem Brief stand, daß unser Gespräch in Dr. Johnsons Haus, im Hillsborough House, The Heill, Tadchester stattfinden würde.

Ich sprang ins Auto, ließ mir von einem Passanten den Weg beschreiben und erreichte um drei Uhr fünfundvierzig ein großes Gebäude auf dem Gipfel eines Hügels, auf der anderen Seite des River Tad.

Atemlos rannte ich zur Tür, wo mich ein großer Mann mit den schroffen Worten begrüßte: »Sie sind aber spät dran. Ich bin Dr. Johnson. Kommen Sie rein. Wir haben auf Sie gewartet.«

Ich wurde ins Haus geführt und den beiden anderen Ärzten vorgestellt, die finster und ungeduldig dreinschauten. Der Kleinere war offenbar Dr. Maxwell, der Rothaarige Dr. Hart.

Dr.Maxwell, der ein freundlicher Mensch zu sein schien, erzählte mir: »In den letzten Tagen haben wir mit zwölf Bewerbern gesprochen. Sie sind der einzige, der uns warten ließ.« Meine

Stimmung sank auf den Nullpunkt. Zwölf! Wetten, daß die alle verheiratet waren? Was hatte ich da noch für eine Chance?

Sie stellten ein paar Routinefragen, und ich dachte, daß sie mich nach ein paar Höflichkeitsfloskeln hinauswerfen würden. Sie schienen eine ganze Menge über mich zu wissen. Wir diskutierten über ein paar von ihren Fällen, die ich im Winchcombe Hospital behandelt hatte. Offensichtlich kannten sie John Bowler recht gut.

Die Spannung, die zuvor im Raum gelegen hatte, lockerte sich ein wenig. Wir unterhielten uns freundschaftlich über diverse Fälle, bis Dr. Maxwell lächelnd sagte: »Nun kommen wir zum schwierigsten Teil unserer Zusammenkunft. Sie müssen die Ehefrauen Ihrer potentiellen Partner kennenlernen – nur zwei Damen. Ich habe mir meine Unabhängigkeit bewahrt, so wie Sie.«

Eine Verlegenheitspause entstand, als wir alle vier gleichzeitig einen Schritt nach hinten machten, um den anderen den Vortritt durch die Tür zu lassen, die ins Nebenzimmer führte. Schließlich opferte ich mich und stieß die Tür auf. Sie prallte gegen irgend etwas, und ein ohrenbetäubender Krach ertönte. Auf dem Boden hinter der Schwelle saß eine Dame, umgeben von zertrümmertem Teegeschirr, ein Tablett neben sich. Ich half ihr auf die Beine, entschuldigte mich wortreich und erinnerte mich vage, daß ich sie schon irgendwo gesehen hatte.

»Mein Gott!« rief sie. »Der verrückte Fahrer! Zum Teufel, was machen Sie hier?«

Jetzt ging mir ein Licht auf. Der Name ›Hart‹ hätte mich sofort alarmieren müssen. In meinen Tagträumen war ich ausgerechnet gegen den Wagen einer Dame gefahren, die mit einem meiner Wunschpartner verheiratet war. Ich wagte nicht, auf die Scherben am Boden zu blicken. Mit Sicherheit stammten sie von einem kostbaren Porzellanservice, das schon seit zweihundert Jahren im Besitz der Familie war. Meine schwache Hoffnung, die zwölf anderen Bewerber auszustechen, konnte ich in den Kamin schreiben.

Eine zweite Dame, offenkundig Mrs. Johnson, eilte herbei, um Mrs. Hart beizustehen. Sie räumten die Scherben weg und verschwanden in der Küche, um noch einmal Tee zu machen.

In düsterem Schweigen saßen die drei Partner und ich beisammen und warteten auf die Damen. Nach einer Weile versuchte Dr. Maxwell Konversation zu machen, aber niemand ging darauf ein.

Nachdem sich die Damen zu uns gesellt hatten, wurde in eisiger Atmosphäre Tee getrunken. Mrs. Johnson, die Frau des großen, dünnen Arztes, war offenbar sehr vornehm. Sie fragte mich nach meiner Schule und meiner Herkunft. Weder das eine noch das andere schien sie übermäßig zu beeindrucken. Ich war in keinem exklusiven Internat gewesen, sondern hatte ein gewöhnliches Gymnasium besucht. Ich konnte nicht reiten, hatte kein Geld und war schlecht angezogen.

Irgendwie brachten wir die Teestunde hinter uns. Dr. Maxwell, den ich am liebsten mochte, begleitete mich zur Tür und sagte: »Wir werden uns noch mit ein oder zwei weiteren Kandidaten unterhalten und Ihnen dann Bescheid geben.«

Das hatte ich schon ein paarmal gehört. Betrübt stieg ich in das verbeulte Auto und fuhr nach Winchcombe zurück.

John Bowler lachte, als ich meine Erlebnisse schilderte. »Machen Sie sich nichts draus, Bob. Ich glaube, Sie kriegen den Job. Und wegen des Autos brauchen Sie sich nicht aufzuregen. Das bezahlt die Versicherung.« Ich konnte ihm einfach nicht glauben.

Zwei Tage später rief mich Dr. Johnson an und sagte, man hätte sich für mich entschieden. Sie wollten, daß ich ab nächster Woche für sechs Monate als Assistenzarzt in ihrer Praxis arbeitete, mit Aussicht auf eine spätere Partnerschaft.

Endlich hatte ich einen Job gefunden. Ich erklärte, ich wäre entzückt, müßte aber noch einen Monat im Hospital Dienst tun. Am Ersten des nächsten Monats könnte ich in Tadchester anfangen.

Dr. Johnson erwiderte in strengem Ton: »Entweder kommen Sie nächste Woche – oder gar nicht!« Worauf er den Hörer auf die Gabel warf. Ich war wütend. So eine Partnerschaft war ungefähr das gleiche wie eine Ehe. Wahrscheinlich würde ich den Rest meines Lebens mit diesen Leuten verbringen. Wie konnte er so mit mir reden? Und was würde die Krankenhausleitung tun? Die würden mich sicher nicht vorzeitig entlassen.

Ich vertraute mich John Bowler an.

»Bob«, sagte er, »ich gebe Ihnen einen guten Rat. Die drei stekken mitten in einer Grippeepidemie und sind mit ihrer Weisheit am Ende. Sie hatten schon eine Menge Ärger mit diversen Partnern. Darauf will ich jetzt nicht näher eingehen. Aber ich würde Ihnen nicht empfehlen, den Job anzunehmen, wenn ich nicht überzeugt wäre, daß das eine gute Praxis ist. Die drei sind ausgelaugt und müde – und brauchen Sie. Überlassen Sie es mir, mit der Direktion zu reden. Ich werde das schon in Ordnung bringen. Gehen Sie nach Tadchester – und wenn Sie Probleme haben, können Sie immer zu mir kommen und sich an meiner Schulter ausweinen.«

Endlich würde ich in eine Praxis eintreten. Ich konnte es noch nicht glauben, und die Umstände hätten etwas besser sein können. Ich vertraute auf John Bowlers Urteilsvermögen. So gut ich konnte, arrangierte ich mich mit meinen Kollegen in der Klinik, die im nächsten Monat meine Pflichten übernehmen würden, packte meine wenigen Habseligkeiten zusammen und kaufte mir ein Auto.

Ich wußte nicht viel über Tadchester. Ich war nur ein einziges Mal dort gewesen, um jenen katastrophalen Besuch in Dr. Johnsons Haus zu absolvieren. Und ich fragte mich, was Tadchester wohl von mir denken würde.

2.
EINE STADT WIE TADCHESTER

Tadchester ist eine kleine Stadt (sechstausendfünfhundert Einwohner) im Mündungsbecken des River Tad, in einem der schönsten Gebiete an der Somerset-Küste. Es ist eine Marktstadt mit allen möglichen Handelszweigen, ein bißchen Leichtindustrie, Fischerei und vielen landwirtschaftlichen Betrieben.

Zehn Kilometer weiter nördlich liegt das Thudrock-Kohlenbergwerk, im lokalen Sprachgebrauch als Sibirien bekannt. Dort schickt das Arbeitsamt die unglücklichen Stadtbewohner hin, die keinen anderen Job finden. Aber Thudrock beschäftigt auch Leute, die aus freien Stücken oder aufgrund alter Familientraditionen Kumpel geworden sind.

Tadchester ist auch eine Ferienstadt und wird von Urlaubern aus allen Landesteilen frequentiert, besonders aus dem Norden. Es liegt zweihundert Meilen von London entfernt, weit genug für Leute, die das Gefühl haben, daß sie endlich mal woanders sein müßten. Manche Einheimische scheinen einen Winterschlaf zu halten, da in den Sommermonaten gewisse Tadchester-Typen auftauchen, die dann völlig von der Bildfläche verschwinden, sobald das Wetter schlechter wird.

Die Stadt wird durch den River Tad in zwei Hälften geteilt und durch den hohen Berg, der das eine Ufer beherrscht, noch weiter unterteilt. Am anderen Ufer erstreckt sich flaches Weideland bis zum Sumpfgebiet und zur Küste. Man wohnt nicht einfach in Tadchester, sondern ›Oben am Berg‹ oder ›Unten am Berg‹. Es gibt keine strenge gesellschaftliche Grenze zwischen ›Oben am Berg‹

und ›Unten am Berg‹, aber die Mehrheit der Leute, die unten residiert, ist wohlhabend, und die anderen, die oben wohnen, sind zum Großteil Habenichtse.

Die Flußufer werden von der berühmten alten Tadchester Bridge verbunden. Touristen kommen von weit her, um über diese Brücke zu gehen und die Aussicht zu bewundern, eine der schönsten in dieser Gegend. Oft müssen Rettungsboote aus dem nahen Küstendorf Sanford-on-Sea geholt werden, um neugierige Kinder zu bergen, die über das Brückengeländer und in die Fluten des Tad gefallen sind. Die Touristen sind fast die einzigen, die man jemals auf der Brücke sieht. Sollte ein Einheimischer die Brücke überqueren und sich dabei erwischen lassen, würde er von seinen Nachbarn sofort als Verräter gebrandmarkt werden. Der alte Mr. Clegg, der sein Leben lang ›Oben am Berg‹ gewohnt hatte, war einmal von aufmerksamen Fischern beobachtet worden, als er sich bei Nacht hinübergeschlichen hatte, in die Region ›Unten am Berg‹ – zweifellos zu unlauteren Zwecken. Daraufhin bekam er eine Woche lang keine Zeitungen und keine Post.

Glücklicherweise haben die Ärzte völlige Bewegungsfreiheit, was die Brücke betrifft, und ich hätte tagelang von einer Seite auf die andere laufen können, ohne befürchten zu müssen, daß man mich um den Genuß wichtiger Dienstleistungen bringen würde.

Als ich in Tadchester eintraf, hatte die Grippeepidemie ihren Höhepunkt bereits überschritten, und das städtische Alltagsleben war zu seiner normalen Hektik zurückgekehrt.

Dr. Steve Maxwell, Dr. Henry Johnson und Dr. Jack Hart, meine drei prospektiven Partner, gefielen mir recht gut. Sie waren grundverschieden. Steve Maxwell, der älteste und der einzige Junggeselle, war ein Heiliger – ein Mann, wie er mir nie zuvor begegnet war. Er hatte sein ganzes Leben der Medizin geweiht, und es kam niemals vor, daß er keine Zeit für diesen oder jenen Patienten hatte. Wir anderen lösten uns an den Wochenenden ab, so daß jeder mal frei hatte, aber Dr. Maxwell arbeitete jeden Sonntag. Er war ein guter Zuhörer, fand meine Witze umwerfend, konnte selber eine Menge Unsinn erzählen (den ich stets mit einer Prise Salz konsumierte), und war immer in der Nähe, wenn man Hilfe oder einen guten Rat brauchte.

Ich erlebte es nur ein einziges Mal, daß Steve seine gewohnte Heiterkeit vermissen ließ – und zwar, als eine Cellistin von weit über sechzig Jahren nach Tadchester zurückkehrte. Ich vermutete, daß sie ihm einigen Ärger gemacht hatte, bevor sie in eine andere

Stadt gezogen war. Nun verfolgte sie Steve vom Morgengrauen bis spätabends. Wenn sie ausgehn wollte, rief sie ihn an, um ihm das mitzuteilen. Wenn sie an ihrem Ziel angelangt war, rief sie erneut an, um ihn darüber zu informieren – aus keinem besonderen Grund, nur um mit ihm in Verbindung zu bleiben. Der arme Steve schien vor unseren Augen dahinzusiechen. Nie zuvor hatte ich ihn so schwermütig gesehen, und wir hatten keine Ahnung, wie wir ihm helfen könnten.

Wir vier trafen uns jeden Vormittag zum Kaffee. Das hatte sich zu einem Ritual entwickelt, das einem guten Zweck diente. Wir konnten Dampf ablassen, unsere Sorgen miteinander teilen und über medizinische Probleme diskutieren. Ich hatte die Aufgabe übernommen, jeden Tag eine neue komische Geschichte zu erzählen.

Diese Kaffeepausen verloren erheblich an Reiz, seit Steve in seiner düsteren Stimmung versunken war, deren Ende man nicht absehen konnte. Als er eines Morgens betrübt in seine Tasse starrte, wagte ich zu fragen: »Na, was macht das Cello, Steve?« Er grunzte, ohne aufzublicken. »Du müßtest doch wissen, worin das eigentliche Problem besteht«, fuhr er fort. »Sie will, daß du an ihrer G-Saite zupfst.«

Steve bekam einen Lachkrampf, der zu einem hysterischen Anfall auszuarten drohte, aber er fing sich noch rechtzeitig. Und von da an gehörte er wieder zu unserer fröhlichen Runde.

Der zweite Partner, Henry Johnson, war der unerschütterlichste Mensch, den ich je kennengelernt hatte. Er war auch einer der größten und dünnsten. Er arbeitete als Chirurg am städtischen Hospital und kombinierte seine Sprechstunde mit der Betreuung postoperativer Fälle sowie die Lektüre chirurgischer Kataloge. Im Sommer schien er praktisch im Krankenhaus zu wohnen und befaßte sich mit den zahlreichen Unfällen, die während der Touristensaison auf den Straßen ringsum passierten.

Henry hatte eine Schwäche – er litt unter lähmenden Hexenschüssen. In seiner sturen, dogmatischen Art ließ er nicht zu, daß dieses Leiden seine Arbeit beeinträchtigte. Eines Nachmittags humpelte er mit schmerzverzerrtem Gesicht in die Praxis, um seine Sprechstunde für werdende Mütter abzuhalten – trotz unserer Proteste und des gutgemeinten Rats, er solle sich daheim ins Bett legen. »Ich schaff's schon«, knurrte er.

Als er mit der ersten Patientin sprach, saß er noch recht komfortabel an seinem Schreibtisch. Dann bat er sie, sich hinter dem

Wandschirm auszuziehen. Als er aufstand, um die Untersuchung vorzubereiten, krümmte er sich zusammen, rutschte aus, fiel zu Boden und konnte sich nicht mehr rühren. »Schnell! Hilfe!« schrie er.

Die junge Dame stürmte hinter dem Wandschirm hervor, und die beiden wurden in einen heftigen Ringkampf verwickelt, während sie versuchte, ihn hochzuziehen. Schließlich hatten sie es mit vereinten Kräften geschafft, daß Henry keuchend und schwitzend auf der Untersuchungscouch saß. »Danke«, sagte er. Erst in diesem Augenblick merkte er, daß seine besorgte Retterin splitterfasernackt war. Sie schauten sich an, dann brachen sie beide in Gelächter aus.

Jack Hart war der dritte Partner, ein Schotte mit weichem Akzent, der viel Sinn für Humor hatte und oft am städtischen Krankenhaus als Anästhesist arbeitete. Er gab mir nur ein einziges Mal Grund zur Sorge – als er krank wurde, was bei ihm nur selten vorkam, und ich ihn pflegte. Er litt an einer schmerzhaften Nierenkolik, das heißt, er hatte einen kleinen Stein in der Niere. Und der tat ihm so weh, daß ich ihm Pethidin injizierte. Seine Frau war gerade ausgegangen, aber es gab keinen Grund, sich ernsthaft aufzuregen. Eine Nierenkolik, hervorgerufen durch einen Stein, ist ein mechanischer Zustand, der sich normalerweise von selber wieder in Ordnung bringt. Meine Zuversicht wurde eine halbe Stunde später durch einen hysterischen Anruf seiner Frau Jean erschüttert, die soeben von einer Versammlung zurückgekehrt war. »Wo ist Jack?« fragte sie aufgeregt. »Er ist nicht im Haus – und sein Morgenmantel liegt auf dem Bett!«

»O Gott«, dachte ich, »er hat auf die Injektion reagiert und ist ausgeflippt.«

Ich fuhr im Eiltempo zu seinem Haus. Der Ausreißer war inzwischen heimgekommen, und Jean kauerte schluchzend auf einem Sessel. Ich wußte nicht, ob sie vor Kummer, Erleichterung oder Freude weinte. Nach einer Weile hatte sie sich so weit gefaßt, daß sie mir alles erzählen konnte.

Nachdem sie mit mir telefoniert und den Hörer aufgelegt hatte, war sie ans Fenster gegangen, und da hatte sie Jack die Auffahrt heraufkommen sehen – in Gummistiefeln im Pyjama, eine Taschenlampe in der Hand. Sie hatte befürchtet, daß er echt übergeschnappt wäre. Doch es stellte sich heraus, daß sein Nachbar verzweifelt an die Tür gehämmert hatte. Sein Kind hätte einen Penny verschluckt und bekäme keine Luft mehr. Ob Jack wohl schnell rüberlaufen könnte. Jack war sofort in die Stiefel gefahren, hatte die Taschenlampe gepackt und war losgerannt, um im Pyjama erste Hilfe zu leisten.

Jean hatte sich mittlerweile von ihrem Schreck erholt, so daß wir Jacks Rückkehr aus dem Irrenreich mit Whisky begießen konnten. Jack grinste und sagte ungerührt: »Ich glaube, ich bin den Stein los. Vielleicht haben wir eine neue Therapie entdeckt.«

Während Henry Johnsons Gallenblase entfernt wurde, fungierte ich als Hauschirurg. Eigentlich traute er keinem anderen Chirurgen außer sich selbst, und wahrscheinlich hätte er am liebsten weitergearbeitet, mit narkotisiertem Rückenmark und Spiegel. Aber er konnte sich ohne Unterbrechung von seiner Operation erholen und in Spanien Urlaub machen. Während er im Meer schwamm, riß die Operationsnaht, und er mußte von einer Rettungsmannschaft aus dem Wasser gezogen werden.

»So ein Blödsinn«, sagte er. »Ich wäre schon nicht ertrunken. Ich hab' doch einen Finger auf das Loch gehalten.«

Ich war in die Praxis gekommen, bis an die Zähne bewaffnet mit meinem Wissen über die allerneuesten Behandlungsmethoden, und wollte meinen Kollegen zeigen, wie tüchtig und *up to date* ich war. Aber schon nach wenigen Wochen war ich restlos desillusioniert. Meine neu erlernten Techniken und modernen Therapien nutzten mir nichts. Meine Patienten hatten ihr eigenes medizinisches Volkswissen, und ich mußte umdenken.

Einer meiner ersten Patienten war ein Mann mit schwerer Diarrhöe. Zum Erstaunen meiner Partner schwirrte ich umher, schickte Proben ins Labor, machte Bluttests und war fest entschlossen, eine Riesenshow aus meiner ersten Eignungsprüfung zu machen. Sie beobachteten mich interessiert.

Alle meine Tests waren negativ. Nach ein paar stürmischen, stark entwässernden Tagen erholte sich mein Patient und ging wieder zur Arbeit. Als ich ein paar Monate später seine Frau kennenlernte, erfuhr ich, was seinen Durchfall in Wirklichkeit verursacht hatte.

Sie waren erst ein paar Wochen verheiratet gewesen, als ich ihren Mann behandelt hatte. Damals waren sie noch im siebenten Himmel geschwebt, hatten sich erst allmählich näher kennengelernt, waren immer noch etwas schüchtern gewesen und sorgsam darauf bedacht, nur ja nichts Undelikates zu tun oder zu sagen.

Trotzdem wußte sie, daß er an Verstopfung litt, doch dies war eine äußerst peinliche Angelegenheit, über die man nicht reden konnte. Natürlich wollte sie ihm nach besten Kräften helfen, und so gab sie ihm in der hintersten Reihe eines Kinos einen Riegel Abführschokolade. Danach war sie so von dem Film fasziniert, daß sie ihm automatisch noch drei weitere Riegel gab und auch selbst davon aß. Und der arme Kerl glaubte, er würde ganz gewöhnliche Bitterschokolade lutschen.

Die Frau flehte mich an, ihr Geheimnis nicht zu verraten, und dies war nur eins von vielen Geständnissen, die ich in meinem Innern bewahren mußte.

Nachdem ich ein paar Monate in der Praxis gearbeitet hatte, fragte ich mich, wie meine Partner jemals ohne mich zurechtgekommen waren. Die Patienten ließen sich ohne jeden Zweifel gern von mir behandeln, und ihre Wertschätzung kam in einer verschwenderischen Fülle von Geschenken zum Ausdruck, die sich auf meiner Türschwelle häuften – Eier, Hühner, Anzüge, Fleischstücke und Getränke.

Erst später erkannte ich, daß jedes neue Gesicht von allen Hypochondern zum Anlaß genommen wurde, in der Praxis aufzutauchen und die endlosen Symptome aufzuzählen, die meine älteren Partner schon längst ermüdet hatten. Und die reichlichen Gaben bekam ich nicht, weil sie mich für einen guten Arzt hielten, sondern weil ich so arm und unterernährt aussah – eine ziemlich präzise Diagnose.

Früher war ich ein mittelloser Student gewesen, und jetzt war ich ein mittelloser Doktor, der ein Auto abbezahlen, für seine Miete aufkommen und außerdem noch Geld in die Praxiseinrichtung stecken mußte. Da blieb kaum was übrig, um ausgefranste Hemden, verbeulte Hosen und Jacketts zu ersetzen, die an den Ellbogen schon fast durchsichtig waren.

Ich erinnerte mich an meinen Großvater, der vor zehn Jahren gesagt hatte, wenn ich jemals Arzt werden sollte, würde er mir Geld leihen, damit ich mir ein Auto kaufen konnte, denn sonst würde ich meine Hausbesuche mit dem Fahrrad machen müssen. Dieses Versprechen hatte er mir in der sicheren Gewißheit gegeben, daß ich es niemals zu irgendwas bringen würde, und ich mußte meine ganze Überredungskunst aufbieten, bevor er das Geld rausrückte.

Meine Armut wurde etwas gemildert, als wir für einige Zeit einen Assistenten bekamen. Er war zwar nicht reicher als ich, hatte aber einen schönen schwarzen Mantel von seinem Vater geerbt. Als er seinen ersten Hausbesuch machen wollte, eine funkelnagelneue Arzttasche in der Hand und angetan mit seinem eleganten Mantel, wurde er an der Tür mit den Worten empfangen: »Nein, danke, heute wollen wir nichts kaufen – wir haben einen Kranken im Haus.«

Niemand schenkte ihm was, und er starrte voller Neid auf die verschwenderische Fülle von Gaben, die mir zuteil wurden. Und dann kam er eines Tages in die Praxis, ein Ei in der rechten Hand, das er wie die olympische Fackel hochhielt. »Siehst du? Auch *ich* bin beliebt!« rief er.

»Wer hat dir das geschenkt?« fragte ich eifersüchtig.

»Niemand«, antwortete unser Assistent. »Bei meinem letzten Hausbesuch sah ich eine Schüssel mit Eiern auf dem Tisch stehen, und da hab' ich mir eins genommen.« Die Universität hatte mich auf einen Großteil der Situationen, mit denen ich konfrontiert werden sollte, nicht vorbereitet, und es fiel mir oft schwer, mich mit meinen Patienten zu verständigen. Eines Tages kam eine junge Irin zu mir, offensichtlich im siebenten oder achten Monat, und beklagte sich über ihren geschwollenen Bauch. »Was kann das nur sein, Doktor?«

»Wäre es vielleicht möglich, daß Sie schwanger sind?«

Sie errötete. »Das war ich – aber ich habe das Baby umgebracht.« Sie hob ihr Kleid hoch und zeigte mir einen Streifen Leukoplast, den sie über ihren Nabel geklebt hatte. »Das Baby ist sicher schon längst erstickt.«

Danach erschien sie nicht mehr in meiner Sprechstunde, aber sechs Wochen später erhielt ich ein Paket mit irischem Stempel, das ein Stück Taufkuchen enthielt. Ein Kärtchen lag dabei – ›*Liebe Grüße von Kathleen.*‹. Offenbar hatte sie ihren Glauben an die Wirkungsweise von Leukoplast aufgegeben.

Die Ignoranz meiner irischen Patientin wurde nur noch von einer anderen Dame übertroffen, die aufgeregt in meine Sprechstunde für werdende Mütter hereinplatzte, nachdem sie ihren Besuch schon wochenlang angedroht und behauptet hatte, daß sie schwanger wäre. Bevor ich mit der Untersuchung begann, versuchte ich herauszufinden, wann sie niederkommen würde. »Wann hatten Sie denn Ihre letzte Periode?«

»Ich, ich habe gerade meine Tage, Doktor. Sie werden mich erst untersuchen können, wenn sie vorbei sind...«

Einmal hätte mich ein reizender alter Pfarrer, der mit seiner Schwester außerhalb der Stadt wohnte, beinahe mit einem elektrischen Stromstoß umgebracht. Er lag zu Hause in seinem Bett, als ich ihn besuchte. Als ich einen Finger auf sein Handgelenk legte, um ihm den Puls zu fühlen, verspürte ich einen elektrischen Schlag. Und als sich das Metallende meines Stethoskops seiner Brust bis auf drei Zentimeter näherte, sprühten Funken.

»Was immer Ihnen auch fehlt – Sie sind jedenfalls elektrisch geladen«, sagte ich. »Ich muß Sie erst mal erden, bevor ich Sie untersuchen kann.«

Auch diese Situation war während meines Studiums nicht erwähnt worden. Ich holte ein Stück Draht aus seinem Bastelzimmer, schlang es um seinen Fußknöchel, befestigte das andere Ende an einem neun Zentimeter langen Nagel, führte den Draht durch das Fenster nach draußen und steckte den Nagel in die Erde. Nun konnte ich ihn ohne elektrische Einmischung untersuchen, und danach nahm ich ihm die Erdleitung wieder ab. Sobald ich sie entfernt hatte, bekam ich neue Stromstöße ab, sobald ich ihn berührte. Nie zuvor hatte ich einen Menschen getroffen, der so stark elektrifiziert war. Außerdem schien er die Kunst, seine eigenen Batterien wieder aufzuladen, vollendet zu beherrschen.

Ich sah mich gezwungen, das Elektrizitätswerk zu bemühen und eine zweite Diagnose stellen zu lassen. Ein munterer Mann mit Jagdmütze sondierte die Lage und sagte dann: »Die Erklärung ist ganz einfach. Er liegt auf einer Heizdecke, die falsch angeschlossen ist. Auch wenn sie ausgeschaltet ist, fungiert sie als Kondensator.«

Seither trug ich vorsichtshalber Schuhe mit Gummisohlen, wenn ich Hausbesuche machte.

Ich hatte mich mit Eric Martin angefreundet, dem Besitzer eines Elektroladens in der Bridge Street, nur knapp zweihundert Meter vom Fluß entfernt. Wir gingen oft miteinander aus, und mittwochs, wenn ich meinen freien Nachmittag hatte, besuchten wir meist ein Rugby Match. Ein paar Tage nach meinem elektrischen Abenteuer mit dem Pfarrer gab er mir einen elektronischen Schraubenzieher. »Das ist genau das Richtige für deine Arzttasche. Wenn du wieder mal den Verdacht hast, daß ein Patient elektrisch geladen ist, brauchst du ihn nur mit dem Ding da anzustupsen. Wenn er wirklich elektrifiziert ist, müßte der Griff aufleuchten.«

Ein paar Wochen später konnte ich meine Neuerrungenschaft ausprobieren. Colonel Langston, ein verdrießlicher alter Armeeoffizier im Ruhestand – und Privatpatient –, lag seit einer Woche mit einer Bronchitis im Bett. Während dieser ganzen Woche hatte er sich von seiner Heizdecke rösten lassen, die auf Hochtouren lief. Er hatte es sich einfach zu gemütlich gemacht. Am Fußende des Betts stand ein Fernseher, er rauchte unablässig (und verstreute die Asche auf der Bettdecke), und ich fürchtete schon, daß ich ihn nie mehr auf die Beine kriegen würde.

Ich hatte ein merkwürdiges Gefühl, als ich ihn untersuchte, und sagte mir, daß ich nun endlich eine Gelegenheit gefunden hatte, mein neues Instrument zu testen. Zuerst hörte ich seine Brust ab, die völlig okay war. Trotzdem gestattete ich mir ein besorgtes ›Ts, ts, ts‹.

»Was ist denn los?« fragte er. »Ich dachte, mein Zustand hätte sich bereits gebessert.«

Ich griff in meine Tasche, holte den Schraubenzieher hervor, setzte dem Colonel die Spitze auf die Brust – und zu meinem Entzücken begann die fluoreszierende Röhre im Griff zu glühen. Dieses Experiment wiederholte ich sechsmal, wobei dem Colonel fast die Augen aus dem Kopf fielen. »Sie haben zuviel Elektrizität im Körper«, verkündete ich, »und deshalb müssen Sie aufstehen.«

Noch bevor ich alle meine Instrumente eingepackt hatte, war er aus dem Bett gesprungen und halb angezogen. Auch bei einer anderen Gelegenheit hatte ich merkwürdige Gefühle – als ich zur Schönheitskönigin von Tadchester gerufen wurde – zu Gwendoline Jacobs, die über eine Mandelentzündung klagte.

Sie öffnete mir die Tür im kleinsten Bikini, den ich je gesehen hatte, und legte sich dann auf eine mit schwarzem Satin bezogene Couch, um sich untersuchen zu lassen. Ich verspürte die gleiche Schockwirkung wie damals bei dem reizenden alten Pfarrer, aber diesmal sprühte das Stethoskop keine Funken.

»Wie schade«, meinte meine strahlende Patientin, »daß Ihr Stethoskop keinen kürzeren Schlauch hat.«

»Drehen Sie sich auf den Bauch«, sagte ich hastig und injizierte Penicillin in eine bronzebraune Hinterbacke. Ich befürchtete, daß mich meine Gummisohlen im Stich lassen würden, wenn ich nicht verdammt gut aufpaßte.

Stöhnend rieb sich Gwendoline die Hinterbacke. »Ich würde mich gern von Kopf bis Fuß untersuchen lassen, Doktor. Ein richtiger Check-up...«

»Dazu hat der staatliche Gesundheitsdienst leider keine Zeit«, erwiderte ich. »Gesunde Leute werden nur dann gecheckt, wenn es von den Versicherungen verlangt wird.«

Ich packte meine Tasche und ergriff die Flucht. Gwendoline

sprang blitzschnell von der Couch auf, um mich aufzuhalten. Aber ihr mit Penicillin vollgepumpter Hintern schränkte sie dann doch in ihrer Bewegungsfreiheit ein. Ich hatte bereits die Wohnungstür erreicht. Gwendoline stützte sich mit einer Hand auf die Couch, um ihre Punktur zu entlasten. »Können Sie mir eine gute Versicherungsgesellschaft empfehlen?« rief sie mir nach.

Aber da machte ich bereits die Tür hinter mir zu.

Ich wurde zu Mrs. Southern gerufen, der Frau eines Anwalts. Mr. Southern war ein penibler Mann, bei dem alles seine Ordnung haben mußte und dem man alles ausführlich erklären mußte. Die Tatsache, daß er keine Ahnung von der medizinischen Wissenschaft hatte, störte ihn nicht. Er erwartete, daß ich bei jedem Besuch eine volle Stunde opferte, um haargenau zu erläutern, was mit ihm oder seiner Frau eventuell nicht stimmen könnte. Außerdem verlange er detaillierte Analysen aller in Frage kommenden Krankheiten und des Verlaufs, den die diversen Möglichkeiten unter Umständen nehmen würden. »Ich habe ein Recht, das zu erfahren, Doktor«, pflegte er zu betonen.

Mrs. Southern, die ganz offensichtlich von ihrem Gatten unterjocht wurde, verwirrte mich einigermaßen. Sie hatte Schwindelanfälle und brach gelegentlich zusammen. Nach einem dieser Zusammenbrüche dauerte es eine ganze Weile, bis sie wieder zu sich kam, und danach wurde sie von einer seltsamen Schläfrigkeit befallen, für die ich keine Erklärung fand. Ich führte die routinemäßigen Blut- und Urintests durch. Nichts wies auf Diabetes hin. Sie war ziemlich mager, und ich fragte mich, ob sie vielleicht zu wenig aß, aber ich konnte einfach nicht eruieren, was mit ihr los war.

Ihre Krankheit trat episodisch auf. Manchmal fühlte sie sich einen ganzen Tag lang gut, dann wurde ich abends von ihrem Mann gerufen, nachdem sie einen weiteren Anfall erlitten hatte.

Er wurde allmählich ungeduldig, weil ich noch immer keine Diagnose gestellt hatte, und bemerkte, daß sie während ihrer Zusammenbrüche, wenn sie schläfrig und konfus war, oft stark nach Formalin roch.

Ich sah mich um in dem gepflegten Heim. Alles war in bester Ordnung und blitzsauber, wie Mr. Southerns Hemden und Krawatten. Mein Blick wanderte über die Bibeln, die in einem Regal standen (beide waren treue Kirchgänger), und ich fragte mich, ob sie vielleicht zuviel trank. Als ich Mr. Southern taktvoll auf diese Möglichkeit hinwies, entlud sich ein Gewitter heiligen Zorns über meinem Haupt. Wie könnte ich es wagen? Seine Frau hätte nie im Leben auch nur einen Tropfen angerührt. Es gäbe überhaupt keinen Alkohol im Haus.

Ich wurde noch zweimal zu Mrs. Southern gerufen, als sie ihre ›beschwipsten Anfälle‹ hatte, wie ich sie insgeheim nannte, denn in diesem Zustand konnte sie sich kaum auf den Beinen halten, lallte und war völlig durcheinander.

»Wenn sie das nächstemal zusammenklappt, versuchen Sie noch während des Anfalls eine Urinprobe zu beschaffen – oder möglichst bald danach, und die bringen Sie mir in die Praxis«, ersuchte ich ihren Mann.

Die Polizei konnte mit Hilfe von Urinproben sehr genau feststellen, wieviel Alkohol ein Mensch konsumiert hatte. Warum sollte mir das nicht auch gelingen?

Ein paar Tage später kam Mr. Southern mit der Urinprobe zu mir. »Ich mache mir große Sorgen, Doktor. Sie hatte schon wieder einen ganz schlimmen Anfall, und ich hoffe inständig, daß Sie anhand dieses Urins endlich feststellen können, was ihr fehlt.«

Ich schickte die Probe ans Pathologische Labor in Winchcombe und bat die Leute, den Test möglichst schnell durchzuführen. Ein paar Stunden später rief mich der pathologisch-technische Assistent an. Mein Verdacht bestätigte sich. Der Urin strotzte nur so vor Alkohol. Mrs. Southern war eine heimliche Trinkerin. »Mit einem brennenden Streichholz dürfte man sich nicht in die Nähe von dem Zeug wagen, Doktor«, meinte der Assistent fröhlich, »sonst fliegt man womöglich in die Luft.«

Ich mußte zu den Southerns gehen, mit Mr. Southern unter vier Augen sprechen und ihm schonend beibringen, daß seine Frau ganz ohne jeden Zweifel eine Menge Alkohol zu konsumieren pflegte. Er war zunächst völlig verblüfft, dann tief gekränkt, und ich versuchte ihn zu trösten, so gut ich konnte. Er wollte es einfach nicht glauben. »Wie kann sie denn trinken, wenn es keinen Tropfen Alkohol im Haus gibt?«

»Geben Sie mir Bescheid, wenn sie das nächste Mal ausgeht«, schlug ich vor, »dann durchsuchen wir gemeinsam alle Räume.«

Widerwillig stimmte er zu. »Schrecklich – hinter dem Rücken meiner Frau... Aber wenn ihre Gesundheit auf dem Spiel steht... In letzter Zeit wird es immer schlimmer mit ihr.«

Einige Tage später verließ sie das Haus, und wir begaben uns auf die Suche. Mr. Southern entdeckte die Schatzhöhle. Hinter dem Wäschetrockner standen siebenundzwanzig leere Kochsherryflaschen.

Mrs. Southern war die erste meiner vielen Patientinnen, die sich in einer ähnlichen Situation befanden – einsame Hausfrauen, die sich mit Sherry trösteten, in immer größeren Mengen. Damals konnte man Kochsherry für fünf Shilling pro Flasche kaufen, und dazu brauchte man nicht einmal in eine Weinhandlung oder in einen Pub zu gehen. Kochsherry bekam man beim Lebensmittelhändler, und dies war die heimliche Quelle, aus der Mrs. Southerns Alkohol stammte.

Wir mußten sie mit ihrem schrecklichen Geheimnis konfrontieren, und Mr. Southern war gezwungen, in sich zu gehen und einzusehen, daß er sich vielleicht viel zu intensiv mit seinen eigenen Interessen befaßt und seine Frau als bessere Haushälterin betrachtet hatte, die sich niemals beklagen durfte.

Glücklicherweise löste sich das Problem in diesem Fall von selbst. Mrs. Southern schaffte es ohne fremde Hilfe, das Trinken aufzugeben. Die beiden Eheleute kamen einander näher und genossen ihr gemeinsames Leben mehr als je zuvor.

Bedauerlicherweise fanden nicht alle Fälle ein so gutes Ende. Oft erfuhr ich von solchen heimlichen Lastern erst dann, wenn ein Patient (meist handelte es sich um Damen) mit einem fast irreparablen Leberschaden zu mir kam.

3.
ALLE DINGE FÜR ALLE MENSCHEN

Unsere Praxis wurde von einer Zentralpraxis aus geleitet, die in der Stadtmitte lag. Eine andere Zweigpraxis kümmerte sich um die paar Kumpel, die in Reihenhäusern in der Nähe des Thudrock-Kohlenbergwerks wohnten. Wir hielten einmal pro Woche eine Sprechstunde in dieser Praxis ab, wobei ich mich mit meinen Partnern ablöste.

Die Zweigpraxis war sehr primitiv – eine ehemalige Garage mit Regalen voller bunter Medizinfläschchen, auf denen Schilder mit sehr simplen Dosierungsvorschriften klebten: ›Ein Teil Medizin mit zehn Teilen Wasser‹. Ich erfuhr niemals, was sich in diesen Fläschchen befand, aber die meisten Patienten wußten ganz genau, ob sie die grüne, die rote, die blaue oder die gelbe Medizin haben wollten. Alle schienen gesund und fit zu sein, warum sollte ich also mit ihnen streiten?

Da wir die einzige Praxis in Tadchester betrieben, mußten wir nicht nur die kranken Stadtbewohner betreuen, sondern auch das Hospital leiten. Dort avancierten wir zu Chirurgen, chirurgischen Assistenten oder Anästhesisten, und manchmal übte einer von uns zwei dieser Funktionen gleichzeitig aus.

Ich hatte zwei Jahre lang in einer großen Londoner Klinik gearbeitet, und dort hatte ein ständiger Kampf stattgefunden. Die praktischen Ärzte versuchten ihre Patienten loszuwerden, indem sie sie in die Klinik schickten, und die Krankenhausärzte versuchten ihre Patienten loszuwerden, indem sie sie zu den praktischen Ärzten zurückschickten. In Tadchester klappte das nicht. Wenn ich einen Patienten ins Hospital schickte, mußte ich mich dort um ihn kümmern. Und wenn ich jemanden aus dem Krankenhaus entließ, mußte ich ihn in seinen vier Wänden betreuen. Es fiel mir immer noch schwer, gewisse Patienten zu behandeln. Eines Tages wurde ich zu Granny Branch gerufen, die in einer Siedlung ›Oben am Berg‹ wohnte. Ich stellte eine spontane Diagnose, von der ich ziemlich überzeugt war, obwohl ich in letzter Zeit zur Vorsicht neigte. Granny Branch lag in einem stinkenden Bett, hatte Wunden am Unterbauch und schrecklichen Durst. Aber ich hatte schon als Student gelernt, daß man niemals mit einer Behandlung beginnen sollte, bevor man sich seiner Diagnose völlig sicher war. Ich bat also ihre Tochter, mir so bald wie möglich eine Urinprobe von Granny in die Praxis zu bringen.

Zu meiner Überraschung war der Urin völlig klar und einwandfrei. Und zu meiner noch größeren Überraschung enthielt er keinen Zucker, und den hätte ich zur Bestätigung meiner Diagnose gebraucht.

Bekümmert ging ich ins Bett und fuhr zeitig am nächsten Morgen wieder zur Granny Branch, die in tiefer Bewußtlosigkeit versunken war. Die Familie hatte sich nicht die Mühe gemacht, mir das mitzuteilen, weil sie gewußt hatte, daß ich ohnehin kommen würde. So schnell ich konnte, brachte ich sie ins Hospital, und dort erfuhr ich, daß sie in einem schweren Diabetes-Koma läge – meine ursprüngliche Diagnose. Der Krankenhausarzt machte mir schwere Vorwürfe und fragte, warum ich den Urin nicht untersucht hätte, der voller Zucker wäre.

Das ergab keinen Sinn. Ich rief Martha, ihre Tochter, an und fragte sie, ob es schwierig gewesen wäre, die Urinprobe von Granny zu beschaffen.

»Nun ja, Doktor«, erwiderte sie zögernd. »Sie sagten, Sie müßten den Urin haben, weil Granny sonst sehr krank werden könnte. Aber ich konnte sie nicht wecken, und da habe ich Ihnen eben ein bißchen Urin von mir gebracht.«

Das war grauenhaft. Es war mir nicht nur mißlungen, meiner Patientin zu helfen, ich hatte mir auch noch einen schlechten Namen im Hospital gemacht. Was war nur los mit meinen Diagnosen? Hatte mich auch Mrs. Jenkins auf irgendeine obskure Art zum Narren gehalten?

Mrs. Jenkins wohnte in einem einsamen Häuschen mit großem Gemüsegarten auf dem flachen Weidegebiet ›Unten am Berg‹. Ich wurde zu ihr gerufen, weil sich ihre Haut gelb verfärbt hatte. Es gab zwei mögliche Diagnosen – entweder hatte sie eine Leberinfektion oder Probleme mit der Gallenblase. Sie schien sich trotzdem wohl zu fühlen. Die gelbe Haut bereitete ihr kein Kopfzerbrechen. Die Bluttests müßten auf ein Leber- oder Gallenblasenleiden hinweisen. Sie war überraschend aktiv, verrichtete frohgemut ihre Hausarbeit und sah aus wie ein chinesischer Kuli. Zweifel stiegen in mir auf, und ich rief das Pathologische Labor an. Alle Bluttests waren negativ. Ihr Blut war völlig normal, es gab nicht die geringsten Anzeichen einer Gelbsucht. Oder hatte ich irrtümlich das falsche Blut ins Labor geschickt? In diesem Fall konnte ich sicher sein, daß mir die Tochter nicht ihr eigenes Blut untergejubelt hatte, denn ich hatte die Nadel eigenhändig in den Oberarm meiner Patientin gestochen.

Ich kehrte zu der gelben Mr. Jenkins zurück und fragte: »Wie geht es Ihnen?«

»Gut, Doktor.«

»Wie ist Ihr Appetit?«

»Gut, Doktor.«

»Gibt es irgendwelche Speisen, die Sie früher mochten und die Ihnen jetzt zuwider sind?« Das war eine sehr wichtige Frage, denn wenn jemand an einer Gallen- oder Leberkrankheit leidet, entwikkelt er für gewöhnlich eine Abneigung gegen fettes Essen.

»Nein, Doktor.«

»Was haben Sie denn heute zu Mittag gegessen?«

»Ein paar Möhren«, erwiderte Mrs. Jenkins.

Das war harmlos und ganz sicher gesund, aber etwas seltsam.

»Und was wollen Sie heute abend essen?«

»Ich glaube, wieder ein paar Möhren.«

Allmählich ging mir ein Licht auf. »Haben Sie gestern auch Möhren gegessen, Mrs. Jenkins?«

»O ja, Doktor.«

»Und ich nehme an, daß Sie auch morgen Möhren essen wollen?«

»Ja«, bestätigte meine lächelnde Patientin.

Ich blickte in den Garten hinaus. Hätte ich doch nur früher auf Mrs. Jenkins' Umwelt geachtet... Scheinbar endlose Reihen von Möhrenbeeten zogen sich durch den Garten. Mrs. Jenkins hatte eine Karotinämie, ein Pigment, das sich entwickelt, wenn man zu viele Möhren ißt. »Wie viele Möhren essen Sie am Tag, Mrs. Jenkins?«

»Oh, normalerweise etwa sieben Pfund, Doktor?«

»Und was machen Sie, wenn keine mehr in Ihrem Garten wachsen?«

»Ich habe noch ein paar auf Lager«, erklärte sie und öffnete einen großen Schrank, der von oben bis unten mit Möhren in Einmachgläsern gefüllt war. Sie erzählte mir, während des Krieges wären alle Leute aufgefordert worden, Möhren zu essen. Konservierte Möhren hätten damals zu den wenigen Lebensmitteln gehört, die reichlich vorhanden waren. Und sie hatten ihr immer gut geschmeckt. Sicher, sie hätte bemerkt, daß sie ein bißchen gelb geworden war, doch das hätte sie nicht gestört. Sie hätte geglaubt, das wäre von der Sonne gekommen.

Noch ein Fehlschlag!

»Im Dunkeln kann ich wahnsinnig gut sehen!« rief sie mir nach, als ich müde zu meinem Auto trottete.

Nach dem Erlebnis mit Mrs. Jenkins fand ich mich mit der offenbar unabwendbaren Tatsache ab, daß sich in jedem Fall, den ich als abnorm betrachtete, eine ganz simple und um so verwirrendere Erklärung ergeben würde. Auf den nächsten dieser Fälle brauchte ich nicht lange zu warten.

Um eine abgeklungene Mandelentzündung endgültig zu kurieren, gab ich einem Patienten Mendells-Tinktur, mit der er sich den Hals auspinseln sollte. Das war eine klebrige Substanz, die Schluckbeschwerden linderte. Heutzutage wird sie kaum noch benutzt und ist durch viel raffinierter zusammengesetzte Tabletten verdrängt worden. Als ich den Patienten eine Woche später nach seinem Befinden fragte, antwortete er: »Es geht mir gut, aber der Hemdkragen klebt mir ständig am Hals.«

Er hatte die Tinktur *außen* auf den Hals gepinselt, und jetzt waren seine Hemden so verschmiert, daß er sich schon überlegte, ob er mir seine Wäschereirechnung schicken sollte.

Ein Kind, das an allergischem Schnupfen litt, behandelte ich mit Antihistamintropfen. Das kleine Mädchen sprach gut darauf an, und so sagte ich zu den Eltern: »Ich glaube, jetzt sollten wir es mit Antihistamintabletten versuchen.« Zwei Tage später sah ich mich einer wütenden Mutter und einem noch wütenderen Vater gegenüber, der erklärte: »Wir wollen zu Dr. Maxwell. Das Kind muß endlich vernünftig behandelt werden. Seit wir Jenny diese Tabletten in die Nase stecken, kann sie kaum noch atmen.«

Mein letzter Krankenbesuch an einem Samstagnachmittag galt einem Jagdunfall. Eine ziemlich arrogante junge Dame in einem fleckenlos weißen Landrover, mit einem Akzent, der zu ihren weißen Zähnen und eleganten Reithosen paßte, befahl mir: »Kommen Sie schnell, Doktor! Einer unserer Jäger ist vom Pferd gefallen!«

Ich packte meine Tasche und sprang in den Landrover. Wir holperten über zerfurchte Felder in einen Wald, wo zwei festgebundene Pferde standen. »Jetzt müssen wir reiten, Doktor«, erklärte sie.

Ich hasse Pferde. Einmal bin ich recht erfolgreich auf einem Kamel geritten, aber Pferde machen mir Angst. Und sie sind wie Hunde – wenn sie merken, daß man sich fürchtet, tun sie alles, um einem noch mehr Angst einzujagen.

Dieses Pferd war mindestens zwei Meter hoch. Und als ich darauf saß, hatte ich das Gefühl, kilometerweit vom Boden entfernt zu sein. Ich klammerte mich an seinem Hals fest, vergaß meine Würde und preßte die zitternden Knie an den Sattel. Das erste Stoppelfeld hatte ich mit Müh und Not bewältigt, aber als mein Pferd die erste Hecke übersprang, warf es mich ab, und ich landete in einem Graben.

Mein Rücken tat höllisch weh. Meine Beine waren nicht gebrochen – ich konnte sie bewegen –, doch davon abgesehen kam es mir so vor, als hätte ich im ganzen Körper keinen einzigen heilen Knochen mehr. Ich war voller Schlamm – zumindest fühlte sich das Zeug so an, aber es roch eher nach Misthaufen.

Mittlerweile hatte sich die ganze Jagdgesellschaft rings um mich versammelt. Der Mann, den ich verarzten sollte, hatte sich inzwischen von den Folgen seines Sturzes erholt und half einem anderen mich in den Landrover zu heben. Sie brachten mich zur Praxis zurück, und mit der Unterstützung des grinsenden Jack Hart betteten sie mich sanft auf die Untersuchungscouch. Der Gesichtsausdruck der jungen Dame mit dem Pferdegebiß, die mich aus der Stadt geholt hatte, war während unseres ganzen Beisammenseins unverändert geblieben. Als sie ging, wandte sie sich an der Tür noch einmal um und sagte: »Danke, daß Sie so schnell mit mir gekommen sind, Doktor. Ich glaube, wir wissen unsere Ärzte nicht richtig zu schätzen.«

Ich war drei Tage arbeitsunfähig. Henry Johnson konnte das einfach nicht verstehen. Wenn sein Rücken verletzt wäre, hätte er sich einfach ein Gipsjackett verpaßt und weitergemacht. Aber ich war aus weicherem Holz geschnitzt.

Mein promptes Erscheinen am Tummelplatz der Jagdgesellschaft verschaffte mir Zugang zur Oberschicht. Ich hatte großen Eindruck auf sie gemacht – und sie ebenso auf mich, zumindest auf meinen Rücken. Meine Führerin mit den kräftigen Zähnen und engsitzenden Reithosen entpuppte sich als eine gewisse Marjorie de Wyrebock, Tochter des Commander de Wyrebock, eines Offiziers der Königlichen Marine, der in den Ruhestand getreten war. Er besaß eine Farm und führte das Leben eines Landedelmanns sowie den Vorsitz bei vielen Festivitäten. Der Kontakt mit diesen Leuten bereitete mir einiges Unbehagen.

Wie mir Mrs. de Wyrebock bei einem meiner Besuche mitteilte, waren die Ärzte in ihrer Jugendzeit durch den Lieferanteneingang hereingelassen worden. Wie demokratisch man sich doch heutzutage gab...

Commander de Wyrebock war ein vornehmer, großer, schwerhöriger alter Mann. Vor acht Jahren war er wegen seiner Magenschmerzen operiert worden, und dabei hatte sich herausgestellt, daß er an Bauchspeicheldrüsenkrebs litt. Dieser Tumor wurde als inoperabel betrachtet, man hatte den Magen wieder zugemacht, und seither hatte er keine Beschwerden mehr und freute sich des Lebens, abgesehen von seiner Schwerhörigkeit. Dies war ein weiterer Beweis für die Tatsache, daß sich die Patienten in dieser Gegend deutlich von allen anderen unterschieden.

Einmal wurde ich zu Mrs. de Wyrebock gerufen, als sie schlimme Kopfschmerzen und Fieber hatte. Ihre Lider waren stark angeschwollen. Außerdem behauptete sie, ihre Nase wäre verstopft. Ich untersuchte sie und sagte mir in meinem offenbar unverbesserlichen Leichtsinn, daß dies ein einfacher Fall wäre – Stirnhöhlenvereiterung. Aufgrund des Unbehagens, das ich im

Umgang mit den oberen Zehntausend empfand, übertrieb ich meine Therapie ein wenig. Ich gab ihr nicht nur Antibiotika, Antihistamintabletten und Nasentropfen, sondern ließ auch ihre Stirnhöhle röntgen, nahm ihr Blut ab, um ein Blutbild machen zu lassen, und bat sie, mir eine Urinprobe in die Praxis zu schicken. Dabei überlegte ich, in welchem Behälter die Probe wohl eintreffen würde – in einer juwelenbesetzten Schnupftabakdose oder zumindest in einer sterilisierten Whiskykaraffe. Manchmal fiel es mir schwer zu glauben, daß diese Leute gezwungen waren, denselben natürlichen Bedürfnissen nachzugehen wie wir gewöhnlichen Sterblichen.

Ich wurde gebeten – nein, man befahl mir – zwei weitere Personen zu untersuchen, als ich auf Commander de Wyrebocks Farm war: Janice, die Frau des Verwalters Kevin Bird, und einen der Hirten, Bill Foulkes. Mit Janice und Kevin war ich befreundet, und sie luden mich oft zum Essen ein.Sie waren wild entschlossen, mich zu verheiraten, und stellten mir immer wieder Kandidatinnen vor, schleppten mich auf Partys und Tanzabende, meist mit der Bemerkung: ›Jetzt haben wir sicher ein Mädchen gefunden, das dir gefallen wird.‹

Ich stellte fest, daß Janice fast die gleichen Symptome hatte wie Mrs. de Wyrebock. Sie sah schrecklich aus, versuchte eine tapfere Miene aufzusetzen, hatte aber geschwollene Augen, furchtbare Kopfschmerzen und hohes Fieber.

Zu meinem großen Erstaunen klagte Bill Foulkes über die gleichen Beschwerden wie meine beiden Patientinnen. Was Bill betraf, so war ich immer etwas vorsichtig. Er war ein alter Komödiant, und wenn ich ihm von irgendeiner Krankheit erzählte pflegte er zu behaupten, daran würde er ebenfalls leiden. Aber auch Bill hatte Fieber und geschwollene Lider, und diese Symptome konnte ich nicht ignorieren. In den letzten beiden Tagen war eine Menge Blütenstaub herumgeflogen, und so erschien mir die Annahme, daß drei Leute auf der Farm deshalb hohes Fieber und Stirnhöhlenvereiterung hatten, nicht unvernünftig.

Nun bereute ich es, daß ich Mrs. de Wyrebock mit so übertriebener Sorgfalt traktiert hatte. Ich hatte mich stets als Arzt der Arbeiterklasse betrachtet, der allen Menschen die gleiche Behandlung zuteil werden ließ. Also mußte ich mit Janice und Bill genauso verfahren wie mit der Frau ihres Arbeitgebers. Sie bekamen Antibiotika, Nasentropfen, Antihistamintabletten, wurden geröntgt und ihr Blut wurde getestet. Alle drei waren Patienten vom Staatlichen

Gesundheitsdienst, also durfte ich keine Unterschiede zwischen ihnen machen.

Obwohl die de Wyrebocks offensichtlich steinreich waren, nahmen sie alles in Anspruch, was man umsonst bekommen konnte. Beim Staatlichen Gesundheitsdienst versichert zu sein – das war demokratisch, ebenso wie die Gepflogenheit, den Hausarzt durch die Vordertür hereinzulassen. Natürlich erwarteten sie trotz ihrer Mitgliedschaft beim Staatlichen Gesundheitsdienst wie Privatpatienten behandelt zu werden. Anscheinend glaubten sie, daß sie mir einen Gefallen taten, wenn sie mich in ihr Haus beorderten. Ich wußte, daß ich mich damit auf einen harten Kampf einließ – aber ich war fest entschlossen, Mrs. de Wyrebock eines Tages in der Praxis Schlange stehen zu lassen, wenn sie ein neues Rezept für die Schlaftabletten brauchte, die sie sich immer ins Haus schikken ließ.

Drei Tage später fuhr ich wieder auf die Farm, um nach meinen Patienten zu sehen, und freute mich siegesgewiß auf den herzlichen Empfang, den man dem Wunderdoktor bereiten würde. Stirnhöhlenvereiterung ist eine äußerst unangenehme Krankheit, und ich hatte gehört, daß man dramatische Heilerfolge erzielen kann, wenn man sie gleich zu Anfang massiv mit Nasentropfen, Antihistamintabletten und Antibiotika bekämpft.

Mein erster Besuch galt natürlich den de Wyrebocks. Der Commander begrüßte mich mit besorgter Miene. »Meiner Frau geht es immer noch sehr schlecht, Doktor.«

Das alarmierte mich. Er war ein netter, vernünftiger alter Junge, der die Krankheiten seiner Gattin normalerweise nicht allzu ernst nahm. Aber er hatte recht. Mrs. de Wyrebock sah elend aus. Sie schwitzte ziemlich stark, die Lider waren nach wie vor geschwollen, und sie war so geschwächt, daß sie nicht einmal imstande war, mich zusammenzustauchen. Am Tag zuvor waren sie in einem Privatkrankenwagen in die Stadt gefahren, um ihre Stirnhöhlen röntgen zu lassen, damit die Aufnahmen bei meinem nächsten Besuch bereitlagen. Es waren wohl nur die Leistungen ihres praktischen Arztes vom Staatlichen Gesundheitsdienst, für die sie nichts bezahlten. Aber ich hegte den Verdacht, daß sie auch noch einen Privatarzt in London hatten.

Mit bebenden Händen öffnete ich den Umschlag, in dem die Röntgenaufnahmen steckten. Offenbar war dies nicht mein glücklichster Tag. Der Bericht des Röntgenologen fiel heraus, und ich warf einen Blick darauf, bevor ich die Aufnahmen studierte. Es war ein kurzer und bündiger Bericht. ›Röntgenbefund – k. a. D.‹ Das bedeutet: ›keine abnorme Diagnose.‹ Dies wurde durch die Röntgenbilder, die ich nervös gegen das Licht hielt, bestätigt.

»Nun, wie sieht's aus, Doktor?« fragte Commander de Wyrebock.

Ich mußte versuchen, Zeit zu gewinnen. »Glücklicherweise sind es sehr scharfe Aufnahmen, Commander. Die Antibiotika brauchen ein paar Tage, um ihre ganze Wirkungskraft zu entfalten. Wir werden die Therapie fortsetzen. Morgen schaue ich wieder vorbei. Geben Sie ihr ein Aspirin, wenn sie starke Kopfschmerzen hat. Ich bin sicher, daß sich ihr Zustand in den nächsten vierundzwanzig Stunden bessern wird.«

Ich floh aus dem Haus, fuhr zu Janice und fragte mich, wie ich sie wohl antreffen würde. Es ging ihr genauso miserabel wie Mrs. de Wyrebock. Ihre Symptome waren sogar noch schlimmer – sehr hohes Fieber, zugeschwollene Augen. Natürlich hatte sie ihre Stirnhöhle noch nicht röntgen lassen, aber das war auch überflüssig. Hier ging irgend etwas vor, dem meine medizinische Ausbildung nicht gewachsen war. Bill Foulkes sah so aus, als würde er bereits auf der Schwelle des Todes stehen, und komplizierte die ganze Sache noch, indem er ständig erbrach. Ich hatte keine Ahnung, was den dreien fehlte – aber eine Stirnhöhlenvereiterung war es jedenfalls nicht.

4.
SCHWEINEFLEISCH UND WETTKÄMPFE

Ich war tief betrübt, als ich meine Patienten verließ und erschöpft in die Praxis zurückkehrte. Was sollte ich tun? Ich würde einen meiner älteren Partner um Rat bitten müssen.

Glücklicherweise war Steve da. Lächelnd saß er hinter seinem Schreibtisch und sah mich durch seine halbmondförmigen, goldgeränderten Brillengläser an. »Nun, Bob, was kann ich für dich tun?«

Ich redete mir meinen Kummer von der Seele. Was könnte das nur sein? Steve zeigte auf einen Stapel von Formularen, die auf seinem Schreibtisch lagen und die ihm das Pathologische Labor geschickt hatte. »Vielleicht interessierst du dich für diese Bluttestergebnisse.« Ich sah sie mir an. Es waren die Ergebnisse der Untersuchungen, die man an dem Blut meiner drei mysteriösen Patienten vorgenommen hatte – Mrs. de Wyrebock, Janice und Bill. Überall zeigte sich das gleiche Bild – alle drei hatten mehr weiße Blutkörperchen, und zwar sogenannte eosinophile Zellen, als sie haben durften. Wenn man die verschiedenen Arten von weißen Blutkörperchen im Körper zählt, kann einem dies oft wichtige Hinweise auf besondere Krankheitszustände geben. Aber wie sollte mir das in diesem Fall weiterhelfen? Es wurde immer schlimmer. Die einzigen mir bekannten Fälle einer erhöhten Anzahl von eosinophilen Zellen waren verschiedene Arten von asthmatischen Krankheiten und parasitäre Infektionen, verursacht durch Würmer.

»Was bedeutet das, Steve?« fragte ich.

»Nun, ich hab' so was ähnliches vor zwanzig Jahren erlebt. Damals hatte ich fünf Patienten mit den gleichen Symptomen wie diese hier. Dazu gehörte auch eine Krankenschwester aus dem Dilchester Hospital, die mit einer Stirnhöhlenvereiterung nach Hause geschickt wurde. Sie hatten alle das gleiche Blutbild.« Steve war offensichtlich sehr mit sich zufrieden. »Ich ließ auch noch gewöhnliche Bluttests machen. Hier, sieh mal – ich habe den Bericht schon herausgesucht.«

»Trichinosenlarven in Proben beobachtet«, las ich. Dabei handelt es sich um eine parasitäre Erkrankung, die durch den Genuß von zu kurz gegartem Schweinefleisch verursacht wird, das von einem kranken Tier stammt. Das Schwein war der ursprüngliche Wirt der unangenehmen Parasiten.

»Aber – die de Wyrebocks!« rief ich. »Ich kann mir nicht vorstellen, daß sie jemals schlechtes, zu kurz gegartes Schweinefleisch essen. Sicher wird es am Spieß gebraten und auf Silberplatten serviert. Und warum haben sie nicht alle Trichinosenlarven? Warum nur jeweils eine pro Familie?«

»Bei der letzten Trichinosenepidemie habe ich alle Verwandten meiner Patienten ausführlich befragt. Ich konnte nicht begreifen, warum in einer Familie, wo alle das gleiche essen, nur einer von Trichinosen befallen war. Dabei stellte sich heraus, daß jeder Patient, der an dieser Krankheit litt, rohes Schweinemett gegessen hatte.«

»Und was ist aus ihnen geworden?« fragte ich.

»Eine Zeitlang ging es ihnen miserabel, aber sie haben's überlebt«, erwiderte Steve.

Erleichtert lachte ich. Die Wolken, die meinen Himmel verdüstert hatten, waren entschwunden. Meinen nächsten Besuch bei Mrs. de Wyrebock würde ich so richtig auskosten.

Am nächsten Tag konnte ich gar nicht schnell genug hinfahren. Als ich das Haus betrat, setzte ich eine ernste, nachdenkliche Miene auf. Mrs. de Wyrebock sah etwas besser aus als am Vortag, aber immer noch ziemlich schlecht, und sie fühlte sich bereits kräftig genug, um mich zu attackieren. »Ich glaube, Sie wissen gar nicht, was mir fehlt, Doktor. Wir möchten einen zweiten Arzt konsultieren.«

»Natürlich. Und welchen Arzt wünschen Sie hinzuzuziehen?«

»Wir kennen einen tüchtigen Mann, der in der Harley Street praktiziert. Wir waren so frei, ihn anzurufen, und er kann abends zu uns kommen – falls es nötig sein sollte.«

»Selbstverständlich. Er wird sich bestimmt für ihren Fall interessieren, der äußerst ungewöhnlich ist.«

Mrs. de Wyrebock hob die Nase in die Luft. Offenbar genoß sie es, eine ausgefallene Krankheit zu haben.

»Ich muß Ihnen ein paar Fragen stellen«, sagte ich.

»Oh... Können wir damit nicht warten, bis unser Spezialist eintrifft?«

»Nein. Ich muß schon vorher ein oder zwei Dinge klarstellen. Haben Sie in letzter Zeit Schweinefleisch gegessen?«

»Ja, aber ich sehe nicht ein, was das damit zu tun haben soll. Bill Foulkes hat letzte Woche ein Schwein geschlachtet. Wir hatten zweimal Schweinebraten, und die Köchin machte Mett für Würstchen.«

»Haben Sie vielleicht von dem rohen Mett gekostet, als Sie mal durch die Küche geschlendert sind?«

Mrs. de Wyrebock setzte sich abrupt auf und errötete, als ihr plötzlich bewußt wurde, daß dieser schäbige praktische Arzt entweder das Zweite Gesicht oder Röntgenaugen haben mußte. »Ja, Doktor – ich habe ein bißchen was davon gekostet, als die Köchin es gerade zubereitet hat, denn ich wollte sehen, ob es richtig gewürzt war.«

»Das ist die Ursache Ihrer Krankheit. Sie haben eine Parasiteninfektion, die man nur bekommt, wenn man rohes Fleisch von einem kranken Schwein ißt. Die Symptome werden in den nächsten Tagen verschwinden, und ich bin sicher, daß Ihr Spezialist Sie sehr gern in diesem Zustand sehen möchte.«

»Ah – eh – ich glaube, wir sind ganz zufrieden mit Ihnen, Doktor«, knurrte der alte Commander, und ich entdeckte die Andeutung eines Lächelns auf seinem Gesicht. »Ich kann gar nicht verstehen, daß eins unserer Schweine krank war. Wir haben nur die besten Zuchttiere, und sie werden äußerst sorgsam gepflegt. Ich muß mich mal um die Sache kümmern.«

»Ich fürchte, darum wird sich auch das Gesundheitsamt kümmern, Commander«, sagte ich. »In solchen Fällen muß man der Sache auf den Grund gehen.«

Janice, der es ebenfalls etwas besser ging, gestand mir, daß sie immer von ihrem Mett kostete, bevor sie Würstchen daraus briet, weil sie den salzigen Geschmack liebte. Und Bill nahm sich Sandwiches mit rohem Mett zur Arbeit mit. »Das schmeckt so schön salzig«, erklärte auch er.

(Bill war der Missetäter. Er hatte die Erlaubnis, sich selbst ein paar Schweine auf seinem kleinen Hof zu halten, und wenn eines krank wurde, hielt er es für ökonomisch, das Tier zu schlachten und durch eins aus der Zuchtherde zu ersetzen.) Als ich meinen Besuch bei Mrs. de Wyrebock beendete, hatte sie zum erstenmal, seit ich sie kannte, nicht viel zu sagen. Ich packte meine Tasche und erklärte: »Ich würde Sie nächste Woche gern in der Praxis sehen, Mrs. de Wyrebock, weil ich noch ein paar Tests machen will.«

»Ja, Doktor«, antwortete sie kleinlaut. »Ich werde mir einen Termin geben lassen.«

Ich hatte gesiegt.

Allmählich lebte ich mich gut in der Praxis ein. Und wenn ich mal einen Fehler machte, so deckten mich meine stets hilfsbereiten Partner.

Was mich bei Hausbesuchen am meisten irritierte, war das Ansinnen, daß ich auch beim Nachbarn vorbeischauen sollte, weil ich dort ebenfalls gebraucht würde. Das war zwar keine unvernünftige Bitte, aber für einen Arzt höchst unangenehm. Meist hatte man an einem Tag sieben oder acht Hausbesuche zu machen und die Zeit dafür genau eingeteilt, weil man danach noch die Sprechstunde in der Praxis abhalten mußte. Man ging also zum Nachbarn, widerstrebend und wütend, und behandelte den Patienten einigermaßen unhöflich.

Als ich eines Vormittags beim Kaffee über diesen verhaßten Mißstand wetterte, erzählte mir Jack, wie er damit fertig geworden war. Er war zu einem Kind gerufen worden, das Masern hatte und kilometerweit draußen auf dem Land lebte. Nachdem er den Kleinen untersucht hatte, bat ihn die Mutter, noch zum Nachbarn zu gehen. Der zweite Patient war ein alter Mann, der Jack an der Gartentür erwartete. »Ich wußte, es würde Ihnen nichts ausmachen, bei mir vorbeizuschauen, Doktor«, sagte er.

Der entrüstete Jack schimpfte lautstark, als er mit dem Alten zum Haus ging, fluchte (zumindest behauptete er das) und machte ihm klar, daß er ohnehin schon spät dran wäre und noch eine Menge Patienten besuchen müßte, und warum hätte der Mann ihn denn nicht angerufen? Der Alte ging unbekümmert weiter, öffnete die Tür, zog ein riesiges Hörrohr hinter einem Sofa hervor und hielt es ans Ohr. »Was haben Sie gesagt, Doktor?«

In diesem Augenblick erkannte Jack, daß er sich ebenso wie jeder andere Arzt zu einer philosophischen Lebensanschauung durchringen mußte – und daß der einzige, der unter seinen Wutanfällen leiden würde, immer nur er selbst wäre.

Ich fragte Jack, wie er mit den Burgesses zurechtkäme, einer Familie, die von allen Patienten in unserer Kartei das geringste Interesse an hygienischen Aspekten zeigte. Nicht nur das – sie hielten sich zweiundzwanzig Katzen und sieben Hunde, von denen keiner stubenrein war und auch keine Neigung zeigte, seine Gewohnheiten zu ändern. Ein paar Tage zuvor hatte ich die Burgesses besucht. Der Gestank hatte mich fast umgehauen, und ich mußte mich gewaltig zusammenreißen, um nicht zu erbrechen.

Das wäre ganz einfach, erwiderte Jack. Er ging erst einmal zum Haus, riß die Tür auf, dann kehrte er zu seinem Auto zurück, um die Tasche zu holen. Inzwischen war das Haus ein bißchen durchlüftet worden. Einmal war er mit seiner alten Gasmaske vom Luftschutzdienst erschienen, aber da hatten die Burgesses ihn für einen Marsmenschen gehalten, lauthals geschrien und ihn nicht hereinlassen wollen.

Ich genoß diese Kaffeepausen immer noch. Steve hatte einen unerschöpflichen Fundus an Patientengeschichten. Ich glaubte zwar nur die Hälfte davon, aber sie waren ein fester Bestandteil unseres täglichen Kaffeerituals.

Zum Beispiel behauptete er, eine Patientin zu haben, die getreulich jedes Jahr ein Kind geboren hatte, und das zwölf Jahre lang. Dann hatte sie plötzlich damit aufgehört. Steve fragte sich nach dem Grund.

»Daran ist Dr. Redditch schuld«, erwiderte Mrs. Brown, »unser Hals-, Nasen- und Ohrenarzt. Sie haben mich zu ihm geschickt, Doktor, und er verschrieb mir einen Hörapparat. Bevor ich ihn bekam, fragte mein Mann jeden Abend, wenn wir ins Bett gingen:

›Sollen wir gleich schlafen – oder was?‹ Und ich sagte immer: ›Was?‹«

Unsere Hauptpraxis lag in einem Haus, das knapp fünfhundert Meter vom Stadtzentrum entfernt war. Früher, als nur ein Arzt in der Praxis gearbeitet hatte, war es das ›Doktorhaus‹ gewesen. Als die Stadt gewachsen war, hatte sich auch die Praxis vergrößert – und jetzt waren wir zu viert.

Im Erdgeschoß befanden sich vier Sprechzimmer, vier Untersuchungsräume und ein Wartezimmer, von wo eine Halbtür zum Empfangsraum führte, in dem der Telefonklappenschrank und ein Regal mit den Karteikästen standen. Wir hatten auch ein kleines Labor, wo wir einfache Tests durchführen konnten. Dieser Raum, in dem wir eine Schreibmaschine und ein Tonbandgerät aufbewahrten, diente manchmal auch als Büro.

Die beiden oberen Stockwerke waren zu Apartments ausgebaut worden. In der ersten Etage wohnte ein pensionierter Kumpel mit seiner Frau. Die beiden fungierten als Hausmeisterehepaar. Ich okkupierte die Wohnung im zweiten Stock, in der Stellvertreter oder Assistenten einquartiert wurden, die nur vorübergehend in der Praxis arbeiteten – oder Partner wie ich, die noch keine Bleibe gefunden hatten. Das hatte den großen Vorteil, daß Jack und Ivy Bidges, die Hausmeister, mich stets verständigen konnten, falls nachts oder an den Wochenenden, wenn ich Dienst hatte, ein Anruf für mich kam.

Wir hatten drei Sprechstundenhilfen. Gladys, eine alte Jungfer in mittleren Jahren und Leiterin des Roten Kreuzes von Tadchester, schmückte sich mit dem Titel ›Praxisleiterin‹. Ihre Stellvertreterin war Mary, die Frau eines Unterabteilungsleiters im Kohlenbergwerk. Sie war still und zurückhaltend, erledigte alle Schreibarbeiten und befaßte sich mit den administrativen Aspekten der Praxis. Sie war das gerade Gegenteil von Gladys, der aufdringlichsten Person, die mir je untergekommen war.

Gladys' durchdringende Stimme beherrschte die ganze Praxis, schüchterte die Patienten ein und hielt uns alle in Trab. Gladys wäre niemals auf den Gedanken verfallen, daß sie unsere Angestellte war – nein, sie war der Meinung, daß vier Ärzte für sie arbeiteten. Einen Großteil ihres Arbeitstages verbrachte sie damit, ihre Freundinnen oder die Kolleginnen vom Roten Kreuz anzurufen und lange Gespräche mit ihnen zu führen. Einmal war sie belauscht worden, als sie bei einem dieser Telefonate erklärt hatte, sie könnte in den nächsten Monaten weniger Termine vergeben, weil sie erst mal einen neuen Jungen einarbeiten müßte. Trotz ihrer lauten, extrovertierten Art hatte sie ein Herz aus reinem Gold. Sie machte sich furchtbare Sorgen, wenn sie die Leute ärgerte (was sie unweigerlich immer wieder tat), aber in Krisensituationen konnte man sich stets auf sie verlassen. Sie besaß ein ausgezeichnetes Urteilsvermögen und stellte stets mit sicherem Spürsinn fest, was dringend war und was nicht. Wenn Gladys erklärte, daß ein dringender Hausbesuch zu machen wäre, rannten wir sofort los.

Das letzte Mitglied unseres Teams war Jill, eine liebeskranke Achtzehnjährige, die immer Strümpfe mit Laufmaschen trug und sich in einem konstanten Zustand der Verzweiflung über ihre mißlungenen Romanzen zu befinden schien. Sie hatte während meiner Abendsprechstunden Dienst, den sie meist tränenüberströmt verrichtete. Wenn ich sie fragte, ob ich ihr helfen könnte, pflegte sie zu antworten: »Nein, danke, Doktor, es ist nichts Besonderes – nur eine schwere Enttäuschung...«

Vorübergehend dachte sie, ich würde einen verläßlicheren Liebhaber abgeben, und so konnten wir uns zwei Wochen lang an makellosen Strümpfen, verklebter Wimperntusche und riesigen Ausschnitten erfreuen, die einen Großteil ihrer Reize entblößten. Das wirkte sich sehr nachteilig auf ihre Arbeit aus. Kaum eine Dame konnte sich an der Schlange junger Männer am Empfang vorbeidrängen, um nach ihrer Versicherungsnummer oder ihren Terminen etc. zu fragen.

Schließlich beugte sie sich dem allgemeinen Druck. Sie errötete von den Zehen bis zur Nasenspitze, als Bill Foulkes im vollbesetzten Wartezimmer mit durchdringender Stimme sagte: »Ich glaube, jetzt habe ich gesehen, wie sich Ihre Lungenflügel bewegen, Miß.«

Steve blickte durch seine goldgeränderten Halbmonde besorgt auf die Kluft zwischen ihren Brüsten und fragte trocken, ob sie keine Angst hätte, sich zu erkälten.

Bei mir machte sie zwar keine Fortschritte, doch sie fand eine Reihe neuer untreuer Bewunderer und kehrte alsbald zu den Laufmaschen und Tränen zurück. Der glacierte Kuchen, den ich zwei Wochen lang zu meinem Kaffee bekommen hatte, wurde durch Verdauungsbiskuits ersetzt.

Bald geriet ich unter die Befehlsgewalt von Gladys in ihrer Eigenschaft als Kommandantin des Roten Kreuzes. Mit der Unterstützung Bettys, der Frau des Elektrikers, einer ausgebildeten

Krankenschwester, überredete sie mich – das heißt, sie befahl mir, Amtsarzt bei der lokalen ärztlichen Hilfstruppe ›Vorwärts‹ zu werden. Das ist eine Truppe, die im Fall einer Atomexplosion außerhalb der zerstörten Stadt eine Art Feldlazarett errichten soll.

Wir rasten mit einem Lieferwagen herum, räumten Krankenwagen aus, behandelten Verletzte, verpaßten ihnen Bandagen und Gipsverbände und leisteten ganz allgemein Erste Hilfe. Der Anlaß dieser enthusiastischen Aktivitäten war ein Wettbewerb, den der Gesundheitsminister veranstaltet hatte, um festzustellen, welcher ›Vorwärts‹-Trupp der beste im ganzen Land war. Die vier ersten Teams konnten ein Wochenende in London gewinnen, mit großer Abschlußfeier in der Albert Hall, wo ihnen der große Mann höchstselbst die Hände schütteln würde.

Ein Team bestand aus einem Amtsarzt, einer ausgebildeten Schwester und zehn Hilfsschwestern. Ich fand, daß unsere zehn ziemlich lahm aussahen, und hoffte zuversichtlich, daß wir uns nach der ersten Runde nicht mehr zu bemühen brauchten.

Wir traten zu unserem ersten Wettbewerb außerhalb der Gemeinde an, und zu meiner Überraschung gewannen wir. Es war das erstemal, daß ich dem ehrwürdigen Verband namens Verwundetenverein begegnete. Diese Leute nahmen jeden Samstag an diversen Wettkämpfen teil, mit Eingeweiden aus Plastilin, die sie an die Bäuche geklebt hatten, mit weißbemalten Gesichtern und Plastikbrandblasen an den Armen. Und sie sind unter Namen wie Mr. Verbrennung dritten Grades, Mrs. Darmriß oder Miß Loch in der Brust bekannt. Sie nehmen das alles sehr ernst, und die meisten waren so gut gedrillt und zurechtgemacht, daß ich mich inmitten des Wettbewerbs richtig hinreißen ließ und überzeugt war, daß ich echte Verletzte behandelte.

Nachdem unser Team in der ersten Runde gesiegt hatte, wuchs seine Begeisterung. Schon sah es die Lichter von London schimmern. Ich war mir nie ganz sicher, was wir eigentlich tun sollten, aber anscheinend taten wir es besser als die anderen, was immer es auch war. Zu meinem ungeheuren Erstaunen gewannen wir eine Runde nach der anderen, und das Finale rückte immer näher.

Wir gewannen das Regionalfinale, das nationale Semifinale, und der Trip nach London war uns sicher.

Drei Leute aus unserem Team hatten Tadchester nie zuvor verlassen. Zwei unserer Hilfsschwestern waren seit über dreißig Jahren verheiratet und hatten in dieser ganzen Zeit noch keine einzige Nacht fern von ihren Ehemännern verbracht. Der Gedanke an eine Nacht in London – wir nahmen an, daß wir im besten Hotel absteigen würden – versetzte alle in große Aufregung.

Endlich erfuhren wir in allen Einzelheiten, wie das große Finale verlaufen würde. Vom Claridges oder vom Ritz war gar keine Rede. Vielmehr teilte man uns mit, daß man uns in einer Anstalt für Geisteskranke unterbringen würde (die ich von meinem Studium her nur allzugut kannte), etwa zwanzig Kilometer außerhalb von London. Das war eine große Enttäuschung, aber wir wußten, daß wir nach London fahren und in die Albert Hall gehen würden und daß im Rathaus bereits die Pokale mit unseren eingravierten Namen bereitstanden.

Das Team wurde immer hektischer, und ich wußte bald nicht mehr, ob ich praktischer Arzt war oder ein vollbeschäftigter Amtsarzt vom ›Vorwärts‹-Trupp.

An einem Freitagmorgen brachen wir nach London auf. Als wir in dieser riesigen Irrenanstalt (dreitausendfünfhundert Patienten) eintrafen, wurden die Mädchen im Schwesternheim einquartiert, während der Sekretär unseres Hospitals und ich im Seitentrakt einer Beobachtungsstation schlafen mußten. (Am nächsten Morgen mußte ich ihn aus einer selbstschließenden Toilette retten.)

Vormittags fuhren wir in weißen, frisch gestärkten Schürzen und Kitteln mit unserem Bus zur Albert Hall. Wir waren das erste der vier Teams, die am Schauplatz des Finales eintrafen, repräsentierten die bei weitem kleinste Region und mußten gegen große Teams wie West London, Rugby und Manchester antreten.

Eigentlich hätte es uns alarmieren müssen, als man uns sagte, die Armee würde uns assistieren.

Ein sehr lebhafter, militant aussehender Mann gab uns die nötigen Instruktionen und erklärte uns, daß wir, sobald die Pfeife ertönte, in die Arena marschieren mußten. In der Arena mußte ich mich beim Armee-Amtsarzt melden, der die Wettkämpfe leiten würde. Danach mußten wir unsere Startplätze einnehmen.

In diesem Stadium fragten zwei Damen unseres Teams, ob sie einen Penny ausgeben dürften. Unser Militärassistent macht ›ts, ts‹ (in der Armee werden die Leute offenbar besser trainiert), und wurde völlig aus dem Gleichgewicht gebracht. Er hatte die Order, nicht zuzulassen, daß sich die Gruppe trennte, denn wir mußten unter Beobachtung bleiben, bis wir die Arena betraten. Und so marschierten wir alle, angeführt von einem verlegenen Korporal, zur Damentoilette. Das Anliegen der beiden Damen war offenbar ansteckend, denn nun ergriff das ganze Team die Gelegenheit, seine Nervenanspannung etwas zu lockern. Ich wartete draußen, und als alle wieder versammelt waren, mußte ich auch. Ohne Rücksicht auf die Frage, ob der Geist die Materie besiegen soll oder nicht, mußte auch ich meine Bitte vortragen. Hier gab es keine Geschlechtertrennung, und so marschierten wir alle geschlossen zur Herrentoilette, wo mein Team mit abgewandten Blicken wartete, bis ich meine Notdurft verrichtet hatte.

Endlich waren wir bereit. Meine Mädchen zitterten vor Nervosität. Wenn man sein ganzes Leben in einer Kleinstadt verbracht hat und nun plötzlich in der Albert Hall marschieren und sich dort produzieren soll, kann man ganz schön Lampenfieber kriegen. Die Pfeife erklang, und wir setzten uns in Bewegung.

Die Arena war vollgestopft mit Soldaten und Bahren. Ich blickte mich suchend nach dem leitenden Amtsarzt um und begann langsam eine Runde zu drehen, wobei mir meine elf Mädchen gehorsam folgten.

Ich ging einmal um die ganze Arena herum, konnte aber niemanden entdecken, der so aussah, als würde er das ganze Unternehmen leiten. Verletzte strömten herein, schluchzend, hinkend, blutüberströmt – und ich hatte noch immer keine Ahnung, wo ich zu arbeiten anfangen sollte.

Ich wußte, daß ich bereits eine ganze Runde absolviert hatte, denn ich erinnerte mich, daß ich schon mal an einem Offizier im Kampfanzug vorbeigekommen war und in dessen gräßlich aussehende Wunde gestarrt hatte. Wir gingen noch einmal um die Arena herum. Meine Mädchen wurden immer nervöser, immer mehr Verletzte drängten sich zusammen und vergossen ihr Blut auf dem ganzen Boden. Offenbar vollbrachten wir eine miserable Leistung. Ich passierte den Offizier zum drittenmal. Aber ich konnte noch immer niemanden sehen, der auch nur entfernt so aussah, als würde er die Wettkämpfe leiten. Von den zwanzig Minuten, die man uns für die Verarztung unserer Verwundeten zugestanden hatte, waren bereits sieben verstrichen.

Ich trottete zum drittenmal an dem Offizier vorbei. »Um Himmels willen!« rief ich. »Wo ist denn der leitende Amtsarzt?«

»Das bin ich«, sagte er. »Haben Sie mich gesucht?«

Ich hätte mir denken können, daß der Leiter der Veranstaltung noch weniger Bescheid wußte als ich, daß er keine Ahnung hatte, was zu tun war. Inzwischen war es zu spät geworden. Meine Mädchen stürzten sich auf die Stapel von Verwundeten, die sich in mehreren Gruppen angehäuft hatten, aber sie hatten nicht einmal einen einzigen behandelt, als die Pfeife ertönte. Unglücklich verließen wir die Arena.

Wir sahen zu, wie die anderen Teams einmarschierten. Der Amtsarzt von der Armee, durch unser Mißgeschick alarmiert, erwartete sie, begrüßte und instruierte sie. Nur beim zweiten Trupp vergaß er seine Pflichten erneut, weil ein besonderer Fall sein Interesse erweckt hatte. Ich konnte es meinem Kollegen nachfühlen, wie ihm zumute war, als er seine Mädchen in der Arena herumführte, aber er wurde immerhin nach eineinhalb Runden gestoppt.

Das letzte Team beendete seine Darbietung. Danach mußten wir alle in Reih und Glied antreten. Das Ergebnis wurde bekanntgegeben. Wir waren die letzten und mußten unsere Hoffnung, den Siegespokal nach Tadchester zu holen, endgültig begraben. Das siegreiche Team aus Rugby bestand aus einer Ärztin, einer männlichen Oberschwester und zehn ungeheuer dicken Hilfsschwestern. Sie stiegen auf ein Podest, wo ihnen der Minister unter frenetischem Applaus den Pokal überreichte. Das war zuviel für die männliche Oberschwester. Sie fiel in Ohnmacht und mußte während der ganzen Nationalhymne von den beiden kräftigsten Hilfsschwestern gestützt werden.

Untröstlich trotteten wir zum Bus, und als Gladys einstieg sagte sie: »Wenn wir auch nicht gesiegt haben – wir haben die Niederlage wenigstens in aufrechter Haltung überstanden.«

5.
LEBENSWEISEN UND TODESARTEN

Bald stellte ich fest, daß die Routinebesuche bei den chronisch Kranken und älteren Behinderten einen wesentlichen Bestand in der Arbeit eines praktischen Arztes ausmachen. Anfangs, als junger Doktor, der es kaum erwarten konnte, seine neu erworbenen Kenntnisse anzuwenden, fand ich das ziemlich lästig. Doch im Lauf der Zeit begann ich zu begreifen, wie bedeutsam diese Pflichten waren – obwohl ich oft nichts weiter zu tun brauchte, als die Patienten zu besuchen und mit ihnen zu reden.

Am Abend nach meiner Promotion feierte ich in einem Pub, nicht weit von meinem Zuhause. Ein Stammgast, der bereits tief ins Glas geschaut hatte, aber immer noch bei Verstand war, sagte zu mir: »So, jetzt bist du also ein Doktor! Vergiß bloß nicht, daß es der wichtigste Job eines Arztes ist, uns alle aufzumuntern.«

Er hatte völlig recht. Die Menschen aufzumuntern – das gehört tatsächlich zu den Hauptaufgaben eines praktischen Arztes.

Ich merkte bald, daß ich in Tadchester immer wieder etwas Neues dazulernte. Was für den einen Menschen unbedeutend erschien, konnte für den anderen eine Tragödie sein.

Einer meiner regelmäßigen Hausbesuche führte mich zu einem alten Ehepaar, den Parkers, und zu dem Bruder des Ehemannes. Sie lebten im benachbarten Farm Cottages, über zehn Kilometer von Tadchester entfernt. Bruder Jack nahm seine Mahlzeiten bei dem Ehepaar ein, schlief aber in seinem eigenen Cottage.

Minnie Parker hatte ihren zuckerkranken Mann jahrelang gepflegt. Aufgrund einer Gangräne hatte er ein Bein verloren. Als ich den Fall übernahm, kämpfte man gerade um das andere Bein, in dessen Zehe ebenfalls eine Gangräne aufgetreten war. Normalerweise hätte ich dies als sicheres Anzeichen dafür betrachtet, daß auch dieses Bein amputiert werden mußte, aber durch Minnies aufopfernde Pflege wurde die Gangräne zwei Jahre lang in Schach gehalten. Die Bezirksschwester kam zweimal am Tag vorbei, um Mr. Parker seine Insulinspritze zu geben. Aber es war Minnie, die sich um den Zeh kümmerte.

Und als er dann doch operiert werden mußte, brauchte man ihm nur den halben Fuß abzunehmen, so daß er weiterhin mit seinem Holzbein herumhumpeln konnte.

Die Parkers hatten einen liebevoll gehüteten Garten, und obwohl sie alle schon weit über achtzig waren, bauten sie ihr eigenes Obst und Gemüse an. Die Tragödie, die sie traf, war nicht medizinischer Natur. Ein paar Schafe durchbrachen den Zaun einer angrenzenden Weide und fraßen die Spitzen ihrer Krautköpfe und ihres Rosenkohls. Als ich ihnen wieder einmal einen Routinebesuch abstattete, ahnte ich nichts von der Katastrophe und traf sie alle in Tränen aufgelöst an. Unglücklich zeigten sie mir die abgenagten Kohlstumpen. Von meinem Standpunkt aus betrachtet, war nichts weiter passiert, als daß sie drei oder vier Dutzend Krautköpfe und ein bißchen Rosenkohl weniger haben würden. Aber in ihren Augen sah die Situation völlig anders aus – es war eine Tragödie. Sie hatten zuwenig Vorräte für den Winter, und es war ausgeschlossen, daß sie in die Stadt fuhren, um Gemüse zu kaufen. Ein halbes Jahr lag vor ihnen, in dem sie auf Gemüse verzichten mußten, und es gab keine Möglichkeit, sie zu trösten.

Diese Einstellung hatte ich schon bei vielen alten Menschen beobachtet, die sich wunderbar in ihrem Leben zurechtfanden – bis plötzlich irgendein kleiner Störfaktor ihren Rhythmus durcheinanderbrachte.

Eine liebe alte Dame bewirtete mich immer mit Tee in einer schönen Porzellankanne und stellte dazu ihre besten Tassen auf den Tisch. Ihr Haus war makellos sauber. Sie war intelligent und fröhlich, vollkommen selbständig und glücklich. Eines Tages verbrannte sie sich die Finger am Herd, und das bedeutete, daß sie den Teekessel und die Pfannen nicht hochheben konnte, daß ihr Lebensrhythmus, der so lange reibungslos funktioniert hatte, durchbrochen war. Vierzehn Tage später starb sie. Ich schrieb zwar ›Bronchopneumonie‹ auf den Totenschein, aber die wahren Todesursachen waren ein verbrannter Finger und die Tatsache, daß ihr Alltag aus dem Gleichgewicht gebracht worden war.

Jeden zweiten Dienstag reservierte ich für die Besuche bei den älteren Damen, die am Rande des Praxisbereichs wohnten und aufgrund ihrer Jahre nicht mehr imstande waren, in die Sprechstunde zu kommen. Wenn sich auch keine dieser Damen in der Lage sah, die Praxis aufzusuchen, so fand ich doch gelegentlich Zettel an ihren Türen, mit Mitteilungen wie: ›Komme erst um sieben – bin bei der Pediküre.‹ Wenn man zum Arzt ging, brauchte man offenbar eine andere Art von Fitness, als wenn man sich die Zehennägel schneiden ließ.

Ich mochte meine alten Damen. Zwei meiner Favoritinnen lebten schon seit dem Beginn des Ersten Weltkriegs zusammen – Miß Gill und Miß Booth.

Miß Gill, die ältere, war 1916 von mysteriösen Brustbeschwerden aufs Krankenlager geworfen worden und seither zu schwach, um aufzustehen. Sie hatte siebenundvierzig Jahre im Bett verbracht. Miß Boot war im ersten Jahr von Miß Gills Krankheit als ihre Gesellschafterin engagiert worden, und seither wohnten sie zusammen in einem kleinen Cottage an der Hauptküstenstraße, wo sie ihr Los voll innerer Kraft und Würde ertrugen.

Miß Gill lag in einem Bett am Fenster, den Kopf auf einem großen, mit Spitze bezogenen Kissen, umgeben von Büchern und Zeitungsausschnitten, die ihr Freunde aus Kanada zu schicken pflegten. Ein Spiegel war so placiert, daß sie aus dem Fenster schauen und die Leute beobachten konnte, die vorbeigingen.

Man sollte meinen, daß zwei Damen, die mindestens zwei Drittel ihres Lebens gemeinsam in einem kleinen Cottage verbracht hatten, wobei die eine niemals ihr Bett verließ, ein isoliertes, freudloses Leben führten. Aber ganz im Gegenteil – sie waren glücklicher und zufriedener als so manche Menschen, die ein angenehmeres Los gezogen hatten. Kürzlich hatte Miß Gill ihren achtzigsten Geburtstag gefeiert. Sie hatten einen großen Freundeskreis und zahlreiche Brieffreunde. Und meine Hauptsorge war die Befürchtung, daß ihre vielen Besucher sie ermüden könnten.

Miß Gill und Miß Booth waren ganz zweifellos gute Menschen. Sie waren voller Herzenswärme und genau das, was man sich unter ›praktizierenden Christen‹ vorstellt. Als ich sie einmal besuchte und sie mir sagten: »Wir schließen Sie jeden Abend in unsere Gebete ein, Doktor«, schämte ich mich, und meine Unzulänglichkeit wurde mir deutlicher bewußt als je zuvor.

Wieviel Freude sie am Leben hatten, erkannte ich, wenn sie mir Fotos von einem Rotkehlchen zeigten, das die Krümel von Miß Gills Teetablett pickte. Sie erzählten mir, daß dieses Rotkehlchen oft auf dem Fensterbrett neben Miß Gills Bett gesessen und auf ein paar kleine Bissen gewartet hatte. Schließlich wäre es immer kühner geworden und ins Zimmer geflattert. Nun wäre es ein ständiger Gast, und sie hätten es Bobby getauft.

Sie sprachen auch von jenem besonderen Tag, als ein Minister Tee bei ihnen getrunken hatte. Er legte für Bobby ein Stück Sandkuchen auf einem Teller bereit und klopfte darauf, um ihn anzulocken. Der Vogel kam auch prompt und fegte den Kuchen vom Teller, weil er so trockenes Gebäck nicht mochte. Eines Tages brachte Bobby auch seine Frau mit, und die beiden alten Damen erzählten mir, wie er mit Mrs. Rotkehlchen zwitschernd durch den Raum geflattert wäre. Dann hätte einer der Vögel gepfiffen, und ein kleinerer wäre hereingeflogen, offenbar eins von ihren Kindern.

Zwei Jahre lang war Bobby ein regelmäßiger Gast in Miß Gills und Miß Booth' Haus. Wann immer das Geschirr auf dem Tablett klapperte, kam er herein und flatterte im Zimmer herum. Im Herbst stellten sie eine Tasse mit Krümeln neben den Kamin, und ich nahm an, daß sie sich mit ihm genauso unterhielten wie miteinander oder mit mir. »Stellen Sie sich vor, Doktor, er kam sogar vorbei, um auf Wiedersehen zu sagen, bevor er in den Süden zog.«

Als Bobby die beiden Damen eines Tages besuchte, schien er sich verletzt zu haben, denn er fiel vier- oder fünfmal herunter, bevor es ihm gelang, über den Fenstersims zu klettern. Er konnte nicht richtig stehen, verzehrte nur ein paar Krumen, schleppte sich mühsam durch das Fenster hinaus, und danach sahen sie ihn nie wieder. Aber sie bewahrten Bobbys Teller immer noch auf – zur Erinnerung.

Miß Gills und Miß Booth' Lebensglück beruhte auf der Freude, die sie an der Gesellschaft anderer Menschen fanden. Die Leute besuchten die beiden so oft, daß ihre Anzahl aus gesundheitlichen Gründen eingeschränkt werden mußte. Außerdem gab es viele kleine Dinge, die ihnen Spaß machten – zum Beispiel die Freundschaft mit Bobby.

Eines Tages erklärte Miß Gill: »Mein Problem besteht darin, daß mich so viele Leute besuchen, weil sie glauben, ich hätte genügend Zeit, um ihnen zuzuhören.«

Als sie ihren achtzigsten Geburtstag feierte, fragte die Tadchester-Tafelrunde an, ob sie sich einen Fernseher wünschte. Ich war nicht allzu glücklich über diese Idee. Die beiden Damen führten ein zufriedenes Leben in der Umgebung, die sie sich geschaffen hatten – und nun sollte eine andere Welt in ihr Heim eindringen – eine Welt, die sich stark von jener unterschied, an die sie sich erinnerten. Das könnte ihr ganzes System durcheinanderbringen.

Sie bekamen den Fernsehapparat, und ich fragte mich, wie sie wohl reagieren würden, wenn sie zum erstenmal ein modernes Stück oder einen Western gesehen hatten.

Mein erster Besuch nach der Lieferung des Geräts zerstreute alle meine Bedenken. Zwei strahlende Gesichter blickten mir entgegen, und Miß Gill rief: »Stellen Sie sich vor, Doktor! Nun habe ich zum erstenmal seit der Zeit vor dem Ersten Weltkrieg wieder an einem Gottesdienst teilgenommen!«

Der Fernseher war ein enormer Erfolg. Die Sonntage, an denen Heilige Messen und das Gemeindesingen übertragen wurden, waren nun die Höhepunkte im Leben der beiden alten Damen. Miß Gill war ganz sicher, daß ihr der Bischof an einem Sonntagmorgen während des Gottesdienstes zugenickt hatte. Am zweitliebsten sahen sie Sendungen über die königliche Familie und die Aristokratie. Ihr Fernseher führte sie zu Schlössern und Kirchen, machte sie mit anderen Menschenrassen bekannt, mit Anhängern aller möglichen Glaubensbekenntnisse, zeigte ihnen fremde Länder und Kontinente, als wären sie Weltreisende. Die Außenwelt, von der sie seit fast fünf Jahrzehnten nur gelesen und gehört hatten, hielt plötzlich Einzug in ihre vier Wände.

Der Fernseher enttäuschte sie niemals, und als würden sie einem natürlichen Auswahlprinzip folgen, schienen sie sich niemals Programme auszusuchen, die ihrem Wesen widersprachen.

Miß Gill, die sich trotz ihrer langen, schweren Krankheit stets an das Leben geklammert hatte, starb fünf Monate, nachdem der Fernseher ins Haus gebracht worden war. Ich sah sie zwei Tage vor ihrem Tod. Mit glänzenden Augen lag sie in ihrem Bett und sagte: »Gerade haben wir das aufregende Finish von Lords Test Match gesehen – und jetzt sitze ich in der ersten Reihe von Wimbledon und schaue mir eine Tennispartie an.« Nie zuvor war ihr Alltag erfüllter gewesen.

Dies machte einen tiefen Eindruck auf mich, und ich lernte das Fernsehen respektieren. Diese wunderbare Erfindung hatte das letzte Kapitel eines dreiundachtzigjährigen Lebens verschönt und es einer netten, seit siebenundvierzig Jahren ans Bett gefesselten alten Dame erlaubt, in den letzten Monaten ihres Daseins an unserer Welt teilzuhaben.

An den anderen Dienstagen richtete ich es so ein, daß mich mein letzter Besuch am späten Nachmittag zu Reg Dawkins führte, der an einer komplizierten Krankheit litt, an einer pseudomuskulösen Hypertrophie des Hüftgürtels. Früher hatte er einen Bus für eine Autowerkstatt in Tadchester gefahren. Er war über vierzig, und bevor er sich die Hüfte gebrochen hatte, war er kerngesund gewesen. Nun waren die Nervenverbindungen in der Taillen- und Hüftgegend unterbrochen, und das bedeutete, daß seine Beine mehr oder weniger von seinem Körper getrennt waren. Sobald er aufrecht stand, konnte er gehen, sobald er saß, konnte er Auto fahren, denn dann war er imstande, seine Beine zu gebrauchen. Aber er war unfähig, sich ohne fremde Hilfe zu bücken oder aufzustehen. Seit seiner Hüftfraktur (die eine Operation erforderlich gemacht hatte) konnte er seinen Beruf nicht mehr ausüben, und so blieb er daheim, erledigte vom Rollstuhl aus diverse Hausarbeiten und kochte, während seine Frau zur Arbeit ging.

Er war ein richtiger Witzbold, und wenn ich ihn dienstags besuchte, heiterte er eher mich auf als ich ihn. Ich brauchte ihn nicht zu behandeln, und nichts weiter für ihn zu tun, als ihm alle drei Monate seine Arbeitsunfähigkeit zu bescheinigen. Den Großteil seiner Freizeit verwendete das Ehepaar auf sein Hobby, die Weinproduktion. Bei jedem Besuch mußte ich mindestens eine Flasche kosten. Auch das war ein Grund, warum die beiden an jedem zweiten Dienstag als letzte auf meiner Liste standen, denn wenn ich ein Glas von Regs und Marys Gebräu getrunken hatte, war ich außer Gefecht. Mein Lieblingsgetränk war ein Wein namens ›Bullous‹, der aus wilden Pflaumen hergestellt wurde (die ich noch nie gesehen hatte). Oder vielleicht war das einer von Regs Witzen. Womöglich wurde er aus Spülwasser gemacht.

Mary hatte drei Schwestern, und es gelang mir niemals, sie alle beim richtigen Namen zu nennen. »Annie ist also die dicke«, sagte ich.

»Nein«, widersprach Reg und brüllte vor Lachen. »Sie ist so dünn, daß sie sich nicht traut, ein Anisplätzchen zu essen, weil sie Angst hat, sie könnte dann schwanger aussehen.«

Je länger ich als praktischer Arzt arbeitete, je mehr Patienten mir begegneten, desto klarer erkannte ich, wie wenig ich wußte. Immer wieder lernte ich etwas dazu. Ich hatte meine eigenen Ansichten, was Mut und Tapferkeit betraf, hatte sie aber nie zuvor einer genaueren Betrachtung unterzogen.

Als sich herausstellte, daß Ben Fellowes an einem inoperablen Tumor litt, wurde ich zum erstenmal mit der eigentlichen Bedeutung des Begriffs ›Tapferkeit‹ konfrontiert. Soviel ich wußte, hatte Ben ein bescheidenes Leben geführt. Er war Dekorateur. Ich glaube, daß es nicht gerade leicht war, mit ihm zusammenzuarbeiten, aber andererseits war er auch kein übermäßig schwieriger Mensch. Er lebte zusammen mit seinem Sohn in einem Reihenhaus ›Oben am Berg‹.

Wir mußten ihn ins Hospital schicken, um eine Diagnose stellen zu lassen. Er akzeptierte das Krankenhausleben mit stiller Zuversicht und fügte sich sehr bald in die Routine seiner Station ein. Ben hatte sich lange Zeit gelassen, bevor er ärztlichen Rat gesucht hatte, und nach einigen Untersuchungen stand es fest, daß seine Krankheit schon zu weit fortgeschritten war, daß wir ihm nicht mehr helfen konnten.

Irgendwie brachte Ben jemanden dazu, ihn nicht nur über seinen Zustand aufzuklären, sondern ihm auch noch zu verraten, daß er nur mehr sechs Monate zu leben hatte. Diese Information mußte er irgend jemandem unter dem Vorwand entlockt haben, daß er seine Angelegenheiten in Ordnung bringen müßte, denn im allgemeinen ist es nicht üblich, den Patienten das Allerschlimmste mitzuteilen.

Wenn die Leute fragen, ob sie sterben müssen, dann fragen sie nur, um zu hören, daß das nicht stimmt. Auch ich habe es nie akzeptiert – und akzeptiere es noch immer nicht – daß beim heutigen

Stand der Medizin, wo täglich neue Therapien gefunden werden und sich Aspekte gewisser Krankheiten oft über Nacht ändern, jemals ein Punkt endgültiger Hoffnungslosigkeit erreicht werden kann.

Die Erfahrung hat mich gelehrt, daß man sich manchmal irrt, wenn man sich bezüglich der Ursache einer Krankheit völlig sicher ist. Ich weiß auch, daß man die Lebensspanne eines Patienten noch verkürzt, wenn man ihm alle Hoffnung nimmt.

Aus diesen Überlegungen heraus schickte ich Ben zu einem Tiefenbestrahlungsspezialisten, dem ich geschrieben hatte, für den Patienten gäbe es unter normalen Umständen keine Hoffnung mehr. Könnte vielleicht doch noch etwas gesagt oder getan werden? Wieder einmal mußte Ben irgend etwas gesagt oder getan haben, denn er kehrte mit einem Brief zurück, in dem mir mitgeteilt wurde, man könnte tatsächlich nichts mehr unternehmen. Diesmal veranlaßte er sogar irgend jemanden ihm zu verraten, er würde höchstens noch drei Monate leben.

In dieser ganzen Zeit zeigte Ben keine Emotionen. In nüchterner, geschäftsmäßiger Art ordnete er seinen Nachlaß, diskutierte ganz offen und ungerührt über seinen bevorstehenden Tod, bestimmte, was mit seinem Laden geschehen sollte, bezahlte alle seine Rechnungen und schenkte mir zwei Fünf-Shilling-Krönungsmünzen für all die Mühe, die ich mit ihm gehabt hatte.

Im ersten der drei Monate reiste er mit der Bahn durchs Land, um sich von seinen Freunden zu verabschieden und ihnen zu erklären, daß er später vielleicht nicht mehr imstande sein würde, solche Ausflüge zu machen. Dann kehrte er zu seinem Sohn zurück, fuhr im Lieferwagen seiner Firma herum oder saß in seinem Hintergarten, um die letzten schönen Sommertage zu genießen. Von dem Haus ›Oben am Berg‹ aus hatte er eine wunderbare Aussicht auf die Stadt, die Brücke und das Mündungsbecken.

Ich kann mich nicht entsinnen, daß er jemals geklagt hätte, und soviel ich weiß, suchte er auch keinen Trost im Glauben oder in irgendwelchen Philosophien. Er war immer froh und dankbar, wenn ich ihn besuchte, und verlangte niemals mehr von mir als die Kodeintabletten, die seine Schmerzen linderten. Er wurde immer schwächer und starb genau am Ende der drei Monate, die man ihm zugestanden hatte.

Ich hatte ihn erst in der letzten Phase seines Lebens kennengelernt, aber stets gefühlt, daß er zu den wenigen Menschen zählte, die alle Hoffnung verachten und den seltenen Mut besitzen, die

Dinge so zu nehmen, wie sie sind. Nachdem er seine Situation ohne alle Beschönigungen erkannt hatte, sagte er sich: ›Das einzige, was mir jetzt noch bleibt, ist der Tod – und daraus will ich das Beste machen.‹

Ben war einer der vielen Menschen, die jene Art von Stoizismus und Tapferkeit an den Tag legten, die mir zuvor nicht begegnet war. Wenn ich mir auch einbildete, daß meine Patienten in Tadchester anders waren als alle Patienten auf der ganzen Welt, so nehme ich doch an, daß die Menschen im Grunde überall gleich sind. Das Leben, das ich vor meiner Promotion geführt hatte, war irreal gewesen. Sonderbare Leute, die sonderbare Dinge tun – das sind die wirklich normalen Menschen. Ich beobachtete alle in und um Tadchester, die ich kannte – auch meine Partner, und erkannte, daß wir alle ein bißchen seltsam sind. Und ich war mir sicher (falls ich nicht gerade die Ausnahme bin, die die Regel bestätigt), daß auch ich viele Dinge tue, die auf andere merkwürdig wirken.

Ich hatte gerade lange genug als praktischer Arzt gearbeitet, um zu begreifen, daß es vieles gibt, das man nicht versteht, wofür es keine realen Erklärungen gibt, – daß Geduld und Beobachtung die beiden wichtigsten medizinischen Methoden sind, daß – trotz meines nützlichen Spezialwissens – die wichtigsten Aspekte meiner Arbeit die Beziehung zu meinen Patienten und unser gutes Einvernehmen sind.

6.
WUNDERSAME FISCHZÜGE

Ich hatte etwa sechs Monate in der Praxis gearbeitet, als Kevin und Janice Bird anriefen und verkündeten: »Heute abend wollen wir dir Schleppnetzfischen beibringen. Wenn du willst, kannst du Eric mitbringen. Frank wirft sein Netz aus und sucht eine neue Crew.«

Frank Squires war Landmesser beim Landrat und lebte mit seiner Frau draußen im Mündungsbecken, in einem kleinen Zoo voller Ziegen, Hühner, Gänse, Enten, Katzen, Hunde, Hasen und so sonderbaren Vögeln, die ich nicht identifizieren konnte. Er arbeitete, weil er auf sein Gehalt angewiesen war, aber sein wahres Glück fand er nur in der frischen Luft, auf dem Land, am Meer.

Er besaß etwa einen halben Hektar Land, das er wie ein Kleinbauer bewirtschaftete. Er segelte, fischte und war der Anführer einer mysteriösen Clique, von der ich schon gehört hatte – der sogenannten Wadefischer, die bei Ebbe ihre Netze über die beiden Buchten von Sanford-on-Sea spannten. Man erzählte sich Geschichten von riesigen Fängen und stürmischem Wellengang, und das alles kam mir ein bißchen unwahrscheinlich vor.

»Bring deine Rugby Shorts mit«, sagte Kevin, »und alle deine alten Hemden und Pullover – und irgendwas, das du an den Füßen tragen kannst.«

Ich fand, daß eine Badehose genügen würde, wenn wir im Meer herumwaten, aber ich befolgte seinen Rat und packte alle meine alten Klamotten zusammen.

Abends um zehn versammelten wir uns am Strand. Bei Ebbe ist der Strand von Sanford sehr breit – fast zwei Kilometer.

Da stand Frank, offensichtlich der Kommandant, in Shorts und einer kurzen Öljacke, einen Strick um die Mitte geschlungen, einen alten Filzhut auf dem Kopf. »Kommen Sie, Dr. Bob, ziehen Sie sich um.«

»Hätte eine Badehose nicht genügt?« fragte ich.

»Nein, Sie würden erfrieren, wenn Sie sich nicht vernünftig anziehen.«

Wir waren zu acht – Janice und Kevin, Eric und ich, Frank und Primrose, seine Frau, Joe Church, ein bärtiger Lehrer, mit seiner Frau Lee.

Wir marschierten zum Meer. Joe und Frank trugen zwei Pfähle auf den Schultern, um die ein Nylonnetz gewickelt war. Die Damen zogen einen kleinen Schlitten, eigentlich eine Box auf Kufen, in der wir – wie wir hofften – die Fische zurücktransportieren würden.

Am Wasserrand angekommen, zogen wir die beiden Pfähle auseinander, an denen das etwa fünfundfünfzig Quadratmeter große, knapp zwei Meter breite Netz befestigt war. In der Mitte jedes Pfahls befanden sich Kurrleinen. Mit Hilfe eines Ständers konnte der eine Pfahl aufrecht im Wasser stehen. Zwei Leute zogen an den Kurrleinen, so daß sich das Netz ausbreitete, während der andere Pfahl in die Richtung des Meers getragen wurde.

»Ich nehme den Außenpfahl«, sagte Frank zu mir. »Sie können mit mir kommen, und Eric geht mit Joe, der den Innenpfahl hält.« Er legte sich den Pfahl diagonal vor die Brust, Kevin und ich ergriffen je eine Leine und gingen vor ihm ins Meer hinaus. Zuerst erschien mir das Wasser ziemlich kalt, aber unsere dicke Kleidung hielt den Wind ab, und ich erwärmte mich bald.

Der Strand fiel kaum merklich ab, und wir mußten fast zweihundert Meter weit hinausgehen, bis uns das Wasser bis zur Brust reichte. Eine schwache Brandung wogte uns entgegen, und wir sprangen immer wieder über Wellen oder ließen sie über unsere Köpfe hinwegspülen. Das machte mir großen Spaß.

»Okay!« schrie Frank, als uns das Wasser bis zu den Achselhöhlen ging. »Jetzt können wir anfangen!«

Kevin und ich spannten die Leinen über die Schultern und zogen an dem Pfahl, den Frank festhielt. Wir gingen parallel zum Strand durch das Wasser und wurden alle paar Minuten von Wellen hochgehoben oder überspült, zogen uns an den Leinen wieder hoch, prusteten und lachten.

Die Wellen leuchteten fluoreszierend im Licht des Halbmonds. Und als ich zurückblickte, sah ich, daß Joe parallel zum Strand in einer Linie mit uns stand, knapp zwanzig Meter hinter uns und etwa vierzig Meter vom Wasserrand entfernt, während Eric vor ihm an der Leine zog. Das Netz bildete ein J, parallel zum Strand, wobei der lange Arm des J dem Meer zugewandt war.

Franks Gesicht glänzte im fluoreszierenden Schein der Wellen wie ein vom Körper losgelöster Totenschädel, der Rest seiner Silhouette in den schwarzen Kleidern verlor sich im Dunkel.

Wir zogen und zerrten etwa fünfundzwanzig Minuten lang. Inzwischen war mir überhaupt nicht mehr kalt. Vielleicht schwitzte ich sogar unter der nassen Kleidung.

»Okay«, sagte Frank, »jetzt schleppen wir das Netz an Land.«

Wir gingen auf den Strand zu. Joe trug seinen Pfahl zu uns, bis er nur noch knapp zehn Meter entfernt war. Seite an Seite stapften wir mit dem straff auseinandergezogenen Netz dahin, das hinter uns ein schmales U bildete.

Ich konnte nicht feststellen, ob wir etwas gefangen hatten. Ich sah zwar die Korken am oberen Netzrand hinter uns hüpfen, aber keine umherwirbelnden Fische, nicht das geringste Anzeichen, das auf den gigantischen Fang hingewiesen hätte, den man mir versprochen hatte.

Wir näherten uns dem Strand, das Wasser ging mir nur mehr bis zu den Waden, aber ich konnte noch immer nicht sehen, was sich im Netz befand. Dann hatten wir den Sand erreicht, stiegen langsam den Strand hinauf, und das Netz wurde immer schwerer. Als ich mich umwandte, sah ich etwas Weißes am Ende des U's blitzen, und dann spritzten zu meinem größten Entzücken kleine Fontänen empor. Ich ließ meine Leine fallen und rannte zurück, um mir den Fang anzuschauen, hob sie aber sofort wieder auf, als Frank brüllte: »Ziehen Sie weiter, Sie Schwachkopf, sonst verlieren wir unseren Fang!«

Wir stapften weiter, bis das ganze Netz auf dem trockenen Sand lag. Nun konnte ich heftig bewegte weiße Fischleiber in den Maschen erkennen.

»Licht!« schrie Frank, und die Mädchen kamen mit Taschenlampen angelaufen und zerrten die Box hinter sich her. Der obere und der untere Rand des Netzes umschlossen den Fang. Als es auseinandergezogen wurde, erblickte ich vier flache und drei runde Fische. »Schnell, gebt mir die Forelle!« rief Frank. »Mit der dürfen wir nicht erwischt werden!« Er packte einen der runden Fische und steckte ihn unter seinen Pullover. Dann identifizierte er den Rest unseres Fanges – zwei Seebarsche, drei Schollen und eine Seezunge.

Der Fisch, den er sich unter den Pullover geschoben hatte, war eine Lachsforelle. Obwohl wir an einem Sandstrand fischten, an dem es im Sommer nur so von Urlaubern wimmelte, fiel dieser Fisch in den Kompetenzbereich der Flußbehörde, die nicht erlaubte, daß man im Meer Sportfische fing, zu denen auch die Lachsforelle zählte. Frank war schon zweimal von Aufsichtsbeamten ertappt worden, und wenn ihm das ein drittes Mal passierte, würde er seine Lizenz verlieren.

Ich dachte, für heute abend wäre unser Fischzug beendet – aber da hatte ich mich geirrt.

Wir gingen noch sechsmal ins Wasser, grasten mindestens zwei Kilometer Strand ab und fingen etwa dreißig Fische. Nur zweimal zogen wir ein leeres Netz aus dem Meer. Zu unserer Beute zählten auch schleimige Glattrochen, deren winzige Augen einen direkt anzustarren schienen, ein Chad (eine Art Königsmakrele, von der ich nie zuvor gehört hatte), weitere Barsche, die von den Einheimischen viel höher eingeschätzt wurden als Lachs- oder Lachsforelle, ein paar Meeräschen, von denen sich die anderen hochnäsig abwandten, da diese Fische als Aasfresser der See galten – und noch zwei kleine Lachsforellen, die sofort in den Taschen von Joes Öljacke verschwanden.

Die Box war randvoll, als wir die ganze Beute hineingeschüttet hatten. Wir kehrten zu unseren Autos zurück, die an der Küstenstraße zwischen Sandhügeln geparkt waren, über drei Kilometer entfernt. Der Weg kam mir endlos vor. Wir mußten das schwere, nasse Netz tragen, das eine Tonne zu wiegen schien. Der Wind blies eisig gegen meine nackten Beine. Im Wasser war es viel wärmer gewesen.

Endlich hatten wir die Autos erreicht. Wir frottierten uns von oben bis unten ab, zogen trockene Sachen an, und ich fühlte mich wie ein König.

Frank zündete einen Primuskocher an, und bald darauf tranken wir Kaffee und aßen Sandwiches. Ich genoß das Leben wie schon seit Jahren nicht mehr.

Der Fang wurde gerecht verteilt, nach alter Wadefischer-Tradition. Frank stand mit dem Rücken zu fünf Fischhaufen, Joe postierte sich hinter ihm, zeigte auf einen der Haufen und fragte: »Wem gehört das?« Worauf Frank schrie: »Eric!« oder »Joe!« Das ging so weiter, bis jeder Haufen einen Namen hatte und wir aufsprangen, um unseren Beuteanteil zu begutachten.

Mein Anteil bestand aus einem Barsch, einer kleinen Lachsforelle, zwei Schollen und einer Meeräsche. Nie zuvor hatte ich so viele Fische auf einmal besessen, und ich fragte mich, was ich damit machen sollte.

»Vergeßt nicht, eure Fische zu säubern und auszunehmen, bevor ihr schlafen geht«, ermahnte uns Frank, »sonst könnt ihr sie vergessen.«

Eric setzte mich vor der Praxis ab, und ich legte meine Fische in das Wasserbecken hinter der Arzneimittelausgabe, nahm ein altes Skalpell aus dem Schrank und versuchte mich an mein erstes Studienjahr zu erinnern, als meine chirurgische Tätigkeit darin bestanden hatte, einen Hundshai zu operieren. Es wird behauptet, daß man wirklich ganz am Anfang anfangen müßte, bevor man daran denken könnte, jemals den Beruf eines Arztes auszuüben.

Als ich die Fische säuberte, erlebte ich eine Überraschung, denn ich entdeckte große Unterschiede. Die Lachsforelle war fast fleckenlos, wirkte irgendwie aristokratisch und ließ sich sehr leicht saubermachen. Die Meeräsche war schmutzig wie ein alter Vagabund und hatte auch stark verschmutzte Eingeweide. Sie gefiel mir nicht sonderlich. Der Barsch war sozusagen Mittelklasse, und die Schollen brauchte ich kaum zu säubern.

Nachdem ich sie alle ausgenommen und gewaschen hatte, packte ich sie in einen Plastikbeutel und legte sie in den Kühlschrank.

Mittlerweile war ich todmüde. Ich sah auf die Wanduhr. Mein Gott! Schon fast vier Uhr!

Ich warf den Fischabfall in den Mülleimer von der Arzneiausgabe, beseitigte alle Spuren, so gut ich es konnte, schleppte mich in meine Wohnung hinauf, warf mich aufs Bett und schlief sofort ein. Zum Glück hatte ich einen freien Vormittag vor mir.

Um zehn wachte ich auf und machte mir eine Tasse Tee. Seit ich nach Tadchester gekommen war, betrieb ich kaum noch Sport, hatte eine schlechte Kondition, und jetzt spürte ich ein paar Muskeln, von deren Existenz ich zuvor nichts gemerkt hatte. Ich mußte wieder eingeschlafen sein. Denn als Gladys gegen die Tür hämmerte, war es Viertel vor zwei.

»Kommen Sie, Dr. Bob, in zehn Minuten fängt Ihre Sprechstunde an! Ein Wunder, daß die Patienten nicht schon davongelaufen sind! Die ganze Praxis stinkt wie ein Fischladen. Warten Sie nur, bis Dr. Maxwell Sie zwischen die Finger kriegt! Er hat den Kühlschrank aufgemacht, um Penicillin rauszunehmen und da wurde er beinahe unter einer Fischlawine begraben! Sie haben heute ein volles Programm – erst die Sprechstunde, und die hat's in sich. Und danach müssen Sie noch jemanden für die Versicherung untersuchen.«

Ich wusch und rasierte mich hastig, zog mich an und lief hinunter. Gladys hatte recht. Das Wartezimmer war gesteckt voll, und die Sprechstunde schien kein Ende zu nehmen. Ich konnte kaum die Augen offen halten, und meine Muskeln fühlten sich an wie Seemannsknoten. Aber schließlich war auch der letzte Patient gegangen.

Gladys eilte mit einer Tasse Tee in mein Sprechzimmer. Ein sonderbares Lächeln umspielte ihre Lippen, als sie sagte: »Ich glaube, Sie brauchen eine Stärkung, bevor Sie den Versicherungsnehmer untersuchen, Doktor. Das wird sicher eine langwierige, komplizierte Sache...«

Ich war ein bißchen verwirrt, aber in meinem erschöpften Zustand beachtete ich ihre Andeutungen nicht weiter. Seufzend drückte ich auf den Knopf, um Gladys mitzuteilen, daß ich bereit war – und wenige Sekunden später spazierte Gwendoline Jacobs, unsere Schönheitskönigin, herein. O Gott! Das hatte mir gerade noch gefehlt. Gwendoline war sicher kein Mädchen, das sich so leicht abschrecken ließ.

Sie trug einen schwarzen Plastikregenmantel, Netzstrümpfe und hohe schwarze Stiefel. Als sie den Mantel auszog, überlegte ich, daß ihr Rock, wenn er noch kürzer wäre, unter den Achselhöhlen aufhören mußte. Ihr Ausschnitt fing irgendwo in der Nähe ihrer Knie an.

»Soll ich mich ausziehen, Doktor?« fragte sie.

»Nein – damit können Sie noch warten, Gwendoline. Zuerst muß ich Ihnen eine ganze Menge Fragen stellen.«

Ich setzte mich und ging sorgfältig alle Fragen durch – Todestag der Mutter, Alter des Vaters, falls er noch lebte, Brüder, Schwestern, bisherige Krankheiten, Regelmäßigkeit der Periode, etc. Dabei blickte mir Gwendoline unverwandt in die Augen und beugte sich über den Schreibtisch, als wollte sie mich auffressen. Sie unterschrieb den ausgefüllten Fragebogen, um zu bestätigen, daß alle Antworten korrekt waren, dann fragte sie mit strahlender Miene: »Jetzt, Doktor?«

»Ja«, erwiderte ich resignierend. »Gehen Sie da drüben hinter den Wandschirm und ziehen Sie sich aus. Auf der Couch liegt ein Laken.«

Blitzschnell war sie hinter dem Paravent verschwunden.

Ich mochte Gwendoline, dagegen konnte ich gar nichts machen. Ihre offenherzige Sexualität war irgendwie sehr reizvoll.

Sie lag auf der Couch, das weiße Laken bis zum Kinn hinaufgezogen. Ich fühlte ihr den Puls, maß den Blutdruck, ohne das Leintuch zu bewegen, schob den Augenblick hinaus, in dem sich die Überraschungen enthüllen würden, die darunter verborgen waren.

»So, und jetzt muß ich mir Ihre Brust ansehen.«

Sie lächelte erwartungsvoll und setzte sich kerzengerade auf. Ihre Brüste wurden von demselben Material gestützt, aus dem auch die Strümpfe bestanden, und ich muß sagen, daß es ihre Umrisse sehr vorteilhaft zur Geltung brachte. »Sie müssen den BH ausziehen, Gwendoline.«

»Oh... Könnten Sie mir bitte helfen? Die Schließe ist so kompliziert.« Sie beugte sich vor, die Brüste quollen aus den Netzen. Als ich mit ungeschickten Fingern den BH öffnete, lehnte sie sich an mich. Dann legte sie sich wieder zurück, nackt bis zur Taille, die Augen halb geschlossen, wie im Traum. Ich plazierte meine Hand auf ihrem Magen. »Ah!« stöhnte sie zufrieden, und zwei dunkelrote Brustwarzen schossen empor wie Verschlußkappen von Füllfederhaltern – so schnell, daß ich erschrocken zusammenzuckte.

Hastig zog ich die Hand zurück, horchte ihre Brust ab und paßte gut auf, daß ich sie auch wirklich nur mit meinem Stethoskop berührte. Ich schaute ihr in den Hals und in die Ohren, während sie sich wohlig wand, vor Entzücken oder Leidenschaft ein belustigtes Funkeln in den Augen.

»So, mit der oberen Hälfte bin ich fertig. Sie können sich oben anziehen, dann werden wir uns den unteren Teil vornehmen.« Enttäuscht schlüpfte sie in BH und Bluse, dann streifte sie langsam das Leintuch nach unten, um einen sonnengebräunten Bauch und ein winziges Bikinihöschen zu enthüllen, auf das die kühnen Worte gedruckt waren: ›Könnten wir nicht drüber reden?‹

Es fiel mir schwer, das Lachen zu verbeißen.

Gwendoline sah zu mir auf. »Oh, tut mir leid, Doktor. Ich hatte ganz vergessen, daß ich dieses dumme alte Ding anhabe.«

Zu Gwendolines größter Freude tastete ich ihren Bauch ab, testete ihre Reflexe. Schließlich beendete ich die Untersuchung. »Das wär's. Danke. Sie können sich wieder anziehen.«

»Ist das wirklich alles, Doktor? Wie können Sie denn wissen, ob ich innen drin okay bin? Müßten Sie da nicht nachschauen?«

Es fiel mir immer schwerer, nicht in Gelächter auszubrechen, und ich preßte eine Hand in meine schmerzende Seite, während ich mit der anderen nach dem Fragebogen griff. Ich tat so, als würde ich ihn studieren, dann entgegnete ich: »Nein, danke, Gwendoline. Ich habe alles festgestellt, was die Versicherung wissen möchte.«

Widerstrebend begann sie sich anzuziehen, während ich mich hinter meinen Schreibtisch zurückzog. Ich war fest entschlossen, diese Schlacht zu gewinnen.

Sie kam hinter dem Wandschirm hervor und zupfte das kurze Röckchen zurecht.

»Oh, nur noch eins, Gwendoline«, sagte ich, und ihre Augen leuchteten auf. »Bevor Sie gehen, hinterlegen Sie bitte eine Urinprobe bei Gladys.«

Sie warf mir einen vernichtenden Blick zu, gab sich aber noch nicht geschlagen. Lächelnd wühlte sie in ihrer Handtasche, dann zog sie eine Karte hervor und legte sie auf den Tisch. »Das ist eine Eintrittskarte für den Karnevalsball, Doktor. Ich habe den Leuten gesagt, daß Sie ganz bestimmt kommen und die Preise vorführen werden.« Sie stürmte zur Tür hinaus, bevor ich das Angebot ablehnen konnte.

Gladys kam angewidert herein. »Das muß aber eine äußerst komplizierte Untersuchung gewesen sein, weil es so lange gedauert hat. Aber ich nehme an, bei gesunden jungen Leuten muß man besonders gründlich vorgehen. Es wird Zeit, daß Sie sich eine vernünftige Mrs. Clifford suchen, sonst lassen Sie sich womöglich noch von so einem raffinierten Ding einfangen.«

Als Gladys und Gwendoline gegangen waren, sah ich die Krankenblätter der Patienten durch, die in meiner Nachmittagssprechstunde gewesen waren. Zwei mußten noch einmal kommen, drei mußten geröntgt werden.

Ich stellte fest, daß Rückenschmerzen zu den Leiden gehörten, mit denen man in einer Praxis für Allgemeinmedizin häufig konfrontiert wurde. Sie hatten das Begräbnis der Großmutter als Vorwand für einen freien Tag längst ersetzt, und die wundersamsten Heilungserfolge wurden durch die Auszahlung von Schmerzensgeldern für Verletzungen erzielt, die man sich am Arbeitsplatz zugezogen hatte. Es passierte immer wieder, daß ein Patient in der Praxis erschien, um sich für arbeitsunfähig erklären zu lassen, und am nächsten Tag sah ich denselben Mann wieder, in aufrechter Haltung, oder ich beobachtete ihn, wie er Heu gabelte oder zentnerschwere Kartoffelsäcke schleppte. Das bedeutete nicht, daß er durch eine Wunderkur geheilt worden war, sondern daß er das Schmerzensgeld erhalten hatte.

Solche Rückenschmerzen versetzten mich oft in Erstaunen. Als Jack Dawson über seine Beschwerden klagte, dachte ich, daß müßte mit seiner Arbeit im Kohlenbergwerk zusammenhängen.

Er war ein großer Mann, über einsneunzig, wog hundertfünfzehn Kilo und hatte sich als Boxer einen gewissen Namen gemacht. Vor ein paar Jahren war er Profi gewesen, aber jetzt trat er nur noch im Herbst auf, wenn der Jahrmarkt in Tadchester stattfand. Am ersten Tag ging er in den Ring, schlug alle neuen Profis k.o., und für den Rest der Woche engagierte ihn der Veranstalter, damit er mit allen Leuten boxte, die sich mit ihm messen wollten. Die Preisgelder, die er gewann, flossen ihm abends in Form von Bier durch die Kehle. Ansonsten war er ein gutmütiger, umgänglicher Bursche, der nur selten in Zorn geriet – genau der Mann, den man an seiner Seite zu sehen wünschte, wenn sich Schwierigkeiten zusammenbrauten. Allein seine Anwesenheit genügte schon, um sämtlichen Gegnern die Lust an Aggressionen zu nehmen.

Jack hatte starke Schmerzen im Kreuz und im ganzen Bein – offenbar Ischias mit einem eingeklemmten Nerv in der Wirbelsäule. Er konnte sich kaum bewegen.

Ich dachte, bei seiner Stärke und Größe müßte er der geborene Kumpel sein, der den ganzen Tag mit seiner Spitzhacke das Kohlenflöz bearbeitete. Doch dem war nicht so. Er saß im Kohlengrubenbüro, als Assistenz des Zeitkontrolleurs, und besserte sein Einkommen ein wenig auf, indem er Wetten für die Buchmacher von Tadchester entgegennahm.

Ich schickte ihn mit ein paar Schmerztabletten nach Hause ins Bett und besuchte ihn am nächsten Tag auf seiner kleinen Farm. Er wohnte mit seiner Frau, seiner Mutter und seiner Tochter in einem hübschen, strohgedeckten Haus.Die Farm war etwa eineinhalb Hektar groß, und er hielt Schweine und Geflügel. Als ich ankam, saß eine alte Frau neben den Eingangsstufen (vermutlich seine Mutter), die gerade einen ganzen Eimer voller Kartoffeln geschält hatte.

»Geben Sie eine Party, Mrs. Dawson?« fragte ich.

»O nein, wir brauchen jeden Tag einen Eimer Kartoffeln, und ich muß sie schälen – das ist mein Job.«

Jack lag nicht im Bett, wie ich es ihm aufgetragen hatte. Vielleicht gehörte auch er zu den Leuten, die sich nur für arbeitsunfähig erklären lassen wollten. Ich fand ihn in einem der Hühnerställe, wo er mich freundlich begrüßte. »Guten Morgen, Doktor. Ich wollte nur ein bißchen arbeiten, weil ich dachte, daß ich dann dieses steife Gefühl im Rücken eher loswerde.« Dabei fuhr er fort, einem armen Huhn den Hals umzudrehen, das offenbar gemeinsam mit den fünfzig Kilo geschälten Kartoffeln verzehrt werden sollte. Er tötete den Vogel ebenso ungerührt, wie er eine Fliege erschlagen hätte. Offenbar bestand keine gefühlsmäßige Beziehung zwischen Jack und seinem Federvieh.

»Wie geht's Ihrem Rücken, Jack?« fragte ich. »Offensichtlich etwas besser.«

»Viel besser, Doktor – aber noch lange nicht so gut, daß ich wieder zur Arbeit gehen könnte. Ich glaube, daran ist mein Nebenjob schuld. Den werde ich wohl drangeben müssen.«

Ich wußte, daß Jack im Kohlengrubenbüro saß, daß er seine Farm bewirtschaftete, daß er für diverse Buchmacher tätig war, seine Auftritte beim Jahrmarkt waren berühmt, und ich war ziemlich sicher, daß er auch ein bißchen mit seinen Lachsnetzen wilderte. Was für eine Nebenbeschäftigung hatte er denn noch?

»Ich rede nicht viel drüber«, erklärte er. »Man hat uns gesagt, daß wir den Mund halten sollen – aber ich arbeite hin und wieder als Hilfshenker.«

Jetzt verstand ich die Sache mit dem Huhn.

Er hielt mir einen halbstündigen Vortrag über die Henkerkunst und erklärte, daß die Gewichte eine starke Belastung für den Rükken darstellten. Offenbar mußten die Stricke mit Gewichten getestet werden, die dem Gewicht des Opfers entsprachen. Das bedeutete, daß man ständig Sandsäcke hochheben mußte, die bis zu einem Zentner schwer waren. Und wenn man irgendwas falsch berechnet hatte, konnten sie einem auf den Kopf fallen. Ich verstand das alles nicht und war ziemlich verwirrt.

»Wenn Sie mir eine Bescheinigung geben würden, Doktor«, bat er, »die könnte ich dann ans Innenministerium schicken. Ich finde wirklich, daß ich mit der Hängerei Schluß machen müßte. Es geht doch nicht, daß mich mein kranker Rücken bei meiner übrigen Arbeit behindert. Immerhin sind einige Leute von mir abhängig. Ich habe zwar nur selten Leute aufgehängt – aber wenn das meine anderen Jobs beeinträchtigt, geb' ich's lieber auf.«

Meine Bescheinigung, mit deren Hilfe Jack von seinen Henkerspflichten befreit wurde, heilte offenbar seine Rückenschmerzen. Er klagte nie mehr darüber. Ich weiß nicht, ob man ihn für den Verdienstausfall entschädigt hat, aber bald, nachdem er den Henkersstrick an den Nagel gehängt hatte, schickte er mir ein paar schlecht gerupfte Hühner in die Praxis.

7.
KÖRPER UND SEELE

Die psychiatrische Betreuung in Tadchester war ziemlich begrenzt. Einmal pro Woche kam ein Facharzt aus der Nervenklinik außerhalb von Winchcombe, um eine Sprechstunde in unserem Hospital abzuhalten. Die eine Hälfte seiner Zeit verbrachte er damit, die Patienten zu beraten, die andere benutzte er dazu, um einige Leute mit Elektroschocks zu behandeln.

Ich bin nie sonderlich gut mit Psychiatern ausgekommen. Meist fällt es mir schwer, sie von ihren Patienten zu unterscheiden. Kein Mensch dürfte seine gesamte Arbeitszeit der Psychiatrie widmen.

Auch zu einer Praxis für Allgemeinmedizin gehört ein gewisses Maß an Psychiatrie, aber es gibt auch Patienten mit ausschließlich organischen Krankheiten, die für ein gesundes Gleichgewicht sorgen. Ich war mir nie sicher, ob meinen Patienten mit einer psychiatrischen Behandlung geholfen werden könnte, und ich konnte mich nie so recht entschließen, ob ich ihnen einen Psychiater oder einen physiotherapeutischen Kurs zumuten sollte oder nicht. Was die Ergebnisse dieser Methoden betraf, so konnte ich mich weder für das eine noch für das andere begeistern.

Welche Behandlung den psychisch Kranken auch immer zuteil wurde, was immer sich der Psychiater auf seine Leistungen einbildete – ich bezweifelte nicht, daß wir praktischen Ärzte die Hauptarbeit in den meisten Fällen leisteten.

Mr. Shannon, der Obersteuerinspektor von Tadchester, starb ganz plötzlich und völlig unerwartet, als er in seinem Büro einen Herzanfall erlitt. Er war sehr glücklich verheiratet gewesen. Seine Frau brach zusammen, und nach der Tragödie fand sie sich nicht mehr in ihrem Leben zurecht. Ich besuchte sie täglich, half ihr, so gut ich konnte, auch mit diversen Medikamenten, um sie von ihren Ängsten zu befreien. Sie war eine intelligente, normalerweise ausgeglichene Frau, aber sie schaffte es einfach nicht, mit ihrer neuen Situation fertig zu werden.

Meine Behandlung erzielte keine Fortschritte, und so bat ich sie, den Psychiater zu konsultieren. Er schrieb mir einen langen Brief, worin er mir alles mitteilte, was ich bereits wußte, empfahl ähnliche Medikamente wie jene, die ich Mrs. Shannon bereits gegeben hatte, und erklärte mir, daß er sich die Patientin in einem Monat wieder ansehen würde.

Mrs. Shannon versuchte die Medikamente, zu denen der Psychiater geraten hatte, bevorzugte aber die anderen, die ich ihr verordnet hatte. Eine kleine Besserung trat ein, und ich brauchte sie nicht mehr täglich zu besuchen. Statt dessen kam sie jeden Tag in die Praxis. Das kostete sie zwar große Mühe, war aber der erste echte Fortschritt.

Einen Monat später ging sie wieder zum Psychiater, dem es während eines zehnminütigen Gesprächs gelang, die Patientin ziemlich durcheinanderzubringen. Er war sehr beeindruckt von der Besserung ihres Zustands und entschied, daß man bis zur nächsten Konsultation zwei Monate warten könnte.

Mrs. Shannon kam noch immer fast täglich in meine Sprechstunde. Meine Behandlung bestand eigentlich nur darin, sie zu trösten und zu ermutigen, ihr immer wieder zu sagen, daß die Zeit alle Wunden heilte und daß es ihr bald besser gehen würde. Langsam begann sie ihren Verlust zu akzeptieren und lernte, wieder ein normales Leben zu führen. Ich schlug ihr vor, eine Stellung anzunehmen, und sie trat einen Halbtagsjob in Mr. Southerns Anwaltskanzlei an.

Wie vereinbart, sah sie den Psychiater nach zwei Monaten wieder. Er schrieb mir einen kurzen Brief und erklärte, ›seine‹ Behandlung wäre in diesem Fall äußerst erfolgreich gewesen und es wäre nicht nötig, daß die Patientin noch einmal zu ihm käme. Zum Teufel mit ihm, dachte ich. Ich sah Mrs. Shannon dreimal pro Woche, dann nur noch zweimal, danach einmal – bis sie schließlich nur noch einmal pro Monat vorbeischaute, um sich mit mir zu unterhalten und zu versichern, daß alles in Ordnung wäre. Erst zwei Jahre später hatte sie das Gefühl, daß sie meines Trostes nicht mehr bedurfte.

Der Psychiater hatte großartige Assistenten, die sich ›Beamte von der Geisteskrankenwohlfahrt‹ nannten. Das waren Männer um die Vierzig, als Krankenpfleger und Irrenhauswärter ausgebildet, die stets gerufen wurden, wenn man ernsthafte Schwierigkeiten mit psychiatrischen Fällen hatte. Ich schätze ihre Dienste mindestens ebenso wie die des Psychiaters.

Jack Turner war schon seit langer Zeit geistesgestört. Wenn sich seine Krankheit Bahn brach, wurde er gewalttätig und aggressiv, und da er über hundertzwanzig Kilo wog, war es etwas mühsam, ihn zu überwältigen. Normalerweise war es die Polizei, die uns anrief, sobald sich Jack zu einer seiner Vernichtungskampagnen aufschwang. Wenn wir dann bei seinem Haus ankamen, standen die Beamten wohlweislich vor der Tür und lauschten den Geräuschen von Gläsern, Geschirr und Möbeln, die drinnen zerschmettert wurden. Wir stürmten alle hinein und versuchten ihn lange genug festzuhalten, damit wir ihm eine Beruhigungsspitze geben konnten. Wenn uns das gelungen und Jack stiller geworden war, steckten wir ihn in eine Zwangsjacke und brachten ihn ins Hospital.

Einen der bizarrsten psychiatrischen Notfälle erlebte ich auf einer Farm, knapp jenseits der Grenze unseres Praxisbereichs. Eine meiner Patientinnen war für die Dauer eines kurzen Urlaubs aus der Nervenklinik von Winchcombe entlassen worden und hatte sich bei zwei Damen einquartiert, die als Ehepaar auf dieser einsamen Farm lebten. Sie hatten sich während ihrer psychiatrischen Behandlung kennengelernt, und daraus war eines jener Dreiecksverhältnisse zwischen Frauen entstanden, die ich nie ganz begreifen werde.

Als meine Patientin auf der Farm eintraf und feststellte, daß keine der beiden Damen auf ihre amourösen Avancen reagierte, versuchte sie eine engere Beziehung mit dem Hofhund, einem Boxer, einzugehen. Die beiden Farmerinnen, mit ihrer Weisheit am Ende, lockten sie aus dem Haus und sperrten sie in einen Stall, zusammen mit einer Kuh, die sie ihrem Schicksal überließen. Das war alles sehr traurig. Alle drei waren junge, attraktive Frauen, und ich fragte mich, was sie wohl in diese Lage getrieben hatte.

Auch diesmal mußte ich die ›Beamten von der Geisteskrankenwohlfahrt‹ bemühen. Nach einem harten Kampf hatte ich ihr endlich eine Injektion geben können. Wir steckten das arme, verwirrte Mädchen in eine Zwangsjacke und brachten es ins Hospital.

Ich betätigte mich nicht nur nebenberuflich als Amateur-Psychiater, ich betrieb auch einen telefonischen Beratungsdienst, der vierundzwanzig Stunden am Tag verfügbar war. Offenkundig wirkte ich am Telefon noch tröstlicher als in Fleisch und Blut. Die Leute riefen zu jeder Tages- und Nachtzeit an, um mich mit den ungewöhnlichsten Kümmernissen zu konfrontieren. Sehr häufig kam es vor, daß sie beim Baden einen kleinen harten Klumpen unter dem Brustbein gefunden hatten. Ob das wohl Krebs war? Natürlich nicht. Dort haben wir alle einen kleinen harten Klumpen. Er besteht aus Knorpeln und heißt Schwertfortsatz. Es ist erstaunlich, wie viele Leute schlaflose Nächte verbringen, nachdem sie ihn gefunden haben.

Die Badewanne war ein bedeutsamer Entdeckungsort für Warzen, Muttermale, Klumpen und gelegentlich auch für wichtige Dinge – für Knoten in der Brust.

Mit den medizinischen Problemen wurde ich fertig, doch es waren die nicht-medizinischen, die mich die meiste Zeit kosteten. Ich wurde um Rat gefragt, wenn Häuser oder Autos geknackt werden sollten, man erkundigte sich, um welche Jahreszeit man am besten heiratete, und mehrmals wurde ich auch wegen des Gesundheitszustands diverser Tiere konsultiert. Ich mußte mich um Hunde und Katzen und einmal sogar um eine trächtige Kuh kümmern.

Ich erinnere mich, daß ich nur ein einzigesmal keine Antwort auf eine solche Frage gewußt habe. Um zehn Uhr abends rief mich eine besorgte Mutter an. Ihr Sohn hatte in dem Ferienlager, aus dem er soeben zurückgekehrt war, einen Gesangswettbewerb gewonnen. Ob ich glaubte, daß er eine Platte besingen sollte? Ich war die ganze vorangegangene Nacht auf den Beinen gewesen und nun das Risiko eingegangen, ein Bad zu nehmen, um mich um acht ins Bett zu legen. Ich konnte ihr keine Antwort geben –

hätte ihr aber beinahe geraten, ihm die goldene Kehle durchzuschneiden.

Einigen Leuten mußte ich erklären, daß es kein himmelschreiender Notfall war, wenn einem um elf Uhr abends die Tabletten ausgingen und daß es besser wäre, vor zweiundzwanzig Uhr fünfundvierzig anzurufen, wenn man fragen wollte, ob man sich auf Mallorca einen Sonnenbrand holen würde oder nicht. Außerdem mußte ich manche Patienten – in noch sanfterem Tonfall – darauf hinweisen, daß ein Uhr nachts nicht der geeignete Zeitpunkt wäre, um wegen einer Verstopfung Rat zu suchen, an der man schon seit zwei Wochen litt.

Beruhigung ist in vielen Fällen die beste Behandlungsmethode: Oft wird ein Patient durch ein negatives Testergebnis sowohl von seinen Schmerzen als auch von seiner Sorge erlöst. Ich habe intelligente, ausgeglichene Menschen beobachtet, die atemlos, mit gräßlichen Brustschmerzen und seelischen Qualen auf ihre Brüströntgenbilder gewartet haben. Sobald sie wußten, daß die Aufnahmen okay waren, verschwanden die Schmerzen, und sie waren wieder hundertprozentig fit.

Steve half mir immer wieder, solche Probleme zu lösen. Er war freundlich, klug und ein Philosoph.

»Bob«, sagte er, »es kommt vor allem darauf an, daß wir den Patienten helfen, ihr Gesicht zu wahren. Du mußt versuchen, festzustellen, ob ein Patient dem Zusammenbruch nahe ist, und zu verhindern, daß er tatsächlich umkippt. Manchmal werden übermüdete, überängstliche, vor Sorge völlig ausgelaugte Leute zu dir kommen. Irgendwie mußt du sie auf den richtigen Weg bringen und sie glauben machen, daß sie ihn selbst gefunden hätten. Als Arzt hast du eine gewisse Autorität. Das glauben die Patienten, und die Leute, mit denen sie Kontakt haben, glauben es auch. Wenn sie sich mit Erklärungen wie ›Der Doktor sagt, ich muß das tun‹ oder ›Der Doktor sagt, ich darf das nicht tun‹ wappnen können, wird man sie ernst nehmen. Du mußt stets dein gesundes Urteilsvermögen einsetzen, wenn du in das Leben deiner Patienten eingreifst. Wenn du merkst, daß jemand am Ende seiner Kräfte ist, mußt du für ihn denken und zum Beispiel darauf bestehen, daß er sich krankschreiben läßt – wegen nervöser Erschöpfung oder einer Virusinfektion. Welchen Grund du auch immer angibst, du darfst seinen Stolz nicht verletzen, sonst würde er deine Maßnahme als Bestätigung seiner Unzulänglichkeit betrachten. Außerdem mußt du unnachgiebig auf deinem Standpunkt beharren und dem Betreffenden erklären, daß er, wenn er deinen Rat nicht befolgt, endgültig zusammenklappen könnte. Du wirst oft feststellen, daß die Leute sehr erleichtert sind, wenn man ihnen sagt, was sie tun und was sie lassen sollen. Das ist so ähnlich, als würde man den lieben Gott spielen, aber diese Verantwortung mußt du – vorausgesetzt, du wirst nicht anmaßend oder eingebildet – übernehmen. Denn dies ist eine Praxis für Allgemeinmedizin.«

Lächelnd fuhr er fort: »Es gibt da eine Geschichte von einem Erzbischof, der in den Himmel kam, als er gestorben war. Bevor er von St. Petrus durch die Himmelspforte gelassen wurde, mußte er sich hinter einer langen Schlange anstellen. Darüber ärgerte er sich, und so ging er nach vorn zu St. Petrus und sagte: ›Ich bin der Erzbischof. Muß ich wirklich Schlange stehen wie die anderen Leute!‹ St. Petrus erwiderte: ›Hier sind alle Menschen gleich. Sie müssen leider warten, bis Sie an der Reihe sind.‹ Der Erzbischof stellte sich mißmutig an. Da sah er einen alten bärtigen Mann mit einem Rucksack am Rücken an der Menschenschlange vorbeiradeln und an die Tür klopfen, die sofort geöffnet wurde. Wütend rannte der Erzbischof zu St. Petrus und rief: ›Ich dachte, hier sind alle Menschen gleich! Warum wurde der alte Mann vor allen anderen eingelassen?‹ Worauf St. Petrus entgegnete: ›Oh, das ist der liebe Gott. Manchmal macht es ihm Spaß, auf die Erde zu gehen und dort Doktor zu spielen.‹«

Trotz aller verfügbaren ärztlichen Dienstleistungen, der psychiatrischen und der allgemeinmedizinischen, führen viele Leute, davon völlig unbeeindruckt, ihr eigenes sonderbares Leben. Es ist unmöglich, alle die Menschen, die sich hinter ihren Türen verkriechen, statistisch zu erfassen, weil man sie normalerweise niemals zu Gesicht bekommt. Als praktischer Arzt, der Zugang zu den meisten Häusern hat, stößt man manchmal auf Situationen, die für gewöhnlich nie ans Tageslicht gelangen.

Ein Bankbeamter, der allem äußeren Anschein nach ein ganz normales Leben führte, verbrachte, wie ich eines Tages feststellte, den Großteil seiner Freizeit in einem Zelt unter seinem Wohnzimmertisch. Dies war der einzige Ort, wo er sich sicher fühlte. Da er ansonsten keine Probleme hatte, konnte man nicht eingreifen. Später erfuhr ich, daß mehrere Mitglieder seiner Familie im Krieg während eines Luftangriffs gestorben waren. Er hatte überlebt, geschützt von einem alten Billardtisch, unter dem er geschlafen hatte.

Manche Leute glauben, daß ihre Feinde schädliche Strahlen auf sie richten oder sich im Fernseher verstecken, um sie zu beobachten. Wenn man ihnen das auszureden versucht, hören sie geduldig zu, um danach sofort wieder in ihre kleine Fantasiewelt zurückzukehren.

In Tadchester gab es eine ganze Menge Menschen, die an Phobien litten. Am häufigsten war die Agoraphobie vertreten. Die Patienten, die davon befallen waren, fürchteten sich vor großen, offenen Plätzen. Aber es gibt in allen Bereichen Phobien (irrationale, unlogische Ängste). Zum Beispiel fand ich heraus, daß die Schlaflosigkeit und die schlechten Schulzeugnisse eines Mädchens auf eine Bus-Phobie zurückzuführen waren. Sie hatte buchstäblich Angst davor, sich in einem Bus oder auch nur in seiner Nähe aufzuhalten, wußte aber nicht, warum, und es gab auch keinen erkennbaren Grund für ihre Furcht.

Ich stellte fest, daß solche Patienten (besonders Kinder) sehr schwierig zu behandeln sind. Es kostete ungeheuer viel Zeit, ihnen gut zuzureden, so daß sie genügend Mut aufbrachten, um ihren Ängsten ins Auge zu schauen und sie zu besiegen.

Wir wissen noch so wenig über geistige Krankheiten und seelische Zusammenbrüche. Ich glaube, wir stehen da erst am Beginn einer langen Forschungsarbeit, bei der wir möglicherweise nicht einmal den richtigen Leitlinien folgen. Es ist denkbar, daß eine akute Blinddarmreizung ebenso einen psychologischen Hintergrund hat wie der Zustand eines anderen armen gestörten Patienten, den wir als Sonderling abtun.

Es gibt nur wenige seelisch gestörte Menschen, die buchstäblich Höllenqualen leiden, und denen kaum geholfen werden kann. Ron Towle gehörte dazu. Er war der zeitraubendste psychiatrische Fall, mit dem ich jemals zu tun hatte. In stärkerem Maße als andere Patienten gab er mir das Gefühl, daß psychische Krankheiten ebenso real und wahrscheinlich auch organisch sind wie Lungenentzündung, Rippenfellentzündung und sogar Herzfehler.

In einem Zeitraum von fünf bis sechs Jahren sah ich ihn öfter als alle meine anderen Patienten. Manchmal ließ er sich einen Termin geben, aber viel öfter saß er während meiner Sprechstunde im Wartezimmer, um mich abzufangen, wenn der letzte Patient gegangen war. Denn er wußte, daß ich dann keine Ausrede haben würde, um mein Gespräch mit ihm abzukürzen.

Es war ein kleiner, vorzeitig ergrauter Mann in einem schäbigen Regenmantel. Meist war er ungekämmt, seine Hemden waren am

Kragen und an den Manschetten durchgescheuert, seine Schuhe ungeputzt. Ron stammte aus einer guten Familie, war in einem vornehmen Internat gewesen und keineswegs mittellos. Er handelte mit Rindern und Immobilien, eigentlich mit allem, womit man einen guten Gewinn erzielen konnte, und fuhr in einem alten, sorgsam gepflegten Austin Sevenin Tadchester herum.

Seine dringlichsten Sorgen brachte er mit seinen Geschäften in Zusammenhang. Ich sprach ihm jedesmal Mut zu, wenn er eine Transaktion abwickelte, geleitete ihn durch seine Traumata, und danach kassierte er sein Geld (meistens erzielte er einen beträchtlichen Profit). Zehn Tage später marschierte er dann in meinem Sprechzimmer auf und ab, schlug sich auf die Brust und erzählte mir, was für ein Narr er doch gewesen wäre, daß er sich auf ein anderes Geschäft eingelassen hätte, daß er sein ganzes Vermögen verlieren würde, daß die Leute ihn übervorteilten – und so ging es immer weiter.

Er quälte sich schrecklich mit sich selber herum und entwickelte ständig neue Symptome. Ein paarmal war er bereits in die Nervenklinik eingewiesen worden, hatte alle verfügbaren psychiatrischen Therapien hinter sich, aber nichts schien sein Leiden zu lindern. »In meinem Kopf geht irgend etwas Schreckliches vor«, sagte er immer wieder, »und Sie verstehen es einfach nicht. Warum tut denn niemand was dagegen?«

Ich hatte ihn recht gern und großes Mitleid mit ihm. An manchen Tagen fühlte er sich besser. Dann kam er nur in die Praxis, um sich mit mir zu unterhalten. Er war gebildet, sehr belesen und bestens über alle aktuellen Themen informiert. An solchen Tagen hätte er stundenlang geredet, wenn ich ihm die Gelegenheit dazu gegeben hätte. Er hatte ein ansteckendes Grinsen. Doch das setzte er nur an jenen gewissen Tagen auf. Viel öfter schlug er sich verzweifelt auf die Brust, jammerte über seine Lebensumstände und beklagte sich darüber, wie tief er gesunken wäre. Jede Minute, die ich darauf verwendete, ihm zuzuhören, kostete er voll aus.

Er wohnte in einem kleinen Haus in der Park Lane, am Rand des Parks (vier Türen weiter lebten die ehrbaren Schwestern Sophie und Elise Emmerson). Aus irgendeinem Grunde war es ihm unmöglich, gesellschaftliche Kontakte zu pflegen, Freundschaften zu schließen, auf normale Weise mit den Leuten zu verkehren. Außerhalb seines Berufslebens flüchtete er sich in die Isolation. Seine Geschäfte peinigten ihn zwar, aber sie waren der einzige Inhalt seines Daseins. Die Scherzfrage, mit der ich ihn jedesmal begrüßte, lautete: »Na, Ron, haben Sie noch immer nicht den Eiffelturm gekauft?«

Manchmal führten ihn seine Geschäfte aus der Stadt. Dann fuhr er in seinem kleinen Auto davon, um bald darauf zurückzukehren, sich wieder auf die Brust zu schlagen und über ein neues Abenteuer zu klagen, in das er sich gestürzt hatte, das ihn ruinieren und ihn um sein letztes bißchen Geld bringen würde.

Wenn ich ihm in seinen schlimmsten Phasen nicht beigestanden hätte, wäre er sicher viel öfter in die Nervenklinik eingeliefert worden.

Einmal verreiste ich für ein Wochenende, nachdem ich Ron drei Monate lang fast täglich gesehen hatte. Er erlitt einen Zusammenbruch, wurde für drei Tage ins Hospital gebracht, und danach stürmte er in die Praxis und machte mir Vorwürfe, weil ich nicht dagewesen wäre, als er mich gebraucht hätte, weil ich ihn in der Stunde seiner Not im Stich gelassen hatte.

Einmal schien es ihm für wenige Wochen gutzugehen, und er machte einen ausgeglichenen Eindruck. Er hatte in London irgendeinen abstrusen Therapeuten aufgesucht, der in einem Gemeindewohnhaus in Clapham praktizierte. Ron war vorerst geheilt. Welche Zaubermethode der junge Mann aus Clapham auch immer angewandt hatte – sie funktionierte offensichtlich, wenn auch nur für kurze Zeit.

Ron wünschte sich inständig, normal zu sein, von seinen Mitmenschen akzeptiert zu werden und zu heiraten – aber er schaffte es nicht. Er nahm verschiedene Medikamente, manche halfen ihm, andere verschlimmerten seinen Zustand. Wir ließen nichts unversucht, um seine Qualen zu lindern. Aber er wußte, daß es in seinem besonderen Fall keine Hilfe gab und daß er unfähig war, sich selbst zu helfen.

Eines Tages geschah genau das, womit wir immer gerechnet hatten – er wurde tot in seinem Haus gefunden. Er hatte eine Überdosis Tabletten geschluckt, ob zufällig oder mit Absicht – das werden wir niemals erfahren. Ich glaube, daß es ein Unfall war, denn er hatte sich mit aller Kraft an das Leben geklammert und stets gehofft, daß sich die Dinge zum Guten wenden würden.

Ich glaube, daß der wissenschaftliche Fortschritt in absehbarer Zukunft auch Menschen wie Ron helfen und daß man chemische oder physiologische Ursachen für ihre seelischen Störungen aufspüren wird. Wenn man in früheren Zeiten an Diabetes oder perniziöser Anämie gelitten hat, mußte man sich damit abfinden, daß es keine Hilfe gab. Heute können sich solche Patienten auf ein normales, erfülltes Leben freuen und brauchen nur geringfügige Unannehmlichkeiten wie Injektionen oder Diäten in Kauf zu nehmen. Eines Tages werden auch unglückliche Menschen wie Ron neue Hoffnung schöpfen dürfen.

Als ich noch studiert und mit meinen Kommilitonen Nervenkliniken besucht hatte, waren wir einem Patienten begegnet, der steif und fest behauptet hatte, er wäre ins BBC-Unterhaltungsprogramm eingeblendet. Damals hatten wir darüber gelacht – aber ein paar Jahre später fragte ich mich oft, ob er nicht recht gehabt hatte.

In der Praxis stellte ich fest, daß es für viele Probleme keine Lösung gab – man konnte nichts weiter tun, als den Leuten immer wieder beizustehen, ihnen Mut zuzusprechen. Doch das führte nicht immer zu einem glücklichen Ende.

8.
KURIOSE KUREN

Bald, nachdem ich Gewendoline Jacobs untersucht hatte, begannen Dinge zu passieren, für die ich keine Erklärung fand.

Einmal verlegte ich meine Abendsprechstunde auf einen anderen Tag, weil mich Janice und Kevin Bird zu einer Dinnerparty eingeladen hatten. Ich hatte niemanden außer Jill, meiner Abendsprechstundenhilfe, von meinen geänderten Plänen erzählt, aber mindestens die Hälfte der Patienten, die an jenem anderen Abend in die Praxis kamen, wußte davon.

Als ich Krankenbesuche auf dem Land machte, wurde ich einoder zweimal von Leuten abgefangen, die mir sagten: »Wir haben gehört, daß Sie in diese Gegend kommen, Doktor. Könnten Sie auf dem Rückweg bei uns vorbeischauen?« Da ging irgend etwas Seltsames vor...

Das Problem wurde gelöst, als mir ein Patient in Sanford-on-Sea telefonisch den komplizierten Weg zu seinem Haus beschrieb – das heißt, in diesem Moment begann sich die Sache erst zu einem echten Problem zu entwickeln. Mitten in unserem Gespräch schaltete sich eine Stimme ein. »Biegen Sie beim Gaswerk lieber nach rechts, Doktor, und fahren Sie dann die Küste entlang.«

Die Stimme war unverkennbar. Gwendoline. Ich hatte ganz vergessen, daß sie bei der Telefonvermittlung arbeitete. Großer Gott, wie viele meiner Gespräche hatte sie schon belauscht?

Seit jenem Augenblick fiel mir Gwendoline auf die Nerven. Ich wagte kaum den Hörer abzuheben. Wenn sie eines meiner Gespräche vermittelte, mußte ich erst einmal ihr Geschwätz ertragen, bevor sie mich mit der gewünschten Nummer verband. Ständig lud sie mich zu Partys, Picknicks oder Barbecues ein, und wann immer ich nach dem Weg zu entlegenen Häusern fragte, waren drei Leute an dem Gespräch beteiligt.

Manchmal war dieses Problem auch nützlich – beinahe zu nützlich. Wenn mich jemand anrufen wollte und ich nicht in der Praxis war, wußte sie das natürlich und vertröstete die Leute auf später. Sie avancierte zu meiner inoffiziellen Telefonistin, und einmal fragte sie mich sogar, ob ich ihr nicht einen Job in der Praxis verschaffen könnte, da sie doch so tüchtig wäre.

Wenn mich Marjorie de Wyrebock anrief (was immer häufiger vorkam), wurden unsere Gespräche stets unterbrochen. Manchmal sagte eine Gwendoline mit schriller, verstellter Stimme; »Tut mir leid, die Leitung ist nicht in Ordnung.«

Ich wußte nicht, wie ich das Problem lösen sollte. Meinen Partnern gegenüber wollte ich es nicht erwähnen, denn die hätten mich ausgelacht. Wenn das Telefon läutete, während wir zusammen Kaffee tranken, erstarrte ich und griff niemals freiwillig nach dem Hörer. Natürlich konnte ich mich bei der Post nicht darüber beschweren, daß eine von den Telefonistinnen zu hilfsbereit war.

Ich wurde etwa zwei Monate lang von Gwendoline gequält und war schon der Verzweiflung nahe, als ich während einer Abendsprechstunde auf meiner Patientenliste den Namen Mrs. Daphne Jennings entdeckte. Die Leiterin des Fernsprechamts... Ich überlegte, ob ich diesen Zufall nützen könnte, um Gwendoline Angst einzujagen.

Als Mrs. Jennings hereinkam, richtete ich es so ein, daß ich gerade mit Kevin telefonierte. Ich fragte ihn nach dem äußerst komplizierten Weg zu einem Haus, das fünfundzwanzig Kilometer weiter oben an der Küste lag. Das war ein Köder, dem Gwendoline nicht widerstehen konnte. Sobald ich Kevin die Frage gestellt hatte, sah ich auf meine Uhr und rief: »Großer Gott! Um diese Zeit wollte ich eine kurze Besprechung mit Dr. Maxwell abhalten! Mrs. Jennings, könnten Sie sich vielleicht inzwischen von Mr. Bird erklären lassen, wie ich zu diesem Haus komme?«

Ich gab ihr den Hörer, stürmte aus dem Sprechzimmer und wartete. Würde mein hinterhältiger Trick den gewünschten Erfolg bringen?

Ich blieb zehn Minuten draußen, dann ging ich wieder ins Zimmer. Mrs. Jennings war rot wie eine Runkelrübe und konnte kaum an sich halten. »Wie oft hat dieses Mädchen Ihre Telefongespräche schon unterbrochen?«

»Oh, sie will mir doch nur helfen«, entgegnete ich.

»Morgen früh werde ich ihr den Marsch blasen!«

Danach tönte Gwendolines Stimme nie mehr aus meinem Telefonhörer. Ich nahm nicht an, daß man ihr gekündigt hatte, denn sie war in diesem Jahr nicht nur zur Karnevalsprinzessin, sondern auch zur Miß Postamt gewählt worden. Wie ich später erfuhr, hatte man sie aus dem Fernsprechamt in die Wellblechhütte hinter dem Hauptpostamt versetzt, in der die Briefe sortiert wurden.

Seit Gwendoline nicht mehr dazwischenfunkte, konnte Marjorie de Wyrebock ungehindert mit mir telefonieren, und sie fand fast jeden Tag einen Grund, um mich anzurufen. Entweder lud sie mich zu einem Jägerball ein, oder sie fragte, warum ich keinen Reitunterricht nahm. Sie entschuldigte sich, weil sie damals meinen Reitunfall verursacht hatte. Da sie den Mietstall von Tadchester leitete und eine gute Reiterin war (nach dem Umfang ihres Gesäßes und ihrer Oberschenkel zu schließen, war sie das schon seit vielen Jahren), bot sie mir ihre Dienste als Lehrerin an. Beinahe sehnte ich mich nach den Tagen zurück, wo Gwendoline diese Gespräche so abrupt beendet hatte.

Um diese Zeit baute ich mir einen exzentrischen Patientenkreis auf, der sogar für Tadchester-Verhältnisse reichlich bizarr anmutete. Aus irgendeinem Grund tauchten sie alle in meiner Mittwoch-Abendsprechstunde auf, wenn Jull ihren Dienst versah, umringt von Bewunderern, die sie um Akne-Tabletten baten.

Da war eine Miß Bessie Oldthorpe aus dem Süßwarenladen, die hundertsiebenundzwanzig Kilo und drei Pfund wog. Man hätte annehmen können, daß sie abnehmen wollte – doch weit gefehlt! Wenn ihr Gewicht auf hundertsechsundzwanzig Kilo und ein Pfund herabsank, glaubte sie, daß sie Krebs hatte, und es fiel mir dann jedesmal sehr schwer, sie zu beruhigen. Sie wurde von gräßlicher Todesangst geplagt, bis sie die zwei Pfund wieder drauf hatte.

Nur ein einzigesmal hatte sie einen ernsthaften Gewichtsverlust zu beklagen – als sie aufgrund äußerst fragwürdiger Umstände glaubte, schwanger zu sein. In drei Wochen nahm sie sechsundzwanzig Pfund ab und machte sich Sorgen, bis die Natur sie wieder besänftigte. Danach verlor sie vor lauter Anstrengung, ihr altes Gewicht wiederzuerlangen und zu beweisen, daß sie keinen Krebs hatte, weitere fünfundzwanzig Pfund.

Der nächste auf dieser Liste war Harry Jones. Es ließ sich nicht leugnen, daß er ein eher schlichtes Gemüt hatte. Er kam stets mit derselben Klage zu mir – er dachte, irgend jemand hätte ihn niedergeschlagen, als er gerade nicht aufgepaßt hätte. Niemals wies er irgendwelche Spuren von Verletzungen auf, und er konnte sich auch nicht erinnern, wie es geschehen war, aber wie er völlig logisch argumentierte, »wenn mich jemand von hinten niederschlägt und ich nicht hinschaue – wie kann ich wissen, wie es passiert ist?« Womit er natürlich recht hatte.

Wendy Peebles hatte Anfälle, die der Psychiater als hysterisch bezeichnete. Wenn mittwochs kein Tanzabend in Tadchester stattfand, kam sie in die Praxis und erlitt zur Abwechslung während meiner Sprechstunde einen Anfall. Meine übrigen Mittwochspatienten genossen diese Darbietungen. Ich muß zugeben, daß Wendy mir anfangs große Sorgen machte. Es dauerte einige Zeit, bis ich merkte, daß ich sie sehr schnell zur Räson bringen konnte, wenn ich ihr mit einer Injektionsnadel oder einer Schüssel voll kaltem Wasser drohte.

Mr. Terence. ein Metzgergehilfe, suchte mich regelmäßig auf, um sich seine Magenmedizin verschreiben zu lassen und übers Fliegenfangen zu reden. Ich hatte das Gefühl, daß seine Magenverstimmung auf feuchte Flußufer zurückzuführen waren, da er das Medikament nur am Wochenende einnahm.

Mrs. Price, die im Supermarkt arbeitete, hatte Anämie. Dies hing irgendwie mit der Überschwemmung zusammen, die Tadchester vor ein paar Jahren heimgesucht hatte. Es machte ihr großen Spaß, diese Überschwemmung in allen Einzelheiten zu schildern, daß ich bereits überlegte, ob ich sparen und ihr eine Arche kaufen sollte. Ich wagte ihr nicht vorzuschlagen, sich die Gebärmutter entfernen zu lassen, denn dann hätte sie ein Thema weniger gehabt – oder vielleicht eins mehr, über das sie reden konnte. Am liebsten hätte sie sich jede Woche einem Bluttest unterzogen, als eine Art Blankoversicherung gegen Anämie, Überschwemmungen und Hysterektomien (»Ich bin sicher, daß ich keinen einzigen Tropfen Blut in den Adern habe, Doktor.«). Manchmal brachte sie, als freiwillige Extraleistung, ihren kleinen Sohn mit, um mir seine Fußballwunden zu zeigen.

Jack Fingleton erschien regelmäßig jeden zweiten Mittwochabend. Seine Anliegen waren recht simpel – er brauchte ein paar Tabletten gegen Rückenschmerzen, ein Pfund Watte und die größte verfügbare Paraffinflasche. Schon vor meiner Ankunft in Tadchester hatte er stets seine Watte und das Paraffin bekommen, und er war ein so treuer Patient, daß ich ihn nicht fragen wollte, wozu er das Zeug benutzte.

Diese Patientengruppe lernte ich so gut kennen, daß ich nicht mehr an ihren Namen dachte, wenn ich mich ihrer erinnerte, sondern an ihre diversen Leiden. Bei einer Cocktailparty passierte es mir peinlicherweise, daß ich einen meiner regelmäßigen Mittwochspatienten, Mr. Ramsdale, mit ›Mr. Hintern‹ anredete.

Diverse Patientinnen nannte ich insgeheim ›Mrs. Krampfader‹, Mrs. Es ist mein Herz, wissen Sie, Doktor‹ und ›Mrs. Es tropft ständig, Doktor, und ich kann das Wasser einfach nicht zurückhalten‹.

Als ich gerade bemüht war, mich an diese groteske Patientengruppe zu gewöhnen, hatte ich – als ob das nicht schon gereicht hätte – auch noch zwei Begegnungen mit der Armee. Mit Armee-Offizieren im Ruhestand komme ich ebenso schlecht zurecht wie mit Privatpatienten.

Der erste war Colonel Lotus. Er kam in meine Sprechstunde, statt meinen älteren Partner Steve Maxwell zu konsultieren, seinen Hausarzt. So etwas ist immer ein schlechter Anfang. Er trat ein, setzte sich und erklärte in brüskem, militantem Ton: »Ich fürchte, Maxwell ist der Sache nicht gewachsen. Von jetzt an werde ich mich an Sie wenden.«

Eigentlich müßte ich für Offiziere im Ruhestand ein paar banale Antworten parat haben, aber ich fühle mich immer sehr unbehaglich in der Gesellschaft solcher Leute. Sie fördern irgendwelche in meinem Innern verborgenen Komplexe zutage, und es gelingt mir nie, ihnen den Mund zu stopfen, nicht einmal, wenn ich mir vorher ein paar passende Redewendungen ausgedacht habe. Wenn ein Patient behauptete, Dr. Maxwell wäre diesem oder jenem Problem nicht gewachsen, so konnte das nur bedeuten, daß mit dem Patienten etwas nicht stimmte.

Ich erkundigte mich nach Colonel Lotus' Beschwerden, und er informierte mich ausführlich über die Nervenentzündung, an der er schon seit Jahren litt und gegen die Maxwell nichts unternommen hätte – was gedächte ich zu tun?

Ich studierte sein Krankenblatt und stellte fest, daß mein Kollege ihn diversen Untersuchungen unterzogen hatte. Offensichtlich fehlte dem Colonel nichts Ernsthaftes. Ich verordnete ihm eine Packung wohlbekannter Vitamintabletten und bat ihn, in vierzehn Tagen wiederzukommen.

Als er zwei Wochen später wieder erschien, sah er trotz seines kriegerischen Äußeren fast freundlich aus – was ich ihm gar nicht zugetraut hätte. »Das sind verdammt gute Pillen, Doktor. So gut habe ich mich schon seit Jahren nicht mehr gefühlt. Schade, daß ich nicht schon längst zu Ihnen gekommen bin! Verschreiben Sie mir noch eine Packung.«

Ich war froh, daß er so zufrieden mit den Vitamintabletten war, und gab ihm noch ein Rezept, das er in der Arzneimittelausgabe einlöste. Eine Stunde später rief er mich wütend an. »Sie haben mir die falschen Pillen aufgeschrieben, Doktor!« bellte er. »So eine Schlamperei! Ich will die haben, die ich das letztemal bekam! Sie haben mir verdammt gutgetan!«

Ich konsultierte sein Krankenblatt (wenn ich redseligen Patienten gegenübersitze, habe ich oft das schreckliche Gefühl, daß meine Gedanken in die Ferne schweifen, daß ich ihnen dann was Falsches aufschreibe). Einmal hatte ich ›3 The Elms‹ als Diagnose auf eine Gesundheitsbescheinigung geschrieben.

Auch bei Rezepten hatte ich schon einiges durcheinandergebracht. In der linken oberen Ecke dieser Formulare steht ›Mr./Mrs./Miß‹, und man muß die unzutreffenden Anreden streichen, je nach dem Geschlecht und Familienstand des Patienten. Wenn ich es eilig habe, mache ich oft nur einen wilden Strich, der nicht allzu präzise ist. Einmal rief mich eine Mutter an und meinte, daß die Stützstrümpfe, die ich für den wunden Po ihres Babys verschrieben hätte, keinen Sinn ergäben, und daß die Zink- und Rizinusölsalbe überhaupt nicht gegen ihre Krampfadern helfen würde.

Aber ein Blick auf das Krankenblatt des Colonels sagte mir, daß ich ihm die richtigen Tabletten verordnet hatte. Ich rief ihn an und fragte, ob er noch eine Tablette aus der ersten Packung hätte und mir zeigen könnte.

»Widerlich!« schimpfte er. »Schlamperei! Ich werde eins von den Dingern vorbeibringen.«

Zu Mittag übergab mir Gladys eine graue Tablette, und ich war völlig sicher, daß ich dergleichen nie zuvor gesehen hatte. Obwohl sie dem Colonel offensichtlich half, konnte ich nicht wissen, ob sie irgendwelche schädlichen Substanzen enthielt, und so sagte ich zu Gladys: »Wir müssen der Sache auf den Grund gehen.«

Erfolglos studierten wir sein Krankenblatt, erfolglos verglichen wir das graue Ding mit allen Tabletten, die wir in der Arzneimittelausgabe aufbewahrten, und mit allen vorrätigen Medikamentenbeschreibungen.

Ich war verzweifelt. Ich wußte einfach nicht, was das für eine Tablette war, und meine Komplexe, entstanden durch die Behandlung von Colonels im Ruhestand, trieben neue Blüten. Ich hatte keine Ahnung, was ich tun sollte. Schließlich rief ich Neville Jackson, den Apotheker, an und erklärte ihm mein Problem. »Bring das Ding mal rüber, alter Junge«, forderte er mich auf. »Wir werden schon rauskriegen, was das ist.«

Ich ging zu ihm, und er durchwühlte seinen gesamten Bestand – ergebnislos. Nirgends schien es ein Medikament zu geben, das dieser grauen Tablette glich. Wir sahen Nevilles Vorräte noch einmal durch, ohne Erfolg. Nun war ich am Ende meiner Weisheit. In einer halben Stunde wollte der Colonel in die Praxis kommen, um seine Vitamintabletten zu holen... Wir saßen beisammen und plötzlich sagte Neville: »Moment mal... Nein, unmöglich... So was würdest du niemals verschreiben...«

Das Blut stieg mir in die Wangen. »Was?«

Er ging in die Veterinärabteilung und kam mit einer Schachtel Katzenwürmertabletten zurück, öffnete sie und zeigte mir fünfzig Stück von den Tabletten, die ich dem Colonel angeblich verordnet hatte. Ich eilte in die Praxis zurück.

Als Colonel Lotus hereinstürmte, saß ich würdevoll hinter meinem Schreibtisch.

»Nun, haben Sie herausgefunden, was das für Tabletten waren? Ekelhaft! Schlechte Buchführung! Hier wird offenbar alles durcheinandergebracht! Bei der Armee ist so was nie passiert.«

»Setzen Sie sich, Colonel«, bat ich ihn. »Ich muß Ihnen ein paar Fragen stellen.«

Schnaubend ließ er sich mir gegenüber in den Sessel fallen.

»Waren Sie allein, als Sie mich das letztemal konsultierten?« erkundigte ich mich.

»Was soll das heißen – allein?« knurrte er. »Natürlich war ich allein!«

»Ich meine – saß vielleicht eins von Ihren Tieren im Wagen – ein Hund oder eine Katze?«

»Ja, ich habe die Katze zum Tierarzt gebracht, weil sie Würmer hatte. Der hat ihr genau das richtige Zeug verschrieben.«

»Ich fürchte, da liegt eine kleine Verwechslung vor, die allerdings auf *Ihr* Konto geht und nicht auf meines, Colonel. Die Tabletten, die Ihnen so guttaten, waren die Katzenwürmertabletten. Und die Tabletten, die Ihrer Katze geholfen haben, waren die Vitamintabletten, die ich Ihnen gab.«

Colonel Lotus richtete sich so abrupt auf, als hätte ihn ein Bajonett in eine empfindliche Stelle getroffen. »Uff!« rief er, dann saß er ganz still da und starrte ins Leere.

Ein paar Minuten lang überließ ich ihn seiner Trance, dann fragte ich: »Fühlen Sie sich nicht wohl, Colonel?«

Er antwortete mit einem weiteren »Uff«, dann stand er auf und verließ mein Sprechzimmer, wobei er erstaunlicherweise eher ging als stampfte. Ich glaube, daß er zum erstenmal in seinem ganzen Leben nichts zu sagen wußte.

General Branton kam nicht in die Praxis, sondern focht seine Schlachten zu Hause aus. Es war die reinste Schwerarbeit, ihn zu besuchen. Der General, berühmt für seine Verdienste an der Nordwestgrenze, rückte nun ebenso entschlossen gegen seine Gedärme zu Felde wie seinerzeit gegen den Feind im Grenzland.

Wenn ich zu ihm kam, hatte er stets detaillierte Kommuniques über seine Aktivitäten während der letzten vierzehn Tage vorbereitet. Danach stellten wir einen Arbeitsplan für die nächsten vierzehn Tage auf.

»Wenn ich morgen nicht kann – und wenn ich, sagen wir, Dienstag noch immer nicht kann – was wird passieren, wenn es auch am Donnerstag noch nicht klappt?«

Erbarmungslos kämpften wir gegen seinen Darm. Dabei war es sehr wichtig, daß wir weder eine vernichtende Niederlage einstekken noch einen strahlenden Sieg erringen durften, denn im letzteren Fall hätte er keinen Lebensinhalt mehr gehabt. Wenn wir die Bezirksschwester bitten mußten, einen Einlauf zu machen, so galt dies als Rückschlag, während wir in der Obstsaison oft zehntägige Triumphe feierten.

Im Lauf der Zeit fand ich diese Besuche gar nicht mehr so unangenehm. Der Gewöhnungseffekt trat ein, ich sah mich ernsthaft in die Sache engagiert und redete sogar schon in derselben Sprache wie der General. Ich stürzte mich ebenso verbissen ins Darmmanöver wie er selbst, wobei ich Zäpfchen und alle verfügbaren Abführmittel zu Hilfstruppen formierte.

Eine Tür weiter wohnte die achtundsiebzigjährige Miß Wells, die ihre hundertzweijährige Mutter betreute. Diese nörgelte ständig an ihrer Tochter herum, weil das Haus angeblich nicht sauber war und weil nicht so gekocht wurde, wie sie es gewohnt war. Trotz ihres hohen Alters war Miß Wells eine fügsame Tochter und eifrig bemüht, ihre Leistungen in Küche und Haushalt zu verbessern.

Sie wohnten beinahe an der höchsten Stelle von ›Oben am Berg‹. Oft sah ich Miß Wells mit einem großen Korb den Hang herabgehen und über die Brücke zum Pannier-Markt, wo sie allwöchentlich einkaufte. Ihre Mutter hatte immer nur auf dem Markt eingekauft, und diesem Beispiel mußte die arme Miß Wells natürlich folgen. Eines Tages, in einem Augenblick der Schwäche, vertraute sie mir an, daß sie ihr Leben vielleicht noch ein kleines bißchen genießen könnte, wenn Gott der Herr ihre Mutter zu sich nähme.

Während General Brantons Verdauungstrakt das untere Ende der Skala repräsentierte, konnte man die Eßgewohnheiten der Tadchester-Patienten (die ebenfalls höchst ungewöhnlich sind) am oberen Ende ansiedeln.

Ich war in ›The Goat‹ gerufen worden, einen der größeren Pubs von Tadchester, um den Wirtssohn zu untersuchen, der Ohrenschmerzen hatte. Nachdem ich festgestellt hatte, daß das eine Ohr entzündet war, verschrieb ich ihm Antibiotika. Da ich nun schon mal da war, fragte mich die Wirtin, ob ich mir vielleicht auch den Wirt anschauen könnte, der über eine Magenverstimmung klagte.

Die Familie lebte erst seit ein paar Monaten in Tadchester, und ich kannte den Wirt nicht besonders gut. Er war erst neunundzwanzig, setzte aber bereits Fett an und schien sich zu Bessie Oldthorpes Pendant zu entwickeln. Ich erkundigte mich nach seinen Beschwerden, die anscheinend nur aus Blähungen und einem leichten Übelkeitsgefühl in der Magengrube bestanden.

»Wieviel trinken Sie denn?« wollte ich wissen.

»Eigentlich gar nichts, Doktor, und wenn – dann nur ein bißchen Ale.«

Das verwirrte mich. Die Symptome wiesen eher auf übermäßigen Alkoholkonsum hin.

»Am Markttag trinke ich vielleicht dreißig Ales, aber sonst nur zwölf pro Tag«, berichtete er.

Er sah so aus, als würde er gut zu Tadchester passen. Was die Absonderlichkeiten ihrer Eß- und Trinkgewohnheiten betraf, so konnte sich niemand mit den Bewohnern dieser Stadt messen. Kurz nach meiner Ankunft in Tadchester hatte ich zwei Damen monatelang und erfolglos wegen einer merkwürdigen Krankheit behandelt und schon überlegt, ob ich einen Spezialisten konsultieren sollte. Doch dann fand ich heraus, daß sie sich nach einer neuen Diät ernährten, von der sie in der Zeitung gelesen hatten und in der überhaupt kein Vitamin C vertreten war. Demzufolge litten sie an Skorbut.

Mrs. de Wyrebocks Fall hatte mir gezeigt, daß rohes Mett eine in Tadchester hochgeschätzte Delikatesse war, und es gab in der Stadt nur wenige Haushalte, wo man morgens keinen Seetang auf die Spiegeleier mit Speck tat. Es gehörte zur Tagesordnung, zuviel zu essen, und ich wurde ständig von übergewichtigen Patienten heimgesucht, die natürlich kaum jemals einen Bissen zu sich nahmen. Eine Dame beschwerte sich nicht nur darüber, daß ich nichts tat, um ihr Gewicht zu reduzieren, sie behauptete auch noch lauthals, daß sie alles, was während der letzten sechs Monate in ihren Magen gewandert wäre, wieder erbrochen hätte. Was würde ich dagegen unternehmen?

Ich probierte alle verfügbaren Appetithemmer und alle Reduktionsdiäten an meinen übergewichtigen Patienten aus – ohne Erfolg. Schließlich fragte ich Steve: »Was soll ich nur mit diesen Dickwänsten machen? Hast du irgendeine Lieblingspille, die Wunder wirken kann?«

»Ich verschreibe ihnen keine Pillen«, antwortete er. »Du mußt sie dazu bringen, daß sie sich zwei Wochen lang alles notieren, was sie täglich essen und trinken, und dir diese Liste zeigen.«

Ich befolgte seine Instruktionen. Meine Patienten, die kaum jemals einen Bissen zu sich nahmen, mußten vierzehn Tage lang Buch über ihren Konsum führen und sich dann wieder bei mir melden. Bevor sie damit anfingen, wog ich sie, und als sie dann mit ihren Speiseplänen wiederkamen, wog ich sie erneut. Es war erstaunlich. Der Gewichtsverlust betrug durchschnittlich sieben Pfund pro Patient.

Langsam begann ich die Kunst der Allgemeinmedizin zu erlernen.

9.
LEBENSREZEPTE

Meine Patienten verhalfen mir zu der Erkenntnis, daß nur wenige auserwählte Menschen einen so ausgeprägten Lebenshunger besitzen, daß sie ohne Hilfe mit allen Situationen fertig werden und auch die schwersten Prüfungen überstehen. Die meisten Leute brauchen irgendwelche Rezepte oder Philosophien, um zu überleben.

Eins der besonders häufig angewandten Rezepte war Disziplin im Beruf. Auch Hobbys wie Taubenzüchten, Fischen oder Gartenarbeit dienten diesem Zweck. Das Hobby war das Leben – die tägliche Tretmühle des Berufs wurde nur ertragen, damit man sich die erforderlichen Mittel beschaffte, um seinem Hobby frönen zu können. Andere Leute wurden so von ihren Verpflichtungen niedergedrückt, daß diese Verpflichtungen an sich den Zweck ihres Lebens darstellten. Ihre Bindungen an kranke ältere Verwandte oder kleine Kinder bestimmten ihr Leben – sie hatten keine andere Wahl. Es überraschte mich immer wieder, wie sich die Menschen verhielten, die plötzlich von solchen Verpflichtungen befreit wurden. Statt ein schöneres, erfüllteres Leben zu führen, zerbrachen sie an ihrer neuen Realität. Die Familie Harris war typisch für diese Kategorie.

Granny Harris wurde dem Familienleben zum Verhängnis. Sie hatte einen Schlaganfall erlitten, konnte sich nicht mehr mit ihren Verwandten verständigen. War zwischendurch immer wieder unfähig, das Wasser zu halten, mußte gefüttert und gewaschen werden. Es war eine undankbare Aufgabe, die sich die Familienmitglieder seit nunmehr zehn Jahren teilten. Irgendwann vor ihrem Schlaganfall hatten sie ihr versprochen, daß sie sie niemals in eine Klinik geben würden. Und sie hielten ihr Wort.

Im Winter starb sie an einer Bronchitis. Sie war schon so lange auf menschenunwürdige Weise dahinvegetiert, daß ich das Gefühl hatte, es wäre sinnlos, sie mit Hilfe von Antibiotika am Leben zu erhalten. Sie schlief friedlich ein, um nie mehr aufzuwachen, und ich nahm an, daß ihr Tod eine Erlösung für die ganze Familie war.

Die Harris zählten zu den größten Familien von Tadchester, und so fand ein prunkvolles Begräbnis statt. Ich entdeckte einige äußere Anzeichen von Trauer, glaubte aber, daß sie alle maßlos erleichtert waren. Sie standen einander sehr nahe und hatten die Aufgabe, Granny zu pflegen, auf vier Haushalte verteilt, ohne sich auch nur ein einzigesmal zu beklagen. Jeder Haushalt hatte Granny jeweils für drei Monate aufgenommen. Andere Familienmitglieder sprangen ein, damit die Betroffenen hin und wieder ausgehen und am gesellschaftlichen Leben teilnehmen konnten. Sie alle waren Paradebeispiele für Menschen, die ihre Familie niemals im Stich ließen.

Drei Monate nach Grannys Tod hatte sich die Familie mehr oder weniger auseinandergelebt. Kaum einer kümmerte sich um den anderen, sie stritten, klatschten über diese oder jene Familienmitglieder, und ein paar waren sich so spinnefeind, daß sie kein Wort mehr wechselten. Ich konnte es kaum glauben, daß Granny Harris, diese invalide, gelähmte alte Frau, das Fundament der gesamten Familienstruktur gewesen war. Jetzt, wo sie nicht mehr da war, stürzte das ganze Gebäude ein.

Noch erstaunlicher war der Fall Charlie Leggo. Er war über siebzig, als ich nach Tadchester kam, und betreute schon seit einigen Jahren seine greisen Eltern. Seine Mutter war Ende Achtzig, der Vater zweiundneunzig. Er wusch sie, puderte sie, fütterte sie und zog sie an und aus. Bei meiner Ankunft waren sie noch auf den Beinen gewesen, aber dann hatte sich ihr Zustand allmählich verschlechtert, und jetzt waren sie ans Bett gefesselt.

Ich stellte keine genaueren Nachforschungen bezüglich ihrer Toilette an, aber sie sahen beide immer sehr gepflegt aus. Charlie, ein eingefleischter Junggeselle, murrte nie über die Arbeit, die sie ihm machten. Den Großteil seines Lebens verbrachte er bei seinen Eltern. Sie besaßen eine Metzgerei. Abgesehen von einem kurzen Intermezzo während des Ersten Weltkriegs, als Charlie eingerückt war, hatte er im Laden gearbeitet und ihn später geleitet. Im Alter von dreiundsechzig Jahren sperrte er ihn zu, weil die Betreuung der Eltern seine gesamte Zeit beanspruchte.

Eines Tages starb der Vater, der schwächere von den beiden alten Leuten. Charlie verkraftete diesen Schicksalsschlag relativ gut, weil er ohnehin immer mehr an seiner Mutter gehangen hatte und ihr jetzt seine ganze Zeit widmen konnte. Niemals hatte es einen besseren Krankenpfleger gegeben. Er ging auf alle ihre Launen ein, rieb ihre Hände, wenn sie fror, kaufte alle Delikatessen, auf die sie Lust hatte, ohne Rücksicht auf die Kosten.

Obwohl Charlie immer nur in einem braunen Overall herumlief und arm wie eine Kirchenmaus aussah, munkelte man, daß er in einer Kassette unter seinem Bett viele tausend Pfund versteckt hatte. Das konnte ich nie so recht glauben, da er kaum jemals einen Penny für sich selbst ausgab, und ich wäre nicht überrascht gewesen, wenn er mir erzählt hätte, daß er der Armee 1919 den braunen Overall gestohlen hatte.

Sechs Monate später starb die Mutter, obwohl er sie so aufopfernd gepflegt hatte. Ich fragte mich, wie er damit zurechtkommen würde, daß er nun allein weiterleben mußte. In den ersten Monaten weinte er fast ununterbrochen, ging kaum aus dem Haus, machte sich – und mir – Vorwürfe, weil wir nicht besser für seine Eltern gesorgt hatten. Warum hatte ich seiner Mutter keine anderen Medikamente gegeben? Hatte ich ihr immer das Richtige verordnet? Ich versuchte, ihn aus seinen vier Wänden zu locken, schimpfte mit ihm, weil er sich daheim verkroch, und drohte, daß ich einen Psychiater zu ihm schicken würde.

»Ich gehe doch ohnehin aus«, erwiderte Charlie. »Ich gehe zu allen Begräbnissen unserer früheren Kunden.«

Allmählich fand er wieder Interesse am Leben. Damit meine ich ›Interesse an sich selbst‹. Jetzt, wo er von seinen häuslichen Pflichten entbunden war, hatte er nichts anderes zu tun als seinen Körper zu beobachten und nach schwer zu behandelnden oder unheilbaren Krankheiten zu fahnden.

Während seiner einzigen Trennung von den Eltern, im Ersten Weltkrieg, hatte er sich auf dem Somme eine Beinverletzung zugezogen, aus der sich ein Krampfaderngeschwür entwickelt hatte, das schon seit Jahrzehnten jeder Behandlung trotzte. Dieses Geschwür war sein Stolz und seine Freude. Einmal probierte ich eine neue Technik aus und hätte ihn beinahe geheilt. Seit damals bandagierte Charlie sein Bein und ließ mich nicht einmal mehr einen kurzen Blick darauf werfen.

Seine Forschungsarbeit brachte eine bis jetzt unentdeckte Zyste auf seinem Hinterteil ans Tageslicht, die etwa so groß wie eine Erbse war. Dieses Ärgernis mußte entfernt werden. Für solche Fälle war ich nicht zuständig und erklärte Charlie, daß er in die Ambulanz des Hospitals zu Dr. Henry Johnson gehen müßte.

Zu meiner Überraschung war Charlie ganz begeistert von dieser Idee. Er führte jetzt das Leben eines Einsiedlers und ging nur selten aus dem Haus. Er war ein eigenbrötlerischer Pedant und ließ seine Launen fast ausschließlich an seiner Putzfrau aus, die stets mehr als ihre Pflicht tat, in der Hoffnung, eines Tages in seinem Testament bedacht zu werden.

Ich fragte mich, wie Charlie im Hospital zurechtkommen würde. Er war es gewöhnt, seine eigenen Wege zu gehen. Und er hatte keine große Erfahrung mit Krankenhausangestellten, die ihm geholfen hätten, die Leute zu unterjochen. Aber zu seinem unsterblichen Ruhme trug er den Sieg davon. Die grimmige Operationsschwester wurde härter traktiert als je zuvor in ihrem Leben, und Charlie ging als erster Mensch in die Geschichte ein, der auf den Operationstisch stieg, ohne vorher seine Stiefel auszuziehen.

Er wurde also auf den Operationstisch plaziert, mitsamt den Stiefeln, und ließ sich nur mit großer Mühe dazu überreden, sein Hemd hochzuheben, damit der Stein des Anstoßes bewundert werden konnte.

Da die Operation mit Lokalanästhesie durchgeführt wurde, konnte Charlie währenddessen unaufhörlich reden. Er gab medizinische Informationen von sich und weigerte sich, in sieben Tagen wiederzukommen, um sich die Fäden ziehen zu lassen, da er der Ansicht war, daß sie neun Tage drin bleiben müßten. Henry sagte mir hinterher, am liebsten hätte er Charlies Zunge festgenäht.

Als sie ihm den Verband angelegt hatten, betrachtete sich Charlie als Sieger des Tages und verkündete mit triumphierend funkelnden Augen: »Dafür brauche ich eine Physiotherapie.« Wieso und warum und welcher Theorie zufolge, sollte ich niemals erfahren. Drei Tage nach der Operation packte er plötzlich seine Sachen zusammen, zog nach Südengland zu einer Nichte, von der wir nie zuvor gehört hatten. und ließ sich nie wieder in Tadchester blikken.

Im Gegensatz zur Familie Harris und Charlie Leggo gehörte Mrs. Saunders zu den wenigen Glücklichen, die alle ihre Schicksalsschläge gut überstehen und kein besonderes Rezept dafür brauchen. Sie war die geschätzte sanftmütige Ehefrau eines methodistischen Laienpredigers und wohnte ›Oben am Berg‹. Sie pflegte nicht nur zehn Jahre lang ihre greise Schwiegermutter und hielt ihr Haus makellos sauber, sie brachte auch ihrer armen Nachbarin täglich etwas zu essen. Diese bedürftige Frau, Miß Rudd, nahm alle Wohltaten an, die ihr geboten wurden (auch das Weihnachtsdinner, das ich alljährlich in einem Hotel veranstaltete). Sie überraschte uns alle, als sie starb und ein unordentliches, schmutziges Haus hinterließ, das bis zu den Dachbalken mit Aktien, Pfundnoten und Sparbons im Gesamtwert von 37000 Pfund vollgestopft war, wobei der Wert des Hauses, das ihr gehört hatte, noch nicht mitgerechnet war.

Miß Rudd hatte kein Testament gemacht, und man suchte nach eventuellen Nutznießern. Wir waren der Meinung gewesen, daß sie keine Familie gehabt hätte, doch da hatten wir uns getäuscht. Aus ganz England strömten die Verwandten herbei, um Tante Gerties Vermögen zu beanspruchen. Es gab sogar zwei liebevolle Neffen und eine Nichte, die in Tadchester lebten. Offenbar hatten sie zehn oder fünfzehn Jahre keine Zeit gefunden, die Tante zu besuchen, aber tief im Innern waren sie ihr stets sehr zugetan gewesen. Und alle drei waren überzeugt, daß ihr Tantchen das Geld am liebsten ihnen überlassen hätte.

Ich war froh, daß nicht ich dieses Problem lösen mußte, sondern eine Anwaltskanzlei.

Mrs. Saunders' Schwiegermutter starb, und Mrs. Saunders konnte nun mehr Zeit darauf verwenden, in der Kirche zu arbeiten, der ihr Mann vorstand. Sie war stets gesund gewesen und hatte sich von ihren Verpflichtungen nicht unterkriegen lassen. In der Praxis war sie nur selten erschienen, und als sie eines Tages zu mir kam und über Bauchschmerzen klagte, wußte ich, daß sie an einer ernsthaften Krankheit litt. Patienten wie Mrs. Saunders, die fast nie einen Arzt konsultierten, hatte ich stets meine besondere Aufmerksamkeit gewidmet. Wenn solche Leute die Mühe auf sich nahmen, in die Sprechstunde zu kommen, mußten sie schon einen schwerwiegenden Grund haben. Ihre Krankenblätter waren oft sehr informativ.

Einmal kam ein Mann in die Praxis, dessen Krankenblatt ich entnahm, daß er seit zwölf Jahren keinen Arzt aufgesucht hatte. Er wollte eine Medizin für seinen lästigen Husten haben und erklärte: »Sie brauchen mich nicht zu untersuchen, Doktor.« Ich untersuchte ihn trotzdem, hörte ein paar verdächtige Geräusche und ließ seine Brust röntgen. Er hatte Lungenkrebs. Sechs Wochen später wurde ihm ein Lungenflügel entfernt.

Mrs. Saunders befand sich in einer ähnlichen Lage. Offenbar wurde sie schon seit einiger Zeit von Schmerzen in der Gebärmutter geplagt, und bei der Untersuchung stellte sich heraus, daß sie einen Tumor hatte.

Ich verschaffte ihr sofort einen Termin bei unserem Frauenarzt, der sie innerhalb einer Woche ins Hospital einwies und dort eine langwierige Operation vornahm. In seinem Brief berichtete er mir, er hätte zwar einen Großteil des Tumors entfernt, die Patientin wäre jedoch zu spät zu ihm gekommen, und es gäbe Anzeichen dafür, daß sich der Tumor bereits auszubreiten begonnen hätte.

Mrs. Saunders erholte sich wie erwartet sehr gut von der Operation, und in den nächsten sechs Monaten ging es ihr besser als je zuvor.

Dann wurde sie allmählich von ihrer Krankheit überwältigt. Sie klagte über Schmerzen im rechten Bein, die immer schlimmer wurden. Offenbar hatte der Tumor den Ischiasnerv auf dieser Seite durchdrungen. Sie mußte schmerzstillende Medikamente in immer höheren Dosen einnehmen, aß kaum noch etwas, nahm stark ab. Der Schmerz tötete sie ganz langsam.

Ich hoffte, daß wir ihr die letzten Wochen (oder Monate) erträglicher machen könnten, und bat den beratenden Anästhesisten vom Winchester Hospital, nach Tadchester zu kommen und sich Mrs. Saunders anzusehen. Ich glaubte, daß es ihr helfen würde, die Nerven im rechten Bein abzutöten (was durch Alkoholinjektionen bewirkt werden kann), auch wenn die fortschreitende Krankheit dadurch nicht aufgehalten werden konnte.

Der Anästhesist gab ihr eine Injektion ins Bein. Vierundzwanzig Stunden später war sie völlig schmerzfrei und begann wieder normal zu essen. Nach zwei Wochen war sie erneut auf den Beinen, eilte in der Stadt umher und kümmerte sich um kirchliche Angelegenheiten. Dies war eine großartige Reaktion auf unsere Behandlung. Ich fragte mich, wie lange es wohl dauern würde, bis die Krankheit sie endgültig besiegte.

Sobald Mrs. Saunders nicht mehr von ihren Schmerzen gepeinigt wurde, ließ sie sich nicht mehr in der Praxis blicken. Es war sinnlos, sie daran zu erinnern, daß es mit ihrer Gesundheit nicht zum Besten stand.

Monate und Jahre verstrichen, und die Einzelheiten dieses speziellen Falles tauchten mit der Zeit in der großen Masse meiner übrigen Probleme unter.

Sieben Jahre später wurde ich wieder in Mrs. Saunders' Haus gerufen. Sie war auf der Treppe gestürzt und hatte sich die Hüfte gebrochen. Ich brachte sie ins Krankenhaus, die Hüfte wurde genagelt, man entließ sie nach Hause, und nach zwei Wochen lief sie wieder umher, ohne einen Blick zurückzuwerfen.

Der Chirurg, der die Hüfte genagelt hatte, berichtete mir, daß immer noch Anzeichen des Tumors vorhanden wären, aber aus irgendeinem Grund (ich habe keine Erklärung dafür) hätte er sich nicht weiter ausgebreitet. Abgesehen von einem tauben Gefühl in dem Bein, in dem die Nerven abgetötet worden waren, hatte sie keine Beschwerden.

Ich bin sicher, daß sie gestorben wäre, wenn wir sie nicht von den Schmerzen befreit hätten. Immer deutlicher erkannte ich, daß viele Menschen nur an ihren Schmerzen sterben und daß manche Patienten nach schweren Unfällen viel bessere Überlebenschancen haben, wenn man ihnen die Schmerzen nimmt. Außerdem wurde mir bewußt, daß sich meine Prognosen über den weiteren Verlauf einer Krankheit ebensooft als falsch wie als richtig erwiesen.

Mrs. Saunders' Fall zählt zu den schönen Erlebnissen, die mich gelegentlich für meine Mühe entschädigten. Leider mußte ich viel öfter traurige Erfahrungen machen.

Claus Lister lebte still und zurückgezogen in einer Wohnung über einer Autowerkstatt am Kai, auf jener Seite des Flusses, die als ›Unten am Berg‹ bezeichnet wurde. Er hatte kaum Kontakte mit anderen Menschen und führte ein armseliges Leben, obwohl er angeblich über gewisse finanzielle Mittel verfügte. Er weigerte sich, elektrischen Strom und Gas zu benutzen, und man konnte ihn oft beobachten, wenn er bei Ebbe im Mündungsbecken Treibholz sammelte, in mehrere schmutzige alte Mäntel gehüllt. Nachts sah man durch die vorhanglosen Fenster eine Kerze flackern, während er in seiner Wohnung umherging.

Die Fürsorge bot ihm mehrmals ihre Hilfe an, die er jedoch ablehnte. Kampfeslustig hielt er sich alle Leute vom Leib, die an ihn heranzukommen suchten, und verkroch sich hinter seiner verriegelten Tür.

Manchmal kam er tagelang nicht zum Vorschein, und nur die Milchflasche, die ihm täglich geliefert wurde und in seiner Wohnung verschwand, deutete darauf hin, daß er noch lebte. So verhielt er sich schon, solange die Stadtbewohner zurückdenken konnten, und niemand schien zu wissen, wie alt er eigentlich war.

Eines Morgens berichtete der Milchmann, daß Silas Listers Milchflaschen schon seit drei Tagen vor der Tür stehenblieben. Nichts hätte sich gerührt, als er angeklopft hätte, und er glaubte, daß Silas entweder nicht daheim wäre oder krank in seiner Wohnung läge.

Ich ging zu ihm, bekam aber ebenfalls keine Antwort, als ich klopfte. Da die Wohnung im Oberstock lag, konnte man nicht durch die Fenster hineinschauen. Ich rief die Polizei, die auf meine Bitte hin die Wohnungstür aufbrach. Ein Bild des Grauens bot sich uns. Es sah aus, als hätte hier ein wilder Kampf, ein schreckliches Gemetzel stattgefunden. In der Ecke eines spärlich möblierten, unordentlichen Raumes saß Silas, zusammengeschrumpft und offensichtlich tot. Blut bedeckte den ganzen Boden, auch in allen anderen Zimmern, und an manchen Stellen entdeckten wir die Abdrücke von Silas' nackten Füßen auf den dunkel gefärbten Brettern.

Bei einer genaueren Untersuchung stellte sich heraus, daß hier niemand gekämpft hatte. Und was noch seltsamer war – ich fand an Silas Leiche keine Wunde, aus der das Blut hätte fließen können. Er war dünn, fast ausgemergelt und völlig unterernährt, hatte spindeldürre Beine und dicke Krampfadern an beiden Fußknöcheln.

Das schaurige Rätsel wurde erst bei der Leichenschau gelöst. Der Pathologe zeigte mir ein winziges Loch in einer von Silas' Krampfadern. Er mußte sich den Knöchel irgendwo aufgeschlagen haben, als er im Dunkel oder Halbdunkel seiner Wohnung umhergewandert war. Er hatte sich nicht darum gekümmert, und so war sein Lebensblut langsam aus ihm herausgeflossen. Man hätte meinen können, daß ihm der nasse, klebrige Boden aufgefallen wäre – aber wir waren uns nie sicher gewesen, ob Silas überhaupt irgend etwas mit Bewußtsein wahrgenommen hatte. Und wahrscheinlich war dies die sonderbare Todesart, die er sich ausgesucht hatte – ein langsames Schwinden seiner Lebenskraft, schmerzlos, gefolgt von einem ewigen Schlaf.

Denn sonst hätte er die Blutung leicht stoppen können, durch einen kleinen Verband – oder indem er einen Finger auf die Wunde gedrückt hätte.

10.
IN DER KOHLENGRUBE

Ich mußte die Sprechstunden im Thudrock-Kohlenbergwerk übernehmen, und da ich die Kumpel mochte, freute ich mich auf meine Exkursionen in die primitive Praxis, die wir dort eingerichtet hatten.

Die Grubenarbeit lag mir im Blut. Mein Großvater war Kumpel gewesen, mein Vater hatte bis zu seinem frühen Tod den Beruf eines Mineningenieurs ausgeübt, und gegen Ende des Krieges hatte ich mich anstelle des Militärdienstes zu zwei Jahren Arbeit in einem Bergwerk verpflichten lassen.

Ich hatte mich nicht zuletzt deshalb für das Winchcombe-Gebiet entschieden, weil es an der Küste lag, weil es sich im Süden Englands befand und deshalb ein angenehmes Klima aufzuweisen hatte, und weil es in nächster Nähe ein Kohlenbergwerk gab.

Die Thudrock-Kumpel freuten sich, daß ihr Arzt ein ausgebildeter Grubenarbeiter war, der ihre Sprache sprach, der Bescheid über die Gefahren unter der Erde wußte. Nur ein paar Vorarbeitern, denen es nicht paßte, daß ich soviel wußte wie sie – in manchen Fällen sogar ein bißchen mehr –, war ich unsympathisch.

Ich begleitete die Leute in die Minen hinab, zum Streb, und dachte mit seltsamer Wehmut an die Zeit zurück, wo ich täglich mit Spitzhacke und Schaufel einen 1,7 Meter breiten Flöz bearbeitet hatte.

Als Medizinstudent hatte ich mich freiwillig zur Arbeit in den Minen gemeldet. Im Dezember 1944 wurden sechs von uns im Biologischen Labor des Epsom College geprüft. Wir repräsentierten eine Unterabteilung der Gruppe, die bereits ihre erste Prüfung vor der Sanitätskommission und die damit verbundene vormedizinische Prüfung bestanden hatte. Dies waren unsere letzten Tage als Schuljungen. Der Krieg näherte sich dem Ende. Wir waren zu jung und zu isoliert, um sein Grauen richtig einzuschätzen und schwelgten in naiven Fantasiegebilden von Heldentum und kühnen Taten. Keiner von uns wollte geradewegs auf die Hochschule gehen. Wie ein Mann hatten wir uns zur Luftflotte gemeldet, wo wir zu unserem Entzücken erfuhren, daß ein Pilot durchschnittlich sechsunddreißig Stunden lang in der Luft bleiben mußte. Was würden sie in unserem Jugendklub sagen, wenn wir in unseren Uniformen aufkreuzten?

Ich sprach mit meiner Mutter darüber, die mir fast immer meinen Willen ließ. Sie fand es erstrebenswert, daß ich vor dem Studium praktische Erfahrungen sammelte und erklärte, die Luftwaffe hätte sicher einen glanzvollen Namen, aber der Krieg würde bald zu Ende gehen und die Chancen, noch vorher in die Reihe der Piloten vorzustoßen, wäre gleich Null. Ich würde ein paar Jahre lang meine Zeit bei den Bodentruppen verschwenden. Wenn ich wirklich etwas leisten wollte, was meinen Horizont erweitern und der Allgemeinheit dienen würde – warum wollte ich nicht für ein Jahr in einem Kohlenbergwerk arbeiten? Damals war es bereits üblich, daß man sich als sogenannter Bevin Boy anstelle des Militärdienstes zur Grubenarbeit verpflichten lassen konnte, und die jungen Leute wurden genauso für die Minen rekrutiert wie für die Streitkräfte.

Ich hatte schon immer dazu geneigt, außergewöhnliche Dinge zu tun, und die Kohlenbergwerke regten meine Fantasie an. Und so ging ich zum Arbeitsamt und fragte, ob ich ein Jahr lang in einer Kohlengrube eingesetzt werden könnte. Man war entzückt und erklärte, als Medizinstudent könnte ich jederzeit wieder zu arbeiten aufhören. Ich verpflichtete mich auf der Stelle. Meine Mutter sollte recht behalten, denn meine fünf Freunde, die zur Luftwaffe gegangen waren, bauten fünf Monate lang Landebahnen aus Klinker und Koks und wurden dann frühzeitig entlassen. Am 1. Februar 1945 brach ich nach Doncaster auf, mit einem leuchtenden Schild vom Arbeitsministerium auf dem Koffer.

Voller Stolz auf dieses Schild, als wäre es ein Orden von der Kriegsmarine oder zumindest das Schulterabzeichen eines Kapitäns, traf ich im Askern-Main-Kohlenbergwerk ein, einer der wichtigsten Ausbildungsstätten für Bevin Boys im Kohlenrevier von Yorkshire.

Einen Monat blieb ich in Askern, wo ich einer bunt gemischten Gruppe angehörte. In meiner Pfadfinderbegeisterung konnte ich nicht verstehen, warum es meinen Kollegen keinen Spaß machte, in die Minen hinabzusteigen und Kohle zu fördern. Die meisten kamen aus Fabriken, waren nach dem Rückgang der Waffenproduktion arbeitslos geworden und hatten sich zur Grubenarbeit verpflichten lassen. Auch ein paar Leute von der Luftwaffe waren dabei. Die meisten waren in Kanada ausgebildet worden, wo man die Truppen reduziert hatte, als sich das Kriegsende abzuzeichnen begann. Wenn ich jetzt zurückblicke und mir vorstelle, was für eine große Umstellung es für diese jungen Fähnriche gewesen sein mußte, sich praktisch über Nacht aus schick uniformierten, gut besoldeten Offiziersanwärtern in Grubenarbeiter zu verwandeln, so begreife ich, daß sie das kaum ertragen konnten.

Es gab auch einige, die weder in Fabriken gearbeitet hatten noch bei der Luftwaffe gewesen waren – zum Beispiel einen Konzertpianisten und einen armen Jungen, der nie zuvor das Landgut seines Vaters, wo er von einem Privatlehrer unterrichtet worden war, verlassen hatte. Seine einzigen Kontakte mit der Öffentlichkeit hatte er gepflegt, wenn er die Hopfenpflücker auf den familieneigenen Feldern beaufsichtigt hatte. Bei einer unserer vielen politischen Diskussionen (die Zeit der sozialistischen Revolutionen war angebrochen) erklärte der arme ›Lord Tom‹, wie er genannt wurde, im Kreis feindseliger Kameraden, die einzig mögliche Regierung müßte von der ›echten‹ Aristokratie gebildet werden. Dreißig Jahre später neigte ich zu der Ansicht, daß er vielleicht recht hatte.

Zusätzlich zu ihren veränderten Lebensumständen mußten die meisten meiner Bevin-Kameraden auch beträchtliche finanzielle Einbußen in Kauf nehmen. Viele hatten durch Überstunden in den Midland-Fabriken viel Geld verdient.

Trotzdem waren wir eine lustige Gesellschaft. Oft wurden Partys oder Tanzabende veranstaltet, und einmal lud ein Farmer ein paar von uns zu Speck mit Spiegeleiern ein, in so riesigen Mengen, wie wir es seit der Vorkriegszeit nicht mehr erlebt hatten.

Zu unserer Gruppe gehörten auch nette Exzentriker, zwei Brüder, deren Vater sich als Hersteller von Hustenmedizin einen Namen gemacht hatte. Sie hatten mit ihm gestritten und sich noch am selben Tag zur Grubenarbeit gemeldet. Als sie in ein Kohlenbergwerk bei Nottingham geschickt wurden, quartierten sie sich im besten Hotel der Stadt ein, und dann stapften sie jeden Abend in ihren Grubenstiefeln, die Helme auf dem Kopf, durch die vornehme Halle, um ihre Zimmer aufzusuchen und sich zu waschen.

Wir wohnten in Askern in der sprichwörtlichen Army-Nissenhütte, die mit Öfen, Stockbetten und Schränken ausgestattet war. Zu Mittag aßen wir in der Kantine des Kohlenbergwerks, und die Abendmahlzeiten nahmen wir in der Herberge ein. Unser Tagesablauf wurde von Unterrichtsstunden, Körpertraining und Besuchen in den Minen bestimmt. Der Unterricht war eher schlicht und hatte das Leben unter Tage zum Thema. Ich besitze immer noch die Bücher, die ich gewonnen habe, wenn ich bei den Prüfungen am besten abschnitt. Das Fitness-Training war reine Routine, geleitet von einem ehemaligen Garde-Sergeant.

Doch unsere Ausflüge in die Minen – das war etwas anderes. Dies waren neue Erfahrungen für uns alle. Die eine Hälfte des Kohlenbergwerks war in Betrieb, die andere wurde zur Ausbildung der Bevin Boys benutzt. Es hat mir schon immer mißbehagt – und ich kenne niemanden, dem das gefallen hätte – in einem Förderkorb mit Mannschaftstransport nach unten zu fahren. Man poltert ins Dunkel hinab, begleitet vom Zischen der komprimierten Luft in den Röhren, vom Geräusch der Wassertropfen. Und wenn der Käfig unten langsamer wird, hat man das Gefühl, wieder nach oben geschleudert zu werden.

Nur ein einziges Mal passierte etwas Ungewöhnliches, als ich in einem Förderkorb nach unten fuhr – aufgrund eines technischen Fehlers. Wir hatten uns dem Boden der Grube genähert, dann wurden wir wieder nach oben gehoben und blieben auf halber Strecke stecken, vierzig Meter vom Tageslicht und vierzig Meter vom Grubenboden entfernt. Unsere Nervosität wuchs. Wir waren hoffnungs- und hilflos, wußten nicht, was da vorging. Und es war völlig unmöglich, vierzig Meter weit an dem Seil nach oben oder nach unten zu klettern. Nach zehn Minuten wurden wir glücklicherweise hinabgelassen und konnten aussteigen, spürten wieder sicheren Boden unter den Füßen.

Der Ausbildungsschacht im Askern-Kohlenbergwerk hatte eine zusätzliche Apparatur, einen zweistöckigen Mannschaftsförderkorb, von dem nur der obere Teil benutzt wurde. Der Grund dafür wurde offensichtlich, als wir zum erstenmal nach unten fuhren. Als die Geschwindigkeit zunahm, drängten wir uns aneinander und waren fast sicher, daß wir in den Tod stürzen würden. Das Ende des Trips wurde durch ein lautes, klatschendes Geräusch markiert, das unsere schlimmsten Befürchtungen zu bestätigen schien. Dabei war nichts weiter passiert, als daß der untere unbesetzte Teil des Käfigs in das Wasser des Schachtsumpfs getaucht war (des Raums, in dem der Förderkorb angehalten wird, so daß man aussteigen kann). Das war zuviel für unseren Pianisten. Er litt an Klaustrophobie und bekam fast einen hysterischen Anfall. Danach versuchte er noch zweimal, in die Grube hinabzufahren und wurde schließlich wegen Dienstuntauglichkeit entlassen.

Wir krochen durch Tunnels, durch Streben, arbeiteten einen halben Tag in einem Ort namens Garside, wo es unglaublich heiß war. Nach vier Wochen, als wir uns gerade erst ein bißchen besser kennengelernt hatten, wurden wir getrennt und auf verschiedene Kohlenbergwerke im Revier von Süd-Yorkshire verteilt. Ein paar von uns konnten zusammenbleiben und wurden ins Dinnington-Main-Kohlenbergwerk bei Sheffield abkommandiert. Bis jetzt hatten wir in einer Nissenhütte gewohnt, und nun wurden wir in einer weiteren einquartiert, ebenfalls mit Stockbetten, aber man erwartete von uns, daß wir uns eine Unterkunft in Dinnigton Village suchten, sobald wir uns eingelebt hatten.

Während der ersten Monate in Dinnington absolvierten wir ein Härtetraining. Das bedeutete, daß wir uns jeden Morgen um sechs am Grubeneingang melden und einen Zwanzig-Tonnen-Eisenbahnfrachtwaggon voller Steine und Klinker ausladen mußten. Dies war unser Tagewerk, dabei zogen wir uns Blasen an den Händen zu und stärkten unsere Muskeln, die wir später für unsere Arbeit mit der Schaufel brauchen würden. Der alte Kumpel, der uns beaufsichtigte, sagte immer wieder: »Wenn ihr an den Füßen eines Elefanten rumschaufelt, muß er umkippen!«

Eine der wenigen Fertigkeiten aus meiner Kumpelzeit, die mir bis heute erhalten blieb, ist meine Schaufeltechnik. Wenn man eine glatte Oberfläche anstrebt, muß man unten zu schaufeln anfangen.

Ich fand ein Zimmer in Dinnington, bei einem Kumpel und seiner Frau, wo ich zwei Jahre lang ein zufriedenes Leben führte. Wir stehen immer noch in Verbindung miteinander, Auntie und Ike Bradley und ich. Für fünfundzwanzig Shilling pro Woche hatte ich ein Dach über dem Kopf, mein Essen, stets frischgewaschene Wäsche und genoß Aunties liebevolle Fürsorge.

Nachdem ich mich einen Monat lang abgehärtet hatte, war ich bereit zur Arbeit unter Tage. Die erste Aufgabe, die man mir in der Grube zuteilte, war mir zutiefst verhaßt. Ich mußte einem Arbeiter in der Schachttiefe helfen, die Grubenwagen in den Förderkorb zu schieben oder rauszuholen. Es war kalt, laut und gnadenlos. Ein endloser Wagenzug, mit Kohle beladen, schien auf mich zuzurasen. Man stoppte einen Wagen, indem man eine Stange zwischen die Speichen der rollenden Räder steckte, die dann sofort gebremst wurden. Man mußte aufpassen, daß die Finger nicht unter ein Rad oder zwischen die Speichen gerieten. Und wenn man die Stange nicht richtig plazierte, rollte ein Wagenstrom heran, zertrümmerte den Förderkorb, und der ganze Betrieb wurde aufgehalten. Soviel ich mich erinnerte, mußten sechzig Wagenladungen pro Stunde nach oben befördert werden. Man hatte also nur sechzig Sekunden Zeit, die leeren Wagen aus dem Förderkorb zu holen, die vollen reinzuschieben, die Tür zu schließen und nach hinten zu springen. Man erzählte sich grausige Geschichten von Männern, die mit ihren Ärmeln am Förderkorb hängengeblieben waren, der bereits nach oben fuhr, und so was hörte ich gar nicht gern.

In einem Kohlenbergwerk gibt es zwei Schächte – den Wetterschacht, durch den Frischluft hereindringt, und den Förderschacht, durch den die stickige, aber keineswegs warme Luft abzieht.

Ich arbeitete ganz unten im Förderschacht, und dort war es im Winter eisig kalt.

Ich war hierhergekommen, um Kumpel zu werden und wollte mich erst zufriedengeben, wenn ich nichts geringeres als Picke und Schaufel in Händen hielt. Da ich nur ein Jahr lang unter Tage arbeiten sollte, war ich entschlossen, das Beste draus zu machen. Die Kumpel waren die Kampfpiloten der Industrie – richtige Männer voll stolzer Selbstsicherheit. Sie wußten, daß es nur auf sie ankam, was immer auch die anderen taten, und daß der Rest der Arbeiterschaft nur aus Hilfstruppen bestand. Als ich dann endlich selber Kumpel wurde, verglich ich meine Tätigkeit mit den geringen Erfahrungen, die ich als Bergsteiger gesammelt hatte. Beides ist mit den gleichen Anstrengungen und Gefahren verbunden, mit dem gleichen Gefühl, am Ende eines Tages etwas Großartiges geleistet zu haben.

Nach vier Wochen am Grund des Schachts wurde ich an einen anderen Platz versetzt, um eine Arbeit zu verrichten, die als eine der leichtesten im Kohlenbergwerk betrachtet wurde. In einer kleinen, lustlosen Seitenpassage stand eine Preßluftröhre, in der verbogene Pfeiler geradegebogen wurden. Fast alle Grubenstützpfeiler bestanden aus Eisen. Die verbogenen wurden aus den Kohlenstreben entfernt und in dieser Maschine begradigt.

Ich war Ben Burgess' Assistent. Er hatte das Rentenalter längst überschritten und war ein hinreißender Kumpeltyp, dem es großen Spaß machte, mit einem Medizinstudenten zusammenzuarbeiten. Der Job war ziemlich unangenehm. Es war so heiß und stickig in dem schmalen Gang, daß es mir manchmal schwerfiel, wachzubleiben, denn meine Tätigkeit war nicht besonders anregend. Manchmal hatten wir keine Pfeiler mehr, die wir geradebiegen konnten, und dann saßen wir da und kämpften gegen unsere Müdigkeit an. Einzuschlafen – das ist die schlimmste Sünde, die man unter Tage begehen kann. Das ist so ähnlich, als würde man im Schnee einschlafen – man wacht vielleicht nie wieder auf.

Manchmal bekamen wir Besuch von Vorarbeitern und vom Obersteiger (das ist der Vorarbeiter, der eine Untergrundschicht beaufsichtigt), die uns manchmal die Zeit vertrieben. Die wenigen Grubenponys – überfütterte, wilde Bestien, die sich viel zu wenig bewegten – kamen mit ihren verängstigten Treibern an, um unsere Pfeiler in kleinen Wagen abzutransportieren. Die Grubenponys, die mir begegneten, verdienten wirklich kein Mitleid. Sie mußten sich niemals anstrengen, wurden gut ernährt und versorgt, waren schwierig unter Kontrolle zu bringen und buchstäblich so stark wie Pferde.

Mein Freund Albert, jetzt ein erfolgreicher Juwelier in Birmingham, raste eines Tages an uns vorbei, hing verzweifelt am Geschirr seines aggressiven Ponys und konnte es erst nach achtzig Metern stoppen. Dabei bestand die Gefahr, daß das Tier den Wagen von den Schienen riß und das Dach der schmalen Passage zum Einsturz brachte. Die Passagen, in denen die Wagen fuhren, waren nur etwa einen Meter fünfzig hoch – hoch genug für ein Pony, aber zu niedrig für den Treiber.

Meine Tage mit Ben schienen kein Ende zu nehmen. Wenn Sie einmal während einer langweiligen Vorlesung halb eingeschlafen sind, dann können Sie sich vorstellen, was es heißt, neun Stunden pro Tag in einer solchen Situation zu verbringen. Ben warnte mich vor den Gefahren des Kohlenstrebs. Bei ihm hatte ich einen harmlosen Job – aber ich wollte im Streb arbeiten, um meine Erfahrungen zu vervollständigen. Und so bot man mir nach nur zwei Monaten unter Tage den Posten eines Streb-Bohrarbeiters an.

Das war – zumindest nach meiner Ansicht – der schlimmste Job im Streb. Es war zwar nicht so anstrengend und kräfteraubend wie die eigentliche Förderung, aber die Frustrationen und komplizierten Verrenkungen, die damit verbunden waren, machten das mehr als wett.

1945 arbeitete man mit Preßluftbohrern, und ein Rohr voll komprimierter Luft zog sich an der ganzen Länge des Strebs hin. Es war mit losen Kohleklumpen und Kohlenstaub bedeckt und hatte alle zehn bis fünfzehn Meter Kupplungsventile. Der Bohrarbeiter mußte zuerst den Staub aus dem Rohr blasen, ohne sich dabei den Kopf abreißen zu lassen, dann mit einem fast zwei Meter langen Bohrer und einem knapp dreißig Meter langen Gummischlauch im Streb auf und ab klettern, je nachdem, wo die Kumpel Löcher im Gestein haben wollten. Er mußte die Ventile finden, die im Staub verborgen waren, mußte aufpassen, daß seine Maschine nicht klemmte und daß der Bohrer eine scharfe Spitze hatte – und das alles mit einer Grubenlampe in der Hand.

Nie war ich Dantes Inferno so nahe gewesen wie in jenen Tagen, umgeben vom Lärm der herabstürzenden Kohle, von Staub, vom Geschrei der Kumpel, die nach dem ›verdammten Bohrer‹ verlangten, von beißendem Rauch, wenn das Gestein gesprengt wurde. Wenn man die Sprengladung nicht tief genug plazierte, füllte sich der ganze Streb mit dichtem Rauch.

In manchen Streben wurde das Förderband bis zur Kohlenschicht geführt, und der Kumpel mußte sich selber ein Loch bohren, bevor er weiterarbeiten konnte. Der arme Bohrarbeiter mußte in einer dreihundert Meter langen Passage hin und her klettern, in den Schutt hinter dem Streb, der jeden Augenblick einstürzen konnte, springen und wieder raushüpfen, über das Förderband steigen, während ihn große Kohleklumpen immer wieder umzustoßen drohten, manchmal auch auf dem Förderband hocken, mit Kohlestücken zwischen den Beinen, und versuchen, ein zwei Meter tiefes Loch zu bohren. Außerdem gehörte es zu seinen Pflichten, Stützpfeiler, feuchten Lehm für die Sprengungen und Holzpflöcke am Ende des Förderbands bereitzulegen, so daß sich die Kumpel jederzeit Nachschub holen konnten. Es war ein Alptraum, und in diesem Job hatte man keine Freunde.

Am ersten Tag meiner Bohrarbeiterlaufbahn wurde ich zum Streb Fünf geschickt, wo die Kohlenschicht dicker war als anderswo in der ganzen Grube. Sie war etwa anderthalb Meter dick und reichte vom Boden bis zum Hangenden. Man konnte relativ leicht herankommen.

Nach der Hälfte meiner ersten Schicht sah ich, wie alle ihre Werkzeuge hinlegten und wie der Blitz verschwanden. Ah, Mittagspause, dachte ich und schlenderte langsam hinter den anderen her, erstaunt über den Lärm, das Krachen und Knirschen im Hangenden. Und ich staunte noch viel mehr, als die Kohlenschicht hinter mir zu bersten begann, als Kohleklumpen über das Förderband flogen. Erst als mich jemand – ziemlich unsanft – packte, merkte ich, was los war – eine der gefürchteten Grubensenkungen war eingetreten, die einen Streb innerhalb weniger Minuten flachdrücken kann, trotz der Stützpfeiler. Dies war die einzige Senkung gewesen, die ich in den mehr als zwei Jahren meiner Grubenarbeit erlebte, und ich war viel zu naiv, um ihre Bedeutung zu erkennen.

Drei Monate lang betätigte ich mich als Bohrarbeiter und sehnte mich nach Hacke und Schaufel. Dann würde ich mehr Lohn bekommen, und außerdem war der Job eines Bohrarbeiters irgendwie erniedrigend. Ständig mußte man springen, wenn die Leute einen herbeiwinkten, und wenn man es nicht schaffte, das Rohr sauberzublasen, konnte der ganze Betrieb zum Stillstand kommen.

Endlich brach der große Tag an.

»Im Streb Fünf wird kein Bohrer mehr gebraucht, Bob«, sagte

der Vorarbeiter. »Du kannst mal bei einer Schicht mitmachen.« Hocherfreut zog ich mit einer Picke und einer herzförmigen Schaufel ab. Endlich war ich ein Kumpel geworden.

Meine erste Schicht absolvierte ich im Streb Drei, der in gewisser Weise verrufen war. Das Hangende war diffizil und ließ sich nur schwer abstützen. An manchen Stellen war die Kohlenschicht so schmal, daß die Kohle zusammen mit dem übrigen Gestein gefördert werden mußte. Außerdem lag der Streb am weitesten von den Schächten entfernt. Man mußte fast zweieinhalb Kilometer durch eine schmale Passage bergauf gehen, und es war der wärmste Streb in der ganzen Grube.

Wir marschierten in unserer Grubenkleidung los. Hosen, Jakken, und aus irgendeinem Grund auch Westen waren fashionable, wenn man in die Grube hinunterfuhr. Aber die eigentliche Arbeitskleidung bestand nur aus kurzen Baumwollhosen, schweren Stiefeln mit Metallspitzen und Grubenhelmen aus Kunstfaser. Obwohl allmählich Kopflampen mit Batterien, die man am Hosenbund befestigte, in Mode kamen, hatten wir nur schwere, elektrische Handlampen, die wie kleine Leuchttürme aussahen. Außerdem trug jeder sechste Mann eine Öllampe bei sich, um das Gas zu testen.

Der Schichtdienst im Kohlenstreb war die härteste Arbeit, die ich je geleistet hatte. Um sechs Uhr kamen wir im Streb an, und erst in der nächsten Schicht, um vierzehn Uhr, hatte ich mein Pensum mit Hilfe eines anderen Kumpels erledigt. Es gab keine Mittagspause, man nahm nur gelegentlich einen Schluck aus der Wasserflasche. Die Schaufeln knirschten um die Wette, Kohlenstaub flog herum, und zwischendurch mußte man die Metallpfeiler neu abstützen. Wenn man das nicht richtig machte, konnten sie sich lockern und einen erschlagen.

Nach meiner ersten Schicht war ich völlig erschöpft. Albert, mein Freund, half mir in einen Wagen und dann in den Förderkorb. »Dummer Kerl«, sagte er. Und das war nun meine tägliche Aufgabe. Nie hatte ich eine Arbeit verrichtet, die größere Körperkraft und Ausdauer verlangte. Es war heiß im Streb, laut und staubig, und immer wieder stieg einem beißender Rauch in die Nase, wenn eine Sprengung vorgenommen wurde.

Die Arbeit wuchs mir meist über den Kopf, und Bill Whitely von der nächsten Schicht mußte mir oft helfen. Das gefiel ihm sicher nicht, denn eine Schicht war mehr als genug für einen Mann. Im einfachsten Fall brauchte man nur zwölf Tonnen Kohle zu schaufeln und auf das Förderband zu verfrachten, aber manchmal dauerte es drei Viertel einer Schicht, bis man die Kohle in einigermaßen handliche Klumpen zerhackt hatte. Hin und wieder kam ich im Streb an, und alles war so, wie es sein sollte. Die ganze lose Kohle war weggeräumt worden, bevor eine Sprengladung explodiert war. Einige von meinen Bevin-Boy-Freunden kannten meine Schichtnummer und sorgten für mich, so gut sie konnten.

Vom Juni 1945 bis zum Dezember 1946 arbeitete ich ununterbrochen im Schichtdienst. Diese Schufterei laugte mich zwar völlig aus, verschaffte mir aber auch eine besondere Art von Befriedigung, die ich bei keiner anderen Tätigkeit vorher oder nachher verspürt hatte. Abends war ich völlig erledigt, und der nächste Tag forderte mich zu einem neuen Kampf heraus, spornte mich zu neuen Leistungen an, und danach verließ ich beglückt das Schlachtfeld, um in die Außenwelt zurückzukehren.

1945 erhielt ich einen Brief vom Arbeitsministerium, in dem mir eine Nummer zugeteilt wurde, was bedeutete, daß ich meinen vollen Militärdienst ableisten sollte. Ich protestierte nicht und verzichtete darauf, mich auf unsere ursprüngliche Vereinbarung zu berufen, denn das wäre mir unfair erschienen. Ich nahm also an, daß ich Ende 1947 entlassen würde und bewarb mich für diesen Zeitpunkt um die Zulassung an eine Universitätsklinik in London.

Ich fuhr nach London, um beim Dekanat vorzusprechen – als einziger Kumpel, den man berücksichtigt hatte. Zu meiner Überraschung schrieb mir der Dekan bald darauf, daß man im Januar 1947 ein paar Studienplätze für Leute schaffen wollte, die ihren Wehrdienst geleistet hatten. Er hätte beim Arbeitsministerium um meine vorzeitige Entlassung angesucht, doch das wäre abgelehnt worden.

Bei der letzten Versammlung der Grubenarbeitergewerkschaft, die ich besuchte, sagte mir ein Beamter, der von meinen Studienplänen wußte: »Mach dir keine Sorgen, Bob. Wir werden es schon durchsetzen, daß du rechtzeitig entlassen wirst.« Ich schickte den Brief des Dekans an die Gewerkschaft, und am 28. Dezember 1946 erhielt ich ein Schreiben vom Arbeitsministerium, in dem mir mitgeteilt wurde, daß ich meinen Dienst im Kohlenbergwerk beenden konnte.

Achtundvierzig Stunden nach meiner letzten Schicht begann ich mein Medizinstudium. Aber dies war nicht das Ende meiner Kumpellaufbahn. Diese Arbeit lag mir einfach im Blut. In den Sommerferien 1947 bekam ich einen Job in einer Grube in Nottingham – im Rufford-Kohlenbergwerk bei Mansfield. Ich wohnte in einer Pension, in der auch Theater gespielt wurde, und versäumte Caroll Levis' ›Entdeckungen‹ nur um eine Woche. Um mich an die Bedingungen unter Tage zu gewöhnen, arbeitete ich eine Woche lang im Transport, dann verbrachte ich sechs Wochen im Streb. Ich arbeitete zusammen mit einem anderen Kumpel in der Ecke eines Strebs, wo die Kohle ziemlich weit vom Förderband entfernt war und in zwei Phasen befördert werden mußte – von meinem Kollegen zu mir, dann von mir zum Förderband. Bald fand ich ein paar Muskeln in meinen Gliedern wieder, die ich inzwischen vergessen hatte, und legte mir eine hübsche Blasensammlung zu.

Nach sechs Wochen kehrte ich nach London zurück und war fit für die Rugby-Saison. Dies war das härteste Training gewesen, das ich jemals absolviert hatte.

1949 verbrachte ich die Sommerferien im Bolsover-Kohlenbergwerk in Derbyshire. Dort arbeitete ich eine Woche lang an einem Viereinhalb-Meter-Flöz, wo man einen neuen Streb anlegte. Dieser Streb war so niedrig, daß man entweder auf dem Bauch oder auf dem Rücken liegend schaufeln mußte. Zwischen dem Boden und dem Hangende war nicht genug Platz für die Hüften.

Eine Woche reichte mir – aber einige Kumpel, besonders im Durham-Revier, mußten ihr Leben lang unter solchen Bedingungen arbeiten.

Irgendwann während meines Studiums hatte ich mir überlegt, ob ich mich auf Industriemedizin spezialisieren sollte, aber ich sagte mir, daß ich dann nicht viel mehr tun würde, als Erste-Hilfe-Koffer in Kohlengrubenkantinen zu checken und Routine-Untersuchungen durchzuführen. Ich war für die Allgemeinmedizin geschaffen.

Eines Morgens kam ein Kumpel in meine Sprechstunde im Thudrock-Kohlenbergwerk und fragte, ob er sich vorübergehend in der Bergwerksbaracke einquartieren könnte. Ich hatte die Formulare, die man zu diesem Zweck ausfüllen mußte. Irgendwie kam er mir bekannt vor, aber ich konnte sein Gesicht nicht genau sehen, da er die Kappe tief über die Augen heruntergezogen hatte. Er machte keine Anstalten, das Formular auszufüllen, stand nur da und starrte auf den Tisch.

»Kann ich Ihnen helfen?« fragte ich.

Da zog er sein rechtes Hosenbein hoch und zeigte mir eine runde blaue Narbe an der Wade.

»Tut's weh?« fragte ich.

»Nein«, knurrte der Kumpel. »Ich überlege mir nur, ob ich den Mann anzeigen soll, der mir das angetan hat.« Grinsend blickte er auf. Es war Albert Catts, ein Vorarbeiter aus dem Dinnington-Kohlenbergwerk, wo ich zwei Jahre meines Lebens verbracht hatte. Diese Narbe hatte er mir zu verdanken.

Eines Tages hatte ich im Streb mit meiner Picke ausgeholt und nicht gehört, daß Albert hinter mich getreten war. Die Picke hatte sein Bein getroffen, und seine Flüche hatten meinen Wortschatz erheblich bereichert.

Es war großartig, ihn wiederzusehen, und wir verbrachten einen bierseligen Abend im Miner's Institut – einem Lokal, das ich nur selten verlassen konnte, ohne mir mehrere Liter einzuverleiben.

Ich arbeitete viele Jahre als Amtsarzt im Thudrock-Kohlenbergwerk und fand dort viele Freunde. Die schönen Zeiten, die ich mit den Kumpeln verlebte, entschädigten mich ein wenig für die Unfälle, für die vielen Verletzten, die ich verarzten mußte. Da unten in der Kohlengrube – das ist jedenfalls das wahre Leben.

11.
DER ALPTRAUM

Das Feuer brach aus, während ich an meinem halben freien Tag in Winchcombe einkaufen ging. Als ich nach Tadchester zurückkam, war die Stadt wie betäubt. Und über der Schule hing immer noch eine Rauchwolke. Die Leute gingen mit ernsten Gesichtern umher, redeten nicht, lächelten nicht.

In der großen höheren Schule waren drei zehnjährige Kinder während der Mittagspause ins Labor eingedrungen, um Stinkbomben herzustellen. Zumindest behaupteten das ihre Freunde. Was immer sie auch getan hatten – sie hatten ein Feuer entfacht und waren alle drei verbrannt.

Es war grauenhaft, und niemand ertrug es, daran zu denken. Alle drei Familien waren Patienten von Steve Maxwell, und so blieb es mir – Gott sei Dank – erspart, sie trösten zu müssen. Kein anderer als der freundliche, warmherzige Steve hätte sich besser dazu geeignet, den betroffenen Familien über diese schlimme Zeit hinwegzuhelfen.

In solchen Situationen war Steve einfach großartig und völlig selbstlos. Da er Junggeselle war, hatte er sein ganzes Leben der Medizin gewidmet, und die Patienten waren seine Kinder.

Ich schlief sehr schlecht in jener Nacht, mußte immer wieder an die schreckliche Tragödie denken und fragte mich besorgt, wie die Familien ihren Verlust verkraften und wie sie weiterleben würden.

Am nächsten Morgen kam kaum jemand in die Sprechstunde. Ausnahmsweise dachten die Leute nicht an sich selbst, sondern nur an das furchtbare Unglück, das die Gemeinde heimgesucht hatte.

Ich war sehr überrascht, als die Polizei am Vormittag zu mir kam und mich bat, in die Leichenhalle zu gehen. Die Beamten glaubten, daß ich dort gebraucht würde.

Ein Constable mit rotgeweinten Augen führte mich in die Halle. Er war sehr nervös und fühlte sich sichtlich unbehaglich. »Die Mütter müssen die Leichen identifizieren«, erklärte er. »Wir dachten, daß sie den Beistand eines Arztes brauchen werden.«

Normalerweise hätte die Anwesenheit von Polizeibeamten genügt. Aber für diesen Constable war das alles zuviel. Und wie soll ich es ertragen, fragte ich mich unglücklich.

Ich blickte durch eine Glasscheibe ins Wartezimmer, auf die drei Mütter. Geduldig saßen sie da und warteten auf die furchtbaren Qualen, die ihnen bevorstanden. Zwei kannte ich flüchtig, die dritte hatte ich noch nie gesehen. Sie hatten die Köpfe gesenkt und schwiegen. Vielleicht waren sie sich der grauenvollen Situation gar nicht richtig bewußt, hatten sie noch gar nicht erfaßt.

»Wollen Sie zuerst allein hineingehen?« fragte der Constable und öffnete die Tür, dann schloß er sie hinter mir. Es war deutlich zu erkennen, daß er sich diesem Anblick nicht noch einmal aussetzen wollte. Vier lange Tische standen in der Halle. Drei waren mit weißen Tüchern bedeckt, darunter zeichneten sich die Umrisse kleiner Körper ab. Ich hob jedes Tuch hoch, schaute auf die verkohlten Überreste der Kinder, die gestern noch fröhlich gespielt hatten. Tränen liefen über meine Wangen. Wie sollte ich die nächsten Minuten durchstehen?

Ich trocknete meine Augen, riß mich zusammen, dann öffnete ich die Tür und sagte. »Vielleicht könnte die erste Mutter jetzt hereinkommen.«

Glücklicherweise konnte man die Kinder anhand ihrer Kleidung identifizieren, und ich hoffte, daß ich nicht jede einzelne Mutter mit drei Leichen konfrontieren mußte.

Die erste Mutter kam herein. Es war die Frau, die ich nicht kannte. Es war grauenhaft. Sie zitterte am ganzen Körper, ihr Gesicht war aschgrau, nervös umklammerten die Finger den Bügel ihrer Handtasche. Ich schloß die Tür. »Meine Liebe, nur wir beide sind hier. Sie brauchen Ihr Kind nicht zu sehen, wenn Sie das nicht wollen. Ich werde trotzdem bezeugen, daß Sie es identifiziert haben.«

»Nein«, entgegnete sie, »ich muß meine kleine Emma sehen. Morgen hätte sie ihren elften Geburtstag gefeiert.« Tränen begannen über ihre Wangen zu rollen.

Ich ging zu dem Tisch, auf dem, wie ich vermutete, die Leiche ihrer Tochter lag,und hob das Tuch hoch.

»O Gott!« schrie sie. »Nein!« Ich fing sie auf, bevor sie zusammenbrechen konnte, legte das Tuch wieder über den Kopf des Kindes, hielt die Frau mit einem Arm fest. Sie klammerte sich an mich, und nach ein paar Minuten hatte sie sich wieder gefaßt. Sie richtete sich auf, wischte über ihre Augen. »Danke, Doktor«, flüsterte sie, dann ging sie hinaus.

Ich mußte mich setzen, rief den Polizisten zu mir und fragte ihn: »Hätten Sie eine Zigarette für mich?« Er kam nicht herein, reichte mir die Packung durch die Tür, und ich rauchte eine Zigarette, um mich für die Begegnung mit den anderen Müttern zu wappnen.

Beide klammerten sich an mich, als sie nacheinander hereinkamen, beide hatten Angst davor, auf diese schrecklichen weißen Gebilde zu schauen. Auch ihnen bot ich an, daß ich bezeugen würde, sie hätten ihre Kinder identifiziert – auch wenn sie keinen Blick auf die Leichen werfen würden. Aber beide bestanden darauf, ihre Kinder ein letztes Mal zu sehen. Auch diese Mütter mußte ich stützen.

Die Qual schien kein Ende zu nehmen. Die letzte Mutter, die gewartet hatte, bis die beiden anderen gegangen waren, erlitt einen Nervenzusammenbruch, und wir mußten einen Krankenwagen bestellen, der sie nach Hause brachte.

Aus irgendeinem Grund waren es die Mütter, die diese Tortur auf sich nehmen mußten, nicht die Väter. Vielleicht stehen Kinder ihren Müttern näher. Ich kannte zwei von den Vätern – charakterfeste Männer, die gewiß nicht vor dieser Verantwortung zurückgeschreckt wären.

O Gott, wie kann ein Mensch ein so großes Leid überstehen? Welchen Rat hätte ich den verzweifelten Eltern geben können?

Ich wußte, daß ich nicht damit fertig geworden wäre, wenn ich mein eigenes Kind auf diese Weise verloren hätte.

Hatte ich überhaupt das Recht, diesen Leuten zu sagen, was sie tun sollen, banale Trostworte zu sprechen?

Vielleicht paßt sich ein Mensch ganz automatisch solchen Situationen an. Ich weiß es nicht. Ich hoffte nur, daß mich das Schicksal niemals auf diese Weise prüfen würde.

Der Vormittag war ein Alptraum gewesen. Irgendwie schaffte ich es, das Gebäude mit zusammengepreßten Lippen zu verlassen. Wie betäubt stieg ich in mein Auto und fuhr aus der Stadt. In einer Seitenstraße hielt ich an, schlug die Hände vors Gesicht und weinte.

12.
WUNDER UND SIMULANTEN

Schon zu Beginn meiner beruflichen Laufbahn merkte ich, wie sehr die Persönlichkeit eines Menschen seine Chancen, gesund zu werden und den Fortschritt des Genesungsprozesses beeinflussen kann. Die Patienten, die zu sterben beschlossen hatten, fanden tatsächlich sehr oft den Tod. Ich hatte einmal gelesen, daß sich primitive Stammesangehörige einfach zur Wand drehen und sterben, und ich hatte nicht geglaubt, daß so etwas auch in unserer zivilisierten Gesellschaft vorkam. Doch das war ein Irrtum gewesen.

In Tadchester hatte ich Patienten, die den Entschluß gefaßt hatten zu sterben und die dann auch wirklich starben – nur, weil sie nicht mehr leben wollten.

Und ich erlebte auch einige Wunder mit, für die ich keine Erklärung fand. Joyce Taylor, verheiratet mit Jack Taylor, dem Inhaber eines Herrenartikelgeschäftes, hatte Magenschmerzen und einen Knoten im Bauch. Henry schnitt ihr die Bauchdecke auf und stellte fest, daß sie von inoperablen Krebsgeschwüren befallen war. Er nähte ihr den Bauch wieder zu, ohne etwas unternommen zu haben, und nach einigen aufregenden Tagen erholte sie sich von der Operation.

Sie war eine intelligente Frau, die genau wissen wollte, wie es um sie stand. Hatte sie Krebs? War er operabel? Wie lange hatte sie noch zu leben? Sie mußte Pläne machen.

Wenn mich die Leute fragen, ob sie sterben müssen, sage ich

fast immer nein, weil die meisten diese Antwort hören wollen. Die Erfahrung hat mich gelehrt, daß es die Lebensspannen vieler Patienten noch verkürzt, wenn sie über ihren baldigen Tod oder ihre unheilbare Krankheit Bescheid wissen. Aber es gibt auch Menschen wie Joyce Taylor, die dem Schicksal trotzen.

Sie verplante ihre nächsten sechs Monate und führte ein ganz normales Leben. Aus den sechs Monaten wurden sieben, dann acht, schließlich war ein Jahr nach ihrer Operation verstrichen. Henry untersuchte sie von Zeit zu Zeit und stellte fest, daß der Knoten in ihrem Magen allmählich verschwand. Aus unerklärlichen Gründen lebte Joyce Taylor noch sechzehn Jahre, nachdem man ihr gesagt hatte, sie würde in sechs Monaten sterben.

Morry Loudson, der mich immer wieder an einen ungeschliffenen Diamanten erinnerte, besaß einen Schrottplatz hinter dem Bahnhof. Wenn er auch allem Anschein nach sein Geld verdiente, imdem er Altmetall kaufte, hatte er seine Finger noch in allen möglichen anderen Geschäften drin. Ich bin sicher, daß auch einige gestohlene Autos und Rinder bei ihm landeten, ebenso jeder Hirsch, der so unklug war, sich in einem Umkreis von fünfzehn Kilometern rings um Tadchester zu verlaufen.

Einmal kam er mit geschwollenen Beinen und geschwollenem Unterbauch in Jack Harts Sprechstunde. Er wurde im Hospital untersucht, und man nahm eine exploratorische Operation vor, wobei festgestellt wurde, daß er einen sehr seltenen Tumor an den inneren Rückenmuskeln hatte. Diese Art von Krebs war inoperabel. Er reagierte nicht auf Bestrahlung und Medikamente. Auch Morry erfuhr die ganze Wahrheit. Er verkaufte seinen Schrottplatz und beschloß, für den Rest seiner Tage glückliches Vergessen im Alkohol zu finden.

Sein Körper schwoll von der Taille abwärts schrecklich an, und er konnte kaum noch gehen. Es ließ sich nicht eruieren, ob es nur die geschwollenen Beine waren, die ihm das Gehen erschwerten, da er ständig eine ganze Schiffsladung Fusel an Bord hatte. Eines Tages wurde er sternhagelvoll und bewußtlos am Straßenrand gefunden und mußte ins Hospital gebracht werden. Als man eine Platzwunde an seinem Kopf genäht hatte, behielt man ihn noch ein paar Tage zur Beobachtung in der Klinik. Er bekam Medikamente, die seine Beine entwässerten, und nachdem man ihn eine Woche lang des Alkohols beraubt hatte, sah er wieder wie ein menschliches Wesen aus. Nach sieben Tagen verließ er frohgemut das Hospital, und plötzlich besserte sich sein Zustand, wie in Mrs.

Taylors Fall. Zwei Jahre später hatte er das Geld verbraucht, das er für seinen Schrottplatz erhalten hatte, und verdingte sich bei einem Bauunternehmer als Maurer. Soviel ich weiß, warf er niemals einen Blick zurück – höchstens um sich zu vergewissern, daß die Wirtshaustüren fest geschlossen waren.

›Selig sind die Sanftmütigen, denn sie werden das Erdreich besitzen‹ – dieses Wort trifft auf manche Patienten zu. Wenn ein Krankenhauspatient umgänglich und liebenswürdig war, wenn er auf das Personal Rücksicht nahm, dann kümmerten sich die Schwestern um so intensiver um ihn und waren viel eifriger bestrebt, ihm zu helfen als jener anderen Kategorie von Patienten, die stets lauthals auf ihre Rechte pochten.

Schwester Doherty, die Oberschwester in der Männerabteilung, erschien mir wie ein Todesengel. Wenn sie einen Patienten begutachtete und nicht viel von ihm hielt, blieb er kaum länger als zwei bis drei Wochen am Leben. Ich wußte nicht so recht, ob sie eine scharfsinnige Diagnostikerin war, die nichts von ihren instinktiven Fähigkeiten ahnte, oder ob sie den Patienten so viel Angst einjagte, daß sich ihr keiner, den sie als Todeskandidaten ausersehen hatte, zu widersetzen wagte.

Einer der unvergeßlichsten Fälle meiner Anfangszeit war die schwere Gasgangräne im Bein eines jungen, friedfertigen Farmarbeiters. Vor zwei Wochen hatte er sich ins Knie geschnitten, während er Dünger aufgehäuft hatte. Er war ins Hospital eingeliefert worden, schwerkrank, mit aufgeblähtem, stinkendem Bein, das knisterte, wenn man es nur ganz leicht berührte. Die Blähung drohte sich bis in den Bauch fortzusetzen.

Er klagte nicht. Stoisch unterwarf er sich allen Therapien, die man ihm zukommen ließ. Das ganze Krankenhaus liebte ihn und wünschte ihm baldige Besserung. Im besten Fall würde er das Bein verlieren, im schlimmsten Fall sterben, wobei letzteres wahrscheinlicher war.

Ich kann mich nicht erinnern, daß das Klinikpersonal je zuvor so aktiv war, Jack und ich wechselten uns als Anästhesisten ab, wenn Blut und andere Substanzen in seine Adern gepumpt werden mußte. Henry operierte ihn, und Steve assistierte ihm.

»Wenn ich das Bein amputiere, wird es ihm nicht viel helfen«, meinte Henry. »Die Gangräne hat sich bis in den Bauch ausgebreitet. Wir müssen ihn eben immer wieder aufschneiden.«

Die Feinde der Gasgangräne sind frische Luft und Blut. Der Organismus, der diese Krankheit verursacht, kann nur in totem Gewebe leben, das keinen Sauerstoff enthält. Er breitet sich aus, indem er das Gewebe in seiner Umgebung vergiftet und abtötet und schreitet in die Richtung des Gewebes fort, in dem er sich am wohlsten fühlt.

In der ersten Nacht verbrachten wir acht Stunden im Operationssaal, wo Henry geduldig das ganze tote Gewebe herausschnitt und Blutungen verursachte, während der ebenso geduldige Steve das Blut abtupfte und an den Retraktionsmuskeln zog. Wir vier arbeiteten die ganze Nacht durch, gemeinsam mit den Operationsschwestern. Die Pförtner des OP's (die genausogut hätten heimgehen können) blieben ebenfalls hier, für den Fall, daß sie gebraucht wurden. Sie erwiesen sich als äußerst hilfreich, da sie stets neue Medikamente für Transfusionen holten und sich auch sonst an allen Ecken und Enden nützlich machten.

Nie zuvor hatte ich erlebt, daß eine ganze Klinik mit so verbissener Willenskraft um das Leben eines Menschen gekämpft hätte. Alle Patienten und Schwestern kannten unseren Farmarbeiter. Alle erkundigten sich täglich nach seinem Befinden. Viele Patienten vergaßen ihre eigenen Probleme und Krankheiten. Das Leben dieses Mannes wurde plötzlich zum Mittelpunkt der ganzen Klinik.

Um sechs Uhr morgens sagte Henry: »Das ist alles, was wir vorläufig tun können. Wenn ich den Bauch von dem ganzen giftigen Gewebe befreit habe, können wir ihm das Bein abnehmen. Dann hat er eine Chance.«

Wir übernahmen Henrys Pflichten in unserer Praxis, so daß er bei dem jungen Mann bleiben konnte, und um vierzehn Uhr versammelten wir uns wieder im OP. Der Zustand des Beins hatte sich gebessert, aber die Gangräne begann sich in der Bauchdecke auszubreiten.

Henry schnitt erneut totes Gewebe heraus, untersuchte den ganzen Bauch, tupfte das Blut ab, Steve hielt allein die Stellung in der Praxis, während Jack und ich uns bemühten, den jungen Farmarbeiter am Leben zu erhalten, das nicht nur durch den tödlichen Organismus bedroht war, sondern auch durch die schrecklichen Verletzungen, die Henry ihm bei dem Versuch die Krankheit zu stoppen, zufügen mußte.

In den nächsten Tagen wurde der junge Mann, der die ganze Zeit nur bei halbem Bewußtsein war und dessen Leben an einem seidenen Faden hing, noch viermal operiert. Am vierten Tag zeichnete sich zum erstenmal ein Erfolg unserer Bemühungen ab –

und von da an ging es ihm immer besser. Das ganze Krankenhaus atmete auf. Er würde es schaffen.

Er mußte noch drei oder vier schmerzhafte Wochen im Hospital verbringen und zweimal in den OP zurückkehren. Aber er überlebte.

Er behielt sein Bein, ein von gräßlichen Narben entstelltes Bein, und was noch wichtiger war – er behielt sein Leben.

Sechs Monate später sah ich ihn in die Ambulanz humpeln, immer noch mit seinem sanften, liebenswerten Lächeln. Abgesehen von dem vernarbten Bein, war ihm nichts von den Qualen anzumerken, die er ausgestanden hatte. Er konnte nicht mehr auf der Farm arbeiten, aber es gab andere Jobs für ihn. Ich fand, daß er sich seine Genesung vor allem selbst zu verdanken hatte. Denn es war seine sympathische, bescheidene Persönlichkeit gewesen, die das gesamte Klinikpersonal veranlaßt hatte, mit vereinten Kräften gegen seine Krankheit anzukämpfen.

Zuvor hatte ich nicht erkannt, wie stark sich die echte Sorge um einen Patienten auf dessen Überlebenschancen auswirken kann.

Stoizismus war eine andere Eigenschaft. In Tadchester wohnten ein paar zähe, beinharte alte Männer. Im Winter sah man sie ohne Jacken herumlaufen, nur in Hemd, Hose und Stiefeln, ohne Socken, vor allem die Kumpel aus dem Thudrock-Kohlenbergwerk. Während ich in meinem dicken Mantel zitterte, schienen ihnen die Elemente nichts anzuhaben.

Der Staatliche Gesundheitsdienst, dessen Vorteile seine Nachteile nach meiner Ansicht mehr als aufwogen, bietet das sogenannte Hausbetreuungssystem an. Dadurch werde ich ermächtigt, einen Spezialisten aus einer Klinik (vorausgesetzt, daß er bereit ist zu kommen) in die Häuser und Wohnungen der Patienten zu schicken. Dadurch können sich die Patienten den Weg in die Ambulanz ersparen, wenn sie sich nicht wohl fühlen, und manchmal sogar einen Krankenhausaufenthalt.

Einer der Ärzte aus dem Winchcombe Hospital, mein alter Freund John Bowler, kam immer sehr gern nach Tadchester. John war ein ungemein netter Mann Anfang Vierzig. Er tat so, als wäre er ein stark frustrierter praktischer Arzt, der die Patienten viel lieber in ihrer gewohnten Umgebung untersuchte als in einer unpersönlichen Ambulanz.

Wenn ich Probleme hatte, war er stets zur Stelle. Der Staatliche Gesundheitsdienst bezahlte ihm nur ein geringfügiges Honorar für seine Dienste. Und dieses Honorar war so klein, daß es viele seiner Kollegen davon abhielt, sich auf die gleiche Weise zur Verfügung zu stellen.

Am schwierigsten war es, die Chirurgen dazu zu bringen, die Patienten daheim zu untersuchen. Chirurgen sind stets besser situiert als andere Ärzte, weil sie eine Menge Geld mit Privatoperationen verdienen.

In Winchcombe gab es ein privates Schwesternheim, und zwei Chirurgen waren dort viel aktiver als im Krankenhaus, wo sie mindestens neun Elftel ihrer Zeit hätten verbringen müssen. Einen Blinddarm schnitten sie für fünfzig Pfund heraus, einen Bruch operierten sie für hundert. Aber es widerstrebte ihnen, fünfundzwanzig Kilometer nach Tadchester zu fahren, um für sieben Pfund einen Patienten in dessen Haus zu besuchen – für sieben Pfund, die sie nicht sofort bar kassieren konnten und außerdem noch versteuern mußten.

Als Henry im Sommer Ferien machte, mußte ich einen Chirurgen in Winchcombe anrufen. Es war ein Stück Schwerarbeit, ihn zu einer Fahrt nach Tadchester zu bewegen.

Der alte Tom Barnsley, ein pensionierter Kumpel, der ›Oben am Berg‹ wohnte, hatte starke Bauchschmerzen. Er hatte schon zwei bis drei Wochen, bevor ich ihn untersuchte, darunter gelitten und weigerte sich halsstarrig, ins Hospital zu gehen. Erst als er sich achtundvierzig Stunden lang immer wieder übergeben hatte und offensichtlich an einer Verstopfung laborierte, erlaubte er mir widerwillig, einen Chirurgen in sein Haus zu bitten.

Der ältere Chirurg aus Winchcombe, unter anderem auch Amtsarzt vom Staatlichen Gesundheitsdienst, war nach langem Zögern bereit, nach Tadchester zu kommen. Er traf reichlich spät ein, parkte seinen Bentley vor Toms Reihenhaus, untersuchte den Patienten, ohne ein einziges Wort mit ihm zu wechseln und ohne sich auch nur den Mantel auszuziehen.

»Ja«, sagte er mit hoher, nasaler Stimme zu mir. »Wir müssen den Mann operieren. Wenn ich hier einen Schnitt mache…«, er zeigte auf Toms Bauch, »und hier…«, er zog mit dem Finger eine Linie von Toms Rippen bis zum Nabel, »…müßte ich die Blockierung resezieren können. Allem Anschein nach handelt es sich um eine Blinddarm-Adhäsion. Lassen Sie ihn sofort ins Hospital bringen.«

Tom, der in allen Lebenslagen Haltung bewahrte, erbleichte nicht, als über seine bevorstehende Operation diskutiert wurde. Und als sich der Chirurg zum Gehen wandte, erkundigte sich

Tom mit ernsthafter, ruhiger Stimme: »Dürfte ich Sie um etwas bitten, Sir?«

»Was wollen Sie denn, guter Mann?« Der Chirurg drehte sich ungeduldig zu ihm um.

»Ich nehme an, Sie wollen meinen Bauch aufschneiden. Könnte ich vorher eine Narkose bekommen?«

Der Chirurg stapfte hinaus, ohne ihn einer Antwort zu würdigen. Aber ich wußte, daß die Bitte meines Patienten ernst gemeint war. »Machen Sie sich keine Sorgen, Tom«, beruhigte ich ihn. »Es wird nicht weh tun. Ich werde mich schon drum kümmern, daß Sie tief und fest schlafen, bevor die Operation beginnt.«

»Danke, Sir. In meiner Jugend hätte ich's vielleicht ohne Narkose überstanden. Aber jetzt bin ich nicht mehr das, was ich mal war, und vielleicht würde ich die Schmerzen nicht ertragen.«

In diesem Augenblick liebte ich ihn. Und ich wußte auch, wen ich zu einer Tigerjagd mitnehmen würde, wenn ich die Wahl zwischen Tom und dem Chirurgen hätte.

Doch nicht alle meine Patienten strahlen eine so stoische Ruhe aus. Mindestens neunzig Prozent waren nicht so stoisch oder sogar die reinsten Nervenbündel.

George Barrow war ein großer Anti-Stoiker. Eine Zeitlang mißtraute ich ihm gründlich und hatte das Gefühl, daß er mich übers Ohr haute.

Er kam regelmäßig in die Praxis, mit der Behauptung: »Ich hab's schon wieder auf der Brust, Doc«, wobei er einen höchst überzeugenden Hustenanfall bekam. Dieser Husten raubte ihm angeblich den Schlaf, und es war völlig ausgeschlossen, daß er in diesem Zustand seiner Arbeit nachging.

»Sonst noch was?« pflegte ich dann zu fragen und wartete auf die stereotype Antwort: »Ja, mein Magen, Doc... Ich glaube, es liegt an der Magenschleimhaut.«

Wenn ich seine Brust abhorchte, konnte ich nichts feststellen. Ich hatte ihn schon ein paarmal röntgen lassen, und der Befund war stets negativ gewesen. Trotzdem gelang es ihm immer wieder, mir einzureden, daß er ernsthafte Beschwerden hatte. Wenn er sich drei oder vier Wochen lang im Krankenstand befunden hatte, erschien er in der Praxis und verkündete mit Märtyrermiene: »Ich huste zwar immer noch, Doc, aber jetzt muß ich wieder arbeiten gehen.«

Aber dann ertappte ich ihn – einen Tag, nachdem er sich wieder einmal krank gemeldet hatte. Zufällig besuchte ich einen Patienten auf dem Land, in einem Cottage auf der kleinen Farm des Lehrers Jack Tomlinson. Jack reparierte gerade ein Scheunendach, um es winterfest zu machen, und da war George Barrow, in einen Overall gehüllt und werkelte munter drauflos.

»Was ist denn los, George?« fragte ich ihn. »Ich dachte, Sie wären krank?«

»Ach, ich wollte Mr. Tomlinson nur ein bißchen zur Hand gehen, damit mir die Zeit nicht so lang wird, bis ich wieder auf die Beine komme.«

»Ich werde Ihnen schon Beine machen, George«, erwiderte ich und schrieb ihn auf der Stelle gesund.

Jack erzählte mir die ganze Geschichte. In der Umgebung von Tadchester gab es eine ganze Menge heruntergekommener Cottages. Wann immer eines instand gesetzt werden mußte, erkrankte George (ein Experte auf vielen Gebieten) für ein paar Tage oder Wochen, um sich an den Reparaturarbeiten zu beteiligen. Aufgrund seiner Tüchtigkeit war er allgemein geschätzt und sehr gefragt.

Ich war mir nie ganz sicher, ob die Leute, die seine Dienste beanspruchten, von seinem Krankenstand wußten oder nicht. Jack wußte offensichtlich Bescheid. Er vertraute mir an, daß George sogar schon einmal erwogen hätte, mich prozentual zu beteiligen und mir einen Teil seines Krankengeldes vom Staatlichen Gesundheitsdienst zu geben, wenn ich ihn krank schrieb und er dadurch Zeit fand. Cottages zu reparieren.

Diesmal hatte er zu Jack gesagt: »Dein Freund, dieser Doc Clifford, ist wirklich ein guter Arzt. Ich ging zu ihm in die Praxis und setzte mich. Er sah mich nur kurz an und meinte: ›Mr. Barrow, Sie haben eine Broncho-Dingsbums-Itis. Sie können nicht arbeiten.‹ Und wenn ich nicht arbeite, habe ich eine Menge Zeit und kann dir helfen, dein Scheunendach auszubessern.«

Ich dachte schon, ich hätte Georges Machenschaften ein Ende gesetzt. Doch eines Tages kam er lächelnd in die Praxis und fragte: »Können Sie mich krank schreiben, Doc?«

»Was fehlt Ihnen denn, George? Haben Sie's wieder auf der Brust?«

»Nein, Doc, aber mein Leistenbruch tut so weh, daß ich nicht arbeiten kann.«

Ich studierte sein Krankenblatt und stellte fest, daß er sich vor vierzehn Jahren einen Bruch zugezogen hatte. »Sie sind heute schon ein bißchen zu spät dran, George.«

»Aber diese Schmerzen, Doc – ich kann unmöglich arbeiten.«

»Also gut. Dr. Johnson ist noch im Hospital. Er wird Sie sofort operieren, wenn wir die nötigen Vorbereitungen getroffen haben.«

Georges Kiefer klappte nach unten.

Ich sah ihn ein paarmal, wenn ich meine Visiten in der Klinik machte, und dann verlor ich ihn aus den Augen – bis ich ihn ein paar Monate später auf dem Land antraf, wo er gerade ein altes Cottage strich. »Seit wann arbeiten Sie denn wieder, George?« fragte ich.

»Eigentlich arbeite ich noch gar nicht, Doc. Der Bruch macht mir immer noch zu schaffen, und Dr. Hart meint, daß ich noch zu schwach bin, um zur Arbeit zu gehen. Und da hab' ich mir gedacht, ich könnte das Cottage streichen, um mir ein bißchen die Zeit zu vertreiben.«

George grinste, und ich bemühte mich, nicht zu grinsen. Aber ein Lächeln konnte ich mir nicht verkneifen. Wir wußten beide, daß er wieder einmal den Sieg davongetragen hatte.

Die kleine Miß Shepherd marschierte putzmunter in mein Sprechzimmer. Sie war eine intelligente, temperamentvolle Fünfundsiebzigjährige, die nur selten in die Praxis kam, und lebte acht Kilometer außerhalb von Tadchester, in einem Waldgebiet namens Hart's Woodlands. Miß Shepherd zählte zu den Patienten, die sich nie beklagen und für jeden kleinen Dienst, den man ihnen erwies, dankbar sind. Mein einziger Besuch in ihrem Haus, wo ich sie wegen einer schweren Bronchitis behandelt hatte, war mit einer Flasche von ihrem selbstgemachten Schlehenschnaps belohnt worden, die sie mir in die Praxis geschickt hatte.

An jenem Morgen kam sie zu mir, weil sie gestürzt war und sich an der Hüfte verletzt hatte. Sie fragte, ob ich ihr vielleicht eine Salbe geben könnte. Ich untersuchte die Hüfte sorgfältig und stellte fest, daß alle Bewegungsabläufe funktionierten. Es bereitete ihr kaum Schmerzen, als ich an ihr zog und zerrte, und so verschrieb ich ihr entzündungshemmende Tabletten und ein Wintergrünöl, mit dem sie sich einreiben sollte. Ich hatte inzwischen herausgefunden, daß die Patienten in Tadchester duftende Öle sehr zu schätzen wußten, und nicht zuletzt wegen dieser besonderen Vorliebe erzielte ich beachtliche Erfolge mit solchen Präparaten.

Danach sah ich sie ein paarmal in der Stadt, wenn Markttag

war. Ein Nachbar nahm sie nach Tadchester mit, und dann saß sie auf dem Pannier Market und verkaufte Gemüse, gerupfte Hühner, hausgemachte Chutneys und Marmeladen.

Ich war sehr überrascht, als sie zwei Monate nach ihrem Besuch in die Praxis humpelte – keineswegs so munter, wie ich es von ihr gewohnt war, und offensichtlich unter großen Schmerzen. »Meine Hüfte wird immer schlimmer, Doktor. Glauben Sie, daß ich Arthritis habe?«

Die Hüfte tat ihr jetzt sehr weh, wenn sie bewegt wurde, und ich stellte fest, daß der in Mitleidenschaft gezogene Fuß nach außen gedreht war, im Gegensatz zu ihrem gesunden Fuß, dessen Zehen ganz gerade nach vorn zeigten. »Sie müssen geröntgt werden, Miß Shepherd«, sagte ich. »Dann werden wir sehen, was mit Ihrer Hüfte los ist.«

Ich ließ sie noch am selben Vormittag röntgen und sah mir dann beim Röntgentechniker die noch feuchten Platten an. Der ganze obere Teil des Oberschenkelknochens war zersplittert. Und ich hatte eine impaktierte Fraktur im Oberschenkelhals übersehen. Ich hatte zwar schon gehört, daß sich manche Leute die Hüftknochen brechen und damit monatelang herumlaufen, war aber nie zuvor mit einem solchen Fall konfrontiert worden. Die arme Miß Shepherd...

Wir schickten sie ins Winchcombe Hospital, wo ihre Hüfte genagelt wurde. Zu meiner großen Freude sah ich sie zwei Wochen später wieder auf dem Pannier Market. Sie hinkte zwar noch ein bißchen, als sie auf mich zukam, war aber fröhlich und munter wie eh und je. »Danke, daß Sie mir geholfen haben, Doktor! Jetzt haben sie mich zusammengestoppelt, und es geht mir großartig. Heute morgen habe ich Ihnen ein paar Kleinigkeiten geschickt. Ich bin Ihnen ja so dankbar!«

Ich wand mich verlegen. Nun wurde ich auch noch für meine Fehldiagnose belohnt...

In der Praxis fand ich zwei Flaschen Schlehenschnaps, zwei Hühner und einen Korb voll sauber geputztem gewaschenem Gemüse vor. Seit damals lasse ich alle Leute röntgen, die über Hüftschmerzen klagen.

Eine zweiundvierzigjährige Touristin war zu Hause auf dem Teppich ausgerutscht, und ihr Arzt hatte ihr Aspirin verordnet. Als sie beim Schwimmen Schmerzen in der Hüfte verspürte, kam sie zu mir. Auch ihr Fuß war leicht nach außen gedreht, und so schickte ich sie zum Röntgenologen. Es stellte sich heraus, daß sie – genauso wie Miß Shepherd – eine impaktierte Fraktur hatte.

Sie wurde ins Winchcombe Hospital gebracht. An meinem halben freien Tag besuchte ich sie, sehr zufrieden mit mir selbst, stolz auf meine brillante Diagnose und überzeugt, daß sie mir überschwenglich danken würde – vor allem, weil ich ihr jetzt auch noch meine Freizeit opferte. Statt dessen wurde ich heftig beschimpft. Sie warf mir vor, daß ich ihr den Urlaub verdorben hätte, und ich war ziemlich verwirrt.

Als ich Steve mein Leid klagte, lächelte er. »Als praktischer Arzt wird man oft gelobt, wenn man's nicht verdient, und beschimpft, wenn man völlig unschuldig ist. Aber unverdiente Lobesworte kriegen wir viel öfter zu hören, und deshalb können wir die ungerechten Vorwürfe leicht verkraften.«

13.
GEBURTSHILFE

Einer der Gründe, warum man mich in die Tadchester-Praxis aufgenommen hatte, war meine Qualifikation als Geburtshelfer. Ich besaß ein Diplom vom Royal College für Geburtshilfe und Gynäkologie. Steve Maxwell wollte die Geburtshilfe aufgeben. Er fand, daß er auf diesem Gebiet seinen Teil getan hatte. Henry, der es irgendwie geschafft hatte, seine Tätigkeit als praktischer Arzt mit seiner chirurgischen Arbeit zu kombinieren, deutete an, daß er sich in Zukunft auf dem Sektor Geburtshilfe zurückhalten würde, da demnächst mehrere Operationen auf ihn zukämen.

Ich hatte ein Jahr lang an einem Londoner Krankenhaus als Geburtshelfer und Gynäkologe gearbeitet. Außerdem hatte ich dort eine lange, ernsthafte Affäre mit einer Hebamme namens Brenda Collins gehabt. Diese Beziehung hatte meine medizinischen Kenntnisse zwar nicht sonderlich erweitert, aber Brenda hatte mir eine ganze Menge anderer Dinge beigebracht. Ich hatte sie bereits meiner Mutter vorgestellt, aber dann war Brenda zu der Ansicht gelangt, daß einer meiner Kollegen, der sich spezialisieren wollte und eleganter gekleidet war als ich, einen besseren Ehemann abgeben würde als ein künftiger praktischer Arzt.

Nach dem Ende unserer Affäre ging ich ans Winchcombe Hospital. Und von dort war ich nach Tadchester übersiedelt, gewappnet mit den neuesten Erkenntnissen und Techniken auf dem Geburtshilfe-Sektor. Ich war es gewohnt, mit einem hilfreichen Schwesternteam, Chirurgen und Anästhesisten zusammenzuarbeiten, unterstützt von der modernen Apparatur im OP, und ich hatte sogar höchstpersönlich drei Kaiserschnitte durchgeführt. Wenn ich ›höchstpersönlich‹ sage, so bedeutet das, daß mir der Chef der gynäkologischen Abteilung die ganze Zeit assistiert und meine Hand gehalten hat.

Ich fühlte mich allen potentiellen Notfällen, die in den Kindbetten von Tadchester auftreten könnten, gewachsen und sonnte mich in der Bewunderung meiner Partner, die mich als Spezialisten betrachteten.

Im Tadchester Hospital war es sehr schlecht um die Versorgung werdender Mütter bestellt. Im Hospital hatten wir keine Betten für sie. Aber drei Kilometer weiter unten an der Straße stand ein altes Schwesternheim, und der Staatliche Gesundheitsdienst erlaubte uns, dort zwölf Patientinnen pro Monat unterzubringen. In St. Mary's, so hieß das Heim, gab es zwar fließendes Wasser, elektrischen Strom und Pflegepersonal, aber wenn ich mich nach anästhetischen Geräten und anderen Instrumenten umsah, an die ich von Winchcombe her gewöhnt war, wurde ich ausgelacht.

»Hier bist du ganz auf dich selbst gestellt, Bob«, sagte Henry. »Du mußt eben alles in deine Tasche packen – Nadeln, Faden, Zange und so weiter…«

»Und die Anästhesie?« fragte ich.

»Oh, notfalls wird einer von uns vorbeikommen und deinen Patientinnen ein paar Tropfen Chloroform geben. Aber du kannst ja auch eine Flasche einpacken – zur Sicherheit.«

Mein Herz wurde schwer. Es gab keine Transfusionsgeräte, keine Blutkonserven, keinen Sauerstoff – und keinen einzigen von den Spezialapparaten, mit denen man Neugeborene wiederbeleben kann.

Die nächstgelegene Mütterabteilung befand sich in Winchcobe, und auch dort gab es nur fünfzehn Betten – für einen Umkreis von achtzig Kilometern. Alle meine Partner betrachteten es als schwerwiegenden Fehlschlag, wenn eine Gebärende ins Krankenhaus geschickt werden mußte. Sie erzählten mir Schauergeschichten von Zangengeburten im Schlafzimmer, von operativen Entfernungen der Nachgeburt, während die Patientin daheim im Federbett lag. Das alles hörte sich schrecklich an.

Bei meiner ersten Entbindung in St. Mary's, die ich mit der Unterstützung einer Hilfsschwester vornahm, spazierte der Spaniel der Oberschwester in den Kreißsaal, hob sein Bein an dem Tisch, auf dem die Gebärende lag und zog sich dann würdevoll zurück.

Das war also eine Entbindung auf dem Lande?

Aus irgendeinem Grund hatten wir niemals ernsthafte Schwierigkeiten in unserem Schwesternheim, wenn es auch einige Aufregungen gab. Im Winchcombe Hospital kam es trotz der sterilen, aseptischen Krankenzimmer immer wieder zu Infektionen. In St. Mary's hatten wir keine einzige Infektion, trotz der primitiven Einrichtung.

Alle vierzehn Tage hielten wir in der Praxis eine Sprechstunde für werdende Mütter ab. Schwester Plank, die Bezirkshebamme, half uns in jedem einzelnen Fall bei der Dokumentation und Betreuung. Sie war eine der Säulen unserer Gemeinde. Als ich sie kennenlernte, war sie schon Ende Fünfzig. Ich verbreitete mich über die neuesten Techniken, die wir statt ihrer altmodischen Methoden anwenden müßten. Aber sie nickte nur, als hätte sie das alles schon einmal gehört. Sie war ein wahres Juwel, und die jungen Mütter liebten sie.

In den dreißig Jahren ihres Berufslebens hatte sie ein paar tausend Babys ans Licht der Welt geholt, meist ohne ärztliche Hilfe. Bei jeder Geburt war sie ruhig und gelassen, zuckte nicht mit der Wimper, wenn es zu Blutstürzen kam oder andere Probleme auftraten. Zu meinem tiefen Kummer mußte ich feststellen, daß sie trotz meiner Kenntnisse, die auf dem neuesten Stand der Wissenschaft basierten, viel mehr von Geburtshilfe verstand als ich. Mit der Zeit verließ ich mich so sehr auf sie, daß ich kalte Füße bekam, wenn sie bei einer Entbindung nicht rechtzeitig auftauchte, und inständig auf ihre baldige Rückkehr, möglichst noch vor der Ankunft des Babys, hoffte.

Die große Mehrheit der Stadtbewohnerinnen brachten ihre Babys daheim zur Welt. Eine Frau wurde nur dann ins Heim aufgenommen, wenn im Lauf der Schwangerschaft Schwierigkeiten auftraten oder wenn es bei ihr zu Hause an grundlegenden Notwendigkeiten fehlte, zum Beispiel an sanitären Anlagen, Fließwasser und elektrischem Strom.

Ich nahm Entbindungen vor offenen Kaminen vor, im Flammenschein, der nur von wenigen Kerzen ergänzt wurde. Durchschnittlich hatte ich alle zwei Wochen drei Hausgeburten, die oft nur zehn Minuten dauerten, manchmal auch zwei bis drei Tage. In solchen Fällen flitzte ich zwischen der Praxis und dem betreffenden Haushalt hin und her, wußte oft nicht, ob ich eingreifen oder aufgeben und die Frau ins Winchcombe Hospital schicken sollte.

Die Geburtshilfe war einer der befriedigensten Aspekte meiner Tätigkeit, und die schwangeren Frauen gehören zu den seltenen Patientengruppen, die sich gemeinsam mit dem Arzt auf ein Happy-End freuen.

Die schönsten Entbindungen erlebte ich auf abgelegenen Farmen, rings um Tadchester ›Unten am Berg‹. Dort war eine Geburt ein Teil des natürlichen Lebens – genauso wie das Lammen. Niemand fürchtete sich vor Komplikationen, und es tauchten auch nur ganz selten welche auf. Während der Wehen saßen wir im Schlafzimmer – Schwester Plank, meist auch der Farmer, die werdende Mutter und ich. Die Atmosphäre war ganz locker, die Geburten verliefen immer relativ normal, und danach freuten sich alle über das gesunde neue Familienmitglied. Es gab Tee und Gebäck, manchmal auch Apfelwein oder Schlehenschnaps, die lokale Spezialität.

Eine Farm-Entbindung ist mir allerdings in schrecklicher Erinnerung, denn die Mutter bekam nach der Geburt einen Blutsturz. Ich injizierte ihr die Maximaldosis aller blutstillenden Medikamente, die ich zur Verfügung hatte, beruhigte sie, so gut ich konnte und bestellte einen Krankenwagen. Dann saß ich bei ihr und beobachtete, wie sie immer bleicher wurde, während das Blut unaufhörlich floß.

In jener Zeit gab es noch keinen Hubschrauberrettungsdienst. Meistens dauerte es eine gute Stunde, bis ein Krankenwagen in diese Gegend kam. Und im Sommer, im dichten Urlaubsverkehr, brauchte man oft eineinhalb Stunden, um einen Patienten ins Winchcombe Hospital zu bringen.

Damals hatten wir auch keine Transfusionsgeräte, kein Blutplasma, und mir blieb nichts anderes übrig, als dazusitzen und zuzuschauen, wie die junge Frau immer schwächer wurde. Sie schien meine Sorge zu spüren, denn sie fragte ängstlich: »Können Sie denn gar nichts unternehmen, Doktor? Ich muß doch nicht sterben?« Doch es war mir nicht mehr möglich, ihr glaubhaft zu versichern, daß sich alles zum Guten wenden würde. Dieser Zeitpunkt war längst überschritten, und das wußte sie genausogut wie ich.

Nach einer halben Ewigkeit traf der Krankenwagen ein, mit zwei netten Sanitätern, die aufmunternd lächelten, und deren Anblick mich mit neuer Hoffnung erfüllte. Sie hatten ein Transfusionsgerät mitgebracht, und ich konnte frisches Blut in die Adern meiner Patienten pumpen. Ihr Pulsschlag, der nur noch ein schwaches Flattern gewesen war, begann sich zu kräftigen, bald konnte ich ihn wieder fühlen. Sie hatte so viel Blut verloren, daß die Blutung aufgehört hatte. Wahrscheinlich hatte sie keinen einzigen Tropfen mehr im Körper gehabt.

Ich fuhr mit ihr im Krankenwagen nach Winchcombe und überprüfte alle paar Minuten ihren Puls. Sie hielt gerade noch durch, bis sie mit Blitzgeschwindigkeit in den OP gebracht wurde. Vierundzwanzig Stunden später saß sie strahlend im Bett und stillte ihr Baby, als wäre überhaupt nichts passiert.

Und ich fühlte mich so ausgelaugt, als wäre ich fünfzig Jahre älter geworden.

Ich hatte noch immer keine echten Heldentaten vollbracht so wie meine Partner, die sich damit brüsteten, daß sie oft beide Füße gegen das Bett hätten stemmen müssen, um ein Baby mit der Zange zu holen. Aber auch meine große Stunde sollte noch kommen...

Eine junge Mutter lag daheim in den Wehen und machte keine Fortschritte. Das Baby war offenbar ziemlich groß. Ich hatte zwar schon Babys, die relativ tief lagen, mit kleinen Zangen geholt, aber große Zangen hatte ich noch nie benutzt und bisher bei keiner einzigen Zangengeburt Gewalt angewendet.

Ich mußte Jack und Henry anrufen und um Hilfe bitten, denn diese Entbindung war wahrlich keine Bagatelle.

Jack narkotisierte die junge Frau, indem er eine Mischung aus Chloroform und Äther auf die Mullmaske träufelte, die ihr Gesicht bedeckte. Henry schlenderte ungerührt im Zimmer umher, während ich, der qualifizierte Geburtshelfer, Blut und Wasser schwitzte. Nun würde ich beweisen müssen, was ich wert war.

»Beeil dich!« sagte Henry, ein Ohr am Bauch der Frau. »Dem Kleinen wird's allmählich zu langweilig.«

Mühsam gelang es mir, den Kopf des Kindes mit der Zange zu erfassen. Es war tatsächlich ein Riesenbaby. Dann begann ich zu ziehen.

»Fester!« schrie Henry. »Ich halte sie an den Armen fest.«

Die arme Frau wurde beinahe entzweigerissen, als Henry am einen Ende zerrte und ich am anderen. Nichts rührte sich. Ich wußte nicht mehr, was ich tun sollte.

»Los, Junge!« sagte Henry. »Wenn du nicht bald was unternimmst, muß das Baby dranglauben.«

Ich stemmte einen Fuß gegen das Bett und zog mit aller Kraft an der Zange. Der Kopf des Babys kam heraus, von Gewebe umgeben, das sich gelöst hatte. Das Bett, das lose auf vier Holzpflöcken gelegen hatte, fiel mit einem ohrenbetäubenden Krach zu Boden. Der Ehemann der armen Frau, der unten im Wohnzimmer gewartet hatte, stürmte herauf, außer sich vor Angst um seine Liebste. Er kam gerade rechtzeitig, um zu sehen, wie der Rest des Babys auftauchte. Es war ein bißchen blau im Gesicht, aber nachdem Schwester Plank ihm ein paar Klapse gegeben hatte, holte es Atem und schrie aus Leibeskräften.

Endlich gehörte ich auch zum Heldenklub!

»Das hast du gut gemacht, alter Junge«, meinte Henry. »Ohne dich hätte sie ihr Baby verloren.«

Das junge Ehepaar wohnte ziemlich weit von der Stadt entfernt und gehörte nicht zu unserem Patientenkreis. Aber sie waren nach Tadchester gekommen, weil die junge Frau das Baby in ihrem Elternhaus zur Welt bringen wollte. Nach der Entbindung verlor ich die Familie aus den Augen.

Ein paar Jahre später sah ich die drei wieder, als sie durch die Stadt gingen. Der kleine Junge – er mußte inzwischen sieben geworden sein – trug eine Beinschiene. Offenbar hatte er Kinderlähmung gehabt.

»Was ist denn mit unserem jungen Mann passiert?«

»Nein.« Die Mutter errötete. »Der Arzt meint, das sei auf eine Verletzung zurückzuführen, die er bei der Geburt erlitten hat.«

Ich erinnerte mich, wie stolz ich gewesen war, als ich, einen Fuß gegen das Bett gestemmt, mit aller Kraft gezogen und gezerrt hatte, um dieses Kind aus dem Mutterleib zu befördern. Aber wenn ich das nicht getan hätte, wäre es vermutlich nicht am Leben geblieben.

Glücklicherweise haben sich unsere Arbeitsbedingungen auf diesem Sektor mittlerweile verbessert, und in der Entbindungsstation des Winchcombe Hospitals stehen uns mehr Betten zur Verfügung, so daß wir uns nicht mehr mit den heroischen Aspekten der Geburtshilfe herumschlagen müssen.

Meine nächste Zangengeburt verlief ganz anders.

Jack hatte mich gebeten, ihm in einem Zigeunerlager beizustehen. Man hatte ihn gerufen, als bei einer jungen Frau die Wehen einsetzten. Während ihrer Schwangerschaft war sie kein einziges

Mal beim Arzt gewesen. Offenbar waren ihre Wehen zu schwach. Jack erklärte, er würde sie narkotisieren und ich müßte das Kind mit der Zange holen.

Die Frau lag auf einem schmalen Klappbett in einem winzigen Wohnwagen. Ich mußte mich ans Fußende des Bettes stellen, weil sonst nirgendwo Platz war. Es bereitete mir keine großen Schwierigkeiten, die Zange anzusetzen, und das Baby ließ sich mühelos herausziehen.

Ich nabelte es ab, weil Schwester Plank unauffindbar gewesen war, und hob es dann hoch, um es in sein Bettchen zu legen, bevor ich mich um die Nachgeburt kümmerte. Leider vergaß ich, daß dieser Kreißsaal sehr beengt war, machte einen Schritt nach hinten und fiel durch die halboffene Tür des Wohnwagens rücklings die Stufen hinab, das Baby an meine Brust gedrückt. Noch nie war ich mir so albern vorgekommen, und mir gefiel dieses Abenteuer überhaupt nicht.

Sechs oder sieben Zigeuner saßen um das Lagerfeuer herum und schauten interessiert zu. Als ich versuchte, mich aus dem Gras zu erheben, und mit einer Hand das Baby festhielt, damit es nicht mit dem Boden in Berührung kam, schlenderte einer der Männer herüber. »Sie sind sicher noch ein Anfänger, was, Doktor?« meinte er grinsend. Am liebsten hätte ich ihm einen Tritt verpaßt.

Die Frauen scheinen ihre Kinder an allen möglichen und unmöglichen Orten zu bekommen. Wenn auch die große Mehrheit daheim oder im Schwesternheim entband, mußte ich auch in Bussen, Taxis, Gartenschuppen, auf Feldern und einmal sogar in der letzten Reihe eines Kinos Geburtshilfe leisten.

Aber ich war nicht immer rechtzeitig zur Stelle. Eines Nachts, um zwei Uhr, riß mich das Klingeln des Telefons aus dem Schlaf und eine mürrische Stimme meldete sich. »Sind Sie das, Doktor?«

»Ja.«

»Hier ist George Hobbs, in...« Er nannte den Namen eines Dorfs, sechzehn Kilometer von der Praxis entfernt. »Könnten Sie mal vorbeikommen und nach meiner Frau sehen? Jetzt sofort!«

»Was ist denn los?« erkundigte ich mich.

»Ich glaube, sie kriegt ein Kind.«

»Wie meinen Sie das? Sie *glauben*, daß sie ein Kind kriegt? War sie in letzter Zeit beim Arzt?«

»Nein. Ich glaube, daß sie ein Kind kriegt.«

»Liegt Ihre Frau in den Wehen?«

»Ich glaube, daß sie ein Kind kriegt«, wiederholte die bärbeißige Stimme. Dann legte George auf.

Seufzend stieg ich aus dem Bett und machte mich auf den Weg, um Mr. Hobbs' Cottage zu suchen. Das war ein ganz neuer Fall. Noch nie zuvor hatte mich jemand angerufen, der sich nicht ganz sicher gewesen war, ob es sich bei seinem Problem um eine Geburt handelte oder nicht. Normalerweise wissen die Frauen das ganz genau, daß sie ein Baby bekommen. Oder sie wissen ganz genau, daß das nicht der Fall ist – so wie Mrs. Richards, mit der wir uns später befassen werden.

Endlich fand ich das einsame Häuschen. Ein unrasierter, ein Meter achtzig großer Farmer ließ mich eintreten. Er sah so aus, als würde er sich nicht die geringsten Sorgen machen. Wir durchquerten einen Raum im Erdgeschoß, der einen Tisch und einen Stuhl enthielt – sonst nichts.

»Kommen Sie mit nach oben, Doktor«, forderte er mich auf.

Ich folgte ihm die Treppe hinauf. In einem unvorstellbar schmutzigen Zimmer stand ein Bett, und darauf lag eine Frau – ein Baby zwischen den Knien, dessen Nabelschnur noch mit der Nachgeburt verbunden war. Und die Nachgeburt steckte noch in der Mutter. An einer Wand lagen vier schlafende Kinder, unter einem zerknüllten Deckenberg. Durch eine offene Tür sah ich in einen Nebenraum, wo vier weitere Kinder schliefen, ebenfalls unter zerwühlten Decken, teils auf den Bodenbrettern, teils auf dünnen Matratzen. Ich konnte es kaum fassen, daß es in unserem Jahrhundert immer noch Menschen gab, die in solchen Verhältnissen lebten.

Ich ging sofort an die Arbeit und beendete die Entbindung des mittlerweile lauthals schreienden Babys. Unter diesen Umständen konnte ich es nicht seinem Schicksal überlassen, und so schickte ich den Farmer weg, mit der Bitte, Schwester Plank zu holen. Ich ging auf die benachbarte Farm, um telefonisch einen Krankenwagen zu bestellen und zu veranlassen, daß die Mutter für ein paar Tage ins St.-Mary's Heim gebracht wurde.

In dem schmutzigen Cottage hatte ich nicht einmal ein Handtuch oder einen Lappen aufgetrieben – nichts, womit man sich abtrocknen konnte. Die Nabelschnur hatte ich mit einem Strick abbinden müssen, den ich auf dem Boden gefunden hatte.

Ich rief auch eine Beamtin von der Fürsorge an, die mir versprach, sofort zu kommen und sich um die anderen Kinder zu kümmern. Dann kehrte ich in das Cottage zurück, wo die Kinder bereits unruhig wurden. Offenbar gab es im ganzen Haus keine Nahrungsmittel, doch das schien niemanden zu stören.

Schwester Plank war schon eingetroffen und machte sich geschäftig ans Werk. Inzwischen war es sieben Uhr morgens geworden. Ich lehnte den Tee ab, der mir in einer schmutzigen Tasse angeboten wurde, packte müde meine Sachen zusammen und ging zum Auto. George lehnte an der Gartentür und schaute mir nach, ungepflegter und unrasierter denn je. Triumphierend grinste er mich an. »Ich hatte doch recht, was, Doktor? Meine Frau hat tatsächlich ein Kind gekriegt.«

Jeder Arzt in meinem Bekanntenkreis behauptet, daß seine Patienten, vor allem die schwangeren Frauen, seltsamer und schwieriger sind als die Patienten aller anderen Ärzte. Wenn ich einen Kollegen treffe, kann er es kaum erwarten, bis ich die Schilderung dieses oder jenes Falls beendet habe, um dann von seinen eigenen haarsträubenden Berufserfahrungen zu erzählen. Ich will zwar nicht behaupten, daß ich als Geburtshelfer unübertroffene Abenteuer bestanden habe, aber ich glaube, ich kann ganz gut mithalten.

Ich hatte Patientinnen, die mir schworen, daß sie nichts von ihrer Schwangerschaft gewußt hätten – und manchmal war das sogar die reine Wahrheit.

Mrs. Richards, eine etwa fünfzigjährige Frau, die in der Nähe des Friedhofs wohnte, ließ mich eines Nachts rufen, weil sie ›wahnsinnige‹ Bauchschmerzen hatte. Als ich ihren umfangreichen Leib untersuchte, stellte ich fest, daß sie rhythmische Kontraktionen hatte. »Wann waren Sie denn zuletzt beim Arzt?« fragte ich.

»Ach, ich war bei Dr. Hart, als ich vor acht Monaten beschloß, meinen Lebensstil zu ändern. Ich fing plötzlich an, zuzunehmen, und er gab mir Schlankheitspillen. Und jetzt habe ich diese grauenhaften Bauchschmerzen...«

»Tut mir leid, daß ich Ihnen das so unverblümt sagen muß – aber Sie werden in ein paar Minuten ein Baby bekommen.«

»Guter Gott! Meine Tochter erwartet gerade ein Kind! Nächste Woche bin ich womöglich schon Großmutter!«

Nellie Block lebte in einem Dorf, wo sie sich liebevoll aller jungen Männer annahm. Die arme Nellie war von eher schlichtem Gemüt und unfähig, den Annäherungsversuchen des anderen Geschlechts zu widerstehen. Im Laufe der Jahre entband ich sie von fünf Kindern, die alle verschiedene Väter hatten.

Ihre letzte Schwangerschaft war ein bißchen anders als üblich verlaufen. Normalerweise tauchte sie im sechsten Monat mit dikkem Bauch und verschämtem Blick in meiner Sprechstunde auf. Auch diesmal kam sie mit den gewohnten Symptomen, aber sie lächelte triumphierend.

»Nun, Nellie, wo wollen Sie Ihr Baby denn diesmal zur Welt bringen?« fragte ich.

»Oh, ich erwarte kein Baby«, entgegnete sie herablassend.

»Sind Sie sicher?«

»O ja.« Sie zog einen schmutzigen Zettel aus der Tasche. »Der junge Mann, mit dem ich grade gehe, hat's mir schriftlich gegeben, daß er nur eine Niere hat, und deshalb weiß ich, daß ich nicht schwanger bin.«

Die künftigen Ereignisse bewiesen, daß sie sich geirrt hatte.

Meine lustigste Entbindung erlebte ich, als Lily, verheiratet mit Jack Biggs, dem Pfadfinderführer von Tadchester, ihr Baby bei sich zu Hause bekam. Jack war ein eifriger Bastler und hatte alle möglichen Vorbereitungen getroffen, um ihr die Geburt so angenehm wie möglich zu machen. Dazu gehörte auch ein Fernseher, den er am Fußende des Bettes installiert hatte. Die Wehen erreichten gerade ihren Höhepunkt, als sich Freddy Trueman auf dem Bildschirm durch die Reihen der australischen Kricketspieler kämpfte, in dem Spiel England gegen Australien. Von der Seite des Bettes aus konnte ich den Bildschirm nicht so gut sehen, und so sagte Lily: »Legen Sie sich doch zwischen den Wehen zu mir, Doktor!« Also lag ich zwischen den Wehen neben Lily auf dem Bett und verfolgte das Spiel, und während der Wehen kauerte ich neben dem Bett und sprach ihr Mut zu.

»Los, Lily!« ermunterte ich sie. »Vielleicht können Sie den neuen Wölfling noch vor dem Ende des nächsten Overs rausdrükken!«

Der kleine Freddy Statham Biggs wuchs zu einem gesunden Jungen heran und war der ganze Stolz seiner Eltern.

14.
KOMMEN SIE SCHNELL, DOKTOR

Henry Johnson, mein Chirurgenpartner, rief mich während meiner Vormittagssprechstunde an und bat mich, zu einer seiner Patientinnen zu kommen, die vor einer schwierigen Entbindung stand, und ihr ein bißchen ›Dampf‹ zu geben. ›Dampf‹ bedeutete eine Chloroformnarkose, die an sich nicht ungefährlich ist. Und da Henry sie anwenden wollte, mußte etwas schiefgegangen sein.

Ich sprang mit meiner Anästhesistentasche ins Auto und raste zu den Gemeindewohnhäusern ›Oben am Berg‹ hinauf. Es dauerte eine Weile, bis ich die Nummer 47 fand, die Adresse, die Henry mir genannt hatte, denn das Haus lag hinter den Hauptgebäuden in einer Sackgasse.

Entbindungsnotfälle in Privathäusern waren Alpträume für mich. Da ich an den modernen Komfort von Geburtsabteilungen in Kliniken gewöhnt war, erschrak ich immer wieder über die primitiven Methoden, die man hier auf dem Lande anwandte.

Ich betrat einen halbdunklen Raum, wo eine bleiche, dünne Frau mit einem Riesenbauch auf einem Bett lag, offensichtlich mit blockierten Wehen. Schwester Plank beugte sich geschäftig über die werdende Mutter, und Henry starrte geistesabwesend aus dem Fenster. Da er so groß und dünn war, sah er in seinem weißen Kittel mit den Gummihandschuhen wie ein Schreckgespenst aus.

Langsam drehte er sich zu mir um. »Eine Steißgeburt«, verkündete er. (Das bedeutet, daß das Baby zuerst mit den Beinen statt mit dem Kopf herauskommen würde.)

Mich hätte das zu Tode geängstigt, aber nicht Henry. Anscheinend konnte ihn überhaupt nichts auf dieser Welt erschüttern.

»Wenn du sie narkotisiert hast, werde ich die Beine rausziehen.«

Henry war zwar ein großartiger praktischer Arzt. Aber was seine Schwangerschaftsbetreuung anging, hegte ich gewisse Zweifel an seinen Fähigkeiten. Eigentlich hätte man schon vor diesem Stadium herausfinden können, daß sich das Baby in einer Steißlage befand.

Ich packte meine Mullmaske und die Chloroformflasche aus, fügte dem Chloroform etwas Äther bei, legte die Maske auf das Gesicht der Patientin und begann das Betäubungsmittel darauf zu träufeln. Es war mir in tiefster Seele zuwider, jemanden auf diese Weise narkotisieren zu müssen. Man hatte so wenig Kontrolle über den Vorgang; hatte keine Aspiratoren zur Verfügung, um den Schleim aus dem Mund zu saugen und die Atemwege freizuhalten. Der Patient bekam oft Krämpfe, wenn er die giftigen Dämpfe auszuatmen versuchte, und man konnte die Anästhesie nicht richtig vorbereiten. Womöglich hatte diese Patientin den Magen voller Plumpudding und würde jeden Augenblick erbrechen. Aber es gab keine Alternative.

Sobald sie bewußtlos war, zog Henry, der so geschickt mit seinen Händen umgehen konnte, die Beine des Babys, die den Entbindungsprozeß aufgehalten hatten, aus dem Mutterleib, und wenige Minuten später tauchte das Baby auf, das etwa sechs Pfund zu wiegen schien. »Gut gemacht«, sagte Henry. »Jetzt kannst du sie wieder wecken.«

Ich blickte auf den riesigen Bauch, der mir gleich bei meiner Ankunft aufgefallen war und dessen Umfang sich kaum verändert hatte. »Bist du sicher, daß wir schon fertig sind, Henry?«

»Oh, die Nachgeburt wird gleich kommen. Weck sie endlich auf!«

»Ich meine nicht die Nachgeburt. Sie sieht so aus, als hätte sie noch einiges auf Lager.«

Widerstrebend legte er die Hand auf den Bauch der jungen Mutter. »Großer Gott!« rief er. »Du hast recht! Da ist noch ein Baby drin!«

Nach kurzer Zeit, mit Henrys tatkräftiger Hilfe, tauchte das zweite Baby auf, mit dem Kopf zuerst. Die Patientin hatte bereits fünf Schwangerschaften hinter sich, und sobald der Kopf dieses Babys das Licht der Welt erblickt hatte, rutschte es zur Gänze heraus, um sich zu seinem fünf Minuten älteren Bruder zu gesellen.

»Du lieber Himmel!« sagte Henry. »Zwillinge! Das ist aber eine Überraschung!«

Ich schaute auf den Bauch. Er war etwas kleiner geworden, aber nicht in dem Maße, wie ich es erwartet hatte. »Willst du nicht noch mal nachsehen, Henry. Ich finde, der Bauch ist immer noch ziemlich umfangreich.«

»Unsinn! Sie hatte natürlich eine große Plazenta, wenn sie die beiden füttern mußte. Gib ihr ein bißchen Ergometrin.« Lässig tätschelte er den Bauch der Patientin, dann zog er seinen Kittel und die Handschuhe aus.

Ich befolgte seine Instruktion und injizierte ihr Ergometrin, ein

Medikament, das die Gebärmutter kontrahiert und die Gefahr eines Blutsturzes nach der Geburt verringert. Wenn es auch die Plazenta in der Gebärmutter festhalten kann – meist beschleunigt es ihren Abgang.

Eine Minute, nachdem ich der Frau die Injektion gegeben hatte, schrie sie auf, und ich schaute gerade noch rechtzeitig nach unten, um zu sehen, wie das Baby buchstäblich herausgeschleudert wurde. Das Ergometrin hatte in der Tat gewirkt.

»Ich dachte mir schon, daß es drei sein könnten«, sagte Henry. »Gib ihm mal einen Klaps. Er sieht ziemlich blau aus.«

Ich fragte mich, welchen Effekt dieser Katapultstart ins Licht der Welt auf die künftige Psyche des kleinen Burschen ausüben würde. Schwester Plank, normalerweise ebenso unerschütterlich wie Henry, geriet völlig aus dem Häuschen. Sie mußte drei Babys baden, genügend Bettwäsche, Windeln und Hemdchen zusammensuchen und einen Platz finden, wo sie die Drillinge hinlegen konnte. Aufgeregt schwirrte sie umher und fluchte leise vor sich hin.

»Danke, Dr. Johnson«, sagte die Patientin, als sie aus der Narkose erwachte. »Sie waren großartig.«

»Keine Ursache«, erwiderte er. »Ich war schon immer der Meinung, daß eine Frau ihre Kinder daheim kriegen soll. Dazu braucht man wirklich nicht in ein Krankenhaus zu gehen.«

Das war alles so unglaublich, und ich hatte das Gefühl, daß ich kurz vor einem Nervenzusammenbruch stand. Aus irgendeinem Grund waren alle die Katastrophen, die ich befürchtet hatte, nicht eingetreten. Wir hatten drei gesunde Babys, obwohl wir nur mit einem gerechnet hatten, und eine gesunde Mama. So war das immer bei Henry. Offenbar stellte er sich niemals vor, daß etwas schiefgehen könnte, und irgendwie brachte er es auch immer zuwege, daß alles klappte.

Die Mutter der Drillinge war eine gewisse Mrs. Sarah Wilkins, die nun für acht Kinder sorgen mußte – eine dünne, ausgemergelte Frau, die alle Bürden dieser Welt zu tragen schien. Wie sie mir später erklärte, als ich einmal einen Hausbesuch machte, um einen der Drillinge zu behandeln – »wenn mein Mann die Turnschuhe anhat, klickt's immer«. Sie bekam noch drei weitere Kinder.

Mrs. Wilkins war nicht die einzige meiner Patientinnen, die ein bizarres Eheleben führte. Mrs. Merchant heiratete mit sechzig zum zweitenmal, nachdem sie Mitte fünfzig Witwe geworden war. Sie ehelichte einen kanadischen Farmer im Ruhestand, der in sein Vaterland zurückgekehrt war, um seine letzten Tage in Tadchester zu verbringen. Bei der Trauung glaubte sie, er wäre fünfundsechzig, aber in Wirklichkeit war er schon achtundsiebzig. Aber sein Alter ließ nicht auf seine physischen Kräfte schließen. Mrs. Merchant erzählte mir, ihr fast achtzigjähriger Gatte würde sie viel häufiger zur Erfüllung ihrer ehelichen Pflichten anhalten als ihr erster Mann (ein Seefahrer) vor knapp vierzig Jahren. »Doktor, er macht mich ganz fertig. Wenn er nach dem Essen mit den Fingern auf den Tisch trommelt, weiß ich sofort, was los ist. Könnten Sie ihm vielleicht irgendeine Medizin geben?«

Als ich nach der Geburt der Drillinge in die Praxis zurückkam, eilte mir Gladys entgegen. »Ein Notfall, Dr. Bob! In Sanford-on-Sea liegt ein Kind in einem Wohnwagen, das keine Luft mehr kriegt!«

Ich ergriff meine Tasche und fuhr, so schnell ich konnte, zum Campingplatz von Sanford-on-Sea.

Alle Wohnwagen hatten verschiedene Namen. Sie waren nicht numeriert, und ›Kosciot‹ – diesen Namen hatte mir Gladys genannt – konnte einer von den etwa hundert farhbaren Domizilen sein, die auf dem großen Platz verstreut standen. Es war Winter, und um diese Zeit waren nur wenige Wagen bewohnt.

Ich fuhr eine Zeitlang umher, versuchte die Namen zu entziffern, dann beschloß ich auszusteigen, um mich in einem Wagen, der bewohnt aussah, nach ›Kosciot‹ zu erkundigen. Sobald ich den Motor abgestellt hatte und aus meinem Auto geklettert war, wußte ich, wo ich gebraucht wurde. Aus einem Wagen, ganz in meiner Nähe, drang ein Geräusch, das sich wie das Gebell eines Seehunds anhörte.

Ich rannte zu dem Wohnwagen. Ein junges, verzweifeltes Elternpaar lief händeringend im Wohnwagen herum, und in einem Bettchen lag ein etwa achtzehn Monate altes Mädchen auf dem Rücken, ganz blau im Gesicht, rang nach Luft und gab bei jedem Atemzug diesen bellenden Laut von sich, der mir den Weg gewiesen hatte.

»Vor einer Stunde ist es ihr noch gutgegangen, Doktor!« rief die unglückliche Mutter. »Tun Sie was! Bitte, tun Sie was! Sie kann nicht mehr atmen – ich glaube, sie stirbt!«

Das Kind sah schrecklich aus, und ich hatte die Kehlkopfdiphtherie schon immer als besonders furchtbare Krankheit betrachtet. Sie wird durch ein Anschwellen der Schleimhäute in der Luftröhre (Trachea) hervorgerufen, aufgrund einer Infektion. Manchmal kann man nur durch einen Luftröhrenschnitt Abhilfe schaffen. Das bedeutet, daß man ein Loch in den Hals schneiden und ein Rohr einführen muß. Ich hatte so etwas noch nie gemacht und hoffte, daß dies nicht das erste Mal sein würde.

Ich hob das Kind hoch, wischte ihm mit meinem Taschentuch den Schleim aus dem Mund und hielt es dann so, daß sein Kopf nach unten hing. »Stellen Sie Wasser auf den Herd!« stieß ich hervor. »Ich brauche Dampf!«

Es schien eine Ewigkeit zu dauern, bis die nervöse Mutter einen Kessel mit Wasser gefüllt und den Gasherd angezündet hatte. Ungeduldig wartete ich, bis das Wasser zu kochen begann. Seit ich das Kind in den Armen hielt, konnte es etwas besser atmen. Ich glaube, manche Kinder werden von der Sorge ihrer Eltern angesteckt, und sobald ein Fremder auftaucht und die Situation allem Anschein nach unter Kontrolle hat (obwohl ich mindestens genauso aufgeregt war wie die Eltern), beruhigen sie sich.

Als das Wasser kochte, trug ich der Mutter auf, es in eine Schüssel zu gießen. Dann legte ich ein Handtuch über den Kopf des Kindes und die Schüssel, so daß ihm der konzentrierte Dampf ins Gesicht stieg. Wenige Minuten später waren die bellenden Geräusche verstummt, und die Kleine saugte glücklich an ihrem Fläschchen, als wäre überhaupt nichts passiert. Die Eltern und ich tranken Tee, aufgegossen mit dem Rest des kochenden Wassers, das noch im Kessel gewesen war.

»Ich bin so froh!« sagte die Mutter. »Ich dachte schon, wir würden sie verlieren.«

Ich horchte die Brust des Kindes ab und verschrieb ihm Antibiotika. Dann wies ich die Eltern an, es noch einmal Dampf inhalieren zu lassen, wenn es noch einmal unter Atemnot leiden sollte. Außerdem riet ich ihnen, ständig für Dampf im Wohnwagen zu sorgen, indem sie die ganze Zeit Wasser auf dem Herd kochen ließen.

Ich haßte die Kehlkopfdiphtherie. Diesmal hatte der Dampf ein Wunder bewirkt, aber so effektvoll war er nicht immer, und es war stets ein Alptraum gewesen, wenn ich mit keuchenden Babys ins Hospital gerast war und mich besorgt gefragt hatte, ob wir auch rechtzeitig eintreffen würden. Irgendwie hatten wir es immer geschafft.

Nach diesem zweiten Notfall innerhalb eines Vormittags kehrte ich leicht erschöpft in die Praxis zurück. Ich wußte, daß noch ein dritter auftreten würde, bevor der Tag zu Ende ging – und ich brauchte nicht lange zu warten. Soeben hatte ich eine Patientin empfangen, eine elegant gekleidete Schwedin, die sich für ein paar Monate in Tadchester niedergelassen hatte. Nach dem Stil ihrer Kleidung zu urteilen, hatte sie keine finanziellen Probleme. Trotzdem hatte sie ein Formular ausgefüllt, um sich auf Kosten des Staatlichen Gesundheitsdienstes behandeln zu lassen, und sich zu den anderen Patienten ins Wartezimmer gesetzt. Als sie vor meinem Schreibtisch Platz genommen hatte, sagte sie in entzückendem gebrochenem Englisch: *»Doktohr, diesche Schlange fand ich heute morgen in der Toilette. Glauben Schie, dasch da irgendwas im Eschen ischt?«* Sie öffnete ihre Handtasche und zog ein Papiertaschentuch hervor, in das einer der größten Menschenspulwürmer gewickelt war, den ich je gesehen hatte. Er paßte ganz gewiß nicht zu ihrem Mantel und den Handschuhen und war keineswegs ihr Stil.

Ich erklärte ihr, diese Heimsuchung könnte auf den Genuß von ungewaschenem Gemüse zurückzuführen sein, und verschrieb ihr Pillen und eine Medizin, die sie vor potentiellen Verwandten der unverschämten Bestie befreien würden. Verwundert fragte ich mich, welche Schlange auf welcher Wiese sie so schlimm infiziert hatte.

Als die Schwedin gegangen war, stürmte Gladys herein, um mich über den unabwendbaren dritten Notfall zu informieren. »Tut mir leid, Dr. Bob, aber beim Friseur ›Oben am Berg‹ ist jemand zusammengeklappt. Mehr kann ich Ihnen nicht sagen.«

Ich raste über die Brücke zum Friseur, wo sich der ›Notfall‹ inzwischen bestens erholt hatte und sich gerade die rechte Wange rasieren ließ. Während man ihm die linke Wange rasiert hatte, war der Kunde eingenickt und dann in Ohnmacht gefallen, als er beim Erwachen Blut auf dem Handtuch des Friseurs gesehen hatte. Eine Zeitlang hatte er bewußtlos im Sessel gehangen, dann war er wieder zu sich gekommen, und die Rasur konnte beendet werden. Man entschuldigte sich wortreich bei mir, aber ich bin immer froh, wenn sich ein Notfall als falscher Alarm entpuppt und zu keinem medizinischen Drama führt.

Charlie Lang betrieb den Friseurladen ›Oben am Berg‹ zusammen mit seinem Sohn Nigel. Charlie war ein Mann vom alten Schrot und Korn – zäh und einsilbig, ein echter Tadchesterianer, der etwa fünfhundert Verwandte in der Stadt hatte. Er wußte immer genau, was er wollte und was er zu tun hatte. Er liebte sein

Bier, und in seiner Jugend war er offenbar ein flotter Bursche gewesen, denn bei seinem Krankenblatt lag ein Entlassungsschein von der Handelsmarine, und darin stand, daß er an einer Geschlechtskrankheit gelitten hatte. Diese hatte ein paar Narben in seiner Harnröhre zurückgelassen, die den Urinfluß beeinträchtigten. Und das bedeutete, daß Charlie immer wieder ins Hospital kommen mußte, wo Henry seine Harnröhre mit Hilfe von Sonden erweiterte.

Wenn man männliche Harnröhren behandelt, muß man sehr gut aufpassen, um sie nicht zu infizieren, während man sie erweitert oder Katheter einsetzt. Wenn ein Arzt nicht über das erforderliche technische Geschick verfügt, kann er eine Infektion hervorrufen, die zu Blasen- oder Nierenentzündungen führt.

Charlie mußte alle drei Monate in die Klinik kommen, um seine Harnröhre erweitern zu lassen. Und dann ließ er sich plötzlich nicht mehr blicken. Wir dachten schon, er wäre weggezogen, als er weder die Dienste meiner Partner noch die meinen beanspruchte. Und dann tauchte er eines Tages widerstrebend in der Praxis auf. Er hatte ein Abszeß am Zahnfleisch, wollte aber nicht zum Zahnarzt gehen und bat mich, das Ding zu entfernen. Das charakteristische Merkmal seiner Kleidung war eine alte, verbeulte braune Melone. Ich war überzeugt, daß er sie sogar im Bett trug, denn ich hatte ihn noch nie ohne diesen Hut gesehen. Er trug ihn, wenn er seiner Kundschaft die Haare schnitt, und er trug ihn auch jetzt, als er mir zwei Reihen schmutziger, fauler Zähne zeigte.

»Was macht denn die Harnröhre, Charlie?« erkundigte ich mich. »Ich habe Sie schon lange nicht mehr im Hospital gesehen.«

»Ach, das mache ich jetzt selbst«, erwiderte er. »Es war mir immer so lästig, dauernd ins Hospital zu laufen.«

Das verwirrte mich, denn ich sah keine Möglichkeit, wie Charlie sich selbst hätte behandeln können. »Wie meinen Sie das? Sie machen es tatsächlich selbst?«

»Nun ja, ich fuhr nach Winchcombe, als die Einrichtung einer Arztpraxis versteigert wurde, und kaufte mir einen Katheter. Und wenn ich mal muß, schiebe ich ihn einfach rein.«

»Und was passiert, wenn Sie jetzt mal müssen?«

»Dann geh' ich auf die Toilette und steck' ihn rein.« Charlie nahm seinen Hut ab. Und darunter kam ein alter Gummikatheter, gewickelt in schmutziges Zeitungspapier, zum Vorschein.

Offenbar hatte er Henry immer sehr aufmerksam zugeschaut,

wenn dieser seine Sonden eingeführt hatte. Vermutlich katheterisierte er sich mehrmals am Tag mit diesem schmutzigen, infizierten Ding. Und irgendwie hielt der liebe Gott (es kann nur ER gewesen sein), alle Bakterien von Charlie fern.

»Brennt es nicht, wenn Sie Wasser lassen?« fragte ich. »Oder fühlen Sie sich unwohl?«

»Am Anfang hat's ein bißchen weh getan, aber jetzt habe ich keine Beschwerden mehr.«

Als ich am nächsten Morgen mit Henry und Steve Kaffee trank, erzählte ich ihnen von dem Fall. Ich konnte einfach nicht glauben, daß ein Mensch alle unsere peniblen aseptischen Techniken mißachtete, ohne Schaden zu nehmen. Aber Steve erklärte mir, daß Charlie nicht der einzige wäre, der seine eigene Therapie anwandte. Auch Steve hatte ein paar ältere Patienten, die sich selbst katheterisierten, und es gab sogar elegante Silberkatheter, die man wie einen Füllfederhalter in der Brusttasche tragen und, wann immer es nötig war, benutzen konnte, um den Wasserhahn aufzudrehen.

Henry meinte, alle diese alten Jungen hätten anfangs Infektionen bekommen, wären aber viel zu hartgesotten, um sich groß drum zu kümmern. Mit der Zeit wurden sie gegen die Bakterien immun, die sie mehrmals täglich in ihren Körper beförderten.

Ich hatte noch nie besonders viel von Charlies Friseursalon gehalten. Der Laden war schmutzig und schäbig und unhygienisch. Nun war ich fester denn je entschlossen, mir dort niemals die Haare schneiden zu lassen, denn wer weiß, vielleicht bin ich nicht so immun gegen Charlies Bakterien wie er selbst.

15.
EINE SPORTLERKARRIERE

Zu den Dingen, die ich nicht bedacht hatte, als meine Entscheidung zugunsten der Allgemeinmedizin ausgefallen war, gehörten die außer- und paramedizinischen Aufgaben, die ich erfüllen mußte.

Die Vorwärts-Einheit vom Roten Kreuz war die erste Gruppe, die meine Dienste in Anspruch nahm. Geschmeichelt, weil die Leute auch wegen meiner außermedizinischen Fähigkeiten an mich herantraten, tat ich dummerweise alles, worum ich gebeten wurde. Ich wurde Ehrenamtsarzt im Boxverein von Tadchester. Das bedeutete, daß ich alle Boxwettkämpfe besuchen, allen kleinen Jungs die Brust abhorchen und dann erklären mußte, sie wären fit für den Ring, wo sie einander halb zu Tode prügelten.

Als Student hatte ich auch geboxt und die Ängste dieser bleichen kleinen Jungen geteilt, die stets noch einmal auf die Toilette mußten, bevor sie in den Ring kletterten und gegen ihre Freunde kämpften. Meine Boxerkarriere war nicht besonders rühmlich verlaufen. Im ganzen hatte ich nur etwa ein Dutzend Kämpfe für das Hospital ausgetragen und war während einer bestimmten Phase mit dem Spitznamen ›Ein-Runden-Clifford‹ belohnt worden. Normalerweise blieb ich nur eine Runde im Ring, doch das bedeutet nicht, daß ich alle meine Gegner geschlagen hätte. Ich besiegte nur fünfzig Prozent. Die andere Hälfte schaltete *mich* aus.

Als ich direkt aus den Kohlengruben in die Universitätsklinik gekommen war, hatte ich geglaubt, ich würde es durch ausdauerndes, hartes Training schaffen, ins Hospital-Boxteam vorzustoßen. Zwei Wochen später boxte ich in der Coldstream Hall vor ein paar tausend Zuschauern gegen einen Zahnarzt vom Guy's Hospital.

Es war eine schmerzliche Erfahrung. Mein Gegner war fast genauso ungeschickt wie ich. Wir konnten einander zwar angreifen, aber unsere Verteidigung war eine Katastrophe. Drei Runden lang droschen wir verbissen aufeinander ein, bis der Zahnarzt schließlich nach Punkten siegte.

Später machte er durch seine bevorstehende gesellschaftlich höchst bedeutsame Hochzeit Schlagzeilen. Am Tag vor dem großen Fest mußte er sich eine Anti-Typhus-Injektion geben lassen, und er fühlte sich miserabel, als er in der Kirche eintraf. Schwankend näherte er sich seiner Braut, die ihn auf den Stufen des Altars erwartete. Der Pfarrer, ein Antialkoholiker und führendes Mitglied des Abstinenzvereins, glaubte, der Zahnarzt wäre betrunken, und weigerte sich, die Trauung vorzunehmen.

Ich fand heraus, daß man nur eine einzige Qualifikation besitzen mußte, um in ein Universitäts- oder Hospital-Boxteam aufgenommen zu werden – man mußte dumm genug sein, um sich an diesem Unsinn zu beteiligen. Nur wenige sind dazu bereit, und in manchen Jahren sind nicht einmal Oxford und Cambridge in der Lage, ein komplettes Team zusammenzustellen. Dabei war das Boxen der schnellste Weg, auf dem sportlichen Sektor berühmt zu werden und Preise zu erringen.

Unser Hospital gewann fünf Jahre lang die Fliegengewichtmeisterschaften von der Londoner Universität. Der Champion schaffte das, ohne einen einzigen blauen Flecken abzukriegen. Er mußte nicht einmal in den Ring steigen, denn in seiner Gewichtsklasse gab es niemanden, der bereit gewesen wäre, mit ihm zu kämpfen. Nur einmal lief er Gefahr, seinen Titel zu verlieren – als wir feststellten, daß er zwei Pfund zuviel wog. Wir flößten ihm gewaltsam Rizinusöl ein und drei Stunden später hatte er wieder das erforderliche Gewicht und machte zwei Punkte für unser Team.

Meinen zweiten Kampf trug ich gegen die Oxford-Universität in Oxford aus. Da gab es einige Leute in meiner Gewichtsklasse, die in etwa über die gleichen Fähigkeiten verfügten. Zuerst mußte ich gegen ihren Sekretär antreten, der meinem Leistungsstand ungefähr entsprach, wie sie versichert hatten. Im Ring stellte sich allerdings heraus, daß er (a) ein Weltergewichtler war – ich war ein Leichtgewichtler – und daß ich (b) nur einen einzigen erfolglosen Kampf zu absolvieren brauchte, während er in die Olympiamannschaft für Ceylon vorstieß.

Ich hatte nur eine Minute lang im Ring gestanden, bevor sie mich hinaustrugen.

Mein Freund George Potts, der mit mir nach Oxford gefahren war, erklärte sich bereit, in den Ring zu gehen – nur, weil sein junger Gegner noch nie zuvor für die Universität geboxt hatte. Man hatte allerdings zu erwähnen versäumt, daß er der Mittelgewichtsmeister von der Königlichen Marine war. George hielt entweder drei Sekunden weniger oder drei Sekunden länger durch als ich. Dann suchten wir beide das Weite.

Als ich gegen Cambridge kämpfte, bekam ich während der ersten Runde irgendwie den Daumen ins Auge meines Gegners. Ich beobachtete, wie die Lider anschwollen, und betete, daß sie sich in der Pause völlig schließen würden. Meine Gebete wurden erhört. Der Ringrichter brach den Kampf ab, und ich hatte meinen ersten Sieg errungen. Offenbar war der Daumen meine einzige wirksame Waffe.

Einmal kämpfte ich in Dublin für das Guy's Hospital, das mich zu diesem Anlaß ausgeliehen hatte, gegen das Trinity College. Der Wettbewerb fand in der Woche vor Trinitatis statt, und ich gewann einen Einblick in das Universitätsleben, wie es sich vor dem Krieg abgespielt haben mußte. Die Sportfeste, die Bootsfahrten, die schön gekleideten Damen, die Herren im Gehrock mit Zylinder... Im irischen ›Tatler‹ erschien sogar ein Foto von mir. Darauf war ich zu sehen, wie ich von Mat Wells massiert wurde, bevor ich in den Ring ging – wozu ich mich mit sehr gemischten Gefühlen aufgerafft hatte. Aber ich merkte schon nach wenigen Sekunden, daß mein Gegner noch schlechter war als ich. Ich drängte ihn in eine Ecke, um ihn zu erledigen – dann war ich plötzlich von schwarzer Nacht umgeben, und Wasser floß mir ins Gesicht. Ich konnte das nicht begreifen. War ich tot? Was war geschehen?

An diese Lücke in meinem Leben konnte ich mich auch später nicht erinnern. Meine Freunde erzählten mir, ich hätte meinen Gegner in die Ecke getrieben, worauf er die Augen zugekniffen, blindlings mit der Rechten losgedroschen und mir beinahe den Kopf vom Hals geschlagen hätte. Nach diesem kurzen Kampf mußte ich mich zwei Tage lang übergeben, und meine besten Freunde behaupten, hinterher wäre ich nie wieder derselbe gewesen wie zuvor. Das Traurigste an der ganzen Sache war, daß ich in meinem miserablen Zustand die großen Steaks nicht essen konnte, die ich mir aus Irland mitgebracht hatte (die wöchentliche Fleischration in England war damals etwa einen Shilling wert).

Beim selben Wettkampf verlor der Schwergewichtler vom Guy's seinen bis dahin unangefochtenen Rekord. Er war ein riesiger Kerl, und der kleine Ire, den man als sein Opfer auserkoren hatte, stand zitternd in seiner Ecke, bis die erste Runde eingeläutet wurde. Als sein Gegner wie ein Elefant auf ihn zustampfte, duckte er sich, um der gewaltigen Faust auszuweichen. Der Guy-Champion blieb mit dem Arm in den Seilen hängen, kugelte sich die Schulter aus, und der Ire wurde zum Sieger erklärt.

Von meinen zwölf Kämpfen habe ich sechs gewonnen und sechs verloren. Ich besitze eine reichhaltige Trophäensammlung – zum Beispiel einen Zeitungsausschnitt aus dem ›Evening Standard‹, in dem eine Runde zwischen R. D. Clifford und G. D. Lockhurst als die brutalste des Abends bezeichnet wurde. ›Nachdem R. D. Clifford übel zugerichtet worden war, mobilisierte er in der Abschlußrunde seine letzten Kräfte und schlug den Gegner nach Punkten.‹

Das wäre so ungefähr die Quintessenz meiner Boxerlaufbahn.

Es machte mir nichts aus, daß ich mich in den Sportvereinen von Tadchester betätigen mußte. Ich war gern mit den Sportlern zusammen, und außerdem hatte ich das Gefühl, daß ich den Sportarten, denen ich so lebhafte Erinnerungen zu verdanken hatte, einiges schuldig war. Wesentlich unangenehmer waren die Vorträge, die ich bei Vereinen wie dem Fraueninstitut, der Kirchengilde und der Mütter-Union halten mußte. In Tadchester schien es an jeder Straßenecke mindestens eine von diesen Organisationen zu geben. Ich entwickelte mich zum erfahrenen Schiedsrichter bei Eier- und Kartoffelschönheitskonkurrenzen und mußte Blumenarrangements, Näharbeiten, Kuchen und andere Produkte häuslichen Schaffens beurteilen. An einem katastrophalen Tag erklärte ich mich dummerweise bereit, bei einer Baby-Show als Preisrichter zu fungieren.

Ich nahm an, daß ich eins von sechs Babys aussuchen müßte, die mir präsentiert wurden. Nachdem ich über eine Stunde lang überlegt hatte, für welches ich mich entscheiden sollte, stellte sich heraus, daß ich noch weitere dreiundachtzig begutachten mußte.

Der Wettbewerb dauerte viele Stunden und schloß diverse Fütterungstermine mit ein, die umständliche Beschaffung von Trokkenmilch sowie eine Massenentblößung stillender Brüste in dem großen Zelt, das für die Show reserviert war. Jene Entblößung führte zu einem Nervenzusammenbruch des Vikars. Nachdem er das Geschrei der vielen Babys gehört hatte, kam er ins Zelt, um zu sehen, ob er helfen könnte – und da fühlte er sich zum erstenmal buchstäblich im Busen der Gemeinde aufgenommen.

Mit meinem Urteil waren nur die Eltern des siegreichen Babys einverstanden. Drei meiner Patientinnen, deren Babys ich verschmäht hatte, gingen von diesem Tag an in eine andere Praxis, außerdem hatte ich mir mehrere Leute zu unversöhnlichen Feinden gemacht. Wie konnte man auch die Ansicht vertreten, daß irgendein Baby hübscher war als ihre Jane oder Susie?

Mein Lieblingssport während meiner Studienzeit war Rugby gewesen, und bald avancierte ich zum Vizepräsidenten des Tadchester-Clubs. Hätte ich nicht Rugby gespielt, hätte ich mein Studium sicher ein Jahr früher abgeschlossen. Rugby war ein wesentlicher Teil des medizinischen Universitätslebens. Als ich ins Hospital kam, bot man den Jungen, die über die nötigen akademischen Qualifikationen verfügten, ganz schamlos Rugby-Stipendien an. Das hatte zur Folge, daß wir bei Spielen gegen andere Kliniken im Hospital Rugby Cup stets mit dem Ruf begrüßt wurden: ›Da kommen die Profis!‹

Als ich nach Tadchester kam, spielte ich ein- oder zweimal Rugby, aber mein Beruf war so zeitraubend, daß ich nicht richtig trainieren und nur wenig für meine Konstitution tun konnte. Als ich mit einem lädierten Knie vom Platz ging, wies mich Steve sanft darauf hin, daß ein einbeiniger Arzt nicht so gut die Treppen in ländlichen Cottages hinaufklettern konnte wie ein zweibeiniger. Ich hatte den Wink mit dem Zaunpfahl verstanden und hing meine Rugby-Schuhe widerstrebend an den Nagel.

Aber ich wurde ein glühender Fan des Tadchester-Clubs und erfüllte meine Pflichten als Vizepräsident sehr gewissenhaft, stand hinter der Theke bei diversen Klub-Abenden, besuchte alle Vereinsversammlungen und agierte als ehrenamtlicher Klub-Arzt.

Wir hatten ein gutes, sehr ambitioniertes kleines Team. Der einzige ernstzunehmende Gegner, gegen den sie einmal im Jahr antraten, war Winchcombe, der Lokalmatador. Winchcombe spielte in einer anderen Liga, und bei diesem Lokalderby hatten sie alles zu verlieren, während Tadchester nur gewinnen konnte.

Eric und ich schauten uns zahllose Rugby-Spiele an, und einmal gingen wir auch dick vermummt zu jenem besonderen Kampf, der an einem kalten, regnerischen Tag stattfand.

Die Winchcombe-Männer kamen mir doppelt so groß vor wie unsere Leute. Zwei Dreiviertelspieler mit ausländisch klingenden Namen hatte ich nie zuvor gesehen. Es war ein gutes, lebhaftes Spiel, aber Tadchester war völlig überfordert und verlor dreißig zu drei. Den Sieg hatte unser Gegner vor allem diesen ausländischen Dreiviertelspielern zu verdanken. die sich als Franzosen entpuppten und für ein Jahr bei einer elektronischen Firma in Winchcombe arbeiteten. Sie rannten und agierten viel besser als ihre britischen Gegenspieler. Als ich später in der Bar mit ihnen zusammensaß, mußte ich an meine eigene Rugby-Zeit denken und an meine erste Rugby-Tour nach Frankreich.

Diese erste Tour nach Frankreich werde ich niemals vergessen. Und ich werde niemals begreifen, wie ich sie überlebt habe.

Am Tag einer hektischen Tour durch Cornwall hatten wir uns in der Victoria Station versammelt. Wir hatten in drei Tagen drei Spiele absolviert, und das dritte war wegen eines Wolkenbruchs abgebrochen worden.

Wir wollten per Schiff und per Bahn nach Paris fahren, dort übernachten, am nächsten Tag drei Spiele im Rhonetal bestreiten, eine weitere Nacht in Paris verbringen und am folgenden Morgen nach London zurückkehren. Das hörte sich alles wunderbar an.

Wir sollten gegen drei der besten französischen Rugby-Teams antreten. Als ich das buntgemischte Grüppchen sah, das unser Team vervollständigen würde, kamen mir gewisse Bedenken. Für ein paar Jahre war das Hospital-Team, verstärkt durch ein halbes

Dutzend internationaler Stars, eins der besten im Land gewesen. Zufällig hatten alle diese Stars gerade ihr Studium abgeschlossen und die Tour durch Cornwall zu ihrem Schwanengesang ernannt. Von jetzt an mußte sich das Hospital-Team mit gewöhnlichen Sterblichen von meinem Kaliber begnügen.

Abgesehen vom Rücktritt dieser Experten, fiel die Frankreich-Tour auch noch mit einer Zwischenprüfung zusammen. Es war unmöglich gewesen, achtundzwanzig Spieler von den ersten drei Hospitalmannschaften zusammenzukriegen. So waren die freien Plätze entweder Leuten angeboten worden, die diese Reise verdient hatten, wie dem jovialen Kapitän vom B'-XV und dem Rugbyclub-Sekretär, der noch niemals Rugby gespielt hatte, aber die Tanzabende arrangierte, auf die unser Club finanziell angewiesen war, oder den Leuten, die es nicht verdienten – den trinkfreudigen Schlägertypen von den Extra-›B‹- und ›C‹XVs.

Da war auch ein Bursche, den ich nirgendwo einordnen konnte. Ich nahm an, daß er mit irgend jemandem verwandt war. Er behauptete, für die Lehrlingsausbildung im Savoy Hotel verantwortlich zu sein. Wie er es geschafft hatte, in unser Team aufgenommen zu werden, war mir schleierhaft.

Die Überfahrt verlief recht ruhig, aber zwei von unseren Spielern, die immer noch die Nachwirkungen der Cornwall-Tour spürten, wurden seekrank. Am Abend kamen wir in Paris an. Da wir gehört hatten, daß man mit Tee, Kaffee und alten Anzügen gute Preise auf dem Pariser Schwarzmarkt erzielen konnte, hatten wir uns mit diesen Waren eingedeckt.

Wir erlebten eine hektische Nacht in Paris. nachdem wir unseren Kaffee, den Tee und die Anzüge auf dem Schwarzmarkt verscherbelt hatten, gingen wir in mehrere Kneipen und Nachtclubs und schließlich ins Bal Tabarin, aus dem wir um vier Uhr morgens hinausgeworfen wurden. Als wir am nächsten Morgen um acht in den Zug nach Lyon taumelten, hatten wir nicht mehr viel von unserem Geld übrig.

Die Fahrt erschien uns endlos. Wir erfreuten die Franzosen, indem wir durch die Gänge der Waggons zogen und schmutzige englische Lieder sangen.

In Lyon stiegen wir in den Zug nach Tarrare um, wo unser erstes Match stattfinden sollte. Nach unserer Ankunft am Nachmittag wurden wir direkt vom Bahnhof weg ins Hotel verfrachtet, wo man uns zu Ehren einen Champagnerempfang gab und danach einen Ball, der bis drei Uhr morgens dauerte. Vor dem Antritt der

Reise hatte ich zwei französische Redewendungen gelernt – *Tu a des yeux bleu* und *Voulez-vous me donner le plaisir de cette danse?* Beide kamen mir an jenem Abend sehr zugute.

Wir waren das erste englische Team, das nach dem Krieg in dieser Stadt spielte, und die Franzosen zeigten sich von ihrer gastfreundlichsten Seite. Am nächsten Tag sollten wir gegen eine Auswahl aus den lokalen Teams antreten, und alle versicherten uns, daß wir leichtes Spiel haben würden. Dieses Match wäre ungefähr das Äquivalent zu einer Begegnung zwischen einem Fußballklub aus der ersten englischen Division und einem Verein aus der Südliga.

Am Morgen nach dem Ball wurden wir vom Stadtrat empfangen. Danach besichtigten wir eine Seidenfabrik, wo man uns bis eine Stunde vor Spielbeginn Wein und Champagner kredenzte. Am Abend bestritten wir auf einem von der Sonne völlig ausgetrockneten Platz unser Spiel gegen das enthusiastische einheimische Team. Wir hatten nicht unsere stärkste Mannschaft aufgestellt – wenn ich mir auch nicht ganz sicher war, wie unsere stärkste Mannschaft ausgesehen hätte. Wenn alle achtundzwanzig Spieler auf dem Platz gestanden hätten, wären wir vielleicht so gut gewesen wie unser normales Team.

Der Start war eindrucksvoll. Die Franzosen kickten einen hohen langen Ball nach vorn, der von ihren Stürmern aufgefangen werden sollte. Unser Verteidiger vom ›B‹ XV, ein sehr netter Junge, stand da wie ein Fels und wartete auf den Ball, um ihn in Sicherheit zu bringen. Hätte er seine Brille getragen, wäre er zweifellos ein erstklassiger Rugby-Spieler gewesen. Aber ohne die Brille war er blind wie eine Fledermaus. Er stand mit ausgebreiteten Armen da wie festgewurzelt, der Ball erreichte zwanzig Meter hinter ihm einen französischen Stürmer, der einen Versuch erzielte.

Nachdem die Franzosen gemerkt hatten, daß unser Verteidiger blind war, führten sie dasselbe Manöver während des ganzen Spiels immer wieder durch, und wir verloren zwölf zu elf. Danach stießen sie sich an und sagten: »Diese Engländer verstecken ihre Trümpfe im Ärmel. Wartet nur ab, bis sie morgen das große Spiel bestreiten!«

Am Abend wurden wir mit einer weiteren Champagner- und Tanzparty beglückt. Der Kapitän vom ›B‹ XV feierte seinen Erfolg, indem er allein und mucksmäuschenstill an einem Tisch saß, hinter dreißig leeren Champagnerflaschen.

Am nächsten Tag spielten wir gegen Lyon – im Olympiastadion

von Lyon. Bevor wir anfingen, paradierten weißbehandschuhte Gendarmen über den Platz, zu den Klängen martialischer Musik. Ein elegant ausstaffiertes französisches Team lief unter dem Jubel der Menge auf den Rasen, dann kreuzten wir auf. Es war das erstemal, daß ich unser Team vom ästhetischen Gesichtspunkt aus betrachtete. Damals wurden auch Kleider rationiert, und unser Rugby-Dreß war das allerletzte, wofür wir die Coupons ausgaben. Wir hatten in Cornwall gespielt, und unsere Ausrüstung war immer noch feucht und schmutzig von der Schlammschlacht, die man dann abgebrochen hatte. Niemand hatte seine Schuhe geputzt, wir waren voller Schlamm und sahen ziemlich schäbig aus.

Ich war besser gekleidet als die meisten anderen. Ich hatte ein altes grünes Hemd zum Wechseln mitgenommen und vor dem Match angezogen (unser Vereinsdreß war blau). Mein Großvater hatte es früher beim Fußballspielen getragen, und ich hatte mühselig einen halbsteifen weißen Kragen an den geschnürten Ausschnitt genäht.

Wir verloren fünfundzwanzig zu drei, brachen aber nicht völlig ein. Die Franzosen konnten sich immerhin noch über ihren Sieg freuen, und es war ein recht gutes Spiel. Es ist immer vorteilhaft, wenn man bei einem Turnier in Frankreich jedes Spiel knapp verliert, dann ist der gesellschaftliche Aspekt der Reise gerettet.

Wir dinierten mit dem Lyon-Club, und der Abend endete mit einem Zulu-Tanz, den unser nackter Kapitän auf einem Tisch vollführte, wobei er ein Glas Wein auf den Kopf des Ehrengastes goß – einer gewissen Madame la France, die die Widerstandsbewegung in Lyon organisiert hatte. Sie muß sich über die Konsequenzen ihrer heroischen Leistungen sehr gewundert haben. Da hatte sie nun tapfer mitgeholfen, die Deutschen aus dem Land zu vertreiben – nur damit ein nackter Südafrikaner herkommen konnte, der Wein auf ihr Haupt goß. Nach einer Rauferei mit dem Lyon-Club, bei der alle Gläser zerbrachen, führte man unsere volltrunkene, singende Mannschaft zum Bus, der sie zu ihrem nächsten Ziel bringen sollte.

Die Busfahrt war ein Alptraum. Solange ich zurückdenken konnte, hatten wir Rugby gespielt und getrunken und waren von einem Ort zum anderen gereist. Den meisten war todschlecht, die anderen prügelten sich oder grölten.

Am Schauplatz unseres nächsten Kampfes sollten wir nicht in einem Hotel untergebracht werden, sondern bei diversen Familien. Eine Autokolonne und freundlich lächelnde Franzosen standen bereit, um ihre Verbündeten und Befreier willkommen zu heißen. Es gibt nur eine einzige Möglichkeit, zu schildern, wie wir den Bus verließen – das Vehikel spuckte uns aus. Sobald uns die Gastgeber erblickten, verschwand die Hälfte der Autos, ohne einen einzigen von uns mitzunehmen. Ein paar von unseren Jungs sanken halb bewußtlos auf den Platz, und der Rest übernachtete in einer Scheune statt in komfortablen französischen Betten.

Am nächsten Tag sollten wir, nach einem weiteren Empfang im Stadtratsgebäude, gegen das relativ gute Lokalteam spielen. Im Vorjahr hatte das Hospital-Team – mit all seinen Stars – hier schon zur Halbzeit siebzehn zu zehn geführt, um dann zwanzig zu siebzehn zu gewinnen.

Inzwischen hatten wir erkannt, daß wir uns in einer verzweifelten Lage befanden, und beschlossen, alle unsere Ersatzleute einzuwechseln. Das war eine völlig unbritische Maßnahme, aber unsere Ersatzspieler standen ihren Mann. Jeder von unserer achtundzwanzigköpfigen Mannschaft kam zumindest einmal für ein paar Minuten auf den Platz. Unser Kellner (ich war überzeugt, daß er im Savoy Hotel noch keinen einzigen Lehrling unter seiner Fuchtel gehabt hatte) produzierte sich fünfmal, an fünf verschiedenen Positionen. Der Kapitän von ›B‹ XV spielte im Sturm, wo er den Ball nicht zu sehen brauchte, und da war er viel besser. Der Clubsekretär fungierte in der ersten Halbzeit als Flügelstürmer. Nachdem er alle Leute umgerannt und allen im Weg gestanden hatte, beging er in der Halbzeit sein schlimmstes Verbrechen – er warf unserem einzigen mobilen Dreiviertelspieler eine Orangenschale ins Auge und machte ihn für den Rest der Partie kampfunfähig. Wir hatten alle Dexadrin-Tabletten geschluckt, die uns etwas aufmöbeln sollten, aber zur Halbzeit lagen wir bereits dreißig zu null im Rückstand. Die Franzosen, die sich an unser Comeback im Vorjahr erinnerten, warteten hoffnungsvoll. Nach der Halbzeit begann das Dexadrin zu wirken. Wir walzten die Franzosen nieder und machten in sieben Minuten sieben Punkte – ein Tor und einen Versuch. Genau das hatten sie sich gewünscht.

Die Menge sprang auf wie ein Mann, aber ein paar Minuten später war die Wirkung des Dexadrins schon wieder verflogen, und wir unterlagen schließlich fünfundvierzig zu sieben. Wir hatten so schlecht gespielt, daß diese Stadt fünf Jahre lang kein einziges englisches Team einlud. Nach dem Match fand der unvermeidliche Ball samt Bankett statt. Aufgrund irgendeiner Schlamperei hatten wir keine Platzkarten für den Zug, der uns am nächsten Tag nach Paris zurückbrachte, und so standen wir zwischen den Toiletten und zwei Waggons eingepfercht. Nach einer weiteren Nacht in Paris fuhren wir nach Hause.

Ich blieb vier Tage im Bett. Und als ich aufstand und meine Kameraden der Reihe nach anrief, um festzustellen, wer die Reise überlebt hatte, fand ich heraus, daß ich der erste war, der aus der Versenkung auftauchte.

Danach nahm ich noch an mehreren Turnieren in Frankreich teil – aber nie mehr im Rhonetal. Dort wollte man nichts mehr von uns wissen.

Mein erstes Rugby-Turnier in Frankreich werde ich nie vergessen – und offensichtlich haben auch die Franzosen uns nicht vergessen.

16.
HÖHE- UND TIEFPUNKTE

Meine Pflichten in der Praxis von Tadchester verteilten sich auf die normalen Aufgaben einer Praxis für Allgemeinmedizin wie ärztliche Beratung, Hausbesuche und Geburtshilfe etc. sowie meine Arbeit im Hospital. Dort wechselte ich mich mit Jack Hart als Anästhesist in Notfällen ab, besuchte täglich meine Patienten, die in der Klinik lagen und die teilweise auch von einem beratenden Arzt aus Winchcombe betreut wurden. Die meisten Ärzte aus Winchcombe behandelten ihre Patienten im Tadchester Hospital ambulant und kamen auch zu uns, wenn wir sie baten, sich um besorgniserregende Fälle zu kümmern oder um Patienten, die eine Spezialtherapie brauchten.

Zusätzlich mußte ich auch noch auf der Unfallstation der Klinik Dienst tun. Die Stationsschwester war eine kleine, dicke, temperamentvolle Waliserin namens Miß Jones. Was ihr an Körpergröße fehlte, machte sie durch ihre Grausamkeit wett. Viele Volltrunkene, die man an Samstagabenden einlieferte, wurden schlagartig nüchtern, wenn sie Schwester Jones' scharfe Stimme hörten. Sie war eine harte, mitleidlose, aber tüchtige Frau, die kein einziges privates Wort von sich gab, wenn sie Dienst hatte. Mit solchen Leuten konnte man hundert Jahre zusammenarbeiten, ohne auch nur das geringste über sie zu erfahren. Sie war also keine besonders angenehme Zeitgenossin, aber sehr verläßlich. Wenn sie uns anläßlich eines Notfalls ins Hospital beorderte, gingen wir hin – da gab es keine Widerrede. Sie schätzte die Prioritäten stets völlig richtig ein, und wenn ein Arzt einen Patienten behandelte, stand sie daneben und versuchte ihm klarzumachen, was er tun sollte, als ob sie das viel besser wüßte als er – was wahrscheinlich auch der Fall war.

Ich hatte Angst vor ihr, bat jedesmal um ihre Erlaubnis, bevor ich mit einer Therapie begann, und wagte niemals, ihr zu widersprechen. Ihre Untergebenen und die Schwesternschülerinnen, die sie ausbildete, hatten nichts zu lachen. Sie wurden vom Morgengrauen bis zur Abenddämmerung malträtiert und hörten kein einziges lobendes Wort, wenn sie irgend etwas gut gemacht hatten.

Wenn Schwester Jones dienstfrei hatte, herrschte eine ganz andere Atmosphäre in der Klinik. Die Schwestern lächelten, erfüllten umsichtig ihre Pflichten und schienen die Instruktionen dieses Drachens, der alles sah, hörte und wußte, gar nicht zu brauchen.

Im Sommer, wenn die Touristen über Tadchester herfielen, hatte das Personal auf der Unfallstation immer besonders viel zu tun. In Sanford-on-Sea gab es zwei Campingplätze, und ›Unten am Berg‹ noch ein paar weitere. Die kleinen Hotels in der Stadt waren voll besetzt, ebenso die größeren im Umkreis von acht bis zehn Kilometer. Diese Hotels hatten teilweise ihre eigenen Strände, die auf Klippenwegen erreicht werden konnten.

Die Urlauber litten an ganz speziellen Beschwerden. Viele wurden von Quallen gestochen, wenn die Flut diese durchsichtigen Bestien in überdurchschnittlich hoher Zahl an die Strände geschleudert hatte. Lebensmittelvergiftungen traten vor allem im Sommer häufig auf. Einmal waren alle zwei Campingplätze in Sanford-on-Sea davon betroffen, und sämtliche Touristen wollten die Campingleitung wegen ihrer verdorbenen Ferien anzeigen, während die verängstigten Köche die Flucht ergriffen.

Ende August fand der große Jahrmarkt statt, und wir mußten Leute verarzten, die von den Karussels gefallen waren oder sich die Beine zwischen Autoskootern eingeklemmt hatten. Aber der Jahrmarkt hatte für gewöhnlich noch eine andere Konsequenz – eine beträchtlichen Anstieg von Geschlechtskrankheiten. Zwei Wochen, nachdem die Schausteller wieder abgezogen waren, erschienen stets ein paar beschämte junge Damen und Herren in der Praxis, um über Schmerzen in gewissen Körperregionen zu klagen.

Gelegentlich kam auch Jahrmarktspersonal, um sich wegen ähnlicher Beschwerden behandeln zu lassen. Offenbar gehörte dergleichen zum Berufsrisiko dieser Leute, und die jungen Mädchen aus Tadchester waren zweifellos vom romantischen Flair des fahrenden Volks fasziniert und ließen sich leicht verführen.

Die Unfallstation war vom Anfang des Sommers bis zum Ende gesteckt voll. Und wenn die Unfallpatienten ausblieben, war das für uns alle ein Zeichen, daß der Winter vor der Tür stand. Es gelang uns nicht, die Urlauber zu überreden, in die Praxis zu gehen, um Wespenstiche, Sonnenbrände und kleine Schürfwunden behandeln zu lassen – nein, sie fühlten sich nur im Hospital gut aufgehoben. Dies war unser Unglück, da es zu den seltsamen Abnormitäten des Staatlichen Gesundheitsdienstes zählte, daß unsere Unfallstation als Wohlfahrtseinrichtung galt. Für die harte Arbeit eines ganzen Jahres erhielten wir die Riesensumme von zehn Pfund, während wir ein Pfund pro Patient bekommen hätten, wenn die gewaltigen Urlauberhorden in die Praxis eingefallen wären, hätte man sie als temporäre Stadtbewohner eingestuft und entsprechenden Gesetzen unterworfen.

Wir fochten einen unaufhörlichen Kampf mit den Behörden aus, um für unsere finanziellen Rechte einzutreten, aber es gab keine Gesetzeslücke, die es ihnen ermöglichte, uns entsprechend zu bezahlen – selbst wenn sie das gewollt hätten. Und statt die Unfallstation aufzugeben, rackerten wir uns wacker ab – praktisch für nichts.

»Es gibt eben Höhe- und Tiefpunkte im Leben«, philosophierte Henry. »Damit müssen wir uns abfinden.« Für mich waren diese sommerlichen Tiefpunkte auf der Unfallstation sehr wertvoll, da sie mir eine Gelegenheit boten, die chirurgischen Fähigkeiten, die ich mir im Krankenhaus angeeignet hatte, zu vervollkommnen.

Oft mußte ich mich mit langweiligen Patienten abplagen, zum Beispiel Perlen aus Nasenlöchern holen, andere Fremdkörper aus Ohren und Augen, aber es gab auch Belohnungen wie gebrochene Arme, die ich schienen durfte, und Wunden, die genäht werden mußten. Es ist sehr wichtig, daß ein Arzt ordentlich nähen kann, denn es ist hauptsächlich seinen Schneiderkünsten zuzuschreiben, ob ein böse zerschnittenes Gesicht einmal narbenfrei sein wird oder nicht.

Der sommerliche Autoverkehr führte zu zahlreichen Straßenunfällen, und wir mußten während der Saison um das Leben Dutzender schrecklich verstümmelter Opfer kämpfen – in Situationen, wo wir unser ganzes Geschick aufbieten mußten, um die Herzen weiterschlagen zu lassen, bis moderne Apparaturen eingesetzt werden konnten. Unsere Bemühungen in solchen Fällen machten uns alle zu besseren Ärzten.

Manchmal wurden wir aus der Unfallstation abberufen, um die Opfer am Unfallort zu behandeln. Ein Unfall, den ich nie vergessen werde, passierte auf der Hauptstraße nach Sanford-on-Sea, wo ein Auto mit Mutter, Vater, zwei Kindern, Proviant, Decken und Gasöfen etc. frontal mit einem MG-Sportwagen zusammengestoßen war, in dem ein junges Paar gesessen hatte. Der MG war schrottreif, die jungen Leute hatten sich das Genick gebrochen.

Die Szene im Familienauto war chaotisch. Aufgrund seines älteren Baujahrs war es robuster als der Sportwagen und nicht in alle Bestandteile zerfallen. Als ich eintraf, kroch der Vater gerade mit blutüberströmtem Gesicht hinter dem Lenkrad hervor. Die Kinder brüllten im Fond, die blutenden Beine der bewußtlosen Mutter waren unter dem eingedrückten Armaturenbrett eingeklemmt.

Die beiden Kinder – eins hatte sich ein Bein gebrochen – konnten wir mit einiger Mühe herausholen. Dann kletterte ich auf den Rücksitz und zerschlug mit einem geliehenen Schmiedehammer die Beifahrertür, wickelte Aderpressen um die Beine der Mutter, stemmte das Armaturenbrett hoch und zog sie dann heraus, um sie in den wartenden Krankenwagen zu legen.

In dieser Nacht fanden wir alle keinen Schlaf. Die Mutter hatte sich beide Beine gebrochen und böse Fleischwunden davongetragen – Henry, Jack und ich verbrachten zwei Stunden im OP. Der Vater und die Kinder mußten warten, während wir die Mutter zusammenflickten. Der Mann hatte sich den Schädel aufgeschürft und einen Arm gebrochen, ein Kind hatte ein gebrochenes Bein, das andere einen gebrochenen Arm.

Ich stellte mir vor, wie sie fröhlich und erwartungsvoll in die Ferien gefahren waren – und wie dann ein einziger Augenblick das ganze Glück zerstört und das junge Paar getötet hatte, das einen Nachmittagsausflug unternommen hatte. Die Familie verbrachte ihre Ferien nicht am Strand, sondern im Tadchester Hospital. Die Mutter wurde nach ein paar Tagen nach Winchcombe gebracht, wo man sie einer orthopädischen Spezialbehandlung unterzog.

Wie alle anderen medizinischen Bereiche in Tadchester, so hatte auch die Unfallstation ihre Kuriositäten.

Eines Tages wurde ich gerufen, weil eine Urlauberin in der Unfallstation ihre Wehen bekommen hatte. Als ich in der Klinik eintraf, lag sie auf einem kleinen Operationstisch im OP der Unfallstation, und der Kopf des Babys tauchte gerade auf.

Die diensthabende Schwester – Schwester Jones hatte ihren freien Tag – berichtete mir, die junge Mutter würde aus Bristol stammen und die Geburt hätte erst in einem Monat stattfinden sollen. In einer Ecke des Operationssaals stand ein nervöser Fünfzehnjähriger, vermutlich ihr Bruder. Als ich mir das Baby anschaute, war ich überzeugt, daß sich das Mädchen bezüglich des Termins geirrt haben mußte. Der Kleine sah keineswegs wie ein Acht-Monate-Kind aus. Er schien mindestens acht Pfund zu wiegen, und sie mußte sich ziemlich anstrengen, um ihn auf die Welt zu bringen.

Ihr Gesicht kam mir irgendwie bekannt vor, aber ich konnte mich nicht erinnern, wo ich sie schon einmal gesehen hatte. Als ich den Kleinen abgenabelt hatte, brachte die Schwester ihn hinaus, um ihn zu baden, während ich mit einer Schwesternschülerin auf die Nachgeburt wartete.

Plötzlich versuchte sich das Mädchen auf dem Operationstisch aufzurichten und fragte: »Kann ich jetzt gehen?« Wenn wir sie nicht festgehalten hätten, wäre sie aufgesprungen und davongelaufen, mit hängender Nabelschnur, die Nachgeburt immer noch im Bauch. Mit Hilfe verschiedener Manöver versuchten wir die Nachgeburt herauszuholen, aber nach einer Stunde steckte sie fest. Da die junge Mutter nicht blutete, beschloß ich, sie in die Entbindungsabteilung des Winchcombe Hospitals zu schicken. Wir bestellten einen Krankenwagen, und der fünfzehnjährige Junge fragte mich, ob er mitfahren dürfte. Da ich ihn immer noch für ihren Bruder hielt, erlaubte ich es widerstrebend.

Am nächsten Tag erfuhr ich von der Mutter des Mädchens, die ich recht gut kannte, die Wahrheit.

Das Mädchen war mir mit gutem Grund bekannt vorgekommen, und der Fünfzehnjährige war nicht der Bruder, sondern der Vater des Babys. Es war keineswegs das erste Kind der beiden, sondern bereits das zweite. Ich erinnerte mich nun an einen Bericht über das erste Schäferstündchen der jungen Leute. Damals war der Junge dreizehneinhalb gewesen und das Mädchen fünfzehneinhalb. Er hatte sie mit einer Flasche Ingwerbier herumgekriegt. Dieses Liebeserlebnis blieb nicht ohne Folgen, und das Baby wurde zur Adoption freigegeben.

Ich fragte die Mutter, ob sie denn die Schwangerschaft ihrer

Tochter nicht bemerkt hätte, und sie schüttelte den Kopf. Das Mädchen hatte weite, unter der Taille gegürtete Hängekleider getragen, und die Mutter hatte die wachsenden Pfunde und den anschwellenden Bauch unter der Faltenfülle nicht gesehen. Das Mädchen hatte sogar noch vor ein paar Wochen als Putzfrau im Hospital gearbeitet.

Sie beschloß, das Baby zu behalten. Die Eltern der jungen Leute setzten sich zusammen und entschieden, daß die beiden heiraten sollten, wenn der Junge sechzehn war – denn der dauerhafte Aspekt dieser Beziehung hatte sich immerhin zweifach erwiesen. Doch das Mädchen sagte: »Nie im Leben – den würde ich niemals heiraten! Wir sind doch nur Freunde.«

Die Arbeit im Hospital machte mir Freude, und ich lernte den Großteil des Personals sehr gut kennen. Wann immer eine Schwester mit strahlenden Augen meine Aufmerksamkeit erregte und ich in der Dunkelkammer der Röntgenabteilung einen Annäherungsversuch wagte, wurde ich mit den Worten zurückgewiesen: »Sie müssen bis Weihnachten warten.«

Die Weihnachtsvorbereitungen im medizinischen Sektor von Tadchester begannen schon Anfang November. Die Oberschwestern aller Abteilungen verkauften Lose. Die Stationen wetteiferten miteinander, um das schönste Fest zu inszenieren, und man hatte mich schon im Oktober gebeten, am Weihnachtsabend auf der Kinderstation den Truthahn zu tranchieren.

Das Hospital war eine von mehreren medizinischen Institutionen, die um unsere Anwesenheit während der Feiertage kämpften. Das St.-Mary's-Mütterheim meldete seinen Anspruch an. Steve betreute ein Heim für geistesgestörte Kinder, das schlicht und einfach ›Heim‹ hieß und eigentlich eher eine Klinik war, mit hundertfünfzig Patienten. Obwohl es als Heim für ›Kinder‹ galt, waren manche Bewohner schon siebzig oder achtzig. Sie hatten ihr ganzes Leben in Anstalten verbracht. Ich genoß die Besuche, die ich dem Heim hin und wieder abstattete. Die meisten Patienten waren mongoloid und demzufolge freundlich und liebevoll. Sie führten ein glückliches, unkompliziertes Leben, da ihnen andere Menschen alle Sorgen abnahmen. Sie wurden außergewöhnlich gut betreut, und wie alt sie auch immer sein mochten – sie blieben stets Kinder. Es war ein Haus voller Peter Pans, in dem helle Aufregung herrschte, wann immer die Routine durchbrochen wurde, was ihnen genausoviel bedeutete wie anderen Leuten ein Ausflug ans Meer oder ein Urlaub im Ausland.

›Oben am Berg‹ stand eine kleine Isolierklinik, die kaum noch benutzt wurde, seit die Tuberkulose praktisch nicht mehr existierte. Trotzdem war das Haus mit Personal besetzt, für den Fall, daß sich eine ansteckende Krankheit epidemisch ausbreitete. Dort hatten die Leute mehr Zeit, ihre Weihnachtsvorbereitungen zu treffen.

Schließlich gab es noch das Altenheim, ein ehemaliges Arbeitshaus, das in ein Heim für pflegebedürftige alte Menschen umfunktioniert worden war. Ein paar Abteilungen wurden zwar von Patienten okkupiert, deren Körper noch lebte, während der Geist bereits gestorben war, aber die meisten waren noch recht agil und betrachteten das Weihnachtsfest als den Höhepunkt des Jahres.

Um diese Zeit tauchten die Verwandten auf, die sie sonst meist vernachlässigten. Und wenn die Angehörigen woanders lebten, kamen sie um Weihnachten nach Hause, um Großmama oder Großpapa zu besuchen.

Je näher das Weihnachtsfest rückte, desto mehr Einladungskarten von allen diesen Kliniken oder klinikähnlichen Institutionen stapelten sich auf meinem Kaminsims. Mitte November stellte ich fest, daß ich vom 21. Dezember bis zum 2. Januar ausgebucht war. Sie mußten alle sehr tüchtige Sekretärinnen haben, weil sich die Termine nicht überschnitten. Es sah so aus, als würde mir das hektischste Weihnachtsfest meines Lebens bevorstehen. Auch in den Kliniken hatte ich an hausinternen Weihnachtsfeiern teilgenommen, und dabei war es immer sehr feuchtfröhlich zugegangen. Ich mußte in den vierzehn Tagen, die jetzt auf mich zukamen, verdammt gut aufpassen, denn zweifellos würde man meine ärztlichen Dienste auch in dieser Zeit beanspruchen – womöglich während einer Party.

Meine ersten vier Adventpartys verliefen ähnlich, beinahe identisch, da an jedem Fest genau dieselben Leute teilnahmen. Sie trugen stets dieselben Kleider und abgesehen von kleinen Variationen in Speisen und Getränken konnte man eine Party kaum von der anderen unterscheiden.

Endlich brach der Heilige Abend an. Am Vormittag fand im Hospital das traditionelle Weihnachtssingen statt. Die Atmosphäre war richtig rührend. Die Schwestern hatten ihre Capes umgedreht, so daß die rote Futterseite zum Vorschein kam, und hielten Kerzen in den Händen. Freunde und weiteres Klinikpersonal gesellten sich hinzu, um das Volumen des Chors zu verstärken, während wir in den Hof wanderten. Dies war auch für den Klinikapotheker der Höhepunkt des Jahres, da er die Sänger auf seinem Akkordeon begleitete.

Schließlich war der Chor auf etwa siebzig Leute angewachsen, und als wir im Hof ›First Noel‹ sangen, bogen sich die Balken. Diese Darbietung war hauptsächlich für die Patienten gedacht. Glücklicherweise ging es den meisten so gut, daß sie die Weihnachtszeit daheim verbringen konnten, und so war nur etwa ein Dutzend Betten besetzt. Einige dieser Patienten waren in sehr schlechter Verfassung, und ein paar lagen sogar unter Sauerstoffzelten.

Danach zogen wir durch die einzelnen Abteilungen. Es war eine stimmungsvolle Wanderung. Auf allen Stationen waren die Lampen ausgeschaltet, überall brannten Kerzen an kleinen Christbäumen, und der flackernde Schein der Kerzen, die unsere Schwestern trugen, zeichnete die Silhouetten ihrer weißen Hauben nach. Ich glaube, die beiden Patientinnen in der Frauenabteilung, die unter Sauerstoffzelten lagen, haben sich ein bißchen vor der Kerzenprozession gefürchtet. Aber zwei andere Damen, die ohne künstliche Hilfe atmen konnten, waren so überwältigt von dieser bewegenden Szene, daß sie sich mit tränenüberströmten Wangen in ihren Betten aufsetzten.

Wir gingen auch durch die Männerabteilung, und alle Patienten, die sich gut genug fühlten, um unsere Weihnachtsprozession wahrzunehmen, wußten sie sehr zu schätzen. Glücklicherweise hatten wir die Patienten in der Kinderabteilung, die eine Etage höher lag, für die Weihnachtstage nach Hause schicken können. Der Lärm hätte die Kleinen sicher erschreckt, denn je länger wir sangen, desto größer wurde unser Selbstvertrauen, desto lauter schmetterten wir unsere Lieder. Aber Tradition war Tradition, und obwohl niemand auf der Kinderstation lag, stiegen wir feierlich die Treppe hinauf, alle siebzig, marschierten durch die ganze Abteilung und sangen aus voller Kehle. Dann kehrten wir wieder ins Erdgeschoß zurück, wo uns die Oberschwester mit Kaffee, Minzepasteten und Weihnachtskuchen empfing.

Weihnachten hatte begonnen.

Der Weihnachtstag erwies sich als Alptraum. Jede Abteilung des Hospitals versuchte die Aufmerksamkeit der Ärzte auf sich zu lenken. Steve hatte mich bereits gewarnt. »Wenn du auf irgendeiner Station einen Drink ablehnst, wird man dir das ganze Jahr böse sein.«

In jeder Abteilung kostümierten die Schwestern den Arzt, der ihren Braten tranchierte. Ich wurde als Batman verkleidet, mußte enge schwarze Hosen und einen roten Pullover anziehen und eine Maske aufsetzen. Man erwartete von mir, daß ich den ganzen Tag so herumlief. Ein Blick in den Spiegel sagte mir, daß mein Taillenumfang (aufgrund des mangelnden Rugby-Trainings) den guten Batman beschämt hätte. Die enge Hose zeigte der ganzen Welt, daß ich in einem gewissen Teil meiner muskulösen Anatomie, den sie vermutlich alle zum erstenmal sahen, relativ gut bestückt war. Nun wußte ich, wie sich ein Ballettänzer fühlen mußte.

Ich begann meine Vormittagsrunde durch das Hospital. Das bedeutete nicht nur, daß ich in jeder Abteilung einen Drink nehmen, sondern auch alle Schwestern umarmen mußte. Der Intensität zufolge, mit der sich einige an mich klammerten, versuchten sie offenbar, die Zurückhaltung, die sie während des ganzen Jahres hatten üben müssen, in einem einzigen Tag über Bord zu werfen.

In allen Männer- und Frauenabteilungen bekam ich jeweils einen Sherry. Meine Maske war mittlerweile voller Lippenstift, und meine enge Trikothose begann nach unten zu rutschen. Auch in der Arzneimittelausgabe gab es einen Sherry, ebenso im OP, in der Ambulanz und auf der Unfallstation.

Schließlich wankte ich in die Kinderstation und tranchierte dort für das Personal den Braten. Am frühen Morgen waren zwei Kinder mit Verbrennungen eingeliefert worden. Sie interessierten sich überhaupt nicht für den Wirbel ringsum.

Um eins hatte ich den Braten tranchiert und brach auf, um mich in die anderen Kliniken und klinikähnlichen Institute zu begeben. Der Sherry kam mir bereits aus den Ohren heraus. Meine enge Hose schützte mich nur unzureichend vor der bitteren Kälte, und als ich in meinem Batman-Kostüm durch die Stadt fuhr, jubelte man mir lautstark zu.

Im St.-Mary's-Mütterheim aß ich Minzepastete und trank einen Sherry. Dann trank ich einen Sherry im Kinderheim, einen Sherry im Altenheim und schließlich meinen letzten Pflichtsherry in der Isolierklinik, wo man sehr beleidigt war, weil ich nicht blieb und noch ein zweites Gläschen konsumierte. »Niemand hat Zeit für uns«, murrte man.

Inzwischen war es halb vier geworden, und ich konnte kaum noch aus den Augen schauen und Auto fahren. Irgendwie schaffte ich es, das Haus der Hart's zu erreichen, wo ich mein Weihnachtsdinner einnehmen sollte. In einem Gästezimmer schlüpfte ich aus meinem Batman-Kostüm, um mir etwas Warmes, Respektables anzuziehen, dann wusch ich mir den Lippenstift vom Gesicht und taumelte nach unten.

»Was willst du denn trinken?« fragte Jean Hart lächelnd. »Ich weiß, du brauchst jetzt was, das dich ein bißchen aufmöbelt.«

Stöhnend sank ich in einen Sessel und schlief ein.

Glücklicherweise hatten sich die Harts längst an die Weihnachtsfestivitäten in den diversen Kliniken und Heimen gewöhnt, und so wurde das Dinner erst um acht serviert, als ich mich langsam von meinem überreichlichen Alkoholgenuß zu erholen begann.

Die Woche nach Weihnachten verlief nicht viel anders. Dies war die große Tanzwoche. Der Tadchester Hospital-Ball stand auf dem Programm, dann der St.-Mary's-Mütterheim-Ball, der Altenheim-Ball, der Isolierklinik-Ball, der Kinderheim-Ball. Die meisten Bälle waren mit Wohltätigkeitsveranstaltungen gekoppelt, wodurch die Finanzen der Fürsorge aufgebessert werden sollten. Aber abgesehen von ein paar Gästen, die aus Winchcombe herüberkamen, war die versammelte Gesellschaft auf allen Bällen dieselbe, so wie bei den Adventspartys.

Während meiner ersten Weihnachtstage in Tadchester wurde mir bewußt, daß ich eine seltsame Physiognomie haben mußte, die den Anschein erweckte, als wäre ich einer der Menschen, die Whisky jedem anderen Getränk vorziehen. Sogar in den Hospital-Abteilungen, wo stets Sherry gereicht wurde, zwinkerte man mir mit den beruhigenden Worten zu: »Keine Angst, Doktor, wir haben auch noch was Stärkeres für Sie auf Lager.«

Ich mußte wahre Kämpfe ausfechten, um bei ein und demselben Getränk bleiben zu können, denn in Wirklichkeit liebte ich Sherry und haßte Whisky. Den Eindruck, den ich im Hospital hervorgerufen hatte, spiegelte sich auch in den Geschenken wider, die ich von meinen dankbaren Patienten bekam. Sie waren alle sehr großzügig gewesen, als ich in der Praxis zu arbeiten begonnen hatte. Und jetzt gab ihnen das Weihnachtsfest die Gelegenheit, ihre Bemühungen zu verdoppeln. Wenn ich auch einen Truthahn, einen Weihnachtspudding, einen Weihnachtskuchen, weitere Süßigkeiten und ein paar Fasane erhielt, so bestand doch der Großteil der Gaben aus Whiskyflaschen in allen Größen – bis zu einer Zwei-Liter-Flasche. Meine Wohnung quoll beinahe über vor Whisky, und ich hätte tagelang darin baden können.

Bei jedem Krankenbesuch, den ich während der Weihnachtstage machte, wurde mir ein Glas Whisky in die Hand gedrückt, und wenn ich diese Drinks abgelehnt hätte, wären die Leute zu Tode beleidigt gewesen. Ich schüttete den Whisky so schnell wie möglich hinunter und verabschiedete mich, aber natürlich hatte ich bei meinem nächsten Hausbesuch eine Whiskyfahne, und welches Getränk man auch immer für mich vorbereitet hatte, es wurde hastig gegen ein großes Glas, gefüllt mit dieser gräßlichen bernsteinbraunen Flüssigkeit, ausgetauscht.

So ging das tagelang, ich vergaß Raum und Zeit, und es fiel mir immer schwerer, mich auf meine Art zu konzentrieren. Es ist in der Tat eine schreckliche Bürde, das Gesicht eines Whiskytrinkers zur Schau tragen zu müssen.

Der letzte festliche Termin auf meinem Kalender war der große Ball am Neujahrsabend, vom Tadchester Hospital in der Stadthalle von Tadchester veranstaltet und völlig anders als die übrigen Krankenhaus- oder Heimpartys, da nicht nur die Ärzteschaft und die Krankenhausdirektion von Winchcombe eingeladen waren, sondern auch die einheimischen Stadthonoratioren.

Man erzählte mir, daß es ein netter Ball gewesen wäre. Aber ich war so im Alkoholdunst eingenebelt, daß ich mich später nicht erinnern konnte, was alles passiert war. Irgendwie überstand ich den Abend, ohne mich allzusehr zu blamieren.

Einige Tage später machten mir zwei Damen Komplimente über meine Aktivitäten während des Balls. Ich hatte keine Ahnung, wovon sie sprachen, aber da jede das Gespräch mit einem vielsagenden Augenzwinkern beendete, hatte ich mich offenbar in Situationen befunden, die schlimmer als der Tod gewesen waren.

Zum Glück fiel der Silvestertag auf einen Freitag, und ich konnte am Samstagmorgen schon um drei ins Bett gehen. Ich wußte, daß ich das alles nicht mehr lange durchhalten würde.

Ich fiel in einen traumlosen Schlaf, und als ich erwachte, war es dunkel. Das verwirrte mich ein wenig, denn ein Blick auf meinen Wecker verriet mir, daß es sechs war. Als ich das Radio anknipste, stellte sich heraus, daß ich bis zum Sonntag, sechs Uhr abends, durchgeschlafen hatte.

Natürlich beschloß ich, nie wieder einen Tropfen Alkohol zu trinken. Am Montagmorgen begann ich mich besser zu fühlen und ging frohgemut zur Arbeit. Die Sprechstunde verlief recht geruhsam, da sich die meisten Leute noch zu elend fühlten, um ihre Ärzte aufzusuchen. Ich ging ins Hospital, um dort nach meinen Patienten zu sehen, und fragte mich, welche destruktiven Szenen mich dort wohl erwarten würden. Aber wie durch Zauberhand waren alle Weihnachtsdekorationen verschwunden, und die Stationen waren voll belegt.

Überall herrschte ein hektisches Leben und Treiben. Die intime Weihnachtsatmosphäre war verflogen, ein neues hartes Arbeitsjahr hatte begonnen.

17.
FREUNDE UND NACHBARN

Unter den Bewohnern von Tadchester entdeckte ich viele großartige Leute und fand gute Freunde. Da war die junge Clique, mit der ich umherzog – Kevin und Janice, Frank und Primrose, Joe und Lee und der allzeit getreue Eric.

Wir angelten, schwammen, unterstützten gemeinsam den Rugby-Club und verbrachten unsere schönsten Abende beim Wadenetzfischen. Unsere Mißgeschicke machten uns dabei den größten Spaß. Ich erinnere mich noch gut an jene Nacht, in der wir überhaupt nichts fingen. Erst als wir den Strand verließen, merkten wir, daß ein Loch im Netz war, durch das ein mittelgroßer Hai hätte schwimmen können. Bald darauf zogen wir mit einem neuen Netz los. Es war Ebbe, und der Sandstrand erschien uns kilometerlang. Janice und Primrose zogen die Box, die immer schwerer wurde. Manchmal sahen wir die beiden im Dunkel, wenn wir aus dem Meer kamen. Während wir zu den Autos zurückgingen, sagte Janice: »Jetzt ist die Box ganz leicht. Man sollte gar nicht glauben, daß so viele Fische drin sind.«

Frank richtete den Strahl seiner Taschenlampe auf den Schlitten, und da stellte sich heraus, daß die Box während des letzten Kilometers auf der Seite gelegen hatte. Wir mußten zurückgehen, die Schlittenspur suchen und die Fische einsammeln, die sich teilweise bereits in den Schlamm gegraben hatten. Frank, der das Fischen beinahe als Religion betrachtete, gab einige nicht druckreife Worte von sich, die keineswegs religiös anmuteten.

Einer meiner liebsten Freunde war der alte Bob Parker, der einen antiquarischen Buchladen an der Helling von Sanford-on-Sea besaß. Als ich ihn kennenlernte, war er schon über achtzig – und einer der gutmütigsten, klügsten Menschen, die mir je begegnet waren.

Bob hatte viele Jahre lang einen großen Buchladen in Tadchester betrieben, der sich zu einem beliebten Treffpunkt für Schriftsteller entwickelt hatte. In einem Hinterzimmer hatte er kleine literarische Partys gegeben und viele Autoren gefördert, die später berühmt wurden. Als ihm das alles zu anstrengend wurde, verkaufte er den großen Laden und richtete sich das kleine Geschäft am Hafen ein. Unterstützt von seiner Tochter, stöberte er oft stundenlang in Katalogen herum, wenn seine Kundschaft besondere Wünsche hatte. Für diese Dienstleistungen verlangten sie nicht viel. Es machte ihnen Freude, den Leuten zu helfen, und sie waren glücklich, weil sie damit auch noch ihren Lebensunterhalt bestreiten konnten. Aus der ganzen Welt gingen Buchbestellungen ein, und der eher schäbige kleine Laden und sein freundlicher Besitzer waren ziemlich berühmt.

Ich verbrachte viele geruhsame Stunden bei Bob und sah mir die alten Bücher an. Nach einiger Zeit wurde ich regelmäßig zum Tee eingeladen, und so begann meine Freundschaft mit Bob. Obwohl er Nichtraucher war, sorgte er dafür, daß stets ein Kistchen mit meinen Lieblingszigarren bereitstand, wenn wir miteinander Tee tranken. Und es wurde zu einem Ritual, daß ich mich einmal in der Woche aus der Praxis stahl, um den alten Bob zu besuchen. Er erzählte mir von den Leuten, die in der Umgebung wohnten, von der Aristokratie, den Kaufleuten, Handwerkern und allen anderen, die zusammen eine Gemeinde bildeten.

Auf diese Weise schufen wir uns eine kleine heile Welt, und wir freuten uns beide immer wieder auf unsere gemütliche Teestunde. Wenn ich keine Zeit dafür fand, war er immer tief enttäuscht.

Er machte sich oft Gedanken über sein Alter und seine zunehmende Gebrechlichkeit. »Am liebsten würde ich friedlich einschlafen, Bob – für immer«, sagte er einmal. »Ich bin alt und müde, und ich habe mein Leben gelebt. Am schönsten wäre es, wenn ich eines Nachts einfach hinübergleiten könnte.«

Ich war nicht sein Arzt. Er zog es vor, mit mir befreundet zu sein, während Jack Hart ihn schon seit vielen Jahren ärztlich betreute.

Jack stellte fest, daß der alte Mann Probleme mit seinen Harnwegen hatte und daß die Vorsteherdrüse entfernt werden mußte.

Das war ein schwerer Schlag für Bob. Allein schon der Gedanke an einen Krankenhausaufenthalt, an eine Operation, die Schmerzen, die vielen Fremden, die ihn umgeben würden, die Trennung von seinem Buchladen, war ihm in tiefster Seele zuwider.

Eine Woche, bevor er ins Hospital gehen mußte, trank ich wieder einmal Tee mit ihm, und da sagte er seufzend: »Weißt du, ich habe mir so lange vorgestellt, wie angenehm es wäre, einfach für immer einzuschlafen. Und jetzt, wo ich die Chance dazu habe, fallen mir plötzlich so viele Dinge ein, die ich vorher noch tun möchte.«

Er überlegte die Operation um mehrere Jahre. Schon seit langer Zeit spielte er sonntags auf der Kirchenorgel. Er liebte die Musik und hatte viele Freunde aus der Musikbranche. In seinem achtundfünfzigsten Lebensjahr hatte die BBC eine Sendung mit ihm gemacht und ihn als typischen Musiker von der Somerset-Küste präsentiert.

Als er starb, hinterließ er eine Lücke, die niemals gefüllt werden konnte. Er war ein weiser Ratgeber gewesen, ein warmherziger Mensch und wunderbarer Freund. Wann immer ich etwas Schönes erlebte, auch noch viele Jahre nach seinem Tod, glaubte ich, daß der alte Bob Parker irgendwie seine Hand im Spiel hatte.

Er hatte mich dazu inspiriert, selbst zu schreiben, und in seinem Testament vermachte er mir eine schöne alte Ausgabe des ›Chamber's Book of Words‹.

Zwei andere alte Menschen, die sich mit mir angefreundet hatten, waren die Schwestern Emmerson – Sophie und Elsie. Sie wohnten in einer Doppelhaushälfte in der Park Lane, die durch den Fluß vom Park getrennt war. Sie konnten zusehen, wie die Kinder am anderen Ufer spielten, schaukelten oder die Rutschbahn herabsausten und die Gärtner beaufsichtigen, da sie die Blumenbeete im Park mehr oder weniger als ihr Eigentum betrachteten. ›Unsere Dahlien gedeihen aber prächtig‹, pflegten sie zu sagen, oder sie fragten mich: ›Wie gefallen Ihnen unsere Chrysanthemen?‹ Und das bedeutete nicht, daß ich mich in ihrem winzigen Garten umschauen, sondern über den Fluß blicken sollte.

Sie stammten aus einer wohlhabenden Familie, waren aber später verarmt und mußten nun von einem Einkommen leben, das im Vergleich zu ihren früheren Verhältnissen sicher sehr bescheiden war. Sie beschrieben manche von den Häusern, die sie einmal bewohnt, die Bälle und Bankette, die sie besucht, und die jungen Bewunderer, die um ihre Hand angehalten hatten.

In ihrem kleinen Domizil fanden sich noch Zeugen einstigen Glanzes. Sie besaßen ein wunderbares Porzellanservice, kostbares Silber und schöne alte Möbel. Wenn sie auch nicht mehr über die Mittel verfügten, um in ihrem früheren Stil zu leben, so legten sie doch großen Wert auf Etikette.

Sie waren beide schon recht gebrechlich, und ich mußte sie regelmäßig besuchen, vor allem im Winter, wenn sie von Husten und Erkältungen geplagt wurden. Sophie, die ältere Schwester, war die dominierende Persönlichkeit und doppelt so dick wie Elsie, die wie ein winziges Vögelchen aussah.

Wenn ich sie besuchte, konnte ich mich natürlich nicht verabschieden, ohne Tee zu trinken, und das bedeutete, daß mir nicht einfach eine Tasse in die Hand gedrückt wurde. Wenn der Doktor kam, stand eine silberne Kanne mit exquisitem Teegeschirr auf dem Tisch, und dazu gab es hausgemachten Kuchen. Die Teezeremonie dauerte jedesmal eine volle Stunde, und wenn ich den Schwestern Emmerson erklärt hätte, daß ich am selben Tag noch viele andere Patienten aufsuchen mußte, hätten sie das einfach nicht verstanden.

Sie hielten sich stets an ihren gewohnten Standard, und ich bewunderte sie und freute mich auf jeden Besuch, den ich ihnen abstattete. Sie klatschten nicht, kein einziges boshaftes Wort kam über ihre Lippen, und sie gewährten mir einen Einblick in eine vornehme Welt, von der ich nichts wußte.

Eines Tages klagte Elsie über Schmerzen in einer ihrer Waden, die immer dann auftraten, wenn sie längere Zeit gegangen war. Während sie ihre Einkäufe in Tadchester machte, mußte sie alle paar Meter stehenbleiben und so tun, als würde sie die Schaufenster betrachten. Ich untersuchte das Bein, stellte fest, daß es ziemlich kalt war, und konnte die Pulse kaum ertasten. Offenbar war das Bein schlecht durchblutet.

»Nun, Doktor, was ist denn los mit Elsie?« fragte Sophie.

»Sie leidet an intermittierender Claudication, Miß Emmerson. Das Bein wird nicht ausreichend durchblutet. Ich werde ihr etwas geben, das die Blutzirkulation ankurbelt.«

An diesem Tag hatte ich es sehr eilig und konnte mir nicht die Zeit nehmen, ihnen diese Krankheit genauer zu erklären. Als sie das nächstemal krank wurden, ließen sie Steve Maxwell kommen. Da ich sie schon seit langer Zeit betreute, dachte ich, daß es sich um ein Versehen handeln müßte. Aber Gladys bestätigte, daß sie ausdrücklich um Dr. Maxwells Besuch gebeten hätten. Ich sagte mir, daß sie vielleicht glaubten, ich hätte Ferien. Als Steve zurückkam, fragte ich ihn, wie es Elsies Bein ginge.

Er erwiderte, das Bein wäre gar nicht erwähnt worden. Miß Sophie hätte Bronchitis. Über meine Besuche und Behandlungsmethoden hätten die beiden keine Kommentare abgegeben.

Ich zerbrach mir den Kopf und fragte mich immer wieder, ob ich die beiden in irgendeiner Weise beleidigt hatte. Es kränkt mich immer, wenn meine Patienten plötzlich zu einem meiner Partner überwechseln (wenn die Patienten meiner Partner zu mir kamen, hatte ich natürlich immer Verständnis dafür). Daß mir die Schwestern Emmerson untreu geworden waren, traf mich besonders hart, denn wir waren so gute Freunde gewesen.

In den nächsten Monaten änderte sich nichts. Wann immer die Schwestern krank wurden, verständigten sie Steve. Mich hatten sie anscheinend vergessen.

Eines Tages rief mich Steve in sein Sprechzimmer und versuchte ein grimmiges Gesicht zu machen, konnte sich aber das Lachen kaum verkneifen. »Heute war ich bei Miß Elsie Emmerson«, erzählte er. »Sie klagte über Schmerzen in ihrem Bein, die sie jedesmal verspürt, wenn sie längere Zeit gegangen ist. Deshalb hast du sie doch mal behandelt, nicht wahr? Was hast du ihnen denn gesagt?«

»Daß Miß Elsies Bein schlecht durchblutet ist und daß sie *intermittierende Claudication* hat.«

Steve brach in schallendes Gelächter aus. »Weißt du, was du ihrer Meinung nach gesagt hast?«

»Nein«, entgegnete ich verwirrt.

»Daß sie an intermittierender ›Fornication‹ (Unzucht) leidet.«

Da war mir klar, daß meine Beziehung zu den Damen Emmerson nie mehr so gut wie früher sein würde. Steve versuchte ihnen jenen medizinischen Begriff zu erklären, aber es dauerte noch eine ganze Weile, bis man mir verzieh.

Die falsch verstandene Diagnose mußte die beiden sehr verletzt haben. Vielleicht war es zwischen den großen Bällen und Banketten, die sie in Begleitung adeliger Herren, eleganter Offiziere oder anderer feiner Pinkel besucht hatten, zu ›Intermittierender Unzucht‹ gekommen, hinter herabgezogenen Jalousien oder in abgelegenen kleinen Hotels. Und vielleicht glaubte die arme Miß Elsie, ich hätte ihre Gedanken gelesen und daß sie nun von ihrer Vergangenheit eingeholt würde.

Natürlich war das Thema so delikat, daß ich es nicht wagen

durfte, das Mißverständnis zu berichtigen. Viele Leute bilden sich ein, daß ihre Ärzte Götter wären und ihren Patienten nur in die Augen zu schauen brauchen, um sofort zu wissen, was diese dachten oder irgendwann einmal getan hatten. Wenn Miß Elsie doch bloß die Wahrheit erkannt hätte! Angesichts ihrer flachen Schuhe, ihres langen schwarzen Kleides, ihrer schütteren grauen Haare und der schlichten Perlenkette wäre ich nicht einmal im Traum auf den Gedanken gekommen, sie der Unzucht zu bezichtigen (intermittierend oder nicht).

Aber schließlich hatten sie sich doch dazu durchgerungen, mir zu vergeben. Zwei Jahre später wurde ich in Miß Sophies Testament – einem sehr dürftigen Testament – bedacht. Sie hinterließ mir fünfzig Pfund, als Dank für die Dienste, die ich ihr und ihrer Schwester erwiesen hatte. Steve Maxwell erbte nichts, und ich fragte mich, ob die fünfzig Pfund vielleicht als Schweigegeld gedacht waren – damit ich das peinliche Geheimnis für mich behielt.

Als eine der schlimmsten Unannehmlichkeiten meines Berufs betrachtete ich die Gepflogenheit mancher Leute, mich zum Dank für erfolgreiche Therapien zum Dinner einzuladen. Diese Einladungen wurden so formuliert, daß es kein Entrinnen gab, wie zum Beispiel: ›Sagen Sie uns doch, wenn Sie sich in den nächsten beiden Monaten einen Abend freinehmen können, um mit uns zu essen.‹

Wenn ich mich auch sehr bemüht hatte, sie gesund zu machen, so bestand doch immerhin die Möglichkeit, daß ich sie nicht sonderlich mochte. Meist bestanden gerade solche Leute hartnäckig darauf, mich an ihre Dinnertafel zu komplimentieren. Und mir blieb nichts anderes übrig, als ihnen einen kostbaren freien Abend zu opfern. Es war reiner Snobismus, der diese Kategorie von Patienten veranlaßte, mich einzuladen. Sobald ich mich bereit erklärt hatte, mit ihnen zu speisen, waren wir sozusagen quitt. Ich hatte ihnen das Leben gerettet, sie hatten mich auf gesellschaftlicher Ebene akzeptiert und mir ein unerwünschtes Dinner aufgezwungen. Von da an gingen sie davon aus, daß sich unsere Beziehungen, das Verhältnis zwischen Arzt und Patient, geändert hatten. Sie redeten mich mit dem Vornamen an und betrachteten es als wahren Hochgenuß, in der Praxis anzurufen und herablassend nach ›Bob Clifford‹ zu fragen statt nach ›Dr. Clifford‹.

Dies alles traf in besonderem Maße auf die de Wyrebocks zu. Mrs. de Wyrebock war eifrig bestrebt, unsere Beziehung auch im gesellschaftlichen Rahmen zu festigen. Ich bekam eine Einladung zum Dinner, in Goldbuchstaben, und auf die Rückseite war mit Bleistift geschrieben: ›Smoking erwünscht.‹ Dies war ihre Methode, mich in meine Schranken zu verweisen, denn anderen Leuten brauchte man natürlich nicht mitzuteilen, was sie anziehen sollten. Aber ein unwissender Bauer wie ich würde womöglich in einem Tweedjackett mit Lederflecken an den Ellbogen auftauchen.

Mir graute vor diesem Dinner, aber ich konnte die Einladung unmöglich ablehnen.

Ich fuhr also zum Landsitz der de Wyrebocks hinaus. Der Butler ließ mich eintreten. Abgesehen von Marjorie, die in meinem Alter war, sah die übrige Versammlung so aus, als wäre sie aus dem Museum geholt und sorgfältig abgestaubt worden.

Aber zu meiner größten Überraschung wurde es ein vergnüglicher Abend. Alle anwesenden alten Damen und Herren hatten ein abenteuerliches, erfülltes Leben geführt. Dies war die Sorte von Menschen, die als Symbole für die These gelten konnten, daß stets nur die Stärksten überleben. Ich hörte interessiert zu, als sie über ihre Erinnerungen sprachen, von Orten erzählten, von denen ich oft gelesen und geträumt hatte. Sie erzählten von Expeditionen zur afghanischen Grenze, von Malakka, vom Boxeraufstand in China, vom Ersten Weltkrieg, der sie vieler Freunde beraubt hatte. Ich brauchte nichts zu reden, lehnte mich einfach zurück und hörte zu.

Sogar Mrs. de Myrebock war nett und höflich zu mir. Die Damen verließen uns nicht, als der Portwein eingeschenkt wurde. Wahrscheinlich waren sie zu alt und steifbeinig, um sich von ihren Stühlen zu erheben, oder die Anzahl von Körperbewegungen, die sie innerhalb eines Tages bewerkstelligen konnten, war begrenzt.

Als die Portweinflasche ein letztesmal die Runde machte, waren einige von den alten Herrschaften in ihren Sesseln eingenickt. »Ihr jungen Leute braucht sicher frische Luft«, meinte Mrs. De Syrebock. »Marjorie, willst du Dr. Clifford nicht das Treibhaus zeigen?«

Erst als ich aufstand, merkte ich, was für ein angenehmer Abend das gewesen war. Ich war bis zum Rand angefüllt mit Sherry, Wein und Portwein, und die vielen Geschichten aus alten Zeiten hatten mich fasziniert. Eine tiefe Zuneigung zu meinen Mitmenschen erfaßte mich, und sogar Marjorie de Wyrebock, die jetzt auf mich zukam, sah ungeheim attraktiv aus. Durch den Alkoholdunst betrachtet, der in meinem Gehirn wogte, schienen sich ihre Zähne verkürzt zu haben, und ihr Busen, der sich aus ihrem Ausschnitt wölbte, war keineswegs zu verachten. Die Reithosenschenkel, ihre hervorstechendsten Körpermerkmale, wurden von einem langen Kleid verdeckt.

Sie nahm meinen Arm – vermutlich, um mir Halt zu geben –, und wir schlenderten zum Treibhaus. Als wir den großen Raum mit den Glaswänden betraten, verlor ich beinahe die Besinnung. Es war so heiß und schwül hier drin, und ich fühlte mich in den Malakka-Dschungel versetzt, von dem ich an diesem Abend so viel gehört hatte. Ein paar Korbstühle standen zwischen den Pflanzen, und auf Gartentischen lagen Magazine wie ›The Tatler‹, ›Vogue‹ und ›Country Life‹.

Ich mußte mich ganz schnell setzen, weil sich alles um mich drehte, eilte mit Marjorie, die immer noch an meinem Arm hing, zum nächstbesten Korbstuhl und fiel hinein. Marjorie sank auf meinen Schoß und hauchte: »O Doktor! Ich wußte ja, daß Sie genauso empfinden wie ich.«

Zwei Pferdelippen, verstärkt von kräftigen Zähnen, preßten sich auf meinen Mund. Mit ihrer freien Hand begann sie mein Haar zu streicheln. Ich glaube, ›Striegeln‹ wäre wohl der passendere Ausdruck, um diese Aktion zu schildern, und heißes Mitleid mit Marjories Ponys stieg in mir auf.

Ich muß gestehen, daß mir ihr Kuß gar nicht einmal so schlecht schmeckte, und da es ihr irgendwie gelang, ihre Lippen über die Schneidezähne zu schieben, brauchte ich auch nicht zu befürchten, daß ich gefährliche Verletzungen erleiden würde.

Der Alkohol und meine gehobene Stimmung bewirkten, daß ich mich mitreißen ließ, und ich revanchierte mich für Marjories Zärtlichkeiten, indem ich, wie man es in der Reitersprache ausgedrückt hatte, ihren ›Widerrist‹ streichelte.

In dem Augenblick, als ich begonnen hatte, ihren Ausschnitt zu erforschen, flog die Tür des Treibhauses auf und Commander de Wyrebock stürmte herein. »Bei Gott, Sir!« schrie er. »Ist dies der Dank für meine Gastfreundschaft? Ich wäre Ihnen sehr verbunden, wenn Sie sich jetzt entfernen würden!«

Marjorie zupfte ihr Kleid zurecht und warf mir einen vernichtenden Blick zu, als ob ich versucht hätte, sie zu vergewaltigen. Ich mußte auf unsicheren Beinen an der immer noch besetzten Dinnertafel vorbeigehen (offenbar hatte niemand die Kraft, sich von der Stelle zu rühren), meinen schäbigen Regenmantel vor den mißbilligenden Augen des Butlers zwischen feinen Tuchmänteln hervorzerren, durch die Vordertür hinauswanken und nach Hause fahren.

Meine Erinnerungen an Marjorie waren keineswegs unerfreulich, aber als ich in meine Wohnung zurückgekehrt war und ein paar ernüchternde Tassen Kaffee getrunken hatte, war ich froh, daß ich noch einmal davongekommen war. Wenn ich noch eine weitere halbe Stunde in den Klauen der hemmungslosen Marjorie verbracht hätte, wäre ich womöglich zur Ehe gezwungen worden.

Mrs. d Wyrebock hatte letzten Endes doch noch gesiegt. In Zukunft konnte sie mit gutem Grund einen meiner Partner konsultieren, denn man konnte ihr nicht mehr zumuten, ›diesen verdammten jungen Doktor‹ ins Haus zu holen.

Ich überlegte, ob ich eine leere Wursthaut in den Umschlag des Briefes legen sollte, mit dem ich mich für die Einladung bedankte, besann mich aber anders. Man kann nicht alle Herzen erobern, und ich war in diesem Kampf ohnehin einem Unentschieden näher gewesen als einer totalen Niederlage.

18. NACH DEM BALL

Janice und Kevin hatten Eric und mich aufgefordert, mit ihnen zum Tadchester-Karnevalsball zu gehen, als Begleiter zweier potentieller Bräute. Die beiden Damen stammten aus Neuseeland und waren entfernt mit Janice verwandt. Janice versuchte ständig, mich zu verheiraten, aber ihre Vorstellung von einer erstrebenswerten Partie, deckte sich nicht so ganz mit der meinen. Außerdem war ich eben erst über die Enttäuschung hinweggekommen, die mir Brenda Collins, meine Londoner Hebamme, bereitet hatte.

Als ich Brenda kennengelernt hatte, war sie eine junge Lernschwester gewesen und hatte erst vor kurzem ihr ärmliches Zuhause im Norden Englands verlassen. Ich war einer der ersten jungen Männer, mit denen sie ausging. Sie war schlecht und ein bißchen schlampig gekleidet und sehr schüchtern, aber hinter ihrer unvorteilhaften Aufmachung verbarg sich eine echte Schönheit. Sie hatte ein zauberhaftes, feingeschnittenes Gesicht und ebenmäßige weiße Zähne. Ich war überglücklich, als ich sie zu ihrem ersten Ball begleiten durfte, half ihr, das erste Ballkleid ihres Lebens auszusuchen, und beobachtete entzückt, wie sie unter meiner Schutzherrschaft an Selbstsicherheit gewann.

Wir waren unzertrennlich, unternahmen an den Wochenenden Bootsfahrten auf der Themse, und ich brachte sie auch nach Hause zu meiner Mutter. Seltsamerweise kam sie nicht besonders gut mit Mutter aus. Brenda war ziemlich reizbar, und nachdem sie so lange in bitterer Armut gelebt hatte, war sie fest entschlossen, eines Tages in die Oberschicht vorzudringen.

Während ihr Selbstvertrauen wuchs, lernte sie auch, sich geschmackvoller anzuziehen. Sie legte großen Wert auf ihre Frisur, und mit der Zeit verwandelte sich die verängstigte kleine Lernschwester in die attraktivste Schwester ihres Jahrgangs.

Damals war ich im ersten Semester. Wir hatten beide kein Geld, waren aber glücklich, wenn wir zusammensein konnten.

Bis zu meiner Promotion verbrachten wir alle Ferien gemeinsam, meist auf Campingplätzen. Während unseres dritten Camping-Urlaubs blickte Brenda sehnsüchtig auf die großen Hotels, die in der Nähe des Zeltplatzes standen, und fragte: »Wie lange wird es noch dauern, bis du dir so etwas leisten kannst?«

Im ersten Jahr meines Krankenhausdienstes arbeitete sie als Hebamme in einer anderen Klinik, und wir konnten uns nur noch selten sehen. Aber wir schrieben uns praktisch jeden Tag, und dadurch hatten wir das Gefühl, in Wirklichkeit gar nicht getrennt zu sein. Wenn wir uns trafen, akzeptierte ich es, daß sie sich verändert hatte. Ich gestand ihr zu, daß sie ihr eigenes Leben führte, daß sie auch ohne mich auf Partys und Bälle ging. Ich hatte pro Woche nur einen einzigen Abend frei, und ich konnte nicht von ihr erwarten, daß sie an den übrigen Abenden zu Hause saß.

Später arbeitete ich in der Entbindungsstation des Krankenhauses, in dem sie als Hebamme tätig war. Sie schlug mir immer wieder vor, mich zu spezialisieren, wie die meisten meiner Freunde, aber ich war entschlossen, praktischer Arzt zu werden, da ich glaubte, daß ich mich dazu am besten eignete. Brenda konnte sich nicht vorstellen, die Frau eines praktischen Landarztes zu werden, der in einer kleinen Gemeinde lebte und Tag und Nacht ans Telefon gefesselt war. Sie fühlte sich in wachsendem Maße zum Luxus hingezogen – und zu Roger de Silva, einem angehenden Gynäkologen und Bentley-Besitzer, der sich die Harley Street zum Ziel gesetzt und eine reiche Familie im Hintergrund hatte.

Die Krise spitzte sich zu, als er Brenda einlud, ihn gemeinsam mit anderen Freunden auf eine Jacht im Mittelmeer zu begleiten. Wir stritten uns heftig, ich versuchte ihr diese Pläne auszureden, aber sie war fest entschlossen, mit Roger de Silva Urlaub zu machen.

Ich stellte ihr ein Ultimatum und erklärte, daß es aus zwischen uns wäre, wenn sie diese Einladung annahm.

Sie fuhr in den Süden, und als sie zurückkam, war sie mit Roger verlobt.

Bis zum Ende des Jahres, das ich in der Entbindungsstation verbringen mußte, ging ich ihr aus dem Weg, so gut ich konnte, und litt an meinem gebrochenen Herzen. Dann bewarb ich mich um den Job im Winchcombe Hospital, das in der Gegend lag, in der ich später zu praktizieren hoffte.

Jetzt hatte ich meinen Kummer endlich überwunden, und ich fragte mich, was mir der Karnevalsball wohl bringen würde.

Eric und ich stärkten uns ein bißchen zu gründlich und ein bißchen zu lange, bevor wir zu den Birds fuhren. Wir hatten unsere Hemmungen ausreichend in Alkohol ertränkt, so daß wir uns allen Möglichkeiten gewachsen fühlten – mochten die beiden Damen nun exotische Schönheiten oder häßliche Vogelscheuchen sein.

Wir kamen viel zu spät bei den Birds an und entschuldigten uns mit der Ausrede, wir hätten eine Autopanne gehabt. Kevin roch meine Sherry-Fahne und sagte: »Ich verstehe. Offenbar hatte es was mit deinem Kraftstoffeinspritzungssystem zu tun.«

Die Mädchen waren Zwillinge und unterschieden sich nur durch die kleine Narbe, die Jennifer (eine halbe Stunde älter als ihre Schwester) auf der rechten Wange hatte. Jennifer wurde mir zugeteilt, und Eric hatte Laura, den anderen Zwilling, am Hals.

Auch diesmal hatte Janice meinen Geschmack nicht getroffen. Ich konnte mich weder für Jennifer noch für Laura erwärmen. Beide waren groß und vollbusig, grapschten eifrig nach unseren Händen, als sie mit uns bekannt gemacht wurden, und waren offensichtlich wild entschlossen, das Beste aus diesem Abend zu machen.

Kevin und Janice boten uns noch Drinks an, dann fuhren wir zu sechst zur Stadthalle, in der das große Fest stattfand.

Der Saal war gesteckt voll. Jeder, der auf sich hielt, war erschienen. Wir kämpften uns durch das dichte Gedränge bis zur Bar vor, winkten unseren Freunden, entdeckten Frank und Primrose, Joe und Lee, aber der Lärm war so ohrenbetäubend, daß wir nicht verstehen konnten, was sie uns quer durch den Raum zuschrien.

Wir setzten uns an die Theke, und Jennifer (die mein Freund Kevin vor dem Ball offenbar mit Schnaps vollgepumpt hatte) machte mir amouröse Avancen, preßte eine ihrer großen Brüste an meine Schulter und streichelte mit der Hand, die gerade kein Schnapsglas umklammerte, meinen Nacken. Sie bestand darauf, mich auf die Tanzfläche zu zerren, und hätte mich beinahe vor den Augen meiner Patienten vergewaltigt.

»Bob, nächsten Monat fahren wir per Anhalter durch Europa«, verkündete sie. »Willst du dir nicht Urlaub nehmen und mitkommen? Du kannst bei mir im Zelt schlafen. Da ist genug Platz für uns beide, und Laura übernachtet ohnehin lieber im Freien.«

Anscheinend sollte dieser Abend noch schlimmer werden, als ich es befürchtet hatte. Ich bahnte mir wieder einen Weg zur Bar. Es gab nur eine einzige Möglichkeit – meinen Kummer in Alkohol zu ertränken.

Mein drittes Bier fiel mir beinahe aus der Hand, als ein schmetternder Tusch, mit Beckengetöse und Trommelwirbel, ertönte. Ich drehte mich um und sah, daß die Bühne in hellem Scheinwerferlicht erstrahlte. Und aus dem dunklen Orchestergraben tauchte in ihrer ganzen Pracht, in einem hautengen purpurroten Kleid, das sicher farblich auf ihre Brustwarzen abgestimmt war, mit einem Ausschnitt, der ihre Reize keineswegs verhüllte, Gwendoline Jacobs, die Karnevalsprinzessin, auf. O Gott, die hatte ich ganz vergessen...

Mike Thomas, der Sekretär des Rugby Clubs, der heute abend als Zeremonienmeister fungierte, stellte Gwendoline den Gästen vor. Sie schritt mit wiegenden Hüften über die Bretter, und zwei Rugby-Spieler, die im Hintergrund der Bühne ihr Ingwerbier tranken, gerieten völlig aus dem Häuschen. Nachdem Gwendoline gekrönt und mit einem Blumenstrauß beschenkt worden war, kündigte Mike Thomas an, daß die Karnevalsprinzessin nun den Ball mit einer Damenwahl in Schwung bringen wollte. Der Mann, mit dem sie jetzt tanzen würde und der nach einer Runde auch von anderen Damen aufgefordert werden durfte, würde für diesen Abend ihr Prinz sein.

Gwendoline stand auf der Bühne, sah sich um und schnüffelte wie ein Jagdhund. Ich zog den Kopf ein und versuchte mich hinter Jennifers linker Brust zu verstecken. Das Schicksal würde doch nicht ausgerechnet mich heimsuchen... Ich erinnerte mich, daß ich recht energisch zur Sache gegangen war, als ich sie für die Versicherung untersucht hatte. Ich wagte nicht mehr, aufzublicken. Die Brust war warm und weich, und wenn ich mein rechtes Ohr dagegenlehnte, hatte ich zwischen dieser Brust und ihrem Pendant genügend Platz, um mein Bier zu trinken.

Es wurde still im Saal. Plötzlich drang mir der überwältigende Duft eines billigen Parfüms in die Nase, dann erklang Gwendolines Stimme. »Doktor, darf ich Sie um diesen Tanz bitten?«

Es gab kein Entrinnen. Wir mußten einmal ums ganze Parkett herumtanzen, und Gwendoline klebte an mir wie eine Kette. Ihre Brustwarzen bohrten sich wie zwei Stahlspitzen zwischen meine Rippen, und ich hoffte inständig, daß bald jemand kommen und mich auffordern würde. Im Vergleich zu Gwendoline war Jennifer geradezu ein Unschuldslamm.

Während wir tanzten, flüsterte sie mir ins Ohr: »Lassen Sie Ihren Gefühlen freien Lauf, Doktor. Vielleicht sind wir morgen alle tot. Ich habe einen Wohnwagen in Skegness gemietet – für das Wochenende in vierzehn Tagen. Wollen Sie mich besuchen? Ich schwöre Ihnen, daß ich es niemandem erzählen werde.«

Plötzlich hörte ich eine Pferdestimme sagen: »Darf ich bitten...« Eine Hand umklammerte meine Schulter wie ein Schraubstock. Ich wurde buchstäblich aus Gwendolines Armen gerissen. Sie trat zurück, unverhohlene Mordlust in den schönen Augen.

Ich drehte mich rasch zu meiner Retterin um und starrte auf ein blitzendes Pferdegebiß. Marjorie de Wyrebock...

Während sich Gwendoline wie eine Klette an mich geklebt hatte, war mir bei dem Tanz mit Marjorie zumute, als würde ich auf einer Stute reiten. Eine Hand hielt sie fest in mein Kreuz gepreßt, ihre Hüfte schaukelte wie ein Pferdesattel, während sie mich mit aller Kraft durch den Saal schob. »Doktor«, sagte sie, »in ein paar Wochen wollen wir eine Kreuzfahrt unternehmen«, sagte sie. »Mutter hat durch ein Versehen eine Kabine zuviel gebucht. Wollen Sie uns nicht begleiten? Es würde Sie keinen Penny kosten. Wir wollen überall an Land gehen, wo's Pferde gibt und wo man reiten kann.«

Inzwischen hatten auch andere Paare zu tanzen begonnen, und bald herrschte ein so dichtes Gedränge auf dem Parkett, daß ich immer fester an Marjorie gedrückt wurde. Wie durch einen Nebel hörte ich eine süße, aber beharrliche Stimme sagen: »Darf ich bitten... Darf ich bitten...«

Endlich wurde ich erlöst!

Blitzschnell hob ich den Kopf, und dabei stieß ich zufällig gegen Marjories Kinn. Als sich beide Reihen des Pferdegebisses in ihre Zunge gruben, ließ sie mich unwillkürlich los.

Ich drehte mich um, lächelte meine Retterin an – und da stand, schön wie eh und je, meine treulose Hebamme – Brenda Collins. Sie umschlang mich, legte ihre Wange an die meine, und wir tanzten voller Hingabe durch den Saal, genauso wie vor einem Jahr. Es war, als hätten wir uns niemals getrennt.

»O Bob, Liebling!« murmelte sie. »Endlich bin ich zur Vernunft gekommen. Ohne dich kann ich nicht leben. Nächste Woche trete ich meine neue Stelle im Winchcombe Hospital an – damit ich in deiner Nähe sein kann. Wollen wir noch einmal von vorn anfangen?«

Es war einfach zuviel für mich. Die Drinks mit Eric, der Drink bei den Birds, das Bier, das ich danach in mich hineingeschüttet hatte... All diese Getränke rotteten sich in meinem Magen zusammen und beschlossen, ihn gemeinsam zu verlassen. »Oh – es tut mir so leid, meine Liebe«, stammelte ich und übergab mich auf Brendas Paillettenkleid.

Ich erinnere mich nicht mehr an die weiteren Ereignisse dieses Abends. Kevin und Eric schafften es irgendwie, mich nach Hause zu bringen. Später erzählten sie, daß sie mich mit schwarzem Kaffee einigermaßen aufgemöbelt und gleichzeitig Jennifer, Gwendoline, Marjorie und Brenda von mir ferngehalten hatten, die mich alle auf einmal als ihr Eigentum beanspruchen wollten.

Zum Teufel, was sollte ich tun?

Am nächsten Morgen erwachte ich mit einem schrecklichen Kater und schleppte mich in die Praxis, wo mich Gladys mit mißbilligend gefurchter Stirn empfing. »Heute morgen sind schon vier private Anrufe für Sie gekommen, Dr. Bob«, verkündete sie und reichte mir eine Liste. Ich brauchte sie mir gar nicht anzusehen. Jennifer, Gwendoline, Marjorie und Brenda...

Was sollte ich tun?

Ich hatte noch eine Woche Urlaub gut – aber wohin sollte ich fahren, um den vier Damen zu entfliehen?

Plötzlich mußte ich an meine Mutter denken und hatte irgendwie das Gefühl, daß ich nun in ihren schirmenden Schoß zurückgetrieben wurde. Sie war seit meinem dritten Lebensjahr verwitwet, war noch jung und aktiv und führte ein unabhängiges Leben. Wir waren gute Freunde, und sie hatte mir immer kluge Ratschläge gegeben. Einen Großteil ihrer Zeit widmete sie der Liberalen Partei, als aktives Mitglied. Wir schrieben uns sehr oft.

Ich rief sie an, erklärte ihr mein Problem und hörte sie lachen. »Es ist wohl besser, wenn du deine alte Mama mal besuchst, Bob. Ich wollte gerade auf eine Woche in ein ruhiges Hotel bei Bournemouth fahren. Pack ein paar Sachen zusammen und komm zu mir!«

Während der restlichen Woche gelang es mir, meinen vier Verehrerinnen aus dem Weg zu gehen. Gladys vollbrachte wahre Wunder am Telefon. Ihren Antworten war zu entnehmen, daß ich mich achtundvierzig Stunden hintereinander um Notfälle kümmern mußte.

Und dann ergriff ich die Flucht. Am Freitag stahl ich mich um zwei Uhr morgens aus dem Haus und stieg in mein Auto. Ich wagte nicht, bei Tageslicht zu fahren, denn ich war sicher, daß man mittels Straßensperren versuchen würde, mich aufzuhalten.

Um acht Uhr erreichte ich das Hotel in Boscombe, in dem sich meine Mutter einquartiert hatte. Einmal hatte ich die Fahrt unterbrochen, in einem Rasthaus, Kaffee getrunken und ängstlich aus dem Fenster gespäht, um nach etwaigen Verfolgerinnen Ausschau zu halten.

Ich schlief den ganzen Tag und ließ mich erst beim Dinner blikken. Meine Mutter war sehr attraktiv und hatte bereits ein paar Freunde im Hotel gefunden. Die meisten Gäste waren älter als ich. Aber an einem Tisch in unserer Nähe entdeckte ich zwei Mädchen, die ungefähr in meinem Alter waren.

Wollte ich mich tatsächlich schon wieder mit Mädchen einlassen?

Die beiden sahen sehr nett aus. Vor allem die Blonde gefiel mir ausnehmend gut. Und keine von beiden glich auch nur im entferntesten den männermordenden Geschöpfen, aus deren Klauen ich mich eben erst befreit hatte.

Nach dem Dinner tranken wir alle zusammen Kaffee, und ich erfuhr, daß die beiden Mädchen Pam und Joan hießen. Pam arbeitete für eine Werbefachzeitschrift, Joan war Sekretärin in London.

Pam und ich verstanden uns auf Anhieb großartig. Sie erzählte mir ihre ganze Lebensgeschichte und sprach so offen mit mir, als wäre ich ihr Beichtvater. Vielleicht lag es daran, daß ich ihr als ›Doktor‹ vorgestellt worden war. Sie berichtete von ihrer Verlobung, die in die Brüche gegangen war, von ihrem Entschluß, mit ihrer Freundin zu verreisen, um wieder zu sich selbst zu finden und die Aufregungen der letzten Monate zu vergessen.

Bald gingen die älteren Leute schlafen. Pam schaute ein bißchen verwirrt drein, als sich auch meine Mutter zurückzog, als Joan ebenso diskret verschwand und wir beide allein auf dem Sofa saßen.

Wir stellten fest, daß wir eine ganze Menge gemeinsam hatten. Sie fand mich umwerfend komisch und lachte über alle meine Witze. Trotzdem gab sie sich reserviert, und als ich ihr auf dem Sofa zu nahe rückte, zuckte sie zusammen, als hätte sie ein elektrischer Schlag getroffen.

Widerstrebend erklärte sie sich bereit, am nächsten Tag mit mir Squash zu spielen. Ich nahm an, daß sie immer noch ihrem Ex-Verlobten nachtrauerte. Aber das störte mich nicht. Sie war ein reizendes Mädchen, und ausnahmsweise sah es so aus, als würde *ich* den ersten Schritt tun, um eine Beziehung zu vertiefen – im Gegensatz zu meinen bisherigen Erfahrungen mit dem anderen Geschlecht.

Pam sah bezaubernd aus in ihrem Squash-Dreß, roten Shorts und einem engen T-Shirt. Sie war wirklich super.

Ich erklärte ihr die Grundregeln des Spiels, dann setzte ich mich schamlos in Szene. Aber sie ließ sich nicht so leicht aus dem Feld schlagen und hetzte hinter jedem meiner Bälle her. Bald war sie der Erschöpfung nahe, gab aber nicht auf. Irgendwie schaffte sie es, einen meiner Bälle in die linke Ecke zurückzugeben. Ich raste hinüber, und als ich mit dem Schläger ausholte, stieß er gegen etwas Weiches – und Pam brach zusammen, bekam keine Luft mehr, nachdem ich ihren Solarplexus getroffen hatte.

Erschrocken lief ich zu ihr, kniete an ihrer Seite nieder, preßte ein Ohr an ihre Brust. Nichts regte sich. Es gab nur eine einzige Möglichkeit, sie zu retten – die Mund-zu-Mund-Beatmung. Als meine Lippen die ihren berührten, spürte ich, daß ihre Brust sich wieder hob und senkte. Gott sei Dank...

Erst jetzt bemerkte ich, daß sich mindestens ein Dutzend Zuschauer auf den Sitzreihen hinter uns versammelt hatte und fasziniert das Drama verfolgte, das sich vor der Squash-Wand abspielte. Wahrscheinlich passiert es nicht allzuoft, daß ein junges Paar aneinander gepreßt auf dem Squash-Feld liegt und sich küßt.

Ich stand auf und zog Pam auf die Beine. Sie sah immer noch ziemlich mitgenommen aus. Angstvoll schaute sie zu mir auf. »O Bob? Was wird deine Frau nur von mir denken?«

»Meine Frau? Ich bin nicht verheiratet.«

»Aber – wer ist denn die Dame, mit der du hier bist? Sie heißt doch Mrs. Clifford.«

Ich brach in schallendes Gelächter aus. »Das ist meine Mutter, du Dummkopf.«

»Oh... Sie sieht so jung und hübsch aus – und nur ein kleines bißchen älter als du. Ich dachte, sie wäre deine Frau.«

Der Rest unserer Ferien verstrich wie ein seliger Traum. Wir verstanden uns von Tag zu Tag besser. In ihrem Bikini sah Pam noch besser aus als im Squash-Dreß. Das war endlich die wahre Liebe. Auch meine Mutter war von Pam begeistert.

Viel zu früh ging der Urlaub zu Ende. Aber ich wußte, daß ich Pam nicht aus den Augen verlieren durfte. Unglücklicherweise lebte sie in Surrey, viele Kilometer weit von unserer Praxis entfernt. Aber meine Partner waren sehr tolerant, und ich konnte mir sehr oft ein Wochenende freinehmen. Dann fuhr ich nach Leatherhead, wo Pams Eltern wohnten, und sah mir die Aufführungen des Theaterclubs an, in dem sie Mitglied war. Seltsam, daß sie immer nur Dienstmädchen zu spielen schien... Manchmal verbrachten wir auch ein Wochenende bei meiner Mutter in London.

Die Monate gingen dahin. Zu Weihnachten hatte ich eine Woche frei, und Pam hatte versprochen, zum Neujahrsball des Hospitals zu kommen. Sie würde alle meine Freunde kennenlernen, und wir würden zum erstenmal ganz groß miteinander ausgehen. Auch meine Mutter kam nach Tadchester, und Pam zog sich bei ihr im Hotelzimmer um. Als sie wieder auftauchte, trug sie ein rotes Taftkleid, das ihre zarten, mit hellen Sommersprossen bedeckten Arme gut zur Geltung brachte.

Der Ball war ein großer Erfolg, und meine Freunde verstanden sich prächtig mit Pam. Sie war genau das richtige Mädchen für mich.

Wir tanzten miteinander, als es Mitternacht schlug und die Glocken das Jahr 1950 einläuteten. Und während sich das alte Jahr verabschiedete, blieb ich stehen, nahm Pams Gesicht in beide Hände und fragte: »Willst du mich heiraten, Liebling?«

»Natürlich. Deine Mutter bläut mir schon seit zwei Monaten alles ein, was ich als Frau eines praktischen Arztes wissen muß.«

Unsere Freunde umringten uns grinsend und beglückwünschten uns, auch meine alten Rugby-Kameraden, die zum Teil bereits verheiratet waren, teils kurz davor standen oder fest entschlossen waren, sich keinen einzigen bierseligen Abend von einer Ehefrau verderben zu lassen.

Plötzlich ertönte eine dröhnende Stimme, und die Musik verstummte. Der Pförtner vom Tadchester Hospital, genannt Admiral und schon seit über dreißig Jahren im Dienst, ein netter alter Mann, der uns allen ein Vater oder Onkel war, zog alle Blicke auf sich. »Meine Damen und Herren!« rief er. »Wenn Sie mir für zwei Minuten Ihre werte Aufmerksamkeit schenken würden – ich möchte gern etwas sagen. Bob Clifford hat sich soeben verlobt. Ein weiterer Rugby-Spieler hat ins Gras gebissen...«

Pam umarmte mich lachend, und ich wußte, daß jetzt ein neues Leben für mich begann.

POSTSKRIPTUM

Es gibt eine Geschichte von einem Mann, der vor einer Stadt saß. Ein Fremder kam zu ihm und fragte: »Wie sind denn die Leute in dieser Stadt?«

»Wie waren sie denn in der Stadt, wo Sie zuletzt waren?« entgegnete der alte Mann.

»Sehr nett. Ich war sehr glücklich dort. Sie waren freundlich, großzügig und hilfsbereit.«

»Sie werden feststellen, daß die Leute hier in dieser Stadt genauso sind.«

Ein anderer Fremder kam auf den alten Mann zu.

»Wie sind denn die Leute in dieser Stadt?« fragte der zweite Fremde.

»Wie waren sie denn in der Stadt, wo Sie zuletzt waren?« erkundigte sich der alte Mann.

»Ganz schrecklich! Sie waren niederträchtig und unfreundlich, und keiner war bereit, dem anderen zu helfen.«

»Leider werden Sie auch in dieser Stadt solche Menschen antreffen«, sagte der alte Mann.

Sollte es Ihr Schicksal sein, jemals nach Tadchester zu kommen, so werden Sie dort Menschen begegnen, die genauso sind, wie es der alte Mann den beiden Fremden gegenüber behauptet hat.

FRIEDERIKE COSTA
Vater gesucht

Es klingelte Sturm. Roberta lief zur Tür, öffnete sie und sah von Geraldine zu Benjamin, der einen Stoß Kunstzeitschriften gegen seinen Bauch preßte und ein auffällig unschuldiges Gesicht machte.

»Die willst du doch hoffentlich nicht mit reinbringen?« fragte sie seufzend.

»Doch.« Er nickte und schlüpfte an Roberta vorbei in die Wohnung.

Sie bekam ihn gerade noch am Hosenbund zu fassen und hielt ihn fest. »Wo habt ihr die Zeitschriften her?« fragte sie.

»Gefunden«, antwortete Benjamin.

»Bei der Mülltonne«, sagte Geraldine.

»Bei der Mülltonne«, wiederholte Roberta. »Bringt sie zurück!«

»Geht nich, wir müssen nämlich die Bilder ausschneiden.«

»Soso, ihr müßt!«

»Ja, wir müssen, weil...« Geraldine sah bedeutungsvoll zu Benjamin.

»Weil – wir wollen ein Geschenk für dich machen«, half er ihr aus.

Geraldine nickte und sah Roberta aus Engelsaugen an. »Ein ganz schönes Geschenk«, fügte sie hinzu.

»Aha. Ein Geschenk. Um ganz ehrlich zu sein, das schönste Geschenk wäre für mich, wenn ihr nicht immer den Müll anderer Leute in unsere Wohnung schleppen würdet.« Roberta ließ Benjamin los und sah den Zwillingen nach, wie sie mit ihrer Beute in ihrem Zimmer verschwanden. Sie schüttelte lächelnd den Kopf und dachte: Gauner sind die beiden, wissen genau, wie sie mir den Wind aus den Segeln nehmen können.

Zwei Stunden später glich das Kinderzimmer einem Schlachtfeld, war über und über besät mit Papierschnitzeln. Zwischendrin lag Benjamin bäuchlings, mit Klebeflasche bewaffnet, und verpaßte einem aufgeblasenen Luftballon ein nacktes Weib. Geraldine schnitt eine Kuh aus der Abbildung eines abstrakten Gemäldes und amputierte ihr versehentlich ein Bein, als sie Roberta plötzlich in der Tür stehen sah. »Mamiii!« rief sie vorwurfsvoll. »Du sollst doch nich gucken!« Hob die Zeitung hoch, betrachtete die amputierte Kuh und stellte fest: »Jetzt is' die Kuh hin. Und hinne Kühe magst du, glaub' ich, nicht'!«

»Doch, sehr«, behauptete Roberta und kniete sich neben Geraldine.

»Gut, dann...« Geraldine schob die Zungenspitze über die Oberlippe, neigte den Kopf zur Seite und schnipselte weiter. Die Kuh büßte noch ein Horn ein, wurde dann an Benjamin weitergegeben, der sie unter das nackte Weib klebte.

»Fertig!« verkündete er und überreichte Roberta stolz den Ballon. »Für dich!«

»Oh, danke, wie hübsch der ist.« Sie drehte ihn langsam. Nacktes Weib, stehend reitend auf amputierter Kuh. Naiver Angler, der in Picassos blauem Krug angelte. Blumengestrüpp, das aus dem Kopf einer modernen Skulptur wuchs.

»Wirklich hübsch – vor allem sehr fantasievoll«, sagte Roberta und bedankte sich noch einmal. Sie ging hinaus, setzte den Ballon auf eine Vase und kam mit einem Karton zurück. »Da kommen die Papierschnitzel rein und die Zeitungen, die ihr nicht mehr braucht. Und dann bringt das bitte wieder zum Müll.«

»Klar, Mami«, sagte Benjamin, und Geraldine rief: »Das Telefon bimmelt, Mami!«

Als Roberta ins Kinderzimmer zurückkam, hing Benjamin, Kopf nach unten, an der Turnstange und fragte aus dieser Stellung: »Wer war am Telefon?«

»Constanze«, antwortete Roberta.

»Was hat Constanze gesagt?« wollte er wissen.

»Daß sie gleich vorbeikommt, um uns zu besuchen – Benjamin, du solltest Geraldine beim Aufräumen helfen!«

»Geht nich', bin gerade eine Fledermaus. Und Fledermäuse können ganich' aufräumen.«

»Würdest du dich dann bitte auf der Stelle in einen Roboter verwandeln, der Papierschnitzel einsammelt?« verlangte Roberta.

»Okay, Mami.« Er turnte umständlich von der Stange und verwandelte sich in einen Roboter. Krächzte: »Ich bin ein Ro-bo-ter. Ich bin ein Ro-bo-ter. Ich...«

Roberta seufzte und wollte gerade die Tür hinter sich zuziehen, als Geraldine angelaufen kam und fragte: »Mami, was isn bitte ein Zwi-ter?«

»Ein Zwiter? Das Wort gibt es nicht.«

»Aber es steht doch da«, beharrte Geraldine.

Roberta nahm die Zeitschrift, las: »Zwitter. Das Wort hat zwei T, deshalb muß man das I davor kurz sprechen – Zwitter!« erklärte sie.

»Was isn dann ein Zwitter?«

»Ein Lebewesen, das Mann und Frau zugleich ist.« Roberta besah sich flüchtig die abgebildete Skulptur – ein zweiköpfiger Zwitter – daneben die Künstlerin und ein paar andere Leute. Plötzlich erstarrte sie, hielt den Atem an, wurde blaß.

»Was isn, Mami?« fragte Geraldine besorgt. Und als Roberta keine Antwort gab und den Blick starr auf die Zeitung gerichtet, wie versteinert dastand, zupfte Geraldine sie am Rock. »Du, Mami!«

»Ja?«

»Du bist jetzt ganz komisch...«

Roberta rang sich ein beschwichtigendes Lächeln ab und fragte: »Sag, schenkst du mir die Zeitschrift?«

»Klar schenk' ich dir die.«

»Danke. Und jetzt räumt bitte auf und bringt die Schachtel runter zum Müll, bevor die Müllmänner kommen.«

Roberta saß im Wohnzimmer, die Zeitschrift lag aufgeschlagen vor ihr. Erst als die Wohnungstür krachend ins Schloß fiel, sah sie auf, riß sich von ihren Gedanken los. Ihr Entschluß stand fest. Sie würde nach Hülben fahren! Sie würde ihn ausfindig machen! Endlich hatte sie eine Spur! Sie griff nach dem Telefonbuch, suchte die Nummer der Bahnhofsauskunft und rief dort an, um sich nach den Zugverbindungen zu erkundigen.

Vor Achters Gemüseladen blieb Constanze stehen und besah sich mit Heißhunger eine Obstkiste voller schwarzroter Kirschen. Sie liebte Kirschen! Das Wasser lief ihr im Mund zusammen, sie mußte welche kaufen.

Constanze betrat den Laden. Drei Kundinnen standen lässig neben Frau Achter, die eine Salatgurke schwang, als wäre es ein Zepter, und lauschten ihren ›Neusten Nachrichten‹. Frau Achter wußte immer alles, sie wußte sogar noch mehr, und einmal in Fahrt gekommen, war sie nicht mehr zu bremsen. Constanze sah ungeduldig auf die Uhr. Sie wollte schon längst bei Roberta sein! Sie hüstelte, seufzte, winkte sogar, um auf sich aufmerksam zu machen. Aber Frau Achter übersah das geflissentlich, denn sie näherte sich gerade dem Höhepunkt ihrer Geschichte.

»Der ganze Laden stand voll!« rief sie, außer sich vor Zorn. »Und da kommt dieser Türke vom ersten Stock hier reingeplatzt und knallt mir eine Tüte voller halb verfaulter Tomaten auf die Theke. Behauptet, die hätte seine Frau vor zwei Tagen hier gekauft. Vor zwei Tagen, ha! Eine Woche vorher war das! Mindestens! Und zetert der doch: Bei dir niemand dürfen drücken! Und ich wissen, warum, weil alles gefault, bei dir! – Also, das muß man sich doch mal vorstellen. Die Leute, die das mitbekommen haben, waren geradezu empört! Man hat mir versichert, daß es hier nur allerbeste Ware gäbe, allerbeste!«

»Empört war man, jawohl!« bestätigte eine der Kundinnen, die offensichtlich Zeugin dieser Verleumdung gewesen war. »Ausnahmslos – bis auf diese sogenannte Dame!« Das Wort Dame dehnte sie wie ein Gummiband.

»Diese Sexbombe aus dem Zweiten«, fügte die Achter erklärend hinzu. »Gelacht hat die, laut gelacht! So richtig – na ja, man nennt das wohl ordinär.«

Frau Achter war die Luft ausgegangen, sie mußte nach neuer schnappen, und in die so entstandene Pause hinein rief Constanze: »Ich möchte bitte nur ein Pfund Kirschen, ich...«

»Sie sind noch nicht an der Reihe«, wies die Achter Constanze zurecht.

»Bitte, wie lange ist die Reihe noch?« fragte Constanze in zweideutigem Tonfall.

Frau Achter warf den Kopf in den Nacken, packte eine Tüte, wog ein Pfund Kirschen ab und kassierte. All das tat sie steif und zutiefst gekränkt.

Als Constanze den Laden verlassen hatte, sagte Frau Achter: »Das ist die Freundin von der aus dem zweiten Stock im Nachbarhaus. Sie wissen schon, die mit den zwei unehelichen Fratzen.«

»Unehelich sind die Kinder?« hakte eine der drei Kundinnen nach.

»Man munkelt sogar...« Frau Achter räusperte sich, sie neigte sich vor und sprach etwas leiser. »Man munkelt, die Väter der Kinder seien unbekannt.«

»Unbekannt?«

Frau Achter nickte angewidert.

»Ich dachte, die Kinder sind Zwillinge?«

»Na ja, das schon – aber trotzdem!«

Constanze wollte gerade die Haustür öffnen, als sie von innen aufgerissen wurde. Ein sechzig Zentimeter großes Wollknäuel drückte sich mit Vehemenz und hundemäßiger Rücksichtslosigkeit an ihr vorbei und tollte auf die Straße. Das war Picasso. Frau Kostils Bobtail. Frau Kostil folgte ihrem Liebling auf dem Fuße, die beiden waren unzertrennlich. Ob Frau Kostil nun ihre alte Beiwagenmaschine fuhr, vor dem Rathaus gegen Rassismus demonstrierte oder im ›Hexenhaus‹ Vorträge über die Ausbeutung der Frau im zwanzigsten Jahrhundert hielt – Picasso war immer dabei.

Frau Kostil zählte vierundsechzig Lenze. Sie war Witwe, und zwar eine lustige, vorüber sich nicht nur Frau Achter empörte.

Helene Kostil und Picasso lebten im Parterre. Im dritten Stock wohnte Emanuel Falljan, Junggeselle, siebenunddreißig Jahre alt, erfolgreicher Kunstmaler und Frau Kostils leidenschaftlichster Feind. Falls es zwischen Frau Kostil und Emanuel Falljan etwas zu besprechen gab, wurde Roberta eingeschaltet. In solchen Fällen trafen sich die beiden in der Mitte des Hauses, wo Roberta mit den Zwillingen wohnte. Der jeweilige Beschwerdeführer klingelte nach Roberta und eröffnete die Unterredung: »Sagen Sie bitte Frau Kostil, falls ich ihren Köter noch einmal gegen meinen Wagen pinkeln sehe, dreh' ich ihm den Kragen um!«

Roberta wiederholte, was ihr aufgetragen wurde. Frau Kostil richtete dann ihre Antwort ebenfalls an Roberta. »Antworten Sie ihm bitte, daß ich es als Beleidigung empfinde, wenn dieser Möchtegernpinsel Picasso einen Köter nennt,und daß ich nicht gewillt bin, mir weiterhin seine Beleidigungen anzuhören.«

Roberta gab alles geduldig und wortgetreu weiter. Solche Unterredungen waren zwar langwierig und anstrengend, aber die einzige Möglichkeit, den Hausfrieden notdürftig aufrechtzuerhalten. Meist kam man, durch Robertas sachliche, emotionslose Vermittlung, doch noch zu einem Vergleich.

Im Grunde mochte Roberta ihre beiden Nachbarn recht gern. »Sie sind zwar ein bißchen verrückt und haben einen unverbesserlichen Dickschädel, aber ansonsten sind sie ganz in Ordnung«, hatte sie einmal zu Constanze gesagt.

Constanze erwiderte Frau Kostils Gruß, ließ ihr den Vortritt, nahm dann immer zwei Stufen auf einmal, bis sie schnaufend vor Robertas Wohnungstür stand. Sie klingelte und betrachtete zum tausendstenmal das Messingschild an der Tür. Roberta – Geraldine – Benjamin, stand da in zierlicher Schwungschrift.

Und drunter in schweren Druckbuchstaben ISOLFO. Der Familienname wirkte wie eine Drohung! Plötzlich wurde die Tür aufgerissen. »Da bist du ja endlich!« rief Roberta. Sie ging ins Wohnzimmer, plumpste aufs Sofa, nahm eine Illustrierte vom Tisch und patschte sie Constanze in die Hand. »Schau dir mal das Foto da an!«

Constanze setzte sich, stellte die Tüte mit den Kirschen ab und besah sich das Bild. »Was sind das für Leute?« fragte sie.

»Das sind Gäste einer Ausstellungseröffnung. Den Typ links mußt du dir ansehen!« Robertas Stimme klang wie die eines Kommissars, der einen Schwerverbrecher in die Mangel nahm.

Constanze kniff die Augen zusammen und fixierte den Mann, links auf dem Foto. Dann hob sie den Kopf und murmelte: »Meinst du wirklich? Meinst du, daß ER das ist?«

»Ich bin sicher, daß er das ist«, knurrte Roberta. »Das ist der Vater meiner Kinder – dieser Schuft!«

Constanze blätterte zur ersten Seite zurück. »Das ist ja eine Kunstzeitschrift, wie kommst du denn zu der?«

»Die hat Benjamin angeschleppt. Falljan hat sie zusammen mit anderen Illustrierten zur Altpapiersammlung gegeben, und Benjamin hat sie sich selbstverständlich sofort unter den Nagel gerissen. Wegen der vielen bunten Bilder, die man so schön ausschneiden kann!« Roberta lächelte ironisch.

»Die Illustrierte ist vom April, und diese Ausstellung war...« Constanze blätterte zurück, wollte nachlesen.

»Diese Ausstellung war Mitte März in Hülben«, ergänzte Roberta. »Diese Bildhauerin, deren Ausstellung das war, wohnt ebenfalls in Hülben. Sie heißt Ilonka Korft, der Name der Galerie ist Rems. Morgen fahr ich hin. Das heißt, wenn du mir die Zwillinge abnimmst. Du mußt!«

»Langsam!« rief Constanze. »Also hör mal – das ist doch Unsinn! Du hast ihn auf diesem Bild gesehen, gut. Aber vielleicht war er nur ganz zufällig auf der Ausstellungseröffnung. Vielleicht kennt ihn da gar niemand. Vielleicht wohnt er nicht mal in Hülben, sondern war gerade auf der Durchreise. Und außerdem ist Hülben eine Großstadt. Du kennst noch nicht einmal seinen Namen, wie also willst du ihn da finden?«

»Auf Ausstellungseröffnungen ist man nicht zufällig, da ist man geladener Gast.«

Constanze lachte. »So eine Galerie hat Hunderte von Adressen! Und jeder kann jeden mitbringen! Also, da hast du dir ziemlich viel vorgenommen!«

»Egal. Ich finde ihn. Jetzt endlich hab' ich eine Spur! Seit acht Jahren warte ich auf diesen Zufall, ich werde ihn nutzen.«

Constanze seufzte. Ihr war klar, daß niemand Roberta von diesem verrückten Plan abhalten konnte, denn sie war eine Isolfo, streitbar und stolz.

Es war vor acht Jahren gewesen. Roberta war gerade einundzwanzig Jahre alt geworden, als sie diesem Mann begegnete. Er saß im Theater neben ihr, sah blendend aus, war umwerfend charmant und gut zehn Jahre älter als sie. Damals hatte er noch einen Namen, er hieß: Pat von Laan. Er wohnte, angeblich und vorübergehend, hier in der Stadt bei Freunden, die Roberta jedoch niemals kennengelernt hatte.

Pat rief täglich an, Pat kam, um sie abzuholen, Pat schickte Blumen, in denen er kleine Liebesbriefchen versteckte – Pat war ganz einfach da. Leider einmal zu oft. Das Ergebnis seines außerordentlichen Besuches schnipselte jetzt in doppelter Ausführung bunte Bilder aus illustrierten Zeitungen oder stellte sonstwas an. Als Roberta Pat mitteilte, daß es ein Ergebnis gab, von dem zwar noch nichts zu sehen war, das ihr aber Übelkeit verursachte, bedauerte er zutiefst, daß er gerade jetzt in seinem Betrieb und zu Hause nach dem Rechten sehen mußte. Leider, aber die Pflicht rief, und er folgte dem Ruf eiligst. Pat kam nie mehr zurück. Nichts war von ihm geblieben außer dem Ergebnis, das beständig wuchs, und einem Zettel mit einer – wie sich bald herausstellte – falschen Adresse.

Ein Pat von Laan existierte nicht. Weder in der Stadt, deren Name auf diesem Zettel stand, noch in irgendeiner anderen. Es gab ihn ganz einfach nicht, wenigstens nicht auf dem Papier, und so stand in der Abstammungsurkunde der Zwillinge: ›Vater unbekannt‹. Für Robertas Familie, deren Stammbaum sich bis ins fünfzehnte Jahrhundert zurückverfolgen ließ, Grund genug, diesen unglückseligen Ast samt seinen unglückseligen Zweigen abzusägen. Sie flog raus. Roberta stand plötzlich, mit beiden Beinen und verwundert dreinblickenden großen Kulleraugen, mitten im feindlichen Leben. Sie hatte sich nicht unterkriegen lassen, aber auch nie vergessen, was man ihr angetan hatte. Es ging hier ums Prinzip, um ihren Stolz. Vom Erzeuger ihrer Kinder wollte sie nichts weiter, als daß er seine Vaterschaft anerkannte, und dann wollte sie ihn nie mehr wiedersehen!

»Das ›Unbekannt‹ muß weg!« sagte sie zu Constanze. »Schließlich kenne ich den Vater meiner Kinder, und zwar ebenso intim, wie alle anderen Mütter die Väter ihrer Kinder kennen! Nimmst du die Zwillinge?«

»Natürlich. Aber – ach Roberta, kannst du den Vater deiner Kinder nicht einfach vergessen?«

»Jemanden, den man nicht kennt, kann man auch nicht vergessen!« widersprach sie aufgebracht und wippte mit dem Bein, das sie über das andere gelegt hatte. Ihre Beine waren lang und ausgesprochen schlank und wippten, sobald sie sich ernsthaft aufregte. Die Zwillinge wußten das und konnten sich zuverlässig nach diesem Stimmungsbarometer richten. Solange Mamis Bein noch nicht allzu heftig ausschlug, war sie noch nicht wirklich gefährlich.

»Mein Zug geht um neunzehn Uhr vierzehn. Ich möchte einen Schlafwagenplatz buchen«, sagte Roberta. »Du müßtest die beiden also spätestens um halb sieben abholen.«

»Unmöglich!« rief Constanze. »Meine Schüler geben morgen ein Konzert. Das dauert bis halb acht. Dann Hände schütteln, Fragen beantworten – also, vor halb neun kann ich nicht bei dir sein.«

Roberta kringelte eine Strähne ihrer langen braunen Haare um den Zeigefinger und dachte nach. »Gut, dann bringe ich die beiden zu Falljan, da kannst du sie dann abholen.«

»Zu Emanuel Falljan?« Constanze sah Roberta zweifelnd an. »Glaubst du wirklich, daß sich dein berühmter, exzentrischer Nachbar zwei Kinder aufhalsen läßt? Außerdem dachte ich, er kann die Zwillinge nicht ausstehen.«

»Emanuel Falljan kann niemanden ausstehen – mal abgesehen von bestimmten Damen, mit bestimmten Maßen, die ihm angeblich Modell sitzen.« Roberta kicherte. »Ich glaube, er knabbert sie an, bevor er sie malt. Jedenfalls sehen sie auf seinen Bildern immer sehr mitgenommen aus, nicht wiederzuerkennen! Aber keine Angst, er wird die Zwillinge schon beaufsichtigen. Ich habe ihm da einmal sehr aus der Patsche geholfen...« Um Robertas Mundwinkel zuckte ein anrüchiges Lächeln.

»Wo wohnst du in Hülben, wie kann ich dich erreichen, falls nötig?«

Roberta schob Constanze einen Zettel über den Tisch. »Ich habe dir hier die Adresse aufgeschrieben. Ich wohne bei Bekannten.«

»Du hast Bekannte in Hülben?«

»Sie sind vor einem Jahr dort hingezogen, seither haben wir uns nicht mehr getroffen. Ich freu' mich, sie wiederzusehen, es sind nette Leute. Du kannst jederzeit dort anrufen, falls du mich brauchst. Irgend jemand ist immer zu Hause. Wann wird übrigens dein Telefon angeschlossen?«

»Das kann noch eine Weile dauern, hat man mir mitgeteilt. Du wirst mich vorerst nicht erreichen können, und bitte erwarte nicht, daß ich dir schreibe! Ich hasse es, schreiben zu müssen, und außerdem hab' ich zwei außergewöhlich unternehmungslustige Kinder zu Gast. Ich befürchte, das werden anstrengende Tage für mich! Wann kommst du denn zurück?«

Roberta zuckte mit den Schultern. »Sobald ich diesen Herren aufgestöbert und alles weitere erledigt habe.«

Constanze nickte resignierend. Sie seufzte und rief: »Ferien ade! Ich wollte eine kleine Reise machen, einfach ins Blaue! Reise ade! Erholung ade! Ade, alles ade! Willst du nicht doch lieber bleiben?«

»Nein.«

»Na gut! Also gut! Ich hole die beiden lieben kleinen Ungeheuer morgen um halb neun bei Falljan ab. Ich opfere dir meine sauer verdienten Ferien. Freundschaft ist eben nicht immer nur Zuckerlecken. Wenn du Pat findest, versetze ihm bitteschön einen kräftigen Tritt von mir – wohin, kannst du dir selbst aussuchen.«

»Mit Vergnügen«, sagte Roberta.

Im selben Moment flog die Tür auf, stieß gegen einen vorsorglich angebrachten Gummipfropfen, schwang wieder zurück. Benjamin gab der Tür einen ärgerlichen Klaps, schob dann beide Hände in die Hosentaschen und schniefte sich geräuschvoll die Nase frei. Da stand er. Breitbeinig und mächtig selbstbewußt. Hinter ihm Geraldine, etwas weniger selbstbewußt, was ungewöhnlich und äußerst verdächtig war.

»Mami!« rief Benjamin. »Wir haben etwas gefunden, dürfen wir's behalten?«

»Nein«, sagte Roberta, in einem Ton, der eigentlich keine Widerrede zuließ.

»Aber es ist gar nicht groß!«

»Um so schlimmer! Die kleinen Dinger sind es, die uns oft den größten Ärger bereiten. Und deshalb will ich dieses Etwas nicht in der Wohnung haben.«

Benjamin warf einen prüfenden Blick auf Robertas Beine. Sie wippten nur ganz wenig. Er beschloß für das Etwas zu kämpfen. »Du weißt ja gar nicht, was es ist.«

»Ich will es auch nicht wissen. Bringt es dorthin zurück, wo ihr es hergeholt habt.«

»Das geht aber nicht«, sagte Geraldine, und weil Robertas Bein jetzt stärker wippte, fügte sie schnell hinzu: »Es war nämlich in einer Kiste, die gepiepst hat, und die Kiste stand auf einer Mülltonne, und die Müllmänner haben die Mülltonne leer gemacht und die Kiste, die gepiepst hat, mitgenommen.«

Robertas Bein schlug jetzt aus, wie das Pendel einer Standuhr. Es war fünf vor zwölf, wenn nicht später. »Unsinn! Es gibt keine Kisten, die piepsen können. Bringt dieses Etwas zurück, und zwar sofort!« befahl Roberta. Und da piepste es. Dreimal, viermal – es piepste!

»Es war ja auch nicht die Kiste, die gepiepst hat«, sagte Benjamin schnell. »Aber das konnten wir doch erst wissen, als wir reingeschaut hatten.«

Roberta stand auf. Ihre Augen waren zusammengekniffen, sie ging ganz langsam auf die Zwillinge zu. Benjamin mochte das gar nicht, wenn seine Mami so langsam ging und so starr dreinblickte. Das erinnerte ihn immer an den Tiger im Zirkus, von dem man nie sicher wußte, ob er den Dompteur nicht doch verspeisen würde. Er preßte die Lippen zusammen und trat tapfer einen großen Schritt zur Seite. Dadurch war er erst mal aus dem Schneider, denn zweifelsohne würde sich Mamis Aufmerksamkeit jetzt ganz auf Geraldine und das Etwas richten.

Das Etwas war ungefähr so lang wie eine Bockwurst, hatte zwei spitze Ohren und einen Schwanz. Es gehörte der Spezis Katze an und paßte farblich wunderbar zu den rotblonden Haaren der Zwillinge.

»Geraldine!«

»Ja, Mami?«

»Wo habt ihr das da her?« Robertas ausgestreckter Finger fuhr aufgebracht in Richtung Katze.

»Es war in einer Kiste, und die Kiste stand auf einer Mülltonne, und die Müllmänner...«

»Geraldine! Du schwindelst doch!«

»Nein, Mami.« Geraldine sah Roberta fest in die Augen. »Beim Großen Manitu, ich spreche die Wahrheit!« setzte sie feierlich hinzu, und Benjamin kreuzte die Fäuste, weil Geraldine gerade keine frei hatte. Der Schwur bei Manitu, mit gekreuzten Fäusten, galt. Es gab Dinge, die den Kindern heilig waren. Sie hatten Robertas Ehrgefühl geerbt und waren überzeugte Winnetouaner.

»O Gott«, stöhnte Roberta, ging zum Sofa zurück und plumpste erschöpft neben Constanze.

»Wir könnten sie ja Müllmieze nennen«, schlug Benjamin vor. Er wußte, wann er gewonnen hatte.

»Reizender Name!« Roberta seufzte. »Kommt mal her. Setzt euch.«

Die Zwillinge quetschten sich zusammen in einen Sessel und neigten den Kopf zur Seite, womit sie zu erkennen gaben, daß sie bereit waren, sich die ›Wenn und Aber‹ anzuhören, die es vermutlich gleich regnen würde.

»Ich verreise morgen. Es wird einige Tage dauern, bis ich zurückkomme, wie lange genau, weiß ich noch nicht.«

»Ui prima!« rief Benjamin, der sich sofort ausrechnete, daß Roberta von einer großen Reise auch ein großes Geschenk mitbringen würde.

»Wo reist du denn hin?« fragte Geraldine.

»Nach Hülben, einer großen Stadt. Man muß zwölf Stunden mit dem Zug fahren, um dort hinzukommen.«

»Und was tust du da?«

»Ich bringe jemandem die Flötentöne bei«, sagte Roberta. Eine Antwort, mit der die Kinder etwas anzufangen wußten, weil ihre Mami Musiklehrerin an der städtischen Realschule war. Trotzdem wunderten sie sich, denn vor drei Tagen hatten die Schulferien begonnen. Aber angesichts der Müllmieze verzichteten sie auf weitere Fragen.

»Ihr werdet bei Constanze wohnen, und ich bezweifle, daß Constanze auch noch auf eine kleine Katze aufpassen möchte.«

»Ach, die Katze ist das wenigste«, murmelte Constanze unvorsichtigerweise.

Damit war die Sache gelaufen. Die Kinder hingen jubelnd an Robertas und Constanzes Hälsen, das Kätzchen quietschte vor Schreck und ergriff fauchend die Flucht, die Kirschen lagen schwarzrot am Boden. Eine Minute später waren die Kirschen zertreten und die Kinder mitsamt der wieder eingefangenen Müllmieze verschwunden.

Constanze seufzte. »Glaubst du die Geschichte mit der piepsenden Kiste beim Müll?«

»Ja. Sie lügen nicht, sie schwindeln nur manchmal, und das nicht sehr überzeugend.«

»Ich frage mich, was das für ein Mensch ist, der es fertigbringt, eine Katze zum Müll zu geben!« Constanze warf sich wütend auf die Knie und sammelte die Kirschen ein.

»Es wird immer gewissenlose Menschen geben – das

Schlimme ist, daß man es ihnen nicht ansieht«, antwortete Roberta.

Als Constanze gegangen war, rief Roberta die Kinder zu sich. Sie kamen sofort. In Geraldines Armen lag eine Wolldecke, in der Wolldecke piepste es. »Ich glaube, Mami, die Müllmieze friert«, sagte sie. »Die zittert nämlich ganz fürchterlich.«

»Ich kann mir nicht vorstellen, daß irgendein Lebewesen bei dieser Hitze friert.« Roberta nahm die Decke und wickelte das Kätzchen aus. »Vermutlich hat sie Angst, und ich kann ihr das gut nachfühlen. Weil ich Tiere sehr gern mag, wäre es mir lieber gewesen, ihr hättet keines gefunden.«

Benjamin stopfte die Hände in die Hosentaschen, beförderte die Hose durch einen herzhaften Rück wieder in die Taille und sagte: »Versteh ich nicht!«

»Ihr seid noch zu klein. Ein Tier ist kein Spielzeug. Möchtet ihr im Sommer in einen Pelzmantel gewickelt werden?«

»'türlich nich'!« rief Benjamin.

»Warum wickelt ihr die Katze dann in eine Decke?«

»Wir dachten, sie friert, weil sie gezittert hat.«

»Katzen haben ein Fell«, erklärte Roberta. »Im Sommer ist es dünner als im Winter, weil es im Sommer ja bekanntlich wärmer ist. Die Natur sorgt für alles Nötige. Wenn die Katze also zittert, ist sie entweder krank, oder sie hat Angst. Ich vermute letzteres.« Roberta streichelte über Müllmiezes kleinen Körper und sah die Kinder eindringlich an. »Wenn das Kätzchen bei uns bleiben soll, dann müßt ihr mir versprechen, sehr lieb zu ihm zu sein und nichts mit ihm zu tun, was euch selbst auch nicht gefallen würde.«

»Wir versprechen es!« rief Geraldine, und Benjamin fügte hinzu: »Beim Großen Manitu!« Dann scharrte er dreimal mit dem rechten Fuß, gab sich die Sporen und galoppierte ab.

Geraldine schnappte sich die Müllmieze, scharrte dreimal mit dem rechten Fuß, gab sich ebenfalls die Sporen und nahm die Verfolgung ihres Stammesbruders auf.

Roberta scharrte auch mit den Füßen, aber öfter und nur, weil sie nervös war. Sie dachte an Hülben und den Vater ihrer Kinder. Sie dachte an die Müllmieze und denjenigen, dem es nichts ausgemacht hätte, wenn das Kätzchen im Müllauto erstickt wäre. Sie schauderte. Soviel Verantwortungslosigkeit, soviel Verachtung, soviel Kälte, soviel Feigheit! Und sowenig Liebe... Dann raffte sie sich auf. Sie hatte ja noch eine Menge Besorgungen zu machen, mußte packen und mit Falljan reden.

Sie ging ins Bad, wusch sich das Gesicht mit kaltem Wasser, nahm die Haarbürste zur Hand und betrachtete sich im Spiegel. Ein unbestimmtes Gefühl, eine Ahnung stieg in ihr auf.

Irgend etwas wird passieren, dachte sie und fröstelte plötzlich. Etwas, wodurch sich mein Leben ganz und gar ändert. Bleib hier! schoß es ihr durch den Kopf. Und im nächsten Moment: Nein, fahr! Du mußt es tun!

Falljan lehnte am Türrahmen und sah Roberta mißtrauisch an. »Ja?« fragte er kurzangebunden und kratzig wie immer.

»Ich möchte Sie um einen Gefallen bitten. Darf ich hereinkommen?«

Falljan sah über die Schulter zurück und schüttelte dann den Kopf. »Tut mir leid, ich habe Besuch. Hat das nicht Zeit bis morgen?«

»Es ist dringend, Herr Falljan!«

Roberta versuchte es mit einem Lächeln, das Falljan anstandshalber erwidern wollte. Es mißlang jedoch. Das lag vor allem daran, daß er Roberta nicht wirklich einordnen konnte. Eine Frau war sie in seinen Augen nicht, dazu war sie stellenweise zu flach. Ein Mann war sie auch nicht, dazu war sie stellenweise zu rund. Er mochte keine halben Sachen, dazu war er zu kompromißlos.

Falljan war ausgesprochen engstirnig, humorlos, festgefahren und ein Ganztagsmuffel. Seine Gemälde standen jedoch im krassen Gegensatz zu seiner Engstirnigkeit. Sie wehrten sich gegen alle Naturgesetze gegen Schranken und Grenzen, waren gewagt, stilistisch kaum einzuordnen. Ein Gegensatz also, der jedem anständigen Seelenforscher das Wasser im Mund zusammenlaufen ließ. Da Seelenforscher in Falljans Hause ein- und ausgingen, um Schecks zu bringen und Bilder wegzuschleppen, lief viel Wasser in vielen Mündern zusammen. Man erkannte in ihm eine Fundgrube zur weiteren Erforschung des eigenen Handwerks. Leider wehrte sich Falljan entschieden dagegen, angegraben zu werden. Wer den Spaten bei ihm ansetzte, flog raus. Um Falljans Wohlwollen zu erringen, durfte man vor allem keine Fragen stellen und mußte die Fähigkeit besitzen, Maß zu halten, was den meisten Psychoanalytikern ebenso unmöglich war wie den Zwillingen. Roberta wußte, daß es schwierig sein würde, Falljan als

Aufsichtsperson für die Kinder zu gewinnen. Aber sie hatte da einen Trumpf in der Hand und war notfalls bereit, ihn auszuspielen.

Falljans Versuch, ein Lächeln auf sein Gesicht zu zaubern, mißlang also. Er drückte sich vom Türrahmen ab, sah noch mal über die Schulter zurück in seine Wohnung und zog die Tür hinter sich zu. »Also bitte, worum geht es?« fragte er ungeduldig.

»Ich bin da in einer Zwangslage«, sagte Roberta und schwieg bedeutungsvoll, um ihm Zeit zu lassen, sich an seine eigenen Zwangslagen zu erinnern. Gemeinsamkeiten verbünden immerhin, und ein anständiger Mensch hilft seinen Verbündeten.

»Sie? In einer Zwangslage?« Das konnte sich Falljan nun wirklich nicht vorstellen! Er grinste mitleidig, sein Blick glitt abschätzend über Robertas knabenhaft schlanken Körper.

Roberta hätte Lust gehabt, ihm eine saftige Bemerkung hinzuknallen, Gleiches mit Gleichem zu vergelten. Seine Männlichkeit anzuzweifeln, die es offensichtlich nötig hatte, sich täglich aufs neue unter Beweis zu stellen. Sie hätte ihm seine Unverschämtheiten heimzahlen können, denn was ihr an Busen fehlte, hatte sie im Kopf. Aber sie ließ es für diesmal besser bleiben, beherrschte sich, wegen ihres Anliegens.

»Ich muß morgen abend nach Hülben fahren, Herr Falljan, und eine dringende Angelegenheit regeln, die sich nicht aufschieben läßt. Meine Freundin nimmt die Zwillinge zu sich, solange ich unterwegs bin. Allerdings kann sie die Kinder erst um halb neun abholen, und mein Zug geht bereits um neunzehn Uhr vierzehn.«

Falljan seufzte gequält und schob die Hände in die Hosentaschen. »Gut, aber wozu erzählen Sie mir das alles? Ich habe Besuch, Frau Isolfo, ich muß mich um meinen Gast kümmern.«

»Ich wollte Sie bitten, die Zwillinge von halb sieben bis halb neun Uhr zu beaufsichtigen – darf ich sie zu Ihnen bringen?«

Jetzt war es raus! Roberta beobachtete mit angehaltenem Atem, wie sich Falljan streckte, wie seine Gesichtsmuskeln sich erst versteiften, dann zuckten, als würde er mit den Zähnen knirschen. Er riß den Mund auf, ließ ihn wieder zuklappen und stieß hervor: »Unmöglich! Gute Nacht, Frau Isolfo.«

Er drehte ihr den Rücken zu, seine Hand griff nach der Türklinke, drückte die Tür auf. Jetzt blieb Roberta nichts anderes mehr übrig, als ihren Trumpf auszuspielen. Lauter, als es nötig gewesen wäre, sagte sie: »Ich hoffe, Sie bekommen nicht wieder Schwierigkeiten mit dem Ehemann Ihres Gastes, Herr Falljan. Ich bin keine besonders gute Schauspielerin, wie sich letztes Mal gezeigt...«

Da war die Tür wieder zugezogen, und Falljans Mund zischte in Robertas Augenhöhe beschwörend: »Ich bitte Sie, nicht so laut! Die Sache – ich meine, der Besuch, das ist rein geschäftlich – man muß ja nicht unbedingt wissen...«, stotterte er, fuhr sich mit allen Fingern durchs Haar und seufzte.

Er war plötzlich nicht mehr der große, selbstsichere Eisberg, sondern ein kleiner verlegener Junge. Diese unglückselige Geschichte mit Birgitta! Sie war ein paarmal bei ihm gewesen, hatte ihrem Mann erzählt, sie würde auf die Kinder einer Freundin aufpassen. Ihr Mann hatte Verdacht geschöpft und ließ sie beobachten. Eines Abends entdeckte Birgitta das Auto ihres Mannes vor Falljans Haus, als sie aus dem Fenster sah. Sie wurde so hysterisch, daß Falljan ihr eine Ohrfeige geben mußte, um sie wieder zur Vernunft zu bringen. Dann sah sie ihren Mann aussteigen, sah ihn aufs Haus zugehen. »Er bringt uns um«, flüsterte sie heiser.

»Das kann er sich nicht leisten, er ist Politiker. Er kann sich noch nicht mal einen Skandal leisten, er wird die Sache tunlichst verschweigen«, antwortete Falljan.

Aber Birgitta schüttelte den Kopf. »Er wird uns umbringen, er hat es schon mal versucht... Er ist jähzornig und grenzenlos eifersüchtig.«

Jetzt bekam auch Falljan kalte Füße. Plötzlich fiel ihm Roberta ein, sie war die Rettung! Er nahm Birgitta bei der Hand, zerrte sie durchs Treppenhaus und klingelte bei Roberta Sturm.

Ihre Wohnungstür und Haustür wurden im selben Moment geöffnet, fielen im selben Moment wieder zu. Roberta war sprachlos. Verdutzt ließ sie sich von Falljan in ihr Wohnzimmer schieben und auf einen Stuhl drücken.

»Sie müssen uns helfen, Frau Isolfo!« beschwor er sie. »Das ist Birgitta. Ich bitte Sie, um alles in der Welt, sagen Sie zu Birgittas Mann, sie hätte in letzter Zeit ein paarmal auf Ihre Kinder aufgepaßt.«

»Aber...«

»Bitte!«

Roberta sah zu Birgitta hinüber, die zitternd und blaß wie ein Gespenst an der Wand lehnte. »Er bringt mich sonst um«, flüsterte sie.

»Gut«, sagte Roberta, und im selben Moment tat es ihr auch

schon wieder leid. Wie kamen die beiden dazu, sie in diese Sache mit reinzuziehen! Sie mit einem hingeworfenem ›Er bringt mich sonst um‹ in einen Gewissenskonflikt zu stürzen und zur Mitverschwörerin zu machen!

Aber als sie das alles zu Ende gedacht hatte, war es schon zu spät, Einwände zu erheben. Falljan hatte inzwischen leise die Wohnung verlassen, war hinaufgegangen und hatte den ›fremden Herren‹ erstaunt gefragt, warum er um Himmels willen mit beiden Fäusten gegen seine Tür trommelte.

»Wo ist meine Frau!« schrie der Mann. »Wo ist sie!«

»Ich kenne Ihre Frau nicht, aber bei mir kann sie nicht sein. Sie sehen ja, ich komme gerade erst nach Hause.«

»Bei Ihnen brennt Licht! Ich weiß, sie ist in diesem Haus! Sie ist bei Ihnen, Sie Lügner, Sie... Sie...«

»Das Licht brennen zu lassen, ist ja wohl erlaubt«, entgegnete Falljan kühl. »Vielleicht ist Ihre Frau einen Stock tiefer, versuchen Sie's doch mal da.«

Falljan schloß seine Tür auf und ließ den verdutzten Mann im Treppenhaus stehen.

Ein paar Minuten später klingelte Falljans Telefon, es war Roberta.

»Ihre Freundin ist fort. Samt Ehemann. Ob er meinen Beteuerungen glaubt, weiß ich nicht, ich habe nicht so viel Erfahrung im Lügen wie Sie, Herr Falljan«, sagte sie vorwurfsvoll.

»Wenn ich nur wüßte, wie ich Ihnen danken kann...«

»Lassen Sie's gut sein«, unterbrach sie ihn. »Aber bitte, ersparen Sie mir so etwas in Zukunft!«

Damit hatte Roberta aufgelegt, und seitdem war nie mehr über diese Sache gesprochen worden. Bis heute nicht. Aber jetzt kam diese peinliche Geschichte doch noch aufs Tablett. Erpressung war das, jawohl!

»Na gut«, murmelte Falljan. »Bringen Sie die Kinder. Aber dann sind wir quitt!«

Spät am Abend, als Roberta die Fenster schloß, sah sie Falljans Geschäftspartner aus dem Haus gehen. Vollbusig und aufgetakelt wie ein Dreimastsegler, stolzierte er auf unglaublich hohen Haken über die Straße. Einen Augenblick lang gab sich Roberta der Vorstellung hin, diesem Geschäftspartner mit Benjamins Schleuder eins aufs reizende Hinterteil zu brennen – nur so, zum Spaß! Denn eifersüchtig war sie bestimmt nicht. Falljan war ihr so Wurst wie Käse! Oder sonst was! Ganz Wurst jedenfalls.

Roberta trug ihren Koffer in die Diele. Im Kinderzimmer standen zwei Reisetaschen, eine Kiste mit Spielzeug und Müllmiezes Gepäck, bestehend aus einer Kunststoffkiste für gewisse Notdurften, einem Freßnapf, einem Reisekorb. Roberta sah auf die Uhr. Es war an der Zeit, die Zwillinge zu Falljan zu bringen. Sie rief nach den beiden, die sofort antrabten. Benjamin schleppte den Reisekorb samt Müllmieze an, Geraldine das knallgelbe Katzenklo.

»Laßt alles hier, Constanze holt das mit euch zusammen später ab«, sagte Roberta.

»Das geht doch nicht!« rief Geraldine. »Wir können die Müllmieze nicht hierlassen.«

»Natürlich könnt ihr sie einstweilen hierlassen, es ist ja nur für zwei Stunden.«

»Können wir nicht«, beharrte Geraldine. »Wir haben dir versprechen müssen, nichts mit der Mieze zu tun, was wir selbst nicht wollen. Und wir wollen nicht allein hierbleiben.«

Roberta gab sich geschlagen. Es war keine Zeit mehr für Diskussionen. Sie schob die Kinder hinaus und schloß die Wohnung ab.

»Ich darf klingeln!« erlaubte sich Geraldine lauthals und polterte ungestüm die Treppe hinauf zu Falljans Wohnung.

»Nein, ich darf klingeln!« brüllte Benjamin und raste los.

Gerade als Roberta beiden das Klingeln verbieten wollte, weil auch keine Zeit zum Schlichten eines Streites mehr war, gab es einen riesigen Knall. Geraldine lag platt und bäuchlings am Boden, der Katzensand aus dem Katzenklo vor Falljans Tür, und Benjamins Finger putzte ausgiebig den Klingelknopf.

Falljan riß zuerst die Tür auf, dann den Mund. Er wollte etwas sagen, aber Benjamin kam ihm zuvor. »Die Geraldine ist hingefalln«, erklärte er mit einem verächtlichen Blick auf seine Schwester, die sich gerade wieder hochrappelte.

»Der Benjamin hat mich an der Hose festgehalten, darum!« rief sie wütend. Es war klar, daß sie ihm das heimzahlen würde.

»Entschuldigen Sie«, bat Roberta. »Ich kehre das sofort wieder auf. Wenn Sie mir nur bitte Schaufel und Besen geben würden.«

Das fing ja gut an! Emanuel Falljan biß die Zähne zusammen, machte auf dem Absatz kehrt und verschwand in der Wohnung.

Benjamin folgte ihm, bohrte die Fäuste in die Hosentaschen und begutachtete den Inhalt des Besenschrankes.

»Was isn das da?« wollte er wissen.
»Das ist ein Allessauger«, brummte Falljan.
»Was tudn ein Allessauger?«
»Der saugt alles weg – auch kleine Kinder, die nicht brav sind.«
»Auch Erwachsene?«
»Alles«, zischte Falljan, bewaffnete sich mit Schaufel und Besen und ging ins Treppenhaus zurück.
Benjamin hinter ihm. »Auch Wasser?«
Falljan drückte Roberta Schaufel und Besen in die Hand, blieb Benjamin eine Antwort schuldig.
Der Junge zupfte Falljan am Hemd. »Du-u, Falljan! Wasser auch?«
»Ja!«
»Benjamin«, sagte Roberta streng. Sie kehrte den Katzensand auf, schüttete ihn ins Katzenklo zurück und gab Falljan Schaufel und Besen. Geraldine trug die Kiste in die Diele und öffnete zu Falljans Entsetzen Müllmiezes Reisekorb.
»Auch ganze Äpfel?« fragte Benjamin.
Falljan schloß die Augen und zählte leise bis fünf. Dann antwortete er ruhig, ganz ruhig: »Alles, einfach alles!«
»Auch...«
»Benjamin!« rief Roberta und warf ihm einen zurechtweisenden Blick zu. Dann wandte sie sich an Falljan und gab ihm den Ersatzschlüssel zur Wohnung. »Meine Freundin, Frau Nadoni, kommt um halb neun. Das Gepäck der Kinder steht im Kinderzimmer. Wenn Sie ihr nur bitte den Schlüssel geben – und vielen Dank, Herr Falljan.«
»Man hilft sich eben, wenn man kann«, knurrte er.
Roberta verkniff sich ein Grinsen, nahm Geraldine in den Arm, sah ihr besorgt und sehr tief in die Augen, fuhr ihr durchs rotblonde Haar und sagte: »Vielleicht bin ich ja schon in drei oder vier Tagen wieder da. Vielleicht dauert es aber auch länger. Schwer zu sagen. Haltet solange die Stellung und denkt an die Ehre unseres Stammes und an das Versprechen, das ihr mir gegeben habt!«
Sie küßte Geraldine, zog Benjamin in ihre Arme, küßte auch ihn. »Du weißt, ein richtiger Indianer beobachtet, was um ihn herum vorgeht, denkt ausführlich über alles nach und fragt nur dann, wenn es unbedingt nötig ist. Bitte, Benjamin, sei ein guter Indianer!«

»Klar, Mami!« versprach er mit ernster Miene und schniefte leise.

»Also, dann...« Roberta seufzte, der Abschied fiel ihr schwer. »Ich muß jetzt gehen, sonst fährt der Zug ohne mich ab.«

»Klar, Mami!« Benjamin nickte tapfer, preßte die Lippen zusammen und kickte mit seinem Fuß nach einem unsichtbaren Etwas.

Natürlich hatten die Zwillinge keine Angst, weil ihre Mami wegfuhr. Sie hatten überhaupt nie Angst! Wenigstens beinahe nie. Aber ein ganz klein wenig mulmig war ihnen doch zumute. Sie war noch nie so lange weg gewesen – allerhöchstens drei oder vier Stunden. Falljan und die Kinder begleiteten Roberta bis zur Wohnungstür. Sie nahm ihren Koffer und ging zur Treppe. Dort hob sie die Hand und winkte ein letztes Mal.

Geraldine grub die Zähne in die Unterlippe, ihre großen grünen Augen glänzten, aber nur, weil so eine doofe Fliege hineingeflogen war! Sie schob ihre kleine Hand in die große Falljans, die neben ihrer Schulter hing, und sah zu ihm hinauf. Ein Blick, der seine Wirkung sicher nicht verfehlt hätte, wäre Geraldine fähig gewesen, Maß zu halten. So aber erschrak Falljan, zog seine Hand zurück, verbarg sie in seiner Tasche und wandte sich ab.

Benjamin rannte zum Treppengeländer, ging in die Knie, schob seinen Kopf zwischen die Stäbe und rief: »Paß auf, daß du keinen hinterhältigen Bleichgesichtern in die Arme läufst, Mami!«

»Worauf du dich verlassen kannst!« rief Roberta zurück, und dann fiel die Haustür ins Schloß.

Falljan räusperte sich. Seine Hände behielt er vorsichtshalber in den Taschen, Geraldine hielt sich deshalb an der Müllmieze auf ihrem Arm fest. Benjamin hing immer noch im Treppengeländer und starrte blicklos ins Leere.

»Du willst doch da hoffentlich nicht anwachsen«, brummte Falljan.

»Geht das denn?« fragte der Junge erstaunt.

»Natürlich nicht. Komm jetzt!« befahl Falljan und dachte: Es ist ja nur für zwei Stunden! Ganze zwei Stunden, mein Gott!

Er schob die Kinder in die Wohnung und zog die Tür zu.

»Wozu brauchst du denn den Allessauger?« fragte Benjamin, der für sein Alter ein erstaunlich gutes Gedächtnis hatte.

Falljan zuckte zusammen. »Ich brauche ihn... Er macht sauber, verstehst du! Sauber!«

»Die meisten Männer haben eine Frau zum Saubermachen, einen Allessauger hab' ich noch nie gesehen«, sagte Benjamin.

»Ich habe eben einen Allessauger!« fuhr Falljan auf. »Der stellt keine unnötigen Fragen, fällt einem nicht lästig, und man kann ihn nach Gebrauch abschalten. Ich hasse es nämlich, wenn man mir unnötige Fragen stellt und mir auf den Wecker fällt! Und jetzt will ich davon nichts mehr hören!«

»Darf ich Geraldine den Allessauger zeigen?«

»Nein! Ich verbiete euch, in dieser Wohnung irgend etwas anzurühren!«

»Das wird aber schwer sein«, meinte Geraldine. »Ich glaube, das geht nicht.«

Sie setzte die Müllmieze in den Korb zurück und sah sich um. Eine seltsame Wohnung, fand sie. Von der Diele aus kam man in ein Zimmer mit schrägen Wänden, das riesig groß war. An den schmalen Seiten gab es je ein Fenster, aber die meisten Fenster waren ins Dach eingelassen. Und das Dach wurde von zwei dikken Pfosten gestützt, die mitten im Zimmer standen.

»Sind das Marterpfähle?« wollte sie wissen.

»Ja«, sagte Falljan scharf.

Geraldine bebte. Das fand sie schaurig schön! Zwei Marterpfähle, mitten im Zimmer! Schade, daß sie nichts anfassen durfte.

Ihr Blick wanderte weiter, fiel auf Falljans ungewöhnlich großes Bett, das auf einem Podium stand. »Das ist aber groß!« rief sie beeindruckt. »Das ist so groß, da könnten wir alle drin schlafen, du und Benjamin und ich und Mami auch noch! Alle auf einmal! So riesig is das! Wozu brauchst du ein so großes Bett?«

Falljan schnappte nach Luft. Es war zum Aus-der-Haut-Fahren, mit diesen Kindern! Er strich sich mit fünf gespreizten Fingern durchs Haar und suchte nach einer einleuchtenden Erklärung. »Ich brauche ein großes Bett – weil ich sehr unruhig schlafe. Aus einem kleinen Bett fall' ich raus.«

»Warum machst du dann nicht ein Gitter vors Bett? Das hat die Mami bei uns auch gemacht. Aber nur, als wir noch ganz klein waren. Du könntest dir ja unser Gitter leihen! Willst du...«

»Nein!« rief Falljan. Er packte seine Zeitung und setzte sich damit auf ein seltsames Gebilde, das hinter einem niedrigen Glastischchen stand.

»Was ist das, worauf du sitzt?« fragte Benjamin.

»Ein Sofa«, antwortete Falljan barsch, und versteckte sich hinter seiner Zeitung. Man sah nur noch seine Hände und seine Beine, und die wippten nicht, überhaupt nicht ein bißchen!

Diese Tatsache ermunterte Benjamin zur nächsten Frage. Links neben der Tür zur Diele gab es eine eingebaute Küche, hinter einer Theke. Und vor dieser Theke standen Stühle, die waren beinahe so hoch wie Benjamin selbst. »Warum sind die Stühle so hoch?« wollte er wissen, bekam aber keine Antwort. Da die Stühle vor einer Theke standen und die Theke vor einer Küche aufgebaut war und Mami gesagt hatte, Indianer müßten erst beobachten, dann nachdenken und nur im Notfall fragen, gab er sich die Antwort auf seine nächste Frage selbst. Da ißt man! Man klettert auf die hohen Stühle und ißt!

»Ich habe Hunger!« rief Benjamin.

Die Zeitung antwortete nicht.

»Bist du tot?«

»Ja«, brummte Falljan.

»Schade. Ich hab' nämlich ganz fürchterlichen Hunger. Kann dein Allessauger auch kochen?«

Die Zeitung sank ganz langsam auf Falljans Schoß. Er war ein Mann im besten Alter und sah ausgesprochen gut aus. Er hatte sogar unverschämt gut ausgesehen – bis vor zehn Minuten. Jetzt wirkte sein gebräuntes Gesicht aschfahl, eingefallen, grau und müde. Er hatte immer gedacht, Seelenforscher und sogenannte Kunstkritiker wären das schlimmste Übel auf Erden. Nun mußte er seine Meinung revidieren. Es gab Schlimmeres!

Als Benjamin seine Frage gerade wiederholen wollte, klingelte das Telefon. Noch nie war Falljan dem Apparat so dankbar gewesen wie in diesem Augenblick. Er hob ab und meldete sich mit vollem Namen.

Die Zwillinge betrachteten ihn eingehend, ihren Adleraugen entging nicht die kleinste Regung Falljans. Er streckte sich, als hätte man ihm auf den Rücken getippt, und tönte »Hallo«, mit drei O und drei Ausrufezeichen. Sein blasses Gesicht bekam wieder Farbe. Geraldine schob den Zeigefinger in die Nase und den Mittelfinger in den Mund. Das tat sie immer, wenn ihr etwas spanisch vorkam. Falljan kam ihr jetzt spanisch vor, sehr spanisch sogar, denn so freundlich kannte sie ihn noch nicht. Leider konnten die Kinder nicht verstehen, was das Telefon zu ihm sagte. Sie mußten sich mit Falljans Antworten zufriedengeben.

»Aber ich bitte Sie, das ist doch nicht der Rede wert! Einer Frau wie Ihnen hilft man doch gern! Es war mir wirklich ein Vergnügen!« behauptete er und rieb zärtlich sein Knie.

Der Vorteil eines schlechten Gedächtnisses liegt darin, daß man die schönen Dinge immer wieder neu erleben kann und die unangenehmen vergißt. Falljan hatte eben ganz vergessen, daß er sich bei gesagtem Reifenwechsel eine seiner besten Hosen verdorben und den linken Daumen gequetscht hatte. An die ungefähren Maße jener Dame konnte er sich jedoch ganz genau erinnern.

»Natürlich dürfen Sie sich meine Bilder ansehen! Nein, SIE stören nicht!« versicherte er und lächelte. Falljan lächelte! Die Zwillinge hatten es ganz genau gesehen, er hatte gelächelt!

»Um acht? Ja – das heißt, nein!« Sein Blick begegnete vier großen grünen Augen, die ihn neugierig fixierten.

»Ich muß noch an ein paar Skizzen arbeiten, dringend. Sagen wir, um zehn?«

Falljan überprüfte in Gedanken eilig den Inhalt seines Kühlschrankes. Zwei Flaschen Sekt, etwas Lachs, Oliven, Trüffelpastete, Camembert – in Ordnung. »Bis dann also, ich freue mich!«

Mit diesen Worten legte er auf, was unklug war. Er hätte den Telefonhörer am Ohr behalten und ab und zu ›Natürlich‹ oder ›Selbstverständlich‹ sagen sollen, so hätte er noch eine Weile Ruhe gehabt. Aber Falljan war schwerfällig – wenigstens in mancher Beziehung.

»Bekommen wir Besuch?« fragte Benjamin neugierig.

»Nein, ihr nicht. Aber wenn ihr nicht endlich aufhört, mir Fragen zu stellen, bekommt ihr eine hinter die Löffel.«

Das war Benjamins Stichwort. »Ich habe Hunger«, erinnerte er.

»Und ich muß aufs Klo«, meldete Geraldine.

»Dann geh aufs Klo, um Himmels willen!«

»Geht nicht.«

»Warum, du bist doch alt genug, um das selbst zu tun.«

»Aber ich darf doch nichts anfassen!«

Falljans Kinnlade klappte nach unten. Zum erstenmal in seinem Leben war er wirklich sprachlos. Dieses Kind war entweder besonders dumm oder besonders intelligent, besonders naiv oder besonders bösartig. Von kindlicher Logik hatte er noch nie gehört. Er schluckte. »Du darfst auf die Toilette gehen«, sagte er betont ruhig, »und du darfst alles anfassen, was nötig ist, um auf die Toilette zu gehen.«

»Danke!« Geraldine scharrte mit dem rechten Fuß und galoppierte davon.

Benjamin blieb stehen, wo er war, und starrte ein großes Loch in Falljans Brust, genau da, wo die Haare aus dem Hemd spitzten.

»Was ist?« knurrte Falljan.

»Darf ich dich was fragen?«

»Hast du nicht schon genug gefragt«, fuhr Falljan auf. »Kannst du überhaupt noch was anderes als fragen?«

»'türlich!« Benjamin ging zu Falljan und hockte sich neben ihn auf das seltsame Gebilde, das ein Sofa sein sollte. Nur ganz vorn auf den Rand, und er zog eine Schnute.

»Also frag schon.«

»Warum bist du zu uns so grantig? Am Telefon warst du viel freundlicher!«

»So? Bin ich grantig?« Falljans Stimme klang kratzig, aber nicht mehr ganz so barsch.

»Ja, bist du!«

Falljan räusperte sich. Er wußte natürlich, daß der Junge recht hatte, aber das durfte er keinesfalls zugeben. Zugeben bedeutet Autoritätsverlust. Zugeben war überhaupt nicht seine Sache!

»Es ist eure Schuld, daß ich mich ärgere. Man muß sich ja ärgern, wenn man mit Fragen bombardiert wird!«

Benjamin wollte fragen, was bombardiert heißt, besann sich dann aber auf Robertas Rat und dachte erst mal nach. Bombardiert heißt sicher ›ganz viel‹ entschied er dann und knüpfte am eigentlichen Thema an. »Zu Hause kennen wir ja alles, da müssen wir auch nicht viel fragen. Und wir wissen, was wir alles nicht dürfen. Und wenn wir trotzdem was fragen, dann bekommen wir eine Antwort, wo mehr drin ist.«

»Wie meinst du das?«

Benjamin zuckte mit den Schultern. »Na, in der Antwort ist mehr Infamation. Ich glaube, die Mami ist klüger als du. Die weiß immer schon vorher, was wir noch alles wissen müssen. Wir fragen einmal und kriegen viele Antworten.« Benjamin guckte Falljan forschend an. Er war sich, wie gesagt, nicht ganz sicher, ob sein neuer Freund klug genug war, ihm zu folgen.

Falljan sah zwar sehr nachdenklich, aber immer noch nicht besonders freundlich aus. Kein Wunder, denn er brütete gerade über der Tatsache, daß ein Knirps von sieben Jahren ihm Unterricht in Erziehungskunde gab. Ihm, Falljan, einem berühmten Mann, dem man für gewöhnlich alles durchgehen ließ, der es sich leisten konnte, Vorschriften zu machen, ohne die Vorschriften anderer zu beachten. Ein Knirps von sieben Jahren! Er schwieg verwirrt, auf seiner Stirn sammelten sich winzige Schweißperlen.

»Darf ich jetzt noch etwas fragen?«

»Bitte«, erlaubte Falljan großzügig.

»Warum hast du da Haare?« Benjamin stieß seinen Zeigefinger auf Falljans Brust.

Falljan hätte dem Jungen jetzt vielleicht zum erstenmal eine vernünftige Antwort gegeben, wenn er eine gewußt hätte. Er war ratlos, zog sein Taschentuch aus der Hosentasche und wischte sich über die Stirn.

»Hast du überall Haare? So, wie unsere Müllmieze?«

Falljan schüttelte den Kopf. »Nein, auf dem Rücken hab' ich kein einziges!«

Benjamin wollte eigentlich noch fragen, ob Falljans Fell im Winter auch dicker war, als im Sommer, beschloß dann aber, erst nachzudenken. Wenn Müllmiezes Fell im Winter dichter war, dann traf das sicher auch für Falljans Fell zu.

»Mami hat keine Haare da«, sagte Benjamin, stand auf, bohrte die Fäuste in die Hosentasche, zog die Hose hoch und schniefte.

»Nur Männer haben Haare auf der Brust«, erklärte Falljan geduldig.

Benjamin runzelte die Stirn, neigte den Kopf zur Seite und sah ihn zweifelnd an. »Aber ich hab' auch keine.«

»Nicht alle Männer«, räumte Falljan ein und sah auf die Uhr. Noch eine gute Stunde, bis diese Frau Nadoni Robertas Brut abholen würde! Er seufzte.

Geraldine hatte ihr Geschäft erledigt. Sie kam zurück und brachte die Müllmieze mit.

»Muß das sein?« brummte Falljan.

Geraldine nickte. »Wir haben Mami versprochen, nichts mit der Mieze zu tun, was wir selbst nicht wollen. Und ich will nicht in der Diele sein.« Sie nahm neben Falljan Platz, wickelte den rechten um den linken Fuß und seufzte.

Benjamin schritt langsam und nachdenklich die lange hohe Wand ab, an der Falljans Bilder hingen. Es waren neunzehn, der Maler arbeitete gerade für seine große Herbstausstellung. Geraldine vertiefte sich von ihrem Platz aus in die Betrachtung und Deutung der zeitgenössischen Kunstwerke. Zu diesem Zwecke neigte sie den Kopf abwechselnd nach rechts und links und blinzelte skeptisch. Falljan hatte sich wieder hinter seiner Zeitung versteckt. Für einen Moment war es angenehm still, und er war auf dem besten Wege, sich zu entspannen, als Benjamin sich neuerdings zu Wort meldete.

»Ist das ein Marsmensch mit einem Allessauger?« Er deutete

mit ausgestrecktem Finger auf eines der Bilder und starrte die Zeitung fragend an.

Ein brauner Haarschopf und zwei kalt dreinblickende Augen tauchten auf, eine Stimme rief schneidend: »Das sind zwei Frauen, die... Davon verstehst du nichts!«

Benjamin kniff die Augen zusammen. Er bemühte sich, das Bild zu verstehen, aber es gelang ihm nicht. Er bemühte sich noch intensiver, es gelang noch immer nicht. Schließlich fragte er: »Warum hat die Frau da Löcher, wo Mami Beulen hat?«

Falljan knirschte mit den Zähnen, er gab ihm keine Antwort.

Statt dessen antwortete Geraldine. »Bestimmt weiß er nicht, daß Frauen da Beulen haben, er hat ja keine Frau.«

Falljan knallte die Zeitung auf das Sofa und sprang auf. Er machte drei Schritte, blieb abrupt stehen, ging zurück, schnappte sich die Zeitung und verschwand im Bad. Die Badezimmertür fiel krachend ins Schloß, ein Schlüssel klickte, dann war es still.

Geraldine sah sich seufzend um. Ihr Blick fiel auf Falljans Bett, das sie eine Weile lang bewundernd betrachtete. Plötzlich war sie unheimlich müde. Sie gähnte ausgiebig. »Meinst du, wir dürfen uns ein bißchen ausruhen?« Sie sah Benjamin nachdenklich an.

Er zuckte mit den Schultern. »Ich glaube schon.«

Geraldine tapste zum Bett, zog die Sandalen aus und krabbelte auf Falljans Spielwiese. Dort rollte sie sich um die Müllmieze und schloß zufrieden die Augen. Benjamin kuschelte sich an Geraldines Rücken und schob den Daumen in den Mund. Er dachte an Mami, an Falljan, an die Marterpfähle, an den Großen Manitu, an ein riesiges schwarzes Loch, in dem viele schöne Träume verborgen lagen...

Es war zwanzig Uhr und zwei Minuten.

Im selben Moment verließ Constanze die Musikschule. Einer ihrer Schüler trottete neben ihr her, verabschiedete sich: »Nacht, Frau Nadoni, bis nach den Ferien!« Dann bestieg er sein Fahrrad und radelte pfeifend davon.

Constanze nahm die Beine unter die Arme und lief zur Haltestelle, hastete über den Zebrastreifen, ohne nach rechts oder links zu schauen. Ein Auto raste aus der Seitenstraße, viel zu schnell, um noch stoppen zu können. Es gab einen dumpfen Aufprall, dann war es dunkle Nacht um Constanze.

Falljan sah auf die Uhr. Gleich mußte diese Constanze kommen, um die Kinder abzuholen. Er verließ das Badezimmer, die Zeitung blieb zerknittert auf dem Behälter für Schmutzwäsche zurück. Er würde sie noch wegräumen, bevor Rebecca Storm kam. Die Annahme, daß sie das Bad benutzen würde, erschien ihm berechtigt. Ein Mann von siebenunddreißig Jahren und seines Kalibers kann sich schließlich auf einschlägige Erfahrungen stützen, eine Tatsache, die Falljan einem Knirps von sieben Jahren absprach. Was weiß so ein Grünschnabel schon von Frauen und Beulen! Ein unverschämter Bengel, dieser Benjamin. Und seine reizende Schwester war um keinen Deut besser!

Falljan blieb vor dem Bett stehen, schob beide Hände in die Taschen und starrte die Zwillinge verärgert an. In seinem Bett! Friedlich, als könnten sie kein Wässerchen trüben! Ha!

Er nahm sich eine Zigarette vom Tisch, zündete sie an, ging zu seiner Staffelei und betrachtete seine neueste Arbeit. Eine Frau auf einem Pferd, nackt, im Damensitz. Benjamin würde wahrscheinlich behaupten, das sei ein Allessauger auf einem Feuerwehrauto! Falljan kehrte zum Tisch zurück, drückte seine halb gerauchte Zigarette aus und sah auf die Uhr. Drei Minuten nach halb neun. Wo blieb diese Constanze nur?

Durch die Dachfenster tröpfelte das letzte Tageslicht, der Himmel war rotdurchtränkt, das Bellen eines Hundes zerriß die Abendstille. Falljan ging zum Fenster, öffnete es und sah hinunter. Was er sah, trug keineswegs zur Besserung seiner Laune bei. Dieser Köter, dieser Bobtail der Kostil, stürzte aus dem Haus, auf Falljans weißes Sportcabriolet zu, wedelte erfreut mit dem Schwanz, hob sein Bein und pinkelte den Wagen an.

»Weg da, du Mistvieh!« brüllte Falljan erbost, gerade, als auch Frau Kostil aus dem Haus trat.

Natürlich hatte sie Falljans wütende und wenig vornehme Beschimpfung gehört, er hatte ja laut genug geschrien. Aber sie würdigte ihn keines Blickes, flötete nur: »Komm, Picasso, mein Engel«, setzte ihren Sturzhelm auf und schwang sich auf ihre Beiwagenmaschine. Picasso japste erfreut, nahm Anlauf und sprang in den Beiwagen – Schnauze in Fahrtrichtung voraus.

Frau Kostil startete und fuhr los, so haarscharf an Falljans Wagen vorbei, daß dessen Herzschlag einige Takte lang aussetzte. Er knallte das Fenster zu, so daß die Scheiben bebten und die Kinder aufwachten.

Frau Achter, die gerade die Fenster ihres Ladens putzte, sah erst die Straße runter, dann am Nachbarhaus rauf. Sie schüttelte seufzend den Kopf und gedachte wehmütig der Zeiten, als hier noch rechtschaffene, ehrenwerte Bürger gewohnt hatten. Leute ihres Schlages eben!

Geraldine rieb sich verschlafen die Augen, gähnte und blinselte den Schatten am Fenster an. Da Falljans Gesicht im Dunkeln lag, konnte sie nicht erkennen, ob er gerade grantig oder freundlich war, aber sie tippte auf grantig.

»Ist es schon morgen?« fragte sie zögernd.

»Nein, es ist noch heute«, knurrte er böse, hob seinen Arm und sah auf die Uhr. Dreiviertel neun! Er ging zum Lichtschalter und knipste ihn an. Die Zwillinge betrachteten fasziniert eine Reihe kleiner Spots, die am Deckenbalken befestigt waren und effektvoll Falljans Gemälde anstrahlten.

»Ist das aber schön!« riefen beide wie aus einem Mund und krabbelten vom Bett. Die Müllmieze richtete sich gähnend auf und besah sich das alles mit schwankendem Köpfchen. Junge Katzen hinterlassen fortwährend den Eindruck, als hätten sie sich einen zuviel hinter die Binde gegossen.

Sie gähnte wieder, machte einen Buckel, schwankte zum Bettrand und stürzte sich nach einigem Zögern in die Tiefe. Dann lief sie zu den Kindern, sah sie erwartungsvoll an und miaute aus Leibeskräften.

»Sie hat Hunger«, übersetzte Geraldine für Falljan, der die Katzensprache bestimmt nicht verstand.

»Ich auch!« rief Benjamin, was diesmal sogar stimmte.

Falljan ging wortlos zum Eisschrank, nahm Wurst – natürlich nicht die Trüffelpastete! – heraus, ließ ein paar Scheiben fallen, belegte mit dem Rest zwei Brote und stellte sie auf die Küchenbar.

Die Zwillinge erklommen im Sturm die hohen Stühle und grinsten Falljan selig an. Die Müllmieze riß sich ihre Beute unter die Krallen und verschlang sie knurrend und fauchend. Das Leben bei Falljan war gar nicht so übel!

Als Benjamin den Mund aufriß – mit an Sicherheit grenzender Wahrscheinlichkeit wollte er etwas fragen – sagte Falljan kurzerhand: »Mit vollem Mund spricht man nicht«, und Benjamins Mund klappte wieder zu. Falljan war stolz auf sich, einen Punkt für ihn!

Inzwischen war es neun Uhr geworden. Falljan trommelte mit vier Fingern ›Taram-tam-tam‹ auf den Tisch – eine Methode, sich selber nervös zu machen, die den Zwillingen unbekannt war, weil Roberta nicht dazu neigte. Sie hielten es für ein Spiel.

Geraldine konzentrierte sich auf den Rhythmus, schob ihre Hand ein Stück vor und versuchte es auch. Benjamin stützte seinen Kopf in die linke, schob seine rechte ebenfalls ein Stück vor und schloß sich an. Jetzt trommelten sie zu dritt, nur Falljan wesentlich lauter und natürlich exakter. Aber trotz dieses vereinten Getrommels kam Constanze nicht.

Langsam begann Falljan sich Sorgen zu machen, ernsthafte Sorgen. Was, wenn die Kinder um zehn immer noch hier rumhingen? Schließlich hatte er heute abend noch ein paar Verpflichtungen. Er konnte sie noch nicht einmal in die Speisekammer sperren, er hatte keine Speisekammer. Ins Bad auch nicht, das würde Rebecca Storm benutzen wollen.

»Wie heißt eure Tante noch? Ich meine, außer Nadoni.«

»Sie heißt bloß Constanze«, klärte Geraldine ihn auf. »Und unsere Tante ist sie auch nicht, sie ist Mamis Busenfreundin!«

»Nicht möglich«, bemerkte Falljan trocken. Er hätte dazu gern noch mehr gesagt, ließ es aber dann doch sein. Constanze Nadoni hieß die Dame also.

Er nahm das Telefonbuch, knallte es auf die Küchenbar und schlug N auf. Die Kinder sahen ihm interessiert zu.

»Na... Nab... Nach...«, murmelte er, während sein Finger über die Seite glitt. »Hier! Nadoni Constanze!« Er wählte die Nummer und wetzte schon mal die Krallen. »Kein Anschluß unter dieser Nummer, kein Anschluß...« Falljan ließ den Hörer auf die Gabel fallen.

»Was sagt das Telefon?« wollte Benjamin wissen. Falljan antwortete nicht. Er trommelte wieder ›taram-tam-tam‹, die Kinder trommelten mit.

»Wo wohnt eure Tante?« fragte er dann nach einer Weile.

»Sie ist nicht unsere Tante!«

»Gut, wo wohnt Constanze?«

»In einem ganz neuen Haus, hat die Mami gesagt. Und einen kleinen Garten hat sie jetzt auch. Aber ein Telefon hat sie noch nicht«, erzählte Benjamin bereitwillig.

Falljan starrte ihn aus zusammengekniffenen Augen an. »Warum, zum Teufel, sagst du mir das nicht gleich!« rief er zornig.

»Du hast ja nicht gefragt«, antwortete das Kind kleinlaut.

»Ist sie umgezogen?«

Benjamin nickte.

»Wann?«

»Vor ein paar Tagen«, sagte Geraldine.

»Und ihr kennt natürlich die Adresse nicht?«

Geraldine schüttelte den Kopf, ihr Pferdeschwanz flog dabei hin und her.

Falljan starrte blicklos vor sich hin. Kaum zu fassen! Nicht zu glauben! Man hatte ihm zwei Kuckuckseier ins Nest gelegt! Er sah auf die Uhr. In zehn Minuten sollte Rebecca kommen. Was nun? Er hatte keine Wahl, er mußte die Verabredung mit ihr abblasen. Wieder schlug er das Telefonbuch auf, wieder hatte er keinen Erfolg, denn auch Rebecca war erst vor vier Wochen im Nebenhaus eingezogen. Und Telefonnummern waren in dieser Stadt schwerer zu bekommen als Zwillinge.

»Ihr rührt euch nicht von der Stelle!« fuhr Falljan die Kinder plötzlich an. Sie zuckten erschrocken zusammen und sahen ihm mit großen grünen Kulleraugen nach.

Falljan verließ die Wohnung im Laufschritt, polterte die Treppe runter, stürzte aus dem Haus, wurde von Picasso unterlaufen, stolperte und landete in Frau Kostils Armen.

Frau Kostil rümpfte die Nase, schob Falljan abrupt von sich, putzte sich imaginären Schmutz vom Overall und ging wortlos an Falljan vorbei ins Haus.

Falljan ballte die Hände zu Fäusten und schwor sich, dieser verrunzelten, verrückten Emanze die Meinung zu sagen, sobald Roberta zurückkommen würde. Wenn's doch schon soweit wäre!

Er trat auf den Eingang des Nachbarhauses zu, klingelte bei Storm, zweiter Stock. Die Tür sprang auf, er hastete hinauf, ordnete noch im Laufen seine braune Haarpracht und setzte ein jungenhaft verlegenes Lächeln auf. Gut nuanciert, denn Übertreibungen wirken unglaubwürdig.

Beim Anblick Rebeccas war ihm sofort klar, was er heute abend alles versäumen würde. Sie trug ein enges schwarzes Kleid, der tiefe Rückenausschnitt reichte bis zur Taille. Welch eine Taille, welch ein Rücken! Und ihre Augen glänzten wie Seen im Mondlicht! Oh, dieses Wesen! Diese Hügel und Täler, diese goldenen Locken, die sanft auf weiße Schultern fielen, sie zärtlich streichelten! Wie gern hätte er diese Schultern gestreichelt... Falljan hatte alle Mühe, sich auf den Grund seines überraschenden Besuches zu konzentrieren.

»Es tut mir leid«, seufzte er aus tiefstem Herzen, und das war wirklich keine Höflichkeitsfloskel. »Es geht nicht! Heute abend geht es nicht! Ich habe nämlich Zwillinge bekommen.«

»Anatomisch unmöglich«, wandte Rebecca leicht verärgert ein. Sie war es nicht gewöhnt, wieder ausgeladen zu werden.

»Ich meine natürlich, sie sind bei mir zu Besuch. Das hat sich ganz plötzlich ergeben. Rebecca...« Er griff nach ihrer Hand, welch eine Hand! Sie entzog sie ihm. »Morgen!« sagte er. »Ich bitte Sie, geben Sie mir die Möglichkeit... Ich meine, wir könnten doch morgen meine Bilder anschauen.«

»Na gut – vielleicht«, schränkte sie gleich wieder ein. »Aber keinesfalls vor Mitternacht. Ich habe eine Verabredung – wie gesagt, vielleicht.« Der Anflug eines Lächelns huschte über ihr Gesicht, bevor sie die Tür schloß.

»Bis morgen«, murmelte Falljan und schlurfte mit hängenden Schultern nach Hause. Auch er war es nicht gewohnt, so behandelt zu werden. Ein häßlicher, fetter Wurm hing nagend an seinem Selbstbewußtsein – genaugenommen zwei, denn das alles hatte er nur diesen schrecklichen Zwillingen zu verdanken.

Benjamins Kopf war in seinen verschränkten Armen vergraben, die Arme lagen auf der Eßbar. Geraldine hatte den Kopf in die Hand und den Ellbogen auf die Theke gestützt und blinzelte Falljan müde an. Selbst Falljan erkannte, daß die Kinder schlafen mußten. Aber wo? Er hatte ja nur diesen einen Raum, dieses eine Bett. Zum erstenmal erwies sich sein Wohnatelier als äußerst unpraktisch, ebenso unpraktisch wie seine Sitzecke, die zum Schlafen völlig ungeeignet war. Modernes Design rechnet eben nicht mit den Zwillingen einer Nachbarin. So sehr er sich auch wand und wehrte, es blieb ihm gar nichts anderes übrig, als die Kinder bei sich, in seinem Heiligtum, schlafen zu lassen.

»Diese Constanze kann sich auf etwas gefaßt machen, wenn sie hier aufkreuzt«, brummte er in sich hinein, während er das Bett machte.

»Also los, zieht euch die Hosen aus«, befahl er den Kindern. »Und dann wird geschlafen.«

»Kommt Constanze nicht?« wollte Benjamin wissen.

»Vielleicht später.«

»Darf die Müllmieze auch...«

»Nein!«

Die Kinder fügten sich, keine weiteren Fragen mehr. Sie wollten Falljan nicht allzuviel Gelegenheit geben, sich noch an Wasser und Seife zu erinnern, zogen sich eiligst aus und tauchten in dieses fantastisch große Bett. Wirklich, bei Falljan ließ sich's leben!

Falljan knipste das kleine Licht neben der Sitzecke an und schaltete das große ab. Er schob die Hände in die Hosentaschen und stellte sich ans Fenster.

»Bekommen wir denn keinen Kuß?« fragte Geraldine leise.

»Nein.«

»Warum nicht?«

»Wir kennen uns ja kaum«, antwortete Falljan – ein Argument, das aus seinem Mund wenig überzeugend klang.

Geraldine seufzte. »Magst du uns gar nicht? Nicht ein kleines bißchen?«

Falljan zuckte zusammen. »Schlaf jetzt«, murmelte er ausweichend. Er blieb am Fenster stehen und starrte hinaus. Die Nacht war sternenklar und warm. Über den Dächern der Altstadt hing der Mond wie ein Lampion und grinste ihn an. Eine Nacht für Verliebte, aber statt Rebecca lagen zwei unausstehliche Gören in seinem Bett. Man hatte ihm zwei Läuse in den Pelz gesetzt! Zwei Kinder, die es wagten, an seinen Mauern zu rütteln!

Plötzlich schob sich eine kleine Hand in die seine. Er fuhr zusammen. Neben ihm stand Geraldine. Sie sah ihn mit großen, glänzenden Augen an und lächelte zaghaft. »Wenn ich groß bin, heirate ich dich«, sagte sie, ohne den Blick von ihm zu wenden.

Es war nicht der erste Antrag, der Falljan gemacht wurde, aber der erste, der ihn aus dem Gleichgewicht brachte. Für einen kurzen Moment brach das Falljansche Eis. Er beugte sich zur Geraldine, nahm sie auf die Arme und trug sie zum Bett zurück. Mit dem sicheren Instinkt einer Frau erkannte Geraldine, daß dies eine Gelegenheit war, die man nicht ungenutzt vorübergehen lassen sollte. Sie schlang ihre kleinen Arme um seinen Nacken und küßte ihn mitten auf die erstaunlich kratzige Wange. Ein Kuß, der auf beiden Seiten größte Verwirrung stiftete.

Benjamin stützte den Kopf in die Hand und betrachtete Falljans nackten Oberkörper. Tatsächlich, hinten hatte er gar keine Haare, dafür aber vorn um so mehr. Er stupste seine Schwester an, die sofort die Augen aufschlug. »Guck mal«, sagte er und deutete auf den schlafenden Falljan.

Nun saßen sie alle beide aufrecht im Bett und betrachteten ihren neuen Freund ausgiebig.

»Ich finde ihn ganz schön«, sagte Geraldine nach einer Weile.

Benjamin neigte den Kopf zur Seite und dachte nach. Nein, schön fand er ihn eigentlich nicht, eher interessant. »Hättest du auch so gern einen Vati?« fragte er versonnen.

Geraldine nickte. Sie schob ihren Zeigefinger in die Nase, den Mittelfinger in den Mund und überlegte angestrengt. »Vielleicht ist Falljan ja unser Vati«, sagte sie dann.

»Versteh ich nicht.« Benjamin runzelte die Stirn und sah zweifelnd von Geraldine zu Falljan.

»Weil Mami doch unseren Vati gar nicht kennt«, erinnerte sie Benjamin an das Gespräch zwischen Roberta und Constanze, das sie erfolgreich belauscht hatten. »Constanze hat gefragt: ›-Kannst du den Vater deiner Kinder denn nicht einfach vergessen?‹ Und Mami hat gesagt: ›Jemanden, den man nicht kennt, kann man auch nicht vergessen.‹ Und wenn Mami unseren Vati gar nicht kennt, dann weiß sie ja auch nicht, wer es ist, und dann kann es ja auch Falljan sein...«

Benjamin nickte. Vorgestern hatten diese Worte nicht besonders viel Eindruck auf ihn gemacht. Er war ja daran gewöhnt, keinen Vati zu haben, und ob Mami ihn nun kannte oder nicht, hatte ihn nicht interessiert. Aber wenn man die Sache natürlich sooo betrachtete... Geraldine hatte recht. Vielleicht war Falljan ihr Vati? Aber wie konnte man das nur rausfinden?

»Ich frag' ihn einfach!« beschloß er und rüttelte Falljan unsanft. »Schläfst du?«

Falljan brummte etwas Unverständliches.

Benjamin probierte es noch mal. »Schläfst du?«

»Ja«, murmelte Falljan.

»Gut, dann kann ich dich ja was fragen: Bist du unser Vati?«

Falljan schlug die Augen auf. Innerhalb von Sekunden brach die Erinnerung an den gestrigen Abend über ihn herein. Grausames Erwachen!

»Ob du unser Vati bist?«

»Nein!« rief Falljan wie elektrisiert.

»Weißt du das sicher?«

»Ja, ganz sicher!«

»Aber wenn unsere Mami nicht weiß, wer unser Vati ist, vielleicht weißt du dann auch nicht, wer deine Kinder sind«, gab Geraldine zu bedenken.

»Ich bin nicht euer Vati«, beteuerte Falljan mit letzter Kraft und verließ fluchtartig das gemeinsame Bett. Hinter der verschlossenen Badezimmertür war er fürs erste sicher vor diesen Ungeheuern!

Er setzte sich aufs Klo und versuchte seine Gedanken zu ordnen.

Diese Constanze war nicht gekommen. Er hatte keine Ahnung, wo sie wohnte, die Kinder konnten es ihm nicht sagen. Wo Roberta sich aufhielt, wußte er auch nicht. Da saß er ja ganz schön in der Patsche, verdammt! Er mußte die Zwillinge loswerden, aber wie? Seine Putzfrau fiel ihm ein. Die hatte doch selbst zwei Gören, da kam's doch auf zwei mehr oder weniger nicht an! Jawohl, er würde sie zu Frau Kamain bringen. Er fuhr sich mit beiden Händen durchs Haar und stand auf. Im selben Moment pochte Geraldine an die Tür.

»Dein Telefon bimmelt!« rief sie.

Vielleicht ist das diese Constanze, durchfuhr es Falljan. Er riß die Tür auf und stürzte ans Telefon. »Ja, bitte«, meldete er sich.

»Sind Sie Herr Emanuel Falljan?« erkundigte sich eine fremde Frauenstimme, die zu Falljans Ärgernis auch noch ziemlich hochnäsig klang. Daß sie, nach allem was passiert war, derart herablassend und affektiert nasal sprach, empfand er als bodenlose Unverschämtheit.

»Ja, ich bin Emanuel Falljan!« brüllte er aufgebracht. »Und das eine sage ich Ihnen: Wenn Sie mir diese Kinder nicht augenblicklich vom Hals schaffen, dann – dann...« Auf die schnelle fiel ihm nicht ein, was dann geschehen würde. So entstand eine ungewollte Gesprächspause, die sich die Dame am anderen Ende der Leitung zunutze machte.

»Sie sprechen mit Schwester Michaele, Städtisches Krankenhaus«, klärte sie ihn pikiert auf. »Und bitte reden Sie etwas leiser mit mir, ich bin nicht schwerhörig.« Sie räusperte sich. »Gestern abend ist hier eine Frau Constanze Nadoni eingeliefert worden. Ein Verkehrsunfall. Sie bittet um Ihren Besuch.«

»Ja, aber...«

»Ich habe ausgerichtet, was mir aufgetragen wurde«, unterbrach ihn Schwester Michaele sofort. »Guten Tag!« Sie legte auf.

»Was hat das Telefon gesagt?« erkundigte sich Benjamin.

»Daß eure Tante Constanze im Krankenhaus liegt«, murmelte er geistesabwesend.

»Sie ist nicht unsere Tante«, erinnerte ihn Geraldine.

»Hat man ihr den Bauch aufgeschnitten?« fragte Benjamin.

»Ich glaube nicht.«

»Schade.« Benjamin seufzte. Er hätte sich so gern einen aufgeschnittenen Bauch angesehen. »Besuchen wir Constanze jetzt?«

»Ja, zieht euch an.«

»Und waschen müssen wir uns nicht?« fragte Geraldine.

»Waschen? Ach ja, natürlich. Wascht euch.«

Benjamin warf seiner Schwester einen vernichtenden Blick zu, was wenig Eindruck auf sie machte. Was konnte Benjamin ihr noch anhaben? Sie war ja seit gestern abend so gut wie verlobt. Da stellte sich ihr allerdings eine ganz neue Frage: Kann man seinen Vati eigentlich heiraten?

Roberta sah schrecklich müde und zerknittert aus, als sie aus dem Zug stieg. Sie hatte kaum ein Auge zugetan. Das Bett unter ihr war von einer Frau okkupiert worden, die während der ganzen nacht schmatzend an ihrem Daumen gelutscht hatte. Und dazu das unaufhörliche Rattern des Zuges... Nie wieder ein Schlafwagenabteil, schwor sie sich jetzt und schleppte ihr Gepäck in die Bahnhofshalle. Dort kaufte sie einen Stadtplan, eine Ansichtskarte und eine Briefmarke. Die Ansichtskarte schrieb sie sofort, an einem der geschlossenen Schalter. ›Meine Lieben!‹ Sie kaute auf ihrem Kugelschreiber, versuchte sich zu konzentrieren. Aber ihr Gehirn schien in den Magen gesackt zu sein, wo es sich nicht so recht zu Hause fühlte und nur zähflüssig Impulse an die Hand weiterleitete. ›Bin gut angekommen!‹ Sie fand sich heute morgen nicht besonders originell. In Gedanken sah sie Benjamin und Geraldine vor sich, die jetzt sicher noch zufrieden in Constanzes Gästebett schlummerten und von Indianern träumten. Sie lächelte plötzlich und schrieb weiter: ›Keine Überfälle von feindlichen Rothäuten oder hinterlistigen Bleichgesichtern. Viele Hughs, Eure Mami!‹

Sie warf die Karte ein, verließ den Bahnhof und stieg in ein Taxi. Zwanzig Minuten später klingelte sie bei Wendy und Zacharias, Freunden aus ihrer Studienzeit. Weitere zwanzig Minuten später schlief Roberta. Sie wollte sich nur ein wenig ausruhen. Als sie die Augen wieder aufschlug, war es bereits später Nachmittag. Ein ganzer Tag verloren! Am liebsten hätte sie sich ein Monogramm in die Rückseite gebissen... Vielleicht hätte sie doch zu Hause bleiben und die alte Sache auf sich beruhen lassen? Nein! Das konnte sie nicht. Pat von Laan war wie ein Geschwür, und Geschwüre muß man zuerst einmal aufspüren, bevor man sie entfernen kann.

»Zimmer 314«, sagte der Pförtner, »dritter Stock links.« Falljan nickte, stieß die Pendeltür auf und ließ sie zurückschwingen, ohne auf die Kinder zu achten. Geraldine bekam von der Tür eins auf die Nase. Der Pförtner schüttelte den Kopf. Solchen Männern, dachte er, sollte man verbieten, Kinder in die Welt zu setzen.

Die Kinder hatten Mühe, Falljan einzuholen, denn er stürmte zum Aufzug, als gäbe es dort etwas umsonst. Im ersten Stock stieg eine Ordensschwester zu. Benjamin betrachtete sie eingehend, dann zupfte er sie am Rock und fragte: »Warum siehst du aus wie ein Pinguin?«

Falljan räusperte sich drohend, die Schwester lächelte. »Nicht ich sehe aus wie ein Pinguin, sondern ein Pinguin sieht aus wie ich«, behauptete sie. »Und warum er so aussieht... Ich weiß es nicht. Du mußt einmal einen Pinguin fragen, der kann dir das bestimmt erzählen.« Sie sah zu Falljan. »Ein aufgewecktes Kind, Ihr Sohn. Und wie ähnlich Ihnen die Zwillinge sehen!«

Damit verließ sie den Aufzug und hastete davon. Geraldine stupste Benjamin aufgeregt an. Er wußte sofort was sie dachte. Der Pinguin hatte gesagt, daß sie Falljan ähnlich sahen! Ihr Sohn, hatte der Pinguin gesagt! Sie nahmen sich lächelnd bei der Hand und liefen Falljan nach.

Schwester Michaele schüttelte den Kopf, als der Mann und die Kinder ins Krankenzimmer stürmten, wie ein paar wildgewordene Büffel. Sie zog die Bettdecke über Constanze und stützte die Hände in die breiten Hüften. »Wir sind hier nicht auf dem Jahrmarkt«, schimpfte sie. »Hier bewegt man sich auf leisen Sohlen!«

Schwester Michaele war kein Pinguin, sie trug eine weltliche Tracht und eine randlose Brille auf der großen Nase. »Sind Sie dieser Herr Falljan?«

Er nickte.

»Aha. Falls Sie gedenken, Frau Nadoni ebenso anzubrüllen, wie Sie mich am Telefon angebrüllt haben, laß ich Sie entfernen«, drohte Schwester Michaele. Dann sah sie die Kinder an und fügte etwas freundlicher hinzu: »Ihr beide dürft Guten Tag sagen, und dann kommt ihr mit mir. Ich zeige euch etwas Interessantes. Eurer Tante geht es nämlich nicht gut, die braucht viel Ruhe.«

»Sie ist nicht unsere Tante«, sagte Benjamin und trat an Constanzes Bett. »hast du ein Loch im Bauch?«

»Nein.« Constanze lächelte schwach. »Ich habe eine Gehirnerschütterung, zwei gebrochene Rippen und einen gebrochenen Arm. Ist nicht weiter schlimm.«

»Darf ich deine Gehirnerschütterung mal sehen?«

»Die kann man nicht sehen.«

»Schade!« Benjamin seufzte. Er hatte sich mehr von diesem Besuch erhofft. Aber vielleicht hatte Schwester Michaele noch etwas zu bieten, sie wollte ihm und Geraldine ja etwas zeigen. Die Kinder folgten ihr mit dem Ausdruck größten Zweifels, denn erfahrungsgemäß waren die Dinge, die Erwachsene interessant fanden, meist ziemlich langweilig.

»Setzen Sie sich doch«, forderte Constanze Falljan auf, als sie mit ihm allein war.

»Danke, ich kann stehen.«

»Das habe ich nicht bezweifelt«, antwortete Constanze trocken. Sie fühlte sich hundeelend. Überall Schmerzen, dazu diese Übelkeit und dann auch noch Falljans Bärbeißermiene. Bedrückt fragte sie sich: ›Wie soll ich diesem unnahbaren Mann beibringen, daß er...‹

»Nun?« unterbrach Falljan Constanzes Gedanken. »Ich habe nicht genug Zeit, um mich hier mit Ihnen auszuschweigen. Sagen Sie mir bitte, was jetzt mit den Kindern geschehen soll.«

»Ich fürchte, Herr Falljan...« Constanze zögerte wieder. Dann sah sie ihn fest an. »Ich fürchte, Sie müssen die beiden bei sich behalten.«

Falljan zog die linke Braue hoch, er hielt den Atem an. Er mußte sich wohl verhört haben! »Sie nehmen doch nicht im Ernst an, daß ich...« Allein der Gedanke war so ungeheuerlich, daß ihm die Worte fehlten. Er schnaubte empört und rief: »Unmöglich!«

»Es gibt gar keine andere Möglichkeit. Wie Sie sehen, kann ich mich nicht um die Zwillinge kümmern.« Constanze schloß die Augen, unterdrückte ein Stöhnen. Diese Schmerzen überall!

»Nein, das ist ausgeschlossen! Dann müssen Sie eben jemanden aus Ihrem Bekanntenkreis auftreiben, der die Kinder übernimmt.«

»Ich bin geschieden, Herr Falljan. Mein Exgatte und ich haben all unseren Besitz aufgeteilt. Er hat das Auto, das Doppelbett und die Freunde behalten, ich den Kühlschrank, die Waschmaschine und die elektrische Heizdecke. Nur eine einzige Freundin schlug sich auf meine Seite – Roberta. Und Roberta ist, wie Sie ja wissen, nicht hier.«

»Dann muß sie eben zurückkommen! Man muß sie benachrichtigen.«

»Das hätte ich getan, wenn es möglich wäre, Herr Falljan.«

»Was heißt das?« Falljan starrte Constanze zornig an.

»Das heißt, daß ich ihre Adresse nicht habe. Nicht mehr habe! Sie stand auf einem Zettel. Der Zettel befand sich in meiner Handtasche. Meine Handtasche flog bei dem Unfall noch ein Stück weiter als ich, sie öffnete sich, und der Inhalt lag weiß Gott wo verstreut. Einer der Polizisten sammelte meine Utensilien wieder ein, aber der Zettel ist nicht mehr da.«

»Sie werden doch wohl wissen, in welcher Stadt Roberta sich aufhält.«

»Natürlich. Sie ist in Hülben.«

»Na also. Dann muß man eben alle Hotels...«

»Sie wohnt privat«, unterbrach ihn Constanze. »Herr Falljan, ich möchte Sie daran erinnern, daß Roberta Ihnen auch einmal aus der Patsche geholfen hat!« Constanze schwieg bedeutungsvoll und sah Falljan eindringlich an. Sie hatte nicht die leisteste Ahnung, worum es damals ging, aber an Falljans unruhigem Blick, an der Art, wie er sich abwandte, konnte sie erkennen, daß er Grund genug zur Dankbarkeit hatte. »Jetzt haben Sie Gelegenheit, sich zu revanchieren, indem Sie sich ein paar Tage um die Kinder kümmern. Bitte!«

Falljan knirschte mit den Zähnen. Seine Gesichtsmuskeln zuckten nervös, die Hände in den Hosentaschen ballten sich zu Fäusten. Schließlich erklärte er sich mit Widerwillen und unter Protest bereit, die Kinder einstweilen bei sich zu behalten.

»Danke«, sagte Constanze und versuchte zu lächeln. Falljan murmelte etwas Unverständliches und wandte sich zum Gehen ab, aber Constanze rief ihn zurück. »Herr Falljan!«

»Bitte?« fragte er kühl.

»Die Zwillinge sind aufgeweckte Kinder. Ich weiß, daß sie manchmal sehr anstrengend sein können. Aber sie sind ehrlich, lieb und gut erzogen. Gehen Sie ein bißchen auf die beiden ein. Sie werden es Ihnen danken, und alles wird viel leichter sein.«

Falljan sagte nichts. Er ging zur Tür und öffnete sie.

»Herr Falljan!« rief Constanze noch einmal. »Sie sind ein Eisberg! Gefühllos und hart! Oder verstecken Sie sich nur? Dann sollten Sie sich aber schnellstens überlegen, wovor Sie Angst haben, bevor Sie an sich selbst erfrieren!«

Falljan knallte grußlos die Tür zu. Nicht genug damit, daß ihm diese Frau die Kinder aufgehalst hatte, sie erlaubte sich auch noch, Kritik an ihm zu üben! An ihm, Emanuel Falljan! Gefühllos! Hart! Ein Eisberg! Angst! Ha! Wovor sollte er schon Angst haben!

Falljan war gekränkt und empört zugleich. Constanze hatte ihn zutiefst verletzt.

Geraldine und Benjamin waren außer Rand und Band, als sie erfuhren, daß sie vorerst bei Falljan bleiben durften. Sie tobten mit wildem Indianergeschrei über den Krankenhausparkplatz, voraus zum Auto. Und als Falljan sie dort einholte, sprangen sie mit glühenden Wangen wie junge Hunde an ihm hoch. Er versteifte sich sofort. Daß diese Kinder immer auf Tuchfühlung gehen mußten! »Schon gut, schon gut! Macht, daß ihr ins Auto kommt. Und dann…« Er stockte. Verdammt, was sollte er mit den Gören bloß anfangen?

Geraldine half ihm auf die Sprünge. »Dann gehen wir ein Eis essen«, schlug sie vor.

»Wir gehen Eis essen, wenn ihr mir versprecht, mich danach ein paar Stunden in Ruhe arbeiten zu lassen.«

Daß Erwachsene einen immer erpressen müssen. Für alles, was sie geben, verlangen sie Artigkeit zurück. Benjamin wog ab, überprüfte den Handel zuerst genau, bevor er sich das Versprechen abkaufen ließ. Schließlich versprachen die Kinder, Falljan später in Ruhe arbeiten zu lassen,und krabbelten auf den Rücksitz des Cabrios.

Benjamin neigte den Kopf zur Seite. Er sah sehr nachdenklich aus. »Ich wußte gar nicht, daß du arbeitest«, sagte er nach einer Weile erstaunt.

»Ich male«, klärte Falljan den Jungen auf.

»Ist Malen auch Arbeit?« fragte Benjamin verdutzt.

»Ja.« Falljan redete sich selber gut zu. Nur ruhig bleiben, alter Junge, ganz ruhig!

»Wir könnten dir ja helfen, dann bist du schneller fertig!« schlug Geraldine mit Eifer vor. »malen können wir nämlich ganz, ganz gut!«

Sie war sichtlich stolz auf ihre Idee und erwartete ein freundliches Dankeschön. Aber statt dessen bellte Falljan aufgebracht: »Laßt eure Finger bloß von meinen Farben und Bildern! Ich dreh' euch den Kragen um, wenn ich euch an meinen Bildern erwische, kapiert?«

»Ja«, sagten sie kleinlaut im Chor, obwohl sie durchaus nicht kapierten, wie er das machen wollte, weil sie doch nur T-Shirts trugen, und die hatten keine Krägen.

Die Zwillinge wollten kein Eis in der Tüte, sie wollten an einem der Tische sitzen. Erstens fanden sie das viel vornehmer und zweitens irgendwie aufregend, weil sie bisher nur in weiblicher

Begleitung ausgegangen waren. Ein Mann an ihrer Seite war schon was ganz Besonderes! Sie begegneten mit Stolz den bewundernden Blicken, die sicher nur ihnen galten: Benjamin und Geraldine, heute in Begleitung eines richtigen Mannes!

Auch die Bedienung war heute viel freundlicher und wartete geduldig, bis Falljan die ganze Eiskarte vorgelesen hatte, ohne ihn dabei auch nur einen Moment aus den verträumt dreinblickenden Augen zu lassen.

Die Zwillinge bestellten beide den Superbecher. Das klang vielversprechend und groß. Und schließlich hatten sie ja auch ein großes Versprechen dafür gegeben. Falljan bestellte Campari.

»Was ist das – Campari?« erkundigte sich Geraldine.

»Ein bitteres Getränk.«

»Warum bestellst du kein Eis?«

»Ich mag kein Eis.«

»Komisch«, wunderte sie sich. »Warum nicht?«

»Ich mag eben nichts Süßes.«

»Auch keine Schokolade?«

»Nein.«

»Und auch keinen Pudding?«

Falljan schüttelte den Kopf.

Sie starrte ihn fassungslos an und überlegte, ob es unter diesen Umständen ratsam wäre, ihn zu heiraten. Sie hatte sich nämlich vorgenommen, später einmal nur Pudding und Pfannkuchen mit Kirschen und Pommes frites zu kochen. Sie versuchte es ein letztes Mal. »Und Kirschen?«

Falljan seufzte. »Kirschen schon«, antwortete er, nur um seine Ruhe zu haben.

Geraldine atmete erleichtert auf. Wenigstens Kirschen! Der Heirat stand vorerst nichts mehr im Wege.

Falljan staunte nicht schlecht, als er sah, in welchem Tempo die Kinder den Superbecher, der seinem Namen alle Ehre machte, verschlangen. Er bezahlte, kippte den Campari runter und sagte: »Also, dann auf nach Hause.«

Draußen stand die Mittagshitze wie eine Wand in den Straßen. Falljan atmete tief durch und zupfte sich das klebrige Hemd vom Leib. Die Luft flimmerte, zog einen öligen Film über die Postkarten gerechte Stadtansicht, am Ende der Straße. Der Rathausplatz. Rathaus mit Turm, davor ein Springbrunnen mit fünf Fontänen, an dem sich das gesellige Treiben der Stadt abspielte.

An solchen Tagen mußte man eigentlich rausfahren, irgendwohin, wo man baden konnte. Fliehen vor der drückenden Hitze, dem Gestank der Auspuffgase. Falljan betrachtete die Zwillinge mit nachdenklichem Seitenblick. Ob die schwimmen konnten? Bestimmt nicht! Und er hatte keine Lust, ständig auf sie aufzupassen oder sie halb ertrunken aus dem Wasser zu fischen.

Vor dem Wagen blieb er stehen, kramte in seinen Hosentaschen nach dem Autoschlüssel. Geraldine zupfte ihn am Ärmel, er sah fragend zu ihr hinunter und begegnete einem hinreißenden Lächeln.

»Kannst du mich bitte reinheben?«

»Warum?«

»Das ist lustiger! Bitte!«

Falljan zuckte mit den Schultern. Was sollte daran schon lustig sein? Aber gut. Er packte Geraldine unter den Armen, hob sie hoch und verstaute sie auf dem Rücksitz.

»Mich auch!« rief Benjamin, und als er drinnen saß, sagte er anerkennend: »Prima, so ein Auto ohne Dach. Was machst du, wenn es regnet? Wirst du dann ganz naß?«

»Nein. Dann klapp' ich das Verdeck hoch.«

»Was ist ein Verdeck?«

Falljan seufzte. Eine knappe, barsche Antwort lag ihm auf der Zunge. Aber er schluckte sie runter, denn er erinnerte sich plötzlich wieder an Constanzes Vorwürfe und das Gespräch zwischen ihm und Benjamin. Na gut. Er würde ihnen schon zeigen, daß er weder herzlos noch kalt war, daß sie ihm schlichtweg unrecht taten!

»Ein Verdeck?« wiederholte er die Frage, sah sich um und fuhr an. »Ein Verdeck ist... Ihr habt doch sicher schon Kinderwägen gesehen, wo man das Stoffdach zurückklappen kann?«

»'türlich!« Benjamin hielt die Hand aus dem Auto, um die Kraft des Fahrtwindes zu testen.

»Also. Dieses klappbare Dach ist ein Verdeck. Wenn es regnet, knöpfe ich den schwarzen Stoff hinter euch auf. Darunter befindet sich das Verdeck, und das spanne ich dann über das Auto.«

»Glaubst du, daß es heute noch regnet?«

»Nein, das glaube ich nicht.«

Benjamin und Geraldine begutachteten den wolkenlosen, blauen Himmel. Ohne Wolken kein Regen, soviel wußten sie schon. Aber woher kommen eigentlich die Wolken? Geraldine tippte Falljan auf die Schulter. »Bitte, woher kommen eigentlich die Wolken?«

»Ach, du liebes Bißchen!« stieß Falljan hervor. »Wie? Woher? Warum? Warum ist die Banane krumm! Fragen über Fragen! Ihr fragt einem noch ein Loch in den Bauch!«

Er bog rechts ab und dann gleich wieder links, um die Verkehrsinsel, zum Rathausplatz.

»Ja, warum ist eigentlich die Banane krumm«, überlegte Geraldine. Sie schob den Daumen in den Mund, den Zeigefinger in die Nase und dachte angestrengt nach. Da sie keine befriedigende Antwort fand, beschloß sie, Frau Achter zu fragen, am besten gleich, wenn sie zu Hause waren. Und Frau Achter würde es bestimmt wissen, die verkaufte ja Bananen.

Plötzlich begann Benjamin wie wild zu winken und zu zappeln. »Die Frau Kostil!« kreischte er. »Frau Kooostiiil!«

Falljan erbleichte. Tatsächlich, die Kostil, die hatte ihm gerade noch gefehlt. Zu allem Unglück sprang die Ampel auf Rot, und er mußte stoppen.

Frau Kostil verteilte Flugblätter. Als sie ihren Namen hörte, sah sie auf. Auch Picasso streckte schnüffelnd seine Nase in den Wind und wedelte aufgeregt mit dem Schwanz, denn die Zwillinge mochte er besonders gern.

»Hallo, Kinder!« rief Frau Kostil, Falljan übersah sie geflissentlich.

»Hallo, Frau Kooostiiil! Hallo, Picasso!« Die Kinder winkten und jubelten vor Vergnügen.

Als Picasso seinen Namen hörte, geriet er völlig aus dem Häuschen, wedelte vor Freude mit dem ganzen Hinterteil, bellte, und plötzlich nahm er einen Anlauf, und dann saß er neben den Kindern auf dem Rücksitz. Zur Begrüßung schleckte er allen quer übers Gesicht, nicht einmal vor Falljan machte er halt.

Im selben Moment setzte wütendes Gehupe ein.

»Nun fahr schon, du Idiot!«

»Angeber!«

»Grüner wird's nicht!« brüllten aufgebrachte Stimmen.

Grün! Falljan blieb gar nichts anderes übrig, als weiterzufahren.

Seine Reifen quietschten beim Anfahren. Picasso bellte lauthals und wedelte vergnügt mit dem Schwanz, es schien ihm in Falljans Wagen zu gefallen.

»Hey! Geben Sie sofort Picasso wieder raus!« schrie die Kostil. »Picasso, mein Picasso! Stopp, Sie Entführer, geben Sie meinen Hund heraus!«

»Worauf Sie sich verlassen können!« brüllte Falljan zurück. »Ihr

Mistvieh fliegt bei nächster Gelegenheit in hohem Bogen hier raus!«

Das waren die ersten Worte, die sie seit mehr als einem Jahr ohne Mittelsmann gewechselt hatten.

Hinter dem Rathaus fuhr Falljan rechts ran und sprang aus dem Auto. Picasso, ein sensibles Tier, roch den Braten,und es roch nicht sehr einladend. Bevor Falljan das tun konnte, was er gern getan hätte, stürzte sich der Hund aus dem feindlichen Gefährt und galoppierte bellend seinem Frauchen entgegen, das fuchtelnd und schreiend über den Rathausplatz gelaufen kam.

Falljan ballte die Hände zu Fäusten und starrte Frau Kostil entgegen. Sein Nacken, sein Kopf waren hochrot, die Adern an seinen Schläfen dick angeschwollen. Er sah aus wie ein bis zur Weißglut gereizter Stier.

Woher diese Feindschaft eigentlich rührte, wußten beide nicht mehr so genau. Sie war eben da und wurde gepflegt. Genaugenommen war Helene Kostil die einzige Frau, die Falljan in Leidenschaft versetzen konnte, bei der er sich vollkommen gehenließ, für die er in seinem tiefsten Inneren etwas empfand. Und ihr ging es ganz ähnlich. Ihre Gefühle für ihn waren ungewöhnlich intensiv und erneuerten sich beständig. Um sich im Übermut nicht gegenseitig zu erdrücken oder sich sonst irgendwie zu verletzen, vermieden sie es grundsätzlich, sich allzunahe zu kommen.

So auch jetzt. Helene Kostil zog drei Meter vor Falljan die Notbremse, scharrte aufgebracht mit den Füßen und ballte die Hände ebenfalls zu Fäusten. So starrten sie sich ein paar Sekunden lang mit bohrenden Blicken an und spitzten währenddessen ihre Zungen.

»Spinatwachtel!« knurrte Falljan.

Helene Kostil schnappte nach Luft. »Einfaltspinsel«, konterte sie. Das waren gleich zwei Punkte zu ihren Gunsten, weil sich dieses Schimpfwort sowohl gegen Falljan persönlich als auch gegen seine lächerliche Malerei richtete.

»Hexe!«

»Chauvi!«

»Terrortante.«

»Lackaffe!«

Da war Picasso ganz ihrer Meinung. Er bellte dreimal, legte den Kopf auf die Pfoten und äugte mit provozierendem Blick zu Falljan hinauf.

»Altes Sumpfhuhn!« rief Falljan. Aber das war nun wirklich zuviel. Frau Kostil kniff die Augen zu dünnen Schlitzen zusammen, warf den Kopf in den Nacken und rauschte ab. Picasso stellte den Schwanz auf Ganzmast und schloß sich ihr an.

Falljan riß die Wagentür auf, klemmte sich hinters Steuer und fuhr so hart an, daß die Reifen quietschten. Und Benjamin fragte: »Was ist bitte eine Spinatwachtel?«

Zu Hause war es etwas kühler. Falljan ließ sich erschöpft aufs Bett fallen und schloß die Augen. Die Zwillinge standen bewegungslos daneben und starrten ihn abwartend an. Angestarrt zu werden, konnte Falljan auf den Tod nicht ausstehen. Na, das wird ihnen bestimmt gleich langweilig werden, beruhigte er sich selbst.

Aber die Kinder hatten mehr Geduld als er, sie harrten aus.

»Warum starrt ihr mich denn unentwegt an!« fuhr er plötzlich auf.

»Damit wir sehen, wann du wieder aufwachst«, antwortete Geraldine. »bist du jetzt wach?«

»Ja.«

»Wir wollten bloß fragen, ob wir rausgehen dürfen.«

»Das ist die erste vernünftige Frage seit langem«, seufzte Falljan und atmete erleichtert auf. Nun würde er die beiden für eine Weile lossein. »Aber paßt bitte auf, ja? Und stellt nichts an!«

«'türlich, Häuptling!«

»Tjü-üss!«

Frau Achters Hand sauste flach und zornig auf die Ladentheke. Es klatschte wie bei einer gewaltigen Ohrfeige, und wahrscheinlich tat ihr die Hand danach auch ganz schön weh.

»Zum Donner und Kanonenrohr«, schrie sie ihre Kundin an, eine gewichtige Dame, die sofort zustimmend nickte. »Wo gibt's denn so was, hab' ich den Lümmel gefragt!« Frau Achters grelle Stimme schnellte nach oben und stürzte zusammen mit der Hand wieder ab. Die Hand krachend auf die Ladentheke, die Stimme noch tiefer. Ächzend, wie eine alte Dampflokomotive, fuhr sie fort: »Früher, da...«

In diesem Moment betrat Ali Ismail den Laden, und dann tauchten auch noch diese Zwillinge auf. Frau Achter verstummte sofort. Daß Ali Ismail mit seiner neunköpfigen Familie direkt über ihrem Geschäft wohnte, empfand sie als persönliche Beleidigung. Und dann auch noch diese Geschichte mit den faulen Tomaten! Außerdem kaufte der sein Gemüse ja sowieso meist auf dem

Markt und kam nur, wenn er irgendwas vergessen hatte! Und von den Zwillingen hielt sie nicht viel mehr. Wer weiß, was die für Erbanlagen hatten – kriminelle am Ende, das ließ sich ja nun mal nicht nachprüfen.

»Bitte, ich kann warten«, flötete die gewichtige Dame, mit einer flüchtigen Handbewegung in Richtung Ali Ismail.

Frau Achter nickte, sah Ali auffordernd an.

»Zwei Pfund Kirschen«, bat er und hielt ihrem vernichtenden Blick stand.

Sie riß eine Tüte ab und füllte sie mit den restlichen Kirschen.

»Nicht ganz zwei Pfund«, sagte sie schnippisch und zur gewichtigen Dame: »Kirschen gehen bei dieser Hitze wie morgens beim Bäcker die warmen Semmeln.«

»Sie nicht mehr haben?« fragte Ali Ismail.

»Das sehen Sie doch!« zischte die Achter.

Geraldine guckte bestürzt in die leere Obstkiste. »Aber ich wollte doch auch Kirschen kaufen!« rief sie weinerlich. Sie legte einen Groschen auf den Tisch und sagte: »Ganz viele, bitte.«

Frau Achter streifte Geraldines Münze mit abschätzendem Blick. »Ganz viele!« rief sie ironisch. »Das reicht nicht mal für ganz wenige!«

»Aber für eine Tüte es reichen bestimmt!« sagte Ali Ismail und sah sie aus schmalen Augenschlitzen eindringlich an.

Frau Achter knallte wortlos eine Tüte auf den Tisch. Ali Ismail nahm sie, tat eine Handvoll von seinen Kirschen hinein und reichte sie Geraldine, wofür sie ihm ihr strahlendes Lächeln schenkte.

»Hab' ich jetzt Schulden bei dir?« fragte sie besorgt. Mami hatte ihr nämlich strengstens verboten, Schulden zu machen, als sie sich einmal Geld von einer Klassenfreundin geliehen hatte, um einen Lutscher zu kaufen.

»Keine Schulden«, antwortete Ali Ismail.

»Weißt du, warum die Bananen krumm sind?« fragte Benjamin.

Ali Ismail dachte nach. Er hatte sieben Kinder und war an seltsame Fragen gewöhnt. »Sie sind krumm«, sagte er schließlich, »weil... Das ist so: Die Schale ist krumm. Darum die Banane auch muß krumm sein, sonst sie nicht reinpassen, verstehen?«

Die Kinder betrachteten ihn eine Weile lang nachdenklich, dann nickten sie erleichtert. ja, natürlich! *Darum* waren die Bananen krumm!

»Danke!« riefen sie, scharrten mit den Füßen, gaben sich die Sporen und galoppierten wiehernd davon.

Ali Ismail verließ den Laden nicht reitend, sondern zu Fuß, denn sein Pferd stand schon viele Jahre im Stall der Erinnerung, was er manchmal wehmütig bedauerte. Vor allem, wenn er Menschen wie Frau Achter begegnete.

Frau Achter starrte ihm verbissen nach. »Wenn ich die Mutter dieser Kinder wäre«, sagte sie, »würde ich ihnen verbieten, sich mit so einem einzulassen – man weiß ja nie!« Schnaufend nahm sie die leere Obstkiste, verschwand im Lagerraum und kam mit einer anderen Kiste voller schwarzroter Kirschen zurück. Sie stellte sie aufs Regal, dann wischte sie sich die Hände an der Kittelschürze ab: »Nun ja, gleich und gleich gesellt sich gern.« Worauf die gewichtige Dame beipflichtend seufzte.

Falljan war eingenickt. Jetzt schrak er auf, weil eine rauhe Zunge über seine Stirn leckte. Dieses fürchterliche Katzenvieh, dachte er und fuhr sich verschlafen durch die Haare.

Auch die Müllmieze war müde geworden, hatte sich unbemerkt an Falljans Schulter gekuschelt und war ebenfalls eingeschlafen. Nachdem sich Falljan ihren Liebkosungen entzogen hatte und nichts mehr zum Kuscheln oder Schmusen anfiel, erhob sie sich, gähnte, streckte sich und stieß ein langgezogenes, herzhaftes Miau aus. Sie hatte Hunger.

Falljan sah sie mit gerunzelter Stirn an. Er hatte nur noch Lachs, Trüffelpastete und Camembert im Hause. Bei der Vorstellung, dieses Tier würde sich über seine Delikatessen hermachen, knirschte er mit den Zähnen. Nein, nur über seine Leiche! Er öffnete den Kühlschrank und begutachtete dessen Inhalt. Da war noch Milch, die gab er ihr.

Er sah auf die Uhr. Halb drei! Er mußte ein paar Lebensmittel besorgen. Irgendwas müssen Kinder ja auch essen, überlegte er, aber was? Und wie sollte das mit den Zwillingen überhaupt weitergehen? Wo sollten sie zum Beispiel schlafen? Wieder in seinem Bett? Nein!

Rebecca! Fast hätte er vergessen, daß sie ihn ja heute abend besuchen wollte! Und die Kinder waren noch immer in seiner Wohnung! Er konnte Rebecca doch unmöglich noch einmal versetzen.

Vom Treppenhaus her kam Gepolter, und dann klingelte es Sturm. Da Falljan noch ein Neuling in Sachen Kinder war, dachte er sofort an das Schlimmste. Irgendwas mußte passiert sein! Er stürzte erschrocken zur Tür.

Da standen die beiden mit erhitzten Gesichtern und grinsten ihn an.

»Hallo, Häuptling!« sagte Benjamin, der die geballte Faust in die Hosentasche gestopft hatte.

»Da sind wir wieder!« verkündete seine Stammesschwester, deren Hände hinter dem Rücken eine Tüte mit Kirschen versteckt hielten.

»So, da seid ihr wieder – das hätte ich beinahe nicht bemerkt.«

Die Zwillinge gingen voran ins Atelier und warteten auf Falljan. Als er kam, hielt ihm Geraldine stolz und glücklich die Tüte mit den Kirschen entgegen. »Die sind für dich!«

Er besah sich die Papiertüte in Geraldines kleiner Hand und machte »mhm«. Das war alles. Er hatte nie gelernt, Geschenke anzunehmen, erst recht nicht, sich darüber zu freuen. Und Freude zu zeigen, war ihm gänzlich unmöglich.

»Für dich!« wiederholte Geraldine und sah ihn mit großen Augen fast flehend an.

Endlich griff er danach und mühte sich ein kratziges »Danke« ab, bevor er hineinsah. »Kirschen«, murmelte er, nicht sonderlich begeistert. Geraldine nickte und strahlte, als hätte sie selbst etwas bekommen.

»Die magst du doch so gern«, sagte Benjamin, während er mit der Fußspitze nach einem nicht vorhandenen Ball kickte.

Erst jetzt erinnerte sich Falljan an das Gespräch in der Eisdiele. »Ja, ja, Kirschen mag ich«, schwindelte er und räusperte sich.

Geraldines Lächeln erlosch. Sie fühlte, daß Falljan sich nicht ein bißchen freute. Enttäuscht und traurig wandte sie sich ab, kniete sich neben die Müllmieze, die auf dem Teppich lag, und streichelte sie.

Falljan betrachtete Geraldine verlegen. Er erkannte, daß er sie verletzt hatte, und ahnte, daß sie es war, die tröstend gestreichelt werden wollte, daß sie Trost suchte, indem sie das Kätzchen tröstete. ›Liebe Müllmieze, sei nicht traurig, weil Falljan mir so schrecklich weh getan hat!‹

Durch das Dachfenster fiel ein Sonnenstrahl auf Geraldines rotblondes Haar, auf ihr zartes, wehmütiges Gesicht, ließ die Tränen in ihren Augen glänzen, gab der kleinen, traurigen Gestalt etwas Märchenhaftes. Es war, als betrachtete Falljan ein Gemälde, ein kostbares Gemälde, denn nur selten gelang es einem Künstler, soviel Stimmung einzufangen. Durch das Auge des Künstlers sah Falljan viel tiefer und klarer, als ihm das ansonsten möglich war. Denn als Künstler erlaubte er sich gefühlvoll und weich zu sein, mit dem Pinsel in der Hand wagte er sich aus seinem Versteck, aus den Mauern, hinter denen sich der echte Falljan ängstlich verborgen hielt.

Eine Träne tropfte von Geraldines Kinn und zerplatzte auf ihrem nackten Arm. Du bist ein Schuft, dachte Falljan, ein erbärmlicher, herzloser Schuft. Ein Eisberg – Constanze hatte recht.

Er ging langsam auf Geraldine zu, zögerte noch, dann – endlich – strich seine Hand vorsichtig über ihr goldglänzendes Haar. Diese zärtliche Berührung drang so tief in Geraldines kleines, unglückliches Herz, daß all die mühsam unterdrückten Tränen aus ihr hervorbrachen. Falljan setzte sich beschämt zu ihr auf den Teppich und zog sie in seine Arme.

Benjamin beobachtete das alles mit zusammengepreßten Lippen. Er wollte nicht auch noch weinen, obwohl ihm ganz danach zumute war. Und so schniefte er nur ein bißchen, ballte die Hände in den Hosentaschen und stiefelte zum Fenster, um eingehend die Dächer der Altstadt zu mustern.

»Weißt du«, sagte Falljan zu Geraldine, »ich hab' schon so lange kein Geschenk mehr bekommen, daß es ein bißchen gedauert hat, bis ich mich freuen konnte. Das ist wie in der Schule. Wenn man ein Gedicht schon lange nicht mehr aufgesagt hat, dann muß man erst einmal nachdenken, um sich zu erinnern, wie es denn nun eigentlich anfängt.«

Geraldine sah ihn aus großen, glitzernden Augen an. »Kann man denn verlernen, sich zu freuen?« fragte sie erstaunt.

»Ich fürchte, ja.«

»Und weißt du jetzt wieder, wie's geht?«

Falljan nickte, und diesmal lächelte er sogar. »Es ist mir gerade wieder eingefallen.«

Geraldine seufzte erleichtert, schlang ihre Arme um Falljans Hals und sagte: »Da bin ich aber froh!«

»Wie wär's«, fragte Falljan plötzlich, »wenn wir rausfahren würden, zum Badesee?«

»Prima!« riefen die Zwillinge jubelnd.

»Könnt ihr denn schwimmen?«

»Na klar!« antwortete Benjamin, unüberhörbar entrüstet. »Wir haben doch schon mit vier Jahren das Seepferdchenabzeichen gemacht!«

»Na, dann holen wir jetzt eure Badehosen, und ab geht's zum Badesee. Das heißt, vorher müssen wir noch ein paar Besorgungen machen. Was eßt ihr denn gern?«

»Pudding!« rief Benjamin.

»Ich meine – was Richtiges.«

»Das ist doch was Richtiges!«

Falljan seufzte. »Kein Pudding.« Er blieb hart.

»Dann Spaghetti«, schlug Geraldine vor. »Oder Pfannkuchen!«

»Dann lieber Spaghetti«, murmelte Falljan. Er schüttelte den Kopf. Wenn ihm jemand vor ein paar Tagen gesagt hätte, daß er bald Lexikon, Mutter und Köchin spielen würde, hätte er ihn glattweg für verrückt erklärt.

Roberta stieg aus dem Taxi, bezahlte und sah sich um. Der Taxifahrer hupte und deutete auf ein gelbes Haus mit getönten Schaufenstern. ›Galerie Rems‹, stand in goldenen Lettern über dem Eingang.

Sie überquerte die Straße. Vor der Tür der Galerie blieb sie stehen und starrte mit dem Ausdruck der Verzweiflung auf das weiße Schild, das da hing. ›Montags geschlossen‹, las sie laut. Und heute war Montag.

»O nein!« stöhnte Roberta. »So ein Pech, verdammt!« Sie blieb noch eine Weile unentschlossen stehen, dann schlenderte sie die elegante Einkaufsstraße entlang, Richtung Stadtmitte.

In der Auslage eines Spielwarengeschäftes entdeckte sie ein mannshohes Wigwam. Sie stellte es in Gedanken im Kinderzimmer auf, setzte Geraldine und Benjamin hinein und lächelte zufrieden. Ihre beiden Indianer, rotznäsig und tapfer und voll Vertrauen in ihre Mami, die zwölf Stunden weit weggefahren war, um jemandem die Flötentöne beizubringen. Und der Jemand war ihr Vater, aber das wußten sie ja nicht.

Ein eigenes Wigwam verdienen sie, fand Roberta und kaufte es, trotz des stolzen Preises.

Und als sie dann, das Paket unterm Arm, weiter durch die Fußgängerzone schlenderte, drehte sie die Zeit zurück, nahm einen Radiergummi und löschte Pat aus ihrem Leben.

Roberta, einundzwanzig Jahre jung, Studentin an der Musikhochschule, Tochter aus vornehmem Hause. Ihr Vater streng und steif, korrekt und standesbewußt. Ihre Mutter kühl, auf den guten Ruf der Familie bedacht und einzig ihrem Mann ergeben. Gelacht wurde nie, nur höflich gelächelt, bei gegebenem Anlaß. Freitags empfing Robertas Mutter Gäste, sonntags wurde gemeinsam musiziert, dienstags ging Vater in den Club. Woche für Woche, Jahr für Jahr.

Ein Mann für Roberta war bereits gefunden. Nicht offiziell, man liebäugelte nur mit ihm. Und Roberta hätte ihn genommen, man hatte sie gelehrt, sich den Wünschen ihrer Eltern unterzuordnen. Die Familie Isolfo war ein Überbleibsel aus längst vergangenen Zeiten, und Roberta wäre geworden wie ihre Eltern, wenn nicht...

Ja, wenn! Eigentlich mußte sie Pat dankbar sein. Er hatte sie aus ihrem verstaubten, goldenen Käfig befreit, hatte ihr zwei Kinder geschenkt, die sie von ganzem Herzen liebte, mehr als irgend etwas auf dieser Welt. Bei dem Versuch, sich Geraldine und Benjamin wegzudenken, spürte sie einen stechenden Schmerz in der Brust und panisches Herzklopfen. Und doch konnte sie nicht vergessen, was er ihr damals angetan, wie tief er ihr Vertrauen enttäuscht und damit ihre Fähigkeit zerstört hatte, einen Mann zu lieben.

Manchmal rebellierte Robertas Körper, weil er nicht bekam, was ihm zustand. Er wollte gestreichelt werden, wollte die Wärme eines anderen fühlen, wollte sich anschmiegen und auflösen, konturenlos werden unter dem zärtlichen Druck eines anderen Körpers. Roberta sehnte sich nach Liebe und Zärtlichkeit und ging gleichzeitig jedem Mann aus dem Weg, der ihr gefiel, der versuchte ihr näherzukommen, der ihr vielleicht das geben würde, wonach sie sich sehnte. Die Angst vor einer zweiten so maßlosen Enttäuschung saß so tief in ihr, daß sie sich auf kein neues Abenteuer einließ. Und ein Abenteuer, das wußte Roberta, würde die Liebe für sie immer sein. Weil sie den Pats dieser Welt verfallen war. Weil sie zuverlässige, langweilige, korrekte Männer wie ihren Vater nicht lieben konnte.

Sie trat in eine Telefonzelle, wählte die Auskunft und erkundigte sich, ob Constanze schon einen Telefonanschluß bekommen hatte. Natürlich nicht – dabei hätte sie so gern gehört, wie es den Kindern ging. Vielleicht sollte sie Falljan anrufen, sich erkundigen, ob alles geklappt hatte. Sie nahm den Hörer noch einmal ab, drehte die Null der Vorwahl, hing dann aber plötzlich wieder ein.

Auch Falljan gehörte zu der Sorte von Männern, um die sie besser einen weiten Bogen machte.

Es war immer wieder das gleiche. Falljan kam den Kindern einen Schritt entgegen, und schon bereute er es. Dieser Badeausflug versetzte ihn in Staunen und Schrecken. Die Zwillinge konnten nicht nur schwimmen, sie waren regelrechte Wasserratten.

»Schwimmst du mit uns dorthin?« fragte Benjamin und deutete auf einen Zehnmeterturm, mitten im Badesee.

»Nur wenn ihr eure Schwimmflügel überstülpt«, sagte er, denn die Strecke erschien ihm für zwei so kleine Kinder doch ein bißchen zu weit.

Benjamin verzog verächtlich das Gesicht. Schwimmflügel untergruben seine Indianerehre aufs gröbste. Aber Falljan blieb unerbittlich, und Benjamin fügte sich schließlich.

Als sie später die unterste Plattform des Turmes erklommen hatten und Falljan sich erschöpft niederließ, verschränkte Benjamin die Arme und schnaubte: »Siehst du, wir sind gar kein bißchen müde! Da kann man ja rüberspucken, so nah ist das!« Und zum Beweis spuckte er, aber das Ufer traf er nicht. »Im Spucken bin ich eben nicht ganz so gut«, brachte er zu seiner Entschuldigung vor und stiefelte einmal rund um die Plattform.

Geraldine hockte sich neben Falljan, legte eine Hand auf seinen bemerkenswert starken Arm, seufzte aus tiefstem Herzen und blinzelte verträumt in die Sonne.

Falljan betrachtete sie nachdenklich aus den Augenwinkeln. Wenn sie zehn Jahre älter wäre, dachte er, müßte ich glauben, sie ist schrecklich verliebt. Genauso benimmt sie sich! Aber mit sieben Jahren... Nein, unmöglich! Wahrscheinlich denkt sie gerade an ein großes Eis mit Sahne.

Geraldine dachte nicht an ein Eis mit Sahne, sie dachte an Falljan, und sie war durchaus verliebt. Sehr sogar! Sie seufzte noch einmal und wollte gerade ein interessantes Gespräch einleiten, als Benjamins Stimme erschall: »Huhu! Hier oben bin ich! Seht her, jetzt spring' ich!«

Falljan erstarrte. Er war kreidebleich und für einen Moment sprachlos. Benjamin war ganz hinaufgeklettert und tapste gerade zum Ende des Sprungbrettes. Er hatte offensichtlich überhaupt keine Angst – ganz im Gegensatz zu Falljan.

»Nein!« brüllte der voll Panik. »Nein, Benjamin, nicht springen!«

»Warum nicht?« rief der Junge und zog enttäuscht eine Schnute.

Inzwischen war Falljan schon auf der Leiter. Benjamin sah ihm ärgerlich entgegen. »Glaubst du, ich kann das nicht?« fragte er beleidigt, als Falljan auf der oberen Plattform erschien.

»Bestimmt kannst du das«, sagte Falljan, ging langsam auf den Jungen zu und streckte seine Hand nach ihm aus. Benjamin ließ sich fassen und zurückziehen. Falljan seufzte erleichtert, als sie wieder sicheren Boden unter den Füßen hatten.

»Warum darf ich denn nicht springen?«

»Weil ich Angst um dich habe, verstehst du?«

»Eigentlich nicht«, gab Benjamin ehrlich zu.

»Hast du denn nie Angst?«

»Nein, nie! Außer manchmal vielleicht. Aber nur ganz selten.«

»Aha.« Falljan dachte: ›Einen Sack Flöhe hüten ist bestimmt einfacher als zwei todesmutige Kinder.‹ Und dann dachte er an Roberta, und zwar mit größter Bewunderung. Sie hatte zwar nur ganz kleine Beulen, wie Benjamin sich ausdrücken würde, aber offensichtlich stählerne Nerven, eisernes Durchsetzungsvermögen und ungeahnte Kräfte. Wie sonst hätte sie zwei solche Rabauken sieben Jahre lang vor der Selbstvernichtung bewahren können?

Zum Sprungturm hin, zum Ufer zurück, je einen Hamburger verschlungen, ein Wettlauf, ein endloses Wasserballspiel und noch mal schwimmen – Falljan war am Ende seiner Kräfte. Die Zwillinge hingegen schienen über eine Mammutkondition zu verfügen.

»Jetzt schon nach Hause!« riefen sie enttäuscht.

»Es ist beinahe acht Uhr«, entgegnete Falljan und unterdrückte ein Gähnen. »Außerdem habe ich einen Bärenhunger!«

»Ich habe sogar einen Krokodilshunger!« verkündete Geraldine. Und da konnte Benjamin natürlich nicht nachstehen. Er hatte plötzlich einen Elefantenhunger. Man beschloß also besser doch nach Hause zu fahren.

Als die Spaghetti endlich gar waren, schliefen die Zwillinge beinahe. Benjamin saß auf einem der hohen Stühle, hielt den Kopf in die Hand gestützt und betrachtete gähnend, wie die Katze sich gierig ein Schüsselchen voll Katzenfutter einverleibte. Falljan hob Geraldine hoch, setzte sie auf ihren Platz und gähnte ebenfalls. Er sah auf die Uhr. Viertel nach neun – um diese Zeit wurde er meist erst richtig munter, begann wie wild zu arbeiten oder empfing eines seiner Modelle zu einer Art – Vorbesprechung. Er gähnte wieder und schob sich eine Gabel voll Spaghetti in den Mund. Am liebsten hätte er sich nach dem Essen gleich hingelegt, aber da war ja noch diese Verabredung mit Rebecca. Wie sollte er die Sache überhaupt schaukeln? Hierbleiben konnten sie ja schlecht. Er beschloß sie einzuladen, in Eddis Bar vielleicht. Und später würde er sie nach Hause bringen... Nun ja, man würde sehen!

Benjamin stopfte sich mit letzter Kraft den Rest seiner Portion hinter die Backen, glitt vom Stuhl und wankte zum Bett. Falljan sah ihm zu, wie er sich auszog und dann in die Federn kroch. Freiwillig!

»Wie wär's mit Waschen, junger Mann?«

»Aber ich bin doch ganz sauber«, protestierte Benjamin. Schließlich hatte er sich den ganzen Nachmittag im Wasser getummelt.

»Putzt euch wenigstens die Zähne«, sagte Falljan und gähnte wieder.

Fünf Minuten später lagen die Zwillinge im Bett und schliefen tief und fest. Wie zwei Engel, dachte Falljan kopfschüttelnd. Er betrachtete sie neidisch. Was hätte er dafür gegeben, sich jetzt ebenfalls eine Mütze voll Schlaf holen zu können... Warum eigentlich nicht? Bis Mitternacht war noch viel Zeit. Er stellte den Wecker, legte sich angezogen aufs Bett und fiel sofort in tiefen, bleiernen Schlaf.

Der Uhrzeiger rückte auf Mitternacht zu, berührte das Knöpfchen Weckmich, der Wecker rasselte los. Falljan knurrte etwas, warf sich herum und schlug dem Wecker verärgert auf die Haube. Der Wecker verstummte, und Falljan schlief weiter.

Benjamin lächelte zufrieden. Da war ja das Klingelzeichen endlich! Es konnte losgehen. Alle Augen richteten sich erwartungsvoll auf ihn. Er tapste zum Ende des Zehn-Meter-Brettes, sprang ab und landete wie ein Delphin im Wasser.

Geraldine stürzte aufgeregt aus dem Klassenzimmer. Es hatte geklingelt, die Schule war zu Ende. Und draußen würde Falljan mit seinem schönen weißen Sportwagen warten, und alle würden voll Neid beobachten, wie sie zu ihm ins Auto stieg, um mit ihm davonzubrausen. Doch zuerst mußte sie noch auf die Toilette. Wo war die denn bloß? Sie konnte sie nicht finden und warf sich unruhig hin und her. Da schlug sie die Augen auf, und all die schönen Bilder waren auf einmal weg. Es war nur ein Traum gewesen – schade! Aber auf die Toilette mußte sie wirklich, und zwar dringend.

Sie krabbelte aus dem Bett und tastete sich in die Diele. Dort hatte Falljan für die Kinder das Licht brennen lassen. Sie öffnete die Tür zum Bad und tat, was getan werden mußte.

Als sie durchspülte, klingelte es wieder, aber da Geraldine ganz wach war, konnte es kein Traum sein. Es war die Türglocke! Sie schlich zur Wohnungstür, hielt den Atem an und lauschte. Sie war nicht sicher, ob sie aufmachen durfte, aber sie konnte auch nicht fragen, denn Falljan schlief. Und Roberta hatte den Kindern eingetrichtert, schlafende Menschen schlafen zu lassen, denn Schlafen sei ein elementares Bedürfnis, hatte sie erklärt. Um zu verdeutlichen, was ein elementares Bedürfnis ist, hatte sie ein altbewährtes Beispiel herangezogen. Hunger und Durst. Ohne Nahrung verhungert man, ohne Wasser verdurstet man. Und Schlaf ist für den Menschen genauso wichtig wie Essen und Trinken.

Es war bestimmt sehr gefährlich, Falljan jetzt zu wecken. Und ohne Schlaf verschläft er vielleicht, das wäre schrecklich. Verhungern und Verdursten und Verschlafen ist bestimmt ein grausamer Tod...

Es klingelte wieder, und Geraldine beschloß selbst zu öffnen. Nur ein ganz klein wenig, damit sie sehen konnte, wer da vor der Tür stand.

Es war die blonde Frau, die seit kurzem im Nachbarhaus wohnte und ziemlich arm sein mußte, weil sie immer Kleider trug, die ihr schon viel zu eng waren. Geraldine blinzelte sie durch den Türspalt an und sagte: »Hallo.«

»Ist Herr Falljan da?« fragte Rebecca verwirrt – was sollte das? Warum ließ er die Kleine öffnen?

»Der schläft! Und er darf nicht geweckt werden. Unter gar keinen Umständen!«

›Unter keinen Umständen‹, sagte Mami immer, wenn etwas keinesfalls geschehen durfte.

»Unter keinen Umständen«, wiederholte Geraldine, mit spitzem Unterton in der Stimme.

»So!« erwiderte Rebecca mit noch spitzerem Unterton. »Wer bist du überhaupt?«

»Ich bin Geraldine. Und wenn ich groß bin, heirate ich Falljan.«

Rebecca lachte verächtlich. Sie war schlichtweg sauer. Noch nie hatte ein Mann sich erlaubt, sie zweimal zu versetzen. Von ihr aus konnte Falljan dieses abscheuliche Biest ruhig heiraten, für sie war er jedenfalls gestorben. Trotzdem konnte Rebecca es nicht lassen, ihrer Rivalin eine hinzuknallen. »Ich bezweifle«, fauchte sie, »daß du für Emanuel Falljan jemals groß genug wirst.«

Damit drehte sie sich um und ging mit kurzen, klappernden Schritten zur Treppe.

»Vielleicht ist er ja auch mein Vati!« rief Geraldine ihr nach und ballte wütend die Hände. »Er weiß es nur nicht genau!« Dann schloß sie die Tür, zog beleidigt eine Schnute und stapfte zum Bett zurück. Sie vergrub ihren Kopf im Kissen und grübelte lange darüber nach, wie groß sie nun eigentlich werden mußte, um groß genug zu sein.

Geraldine und Benjamin saßen aufrecht im Bett und beobachteten Falljan, der sich seufzend umherwarf und ab und zu mit den Lippen schmatzte.

Als er endlich die Augen aufschlug, fragte Benjamin: »Bist du jetzt wach?«

»Nein«, sagte Falljan, drehte sich um und schloß die Augen wieder.

Benjamin und Geraldine tauschten einen flüchtigen Blick und zuckten mit den Schultern.

»Schade«, murmelte Geraldine. »Dann kann ich dir nicht erzählen, daß Besuch da war, weil wir Falljan nicht stören dürfen.«

»Besuch?«

»Ja. Da war es noch ganz dunkel und...«

»Besuch!« rief Falljan und saß plötzlich kerzengerade im Bett. Mit einem Schlag war er hellwach.

»Warum hast du deine Kleider an?« fragte Benjamin. »Darf ich heute auch mit Kleidern schlafen?«

Falljan fuhr sich mit gespreizten Fingern durchs Haar und betrachtete seine zerknitterten Hosen. Rebecca! Er mußte den Wecker überhört haben. Und die Türglocke! »Warum, um Himmels willen, habt ihr mich nicht geweckt!« rief er aufgebracht.

»Konnt' ich ja gar nich', hab' ja selbst geschlafen«, sagte Benjamin, froh, sich nicht verantworten zu müssen. »Die Geraldine...« Er wies mit ausgestrecktem Finger auf seine Schwester. »Sie hat aufgemacht!«

»Die Mami hat gesagt, daß man niemanden aufwecken darf, weil Schlaf ist...« Die schwere, fremdartige Bezeichnung fiel Geraldine nicht mehr ein, und sie entschied sich für die wesentlich einfachere Umschreibung: »Sonst verschlaft man, wie jemand, der manchmal verhungert!«

Falljan starrte sie verständnislos an. »Man kann nur einmal

verhungern«, brummte er mißgelaunt, »und man verschläft nur dann, wenn man *nicht* geweckt wird.«

Geraldine hätte Falljan gern deutlich gemacht, daß er da etwas durcheinanderbrachte, aber er war schon wieder so grantig, daß sie es lieber bleibenließ.

Nachdem Falljan sich über den Inhalt dieses nächtlichen Gespräches informiert hatte, war ihm klar, daß Rebeccas Interesse an seinen Bildern ein für allemal erloschen war. Er wußte aus Erfahrung, daß Frauen wie Rebecca nicht besonders viel Humor besaßen.

»Aber daß ich dich heirate, schlag dir mal lieber gleich aus dem Kopf!« fuhr er Geraldine an, sprang aus dem Bett, nahm sich frische Kleidung aus dem Schrank und verschwand im Bad.

Beim Frühstück griff Geraldine dieses Thema wieder auf. »Warum heiratest du mich nicht?«

»Weil du viel zu jung für mich bist. Punktum.«

»Was heißt Punktum?« erkundigte sich Benjamin.

»Daß es dazu nichts mehr zu sagen gibt.«

»Aber ich werde doch älter«, gab Geraldine zu bedenken.

»Du wirst älter, und ich werde auch älter.« Falljan seufzte. »Hör mal, Geraldine. Würdest du Herrn Achter heiraten wollen?«

»Nein!« rief sie entsetzt und stellte sich Herrn Achter vor, mit seinem dicken Bauch, dem runzeligen, unrasierten Gesicht und der Halbglatze.

»Siehst du. Und wenn du so alt bist, daß man dich heiraten könnte, bin ich beinahe so alt wie Herr Achter.«

Geraldine starrte Falljan fassungslos an. Sie konnte einfach nicht glauben, daß Falljan sooo alt werden würde. »Siehst du dann genauso aus wie Herr Achter?« fragte sie kleinlaut.

»Ja«, sagte Falljan zögernd und dachte: ›Hoffentlich nicht, das wäre ja entsetzlich!‹

»Ganz genauso?«

»Ungefähr so.«

Geraldine schluckte, biß sich auf die Unterlippe und schwieg. Den ganzen Vormittag konnte sie an nichts anderes mehr denken. Sie saß still auf dem Teppich, streichelte die Müllmieze und beobachtete Falljan, der an seinem neuesten Bild arbeitete.

Gegen Mittag hatte sie ihre Überlegungen abgeschlossen. Unter diesen Umständen, und auch weil er kein Eis und keine Schokolade mochte und weil er höchstwahrscheinlich ihr Vati war, beschloß sie, ihn nicht zu heiraten. Aber im selben Maße, wie die alte Idee schwand, wuchs eine neue.

»Dann könntest du ja unsere Mami heiraten!« platzte sie plötzlich heraus und sah Falljan erwartungsvoll an.

Er zuckte zusammen. »Was?«

»Könntest du nicht unsere Mami heiraten? Dann könnten wir immer zusammenbleiben!«

Falljan atmete tief durch, zählte bis fünf und sagte dann ganz ruhig: »Ich bezweifle, daß deine Mami Wert darauf legt, von mir geheiratet zu werden. Und außerdem heirate ich überhaupt nicht. Niemanden, verstehst du?«

Geraldine verstand nicht. Sie schüttelte traurig den Kopf, aber da Falljan sich bereits wieder seiner Arbeit zugewandt hatte, sah er das nicht. Nach einer Weile stand Geraldine auf, ging zu ihm, schlang ihre Arme um seine Hüften und vergrub ihr Gesicht in seinem Kittelhemd. Sie sagte nichts, aber Falljan verstand auch so. Er schüttelte den Kopf und seufzte verzweifelt. Wie man sich gegen die Gefühlsausbrüche einer erwachsenen Frau wehrt, wußte er. Aber wie in aller Welt, schützt man sich vor der Liebe eines kleinen Mädchens? Ein unbestimmtes Gefühl, eine innere Stimme warnte Falljan vor diesen Kindern. Er mußte sie loswerden, sich ihrer entledigen, und zwar sofort, bevor es zu spät war. Zu spät? Wozu zu spät? Jedenfalls mußte er sie loswerden!

Er legte Pinsel und Palette weg, griff in seine Hosentasche und zog ein paar Münzen heraus. »Habt ihr nicht Appetit auf Kirschen?« fragte er.

»Kirschen!« rief Geraldine begeistert. »Ja, haben wir!«

»Also, dann zieht mal los und holt euch welche!«

Die Zwillinge grölten einen indianischen Freudenruf, gaben sich die Sporen und galoppierten ab.

Falljan war allein. Er ging zum Telefon und wählte Frau Kamains Nummer. Seine Putzfrau war gegen entsprechende Bezahlung jederzeit bereit, ihm zu helfen. Auch diesmal.

Da die Zwillinge heute genug Geld hatten und keine Kundschaft in Frau Achters Laden war, konnte der Handel schnell und reibungslos abgeschlossen werden. Frau Achter war auch viel liebenswürdiger als gewöhnlich. Sie erkundigte sich freundlich nach dem Wohlbefinden der Kinder.

»Danke, uns geht's gut«, antwortete Benjamin, schob eine

Kirsche in den Mund und verstaute den Kern in der Backe – für später, zum Kirschkernspucken!

»Wo ist denn eure Mami? Die hab' ich ja schon lange nicht mehr gesehen.«

»Die ist ganz weit weg, zwölf Stunden weit«, sagte Benjamin mit betont gleichgültiger Stimme und schob sich die nächste Kirsche in den Mund.

»Ja, wer paßt denn dann auf euch auf?«

»Unser – der Herr Falljan natürlich. Aber er paßt nicht auf uns auf, wir sind bloß bei ihm zu Besuch!« sagte Geraldine.

»Das ist aber wirklich nett vom Herrn Falljan, daß er sich um euch kümmert«, flötete die Achter, »ein netter Mann! Grüßt ihn schön von mir!«

Sie sah den Kindern nach und rieb sich aufgeregt die Knöchel ihrer Finger. Wer hätte das gedacht!

»Ich hab' gewonnen!« beharrte Benjamin.

»Hast du nicht!«

»Hab' ich doch!«

»Nein, du hast geschummelt!«

»Gar nicht wahr!«

»Schon wahr!« Geraldine drückte auf den Klingelknopf und sah Benjamin wütend an. »Du hattest nämlich mehr Kirschkerne, die hast du in deiner Backe versteckt! Ich hab's genau gesehen!«

»Hab' ich nicht!«

»Dann schwör beim großen Manitu!«

Benjamin schluckte. Das war gemein von Geraldine, ihn schwören zu lassen, denn so ganz ehrlich war der Wettbewerb nämlich doch nicht abgelaufen. Benjamin atmete auf, als Falljan die Tür öffnete, einstweilen war er aus dem Schneider. »Tag!« rief er, stopfte die Fäuste in die Hosentaschen und stolzierte an Falljan vorbei.

Geraldine wollte die Diskussion gerade wieder aufnehmen, als sie bemerkte, daß all ihre Sachen gepackt waren, einschließlich der Müllmieze. Sie sah Falljan verwundert an. »Fahren wir fort?«

Falljan räusperte sich. Er hatte tatsächlich Gewissensbisse. Ein Grund mehr, die Kinder loszuwerden und ein für allemal Schluß zu machen mit solchen Gefühlsduseleien!

»Ihr fahrt fort!« antwortete er barsch. »Ich bringe euch zu einer netten Frau, die zwei Kinder in eurem Alter hat. Mit denen könnt ihr spielen, und ihr werdet ordentlich versorgt.«

»Aber wir wollen gar nicht ordentlich versorgt werden!« rief Benjamin alarmiert. Er ahnte, daß er von nun an wieder mindestens zweimal täglich einer eingehenden Säuberungsaktion unterzogen werden würde. Ein schrecklicher Schauer lief ihm über den Rücken. »Und mit den Kindern will ich auch nich spielen«, fügte er an, schniefte sich die Nase frei und gab einem unsichtbaren Etwas einen kräftigen Tritt.

»Ist es weit?« fragte Geraldine leise.

»Nein. So, und jetzt kommt. Es ist beschlossen, und da gibt's nichts mehr dran zu rütteln.«

Roberta hielt Herrn Rems die Illustrierte hin, tippte mit dem Finger auf Pat, oder wie immer er heißen mochte, und fragte: »Kennen Sie diesen Mann?«

Herr Rems warf einen flüchtigen Blick auf das Foto, sah Roberta an und schüttelte den Kopf. »Kenn' ich nicht – was wollen Sie denn von ihm?«

Roberta betrachtete Herrn Rems forschend. Irgendwie hatte sie den Verdacht, daß er log. Er hatte sich das Foto ja nicht mal richtig angesehen.

»Ich – er ist der einzige Mensch, der mir in einer dringenden Angelegenheit weiterhelfen kann. Es ist sehr wichtig für mich, ihn zu finden.«

»Soso. Nun ja, wie gesagt, ich kenne ihn leider nicht.«

Eine junge, auffallend hübsche Frau trat auf Herrn Rems zu und bat ihn, ans Telefon zu kommen.

»Vielleicht kennen Sie diesen Herren?« fragte Roberta.

Die Frau betrachtete das Foto, sah von Roberta zu Herrn Rems.

»Sie kennt ihn auch nicht«, antwortete Herr Rems. »Tut mir leid – guten Tag.«

»Guten Tag«, murmelte Roberta und sah den beiden nach, wie sie im Büroraum verschwanden. Sie kennen ihn, dachte sie bitter. Aber was tun? Sie konnte seine Adresse ja schließlich nicht aus ihnen herausprügeln. Seufzend sah sie sich um, betrachtete geistesabwesend die Gemälde an den hohen weißen Wänden, ging zögernd zur Tür.

Gerade, als Roberta sie öffnen wollte, kam diese Frau, vermutlich Herrn Rems' Sekretärin, aus dem Büro. Sie lief hastig auf Roberta zu, drückte ihr einen Zettel in die Hand, öffnete ihr die Tür und verabschiedete sich mit einem freundlichen Kopfnicken.

Roberta ging ein paar Schritte, bevor sie den Zettel auseinanderfaltete und las: ›Versuchen Sie es bei Frau Korft, Lindenstraße 101.‹

Korft, dachte Roberta, das ist doch diese Künstlerin? Ja, natürlich – Ilonka Korft!

Geraldine und Benjamin betrachteten Frau Kamain aus weitaufgerissenen, entsetzten Augen. Sie sah schrecklich gefährlich aus, erinnerte an einen wütend schnaubenden Büffel. Sie hatte ganz große, geblähte Nasenlöcher, kleine, schwarze Kulleraugen, feiste Lippen und eine niedrige Stirn. Benjamin lief ein Schauer über den Rücken, und Geraldine erbebte förmlich, als Frau Kamains Stimme erschall. Sie klang ganz blechern und rasselte, denn Frau Kamain hatte Asthma.

»Ach herjemine!« rief sie. »Eine Katze!« Sie schüttelte energisch den Kopf und blähte die Nasenlöcher noch mehr auf. »Nein, eine Katze kommt mir nicht ins Haus!«

Geraldine atmete auf. Frau Kamain wollte die Müllmieze nicht, also konnten sie wieder gehen. Sie nahm Falljans Hand und sah ihn erwartungsvoll an. »Gehen wir jetzt wieder zu dir?«

Falljan schien nachzudenken, sah Frau Kamain fast flehentlich an.

Aber die schüttelte wieder den Kopf. »Asthma, Herr Falljan.«

»Ja, dann...« Er seufzte. »Dann nehme ich die Katze wieder mit.«

Benjamin zuckte zusammen. Aber nur ganz kurz, dann besann er sich auf seinen Kampfgeist. Er baute sich breitbeinig auf, ballte die Hände in den Hosentaschen, zog die Hose mit einem Ruck in Nabelhöhe und verkündete unumstößlich: »Ohne die Müllmieze können wir nicht bleiben. Die Mami hat gesagt, wir dürfen mit der Müllmieze nichts tun, was wir selbst nicht wollen. Und wir wollen nicht ohne uns irgendwo sein.«

Frau Kamain streifte Benjamin mit einem zurechtweisenden Blick. So ein Fratz hatte sich nicht einzumischen, wenn Erwachsene sprachen, das würde sie ihm gleich mal als erstes beibringen.

Falljan schien einen Moment lang unsicher zu sein, ob sein Entschluß, die Kinder hierherzubringen, richtig war. Im Grund mochte er Frau Kamain selbst nicht. Aber seine Angst vor den Kindern, deren Liebe und deren Forderungen nach Liebe überwog schließlich. Er umgab sich mit einem Schutzmantel aus Frost, entzog Geraldine seine Hand, Benjamin den Reisekorb, aus dessen Innerem es kläglich piepste, und verließ fluchtartig das Haus.

»Ich will bei dir bleiben!« rief Geraldine ihm mit tränenerstickter Stimme nach. Dann krachte die Haustür ins Schloß, und es war für einen Moment schrecklich still.

Frau Kamain griff sich die Kinder und beförderte sie in die kleine, blitzblanke Wohnung. »Schuhe ausziehen!« befahl sie.

Die Kinder folgten ihr barfuß in ein winziges Zimmer, das mit einem Stockbett, einem Schrank und einem Regal voller Spielzeug eingerichtet war.

»So, hier schlaft ihr. Meine Kinder hab' ich zur Tante gebracht. Bis es Abendessen gibt, könnt ihr hier spielen. Aber seid leise, wegen der Nachbarn.«

»Dürfen wir etwas anfassen?« fragte Geraldine der Form halber, denn eigentlich hatte sie gar keine Lust, etwas anzufassen.

»Natürlich dumme Frage! Aber alles, womit ihr spielt, wird wieder ordentlich aufgeräumt. Ich dulde keine Unordnung, ist das klar?«

Ohne eine Antwort abzuwarten, zog Frau Kamain die Tür ins Schloß, die Zwillinge waren allein.

Sie sahen sich mit großen, verdächtig glänzenden Augen stumm an. Beiden war hundeelend zumute. Benjamin drehte sich einmal um die eigene Achse, besah sich alles mit Widerwillen. Er beschloß das Zimmer häßlich und das Spielzeug blöde zu finden und gab einem unsichtbaren Etwas einen kräftigen Kick, wodurch es mindestens bis zum Mond befördert wurde, wenn nicht noch viel weiter. Er ballte seine Hände und plumpste auf das untere Bett, wo Geraldine saß und Löcher in die Luft starrte.

»Kannst oben schlafen«, gestattete sie ihm.

»Kannst selber oben schlafen.«

»Will aber nicht.«

»Ich auch nicht. Ich will überhaupt nicht hier schlafen.«

Benjamins Finger verschwand kurz in der Nase, kam wieder zum Vorschein, wurde eingehend betrachtet und dann in die Hosentasche versenkt.

Plötzlich hatte Geraldine eine Idee. »Wir schlafen einfach nicht, solange wir hier sind. Wir bleiben wach!«

Benjamin sah Geraldine nachdenklich an, prüfte diesen Vorschlag eingehend und war schließlich einverstanden. »Solange wir hier sind, schlafen wir nicht! Wie lange sind wir denn hier?«

Geraldine zuckte niedergeschlagen mit den Schultern. »Ich glaube, ganz lang. Bis Mami dem Jemand die Flötentöne beigebracht hat.«

Benjamin erschauderte. Er erinnerte sich ahnungsvoll an Robertas Versuch, ihm das Flötenspielen beizubringen. Ein Versuch, der an Benjamins Zeitmangel und Interessenlosigkeit kläglich gescheitert war. Was, wenn der Jemand nun auch keine Lust hatte? Und so schnell gab Mami nicht auf. Die konnte zäh sein, wie Büffelleder, sogar noch zäher. Benjamin schluckte. Angst hatte er natürlich nicht, er war ja ziemlich tapfer und mutig. Aber ein ganz klein bißchen komisch war ihm schon zumute.

»Meinst du, daß wir verschlafen, wenn Mami nicht bald zurückkommt?«

»Bestimmt«, antwortete Geraldine und seufzte. Sie stellte sich vor, wie es sein würde, wenn Mami oder Falljan sie und Benjamin ganz tot und verschlafen hier finden würden. Und da rann dann doch eine Träne über ihre Sommersprossen.

Falljan glaubte, er würde von nun an wieder seine Ruhe haben, aber da täuschte er sich. Sein Gewissen heftete sich ihm an die Fersen, ein lästiger Geselle, der ihn ganz gemein attackierte. Du bist ein mieser Schuft, Falljan! rief ihm sein Gewissen zu. Hast du nicht die Tränen in Geraldines Stimme gehört? Ihr Flehen? Und Benjamin, der dich bewundert, dich, einen hinterhältigen Verräter ohne Herz und Skrupel!

Er umklammerte das Steuerrad wie eine Schlange, die es zu erwürgen galt. Er knirschte mit den Zähnen und wehrte sich mit ganzer Kraft gegen diese lächerlichen Gefühlsduseleien. Sentimentalitäten! Nein, Schluß damit! Er würde sich von nichts und niemandem verpflichten lassen. Punktum.

»Warum eßt ihr denn nicht?« fuhr Frau Kamain die Kinder an.

»Hab' keinen Hunger«, murmelte Geraldine.

»Ich auch nich'«, sagte Benjamin.

»Keinen Hunger! Das gibt's bei mir nicht! Hier wird gegessen, was auf den Tisch kommt, und zwar alles!«

Benjamin starrte feindselig das Omelett an, das da auf seinem Teller lag. Und daneben lagen Papierservietten mit rosa Blumen. Und dann stand da auch noch ein Napf mit bräunlichem Pulver. »Alles, was auf den Tisch kommt?« fragte er kleinlaut.

»Eß jetzt!«

»Auch die Servietten?«

Frau Kamains Hand knallte auf den Tisch. Besteck und Teller klirrten laut. Sie fühlte sich von diesem Rotzjungen veralbert. Die

Papierservietten auch, wo gibt's denn so was! »Hör mal gut zu, du Grünschnabel, wenn du glaubst, ich lass' mir solche Frechheiten bieten, hast du dich getäuscht! Da mach' ich kurzen Prozeß, kapiert?«

»Nein«, hauchte Benjamin heiser. »Ich weiß nicht, was ist ein Kurzenprozeß?«

Das war zuviel für Frau Kamain, bei der Zucht und Ordnung herrschte, und zwar fraglos. Sie griff sich Benjamin und schubste ihn ins Badezimmer. Dort unterzog sie ihn unsanft einer ausführlichen Säuberungsaktion und verfrachtete ihn ins Bett.

Geraldine folgte mit hängendem Kopf. Sie kroch ins untere Bett und schloß die Augen, bis Frau Kamain das Zimmer verlassen hatte.

»Benjamin?« flüsterte sie.

»Ja?«

»Ich glaube...« Geraldines Stimme versagte. Sie holte tief Atem und begann noch einmal. »Ich glaube, ein Kurzenprozeß ist – totmachen.«

Benjamin erbebte. »Das glaub' ich nicht!«

»Doch. Weißt du noch, in dem Cowboyfilm – die Banditen, die haben doch auch gesagt, sie machen Kurzenprozeß, und dann haben sie den Mann aufgehängt!«

Benjamin hielt den Atem an. Geraldine hatte recht. Er hörte aufgebrachte Stimmen rufen: ›Macht kurzen Prozeß mit ihm! Knüpft ihn auf!‹ Und dann... Benjamin rollte sich ganz klein zusammen. Jedes Geräusch, das vom Flur kam, fuhr ihm durch Mark und Bein.

»Benjamin...«

Plötzlich ging die Tür auf. Frau Kamain trat ans Bett. Die Kinder schienen zu schlafen. Sie nickte zufrieden und verließ das Zimmer. Kurz danach wurde die Wohnungstür ins Schloß gezogen, dann war es still.

»Benjamin?«

»Ja«, hauchte er ganz leise.

»Hast du es auch gesehen? Sie hat eine Tasche an ihrem Arm gehabt. Und dann ist die Tür draußen zugefallen. Benjamin, ich glaube, die ist fort!«

»Das glaub' ich auch.«

»Benjamin, wenn du fliehen willst, dann komm' ich mit.«

Er antwortete lange nicht. Dann endlich sagte er: »Ich glaube, ich will lieber fliehen.«

Geraldine schob den Daumen in den Mund und den Zeigefinger in die Nase – sie dachte nach. Plötzlich stand sie auf und schlich zur Tür.

»Was machst du?« wollte Benjamin wissen.

»Ich schau' nach, ob sie noch da ist.«

Vorsichtig öffnete sie die Tür, blickte sich um. Hinter der gläsernen Küchentür war niemand zu sehen. Geraldine spähte todesmutig ins Wohnzimmer, ins Schlafzimmer und lief schnell zurück zu Benjamin. »Sie ist futsch!« verkündete sie aufatmend.

Und dann ging alles in rasendem Tempo. Rasch in die Jeans, in die T-Shirts, in die Schuhe, und dann nichts wie weg!

Als sie aus dem Haus traten, bog ein Auto um die Ecke am Ende der Straße. Den Zwillingen stockte das Herz. Wenn das jetzt Frau Kamain war! Blitzschnell liefen sie in die entgegengesetzte Richtung und verkrochen sich hinter einer Mauer.

Benjamin schaute um die Ecke. Viel konnte er nicht erkennen, es war schon beinahe dunkel. Aber Frau Kamain konnte es nicht sein. Es war ein Mann, der ausstieg und auf das Haus zuging.

Benjamin und Geraldine nahmen sich bei der Hand und rannten los. Erst als sie glaubten, weit genug geflohen zu sein, versteckten sie sich atemlos in einem Hauseingang und sondierten die Lage.

»Weißt du wo wir sind?« fragte Geraldine im Flüsterton.

Benjamin schüttelte den Kopf. »Und du?«

»Ich auch nicht«, hauchte sie kaum hörbar. »Vielleicht müssen wir jetzt verhungern.«

Benjamin zog die Unterlippe zwischen die Zähne und sah Geraldine mit gerunzelter Stirn an. Das verstand er nicht.

»Wenn wir nicht nach Hause finden, dann haben wir auch nichts zu essen und müssen verhungern«, erklärte sie ihm.

Er kramte in seiner Hosentasche, brachte ein klebriges Gummibärchen zum Vorschein, eine rostige Schraube, einen Spielstein vom Domino, ein Stück Schnur und einen Groschen. »Ich habe noch Geld«, beruhigte er sie, »und ein Gummibärchen, und mit der Schnur, da könnten wir vielleicht...«

Geraldine zupfte ihn plötzlich aufgeregt am T-Shirt. Sie kniff die Augen zusammen und deutete auf ein Haus mit einem Erker. »Da wohnt doch der Niko!«

Benjamin nickte heftig.

»Dann weiß ich, wie wir nach Hause kommen!« Sie nahm Benjamin bei der Hand und marschierte mutig los. »Du, Benjamin –

glaubst du, daß Falljan sehr böse sein wird, weil wir zurückkommen?«

»Ich glaube, er ist ganz froh.«

»Meinst du?« fragte Geraldine zweifelnd.

Falljans ›Frau auf dem Pferd‹ entsprach noch nicht seiner Vorstellung. Die Farben und die Komposition ließen zu wünschen übrig, die Stimmung war flach – aber je länger er an dem Bild arbeitete, desto schlechter wurde es.

Falljan knallte den Pinsel auf den Tisch, die Palette dazu, fuhr sich mit fünf gespreizten Fingern durchs Haar. »Wertloser Schinken!« knurrte er wütend, riß die Leinwand von der Staffelei und verstaute sie lieblos in der Ecke. Er ging zum Fenster und sah über die Dächer der Altstadt hinweg zum Horizont, der gerade dabei war, sich violett und rot zu schminken, für den hereinbrechenden Abend schön zu machen.

Die alternde Dame Dämmerung, dachte er höhnisch. Wie schrecklich eitel sie doch ist, wie sie sich aufputzt für den jungen Abend, sich anpreist und anbiedert, immer wieder, und nicht einsehen will, daß er sie doch nicht lieben wird. Heute so wenig wie morgen. Verschlingen wird er sie, wie er es immer tut, und am nächsten Morgen wieder ausspucken – achtlos und lieblos.

Diese Gedanken stimmten ihn bitter, die Liebesszene der Natur kam ihm abgeschmackt vor, die er da beobachtete. Er sah sich selbst und all die Rebeccas am rotdurchtränkten Himmel einen häßlichen Reigen tanzen. Er verabscheute sich selbst, plötzlich und ohne erkennbaren Grund. Er fand sich schal und widerlich, egoistisch und schäbig.

Plötzlich wandte sich Falljan vom Fenster ab. So weit war es also mit ihm schon gekommen, daß er seine Lebenseinstellung, mit der er doch bisher recht gut gefahren war, anzweifelte! Daß er sich selbst verurteilte! Daß er in einen Zwiespalt gerutscht war! Und an allem waren diese Kinder schuld! Nein, er hatte gut daran getan, sie wegzubringen, denn er brauchte seinen Freiraum, um arbeiten, um atmen zu können.

Er schaltete das Licht an und klemmte eine neue Leinwand in die Staffelei, besah sich die weiße Fläche, starrte sie an wie einen Feind. Noch wehrte er sich gegen das Bild, das seine Gedanken auf die Leinwand projizierten – Geraldine, traurig und weinend, neben ihrer Katze.

Falljan stieß einen leisen Fluch aus. Er konnte und wollte das

Kind nicht malen! Diese Szene verlangte nach Pastelltönen – er arbeitete mit Umbra, Schwarz, mit Rost und Grün und goldglänzendem Gelb. Und diese Szene paßte weder zu seinem Stil noch zu seinen übrigen Motiven. Und doch mußte er, er mußte dieses Bild einfach malen!

Plötzlich riß er einen Pinsel an sich, tauchte ihn in graue, wässerige Farbe und skizzierte. Er sah seiner Hand zu, als wäre es eine fremde, sah, wie sie schnell und sicher seine Erinnerung, seine Gefühle auf die weiße Fläche zauberte.

Geraldine saß vor ihm. Für einen zufälligen Betrachter waren es nur ein paar wirre Linien, für Falljan war es wie ein Bekenntnis. Plötzlich warf er den Pinsel auf den Arbeitstisch, packte die Autoschlüssel und verließ die Wohnung.

Roberta saß im Zug und sah blicklos aus dem Fenster. Sie dachte an heute morgen, an den Besuch bei Frau Korft. Sie hatte vor dem Haus Lindenstraße 101 gestanden und sich zögernd umgesehen, bevor sie endlich klingelte.

»Ja, bitte?« meldete sich eine herbe, weibliche Stimme aus der Sprechanlage.

Roberta fuhr sich mit der Zungenspitze über die trockenen Lippen. »Mein Name ist Isolfo. Ich möchte bitte Frau Korft sprechen.«

»Worum geht es?«

»Es – es handelt sich um eine private Angelegenheit, in der mir Frau Korft vielleicht weiterhelfen kann«, antwortete Roberta zögernd. »Und – es ist sehr wichtig für mich.«

Die Stimme schwieg eine Weile. Roberta hielt den Atem an. Was sollte sie tun, wenn diese Frau sie wegschicken würde? Aber zu ihrer Erleichterung surrte der Türöffner, die Stimme sagte: »Kommen Sie bitte.«

Eine sehr gutaussehende Frau um die Vierzig empfing sie an der Wohnungstür. Sie trug ein lindgrünes, langes Hauskleid und hielt zwischen ihren Fingerspitzen ein Zigarillo. Unverhohlen musterte sie die Besucherin. Roberta hielt diesem Blick stand.

»Kommen Sie, setzen Sie sich. Wie kann ich Ihnen helfen?«

Roberta zog die Illustrierte aus der Tasche und reichte sie Frau Korft. »Ich suche diesen Mann.« Sie tippte auf Pat, ohne Ilonka Korft aus den Augen zu lassen.

»So, Sie suchen diesen Mann.« Frau Korft lachte, ihr Lachen klang tief und rauh. Sie gab Roberta die Illustrierte zurück. »Ein

Mann, den Sie suchen müssen, ist es nicht wert, gesucht zu werden. Wie heißt er denn?«

»Pat von Laan, das heißt, so nannte er sich vor acht Jahren«, erwiderte Roberta kühl. Sie mochte die Art nicht, mit der ihr Frau Korft begegnete.

»So – Pat von Laan. Nein, der Name ist mir nicht bekannt.«

»Bitte, sehen Sie sich das Bild noch mal an...«

»Ich sagte, der Name sei mir nicht bekannt, was ja nicht heißen muß, daß mir dieses Gesicht fremd ist. Aber Sie müssen verstehen, daß ich Ihnen nicht so ohne weiteres Auskünfte erteilen kann. Da müssen Sie mir erst einmal erklären, worum es sich handelt. Vermutlich hat der Mann einen Grund...« Sie brach ab, schien nachzudenken. »Lassen Sie sich von wildfremden Menschen über andere Leute ausfragen, Frau Isolfo? Hätten Sie da gar keine Bedenken?« fragte sie etwas freundlicher.

»Natürlich, ich verstehe Ihre Skepsis. Allerdings fällt es mir schwer, Ihnen meine Probleme anzuvertrauen. Ich kenne Sie doch gar nicht.«

Frau Korft nickte. Sie wirkte plötzlich viel freundlicher, nicht mehr so arrogant und abweisend. »Ich kann schweigen, Frau Isolfo. Im allgemeinen interessieren mich die Angelegenheiten anderer Leute auch nicht – aber Sie sind ja zu mir gekommen, nicht wahr?«

»Ja.« Robertas Fingerspitzen waren feucht, ihre Lippen trocken, ein Kloß saß in ihrem Hals. Sie räusperte sich und begann zu erzählen.

»Es war ziemlich genau vor acht Jahren, als ich ihn traf. Er besuchte Freunde, er war fremd in unserer Stadt. Ich war damals einundzwanzig Jahre alt und offensichtlich sehr naiv. Nennen wir ihn mal weiterhin Pat, obwohl ich beinahe sicher bin, daß er nicht so heißt. Pat war sehr charmant, er überschüttete mich mit Blumen, Liebesbriefen und zärtlichen Gedichten. Und ich, ein dummes Ding ohne Erfahrung, glaubte, er sei der Prinz aus den vielen Märchen, die man mir als Kind erzählt hatte. Schließlich wurde ich schwanger. Ich teilte ihm diese Neuigkeit mit, während wir gemeinsam drei Schwäne fütterten, die natürlich auch verzauberte Prinzen waren, alles war damals für mich wie verzaubert.«

Roberta betrachtete Frau Korft, die mit glasigem Blick an ihr vorbeisah und nervös die Kordel des Hauskleides um ihren Finger wickelte, den Finger wieder auswickelte, dann auffordernd nickte.

»Nun, Pat hatte auch eine Neuigkeit für mich. Er mußte für ein paar Tage verreisen, um daheim nach dem Rechten zu sehen. Drei, vier Tage nur, dann wollte er zurückkommen. Er ließ sich nicht mehr blicken. Die Adresse, die er mir gegeben hatte, war falsch, der Name auch. Ich zog Erkundigungen ein und mußte schließlich akzeptieren, daß es keinen Pat von Laan gibt. Ich habe Zwillinge von ihm bekommen. Sie sind jetzt sieben Jahre alt. Meine Familie hat mit mir gebrochen, wie man einen Rausschmiß in unseren Kreisen sehr vornehm beschreibt. Zwei Bastarde, das war ihnen denn doch zuviel.« Roberta lachte bitter.

»Und jetzt wollen Sie ihn zur Rechenschaft ziehen und finanzielle Forderungen an ihn stellen? Oder worum geht es Ihnen?«

»Ich will kein Geld von diesem Mann, aber er soll die Vaterschaft anerkennen, schon wegen der Kinder. Und ich will ihm noch einmal in die Augen sehen.«

»Letzteres versteh' ich«, sagte Frau Korft und lächelte schwach. »Sie sind sehr stolz. Sie wollen es sein, die dem Mann, der Sie damals im Stich gelassen hat, den Rücken kehrt. Sie wollen ihm zeigen, wie klein er ist – aber ich vermute, das weiß er längst...« Frau Korft stand auf. »Kommen Sie!«

Roberta folgte Frau Korft zur Treppe, in den ersten Stock. Dort öffnete Frau Korft eine der Türen, wies mit einer müden Handbewegung auf einen Mann, der mit geschlossenen Augen in einem Sessel saß und Beethovens 9. Symphonie hörte.

»Ist das der Vater Ihrer Kinder?«

Roberta schaute ihn fassungslos an. Er war dicker geworden, sah nicht mehr so gut aus, aber... Kein Zweifel, er war es! Sie nickte kaum merklich. Im selben Moment öffnete er die Augen und sah fragend von Frau Korft zu Roberta.

Frau Korft zog die Tür zu und schob Roberta zur Treppe, ging voraus, ins Wohnzimmer zurück.

Roberta sank wortlos in die weiche Polsterung des Sofas und starrte vor sich hin. Ihr Pulsschlag raste, ihre Knie zitterten. Sie hatte nicht damit gerechnet, ihn hier zu treffen.

Frau Korft brachte Roberta eine Tasse Kaffee und setzte sich zu ihr. »Ich wußte natürlich von seinen vielen heimlichen Liebesabenteuern«, sagte sie. »Aber es störte mich nicht. Ich liebe meinen Mann schon lange nicht mehr. Es war eine Dummheit, ihn zu heiraten, das wurde mir sehr bald klar. Aber da ich nun schon einmal mit ihm verheiratet war, beließ ich es dabei. Ich hatte allerdings keine Ahnung, in welch haarsträubender Weise er bei seinen Liebesabenteuern vorgeht, daß er so wenig Anstand und Zivilcourage hat.«

Frau Korft hob den Kopf und sah zur Treppe. Dort stand er. »Tritt näher, Patrick Bent!« forderte sie ihn auf. »Wir unterhalten uns gerade über dich. Du erinnerst dich doch sicher noch an Frau Isolfo?« Er kam langsam näher, sah unsicher von einer zur anderen. »Man sieht, du erinnerst dich an die Mutter deiner Kinder. Ach ja, du weißt natürlich nicht, daß es zwei geworden sind – Zwillinge.«

Roberta sah zu ihm auf, schaute ihn lange und wortlos an. Schließlich konnte er diesem stolzen, anklagendem Blick nicht mehr standhalten. Er wandte sich ab, ging zur Hausbar und goß sich einen Whisky ein, den er hastig hinunterkippte.

»Ich möchte Sie bitten, die Vaterschaft der Kinder anzuerkennen«, sagte Roberta mit fester Stimme. »Das ist alles, was ich von Ihnen erwarte. Und dann möchte ich nichts mehr mit Ihnen zu tun haben.«

»Hör mal, Roberta, damals war...«

»Frau Isolfo hat dich nicht um Erklärungen, sondern um eine Zusicherung gebeten!« fuhr Frau Korft dazwischen.

»Ich soll eine Vaterschaft anerkennen, ohne sicher zu sein, daß ich auch der Vater bin? Wer, bitte, sagt mir...«

Er verstummte. Seine Frau war aufgestanden und langsam auf ihn zugegangen. Plötzlich stieß ihr Zeigefinger hart gegen seine Brust, einmal, zweimal – ihre Augen funkelten haßerfüllt, als sie sagte: »Noch ein solches Wort, und ich bringe dich dorthin, wohin du gehörst. Du weißt, wovon ich spreche. Du wirst morgen mit mir zum Anwalt gehen, um diese Sache ins reine zu bringen. Und dann, mein Lieber, nimm dir einen anderen Anwalt, der sich um deine Scheidung kümmert.«

»Aber Ilonka!« rief Patrick Bent. »Das alles liegt doch Jahre zurück! Du wirst doch deswegen nicht...«

»Ich werde!« unterbrach sie ihn hart. »Deine Liebesabenteuer waren mir gleichgültig, du warst mir gleichgültig, solange ich noch annehmen konnte, du hättest wenigstens etwas Format. Aber jetzt beginne ich dich zu verachten. Du verursachst mir Übelkeit. Ich will dich nicht mehr sehen.«

Patrick Bent biß die Zähne zusammen, ballte die Hände und verließ das Wohnzimmer.

»Es tut mir leid«, sagte Roberta. »Ich wäre nicht zu Ihnen gekommen, wenn ich gewußt hätte, daß er Ihr Mann ist.«

»Ach was! Ich bin Ihnen sogar dankbar. Ich hätte mich schon vor zwölf Jahren scheiden lassen sollen, damals hatte ich Grund genug. Ich habe es nicht getan und statt dessen wie eine Fremde neben einem Fremden gelebt. Sie haben mich aus meiner Gleichgültigkeit gerissen. Man braucht immer einen Anstoß, man ist so entsetzlich träge.« Frau Korft sah Roberta nachdenklich an, spielte mit dem Ring an ihrem Finger. »Ich hoffe, die Kinder haben nicht viel von ihrem Vater mitbekommen.«

Roberta lächelte. Sie sah Geraldine und Benjamin vor sich. »Nein, nicht viel. Den Charme haben sie vermutlich von ihm. Sie sind zwei kleine Abenteurer, aber sie sind aufrichtig und haben Charakter.«

»Na, dann ist's ja gut. Geht's Ihnen jetzt besser? Sie haben ihn gefunden, alles andere wird geregelt werden, dafür verbürge ich mich.«

»Ja, es geht mir besser. Ich fühle mich erleichtert, freier, wie nach einer Prüfung. Ich habe ein Kapitel meines Lebens abgeschlossen.«

Frau Korft nickte. »Ich denke, man muß eine Sache tatsächlich erst abschließen, um frei für etwas Neues zu sein. Wir beide sind jetzt frei. Ich wünsche Ihnen viel Glück, für Ihre Zukunft. Wie heißen Ihre Kinder denn überhaupt?«

»Benjamin und Geraldine«, hatte Roberta lächelnd geantwortet.

Und jetzt saß sie im Zug, betrachtete gedankenverloren den violett-roten Himmel am Horizont. Noch zwei Stunden, dann würde sie ihre Kinder wiedersehen.

Falljan stieß die Haustür auf und lief, immer zwei Stufen auf einmal nehmend, in den zweiten Stock. Vor Frau Kamains Wohnung blieb er atemlos stehen und klingelte. Nichts rührte sich. Er klingelte noch einmal, diesmal länger, ungehaltener. Niemand öffnete.

Das konnte doch nicht sein! Falljan zog die Stirn in Falten. Frau Kamain konnte doch unmöglich um diese Zeit mit den Kindern unterwegs sein.

»Frau Kamain!« Er pochte an die Tür.

»Wenn Sie Frau Kamain suchen, die ist nicht da!«

Falljan sah sich um. Eine kleine alte Frau hatte ihre Wohnungstür einen Spaltbreit geöffnet und musterte ihn neugierig.

»Sie ist nicht da? Aber wieso denn!«

»Mittwochs geht die abends noch arbeiten«, erklärte die Alte.

»Ja – und die Kinder?«

»Ihre Kinder hat sie am Nachmittag weggebracht.«

»Nein, nicht ihre Kinder. Ich spreche von meinen Kindern!«

Die Alte zuckte mit den Schultern.

Falljan pochte noch einmal gegen die Tür. »Benjamin! Geraldine!« rief er. Aber niemand meldete sich. Er drehte sich wieder um, fragte die Alte: »Wo arbeitet Frau Kamain denn?«

»In einer Kneipe. Sie bedient.«

Falljan wurde blaß. In einer Kneipe! Mit den Kindern! »In welcher Kneipe?«

»Weiß ich nicht. Irgendwas mit Blau. Blauer Engel, glaub' ich.«

»Und wo ist diese Kneipe?«

»Keine Ahnung, junger Mann. Das müssen Sie schon selbst rausfinden.«

»Na, die kann was erleben«, zischte Falljan und stürmte die Treppe runter.

Die Alte schüttelte mißbilligend den Kopf. »Wenigstens Danke hätten Sie sagen können!« rief sie ihm nach.

Falljan trat auf die Straße und sah sich um. Schräg gegenüber entdeckte er ein Gasthaus, dort ging er hinein. Der Wirt stand hinter dem Tresen und zapfte Bier. In seinem Mundwinkel hing eine Zigarre, die auf- und abwippte, während er mit Falljan sprach. »Blauer Engel? Nee, kenn' ich nich' – Jungens! Kennt ihr 'ne Kneipe, die Blauer Engel heißt?«

Kopfschütteln, Schulterzucken, niemand kannte die Kneipe.

»Darf ich bitte mal in Ihrem Telefonbuch nachsehen?« fragte Falljan.

»Bitte, bedienen Sie sich. Liegt da hinten, beim Telefon.«

»Danke.«

Falljan sah unter ›Gaststätten‹ nach. Da gab es einen ›Blauen Engel‹ und einen ›Blauen Reiter‹. Er wählte die erste Nummer.

»Ja!« brüllte eine Stimme in den Apparat. Im Hintergrund waren laute Musik und Gelächter zu hören.

»Kann ich bitte Frau Kamain sprechen?«

»Mann, Sie sind gut! Wir haben hier Hochbetrieb! Die hat jetzt wirklich was anderes zu tun, als mit Ihnen zu plaudern!«

»Aber... Aufgehängt!« murmelte Falljan und warf den Hörer auf die Gabel. Er sah noch einmal ins Telefonbuch. ›Blauer Engel – Wälderstraße 52‹, las er, bezahlte das Gespräch und verließ das Gasthaus.

»Was tun Sie denn hier!« rief Frau Kamain, als sie Falljan sah.

»Das wollte ich eigentlich Sie fragen!«

»Hören Sie, ich arbeite hier, das sehen Sie doch.«

»Und wo sind bitte die Kinder?« fuhr er sie an und sah sich angewidert um. Die Kneipe war vollgestopft mit besoffenen, grölenden Kerlen, es stank nach Bier und Qualm.

»Die sind zu Hause und schlafen friedlich. Die können schon mal ein paar Stunden allein bleiben, das tun meine auch, wenn…«

»Benjamin und Geraldine sind nicht hier?« unterbrach er sie.

Frau Kamain stemmte ein Tablett, voll mit Biergläsern, auf ihre Hand und verschwand im Gedränge. Als sie zurückkam, faßte er sie hart am Armgelenk.

»Hören Sie, Frau Kamain, ich hab' an Ihrer Tür gepocht, ich hab' geklingelt und gerufen. Selbst ein Schwerhöriger wäre von dem Lärm aufgewacht. Entweder die Kinder sind nicht da, oder es ist ihnen etwas zugestoßen! Sie nehmen jetzt Ihre Sachen und kommen mit!«

»Aber ich kann hier nicht weg! Außerdem tun Sie mir weh, lassen Sie mich los!«

»Ich werde Ihnen noch viel mehr Schmerzen zufügen, falls mit den Kindern etwas passiert ist!« fuhr er sie an. »Holen Sie sofort Ihren Hausschlüssel und…«

Eine Hand griff plötzlich nach Falljans Schulter und riß ihn herum. »Laß meine Bedienung in Ruhe, sonst, Bürschchen!« Eine kräftige Faust tanzte drohend vor seiner Nase.

»Laß nur!« sagte Frau Kamain. Sie hielt Falljan ihren Schlüssel hin. »Da, nehmen Sie. Werfen Sie ihn anschließend in den Briefkasten. Kinder haben einen gesegneten Schlaf. Die liegen friedlich im Bett, Sie werden schon sehen.«

Er riß ihr den Schlüssel aus der Hand. »Ich nehme die Kinder mit, falls sie da sind. Falls nicht, dann gnade Ihnen Gott!« Er griff in seine Brieftasche, zog einen Hunderter heraus und drückte ihn Frau Kamain in die Hand. »Damit die finanzielle Seite geregelt ist. Ich verzichte in Zukunft auf Ihre Dienste!«

Dann verließ er den ›Blauen Engel‹.

Die Fahrt von der Wälderstraße bis zu Frau Kamains Wohnung kam ihm endlos vor. Er machte sich bitterböse Vorwürfe, weil er die Kinder dieser Frau anvertraut, weil er sie überhaupt weggebracht hatte.

Endlich stand er wieder vor Frau Kamains Wohnung, schob den

Schlüssel ins Schloß und ließ die Tür aufschnappen. Im Flur brannte Licht. Falljan öffnete die erste, die zweite Tür – das war das Kinderzimmer! Er trat an die Betten, zog die Decken zurück. Die Betten waren leer, die Laken kalt. Er sah sich um. Da stand die Reisetasche, die Schlafanzüge lagen auf dem Boden.

Falljans Atem stockte. Er fuhr sich mit gespreizten Fingern durchs Haar, dann sauste seine Faust aufs Bett. Sein Herz schien plötzlich in den Kopf zu steigen. Dort tobte und dröhnte es, schlug laut und ließ keinen Platz für einen klaren Gedanken. ›Entführung – Mißhandlung – Kindsmord‹, durchzuckte es ihn, bis er sich schließlich zur Ruhe und zum Nachdenken zwang.

Er sah sich in allen Zimmern der Wohnung um, in der Hoffnung, daß sie sich irgendwo verkrochen hatten. Nichts. Er inspizierte die Tür. Sie war mit einem Schnappschloß versehen. Von innen konnte sie geöffnet werden, während dazu von außen ein Schlüssel nötig war. Die Zwillinge konnten die Wohnung also mühelos verlassen haben. Vielleicht waren sie aufgewacht, hatten bemerkt, daß sie allein in der Wohnung gewesen waren, und in ihrer Angst beschlossen, nach Hause zu laufen. Aber die beiden konnten doch unmöglich den richtigen Weg kennen. Trotzdem war dies die vernünftigste Erklärung.

Falljan zog die Tür zu, rannte hinunter, warf den Schlüssel in den Briefkasten und sprang ins Auto. Er fuhr nach Hause, ganz langsam, im Schrittempo, sah in jede Seitengasse, jede dunkle Ecke. Keine Regung auf den dunklen Straßen entging ihm – aber von den Zwillingen war nichts zu sehen.

Benjamin atmete erleichtert auf, als er von fern Achters Laden erkannte. Ganz so sicher war er sich nämlich doch nicht gewesen, ob er den richtigen Weg gefunden hatte. Jetzt stupste er seine Schwester an. »Siehst du, Achters Laden! Auf mich kannst du dich eben verlassen. Du brauchst überhaupt keine Angst zu haben, wenn ich bei dir bin und auf dich aufpasse.« Er war sichtlich stolz auf sich und warf sich mächtig ins Zeug.

»Ich hab' ja sowieso gar keine Angst. Und du paßt ja gar nicht auf mich auf – Angeber!« Geraldine riß sich von ihm los, lief voraus und drückte sich mit aller Kraft gegen die Haustür. Aber sie ließ sich nicht öffnen. »Zugesperrt«, flüsterte sie. Benjamin sah an der Fassade hoch – nirgends brannte Licht.

»Bestimmt schläft Falljan«, sagte Geraldine mit ängstlicher Stimme. Sie dachte daran, daß man Erwachsene nicht wecken darf und, daß sie darum die ganze Nacht hier draußen bleiben mußten. Sie sah sich vorsichtig um, ihr war nun doch ein wenig unheimlich zumute.

Benjamin biß sich auf die Unterlippe zögerte nur kurz und drückte dann entschlossen auf Falljans Klingel. Aber nichts rührte sich. Das Haus blieb stumm, bohrte sich schwarz und drohend in den nächtlichen Himmel. Sogar Benjamin zitterte jetzt ein bißchen – aber nur, weil es so kühl war.

Plötzlich hallten Schritte über die Straße. Die Kinder fuhren herum und starrten in die Dunkelheit. Ein Schatten löste sich aus den grauen Steinmassen des gegenüberliegenden Hauses und kam langsam auf sie zu.

Benjamin und Geraldine rückten dichter zusammen. Ihre Hände umklammerten sich, sie wagten kaum zu atmen. Es war ein Mann, und er sah schon von weitem sehr, sehr gefährlich aus. Geraldine schloß die Augen, biß die Zähne zusammen und wünschte sich ganz fest, daß der Mann vorbeigehen würde. Da fühlte sie plötzlich eine Hand auf ihrer Schulter. Sie wollte schreien, aber Angst und Entsetzen raubten ihr die Stimme.

Falljan stoppte, sprang aus dem Wagen, lief zur Haustür und wollte sie öffnen. »Verdammt!« entfuhr es ihm, als er merkte, daß sie verschlossen war. Das war natürlich mal wieder die Kostil! Die Kostil mit ihrem Tick, abends die Haustür abzuschließen, wenn sie zu ihren blödsinnigen Versammlungen ging!

Er sah sich um. Falls die Kinder hier waren, dann konnten sie natürlich nicht rein. Allerdings – vielleicht hatten sie ihr Ziel schon erreicht, bevor die Haustür abgeschlossen worden war.

Aber auch im Haus fand er keine Spur von den Kindern. Er sank müde auf die Treppe, starrte blicklos vor sich hin. Jetzt blieb nur noch die Polizei, er mußte eine Vermißtenanzeige aufgeben. Wenn den beiden nur nichts passiert war! Wenn er sie nur wieder zurückbekäme, er würde alles wiedergutmachen, er würde... Er schluckte krampfhaft und machte sich auf den Weg zur Hauptwache.

Auch Roberta stand vor verschlossener Tür. Sie sah auf die Uhr, es war halb elf. Constanze ging nie vor zwölf ins Bett. Trotzdem waren alle Fenster dunkel, und niemand öffnete. Halb elf, da mußten die Kinder doch längst im Bett liegen. Warum also war niemand zu Hause? Daß Constanze um diese Zeit noch mit den

Kindern unterwegs war, erschien Roberta höchst unwahrscheinlich. Oder vielleicht doch! Vielleicht ist sie mit den beiden für ein paar Tage weggefahren? Roberta beschloß nach Hause zu fahren und morgen noch mal bei Constanze vorbeizuschauen. Schade, sie hätte die Kinder so gern schon heute gesehen!

Falljan fühlte sich leer und zerschlagen. Auch die Hoffnung, die Polizei hätte die Kinder aufgegriffen, war vergeblich gewesen. Keine Spur von den Zwillingen. Aber man würde sofort eine Suchaktion einleiten.

Der Beamte hatte ihm ans Herz gelegt, sofort nach Hause zu fahren, damit die Kinder nicht vor verschlossener Tür stünden, falls sie doch noch auftauchten. Und falls nicht? Falls ihnen etwas zugestoßen war? Falljan stöhnte. Was gäbe er dafür, wenn man ihm die Zwillinge zurückbrächte! Warum mußte erst so etwas passieren, damit er begriff, wie sehr er die beiden mochte! Hätte er sich das schon heute mittag eingestanden, dann hätte er sie gar nicht erst weggebracht und... Auch was, hätte, hätte, hätte! Man konnte die Ereignisse nicht zurückdrehen, man konnte nur daraus lernen. Wenn nur nicht die Kinder sein Lehrgeld bezahlen mußten!

Im Scheinwerferkegel seines Wagens tauchte Achters Laden auf. Er bremste ab und parkte. Im selben Moment stoppte ein Taxi neben ihm.

Die Kinder, dachte er. Vielleicht hatte der Fahrer die beiden irgendwo aufgegriffen.

Im nächsten Augenblick hatte er die Wagentür aufgerissen und starrte entsetzt in Robertas verwundertes Gesicht.

»Sie, Roberta?« flüsterte er mit belegter Stimme.

Sie lächelte, antwortete: »Ja, ich – tut mir leid.«

»Warum – ich meine...« Falljan schluckte.

»Na, Sie haben doch offensichtlich jemand anderen erwartet.« Roberta lachte vielsagend und stieg aus dem Taxi.

Falljan nahm ihr den Koffer ab und ging wortlos voraus. Seine Kehle war wie ausgetrocknet. Roberta da! Wie ihr all das erklären! Wie ihr erklären, daß ihre Kinder verschwunden waren!

»Emanuel!« rief Roberta. »Wo tragen Sie meinen Koffer hin?« Sie stand vor ihrer Wohnungstür und sah kopfschüttelnd zu Falljan hinauf, der offensichtlich so in Gedanken war, daß er ihr Gepäck mit zu sich nehmen wollte. Überhaupt sah Falljan schlecht aus, fand Roberta. So bedrückt kannte sie ihn gar nicht. Und er war offenbar unfähig, ihrem Blick standzuhalten. »Kommen Sie«, murmelte er. »Ich muß mit Ihnen reden. Bitte, kommen Sie.« Und ohne auf ihre Antwort zu warten, ging er weiter.

Roberta folgte ihm seufzend. Es war spät, sie hatte eine lange Reise hinter sich, sie war müde. Was wollte er jetzt noch mit ihr besprechen? Hoffentlich haben die Kinder nichts angestellt, dachte sie und schloß Falljans Tür hinter sich.

Zu ihrer Verwunderung kam die Müllmieze angelaufen, stellte den Schwanz auf neunzig Grad und miaute erbärmlich.

Falljan setzte den Koffer ab und winkte Roberta ins Atelier. Sie beobachtete, wie er der Katze Futter gab, sich eine Zigarette anzündete, den Aschenbecher im Kühlschrank suchte und schließlich auf der Spüle fand und dabei ständig ihren Blicken auswich – als hätte er ein schlechtes Gewissen, als hätte er etwas zu beichten.

»Was ist los?« rief sie schroffer als beabsichtigt, aber seine seltsame Stimmung machte ihr langsam Angst.

»Es ist... Roberta... Wollen Sie etwas trinken?«

»Nein, ich möchte nur wissen, was los ist! Haben die Kinder etwas angestellt?«

»Nein. Das heißt...« Falljan sog nervös an seiner Zigarette. »Roberta, bitte lassen Sie mich von vorn anfangen. Ihre Freundin Constanze ist verunglückt, als sie auf dem Weg hierher war, um die Kinder abzuholen.«

»Um Gottes willen!« rief Roberta erschrocken. »Verunglückt! Was ist mit ihr?«

»Sie liegt im Städtischen Krankenhaus, es geht ihr, den Umständen entsprechend, gut. Soweit ich weiß.«

»Und die Kinder?«

»Ja, die Kinder... Ihre Freundin hat durch den Unfall den Zettel mit Ihrer Adresse verloren, wir konnten Sie nicht erreichen. Die Kinder mußten wohl oder übel bei mir bleiben, Ihre Freundin sah keinen anderen Weg. Verstehen Sie, ich habe keinerlei Erfahrung mit Kindern, und ich muß auch ganz ehrlich sagen, daß ich die beiden nicht hierhaben wollte.«

Falljan drückte seine Zigarette aus, fuhr sich durchs Haar und seufzte.

»Wo sind die Kinder jetzt?« fragte Roberta, nichts Gutes ahnend.

»Ich habe sie heute nachmittag zu Frau Kamain gebracht. Sie hilft mir im Haushalt – das heißt, sie hat mir geholfen. Die Kinder sollten dort bis zu Ihrer Rückkehr bleiben. Roberta, es tut mir leid, niemand ahnt, wie leid es mir tut – die Kinder sind verschwunden.«

»Was?« flüsterte Roberta und starrte Falljan verständnislos an. »Was heißt – verschwunden? Wie können Kinder verschwinden, einfach so verschwinden?« Sie sah blicklos vor sich hin und schüttelte immer wieder den Kopf.

»Gegen Abend, da... Ich wollte die Kinder zurückholen, denn ich hatte mir die Sache noch mal überlegt. Und so fuhr ich zu Frau Kamain, klingelte, aber niemand öffnete mir. Eine Nachbarin erklärte mir, daß Frau Kamain dienstags in einem Lokal bedient. Ich fuhr sofort in dieses Lokal und stellte sie zur Rede...«

»Wo sind die Kinder!« schrie Roberta ihn plötzlich an.

»Sie waren nicht mehr in Frau Kamains Wohnung, als ich mit dem Schlüssel...«

»Aber wo sind sie jetzt? Ich will wissen, wo sie sind!«

»Das weiß ich nicht. Ich komme gerade vom Polizeirevier. Dort habe ich eine Vermißtenanzeige aufgegeben.«

In Robertas Augen hingen Tränen. Sie starrte Falljan fassungslos an.

Sein Herz krampfte sich schmerzhaft zusammen. Wenn sie ihn doch nur beschimpfen würde, schlagen, irgend etwas – aber diese Augen, diesen verzweifelten, angstvollen Blick konnte er nicht ertragen. In diesem Moment hätte er sogar sein Leben für die Rückkehr der Kinder gegeben.

»Es – es tut mir so entsetzlich leid«, stammelte er.

Roberta schloß die Augen. Ihre Lippen zitterten, aber sie sagte kein einziges Wort.

Falljan ging zu ihr, nahm sie zögernd an den Schultern. Da riß sie sich los und lief zur Tür.

»Wohin wollen Sie! Roberta!« Sie war schon im Hausflur, als er sie zu fassen bekam. »Wohin wollen Sie?«

»Ich muß doch meine Kinder suchen! Ich muß sie suchen!«

»Das hat keinen Sinn, Roberta, wenn Sie allein und ziellos durch die Stadt laufen. Die Kinder werden bereits gesucht, alle Streifenwagen sind informiert und... Es ist besser, Sie bleiben hier. Sobald man die Kinder findet, teilt man mir das sofort mit. Roberta – Sie können sicher nicht mehr tun als die Polizei.«

Falljan führte sie zurück ins Atelier und drückte sie sanft in den Sessel. Er brachte ihr eine Decke, wickelte sie ein und drückte ihr ein Glas Whisky in die Hand. »Trinken Sie das, auch wenn's nicht schmeckt – danach werden Sie sich besser fühlen.«

Roberta rührte sich nicht, sie schaute nur blicklos vor sich hin. Tränen liefen über ihre Wangen. Sie sagte kein Wort. Kein Wort des Vorwurfs, keine Anklage, sie schwieg und starrte vor sich hin.

Falljan setzte sich ihr gegenüber und betrachtete sie mit stummer Verzweiflung. Das Licht eines Spots streifte sie und ließ ihr Haar glänzen. Diese Stimmung, dieses Bild, er kannte es. Geraldine – ja, wie an jenem Tag, wo er sie so sehr verletzt hatte. So hatte auch das Kind dagesessen und sich weinend in sein Herz eingeschlichen. Nie würde er diesen Augenblick vergessen können. Geraldine und Roberta, wie ähnlich sie sich waren, in ihrer Gestik, ihrer Anmut, ihrem Wesen. Wie zart und verletzlich sie beide waren und trotzdem selbstsicher und unendlich stolz.

Falljan fühlte seinen Pulsschlag heftiger, fühlte ihn am Hals, bis hinauf in die Schläfen, fühlte seinen Atem kürzer werden, und plötzlich weinte auch er. Lautlos rannen die Tränen über seine Wangen und wuschen seine Gefühle aus dem Stein, in dem sie so lange verborgen gewesen waren.

Wie lange hatte er schon nicht mehr geweint? Fortgelaufen war er, geflohen – aber wovor? Frauen wie Roberta war er immer aus dem Weg gegangen. Aber warum? Wovor hatte er soviel Angst gehabt?

Seine Gedanken drehten sich im Kreis. Eine Antwort fand er nicht, nur eines war ihm klar: Er würde den morgigen Tag nicht an den gestrigen knüpfen können. Er mußte neu beginnen, denn der Mann, der er gestern gewesen war, erschien ihm heute fremd.

Roberta und Falljan saßen sich die ganze Nacht stumm gegenüber. Manchmal trafen sich ihre Blicke, tasteten sich forschend ab. Beide hingen ihren Gedanken nach. Gedanken über sich, den anderen, das Leben, das sie bisher geführt hatten. Verbohrt, verstrickt in die Enttäuschungen der Vergangenheit – blind und verschlossen hatten sie sich beide in die Einsamkeit geflüchtet. Zwei Menschen, die Angst vor ihren Gefühlen hatten und nicht wußten,ob sie diese Angst jemals überwinden konnten.

Draußen war es längst hell geworden. Falljan trat ans Fenster. Er betrachtete die schlafende Stadt, die sich hier und da gähnend reckte. Drüben öffnete eine Frau im Morgenmantel ihre Balkontür und besah sich den Himmel, der gutes Wetter versprach.

Achters Kombi stoppte vor dem Laden, ein alter Mann steckte Wurfsendungen in die Briefkästen.

Falljan kam zu Roberta zurück. Sie sah ihn müde an. »Können wir denn gar nichts tun? Nur warten?«

Er legte seine Hand auf ihre Schulter. »Ich mache uns jetzt eine Tasse starken Kaffee, und dann...«

Plötzlich klingelte es. Roberta und Falljan sahen sich an, dann stürzten beide zur Tür.

Ein kleiner, dunkelhaariger Mann musterte Falljan aus zusammengekniffenen Augen. »Herr Falljan?« fragte er.

»Ja, bitte?«

»Ich heiße Ali Ismail. Ich wohne in Nachbarhaus. Ich haben Ihre Kinder«, sagte er vorwurfsvoll.

»Ist ihnen etwas passiert?« rief Roberta. »Wo? Bitte, wo sind sie!«

»Bei mir in Küche. Nichts passiert, sie essen türkische Frühstück, und es schmecken ihnen gut!«

Tränen der Erleichterung standen in Robertas Augen. »Bitte, bringen Sie mich zu ihnen!«

Herr Ismail schüttelte den Kopf. »Erst ich muß sagen, Sie nicht gute Eltern.«

»Eltern?« wiederholte Roberta verwirrt.

»Ja, nicht gut. Ich gestern nacht Kinder allein vor Tür gefunden. Kinder haben schrecklich Angst. Ich Kinder zu mir genommen und in Bett gelegt. Und dann ich waren wieder hier, aber Tür auch verschlossen. Und dann ich selbst eingeschlafen auf Sofa.«

Falljan nickte. »Ich war unterwegs, um die Kinder zu suchen«, erklärte er und erzählte dem Mann, was vorgefallen war.

Aber Herr Ismail hielt vorerst an seiner Meinung fest und versuchte auch gar nicht, das zu verheimlichen. »Ich nicht verstehen, warum Kinder müssen bei andere Frau, und ich auch nicht verstehen, warum Sie nicht verheiratet!« Er sah beide streng an.

»Aber warum sollten wir heiraten?« fragte Roberta verständnislos.

»Sie Mutter und er Vater, Kinder mir alles erzählt! Sie heiraten, wollen die Kinder!«

»Aber...« Roberta brach ab und biß sich auf die Unterlippe. Es hatte im Moment keinen Sinn, das Mißverständnis aufzuklären, und sie wartete ungeduldig darauf, endlich ihre Kinder in die Arme nehmen zu können. »Bitte, bringen Sie mich zu den beiden«, flehte sie.

»Nein, ich Kinder holen. Ich versprochen! Sie wollen mir Marterpfahl zeigen.«

Roberta sah Falljan entgeistert an, jetzt verstand sie überhaupt nichts mehr.

Er schmunzelte und deutete mit dem Daumen über die Schulter. »Die beiden Stützbalken im Atelier – ich meine natürlich, im großen Wigwam«, verbesserte er.

»Aha.« Roberta nickte seufzend. »Na gut, wir warten also hier. Ich danke Ihnen, Herr Ismail, von ganzem Herzen!«

»Ich für Benjamin und Geraldine getan«, sagte er knapp und ging.

»Mein Gott, bin ich froh!« Falljan atmete erleichtert auf.

Roberta sah ihn nur kurz an, dann ging sie an ihm vorbei ins Atelier. »Ich möchte jetzt nicht darüber reden«, antwortete sie auf seine stumme Frage. »Das alles sitzt noch viel zu tief in mir drin, und ich wäre vielleicht ungerecht. Ich bin böse auf Sie, obwohl mir klar ist, daß Sie die Kinder gegen Ihren Willen bei sich behalten mußten. Und ich bin böse auf mich, weil ich die Kinder allein gelassen habe, und viel zu aufgewühlt, verstehen Sie?«

»Ja, ich verstehe. Und wir sehen uns ja vermutlich mal wieder.« Er lächelte, aber es war ein gequältes Lächeln. Natürlich würde er Roberta wiedersehen. Im Hausflur, in Achters Laden, auf der Straße – im Vorbeigehen. Schließlich hatte er jahrelang und mit Erfolg den denkbar schlechtesten Eindruck auf diese Frau gemacht. Da war wohl nichts mehr dran zu ändern. Wie sagt man doch so schön: Ein Riß in der Ehre heilt nimmermehr.

Falljan schob seine Hände in die Taschen und blieb vor der Staffelei stehen. Weinende Geraldine. Nur ein paar Striche, aber je länger er die Leinwand betrachtete, um so deutlicher zeichnete sein Auge das fertige Bild. Er würde sich in die Arbeit stürzen, sobald er allein war. Allein mit meinem Allessauger, dachte er bitter.

Und dann klingelte es. Endlich! Und die Zwillinge rauschten an. Zu Pferd, im Düsenjäger, per Schnellzug – so genau war das nicht auszumachen. Jedenfalls mit Getöse und Jubelschrei, was die Müllmieze zur sofortigen Flucht veranlaßte.

Roberta war dem Ansturm nach durchwachter Nacht nicht mehr gewachsen und landete rückwärts auf ihren vier Buchstaben. Wurde von vorn abgeküßt und versehentlich in den Bauch getreten, als Geraldine zum Sprung ansetzte und an Falljans Hals landete. Falljan wurde ebenfalls abgeküßt, und zu Robertas Erstaunen wehrte er sich nicht, sondern küßte stürmisch zurück.

»Bist du böse?« fragte Geraldine besorgt.

Falljan schüttelte den Kopf.

»Wir mußten nämlich weg!« erklärte sie, und Benjamin bestätigte das durch heftiges Kopfnicken.

»Sie wollte nämlich Kurzenprozeß mit uns machen«, hauchte er voll Grauen, faßte sich an die Kehle und verdrehte sehr überzeugend die Augen.

»Wie meinst du das?« fragte Falljan. Er verstand die Geschichte nicht ganz.

»Na, totmachen!«

»Totmachen?« hakte Roberta mit gerunzelter Stirn nach.

»Weil wir nich' essen wollten«, hauchte Geraldine. Bei derart schrecklichen Schilderungen hauchten die Zwillinge immer, das klang eindrucksvoller. »Kurzenprozeß hat sie gesagt, wenn wir nicht alles essen, was auf dem Tisch ist. Kurzenprozeß, das haben die in dem Cowboyfilm auch gesagt, und dann wollten sie den einen aufknüpfen!«

»Aber wir wollten nicht hängen, und dann sind wir schnell futsch!« Benjamin sah Roberta neugierig an. »Hast du uns was mitgebracht?«

»Ich – ja, natürlich. Es steht draußen beim Koffer.«

»Dürfen wir bitte deinen Koffer sehen?« fragte Geraldine und marschierte in die Diele.

»Nein, dageblieben!« Roberta erwischte ihre Tochter eben noch am Kragen. »Ausgepackt wird zu Hause. Und außerdem habt ihr doch einen Freund mitgebracht.« Sie deutete auf Ali Ismail, der bescheiden abseits stand und wartete, bis man ihn ansprach. »Ihr wolltet ihm, glaube ich, was zeigen.«

Die Vorführung der beiden Marterpfähle war sehr eindrucksvoll. Die Zwillinge wurden von unsichtbaren Indianern anhand unsichtbarer Fesseln unsichtbar an die Marterpfähle gebunden und litten sehr sichtbar unheimliche Qualen. Unter Zucken und Stöhnen starben sie mehrere Tode, bis Roberta dem Massensterben ein Ende setzte, indem sie ganz nebenbei ihren Koffer erwähnte.

Sie gab Ali Ismail die Hand. »Nochmals vielen Dank, Herr Ismail. Ich würde mich freuen, wenn Sie uns mit Ihrer Familie besuchen kämen.«

»Prima!« jubelte Benjamin, der ganz viel Kuchen und Eis witterte.

Roberta sah Herrn Ismail fragend an. »Am Samstag?«

Um seinen Mund huschte ein Lächeln. Er nickte. »Am Samstag, wir kommen.«

»Und du auch!« befahl Geraldine und zupfte fordernd an Falljans Hosenbein.

»Ich weiß nicht...« Sein Blick wanderte zu Roberta. Er bezweifelte, daß ihr die Einladung ihrer Tochter recht war.

»Natürlich müssen Sie auch kommen«, sagte Roberta höflich, aber kühl und wandte sich schnell wieder den Kindern zu. »So, ihr fangt mal euer Raubtier ein und alles, was dazugehört, und dann ab nach unten!«

Ali Ismail trat auf Falljan zu, gab ihm die Hand und streifte ihn mit kurzem, kühlem Blick. Einem Mann, der die Mutter seiner Kinder nicht heiratete, konnte er keinerlei Achtung entgegenbringen. Dann verbeugte er sich vor Roberta, winkte den Kindern zu und verließ die Wohnung.

»Ich bringe Ihren Koffer nach unten«, sagte Falljan in die bedrückende Stille hinein.

»Nicht nötig, Emanuel, ich...«

»Doch«, beharrte er, nahm Robertas Gepäck und ging voraus.

Diesmal trug Benjamin das Katzenklo, und Geraldine hoffte inbrünstig, daß er damit auf die Nase fliegen würde. Notfalls war sie auch bereit, ein klein wenig nachzuhelfen. Aber daraus wurde leider nichts, weil Roberta ein gutes Gedächtnis hatte und den Braten roch, der in Geraldines Kopf hitzig schmorte. Sie nahm Geraldine wohlweislich an die Hand und hielt sie auf Sicherheitsabstand hinter Benjamin.

In den ersten Monaten, als sie stolz und nichtsahnend ihre beiden kleinen Säuglinge im Arm gehalten hatte, war Roberta der festen Überzeugung gewesen, Mutterglück hätte etwas mit der Findigkeit, der Entdeckungsfreude, der reizenden Kreativität und der enormen Intelligenz der Sprößlinge zu tun. Heute wußte sie es besser. ›Mutterglück‹ bestand vor allem darin, der Findigkeit, Entdeckungsfreude, Kreativität und Intelligenz der lieben Kleinen immer einen Schritt voraus zu sein. Denn nur wer über diese Gabe verfügte, konnte von Glück reden.

Roberta sperrte ihre Wohnungstür auf, Falljan stellte das Gepäck ab und sagte: »Also – dann.«

»Also dann«, wiederholte Roberta und lächelte vage. »Trotzdem vielen Dank, und tut mir leid, daß wir Ihnen so viele Scherereien gemacht haben.«

»Kommst du nicht mit rein?« fragte Geraldine schmollend.

»Ein andermal«, versicherte Falljan.

Geraldine umarmte seine Beine, sah ihn aus großen, bittenden Augen an und fragte: »Heiratest du dann die Mami?«

Roberta zog ihre Tochter hastig zurück und schob sie in die Wohnung.

»Ob du die Mami dann heiratest!« nahm Benjamin den Faden sofort auf.

»Bitte, entschuldigen Sie«, sagte Roberta peinlich berührt. »Ich weiß nicht, wie die Kinder auf diese unsinnige Idee kommen, aber ich werde ihnen das sofort wieder ausreden. Danke nochmals.« Sie nickte und schloß die Tür.

Und da stand er dann, Falljan. Endlich allein! Verloren starrte er ins Leere.

Benjamin hielt Constanze die Röschen unter die Nase. »Kann man deine Gehirnerschütterung immer noch nicht sehen?«

»Nein, immer noch nicht.«

»Und auch noch kein Loch im Bauch?«

»Auch kein Loch im Bauch.«

Benjamin seufzte, schob die geballten Hände in die Hosentasche und schlenderte betont gelangweilt zum Fenster, wo Geraldine stand und sich die Nase plattdrückte.

»Können wir ganz vorsichtig in dem Park da draußen spielen?« fragte er.

Roberta sah hinaus, suchte die Grünanlage des Krankenhauses mit geübtem Blick nach möglichen Gefahrenquellen ab und erlaubte es, mit den üblichen Einschränkungen: Nicht in die Blumenbeete treten, nicht zu weit weggehen, nur Flugzeug mit leisem Motor sein und als Porsche Rücksicht auf die Fußgänger nehmen! Man kennt das ja – alles, was spielen interessant macht, verbieten die Erwachsenen.

Die Zwillinge versprachen, was nun mal sein mußte, gaben sich die Sporen und galoppierten ab. Wenig später erschienen sie vorm Fenster, winkten und schrien: »Huhu, Mami! Wir sind jetzt zwei Hubschrauber, guck mal!«

Roberta besah sich ihr Rotorvermögen, winkte, dann setzte sie sich an Constanzes Bett. »Wie geht's denn, schon etwas besser?« fragte sie.

Constanze schüttelte seufzend den Kopf. »Also, das fragst du mich jeden Tag. Hast du erst gestern gefragt, jetzt fragst du schon wieder! Und wenn ich dir dann mein Leid klage, dir erzähle, wie schwer ich's habe, und dir einen genauen medizinischen Vortrag über meinen demolierten Körper halte, dann siehst du mich mit Mondkälbchenblick an, ohne auch nur ein einziges Wort zu verstehen. Du hörst nicht zu. Du bist mit deinen Gedanken ganz woanders. Reden wir doch lieber mal über dich. Wie geht's dir denn?«

»Mir? Ach, mir geht's prima.«

»So, prima nennst du das! Du bist fahrig, zerstreut – und jetzt völlig in dich gekehrt. Du bist eigentlich nie anwesend. Nur dein Außenrum. Aber dein Innendrin – ja, wo ist das eigentlich? Hast du's verloren? Wollen wir nicht besser über deine Probleme sprechen?«

Roberta lächelte, zuckte mit den Schultern und tat, als würde sie nicht begreifen, was Constanze meinte.

»Ach, Roberta, jetzt tu bitte nicht so, als wüßtest du von nichts!«

Roberta sah verlegen auf ihre Hände, die nervös mit den Fingern spielten. »Ich weiß ja wirklich nicht... Ich weiß nicht, was mit mir los ist. Irgendwie fühle ich mich plötzlich wie durchgeschüttelt. Alles in mir ist in Unordnung geraten, nichts ist mehr da, wo's hingehört.«

»Bei dir war doch die ganzen letzten Jahre nichts mehr da, wo's hingehört!« Constanze seufzte. »Da, wo's Hirn sein muß, war eine verbissene Idee: Ich will Pat finden! Da, wo die Gefühle hingehören, war eine Art Verschließmuskel. Außer Benjamin und Geraldine hattest du nur einen Lebensinhalt: Pat zu finden und ihm all deine Verachtung vor die Füße zu knallen. Für dich gab's nie einen anderen Mann, immer nur Pat! Du warst ihm erst in Liebe, dann in Haß ergeben. Jetzt ist die Sache Pat abgeschlossen, und vor neuen Gefühlen hast du Angst. Du bräuchtest außer deinen Kindern noch einen anderen Lebensinhalt, Roberta, und wie wäre es denn da zur Abwechslung mal mit Liebe?«

Robertas Blick wanderte unruhig durch den Raum, verfing sich in den Falten der blütenweißen Bettdecke. Daß in Krankenhäusern immer alles so weiß sein muß! Wände weiß, Betten weiß, Möbel weiß mit Stahl...

»Roberta! Ich hab' dich was gefragt!«

»Liebe«, sagte sie. »Liebe kann man sich nicht besorgen wie ein Paar neue Schuhe.«

»Nein, das nicht. Die wird ganz plötzlich frei Haus geliefert. Aber du hast dem Lieferanten die Tür vor der Nase zugeknallt. Du hast Angst, wovor eigentlich?«

»Ich verstehe nicht...«

»Oh, doch, du verstehst. Ich spreche von Falljan. Du hast dich zwar immer bemüht, dir nicht anmerken zu lassen, wie gut er dir gefällt, aber mir konntest du nichts vormachen. Du liebst eben den verruchten Mann, auch wenn du dir das nicht eingestehen möchtest. Biedere, zuverlässige Männer langweilen dich. Jedem das seine.«

»Du bist verrückt! Falljan interessiert mich überhaupt nicht, hat mich nie interessiert!«

»Hat dich immer interessiert«, beharrte Constanze. »Nur hat er sich nicht für dich interessiert. Aber das hat sich ja offensichtlich geändert. Er schickt dir ja wohl nicht aus Desinteresse Blumen und führt dich wohl kaum aus Langeweile zu mir ins Krankenhaus. Oder glaubst du ihm das Märchen von ›zufällig in der Nähe zu tun‹? Er interessiert sich für dich, und in die Kinder ist er regelrecht vernarrt. Und nun bekommst du kalte Füße. Wovor hast du Angst? Daß es dir wieder so gehen könnte wie vor acht Jahren? Daß du dich Gefühlen hingibst und dann damit alleingelassen wirst?«

Roberta schwieg, sie gab auf keine der Fragen Antwort.

»Nun gut, keine Antwort ist auch eine Antwort«, meinte Constanze. Sie schob ihren Fuß unter der Bettdecke hervor und betrachtete nachdenklich die Beweglichkeit ihrer Zehen. »Weißt du, Roberta, zur Liebe gehört einfach auch der Mut, einen Fehlschlag zu riskieren. Falljan ist kein Heiliger, aber er hat bedeutend mehr Charakter als Pat. Irgendwie bist du schizophren. Genau das, was du an ihm liebst, macht dir angst.«

»Ich bitte dich, Constanze. Warum willst du mir einreden, daß ich in Falljan verliebt sei?«

»Ich will es dir nicht einreden, du bist es.«

Roberta stand auf und ging zum Fenster. Benjamin war vermutlich bei einem Hubschrauberabsturz schwer verletzt worden. Doktor Geraldine schleppte ihn gerade zur Operationsbank. Da weder Schere noch Messer in verfügbarer Nähe waren, konnte Roberta sicher sein, daß die Operation gut verlaufen und sie ihren Sohn gesund zurückbekommen würde.

Sie lächelte müde und wandte sich Constanze zu. »Du, ich muß gehen, ich habe noch einiges zu tun. Ich fahre morgen mit den Kindern für ein oder zwei Wochen an die Nordsee.«

»Aha«, sagte Constanze. »Na, dann wünsche ich euch viel Vergnügen.«

Roberta küßte sie zum Abschied. »Ich hoffe, du hast das hier bald hinter dir. Es tut mir leid, daß ich dich nun nicht mehr besuchen kann, aber ich brauche die Ferien.«

»Fahr nur, lange kann's ja nicht mehr dauern, bis mich die weißen Kittel wieder ins feindliche Leben entlassen.«

Constanze grinste, und Roberta lächelte ein wenig. »Also, dann bis bald – ich schreib' dir.«

»Bis bald. Du, Roberta!«

»Ja?«

»Fliehen hat auch keinen Sinn, glaub' mir.«

Falljan knallte Pinsel und Palette auf den Tisch neben der Staffelei und wandte sich mißmutig von seiner Arbeit ab. Irgendwie ging's heute nicht, er war nicht bei der Sache. Schon so spät, und noch immer kein Besuch von den Zwillingen. Normalerweise kamen sie schon vormittags heraufgetollt, funktionierten sein Atelier zum Indianercamp, Polizeirevier oder zur Weltraumstation um.

Vorgestern hatten sie ihm ein paar Zeichnungen gebracht und angekündigt, daß sie mit ihm ausstellen würden, im Herbst. Die Blätter hatten sie mit Reiszwecken an die Marterpfähle geheftet. Danach hatten sie Falljans Arbeiten mit etwas mitleidigem Blick betrachtet, sich aber eine Kritik höflich verkniffen.

»Morgen bringen wir dir noch ganz viel mehr«, hatte Benjamin versprochen, und damit waren sie abgezogen und bis jetzt nicht wieder aufgetaucht.

Falljan betrachtete Benjamins Variationen und Studien über Allessauger und deren Verwendungsmöglichkeiten und mußte sich neidvoll eingestehen, daß er, Falljan, in bezug auf Fantasie und kreatives Denken ein armes Waisenkind war. Von den Kindern konnte man überhaupt so einiges lernen.

Er ging zur Wohnungstür und lauschte. Mucksmäuschenstill im Haus. Kein Türenknallen, kein fröhliches Lachen, kein Brum-Brum, Päng-Päng, kein Wiehern oder Kojotengeheul. Still, schon seit zwei Tagen – wie soll man da arbeiten können!

Wo konnten Roberta und die Kinder nur sein? Weggefahren? Aber warum hatten ihm die Kinder nichts davon erzählt? Sie waren doch sonst so leutselig. Oder ob irgend etwas passiert war?

Falljan umschlich das Telefon wie ein Kater sein läufiges Weibchen. Sieben Uhr abends. Ob er Constanze im Krankenhaus... Jetzt noch? Er fuhr sich unschlüssig durchs Haar, seufzte, schlich neuerlich eine Runde, blieb wieder stehen. Schließlich wählte er die Nummer des Krankenhauses und ließ sich mit Constanze verbinden.

Sein Anruf schien sie nicht zu überraschen, aber wo Roberta und die Kinder waren, konnte sie ihm nicht genau sagen. Irgendwo an der Nordsee. Falljan glaubte Constanze kein Wort. Natürlich wußte sie, wo ihre Freundin war! Natürlich! Sie wollte es ihm nur nicht sagen. Oder durfte nicht!

Falljan ging zum Fenster, sah hinaus. Ging zur Staffelei, zur Küchentheke, goß sich einen Martini ein, ging wieder zum Fenster und starrte nach draußen. Diese entsetzliche Stille überall! Wie leer es in ihm war!

Plötzlich wurde er wütend. Was war nur los mit ihm? Was war aus ihm geworden? Hing hier herum wie ein verliebter Teenager! Ließ mit sich spielen, sich lächerlich machen! Guckt ihn sehnsüchtig an, diese Roberta, aus ihren treuen braunen Kulleraugen, und zeigt ihm im nächsten Moment die kalte Schulter! Macht sich doch nur lustig über ihn! Macht sich sang- und klanglos aus dem Staub, denkt vielleicht noch, er käme ihr wie ein Hündchen nachgelaufen und bettelte um ihre Gunst! Hat er doch nicht nötig! Nicht er.

Falljan griff nach seinem Adreßbuch und blätterte es durch. Bei C blieb er hängen. Carla – ja, das war genau das, was er jetzt brauchte. Eine Frau wie Carla, mütterlich, einfühlsam, die richtige Mischung aus Kopf und Kurven.

Carla war so eine Art Heimathafen mit Seelenwerft, wo man nach allzu stürmischer Seereise wieder auftakeln konnte. Carla war, was Falljan jetzt brauchte. Er wählte ihre Telefonnummer – eine halbe Stunde später war sie da.

Sie küßte ihn und betrachtete ihn forschend. »Emanuel, du siehst schlecht aus«, sagte sie schließlich. »Solltest dich nicht soviel rumtreiben, ist in unserem Alter nicht mehr gesund.«

»In meinem Alter«, verbesserte er charmant, worauf Carla schallend lachte.

Sie war Sängerin, eine zweite Zarah Leander, nur leider nicht so erfolgreich. Aber sie war eine Frau, der das Alter nichts anhaben konnte. Ihre herbe Schönheit war ihre Existenzgrundlage, um Engagements brauchte sie sich auch in Zukunft nicht zu sorgen.

Sie streifte ihre Schuhe ab. Schuhe haßte sie, bezeichnete sie als notwendiges Übel und Marterwerkzeug, behauptete, hohe Hakken hätte der liebe Gott als Strafe für Evas Apfeleskapade erfunden, damals im Paradies.

Auf nackten Füßen tapste sie zur Staffelei, betrachtete mit gespitzten Lippen und gerunzelter Stirn Geraldine auf Leinwand, verlor aber kein Wort darüber, als sie sich wieder zu Falljan umdrehte.

»Martini?« fragte er und schaltete leise Musik ein.

»Trocken, bitte«, antwortete sie und betrachtete ihn nachdenklich beim Mixen der Martinis, wie er die Gläser zur Sitzecke trug, das Licht schummrig dimmte. Sie nahm zur Kenntnis, daß er sie an sich zog, ihr Haar streichelte, sie küßte – all das mit der Leidenschaft eines Besens, der lieber ein Gartenzwerg geworden wäre.

Carla war zutiefst beeindruckt, um nicht zu sagen fasziniert. Die ›Emanuel Falljan‹, eine der prächtigsten Segeljachten, die sie je gekannt hat, war seeuntüchtig geworden. Kaum zu glauben, dachte sie erschüttert und sagte: »Du mußt sie mir vorstellen, unbedingt!«

»Wen?«

»Na, diese Frau, die dir das angetan hat. Emanuel Falljan, laß es sein, es ist zwecklos!«

»Was ist zwecklos, verdammt, wovon sprichst du«, fragte er gereizt.

»Von deinem Fluchtversuch auf meinen Flügeln. Es ist zu spät…« Sie seufzte.

Falljan nahm sich eine Zigarette, brach das erste, das zweite Zündholz ab. Carla half ihm mit ihrem Feuerzeug aus und schüttelte grinsend den Kopf. »Gib dir keine Mühe, Emanuel, mir kannst du nichts vormachen. Wir kennen uns zu lange und zu gut. Nicht mit der alten Carla!« Sie zündete sich ebenfalls eine Zigarette an, klopfte ihm auf die Schulter. »Na, rück schon raus mit der Sprache. Liebeskummer muß man ausspucken, sonst kriegt man Sodbrennen!«

»Du bist ein böses altes Weib«, knurrte er und sah sie mit zusammengekniffenen Augen an.

Sie schmunzelte vielsagend. Derartige Komplimente war sie in solchen Fällen gewöhnt.

»Deine Geschichte ist unterhaltsamer, als es solche Geschichten im allgemeinen sind«, sagte sie später und lachte amüsiert. »Die Variation Zwillinge ist mal was anderes. Im übrigen benimmst du dich aber ebenso trottelhaft und verblendet wie alle anderen Männer in solchen Situationen.«

»Welche anderen? Und wieso trottelhaft – ich bitte dich!«

»Oh, du bist nicht der erste meiner – sagen wir mal, Freunde, dem dies tragische Schicksal widerfährt. Wir haben's nicht leicht – wir, die Verruchten, die Geliebten!« Carla lächelte schwermütig. »Zu uns kommt ihr, wollt Rat, wie ihr euch am sichersten ins Unglück stürzen könnt, in die Arme einer anständigen Frau. Selbstlos geben wir euch frei und lassen uns von euch in den Allerwertesten treten. Und später kommt ihr zu uns zurück, weinend und klagend, und sucht Trost in den Armen derer, die ihr vorher verraten habt!« Carla hob die Arme gen Himmel, sie liebte theatralische Szenen wie diese. »Aber lassen wir das«, sagte sie dann sachlich. »Wieso Trottel, wolltest du wissen. Natürlich seid ihr Trottel, ausgemachte noch dazu, wenn ihr glaubt, eine anständige Frau muß anders behandelt werden als wir. Und das glaubt ihr doch, warum sonst seid ihr so unsicher? Ihr umschleicht sie wie die Katze den heißen Brei. Ihr behandelt sie wie eine zerbrechliche Statue, stellt sie hinter Glas und bestaunt sie in Demut – Amen.«

Carla war jetzt richtig in Fahrt gekommen. »Worauf wartest du?« fragte sie höhnisch. »Daß deine Roberta dir einen Heiratsantrag macht? Hat's dir die Sprache verschlagen? Sind dir die Hände gebunden? Wo ist all dein Einfallsreichtum geblieben, hast doch sonst immer alles erreicht, was du wolltest! Lieber Himmel!« Carla seufzte. »Pack sie dir, sag ihr, daß du sie liebst! Mach sie zur Frau und nicht zur verstaubten Heiligen! Laß sie das Salz vom Meer schmecken und den Duft exotischer Blüten riechen, und... Verdammt, Emanuel, schau mich nicht so verdattert an!«

Beinahe hätte sie mit der Faust auf den Tisch geschlagen. Jetzt lachte sie, laut und schallend, und schüttelte den Kopf. »Soll ich dir ein Geheimnis verraten, etwas, was ich nie jemandem erzählt habe?«

Falljan grinste. »Du warst doch nicht etwa...?«

»Doch, ich war! Verheiratet mit einem Schuhfabrikanten. Ausgerechnet! Hat aber nicht lange gedauert. Ich hatte einfach die Nase voll von seiner höflichen Zurückhaltung. Der wollte mich doch tatsächlich in Ehren versauern lassen! Und für die unehrenhaften Wünsche hielt er sich eine Geliebte, mein Exgatte. Nie wieder Ehefrau sein, schwor ich mir und wurde das Gegenteil davon. Hab' mich sozusagen ins feindliche Lager geschlagen. Aber ich bitte dich, erzähl niemandem von meinem Schuhfabrikanten, du ruinierst mir damit nur meinen guten schlechten Ruf!«

»Ich versprech's.« Falljan lachte.

Carla stand auf und quälte sich in ihre Schuhe. »Ich geh'!« sagte sie. »Hab' hier nichts mehr zu suchen. Und vergiß nicht – mach deine Frau zu deiner Geliebten, laß sie nicht verstauben, Emanuel Falljan. Und tu mir bitte den Gefallen, komm nicht eines Tages zu mir zurück.«

Die Pension, in der Roberta und die Kinder wohnten, lag nicht weit vom Strand entfernt. Die Zimmer waren ordentlich, das Essen gut, die anderen Feriengäste so, wie Roberta es erwartet hatte. Ältere Leute oder Familien mit Kleinkindern – Gäste, die sich an die Hausordnung und die gängigen Spielregeln im Umgang mit anderen Menschen hielten. So war's Roberta recht. Hier konnte sie sich ausruhen, denn hier war alles voraussehbar, berechenbar. Man mußte nur mitlaufen, sich einfügen, und schon war man geborgen. Und für die Kinder würde es Spielgefährten genug geben.

Gleich bei ihrer Ankunft lernte Roberta eine Frau kennen, die mit ihrer achtjährigen Tochter hier Kururlaub machte. Die Kleine litt an irgendeiner Erkrankung der Atemwege, man versprach sich Linderung durch die gesunde Seeluft. Frau Holt und Wendy wohnten zwei Zimmer weiter, auf demselben Flur und warben kräftig um die ›Neuankömmlinge‹.

»Unsere Kleinen werden sich bestimmt gut verstehen«, meinte Frau Holt. »Sie sind ja etwa im gleichen Alter.«

Aber das bezweifelte Roberta im stillen. Sie hatte Benjamins verächtlichen Blick bemerkt und Geraldines Naserümpfen. Wendy war zu blaß – in jeder Hinsicht – und etwas Hinterlistiges sprach aus ihren grauen Augen. Roberta nahm sich vor, die Kinder genau zu beobachten.

Bei gutem Wetter aß man auf der Terrasse. Die Gäste hatten ihren festen Platz, der ihnen bei der Ankunft zugewiesen wurde. Auch das gehörte zur Hausordnung, an die man sich hielt.

Man konnte zwischen drei Gerichten wählen. Roberta vertiefte sich in die Tageskarte, und als sie wieder aufsah, fiel ihr Blick auf einen Mann, der an der Terrassentür stand und sie unverwandt anstarrte. Sie suchte in ihrem Gedächtnis nach dem Namen, der zu diesem Mann gehörte, denn sie kannte ihn.

Ingo Harms! Ja, natürlich, das war Ingo Harms, kein Zweifel. Ein ehemaliger Kollege. Erdkunde und Geschichte. Studienrat, Frühwitwer, kinderlos – wenigstens war er das damals gewesen, vor vier Jahren, als er ihr einen Heiratsantrag gemacht hatte. Roberta rechnete nach. Er mußte jetzt um die Vierzig sein.

Zögernd kam er auf sie zu, schien etwas unsicher zu sein. Immerhin hatte Roberta damals sein großzügiges Angebot ziemlich unwirsch abgelehnt, ihr und ihren Kindern seinen Namen zu geben. So ähnlich hatte er sich ausgedrückt. Worauf Roberta zornbebend mit ihm ins Sekretariat gegangen war, um ihm anhand ihrer Personalakte zu zeigen, daß sie bereits einen Namen hatte und nicht auf den seinen angewiesen war. Ohne es zu wissen, hatte er sie genau da getroffen, wo sie am empfindlichsten war – bei ihrem Namen. Sie hieß Isolfo, und ihre Bastarde hießen ebenfalls Isolfo! Auch wenn das ihren Eltern und manchen anderen Leuten ein Dorn im Auge war. Zwei Monate nach diesem ›Heiratsantrag‹ des Herrn Kollegen Harms war Robertas Referendarzeit abgelaufen. Sie hatte eine Planstelle an einer anderen Schule bekommen und Ingo Harms seitdem nicht mehr gesehen.

»Sie sind's wirklich«, sagte er und schüttelte Robertas Hand. »Und das? Ihre Zwillinge?«

»Benjamin und Geraldine«, bestätigte sie.

»Und sie machen Ferien hier?«

»Wir sind heute angekommen.«

»Sie sind noch immer allein, wie ich sehe«, sagte er mit einem Blick auf den leeren Stuhl neben Roberta.

»Wir kommen gut zurecht«, antwortete sie kühl.

»Ja, natürlich.« Er lächelte fast beschwichtigend. »Ja, dann… Wir sehen uns ja bestimmt öfter.«

»Bestimmt«, sagte Roberta.

»Vielleicht darf ich Sie zu einem Gläschen Wein einladen?«

»Heute nicht, Herr Harms, ich bin müde von der Reise.«

»Na, dann ein andermal.« Er verbeugte sich und ging an Roberta vorbei zu seinem Tisch.

Sie konnte ihn nicht mehr sehen, aber sie fühlte seinen Blick zwischen ihren Schulterblättern. Ingo Harms saß ihr im Nacken.

Und er ließ nicht mehr locker. Roberta und die Kinder begegneten ihm überall. Am Strand, im Ort, beim Spazierengehen, in der Pension. Er war wie ein Schatten.

Den Zwillingen stand die Verachtung deutlich im Gesicht wie ein drei Tage alter Bart. Mit sicherem Instinkt errieten sie, was er von ihrer Mami wollte – und was er von Roberta wollte, wollten sie gar nicht, daß er von ihr wollte!

Überhaupt wären sie am liebsten wieder nach Hause gefahren. Sie hatten Sehnsucht nach Falljan und der Müllmieze, die Mami zu den Ismails gebracht hatte. Die blöde Nordsee konnte ihnen gestohlen bleiben und Wendy auch, die war sowieso doof.

Und mitten in diese trübe Stimmung hinein platzte auch noch ein Regenguß, der nicht mehr aufhören wollte. Jetzt war man sich ausgeliefert, auf Gedeih und Verderben. Ins Zimmer verbannt oder in den Aufenthaltsraum, und wenn man beides nicht wollte, holte man sich nasse Füße und einen Schnupfen.

Frau Holt spielte mit den Kindern ›Menschärgeredichnicht‹, Roberta saß am Fenster und träumte hinaus, als Ingo Harms den Aufenthaltsraum betrat. Roberta seufzte. Jetzt mußte sie wohl oder übel in den sauren Apfel beißen und sich mit Ingo unterhalten.

»Darf ich mich zu Ihnen setzen?« fragte er höflich. Roberta nickte und sah ihm zu, wie er sich im Sessel gegenüber einrichtete. Er zog die Hose über dem Knie ein Stück hoch, bevor er sich setzte, rückte an der Krawatte, zog seinen Tabak und die Pfeife aus der Jackettasche und stopfte sie.

»Sie rauchen?« fragte Roberta erstaunt.

»Nur ab und zu. Ich hoffe, es stört Sie nicht?«

»Nein, rauchen Sie nur. Ich staune bloß, weil ich mich erinnere, daß Sie früher leidenschaftlicher Nachtraucher waren.«

»Ach, wissen Sie, man ändert seine Meinung im Laufe der Jahre. Und seien Sie mal ehrlich, diese ständige Qualmerei im Lehrerzimmer war doch füchterlich. Da mußte man doch einschreiten!« Er zündete seine Pfeife an, paffte nachdenklich vor sich hin und sagte dann: »Man kann ruhig tun, was einem Spaß macht. Aber man sollte dabei seine Mitmenschen nicht vergessen. Man muß Rücksicht nehmen, Roberta, maßhalten, finden Sie nicht auch?«

Roberta nickte und lächelte höflich und konnte nichts einwenden, denn genau besehen hatte Ingo Harms ja recht. Obwohl sie das nicht gern zugab. Irgend etwas sträubte sich in ihr gegen diesen Mann. Dabei wußte sie nicht einmal, warum, nichts ließ sich gegen ihn vorbringen. Zugegeben, er war ein wenig verstaubt, ein wenig altmodisch. Aber immer korrekt, höflich, zuverlässig, kollegial. Und er sah gut aus.

»Woran denken Sie?« fragte er.

»Och...« Roberta zuckte mit den Schultern. »Nur – wie seltsam es doch ist, daß wir uns nach so langer Zeit ausgerechnet hier begegnet sind. Ich meine, wo wir doch beide in derselben Stadt wohnen. Oder wurden Sie inzwischen versetzt?«

»Nein. Ich arbeite immer noch am Gymnasium, und dort werde ich wohl auch bleiben. Warum sich verändern? An einer anderen

Schule wäre nichts besser oder schlechter. Andere Namen, andere Gesichter und doch das gleiche. Roberta...« Er zögerte, sah sich nach Frau Holt und den Kindern um, und als er festgestellt hatte, daß sie in ihr Spiel vertieft waren, fuhr er fort: »Damals – wissen Sie, zuerst konnte ich Ihre Reaktion nicht verstehen. Ich fühlte mich blamiert vor der Sekretärin, als sie sich Ihre Personalakte geben ließen – nun ja, Sie erinnern sich bestimmt an die Geschehnisse. Es war doch nur eine Redewendung, dachte ich, warum meine Worte auf die Goldwaage legen!«

»Ich bitte Sie, Ingo, reden wir nicht mehr darüber, das ist doch alles längst vergessen und vorbei.«

»Nein, es ist wichtig für mich – weil...« Er sah sich wieder nach Frau Holt und den Kindern um und fügte dann hinzu: »Ich konnte Sie nie vergessen, Roberta, ich weiß, wo Sie wohnen, ich kenne Ihre Telefonnummer – wie oft habe ich Sie in Gedanken angerufen, aber ich hatte nie den Mut, es wirklich zu tun.«

Er sah an Roberta vorbei, zum Fenster hinaus. Die Hände, in denen er die kaltgewordene Pfeife hielt, zitterten ein wenig.

Robertas Blick verfing sich am Knoten seiner Krawatte, und als Ingo weitersprach, beobachtete sie seinen Adamsapfel, der auf- und absprang, über dem Krawattenknoten. Auf- und absprang und Worte bildete, die sie nicht hören wollte.

»Wissen Sie, meine verstorbene Frau war ganz anders als Sie. Greta wollte geführt werden, sie wollte sich anpassen, wollte keine Entscheidungen treffen. Für Greta wäre ein Leben ohne Mann ein vertanes Leben gewesen. Ich habe mich damals Ihnen gegenüber so ausgedrückt, wie ich mich Greta gegenüber ausgedrückt hätte, denn ich konnte mich ja nur auf meine Erfahrungen mit ihr stützen. Später habe ich verstanden, daß meine Worte Sie kränken mußten. Sie sind eine stolze Frau und sicher nicht auf einen Mann angewiesen. Ich schätze Ihr Wesen sehr, Roberta, ich liebe Sie so, wie Sie sind, und würde keinesfalls versuchen, Sie zu ändern.«

»Bitte, Ingo... Sie machen mich verlegen. Was soll ich Ihnen denn antworten? Um ehrlich zu sein, ich hatte Sie ganz vergessen. Sie sind für mich ein Fremder, ich kann Ihre Gefühle nicht erwidern.«

»Das erwarte ich auch gar nicht. Aber wenn Sie mir eine Gelegenheit geben würden, das schlechte Bild zu verwischen, das Sie sich damals von mir machen mußten... Ich werde Sie nicht bedrängen, Roberta, möchte nur mit Ihnen spazierengehen, mit Ihnen reden.«

»Aber...« Roberta brach ab.

»Aber ich bin Ihnen so unsympathisch, daß es Ihnen unmöglich wäre, ein paar Stunden am Tag mit mir zu verbringen?«

»Nein, natürlich nicht.«

Sie senkte den Blick. Ihre Gedanken machten wilde Sprünge. Von Pat zu Falljan, zu Constanze, zu dem Gespräch, das sie mit ihr geführt hatte, und wieder zurück zu Ingo. Warum floh sie nur immer, wenn das Wort Liebe in ihrem Leben auftauchte? Was verlor sie schon dabei, wenn sie mit Ingo spazierenging oder ein Glas Wein trank? Warum, um Himmels willen, machte sie aus allem ein Riesenproblem?

Und dann hörte sie sich plötzlich ›ja‹ sagen. »Verbringen wir ein paar Stunden pro Tag miteinander. Warum nicht?« Und sie lächelte vage.

»Schon wieder!« beschwerte sich Benjamin, ballte seine Hände, schob sie in die Hosentaschen und kickte mit dem Fuß ungehalten nach etwas Unsichtbarem. »Immer mit dem Ingo spazierengehen!«

»Anschließend essen wir Eis«, lockte Roberta.

»Will kein Eis«, antwortete Benjamin bockig. Er zog eine Schnute, ließ sich aufs Bett fallen und hopste auf der Matratze.

Geraldine machte es ihm nach und krähte: »Ich will auch nicht!«

»Na gut, dann bleibt ihr eben bei Frau Holt und Wendy.« Roberta hoffte, daß die Aussicht, einen Nachmittag mit Wendy verbringen zu müssen, die Meinung der Zwillinge ändern würde. Aber sie hatte sich getäuscht. Lieber mit Wendy als mit Ingo! Dabei gab er sich wirklich Mühe mit den Kindern, er warb regelrecht um sie. Vielleicht war das sein Fehler? Vielleicht mußte er sie selbst kommen lassen, sie selbst werben lassen? Roberta wußte es nicht. Sie wußte nur eines – die Kinder mochten ihn nicht.

Na gut, dann mochten sie ihn eben nicht. Irgendwie war das doch normal. Sie sahen in Ingo einen Konkurrenten, sie waren nicht daran gewöhnt, daß es im Leben ihrer Mutter noch einen anderen Menschen gab.

Und sie selbst, wie stand sie eigentlich zu Ingo? Er war ihr Vertrauter geworden, sie freute sich sogar auf die Stunden mit ihm. Seine vorsichtigen Zärtlichkeiten taten ihr gut. Eine Hand auf ihrer Schulter, auf ihrem Rücken, ein flüchtiger Gutenachtkuß, ein zärtlicher Blick. Ja, ein bißchen klopfte ihr Herz, wenn sie ihn sah. Aber sobald sie wieder allein war, dachte sie nicht mehr an ihn.

Liebe? Was war Liebe eigentlich? Das, was sie damals für Pat empfunden hatte? Oder das Prickeln auf ihrer Haut, wenn sie an Falljan dachte? Ein kurzes, heftiges Gefühl, der Reiz des Abenteuers oder ein beständiges Miteinander, das Bewußtsein, sich aufeinander verlassen zu können, so wie es bei ihren Eltern war?

Roberta seufzte. Sie verschränkte die Arme vor der Brust, betrachtete ihre zwei hopsenden Ungeheuer und sagte: »Gut dann, ich gehe jetzt zu Frau Holt und frage, ob sie auf euch aufpaßt, solange ich weg bin.«

Die Zwillinge hopsten weiter, ohne eine Antwort zu geben, sahen ihr betont gleichgültig nach, als sie das Zimmer verließ.

Später, in Frau Holts Zimmer, auf Frau Holts Bett, hopsten sie wieder – im Gesicht den Ausdruck gähnender Langeweile.

»Darf ich mithopsen?« fragte Wendy.

Keine Antwort.

Wendy setzte sich aufs Bett und hopste auch, was die Zwillinge dazu veranlaßte, umgehend aufzuhören.

Benjamin seufzte. Geraldine seufzte. Wendy seufzte auch.

Benjamin stand auf, ging zum Fenster und sah hinaus. Am Ende des Grundstücks, hinter Büschen, stand eine Holzhütte, in der ein Rasenmäher, Spaten, eine Kiste mit Werkzeug und Gerümpel aufbewahrt wurden. Und sie war nicht abgeschlossen, das hatten die Zwillinge bereits erkundet. Die Mami würde bestimmt verbieten, dort rumzustöbern, aber die Mami war ja jetzt nicht da.

Benjamin ging zu Frau Holt, die in einem Buch las, und fragte: »Dürfen wir rausgehen und spielen?«

»Wo wollt ihr denn hin?«

»Nur in den Garten, nicht weit weg«, versprach er vorsorglich.

»Wir könnten ja Verstecken spielen«, schlug Wendy begeistert vor.

Die Zwillinge verzogen das Gesicht und nahmen sich im stillen vor, alles nur nicht Verstecken zu spielen.

»Ihr könnt gehen«, erlaubte Frau Holt. »Aber wirklich im Garten bleiben und nicht auf Bäume klettern!«

Das konnte Benjamin guten Gewissens versprechen, er hatte andere Pläne. »Ich schwör's beim Großen Manitu«, sagte er feierlich und kreuzte die Fäuste.

Geraldine kreuzte auch, und Wendy folgte diesem Beispiel.

Später, im Garten, wollte sie wissen: »Was bedeutet denn das, die Fäuste kreuzen – so?« Und sie machte es wieder nach.

»Das ist ein Geheimnis«, behauptete Geraldine. Sie war sehr kühl. »Das dürfen wir dir nicht erzählen.«

»Ich will's aber wissen!«

»Aber wir erzählen's dir nicht«, sagte Benjamin. »Und überhaupt darfst du das gar nicht tun!«

»Ich tu's aber!« Sie tat's und zeigte Benjamin die Zunge. »Und ich will's wissen!«

Benjamin schlenderte Richtung Hütte, beachtete Wendy nicht mehr.

Aber so einfach ließ sie sich nicht abspeisen. Sie lief ihm nach, zog und zerrte an seinem T-Shirt, versprach: »Wenn du mir's sagst, schenk ich dir was.«

Benjamin konnte sich nicht vorstellen, daß Wendy irgend etwas Interessantes zu verschenken hätte. Er schüttelte den Kopf, und Geraldine schüttelte ebenfalls den Kopf.

»Wenn ihr mir's sagt, dann spielen wir, was ihr wollt, und ich mach' alles, was ihr verlangt«, schlug Wendy vor.

Das klang schon besser.

»Alles?« fragte Geraldine.

»Wirklich alles?« hakte Benjamin nach.

Wendy nickte heftig.

Die Zwillinge sahen sich an und waren sich eins. Unter diesen Umständen konnten sie ruhig mal eine Ausnahme machen und ihr Geheimnis lüften.

»Gut«, sagte Benjamin. »Dann schwör's beim Großen Manitu und kreuze die Fäuste.«

Wendy schwor und kreuzte, und das hätte sie besser nicht getan.

»Wer beim Schwören auf den Großen Manitu die Fäuste kreuzt und dann seinen Schwur nicht hält, der muß sterben.«

»Jämmerlich«, fügte Geraldine hinzu.

»Mindestens verhungern oder in der Wüste verdursten!«

»Oder verschlafen«, sagte Geraldine. »Und das ist besonders schrecklich!«

»Und wenn man die Fäuste nicht kreuzt, braucht man seinen Schwur auch nicht halten. Jetzt weißt du's!«

»Und wer ist der Große Manitu?« fragte Wendy.

»Das ist der liebe Gott von den Indianern«, erklärte Benjamin, und ihm war deutlich anzumerken, daß er Wendy ziemlich dumm fand. Nicht mal das wußte sie!

»Und was spielen wir jetzt?« fragte Wendy.

»Indianer beim Überfall.«

»Und wen überfallen wir?«

»Dich«, erwiderte Benjamin. »Und du darfst dir aussuchen, ob du lieber ein Bleichgesicht oder ein feindlicher Indianer sein willst.«

Wendy wäre lieber nichts von beidem gewesen. Ein Opfer spielte sie nicht gern. Aber sie hatte ja geschworen, und auch noch mit gekreuzten Fäusten! Sie mußte also gehorchen oder jämmerlich verschlafen. Dann schon lieber gehorchen! Sie nahm sich vor, sehr, sehr tapfer zu sein und möglichst viel Eindruck auf die Zwillinge zu machen, damit die sie endlich für voll nahmen. Sie würde ihnen schon beweisen, daß sie gar nicht so zimperlich und langweilig war, wie Benjamin immer behauptete.

»Lieber ein feindlicher Indianer«, entschied sie nach eingehender Überlegung. »Tut ihr mir weh?«

»'türlich nich'«, antwortete Benjamin entrüstet.

»Wir spielen doch nur!« meinte Geraldine. Sie schob einen Finger in die Nase, den Daumen in den Mund, sah zweifelnd von Benjamin zu Wendy und sagte: »Vielleicht bist du besser doch ein Bleichgesicht!«

»Warum'n?«

»Weil feindliche Indianer skalpieren wir immer. Und Bleichgesichter martern wir nur.«

»Ph!« machte Wendy. »Ihr könnt mich ruhig schkalpieren. Was isn das überhaupt?«

»Zopf abschneiden«, erklärte Benjamin.

»Könnt ihr ruhig, ich mag den blöden Zopf sowieso nicht!«

Das war ein Angebot! Allerdings – was würden Mami und Frau Holt dazu sagen? »Nein, besser nicht, besser, du bist ein Bleichgesicht.«

Wendy stampfte mit dem Fuß auf. »Ich will aber schkalpiert werden!« schrie sie jähzornig, und die Zwillinge fügten sich. Wendy wurde überfallen und in der Hütte an den Rasenmäher gefesselt, der zwecks Mangel an besseren Geräten als Marterpfahl diente. Geraldine suchte in der Kiste mit Werkzeug nach einem Skalpiermesser. Die Rosenschere erschien ihr geeignet. Sie wurde feierlich in die Mitte der Hütte gelegt und stampfend umtanzt. Das sah sehr eindrucksvoll aus, und Wendy erschauerte aus tiefstem Herzen. Schließlich wurde ihr unter mehreren Hughs mitgeteilt, daß sie erst skalpiert, dann gevierteilt und den Bären zum Fraß vorgeworfen werden sollte.

»Das ist das mindeste, was sie verdient«, fand Benjamin, »denn sie ist ein sehr, sehr feindlicher Indianer!«

Wendy zitterte am ganzen Körper. So einfach war das mit dem Tapfersein doch nicht! Den Zopf wollte sie schon opfern, die langen Haare taten beim Auskämmen immer so weh. Aber gevierteilt wollte sie lieber doch nicht werden, weil sie nicht wußte, was das war, und schon gleich gar nicht als Futter für die Bären dienen. Obwohl – Bären gab's ja hier nicht, und vielleicht war Vierteilen nicht allzu schlimm.

Wendy faßte wieder Mut und sah Benjamin tapfer in die Augen, als er mit der Rosenschere bewaffnet auf sie zutrat. Er setzte die Schere an, ganz oben, wo der Zopf anfing. Aber da hatte er plötzlich doch wieder Zweifel. Er sah Mamis Bein im Gedanken ziemlich wild ausschlagen, wenn er ihr erzählen würde, woher er den Skalp hatte.

»Meinst du wirklich?« fragte er Wendy skeptisch.

»Na klar!« sagte sie und sah ihn verächtlich an, als hielte sie ihn für einen miesen Feigling. Das konnte er nicht auf sich sitzen lassen!

Der Skalp fiel, und im selben Moment begann Wendy laut zu brüllen. Sie brüllte aus Leibeskräften! Sie schrie, was das Zeug herhielt, so lange, bis Frau Holt und einige Gäste entsetzt in die Hütte stürzten. Frau Holt übersah die Lage der Dinge sofort. Ihre Tochter war an den Rasenmäher gefesselt, das mußte man sich mal vorstellen! Und die Haare ab! Und dieser Lümmel stand mit der Rosenschere daneben! Diese Bestie!

Und dann bekam Benjamin eine Ohrfeige, die sich gewaschen hatte. Und Geraldine bekam ebenfalls eine, die hatte sich auch gewaschen. Und Wendy wurde getröstet: »Armes Kind, deine schönen Haare! Weine nicht, Herzchen, die wachsen ja wieder nach! Mein armer, armer Liebling.«

Die Zwillinge schluckten tapfer ihre Tränen hinunter. Ein Indianer kennt keinen Schmerz! Wenigstens nicht im Beisein eines so hinterlistigen Bleichgesichtes wie Wendy.

Roberta hatte ihre Kinder nie geschlagen, aber diesmal rutschte sogar ihr die Hand aus. Benjamin hielt sich die Backe und sah Roberta zutiefst verletzt an. Der Schmerz, der ihm nun doch Tränen in die Augen trieb, saß allerdings nicht dort, wo sie hingeschlagen hatte, sondern viel tiefer.

»Sie h-at es do-hoch erlaubt«, schluchzte er. »Sie h-hat ges-hagt, sie mag i-hiren blöden Zho-hopf nich'.«

»Und dann hat sie plötzlich geschrien, ganz laut«, erzählte Geraldine. »Wir wollten sie ja gar nicht echt skalpieren, sie hat's gewollt!«

»Ich schwö-hörs beim Großen Ma-hani-htu!«!« jammerte Benjamin.

Diesmal vergaß er die Fäuste zu kreuzen, aber Roberta glaubte ihm auch so. Das paßte zu Wendy, genauso hatte sie das Kind vom ersten Moment an eingeschätzt. Roberta schämte sich, weil sie sich zu dieser Ohrfeige hatte hinreißen lassen. Sie drückte Benjamin an sich und entschuldigte sich bei ihm. »Aber trotzdem«, sagte sie, »hättet ihr klüger sein müssen. Ihr hättet den Zopf nicht abschneiden dürfen, auch wenn Wendy das wollte. Wendys Mutter ist sehr böse mit euch, und ich bin's auch ein bißchen.«

Roberta seufzte und fuhr sich über die Augen. Manchmal war ihr das alles zuviel. Die Erziehung der Kinder, die Verantwortung für sie allein tragen, immer wieder Entscheidungen treffen zu müssen... Und hin und wieder hatte sie das Gefühl, alles falsch zu machen.

Vielleicht hatte Ingo heute nachmittag mit Recht gesagt: »Zu zweit ist das Leben doch leichter zu meistern. Und die Kinder brauchen einen Vater. Man muß alles in geregelte Bahnen lenken, Roberta, nur dann fühlt man sich wirklich geborgen. Ich würde Sie gern heiraten... Überlegen Sie es sich in Ruhe, ich habe Zeit, Roberta.«

Vielleicht wäre es das Beste, seinen Antrag anzunehmen.

Es war herrliches Wetter. Die Zwillinge bauten eine Sandburg und verzierten sie mit Muscheln und Strandgut, das sie aus allen Himmelsrichtungen anschleppten. Wendy, die jetzt stolz einen schikken Kurzhaarschnitt trug, sah von weitem zu. Ihre Mutter hatte ihr strikt verboten, mit diesen ›gräßlichen‹ Kindern zu spielen.

Roberta und Ingo lagen nebeneinander am Strand und sonnten sich. Ingos letzter Tag. Schon am Nachmittag würde er abreisen. Sein Koffer war gepackt, ein Taxi bestellt, das ihn um fünfzehn Uhr zwanzig abholen und zum Bahnhof bringen sollte. Er wäre gern noch geblieben, aber sein Zimmer war bereits von neuen Gästen bezogen worden, und im ganzen Ort war keine andere Unterkunft zu bekommen. Hochsaison. So blieb ihm nichts anderes, als nach Hause zu fahren und Roberta allein zurückzulassen. Aber er würde sie wiedersehen, das hatte sie ihm versprochen.

Überhaupt war er zuversichtlich, was seine Beziehung zu Roberta betraf. Seit vorgestern, seit dieser Geschichte mit dem ›Skalp‹, war sie nicht mehr so zurückhaltend, fast anlehnungsbedürftig. Sie suchte Schutz bei ihm, vermutete er, und er war bereit, sie zu beschützen, so gut er konnte. Ihren zierlichen Körper in seine Arme zu nehmen, ihn zu wärmen, ihr Kraft zu geben, wenn sie nicht mehr genug Kraft hatte, um all ihre Aufgaben zu bewältigen. Beruf, Haushalt und zwei Kinder, die schwerer zu hüten waren als ein Sack Flöhe. Natürlich würde Roberta ihren Beruf aufgeben, wenn sie erst einmal verheiratet waren. Er würde sie schon davon überzeugen, daß es für sie das Beste wäre, nur Mutter und Hausfrau zu sein, aber das mit ganzem Herzen! Er verdiente ja gut genug, um eine Familie zu ernähren, auf Robertas Gehalt waren sie nicht angewiesen. Und außerdem würden sie auch zusammen Kinder haben, das stand für Ingo fest. Mutterglück war doch alles für eine Frau! Und den Zwillingen täte es gut, nicht mehr die erste Geige zu spielen, sich einfügen zu müssen in eine richtige Familie. Ja, Ingo war zuversichtlich.

Er richtete sich auf, neigte sich über Robertas Rücken und küßte sie zwischen den Schulterblättern. Sein Finger fuhr von ihrem Nacken die Wirbelsäule entlang, bis dorthin, wo ihr Bikinihöschen begann und zwei Grübchen zur Hälfte verdeckte. Er fühlte mit Genugtuung das Zucken ihres Körpers unter seiner Berührung. Es gefiel ihr also, und sie wehrte sich nicht.

Er nahm das als stille Aufforderung zu weiteren Liebkosungen, beugte sich über Robertas Schulter, ließ seine Lippen von dort bis zum Nacken wandern und schrie plötzlich auf. Ein klatschnasses Gestrüpp von Seetang war peitschend auf seinem Rücken gelandet, die Zwillinge standen neben ihm und starrten ihn feindselig an.

»Das darfst du nich tun!« sagte Benjamin grollend. »Das will die Mami nicht!«

»Das ist unsere Mami!« klärte ihn Geraldine erbost auf.

Und dann setzten sie sich demonstrativ zwischen Roberta und Ingo, bereit, ihm auf die Finger zu klopfen, falls er noch einmal wagen sollte, ihre Mami zu berühren.

Ingo hätte Lust gehabt... Aber er hielt sich zurück. Roberta würde ihm das übelnehmen, und noch hatte sie allein über die Erziehung der Zwillinge zu entscheiden.

Er sah auf die Uhr, sagte: »Es wird Zeit für mich, mein Taxi kommt in einer halben Stunde.« Und mit einem fragenden Blick auf Roberta fügte er hinzu: »Begleitet ihr mich?«

»Natürlich«, sagte sie und raffte ihre Sachen zusammen.

»Wir wollen aber nicht mitbegleiten, wir wollen hierbleiben!« krähte Benjamin.

»Nichts da, allein am Strand! Das kommt gar nicht in Frage.«

»Dürfen wir dann die Karte für Constanze zur Post bringen, ganz vorsichtig?« fragte Geraldine und sah Benjamin bedeutungsvoll an.

»Ganz vorsichtig!« versprach auch er und jubelte, als Roberta es erlaubte.

So hatte sie wenigstens Zeit, sich in Ruhe von Ingo zu verabschieden.

Den Weg ins Dorf – nur ein paar Minuten zu Fuß – konnte Roberta von ihrem Zimmer aus überblicken. Sie sah den beiden nach, bis sie hinter den ersten Häusern verschwunden waren. Sah sie hopsen und dann wieder stehenbleiben und tuscheln, als würden sie etwas ausbrüten, aber dann doch weitergehen, ohne in Gräben zu springen oder in die Dünen zu laufen.

Roberta verließ ihr Zimmer und ging hinunter in die Halle, wo Ingo auf sie wartete.

»Du darfst nicht böse sein auf die Kinder«, sagte sie. »Ihre Reaktion ist doch verständlich, sie sind eifersüchtig. Sie müssen sich erst an dich gewöhnen.«

»Du bist zu nachsichtig, Roberta, nicht streng genug. Die Kinder müssen lernen, sich einzufügen, sich an gewisse Spielregeln zu halten, wie wir Erwachsenen auch. Eine strenge Hand haben sie nötig, ein wenig Zucht und Ordnung muß schon sein. Denn wenn sie jetzt nicht lernen, sich einzufügen, wie sollen sie das später einmal können, wenn die Gesellschaft ihre Anforderungen an sie stellt? Wenn man versäumt, ihnen Disziplin beizubringen, versäumt man, sie aufs Leben vorzubereiten – hab' ich nicht recht?«

»Nein!« sagte Roberta barsch. »Du hast nicht recht! Zucht und Ordnung! Disziplin! Spielregeln und Anforderungen der Gesellschaft! Sich hinter diplomatischen Lügen zu verstecken, sich selbst zu verleugnen, damit werden sie sich noch früh genug herumschlagen müssen! Sie sollen ihre Kindheit genießen, sich frei entfalten können. Glaub mir, ich weiß sehr gut, was es bedeutet, schon als Kind eine Marionette sein zu müssen – und das, ich verspreche es dir – werde ich meinen Kindern niemals antun!«

»Roberta«, sagte Ingo beschwichtigend und nahm sie mit beiden Händen an den Schultern. »Ich…«

Und dann brach er ab, denn ein Mann öffnete die Tür zur Halle und rief: »Taxi!«

Ingo seufzte. »Ich muß gehen. Das ist also der Abschied. Aber wir sehen uns ja wieder, ich werde dich anrufen.«

Er versuchte Roberta auf den Mund zu küssen, aber sie hielt ihm schnell die Wange hin.

»Gute Reise«, wünschte sie ihm und war wieder so kühl und zurückhaltend wie in den ersten Tagen.

Sie hatte sich getäuscht, das war ihr auf einmal klargeworden. Ingo hatte sich nicht geändert, wie sie glaubte, ebenso wenig wie ihre Gefühle für ihn. Irgend etwas in Roberta sträubte sich gegen diesen Mann, würde sich immer gegen ihn sträuben. Nein, es wäre falsch, Ingo zu heiraten.

Geraldine schob der Postbeamtin zwei Ansichtskarten hin und sah erwartungsvoll zu, wie sie beide begutachtete. Eine war frankiert und von einem Erwachsenen geschrieben, die andere unfrankiert und mit ungelenker Kinderschrift bekritzelt. Die hielt sie hoch und sagte: »Da muß aber noch eine Briefmarke drauf.«

»Wieviel, bitte schön, kostet eine Briefmarke?« fragte Geraldine höflich.

»Für eine Ansichtskarte sechzig Pfennig, mein Fräulein.«

Die Zwillinge kramten in ihren Hosentaschen, brachten ein paar Groschen zum Vorschein und zählten nach.

»Haben wir nicht«, sagte Benjamin. »Können wir nicht eine Marke für fünfzig Pfennig haben?«

Die Frau lachte. »Das schon, aber eine Karte muß man mit sechzig Pfennig frankieren.«

»Was isn bitte frankieren?«

»Frankieren ist – eine Marke draufkleben«, beantwortete sie Benjamins Frage.

Er nickte. »Aber wir haben nur fünfzig Pfennig.«

Die Postbeamtin nahm die Karte und besah sich das Foto. »Haus Wattblick«, stand quer über der Aufnahme der Pension, die darauf abgebildet war. »Wohnt ihr da?«

»Ja. Wir und die Mami.«

Die Frau drehte die Karte um und las, was die Kinder geschrieben hatten.

›Liber Falian wir haben so sensucht nach dir. Bite kome gans schnel und die mami weind nachts manchmal weil sie denkt das wir schlafen. Dein Benjamin und deine Geraldine.‹

»Ich habe eine Idee«, meinte die Frau. »Ihr kauft eine Marke für fünfzig Pfennig, und ich kaufe eine für zehn Pfennig. Macht zusammen?«

»Sechzig Pfennig!« rief Geraldine stolz.

»Weiß eure Mami von der Karte?« Die Frau hatte plötzlich Bedenken. Das roch gewaltig nach Familiendrama!

»Nee, die würde ganz schön mit dem Bein ausschlagen!« rief Benjamin, und Geraldine bestätigte:

»Und wie!«

Die Beamtin zögerte noch. Sollte, durfte sie die Karte überhaupt wegschicken? Aber natürlich! Sie wußte ja schließlich von nichts, immerhin gab es ein Postgeheimnis in diesem Land. Und auch Kinder hatten das Recht, die Post zu benutzen.

»Was wollt ihr essen?« erkundigte sich Roberta. Eigentlich war diese Frage gänzlich überflüssig, sie kannte die Antwort.

»Pommes frites!«

»Mit was? Mit Schnitzel oder...«

»Mit Kätschab und Eis!«

Roberta seufzte. »Pommes frites mit Ketchup, daß euch das noch nicht bei den Ohren rauskommt!«

Die Zwillinge kicherten. »Bei den Ohren raus, das geht ja ganich!«

»Also Pommes frites mit Ketchup, Schnitzel und danach Erdbeeren«, bestellte Roberta, »und für mich bitte den Fisch.«

»Und einmal Fisch«, murmelte die Bedienung, während sie sich alles notierte.

»Was wollt ihr heute noch unternehmen?« fragte Roberta die Kinder. »Wir könnten zum Beispiel nach dem Abendessen spazierengehen?«

»Nee«, sagte Geraldine.

»Nee«, sagte Benjamin.

»Ja was dann?«

»Hier bleiben. Wir können ja Mänschärgeredichnich spielen«, schlug Geraldine vor.

Benjamin war sofort einverstanden, aber Roberta nicht. »Seit zwei Tagen seid ihr hier nicht mehr wegzubekommen! Was soll das? Wollt ihr hier Wurzeln schlagen?«

»Wir wollen gar keine Wurzeln schlagen,das tun wir überhaupt nicht, so was!« empörte sich Geraldine.

»Wir gehen spazieren«, beharrte Roberta unnachgiebig. Sie sah von Geraldine zu Benjamin und dachte: Die haben mal wieder ein schlechtes Gewissen. Irgend etwas haben die ausgefressen! Irgendwas war da im Busch – nur was?

Die Bedienung brachte das Essen, wünschte guten Appetit.

»Mahlzeit«, sagte Roberta und schob den Kindern das Besteck hin.

»Mahlzeit, Mami. Du, Mamiii?«

Roberta sah Geraldine mißtrauisch an. Das langgezogene Mami bedeutete selten was Gutes. »Ja?«

»Wie lange dauert'n eine Karte. 'n Monat?«

»Was meinst du?«

»Na, bis eine Karte vom Meer in die Stadt kommt. 'n Monat?«

»Unsinn. Ein oder zwei Tage. An wen wollt ihr denn eine Karte schreiben?«

»Wollen wir nich', haben w... Aua!«

Benjamin hatte seinen Ellenbogen unsanft in Geraldines Rippen gestoßen, wofür sie ihn jetzt wütend gegen das Schienbein trat.

»*Was* habt ihr?« fragte Roberta verständnislos.

»Wir haben gar nix, wir wollten bloß fragen«, sagte Benjamin. »Wegen der Karte.«

»Ach, die Karte an Constanze. Die hat sie sicher heute bekommen. Soll ich euch das Fleisch schneiden?«

»Nee. Aber wir wollen bitte hierbleiben und Mänschärgernich' spielen!«

»Wir gehen spazieren«, sagte Roberta. Sie war am Ende ihrer Geduld und schlug mit der flachen Hand auf den Tisch. Urlaub im Zimmer mit Seeblick, dafür war sie schließlich nicht hergekommen!

Warum war sie überhaupt hierhergekommen? Hatte sie tatsächlich geglaubt, der Wind könnte ihr die Gedanken an Falljan aus dem Kopf blasen? Oder sie könnte ihn neben einem Mann wie Ingo Harms vergessen? Einfach nicht mehr an ihn denken, hatte sie sich vorgenommen. Morgens, mittags und abends: Denk nicht mehr an ihn! Und nachts auch. Nachts war es am schlimmsten, daran zu denken, nicht mehr an ihn zu denken. Dabei dachte sie überhaupt nicht daran, sich wieder so ein männliches Problem wie Falljan aufzuladen. Oder doch? Nein, nicht Falljan! Nicht einen Mann, bei dem sie morgens nicht sicher sein konnte, ob er abends nicht vielleicht fremdging. Keinen Abenteurer mehr mit unergründlichem Blick und unergründlichen Ausflügen, von denen er vielleicht heute, vielleicht morgen, erfahrungsgemäß aber nie zurückkehren würde. Dann schon lieber einen Mann wie Ingo, der seine Liebe zwischen ihr und den Kindern, seinem Beruf, seinen Pantoffeln und der Abendzeitung aufteilte. Zuverlässig, durchschaubar und – und langweilig.

Roberta seufzte in ihre Gedanken hinein. Aber Himmel, dann weiß man doch wenigstens, woran man ist! Man muß doch lernen aus den Fehlern der Vergangenheit! Nein, Falljan nicht. Er konnte sie nicht täuschen, nicht sie! Sein plötzlicher Sinneswandel war geradezu lächerlich Unglaubwürdig. Auf einmal spielt er zahm, schickt Blumen, spielt: Hab' mein Herz an dich und die Kinder verloren. Ha, das würde ihm bald langweilig werden. Vermutlich war es ihm bereits langweilig geworden, vermutlich gaben sich die Hundertzehn-Mal-Siebzig-Mal-Hundertzehn-Damen jetzt schon wieder die Türklinke in die Hand, um sein unanständig großes Bett zu zerwühlen. Vermutlich...

»Falljan!« krächzte Geraldine mitten in Robertas Gedanken hinein. Ein Stuhl fiel nach rückwärts um, einen zweiten konnte Roberta dank ihres Reaktionsvermögens gerade noch auffangen. Dann tat sie, was alle Gäste taten, die auf der Terrasse saßen und ihre Halbpension verzehrten – sie sah zur Terrassentür. Sah einen unverschämt gutaussehenden Mann, an dessen Hals ihre Kinder wie Affen hingen und zappelten und ihn küßten und jauchzten und sehr, sehr laut riefen: »Heiratest du jetzt die Mami?«

»Ob du jetzt die Mami heiratest!«

Einen Moment lang war es mucksmäuschenstill, kein Gabelgeklirr mehr, kein Tellerkratzen, selbst die Vögel im Garten verstummten und schienen die Antwort abzuwarten, bevor sie sich wieder ans Zwitschern machten.

Und Falljan, dieser selbstherrliche, von sich überzeugte Mensch antwortete laut und vernehmlich: »Ja, ich heirate die Mami.«

Das war doch nicht zu fassen! Wirklich die Höhe! Was bildete sich dieser Mann überhaupt ein – vor all' den Leuten! Und um Himmels willen, wie kam er hierher?

Roberta stand auf und rauschte an Falljan vorbei, nur weg von hier, wo hundert Ohren lauschten und ebenso viele Augen sensationslüstern den Fortgang der Dinge beobachten wollten.

Sie riß die Tür zum Frühstückszimmer auf und starrte Falljan entgegen, der, rechts und links je einen Zwilling an der Hand führend, auf sie zukam. Noch lächelte er – aber das würde ihm gleich vergehen! Roberta war geladen, und zwar sehr.

»Ihr setzt euch dahin!« Sie wies auf zwei Stühle in der Halle. »Und ihr rührt euch nicht von der Stelle, habt ihr verstanden?«

»Ja, Mami«, kam es zaghaft zurück.

Warum war sie bloß schon wieder so böse? Und der arme Falljan! Mit Mami in ein geschlossenes Zimmer zu müssen, war meist sehr unangenehm, das wußten sie aus Erfahrung. Was er wohl angestellt hätte?

Roberta kochte, sie schäumte vor Wut. »Herr Falljan«, sagte sie, und es klang gar nicht freundlich. »Wie kommen Sie dazu, mir zu folgen? Und woher... Was soll ich damit!«

»Lesen Sie!« befahl Falljan.

Roberta nahm widerwillig die Karte, die er ihr gegeben hatte, und las.

Die Kinder! Das war also der Braten, den sie beim Essen gerochen hatte.

»Aha«, sagte sie. »Zwei siebenjährige Kinder rufen, und Emanuel Falljan kommt. Rührend! Zwei Gören fragen, ob Sie ihre Mutter heiraten, und Sie versprechen das auch noch. Lügen den Kindern das Blaue vom Himmel vor, ohne an die Konsequenzen zu denken!«

»Ich habe an die Konsequenzen gedacht. Und im übrigen schwindle ich zwar manchmal, aber diesmal bestimmt nicht, ehrlich! Ich möchte Sie heiraten, Roberta!«

»Was möchten Sie?« fragte Roberta heiser.

Falljan verschränkte die Arme vor der Brust und sagte leichthin: »Ich möchte dich hei-ra-ten.«

Roberta schnappte nach Luft. »Ha, er will mich heiraten! Aber ich will Sie nicht heiraten! Wie käme ich dazu? Warum sollte ich?«

Weil Falljan nur zweideutig lächelte, statt ihre Fragen zu beantworten, fügte sie hinzu: »Ich denke ja gar nicht daran, mich in irgendeiner Weise mit Ihnen einzulassen.« Und das war schlichtweg gelogen. Sie hatte eben noch daran gedacht, gestern daran gedacht, vorgestern und vorvorgestern. Früh, mittags, abends und nachts. Und nachts war es am schlimmsten! Aber etwas zu denken und etwas zu tun – das waren zwei verschiedene Paar Schuhe.

»Du willst mir und den Kindern also diesen kleinen Gefallen nicht tun?«

»Nein! Weder diesen noch irgendeinen anderen ›kleinen‹ Gefallen.«

»Ist das dein letztes Wort?«

»Mein allerletztes!«

»Schade.« Falljan zuckte mit den Schultern. »Dann bleibt mir nichts anderes übrig als...« Er verstummte und ging zur Tür. Dort blieb er mit dem Rücken zu Roberta gewandt stehen.

»Als was?« fragte sie möglichst beiläufig.

»Ach, nichts«, murmelte er und verließ das Zimmer. Er war gegangen! Tatsächlich gegangen! So schnell gab er also auf. Roberta unterdrückte den Wunsch, ihm nachzulaufen, ihn zurückzuholen. Warum hatte sie ihn nur weggeschickt? Sie und ihr verdammter Stolz! Immer wieder stand ihr dieser verdammte, falsche Stolz im Weg!

Draußen heulte ein Motor auf, Knirschende Reifen auf Kies. Das war's dann also.

Sehr gut. Besser ein Ende mit Schmerz als ein Schmerz ohne Ende! Irgendwann würde sie ihn schon vergessen können. Sie würde einen guten, zuverlässigen Mann heiraten und ein ruhiges Leben führen. Sie und die Kinder...

Ach herrje, die Kinder! Mit denen hatte sie ja auch noch ein Hühnchen zu rupfen. Eins mit sehr, sehr vielen Federn! Roberta seufzte, atmete tief durch und marschierte in die Halle, wo ihre beiden Vögelchen am Fenster standen und trübselig hinausstarrten. Sie hielten sich an den Händen, sie seufzten abwechselnd, sie waren ein Herz und ein Leid.

Robertas Wut verflog beim Anblick dieser gebrochenen Kinderherzen. Sie kam sich auf einmal vor wie der berüchtigte Elefant im Porzellanladen. Alles hatte sie zu Scherben getrampelt. Ihr Glück, das Glück der Kinder... Und Falljans Glück? Was hatte er gemeint mit: Dann bleibt mir nichts anderes übrig, als?

Geraldine und Benjamin drehten sich zu Roberta um. Geraldines Wangen waren naß und dreckverschmiert, ihre Augen glitzerten verdächtig. Benjamin sah seine Mutter kühl und mißbilligend an.

»Wir gehen!« verkündete er, stützte seine Schwester wie eine Schwerkranke und führte sie zur Treppe.

»Wohin?« erkundigte sich Roberta zaghaft. Sie sah die beiden schon Koffer packen.

»Wir gehn ins Bett! Und vielleicht verschlafen wir dort!« sagte Benjamin mit drohender, vorwurfsvoller Stimme. Das ›Es geschieht dir ganz recht‹ im Unterton war nicht zu überhören.

Roberta sah den Zwillingen stumm nach. Ihr Stimmungsbarometer sank wieder auf den Nullpunkt. Was sollte das? Sie würde sich von niemandem – auch nicht von ihren Kindern! – an den Mann bringen lassen. Wie kam sie denn dazu, sich dem Willen der beiden zu beugen! Sich bestrafen zu lassen! Sich erpressen zu lassen! Nein, nein, und noch mal nein. Vielleicht hatte Ingo doch recht, vielleicht war es langsam an der Zeit, ganz andere Saiten aufzuziehen. Sie sank auf einen der Stühle, schlug ihr rechtes Bein über das linke und ließ es wippen.

Es wippte noch immer, als die Tür aufging und der alte, zerfurchte Mann hereinkam, der abends immer den Strand säuberte und die unangenehme Angewohnheit hatte, jedem, dem er begegnete, ein längeres Gespräch aufzuzwingen. Er war ein altes Waschweib, dieser Mann, und roch zudem so scheußlich nach Fusel, daß einem ganz schwummrig wurde, wenn man in Windrichtung seiner Fahne stand.

»Für eine Flasche Schnaps verkauf ich glatt meine Schwiegermutter«, hatte er den Zwillingen erst gestern anvertraut, worauf sich Benjamin sofort bei Roberta erkundigt hatte, ob man für eine dicke Schwiegermutter mehr Schnaps bekäme als für eine dünne.

Dieser Mann stand nun schwankend vor Roberta, rülpste, hickste und musterte sie interessiert. Kein Zweifel, das war die Frau mit den Zwillingen – sowas Schönes gab's hier selten! Wenn man mal von den schönen, bauchigen Flaschen absah – hicks.

»Hicks«, sagte der Alte. »Tag!«

Roberta stand auf, sie wollte sich an ihm vorbeidrücken, aber er hielt sie am Arm zurück.

»Muß Ihnen was erzählen! Was Schreckliches! Aber so ist halt das Leben – hicks.«

»Bitte, lassen Sie mich los!« zischte Roberta.

»Schrecklich!« sagte der Alte. »Rast gegen 'nen Baum. Wums! Stellen Sie sich vor – hicks – wieviel Schnaps man für so 'nen Wagen bekommen hätte! So 'nen schnieken Sportwagen! Bums! Hin – hicks – alles hin! Schade.«

Der Alte seufzte, wankte ein wenig, zog sich an Roberta ins Gleichgewicht zurück.

»Welcher Wagen? Wovon sprechen Sie?« fragte Roberta, plötzlich hellhörig geworden.

»Na, von so 'nem schnicken weißen Sportcabrio – Wums!« Er stieß mit der Faust gegen die Handfläche. »Wums!«

Roberta starrte den Mann fassungslos an. Ein weißer Sportwagen. Falljan fuhr einen weißen Sportwagen! »Hat den Wagen ein Mann gefahren?« Roberta packte den Alten und schüttelte ihn, als er nicht gleich antwortete.

»Ein Mann? Schwer zu sagen... Konnte man nicht mehr erkennen.« Er zuckte mit den Schultern. »Nur noch – hicks – nur noch Schrott und Matsch.«

»Mein Gott«, flüsterte Roberta. »Das darf nicht sein, nicht Falljan, bitte nicht Falljan.«

Ein paar Sekunden lang stand sie da wie gelähmt und starrte den schwankenden Alten blicklos an. Dann fragte sie: »Wo?« Sie schüttelte ihn grob. Seine betrunkene Gleichgültigkeit machte sie rasend. »Wo war dieser Unfall, hören Sie! Wo!« schrie sie ihn an.

»So 'n Kilometer hinter dem Dorf – hicks – glaube ich. Weiß nich' mehr genau.«

Roberta ließ den Alten los. Er torkelte und fiel auf den Stuhl, rülpste und sah sie blöde an.

Und plötzlich begannen Robertas Beine zu laufen, liefen, so schnell sie konnten. Liefen hinaus, die Treppe hinunter, die Auffahrt hinab. Sie liefen, während sich in Robertas Kopf immerzu derselbe Gedanke abspulte: Bitte nicht Falljan, nicht Falljan, nicht er!

Tränen verschleierten ihren Blick, sie stolperte, wäre beinahe gefallen, lief weiter. Und plötzlich griffen zwei Arme nach ihr, hielten sie fest, rissen sie herum.

Roberta schrie auf. Es dauerte einen Moment, bis sie es begriff, bis sie den Mann erkannte, der vor ihr stand.

»Emanuel«, flüsterte sie. »Du? Du lebst?«

»Und wie ich lebe!« Er lächelte, zog sie in seine Arme und küßte sie zum Beweis sehr lebendig. Und während er sie küßte, dachte er an ein Wort aus dem Volksmund: Schmiede das Eisen, solange es heiß ist! Oder in diesem Fall besser: Bevor es Zeit hat, wieder abzukühlen.

Er schob Roberta ein Stück von sich. »Liebst du mich?« fragte er.

»Ja, ich liebe dich.«

»Willst du mich heiraten?«

»Ja, alles, was du willst!«

»Wird aber nicht immer ganz leicht sein mit mir«, warnte er.

»Mit mir auch nicht«, hauchte Roberta.

Er nickte und drückte sie noch fester an sich.

Robertas Kopf schmiegte sich an seine Schulter, ihre Wangen glühten, ihr Pulsschlag ging rasend schnell. Sie seufzte, und dann sagte sie: »Du, Emanuel?«

»Mhm?«

»Was tust du eigentlich noch hier? Ich nahm an, du bist längst wieder bei deinen Hundertzehn-Mal-Siebzig-Mal-Hundertzehn-Damen.«

»Bei wem? Ach so!« Er lachte. Seine Hand strich zärtlich über Robertas Haar, er küßte ihr Ohr und fragte: »Hattest du wirklich geglaubt, mich so einfach loszuwerden?«

»Er sah ganz so aus. Um ehrlich zu sein, ich war auch ein wenig enttäuscht. Einem Mann mit deinem schlechten Ruf hatte ich mehr Überredungskunst zugetraut.«

»Ach, weißt du, Reden ist Silber, Handeln ist Gold.«

»Was heißt hier Handeln!« Sie biß in Falljans Ohrläppchen. »Keinen Finger hast du gerührt! Wenn nicht der Alte gekom... Emanuel Falljan!« Robertas große braune Augen wurden zu kleinen Schlitzen. »Du hast doch nicht etwa den Alten... Nein, das hast du nicht!«

»Doch, ich habe. Ich hatte keine andere Wahl. Irgendwie mußte ich dir schließlich beweisen, daß du mich liebst.«

»Ich dich lieben? So einen Schurken?« Sie riß sich los und lief zur Pension zurück.

Vor der Treppe blieb sie plötzlich stehen, murmelte: »Auch das noch!« stützte die Arme in die Hüften und seufzte. Da saßen die Kinder, Benjamin und Geraldine! Sahen sie aus großen Augen erwartungsvoll an, sahen zu Falljan, der langsam auf sie zuschlenderte und wieder zu Roberta.

Ein guter Indianer denkt erst nach und fragt nur, wenn unbedingt nötig, erinnerte sich Benjamin. Aber wo sich die Mami und Falljan doch andauernd so seltsam benahmen, wie sollte sich da einer auskennen?

Also gab er sich einen Ruck und fragte tapfer, was gefragt werden mußte: »Mamiii?«

»Ja, mein Sohn?« Robertas Stimme war sehr ruhig, ganz ruhig.

»Heiratest du ihn jetzt?«

Sie sah sich nach Falljan um, sagte gedehnt: »Ja, ich heirate ihn. Und zur Hochzeit schenke ich ihm eine Flöte.«

»Damit du ihm die Flötentöne beibringen kannst!« sagten die Zwillinge wie aus einem Mund.

»Worauf ihr euch verlassen könnt«, antwortete Roberta mit Engelszunge.